全國高等院校古籍整理研究工作委員會直接資助項目
四川省社會科學"十二五"規劃2014年度一般項目
(項目批準號：SC14B040)

周必大全集

王蓉貴（日）白井順◎點校

（一）

四川大學出版社

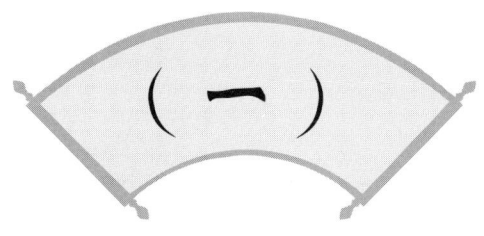

責任編輯:莊　劍
責任校對:袁　捷　楊　健
封面設計:墨創文化
責任印製:王　煒

圖書在版編目(CIP)數據

周必大全集：全三册/王蓉貴，（日）白井順點校
—成都：四川大學出版社，2017.10
ISBN 978-7-5690-1280-4

Ⅰ.①周…　Ⅱ.①王…　②白…　Ⅲ.①周必大（1126－1204）－全集　Ⅳ.①C52

中國版本圖書館 CIP 數據核字（2017）第 268666 號

書名　**周必大全集**

撰　者	(宋)周必大
點　校	王蓉貴　(日)白井順
出　版	四川大學出版社
地　址	成都市一環路南一段 24 號 (610065)
發　行	四川大學出版社
書　號	ISBN 978-7-5690-1280-4
印　刷	四川和樂印務有限責任公司
成品尺寸	185 mm×260 mm
印　張	133.75
字　數	2900 千字
版　次	2017 年 11 月第 1 版
印　次	2017 年 11 月第 1 次印刷
定　價	1680.00 圓(全三册)

◆讀者郵購本書,請與本社發行科聯繫。
電話:(028)85408408/(028)85401670/
(028)85408023　郵政編碼:610065
◆本社圖書如有印裝質量問題,請寄回出版社調换。
◆網址:http://www.scupress.net

前言

周必大字子充，初字洪道，祖籍鄭州管城（今河南鄭州）。曾祖周衎，朝奉郎。宣和中，祖父周詵倅廬陵（今江西省吉安縣），遂定居於此。父周利建，太學博士。欽宗靖康元年（一一二六）七月十五日，周必大生於平江府治，四歲時，父卒於揚州，遂寄養於外祖父家；十三歲，其母王氏又卒，遂隨伯父輾轉廣東、贛州等地。紹興二十一年（一一五一），二十六歲的周必大進士及第，授徽州户曹，遂開始了一生仕途生涯。二十二年秋，權贛州雩都縣尉。二十四年十二月，改差監行在太平和劑局門。二十七年，中博學宏詞科，教授建康府。三十年二月，除太學録。九月，召試館職，守祕書省正字。三十一年，館職復召試，始兼國史院編修官。三十二年五月，除監察御史。孝宗繼位，除起居郎，兼編類聖政所詳定官，又兼權中書舍人，權給事中。繳駁不辟權倖，遂請祠去。乾道四年（一一六八）四月，差知南劍州，改提點福建刑獄。七月，除祕書少監，兼直學士院，兼領史職。七年五月，兼權兵部侍郎，尋權禮部侍郎，仍兼直學士院、升同修國史實録院同修撰。九月，兼侍講。八年正月，兼中書舍人。以奏張説再除簽書樞密院事被貶出，遂請祠。九年正月，除知建寧府。九月，提舉江州太平興國宮。淳熙二年（一一七五）三月，除敷文閣待制兼侍讀，六月，兼權兵部侍郎。八月，兼直學士院。閏九月，除兵部侍郎。三年九月，兼侍讀。十月，改吏部侍郎。四年五月，除翰林學士。五年十二月，除禮部尚書兼翰林學士。六年十一月進吏部兼承旨。在翰林幾六年，制命温雅，周盡事情，爲一時詞臣之冠。七年五月，除參知政事。九年九月，除知樞密院。十四年二月，拜右丞相。十六年正月，轉特進、左丞相。光宗繼位，拜少保、益國公。因何澹劾奏，遂於五月以觀文殿大學士判潭州，澹論不已，遂以少保充醴泉觀使、判隆興府，不赴。紹熙二年（一一九一）八月，復除觀文殿學士，判潭州。三年七月，坐所舉官以賄敗，降滎陽郡公。四年八月，復益國公。十二月，改判隆興，辭。除醴泉觀使。寧宗即位，求直言，遂奏四事，曰聖孝，曰敬天，曰崇儉，曰久任。慶元元年（一一九五）以少傅致仕。嘉泰元年（一二〇一），御史施康年劾必大首唱僞徒，私植黨與，詔降爲少保。自慶元以後，韓侂胄之黨立僞學之名以禁錮君子，而必大與趙汝愚、留正實指爲罪首。二年，復少傅。四年卒，年七十有九，贈太師，謚文忠〔一〕。

〔一〕見《宋史》卷三九一《周必大傳》、《攻媿集》卷九四《少傅觀文殿大學士致仕益國公贈太師謚文忠周公神道碑》、《周益文忠公集》卷首附《年譜》。

縱觀周必大一生，父母早喪，青少年時代顛沛流離，及第後歷仕高、孝、光、寧四朝，特別是在史稱南宋中興的孝宗一朝，較長時期任職於兩制及宰輔等重要職位，處於趙宋王朝中央權力核心階層，親身經歷了這一時期所發生的諸多重大的歷史事件，政績卓著，對這一時期的政治、經濟、軍事、學術文化等諸多方面都産生了重大積極的影響。且必大學術素養深厚，其著述之豐富，涉及學術領域之廣，學術成就之高，在南宋諸臣中並不多見。樓鑰《攻媿集》卷九三《忠文耆德之碑》評價云：「天之生公，固授之以間氣，公之出仕，亦可謂千載之遇矣。自決科大以至考終，五十有三年，始以文字受知高宗、孝宗，以至位極人臣。晚輔光宗之初政，退被主上之休寵。孝宗在位二十有八年，公實相爲終始，其中以十年出入翰苑，時方承平，極鋪張揚厲之美；以十年輔政秉鈞，盡輔贊彌縫之妙。兩以逆折姦鋒，深忤上意，事定言驗，得眷愈隆。致身元宰，出處爲時重輕，……。文章則追配作者，論議則究極古今，風度如張九齡，謀謨如崔祐甫。宋廣平之守文，杜如晦之善斷，公幾兼之，乃所願則尤切切於陸宣公、歐陽文忠，此非臣之私言也！」今攷其一生，其重大成就及貢獻主要表現在如下幾個方面：

第一，政治作爲。周必大初入仕於高宗朝後期，主要作爲地方官員在基層歷練，紹興末始進入宋政府中央高層，孝宗朝則達到政治生涯的高峰，先後任職兩制、兵部侍郎、吏部侍郎、參知政事、知樞密院，乃至右相、左相，成爲協助孝宗之治的重臣。而光、寧二朝則主要處於半閑半被排斥的境地。必大之作爲，首先表現在敢於直言，如在隆興初，因劾曾覿、龍大淵而奉祠歸里；乾道八年兼直學士院時，又拒絶草高宗吴皇后之妹婿張説之除命答詔而請祠。隨著孝宗朝政治由前期的以恢復爲主向後期的以治理内政爲中心的轉變，周必大以其温厚、中庸而又不失原則的性格，成爲孝宗後期倚重的大臣。在對金關係上，周必大堅持對等原則，如高宗去世，左相王淮以爲當以顯仁太后去世之禮儀，遣三使往金告哀，必大斷然拒絶，以爲「今昔事殊，不當畏敵曲徇」[一]。金賀正使至，或奏孝宗著淡黄袍在御殿受書，必大則堅持穿縞素服、設帷幄引見金使，深得孝宗之意[二]。在任兵部侍郎、知樞密院期間，整頓軍務，加強備戰，如對士兵的招募選練，以爲「安邊闢國，固在乎兵，然兵貴乎精，而不貴乎多。今雖日下招填之令，而諸軍未嘗以爲足也」[三]。對將帥的任用主張破格，「臣聞懷遠圖者不可要近效，立大功者不可守常格。竊見陛下自臨御以來，宸心之所經度，謀臣之所

[一]《宋史》卷三九一《周必大傳》。
[二]見《周必大全集》卷一七二《思陵錄》。
[三]《歷代名臣奏議》卷二二三。

計慮，常以兩淮爲急。然歲月浸久，欲固壘則壘未固，欲屯田則田未闢，版曹有饋邊之費，邊民無定居之心，其故非他，特在於要近效、守常格太過耳」〔二〕。又制訂攷核將帥的措施以保證軍隊的戰鬥力，極有成效。任右相後，「首奏：『今內外晏然，殆將二紀，此正可懼之時。當思經遠之計，不可紛更』〔三〕，對孝宗朝後期各項政策的制訂及政事的執行，貢獻頗大。特別是孝宗晚期因猜忌造成政治生態的嚴重失衡，動輒以「朋黨」視人，或行個人「獨斷」，或信近幸而不信大臣，然周必大爲官清正廉潔，不結黨營私，對孝宗的這一失誤多有糾正，史稱「必大純篤忠厚，能以善道其君，光、寧禪受之際，懼禍而去，其可爲有立乎哉」〔三〕！

第二，文學成就。如果説孝宗朝相對穩定的政局使周必大的政治作爲略顯平淡，那麽從文學的成就而論則光彩奪目，「必大以文章受知孝宗，其制命溫雅，文體昌博，爲南渡後臺閣之冠。考據亦極精審，巋然負一代重名。著作之富，自楊萬里、陸游以外，未有能及之者」〔四〕。周必大的文學成就是多方面的，在文學理論上，提出了不少獨特的見解。如他認爲文學創作必須具備文學修養、才氣及學識的積累，所謂「學不富則辭不典，氣不充則辭不壯，才不高則辭不贍」〔五〕。又如他認爲文體中，「古賦、詩、騷則欲主文而譎諫，典策詔誥則欲溫厚而有體，奏疏表章取其諒直而忠愛者。箴、銘、讚、頌取其精愨而詳明者，以至碑、記、論、序、書、啟、雜著，大率事辭稱者爲先，事勝辭則次之；文質備者爲先，質勝文則次之」〔六〕。在文學創作上，更是成就巨大，今觀其集，諸體皆備。如詩今存六百多首，內容豐富，主要包括交遊唱和、抒情詠懷和送別友人詩，和前人相比，這些詩的內容從宮廷臺閣延伸到鄉野山村，視野開闊，貼近生活，極富藝術生命力。又如散文方面，如清人王贈芳所評「爲文雄深博雅，制草尤典則，爲南宋冠」，「今讀其奏劄，慷慨激發，與忠簡文山所上書疏相似，至若草兩朝內禪之制及臣僚除授之文，雍容都雅，則於歐陽子爲近〔七〕」。具體言之，主要體現在闡發儒家思想的深度及內容和文體的多樣性，舉凡政治、經濟、軍事、學術文化、典章制度、民風民俗等領域皆有涉及。特別需要説明的是，周必大詔令的撰寫極具特色，其用典準確有據、語言典雅，又多據實而作，如所撰監察御史王綸《致仕制》和《贈官制》等。即使離開翰苑、入

〔一〕《歷代名臣奏議》卷二三九。
〔二〕見《宋史》卷三九一《周必大傳》。
〔三〕《宋史》卷三九一《周必大傳》。
〔四〕四庫本《文忠集》提要。
〔五〕《周益文忠公集》卷五二《曾南夫提舉文集序》。
〔六〕《周益文忠公集》卷一〇四《皇朝文鑒序》。
〔七〕《周益文忠公集》卷首序。

職宰職後，許多重要詔令亦經其手，如《勸農桑詔》《高宗謚册文》《禪位詔》及光宗《皇帝初即位擬進上壽皇尊號詔》等，故高宗稱其爲「掌制手」〔一〕。有宋一代，恐怕只有蘇軾、汪藻、周必大等學者能將程式化的詔文寫得如此典雅而富感染力。

第三，史學及文獻學貢獻。周必大曾參加宋四朝國史的編修，重視正史而看輕野史小説，以爲「小説多妄，其來久矣」〔二〕，如他指出「大抵《邵氏聞見録》頗多荒唐，凡所書人及其歲月鮮不差誤，因是略爲之辨」〔三〕。其所著《玉堂雜記》「記翰林故事，……凡鑾坡制度沿革及一時宣召奏對之事，隨筆紀録，集爲此編。所紀如奉表德壽署名、賜安南國王嗣子詔書之類，皆能援引古義，合於典禮。其他瑣聞遺事，亦多可資談柄。洪遵《翰院羣書》所録，皆唐代及汴都故帙，程俱《麟臺故事》亦成於紹興間，其隆興以後翰林故實，惟稍見於《館閣續録》及洪邁《容齋隨筆》中，得必大此書互相稽考，南渡後玉堂舊典，亦庶幾乎釐然具矣」〔四〕。是一部極具價值的記載典章制度的史學著作。如果從史學的視角攷察《周益文忠公集》，則其集中之詔令奏議乃至序跋記碑銘遊記等，皆是研究南宋中前期歷史的第一手史料。特別需要説明的是，周必大在文獻學史上的獨特貢獻，就是主持刊刻《文苑英華》和《歐陽文忠公集》二部巨著。周必大先後三次主持《文苑英華》的校刊，遍查他本及各種文獻，遂成該書之最佳版本，並由彭叔夏撰成《文苑英華辨證》十卷。歐陽修文集雖版本衆多，但善本罕見，紹熙二年春，周必大和孫謙益等人開始編校歐陽修文集，其間，參校衆本，並遍尋歐陽修佚失的文獻，撰成了《歐陽文忠公年譜後序》《歐陽文忠公集古録序》《歐陽文忠公集古録後序》《歐陽文忠公集後序》《家塾所刻六一先生墨蹟跋十首》《題六一先生九帖》《題六一先生五代史稿》《跋六一先生詩文稿》《題六一先生慰富文忠公書稿》《題六一先生手書後》《跋歐陽文忠公誨學帖》等極具文獻學價值的題跋。至慶元二年，刻印成書，成爲歐陽修文集最佳之本。

第四，堅守儒家正統的學術思想。周必大處於道學興盛的時代，與朱熹等道學領袖亦過從甚密，甚至因此被卷入「慶元黨禁」的政治紛爭中，但本質上來説，他是有別於道學家的學術旨趣、堅持傳統儒家基本價值觀的士大夫，是以重視禮樂刑政勝於義理之學，對道學家空談心性並不以爲然，因此在現實的政治生活中，周必大儼然以重視國計民生的事功學派面目出現，在道學日漸成爲學術思

〔一〕《宋史》卷三九一《周必大傳》。
〔二〕《周益文忠公集》卷一七七《王禹偁不知貢舉》。
〔三〕《周益文忠公集》卷四七《題呂獻可墓誌》。
〔四〕《四庫全書總目》卷七九《玉堂雜記》提要。

想主流的形勢下，周必大對儒家基本價值觀的堅守反而顯得別具一格，構成了南宋中期學術思想的多元特徵。

第五，士人交遊。作爲南宋中期重臣及學術和文壇之領袖，周必大是這一時期士人交遊的中心之一，根據學者的統計研究，《周益文忠公集》所載與周必大交遊的士人及官宦有四百多人〔一〕，且多爲如趙汝愚、朱熹、呂祖謙、張栻、洪邁、陸游、范成大、尤袤、韓元吉等政治和學術文化的領軍人物，從周必大的交遊，可攷見這一時期士人與政治學術之關係。

可見，周必大的一生豐富多彩，其所作所爲，對南宋歷史發展進程產生了重大積極的影響，無疑，對周必大進行多視角的、深入的研究，是解析南宋中前期歷史一個極好的切入點。因此，對周必大全集的整理，其意義不言而喻。

周必大著述多達八十一種，各集多爲必大所編〔二〕，其中有周必大生前已刻行者，如《宋史·藝文志》所著錄《詞科舊稿》等十二種，可證。今皆彙編於其子周綸所編二百卷本《周益文忠公集》中。關於此書的編撰刊行情況，據周綸於《大全集》總目末題識稱：「先公丞相文集二百卷，與曾三異纂集，又得許淩、彭叔夏、羅克宣校正。唯《日記》紀錄頗詳，而書稿尤多，皆未容盡刻。」此書於開禧二年（一二〇六）和嘉定十年（一二一七）分兩次刊刻完成，陳振孫《直齋書錄解題》卷一八云：「《周益公集》二百卷，《年譜》一卷，《附錄》一卷，……其間有《奉詔錄》《親征錄》《龍飛錄》《思陵錄》凡十一卷，以其多及時事，託言未刊，人莫之見。鄭子敬守吉，募工人印得之。余在莆田，借錄爲全書，然猶漫其數十處。」是陳振孫所見，已爲完帙。此本今僅存殘本，一爲六十九卷本，今藏日本靜嘉堂；其餘三種均僅存兩卷，其中兩種藏於國家圖書館，一種藏於上海圖書館。自是經元、明二代，是書皆未重刻，唯存鈔本（包括殘本）十四種，其中明鈔本五種，清鈔本九種。清代歐陽棨感念周必大刊刻其先祖歐陽修文集之德，於道光二十八年（一八四八）和咸豐元年（一八五一）編校刊刻周必大全集，名《廬陵周益國文忠公集》，凡正文二百卷，卷首一卷、《附錄》五卷，稱瀛塘別墅本，又有簡稱「瀛本」者。此本以彭邦疇「知聖道齋鈔本」爲底本，校以張敦仁家藏鈔本、翰林院本（四庫本所據底本）〔三〕，是本彙集了幾大鈔本之長處，從收文的完整、校勘的精審及流傳的廣泛而

〔一〕見鄒錦良《三十年來南宋名臣周必大研究述評》，載《船山學刊》二〇一一年第四期。

〔二〕參李壁《行狀》、樓鑰《神道碑》。

〔三〕參閆建飛《瀛本周必大文集版本源流考》，載《文獻》二〇一六年一月第一期。

論，可謂通行善本。但此本亦存在不足，主要是：一、此本在整理過程中，除校誤補闕外，還對原本的篇名、篇目次序等作了較大改動，其中《玉堂類稿》《平園續稿》《掖垣類稿》《省齋文稿》等部分改動較大，遂使此本去宋刻原貌愈遠。二、因未校今存宋殘本及其他鈔本，訛缺仍復不少，極有整理之必要。本次整理，以歐陽棨刊本爲底本，校以明澹生堂鈔本、文淵閣四庫本（簡稱四庫本）、傅增湘校本（簡稱傅校本），又請日本學者森本創先生代校日本靜嘉堂藏宋殘本（簡稱日本藏宋刻本），並校以宋代史籍、文集及宋、明類書等文獻。對本書的篇目結構，我們基本上仍其舊，只將原刻文中校語移入校勘記中，並編入所輯得周必大佚文於《附録》中，故本書《附録》之内容、編序較原刻有所變動。書名亦改題爲《周必大全集》。由於客觀條件所限，未能遍校今存所有明清鈔本，更因我們水平有限，故本書校點仍有不全及不當之處，懇請學者們批評指正。

二〇一七年十月二十日

欽定四庫全書總目提要

文忠集二百卷

浙江鮑士恭家藏本

宋周必大撰。必大有《玉堂雜記》，已著録。是集即史所稱《平園集》者是也。開禧中，其子綸所手訂，以其家嘗刻《六一集》，故編次一遵其凡例，爲《省齋文稿》四十卷、《平園續稿》四十卷、《省齋別稿》十卷、《詞科舊稿》三卷、《掖垣類稿》七卷、《玉堂類稿》二十卷、《政府應制稿》一卷、《歷官表奏》十二卷、《奏議》十二卷、《奉詔録》七卷、《承明集》十卷、《辛巳親征録》一卷、《龍飛録》一卷、浙江鮑士恭家藏本《歸廬陵日記》一卷、《閒居録》一卷、《泛舟遊山録》三卷、《乾道庚寅奏事録》一卷、《壬辰南歸録》一卷、《思陵録》一卷、《玉堂雜記》三卷、《二老堂詩話》二卷、《二老堂雜誌》五卷、《唐昌玉蕊辨証》一卷、《近體樂府》一卷、《書稿》三卷、《劄子》十一卷、《小簡》一卷，其《年譜》一卷，亦綸所編。又以祭文、行狀、謚誥、神道碑等別爲《附録》四卷終焉。陳振孫謂：初刻時，以《奉詔録》、《親征録》、《龍飛録》、《思陵録》十一卷所言多及時事，託言未刊。鄭子敬守吉時，募工人印得之，世始獲見完書。今雕本久佚，止存鈔帙，而《玉堂雜記》、《二老堂詩話》等編，世亦多有別本單行者，已各著於録。茲集所載，則依原書編次之例，仍爲録入，以存其舊第焉。

重刊周益國文忠公集序

乾隆間，敦仁宰廬陵，即思刻《周文忠公集》，徧覓底本，不可得。後守南昌時，聞都中有殘本，適常熟言太守朝標入都過訪，屬其轉購，竟購得之，爲蕉林相國家藏鈔本。原裝三十册、内缺九册、計三十九卷。而余已將卸事，無力刊行，攜來江南，曾屬顧君澗蘋千里考覈，知尚爲開禧間公家刻本本來面目，與世所傳鈔本二百卷者迥不相同。隨題帙首，俾知珍貴。兹吉郡太守劉君梅坪體重書來，言廬邑歐陽介卿中翰棨欲以付梓，託其戚友陳子春仁官江寧者索繕，亟出使刊之，借酬夙志。昔杜、韓諸集初出時，皆不免脱落，後乃續有增益，始成完璧。今此所缺之九册，安知不尚在人間，以待補入？精氣所感召，延津之劍，吾知其必有合也。介卿幸勿以其殘缺而少之。

道光七年丁亥歲夏四月，陽城張敦仁。

重刊周益文忠公集序

《周益文忠公集》二百卷，外《年譜》一卷、《附録》五卷，《四庫書目》作二百四卷，蓋合《思陵録》上下二卷爲一卷，而《附録》止作四卷故也。書目又謂即《宋史》所稱《平園集》者。今考《宋史·藝文志》所列書目，皆與集符，惟中缺《奉詔録》七卷，固不總稱《平園集》也。公子綸跋云：「惟日記、紀録頗詳，而書稿尤多，皆未能盡刻。」陳振孫《書録解題》則謂：「因其中多及時事，故託言未刊。」鄭子敬守吉時，募工人印得之，世乃獲見全書。是昔時固有版本矣。然自宋至今，迄少傳刻，四庫所收，其別本存翰林院中。先文勤公嘗購得影宋本，乃合衆手鈔成者，紙墨行式，紛錯不齊。幸卷帙俱備，嘗借内府本手校一過，因慨然於江西諸大家文集多祠堂版，而公集日就銷沈，欲俟駕堂太史與其族人謀之。其文具載於《知聖道齋讀書跋尾中。然亦僅勘定訛字，而未暇編次，故《跋》中但曰粗可讀而已。廬陵歐陽介卿中翰嘗屬王霞九侍御就都下訪求善本，將付諸梓。尋借得翰院本鈔録，功未竟，而霞九出守山東。歲辛卯，霞九馳書索觀予家所藏，因別録一通，更借翰院本審校。時門人武寧張伯眉館予家，昕夕從事訂譌補缺，襄助爲多。蓋二本皆互有出入，亦互有異同。如《思陵録》則予家所藏本爲精，書稿則翰院本爲備。因別爲凡例十二條，以識大略。所可異者，益公當日嘗與曾無疑等編次《六一集》刻之，考正蒐羅，視他本獨爲詳確。今公集自開禧到今已六百八十餘年，昔之刊本不可得，其鈔本又訛誤踳駁，幾亡而僅存。而歐陽之裔乃能表而出之，非特爲鄉邦文獻之美，亦以見兩文忠之精神後先契合，久而不磨，又若環相爲報者，蓋亦良非偶然也。且予亦私幸乎先文勤殷殷讐校，力欲謀梓之意，一旦得遂，因備書其緣起以爲序，而郵致之。以予聞霞九政聲卓然，齊魯閒其文章宦蹟，必將力追乎鄉先賢，而取友如歐陽介卿者，洵足尚矣。

道光十二年壬辰歲秋七月，南昌彭邦疇。

周益國文忠公集後序

廬陵人文之盛，於宋自歐陽子始，更二百年，周益國文忠公繼之。益公立朝忠鯁，進退必以義，一如歐陽。爲文雄深博雅，制草尤典則，爲南宋冠。同時若胡忠簡，後此若文信國，均以氣節文章高千古。故論廬陵於宋代，必稱四大家，顧《六一集》經益公編次，最爲詳確；忠簡及信國各有專集行世，獨益公所著號《平園集》者多至二百卷，今藏内府，雖其後裔，亦不復記録，蓋宋時刊本之亡久矣。贈芳幸生鄉先賢之後，慕其行事，私願盡讀其文。爲諸生時，徧求於鄉邦，不可得。竊念益公當日與曾無疑等編校《六一集》，藉以傳流，今其遺文散佚，而承學之士無復如曾無疑其人者爲之蒐輯，心滋恧焉。間以其意爲歐陽介卿中翰言之。介卿，六一後裔也。嗜學而勇於義，亟欲求公集版行。會贈芳供職史館，借得翰苑鈔本，與諸同人分册繕録。旋以視學荆楚，未及卒事，而介卿從張古余觀察家借録，又蒐雜多訛闕。最後知南昌彭文勤公遺有鈔本，因致書春農學士，合翰苑本校之。自辛卯迄壬辰十月，參互攷訂，鈔寫成帙，通計二百卷，外年譜一卷、附録五卷，皆校定可讀，其詳具學士序中。即以寄介卿鏤版，而廬陵四大家之集庶幾得完其舊。歐陽固多賢裔，介卿昆弟嘗重刊《文忠公集》暨《毛詩本義》，又刻其家文公《圭齋集》，蓋其篤念前徽，敦崇古學，戛戛乎有以自異。天故於《平園遺集》特晦其傳，迺假手於廬陵之後裔，以答昔年編校之勤。贈芳亦幸藉二三君子之力，得償其積願，雖神物之顯晦或有數存乎其間，而介卿昆弟之賢，則固兩文忠所默相者也。顧嘗論之，益公平生願慕歐陽子，歷官、得謚亦復相類，惟其時江上偏安，敵讐窺伺，較之明道、嘉祐間，相懸萬萬。公以忠直受知孝宗，參樞筦，歷二府，舉凡戰守之機宜，邊帥之勇怯，使命之當否，一決於公，賴公之經營區畫，而宗社粗安者數十年。今讀其奏劄，慷慨激發，與忠簡、文山所上書疏相似；至若草兩朝内禪之制，及臣僚除授之文，雍容都雅，則於歐陽子爲近。蓋歐陽子幸而際其盛，公則不幸而值其艱，而勛業爛然有光。先哲心跡同符，百世不可磨滅。讀公集者，即其文以考其事，相與勉爲經世之學，氣節文章，益進於古，俾吾廬陵之盛，復如有宋時也。此則介卿所拳拳，亦贈芳與諸君子蒐輯之苦心也夫。前分鈔翰苑本者，新城周貞木太守、泰和周夢巖學使也；訂訛補闕，與春農學士共讐校者，其門人武寧張子伯眉也，均有功於斯集，用並著之。

道光十有二年壬辰冬十月望日，兼護山東鹽運使司鹽運使、濟南府知府、前翰林院編脩、邑後學王贈芳敬譔。

重刊周益國文忠公集敘略

吾邑宋文集自先文忠公外，惟周益公所著甚富，《宋史》謂之《平園集》，以公晚年自號平園叟也。然其初集題曰《省齋文稿》，續集乃稱《平園》。考南宋時，廖行之、蘇思恭、吴獬有集皆名《省齋》，故《省齋》亦不可以名公集。我朝編纂《四庫全書》，易《平園》舊名，而以《文忠集》著録。迨觀元馬端臨《文獻通考》，作《周益公集》，而國朝顧修所輯《匯刻書目》，又謂之《周益公大全集》。公集著録不同如此。惟公德業文章爲一代之望，而數百年後，高文典册不惟環海之内所未覩，即桑梓之邦亦莫得撫遺編，徵前獻，以慰高山景行之思，心竊恫焉！棨自早歲，即有志是編，訪知張古余觀察藏有舊本，急借鈔録。因譌缺甚多，惆悵久之。時與王霞九觀察覓公集善本重刊，以廣流布，於是觀察借得内府皮閣本，與同人倩工分鈔之。旋以督學楚北、未竟也。又謀諸彭春農學士，出其祖文勤公《知聖道齋》本，合翰院本校録郵寄。棨喜獲全書，不揣固陋，匯數本之異同，參互鈎稽，訂譌補缺，次第編録，匪敢云克復舊觀，較之諸本，差爲完善。考是集爲公子綸所輯，一準公手編先文忠公集例，平生著作皆得備載。當板行時，直如德星慶雲焜耀寰區，讀公文者，莫不薰陶，鼓舞其中。迄今舊刻蕩然無存，而藏書家鈔本亦不多覯，兹幸蒐羅就緒，倘歲月再延，又將放失，豈不惜哉！抑棨重有感焉：先文忠公集實由公編定，自紹熙辛亥迄慶元丙辰，凡六閲寒暑而成，其攷覈之精，編次之審，與夫究集古録之初終，搜歸榮集之散軼，未嘗不歎前賢古誼，卓越等倫。棨於公無能爲役，而念公校先文忠集之勤，則是編之刊，愈汲汲焉難已。第元書二十七集，爲卷二百，讐勘匪易，歷數歲之久，始得一百六十二卷。擬俟《全集》校畢鋟板。霞九觀察貽書敦促之，因取已校正者付之剞劂，俾藝林先覩爲快，餘俟續刊。爰述其顛末如右。

大清道光二十有八年，歲次戊申孟秋月，邑後學歐陽棨謹書。

彭學士原定凡例

一、書目最宜簡明，方便檢閱。是書原定總目，以文集之名作大綱，統爲二百卷。內分諸種，各自爲卷，諸卷各自爲體；綱下有目，目下有子目，已詳備矣。而《玉堂類稿》中，又於各體中多立名目。如同是詔體，又分賜臣僚請免、賜臣僚生日、賜外國生日，及獎諭外國、獎諭臣僚等名。如此之類甚多，今但以詔爲目，而以舊所分云云改注於各體之下，亦便觀覽。餘倣此。

一、是書向有板本，而時已無傳。所據兩本，皆出自鈔寫，語句多有異同，若逐一校記，恐滋煩雜。今擇其有關疑義者注之，其無甚切要，及灼知其誤者，即爲校正，不復加注焉。

一、《平園續稿》四十卷，原無目録，今增入。惟目係後人所定，而目中語意，則節畧原文而爲之。恐世間尚有傳本，别有目録，則與此爲不符。謹記於此。

一、《平園續稿》中，神道碑各本前後次第俱不相同，今略以年月爲序，位次雖殊，而卷數仍舊。其第三十九卷、第四十卷舊多脱誤，考宋人諸家文集，多以青詞載偈頌之前，今則以佛家銘贊偈子之類爲第三十九卷，道家設醮青詞之類爲第四十卷，亦微有異。昔公編刻《歐集》，嘗自謂歲月差互，標注牴牾，所不能免。其視舊本，則有間矣。今之稍有移置，亦猶行公志也。

一、《掖垣類稿》七卷，署年月者十六七，而先后次第乖舛，既非編年，又非分類。如卷七《王秬除知饒州敕》，前注乾道八年正月，後又注七年十月十三日指揮。考公以乾道八年正月復入中書，自序云：「不一月，又坐論事，丐免。」《南歸録》云：「二月丙辰，受省劄，即登車。」今卷中署十月、十一月、十二月者，蓋皆七年冬積壓未下之詞命。其二月十九、二十五、三月十一日等三敕，公已去國，何從有此？疑二月當爲十二月，至三月當爲正月。緣前後數敕皆正月，且同是十一日也。《宋史》乾道八年簡帙脱落，無可考證，詞命之與指揮參差數月，勉强編年，終恐與史相戾。今取前五卷稍爲詮次，分恩除、功叙、罷復、贈封、國卹、神號六門；卷六原已分類，姑仍其舊；卷七俱係乾道間之作，亦自爲一卷，而稍正其次焉。

一、《掖垣類稿》中各題，語意文體皆似記叙事由，過於冗長。其前《總目》稍爲簡明，然亦出後人隨意删録。如李璘項膺轉官，乃云張綸魏安行展二年磨勘。蓋節畧本事而誤者，殊不可用。今另爲題，而録舊文爲小注，用資考證。以其初非題式，故謂之「原標」云。

一、《玉堂類稿》中，亦稍有釐正，如赦文以「可大赦天下」以前爲首詞，「於戲」以下爲尾詞，分一篇爲二首，殊非體制。加恩等制，以新舊封邑叙入制中，而題則從簡。宋人四六之文，此等處概不詳著，今不從删者，以其足資考核故也。內制一門，既注明賜臣僚、請免等云云，以括其凡，而逐題仍必載明賜某人請免不允、不得再有陳請云云，亦似過煩，今删之，他仿此。口宣一門，如金使到闕後訖回程典禮不一，原本逐事編年著録，然有口宣不出公手者，則就中典禮隨文俱缺，且他處皆係分類，此忽編年，亦爲自亂其例。今考依各典禮節次，各歸一類，既可藉知當時儀制，而與全書之體亦歸畫一。

一、《省齋文稿》、《平園續稿》前數卷詩集，舊本每篇各記歲月，易與詩中自注相亂。謹案公譔《歐集年譜後序》云：凡《居士集》、外集，各於目録題所撰歲月；奏議、表章之類，則隨篇注之。今即用其例，將詩集年月移注目録之下。

重刊凡例

一、是集共二百卷，外《年譜》一卷，《附録》五卷。張古餘觀察鈔本止一百二十五卷，内缺三十九卷；王霞九觀察所分鈔翰院本，又止有《平園續稿》、《省齋别稿》、《詞科舊稿》、《掖垣類稿》四種，惟彭春農學士録《知聖道齋》本爲全書。互校三本，各有異同得失，蓋皆假手鈔胥，亥豕魯魚，所未能免。今悉心讐勘，計得一百六十二卷，先爲梓行。其《雜著述》二十三卷、《書稿》十五卷及《附録》五卷，俟續刊。

一、《年譜》一卷，彭本原附二百卷之後，今移置卷端，并冠以《宋史》、《南宋書》、宏簡録本傳，俾學者讀其書，先知其人，亦尚論之一助也。

一、彭學士本乃據知聖道齋本合翰院本而校定者。二本互有異同，可兩存者，則標注某本作某；互有得失須考證者，則標注「案云云」。今校則更取張觀察鈔本及王觀察所鈔翰院本互勘，遇有異同得失，亦倣其例標注。

一、彭學士原校有灼知其誤者，即爲改正，不復加注。今校亦用其例。或有似是而非、易滋人惑者，間爲明標其誤。

一、是集分類編次，並以彭本爲據，間有從翰院本及因年代參差，稍爲移置者，均於每卷每篇之後一一注明。

一、是集諸本完缺互異，有彭本無而張本、翰院本有者，則注明張本有若干字，翰院本有若干字；有彭本脱佚，依張本、翰院本增補；彭本錯簡，依張本、翰院本釐定者，則注明依某本增補，依某本釐定。其缺字處，彭本有畫□者，有寫缺字者，今並畫□，如缺一字，則畫一□，缺二字，則畫二□□，以次而推。若缺字甚多，則注「案云云」。

一、《平園續稿》第三十九卷、第四十卷，彭本互爲移置，今依翰院本釐定，庶與《省齋文稿》青詞、祝文、祭文居前，釋道頌、偈、贊、題居後，體例畫一。又案《省齋文稿》第四十卷，首以「釋道」二字標目，以頌、偈、贊、題等字小注於下；而《平園續稿》則未明標「釋道」二字爲目，今並歸一例。

一、《掖垣類稿》一卷至五卷，俱係外制，彭本第分列恩除、功叙、罷復、贈封、國卹、神號六門，而不特標「外制」二字，似與全書體例不符。今以「外制」標目，而以恩除、功叙等名分注於下，較爲明晰。

一、《掖垣類稿》七卷，彭本署年月者十之六七，而先後次第，多有舛錯。今無從考覈，故一概不列年月。

一、《玉堂類稿》内制八卷，彭本有臣僚請免等名，因内多錯出不齊，今删之，惟以「内制」二字標目，庶免混雜。

一、《奏議》十二卷，原無目録，今增入，以便檢查。

一、彭本所定《凡例》共十二條，兹録八條，餘四條係校雜著述與書稿之例，俟續刊時補入。

邑後學歐陽棨謹識。

宋史本傳

元脱脱撰

周必大字子充，一字洪道，其先鄭州管城人。祖詵，宣和中卒廬陵，因家焉。父利建，太學博士。必大少英特，父死，鞠於母家，母親督課之。

紹興二十一年，第進士，授徽州户曹。中博學宏詞科，教授建康府。除太學録，召試館職，高宗讀其策，曰：「掌制手也。」授秘書省正字。館職復召試自此始。兼國史院編修官，除監察御史。

孝宗踐阼，除起居郎。直前奏事，上曰：「朕舊見卿文，其以近作進。」上初御經筵，必大奏：「經筵非爲分章析句，欲從容訪問，裨聖德，究治體。」先是，左右史久不除，並記注壅積，必大請言動必書，兼修月進。迺命必大兼編類聖政所詳定官，又兼權中書舍人，侍經筵。嘗論邊事，上以蜀爲憂，對曰：「蜀民久困，願詔撫諭，事定宜寬其賦。」應詔上十事，皆切時弊。

權給事中，繳駁不辟權倖。翟婉容位官吏轉行礙止法，争之力，上曰：「意卿止能文，不謂剛正如此！」金索講和時舊禮，必大條奏，請正敵國之名，金爲之屈。

曾覿、龍大淵得幸，臺諫交彈之，并遷知閤門事，必大與金安節不書黄，且奏曰：「陛下於政府侍從，欲罷則罷，欲貶則貶，獨於二人委曲遷就，恐人言紛紛未止也。」明日宣手詔，謂：「給舍爲人鼓扇，太上時小事，安敢爾！」必大入謝曰：「審爾，則是臣不以事太上者事陛下。」退待罪。上曰：「朕知卿舉職，但欲破朋黨、明紀綱耳。」旬日，申前命，必大格不行，遂請祠去。

久之，差知南劍州，改提點福建刑獄。入對，願詔中外舉文武之才，區别所長爲一籍，藏禁中，備緩急之用。除秘書少監、兼直學士院，兼領史職。鄭聞草必大制，上改竄其末，引漢宣帝事。必大因奏曰：「陛下取漢宣帝之言，親制贊書，明示好惡。臣觀西漢所謂社稷臣，乃鄙樸之周勃、少文之汲黯、不學之霍光。至於公孫宏、蔡義、韋賢，號曰儒者，而持禄保位，故宣帝謂俗儒不達時宜。使宣帝知真儒，何至雜伯哉？願平心察之，不可有輕儒名。」上喜其精洽，欲與之日夕論文。

德壽加尊號，必大曰：「太上萬壽，而紹興末議文及近上表用嗣皇帝爲未安。按建炎遥拜徽宗表及唐憲宗上順宗尊號册文，皆稱皇帝。」議遂定。趙雄使金，賫國書，議受書禮。必大立具草，略謂：「尊卑分定，或較等威；叔姪親情，豈嫌坐起！」上褒之曰：「未嘗論國書之意，而卿能道朕心中事，此大才也。」

兼權兵部侍郎。奏請重侍從以儲將相，增臺諫以廣耳目，擇監司、郡守以補郎官。尋權禮部侍郎、兼直學士院，同修國史、實録院同修撰。

一日，詔同王之奇、陳良翰對選德殿，袖出手詔，舉唐太宗、魏徵問對，以在位久，功未有成，治效優劣，苦不自覺，命必大等極陳當否。退而條陳：「陛下練兵以圖恢復而將數易，是用將之道未至；擇人以守郡國而守數易，是責實之方未盡。諸州長吏，倏來忽去，婺州四年易守者五，平江四年易守者四，甚至秀州一年而四易守，吏姦何由可察，民瘼何由可蘇！」上善其言，爲革二弊。江、湖旱，請捐南庫錢二十萬代民輸，上嘉之。

兼侍講、兼中書舍人。未幾，辭直學士院，從之。張説再除簽書樞密院，給事中莫濟封還録黄，必大奏曰：「昨舉朝以爲不可，陛下亦自知其誤而止之矣。曾未周歲，此命復出。貴戚預政，公私兩失，臣不敢具草。」上批：「王曮疾速譔入。濟、必大予宫觀，日下出國門。」説露章薦濟、必大，於是濟除温州，必大除建寧府。濟被命即出，必大至豐城，稱疾而歸，濟聞之大悔。必大三請祠，以此名益重。

久之，除敷文閣待制兼侍讀、兼權兵部侍郎、兼直學士院。上勞之曰：「卿不迎合，無附麗，朕所倚重。」除兵部侍郎，尋兼太子詹事。奏言：「太宗儲才爲真宗、仁宗之用，仁宗儲才爲治平、元祐之用。自章、蔡沮士氣，卒致裔夷之禍。秦檜忌刻，逐人才，流弊至今。願陛下儲才於閑暇之日。」

上日御毬場，必大曰：「固知陛下不忘閲武，然太祖二百年天下，屬在聖躬，願自愛。」上改容曰：「卿言甚忠，得非虞銜橛之變乎？正以讐恥未雪，不欲自逸爾。」升兼侍讀，改吏部侍郎，除翰林學士。

久雨，奏請減後宫給使，寬浙郡積逋，命省部議優恤。内直宣引，論：「金星近前星，武士擊毬，太子亦與，臣甚危之。」上俾語太子，必大曰：「太子，人子也，陛下命以驅馳，臣安敢勸以違命，陛下勿命之可也。」

乞歸，弗許。上欲召人與之分職，因問：「呂祖謙能文否？」對曰：「祖謙涵養久，知典故，不但文字之工。」除禮部尚書兼翰林學士，進吏部兼承旨。詔禮官議明堂典禮，必大定圜丘合宫互舉之議。被旨撰《選德殿記》及《皇朝文鑑序》。必大在翰苑幾六年，制命温雅，周盡事情，爲一時詞臣之冠。或言其再入也，實曾覿所薦，而必大不知。

除參知政事，上曰：「執政於宰相，固當和而不同。前此宰相議事，執政更無語，何也？」必大曰：「大臣自應互相可否。自秦檜當國，執政不敢措一辭，後遂以爲當然。陛下虚心無我，大臣乃敢自是乎？惟小事不敢有隱，則大事何由蔽欺。」上深然之。久旱，手詔求言。宰相謂此詔一下，州郡皆乞振濟，何以應之，約必大同奏。必大曰：「上欲通下情，而吾儕阻隔之，何以塞公論？」

有介椒房之援求爲郎者，上俾諭給舍繳駁，必大曰：「臺諫、給舍與三省相維持，豈可諭意？不從失體，從則壞法。命下之日，臣等自當執奏。」上喜曰：「肯如此任怨耶？」必大曰：「當予而不予則有怨，不當予而不予，何怨之有！」上曰：「此任責，非任怨也。」除知樞密院。上曰：「每見宰相不能處之事，卿以數語決之，三省本未可輟卿也。」

山陽舊屯軍八千，雷世方乞止差鎮江一軍五千，必大曰：「山陽控扼清河口，若今減而後增，必致敵疑。揚州武鋒軍本屯山陽者，不若歲撥三千，與鎮江五千同戍。」郭杲請移荆南軍萬二千永屯襄陽，必大言：「襄陽固要地，江陵亦江北喉襟。」於是留二千人。上諭以「金既還上京，且分諸子出鎮，將若何？」必大言：「敵恫疑虛喝，正恐我先動。當鎮之以靜，惟邊將不可不精擇。」

拜樞密使。上曰：「若有邊事，宣撫使惟卿可，他人不能也。」上諸軍升差籍，時點召一二察能否，主帥悚激，無敢容私。創諸軍點試法，其在外解發而親閱之。池州李忠孝自言正將二人不能開弓，乞罷軍。上曰：「此樞使措置之效也。」金州謀帥，必大曰：「與其私舉，不若明揚。」令侍從、管軍薦舉。或傳大石林牙將加兵於金，忽魯大王分據上京，邊臣結約夏國。必大皆屏不省，勸上持重，勿輕動。既而所傳果妄。上曰：「卿真有先見之明。」

淳熙十四年二月，拜右丞相。首奏：「今內外晏然，殆將二紀，此正可懼之時，當思經遠之計，不可紛更欲速。」秀州乞減大軍總制錢二萬，吏請勘當，必大曰：「此豈勘當時耶？」立蠲之。封事多言大臣同異，必大曰：「各盡所見，歸於一是，豈可尚同？陛下復祖宗舊制，命三省覆奏而后行，正欲上下相維，非止奉行文書也。」

高宗升遐，議用顯仁例，遣三使詣金。必大謂：「今昔事殊，不當畏敵曲徇。」止之。賀正使至，或請權易淡黃袍御殿受書，必大執不可，遂爲縞素服，就帷幄引見。十五年，思陵發引，援熙陵呂端故事，請行，乃攝太傅，爲山陵使，以明堂加恩，封濟國公。

十一月，留身乞去，上獎勞再三。忽宣諭：「比年病倦，欲傳位太子，須卿且留。」必大言：「聖體康寧，止因孝思稍過，何遽至倦勤！」上曰：「禮莫大於事宗廟，而孟饗多以病分詣；孝莫重於執喪，而不得自至德壽宮。欲不退休，得乎？朕方以此委卿。」必大泣而退。十二月壬申，密賜紹興傳位親札。辛卯，命留身議定。二月壬戌，又命預草詔，專以奉几筵、侍東朝爲意。拜左丞相、許國公，參政留正拜右丞相。壬子，上始以內禪意諭二府。二月辛酉朔，降傳位詔。翼日，上吉服御紫宸殿。必大奏：「陛下巽位與子，盛典再見，度越千古。」顧自今不得日侍天顏。」因哽噎不能言，上亦泫然曰：「正賴卿等協贊新君。」

光宗問當世急務，奏用人、求言二事。三月，拜少保、益國公。李巘草二相制，抑揚不同，上召巘令帖麻改定，既而斥巘予郡。必大求去。

何澹爲司業，久不遷，留正奏遷之。澹憾必大而德正，至是爲諫長，遂首劾必大。詔以觀文殿大學士判潭州。澹論不已，遂以少保充醴泉觀使、判隆興府，不赴。復除觀文殿學士、判潭州，復大觀。又坐所舉官以賄敗，降滎陽郡公。復益國公，改判隆興，辭，除醴泉觀使。

寧宗即位，求直言，奏四事：曰聖孝，曰敬天，曰崇儉，曰久任。慶元元年，三上表引年，遂以少傅致仕。

先是，布衣呂祖泰上書請誅韓侂胄，逐《陳自强》，以必大代之。嘉泰元年，御史施康年劾必大首唱僞徒，私植黨與，詔降爲少保。自慶元以后，侂胄之黨立僞學之名，以禁錮君子，而必大與趙汝愚、留正實指爲罪首。

二年，復少傅。四年，薨，年七十有九。贈太師，謚文忠。寧宗題篆其墓碑曰「忠文耆德之碑。」

自號平園老叟，著書八十一種，有《平園集》二百卷。嘗建三忠堂於鄉，謂歐陽文忠修、楊忠襄邦乂、胡忠簡銓，皆廬陵人，必大平生所敬慕，爲文記之，蓋絶筆也。一子，綸。

南宋書本傳

明錢士升撰

周必大字子充，家廬陵。紹興間，中博學宏詞科，召試館職。高宗讀其策，曰、掌制手也。孝宗踐祚，除起居郎。直前奏事，上曰：「朕舊見卿文，其以近作進。」上御經筵，必大奏：「經筵非爲分章析句，欲從容訪問，裨聖德，究治體。」先是，左右史久不除，記注壅積，必大請言動必書，兼修月進。權給事，繳駁不辟權倖。上曰：「意卿止能文，不謂剛正如此！」曾覿、龍大淵遷知閤門事，必大與金安節不書黃，奏曰：「陛下於政府侍從，欲罷則罷，欲貶則貶，獨於二人委曲遷就，恐人言紛紛未止也。」遂請祠去。久之，除祕書少監。鄭聞草必大制，上改竄其末，引漢宣帝事。必大奏曰：「陛下取漢宣帝之言，親制贊書，明示好惡。臣觀西漢所謂社稷臣，乃鄙樸之周勃、少文之汲黯、不學之霍光，至於公孫宏、蔡義、韋賢，號曰儒者，而持祿保位，故宣帝謂俗儒不達時宜。使宣帝有真儒(一)，何至雜伯哉！願平心察之，不可有輕儒名。」德壽加尊號，必大曰：「太上萬壽，而上表用嗣皇帝爲未安。按建炎遥拜徽宗表，及唐憲宗上順宗尊號册文，皆稱皇帝。」議遂定。趙雄使金，賫國書，議受書禮。必大立具草，略謂：「尊卑分定，或較等威；叔姪情親，豈嫌坐起？」上褒之曰：「未嘗諭國書之意，而卿能道朕心中事，此大才也。」一日，詔對選德殿，帝以在位既久，功未有成，治效優劣，苦不自覺，命必大等極陳當否。必大言：「陛下練兵以圖恢復，而將數易，是用將之道未至。擇人以守郡國，而守數易，是責實之方未盡。諸州長吏，倏來忽去，婺州四年易守者五，平江四年易守者四，甚至秀州一年而四易守，吏姦何由可察？民瘼何由可蘇？」上爲革二弊。張說再除簽書樞密院，給事中莫濟封還録黃，必大奏曰：「昨舉朝以爲不可，陛下亦知其誤而止之矣。曾未周歲，此命復出，貴戚預政，公私兩失，臣不敢具草。」必大遂予祠。說露章薦濟、必大，於是除必大建寧府。必大至豐城，稱疾歸。久之，除直學士院。上日御毬場，必大曰：「固知陛下不忘閱武，然太祖二百年天下，屬在聖躬，願自愛。」上改容曰：「卿言甚忠，得非虞銜橛之變乎？正以讐恥未雪，不欲自逸爾。」内直宣引，論：「金星近前星，武士擊毬，太子亦與，臣甚危之！」上俾語太子，必大曰：「太子，人子也。陛下命以驅馳，臣安敢勸以違命？陛下勿命之可也。」必大在翰林幾六年，制命温雅，周盡事情，爲一時詞臣之冠。除參知政事。上曰：「執政與宰相(二)，固當和而不同，前此宰相議事，執政更無語，何也。」必大曰：「大臣自應互相可否。自秦檜當國，執政不敢措一辭，後遂以爲當然。」有介椒房之援求爲郎者，上俾諭給舍繳駁，必大曰：「臺諫給舍與三省相維持，豈可諭意？不從失體，從則壞法，命下之日，臣等自當執奏。」上喜曰：「肯如此任怨耶？」必大曰：「當予而不予則有怨，不當予而不予，何怨之有！」上曰：「此任責，非任怨也。」除知樞密

(一) 有：《宋史》卷三九一《周必大傳》作「知」。
(二) 與：《宋史》卷三九一《周必大傳》作「於」。

院。上曰：「每見宰相不能處之事，卿以數語決之。」山陽舊屯軍八千，雷世方乞止差鎮江一軍五千，必大曰：「山陽控扼清河口，若今減而後增，必致敵疑。揚州武鋒軍本屯山陽者，不若歲撥三千，與鎮江五千同戍。」淳熙十四年，拜右丞相。封事多言大臣同異，必大曰：「各盡所見，歸於一是，豈可尚同？陛下復祖宗舊制，命三省覆奏而後行，正欲上下相維，非止奉行文書也。」高宗升遐，金賀正使至，或請權易淡黄袍御殿受書，必大執不可，遂爲縞素服，就帷幄引見。尋乞去，上獎勞再三，忽宣諭：「比年疾倦，欲傳位太子，須卿且留。」必大言：「聖體康寧，何遽至倦勤！」上曰：「禮莫大於事宗廟，而孟饗多以病分詣；孝莫重於執喪，而不得自至德壽宮。欲不退休，得乎？朕方以此委卿。」必大泣而退。十二月，密賜紹興傳位親札。拜左丞相，留正拜右相。上以内禪意諭二府。二月，降傳位詔。翼日，上吉服御紫宸殿，必大奏：「陛下巽位與子，盛典再見，度越千古，顧自今不得日侍天顔。」因哽咽不能言，上亦泫然曰：「正賴卿等協贊新君。」光宗即位，拜益國公。李巘草二相制，抑揚不同。上召巘，令帖麻改定。何澹爲諫長，劾必大，出判隆興。寧宗即位，致仕。嘉泰元年，御史施康年劾必大首倡僞徒，私植黨與，自是立僞學之名以禁錮君子，而必大與趙汝愚、留正指爲罪首。薨，謚文忠。寧宗題篆其墓碑，曰「忠文耆德之碑」。自號平園老叟，有《平園集》二百卷。嘗建三忠堂於鄉，謂歐陽文忠修、楊忠襄邦乂、胡忠簡銓，皆廬陵人，必大爲文記之，蓋絶筆也。

宏簡録宰輔列傳

明刑部員外郎仁和宏齋邵經邦撰

周必大，字子充，一字洪道，其先鄭州人。祖詵，卒廬陵，因家焉。父利建，太學博士，早卒。必大少英特，母督課。登第，授徽州户曹。舉博學宏詞，遷建康教授。轉太學録，召試館職，高宗讀其策，曰：「掌制手也。」授秘書省正字。俄兼國史編修，改監察御史。

孝宗踐祚，擢起居郎。上初御經筵，必大奏：「經筵非爲分章析句，乞從容訪問，務裨聖德，究治體。」上納之。命兼編類聖政所詳定官。時久缺左右史，記注壅積，令如舊制，兼修月進。尋權中書舍人。上以蜀邊爲憂，應詔上十事，皆切時弊。權給事中，繳駁不避權倖。翟婉容位官吏轉行礙法，曾覿、龍大淵遷知閤門，皆不奉詔。有旨切責曰：「給、舍爲人鼓扇，若太上時，安敢爾！」必大退而待罪。旬日又申前命，必大竟不行，遂請奉祠去。

久之，差知南劍州，提點福建刑獄。入對，願詔中外舉文武之才，區別所長爲一籍，藏禁中，以備緩急之用。除秘書少監、兼直學士院。鄭聞草詞，上親改竄，末引漢宣帝之言，明示好惡。必大因奏：「臣觀西漢所謂社稷臣，乃鄙樸之周勃，少文之汲黯，不學之霍光。至於公孫宏、蔡義、韋賢，號曰儒者，而持禄保位，故宣帝謂俗儒不達時宜。使帝知真儒，何至雜伯哉？願平心察之，不可有輕儒名。」上喜。德壽加尊號，以用嗣皇帝爲未安。按《建炎遥拜徽宗表》及《元和上順宗尊號册文》，皆稱皇帝，議遂定。趙雄使金，議受書禮，使具國書，稿略謂：「尊卑分定，或較等威；叔姪親情，豈嫌坐起！」上褒之曰：「朕未嘗諭意，而能道心中事。」尋兼權兵部侍郎。奏請重侍從以儲將相，增臺諫以廣耳目，擇監司、郡守以補郎官。再權禮部侍郎、兼國史、實録院同修撰。一日，上手詔舉唐太宗、魏徵問對，以在位久，功未有成，治效優劣，苦不自覺，命必大等極言。必大條奏：「陛下練兵以圖恢復，而邊將數易，是責任之道未至；擇人以守郡國，而長吏數易，是責實之方未盡。」上嘉納，爲革二弊。江、湖旱，請捐南庫錢二十萬代民輸。復中書舍人兼侍講。上怒其論張説遷官事，罷知建寧，稱疾而歸。久之，召除敷文閣待制，兼職如故。上勞之曰：「卿不迎合，無附麗，朕所倚重。」擢兵部侍郎兼太子詹事。勸上儲材以備他日：「昔太宗儲才爲咸平、嘉祐之用，仁宗所儲爲治平、元祐之用。自章、蔡沮喪士氣，秦檜忌刻人才，流弊至今。願痛懲之。」上以講習武事，口御毬場〔一〕，令武士擊毬。必大力陳，願自愛，上輒改容謝。時太子亦與司天奏金宿近前星，上俾語太子，對曰：「子職以順令爲常，陛下命以驅馳，臣安敢勸之？自今勿命可也。」

〔一〕口：當作「日」，《宋史》卷三九一《周必大傳》作「上日御毬場」，可證。

轉吏部侍郎，爲翰林學士。上欲得人共職，問：「呂祖謙能文否？」對曰：「祖謙涵養久，知典故，不但文字之工。」歷陞禮、吏二部，兼承旨學士。禮官議明堂典禮，迺定圜丘合宮互舉之議。久雨，請減後宮給使，寬浙郡積逋，命省部議優恤，從之。必大在翰林六年，制命温雅，周盡事情，爲一時詞臣之冠。

除參知政事。每遇大事，宰相不能處，輒以數語決之。上問：「執政於宰相，固當和而不同。前此議事，何獨無一語？」對曰：「大臣自應互相可否，自秦檜當國，執政不敢措一辭，後遂沿爲當然。陛下虚心無我，大臣乃敢自是乎？惟小事無隱，則大事何由蔽欺！」上深然之。久旱，手詔求言。宰相謂此詔一下，州郡皆乞賑濟，恐無以應。必大曰：「上欲通下情，而吾儕阻隔之，其如公論何。」有介椒房援求爲郎者，上諭給舍繳駁，必大曰：「臺諫、給舍與三省相維持，豈可諭意？命下之日，臣等自當執奏。」上喜。尋改知樞密院。奏山陽控扼清口，舊屯軍八千，今雷世方乞止差鎮江軍五千，若今減而後增，必致敵疑。不若歲撥揚州武鋒軍三千足之。郭杲又請移荆南軍萬二千屯襄陽，必大言：「襄陽固要地，江陵亦屬喉襟。乞留兵二千守江陵。金人還上京，上諭且分諸將出鎮。」必大又奏：「敵恫疑虚喝，正恐我先動。當鎮之以静。」

淳熙十一年，進樞密使。上諸軍升差籍，又創諸軍點試法，以時點召，察其能否；有自外解發，亦親閲之。主帥悚惕，無敢容私。池州李忠孝奏罷正將二人，上稱曰：「此樞使措置之效也。」金州闕帥臣，請令侍從、管軍共薦，毋得私舉。或傳大石林牙與金忽魯交兵，分據上京。必大勸上勿輕信。既而果妄。

十四年二月，拜右丞相。首奏：「今内外晏然，此正可懼之時，當思經遠之計，不可紛更欲速。」蠲秀州總制錢二萬緡。舉封事多言大臣同異，必大曰：「各盡所見，歸於一是，豈可尚同？自陛下復祖宗舊制，命三省覆奏，正欲上下相維，非止奉行文書已也。」高宗升遐，攝太傅爲山陵使，議用顯仁例，遣三使至金。必大言：「今昔事殊，不當曲徇。」賀正使至，或請易服御殿，必大執不可，乃縞素就帷幄引見。十五年，明堂加恩，封濟國公。十一月，留身乞去，孝皇奬勞再三。且諭以「朕將倦勤，正須卿留。」對曰：「聖體康強，何遽至是！」上曰：「事莫大於宗廟，而孟饗多以病攝；禮莫重於執喪，而不得常至德壽宫。欲不倦勤，得乎？」因密賜傳位親札，同留正議。拜左丞相、許國公。命預草詔，專以奉几筵、侍東朝爲言。二月辛酉朔降詔，必大奏：「自今不得日侍天顔。」因哽噎不能言，上亦泫然曰：「正賴卿等協贊新君。」光宗立，問當世急務，奏用人、求言二事。進少保、益國公。李巘草二相制，抑揚不同，遂求去。

何澹因舊憾劾之，除觀文殿大學士、判潭州。澹論不已，遂以少保充醴泉觀使，判隆興。又坐所舉監文思院常良孫犯贓遠配，降封榮陽郡公。

寧宗即位，求直言，奏聖孝、敬天、崇儉、久任四事。慶元初，加少傅致仕。

韓侂胄使御史施康年劾其首倡僞徒，私植黨與，降少保。

嘉泰二年，復少傅。四年，薨，年七十九。贈太師，謚文忠。御題神道曰「忠文耆德之碑」。

生平篤意正學，其徒多依之。自罹變後悉皆屏伏，餘者改易衣冠，以自别異。晚號平園老叟。著書八十一種，有《平園集》二百卷。嘗奉旨撰《選德殿記》、《皇朝文鑑序》，又建三忠堂，祀鄉人歐陽文忠修、楊忠襄邦乂、胡忠簡銓，爲文記之，蓋絶筆也。一子，綸。

周益國文忠公年譜

欽宗靖康元年丙午

是歲，公之外王父給事中靚知平江府〔一〕，皇考秦國公偕皇妣秦國夫人隨侍。

七月十五日巳時，公生於府治。

建炎元年丁未

五月，高宗即位，改元。

建炎二年戊申

是歲，大父秦公倅廬陵，皇考奉使湖湘，因挈家歸省。

建炎三年己酉

是歲，車駕在維揚。大父秩滿，入覲皇考，隨侍，薨於揚州。

建炎四年庚戌

紹興元年辛亥

紹興二年壬子

紹興三年癸丑

紹興四年甲寅

紹興五年乙卯　公年十歲〔二〕

紹興六年丙辰

是歲，外祖母衛國宋夫人過廬陵，皇妣奉大母秦國張夫人之命〔三〕，挈公及姊弟隨侍，寓於信州，乃命公從汴人陳持學。

紹興七年丁巳

是歲，衛國宋夫人薨，皇妣哀毀致疾。

紹興八年戊午

正月乙巳，皇妣秦國夫人薨。

二月壬申，權厝於州北茶山。時伯父金紫將漕廣東，道出上饒，挈公及姊弟以歸。

紹興九年己未

紹興十年庚申

是歲，金紫罷官北歸，公隨侍，留贛。

紹興十一年辛酉

紹興十二年壬戌

紹興十三年癸亥

紹興十四年甲子

紹興十五年乙丑　公年二十

紹興十六年丙寅　公年二十一

紹興十七年丁卯　公年二十二

是歲，金紫再守辰州，公侍行。

紹興十八年戊辰　公年二十三

紹興十九年己巳　公年二十四

是歲，金紫丁張夫人憂，公隨侍，歸贛。

紹興二十年庚午　公年二十五

〔一〕中：原無，據傅增湘校本（以下簡稱傅校本）補。

〔二〕公年十歲：原無，據四庫本、傅校本補。

〔三〕張：原無，據四庫本、傅校本補。

正月，合葬大父秦公、張夫人於吉州廬陵縣膏澤鄉金鳳山林。

是秋，公與廬陵薦送。

紹興二十一年辛未　公年二十六

是歲，公擢進士第，授左廸功郎、徽州司户參軍。司封郎官王公葆許以女妻公，公復歸贛。

紹興二十二年壬申　公年二十七

是秋，齊述叛。公徙居於吉。冬、權贛州雩都縣尉。

紹興二十三年癸酉　公年二十八

是歲，公親迎於平江之崑山。

紹興二十四年甲戌　公年二十九

十二月，改差監行在太平和劑局門。壬寅，到任，寓漾沙坑。

紹興二十五年乙亥　公年三十

紹興二十六年丙子　公年三十一

正月庚戌，子綸生。

六月己亥，晦。北鄰王運屬家火，延燒數十家，公坐是去官。時外舅王公守廣德，公挈家過之，因少留。

紹興二十七年丁丑　公年三十二

是歲，公舉博學宏詞科〔一〕，差充建康府府學教授，循左修職郎。〔制詞〕勅左廸功郎、新差充建康府學教授周必大：國家自紹聖以來，設詞學一科，蒐取異能之士。行之既久，所得爲多。肆朕中興，斯文益振。今試於春官者數十輩，而爾以粹文，獨與斯選。拔尤若此，陞秩匪褒。姑游泮宫，以俟甄擢。可特授左修職郎，差遣如故。周麟之行。

紹興二十八年戊寅　公年三十三

二月癸巳，到任。

紹興二十九年己卯　公年三十四

七月壬寅，漕檄考試宣城。

八月壬子朔，抵宣城，入試院。

九月丙戌，還官所。

紹興三十年庚辰　公年三十五

二月癸酉，除太學録。〔制詞〕左修職郎周必大，右可特授依前左修職郎、太學録，填見闕。勑左文林郎蔣芾等：朕恢復學校，崇重師儒，惟採擇之加詳，故除授之不數。以爾芾問學淵源〔二〕，甲科之選，其談經師席，以迪多士。以爾必大藻思駿發，詞學之英。其録於學事，以肅規矩。夫科目名也，職業實也，朕既以名取之，必試之以事，庶考爾之實焉，尚勉之哉！可依前件。葉謙亨行。

四月庚戌，供職。

六月，循左文林郎。

八月乙卯，子柔弟卒。

九月丁丑，公召試館職。戊戌，入和寧門，赴學士院試策。癸卯，除秘書省正字。〔制詞〕左文林郎、行太學録周必大等：特授依前左文林郎、秘書省正字。勑左文林郎、行太學録周必大等：蘭臺圖書之府，英俊是儲，然預遊其間者，必試之而後用，朕所以遵祖宗之訓也。以爾必大文詞之偉，早掇異科。爾大昌問學之優，有聲庠校。茲命策之翰苑，酬對可觀，宜輟成均之聯〔三〕，往正中祕之籍。益思涵

〔一〕舉：四庫本、傅校本作「中」。
〔二〕問學：四庫本作「學問」。
〔三〕宜：四庫本作「並」。

養，以俟簡求。可依前件。　楊邦弼行。

十月己巳，輪對後殿。

紹興三十一年辛巳　公年三十六

三月己丑，被宣赴垂拱殿受勑，充公試補試類試考校官。

四月庚午，改授左宣教郎。

十月丁亥，兼國史院編修官。

紹興三十二年壬午　公年三十七

五月庚子，除監察御史。〔制詞〕勑左宣教郎、秘書省正字、兼權國史院編修官周必大：朕招選時髦，儲之册府，以須不次之用，蓋亦居久而後察也。爾華贍之文，燦於給札，篤實之論，具於奏篇，斯固察識之矣。擢居憲府，助朕耳目，孰曰不宜？汝其雍容臺評，茂著賢業，其日新於譽處，式務稱於所蒙。可特授依前左宣教郎、守監察御史。

唐文若行。

六月，孝宗即位。

七月己酉，皇帝親饗太廟，攝光禄丞行事。壬戌覃恩，轉左奉議郎。〔制詞〕左宣教郎、守監察御史周必大，右可特授左奉議郎、依前守監察御史。勑左宣教郎、守殿中侍御史張震等：朕以初政之臨，祗奉慈訓，爰推慶澤，溥及萬方。凡爾有官，咸進厥秩。矧居臺省，親被寵光。往其欽承，以對休命。可依前件。　劉珙行。

八月戊寅，皇帝詣德壽宮，奉上太上皇帝〔二〕、太上皇后尊號册寶，奉勑舉太上皇后尊號寶行事。丁亥，除起居郎。〔制詞〕勑左奉議郎、守監察御史周必大：「典謨不作，惟勛華授受之心，與夫一時賡歌出治之道，世果得而傳耶。國家繼繼承承，赫然若前日事，固足以上追千載而無慚。予惟夙夜祇惕，以無忘元首股肱之戒，實自茲始。爾高詞懿學，拔自名場，茲副簡求，冠於螭陛。言動之記，汝得以親承；論思之職，汝得以參與。稽古在昔，二美斯存，尚勉猷爲，以光述作。可特授依前左奉議郎，試起居郎。　唐文若行。

九月丁未，兼編類聖政所詳定官。丁巳，兼權中書舍人，又時暫兼權給事中。

隆興元年癸未　公年三十八

三月甲辰，同金給事安節繳龍大淵、曾覿除知閤指揮。戊午入奏，以遷祔乞祠，主管台州崇道觀。

五月，至寧都，省尚氏姊。

六月壬午，至吉，寓居永和鎮本覺寺。

隆興二年甲申　公年三十九

乾道元年乙酉　公年四十

六月〔三〕，磨勘轉左承議郎。

十一月，再任台州崇道觀。

乾道二年丙戌　公年四十一

三月，尚氏姊卒。

十月，公如上饒，遷奉皇妣秦國夫人之柩歸廬陵。

十二月丁酉，襄奉於膏澤鄉長岡之原。別求輔穴，葬子柔，弟公，各爲之誌。

乾道三年丁亥　公年四十二

三月壬寅，攜家泛舟入浙省。外舅疾，乙丑，達宜興。

八月丙申，磨勘轉左朝奉郎。戊午，發宜興。

〔二〕奉：四庫本誤作「奏」。

〔三〕六月：四庫本作「夏六月」。

十二月丙申，至吉。

乾道四年戊子　公年四十三

四月，除權發遣南劍州。

乾道五年己丑　公年四十四

乾道六年庚寅　公年四十五

是歲，南劍闕到，當奏事。

四月丁亥，舟發永和。戊戌，至豐城。己亥，得省劄，改除閩憲。

閏五月己亥，抵崑山。

六月丁丑，祗受告命。〔制詞〕勅左朝奉郎、權發遣南劍州軍州主管學事、兼管内勸農事周必大：朕分遣使軺，敷求民瘼，謂與其試材於疏遠堙微之士(二)，則孰若借重於踐揚望實之人。兹端原隰之行，乃得絲綸之舊。將令遠俗，識我近臣。爾文挾春華，學推武庫。蜚聲場屋，兩枝仙桂之相高；寓直禁林，三峽詞源之爭騖。自厭承明之直，久嗟太史之留。兹俾按於祥刑，姑少觀於儒效。其謹六條之察，俾無庶獄之寃。佇訖外庸，嗣膺殊渥。可特授依前左朝奉郎、權發遣福建路提點刑獄公事、兼本路勸農提舉河渠公事，填見闕，仍借緋。　王秬行。

是日，入北關門。

七月壬辰，入和寧門，對於後殿。丙申，除秘書少監、兼直學士院。〔制詞〕勅左朝奉郎周必大：士之致遠，器識爲先，古有格言，朕嘗三復。故雖以科目取士，而不專以文藝用也。爾以儒術第進士，奮詞業，應爲時用，常顯於朝矣。比觀入對，益知涵養。兹釋憲臺之寄，俾從道山之游。峻直鑾坡，職清地邃。維少令參太史之事，庶資直諒；而北門當視草之任，正緊才華。若夫是古而非今，矜名以眩實，如俗儒所爲者，朕實鄙之。宜知所趨，以對休命。可特授依前左朝奉郎、試秘書少監、兼權直學士院。　鄭聞行。　是日，又受磨勘轉左朝散郎告。

九月戊子，兼國史院編修官、兼實録院檢討官。

十一月庚寅，車駕朝獻景靈宫太廟，壬午郊祀大禮，皆充讀册官行事。

乾道七年辛卯　公年四十六

正月丙子朔，大慶殿發太上皇帝、壽聖皇后加上尊號册寶，攝禮侍，奏嚴外辦。又差充舉保行事。

三月丁酉，上御正殿，授皇太子册寶，捧寶行事。

五月乙亥朔，兼權兵部侍郎。

七月壬辰，除權禮部侍郎。丁酉，有旨：仍兼權直學士院，陞同修國史實録院同修撰。〔制詞〕勅：朕遠稽載郁之文，監於二代，孰副維寅之命，僉曰伯夷。是咨能賢，俾貳掌禮。左朝散郎、試秘書少監、兼權直學士院、兼國史院編修官、實録院檢討官、兼權兵部侍郎周必大，尚古作者，爲時聞人。德性守於宫庭，常特立獨行而不顧；文聲諧於韶濩，有一唱三嘆之遺音。朕夙聞其摛藻之工，嘗試以出綸之任。乃常羊而難進(三)，雖回遠以益光。逮兹再見之期年，安有用賢而累日？亟躋禁列，以贊春卿。夫問揖遜之儀者，何足以治神人；聽鏗鏘而已者，何足以被動植？其頤中和之致，來資制作之成。益尊見聞，嗣有選任。可特授依前左朝散郎、權尚書禮部侍郎、兼權直學士院、兼權修國史實録院同修撰。　范成大行。

九月己卯，兼侍講。〔制詞〕勅：朕當萬幾之暇，玩好都捐；探六

(二) 之士：原脱，據四庫本、傅校本補。

(三) 常羊：四庫本作「方羊」，義同。

藝之歸，聖賢是對。光復金華之故事，博延虎觀之諸儒。左朝散郎、權尚書禮部侍郎、兼權直學士院、兼同修國史實録院同修撰、賜紫金魚袋周必大，富贍詞源，酌焉不竭，淵澄學海，測之益深。曩以才華，而收宏博之科；今以器識，而處直清之任。茂膺茲選，孰曰不宜？夫會有本源，豈在於斷句離章之末；約歸簡易，庶明於至德要道之端。罄爾多聞，副予遜志。可特授依前左朝散郎、權尚書禮部侍郎、兼直學士院、兼同修國史實録院同修撰，兼侍講賜如故。　林機行。

乾道八年壬辰　公年四十七

正月庚辰，時暫兼權中書舍人。

二月癸丑，張説、王之奇除簽樞，並上章辭免新命。公入奏，未敢撰不允詔草。乙卯，有旨：與在外宮觀，日下出國門。

六月己未，至吉。庚申，挈家入望雲門新居。

乾道九年癸巳　公年四十八

正月，除知建寧府。〔制詞〕勑左朝散郎、賜紫金魚袋周必大：言語侍從之臣，朕所望以朝夕論思、日月獻納者也。間有均佚於外，顧瞻在列，念之不忘，況嘗典朕三禮，分直北門，以有顯庸者乎！式圖爾居，莫如南服。爾宏才奥學，獨步一時。大册雄文，推高兩禁，簪筆入侍，知無不爲。乃眷賢勞，久安祠觀。建寧吾潛藩，其俗健武而尚氣，可以義服，不可以力勝，顧豈輕畀哉！昔王仲舒爲蘇州刺史，唐穆宗謂其文可思，最宜爲誥。朕於汝幾是矣。善撫吾民，嗣有異寵。可特授依前左朝散郎、知建寧軍府事、提舉學事、兼管内勸農事，替任文薦到，任成資闕，賜如故。　王淮行。　公再請祠，不允。

八月戊辰，挈家離吉。舟次豐城，復以疾告。

九月丁巳，提舉江州太平興國宫。

十月丁亥，公還吉。

淳熙元年甲午　公年四十九

正月，磨勘轉朝請郎。

四月戊寅，除右文殿修撰。〔制詞〕勑朝請郎、提舉江州太平興國宫、賜紫金魚袋周必大：朕臨朝思治，稽古右文。惟時著撰之華，晉與嚴凝之直。儻非名勝，曷副選掄？爾學探道源，才標國器。論事據昔人之正，能言推當世之工。蚤參兩禁之游，雅擅三長之譽。討論潤色，豈徒追鄭國之賢能；獻納論思，固已備漢臣之風采。粤從補外，久遂眷恬。即書殿以聯榮，俾儒林之增重。宜承眷渥，以俟甄陞。可特授依前朝請郎、充右文殿修撰，差遣、賜如故。　王淮行。

十二月，召赴行在。

淳熙二年乙未　公年五十

正月丙午，公離吉。

二月甲子，次餘干縣，省外姑。

三月庚子，入國門。壬寅，對於隱岫。癸卯，除敷文閣待制侍講。〔制詞〕勑：簪筆禁林，執經帝幕，有議論從容之益，無簿書倥傯之勞。自非名儒，不在茲選。朝請郎、充右文殿修撰、賜紫金魚袋周某，挺剛方之操，守端靜之規。早脱穎於羣英，即遍儀於華貫。起嗣真祠之逸，來膺宣室之咨。朕方稽二帝三王之心，以圖康乂；爾惟富六藝百家之學，宜共講明。爰錫蕡書，俾躋重席。茲益親於晝接，其備告於辰猷。可特授依前朝請郎、充敷文閣待制侍講，賜如故。　湯邦彦行。

六月壬戌，兼權兵部侍郎。

八月丁卯，兼直學士院。

閏九月癸丑，除兵部侍郎。〔制詞〕勑：國家之設武部，職固簡於周官。論思之屬從臣，任特隆於漢制。惟兼需於猷告，是每嘆於才難。

朝請郎、充敷文閣待制侍講、兼權兵部侍郎、兼直學士院、賜紫金魚袋周必大，事幾先見其微，議論不負所學。粤從閒館，召置西清。資爾文以黼黻予言，藉爾識以討謨古義。間者五兵之虚位，嘗令三組以交垂，迨此暇時，具尺籍五符而不調；廼能極意，夕修晝訪而有明。既不當積日以爲功，亦何待爲真於滿歲？其祗新渥，以究遠謨。教民而可以即戎，固無忌於率典；敬王則不陳非道，其益務於高心。可特授依前朝請郎、試尚書兵部侍郎、兼直學士院，賜如故。　程大昌行。

丁巳，兼侍講。〔制詞〕勑：朕惟總攬萬幾之餘，探賾六經之粹。於《春秋》繫事，雖因廣記而備言；然褒貶成文，莫非懲惡而勸善。疇咨宏博，入奉燕閒。朝請郎、試尚書兵部侍郎、兼直學士院、賜紫金魚袋周必大，名擅儒宗，學臻聖域。自徧儀於禁路，實備竭於嘉猷。既侍金華之講，以濬其淵源；又參玉堂之直，以攄其藻麗。肆爲真於武部，爰申命於邇英。俾加紬繹之勤，以助緝熙之益。載念仁皇可傳之法，深明仲尼不刊之書。丁度開其端，宋綬繼其後，皆嘗以從容之際，而見乎荅問之間。朕仰遵列祖之規模，方資折衷；爾其攷三《傳》之同異，以廣發揮。益思古訓之稽，庶獲多聞之效。可特授依前朝請郎、試尚書兵部侍郎、兼侍講、兼直學士院，賜如故。　蕭燧行。

十月丙申，兼太子詹事。

十一月戊申朔，大慶殿太上皇帝、壽聖皇后加上尊號册寶，權禮侍，押寶案。

十二月辛巳，磨勘轉朝奉大夫。〔制詞〕勑：周人序羣吏之勞，以八柄而馭貴；虞氏雖九官之列，猶三考而陟明。庸昭考核之公，不以崇卑而間。朝請郎、試尚書兵部侍郎、兼侍講、兼直學士院、兼太子詹事、賜紫金魚袋周必大，忠多裨益，朕所深知。禄位每加，身愈恭而退遜；閥閲所積，吏以時而舉颺。肆循品秩之常，爰行褒進之律。是云信賞，豈用賢而日月爲功；顧猶歷階，示惟君之名器不假。儻更論思而有補，會令猷念以相從。其究爾庸，以若茲訓。可特授朝奉大夫、依前試尚書兵部侍郎、兼侍講、兼直學士院、兼太子詹事，賜如故。　程大昌行。

淳熙三年丙申　公年五十一

正月丙辰，借兵部尚書、永寧侯，押伴金國賀正旦人使，御筵於赤岸。

三月辛未，德壽慶典，封管城縣開國男，食邑三百戶。〔制詞〕勑：朕爲歲歷相推，有運無積，慈極在上，常壽且康。八千爲春，平格之休滋至；五十而慕，燕寧之日方長。若時邇聯，宜同茲慶。朝奉大夫、試尚書兵部侍郎、兼侍講、兼直學士院、兼太子詹事、賜紫金魚袋周必大，靜淵以敏，亮直而文。爲言語侍從之臣，豊於裨益；凡君臣父子之懿，多所發揮。比從簪筆之班，誕揚奉册之意。覽而心善，知深中此情宜；古謂色難，喜獨臻於順適。以比周行之衆，當膺大賚之施。其啟封列爵之初，仍錫壤井腴之富。盍茂輪於忠藎，用上答於褒揚！可特授依前朝奉大夫、試尚書兵部侍郎、兼侍講、兼直學士院、兼太子詹事，特封管城縣開國男、食邑三百戶，賜如故。　程大昌行。

太上日曆成。

四月丙戌，轉朝散大夫。〔制詞〕勑：紹承天統，思協帝華。巍乎其有成功，具存三紀之政；寶之以爲大訓，宜垂四繫之文。繄予侍從之臣，嘗居太史之職，奏篇來上，第賞有差。朝奉大夫、試尚書兵部侍郎、兼侍講、兼直學士院、兼太子詹事、管城縣開國男、食邑三百戶、賜紫金魚袋周必大，學富而問多，氣和而守正。徧儀清近，蔚有聲光。書命之行，當時未有及者；禮樂之任，疑義皆取决焉。茲寓直於禁林，復陞華於講席。大典一出於其手，嘉謨屢沃於朕心。顧千卷之信書，藉諸儒之緒業。夷攷所居之官重，亮知載筆之功多。肆答賢勞，晉陞文秩。其對揚於休命，當嗣有於褒遷。可特授朝散大夫、依前試尚書兵部侍郎、兼侍講、兼直學士院、兼太子詹事，封賜如故。　劉孝韙行。

九月甲辰，兼侍讀。〔制詞〕勅：朕延宏博之英，侍清閒之燕。以六經載道，既詳究於指歸；顧列聖貽謀，其可忘於矜式。宜就陞於位次，俾進讀於朕前。覬大起於治功，豈直爲於觀美？朝散大夫、試尚書兵部侍郎、兼侍講、兼直學士院、兼太子詹事、管城縣開國男、食邑三百戶、賜紫金魚袋周必大，蚤以高明之學，偏揚華近之途。正直不同，多所論思之益；文章有體，形於播告之修。自參簪筆之聯，屢在横經之列。訪問多至中夕，顧待蓋非一朝〔二〕。時方率由於舊章，必求明習於故事。繫衆所望，非卿而誰？選耆儒以質史疑，朕豈愧開元之主；讀寶訓而先政體，爾當如康定之臣。可特授依前朝散大夫、試尚書兵部侍郎、兼直學士院、兼太子詹事、兼侍讀，封賜如故。　劉孝韙行。

十月丙子，文德殿發中宫册寶，進解嚴牙牌。

十一月壬子，上自太廟登玉輅，過青城。郊祀大禮，充執綏官。辛酉，赴璿璣觀，奏告奉安北斗神像。幹辦本宫霍汝弼傳旨賜香茶。

十二月丙子，車駕恭謝太乙宫，次詣璿璣觀，簪花御圃，對御酒三行，宣勸兩盞。丁酉，進封開國子，加食邑二百戶。〔制詞〕勅：玉輅以祀，時乃周道。若陞侍於左，執此良綏，則屬文學之臣，豈獨以密近爲榮？實蓄所聞，以俟有問。朝散大夫、試尚書兵部侍郎、兼侍讀、兼直學士院、兼太子詹事、管城縣開國男、食邑三百戶、賜紫金魚袋周必大，詳雅而釋回，齊莊而去僞。正立之容，廼有可觀。自進發廟門，至於壇宫，鸞鳴和應，匪匪翼翼，所以安予乘而肅民瞻也，其嘉汝有助哉！今熙事既成，所不愛於汝者，子爵之進也，采邑之加也。如使軍度戎物常以整備聞，則汝不負於寵命者在是。可特授依前朝散大夫、試尚書兵部侍郎、兼侍讀、兼直學士院、兼太子詹事，進封管城縣開國子、加食邑二百户，賜如故。　陳騤行。　乙未，除吏部侍郎。〔制詞〕勅〔三〕：國昌在於得士，政乂關於官人，不謹鑒銓則公平機息，弗清流品則倖冒實繁。雖設長以聽焉，庸擇才而貳此。朝散大夫、試尚書兵部侍郎、兼直學士院、兼太子詹事、兼侍讀、管城縣開國子、食邑五百戶、賜紫金魚袋周必大，性極謹密，體蹈忠醇，學足以裕詢咨，文足以華乎渙。立朝所以見節，而汝節之弗渝；臨事然後見能，而汝能之甚茂。眷久參於圻父，獲五戎咸整之稱；德宜亞於冢卿，底六敘備修之績。副予則哲，尚爾克勤。可特授依前朝散大夫、試尚書吏部侍郎、兼直學士院、兼太子詹事、兼侍讀，封賜如故。　陳騤行。

淳熙四年丁酉　公年五十二

祐陵實録成。

五月乙丑，轉朝請大夫。〔制詞〕勅：朕祗若皇猷，茂揚祖烈。惟祐陵在御，蓋踰兩紀之年；而實録之書，當傳萬世之信。中更放失，雖就編摩，念猶闕於舊聞，詔申加於載筆。奏篇來上，褒律是頒。朝散大夫、試尚書吏部侍郎、兼直學士院、兼太子詹事、兼侍讀、管城縣開國子、食邑五百戶、賜紫金魚袋周必大，學造淵源，文知體要。掌内外之制，居多潤色之功；歷講讀之官，備整切劘之益。茲勒成於大

〔二〕顧待：疑當作「顧侍」。又四庫本作「啓沃」，義長。

〔三〕勅：原脱，據四庫本補。

典，嘗允賴於良才。多所發明，爲之嘉歎。用叙遷於華秩，以顯答於舊勞。其體朕恩，益殫儒效。可特授朝請大夫、依前試尚書吏部侍郎、兼直學士院、兼太子詹事、兼侍讀，封賜如故。　劉孝韙行。　丁卯，除翰林學士。〔制詞〕勑：朕攷唐室之制，重翰苑之臣。謂文誥悉由中書，或有稽時之弊；以供奉改稱學士，實專密命之司。逮我本朝，用爲故事，恩禮加異，縉紳所榮。既非他才之可居，宜求已試而後用。朝請大夫、試尚書吏部侍郎、兼直學士院、兼太子詹事、兼侍讀、管城縣開國子、食邑五百戶、賜紫金魚袋周必大，心醇而履正，學廣而問多。早决異科，徧儀禁路。雖平居周密，不言温木之名；而議事雍容，時號粲花之論。洊寓鑾坡之直，屢當縟典之行。掩盛事於前聞，布大喜於天下。凡號令一出其手，猶卜筮罔不是孚。副予遴簡之懷，庸正久虛之席。豈特資於潤色，益欲備於疇咨。裁大議於中，是爲内相之職；舉至治之要，毋忘夜對之時。尚追配於古人，以永有於休譽。可特授依前朝請大夫、充翰林學士、知制誥、太子詹事、兼侍讀，封賜如故。　劉孝韙行。

六月辛巳，忠翊郎、學士院待詔錢滋宣召入院〔一〕。

七月甲子，兼修國史。

九月戊午，同宰執、侍從宣赴芙蓉閣，觀擊毬。次内宴選德殿，有和御製詩。

十一月庚申，磨勘轉朝議大夫。〔制詞〕勑：朕待非常之才，不次而用；計羣吏之治，應格乃遷。是雖甘泉之舊臣，不廢審官之常法。翰林學士、朝請大夫、知制誥、兼太子詹事、兼侍讀、兼修國史、管城縣開國子、食邑五百戶、賜紫金魚袋周必大，早由望實，亟踐清華。不名一長，實兼數器。以文章則擅常、楊書詔之美〔二〕，以顧問則備崔、高古今之知。典禮直哉惟清，作史質而不俚。倚切劘於經席，賴贊護於儲闈。學廣問多，歷揚益著；職親地禁，禮遇方隆。顧惟助朕之居多，奚待計功而後賞？用遷華秩，尚爾因歲月之成；亦使庶僚，知朕重器名之意。可特授依前大夫、依前充翰林學士、知制誥、兼太子詹事、兼侍讀、兼修國史，封賜如故。　劉孝韙行。

淳熙五年戊戌　公年五十三

正月己未，乞補外，降詔不允。

三月甲寅，被宣充御試舉人詳定官。

五月丁酉，對於隱岫，得旨：撰《選德殿記》。

閏六月丙午，進呈記文。

九月乙丑，中使李裕文傳旨：令書丙寅所進《書殿記》。壬申，車駕幸祕書省，賜宴右文殿。

十月戊申，轉中奉大夫。〔制詞〕勑：望蓬萊，隔弱水，嚴列聖之寶儲；約史記，修春秋，奮宿儒之鴻筆。肆予臨幸，宜有恩榮。翰林學士、朝議大夫、知制誥、兼太子詹事、兼侍讀、兼修國史、管城縣開國子、食邑五百戶、賜紫金魚袋周必大，學廣問多，量宏德粹。才兼數器，徧儀遠近之聯；史有三長，深明筆削之旨。逮茲清蹕之涖，備觀汗青之勞。爰錫賚書，序遷崇秩。萬世不刊之典，允賴鋪張；生平未見之書，彌勞紬繹。欽承茂渥，益告嘉猷。可特授中奉大夫、依前充翰林學士、知制誥、兼太子詹事、兼侍讀、兼修國史，封賜如故。　鄭丙行。　壬子，會慶節，攝殿中監，以盤盞授上公。

十一月壬戌，乞外祠，降詔不允，不得再有陳請。甲申，内

〔一〕召：四庫本作「詔」。
〔二〕常：四庫本作「長」。

直。申時三刻，宣至選德殿，別令中使引至新立所作記石之下，傳旨云：「《記文》詞采贍蔚，今初立石，召卿觀覽。」宣坐，賜酒賜茶，賜御書白居易《七德舞七德歌》一軸。丁亥，進《謝御書古風》一首。

十二月癸巳，除禮部尚書兼翰林學士。〔制詞〕勑：朕稽德於乾文，惟亨嘉之會以合禮；求治於履象，惟上下之辨以定民。實待人而後行，故設官而是掌。莫重文昌之位，用先清廟之才。翰林學士、中奉大夫、知制誥、兼太子詹事、兼侍讀、兼修國史、管城縣開國子、食邑五百戶、賜紫金魚袋周必大，識達顯微，學窮因造。商瑚夏璉，可方其質之温；虞韍周章，宜比其文之麗。與聞封拜之久，宜居出納之尊。予欲正國以權衡，則汝承；予欲納民於防範，則汝助。毋鄙殺蒸以爲末，毋輕縣蕞以爲迂。秩宗本直清，既已歸於姜伯；爲命工潤色，豈容欲捨於國僑。可特授依前中奉大夫、試禮部尚書、兼翰林學士、兼太子詹事、兼侍讀、兼修國史，封賜如故。 陳騤行。 丙辰，端明殿簽押，伴金國賀正旦人使御筵於都亭驛。

淳熙六年己亥　公年五十四

正月辛酉，上辛祈穀初獻官。

二月丙午，得旨撰《文鑑序》。

四月辛卯，進呈《文鑑序》。日曆成書，辛丑，轉中大夫。〔制詞〕勑：朕自膺傳緒，累年於兹，申命著廷，直書無隱。涉筆兼資於衆俊，汗青至溢於千編。凡與纂修，宜均恩渥。中奉大夫、試禮部尚書、兼翰林學士、兼太子詹事、兼侍讀、兼修國史、管城縣開國子、食邑五百戶、賜紫金魚袋周必大，學該百氏，才擅三長。頃爲中祕之游，實董承明之職。大則策，小則簡，迄用有成；藏之山，傳之人，可垂不朽。雖已還於舊次，亦備録於前勞。賞以視功，格當進秩，爰錫賛書之寵，用增從橐之華。可特授中大夫、依前試禮部尚書、兼翰林學士、兼太子詹事、兼侍讀、兼修國史，封賜如故。 李木行。

五月己未，乞外祠，降詔不允。丁卯，夏至祀皇地祇初獻官。東宮講《禮記》徹章。庚辰，轉大中大夫。〔制詞〕勑〔一〕：朕妙簡官僚，分講經術，喜《戴禮》一編之意，録儲闈百執之勤。宜被醲恩，莫先端尹。中大夫、試禮部尚書、兼翰林學士、兼太子詹事、兼侍讀、兼修國史、管城縣開國子、食邑五百戶、賜紫金魚袋周必大，賦性敦敏，造道深醇。敬以仁義，與言既罄論思之益；事無小大，皆統久兼詹省之官。嘉元良學問之寖成，實總正表儀之素立。屬訓解之終帙，因遷涉以疇庸。爾其祗我寵光，率汝僚屬，同勉漸摩之力，益思輔導之方。可特授大中大夫，依前試禮部尚書、兼翰林學士、兼太子詹事、兼侍讀、兼修國史，封如故。 李木行。

九月庚午，上自太廟登玉輅，入麗正門。明堂大禮，充執綏官。癸未，請對，乞外祠。

十月乙酉朔，上批：「依已降詔不允，不得再有陳請。」戊子，從駕過太乙宮璿璣觀，對御五盞。乙未，進封開國伯、加食邑三百戶。〔制詞〕勑：朕蒐太室之儀，舉明禋之典。將事之夕，尚烟雲之蔽虧；降福自天，俄月星而明概。廼眷侍臣之列，助予毖祀之修。宜均餕惠之施，載錫光華之寵。大中大夫、試禮部尚書、兼翰林學士、兼太子詹事、兼侍讀、兼修國史、管城縣開國子、食邑五百戶周必大，道全德粹，才周氣宏。夙夜在公，咸仰儀刑之懿；謀猷告后，備殫啟沃之忠。予方翼翼而小心，汝皆濟濟而敬事。含商吐角以達和豫，焫蕭燎膋而升苾芬。神游宴娭，景貺昭答。清明咫矣，慶熙

〔一〕勑：原脱，據四庫本補。

事之備成；福履綏之，豈朕躬之專鄉〔一〕，載稽彝典〔二〕，並渙恩榮。進涉執圭，申陪食賦。昭事上帝，朕允懷寅畏之誠；精白一心，爾尚罄交修之效。可特授依前大中大夫、試禮部尚書、兼翰林學士、兼太子詹事、兼侍讀、兼修國史、進封管城縣開國伯、加食邑三百户，如故〔三〕。　鄭丙行。　壬子，金國賀會慶節人使朝辭，被旨入驛押宴。

十一月丙辰，除吏部尚書、兼翰林學士承旨。〔制詞〕勅：天官綜敘羣才，翰苑對揚密旨。冠侍臣之首選，極儒生之至榮。非望高於一時，曷身兼於二任？大中大夫、試禮部尚書、兼翰林學士、兼侍讀、兼太子詹事、兼修國史、管城縣開國伯、食邑八百戶周必大，德全至粹同，道造大原。早躐殊科，事朕初載。發言抗論，嚴徐皆義理之文；摛藻掞庭，常揚得制誥之體。總領數職，勤勞百爲。勸讀邇英，直筆東觀。春官典禮，履聲直上於星辰；東宮爲僚，國木自成於羽翼。比懇欵以求佚，爲眷懷而少留。宜司銓部之崇，仍陟金鑾之長。豈惟人才品藻，若水鑒之清明；抑使號令文章，還古風而粹正。往祗茂渥，益勵遠猷。可特授依前大中大夫、試吏部尚書、兼翰林學士承旨、兼侍讀、兼太子詹事、兼修國史，封如故。　鄭丙行。　丁巳，內批：「周必大已除吏部尚書兼翰林學士承旨，天官事繁，今後非特旨撰述，其餘並免。」再入奏免兼承旨，降詔不允。

淳熙七年庚子　公年五十五

正月己未，金國賀正人使朝辭，被旨入驛押宴。

四月己酉，請對，乞外祠。庚戌，拜不允詔，入第二劄。辛亥，上批：「依已降詔不允，不得再請。」

五月乙卯，講筵，讀《三朝寶訓》終篇，賜金匣、端硯、鞍馬。丁巳，賜御筵於秘書省道山堂。己未，進謝表并詩。戊辰，除參知政事。御藥吴回宣押至都堂。己巳，門司謝安道宣押赴內殿，綴新班，賜茶。戊寅，受經筵徹章轉通議大夫告。〔制詞〕勅：朕若稽祖訓，覽《三朝治要》之書；進讀經帷，資一代儒臣之彦。久矣閱歲，茲焉終篇。肆疇陪侍之勤，庸是褒陞之寵。大中大夫、試吏部尚書、兼翰林學士承旨、兼侍讀、兼太子詹事、兼修國史、管城縣開國伯、食邑八百戶周必大，見聞博洽，操履端方。堯舜之道陳王前，備形獻替；文武之政布方策，尤藉指明。矧朕開虎門訪問之初，而爾司螭陛記注之任。始終入奉，裨益居多。屬並敘於賢勞，宜莫先於舊德。爰推賞典，用陟文階。雖禁從崇班，顧何論禄秩；然朝廷故事，姑往服於恩榮。可特授通議大夫、依前試吏部尚書、兼翰林學士承旨、兼侍讀、兼太子詹事、兼修國史，封如故。施師點行。

又授參知政事告，進封滎陽郡侯，加食邑四百戶。〔制詞〕勅：尚書喉舌之司，命令由之出納；大臣股肱之任，紀綱賴以維持。宜得時髦，俾參國柄。通議大夫、試吏部尚書、兼翰林學士承旨、兼侍讀、兼太子詹事、兼修國史、管城縣開國伯、食邑八百户周必大，性端而道直，才周而識宏。文追作者之風，學通時務之要。黄鍾諧衆律，備涵太極之和；砥柱屹中流，坐閱百川之注。朕自初載，擢於近塗，謀猷悉罄於忠嘉，操履克全於堅正。承明三入，精白一心。黄麻似六經之醇，久掌絲綸之命；天官據羣才之會，獨專冰鑑之明。經幃日效於論思，宫尹首資於調護。總領衆職，勤勞數年，枚數廷臣、無出其右。博稽人望，素已允孚。延登兩社之崇，協贊萬微之化。爾其開衆正之路，通羣下之情。調娱盡納於泰和，豫備迄成

〔一〕鄉：此通饗，四庫本作「饗」，可證。
〔二〕載：原作「再」，據四庫本改。
〔三〕如故，原無，據四庫本補。

於整暇。噫！名盛而人斯責望，益宜砥節以守公；本強則朝有精神，允賴折衝而壓難。欽予時訓，同底丕平。可特授依前通議大夫、參知政事，進封滎陽郡開國侯、加食邑四百戶、食實封一百戶。鄭丙行

六月丙戌，遷居政府。戊子，入謝德壽宮，太上皇帝面賜御書千文一軸。

七月壬戌，同提舉詳定一司勅令。甲子，中使賜生日牲餼、米麪、羊酒。己卯，禱雨天慶觀聖祖殿。

八月癸巳，以旱災，乞行黜責。甲午，宣押者再，御筆不允。己亥，雨，賜酒果。

九月丙辰，謝雨聖祖殿。辛酉，季秋祀上帝，初獻官。

十月丁未，會慶節，入驛押伴金國人使宴。

十二月丙戌，《四朝史志》成，宰執赴史院觀書。主管諸司傳旨：賜酒賜香葯。丙午未時，隱岫奏事，曲宴。

淳熙八年辛丑　公年五十六

正月庚午，轉通奉大夫，加食邑五百戶。〔制詞〕勅：祖功宗德，昭奕世之規模；帝典皇墳，新一時之述作。肆覽成編之奏，聿嚴邃閣之儲。緊我洪儒，宜旌舊績。通議大夫、參知政事、同提舉詳定一司勅令、滎陽郡開國侯、食邑一千二百戶、食實封一百戶周必大，學根於六藝，文繼於兩京。以淵乎似道之資，抗卓爾不羣之志。徧儀槖從，嘉謀嘉猷之備聞；亟踐柄塗，立政立事之無闕。克究經綸之蘊，蔚爲廊廟之華。朕述神廟之丕彝，迄獻陵之盛際，敷求俊乂，裒次章程。仰觀俯察之具陳，大綱小紀之咸載。凡詔厥後，畢志於篇。聖繼聖，明繼明，既全灝噩之體；筆則筆，削則削，允資潤色之功。茲第賞於勞能，頃實多於論輯。庸超命秩，併衍戶畬，粹厥寵章，光其汗簡。噫！建八書而廣十志，有嘉傳信之公；熙庶績而釐百工，尚賴同寅之助。往祇明訓，益懋遠圖。可特授通奉大夫，依前參知政事、同提舉詳定一司勅令，加食邑五百戶、食實封二百戶。木待問行。

四月甲戌，宣押赴講筵，聽讀《正說》終篇〔二〕，御藥院吏持賜目，賜金帶、象簡。己卯，賜御筵道山堂。

五月戊子，同宰執以霖雨乞用慶曆故事，一相兩參皆降官，以塞災異。降詔不允。

十月乙丑，會慶節，入驛押伴金國人使宴。

十一月庚辰，冬至祀上帝，初獻官。

淳熙九年壬寅　公年五十七

五月乙未，留身乞罷政，即往仙林寺。門司楊皓宣押至堂，復過寺中。晚受不允詔。丙申，門司甘昺宣押赴後殿，再上表退。至省中，中使茶湯訖，復上馬，過仙林。有旨不放出，行李不得先出，通進司不得接文字。晚再受不允詔。丁酉，門司李肅宣押赴朝，復宣押至堂。

九月庚午，除知樞密院事。門司李肅宣押赴院治事。丁亥，受告，仍進封滎陽郡公，加食邑四百戶。〔制詞〕勅：朕由祖宗之舊章，分文武之二柄。雖廟堂無甲兵之問，每思遠以憂深；而夙夜惟宥密之基，宜責專而任重。疇咨近弼，晉長洪樞。通奉大夫、參知政事、同提舉詳定一司勅令、滎陽郡開國侯、食邑一千七百戶、食實封三百戶周必大，學造精微，氣全剛大。自登名於賢級，遂接武於清班。問古今則富於崔、高，掌詔誥則求之元、白。極禮樂文章之選，罄論思獻納之忠。獨步鑾坡，久陪經幄。言天下事足以任股肱之寄，

〔二〕說：原作「統」，據四庫本、傳校本改。

從吾子游足以成羽翼之功。爰繹師虞，陟參機政。講求時病，屢試囊中之方；通達事情，不拘紙上之語。載嘉丕績，無愧昔人。厚重如勃而文有餘，明斷如瑜而才則過。是用畀以本兵之柄，俾收蓋世之勳。肆予之垂拱仰成，賴爾之謀猷入告。噫！制挺撻秦楚，特兵家一勝之常；廣厦論唐虞，有廟筭萬全之策。往祇明訓，同底丕平。可特授依前通奉大夫、知樞密院事，進封滎陽郡開國公，食邑四百戶、食實封一百户如故〔一〕。　宇文价行。　辛巳，明堂大禮，充儀仗使。

十月己酉，車駕詣太乙宮璿璣觀，簪花對御，五盞兩勸〔二〕。已未，會慶節，入驛押伴金國人使宴〔三〕。

十一月甲戌，正謝，加食邑五百戶。〔制詞〕勅：朕祇率舊章，薦修大饗。合祛天地，備殫齋畏之誠；並侑祖宗，式昭功德之報。克贊鉅典，實賴元樞。逮茲踐事之初，宜錫均釐之慶。通奉大夫、知樞密院事、滎陽郡開國公、食邑二千一百户、食實封四百户周必大，才高識遠，德厚器宏。外無浮實之名，内有顧言之行。久參機政，嘉旦夕承弼之勳；晉陟本兵，基夙夜宥密之命。屬明禋之載講，陪使列以先期。六服羣辟，咸視於羽儀；千乘萬騎，兼資於督護。侍冕旒而展采，踐籩豆以薦馨。禮三獻而肸蠁通，樂六變而風馬降。永孚神貺，備著賢勞。肆增衍於井封，仍陪敦於圭食，以昭眷渥以侈邦彝。噫！國之大事在祀戎，已顯肅雝之助；治之二柄惟文武，更資道德之威。益畢厥心，並受其福。可特授依前通奉大夫、知樞密院事、加食邑五百戶、食實封二百户、封如故。　宇文价行

十二月戊午，赴喜雪御筵於尚書省。

淳熙十年癸卯　公年五十八

二月壬子，未時再奏事隱岫，賜酒五行。

三月癸未，車駕幸玉津園，宣赴江亭，賜酒三行。

七月乙亥，禱雨社稷壇。是日，以旱災乞罷黜，宣押降詔不允者再。又辭免生日牲餼。丙子，御批：「還政引災，已難狥請，續齡錫慶，何必預辭！」辛巳，雨，宣賜酒果。丙戌，謝雨社稷壇。

十月癸丑，會慶節，入驛押伴金國人使宴。

十一月庚寅，冬至祀昊天上帝，初獻官。

淳熙十一年甲辰　公年五十九

正月己亥，入驛押宴。

六月庚申，文德殿宣麻，除樞密使。御葯鄧從訓宣押赴院治事，有旨：「立班恩數，並依宰臣。」辛酉，御藥謝安道宣押赴新班。壬戌，鄧從訓賜不允批答。癸亥，門司劉光祖賜不允斷章批答。己巳，殿門受告，仍加食邑一千戶。〔制詞〕門下：斗極之臨四海，中經天緯之熙；神樞之幹萬兵，右躐政途之峻。眷我爽邦之哲，率時基命之嚴。曁闡廸於賢猷，盍登昭於使範？飭宣丕號，告錫治廷。通奉大夫、知樞密院事、滎陽郡開國公、食邑二千六百户、食實封六百戶周必大，端亮而粹夷，篤誠而宏裕。問學貫九流之邃，文章追三代之醇。早會休辰，寖敷美業。洪鐘發簴，隱然天地之和；華玉昭庭，允矣邦家之寶。雅積經綸之望，進毘密勿之謨。管攝羣微，治克先於上策；輯柔四外，勢端在於本朝。閱歲方深，運籌滋劭。朕大明陟典，申簡茂榮。趣陞位次之崇，增畀事權之重。提綱斯在，肅太武於本兵；衍渥維新，極隆名於宥府。移兹多

〔一〕如故：原無，據四庫本補。按「如」前當脱一字。
〔二〕盞：四庫本作「杯」。
〔三〕國：四庫本無。

邑，益以真租。載示殊褒，載昭良績。於戲！德有常而立武，要資政事之修；機不密則害成，當謹謨猷之告。往究規恢之藴，訖臻勵翼之勳。緊若元臣，詎煩深詔！可特授樞密使，依前通奉大夫、加食邑一千戶、食實封四百戶，封如故，主者施行。　李巘行。

十月甲子，宣宰執聽講《未濟卦》終篇。

十一月丙戌朔，賜御筵道山堂，御藥吴回傳旨，賜鞍馬、笏帶、香茶。

淳熙十二年乙巳　公年六十

正月辛卯，上辛祀昊天上帝，初獻官。

二月丁卯未時，清華閣再奏事，曲宴酒五行。戊辰，内侍鄭大亨批目子，賜出格茶龍團勝雪、潘衡墨。

六月庚辰，入奏，乞依慶曆二年故事，命宰相兼樞密使。辛巳，御批：續聽處分。

十一月辛丑，郊祀大禮，充儀仗使。

十二月庚戌，朔大慶殿發太上皇帝、壽聖皇后加上尊號册寶，權中書令，前導赴德壽宮，奉册讀册行事。先是，又充書册文官。

淳熙十三年丙午　公年六十一

正月癸巳，受南郊加食邑一千户告。〔制詞〕門下：執嘉牲而見帝[一]，禮莫盛於精禋；奉明德以祈天，任聿崇於顯相。朕欽承鴻祐，順攷彌文。蕆郊執以備成，沛恩休而溥洽。粤我本兵之寄，膺時進律之褒。渙有寵章，格於公聽。通奉大夫、樞密使、滎陽郡開國公、食邑三千六百户、食實封一千户周必大，材宏濟物，道重覺民。以真儒無敵之資，運籌乎帷幄；以賢人可大之業，典職乎樞機。風化翼宣，而持之以寬洪；智畧輻輳，而本之於醇正。得守文之體於有要，明防患之端於未形。朝廷賴以尊安，方内聞而悦穆。協氣宣臻於穹壤，彝儀秩舉於家邦。當一陽肇旅於黄鐘，適三歲親祠於紫時。明禮備樂，集風馬以來歆；寢威盛容，煥雲龍而在列。使端攸建，祀事惟寅，儼前導以肅雝，迄告成而顯毖。宜疇懿績，用錫慶條。俾衍拓於戶租，示亟蒙於祭福。於戲！懋馨香之治，既丕享於神明；嚴宥密之基，益究勤於夙夜。尚祗美況，共濟宏圖。可特授依通奉大夫、樞密使、滎陽郡開國公、加食邑一千户、食實封四百戶，主者施行。　李巘行。

二月，德壽慶典，轉正議大夫、加食邑一千戶。〔制詞〕門下：皇天眷命以爲君，懋寧親之要道；聖人太德而得壽，申冠古之鴻名。朕履緒明昌，膺圖宏遠。肆崇昭於丕册，庸茂衍於多祺。廼眷本兵之賢，有嘉秉筆之懿。哀疏涣渥，敷誥治廷。通奉大夫、樞密使、滎陽郡開國公、食邑四千六百戶、食實封一千四百戶周必大，明允惠和，端醇簡亮。學傳道域，孟荀羽翼於六經；言協忠規，益稷股肱於庶事。自服賛襄之任，久資康濟之才。紓畧術於前籌，積功庸於右府。使權增重，儒效孔昭。大臣之慮四方，洞幾微於未兆；司馬之掌九法，消姦虓於無形。和氣交孚，縟儀備舉。會慈宸之介祉，勒寶牒以揚輝。彌文精琬琰之書，盛事軼篇圖之載。庭闈叠慶，自天永錫於萬年；帷幄酬勳，與相貴同於一等。方頒曠澤，載飾豐章。以德懋官，升峻班朝之秩；因田制賦，陪荒奠食之封。併示殊榮，式存茂奬。於戲！養莫大於天下，聿開備順之符；樞始得其環中，共廣愛欽之化。誕惟勵翼，服此顯褒。可特授正議大夫、依前樞密使、滎陽郡開國公、加食邑一千戶、食實封四百戶，主者施行。　李巘行。

四月癸亥，孟夏祀上帝，初獻官。丙子，宣召宰執聽讀陸贄奏

〔一〕嘉牲：四庫本作「特牲」。

議終篇。

五月癸未，赴秘書省御筵。

九月丙寅，入奏乞外祠，徑過仙林寺。御藥闕禮宣押赴院，降詔不允。丁卯，御藥張安中宣押赴朝奏事，再納劄子申前請。張安中復宣押赴院，有旨：通進司都門、臨安府本府依時上馬，不許般移。再降詔，不許再請。

十二月戊寅，赴喜雪御筵於中書省〔二〕。

淳熙十四年丁未　公年六十二

二月丁亥，文德殿宣麻，轉光禄大夫、右丞相、加食邑一千户、食實封四百户。御藥劉興祖宣押赴都堂治事。庚寅，門司鄭大亨賜不允批答。癸巳，御藥劉興祖賜不允、斷來章批答。甲午五更，御藥黄邁宣押赴朝，立新班，提舉國史院、提舉編修國朝會要提舉勑令。己亥，殿門受告。〔制詞〕門下：分政柄於東西，久重樞廷之任；咨廟謨於左右，並崇宰路之瞻。迺眷鴻儒，實嚴宥命。越在本兵之長，進登次相之尊。爰告昕朝，式敷坦制。正議大夫、樞密使、滎陽郡開國公、食邑五千六百戶、食實封一千八百戶周必大，行醇而守正，識茂而憲周。經綸包萬變之微，綜彙洞群言之奥。修身有道，審觀君子之樞機；正色在朝，稔著賢人之德業。運帷籌於密勿，增國體於安強。天下之務惟幾，沉究英謀之秘；儒者之效已試，寖更華歲之多。茲疇弼直之良，務簡忠勞之最。熙帝之載，禮特厚於奮庸；代天之工，職敢輕於理物！匪資碩望，孰懋宏猷。儀圖爾能，夾輔予治。乾臺彪列，象益炳於六符；廟鉉爕和，勢更隆於九鼎。峻陟文淵之秩，申開采邑之封。稽於崇階，萃此徽渥。於戲！唐虞建官之制，莫先百揆之司；周召作輔之勳，實出羣賢之表。予欲上參於盛際，汝其遠紹於前修。陰陽調則庶類遂其宜，刑政清則蒸民樂其業。內俾紀綱之大振，外臻疆宇之永寧。咸思翊贊之方，庸體倚毘之意。尚恢績用，奚竢訓辭！可特授光禄大夫、右丞相，依前滎陽郡開國公、加食邑一千戶、食實封四百户，主者施行。

李巘行。

三月甲寅，遷居右相府。

五月戊申，夏至祀皇地祇。甲寅，臣僚論王謙。以嘗論薦，待罪。降詔不允。

六月丁酉，禱雨皇地祇。辛卯，以旱災乞罷政，往浙江亭。宣押者四，降詔不允者再。

七月壬子，禱雨圜壇，充亞獻。是日，具奏乞免生日牲餼，又同王丞相、黄參政乞減俸。御筆：並依所乞。丁卯，雨。

八月壬申，奏謝皇地祇。辛卯，御筆：宰執復舊俸。

十月癸酉，太上皇帝服葯，祈禱皇地祇。是月，撰《高宗謚册文》。

淳熙十五年戊申　公年六十三

三月癸卯，從憲節皇后謚册寶入太廟，奉册授寶行事。乙巳，從高宗謚册寶入德壽宮，奉册授寶行事。甲寅，高宗梓宮進發，攝太傅持節前導靈駕，及奠謚寶，監掩攢宮。

四月辛未，回達江下，內侍梁彬傳宣撫問，賜銀合茶藥。甲戌，延和奏事。己丑，明堂御札降，奏告皇地祇。

五月丁巳，差提舉編修玉牒，再具奏乞改差留正權御筆批依。

九月己亥，明堂大禮，朝獻景靈宮，初獻官。辛丑，大享明

〔二〕於中書省：四庫本作「於尚書省」。

堂，充大禮使。辛酉，正謝，進封濟國公，加食邑一千戶、食實封四百戶。〔制詞〕門下：明堂布政之宫，飭親承於神祀；大臣事君以道，咨咸享於天心。眷言顯相之賢，屬舉宗祈之禮。緊首崇於使範，爰踵錫於靈鼇。丕號播修，羣工典聽。光禄大夫、右丞相、滎陽郡開國公、食邑六千六百戶、食實封二千二百戶周必大，高明而博達，端亮而醇深。以儒者之宗，苞古今而會極；負天下之重，懋夙夜以奮庸〔二〕。方顓鈞軸之司，罙峻階符之望。朝倫僉穆，政體日新。繇心德之交孚，措邦家之底乂。粤此季秋之饗，冠於列辟之趨。靈瑣揭虔，肅分於嘉；薦總期昭報，祇協於精禋。辨章咸秩於彌文，勵翼具敷於碩畫。肆兹拜貺，迄用告成。方歆至治之馨香，宜溥湛恩之汪濊。顧惟宅揆，可後疏榮？稽疇公社之華，進啟國封之渥。衍荒圭食，陪實井腴，以罊大猷，以蕃徽數。於戲！恭默而賚予弼，敢忘尊帝之誠；緝熙而單厥心，庸倚佐王之效。尚欽斯訓，益纘乃勳。可特授依前光禄大夫、右丞相，進封濟國公、加食邑一千戶食、實封四百戶，主者施行。李巘行。

十月甲戌、乙亥，恭謝景靈宮。丙子，恭謝太乙宮及本命殿、璿璣觀。

十一月乙未，公留身，乞罷政。上宣諭傳位太子之意：「朕方以此委卿，不須留劄子。」

淳熙十六年己酉　公年六十四

正月己亥，文德殿宣麻：轉特進左丞相，進封許國公，加食邑一千戶、食實封四百戶。壬寅，御葯關禮宣押綴新班。是日，以制詞不自安，乞祠，徑過靈芝寺。關禮宣押赴堂，復出靈芝寺。癸卯，御葯鄭邦憲宣押赴國忌行香，出北關，泊仁和館。御藥張安仁宣押歸私第。丙午，後殿奏事退，乞免從駕。御藥黃邁就殿門傳旨上馬，相繼行馬從駕回，宣押至私第。丁未，李巘知寧國府，黃邁就堂賜批答不允。己酉，門司李彦正賜批答。己未，正謝。〔制詞〕門下：帝咨百揆以亮工，蓋取衆賢之協；王命六官而分職，莫如冢宰之尊。朕稽述洪猷，儀圖俊德。睠弼諧於歧路〔三〕，俾登冠於台司。誕有明綍，格於公聽。光禄大夫、右丞相、濟國公、食邑七千六百戶、食實封二千六百戶周必大，道推先覺，行灺大儒。稟直方之氣，而濟以疏通之才；廓高遠之識，而輔以醇正之學。瞭若蓍龜之兆，理灼見於古今；確然金石之姿，節靡渝於夙夜。踐更二府，酧酢萬幾。自特進於國鈞，廼備宣於賢韞。謀謨乎上，足以康庶事；表厲乎下，足以正羣工。陰陽理而物遂其宜，社稷安而國蒙其利。比由顓任，期以首台。望罙峻於中朝，位宜崇於上相。紫綬金印之寵，即廊肆以不移；黄耳玉鉉之輝，與泰符而增煥。褒勑斯至，倚屬匪輕。政已治則尤務於調和，勢以安則當思於振飭。肆華資之超進，仍名社之序陞。衍拓爰租，申陪真食。併從令典，式備優恩。於戲！仲虺爲左相，於湯實懋日新之德；高平觀故事，於漢益明時用之宜。化惟久可以有成，志惟堅可以有立。使茂業克安於萬世，則令名無愧於前人。勉廸訓言，欽承眷意。可特授特進、進左丞相，封許國公，加食邑一千戶、食實封四百户，主者施行。李巘行　是日，内批兼提舉玉牒、監修日曆。

二月壬戌，光宗受禪，登寶位。

三月辛卯，文德殿宣麻：轉少保，進封益國公，加食邑一千戶、食實封四百戶。〔制詞〕門下：朕祗奉慈謀，欽承丕緒。任大

〔二〕懋：原作「茂」，據四庫本、傅校本改。

〔三〕路：四庫本作「體」。

守重，豈夙夜之敢康；謨明弼諧，繄股肱之攸賴。眷予上宰，爲國宗臣。既久翊於熙朝，茲首裨於初政。宜邀異渥，以答殊勳。爰輯廷紳，誕敭詔綍。特進左丞相、許國公、食邑八千六百戶、食實封三千戶周必大，忱恂而博達，端亮而粹夷。經濟之才，足以開物而成務；淵源之學，始於誠意而正心。頃自機廷，晉登揆路。修明百度，雖小物而克勤；酬酢萬微，遇大事而能斷。民瞻益聳，國勢愈強。仰惟壽皇聖計。屬茲繼體，方慶澤之廣覃；其於褒功，詎徽章之可後！肆升華將舉內禪，厥既傳之以道，又復遺之以賢。乃升冠於冢司，俾務成於於亞保，庸增重於元台。併開大國之封，申衍爰田之食。式昭睠遇，深厚倚毗。於戲！聖賢相逢治畢張，宿已彰於成效；后臣克艱政乃乂，今方竚於嘉猷。益究乃心，奚俟多訓！可特授少保，依前左丞相，進封益國公，加食邑一千戶、食實封四百戶，仍令所司擇日備禮冊命，主者施行。　倪思行。　公五具辭免，皆降詔不允。辛丑，乞序位在嘉王之下，御批不允。

四月丙寅，皇帝親饗太廟，充禮儀使。

五月乙未，乞解機政，降詔不允，宣押如儀。丙申，入第二、第三、第四奏。是日，諫議大夫上殿。丁酉，除觀文殿大學士、判潭州。〔制詞〕門下：三孤洪化，允資弼亮之謨；十國爲連，更賴蕃宣之略。任雖殊於內外，寵不異於始終。爰即昕廷，誕揚丕號。少保、左丞相、益國公、食邑九千六百戶、食實封三千四百戶周必大，量宏而識遠，德鉅而才全。文高黼黻之華，學富經綸之妙。忠勤體國，孜孜而無不爲；通敏濟時，綽綽乎有餘裕。繫天下之重望，結慈扆之深知。預大政而執洪樞，迭司二柄；躐次相而登上宰，光輔兩朝。舜傳有詔於詒謀〔二〕，益贊克裨於繼治。肆陞亞保，增峻元臺。肱股良而庶事康，方觀成效；紀綱張而衆目舉，甫立宏規。俄遽露於需章，願亟還於相印。諭旨丁寧而莫奪，陳情堅確而弗移。既雅志之重違，在茂恩而宜厚。是用付以長沙之巨屏，俾作牧於上游；寵以書殿之大名，仍通班於左棘。罔替眷懷之渥，式昭體貌之優。進退有光，觀瞻咸聳。於戲！作舟檝汝用，惜不爲於朕留；毋金玉爾音，尚樂殫於我告。勉祗明訓，益懋外庸。可特授觀文殿大學士，依前少保、判潭州軍州事、兼管內勸農營田使、充荆湖南路安撫使、馬步軍都總管，益國公，食邑食實封如故，主者施行。　倪思行。　壽皇御筆：賜金器香茶。戊戌，再上辭免，仍乞以元官奉祠。殿中侍御史乞因辭勉從所請。是日，除醴泉觀使。戊申，次宜興。

七月乙亥，泝江。

九月戊辰，至吉。

紹熙元年庚戌　公年六十五

三月二日，孫顥生。

十月戊申，除判隆興府。〔制詞〕勑：潛藩督府，夙推地望之雄；舊弼名臣，不替睠懷之厚。屬茲謀帥，亶謂得賢。爰錫褒綸，式昭茂渥。少保、充醴泉觀使、益國公、食邑九千六百戶、食實封三千四百戶周必大，身端而行備，學富而才華。才無施而不宜，言所厎而可績。光輔兩朝之治，具著忠忱；獨高三事之班，允膺休寵。自祠庭之均逸，亦歲籥之已更。眷言江湖之都，上應翼軫之次。與我共理，實藉於循良；視邦選侯，莫如於名德。是用起之閑適，任以蕃宣。孤棘所臨，俾方維之增重；鄉枌是統，在晝繡以尤榮。既素稔於民情，宜易施於善政。噫！召伯之教明於南國，有遺愛之不忘；韋丹之功被於八

〔二〕詔：原作「助」，據四庫本、傅校本改。

州，尚良規之可考。勉祇明命，無愧昔人。可依前少保、特授判隆興軍府事、兼管内勸農營田使、充江南西路安撫使、馬步軍都總管，封、食實封如故。　倪思行。　公入奏再辭免，降詔宜不允〔一〕。

紹熙二年辛亥　公年六十六

八月壬午，除觀文殿學士，判潭州。〔制詞〕勅：書殿通班，無若延恩之俊；價藩作屏，尤推連帥之崇。眷言寅亮之賢，久遂燕閑之適。肆申前命，用起舊人。少保、充醴泉觀使、益國公、食邑九千六百戶、食實封三千四百戶周必大，經綸全才，羽翼宿望。光輔重華之治，進位冢司；親逢一道之傳，弼予初政。乃剡章而有請，祈上印以歸休。寵以學士之隆名，畀以長沙之巨鎮。旋易祥源之使領，洊閲歲華；近剖豫章之守符，屢勤諭旨。莫移素守，姑遂雅懷。朕惟均勞逸者雖人主之恩，分憂顧者實大臣之誼。是用再頒初詔，俾殿上游。噫！周公分東陝之權，益使侯方之重；召伯明南國之教，坐觀民俗之醇。尚體眷懷，亟祇褒渥。可依前少保、特授觀文殿學士、判潭州軍州事、兼管内勸農營田使、充荆湖南路安撫使、馬步軍都總管，封食實封如故。　倪思行。　三辭免，降詔不允。

十一月己巳，至潭。郊恩加食邑一千戶、食實封四百戶。〔制詞〕門下：周祀昊天，頌播肇禋之美；漢祠雍畤，史嚴初見之書。朕踐祚以來，卜郊云始。考丕彝而循舊，煥縟典以惟新。眷言寅亮之賢，實任藩宣之寄。宜攽褒綍，用錫神釐。少保、觀文殿學士、判潭州軍州事、兼管内勸農營田使、充荆湖南路安撫使、馬步軍都總管、益國公、食邑九千六百戶、食實封三千四百戶周必大，端肅而惠和，忱恂而閎達〔二〕。貳公洪化，首毘初政之成；十國爲連，載倚上游之重。甫開藩而作牧，阻相祀以趨班〔三〕。輪貢篚以在庭，入包茅而供祭。迨茲竣事，可後疏恩。爰增採邑之封，采聳幹方之望。於戲！姬

公之分東陝，莫陪入祼之儀；賈傅之在長沙，孰對受釐之問。肆因均福，尤切注懷。尚體眷私，益殫忠蓋。可依前少保、觀文殿學士、判潭州軍州事、兼管内勸農營田使、充荆湖南路安撫使、馬步軍都總管、益國公，加食邑一千戶、食實封四百戶，主者施行。　倪思行。

紹熙三年壬子　公年六十七

六月甲子，受復觀文殿大學士告。〔制詞〕門下：朕序進臣工，率循彝憲。惟延恩之峻職，在書殿以最高；惟學士之大名，非舊弼而莫畀。眷予亞保，作牧上游。爰播明緡，洊頒前命。少保、觀文殿學士、判潭州軍州事、兼管内勸農營田使、充荆湖南路安撫使、馬步軍都總管、益國公、食邑一萬六百戶、食實封三千八百戶周必大，道隆致主，德盛格天。顓魁柄於兩朝，用密藏於輔贊。典方維於十國，績藹著於藩宣。聲實愈孚，眷懷采厚。朕若稽皇祐，加獎昌朝。始刱紫宸之穹班，用極鴻儒之殊寵。矧如宿望，有邁昔賢。故於上印之時，嘗煥出綸之渥。茲申初詔，殆踰華衮之榮；式茂新恩，盡復青氊之舊。以示至公之道，以昭馭貴之權。丕聳民瞻，增雄帥閫。於戲！賢者素輕乎富貴，夫豈計得失之間；朝廷莫重於名器，蓋將寓黜陟之典。往祇猷訓，益懋勳庸。可依前少保、特復觀文殿大學士、判潭州軍州事、兼管内勸農營田使、充荆湖南路安撫使、馬步軍都總管，益國公、食邑、食實封如故，主者施行。　倪思行。　公再入奏辭免，降詔不允，不得再有陳請。

七月庚申，坐舉監文思院常良孫，降滎陽郡公。〔制詞〕門下：國家設薦舉之科，所以廣求才之路；嚴保任之法，所以懲失實之愆。

〔一〕不：四庫本無。
〔二〕閎：原作「宏」，據傳校本改。
〔三〕以：原作「之」，據傳校本改。

欲昭示於至公，爰必行於近列。眷時舊弼，允謂宗臣。偶累知人之明，可逃絀爵之罰？肆敷訓告，用協彝章。少保、觀文殿大學士、判潭州軍州事、兼管内勸農營田使、充荆湖南路安撫使、馬步軍都總管、益國公、食邑一萬六百戶、食實封三千八百戶周必大，德茂恢洪，道存忠恕。班莫高於九棘，寄方重於十連。以人事君，夙著秉鈞之日；舉賢報國，晚堅推轂之誠。屬一時管庫之卑，乃再世臺臣之後。徒知名閥之是取，弗悟僞言之見欺。既貪墨之有聞，尋察覺而奚及！雖非深咎，難廢薄懲。稍鐫公社之封，仍厚邑租之入。庶申儆戒，靡替眷懷。於戲！過可知仁，已初心之曲諒；復斯無悔，尚後效之勉圖。其體隆寬，以綏吉履。可依前少保、觀文殿大學士，判潭州軍州事、兼管内勸農營田使、充荆湖南路安撫使、馬步軍都總管，降榮陽郡開國公，食邑、食實封如故。主者施行。　倪思行。

紹熙四年癸丑　公年六十八

八月丙辰，受復益國公告。〔制詞〕門下：行法由近而始，厥既示天下以公；知人自昔所難，要當諒君子之過。矧已臻於滿歲，宜俾復於舊封。誕布明綸，式孚群聽。少保、觀文殿大學士、判潭州軍州事、兼管内勸農營田使、充荆湖南路安撫使、馬步軍都總管、降榮陽郡開國公、食邑一萬六百戶、食實封三千八百戶周必大，德全而才鉅，識遠而量宏。勳在兩朝，望尤高於左棘；政成九牧，詠咸美於《甘棠》。頃景慕於前脩，肆矜録其後裔。遂乖保任，有昧賢愚。繆舉必懲，罰雖加於絀爵；閱時云久，恩可後於滌瑕！爰按邦彝，叙還公社。以謹馭臣之典，以彰補過之休。於戲！胙土分茅，茲全歸於賜履；推賢報國，其勿替於初心。茂對寵光，益殫忠藎。可依前少保、觀文殿大學士，判潭州軍州事、兼管内勸農營田使、充荆湖南路安撫使、馬步軍都總管，特叙復益國公，食邑、食實封如故。主者施行。　倪思行。

十月己酉〔一〕，改判隆興府。癸丑，辭廟。甲寅，交印。乙卯，出城。

紹熙五年甲寅　公年六十九

正月庚午，至吉。戊寅，判隆興府，告至。〔制詞〕勅：詔起東山，已報長沙之政；符分南服，尚提新府之封。乃睠元台，載揚明訓。少保、觀文殿大學士、判潭州軍州事、兼管内勸農營田使、充荆湖南路安撫使、馬步軍都總管、益國公、食邑一萬六百戶、食實封三千八百戶周必大，閎深而肅括，堅正而裕和。極論思獻納之工，盡輔贊彌縫之用。始終一節，光顯三朝。進退百官，聚英才而在列；總領衆職，任大事以不疑〔二〕。方安藥館之閑，往鎮藩方之遠。眷懷不替，委寄則均。政化流傳〔三〕，有顯上公之分陝〔四〕；威名孚洽，共期大老之歸周。惟此南昌，尤爲要地。爰命三孤之重，式遄十乘之行。矧爾寓居之鄉，實今賜履之下。既喜衮衣之寖近，抑知晝綉之有光〔五〕。先聲所臨，羣聽自聳。噫！令行庭戶，當還帶牛佩犢之風；福及京師，更致自葉流根之效。來綏四國，式憲萬邦。可依前少保、觀文殿大學士、特授判隆興軍府、兼管内勸農營田使、充荆湖南路安撫使、馬步軍都總管，封、食實封如故。　樓鑰行。　丁亥，拜辭免不允詔，入第二奏。

二月丁巳，受醴泉觀使勅。

五月甲子，今上即位，準詔言事。

〔一〕十月：四庫本作「十二月」。

〔二〕不疑：原作「攸宜」，據《攻媿集》卷三八《周必大判隆興府制》、傳校本改。

〔三〕傳：《攻媿集》卷三八作「行」。

〔四〕顯：《攻媿集》卷三八作「類」。

〔五〕綉：《攻媿集》卷三八作「綿」。

八月甲寅，宣麻轉少傅，加食邑一千戶、食實封四百户。〔制詞〕門下：朕祇膺駿命〔一〕，寅紹丕圖。舊弼偃藩，甫遂内祠之佚；霈恩進律，是升亞傅之崇。乃輯羣工，用敷渙號。少保、觀文殿大學士、充醴泉觀使、益國公、食邑一萬六百户、食實封三千八百户周必大，道隆而德備，實茂而聲閎。自有書契以來，悉能該綜。首以詞章之選，入踐清華。西掖北門，周旋累歲，高文大册，震耀四方。逮參秉於事樞〔二〕，尋進專於國柄。謀謨經遠，任社稷以不疑；精神折衝，撫華夷而咸肅。久辭相印，起殿帥垣。退爲緑野之游，自適東山之志。眷冲人之嗣服，方歌求助之詩；想元老以興懷，嘗下乞言之詔。兹頒異數，就陟孤卿。夏篆通擅，班寝高於左棘；衮衣赤舄，禮增焕於三槐。仍衍故封，併增真食。於戲！嘆股肱之美，庸加貳公洪化之名；進葯石之規，式究致君澤民之藴。尚孚明命，毋有遐心。可特授少傅，依前觀文殿大學士、充醴泉觀使，益國公，加食邑一千戶、食實封四百戶令所司擇日備禮册，命主者施行。 樓鑰行。 公入奏及上表辭免，皆降詔不允。

十月甲子，上遣閤門簿書武功大夫趙嗣祖、承受成忠郎王松賜少傅告，再上表辭免，降詔不允。四入奏乞回受，有旨：依所乞。九月，明堂加食邑一千戶、食實封四百戶。〔制詞〕門下：朕嗣守邦國，肇修宗祀。父天母地，祭既重於合祛；尊祖敬宗，禮尤嚴於並侑。予一人越紼以行事，爾多士奉璋而侍祠。爰眷舊以興思〔三〕，詎慶條之可後〔四〕誕敭渙號，敷告昕庭。少傅、觀文殿大學士、充醴泉觀使、益國公、食邑一萬一千六百戶、食實封四千二百戶周必大，簡重而閎深，直方而膚敏。典誥上規於姚姒，詞章遠軋於漢周。弼亮兩朝，未究經綸之藴；鎮安四海，有懷康濟之功。偃藩南國之雄，均逸東山之勝。比以霈恩之渥，升之亞傅之崇。注想不忘，乞言方切。屬伸大報，爰啟合宫。載謀載惟，聖父嘗頒於先甲；我將我享，季秋乃卜於仲辛。熙事既成，蕃釐來介。申衍多田之賦，仍加真食之封。於戲！明堂王者之堂，方荷神休之答；三老天下之老，宜先祭澤之施。尚廸遠猷，永綏殊寵。可依前少傅、觀文殿大學士、充醴泉觀使、益國公、加食邑一千戶、食實封四百戶。主者施行。 樓鑰行。

十一月辛亥，公還新第，蓋貢院舊基。公嘗預薦於此，乃名堂曰「充賦」。東偏闢園數畝，地勢坦夷，名之曰平，自號平園老叟。

慶元元年乙卯 公年七十

正月丁亥朔，三上表乞引年致仕。

七月庚寅，宣麻轉少傅致仕，加食邑一千戶、食實封四百戶。〔制詞〕門下：援禮經而告老，大臣所以循止足之規；稽邦典以疏恩，人主所以茂褒崇之渥。朕眷懷耆舊，渴想高風，揚於大庭，竦乃羣聽。少保、觀文殿大學士、充醴泉觀使、益國公、食邑一萬一千六百戶、食實封四千二百戶周必大，才宏而識遠，行峻而氣和。其學以致知爲先，其文以明道爲本〔五〕。有一德如伊尹，任重保衡；亮四世如畢公，望隆壽俊。身雖繫於軒冕，心常樂乎丘樊。頃辭洪井之麾，復領祥源之使。年齡甫及，筋力未衰。而乃叠貢封章，懇還官政。朕惟賜幾而不得謝，蓋具著於前彝；垂車以保其榮，殆難從於雅志。勉

〔一〕祇：據文義，當作「祗」。
〔二〕秉：原作「柄」，據《宰輔編年錄》卷一九引改。
〔三〕爰眷舊：《攻媿集》卷四五《周必大加食邑實封制》作「眷舊弼」。
〔四〕詎：《攻媿集》卷四五作「顧」。
〔五〕明：傅校本改作「鳴」。

諭優賢之旨，莫回勇退之祈。念重違於悃誠，宜優加於體貌。是用陞班孤傅，載申成命之休；增賦爰田，仍衍真租之食。以示寵光之備，以昭名節之全。孰不嘆息於賢哉，足以興起乎聞者〔二〕。於戲！進夫棘位，益資洪化之謨；迎以蒲輪，尚有乞言之禮。惟深於道者，無殆辱之累；惟忠於國者，何仕止之殊。往綏壽祉之多，勿替謀猷之告。可特授少傅，依前觀文殿大學士、益國公致仕，加食邑一千户、食實封四百戶。令所司擇日備禮册命，主者施行。　倪思行。

慶元二年丙辰　公年七十一

慶元三年丁巳　公年七十二

三月戊子，綸倅臨川，公作《十以箴》送行。

十一月，郊恩，加食邑一千戶、食實封四百戶。〔制詞〕門下：清廟茅屋，王入祼以展容；甘泉竹宫，臣臨壇而拜貺。維皇家之懿觀，侈舊弼之陪班。駿奔而執豆籩，唯飭司存之典；鴻飛而歸衮繡，庶咨尊老之詢。雖隔儀刑，特優慶澤。少傅、觀文殿大學士致仕、益國公、食邑一萬二千六百戶、食實封四千六百戶周必大，中和而簡亮，精密而閎深。究百氏之異同，亦歸於道；漱六藝之芳潤，以昌其文。積粹望於四朝，紀茂庸於兩祊。既明且哲，早遂潔身。俾壽而臧，久安介福。屬藏初郊之歲，聿嚴並侑之恭。冬授策於泰元，迄展奉瑄之禮；夜受釐於宣室，逈凝前席之思。飭增行於豊腴，亶褒榮於冲逸。不遐有佐，遹觀厥成。嗚呼！熙漢畤，雍神休，曾阻侍祠之列；保魯邦，錫公嘏，尚懷夾輔之規。祗繹隆恩，永綏令祉。可依前少傅、觀文殿大學士致仕、益國公，加食邑一千戶、食實封四百戶。主者施行。

傅伯壽行。

慶元四年戊午　公年七十三

慶元五年己未　公年七十四

慶元六年庚申　公年七十五

九月，明堂，加食邑一千戶、食實封四百戶。〔制詞〕門下：朕因時而興禮，練日以交神。蓐收御辰，適萬寶西成之際；房宿占象，飭九筵南鄉之儀。孝奉天地之臨，靈承祖宗之侑。竣事方頒爲祭餕，疏恩豈後於耆英。錫以明緡，告於列位。少傅、觀文殿大學士致仕、益國公、食邑一萬三千六百戶、食實封五千戶周必大，器資偉亮，業履清醇。閎中肆外之文，本於殫洽；經體贊元之用，懋乃弼諧。夙躋位棘之班，久遂垂車之佚。鄉黨欽其德行，神明相其壽祺。屬稽三歲之經，載肅四阿之宇。禮崇越紼，祀不敢以廢尊；胙有均釐，惠靡忘於及下。因念累朝之宿望〔三〕，屢陪大典之休成。以温室之詞，代宣於祭澤；以烈文之輔，助格於臨心。今雖適於里居，顧可稽於邦賚。申陪多井之賦，併衍其畬之封。以廣祐休，以昭敬異。於戲！罔不惜祀，是爲商家之隆；未有遺年，亦繇虞氏而始。朕欲兼全於斯義，時庸加奬於舊臣。祗服徽章，益綏純嘏。可依前少傅、觀文殿大學士致仕、益國公，加食邑一千戶、食實封四百戶。主者施行。　陳宗召行。

嘉泰元年辛酉　公年七十六

二月，監察御史覺察呂祖泰上書，及公姓名，特降少保。〔制詞〕勅：大臣從故里之安，務曲全於優禮；王者審治朝之聽，曾可廢於公言。肆予纂紹於丕圖，稽古率循於茲道。有衆弗協，固難獨私。少傅、觀文殿大學士、益國公致仕、食邑一萬四千六百戶、食實封五千四百戶周必大，身受國恩，名推時望。文章議論，早膺烈祖之選掄；典禮時幾，尤重慈皇之注倚。歲月推移於三紀，風雲感會於千

〔二〕乎：傅校本作「于」。

〔三〕累：原作「先」，據傅校本改。

齡。翕九德以敷施，寧分同異；裹二人而有合，罔間初終。庶全天下之爲公，不愧先民之時若。乃拂協和之義，浸罹奮昵之偏。馴致狂生，扇成僞習。視群才之進退，分私黨之盛衰。沿類相從，殆水流而火就；暢萌以泯，幾陰長而陽消。慨流弊之及今，謂造端之自汝。尤指元台之重，欲遄退傅之歸。自爲明哲之保身，則異於是；有匪《春秋》之責備，不在茲乎！駭輿論之沸騰〔一〕，溢臺評之枚數。獨念辭榮之久，固應用罰之寬。姑抑穹班，庸儆有位。棄人間事而學輕舉，知久忘寵辱之驚；引里俗譏而志窮愁，諒一洗愛憎之累。尚休晚末，無負隆寬。可特降授少保，依前觀文殿大學士、益國公致仕，食邑、食實封如故。　邵文炳行。

嘉泰二年壬戌　公年七十七

四月庚子，綸赴贛倅，公有詩送行。

十二月，内批復元官。

嘉泰三年癸亥　公年七十八

正月丙子，受復少傅告。〔制詞〕門下：混同天下而一之中，亶示大公之道；體貌大臣而厲其節，載疏馭貴之恩。眷言緑野之英，偶麗丹書之籍。復孤卿而睎舊，涣寵數以維新。播告大廷，誕敷明命。降授少保、觀文殿大學士、益國公致仕、食邑一萬四千六百戶、食實封五千四百戶周必大，閎深而簡重，温裕而剛方。博物洽聞，貫百家九流之奥；高文大册，追三代兩漢之醇。思陵愛其有制誥之才，孝廟識其真宰輔之器。贊虞舜垂裳之制，久毖於明謨；洎神禹若帝之初，力裨於新政。庶官無曠，百職惟熙。懇辭機務之繁，旋俾保釐之重。衣錦動故鄉之喜，建旟陞亞傅之崇。進退可觀，始終罔間。時事靡聞於掛口，家居惟樂於著書。駭匹夫狂悖之上聞，乃片言詿誤之併及。既有疑於三至，始薄褫於一階。朕方建皇極而融會於黨偏，尊重闈而濡浹於慶施。申念先朝之遺老，僅同下國之靈光。寧屈彝章，以全晚節！屬外親之詣闕，在更生初豈與知；貶宫保以居閒，矧彥博已嘗得謝〔二〕。爰侈便蕃之渥，盡還寅亮之聯。仍方社之舊封，示安居之偉觀。於戲！福威惟辟，朕庶幾偕命偕復之公；明哲保身，爾固無三仕三已之累。益綏壽履，祗服恩私。可特復少傅，依前觀文殿大學士、益國公致仕，食邑一萬四千六百戶、食實封五千四百戶。主者施行。

顏棫行。

五月壬子，綸被審察之命。

十月，綸除大理司直。壬子，益國夫人王氏薨。

十一月，郊祀，加食邑一千戶、食實封四百戶。〔制詞〕門下：朕三酌彌文，恭承明祀。王入太室，首嚴祼鬯之儀；帝臨中壇，載舉燎熏之禮。荷靈斿之來霈，宜國胙之均頒。乃睠舊人，亶謂耆德。爰孚渙號，臨告明廷。少傅、觀文殿大學士致仕、益國公、食邑一萬四千六百戶、食實封五千四百戶周必大，器量宏深，才猷通敏。有覺德行，夙並駕於淵騫；發爲文章，蓋上規於姚姒。早被聖神之睠，浸膺廊廟之求。翊贊兩朝，密勿敷陳之際；始終一節，雍容進退之間。蹇蹇王臣，皤皤國老。遂閒館珍臺之適，乘安車駟馬之榮。千里封公，啟梁州之沃壤；三孤命秩，兼文殿之隆名。竊觀日至之圭，虔奉雲陽之玉。神光交燭，是宜降福之多；祭澤旁流，可後加田之寵？茲爲異數，允屬宗工。於戲！奉郊廟之精禋，雖莫陪於顯相；緒旂常之成績，亦何愛於褒嘉！其服茂恩，益堅晚節。可依前少傅、觀文殿大學士致仕、益國公，加食邑一千戶、食實封四百戶。主者施行。　莫子純行。

〔一〕輿：原作「異」，據四庫本改。

〔二〕已：四庫本作「之」。

嘉泰四年甲子　公年七十九

三月甲申〔二〕，葬益國夫人於廬陵縣儒林鄉斗岡之原，公爲誌銘。

十月旦，公薨於正寢，享年七十有九。遺奏聞，上輟朝兩日，贈太師，賻銀絹一千疋兩。〔制詞〕勅：朕遵先王之法言，念今日祖風之未遠；感故國之喬木，嘆當時朝士之無多。睠言調鼎之英，久遂掛冠之適。忽遺言之來諗，詎愍册之可稽！故少傅、觀文殿大學士致仕、益國公、食邑一萬五千六百戶、食實封五千八百戶周必大，智周萬殊，學鏡千古。以文華國，豈惟莊、騷、太史之工；以道事君，屢展稷、契、皋陶之畫。初振詞臣之譽，旋疇真宰之庸。既練習於國章，尤精通於世務。亮衆采于台極，烈祖恃爲股肱。捧大明於天衢〔三〕，聖父資其羽翼。頃以棘班之峻，往分帥閫之權。雖餞於郿者有以册申伯之勳，然浴乎沂者無以奪曾點之志。遂致大夫之事，聿觀晚節之香。爵列三孤，寄傲每存於林壑；年幾八袠研精弗倦於簡編。云胡一鑑之亡，莫起兩楹之夢。錫之密印，襚以衮衣。於戲！我咸成文王之功，靡忘繩武；爾尚式周公之訓，宜俾爲師。賁於寵封，服我光命。可特贈太師，餘如故。李大異行。

十二月丙申，合葬於斗岡之原。事見郡縣志及永思堂記。

開禧三年丁卯

二月辛酉，賜謚文忠。謚議見《附録》。

嘉定元年戊辰

十一月，內侍張延慶傳旨，宣賜御書忠文耆德之碑六字，并詔詞、臣撰書碑銘。文載《附録》。

〔二〕甲申：原作「甲子」，據四庫本及本書卷七六《益國夫人墓誌銘》改。

〔三〕大：原作「文」，據四庫本、傅校本改。

目録

第一册

廬陵周益國文忠公集卷一……一
省齋文稿序……一
省齋文稿卷一……二
詩……二
送陸先生聖修府赴春闈……二
贛江……二
留題文氏雙秀亭三首……二
彭永州夫人挽詞……二
道中憶胡季懷……三
舟行憶永和兄弟……三
抵蘇臺寄季懷……三
次韻王仲謨仲寧事唱酬二首……三
和仲寧中秋赴飲莊宅……三
羅主簿妻朱氏挽詞二首……三
送趙富文彥博倅洪州三首……四
次韻丁維皋糧料幨牡丹未開……四
適蒙折簡見約烹茶再次前韻……四
次韻白蓮……四
次韻紅白蓮間生……四
次韻秋日禪房……五
次韻沈世德作式撫幹川詠軒……五
又次韻二首……五
又次韻醵飲……五
次韻趙公直賞心亭醵會古風……六
送鄧漕根移帥揚州二首……六
送葛謙問鄒運幹……七
送毛平仲幵……七
次韻邢懷正孝庸通判遊蔣山……七
次韻周德友祁運幹……七
送蔡德煇理教授三首……八
送徐漕度移憲浙東二首……八
送子開弟還江西二十韻……八
送張端明燾赴召……八
送沈世德撫幹還朝……九
次韻徽州胡推官璉旅中遇雪且約同登雨花臺三首……九
方孺人挽詞……一〇
廬陵周益國文忠公集卷二……一一
省齋文稿卷二……一一
詩……一一
送別邢懷正直閣赴江西提舉二首……一一
留別金陵韓帥仲通二首……一一
留別蘇仁仲通判……一一

九日哭子柔弟 …… 一二
劉韶美監丞以予發策玉堂小詩送筆墨云腹囊英物吐長虹翰墨區區有底功也要同盟作旗鼓三山直上一帆風走筆次韻時在雨中 …… 一二
次韻程泰之正字奉祠惠照院詠雪五首 …… 一二
胡原仲憲正字特改官除宮觀館中置酒餞別會者七人以先生早赴歸去來爲韻人各賦一首僕得早字 …… 一二
送光禄寺丞李德遠得請奉祠 …… 一三
次韻史院洪景盧檢詳館中紅梅 …… 一三
次韻王龜齡大著省中黃梅 …… 一三
送王嘉叟編修通判洪州 …… 一三
送王龜齡赴越州宗丞 …… 一四
送聞人茂德滋刪定歸嘉禾 …… 一四
去秋芮國器以詩賀入館今渠繼來次韻 …… 一四
陸務觀病彌旬僕不知也佳篇謝鄰里次韻自解 …… 一四
次韻芮國器正字館中木樨三首 …… 一五
慧海大師日智索詩 …… 一五
湯孺人挽詞 …… 一五
年家太夫人鄭氏挽詞 …… 一五
王季海正言父宣義師德挽詞 …… 一五
送司農少卿杜起莘出守遂寧 …… 一六
次韻張真父著作遊湖山 …… 一六
次韻張真父著作緗梅 …… 一六
送馮圓仲史部出守邛州 …… 一六
送湯相守紹興二十韻 …… 一七
次韻鄒德章櫺監溥官舍芙蓉芭蕉 …… 一七
奉常林黃中博士以黃柑食陸務觀司直陸賦長句林邀予次韻 …… 一七
許陸務觀館中海棠未與而詩來次韻 …… 一七
以紅碧二色桃花送務觀 …… 一八
范致能以詩求二色桃再次韻二首 …… 一八
劉信叔錡太尉挽詞二首 …… 一八
務觀得曾吉甫茶以詩見遺因次其韻 …… 一八
送洪景盧舍人北使 …… 一八
次韻務觀迎駕 …… 一八
次子中兄韻三首 …… 一九
陸務觀編修以石芥送劉韶美禮部劉飲以勁酒二公皆舊鄰也因其有詩次韻二首 …… 一九
招陸務觀食江西笋歸有絶句云色如玉版猫頭筍味抵駝峰牛尾狸歸向妻孥誇至夕書生寒乞定難醫戲和 …… 一九
次韻程泰之駕部送猴 …… 一九
寄題新居羅長卿觀瀾閣蘭堂 …… 二〇
讀史二首 …… 二〇
漁父四時歌 …… 二〇
廬陵周益國文忠公集卷三 …… 二三
省齋文稿卷三 …… 二三
詩 …… 二三
四禽 …… 二三

恩許奉祠子中兄重寄臣字韻詩再次韻 …… 二二
次韻子中兄相迎詩中有奠松楸之語追念別後叔母子柔下世故卒章及之 …… 二二
次韻陸務觀送行二首 …… 二二
張淵道侍郎挽詞二首 …… 二二
重九竹園見梨花懷子中兄 …… 二三
九月十八日夜忽夢作送王龜齡詩兩句枕上足成之 …… 二三
寄題龍泉孫大同司户三桂堂 …… 二三
題神岡廟其神蓋六朝時劉竺使君也 …… 二三
去年會慶節初定上壽儀敕差翰林承旨今樞密洪景嚴攝殿中監執酒盞予攝少監以酒注於盞既而準故事權停此禮但拜表文德殿下從駕朝德壽宮今年赴永和寺觀罷散武弁三數人而已有感成小詩 …… 二三
再次去年子中兄送黃雀不至韻 …… 二四
送芮國器察院漕廣東 …… 二四
龍須道中 …… 二四
同子中兄遊龍須吉祥善生諸寺歸至柞樹渡大風雨中登舟 …… 二四
甲申中秋子中兄賦詩有人月分圓二十年之句蓋歎中間多難且離別未嘗爲會也次韻 …… 二四
夜坐困甚 …… 二四
乘成臺觀雪憶子上兄 …… 二五
次韻王洋少尹送焦坑茶 …… 二五
同年劉辰告妻易氏挽詞 …… 二五
二月十七夜與諸弟小酌嘗榧實誤食烏喙烏喙堇也古書云以堇寘酒殺人戲成小詩 …… 二五
題聳寒圖二絶 …… 二六
二月二十六日携家游青原歸入陽園酴醿盛開誦子中兄摛雲摇碧露繁星之句賦此詩 …… 二六
故翰林汪公端明居零陵時嘗作玩鷗亭今彊中提幹敬以其榜揭荆溪第中命某賦詩 …… 二六
永新賀升卿携中原六圖相過其論古名將出師道路形勢可指諸掌爲賦此詩 …… 二六
次韻芮漕國器憶去年上元二首 …… 二七
次韻廣東芮漕時聞其部中寇退而湖湘之民方避地來此 …… 二七
胡季懷有詩約羣從爲秋泉之集輒以山果助筵戲作二疊 …… 二七
病中次務觀通判韻 …… 二七
次折仲古樞密韻寄題耒陽曹欽臣彦若藏書室 …… 二八
訪胡邦衡庭前四菊茂甚因賦二絶 …… 二八
往蒙丘宗元紹知縣以佳句爲壽今承解印次韻贈別 …… 二八
十月十七日大椿堂小集胡從周季懷以予目疾皆許送白酒彌旬不至戲成長韻 …… 二八
送七兄監廟赴南宫兼呈大兄知縣二首 …… 二九
曾英發運幹頃携二詩相過今復寄贈大篇且惠漢唐金石刻輒次前韻道謝 …… 二九
贈孫次山 …… 二九
十二月二十二日葛守送羊羔酒戲占小詩 …… 三〇
胡邦衡送酒有酒婢之語次韻 …… 三〇

廬陵周益國文忠公集卷四 …… 三一
省齋文稿卷四 …… 三一
詩 …… 三一
青衣道人羅尚簡論予命宜退不宜進甚契鄙心連日求詩爲
賦一首 …… 三一
次韻胡邦衡二首 …… 三一
再賦羊羔酒 …… 三一
二月十五日同兄弟甥姪遊西臺次子載弟韻 …… 三一
頃創棋色之論邦衡深然之明日府中花會戲成二絶 …… 三二
二月十七日葛守錢倅出所和胡邦衡羊羔酒詩再次韻簡二
公 …… 三二
次韻江州林黄中上巳日會邛州劉侍郎梓漕任直閣於庚
樓 …… 三二
五月南山蛟壞民田百畝胡英彦有詩次韻 …… 三二
胡長彦母解氏挽詞 …… 三三
横州太守趙持挽詩 …… 三三
次韻湯朝美古意二首 …… 三三
游茅山道中望岡阜西南來勢若連環既赴三茅而尾北擲馬
上口占 …… 三三
戲示凝神庵張椿齡 …… 三三
次韻溧水令李彦平清賞圖 …… 三四
蕪湖宰沈約之端節惠詩編次韻爲謝 …… 三四
池陽四詠 …… 三四
再登翠微亭和同年湯平甫知縣二首 …… 三四
登九華山化城峰 …… 三五
登龜山 …… 三五
贈崇壽寺僧善修 …… 三五
游雲光寺李提舉庚領客將至留二小詩 …… 三五
泛清溪至玉鏡潭 …… 三五
望皖公山 …… 三六
遊廬山佛手巖雪霽望南山 …… 三六
遊廬山弔大林 …… 三六
天池觀文殊燈 …… 三六
贈棲賢藏主可昇 …… 三六
游廬山舟中賦四韻 …… 三六
陳宰有詩來迎次韻 …… 三七
七兄以詩相迎次韻 …… 三七
走筆次七兄韻戲奉新新莊 …… 三七
次韻胡邦衡相迎 …… 三七
向以書戲邦衡云某自廬山游西山當就迎公召節今邦衡有
詩督此語不驗次韻 …… 三七
次韻張安國二首 …… 三八
致政楊圖南扶僉判惠園亭石刻來索惡語寄題四首 …… 三八
次韻楊文發承議 …… 三八
樂順之司理用楊韻贊予去歲江行遊山之樂再次韻 …… 三九
寄題太和陳氏益龜堂 …… 三九
次韻樂順之司理新釋花權及上元不張燈二絶句 …… 三九
信國太夫人慕容氏挽詞二首 …… 三九

胡邦衡相過賞金鳳許詩未送邦衡復作木犀會二花殆是的對偶成四韻……三九
鹿鳴宴坐上次錢守韻……四〇
魯季欽少卿安序堂次朱希真韻……四〇
邦衡置酒出小鬟予以官柳名之聞邦衡近買婢名野梅故以爲對……四〇
楊昌英宗示性説次韻爲謝……四〇
再次韻送楊昌英赴麻陽宰……四〇
胡季懷惠六出梅一枝仍枉絶句率然次韻勿笑拙速……四一
夜夢次陳立夫韻……四一
七兄夜以小詩相戲走筆和韻……四一
戊子歲除以糊代酒送邦衡邦衡有詩見戲仍送牛尾貍次韻……四一
邦衡再送二詩一和爲甚酥二和牛尾貍……四一
後兩日大雪邦衡復用前韻作窮語戲和……四二
己丑二月七日雨中讀漢元帝紀效樂天體……四二
楊文甫主簿頃惠佳篇今赴松溪次韻送別……四二
錢守青原瑞靄圖……四二
胡邦衡生日以詩送北苑八銙日注二瓶……四二
邦衡再和再次韻……四三
邦衡姪季懷亦惠二詩再次韻二首一頌其叔姪之美一解季懷生日不送茶之嘲……四三
季懷設醴且示佳篇再賦一章以酬五次前詠……四三
尚長道見和次韻二首……四四
頃嘗夢至善生院賦詩一聯己丑七月十三日因遊續成一絶……四四
七月十五日邦衡用前韻送薰衣香二貼次韻爲謝……四四
胡渙季亨示壽詩二首十月二十五日因其生日次韻答之……四四
紫竹……四五
武崗太守羅棐恭挽詞二首……四五
萬安韋邦彦字俊臣携王民瞻楊廷秀謝昌國絶句相過次韻勉之……四五
陳平叔相從四年文行粹然臨分惠詩有立身行道之問敢用陽司業勉學者之意次韻爲贈……四五
贈黄格非……四六
廬陵周益國文忠公集卷五……四七
省齋文稿卷五……四七
詩……四七
送梁山長老智顯……四七
丘成之司理明遠閣二首……四七
奉新宰楊廷秀携詩訪別次韻送之……四七
五月三日遊簡寂食甜苦笋知觀歐陽齊年求詩……四七
去夏邦衡胡侍郎生日嘗因茶詩致善頌其語果驗再賦一篇爲大用長生之祝且求賜茗作潤筆……四七
秘閣簷摧李監仁甫得湖北漕用温公故事作小詩送之……四八
昨以清醇之酒爲邦衡侍郎壽乃蒙惠詩且約深秋清集至時侍郎當捨芙蓉而面三槐某已歸醉東籬悠然見南山矣次韻爲謝……四八

邦衡侍郎再惠春字韻詩次韻懷舊叙謝且致登庸之祝……四八
邦衡侍郎用舊韻慶予生朝賡續爲謝……四八
夜直懷永和兄弟……四八
重陽預約三館同舍登高于真珠園前數日李粹伯秘丞除殿院……四九
與館中同僚會邦衡侍郎于南山真珠園後兩日翰苑作開講讀會予不赴邦衡有詩見懷次韻……四九
次韻邦衡哭季懷……四九
紹興庚辰九月二十三日與浙東權帥同年程龍圖並試玉堂庚寅歲由少蓬寓直摛文發策試館職亦九月也有懷泰之輒寄四韻……四九
陳叔進祕書送鶉分粟爲謝乃辱佳句次韻發笑……四九
夜直玉堂讀王仲行正字文編用入館新詩韻……五〇
草具屈邦衡侍郎蒙賦即事新詩次韻皆叙坐上語他時共發一笑也……五〇
和范至能舍人農圃堂韻……五〇
徐稚山林龍學挽詞……五〇
徐子禮藏宗丞挽詞……五〇
慶邦衡生朝用去年韻……五一
入直召對選德殿賜茶而退……五一
陳君舉示張孝愷行狀且求詩孝愷嘗攝令華亭有善狀……五一
過鄔子湖……五一
奉祠還家姪繹以詩相迎次韻……五一
頃在道中聞邦衡侍郎將進周禮新解嘗賦詩就爲六月三日壽或謂名在丹書不當玷汙西清之儲老羞愧而止今蒙俯記生朝特貽佳作既仍舊韻敢隱鄙言狗尾之續斐然鶴頭之側必矣……五一
次胡長彥司户韻爲其生日壽長彥新授桂掾……五二
前歲冬至與胡邦衡長彥小語端誠殿下道值夏舊事今年邦衡舉易緯六日七分之説輒用子美五更三點爲對後數日得劉文潛運使書記去年館中團拜十人今作八處感嘆成詩……五二
十二月十九日餞别劉文潛運使明日書來云醉夢中作小詩但記後兩句爲足成之……五二
胡邦衡賦琉璃燈簾詩次韻……五二
送劉子和教授赴贛州兼簡府主洪景盧二首……五三
邦衡再送皇字韻詩來次韻……五三
又次邦衡長子泳總幹韻……五三
又次邦衡族姪長彥司户韻……五三
同年楊謹仲教授以詩慶予得郡次韻二首……五三
邦衡侍郎作一字韻詩贈麻姑觀道士李惟賓次韻仍效其體……五四
邦衡生日用舊歲韻……五四
李秀實生日……五四
同年楊謹仲教授生日……五四
邦衡侍郎用洪範五行推薄命而成傑句歎仰大手幾至閣筆勉賡盛意兼叙天人之應庶知託契受辱如此其厚决非偶然耳……五五

艤舟清江鎮從任子嚴詔運使求菊……五五
近會同年賞芍藥嘗櫻桃楊謹仲教授有詩次韻爲謝兼簡周孟覺知縣……五五
用舊韻爲邦衡生日壽……五五
同年楊謹仲示薌林諸帖皆以老杜相期惟童敏德謂不合學東坡殆非知詩者輒用此意成惡語一篇爲誕辰壽祝頌之意見於末章……五五
楊謹仲教授和徐師川中秋賞月詩邀余次韻……五六
寄題王公明樞使豫章佚老堂……五六
蕭端偉挽詞……五六
靖州太守李秀實挽詞二首……五六
廬陵周益國文忠公集卷六……五七
省齋文稿卷六……五七
詩……五七
過餘干吳師中秀才以小詩惠歙硯次韻謝之……五七
恭和御製聞喜宴詩……五七
次韻和胡邦衡除龍圖閣學士且爲六月三日眉壽之祝……五七
端明殿學士王日嚴挽詞二首……五七
次胡邦衡韻……五八
從駕過德壽宮馬上得程泰之次庚寅玉堂舊韻有銀章金帶之戲走筆爲謝……五八
程泰之昨有金帶銀章之句十月二十八日乃因押伴北使赤岸御筵服重金侍宴紫宸殿坐間嘗作數語爲戲後兩日復得其詩亦再次韻……五八
次韻徐元敏権貨同年……五九
凌閣學景夏挽詩二首……五九
韓子温尚書以長句送江梅次韻……五九
邦衡侍郎留金陵再用津字韻賦詩謝送賜茗復以丙申小春四銙寄贈……五九
聞西省賞酴醾芍藥戲成小詩奉簡泰之侍講舍人年兄并以丁香橄欖百枚助筵却求殘花數枝……五九
新鎮江通判蔡湍挽詞……六〇
次韻閻刑部才元楊梅……六〇
六曹長貳觀潮予以入直不預晡時大雷雨走筆戲蔡子平……六〇
走筆答程泰之以簡問蓮社事……六〇
次韻天官韓尚書七月十八日風雨中觀潮予內直不赴……六〇
程泰之下直某偶被宣鎖相遇於途既到玉堂讀所留佳句次韻爲謝……六一
慶東宮生辰二十韻……六一
洪景嚴樞密挽詞二首……六一
送蔡迨赴桂陽令……六一
丁酉二月二十日同部中諸公遊下竺御園坐枕流亭觀放閘桃花數萬點隨流而下繼至集芳亦禁籞也海棠滿山郁李遶檻殆不類人間世明日入部而桃花數枝伶俜窗外未時內直則海棠郁李各一株方開遂賦二絶句……六二
魯季欽訔敷文挽詞二首……六二
宣州蔡子平尚書淑人君氏挽詞二首……六二
東宮出示和御製秋懷詩恭和二首……六二

兵部宋尚書延祖挽詞二首……六三
中奉大夫直徽猷閣致仕邵及之挽詞二首……六三
走筆次李仁甫夜直觀月韻二首……六三
九月二十二日曲宴御詩……六四
臣恭和御製晚秋曲宴近體詩一首繕寫投進冒瀆天威臣無
任戰懼俟罪之至……六四
李仁甫賦詩送其子塾下第歸次韻爲贈……六四
慶東宮生辰四首……六四
送喻宮教良能出倅會稽……六五
恭和御製賜史浩古詩……六五
靖州張推官庭傑挽詞……六五
端明尚書汪聖錫挽詞二首……六五
秋官少常伯失杯復得乃好客之報來詩誤認天意遂欲因噎
廢食走筆次韻發笑……六六
廬陵周益國文忠公集卷七……六七
省齋文稿卷七……六七
詩……六七
次韻陳叔晉舍人殿試筆記……六七
胡邦衡端明用癸巳舊韻寵賜佳篇輒續貂爲不一之賀……六七
中元日以春花數種送閣才元左司蒼舒閣賦二絶句次韻……六八
送石似之倉部出倅漳州……六八
送陸務觀赴七閩提舉常平茶事……六八
淮東兵馬鈐轄趙公顒挽詞……六九
恭和御製幸秘書省詩二首……六九
再用邦衡韻贊其閒居之樂且致思歸之意……六九
送胡子遠出守漢州分韻得萬字……六九
進謝御書古詩……七〇
劉諫議度挽詞二首……七〇
次范至能憶同游石湖韻……七〇
胡邦衡惠淳字韻佳什回首十年間不知幾往返矣雖歲月逾
邁而格律益高降嘆不足敬用賡和……七一
次韻王仲行尚書宿直兩絶句……七一
徐元敏察院詡頃和子中兄長篇語頗相屬今承出使交廣次
韻送行兼簡經略劉文潛……七一
次張欽夫經略韻送胡長彦司户還廬陵……七一
劉共甫樞密挽詩三首……七二
兵部王仲行尚書惠詩叙近日直舍隔壁論詩説棋之戲次韻
爲謝尚書近録舊詩一篇爲贈故并及之……七二
明堂慶成二十韻……七二
内直以金橘送七兄……七三
送鹿伯可何致仁直閣兼簡吴明可致政給事……七三
戴子微幾先運使出使湖北約以惡語送行而未遣也佳篇見
督次韻奉寄……七三
張待制宗元挽詞……七四
進讀三朝寶訓終篇賜宴賜賚詔謝恩詩……七四
文忠烈公居洛有丙午同甲會詩今執政府凡三位樞密使王
季海參政錢師魏先在焉前歲夏某忝參預連墻而居適然
齊年時號丙午坊次文公韻簡二公……七四

慶東宮生辰……七五
龍圖閣直學士吴明可帯挽詞二首……七五
和龍舒兄春日出郊韻……七五
敷文閣學士李仁甫挽詞十絶……七五
讀樂天詩戲效其體……七六
三月六日中宮生辰二府例以前四日就孤山四聖觀設醮泛舟至玉壺環碧園因記歐陽公治平三年丙午歲上巳和韓丞相詩謂是歲始頒明天曆三月三日丁巳故有節正須知鳳曆新之句今歲亦逢辛巳而又歲皆丙午誠異事也輒借原韻賦詩一篇簡諸公……七六
高宗皇帝挽詞二首……七七
廬陵周益國文忠公集卷八……七八
省齋文稿卷八……七八
詩……七八
陶淵明有己酉重九詩一首某以此年此日舟次吉水距永和財一程耳輒用其韻先寄二兄十三弟并呈提舉七兄……七八
贛守鄭舜舉寄詩酒於答書中就附四句……七八
南園築小堂鄰里俟賜獻上梁文戲成小詩紀實解嘲……七八
郊居三池皆種蓮自五月開至七月末無日不寓目今得七兄秋浦佳篇謹次原韻……七八
和七兄秋浦韻……七九
次七兄韻題二兄静明閣……七九
七兄以庚戌重陽前解江東常平印泝江而歸先寄二詩次韻……七九
廣西漕屬吕君祖平以其六世祖文靖公及五世伯祖惠穆公帖示周某敬題其後……七九
送劉公度縣丞赴江陵……七九
太和芍藥最盛有紅都勝黄樓子爲之冠昔山谷常宰邑篇詠極多獨遺此花四月八日與諸友共賞戲成小詩……八〇
簡提刑吴大卿宗旦二首……八〇
權州楊倅子直方以詩惠鶴雛次韻爲謝……八〇
吉水周中顯秀才相識二十餘年來求永新譚焕主簿榮壽堂詩爲賦一首因以勉譚……八〇
安福宗子師共兄弟五人作慈順堂養母求詩……八一
送廣西譚景先經幹兼簡趙帥思朱漕晞顔……八一
永和鎮曾坔季高明秀樓……八一
次韻馬惟良亦樂園……八一
紹興丙寅侍伯父赴辰州宿長沙驛今四十七年驛敝重修感舊成詩録呈子中兄并示子開弟……八一
寄題張元善總領新作楚觀……八一
程元成待制書來叙別圃攬有亭葵心秀野二堂之勝見索惡語老病不暇徧賦謾往一篇……八二
寄題永新張氏無盡藏堂……八二
紹熙三年十月丙辰長沙郡貢士三十人于公堂太守周某賦詩一篇代鹿鳴之歌……八二
次韻謝豐叔賈運使……八二
十一月二十七日劉公度徐用之許相過公度居憂止酒用之偶食素適有餉小春團茶者因成拙詩奉簡……八二

資正殿學士蕭照鄰挽詞二首……八三
寄題謝昌國尚書桂山堂……八三
任漕子嚴詔挽詞……八三
程元成待制寵示和篇其自序用樂天尹洛并一漁翁事可謂精切嘆服不已再次韻奉酬……八三
胡元之提刑寺丞迂途相過寵示二詩次韻爲謝兼簡趙再可經略張君量運使……八四
送孫從之秘監歸朝供職……八四
臘旦大雪運使何同叔送羊羔酒拙詩爲謝……八四

廬陵周益國文忠公集卷九……八五

省齋文稿卷九……八五

賦　詞　銘　頌　贊……八五
夢仙賦……八五
胡廉夫哀詞……八六
楊圖南鑑閣銘……八七
胡謙甫家藏硯銘……八七
雙柏頌……八七
周德友真贊……八七
瀘溪先生王民瞻真贊……八八
王日休真贊……八八
施聖與參政真贊……八八
侍讀學士劉公真贊……八八
中書舍人劉公真贊……八八
墨莊陳夫人真贊……八九

廬陵周益國文忠公集卷一〇……九〇

省齋文稿卷一〇……九〇

策……九〇
史稱文帝比成康孝宣比商宗周宣當否何如……九〇
春秋賓禮人才之優劣……九二
務　農……九三

廬陵周益國文忠公集卷一一……九五

省齋文稿卷一一……九五

策試館職……九五
近準尚書省劄子三省同奉聖旨周某程大昌並詔試館職劄送院者本院已選定今月二十四日早引試今撰到策題一道謹録進呈如得允當乞速批降付學士院施行奉御寶批依……九五

廬陵周益國文忠公集卷一二……一〇〇

省齋文稿卷一二……一〇〇

策問……一〇〇
金陵堂試策問五首……一〇〇
宣州解試策問一首……一〇二
家塾策問七首……一〇三

廬陵周益國文忠公集卷一三……一〇六

省齋文稿卷一三……一〇六

策問……一〇六
家塾策問十二首……一〇六

廬陵周益國文忠公集卷一四……一一一

省齋文稿卷一四 ……一一一

題跋一 ……一一一

家藏御書 ……一一一
紹興淳熙兩朝内禪詔跋 ……一一一
高宗皇帝紹興乙丑御筆跋 ……一一二
御筆千字文跋 ……一一二
御書禮記經解石刻跋 ……一一二
孝宗皇帝撰國書御筆跋 ……一一三
皇太子領臨安尹御筆并御批詔草跋 ……一一三
王炎除樞密使御筆跋 ……一一四
改左右丞相御筆并御批詔草録跋 ……一一四
虞允文梁克家拜相御筆跋 ……一一四
幸學詔御筆跋 ……一一五
御書白居易詩跋 ……一一五
御書蘇軾和唐人惠山泉詩跋 ……一一六
御筆掌記跋 ……一一六
光宗皇帝東宫秋雨詩跋 ……一一六
御批辭免兵部侍郎不允奏跋 ……一一六
内批辭免侍讀不允奏跋 ……一一六
御批辭免兼太子詹事降詔不允奏跋 ……一一七
内批辭免經修太上日曆轉官不允奏跋 ……一一七
御批辭免内翰不允并詔書跋 ……一一七
御批丐祠不允奏并詔書跋 ……一一七
内批辭免幸秘書省轉官不允奏并詔書跋 ……一一七
内批辭免春官兼翰苑不允奏并詔書跋 ……一一八
御批丐祠不允奏并詔書跋 ……一一八
内批辭免經修乾道日曆轉官不允奏跋 ……一一八
内批辭免東宫講禮記徹章轉官奏跋 ……一一八
内批辭免吏部尚書兼學士承旨兩奏跋 ……一一八
御批丐祠不允兩奏并詔書跋 ……一一八
御批辭免吏尚兼承旨等奏跋 ……一一九
御批丐祠不允兩奏跋 ……一一九
淳熙癸卯生日御筆跋 ……一一九

廬陵周益國文忠公集卷一五 ……一二一

省齋文稿卷一五 ……一二一

題跋二 ……一二一

家藏法帖書畫碑刻
題後省封事看詳 ……一二一
題夜光集 ……一二一
題秦少游瑤池宴 ……一二一
跋詛楚文 ……一二一
家塾所刻六一先生墨蹟跋十首 ……一二二
試筆 ……一二二
唐贊草 ……一二二
録徐嶠書 ……一二二
會食帖 ……一二二
誨學帖 ……一二二
小草古詩賦 ……一二二

臨小草洛神賦……一二二
家藏小草洛神賦……一二二
家書……一二三
前漢五器銘……一二三
總跋自刻六一帖……一二三
題六一先生丁憂居潁帖……一二三
題六一先生九帖……一二四
題六一先生與王深甫帖……一二四
題六一先生五代史稿……一二四
跋六一先生詩文稿……一二四
題六一先生夜宿中書東閣詩……一二四
題録神宗出閣指揮……一二四
題六一先生家書紙背猪肉帖……一二五
題六一先生慰富文忠公書稿……一二五
題吕吉甫帖……一二五
跋十賢相帖……一二五
大父秦公考試耀州倡酬詩卷……一二五
題干禄字書……一二六
題王荆公家書……一二六
題蘇文定公批答二稿……一二六
跋韓魏王與包孝肅公帖……一二六
題山谷書太白詩……一二六
題山谷書長楊賦……一二六
跋初寮王左丞贈曾祖詩及竹林泉賦……一二七
題東坡與佛印元師二帖……一二七
題東坡子高無雪二帖……一二七
題東坡遠遊庵銘二首……一二七
題東坡元祐手録……一二八
題五代應順年堂檢臨本……一二八
題李西臺和馬佚詩……一二九
題閻立本列帝圖……一二九
題司馬温公書臨本……一二九
題蘇子美帖臨本……一二九
題修禊帖……一三〇
題聳寒圖……一三〇
再題劉子澄聳寒圖二絶句……一三〇
題清虚居士真草四詩……一三〇
題龐莊敏公帖……一三〇
廬陵周益國文忠公集卷一六……一三一
省齋文稿卷一六……一三一
題跋三……一三一
跋劉仲威蘭亭叙……一三一
跋周德友所藏蘇養直詩帖……一三一
跋宋景文公墨蹟……一三一
跋劉子澄曾祖帖……一三一
柴翼秀才著書求跋語……一三二
跋中書舍人趙莊叔字……一三二
跋宗室士奎所書周以宗强賦……一三二

跋湖州沈壽岡之祖墓銘後……一三二
跋平江張漢卿推官華山就隱圖……一三二
跋羅良弼家歐陽公唐贊草……一三三
跋宗室世颷與教授閭丘仲和帖……一三三
跋黃承議宗諤所藏文潞公劉莘老韓師朴諸公題顔魯公懷素書……一三三
跋黃廉夷仲行狀……一三三
跋劉原父貢父家書……一三三
又跋原父貢父仲馮帖……一三四
跋蘇子由和劉貢父省上示座客詩……一三四
跋劉仲馮與斯立宣德帖……一三四
跋蕭御史薦宗室世颷奏狀稿……一三五
跋山谷發願文……一三五
跋王平甫所撰王職方墓表……一三五
跋宗室子㷭藏前輩帖……一三五
跋三蘇畫像贊……一三六
跋此庵記……一三六
題王龜齡石鏡谿詩碑後……一三六
跋劉季高與溧陽筆工顧綱帖……一三七
跋黃魯直所書金剛經……一三七
跋上藍長老了賢所收張丞相帖……一三七
跋西山翠巖寺南唐保大中賜僧無殷詔書……一三七
跋余安道題名後……一三七
跋王民瞻詩……一三八
跋孫莘老告身……一三八
跋斛繼善所藏柳書千文……一三八
跋安福令王棣所藏王介甫及其子涣之漢之沇之等帖……一三八
又跋歐蘇及諸貴公帖……一三八
跋大皐渡永興觀舊碑……一三九
跋趙德麟書……一三九
跋米元章書秦少游詞……一三九
跋黃丞相書……一三九
跋吴説千字文……一三九
跋張魏公批劉和州事目……一四〇
跋虞丞相尺牘……一四〇
跋胡邦衡辭工侍并御批降詔真本……一四〇
跋東坡書西漢韓王信贊……一四〇
跋山谷猩猩毛筆雙井茶詩……一四〇
跋彭太傅家傳……一四〇
跋貴溪主簿廳記……一四〇
跋山谷與李忱諸帖……一四一
跋張文潛帖……一四一
跋東坡與趙夢得帖……一四一
題故饒州倅西溪居士蔣謨傳後……一四一
建炎御筆跋……一四一
跋曾無疑所藏米元章帖……一四二
又跋章友直畫草蟲……一四二
題鄭忠愍公驤遺事……一四二

跋劉楚公沆拜相告……一四二
跋朱新仲自誌墓……一四二
跋蔡敏肅公平戎慶捷詩卷……一四三
跋吳仁傑所藏張旭草書酒德頌……一四三
跋司馬温公吕申公同除内翰告……一四三
跋宋景文公唐史稿……一四三
廬陵周益國文忠公集卷一七……一四四
省齋文稿卷一七……一四四
題跋四……一四四
光堯御筆賜陳正彙白金三百兩跋……一四四
跋皇祐朝賢送張肅提刑詩卷……一四四
跋程宗正之子鑄墓銘……一四四
跋范元卿所藏醉翁帖……一四四
跋韓忠獻王帖……一四五
題金華喻葆光書佛經卷……一四五
跋宇文虛中礬書……一四五
跋初寮先生帖……一四五
跋鄒志完曾祖詩……一四六
跋閑樂居士陳師錫與了翁陳瓘論王氏日録書……一四六
跋淨慧寺東坡題名……一四六
跋陳晞顏從古和簡齋陳去非詩……一四六
書簡修行狀後……一四六
跋趙善應行實……一四七
跋趙子崧詩集後……一四七
跋向子諲家邵康節戒子孫文……一四七
跋汪聖錫家藏東坡與林希論浙西賑濟三帖……一四七
跋徐鉉篆李衛公項王亭賦……一四七
跋蘇舍人題臨蘭亭序詩……一四八
跋黄魯直蜀中詩詞……一四八
跋王禹玉内外制草……一四八
跋王禹玉謝翰林學士承旨表本……一四八
跋王禹玉立英宗爲皇子詔草及當日請對奏稿……一四八
跋歐陽公與通判屯田等三帖……一四九
跋黄魯直與全父醉帖……一四九
跋王介甫彌勒偈……一四九
跋黄魯直晝寢呈李公擇等四詩……一四九
跋東坡帖……一四九
跋馮京與朱諤右丞家書……一四九
跋秦少游帖……一五〇
跋彌明石鼎聯句圖……一五〇
跋山谷萍鄉縣寶積禪寺記……一五〇
跋山谷書東坡聖散子傳……一五一
跋東坡草烏頭方帖……一五一
跋陳簡齋法帖奏稿……一五一
跋鄧埏所藏其祖温伯與東坡倡和武昌長篇……一五一
跋趙忠簡公答魏侍郎矼手書……一五二
跋唐相梁國忠公爲吏部侍郎加勳告……一五二
跋趙霈張致遠魏矼奏劄……一五二

跋先大父秦國公所作涪州使君李昌年墓誌銘……一五三
跋江權卿所藏諸家帖……一五三
跋陳與義費肅張擴被召省劄……一五四
跋陳從古梅詩……一五四
跋伯父與鄭庶手書……一五四
跋蘇石帖……一五四
跋與徐林書……一五五
題蘇子美草書蔡君謨大書跋帖……一五五
題唐人硬黄臨王獻之帖……一五五
題米芾馬賦……一五五
題蘇子美寶奎殿頌帖……一五五
題蔡君謨書柳子厚吐谷渾詞……一五五
跋趙湖州祠堂記……一五五
跋文潞公帖……一五六
跋汪季路所藏山谷與柳仲遠帖……一五六
跋汪季路所藏朱希真帖……一五六
跋張魏公與連蹇帖……一五六
跋錢穆父與張文潛書……一五七
廬陵周益國文忠公集卷一八……一五八
省齋文稿卷一八……一五八
題跋五……一五八
跋汪季路藏張文潛與彦素帖……一五八
跋汪季路所藏東坡作王中父哀詞……一五八
跋朝士送王校書通歸臺州詩卷……一五八
跋范文正公五帖……一五八
跋喻子材樗帖……一五八
跋劉器之帖……一五九
跋尤延之家藏蘇子美四時歌真蹟……一五九
跋喻仲遷所藏蘇黄門翰林詔草答韓儀公辭免同知樞密院詔……一五九
跋蘇氏藏太宗御筆及謝表……一六〇
跋嚴汝翼所藏張丞相詩……一六〇
跋東坡代張文定公上書……一六〇
跋蔣穎叔樞府日記……一六〇
跋陳去非帖……一六〇
題陳去非謝御書等帖……一六〇
題彭仲衡家東坡書黄庭内景經石刻……一六一
題劉丞相沆拜相制……一六一
題劉丞相沆追封兖公制……一六一
題富鄭公與劉丞相沆書……一六一
跋臨江軍廖節婦碑……一六一
跋鄭景望詩卷……一六二
題宋景文公家書……一六二
題宋元憲公表稿……一六二
題洪景盧所藏王摩詰山水……一六二
跋韓子蒼詩送劉童子歸廬陵……一六二
題向薌林家所藏山谷書南華玉篇……一六三
題汪逵季路所藏墨蹟三軸……一六三

題蘇季真家所藏東坡墨蹟……一六三
題王樂道帖……一六四
題范太史家所藏帖二則……一六四
跋向氏邵康節手寫陶靖節詩……一六四
跋臨江守潘燾所收蔡君謨寫韓文三篋……一六五
跋彭惟孝求志堂記……一六五
跋吕居仁帖……一六五
跋臨江軍任紹盤園高風堂記……一六五
跋李次山雪溪漁社圖……一六六
題周畺兄弟閻立本樂治圖……一六六
又題欵塞圖……一六六
題養正堂記并魯侯帖……一六六
跋倪求己所作鄒時飛行狀……一六六
跋王民瞻楊廷秀與安福彭雄飛詩……一六七
跋永和歐陽樗叟銘……一六七
記己酉杭州鄭樞密事……一六七
書張欽夫栻劉文潛焞與蔣邕州書……一六八
題與王洋手書……一六八
跋楊忠襄與鄉人羅鍔詩帖……一六九
題郭知章告身後……一六九
書龔夬傳後……一六九
題郭彥逢庚午解牒并易辨説……一六九
記李太白廬山詩……一七〇
跋太和樂南金所藏樂史慈竹詩……一七〇
跋韓文公黃陵廟碑……一七一

廬陵周益國文忠公集卷一九……一七二

省齋文稿卷一九……一七二

題跋六……一七二
跋楊愿與王伯芻詩……一七二
書韓忠獻王帖……一七二
題楊廷秀浩齋記……一七三
跋歐陽邦基勸戒別録……一七三
書安福劉德禮家紫芝詩卷……一七三
豐城府君便山處士唱酬詩卷……一七四
題送陸先生赴省詩卷……一七四
題山谷與韓子蒼帖……一七四
跋韓子蒼詩草……一七四
跋杜祁公詩……一七五
題胡邦衡講筵詩卷……一七五
題趙鑑堂快閣帖……一七五
題方季申所刻歐陽文忠公集古跋真蹟……一七六
書東坡宜興事……一七六
題權邦彥草書舞劍器行……一七八
題張無垢手書……一七八
題吉水宰陳臧孫邑計録……一七八
題楊文卿苐詩卷……一七九
跋東坡詩帖……一七九
跋黃魯直與蕭氏書……一八〇

跋南豐黄世成銘文……一八〇
跋壽皇御批魏杞講和時奉使奏劄……一八〇
跋劉忠肅丞相帖……一八〇
跋三游詩……一八一
跋盛子謙座中銘……一八一
書杜孝恭所記王宣功伐……一八一
題沈傳師碑……一八一
題向士伯所收温公竚瞻堂額……一八二
題印山羅氏一經集後……一八二
高宗御批錢伯言奏跋……一八二
題潭州道林寺六絶堂……一八二
先太師潭州益陽縣清修寺留題記……一八三
跋劉提刑家六帖……一八三
題劉炳先家五賢帖……一八四
跋錢穆父帖……一八四
跋折彦質燕祉亭詩……一八四

廬陵周益國文忠公集卷二〇……一八五

省齋文稿卷二〇……一八五

序　訓　説……一八五
皇朝百族譜序……一八五
葛亞卿廬陵詩序……一八五
送黄秀才序……一八六
葛敏修聖功文集後序……一八六
胡英彦論語集解序……一八七
續中興制草序……一八七
王元渤洋右史文集序……一八八
周茂振樞密海陵集序……一八八
蘇魏公文集後序……一八九
張彦正文集序……一八九
晁百谷字序……一九〇
田𢡊名訓……一九〇
徐大謙名訓……一九〇
李叔軫載之字説……一九〇
循齋説……一九一
金谿鄉丁説……一九一

廬陵周益國文忠公集卷二一……一九二

省齋文稿卷二一……一九二

啓一……一九二
權雩都尉回交代嚴縣尉第啓……一九二
賀沈相啓……一九二
中宏博謝左相啓……一九二
湯樞思退頌德……一九三
陳樞誠之頌德……一九三
吏部劉尚書才邵頌德……一九三
户部王侍郎俣頌德……一九四
同知舉中書王舍人綸頌德……一九四
同知舉左史趙舍人逵頌德……一九四
葉校書謙亨啓……一九四

賀湯參政啓……一九五
賀湯右相啓……一九五
賀王德言除工侍啓……一九六
赴金陵教官與張帥啓……一九六
方總領啓……一九七
鄧漕啓……一九七
李倅啓……一九七
周倅啓……一九八
同官蔡從事理啓……一九八
回句容胡主簿大中啓……一九八
謝到任啓……一九八
賀徐漕度除江東啓……一九九
謝凌侍郎哲舉改官啓……一九九
謝張留守燾啓……二〇〇
上徐漕啓……二〇〇
謝舉狀啓……二〇一
回句容范宰卣啓……二〇一
賀王德言除同知樞密院事啓……二〇二
盧陵周益國文忠公集卷二二……二〇三
省齋文稿卷二二……二〇三
啓二……二〇三
回新同官黃從事石啓……二〇三
回溧水唐宰錫啓……二〇三
賀李大夫植自湖北漕移江東啓……二〇三
謝江東吴漕舉改官狀……二〇四
賀金陵韓帥啓……二〇四
賀湯左相啓……二〇五
賀孟宗丞除江東運判啓……二〇五
謝提點李直閣植薦舉啓……二〇五
賀王同知除知院啓……二〇六
回溧陽蔣宰賀年啓……二〇六
賀邢倅孝肅啓……二〇七
賀蘇倅啓……二〇七
謝金陵帥韓尚書啓……二〇七
賀洪景嚴除内相兼吏書啓……二〇七
賀都總領潔啓……二〇八
謝除學官啓……二〇八
謝循文林郎啓……二〇九
上宰執啓……二〇九
謝除館職啓……二一〇
汪侍御頌德……二一〇
洪内翰頌德……二一一
楊内翰頌德……二一一
試館職謝洪内翰楊内翰小啓……二一一
答徽州巫推官啓……二一一
謝户部張侍郎舉自代啓……二一一
賀汪參政啓……二一二
盧陵周益國文忠公集卷二三……二一三

省齋文稿卷二三……二一三
啓三……二一三
謝改官啓……二一三
史院上提舉僕射相公啓……二一三
史院上提舉僕射相公啓……二一三
除察官回福州王尚書啓……二一四
回新邵州李守元老啓……二一四
回吉州張判官啓……二一四
答平江沈侍郎介啓……二一四
答葉伯益啓……二一五
除左史答湖守陳阜卿啓……二一五
答洪總領适啓……二一五
回江東葉憲謙亨啓……二一五
回洪帥鄧直閣柞啓……二一五
奉祠歸廬陵答吉水羅朝請棐恭啓……二一六
答安福路宰植啓……二一六
賀湯榮公赴召啓……二一六
又賀再轉左僕射封慶國公啓……二一七
與趙提舉察院渙啓……二一七
與趙贛州公稱啓……二一八
答林教授仲熊啓……二一八
答永豐張丞茂遜啓……二一八
答武岡趙知軍伯璋啓……二一八
回永州葉守程啓隆興二年……二一九
回洪推官爟啓……二一九
與龔守直閣濤啓……二一九
與葛守判院立象啓……二一九
與趙守直閣不溢啓……二一九
謝生日詩詞啓乾道元年……二二〇
答胡邦衡啓……二二〇
答新江東提刑趙直閣公稱啓……二二〇
與郭贛州契敷啓……二二〇
答李監酒次魚啓……二二一
答李本中保義李宜中解元啓……二二一
答郭贛州賀冬啓……二二一
回南安祝知軍深啓……二二一
答士人謝解啓……二二二
廬陵周益國文忠公集卷二四……二二三
省齋文稿卷二四……二二三
啓四……二二三
回郭贛州賀正啓……二二三
再任宮觀謝宰執啓……二二三
答錢倅五月旦問候啓……二二三
回湖南提刑直閣王郎中彥洪啓……二二三
答生日詩啓……二二四
與洪景盧啓……二二四
回新進士啓……二二四
回郭縣尉有憑啓……二二四

與錢吉州瑞英啓……二二五
戲答錢倅……二二五
回添差通判趙朝議不韋啓……二二五
回李世南秀才……二二五
回蔡吉州洸啓……二二六
答永豐魏宰希文啓……二二六
除南劍答雷州蕭守暈啓……二二六
答郭尉有憑羅司户全署啓……二二六
謝生日詩詞啓……二二七
答胡邦衡啓……二二七
答廖英州蘧啓……二二七
回梁提刑竑甫啓……二二七
回得解士人啓……二二七
謝生日詩啓……二二八
回新進士啓……二二八
回江西任運使文薦啓……二二八
賀錢守冬啓……二二九
回太守賀正啓……二二九
又回萬安謝令啓……二二九
與廣西經略張大猷啓……二二九
答吉州新倅趙朝散壎啓……二二九
除閫憲赴闕奏事與宰執啓……二三〇
除少蓬答史徽州俣啓……二三〇
答吉州太守吕治先大器啓……二三〇
回寧國守姜待制啓……二三〇
回李秀實發啓……二三一
答巫樞密謝復職啓……二三一
回李賢良垕啓……二三一
謝生日詩詞啓……二三二
遷禮侍回外路啓……二三二
回添差整務通判鄭通直著啓……二三二
答豐城羅主簿全材啓……二三二
回吉州葉守程啓……二三二
除富沙答傅運使自得啓……二三三
謝余監場生日水晶環詩啓……二三三
回衆官生日詩啓……二三三
廬陵周益國文忠公集卷二五……二三四
省齋文稿卷二五……二三四
啓五……二三四
答陳贛州啓……二三四
答吉州倅趙朝奉謙啓……二三四
除殿撰答保昌羅縣尉維藩啓……二三四
答楊壽仁謝解啓……二三四
答甲午解元而下啓……二三五
答詹狀元騤啓……二三五
除待制回外路啓……二三五
回胡邦衡謝龍學啓……二三五
除兵侍回新閩漕傅直閣啓……二三六

回漢陽趙守象之啓……二三六
回許校書蒼舒啓……二三六
回施贛州元之啓……二三六
回鄭校書鑑啓……二三七
回趙富沙善俊啓……二三七
回周廣州自强啓……二三七
除吏侍回外路啓……二三七
回胡校書晉臣啓……二三七
除内翰回外路啓……二三八
回江東徐漕啓……二三八
回李大著屋啓……二三八
回廣州周侍郎自强啓……二三九
回温州陳尚書彌作啓……二三九
回隆興吕少卿企中啓……二三九
回閩路監司啓……二三九
回劉正字光祖啓……二三九
回袁秘丞説友啓……二四〇
回周廣州自强啓……二四〇
回葉校書山啓……二四〇
回中詞科周監酒洎啓……二四〇
回姚狀元穎啓……二四一
回第二人葉狀元適啓……二四一
回第三人李狀元寅仲啓……二四一
回趙正字彦中啓……二四一
除禮書兼内翰回外路啓……二四二
回楊正字輔啓……二四二
回江西錢運使佃啓……二四二
回劉饒州邦翰啓……二四二

廬陵周益國文忠公集卷二六……二四三

省齋文稿卷二六……二四三

啓六……二四三
除參政回外路監司帥守啓……二四三
回在外侍從啓……二四三
回紹興張閣學子彦啓……二四三
回金陵范參政成大啓……二四三
回史少傅賀冬啓……二四三
回福州梁丞相啓……二四四
回婺州蕭侍郎燧啓……二四四
回遂寧李侍郎燾啓……二四四
回贛州劉顯學正啓……二四四
回陳侍郎巖肖啓……二四五
回齊侍郎慶胄啓……二四五
回單侍郎夔頌德啓……二四五
回紹興府王尚書希吕啓……二四五
回寧國陳舍人騤啓……二四五
又回陳舍人賀冬啓……二四五
回江陵趙丞相啓……二四六
回婺州洪舍人邁啓……二四六

回陳給事峴啓……二四六
回婺州洪舍人邁謝進職啓……二四六
回鎮江錢參政良臣啓……二四七
回隆興留尚書正啓……二四七
除知院回外路啓……二四七
答福州趙侍郎汝愚啓……二四七
回太平州木倉事待問啓……二四七
答史太保浩謝致仕啓……二四八
回金陵錢參政良臣啓……二四八
回静江詹侍郎儀之啓……二四八
回紹興府鄭尚書丙啓……二四八
回太平州廬州池州賀冬啓……二四九
回陳丞相謝除少保啓……二四九
回静江詹侍郎謝轉官啓……二四九
回廬州王尚書太平州陳舍人池州陳尚書泉州司馬侍郎
賀正啓……二四九
回静江詹侍郎謝降詔奬諭啓……二五〇
回隆興程給事叔達啓……二五〇
回太平州陳舍人騤啓……二五〇
回成都留敷學正啓……二五〇
答陳給事峴啓……二五〇
賀梁觀文克家年啓……二五一
回陳丞相俊卿謝致仕啓……二五一
回池州陳尚書良佑啓……二五一
回静江詹侍制儀之啓……二五一
回富沙陳侍制良佑啓……二五二
回程侍制叔達啓……二五二
廬陵周益國文忠公集卷二七……二五三
省齋文稿卷二七……二五三
啓七　書狀……二五三
除右相答洪内翰啓……二五三
答王丞相啓……二五三
答史太傅啓……二五三
回在外侍從啓……二五四
回金陵錢參政啓……二五四
回太平州張閣學子穎啓……二五四
回史侍制彌大啓……二五四
回宋尚書覞啓……二五四
回福州帥賈侍郎選啓……二五五
答紹興李參政啓……二五五
答婺州蔣尚書繼周啓……二五五
回紹興帥殿撰張侍郎杓啓……二五五
回趙丞相啓……二五六
回鄭尚書丙啓……二五六
回富沙程尚書大昌啓……二五六
回廬州鄭都丞興裔啓……二五六
回王尚書希吕啓……二五七
回施樞密賀冬啓……二五七

記傳……二六七
肖顔堂記……二六七
川泳軒記……二六七
詠歸亭記……二六八
静暉堂記……二六九
眉壽堂記……二七〇
鄒公橋記……二七〇
贛州州學教授題名記……二七〇
兵部長貳題名記……二七一
兵部郎官題名記……二七二
筠州重修道院記……二七二
吉州改修學記……二七二
重立芰堂記……二七三
吉州新貢院記……二七四
章氏近思堂記……二七五
即墨侯傳……二七五
忠義李君傳……二七六
廬陵周益國文忠公集卷二九……二七八
省齋文稿卷二九……二七八
行狀　神道碑……二七八
左承奉郎直敷文閣主管台州崇道觀王公廷珪行狀……二七八
京西北路制置安撫使孫公昭遠行狀……二八〇
左朝議大夫充敷文閣待制致仕柳公約神道碑……二八二
興國太守贈太保王公綯神道碑……二八四
權太常少卿贈銀青光禄大夫滕公庾神道碑……二八七
廬陵周益國文忠公集卷三〇……二八九
省齋文稿卷三〇……二八九
神道碑……二八九
樞密使贈金紫光禄大夫汪公澈神道碑……二八九
資政殿學士贈通奉大夫胡忠簡公神道碑……二九二
廬陵周益國文忠公集卷三一……二九八
省齋文稿卷三一……二九八
墓誌銘……二九八
右迪功郎致仕劉公若川墓誌銘……二九八
蔡子亨墓誌銘……二九八
徽猷閣待制宋公㬇墓誌銘……二九九
子柔弟墓誌銘……三〇二
文士慶墓誌銘……三〇三
靖州太守吴君順之墓誌銘……三〇三
廬陵周益國文忠公集卷三二……三〇五
省齋文稿卷三二……三〇五
墓誌銘……三〇五
文林郎劉君令猷墓誌銘……三〇五
左朝請大夫魯公訔墓誌銘……三〇六
鄉貢進士歐陽耿仲弇墓誌銘……三〇七
清遠縣令鄧君洵佚墓誌銘……三〇八
叔外祖奉議郎王公覺墓誌銘……三〇八
承務郎胡君泳墓誌銘……三〇九

朝散大夫直顯謨閣黃公石墓誌銘……三一〇

廬陵周益國文忠公集卷三三……三一三

省齋文稿卷三三……三一三

墓誌銘……三一三

靖州太守李君發墓誌銘……三一三

靖州推官張君廷傑墓誌銘……三一四

秘閣修撰湖南轉運副使蕭公之敏墓誌銘……三一五

朝請大夫致仕賜紫金魚袋黃公子游墓誌銘……三一八

廬陵周益國文忠公集卷三四……三二〇

省齋文稿卷三四……三二〇

墓誌銘……三二〇

直敷文閣致仕魯公訔墓誌銘……三二〇

武昌簽判尚宗簿大伸墓誌銘……三二二

恭州太守任君續墓誌銘……三二三

朝散大夫直秘閣陳公從古墓誌銘……三二四

廬陵周益國文忠公集卷三五……三二七

省齋文稿卷三五……三二七

墓誌銘　墓表附……三二七

朝請大夫知潼川府何君耕墓誌銘……三二七

段元愷墓誌銘……三二八

提轄文思院葉君楠墓誌銘……三二九

朝散郎致仕郭公彌約墓表……三三〇

籍溪胡先生憲墓表……三三一

廬陵周益國文忠公集卷三六……三三二

省齋文稿卷三六……三三二

墓誌銘　葬記……三三二

伯母安人尚氏墓誌銘……三三二

先夫人王氏墓誌……三三三

亡姊尚夫人墓誌……三三四

靖州推官張廷傑妻李夫人墓誌銘……三三五

曾監酒母孺人劉氏墓誌銘……三三五

王給事母安人徐氏墓誌銘……三三六

程給事母宜人胡氏墓誌銘……三三七

孟媪葬記……三三八

芸香葬記……三三九

廬陵周益國文忠公集卷三七……三四〇

省齋文稿卷三七……三四〇

青詞　疏文　祝文　勸農文……三四〇

夫人設醮青詞……三四〇

又……三四〇

設醮青詞……三四〇

佑聖觀夫人設醮青詞……三四〇

夫人設醮青詞……三四〇

又……三四一

設醮青詞……三四一

夫人設醮青詞……三四一

設醮青詞……三四一

夫人設醮青詞……三四一

遷右相府設醮青詞……三四一
皇后生辰三茅觀設醮青詞……三四二
設醮青詞……三四二
遷左相府設醮青詞……三四二
遷入廬陵舊居前一日設醮青詞……三四二
潭州祈雨設醮青詞……三四二
薦尚氏姊水陸文……三四三
焚黃水陸疏文……三四三
廣教寺設供疏文……三四三
判潭州謁宣聖文……三四三
謁諸廟文……三四三
南嶽行宮祈晴文……三四三
東明寺祈晴文……三四四
南嶽正廟再祈晴文……三四四
東明再祈晴文……三四四
南嶽謝雪文……三四四
南嶽行宮祈雨文……三四四
南嶽正廟祈雨文……三四四
南嶽祈晴文……三四五
又……三四五
南嶽行宮謝晴文……三四五
府治謝晴文……三四五
改判隆興府辭宣聖文……三四五
辭諸廟文……三四五
祀勾芒神文……三四六
潭州勸農文……三四六

廬陵周益國文忠公集卷三八……三四七
省齋文稿卷三八……三四七
祭文……三四七
同兩倅帥屬祭吳漕之母徐淑人文……三四七
祭宋待制文……三四七
祭許寶文文……三四七
祭子柔弟文……三四七
餘杭祭十一妹文……三四八
祭羅長卿文……三四八
祭林虞仲教授文……三四八
祭張德莊監丞文……三四九
祭黃世永編修文……三四九
祭宗人子婦李氏文……三四九
祭察推劉辰告母歐陽氏文……三四九
祭劉辰告令猷文……三五〇
祭外舅王察院文……三五〇
祭汪養原待制文……三五〇
祭趙温叔雄舍人母楊令人文……三五〇
祭胡季懷文……三五一
祭芮國器祭酒文……三五一
祭靖州太守李發文……三五一
祭洪景嚴樞密文……三五二

祭汪聖錫尚書文……三五二
經筵同僚祭范西叔仲芑侍講文……三五三
宮僚祭楊信伯恂工部文……三五三
祭劉汝一度諫議文……三五三
祭莫子齊舍人文……三五四
祭婁寛夫文……三五四
同年祭何誠甫司業文……三五四
同年祭李子茂木舍人文……三五五
祭張敬夫殿撰文……三五五
祭從母王碩人文……三五五
祭吕伯恭禮部文……三五六
祭芮國瑞尚書文……三五六
祭外祖王給事家諸塋……三五六
祭陳應求俊卿丞相文……三五六
祭袁州兄嫂文……三五七
祭繹姪文……三五七
祭吕帳幹文……三五七
祭叔母李氏孺人文……三五八
祭蔣參議文……三五八
廬陵周益國文忠公集卷三九……三五九
省齋文稿卷三九……三五九
家廟墳山祝文……三五九
信州茶山初贈焚黄祝文……三五九
展省茶山焚黄祝文……三五九
鳳山焚黄祝文……三五九
茶山告至祝文……三六〇
茶山告啓殯祝文……三六〇
茶山啓殯祝文……三六〇
考妣焚黄祝文……三六〇
考妣焚黄祝文……三六〇
奉祠歸告至先塋祝文……三六〇
焚黄告祖塋祝文……三六一
先考加贈左中奉大夫焚黄祝文……三六一
先妣加贈令人焚黄祝文……三六一
初除參政贈三代東宫三少告廟祝文……三六一
明堂加贈三代東宫三太告廟祝文……三六一
初除知院加贈三代三少告廟祝文……三六二
初除樞密院使加贈三代三公告廟祝文……三六二
曾祖曾祖妣焚黄祝文……三六二
祖祖妣焚黄祝文……三六三
先考大中至太師焚黄祝文……三六三
先妣焚黄祝文……三六三
郊祀加封三代告廟祝文……三六四
進秩加恩謝家廟祝文……三六四
遷相府告廟祝文……三六四
入府告廟祝文……三六四
拜右相三代加贈告廟祝文……三六四
明堂三代加贈告廟祝文……三六四

遷左府告廟祝文……三六五
拜左相三代加贈告廟祝文……三六五
光宗登極三代加贈告廟祝文……三六五
奉祠歸廬陵告至長岡祝文……三六六
曾祖曾祖妣焚黃祝文……三六六
祖祖妣焚黃祝文……三六六
鳳山焚黃祝文……三六六
長岡焚黃祝文……三六七
焚黃告伯考伯母祝文……三六七
奉安家廟祝文……三六七
除少保三代加贈唐國公唐國夫人祝文……三六七
長沙視事告廟祝文……三六八
冬至祝文……三六八
郊祀三代加贈潭國公潭國夫人祝文……三六八
廬陵周益國文忠公集卷四〇……三六九
省齋文稿卷四〇……三六九
道釋頌 偈 贊 題跋 説 疏 記 塔銘……三六九
東達上座頌一首枕上補作……三六九
與崔序老步月青玉峽漱玉泉坐瀑布之石橋天氣涼冷移坐法堂下對雙劍峯甚正序老求偈爲作偈曰……三六九
故慶雲長老文尒贊……三六九
彥岑真贊……三六九
跋薌林贈陳丹林詩……三六九
助贖蕭惟清度牒戲書……三七〇
題僧志淮刺血書經……三七〇
跋妙喜遺筆……三七〇
木觀音説……三七〇
西峰寺緣化巖主殿疏……三七〇
天華院佛殿造於太平興國戊寅踰二百載今乃摧毀過者太息茲欲募緣修葺青原野夫周某爲題數語仍施薄少爲之倡者……三七一
新復報恩善生院記……三七一
贛州寧都縣慶雲尒禪師塔銘……三七二
訥菴塔銘……三七三
寒巖升禪師塔銘……三七三
靈隱佛海禪師遠公塔銘……三七四
廬陵周益國文忠公集卷四一……三七六
平園續稿序……三七六
廬陵周益國文忠公集卷四一……三七七
平園續稿卷一……三七七
詩……三七七
上巳訪楊廷秀賞牡丹于御書匾榜之齋其東園僅一畝爲術者九名曰三三徑意象絕新……三七七
王才臣子俊求園中六詩……三七七
孝宗皇帝挽詩二首……三七七
十月九日陳誠之恂送菊花小詩奉答……三七七
僕營小圃方兩月而張坦夫履示腴莊圖有起予之意輒成鄙句……三七八

慶元乙卯某與歐陽伯威鈇葛德源潨俱年七十適敝居落
成乃往時同試之地小集圃中再用潞公韻成鄙句并録
舊詩奉呈……三七八
春日早起二首……三七八
寄楊廷秀待制……三七八
臨賀太守簡世傑挽詞……三七八
西昌陳誠之送黃樓芍藥仍杜長篇老懶不能次韻戲答二
絶句連歲許紅都勝未至末章及之……三七八
送道士張惟深……三七九
彭孝求惟孝以綠野行送芍藥數種鄙句爲謝……三七九
魚兒牡丹得之湘中花紅而蕊白狀類雙魚累累相比枝不
能勝壓而下垂若俛首然鼻目良可辨葉與牡丹無異亦
以二月開因是得名其幹則芍藥也予命曰花妃而賦是
詩聞江東山谷間甚多……三七九
子中兄再示新詩以妃爲僭次韻解嘲……三八〇
太守趙山甫希仁示和篇次韻爲謝……三八〇
李子權時中屢求所居江月亭浴沂齋詩老病未能作坐上
示及和花妃詩甚工即席次韻一首所謂一彩兩賽也……三八〇
楊廷秀秘監萬花川谷中洛花甚富乃用野人韻爲魚兒牡
丹賦詩光榮多矣惡語叙謝……三八〇
題劉訥畫趙韓王韓魏王文潞公司馬温公歐陽文忠公王
荊公蘇文忠公黃太史像……三八〇
廷秀用進退韻格賦奉祠喜罷感恩詩次韻……三八一
臨川梁譯投冰溪救母謝昌國作孝德記楊廷秀有詩次其
韻……三八一
李得善少膺賦絶句疑麕爲鹿按廣韻注鹿云麞屬注麞云
鹿屬爾雅亦各言之故説文專指麕爲麞則與鹿爲二物
明矣次韻求教……三八一
寄題泰和胡氏福榮堂……三八二
乙卯中秋初夜見月欲登樓而陰五鼓如永和鎮省七兄月
色如晝……三八二
平園之北有荷花數畝張彦和兄弟以售於予戲作小詩……三八二
中秋梅桂盛開前所未有黃巖老景説通判欲賦詩紀異輒
以二韻引玉……三八二
李子西卿月乙卯秋試畢携家兄舊詩相過索次韻……三八三
中秋古梅盛開次子中兄韻……三八三
中秋招王才臣賞梅花廷秀待制有詩次韻……三八三
歐陽邦基母曾氏挽詞……三八三
吉水縣黃塤母歐陽氏挽詞……三八三
吴斗南仁傑架閣求夢芳亭詩……三八三
江西漕張同之送大有年堂酒百壺戲答小詩……三八四
乙卯冬楊廷秀訪平園即事……三八四
初春巖桂着花詩人太和令君首賦佳篇才臣伯和仲和三
友繼作句法高妙不容措辭姑述四句……三八四
經略待制趙彦操侍郎挽詞……三八四
送徐淵子知縣朝奉還臺……三八四
閣皁冲妙陳處和寄蒼玉軒圖仍枉佳篇小詩爲謝……三八四
次韻楊廷秀……三八五

楊子直示還壽皇御批制草熟狀特以新詩嘆服匠手走筆奉酬既謝厚貺且爲王春度玉堳之祝 …… 三八五
茅山劉先覺高士繪雲琴圖求詩次楊廷秀韻 …… 三八五
廷秀跋雲琴圖記高士被遇阜陵再賦小詩 …… 三八五
次韻孫從之侍郎寄題新喻周氏用德堂 …… 三八五
次韻楊廷秀待制寄題朱氏涣然書院 …… 三八六
次韻廷秀待制寄題李紀風月無邊樓 …… 三八六
次韻廷秀待制玉蕊 …… 三八六
次楊子直使君韻 …… 三八六
次王伯奮淹通判韻 …… 三八六
林順卿迪教授兩爲玉蕊花賦長韻富贍清新老病無以奉酬輒用楊使君韻爲謝 …… 三八六
三月二十八日春華樓前芍藥盛開招歐葛二兄再爲齊年之集次舊韻 …… 三八七
陳誠之以長句送揚州花仍催餞快閣之約戲答 …… 三八七
題安成劉江報德堂白爵圖 …… 三八七
錢文季舉狀元去春用楊吉州子直韻賦玉蘂詩老悖久稽奉酬今承秩滿還朝就以爲餞 …… 三八七
趙正則彥法司户沿檄而歸玉蘂已過追賦車字韻詩奉答 …… 三八七
江西美璆示古調七篇皆以風雅久寂寞爲首句責僕一言僕素不能詩念此意不可不酬走筆直述所懷而非詩也 …… 三八八
平園老叟敬讀次對兄芙蓉絶句嘆服不已效顰於後 …… 三八八
重九次七兄韻 …… 三八八
楊廷秀送牛尾貍侑以長句次韵 …… 三八八
寄題高仲一夔殿撰識山堂長韻 …… 三八八
涷頭王氏藝芳堂 …… 三八九
廬陵周益國文忠公集卷四二 …… 三九〇
平園續稿卷二 …… 三九〇
詩 …… 三九〇
丁巳二月甲子蜀錦堂海棠盛開適有惠西川繡錦堂記者招伯威德源爲齊年會次舊韻 …… 三九〇
二月十二日夜夢奏事 …… 三九〇
晨起有感二首 …… 三九〇
平江顔侍郎度挽詩 …… 三九〇
曾無疑三異以長韻送金橘時已暮春次韻 …… 三九一
彭孝求以詩送芍藥云今年厄閏不佳且許紅都勝不至云待明年戲答小詩 …… 三九一
連年視聽不明有耳雨空花之對今歲尤甚戲成小詩 …… 三九一
去夏孫從之示玉蘂佳篇時過未敢賡和今年此花盛開輒次嚴韻并以新刻辨証爲獻 …… 三九一
張履妻王氏挽詞 …… 三九二
追挽新永州守張奭妻宜人王氏 …… 三九二
永新賀升卿著春秋會正論屢督跋戲往 …… 三九二
江西美璆録示新舊詩一編戲題二十字於後 …… 三九二
洪景盧内翰爲甘叔懷作碧崖修造疏戲題小詩奉勸本宮管轄而下諸道友助緣 …… 三九二

胡氏逢慶堂詩用秉成兄韻……三九二
次韻李得善學録需酒納婦……三九三
戊午仲春同甲小集次舊韻……三九三
太和彭孝求連年許芍藥紅都勝今方以唐律送一株小詩
爲謝……三九三
紹興庚午某與安成劉逢辰秋闈同薦逢辰四子伯德禮淳
熙甲午解魁登第今宰臨川仲德仁發癸卯解叔德恭負
雋聲季德性紹熙乙卯復冠鄉舉出示當時小録手澤在
焉爲題二小詩於後……三九三
新光州守趙師爽字國佐才高一世仕京口以讒廢宰太和
以憂歸得郡待對没於逆旅家會稽又遭焚識者閔之今
既葬矣其子寄行狀求追挽嗟悼不足情見乎辭……三九四
劉仙才仲俊示其父醉菴詩集索鄙句……三九四
子中兄招飲次韻二首……三九四
慶元戊午重九天氣晴和侍七兄提舉監丞早集清都臺午
飯讀書臺晚集神岡西臺皆古迹也戲成小詩……三九四
己未立春留楊伯子長孺知縣小酌夜聞窻竹有聲伯子以
爲雪或曰風也已而果雪詰旦敲門送詩走筆戲和……三九五
己未二月十七日會同甲次舊韻……三九五
送韓希道亞卿移漕江東……三九五
賀升卿年垂八十以詩寄平園新詠二十二篇又録十年前
簡予四詩尚有訪戴之興謹次最後一章韻爲謝……三九五
朱叔止軫通判屢示詩詞綽有家法輒次年字韵一篇兼簡
汪仲嘉敷學樓大防顯學二尚書……三九六
仲嘉致政敷學尚書汪兄寵和鄙句且寄適軒記詩銘等皆
慕白樂天語也敬以來意盡用樂天事次韻……三九六
顯學尚書樓大防奉九十六歲之親戲綵未央古今鮮儷遠
蒙五詩皆和鄙句謹次韻爲慶……三九六
奉酬新劍南守朱叔止次舊韵寵寄之什……三九六
徐商老夢莘參議直閣進書登瀛創儒榮堂來索鄙句許示
奏稿寄題……三九七
多葉白牡丹一幹兩花其一重臺其一每葉之上間以青純
前所未聞名之曰青白圭蓋用司馬相如檄析圭注白藏
天子青分諸侯也爲賦此詩……三九七
參政李秀叔彥穎挽詞……三九七
三月三日適值清明會客江樓共觀並蒂魏紫偶成二小詩
約坐客同賦……三九七
某昨蒙寶文待制轍送揚州紅都勝欲占小詩叙謝怯大巫
而止茲者賢郎明府相過屢索芍藥詩實不曾作謹用前
意成四韻拙遲可笑……三九八
永新譚漢卿章求筠坡書院詩用誠齋之韻之意而推廣
之……三九八
安福孝子朱雲孫血指封股燃臂愈父母疾化遂行於室家
邑上其事於州他日讀待制廷秀楊公所述誌墓之文爲
題小詩於後……三九八
無心居士劉君挽詞……三九八
龍學張彥文大經挽詞……三九九
王籍文學求讀書堂詩……三九九

平園創三層樓子直秘書遠貺新詩有山中宰之句自念掛朝服築層樓偶與陶隱居相符他日倘得壽與之齊則登臨之樂未已也次韻爲謝 …… 三九九
丙辰七兄有詩及人月分圓已未彼此服藥未能夜坐今次舊韻爲重九之約 …… 三九九
小詩戲王駒甫請來早轉約伯威德源得善彥和志伯西美粹夫及愚卿兄弟共不托一盃已有定例不設他味 …… 四〇〇
端明殿學士張定叟杓挽詞 …… 四〇〇
次韻楊廷秀待制二首 …… 四〇〇
廬陵主簿李子賢東頃示長牋用劉元城主簿可教事去秋復惠楚詞皆未果答今代還索言老謬勿哂 …… 四〇〇
七兄初約登新樓作重陽尋前歲之盟適病足不能出佳篇送魚酒且及二蘇逍遥堂風雨之句次韻叙謝併爲後約 …… 四〇一
讀張敬夫南軒集夜夢賦詩 …… 四〇一
慶元庚申華隱樓成其下明農堂新接牡丹亦盛開敬邀伯威德源二兄小集用舊韻 …… 四〇一
盧帥錢待制之望挽詞 …… 四〇一
送楊伯子長孺知南昌縣 …… 四〇一
蕭彥育虞卿頃年示詩篇且求次誠齋待制所贈佳句之韻嘗許赴省時勉爲之適相過以七步見窘就坐呈老醜聊述本意 …… 四〇二
通直郎致仕劉楹挽詞 …… 四〇二
次張子儀抑荔枝詩韻 …… 四〇二
光宗皇帝挽詩二首 …… 四〇二
贛守張子智貴謨重修思賢閣奉趙清獻公 …… 四〇三
廬陵周益國文忠公集卷四三 …… 四〇四
平園續稿卷三 …… 四〇四
詩 …… 四〇四
余仲庸鏞從辟廣西示洪景盧所作松風閣記題詩反招隱 …… 四〇四
寄題安福朱景源景雲所居二首 …… 四〇四
管長源澥朝奉挽詞 …… 四〇四
萬安賴秀才家拾青樓二首 …… 四〇四
靜菴曾伯虞機挽詞 …… 四〇五
登仕郎曾忠佐迎母王於樂氏母許新居成即歸於是築第備極輪奐母欲遷而逝乃虛中堂榜之曰思永爲賦四韻 …… 四〇五
寄題江陵撫幹胡仲方棨官舍信美樓二首 …… 四〇五
追挽胡季文籍知縣 …… 四〇五
送楊子上扶赴郴守羅達甫之招二首 …… 四〇五
七月十四日江西美約周愚卿兄弟及許景陽相過共觀鶴雛羽毛褐色因飲雙投新酒擘閩中生荔枝於白蓮池上遂成勝賞明日西美有詩走筆奉和 …… 四〇六
江西美復送四景詩再次韻 …… 四〇六
三次韻答江西美 …… 四〇六
四次韻 …… 四〇六
五次韻 …… 四〇七

四景詩似欠一篇五更枕上足成之録呈西美司書勿勞屬和僕亦偃旂閉壘矣……四〇七
時久闕雨回西美柬就附小詩……四〇七
八月十八日與客小集賞巖桂而紅梅海棠金林檎盛開明日江西美賦四絶句走筆次首篇韻……四〇七
題龍泉李宗儒師儒兄弟槐陰書院……四〇七
龍泉項汝弼字唐卿盧溪書院……四〇八
寄題龍泉李氏萬卷堂……四〇八
安福歐陽紹之奉議桃花石二絶句……四〇八
嚴寬桂巖堂二絶句……四〇八
次韻章茂獻謝茶……四〇八
太和宰趙嘉言汝謩造大舟付諸渡又停鄉村酒坊代輸其課繪二圖各題小詩……四〇九
太和縣丞廳葺三亭曰真清謂松竹曰特秀謂江山曰成蹊謂桃李又有讀書臺龍首池寄題三疊……四〇九
送綸丞郡章貢……四〇九
華文閣學士沈持要樞挽詞二首……四〇九
寄題贛簿彭南夫讀書樓二絶句……四一〇
劉訥畫廬陵三老圖求詩……四一〇
西美司書賦生瑇瑁佳篇仍索鄙句奉和一首……四一〇
走筆再次西美韻兼簡季章……四一〇
次韻楊廷秀待制瑞香花……四一一
廷秀再用韻見其末句易檀爲蘭故亦不復從前韻……四一一
丞相余處恭端禮挽詞……四一一
楊子直秘書以一詩送小兒歸省又一絶及平園花木校文苑英華併次韻發笑……四一二
壬戌冬至胡季亨伯信仲威叔賢相過洛花一朶正開置酒賞之王南劍偶遺矮人獻笑坐中以開閉長短爲戲因成四韻……四一二
嘉泰癸亥元日口占寄呈永和乘成兄……四一二
正月三日胡季亨及伯信仲威叔賢昆仲歐陽宅之李廷可同自永和來雨中小集疊岫閣用金鼎玉舟勸酒下視梅林戲舉説命五説戲祝六君蒙次前韻賦佳篇各徵舊事各以一篇爲謝……四一二
周愚卿江西美劉棠仲各賦江珧詩牽强奉答……四一三
元宵煮浮圓子前輩似未曾賦此坐間成四韻……四一三
再賦……四一四
茶陵王琰求清暑堂詩次王民瞻敷文胡邦衡資政二公舊韻……四一四
陳正仲讜提刑制勘甫畢首過小樓既出新詩仍惠手書十扇次韻二篇致感幸之意……四一四
陳正仲提刑輒還嚴近正及郊禋索語贈別適小圃芙蓉同海棠盛開笑令着句併成四韵……四一四
月石屏蛾月硯詩……四一四
悼亡之後病齒不能食拔去其甚者有感賦小詩……四一五
元樞陳叔進騤挽詞二首……四一五
胡季亨渙圃中有觀生亭取觀天地萬物生意楊誠齋賦二詩次韻……四一五

臨川貢士徐子比先世有十萬莊今惟一山巋然田間立曰獨秀求予下語因記東坡以是名南康田氏之峰就用此意致登科之祝……四一六
某紹興甲子赴試此地卜居今十年三歷秋舉每遇中秋必與親舊歌舞之今歲大病使令輩散遺蕭然偶伯信仲威携子姪相過喜成四韻……四一六

廬陵周益國文忠公集卷四四……四一七

平園續稿卷四……四一七

銘　箴　辨……四一七
賀德章悦齋銘……四一七
静庵銘……四一七
吴氏忠正堂銘……四一七
益壯齋銘……四一七
桂隱銘……四一七
愚谷銘……四一八
達齋銘……四一八
迂齋銘……四一八
坡谷齋銘……四一八
濂伊齋銘……四一八
香山樓銘……四一九
馮軫元方琴銘……四一九
送綸丞郡臨川十以箴……四一九
吉州司户廳緩齋箴……四一九
辨登第金花帖子……四二〇
王扶……四二〇
附王扶之孫臨題跋……四二〇
承協捧硯……四二〇
題盛京登科小録……四二〇
録洪景盧容齋續筆……四二一

廬陵周益國文忠公集卷四五……四二一

平園續稿卷五……四二二

贊……四二二
東坡像李伯時作曾無疑藏之命予贊之……四二二
徐涇教授求六一先生像贊……四二二
又求胡忠簡公贊……四二二
宗室公衡真贊……四二二
趙山甫使君爲所部七十老叟記顔索贊……四二二
友人曾無疑示予真索贊……四二二
劉氏兄弟寫予真求贊時年七十……四二三
梁光遠以予真着丘壑中慶元乙卯四月十九日自贊時年七十……四二三
太和貢士陳誠之記予顔欲寘明遠樓昔白傅年七十一寫真詩云鶴毳變緑髪鷄膚换朱顔予今年適同感而賦此時慶元丙辰六月八日……四二三
慶元丁巳予與伯威歐陽兄德源葛兄三講丙午齊年會德源之子玢繪三壽圖求贊月日皆丙午也……四二三
寧都宰傅子淵薦邑士危正記顔求贊……四二三
南城吴氏記予七十二歲之顔……四二四

聶倅周臣寫真求贊……四二四
趙仲肅記予肄業之所寫真求贊……四二四
高沙曾忠佐良臣築思永堂以念親傍闢書閣肖楊誠齋及予像求贊……四二四
游元齡登仕寫予真求贊……四二五
南城吳伸兄弟寫予真求贊……四二五
門客鄭安世寫壽星求贊……四二五
趙倅彥燦寫予真求贊……四二五
英德邵守之綱記予衰顏戲題數語……四二五
登仕郎張武來求一言因記衰顏就以勉之壬戌七月也……四二六
予乾道中嘗除延平守閩憲皆當赴而改晚得富沙趣行甚峻亦不果赴今郡人吳氏寫真求贊因以遺之……四二六
永豐監稅黃思義寫予真於大椿之下戲題……四二六
張孜仲寅寫予真倚松而立戲贊……四二六
陸務觀之友杜敬叔寫予真戲題四句他日持似務觀一笑……四二六
李子西卿月記予七十七歲之顏求贊……四二六
鄭準廣文赴官九江携予真索贊……四二七
吉水贊府王覲時可爲平園寫真口占小詩……四二七
徐教授涇寫予真求贊……四二七
一甲子前與齊源李綦儀之游從贛上今其壻謝幼學傳示衰容爲題四句……四二七
山谷自贊云作夢中夢見身外身福唐曾錫盛談西湖水晶宮之勝因寫予真用此意題四句……四二七
予平生願學忠恕既以自勉亦告於人王牒正則聞而悅之歸作唯齋九萬里風斯在下矣寫衰容命之贊……四二八
教官福唐劉季新寫陋質道衣羽客索贊還鄉福乃提刑臺治僕嘗出使陛辭而留情見乎詞……四二八
本覺長老祖宏爲老兄弟寫真求贊次七兄韻……四二八
能仁監寺志超爲予寫真求贊……四二八
德回上人寫予真求贊時年七十二歲……四二八
贛州豐樂長老惠宣寫予真戲贊時年七十三歲……四二九
青原祖燈監寺屢問予久不入山寫真戲題……四二九
予久欲遊仰山而未暇行者智印寫真求贊……四二九
安福縣岳興院僧希奇求予真贊……四二九
覺報長老道諶寫予兄弟真求贊次七兄韻……四二九
龍堂院宗懋寫真求贊次七兄韻……四二九
予年十四五侍子中兄讀書贛州壽量寺久之寺爲寇燔其後子中出守一新之今小兒綸又將佐郡他日當訪舊遊因主僧慈濟寫真題贊……四三〇
隆興癸未夏予年三十八自掖垣奉祠歸游麻姑山今又三十八年而知觀李惟賓緣化修造至廬陵寫予真求贊……四三〇
福壽院僧净高寫予及子中兄真求贊次子中韻……四三〇
堵陂知莊僧德永寫予真求贊……四三〇
祥符長老智華寫予真求贊……四三〇
法華院僧祖月寫予真戲贊……四三一
僧智印寫乘成平園仰山三人真求贊……四三一
天慶知觀蕭惟清寫予真求贊……四三一

廬陵道士羅尚逸能醫眼善弈自湘中歸寫予真求贊復游湘中 …… 四三一
清源知藏僧法源寫真求贊 …… 四三一
金牛長老德鎧寫平園真求贊 …… 四三二
使臣周允寫平園老叟真於松竹龜鶴間戲贊 …… 四三二
使臣宋千齡寫平園老叟真於松竹之間從以鹿鶴龜求贊 …… 四三二
提轄官鍾懃及其子可久寫平園真睆蟾倚桂爲生日壽 …… 四三二
使臣俞允迪赴萍實稅官寫平園老叟真求贊 …… 四三二
予刻文苑英華千卷頗費心力使臣王思恭書寫校正用功甚勤因傳予神戲爲作贊 …… 四三三
使臣李汝發寫平園真求贊 …… 四三三
直省官李端義求平園真贊 …… 四三三

廬陵周益國文忠公集卷四六 …… 四三四

平園續稿卷六 …… 四三四

題跋一 …… 四三四
家藏御書 …… 四三四
高宗御批陳思恭奏劄跋 …… 四三四
淳熙戊申國書跋 …… 四三四
光宗御書跋 …… 四三四
家藏法帖書畫碑刻 …… 四三五
題山谷和郭內翰長篇 …… 四三五
自題寫真 …… 四三五
題薛元亮老杜醉歸圖詩後 …… 四三五
題六一先生手書後 …… 四三六
題蔡君謨飛草帖 …… 四三六
題唐人臨王子敬帖 …… 四三六
題吳說書 …… 四三六
題蕭楚公帖 …… 四三六
跋王獻之保母壙志 …… 四三六
題米禮部參星賦真蹟 …… 四三七
題孫氏四皓圖 …… 四三七
題祖妣秦國潘夫人書 …… 四三七
題樂毅論 …… 四三七
雜題跋 …… 四三八
跋鄭侯遺事奏稿 …… 四三八
跋汪聖錫與武義宰趙醇手書 …… 四三八
跋東坡桂酒頌 …… 四三八
跋德化縣陳氏義門碑 …… 四三八
題吉州司户趙彥法所藏山谷帖 …… 四三九
題汪季路所藏書畫四軸 …… 四三九
跋劉賓之浩然集 …… 四三九
跋何居仁自作墓誌 …… 四四〇
題宜春李椿詩卷 …… 四四〇
題曾伯震所得子中兄二絶 …… 四四〇
題李玠叔詩文 …… 四四〇
題陳誠之遠明樓記 …… 四四一
跋百醉老人趙士瞰詩卷 …… 四四一

題劉昌詩母墓誌……四四一
題謝昌國與朱陛書……四四一
跋蕭唐叟時庵記……四四二
題顏魯公書撰杜濟神道碑……四四二
跋金給事彥亨文稾……四四二
跋范丞相覺民謝罷政表稿……四四三
又題范覺民與諸人唱和詩……四四三
跋張忠獻公答宋待制手書……四四三
題張右丞如瑩奏疏……四四四
跋六一先生跋杜濟神道碑……四四四
跋獨孤延壽碑……四四四
廬陵周益國文忠公集卷四七……四四五
平園續稿卷七……四四五
題跋……四四五
跋後漢樊常侍碑……四四五
跋歐陽公堯祠碑跋……四四五
題楊謹仲芍藥詩後……四四五
跋胡忠簡公和王行簡詩……四四六
題羅起宗廟食碑……四四六
跋王民瞻送胡邦衡南遷詩……四四六
題京仲遠與周孟覺帖……四四六
御書樂毅論跋……四四六
題呂獻可墓誌……四四七
跋張仲宗送胡邦衡詞……四四七
題蔡忠惠公帖……四四七
題陳忠肅公尊堯集稿……四四八
跋歐陽文忠公誨學帖……四四八
跋徐夫人所書華嚴經梁武懺……四四八
跋胡忠簡公論和議稿……四四八
題羅煒詩稿……四四九
跋焦伯强與潘簡夫帖……四四九
跋呂伯恭日記……四四九
跋廖中精紀……四四九
題謝昌國式華堂記……四五〇
題廬山西林道場碑……四五〇
題裴晉公撰李西平神道碑……四五〇
跋歐陽文忠公跋賽陽山文……四五一
跋歐陽文忠公與裴如晦帖……四五一
題張志寧所藏東坡畫……四五一
跋老泉所作楊少卿墓文……四五一
跋宋待制晚寧軒自適詩……四五二
跋李先生先之禮記義……四五二
跋陳剛中石材廟詩……四五二
跋臨江軍劉昌詩之父青詞稿……四五二
題胡邦衡侍郎撰胡從周寺丞誌文……四五二
題張魏公與晁升道啓……四五三
題呂紫薇與晁仲石詩……四五三
題李龍眠山莊圖……四五三

跋張魏公與彭子從書……四五三
題陸本益齋記……四五四
題周洽所藏南唐牒訴……四五四
題浮雲居士曾達臣雜志後……四五四
題至聖文宣王三十八代孫孔仲良唐貞元以後告身石刻……四五五
題俞洪所藏滕元發與俞退翁詩……四五五
又書溪堂集後……四五六

廬陵周益國文忠公集卷四八……四五七

平園續稿卷八……四五七
題跋……四五七
題曾逮侍郎戒其子棠清廉帖……四五七
跋撫州游祖武褉帖……四五七
跋楊廷秀所作胡氏霜節堂記……四五七
跋唐子西帖……四五七
跋韓子蒼與曾公衮錢遜叔諸人唱和詩……四五八
跋曾公衮錢遜叔韓子蒼諸公唱和詩……四五八
跋吉水蕭氏祖長官告……四五九
跋蕭御史殿試真卷……四五九
跋宋運判昞奏稿……四五九
跋張忠獻公與外舅帖……四六〇
跋義靈廟碑……四六〇
題聶倅周臣所藏黃魯直送徐隱父宰餘干詩稿……四六〇
跋江氏舊書……四六〇
跋黃山谷書唐人詩……四六一
跋張芸叟題劉滬墳廟詩……四六一
跋司馬文正公手鈔富文忠公使北録……四六一
題東坡上薛向樞密書……四六一
跋楊廷秀贈族人復字道卿詩……四六二
跋曾氏兄弟帖……四六二
題呂侍講希哲歲時雜記後……四六二
自題與黃談書尺……四六二
跋撫州鄔慮詩……四六二
跋山谷草書太白詩……四六三
跋戊午歲吉州舉人期集小録……四六三
跋張如瑩書歸去來辭……四六三
跋王才臣十史論……四六四
書譚該樂府後……四六四
跋宋景晉喚手書佛經……四六四
題趙清獻公三帖……四六四
題楊廷秀新淦胡氏義方堂記後……四六五
跋東坡與張近帖……四六五

廬陵周益國文忠公集卷四九……四六六

平園續稿卷九……四六六
題跋……四六六
大元帥康王與向子諲咨目及御筆等跋……四六六
跋朱元晦所作南城吳氏社倉記……四六六
跋山谷題橘州畫卷……四六六

題東坡晚年手帖　四六七
跋歐陽文忠公與張洞書　四六七
書馮頎自得集後　四六七
跋黃魯直帖　四六七
跋蔡君謨與唐詔帖　四六八
書歐陽彝四世碑　四六八
跋富鄭公與李中師帖　四六九
跋所書劉辰告墓碑橫石　四六九
跋顏魯公書　四六九
跋張安國與伯子家書　四七〇
跋山谷書文賦　四七〇
跋柳公權赤箭帖　四七一
跋楊廷秀石人峰長篇　四七一
題嘉祐賀老人星見表批荅　四七一
題趙清獻公帖　四七二
題癸丑謝何同叔送羊羔酒詩贈尹德鄰　四七二
跋蕭氏敦節堂詩　四七二
跋陳瓘書　四七三
題山谷書大戴禮踐祚篇　四七三
題鞠城銘　四七三
跋張子韶與陳朝彥序詞　四七三
跋養正堂記　四七四
題李彥平遺書後　四七四
跋曾無疑所藏二帖　四七四
題曾南夫集序　四七四
跋劉氏後隆堂詩　四七五
跋李伯紀青原詩　四七五
跋董體仁帖　四七五
跋蕭臺詩　四七六
廬陵周益國文忠公集卷五〇　四七七
平園續稿卷一〇　四七七
題跋　四七七
跋文與可草書李賀金銅仙人辭漢歌　四七七
跋秦少章詩卷　四七七
跋秦少章雜文　四七七
跋向子諲遺書　四七七
跋蕭服劉逵唱和詩卷　四七八
廬帥靖康勤王跋語　四七八
跋東坡秧馬歌　四七八
跋吳伸所藏曾子固帖　四七九
跋尹焞帖　四七九
跋修禊序　四七九
跋汪逵所藏東坡字　四七九
跋趙弁雪圖　四八〇
跋山谷與孫端帖　四八〇
跋胡邦衡奏劄稿　四八〇
跋張德遠與胡邦衡帖　四八一
跋陳少陽哀詞　四八一

跋包孝肅公帖……四八一
曾三異所藏盤松贊跋……四八一
跋魚計亭賦……四八一
跋梁仲謨尚書奏稿……四八二
跋黃通老尚書奏稿……四八三
跋楊無咎畫秋蘭……四八三
盧陵周益國文忠公集卷五一……四八四
平園續稿卷一一……四八四
題跋……四八四
跋歐陽徹遺事……四八四
跋曾無疑所藏黃魯直晚年帖……四八四
跋何居仁張斗南序……四八四
跋馮軫所藏五帖……四八五
東坡書富文忠公神道碑……四八五
東坡書陶靖節詩……四八五
東坡潁州詩……四八五
米元章上呂汲公書……四八五
山谷書六一先生古賦……四八六
題趙遯可文卷……四八六
跋楊廷秀對月飲酒辭……四八六
跋陸務觀送其子龍赴吉州司理詩……四八六
跋劉共甫與胡邦衡帖……四八六
跋王獻之保母墓碑……四八七
丁酉歲恭和內宴御詩草跋……四八七
跋蘇黃門在筠州施楞嚴標指……四八八
題文氏雙秀亭詩……四八八
跋韓忠獻范文正歐文忠與尹師魯帖……四八八
題范文正公帖……四八八
跋趙逢原得母詩卷……四八九
題平園圖後……四八九
題宋甡西園詩稿……四八九
盧陵周益國文忠公集卷五二……四九〇
平園續稿卷一二……四九〇
序一……四九〇
傅忠肅公察文集序……四九〇
歐陽文忠公年譜後序……四九〇
歐陽文忠公集古録序……四九一
歐陽文忠公集古録後序……四九一
歐陽文忠公集後序……四九二
劉彥純和陶詩後序……四九二
元豐懷遇集後序……四九三
朱新仲舍人文集序……四九三
王致君司業文集序……四九四
群玉詩集序……四九四
蘇文定公遺言後序……四九五
楊謹仲詩集序……四九五
王推官洋漫齋文集序……四九六
曾南夫提舉文集序……四九六

毛拔萃洵文集序……四九七
廬陵周益國文忠公集卷五三……四九八
平園續稿卷一三……四九八
序二……四九八
陸子履嵩山集序……四九八
趙訓之忠節録序……四九八
臨江軍三孔文集序……四九九
孫尚書鴻慶集序……四九九
初寮先生前後集序……五〇〇
續後漢書序……五〇一
高端叔變離騷序……五〇二
王參政文集序……五〇三
陸氏翼孟音解序……五〇三
廬陵周益國文忠公集卷五四……五〇五
平園續稿卷一四……五〇五
序三……五〇五
澈溪居士文集序……五〇五
杉溪居士文集序……五〇五
漢兵本末序……五〇六
求齋遺稿序……五〇六
仲并文集序……五〇七
程洵尊德性齋小集序……五〇七
帝王經世圖譜題辭……五〇八
曾氏農器譜題辭……五〇八
曾無愧三英南北邊籌序……五〇九
張良臣雪窗集序……五一〇
忠正德文集序……五一〇
撫州登科題名記序……五一一
張文靖公文集序……五一二
王氏濟美集序……五一二
芮氏家藏集序……五一三

第二册

廬陵周益國文忠公集卷五五……五一五
平園續稿卷一五……五一五
序　雜説……五一五
沈氏論語解序……五一五
吴康肅公芾湖山集并奏議序……五一五
黄簡肅公中奏議序……五一六
晁氏二圖序……五一六
劉諫議諫稿序……五一七
龍雲先生文集序……五一七
文苑英華序……五一八
送行序……五一九
送曾公薦赴省試序……五一九
送曾明發序……五一九
送黄伯庸疇若序……五一九
齋説……五二〇

蕭人傑如寄齋說 …… 五二〇
張德清悅齋說 …… 五二〇
習齋說 …… 五二一
周伯熊勤齋說 …… 五二一
堂庵說 …… 五二一
茶陵學林堂說 …… 五二一
楊光祖筠溪說 …… 五二一
錢氏岵瞻庵說 …… 五二二
書贈茶陵谷若霖 …… 五二二
書示臨川陳撝 …… 五二二
書示永豐彭肅 …… 五二二
書贈安福劉儼子思 …… 五二三
書曾無疑匹紙 …… 五二三
書匹紙贈安福劉澈 …… 五二三
書匹紙贈許玠介之 …… 五二三
字說 …… 五二四
李爗縣尉字說 …… 五二四
趙汝橙縣尉字說 …… 五二四
蕭光字說 …… 五二四
姪孫顒字說 …… 五二五
名訓 …… 五二五
田炳名訓 …… 五二五
盧陵周益國文忠公集卷五六 …… 五二六
平園續稿卷一六 …… 五二六
啟 親書附 …… 五二六
回潭州朱元晦啓 …… 五二六
回隆興趙子固鞏啓 …… 五二六
轉少傅致仕謝宰執啓 …… 五二六
回金陵張定叟尚書啓 …… 五二六
回洪帥單虞卿侍郎啓 …… 五二七
回隆興帥張伯子尚書啓 …… 五二七
回潭帥趙待制不迹啓 …… 五二七
回豫章韓帥子及啓 …… 五二七
謝陳提刑讜生日詩啓 …… 五二八
謝許監丞知新生日詩啓 …… 五二八
謝權守鄭通判臨生日詩啓 …… 五二八
回陳正仲提刑賀冬啓 …… 五二八
又謝生日詩啓 …… 五二八
謝吳運使時顯生日詩啓 …… 五二八
復少傅謝諸府啓 …… 五二九
回衢州章茂獻侍郎賀復官啓 …… 五二九
賀陳正仲提刑除職啓 …… 五二九
又回賀綸審察啓 …… 五二九
賀陳勉仲拜右相啓 …… 五三〇
與楊廷秀閣學 二十首 …… 五三〇
回甲寅賀冬啓 …… 五三〇
賀覃恩轉中大夫啓 …… 五三〇
回賀入新第啓 …… 五三〇

回乙卯賀年啓……五三〇
回乙卯賀冬啓……五三一
賀除待制啓……五三一
遠迎啓……五三一
回丙辰賀年啓……五三一
回丙辰賀冬啓……五三一
回丁巳賀年啓……五三二
回丁巳賀冬啓……五三二
回戊午賀年啓……五三二
回己未賀年啓……五三二
餽歲小啓……五三二
賀致仕啓……五三二
賀己未冬啓……五三三
賀庚申年啓……五三三
賀郊恩進開國侯用子封通奉大夫啓……五三三
又賀增秩晉爵啓……五三三
謝臨慰啓……五三三
回蕭郎中親書……五三四
與胡季解求親書……五三四

廬陵周益國文忠公集卷五七……五三五

平園續稿卷一七……五三五

狀……五三五

謝贛守……五三五
謝寄居通判……五三五
謝路鈐路分……五三五
謝憲司提幹檢法贛州路分將官教授五人共詩一首……五三五
謝邵英德之綱生日詩……五三五
謝李賀州絪生日詩……五三五
謝贛州齊簽判天覺生日詩……五三六
謝贛州趙路分主管提幹檢法教授生日詩……五三六
謝鄭通判臨生日詩……五三六
謝黄經畧王南劍鄭通判徐提幹生日詩……五三六
致仕謝守倅寄居……五三六
謝楊守門送上塚……五三六
謝趙守門送上塚……五三七
慶禮賜粟帛謝太守……五三七
復少傅謝監司……五三七
益國夫人喪奉謝守倅狀……五三七
黄侍郎艾遠迎……五三七
趙守……五三七
孫侍郎逢吉……五三七
監司……五三七
同前……五三七
張憲行郡……五三八
同前……五三八
同前……五三八
葉憲……五三八
葉憲改江東……五三八

新贛州張舍人貴謨……五三八
前廣州趙帥時逢……五三八
林侍郎大中被召……五三八
胡侍郎紘……五三八
謝太守楊秘書方初到……五三九
太守初到任……五三九
賀禮尚……五三九
又……五三九
楊守任滿訪及狀……五三九
趙守除廣東憲……五三九
皇子誕生謝守倅訪及……五三九
俞澧……五三九
趙守謝批考……五四〇
鄭倅權州謝雨……五四〇
倅交印……五四〇
同前……五四〇
倅交割……五四〇
同前……五四〇
路鈐交印……五四〇
同前……五四〇
同前……五四〇
倅權郡……五四〇
同前……五四一
同前……五四一
同前……五四一
太守謝送生日……五四一
同前……五四一
丁守謝諸司薦……五四一
趙守轉官……五四一
趙守除利路憲……五四一
趙守子過省月望……五四一
郊赦守倅……五四二
丁守被召……五四二
湯倅轉奉議郎……五四二
楊待制……五四二
楊閣學……五四二
贛守張舍人訪及……五四二
黄澧……五四二
黄經畧得祠……五四二
彭常德轉官……五四二
又轉朝議大夫……五四三
又轉中散大夫……五四三
廣州胡侍郎紘……五四三
正月望……五四三
三月旦……五四三
三月三日……五四三
四月旦……五四三
同前……五四三

望日……五四三
五月旦……五四四
同前……五四四
六月旦……五四四
七月旦……五四四
八月旦……五四四
十月旦……五四四
十一月旦……五四四
十二月旦……五四四
十二月望……五四四
太守年節……五四五
同前……五四五
路鈐倅寄居……五四五
太守冬至……五四五
同前……五四五
同前……五四五
同前……五四五
守倅賀冬……五四五
倅冬至……五四五
同前……五四六
同前……五四六
同前……五四六
趙參議……五四六
回太守賀臘雪……五四六
同前……五四六
同前……五四六
謝太守立春……五四六
同前……五四六
謝楊守方移厨……五四七
同前……五四七
同前……五四七
謝上元……五四七
丁守……五四七
趙守……五四七
十月……五四七
謝趙守相過賞花……五四七
答趙守投謝狀……五四八
趙守……五四八
鄭倅權郡……五四八
權守……五四八
權守開樂……五四八
謝移厨後訪及……五四八
同前……五四八
同前……五四八
楊守方任滿訪別……五四八
王倅淹任滿……五四九
張憲垓行郡……五四九
彭守漢老赴常德……五四九

斛倅僖赴調……五四九
趙憲善鑢赴利路……五四九
梁守京奉祠……五四九
湯倅璹任滿……五四九
胡侍郎紘經從……五四九
廬陵周益國文忠公集卷五八……五五〇
平園續稿卷一八……五五〇
記一……五五〇
賞心樓記……五五〇
蜀錦堂記……五五〇
安福縣重修鳳林橋記……五五〇
廣德軍重修譙門記……五五一
萬安縣新學記……五五二
墨池閣記……五五三
贛州贛縣重修學記……五五三
梅州重修學記……五五四
梅州貢院記……五五五
廬陵周益國文忠公集卷五九……五五六
平園續稿卷一九……五五六
記二……五五六
泰和縣仰山二王行祠記……五五六
袁州宜春臺孚惠新祠記……五五六
廬陵縣重修縣學記……五五七
分寧縣學山谷祠堂記……五五八
玉和堂記……五五八
敬齋記……五五九
泰和縣龍洲書院記……五五九
吉州通判廳記……五六〇
汀洲長汀縣社壇記……五六〇
終慕堂記……五六一
廬陵周益國文忠公集卷六〇……五六二
平園續稿卷二〇……五六二
記 碑……五六二
吉州録參廳題名記……五六二
敬思亭記……五六二
筠州樂善書院記……五六二
杜氏潛光堂記……五六三
筠州判官廳記……五六三
台州仙居縣學記……五六四
廣昌縣學記……五六四
撫州學記……五六五
廬陵縣學三忠堂記……五六六
永豐縣旌忠廟碑……五六六
廬陵周益國文忠公集卷六一……五六八
平園續稿卷二一……五六八
神道碑一……五六八
資政殿大學士左太中大夫參知政事贈太師張忠定公燾
神道碑……五六八

龍圖閣學士左通奉大夫致仕贈少師謚忠簡張公闡神道碑……五七三
廬陵周益國文忠公集卷六二……五七七
平園續稿卷二二……五七七
神道碑二……五七七
資政殿大學士贈銀青光祿大夫范公成大神道碑……五七七
中散大夫賜紫金魚袋周公樞神道碑……五八三
廬陵周益國文忠公集卷六三……五八五
平園續稿卷二三……五八五
神道碑三……五八五
中大夫贈特進蔡公伸神道碑……五八五
龍圖閣學士宣奉大夫贈特進程公大昌神道碑……五八六
朝散郎充集英殿修撰林公光朝神道碑……五九〇
資政殿大學士毗陵侯贈太保周簡惠公葵神道碑……五九一
廬陵周益國文忠公集卷六四……五九六
平園續稿卷二四……五九六
神道碑四……五九六
中大夫秘閣修撰賜紫金魚袋趙君善俊神道碑……五九六
華文閣直學士贈金紫光祿大夫陳公居仁神道碑……五九八
廬陵周益國文忠公集卷六五……六〇三
平園續稿卷二五……六〇三
神道碑五……六〇三
敷文閣待制贈少師張公邵神道碑……六〇三
淮西帥高君夔神道碑……六〇五
吏部尚書鄭公丙神道碑……六〇七
廬陵周益國文忠公集卷六六……六一一
平園續稿卷二六……六一一
神道碑六……六一一
敷文閣直學士陳公良翰神道碑……六一一
敷文閣學士李文簡公燾神道碑……六一三
廬陵周益國文忠公集卷六七……六二〇
平園續稿卷二七……六二〇
神道碑七……六二〇
敷文閣直學士宣奉大夫贈特進汪公大猷神道碑……六二〇
資政殿學士宣奉大夫參知政事蕭正肅公燧神道碑……六二三
丞相洪文惠公适神道碑……六二六
廬陵周益國文忠公集卷六八……六三一
平園續稿卷二八……六三一
神道碑八……六三一
左中奉大夫敷文閣待制贈特進林公保神道碑……六三一
朝議大夫工部尚書贈通議大夫謝公諤神道碑……六三二
廬陵周益國文忠公集卷六九……六三五
平園續稿卷二九……六三五
神道碑九……六三五
同知樞密院事贈太師洪文安公遵神道碑……六三五
寶文閣學士通奉大夫贈少師梁公汝嘉神道碑……六三八
廬陵周益國文忠公集卷七〇……六四一
平園續稿卷三〇……六四一

神道碑一〇 …… 六四一
史館吏部贈通議大夫朱公松神道碑 …… 六四一
資政殿學士中大夫參知政事贈太師李文敏公邴神道
碑 …… 六四三
和州防禦使贈少師趙公伯驌神道碑 …… 六四五
武泰軍節度使贈太尉鄭公興裔神道碑 …… 六四七
廬陵周益國文忠公集卷七一 …… 六五〇
平園續稿卷三一 …… 六五〇
墓誌銘一 …… 六五〇
胡斗南箕墓誌銘 …… 六五〇
宣義郎致仕賜紫金魚袋胡公昌齡墓誌銘 …… 六五一
宋故連州彭使君堯輔墓誌銘 …… 六五二
京西轉運判官方君崧卿墓誌銘 …… 六五三
宗室淡然居士公衡墓誌銘 …… 六五四
廬陵周益國文忠公集卷七二 …… 六五六
平園續稿卷三二 …… 六五六
墓誌銘二 …… 六五六
廣南提舉市舶江公文叔墓誌銘 …… 六五六
譚宣義孚先墓誌銘 …… 六五七
彭元亨墓誌銘 …… 六五八
朝請郎曾君光祖墓誌銘 …… 六五八
參議董君昌裔墓誌銘 …… 六五九
高州趙使君介墓誌銘 …… 六六一
通判彭君商老墓誌銘 …… 六六一
邵陽郡丞周府君因墓誌銘 …… 六六二
葛先生灤墓誌銘 …… 六六四
廬陵周益國文忠公集卷七三 …… 六六六
平園續稿卷三三 …… 六六六
墓誌銘三 …… 六六六
永州張使君奭墓誌銘 …… 六六六
新淦劉德萬人傑墓誌銘 …… 六六七
通直郎彭君叔度墓誌銘 …… 六六八
朝議大夫直秘閣廣西轉運判官彭府君漢老墓誌銘 …… 六六九
率齋王居士伯芻墓誌銘 …… 六七一
迪功郎辰州溆浦張主簿履墓誌銘 …… 六七一
承直郎尚甥振藻墓誌銘 …… 六七二
廬陵周益國文忠公集卷七四 …… 六七三
平園續稿卷三四 …… 六七三
墓誌銘四 …… 六七三
曾迪功彥圭墓誌銘 …… 六七三
朝奉郎袁州孫使君逢辰墓誌銘 …… 六七四
承直郎知東安縣趙君彥倍墓誌銘 …… 六七五
武德郎主管台州崇道觀趙君伯琭墓誌銘 …… 六七六
歐陽伯威墓誌銘 …… 六七七
郴州張使君鋼墓誌銘 …… 六七八
廬陵周益國文忠公集卷七五 …… 六八〇
平園續稿卷三五 …… 六八〇
墓誌銘墓表附 …… 六八〇

迪功郎致仕晁子與墓誌銘……六八〇
歐陽元鼎墓誌銘……六八〇
朝請郎致仕劉君大成墓誌銘……六八一
宗室崇道武經公育墓誌銘……六八二
澹軒李君呂墓誌銘……六八三
循吏石大夫晝問墓誌銘……六八四
登仕郎董君億墓誌銘……六八六
譚君紹先墓誌銘……六八七
從政郎宋君佖墓誌銘……六八七
朝奉大夫致仕李君迎墓表……六八八
彭孝子千里墓表……六八九

廬陵周益國文忠公集卷七六……六九一

平園續稿卷三六……六九一

墓誌銘　壙誌……六九一
高太夫人司徒氏墓誌銘……六九一
曾太宜人李氏墓誌銘……六九二
益國夫人墓誌銘……六九三
段夫人墓誌銘……六九四
汀州田使君妻宜人尚氏壙誌……六九五
村女壙誌……六九六

廬陵周益國文忠公集卷七七……六九七

平園續稿卷三七……六九七

墓碣一……六九七
朝散大夫知新州李君守柔墓碣……六九七
二戴君墓碣……六九八
龍洲居士嚴君致堯墓碣……六九九
朝議大夫賜紫金魚袋王君鎮墓碣……七〇〇
贛州洪使君椃墓碣……七〇二

廬陵周益國文忠公集卷七八……七〇五

平園續稿卷三八……七〇五

墓碣二……七〇五
冲虛居士錢君朝彦墓碣……七〇五
朝奉郎李君琥墓碣……七〇六
通判舒州沈君煥墓碣……七〇八
均州黄使君牧之墓碣……七〇九
李紀墓碣……七一一

廬陵周益國文忠公集卷七九……七一二

平園續稿卷三九……七一二

青詞　祝文　祭文……七一二
爲村娘設醮青詞……七一二
舊居設醮青詞……七一二
夫人設醮青詞……七一二
遷新第醮謝青詞……七一二
火孛照臨設醮青詞……七一二
本命設醮青詞……七一三
設醮青詞……七一三
又……七一三
又……七一三

本命設醮青詞……七一三
本命設醮青詞……七一四
追薦亡妻九幽醮詞……七一四
奉安御書祝文……七一四
奉安土地祝文……七一四
奉安竈神祝文……七一四
謝土祝文……七一五
功德院奉安祖先文……七一五
省祖父以下塋文……七一五
哭仲兄判院文……七一五
遷居奉安家廟祝文……七一五
遷居三日祭家廟祝文……七一五
覃沛三代加贈告廟祝文……七一五
覃沛焚黃祝文……七一六
同前……七一六
致仕謝家廟祝文……七一六
先妣加贈告墓祝文……七一六
郊禋焚黃祝文……七一七
郊禋焚黃祝文……七一七
長岡修塋告成祝文……七一七
祭范至能參政文……七一七
祭尤延之尚書文……七一七
祭史直翁丞相文……七一八
祭謝昌國尚書文……七一八
祭同年程泰之尚書文……七一九
祭廬陵翁知縣文……七一九
祭曾無玷侍郎文……七一九
祭吉水吴伯豐縣丞文……七一九
祭李秀叔參政文……七一九
祭彭仲伊通判商老文……七二〇
祭彭季皓運使漢老文……七二〇
祭劉子深知縣德禮文……七二〇
祭永州張叔保使君奭文……七二〇
祭京仲遠丞相文……七二〇
祭孫從之侍郎文……七二一
祭朱元晦待制文……七二一
祭余處恭丞相文……七二一
祭王謙仲樞使文……七二二
廬陵周益國文忠公集卷八〇……七二三
平園續稿卷四〇……七二三
道釋偈銘贊題跋記……七二三
楊待制朱待制因甘叔懷道士戲以是同是別兩池兩月相
爲問答某亦説偈……七二三
恩褒覺報禪寺鐘銘……七二三
仰山長老紹南真贊……七二三
老衲祖證姓潘瀏陽人因妻殺鴨不死投月庵爲僧壽八十
一道人蕭妙慶求贊……七二三
龍安主僧仁遠出德光頂相求贊……七二三

同前……七三七
慰元正表……七三八
顯仁皇太后發引慰表……七三八
同前……七三八
攢宮禮畢慰表……七三八
同前……七三八
祔廟禮畢慰表……七三九
同前……七三九
賀冬至表……七三九
賀郊祀表……七三九
同前……七三九
謝郊赦表……七四〇
同前……七四〇
天申節賀表……七四〇
同前……七四〇
同前……七四一
同前……七四一
謝御製書損齋記表……七四一
同前……七四一
同前……七四二
廣德軍謝上表……七四二
謝除直秘閣知揚州表……七四二
信陽軍謝上表……七四三
謝除太府少卿表……七四三
張端明謝乞致仕降第二詔不允仍赴行在奏事表……七四三
漢州謝上表……七四四
汪端明遺表……七四四
天申節進銀一千五百兩奏狀二首……七四四
王監簿庭珪辭召命狀……七四五
代大兄奏劄……七四五
吏部趙尚書雄論侍從隨赦加恩劄子……七四五
廬陵周益國文忠公集卷八三……七四七
省齋別稿卷三……七四七
青詞　功德疏　疏文……七四七
外舅設醮青詞……七四七
建康府爲皇太后設醮青詞……七四七
茅山……七四七
徐憲設醮青詞……七四七
金陵府治祈雨青詞……七四八
方卿元日設醮青詞……七四八
郭元嘉設黄籙青詞……七四八
又設醮青詞……七四八
尚氏姊本命日設醮青詞……七四九
十三弟設醮青詞……七四九
功德疏……七四九
乾龍節功德疏八首……七四九
天申節功德疏八首……七五〇
會慶節開啓疏三首……七五一

滿散疏……七五一
功德疏……七五一
皇太后服藥蔣山疏文……七五一
皇太后服藥赦書賽諸祀廟疏文……七五一
建康府爲皇太后舉哀疏文六首……七五一
請寶公祈雨疏文……七五二
道觀祈雨雪文……七五二
佛寺祈雪文……七五二
寶公塔祈雪文……七五三

盧陵周益國文忠公集卷八四……七五四

省齋別稿卷四……七五四

啓一……七五四
謝宰執啓……七五四
與江東張帥啓……七五四
徐憲頌德……七五五
周漕頌德……七五五
葉漕頌德……七五五
徐總領頌德……七五六
吕提舉頌德……七五六
凌正言啓……七五六
宣州樓樞密啓……七五六
兼權臨安府户部韓尚書啓……七五七
權樞密都承旨中書王舍人啓……七五七
湯中丞啓……七五七
褚臺簿啓……七五八
答陳國政天麟啓……七五八
賀户部王侍郎倓啓……七五八
賀禮部辛侍郎次膺啓……七五八
賀提舉修書官万俟右相轉官加食邑啓……七五九
賀進書禮儀使沈左相轉官加封邑啓……七五九
賀湯右相啓……七五九
同前……七六〇
問候沈左相啓……七六〇
問候湯右相啓……七六一
賀王樞密啓……七六一
賀吏部張尚書啓……七六一
賀朱中丞啓……七六二
問候葛侍郎啓……七六二
賀何大諫啓……七六二
賀都司諫啓……七六二
謝執政啓……七六三

盧陵周益國文忠公集卷八五……七六四

省齋別稿卷五……七六四

啓二……七六四
賀李漕植啓……七六四
賀江東陳憲啓……七六四
賀王樞密啓……七六四
回陳都官啓……七六四

賀陳同知除知院啓……七六四
賀宣州魏參政啓……七六五
賀鎮江董知府啓……七六五
回田開府啓……七六五
回柴參議啓……七六五
回吴漕啓……七六六
賀江東王提舉啓……七六六
賀吴漕啓……七六六
回淮東朱總領啓……七六六
賀賀參政啓……七六七
同前……七六七
賀湯丞相遷左相啓……七六七
同前……七六八
賀陳右相啓……七六八
同前……七六九
謝執政啓……七六九
賀湯右相修徽宗實録成轉官加恩啓……七六九
同前……七七〇
賀孟宗丞除江東運判啓……七七〇
賀王同知啓……七七〇
賀直院楊給事啓……七七一
賀禮部孫侍郎道夫啓……七七一
廬陵周益國文忠公集卷八六……七七二
省齋别稿卷六……七七二

啓三

賀陳知院誠之啓……七七二
賀楊少卿啓……七七二
賀户部趙侍郎令詪啓……七七三
賀魏宣州啓……七七三
賀兵部湯侍郎允恭改除户部啓……七七三
賀葉侍郎啓……七七三
賀吏部賀尚書啓……七七四
賀兵部周侍郎啓……七七四
賀左史洪舍人啓……七七四
謝執政啓……七七五
謝吏部賀尚書啓……七七五
吏部葉侍郎啓……七七六
吏部沈侍郎介頌德……七七六
户部趙侍郎頌德……七七六
兵部楊侍郎椿頌德……七七六
刑部黄侍郎祖舜頌德……七七六
工部王侍郎晞亮頌德……七七七
周給事啓……七七七
中書洪舍人遵啓……七七七
起居張舍人頌德……七七七
朱御史啓……七七八
任殿院頌德……七七八
汪察院啓……七七八

任察院文薦頌德……七七八
左司諫何溥頌德……七七九
都正言民望頌德……七七九
賀鎮江鄭直閣作肅啓……七七九
賀辛福州次膺啓……七七九
賀閩中提舉周郎中操啓……七七九
賀閩漕王敷文時升啓……七八〇

盧陵周益國文忠公集卷八七……七八一

省齋別稿卷七……七八一

啓四……七八一
上湯相求嶽祠啓……七八一
得嶽祠謝宰相啓……七八一
賀葉樞密啓……七八二
賀同知葉樞密義問啓……七八二
回宣州朱舍人啓……七八二
賀周給事啓……七八三
賀岳都統超起復啓……七八三
同前……七八三
賀池州周侍郎執羔啓……七八三
同前……七八四
賀吏部周侍郎綰啓……七八四
同前……七八四
賀禮部曾侍郎幾啓……七八四
同前……七八五
賀浙西謝提舉伋啓……七八五
謝舉自代啓……七八五
賀户部邵侍郎啓……七八六
回新江東王運幹渙啓……七八六
與新總領啓……七八六
賀孟少卿忠厚判平江府啓……七八六
回交代除郎官啓……七八七
回教授啓……七八七
賀周内翰麟之啓……七八七
同前……七八七
賀中書舍人張孝祥啓……七八八
同前……七八八

盧陵周益國文忠公集卷八八……七八九

省齋別稿卷八……七八九

啓五……七八九
賀左史黄舍人中啓……七八九
賀任秘監古啓……七八九
賀汪殿院澈啓……七八九
同前……七九〇
賀吏部葉侍郎啓……七九〇
賀工部楊侍郎啓……七九〇
上沈丞相啓……七九〇
賀金陵韓帥啓……七九一
賀徐信州材啓……七九一

同前……七九一
賀户部董侍郎華啓……七九二
漢州謝到任啓……七九二
賀揚州劉安撫岑啓……七九二
賀兵部楊尚書椿啓……七九三
賀吏部洪侍郎遵啓……七九三
禮部宋侍郎棐啓……七九三
户部邵侍郎大受啓……七九三
王給事晞亮啓……七九四
沈正言濬啓……七九四
謝安仁酒官啓……七九四
與恩平郡王啓……七九五
謝解啓……七九五

廬陵周益國文忠公集卷八九……七九六

省齋别稿卷九……七九六

書簡　樂語……七九六

上陳丞相書……七九六
又上朱參政書……七九七
謝執政小簡……七九七
回江東王運幹渙小簡……七九八
妻妹親書……七九八
向宅親書……七九八
小一姪納幣胡氏親書……七九九
十二弟韓氏納幣親書……七九九
江權卿親書……七九九
趙尉親書……七九九
王蘊親書……七九九
廣德軍鹿鳴燕樂語……八〇〇
請盧帥樂語……八〇〇

廬陵周益國文忠公集卷九〇……八〇一

省齋别稿卷一〇……八〇一

墓誌銘　祭文　祝文……八〇一

左朝請大夫王公葆墓誌銘……八〇一
文山人墓誌……八〇三
祭徐淑人文……八〇三
又路祭文……八〇三
祭岳都統母夫人文……八〇三
同前……八〇三
七兄親迎歸廟見祝文……八〇四
伯考伯母加贈通議恭人祝文……八〇四

廬陵周益國文忠公集卷九一……八〇五

詞科舊稿自序……八〇五

詞科舊稿卷一……八〇六

宏詞所業十二首制　誥　表　露布　檄……八〇六

清遠軍承宣使某授華容軍節度使提舉佑神觀奉朝請進
封開國侯加食邑食實封制……八〇六
端明殿學士知洪州充江南西路安撫使某授保寧軍節度
使知福州充福建路安撫使馬步軍都總管加食邑食實

封制 …… 八〇六
徽猷閣直學士提舉醴泉觀某除禮部侍郎誥 …… 八〇七
太常少卿某除右諫議大夫誥 …… 八〇七
令監司郡守搜訪遺書詔 …… 八〇八
令侍從舉賢良詔 …… 八〇八
代百官賀皇太子生表 …… 八〇八
代中書舍人謝除翰林學士表 …… 八〇九
唐交河道行軍大總管破高昌露布 …… 八〇九
唐淮西宣慰處置使平淮西露布 …… 八一〇
漢河西大將軍諭隗囂檄 …… 八一一
桂廣觀察使諭邕管伐黄賊檄 …… 八一一

廬陵周益國文忠公集卷九二 …… 八一三

詞科舊稿卷二 …… 八一三

宏詞所業十二首　箴　銘　記　贊　頌　序 …… 八一三
漢廷尉箴 …… 八一三
漢美陽鼎箴 …… 八一三
舜五弦琴銘 …… 八一四
天聖蓮花漏銘 …… 八一五
漢未央宮記 …… 八一五
唐政事堂記 …… 八一六
漢天馬贊 …… 八一七
唐石經贊 …… 八一七
唐驃國獻樂頌 …… 八一八
太宗皇帝飛白秘閣頌 …… 八一八
唐開元禮序 …… 八一九
祥符御製爲君難爲臣不易論序 …… 八二〇

廬陵周益國文忠公集卷九三 …… 八二一

詞科舊稿卷三 …… 八二一

丁丑程試六首　制　序　表　頌　記　銘 …… 八二一
檢校少保寧國軍節度使提舉佑神觀某授檢校少傅武昌軍節度使知荆南府荆湖北路安撫使馬步軍都總管進封加食邑制 …… 八二一
漢白虎議奏序 …… 八二一
代交趾進馴象表 …… 八二二
漢紫壇頌 …… 八二三
繡衣鹵簿記 …… 八二三
漢廟鼎銘 …… 八二四

廬陵周益國文忠公集卷九四 …… 八二五

掖垣類稿序 …… 八二五

掖垣類稿卷一 …… 八二六

外制恩除 …… 八二六
邵希直特封成州團練使致仕制 …… 八二六
馬文貴補右迪功郎致仕制 …… 八二六
徐億補右迪功郎致仕制 …… 八二六
劉寶封保義郎致仕制 …… 八二六
衛經補保義郎致仕制 …… 八二七
宗子不厖換授右承奉郎制 …… 八二七
量試宗子補官 …… 八二七

宗子不括補承信郎……八二七
宗子伯詔補承信郎與差制……八二七
宗子伯瑀補承信郎制……八二八
翟楷韓仲通循右從政郎制……八二八
進武副尉陳玠轉承信郎制……八二八
黃昭慶與宮觀任便制……八二八
報登寶位使副下三節人轉官制……八二八
德壽宮官吏諸色人各轉兩官制……八二八
陳子常授防禦使制……八二九
楊亨轉遙刺制……八二九
張珣轉兩官制……八二九
安知和等各轉官制……八二九
王大亨轉官制……八二九
魏欽緒循三資制……八三〇
王棟轉官制……八三〇
史侁轉官制……八三〇
李師堯轉官制……八三〇
能誠轉官制……八三〇
梁康民張安上充差遣制……八三一
李寀差幹辦內藏庫制……八三一
潘師尹等落看班衙制……八三一
常士廉帶行閤門祇候制……八三一
潛邸官吏轉官制……八三一
皇子府抱笏人張世昌轉一官制……八三二
張興世孫瑺並除閤門祇候制……八三二
隨龍從義郎趙衍依孫瑺例除閤門祇候制……八三二
曾覿除遙刺制……八三二
李綽轉殿使遙郡制……八三二
趙渭郭毅並轉六官制……八三二
修武郎充閤門兼祇應蘇永堅轉一官制……八三三
武經郎郭昇除閤門宣贊舍人……八三三
黃圭除閤門祇候……八三三
能誠轉兩官制……八三三
成安大夫陳孝廉階官遙郡上各轉兩官……八三三
武功大夫果州團練使兼閤門宣贊舍人李觀階官上轉行
一官……八三三
內侍張璩特與落致仕差充追册皇后攢宮都監制……八三四
侯士通轉官制……八三四
陳端夫轉翰林醫痊……八三四
昭化軍節度使嗣濮王士輵女夫司公度除閤門祇候制……八三四
知內庫齊安郡夫人奏主管文字承信郎劉澤轉一官制……八三四
瞿志行授承節郎……八三四
魏良臣追贈一官……八三五
楊厦楊麻補成忠郎……八三五
太尉吴蓋獻錢五萬貫與男忠訓郎吴玫轉一官……八三五
葉均循右文林郎制……八三五
吉州進士易嘉謀進納米斛準錢八千貫補右迪功郎……八三六
歸正人訾燮補承信郎制……八三六

廬陵周益國文忠公集卷九五 …… 八三七

掖垣類稿卷二 …… 八三七
外制功敘 …… 八三七
石明緒解延運各循一資 …… 八三七
竹友直循右修職郎 …… 八三七
錢庚轉官制 …… 八三七
臨安府修城官第二等通判劉薳轉一官 …… 八三七
兼知臨安府趙子潚修城了畢轉一官 …… 八三八
余武康循右從事郎制 …… 八三八
劉迪胡熙各轉一官制 …… 八三八
曹建轉拱衛大夫 …… 八三八
董遇轉遙刺制 …… 八三九
許章轉官 …… 八三九
司馬倬除直秘閣制 …… 八三九
李嵤轉官制 …… 八三九
逢維翰循一資 …… 八三九
劉繹轉官制 …… 八四〇
楊景雄轉官制 …… 八四〇
華旺除防禦使 …… 八四〇
宋藻轉左朝奉郎 …… 八四〇
采石立功人各轉官 …… 八四一
楊從儀除防禦使 …… 八四一
隔奴灘功趙振董巽轉官 …… 八四一
婺州觀察使韓恕除知閤門事兼客省四方館事 …… 八四二
孫璋轉官 …… 八四二
牛永壽牛師正補承信郎制 …… 八四二
吴昱除閤門宣舍制 …… 八四二
張説落階官勘會 …… 八四二
輔逵李福轉官 …… 八四三
武德大夫關保監督製造軍器精緻轉一官 …… 八四三
周葵兼侍講 …… 八四三
岳飛孫甫申經緯綱紀並特與補承信郎制 …… 八四四
王友直除觀察 …… 八四四
向琪轉遙刺制 …… 八四四
胡昉補官 …… 八四四
趙述轉防禦與觀免朝 …… 八四四
李璘項膺各循一資制 …… 八四五
武節郎侍衛步軍司前軍副將李師顔特差充閤門宣贊舍人 …… 八四五
武翼郎皇甫倜與轉三官除閤門宣贊舍人制 …… 八四五
鎮江都統制張子蓋除淮南東路招撫使制 …… 八四五
劉敦義除武學博士填見闕樊仁遠除武學學諭填復置闕 …… 八四六
新除敷文閣直學士知潭州劉岑改除敷文閣待制依舊宫觀 …… 八四六
武德郎建康府駐劄御前右軍副將淮西安撫司統領軍馬侯守權轉一官制 …… 八四六
起復武功大夫范旺王順胡成李玘並特轉遙郡刺史翊衛

大夫利州觀察使劉鋭特轉親衛大夫右武大夫果州團練使秦祐特轉左武大夫 …… 八四七
王實轉官 …… 八四七
試中書舍人兼直學士院劉珙磨勘轉左朝散郎制 …… 八四七
司封員外郎王十朋兼崇政殿説書制 …… 八四七
右從事郎國大同循右儒林郎制 …… 八四八
李師顔除官制 …… 八四八
蘄州防禦使浙西副總管秀州駐劄郭振除宜州觀察使差遣如故制 …… 八四八
瓦亭戰功人等轉官 …… 八四八
吴璘軍統領官武功大夫王玠轉行右武大夫制 …… 八四九
吴挺除官制 …… 八四九
邵宏淵除正任觀察使制 …… 八四九
頓遇轉遥刺制 …… 八四九
陳秉直轉兩官 …… 八五〇
忠翊郎南安軍兵馬監押武成同巡尉獲賊轉一官 …… 八五〇
趙忠叙承信郎 …… 八五〇
東南第十二將武節郎高居弁武翼郎高森忠翊郎鄧富進義校尉廖琮成忠郎王宏各轉兩官 …… 八五〇
知化州廖顒知容州歐陽庠雷州簽判歐陽堅知化州吴川縣周孝稱武經郎岑瑾武翊郎徐觀忠翊郎胡大同保義郎陳扆羅紋承節郎賀福陳紹宗承信郎林勝王世昌成忠郎崔迪各轉一官 …… 八五一
權軍事判官承信郎王瑔權録參承信郎孫鑑各轉一官 …… 八五一
李如岡轉一官 …… 八五一
趙汝勳轉右通直郎 …… 八五一
御營宿衛使司準備差遣左迪功郎衛博結局轉兩官循左儒林郎制 …… 八五一
趙不愚等轉官制 …… 八五二
程千載循右從事郎制 …… 八五二
吴某轉兩官制 …… 八五二
宋藻國大同並轉官制 …… 八五二
王萬修循修職郎制 …… 八五三
李宏轉官制 …… 八五三
帶御器械宋鈞除權知閤門事制 …… 八五三
武翼郎劉績除閤門宣贊舍人 …… 八五三
忠訓郎武學博士張德明除閤門祗候與副都監差遣 …… 八五三
忠訓郎王瑛除閤門祗候 …… 八五三
李宗訓轉翰林醫官 …… 八五四
李嵩轉官制 …… 八五四
廬陵周益國文忠公集卷九六 …… 八五五
掖垣類稿卷三 …… 八五五
外制 …… 八五五
劉觀致仕制 …… 八五五
資政殿大學士左大中大夫知建康府王綸乞致仕八月二十二日聖旨與轉一官致仕 …… 八五五
資政殿學士左中大夫魏良臣轉一官致仕制 …… 八五五
太尉劉錡守本官致仕制 …… 八五六

昭慶軍節度使提舉佑神觀劉懋致仕……八五六
內侍鄺詢爲久病可將見任官特與換白雲處士賜名守寧
制……八五六
蔣世忠梁思致仕制……八五六
前執政某除端明殿學士依舊宮祠……八五七
成閔御軍無律黷貨多私可落太尉在外宮祠婺州居住……八五七
前執政某人落職饒州居住……八五七
前執政子右承直郎某特降一資勒令隨侍制……八五八
李貴降罷制……八五八
姚仲罷宮觀降充郢州防禦使達州居住……八五八
宋實降官送潭州制……八五八
趙不屈降一官制……八五八
檢校少保安德軍節度使龍神衛四厢都指揮使充鎮江府
駐劄御前諸軍都統制張子蓋守本職致仕制……八五九
劉昪降一資……八五九
滎蒔降一官制……八五九
張瑁等各降一官制……八五九
劉世寧降一官……八六〇
忠翊郎前監建州在城鹽税務藍宗禮特降一官……八六〇
許濤祝端表各降一官……八六〇
向沔降一資……八六〇
許宋烈降一官……八六〇
陳文彥等降一官制……八六一
李政降一官制……八六一
周世昌降一官……八六一
李有卿降一官制……八六一
劉師忠降一官制……八六一
婺州申金華知縣右通直郎周世修擅移兑折帛錢特降一
官……八六二
都遇降一官與宮祠……八六二
孟思恭落階官授文州刺史制……八六二
曹澤降罷制……八六二
閻德降官制……八六二
吴謙放罷制……八六三
徐希顔降官制……八六三
于誠降官制……八六三
甄援降兩官制……八六三
李藻楊師中各降一資制……八六四
蒲待聘降兩資制……八六四
趙善仁降一官制……八六四
武顯大夫樞密院吏房副承旨董球爲曹涉應得差遣不肯
呈行特降一官制……八六四
時貴降官制……八六四
保義郎郝謚管押温州錢綱違程兩月降一官制……八六四
温州通判張大年起發經總制錢最違慢降一官制……八六五
符鎮降一官制……八六五
右奉議郎湖州德清縣丞張蕃降一官制……八六五
孫德劉廣各降一官……八六五

密球叙復……八六五
吴宏叙復制……八六六
陳誠之董德元余堯弼復端明殿學士制……八六六
余堯弼宋樸等復龍圖閣學士……八六六
知明州韓仲通復敷文閣直學士知平江府沈介復敷文閣
待制制……八六六
閻德叙復制……八六七
知撫州張孝祥復集英殿修撰制……八六七
杜勝叙復制……八六七
降授成忠郎閤門祗候都遇與復元官制……八六七
田開元再任制……八六七
武翼郎池州駐劄中軍統領趙思忠父端身故特與起復
制……八六八
起復忠訓郎閤門祗候護聖軍副將王瑀再丁母楚國夫人
憂起復制……八六八
閤門祗候王瑀持祖母餘服起復充殿前司副將制……八六八
東南第四副將范雄丁母憂起復制……八六八
貸命自效人前拱衛大夫文州刺史韓霖叙復修武郎制……八六八
廬陵周益國文忠公集卷九七……八六九
掖垣類稿卷四……八六九
外制贈封……八六九
故敷文閣待制蔣璨用二十五年二十八年郊祀恩贈父右
宣奉大夫制……八六九
節度使同知大宗正事士街贈少師追封咸義郡王制……八六九
建寧軍節度使提舉江州太平興國宫天水郡開國公士剳
贈少師追封咸安郡王制……八六九
故右監門衛大將軍郢州防禦使士穴贈昭化軍承宣使追
封安康郡公故右監門衛大將軍眉州防禦使士窘贈鎮
東軍承宣使追封會稽郡公故右監門衛大將軍復州防
禦使士階贈保寧軍承宣使追封東陽郡公制……八七〇
故靜江軍承宣使天水郡開國侯士嵰贈開府儀同三司追
封和國公制……八七〇
士街妻令人張氏清河郡夫人制……八七〇
楚國夫人吴氏特贈秦魏國夫人制……八七一
吴蓋妻趙氏封通義郡夫人制……八七一
張子蓋贈太尉制……八七一
劉觀上遺表特贈四官制……八七一
王綸上遺表特贈五官制……八七二
右中奉大夫徽猷閣待制賜紫金魚袋致仕宋晙上遺表特
贈四官制……八七二
徽猷閣直學士左朝散大夫致仕鄭望之上遺表特贈四官
……八七二
劉錡上遺表贈開府儀同三司……八七二
魏良臣上遺表贈五官……八七三
岳陽軍節度使韓公裔遇辛巳明堂赦封贈三代制……八七三
曾祖……八七三
曾祖母……八七三
祖……八七四

祖母……八七四
父……八七四
母……八七四
妻……八七四
龍神衛四厢都指揮使鎮南軍承宣使荆南駐劄御前諸軍都統制李道該遇三十一年九月二日赦封贈父母妻……八七五
故父……八七五
故母……八七五
妻……八七五
左中奉大夫充敷文閣待制提舉江州太平興國宮周綰遇明堂赦封贈父母制……八七五
故父贈特進遢特贈開府儀同三司……八七五
故母安定郡夫人葉氏特贈榮國夫人……八七六
承信郎陳雋母某氏年九十五歲封太孺人……八七六
太尉寧國軍節度使主管侍衛馬軍司公事李顯忠封贈三代制……八七六
曾祖任皇城使贈太傅德明特贈太師……八七六
故曾祖母楚國夫人野氏特贈秦國夫人……八七六
故祖任供備庫使贈太師中言特追封和國公……八七六
故祖母魯國夫人折氏特贈魏國夫人……八七七
故父任同州觀察使贈太師追封魏國公永寄追封楚國公……八七七
故母越國夫人拓跋氏繼母周國夫人蒙氏並特贈楚國夫人……八七七
妻平陽郡夫人周氏特封安康郡夫人……八七八
節度使曹勛贈三代制……八七八
曾祖東頭供奉官贈太子少保方叔特贈太子太保……八七八
祖任辰州漵浦縣尉贈太子少傅之器贈太子太傅……八七八
故父任武經郎閤門宣贊舍人贈太師組追封譙國公……八七八
所生母懷澤郡夫人王氏特贈瑯琊郡夫人……八七八
故妻咸寧郡夫人王氏特贈瑯琊郡夫人……八七九
靖海軍節度使李寶曾祖朝散大夫大理寺丞舜卿贈太子少保制……八七九
舒州觀察使安康郡開國侯戴皐封贈父母妻……八七九
故父贈武節大夫謹特贈武顯大夫……八七九
故母恭人彭氏特贈碩人制……八七九
妻恭人晉氏特封碩人……八八〇
陳懌母羅氏封太孺人制……八八〇
婉容翟氏進封特與依格合得恩澤親屬故武節郎蔣世忠特與贈武義大夫制……八八〇
婉容翟氏進奉親屬張氏與封淑人劉氏與封孺人……八八〇
岳飛叙復元官制……八八〇
故岳飛妻李氏特與復楚國夫人……八八一
岳飛男雲追復左武大夫忠州防禦使……八八一
岳飛男雷追復忠訓郎閤門祗候制……八八二
岳飛男霖復右承事郎與合入差遣震靄並與補保義郎制……八八二

岳雲妻鞏氏復恭人制……八八二
知海州魏勝中箭病篤其妻于氏割股與食遂得安愈特封
安人制……八八二
封贈歸正人蕭中一及妻妾男婦制……八八二
故歸正人奉國上將軍武勝軍節度使兼鄧州管内觀察
使威略軍都總管護軍蕭中一贈節度使……八八三
蕭中一妻耶律氏封郡夫人……八八三
小妻耶律氏封安人……八八四
男武翼大夫穎妻耶律氏封安人……八八四
廬陵周益國文忠公集卷九八……八八五
掖垣類稿卷五……八八五
外制國卹　神號……八八五
雷化州運判鄧酢贈一官直秘閣……八八五
鄭思廉贈拱衛大夫遥郡團練使制……八八五
趙晟劉瑜各贈官……八八五
竇彬李權吴知新各贈官……八八五
清河口皂角林立功官兵轉官制……八八六
瓜州及皂角林陣亡官兵贈官制……八八六
和州陣亡官兵韋永壽贈官……八八六
霍千吕直陣亡贈官制……八八六
汝州陣亡趙吉等贈官制……八八七
故武翼大夫泰州兵馬都監趙輻特贈兩官與致仕恩澤
制……八八七
楊林渡陣亡王匀等贈官……八八七
蔡州功申立元廣贈官制……八八七
港口陣亡翁喜第贈官制……八八七
蔡州陣亡李貴等贈官制……八八八
蔡州陣亡官兵無家屬李雲等一十有九人各贈承節郎……八八八
海州劫寨身死長行翁顔贈承信郎與一子守闕進勇副
尉……八八八
壽春陣亡兵士唐達等贈官制……八八八
陳州陣亡戴規贈官制……八八八
忠義前軍陣亡李義等贈官制……八八九
曹家莊陣亡韓敏等贈三官……八八九
馬回山下陣亡鄭祥等贈官……八八九
和州烏江縣西楚霸王先準敕賜英惠廟特封靈祐王……八八九
澧州彭山英澤廟廣澤顯烈公加封廣澤顯烈順濟公……八九〇
德順軍東北三十里隴干北山亂石湫神嘉潤公加封顯應
嘉潤公制……八九〇
洋州威顯廟惠應豐澤侯加封惠應豐澤靈貺侯……八九〇
静江府義寧縣惠寧廟義寧侯加封義寧靈澤侯制……八九一
光州城西威惠廟神加封制……八九一
贛州寧都縣孚惠廟神特封靈應侯制……八九一
光化軍鄺侯德懷廟特封助順文終侯制……八九一
泉州德化縣威惠廟靈助侯加封嘉顯靈助侯制……八九二
鳳州梁泉縣嘉陵谷神加封……八九二
郴州蘇仙觀冲素真人加封……八九二
廬州焦湖德濟廟靈應助順妃加封孚顯靈應助順妃制……八九二

昌化軍寧濟廟神加封制……八九三
静江府臨桂縣靈懿廟開天御道孃孃封昭惠夫人……八九三
泉州廣利廟神加封制……八九三
舒州小孤山神加封制……八九三
廬陵周益國文忠公集卷九九……八九四
掖垣類稿卷六……八九四
狀　劄子……八九四
駁前餘杭知縣蔣安定改正罪名狀……八九四
論婉容翟氏位官吏礙止法人轉行狀……八九四
繳李觀鄭孝禮轉官詞頭狀……八九五
繳士褭用減年轉官狀……八九五
繳王夫人位手分狀……八九六
繳駁蔡仍叙官狀……八九六
繳曹岠等轉官狀……八九七
繳別廟用樂狀……八九七
小帖子……八九八
繳高堯咨轉官不當狀……八九八
申省論朱霖狀……八九八
繳張宏特支請給奏狀……八九九
請早開講奏狀……八九九
繳道童度牒狀……八九九
繳駁龍大淵曾覿差遣狀……九〇〇
同金給事待罪狀……九〇〇
再同給事乞罷黜狀……九〇一
與史丞相劄子……九〇一
與宰相論李申甫改官劄子……九〇一
廬陵周益國文忠公集卷一〇〇……九〇三
掖垣類稿卷七……九〇三
勑　策問附奏狀一首……九〇三
汪澈轉一官致仕……九〇三
王秬除知饒州……九〇三
祝懷將一官回封父……九〇三
吕游問除知襄陽……九〇四
李安國除湖廣總領……九〇四
直秘閣知盱眙軍龔鋆職事修舉可除直徽猷閣……九〇四
汪澈特贈左金紫光禄大夫……九〇四
直秘閣知安豐軍張士元職事修舉特轉一官令再任……九〇五
王世雄轉一官……九〇五
陶定除湖南提刑……九〇五
軍器少監兼權度支郎官單夔差知湖州填見闕……九〇五
權吏部右侍郎張津落權字……九〇五
權户部侍郎姚憲除權工部侍郎兼臨安少尹……九〇六
權工部侍郎兼臨安少尹沈夏除權户部侍郎……九〇六
右朝奉郎陳唐弼主管官告院虞似良並除大理寺丞主管
右治獄……九〇六
趙師夔轉一官……九〇七
吕企中除提刑……九〇七
右朝散郎陳峴除福建路轉運判官填見闕……九〇七

右迪功郎太學録梁汝永再任……九〇七
張璹等差知州……九〇八
敷文閣直學士右大中大夫提舉江州太平興國宫方滋差
知紹興府……九〇八
左朝散郎湖南提刑陳從古除湖南運判……九〇八
龍圖閣直學士左朝奉大夫提舉江州太平興國宫周操除
太子詹事……九〇八
中書後省召試閤門舍人策問一首……九〇九
繳曹耜詞頭奏狀……九〇九

廬陵周益國文忠公集卷一〇一……九一〇

玉堂類稿序……九一〇

玉堂類稿卷一……九一一

牋 表 誥 册文 功德疏 赦文……九一一
皇帝請加上太上皇后尊號第一牋……九一一
德壽宫答皇帝請加尊號不允誥……九一一
皇帝請加上太上皇帝尊號第二表……九一一
德壽宫答允誥……九一一
皇帝帥羣臣詣德壽宫恭請加上壽聖明慈太上皇后尊號
第一牋……九一二
皇帝帥羣臣詣德壽宫恭請加上光堯壽聖憲天體道太上
皇帝尊號第二表……九一二
德壽宫答允誥……九一三
皇帝加上壽聖太上皇后尊號玉册文……九一三
皇帝進奉太上皇后生辰功德疏……九一四
賀牋……九一四
皇帝進奉壽聖齊明廣慈太上皇后生辰功德疏……九一四
賀牋……九一四
皇帝進奉壽聖齊明廣慈太上皇后生辰功德疏……九一五
賀牋……九一五
皇帝進奉壽聖齊明廣慈太上皇后生辰功德疏……九一五
賀牋……九一五
太上皇帝慶壽赦文……九一五
郊祀大禮赦文……九一六
附青城奏劄……九一七
明堂大禮赦文……九一七

廬陵周益國文忠公集卷一〇二……九一九

玉堂類稿卷二……九一九

内制……九一九
皇子慶王愷郊祀加恩制……九一九
皇弟恩平郡王璩郊祀加恩制……九一九
皇兄永陽郡王居廣郊祀加恩制……九一九
太尉鄭藻郊祀加恩制……九二〇
劉懋郊祀加恩制……九二〇
成閔郊祀加恩制……九二一
蒲察久安郊祀加恩制……九二一
闍婆國王郊祀加恩制……九二一
右相虞允文加封制……九二二
皇太子領臨安尹制……九二二

附進皇太子制草奏……九二二
李顯忠復太尉制……九二三
王炎除樞密使加封邑制……九二三
附論轉官奏……九二三
虞允文轉官除左丞相制……九二四
梁克家轉官除右丞相制……九二四
葉衡罷右丞相除知建寧府制……九二五
史浩加封制……九二五
鄭藻加封制……九二六
曾覿加封制……九二六
楊倓加封制……九二六
吳拱加封制……九二七
皇弟居中加封制……九二七
劉懋加封制……九二七
趙伯圭除安德軍節度使與宮祠任便居住加食邑食實封制……九二八
立皇后謝氏制……九二八
趙伯圭除開府儀同三司加封制……九二九
附論合充宮觀使奏……九二九
廬陵周益國文忠公集卷一〇三……九三〇
玉堂類稿卷三……九三〇
内制……九三〇
皇弟恩平郡王璩加封制……九三〇
皇子魏王愷加封制……九三〇
曾覿加封制……九三〇
李顯忠加封制……九三一
劉懋加封制……九三一
皇弟天水郡開國公居中加封制……九三一
闍婆國王加封制……九三二
安南國王李天祚男龍翰襲封制……九三二
皇子愷除荊南集慶軍節度使行江陵尹加封制……九三二
史浩除右丞相制……九三三
皇子魏王愷除永興成德軍節度使雍州牧加封制……九三四
附乞改正魏王鎮牧奏……九三四
附又奏……九三四
玉牒所進三祖下第六世仙源類譜并仁宗十年玉牒提舉官少保右丞相史浩加食邑食實封制……九三五
附進呈仁宗玉牒史浩轉官候旨選日鎖院奏……九三五
史浩罷相除少傅保寧軍節度使充醴泉觀使兼侍讀加食邑食實封制……九三五
皇弟璩除少傅加食邑食實封制……九三六
曾覿除少保改鎮充醴泉觀使加食邑食實封制……九三六
秘書省進今上會要十年經脩官王淮轉官加食邑食實封制……九三七
趙雄加封制……九三七
王淮加封制……九三八
皇子愷加封制……九三八
皇弟璩加封制……九三八

史浩加封制……九三九
曾覿加封制……九三九
趙伯圭加封制……九四〇
鄭藻加封制……九四〇
吴挺加封制……九四〇
成閔加封制……九四一
皇叔祖天水郡公士歆加封制……九四一
劉懋加封制……九四一
李龍翰加封制……九四一
闍婆國王加封制……九四二

廬陵周益國文忠公集卷一〇四……九四三

玉堂類稿卷四……九四三
内制……九四三
顯謨閣直學士左朝議大夫知潭州沈介乞守本官致仕不允詔……九四三
端明殿學士左中奉大夫知平江府汪應辰乞宫觀不允詔……九四三
敷文閣直學士降授左朝請大夫晁公武辭免知揚州恩命乞除在外宫觀不允詔……九四三
右朝議大夫曾懷辭免龍圖學士知婺州乞宫觀不允詔……九四四
左中奉大夫行司農少卿韓彦直辭免特換觀察使知襄陽府不允詔……九四四
徽猷閣直學士左朝請郎知太平州周操辭免改差知泉州乞宫觀不允詔……九四四
徽猷閣直學士左朝奉大夫周操再辭免知泉州及奏事恩命乞宫觀不允詔……九四四
左正議大夫蔣芾再辭免新除觀文殿大學士知紹興府恩命不允不得再有陳請詔……九四五
觀文殿大學士左光禄大夫知福州陳俊卿乞改除一在外宫觀差遣不允詔……九四五
徽猷閣直學士左朝奉大夫新改差知泉州事周操乞改除宫觀差遣不允詔……九四五
觀文殿大學士左宣奉大夫提舉臨安府洞霄宫魏杞辭免差知平江府恩命不允詔……九四五
左朝散郎試中書舍人兼侍講兼直學士院鄭聞辭免新除禮部侍郎依舊兼直學士院恩命不允詔……九四六
敷文閣直學士右承議郎知明州兼沿海制置使趙伯圭乞除一在外宫觀差遣不允詔……九四六
左朝請郎試尚書户部侍郎江浙京湖淮廣福建等路都大發運使史正志乞守本官職致仕不允詔……九四六
復威武軍節度使左金吾衛上將軍李顯忠辭免除主管侍衛馬軍司公事恩命不允詔……九四六
左正議大夫守尚書右僕射虞允文辭免轉官加食邑實封不允詔……九四七
左承議郎權尚書工部侍郎兼侍講胡銓辭免除工部侍郎恩命不允詔……九四七
尚書右僕射虞允文辭免提舉詳定一司敕令恩命不允詔……九四七

參知政事梁克家辭免兼同提舉詳定一司敕令恩命不允
詔……九四七
皇子雄武軍節度使開府儀同三司魏王愷辭免加食邑食
實封恩命不允詔……九四八
觀文殿大學士左光禄大夫知福州陳俊卿乞在外宮觀差
遣不允詔……九四八
左中大夫參知政事梁克家辭免進封清源郡開國侯加食
邑食實封恩命不允詔……九四八
皇兄檢校少保岳陽軍節度使開府儀同三司充萬壽觀使
永陽郡王居廣辭免加食邑食實封不允詔……九四九
太尉保信軍節度使充萬壽觀使鄭藻辭免加食邑食實封
不允詔……九四九
左朝議大夫黃中辭免除顯謨閣學士在外宮觀恩命不允
詔……九四九
皇弟少保静江軍節度使判大宗正事恩平郡王璩辭免加
食邑食實封恩命不允詔……九四九
昭慶軍節度使致仕劉懋辭免加食邑食實封不允詔……九四九
皇弟璩再辭免加食邑食實封恩命不允不得再有陳請
詔……九五〇
龍圖閣直學士右朝議大夫知婺州軍州事曾懷除一乞在
外宮觀不允詔……九五〇
右中大夫充徽猷閣待制新除知荆南府姜詵辭免除敷文
閣直學士恩命不允詔……九五〇
龍神衛四廂都指揮使廣州觀察使趙樽再辭免昭化軍承
宣使不允詔……九五〇
復慶遠軍節度使差充鎮江府駐劄御前諸軍都統制成閔
辭免加食邑食實封恩命不允詔……九五一
皇子鎮洮軍節度使開府儀同三司恭王某辭免立爲皇太
子恩命不允詔……九五一
成閔上表再辭免加食邑食實封恩命不允不得再有陳請
詔……九五一
龍神衛四廂都指揮使宜州觀察使主管侍衛步軍司公事
王友直辭免陞侍衛親軍步軍都指揮使恩命不允詔……九五一
皇子魏王愷再辭免依文彦博例宴餞於玉津園恩命不允
詔……九五二
左中大夫參知政事四川宣撫使王炎乞罷機政併解使權
除一在外宮觀差遣不允詔……九五二
利州觀察使韓彦直辭免除鄂州駐劄御前諸軍都統制恩
命不允詔……九五二
參知政事梁克家辭免兼權知樞密院事恩命不允詔……九五二
皇太子辭免立妻李氏爲皇太子妃不允詔……九五二
定國夫人李氏辭免立爲皇太子妃不允詔……九五三
明州觀察使張説辭免除安慶軍節度使提舉萬壽觀加食
邑食實封恩命不允詔……九五三
觀文殿學士左宣奉大夫知平江府魏杞乞除一在外宮觀
不允詔……九五三
學士劉珙辭免起復除同知樞密院事恩命不允詔……九五三
顯謨閣學士左中奉大夫知潭州沈介辭免召赴行在乞宮

觀不允詔 …… 九五三
觀文殿大學士左正議大夫知紹興府蔣芾再乞在外宮觀不允詔 …… 九五四
敷文閣直學士王十朋辭免除太子詹事乞依舊奉祠不允詔 …… 九五四
福州觀察使提舉佑神觀曾覿辭免轉官不允詔 …… 九五四
左中大夫參知政事四川宣撫使王炎再辭免進封清源郡開國侯加食邑食實封恩命不允詔 …… 九五四
左大中大夫給事中王曮辭免翰林學士乞外宮觀不允詔 …… 九五四
敷文閣直學士左朝議大夫知揚州晁公武辭免知潭州不允詔 …… 九五五
敷文閣直學士左朝議大夫知揚州充淮南東路安撫使晁公武乞外宮觀不允詔 …… 九五五
定武軍承宣使安定郡王令德辭免知南外宗正事不允詔 …… 九五五
皇子雄武保寧軍節度使開府儀同三司判寧國府魏王愷辭免增供給錢等不允詔 …… 九五五
新除翰林學士左大中大夫王曮辭免兼侍讀不允詔 …… 九五六
徽猷閣直學士左朝奉大夫提舉江州太平興國宮周操辭免龍圖閣直學士不允詔 …… 九五六
觀文殿大學士左光祿大夫知福州陳俊卿辭免實封不允詔 …… 九五六
觀文殿大學士左光祿大夫知福州陳俊卿辭免轉官不允詔 …… 九五六
侍衛親軍步軍都指揮使宜州觀察使王友直辭免殿帥不允詔 …… 九五六
侍衛親軍步軍都指揮使武昌軍承宣使吳挺辭免除步帥不允詔 …… 九五七
李顯忠辭免特復太尉不允詔 …… 九五七
左中大夫參知政事四川宣撫使王炎再乞在外宮觀不允詔 …… 九五七
端明殿學士左中大夫知太平州洪遵辭免知建康府乞外宮觀不允詔 …… 九五七
鄭藻辭免開府儀同三司加食邑實封不允詔 …… 九五八
廬陵周益國文忠公集卷一〇五 …… 九五九
玉堂類稿卷五 …… 九五九
內制 …… 九五九
學士劉珙三辭免起復乞早賜抽還中使徐俑不允詔 …… 九五九
觀文殿大學士左光祿大夫知福州陳俊卿再辭免轉官不允詔 …… 九五九
學士劉珙再辭免起復宜允詔 …… 九五九
右朝散郎權尚書吏部侍郎王之奇辭免落權字不允詔 …… 九六〇
侍衛親軍步軍都指揮使宜州觀察使主管殿前司公事王友直乞宮祠不允詔 …… 九六〇
左朝散郎致仕巫伋辭免復龍圖閣學士不允詔 …… 九六〇
觀文殿學士左通議大夫提舉臨安府洞霄宮汪澈乞致仕不允詔 …… 九六〇

降授左中奉大夫劉章辭免顯謨閣學士不允詔……九六〇
太尉昭信軍節度使致仕曹勛辭免落致仕提舉皇城司不允詔……九六一
左中大夫參知政事四川宣撫使王炎辭免除樞密使應干恩數並依宰臣恩命不允詔……九六一
起復左朝奉大夫充敷文閣待制樞密都承旨兼户部侍郎葉衡辭免户部侍郎不允詔……九六一
敷文閣直學士左朝散郎知成都府張震乞外宫觀不允詔……九六一
敷文閣直學士右中大夫知荆州府姜詵辭免昨任寧國府修圩岸轉官恩命不允詔……九六二
四川宣撫使王炎再辭免樞密使不允不得再有陳請詔……九六二
翰林學士左大中大夫知制誥兼侍讀王曮乞守本官致仕不允詔……九六二
龍圖閣直學士左朝奉大夫提舉江州太平興國宫周操辭免召赴行在不允詔……九六二
左中大夫參知政事四川宣撫使王炎乞檢會前後陳乞宫祠辭免新除樞密使不允不得再有陳請詔……九六三
觀文殿大學士左正議大夫知紹興軍府事蔣芾乞檢會前奏除一宫祠不允詔……九六三
光州觀察使高郵軍駐劄御前武鋒軍都統制兼知楚州陳敏乞外宫觀不允詔……九六三
侍衛親軍步軍都指揮使宜州觀察使主管殿前司公事王友直乞外宫觀不允詔……九六三
敷文閣直學士右大中大夫提舉江州太平興國宫方滋辭免知紹興府不允詔……九六三
虞允文辭免特進左丞相兼樞密使進封華國公加食邑實封恩命不允詔……九六四
梁克家辭免左正奉大夫右丞相兼樞密使進封清源郡開國公加食邑食實封恩命不允詔……九六四
附繳張説王之奇辭免西府奏……九六四
通奉大夫葉衡辭免知建寧府乞外宫觀不允詔……九六五
簽書樞密院事李彦穎辭免參知政事不允詔……九六五
翰林學士王淮辭免端明殿學士簽書樞密院事不允詔……九六五
資政殿大學士中大夫沈夏辭免知鎮江府乞外宫觀不允詔……九六六
禮部尚書趙雄辭免兼侍讀不允詔……九六六
中大夫參知政事龔茂良辭免修製加上尊號寶册了畢轉兩官恩不允詔……九六六
參知政事龔茂良再辭免禮儀使轉兩官恩命宜允詔……九六七
附契勘……九六七
參知政事李彦穎辭免書撰册文轉一官不允詔……九六七
端明殿學士簽書樞密院事王淮辭免篆寶轉一官不允詔……九六七
參知政事李彦穎再辭免撰册文轉一官恩命宜允詔……九六八
端明殿學士簽書樞密院事王淮再辭免篆寶轉一官宜允詔……九六八
資政殿大學士中大夫知建康軍府事劉珙辭免起發本府

教閲軍兵特轉一官許回授不允詔 …… 九六八
奉國軍節度使殿前副都指揮王友直乞外宮觀不允詔 …… 九六八
龔茂良辭免差權提舉編修玉牒不允詔 …… 九六九
李彥穎辭免差權提舉國史院實録編修國朝會要不允詔 …… 九六九
降授朝散大夫權吏部尚書兼詳定一司敕令蔡洸辭免經修進吏部七司法轉官不允詔 …… 九六九
觀文殿大學士銀青光禄大夫知福州軍州事陳俊卿辭免起發禁軍土兵轉一官仍許回授不允詔 …… 九六九
安慶軍承宣使提舉德壽宮張去爲辭免該遇德壽宮慶典轉三官依條回授恩命不允詔 …… 九七〇
少保岳陽軍節度使充萬壽觀使永陽郡王居廣辭免加食邑食實封不允詔 …… 九七〇

廬陵周益國文忠公集卷一〇六 …… 九七一

玉堂類稿卷六 …… 九七一

内制 …… 九七一
新除少師士輵辭免令所司擇日備禮册命宜允詔 …… 九七一
武康軍節度使捧日天武四厢都指揮使提舉隆興府玉隆萬壽宮吴拱辭免召赴行在不允詔 …… 九七一
皇子雄武保寧軍節度使開府儀同三司判明州軍州事兼沿海制置使魏王愷辭免加食邑食實封不允詔 …… 九七一
皇子魏王愷再上表辭免加食邑食實封恩命不允不得再有陳請詔 …… 九七一
龍圖閣學士承議郎提舉江州太平興國宮胡銓辭免檢舉磨勘指揮恩命乞檢會前後累奏許休致不允詔 …… 九七二
趙伯圭再辭免安德軍節度使提舉隆興府玉隆萬壽宮任便居住加食邑實封不允詔 …… 九七二
端明殿學士朝奉大夫簽書樞密院事王淮辭免國史日曆所經修進太上皇帝日曆經修不經進特轉行一官依例加恩恩命不允詔 …… 九七二
朝奉郎試禮部尚書趙雄辭免經修太上皇帝日曆特轉行一官恩命不允詔 …… 九七三
資政殿大學士中大夫知鎮江軍府事沈夏乞外宮觀不允詔 …… 九七三
附繳奏沈夏辭免慶壽加恩不合降詔 …… 九七三
敷文閣直學士中奉大夫提舉江州太平興國宮張津辭免知建寧府不允詔 …… 九七三
昭慶軍節度使知荆南軍府事充荆湖北路安撫使楊倓乞祠不允詔 …… 九七四
敷文閣直學士中奉大夫陳彌作辭免提舉江州太平興國宮乞守本官職致仕不允詔 …… 九七四
奉議郎試尚書吏部侍郎趙粹中乞郡不允詔 …… 九七四
安慶軍承宣使提舉德壽宮張去爲辭免轉官回授不允詔 …… 九七四
觀文殿大學士銀青光禄大夫知福州陳俊卿乞檢會前奏除一在外宮觀不允詔差遣 …… 九七四
中大夫提舉江州太平興國宮姚憲辭免知太平州乞依舊宮觀不允詔 …… 九七五

隨龍延福宫使保信軍承宣使提舉佑神觀李綽辭免落階官除正任承宣使不允詔……九七五
趙伯圭再辭免開府儀同三司充萬壽觀使進封天水郡開國公加食邑實封不允詔……九七五
武康軍節度使捧日天武四厢都指揮使右金吾衛上將軍吴拱辭免侍衛馬軍都指揮使恩命不允詔……九七五
朝散大夫權吏部尚書韓元吉辭免吏部尚書不允詔……九七六
中奉大夫蔡洸辭免徽猷閣學士與郡不允詔……九七六
龍圖閣學士朝散大夫提舉江州太平興國宫胡銓乞致仕不允詔……九七六
觀文殿大學士金紫光禄大夫知福州充福建路安撫使陳俊卿乞外宫觀不允詔……九七六
中奉大夫提舉江州太平興國宫胡元質辭免知荆南及復敷文閣直學士不允詔……九七七
新復敷文閣直學士中奉大夫胡元質辭免四川安撫制置使兼知成都府不允詔……九七七
通奉大夫參知政事龔茂良辭免進呈玉牒特轉兩官例恩命不允詔……九七七
通議大夫參知政事李彦穎辭免進呈徽宗實録特轉兩官依例加恩恩命不允詔……九七七
崇信軍節度使開府儀同三司提舉臨安府洞霄宫史浩辭免少保觀文殿大學士充醴泉觀使侍講進封永國公加食邑食實封恩命不允詔……九七八
大中大夫提舉臨安府洞霄宫王炎再辭免復資政殿大學士恩命不允詔……九七八
皇子雄武保寧軍節度使開府儀同三司判明州軍州事兼管内勸農使兼沿海制置使魏王愷辭免除荆南集慶軍節度使行江陵尹加食邑實封不允詔……九七八
資政殿大學士太中大夫知建康軍府充江南東路安撫使兼行宫留守劉珙辭免觀文殿學士不允詔……九七九
通奉大夫參知政事龔茂良乞外宫觀不允詔……九七九
通奉大夫龔茂良辭免資政殿學士知鎮江府不允詔……九七九
通奉大夫龔茂良再辭免資政殿學士知鎮江府不允詔……九七九
中大夫新除參知政事王淮辭免權提舉國史院編修國朝會要所恩命不允詔……九八〇
觀文殿大學士金紫光禄大夫陳俊卿辭免特進恩命乞依舊官奉祠不允詔……九八〇
朝議大夫權尚書禮部侍郎兼同修國史兼侍講兼權工部侍郎李燾辭免禮部侍郎不允詔……九八〇
龍圖閣學士朝散大夫胡銓辭免提舉隆興府玉隆萬壽宫乞休致不允詔……九八〇
廬陵周益國文忠公集卷一〇七……九八一
玉堂類稿卷七……九八一
内制……九八一
觀文殿大學士金紫光禄大夫陳俊卿再辭免特進乞依舊宫觀不允詔……九八一
徽猷閣直學士通奉大夫提舉江州太平興國宫徐嘉辭免特轉一官致仕不允詔……九八一

定江軍節度使侍衛親軍步軍都指揮使興州駐劄御前諸軍都統制吳挺乞宮觀不允詔 …… 九八一
朝請大夫權尚書刑部侍郎兼侍講兼權給事中程大昌辭免刑部侍郎不允詔 …… 九八二
朝議大夫權尚書吏部侍郎司馬伋辭免吏部侍郎不允詔 …… 九八二
敷文閣直學士朝請大夫提舉隆興府玉隆萬壽宮秦塤辭免知饒州不允詔 …… 九八二
敷文閣直學士朝請郎范成大辭免權禮部尚書不允詔 …… 九八二
龍圖閣學士中大夫提舉江州太平興國宮林安宅乞休致不允詔 …… 九八二
端明殿學士朝散郎簽書樞密院事趙雄辭免同知樞密院事不允詔 …… 九八三
觀文殿學士大中大夫知建康軍府事充江南東路安撫使兼行宮留守劉珙乞外宮觀不允詔 …… 九八三
通議大夫參知政事李彥穎乞罷機政不允詔 …… 九八三
通議大夫參知政事李彥穎再乞罷機政不允詔 …… 九八三
中大夫知泉州姚憲辭端明殿學士知江陵府乞在外宮觀不允詔 …… 九八四
又詔 …… 九八四
徽猷閣學士中奉大夫知寧國軍府事蔡洸乞宮觀不允詔 …… 九八四
觀文殿學士大中大夫知建康軍府事充江南東路安撫使兼行宮留守劉珙乞檢會前奏差在外宮觀不允詔 …… 九八四
敷文閣直學士朝請大夫秦塤辭免知舒州不允詔 …… 九八五
朝議大夫試尚書吏部侍郎司馬伋乞外宮觀不允詔 …… 九八五
姚憲再辭免端明殿學士恩命不允詔 …… 九八五
奉國軍節度使殿前副都指揮使王友直乞宮觀不允詔 …… 九八五
武泰軍節度使開府儀同三司充萬壽觀使曾覿乞致仕不允詔 …… 九八五
武泰軍節度使開府儀同三司充萬壽觀使曾覿再乞致仕不允詔 …… 九八六
奉國軍節度使殿前副都指揮使王友直辭免殿前都指揮使不允詔 …… 九八六
少保觀文殿大學士充醴泉觀使侍讀永國公史浩乞休不允詔 …… 九八六
朝散大夫試尚書户部侍郎韓彥古辭免權户部尚書不允詔 …… 九八六
史浩再乞致仕不允詔 …… 九八七
朝議大夫試吏部尚書韓元吉乞州郡不允詔 …… 九八七
敷文閣直學士中大夫知紹興軍府事充兩浙東路安撫使張津乞在外宮觀不允詔 …… 九八七
通議大夫參知政事李彥穎乞罷機政除宮觀不允詔 …… 九八七
通議大夫李彥穎辭免資政殿學士知紹興府不允詔 …… 九八八
李彥穎再辭免資政殿學士知紹興府不允詔 …… 九八八
史浩辭免右丞相進封魏國公加食邑實封不允詔 …… 九八八
少保右丞相史浩辭免提舉編修玉牒提舉國史院提舉編修國朝會要所提舉敕令所恩命不允詔 …… 九八八

中大夫參知政事趙雄辭免同提舉敕令所恩命不允詔……九八九
中大夫參知政事范成大辭免權監修國史日曆所恩命不允詔……九八九
史浩再辭免提舉恩命不允詔……九八九
昭慶軍節度使知太平州楊倓乞宮觀不允詔……九八九
特進觀文殿大學士提舉臨安府洞霄宮陳俊卿辭免判隆興府不允詔……九九〇
奉國軍節度使殿前都指揮使王友直乞宮觀不允詔……九九〇
王友直再乞檢會前後奏除宮觀不允詔……九九〇
龍圖閣學士提舉江州太平興國宮林安宅再乞致仕不允詔……九九〇
朝請大夫試尚書刑部侍郎兼侍講程大昌乞小郡或在外宮觀不允詔……九九〇
武康軍節度使侍衛馬軍都指揮使吴拱乞在外宮觀不允詔……九九一
程大昌辭免吏部侍郎不允詔……九九一
中大夫參知政事范成大乞罷機政不允詔……九九一
定江軍節度使侍衛親軍步軍都指揮使興州駐劄御前諸軍都統制吴挺辭免知興州乞檢會累奏除宮觀不允詔……九九一
朝奉大夫試給事中兼侍講錢良臣辭免端明殿學士簽書樞密院事不允詔……九九一

廬陵周益國文忠公集卷一〇八……九九二

玉堂類稿卷八……九九二

內制……九九二
中大夫參知政事趙雄辭免權監修國史日曆不允詔……九九二
定江軍節度使侍衛親軍步軍都指揮使興州駐劄御前諸軍都統制吴挺辭免利州西路安撫使兼知興州不允詔……九九二
朝請大夫試尚書吏部侍郎兼侍講程大昌辭免兼同修國史不允詔……九九二
朝散郎試右諫議大夫蕭燧辭免刑部侍郎不允詔……九九二
觀文殿學士大中大夫知建康府充江南東路安撫使兼行宮留守劉珙乞檢會前奏除外宮觀不允詔……九九三
隨龍泉州防禦使添差權發遣兩浙西路馬步軍副總管臨安府駐劄李厚辭免特轉一官再任不允詔……九九三
皇子魏王愷辭免除永興成德軍節度使雍州牧加食邑實封不允詔……九九三
皇子魏王愷再辭免永興成德軍節度使雍州牧加食邑實封不允詔……九九三
皇子魏王愷三辭免永興成德軍節度使雍州牧加食邑實封不允詔……九九三
龍圖閣學士朝散大夫提舉隆興府玉隆萬壽宮胡銓辭免端明殿學士依舊宮觀乞檢會前奏許休致不允詔……九九四
皇子魏王愷辭免擇日備禮宜允詔……九九四
少保右丞相史浩乞歸田廬不允詔……九九四
昭慶軍節度使知太平州軍州事楊倓乞外宮觀不允詔……九九四
少保右丞相史浩再乞罷機政不允詔……九九四

寧武軍承宣使知閤門事兼客省四方館事張掄乞外宮觀不允詔……九九五
宣奉大夫提舉臨安府洞霄宮魏杞辭免復端明殿學士不允詔……九九五
奉國軍節度使殿前都指揮使王友直乞宮觀不允詔……九九五
特進觀文殿大學士新判隆興軍府事兼管內勸農營田使充江南西路安撫使馬步軍都總管陳俊卿辭免差知建康府不允詔……九九五
中奉大夫試吏部尚書韓元吉乞郡不允詔……九九五
中奉大夫韓元吉辭免除龍圖閣學士不允詔……九九六
宣奉大夫提舉臨安府洞霄宮魏杞再辭免端明殿學士不允詔……九九六
敷文閣直學士中大夫陳彌作乞致仕不允詔……九九六
昭慶軍節度使知太平州軍州事楊倓辭免知隆興府乞檢會前奏除外宮觀不允詔……九九六
中大夫試刑部尚書張津乞外宮觀或近地小郡不允詔……九九七
昭慶軍節度使知太平州軍州事楊倓再辭免知隆興府不允詔……九九七
敷文閣直學士中大夫陳彌作辭免知泉州不允詔……九九七
資政殿大學士中大夫知福州軍州事充福建路安撫使沈夏乞外宮觀不允詔……九九七
中大夫新任在外宮觀張津辭免敷文閣學士不允詔……九九七
少保右丞相史浩參知政事趙雄辭免幸秘書省推恩特轉一官恩命特依所請詔……九九八
中大夫參知政事趙雄再辭免玉牒所進書充禮儀使特轉一官例恩不允詔……九九八
少保右丞相史浩辭免玉牒所進書轉兩官特許回授例恩不允詔……九九八
少保右丞相史浩再乞解機政不允詔……九九八
端明殿學士朝奉大夫簽書樞密院事錢良臣辭免參知政事不允詔……九九九
新除少傅史浩辭免備禮册命宜允詔……九九九
右丞相趙雄辭免提舉國史院國朝會要所恩命不允詔……九九九
朝奉大夫參知政事錢良臣辭免監修國史日曆恩命不允詔……九九九
附奏……九九九
昭慶軍承宣使提舉佑神觀士歆辭免保康軍節度使依前提舉佑神觀不允詔……一〇〇〇
新授中大夫參知政事錢良臣辭免同提舉敕令所不允詔……一〇〇〇
右丞相趙雄辭免提舉編修玉牒提舉敕令所不允詔……一〇〇〇
昭化軍承宣使錢愷辭免知閤事幹辦皇城司不允詔……一〇〇〇
降授中大夫新知泉州軍州事韓彥直辭免敷文閣學士不允詔……一〇〇一
皇弟璩再辭免少傅加食邑實封不允詔……一〇〇一
朝議大夫試尚書吏部兼侍講兼同修國史兼權吏部尚書程大昌乞宮觀小郡不允詔……一〇〇一

降除朝請大夫參知政事錢良臣辭免纂修日曆特轉行兩官例恩不允詔 …… 一〇〇一
右丞相趙雄辭免曾監修纂隆興以後日曆奏成轉官例恩不允詔 …… 一〇〇二
大中大夫樞密使王淮辭免曾預修纂隆興以後日曆奏成轉官例恩不允詔 …… 一〇〇二
龍圖閣學士中大夫新除致仕林安宅辭免端明殿學士乞守舊職致仕不允詔 …… 一〇〇二
朝議大夫新除權吏部尚書兼侍講兼同修國史程大昌辭免國史日曆所經修不經進官特轉一官恩命不允詔 …… 一〇〇二
朝奉郎權尚書工部侍郎兼知臨安府吴淵辭免工部侍郎不允詔 …… 一〇〇三
龍圖閣學士中大夫林安宅再辭免端明殿學士不允詔 …… 一〇〇三
正奉大夫右丞相趙雄辭免敕令所修進一州一路酬賞格法了畢特轉一官例恩不允詔 …… 一〇〇三
中奉大夫參知政事錢良臣辭免敕令所轉官例恩不允詔 …… 一〇〇三
朝議大夫試兵部侍郎兼詳定一司敕令賜紫金魚袋劉孝韙辭免敕令所轉官恩命不允詔 …… 一〇〇四
龍圖閣直學士中大夫成都潼川府夔州利州路安撫制置使兼知成都府事胡元質乞外宮觀不允詔 …… 一〇〇四
中大夫參知政事錢良臣辭免叙復三官於見今官上轉行恩命不允詔 …… 一〇〇四
朝請郎試右諫議大夫謝廓然辭免刑部尚書不允詔 …… 一〇〇四
敷文閣學士大中大夫知泉州韓彦直乞外宮觀不允詔 …… 一〇〇五
特進觀文殿大學士判建康府軍事充江南東路安撫使兼行宮留守陳俊卿再乞致仕不允詔 …… 一〇〇五
少傅昭化軍節度使充醴泉觀使嗣濮王士輵辭免少師加食邑實封不允詔 …… 一〇〇五
皇兄少保岳陽軍節度使充萬壽觀使永陽郡王居廣辭免少傅加食邑實封不允詔 …… 一〇〇五
新授少師嗣濮王士輵辭免令所司擇日備禮册命宜允詔 …… 一〇〇五
新授少傅永陽郡王居廣辭免令所司擇日備禮册命宜允詔 …… 一〇〇六
武翼郎監潭州南嶽廟趙子楝辭免宜州觀察使安定郡王不允詔 …… 一〇〇六
朝請郎權尚書禮部侍郎兼侍講齊慶冑辭免禮部侍郎不允詔 …… 一〇〇六
廬陵周益國文忠公集卷一〇九 …… 一〇〇七
玉堂類稿卷九 …… 一〇〇七
内制 …… 一〇〇七
左正奉大夫守尚書右僕射虞允文辭免脩進敕令轉官加食邑實封批答 …… 一〇〇七
皇子慶王愷再辭免食邑實封批答 …… 一〇〇七

皇子慶王愷辭免食邑實封批答……一〇〇七
皇兄居廣再辭免食邑實封批答……一〇〇七
鄭藻再辭免食邑實封批答……一〇〇八
奉國軍節度使同知大宗正事士銖再辭免食邑實封批答……一〇〇八
昭慶軍節度使致仕劉懋再辭免食邑實封批答……一〇〇八
威武軍節度使主管侍衛馬軍司公事李顯忠再辭免食邑實封批答……一〇〇八
尚書右僕射虞允文再辭免轉左光祿大夫特封成國公加食邑實封批答……一〇〇八
參知政事梁克家再辭免轉官批答……一〇〇九
皇子慶王愷再辭免雄武保寧軍節度使判寧國府進封魏王加食邑實封不允批答……一〇〇九
皇子恭王再辭免立爲皇太子恩命不允仍斷來章批答……一〇〇九
皇子慶王愷再辭免雄武保寧軍節度使判寧國府進封魏王加食邑實封批答……一〇〇九
皇太子再辭免臨安尹不允批答……一〇一〇
虞允文再辭免特進左丞相兼樞密使進封華國公加食邑實封批答……一〇一〇
梁克家再辭免左正奉大夫右丞相兼樞密使進封清源郡開國公加食邑實封批答……一〇一〇
簽書樞密事李彥穎再辭免參知政事批答……一〇一〇
翰林學士王淮辭免簽書樞密院事批答……一〇一一
附乞改正批答紙樣奏……一〇一一
皇叔祖嗣濮王士輵再辭免少傅批答……一〇一一
參知政事龔茂良再辭免進太上日曆轉兩官例恩批答……一〇一一
參知政事李彥穎再辭免進書禮儀使特轉兩官例恩批答……一〇一二
武康軍節度使捧日天武四廂都指揮使提舉隆興府玉隆萬壽宮吴拱再辭免右金吾衛上將軍批答……一〇一二
王淮再辭免同知樞密院事批答……一〇一二
趙雄再辭免端明殿學士簽書樞密院事批答……一〇一二
魏王愷三辭免荆南集慶軍節度使行江陵尹加食邑實封批答……一〇一三
端明殿學士朝散郎簽書樞密院事趙雄再辭免同知樞密院事批答……一〇一三
奉國軍節度使殿前副都指揮使王友直再辭免殿前都指揮使批答……一〇一三
朝奉大夫試給事中兼侍講錢良臣再辭免端明殿學士簽書樞密院事批答……一〇一三
史浩再辭免少傅保寧軍節度使充醴泉觀使兼侍讀加食邑實封批答……一〇一四
錢良臣再辭免參知政事批答……一〇一四
王淮再辭免樞密院使大中大夫加食邑實封批答……一〇一四
趙雄再辭免右丞相正議大夫加食邑實封批答……一〇一四
武泰軍節度使開府儀同三司充萬壽觀使曾覿再辭免

少保寧武軍節度使加食邑實封批答 ……一〇一五
曾覿再辭免少保寧武軍節度使加食邑實封批答 ……一〇一五
正奉大夫右丞相趙雄再辭免勑令所進修一州一路酬
賞格法了畢特轉一官批答 ……一〇一五
通議大夫樞密院使王淮再辭免進會要經修不經進提
舉官特轉一官恩命批答 ……一〇一五
獎諭鎮江府駐劄御前諸軍都統制成閔將本軍不曾銷
落繳納批鑿隱匿付身共九千八百六十件繳申三省
樞密院乞行毀抹詔 ……一〇一六
獎諭御前諸軍都統制利州路安撫使知興元府吴拱
詔 ……一〇一六
獎諭右通議大夫充敷文閣待制提舉江州太平興國宮
張運就饒州以私家米穀助賑濟詔 ……一〇一六
獎諭昭慶軍節度使知太平州楊倓詔 ……一〇一七
賜皇兄檢校少保岳陽軍節度使開府儀同三司充萬壽
觀使永陽郡王居廣生日詔 ……一〇一七
賜尚書右僕射虞允文生日詔 ……一〇一七
賜參知政事梁克家生日詔 ……一〇一七
賜皇子雄武保寧軍節度使開府儀同三司判寧國府魏
王愷生日詔 ……一〇一七
賜太尉保信軍節度使充萬壽觀使鄭藻生日詔 ……一〇一八
賜皇叔祖檢校少保昭化軍節度使開府儀同三司嗣濮
王士輵生日詔 ……一〇一八
賜太尉昭信軍節度使提舉皇城司曹勛生日詔 ……一〇一八
賜梁克家生日詔 ……一〇一八
賜參知政事李彦穎生日詔 ……一〇一八
賜皇子魏王愷生日詔 ……一〇一八
賜使相鄭藻生日詔 ……一〇一八
賜簽書樞密院事王淮生日詔 ……一〇一九
賜開府儀同三司充萬壽觀使曾覿生日詔 ……一〇一九
賜參知政事龔茂良生日詔 ……一〇一九
賜少保永陽郡王居廣生日詔 ……一〇一九
賜李彦穎生日詔 ……一〇一九
賜鄭藻生日詔 ……一〇一九
賜王淮生日詔 ……一〇一九
賜趙雄生日詔 ……一〇一九
賜皇叔祖少傅昭化軍節度使判大宗正事嗣濮王士輵
生日詔 ……一〇二〇
賜皇兄少保岳陽軍節度使充萬壽觀使永陽郡王居廣
生日詔 ……一〇二〇
賜皇太子生日詔 ……一〇二〇
賜少保觀文殿大學士充醴泉觀使侍讀永國公史浩生
日詔 ……一〇二〇
賜李彦穎生日詔 ……一〇二〇
賜太尉威武軍節度使提舉萬壽觀李顯忠生日詔 ……一〇二〇
賜參知政事范成大生日詔 ……一〇二〇
賜王淮生日詔 ……一〇二一
賜趙雄生日詔 ……一〇二一

賜士輵生日詔……一〇二一
賜曾覿生日詔……一〇二一
賜皇太子生日詔……一〇二一
賜史浩生日詔……一〇二一
賜鄭藻生日詔……一〇二一
賜王淮生日詔……一〇二一
賜趙雄生日詔……一〇二一
賜士輵生日詔……一〇二二
賜參知政事錢良臣生日詔……一〇二二

廬陵周益國文忠公集卷一一〇……一〇二三

玉堂類稿卷一〇……一〇二三

詔 記 劄子 序……一〇二三
加上太上皇帝太上皇后尊號詔……一〇二三
舉賢良方正詔……一〇二三
改左右丞相詔……一〇二三
加上太上皇帝太上皇后尊號詔……一〇二四
科舉詔……一〇二四
幸學詔……一〇二四
繳奏……一〇二五
舉賢良方正詔……一〇二五
戒飭諸路轉運司手詔……一〇二五
繳進詔草劄子……一〇二六
選德殿記……一〇二六
進選德殿記奏……一〇二七
謝御書劄子……一〇二七
進謝御書古詩……一〇二八
跋御書……一〇二八
論文海命名劄子……一〇二九
繳進文鑑序劄子……一〇二九
皇朝文鑑序……一〇二九

廬陵周益國文忠公集卷一一一……一〇三一

玉堂類稿卷一一……一〇三一

敕……一〇三一
賜南平王李天祚郊祀加恩制誥敕書……一〇三一
賜南平王李天祚曆日敕書……一〇三一
賜安南國王嗣子李龍翰淳熙四年曆日敕書……一〇三一
故安南國王李天祚上遺表及遺進方物賜其子龍翰撫
諭敕書……一〇三二
賜李龍翰封安南國王制誥敕書……一〇三二
賜安南國王李龍翰曆日敕書……一〇三二
賜安南國王李龍翰曆日敕書……一〇三三
賜安南國王李龍翰曆日敕書……一〇三三
賜占城嗣國王鄒亞娜進奉敕書……一〇三三
賜皇子判明州魏王愷金合臘藥敕書……一〇三三
賜前宰相福建路安撫使陳俊卿銀合臘藥敕書……一〇三四
賜前執政江南東路安撫使劉珙銀合臘藥敕書……一〇三四
賜前執政荊湖北路安撫使楊倓銀合臘藥敕書……一〇三四
賜四川安撫制置使范成大銀合臘藥敕書……一〇三四

賜侍衛馬軍都虞候王明并御前都軍都統制吳挺郭剛皇甫倜魯安仁郭鈞李川郭棣御前諸軍副都統馮湛韓寶張榮張宣于友明椿銀合臘藥敕書 …… 一〇三四
賜皇子判明州魏王愷金合夏藥敕書 …… 一〇三五
賜福建路安撫使陳俊卿敕書 …… 一〇三五
賜江東路安撫使劉珙敕書 …… 一〇三五
賜權四川制置使范成大 …… 一〇三五
賜侍衛馬軍都虞候王明并御前諸軍都統制郭棣郭剛魯安仁皇甫倜李川郭鈞副統制韓寶劉沂明椿于友馮湛張宣 …… 一〇三五
賜吳挺 …… 一〇三六
賜皇子判明州魏王愷 …… 一〇三六
賜前宰相福建路安撫使陳俊卿 …… 一〇三六
賜敷文閣待制四川安撫制置使范成大 …… 一〇三六
賜前執政知鎮江府沈夏 …… 一〇三六
賜吳拱 …… 一〇三七
賜御前諸軍都統制吳挺郭剛李川皇甫倜郭棣郭鈞魯安仁御前諸軍副都統韓寶明椿張宣于友王式雄馮湛 …… 一〇三七
賜皇子判明州魏王愷金合臘藥敕書 …… 一〇三七
賜江南東路安撫使劉珙銀合臘藥敕書 …… 一〇三七
賜荊湖北路安撫使姚憲 …… 一〇三七
賜成都潼川府夔州利州路安撫制置使胡元質 …… 一〇三七
賜侍衛馬軍行司武康軍節度使侍衛馬軍都指揮使吳拱御前諸軍都統制吳挺郭剛郭棣郭鈞皇甫倜李川于友魯安仁御前諸軍副都統岳建壽李思齊王世雄韓寶 …… 一〇三八
賜知太平州楊倓 …… 一〇三八
賜武經大夫榮州刺史差充池州駐劄御前諸軍都統制明椿 …… 一〇三八
賜皇子判明州魏王愷金合夏藥 …… 一〇三八
賜江西路安撫使陳俊卿銀合夏藥敕書 …… 一〇三八
賜江東路安撫使劉珙福建路安撫使沈复銀合夏藥敕書 …… 一〇三九
賜浙東路安撫使李彥穎湖北路安撫使姚憲銀合夏藥敕書 …… 一〇三九
獎諭大理寺獄空敕書 …… 一〇三九
賜大理少卿葉模等獎諭敕書 …… 一〇三九
賜大理卿吳交如等獎諭敕書 …… 一〇三九
示諭除節鎮敕書 …… 一〇三九
賜梁克家辭免除右丞相不允批答 …… 一〇三九
賜李彥穎辭免除參知政事不允仍斷來章 …… 一〇四〇
賜王淮辭免除簽書樞院事不允仍斷來章批答 …… 一〇四〇
賜士輵再辭免除少傅不允批答 …… 一〇四〇
賜成都潼川府夔州路安撫制置使胡元質銀合夏藥敕書 …… 一〇四〇
賜知太平州楊倓 …… 一〇四〇
賜侍衛馬軍行司侍衛馬軍都指揮使吳拱并御前諸軍

都統制吴挺郭棣郭剛皇甫倜李川田世卿于友御前
諸軍副都統制韓寶王世雄明椿岳建壽李思齊……一〇四〇
示諭安德軍官吏軍民僧道耆壽敕書……一〇四一
示諭荆南官吏軍民僧道耆壽敕書……一〇四一
附皇子愷布政榜……一〇四一
示諭保寧軍官吏軍民僧道耆壽等敕書……一〇四二
示諭寧武軍敕書……一〇四二
賜皇子慶王恭王滿散會慶節道場乳香……一〇四二
賜三省官滿散會慶節道場乳香……一〇四二
賜樞密院官……一〇四二
賜殿前司……一〇四二
賜馬軍司……一〇四二
賜步軍司……一〇四三
賜皇太子……一〇四三
賜馬軍司……一〇四三
賜步軍司……一〇四三
賜皇太子……一〇四三
賜三省官……一〇四三
賜樞密院官……一〇四三
賜殿前司……一〇四三
賜馬軍司……一〇四四
賜步軍司……一〇四四
賜皇太子滿散會慶節道場乳香……一〇四四
賜三省官……一〇四四
賜樞密院官口宣……一〇四四
賜殿前司……一〇四四
賜馬軍司……一〇四四
賜步軍司……一〇四五
賜皇太子……一〇四五
賜三省官……一〇四五
賜樞密院……一〇四五
賜殿前司……一〇四五
賜馬軍司滿散……一〇四五
賜步軍司……一〇四五
賜三省官赴齋筵酒果……一〇四五
賜樞密院官赴齋筵酒果……一〇四六
廬陵周益國文忠公集卷一一二……一〇四七
玉堂類稿卷一二……一〇四七
口宣……一〇四七
撫問端明殿學士新知信州洪遵……一〇四七
撫問新知隆興府蔣芾……一〇四七
撫問恩平郡王璩……一〇四七
撫問新知平江府魏杞……一〇四七
撫問賀金國生辰使副趙雄等……一〇四七
撫問皇子魏王愷口宣……一〇四八
撫問端明殿學士新知建康府洪遵……一〇四八
撫問賀金國正旦使副莫濛孫顯祖……一〇四八
撫問吴拱……一〇四八

撫問賀金國正旦使副謝廓然等……一〇四八
撫問賀金國生辰使副張宗元等……一〇四八
撫問賀金國正旦使副錢良臣等……一〇四八
撫問吴挺……一〇四九
撫問恩平郡王璩……一〇四九
撫問新知明州范成大……一〇四九
皇子愷郊祀加恩……一〇四九
皇弟璩……一〇四九
皇兄居廣……一〇四九
鄭藻……一〇四九
劉懋……一〇四九
成閔郊祀加恩……一〇五〇
蒲察久安……一〇五〇
李顯忠主管侍衛馬軍司公事……一〇五〇
虞允文慶壽加尊號轉官……一〇五〇
李顯忠特復太尉……一〇五〇
王炎除樞密使依舊四川宣撫使……一〇五〇
史浩遇慶壽加恩……一〇五〇
鄭藻……一〇五〇
曾覿……一〇五一
楊倓……一〇五一
吴拱……一〇五一
皇弟居中……一〇五一
劉懋……一〇五一
趙伯圭除節度使……一〇五一
趙伯圭除開府儀同三司……一〇五一
吴拱除侍衛馬軍都指揮使……一〇五二
曾覿郊禮加恩……一〇五二
皇子魏王愷除荆南集慶軍節度使行江陵尹……一〇五二
王友直除殿前都指揮使……一〇五二
皇子魏王愷除永興成德軍節度使雍州牧……一〇五二
吴挺除利州西路安撫使兼知興州……一〇五二
史浩玉牒所進書加恩……一〇五三
史浩除少傅……一〇五三
曾覿授少保……一〇五三
王淮秘書省進書加恩……一〇五三
右僕射虞允文辭免敕局進書轉官……一〇五三
賜皇子慶王愷辭免郊恩……一〇五三
皇子再辭免……一〇五四
皇兄居廣再辭免郊禮加恩……一〇五四
鄭藻再辭免郊禮加恩……一〇五四
士銖再辭免郊禮加恩……一〇五四
李顯忠再辭免郊禮加恩……一〇五四
劉懋再辭免郊禮加恩……一〇五四
虞允文辭免慶壽加尊號轉官進封……一〇五五
梁克家……一〇五五
皇子慶王愷辭免進封魏王……一〇五五
皇太子辭免立儲……一〇五五

皇子慶王愷辭免進封魏王……一〇五五
皇太子辭免領臨安尹……一〇五五
虞允文再辭免除左丞相……一〇五六
梁克家辭免除右丞相……一〇五六
李彦穎辭免除參知政事……一〇五六
王淮辭免除簽書樞密院事……一〇五六
士輵再辭免除少傅……一〇五六
龔茂良再辭免進書轉官……一〇五六
李彦穎再辭免進書轉官……一〇五六
吴拱再辭免除右金吾衛上將軍……一〇五七
王淮再辭免除同知樞密院事……一〇五七
趙雄再辭免除端明殿學士簽書樞密院事……一〇五七
皇子魏王愷辭免除荆南集慶軍節度使行江陵尹……一〇五七
趙雄再辭免除同知樞密院事……一〇五七
王友直再辭免殿前都指揮使……一〇五七
錢良臣再辭免端明殿學士簽書樞密院事……一〇五八
史浩再辭免除少傅……一〇五八
錢良臣再辭免除參知政事……一〇五八
王淮辭免除樞密使……一〇五八
趙雄再辭免除右丞相……一〇五八
曾覿辭免除少保……一〇五八
曾覿再辭免除少保……一〇五九
趙雄辭免敕令所進書轉官……一〇五九
王淮再辭免進會要轉官……一〇五九
宣召翰林學士王曮入院供職……一〇五九
尚書省賜宰執以下喜雪御筵……一〇五九
同前……一〇五九
同前……一〇六〇
同前……一〇六〇
貢院賜進士聞喜宴口宣……一〇六〇

廬陵周益國文忠公集卷一一三

玉堂類稿卷一三……一〇六一

赴闕盱眙軍傳宣撫問賜御筵……一〇六一
又……一〇六一
又……一〇六一
鎮江府賜銀合茶藥……一〇六一
又……一〇六一
又……一〇六一
鎮江府賜御筵……一〇六二
又……一〇六二
又……一〇六二
平江府賜御筵……一〇六二
又……一〇六二
又……一〇六二
又……一〇六二
又……一〇六二
赤岸賜御筵……一〇六三
又……一〇六三
又……一〇六三

又……一〇六三
赤岸賜酒果……一〇六三
又……一〇六三
又……一〇六三
又……一〇六四
賜使副春幡勝……一〇六四
又……一〇六四
又……一〇六四
又……一〇六四
賜三節人從春幡勝……一〇六四
又……一〇六五
又……一〇六五
又……一〇六五
賜接伴使副春幡勝……一〇六五
又……一〇六五
又……一〇六五
到闕賜生餼……一〇六五
又……一〇六六
又……一〇六六
又……一〇六六
到闕賜被褥沙鑼等……一〇六六
又……一〇六六
又……一〇六六
歲除賜内中酒果……一〇六七
又……一〇六七
又……一〇六七
又……一〇六七
正月一日入賀畢歸馹賜御筵……一〇六七
又……一〇六七
又……一〇六八
又……一〇六八
入賀畢歸驛賜酒果……一〇六八
又……一〇六八
又……一〇六八
又……一〇六八
正月三日賜内中酒果口宣……一〇六八
又……一〇六九
又……一〇六九
又……一〇六九
又……一〇六九
正月四日玉津園射弓賜弓箭例物……一〇六九
又……一〇六九
又……一〇七〇
又……一〇七〇
玉津園射弓賜御筵……一〇七〇
又……一〇七〇
又……一〇七〇
又……一〇七〇

又 …… 一〇七〇
玉津園射弓賜酒果 …… 一〇七一
又 …… 一〇七一
又 …… 一〇七一
又 …… 一〇七一
又 …… 一〇七一
正月六日朝辭訖歸驛賜酒果 …… 一〇七一
又 …… 一〇七一
又 …… 一〇七二
又 …… 一〇七二
正月六日朝辭訖歸驛賜御筵 …… 一〇七二
又 …… 一〇七二
又 …… 一〇七二
又 …… 一〇七二
密賜使副大銀器 …… 一〇七三
又 …… 一〇七三
又 …… 一〇七三
回程賜龍鳳茶并金鍍銀合 …… 一〇七三
又 …… 一〇七三
又 …… 一〇七三
回程赤岸賜御筵口宣 …… 一〇七三
又 …… 一〇七四
又 …… 一〇七四
又 …… 一〇七四
回程赤岸賜酒果口宣 …… 一〇七四
又 …… 一〇七四
又 …… 一〇七四
回程平江府賜御筵 …… 一〇七五
又 …… 一〇七五
又 …… 一〇七五
回程鎮江府賜御筵 …… 一〇七五
又 …… 一〇七五
又 …… 一〇七五
又 …… 一〇七五
回程盱眙軍賜御筵 …… 一〇七六
又 …… 一〇七六
又 …… 一〇七六
赴闕盱眙軍傳宣撫問賜御筵 …… 一〇七六
又 …… 一〇七六
又 …… 一〇七六
赴闕鎮江府賜茶藥 …… 一〇七七
又 …… 一〇七七
又 …… 一〇七七
又 …… 一〇七七
鎮江府賜御筵 …… 一〇七七
又 …… 一〇七七
又 …… 一〇七八
又 …… 一〇七八

平江府賜御筵……一〇七八
又……一〇七八
又……一〇七八
又……一〇七八
赤岸賜酒果……一〇七八
又……一〇七九
又……一〇七九
赤岸賜御筵……一〇七九
又……一〇七九
又……一〇七九
又……一〇七九
又……一〇八〇
又……一〇八〇
又……一〇八〇
十月十九日到闕賜被褥鈔鑼……一〇八〇
又……一〇八〇
又……一〇八〇
又……一〇八一
十月二十二日上壽畢歸駟賜酒果……一〇八一
又……一〇八一
又……一〇八一
又……一〇八一
二十二日上壽畢歸駟賜御筵……一〇八一
又……一〇八二
又……一〇八二
又……一〇八二
又……一〇八二
十月二十二日上壽畢歸駟賜酒果……一〇八二
又……一〇八二
又……一〇八三
又……一〇八三
二十二日賜内中酒果……一〇八三
玉津園射弓賜弓箭例物……一〇八三
又……一〇八三
又……一〇八三
又……一〇八四
又……一〇八四
又……一〇八四
玉津園射弓賜御筵……一〇八四
又……一〇八四
又……一〇八四
又……一〇八五
又……一〇八五
又……一〇八五
十月二十三日玉津園射弓賜酒果……一〇八五
又……一〇八五
又……一〇八五
又……一〇八六

又……一〇八六
十月二十三日賜内中酒果……一〇八六
又……一〇八六
十月二十六日賜生餼……一〇八六
又……一〇八六
十月二十七日賜内中酒果……一〇八七
又……一〇八七
十月二十八日朝辭訖歸馹賜酒果……一〇八七
又……一〇八七
又……一〇八七
又……一〇八七
朝辭訖歸馹賜御筵……一〇八八
又……一〇八八
又……一〇八八
又……一〇八八
密賜使副大銀器……一〇八八
又……一〇八八
又……一〇八九
又……一〇八九
又……一〇八九
回程賜龍鳳茶并金鍍銀合……一〇八九
又……一〇八九
又……一〇八九
又……一〇九〇
又……一〇九〇
回程赤岸賜御筵……一〇九〇
又……一〇九〇
又……一〇九〇
又……一〇九〇
又……一〇九〇
十一月一日回程赤岸賜酒果……一〇九一
又……一〇九一
又……一〇九一
又……一〇九一
回程賜使副冬至節絹……一〇九一
又……一〇九二
又……一〇九二
回程賜三節人從冬至節絹……一〇九二
又……一〇九二
又……一〇九二
回程平江府賜御筵……一〇九三
又……一〇九三
又……一〇九三
又……一〇九三
又……一〇九三
又……一〇九三
回程鎮江府賜御筵……一〇九三
又……一〇九四

又……一〇九四
又……一〇九四
又……一〇九四
回程盱眙軍賜御筵……一〇九四
又……一〇九四
又……一〇九五
又……一〇九五
又……一〇九五

廬陵周益國文忠公集卷一一四……一〇九六

玉堂類稿卷一四……一〇九六

青詞朱表……一〇九六
太乙宮開啓太上皇后生辰設醮青詞……一〇九六
滿散朱表……一〇九六
茅山崇禧觀開啓會慶節道場青詞……一〇九六
滿散朱表……一〇九六
萬壽觀會慶節設醮青詞……一〇九六
滿散朱表……一〇九六
太乙宮會慶節設醮青詞……一〇九七
滿散朱表……一〇九七
茅山崇禧觀開啓天申節道場青詞……一〇九七
滿散朱表……一〇九七
太乙宮天申節設醮青詞……一〇九七
滿散朱表……一〇九七
萬壽觀天申節設醮青詞……一〇九七
滿散朱表……一〇九八
太乙宮開啓會慶節道場青詞……一〇九八
滿散朱表……一〇九八
茅山崇禧觀開啓會慶節設醮青詞……一〇九八
滿散朱表……一〇九八
萬壽觀開啓會慶節設醮青詞……一〇九八
滿散朱表……一〇九八
萬壽觀開啓天申節道場青詞……一〇九九
滿散朱表……一〇九九
萬壽觀開啓會慶節道場青詞……一〇九九
滿散朱表……一〇九九
太乙宮會慶節設醮青詞……一〇九九
滿散朱表……一〇九九
建康府茅山崇禧觀開啓天申節道場青詞……一一〇〇
滿散朱表……一一〇〇
太乙宮開啓太上皇后生辰道場青詞……一一〇〇
滿散朱表……一一〇〇
萬壽觀開啓會慶節道場青詞……一一〇〇
滿散朱表……一一〇〇
太乙宮會慶節設醮青詞……一一〇一
滿散朱表……一一〇一
建康府茅山崇禧觀會慶節設醮青詞……一一〇一
滿散朱表……一一〇一
萬壽觀開啓天申節道場青詞……一一〇一

滿散朱表 …… 一一〇一
太乙宮天申節設羅天醮青詞 …… 一一〇一
滿散朱表 …… 一一〇二
崇禧觀天申節設醮青詞 …… 一一〇二
滿散朱表 …… 一一〇二
太乙宮開啓太上皇后生辰設醮青詞 …… 一一〇二
滿散朱表 …… 一一〇二
萬壽觀純福殿開啓太上皇帝本命月道場青詞 …… 一一〇二
滿散朱表 …… 一一〇三
萬壽觀純福殿開啓太上皇帝本命日道場青詞 …… 一一〇三
滿散朱表 …… 一一〇三
萬壽觀太上皇帝本命道場青詞 …… 一一〇三
滿散朱表 …… 一一〇三
太乙宮介福殿開啓太上皇帝丁亥本命道場青詞 …… 一一〇四
滿散朱表 …… 一一〇四
萬壽觀純福殿開啓太上皇帝本命道場青詞 …… 一一〇四
滿散朱表 …… 一一〇四
太乙宮開啓太上皇帝丁亥本命道場青詞 …… 一一〇四
滿散朱表 …… 一一〇四
太乙宮介福殿開啓太上皇帝丁亥本命道場青詞 …… 一一〇五
滿散朱表 …… 一一〇五
萬壽觀純福殿太上皇帝丁亥正本命長生月道場青詞 …… 一一〇五
滿散朱表 …… 一一〇五
太乙宮開啓太上皇帝丁亥本命道場青詞 …… 一一〇五
滿散朱表 …… 一一〇六
太乙宮介福殿開啓太上皇帝丁亥本命道場青詞 …… 一一〇六
滿散朱表 …… 一一〇六
萬壽觀開啓太上皇帝丁亥本命道場青詞 …… 一一〇六
滿散朱表 …… 一一〇六
萬壽觀開啓太上皐帝丁亥本命道場青詞 …… 一一〇七
滿散朱表 …… 一一〇七
萬壽觀開啓太上皐帝丁亥本命道場青詞 …… 一一〇七
滿散朱表 …… 一一〇七
萬壽觀純福殿開啓太上皇帝丁亥本命道場青詞 …… 一一〇七
滿散朱表 …… 一一〇七
萬壽觀純福殿開啓太上皇帝丁亥本命道場青詞 …… 一一〇八
滿散朱表 …… 一一〇八
萬壽觀純福殿開啓太上皇帝丁亥本命道場青詞 …… 一一〇八
滿散朱表 …… 一一〇八
太上皇帝丁亥本命道場青詞 …… 一一〇八
滿散朱表 …… 一一〇八
太上皇帝丁亥本命道場青詞 …… 一一〇九
滿散朱表 …… 一一〇九
萬壽觀開啓太上皇帝丁亥本命道場青詞 …… 一一〇九
滿散朱表 …… 一一〇九
萬壽觀純福殿開啓太上皇帝丁亥本命道場青詞 …… 一一〇九
滿散朱表 …… 一一〇九

萬壽觀純福殿開啓太上皇帝丁亥本命道場青詞……一一一〇
滿散朱表……一一一〇
萬壽觀純福殿開啓太上皇帝丁亥本命道場青詞……一一一〇
滿散朱表……一一一〇
廬陵周益國文忠公集卷一一五……一一一一
玉堂類稿卷一五……一一一一
青詞　朱表　表文……一一一一
郊祀大禮預告天慶觀開啓道場青詞……一一一一
滿散朱表……一一一一
郊祀大禮太一宮預告祈晴青詞……一一一一
滿散朱表……一一一一
又……一一一一
郊祀禮畢告謝天慶觀青詞……一一一一
滿散朱表……一一一二
加上太上尊號奏告天慶觀景靈宮報恩光孝觀青詞……一一一二
立儲奏告天慶觀景靈宮報恩光孝觀青詞……一一一二
加上太上尊號奏告天慶觀景靈宮報恩光孝觀青詞……一一一二
立皇后奏告天慶觀景靈宮報恩光孝觀青詞……一一一二
郊祀大禮奏告景靈宮青詞……一一一三
仲春醮祭吴山忠壯英烈威顯王青詞……一一一三
又……一一一三
又……一一一三
仲秋醮祭吴山忠壯英烈威顯王青詞……一一一三
又……一一一三
又……一一一三
太常寺進呈安奉仁宗皇帝玉牒徽宗皇帝實録奏告景靈宮青詞……一一一四
玉牒所玉牒殿安奉仁宗皇帝哲宗皇帝玉牒前一日景靈宮奏告青詞……一一一四
郊祀大禮禮畢奏謝景靈宮萬壽觀聖祖天尊大帝元天大聖后昊天玉皇上帝表文……一一一四
郊祀大禮禮畢奏謝景靈宮萬壽觀會聖宮應天啓運宮章武殿永祐陵攢宮昭慈聖獻皇后攢宮諸帝后表文……一一一四
郊祀大禮禮畢奏謝昭慈聖獻皇后攢宮永祐陵攢宮表文……一一一四
郊祀大禮禮畢奏謝諸陵表文……一一一五
加上尊號奏告諸陵表文……一一一五
奏告昭慈聖獻皇后攢宮及永祐陵表文……一一一五
奏告顯恭皇后表文……一一一五
仲春薦獻紹興府兩攢宮表文……一一一五
仲春薦獻諸陵表文……一一一五
加上太上尊號奏告諸陵表文……一一一六
立皇后奏告諸陵表文……一一一六
修飾昭慈聖獻皇后下宮畢工奏告遷神御還殿正奉安表文……一一一六
奏告顯肅皇后表文……一一一六
仲春繕修補種昭慈聖獻皇后攢宮永祐陵攢宮奏告表

廬陵周益國文忠公集卷一一六

玉堂類稿卷一六

遣使賀生辰國書……一一二五
遣使賀生辰國書……一一二五
郊祀大禮畢端誠殿受賀內侍宣答管軍詞……一一二五
閤門宣答樞密詞……一一二五
樞密宣答宰臣詞……一一二五
麗正門肆赦閤門宣答宰臣詞……一一二六
加上太上尊號禮畢皇帝致賀太上皇帝……一一二六
侍中承旨宣答……一一二六
皇帝致賀太上皇后……一一二六
內侍承旨宣答……一一二六
太傅率文武百僚稱賀太上皇帝詞……一一二六
侍中承旨宣答……一一二六
皇太子受册畢班首文武百僚稱賀皇帝詞……一一二七
侍中承旨宣答……一一二七
加上太上尊號禮畢皇帝致賀太上皇帝……一一二七
左丞相承旨宣答……一一二七
皇帝致賀太上皇后……一一二七
內侍承旨宣答……一一二七
皇太子率文武百僚致賀太上皇帝……一一二七
左丞相承旨宣答……一一二七
皇帝詣德壽宮慶壽致賀詞……一一二七
侍中承旨宣答……一一二八
皇后受册畢內命婦稱賀詞……一一二八
外命婦稱賀詞……一一二八
郊祀大禮畢端誠殿稱賀樞密宣答皇太子以下詞……一一二八
閤門宣答樞密以下詞……一一二八
內侍宣答管軍詞……一一二八
郊祀大禮畢登門肆赦稱賀宣答皇太子以下詞……一一二八
進呈仁宗皇帝玉牒徽宗皇帝實録今上皇帝玉牒畢宣
答提舉官以下詞……一一二八
明堂大禮畢皇帝詣德壽宮上壽飲福致賀詞……一一二九
侍中承旨宣答……一一二九
廬陵周益國文忠公集卷一一七……一一三〇
玉堂類稿卷一七……一一三〇
祝香文　祝文　祭文……一一三〇
大禮畢車駕詣景靈宮恭謝祝香文……一一三〇
孟春車駕詣景靈宮朝獻祝香文……一一三〇
又……一一三〇
又……一一三〇
孟夏……一一三〇
又……一一三〇
孟秋……一一三〇
又……一一三一
孟冬……一一三一
又……一一三一
秘書省分撰欽宗皇帝孟夏朔祭祝文……一一三一
郊祀大禮奏告五嶽祝文……一一三一
奏告四瀆祝文……一一三一

郊祀大禮添修雅飾太廟殿宇等畢工告遷祖宗帝后神
主并別廟神主還殿室時前奏告祝文 …… 一一三一
別廟時前奏告懿節皇后祝文 …… 一一三二
安穆皇后安恭皇后祝文 …… 一一三二
雅飾太廟畢工告遷奉安祝文懿節皇后祝文同詞 …… 一一三二
安穆皇后安恭皇后祝文 …… 一一三二
郊祀大禮畢告謝五嶽四瀆祝文 …… 一一三二
郊祀大禮畢祭謝南鎮會稽山永濟王祝文 …… 一一三二
郊祀大禮畢祭謝五嶽四海四瀆祝文 …… 一一三二
郊祀大禮畢祭謝五嶽四海四瀆祝文 …… 一一三三
祭謝安穆皇后安恭皇后祝文 …… 一一三三
加上尊號册寶前三日奏告天地祝文二首社稷祝文二
首，不稱臣，用御名。太一宫祝文 …… 一一三三
奏告太廟別廟景靈宫祝文 …… 一一三三
祭告安穆皇后安恭皇后攢宫祝文 …… 一一三三
補種窠木修飾攢宫奏告安穆皇后安恭皇后祝文 …… 一一三四
仲春薦獻安穆皇后安恭皇后祝文 …… 一一三四
立皇太子奏告天地宗廟社稷宫觀等祝文 …… 一一三四
宗廟祝文 …… 一一三四
安穆安恭皇后攢宫祝文 …… 一一三四
安穆皇后安恭皇后攢宫禁地内置立封堠并修蓋館舍
動土祭告祝文 …… 一一三四
加上光堯壽聖憲天體道性仁誠德經武緯文太上皇帝
壽聖齊明廣慈太上皇后尊號册寶奏告天地二首社
稷二首，不稱臣太乙宫祝文一首。 …… 一一三五
又奏告太廟別廟景靈宫祝文 …… 一一三五
告安穆皇后安恭皇后祝文 …… 一一三五
仲春補種安穆安恭皇后攢宫祝文 …… 一一三五
太陽交蝕祭告祝文 …… 一一三五
太陽交蝕祭謝祝文 …… 一一三五
南郊大禮祭告五嶽祝文 …… 一一三五
東海南海江瀆 …… 一一三六
太常寺申乞撰修奉安恭皇后下宫神帳板壁告遷神御
權奉安祝文 …… 一一三六
立皇后奏告天地社稷祝文 …… 一一三六
宗廟祝文 …… 一一三六
景靈宫祖宗諸帝神御祝文 …… 一一三六
景靈宫祖宗諸后神御祝文 …… 一一三六
太乙宫祝文 …… 一一三六
安穆安恭皇后祝文 …… 一一三六
郊祀大禮修整雅飾太廟殿宇等畢工告遷祖宗帝后神
主并別廟神主還殿室時前奏告祝文 …… 一一三七
安穆皇后安恭皇后祝文 …… 一一三七
大禮修整太廟殿宇等畢工告遷祖宗等并別廟神主還
殿室正奉安祝文 …… 一一三七
安穆皇后安恭皇后祝文 …… 一一三七
郊祀大禮前一日朝饗太廟差官祀七祀祝文 …… 一一三七
郊祀大禮前二日朝獻景靈宫分詣奏告中殿祝文 …… 一一三七

後殿祝文……一一三八
郊祀大禮前二日奏告太祖皇帝太宗皇帝配侑祝文……一一三八
太乙宮修蓋璇璣觀畢工奉安北斗神像時前奏告祝
文……一一三八
太乙宮修蓋璇璣觀畢工奉安北斗像時前奏告太上皇
帝本命殿祝文……一一三八
太乙宮修蓋璇璣觀畢工奉安北斗像時前奏告今上皇
帝本命殿神像祝文……一一三八
太乙宮修蓋璇璣觀畢工奉安北斗像時前奏告祝文……一一三九
太乙宮修蓋璇璣觀畢工奉安神像時前奏告還北斗神
像祝文……一一三九
太乙宮修蓋璇璣觀畢工奉安北斗神像祝文……一一三九
佑聖觀奉安時前奏告祝文……一一三九
佑聖觀正奉安祝文……一一三九
進呈安奉仁宗皇帝玉牒徽宗皇帝實録奏告景靈宮祝
文……一一三九
仁宗皇帝仁宗皇后祝文……一一四〇
徽宗皇帝并后祝文……一一四〇
太陽交蝕祭告祝文……一一四〇
祭謝祝文……一一四〇
安穆安恭皇后攢宮祝文……一一四〇
進呈奉安三祖下第六世仙源類譜仁宗皇帝玉牒奏告
青詞二首 一詞并中後殿祝文……一一四〇
明堂大禮雅飾太廟時前奏告祖宗帝后祝文……一一四一
別廟安穆安恭皇后祝文……一一四一
權奉安祖宗帝后神主祝文……一一四一
安穆安恭皇后祝文……一一四一
雅飾太廟別廟祭告土地祝文……一一四一
明堂大禮前二日奏告太祖太宗配侑祝文……一一四一
明堂大禮前一日朝享太廟差官祀七祀祝文……一一四一
明堂大禮祭告九宮貴神祝文……一一四二
明堂大禮祭大社并配后土勾龍氏大稷并配后稷氏祝文……一一四二
明堂大禮祭后土勾龍氏后稷氏祝文……一一四二
明堂大禮畢祭謝五嶽四海四瀆祝文……一一四二
明堂大禮畢祭謝南鎮會稽山永濟王祝文……一一四三
明堂大禮畢祭謝五嶽四海四瀆祝文……一一四三
明堂大禮畢祭謝安穆安恭皇后攢宮祝文……一一四三
玉牒所玉牒殿安奉仁宗皇帝哲宗皇帝玉牒前一日景
靈宮奏告仁宗哲宗祝文……一一四三
欽宗孟夏朔祭祝文……一一四三
太師大寧郡王吳益出殯祭文……一一四三
皇子魏王愷攢厝興靈祭文……一一四四

廬陵周益國文忠公集卷一一八……一一四五
玉堂類稿卷一八……一一四五
上梁文　帖子詞……一一四五
脩蓋射殿門上梁文……一一四五
後殿上梁文……一一四五
立春帖子……一一四六

太上皇帝閣 …… 一一四六
太上皇后閣 …… 一一四六
皇帝閣 …… 一一四七
太上皇帝閣 …… 一一四七
太上皇帝閣 …… 一一四七
太上皇帝閣 …… 一一四八
太上皇后閣 …… 一一四八
太上皇帝閣 …… 一一四八
太上皇后閣 …… 一一四八
皇帝閣 …… 一一四九
皇后閣 …… 一一四九
端午帖子 …… 一一四九
太上皇帝閣 …… 一一四九
太上皇后閣 …… 一一五〇
皇帝閣 …… 一一五〇
皇帝閣 …… 一一五〇
太上皇帝閣 …… 一一五〇
太上皇后閣 …… 一一五一
太上皇帝閣 …… 一一五一
太上皇后閣 …… 一一五一
皇帝閣 …… 一一五二
皇后閣 …… 一一五二
太上皇帝閣 …… 一一五二
太上皇后閣 …… 一一五三

廬陵周益國文忠公集卷一一九 …… 一一五四
玉堂類稿卷一九 …… 一一五四
樂章鼓吹導引曲合宮歌　致語口號勾合曲 …… 一一五四
加上太上皇帝太上皇后尊號冊寶樂章 …… 一一五四
奉上冊寶導引曲 …… 一一五五
皇太子受冊太慶殿宮架樂章 …… 一一五五
加上太上皇帝太上皇后尊號冊寶樂章 …… 一一五五
中宮冊寶文德殿發冊寶穆清殿受冊寶樂章 …… 一一五六
明堂大禮樂章 …… 一一五八
合宮歌 …… 一一五九
奏劄 …… 一一五九
又奏 …… 一一五九
金國賀會慶節使副到闕紫宸殿宴致語 …… 一一六〇
口號 …… 一一六〇
勾合曲 …… 一一六〇
金國賀正旦使副到闕紫宸殿宴致語 …… 一一六〇
口號 …… 一一六〇
勾合曲 …… 一一六〇
金國賀正旦使副到闕紫宸殿宴致語 …… 一一六一
口號 …… 一一六一
勾合曲 …… 一一六一
金國賀會慶聖節使副到闕紫宸殿宴致語 …… 一一六一
口號 …… 一一六一
勾合曲 …… 一一六一

金國賀會慶節使副到闕紫宸殿宴致語……一一六二
口號……一一六二
勾合曲……一一六二
金國賀正旦使副到闕紫宸殿宴致語……一一六二
口號……一一六二
勾合曲……一一六二
廬陵周益國文忠公集卷一二〇……一一六三
玉堂類稿卷二〇……一一六三
召試館職策題……一一六三
選人王希吕……一一六三
太常博士許蒼舒……一一六三
試赴召胡晉臣……一一六三
試軍器監丞葉山……一一六四
試太學正鄭鍔……一一六四
試宏詞人趙彦中……一一六五
試太學正劉光祖……一一六五
試提轄文思院熊克……一一六六
廬陵周益國文忠公集卷一二一……一一六七
政府應制稿……一一六七
淳熙八年……一一六七
勸農桑手詔……一一六七
廷試策問……一一六七
奏殿試策問題空劄子……一一六七
奏改正策問内息字劄子……一一六八
淳熙十四年……一一六八
御筆……一一六八
回奏……一一六八
廷試策問……一一六八
奏劄……一一六八
太上皇帝服藥擬赦書……一一六九
奏劄……一一六九
淳熙十五年……一一六九
高宗謚册文……一一六九
淳熙十六年……一一七〇
禪位詔……一一七〇
皇帝初即位擬進上壽皇尊號詔……一一七〇
擬求言指揮……一一七一
前宰執……一一七一
在外侍從……一一七一
廬陵周益國文忠公集卷一二二……一一七二
歷官表奏卷一……一一七二
紹興三十二年……一一七二
辭免察官奏狀……一一七二
辭免起居郎奏狀……一一七二
中三省乞罷兼職第一劄子……一一七二
第二劄子……一一七二
奏乞罷兼職狀……一一七三
隆興元年……一一七三

乞宫觀奏狀……一一七三
乾道六年……一一七四
乞未赴南劍申省劄子……一一七四
乞避私諱申省劄子……一一七四
辭免秘書少監兼權直學士院奏狀……一一七四
草晁公武詔書不當待罪奏狀……一一七四
求外劄子……一一七五
乞免學士院兼職劄子……一一七五
乾道七年……一一七五
乞宫觀奏狀……一一七五
乞改作時暫兼權兵部侍郎劄子……一一七五
辭免權禮部侍郎奏狀……一一七六
辭免陞同修國史實録院同修撰奏狀……一一七六
申省再辭狀……一一七六
謝禮部侍郎表……一一七六
舉自代奏狀……一一七七
辭免兼侍講奏狀……一一七七
謝侍講表……一一七七
乾道八年……一一七八
辭免書吴璘碑奏狀……一一七八
乞免兼中書舍人劄子……一一七八
謝宫觀表……一一七八
乾道九年……一一七八
辭富沙乞宫祠第一狀……一一七八
第二狀……一一七九
第三狀……一一七九
謝宫觀表……一一七九
淳熙元年……一一八〇
謝右文殿脩撰表……一一八〇
淳熙二年……一一八〇
辭免召命申省狀……一一八〇
到闕上殿乞郡或奉祠劄子……一一八〇
除待制辭免奏狀……一一八一
謝待制侍講表……一一八一
舉楊萬里自代狀……一一八一
丐外劄子……一一八二
辭免兼直學士院奏狀……一一八二
辭免兵部侍郎奏狀……一一八二
不允詔……一一八二
辭免兼侍講奏狀……一一八三
不允詔……一一八三
謝兵部侍郎兼直學士院表……一一八三
舉劉清之自代狀……一一八三
廬陵周益國文忠公集卷一二三……一一八四
歷官表奏卷二……一一八四
淳熙二年……一一八四
謝侍講表……一一八四
辭免兼詹事奏狀……一一八四

不允詔……………………………………一一八四
東宮賀冬牋……………………………………一一八五
淳熙三年……………………………………一一八五
東宮賀正牋……………………………………一一八五
祭社祝文待罪劄子……………………………………一一八五
謝宣諭劄子……………………………………一一八五
辭免轉官奏狀……………………………………一一八五
不允詔……………………………………一一八六
辭免書韓世忠神道碑劄子……………………………………一一八六
繳書神道碑劄子……………………………………一一八六
辭免潤筆劄子……………………………………一一八六
謝　劄……………………………………一一八七
辭免陞兼侍讀奏狀……………………………………一一八七
不允詔……………………………………一一八七
謝侍讀表……………………………………一一八七
辭免吏部侍郎奏狀……………………………………一一八八
不允詔……………………………………一一八八
謝吏部侍郎表……………………………………一一八八
舉自代奏狀……………………………………一一八九
請外劄子……………………………………一一八九
吏部侍左進天申節功德疏右語……………………………………一一八九
東宮賀冬牋……………………………………一一八九
淳熙四年……………………………………一一八九
東宮賀正牋……………………………………一一八九
辭轉官奏狀……………………………………一一九〇
不允詔……………………………………一一九〇
辭免翰林學士奏狀……………………………………一一九〇
不允詔……………………………………一一九〇
口宣……………………………………一一九一
附宣召節次……………………………………一一九一
謝宣召入院表……………………………………一一九一
謝表……………………………………一一九二
舉自代奏狀……………………………………一一九二
謝衣帶鞍馬表……………………………………一一九二

廬陵周益國文忠公集卷一二四

歷官表奏卷二

歷官表奏卷二……………………………………一一九四
淳熙四年……………………………………一一九四
辭免兼修國史奏狀……………………………………一一九四
不允詔……………………………………一一九四
舉李塾賢良不應格待罪劄子……………………………………一一九四
東宮賀冬牋……………………………………一一九五
淳熙五年……………………………………一一九五
東宮賀正牋……………………………………一一九五
乞郡劄子……………………………………一一九五
不允詔……………………………………一一九五
再乞外任劄子……………………………………一一九六
奏謝劄子……………………………………一一九六
再乞去劄子……………………………………一一九六

不允詔……一一九七
第三乞外劄子……一一九七
第四乞在外宮觀劄子……一一九七
不允詔……一一九八
奏謝劄子……一一九八
辭免轉官劄子……一一九八
不允詔……一一九九
乞宮觀劄子……一一九九
不允詔……一一九九
奏謝劄子……一二〇〇
辭免禮書兼翰苑奏狀……一二〇〇
不允詔……一二〇〇
謝表……一二〇一
舉自代奏狀……一二〇一
東宮賀冬牋……一二〇一
淳熙六年……一二〇二
東宮賀正牋……一二〇二
謝御書劄子……一二〇二
謝賜新茶奏狀……一二〇二
辭免日曆轉官奏狀……一二〇二
丐外祠劄子……一二〇三
不允詔……一二〇三
再乞外祠劄子……一二〇四
奏謝劄子……一二〇四
辭免東宮轉官奏狀……一二〇四
不允詔……一二〇四
乞宮觀第一劄子……一二〇五
不允詔……一二〇五
乞宮觀第二劄子……一二〇五
奏謝劄子……一二〇六
繳還殿中監職事申狀……一二〇六
明堂禮成賀東宮劄子……一二〇六
未即詣東宮劄子……一二〇六
會慶節賀劄……一二〇六
辭免吏部尚書兼翰林院學士承旨奏狀……一二〇七
不允詔……一二〇七
再辭免兼翰林學士承旨奏狀……一二〇七
不允詔……一二〇八
第三辭免兼翰林學士承旨劄子……一二〇八
謝表……一二〇八
舉自代奏狀……一二〇九
廬陵周益國文忠公集卷一二五……一二一〇
歷官表奏卷四……一二一〇
淳熙七年……一二一〇
東宮賀年牋……一二一〇
同講筵官辭免進讀三朝寶訓終篇轉官奏狀……一二一〇
不允詔……一二一〇
申省狀……一二一一

進謝恩詩表……一二一一
同侍從慰皇子魏王薨表……一二一二
乞宫祠劄子……一二一二
不允詔……一二一二
再乞宫祠劄子……一二一二
奏謝劄子……一二一三
辭免參知政事劄子……一二一三
不允詔……一二一三
辭免參知政事表……一二一四
不允批答……一二一四
批答口宣……一二一四
謝參知政事表……一二一四
謝太上皇帝表……一二一五
謝東宫牋……一二一五
辭免正謝賜衣帶鞍馬劄子……一二一五
辭免兼敕局劄子……一二一六
不允詔……一二一六
生日詔……一二一六
謝表……一二一六
旱災待罪劄子……一二一七
不允詔……一二一七
乞罷黜表……一二一七
再乞罷黜劄子……一二一七
御筆……一二一八
東宫賀冬牋……一二一八

第三册

廬陵周益國文忠公集卷一二六……一二一九

歷官表奏卷五……一二一九

淳熙八年……一二一九
東宫賀年牋……一二一九
辭免轉官劄子……一二一九
不允詔……一二一九
再辭表……一二二〇
不允批答……一二二〇
謝轉官表……一二二〇
謝太上皇帝表……一二二一
謝東宫牋……一二二一
同趙相以下以霖雨待罪劄子……一二二一
不允詔……一二二一
再乞罷黜劄子……一二二二
不允詔……一二二二
中使賜生日詔書……一二二二
謝表……一二二二
東宫賀冬牋……一二二三
淳熙九年……一二二三
乞罷政劄子……一二二三
不允詔……一二二三

乞罷政表……一二二四
不允詔……一二二四
乞通進司收接文字劄子……一二二四
賜生日詔書……一二二四
謝表……一二二五
乞序位李彦穎下劄子……一二二五
第二劄子……一二二五
辭免知樞密院事劄子……一二二五
不允詔……一二二六
辭免知樞密院事表……一二二六
不允批答……一二二七
口宣……一二二七
謝表……一二二七
謝太上皇帝表……一二二八
謝東宫牋……一二二八
謝明堂加恩表……一二二八
乞與王嘉賓換闕劄子……一二二九

廬陵周益國文忠公集卷一二七……一二三〇

歷官表奏卷六……一二三〇

淳熙十年……一二三〇
同施樞密以旱災乞罷黜劄子……一二三〇
不允詔……一二三〇
同二府乞罷黜劄子……一二三〇
不允詔……一二三一
旱災乞罷黜表……一二三一
再乞罷黜劄子……一二三一
御批不允……一二三一
奏謝劄子……一二三二
預辭生日牲餼奏……一二三二
賜生日詔……一二三二
謝表……一二三二
爲二兄乞再任宫祠劄子……一二三三
東宫賀冬牋……一二三三
太上皇后慶壽賀東宫劄子……一二三三
淳熙十一年……一二三三
辭免樞密使劄子……一二三三
不允詔……一二三四
辭免樞密使表……一二三四
不允批答……一二三四
辭免樞密使第二表……一二三四
不允批答……一二三五
謝表……一二三五
謝太上皇帝表……一二三六
賜生日詔……一二三六
謝表……一二三六
賀東宫生辰劄子……一二三六
東宫賀冬牋……一二三六
淳熙十二年……一二三七

東宮賀年牋……一二三七
天申節滿散功德疏……一二三七
乞令宰臣兼樞密使劄子……一二三七
賜生日詔……一二三七
謝表……一二三八
問聖體劄子……一二三八
東宮賀冬牋……一二三八
郊祀禮成謝加食邑表……一二三八
謝太上皇帝表……一二三九
謝東宮牋……一二三九
免赴正旦入賀劄子……一二三九
廬陵周益國文忠公集卷一二八……一二四〇
歷官表奏卷七……一二四〇
淳熙十三年……一二四〇
賀正旦表……一二四〇
德壽宮慶壽趨赴不及劄子……一二四〇
東宮賀正牋……一二四〇
請假十日劄子……一二四〇
謝宣醫劄子……一二四〇
謝賜藥方劄子……一二四一
辭免慶壽轉官加恩劄子……一二四一
不允詔……一二四一
辭轉官加恩表……一二四一
不允批答……一二四二
辭轉官加恩第二表……一二四二
不允批答……一二四二
謝表……一二四二
謝太上皇帝表……一二四三
謝東宮牋……一二四三
生日詔……一二四三
謝表……一二四三
求祠第一劄子……一二四四
第二劄子……一二四四
不允詔……一二四四
第三劄子……一二四四
不允詔……一二四五
東宮賀冬至牋……一二四五
辭免進書減磨勘劄子……一二四五
淳熙十四年……一二四五
辭免右丞相劄子……一二四五
不允詔……一二四六
辭免右丞相劄子……一二四六
東宮劄子……一二四六
辭右丞相表……一二四六
批答……一二四七
第二辭表……一二四七
不允批答……一二四八
謝表……一二四八

謝太上皇帝表 …… 一二四八
辭免兼職劄子 …… 一二四九
不允詔 …… 一二四九
因陳賈論王謙待罪劄子 …… 一二四九
不允詔 …… 一二四九
夏旱乞罷政劄子 …… 一二五〇
不允詔 …… 一二五〇
第二劄子不曾付出 …… 一二五〇
乞罷政表 …… 一二五〇
不允詔 …… 一二五一
再同王丞相黄參政乞貶降劄子 …… 一二五一
再乞罷政劄子 …… 一二五一
辭免生日牲餼劄子 …… 一二五一
同王丞相黄參政乞减俸劄子 …… 一二五一
辭免復俸劄子 …… 一二五二
不允詔 …… 一二五二
賀東宮生辰劄子 …… 一二五二

廬陵周益國文忠公集卷一二九 …… 一二五三

歷官表奏卷八 …… 一二五三

淳熙十五年 …… 一二五三
辭免謚册寶行禮支賜銀絹劄 …… 一二五三
攝太傅持節前導太上梓宮量帶激賞庫官會犒設劄子 …… 一二五三
光堯梓宮發引慰皇帝表 …… 一二五三
慰皇太后牋 …… 一二五三
慰皇后牋 …… 一二五三
光堯梓宮到思陵攢宮安寧奏狀 …… 一二五四
慰皇太后牋 …… 一二五四
慰皇后牋 …… 一二五四
三月二十四日奏 …… 一二五四
三月二十七日奏 …… 一二五四
永思陵掩攢慰皇帝表 …… 一二五五
慰皇太后牋 …… 一二五五
慰皇后牋 …… 一二五五
乞導從虞主還行在奏同總護禮儀仗鹵簿橋道頓遞使奏 …… 一二五五
謝傳宣撫問并賜銀合茶藥狀 …… 一二五五
未敢乞對劄子 …… 一二五六
辭免德壽宮銀絹劄子 …… 一二五六
求去劄子 …… 一二五六
辭免提舉編修玉牒劄子 …… 一二五六
不允詔 …… 一二五七
再辭免劄子 …… 一二五七
明堂禮成同宮僚賀東宮劄子 …… 一二五七
謝封濟國公表 …… 一二五七
謝東宮牋 …… 一二五七
辭免加恩正謝日擡賜劄子 …… 一二五八
乞去劄子 …… 一二五八

淳熙十六年……一二五八
辭免左丞相劄子……一二五八
不允詔……一二五九
第二劄子……一二五九
東宮劄子……一二五九
乞去第一劄子……一二五九
不允詔……一二六〇
第二劄子……一二六〇
第三劄子……一二六〇
第四劄子……一二六一
辭免左丞相表……一二六一
不允批答……一二六一
第二辭表……一二六一
不允批答……一二六二
謝表……一二六二
謝東宮牋……一二六三
辭免兼職劄子……一二六三
不允詔……一二六三

廬陵周益國文忠公集卷一三〇……一二六四

歷官表奏卷九……一二六四

淳熙十六年……一二六四
辭免少保劄子……一二六四
不允詔……一二六四
辭免表……一二六四
不允批答……一二六五
再辭免表……一二六五
不允批答……一二六五
再辭免劄子……一二六六
不允詔……一二六六
第三辭劄子……一二六六
不允詔……一二六六
第四辭劄子……一二六七
辭免册命劄子……一二六七
允詔……一二六七
乞序位在嘉王之下劄子……一二六七
謝除少保表……一二六八
謝重華宮表……一二六八
辭免講堂轉官回授劄子……一二六八
不允詔……一二六九
辭免轉官公據劄子……一二六九
不允詔……一二六九
辭免親饗禮儀使支賜劄子……一二六九
乞去劄子……一二六九
乞去奏狀……一二七〇
再乞去劄子……一二七〇
再乞去奏狀……一二七一
辭免除職判潭州劄子……一二七一
不允詔……一二七一

再辭表 …… 一二七二
同日奏劄 …… 一二七二
重華宮奏劄 …… 一二七二
乞以元官奉祠并免謝辭劄子 …… 一二七三
謝除醴泉觀使表 …… 一二七三
重明節開啓疏 …… 一二七三
重明節進功德疏右語 …… 一二七三
重明節賀表 …… 一二七四
重華宮會慶節功德疏右語 …… 一二七四
重華宮會慶節賀表 …… 一二七四
冬至節賀表 …… 一二七四
廬陵周益國文忠公集卷一三一 …… 一二七五
歷官表奏卷一〇 …… 一二七五
紹熙元年 …… 一二七五
年節賀表 …… 一二七五
重明節祥符寺開啓疏 …… 一二七五
重明節天慶觀開啓疏 …… 一二七五
重明節進功德疏右語 …… 一二七五
重明節賀表 …… 一二七五
重華宮會慶節進功德疏右語 …… 一二七六
重華宮會慶節賀表 …… 一二七六
冬至節賀表 …… 一二七六
辭免判隆興府劄子 …… 一二七六
不允詔 …… 一二七七
紹熙二年 …… 一二七七
年節賀表 …… 一二七七
再辭免判隆興府第二劄子 …… 一二七七
允詔 …… 一二七八
繳敕書銀合臘藥狀 …… 一二七八
重明節進功德疏右語 …… 一二七八
重明節賀表 …… 一二七八
重華宮會慶節進功德疏右語 …… 一二七八
重華宮會慶節賀表 …… 一二七九
辭免除觀文殿學士判潭州劄子 …… 一二七九
不允詔 …… 一二七九
再辭免劄子 …… 一二七九
不允詔 …… 一二八〇
三辭免劄子 …… 一二八〇
冬至節賀表 …… 一二八〇
郊祀禮成賀表 …… 一二八〇
郊祀謝赦表 …… 一二八一
潭州謝上表 …… 一二八一
郊祀禮成謝加食邑表 …… 一二八一
高宗加上謚號賀重華宮表 …… 一二八二
賀皇帝表 …… 一二八二
賜銀合臘藥敕書 …… 一二八二
謝表 …… 一二八二
賜紹熙三年曆日宣 …… 一二八二

謝表……一二八三
紹熙三年
年節賀表……一二八三
問聖體劄子……一二八三
賀御殿劄子……一二八三
辭免復觀文殿大學士劄子……一二八三
不允詔……一二八四
辭免復觀文殿大學士表……一二八四
不允詔……一二八四
謝表……一二八四
賜銀合夏藥敕書……一二八五
謝表……一二八五
降郡公謝表……一二八五
重明節進功德疏右語……一二八六
會慶節進功德疏右語……一二八六
會慶節進銀奏狀……一二八六
冬至節賀表……一二八六
丐祠劄子……一二八六
不允詔……一二八七
賜銀合臘藥敕書……一二八七
謝表……一二八七
謝賜紹熙四年曆日表……一二八七
廬陵周益國文忠公集卷一三二……一二八八
歷官表奏卷一二……一二八八
紹熙四年
年節賀表……一二八八
誕皇孫賀重華宮表……一二八八
賀皇帝表……一二八八
乞宮祠奏……一二八八
第二劄子……一二八九
賜銀合夏藥敕書……一二八九
謝表……一二八九
謝復益國公表……一二八九
重明節進功德疏右語……一二九〇
乞宮祠奏狀……一二九〇
不允詔……一二九〇
辭免隆興府奏狀……一二九〇
不允詔……一二九一
慈福慶壽賀表……一二九一
賜銀合臘藥敕書……一二九一
謝表……一二九一
紹熙五年
再辭判隆興府奏狀……一二九二
謝醴泉觀使表……一二九二
重華上仙慰皇帝表……一二九二
重華上仙慰太皇太后表……一二九三
重華宮功德疏右語……一二九三
移御壽康宮起居表……一二九三

皇帝登寶位賀表……一二九三
重明節開啓疏……一二九三
重明節功德疏右語……一二九三
重明節賀表……一二九四
瑞慶節開啓疏……一二九四
瑞慶節滿散疏……一二九四
瑞慶節功德疏右語……一二九四
瑞慶節賀表……一二九四
冬至節賀表……一二九四
明堂禮成賀表……一二九五
辭免覃恩轉官奏狀……一二九五
不允詔……一二九五
覃恩辭免轉少傅表……一二九五
不允詔……一二九六
謝差官賜告奏狀……一二九六
又手劄……一二九六
再辭免覃轉表……一二九六
不允詔……一二九七
乞將覃轉回授奏狀……一二九七
申尚書省狀……一二九七
謝明堂禮成加恩表……一二九七

廬陵周益國文忠公集卷一三三……一二九九

歷官表奏卷一二……一二九九

慶元元年……一二九九
乞致仕表……一二九九
不允詔……一二九九
第二表……一二九九
不允詔……一三〇〇
第三表……一三〇〇
謝致仕表……一三〇〇
辭免册命奏狀……一三〇一
孝宗小祥起居表……一三〇一
賀重明節表……一三〇一
慶元二年……一三〇一
賀生皇子表……一三〇一
賀三宮册寶禮成表……一三〇二
賀韓皇后册禮成表……一三〇二
慰慈福上仙表……一三〇二
慶元三年……一三〇二
重明節功德疏右語……一三〇二
賀瑞慶節表……一三〇三
謝郊祀禮成加恩表……一三〇三
慶元五年……一三〇三
謝慶禮成支賜奏狀……一三〇三
賀生皇子表……一三〇三
慰太上皇后上仙表……一三〇三
慰太上皇帝上仙表……一三〇四
壽康宮追薦疏右語……一三〇四

謝明堂禮成加恩表……一三〇四
慰韓皇后上仙表……一三〇五
謝降官表……一三〇五
嘉泰二年……一三〇五
賀太皇太后加上尊號表……一三〇五
辭免復少傅狀……一三〇六
不允詔……一三〇六
賀立楊皇后表……一三〇六
嘉泰三年……一三〇六
謝復少傅表……一三〇六
賀瑞慶節表……一三〇七
嘉泰四年……一三〇七
謝郊祀禮成加恩表……一三〇七
賀瑞慶節表……一三〇七
廬陵周益國文忠公集卷一三四……一三〇八
奏議卷一……一三〇八
正字輪對劄子二首……一三〇八
論荊襄兩淮利害劄子……一三〇八
論州縣置行直廳……一三〇八
監察御史二首……一三〇九
太上尊號議……一三〇九
再同臺諫申尚書省狀……一三〇九
起居郎兼權中書舍人五首……一三〇九
舉官狀……一三〇九
條具弊事……一三一〇
同翰苑給舍議北事狀……一三一二
論北事劄子……一三一三
論選人關陞後致仕曰劄子……一三一三
直前奏事劄子三首……一三一四
論名實賞罰……一三一四
乞六參官依常制……一三一四
同侍從臺諫議權罷舉主改官……一三一四
廬陵周益國文忠公集卷一三五……一三一六
奏議卷二……一三一六
閣憲奏事後殿對劄子四首……一三一六
論諸路帥臣將副……一三一六
論人才……一三一六
論知縣俸……一三一六
論縣尉獲賊賞……一三一七
秘書少監碧琳堂對一首……一三一七
論漢儒……一三一七
垂拱殿輪對劄子一首……一三一八
論聽言責實……一三一八
内引劄子一首……一三一八
論四事……一三一八
廬陵周益國文忠公集卷一三六……一三二〇
奏議卷三……一三二〇
權禮部侍郎後殿對劄子四首……一三二〇

論治效 …… 一三二〇
論人才 …… 一三二〇
論科舉代筆 …… 一三二一
答選德殿聖問奏 …… 一三二一
垂拱殿對劄子二首 …… 一三二三
論薦舉 …… 一三二三
論發解考校之弊 …… 一三二三
後殿對一首 …… 一三二四
論時令不正 …… 一三二四
垂拱殿對一首 …… 一三二四
乞優恤二浙 …… 一三二四
廬陵周益國文忠公集卷一三七 …… 一三二五
奏議卷四 …… 一三二五
右文殿修撰召赴行在隱岫對二首 …… 一三二五
論久任 …… 一三二五
論歸正人就食諸道 …… 一三二五
敷文閣待制隱岫宣對二首 …… 一三二六
論章服等差 …… 一三二六
乞依舊存留部闕知州軍 …… 一三二六
講筵留身劄子一首 …… 一三二七
論久任邊帥 …… 一三二七
後殿對劄子二首 …… 一三二七
論軍政 …… 一三二七
乞改正宣諭聖語誤字 …… 一三二八
輪對前一日封入奏狀一首 …… 一三二八
論任官理財訓兵三事 …… 一三二八
選德殿對劄子一首 …… 一三三〇
論馬政劄子 …… 一三三〇
廬陵周益國文忠公集卷一三八 …… 一三三一
奏議卷五 …… 一三三一
敷文閣待制內殿對劄子二首 …… 一三三一
論平茶賊利害 …… 一三三一
論選人舉狀 …… 一三三一
同王內翰薦李塾試賢良劄子 …… 一三三二
兵部侍郎選德殿對劄子二首 …… 一三三二
乞儲人才 …… 一三三二
論架閣庫文字 …… 一三三二
隱岫對劄子二首 …… 一三三三
論添駐贛州軍馬 …… 一三三三
論軍士紀律 …… 一三三四
廬陵周益國文忠公集卷一三九 …… 一三三五
奏議卷六 …… 一三三五
兵部侍郎選德殿對劄子四首 …… 一三三五
論用人二弊 …… 一三三五
乞詔御藥院關報閤門陛對班次 …… 一三三五
選擇監司郡守議 …… 一三三六
明堂議 …… 一三三七
選德殿對劄子七首 …… 一三三七

乞立下班祗應遷轉法……一三三七
乞申嚴謀入溪洞人法……一三三八
乞取唐仲友尤袤書目劄子……一三三八
論先廟後郊劄子……一三三八
論開講劄子……一三三九
乞因久雨親札同赦卹民劄子……一三三九
薦監司郡守狀……一三三九
吏部侍郎隱岫對劄子三首……一三四〇
論任怨……一三四〇
論軍士磨甲……一三四〇
乞逐旋引見改官人……一三四〇
隱岫對劄子四首……一三四〇
論荆南江陵府號差互……一三四〇
論縣尉捕盗賞格……一三四一
乞申飭監司精選所部官……一三四一
繳進李墊詞業狀……一三四二

廬陵周益國文忠公集卷一四〇……一三四三

奏議卷七……一三四三
吏部侍郎選德殿對劄子四首……一三四三
論四維……一三四三
論州縣官有公罪乞隨事責罰……一三四三
乞蠲會稽攢宮舊額苗税……一三四四
申審放行前宰執舉改官員數……一三四四
翰林學士選德殿對劄子三首……一三四五
自叙……一三四五
乞裁節土木之費……一三四五
乞申嚴薦舉連坐之法……一三四五
隱岫對劄子五首……一三四六
論官吏躐等數易之弊……一三四六
乞蠲減月樁經總制錢一半……一三四六
乞收恤揀汰軍人家屬……一三四七
論陰雨劄子……一三四七
乞詔有司祈雪劄子……一三四七

廬陵周益國文忠公集卷一四一……一三四八

奏議卷八……一三四八
翰林學士隱岫對劄子一首……一三四八
乞州縣選勳賢之後上之國學……一三四八
乞翰苑御書……一三四八
乞展限修史……一三四八
又奏翰苑名稱劄子……一三四九
薦林永叔……一三四九
薦察官劄子……一三四九
欏木堂對劄子一首……一三五〇
論優恤軍士守臣便民五事……一三五〇
後殿對劄子三首……一三五〇
論監司帥守接送侈費……一三五〇
論犒軍……一三五一
論監司奏陳所部利害……一三五一

倚桂對劄子二首……一三五一
論兩淮民兵……一三五一
論孟享拜跪……一三五二
隱岫對劄子五首……一三五二
乞令敕令所修諸路諸州未盡賞格……一三五二
論選人改官立額……一三五三
論文臣轉官書年甲……一三五三
論史事劄子……一三五三
論軍民相毆劄子……一三五三
禮部尚書兼翰林學士後殿對劄子三首……一三五四
論杜太后家子孫……一三五四
論解試試官……一三五四
論臨安府牲牢價錢……一三五五
廬陵周益國文忠公集卷一四二……一三五六
奏議卷九……一三五六
禮部尚書兼翰林學士羅木堂對劄子三首……一三五六
論宗官……一三五六
論明堂……一三五六
禮部太常寺議明堂大禮狀……一三五六
講筵留身劄子三首……一三五七
論安定郡王襲封……一三五七
論湖南利害劄子……一三五七
已見上殿劄子一首……一三五七
論黜陟郡守……一三五七
後殿對劄子五首……一三五八
論詳議明堂赦書……一三五八
論郊賚……一三五九
論宗室同名……一三五九
乞廣西二事入赦劄子……一三六〇
論明堂太廟拜跪劄子……一三六〇
後殿對劄子一首……一三六〇
乞因明堂晴霽誓戒……一三六〇
常朝請對劄子一首……一三六一
論依字……一三六一
廬陵周益國文忠公集卷一四三……一三六二
奏議卷一〇……一三六二
吏部尚書兼翰林學士承旨隱岫對劄子四首……一三六二
論差宗室作教官試官……一三六二
論戰功王照誤超轉兩資……一三六二
乞修架閣庫……一三六二
論刑寺截會奏薦人用片紙回報……一三六三
倚桂殿對劄子二首……一三六三
論劉洪道贈官……一三六三
乞指定親民官職……一三六三
講筵留身劄子一首……一三六四
乞考初元之政……一三六四
參知政事劄子六首……一三六四
論措置營運……一三六四

論選擇東南人才爲蜀中監司 …… 一三六五
論延璽奏薦 …… 一三六五
論步軍司多差撥將佐往潭州飛虎軍 …… 一三六六
論著庭不必備官 …… 一三六六
論宗室省額及臨安奏命官公事批付三省 …… 一三六七
廬陵周益國文忠公集卷一四四 …… 一三六八
奏議卷一一 …… 一三六八
參知政事劄子十首 …… 一三六八
乞免閩浙收買軍器所牛皮 …… 一三六八
同趙相王樞因四朝史志成書乞與李燾推恩 …… 一三六八
論殿試宗室換官恩科推恩劄子 …… 一三六九
論吳飛英赴官遷延 …… 一三六九
論檢舉諸軍磨勘 …… 一三六九
乞且令黔州開具思州人所買内地田土 …… 一三七〇
論和糴 …… 一三七〇
論川廣守臣奏事 …… 一三七一
論四川通判闕歸堂 …… 一三七一
乞差侍從充社稷九宮壇初獻官 …… 一三七一
樞密使三首 …… 一三七二
論舒濠守臣奏 …… 一三七二
論屯田事合同進呈 …… 一三七二
乞令四川制置司通知馬政 …… 一三七二
廬陵周益國文忠公集卷一四五 …… 一三七三
奏議卷一二 …… 一三七三
右丞相劄子五首 …… 一三七三
催薦士降旨 …… 一三七三
論密白鎮江大教指揮未穩 …… 一三七三
論蕭燧吳回轉官 …… 一三七四
論密院徑除文臣帥 …… 一三七四
論密院徑支四川經總制錢 …… 一三七四
判潭州二首 …… 一三七四
乞錢米修潭州外城 …… 一三七四
同諸司列薦陳自修蘇森奏狀 …… 一三七五
醴泉觀使準詔言事一首 …… 一三七五
求言詔 …… 一三七五
回奏 …… 一三七五
申省狀劄十一首 …… 一三七八
看定羅源縣寺觀爭田回申 …… 一三七八
乞正上尊號禮儀劄子 …… 一三七八
乞放歸正并從軍下班祗應年七十人添差狀 …… 一三七八
申明試賢良日百官常起居狀 …… 一三七九
乞給札就李丙抄丁未録狀 …… 一三七九
禮部看詳舉人狀 …… 一三七九
與廟堂乞追録芮燁行誼仍官其一子 …… 一三八〇
兵部申明交趾襲封事狀 …… 一三八〇
禮部申明李浚追服事狀 …… 一三八一
乞令敕令所釐正勳封條法狀 …… 一三八一
劾方季隨改官 …… 一三八二

廬陵周益國文忠公集卷一四六 …… 一三八三
奉詔録卷一 …… 一三八三
參知政事 …… 一三八三
開元録回奏 …… 一三八三
奏知王濱 …… 一三八三
張氏論孟傳御筆 …… 一三八三
回奏 …… 一三八三
提舉常平御筆 …… 一三八三
回奏 …… 一三八三
知樞密院事 …… 一三八四
押潘璋往本軍御筆 …… 一三八四
回奏 …… 一三八四
改配羅允蹈回奏 …… 一三八四
繳招兵指揮 …… 一三八五
四川軍額文字回奏 …… 一三八五
奏通經術之士 …… 一三八五
鎮江等處軍額回奏 …… 一三八五
奏翟安道步帥指揮 …… 一三八五
吴珪等轉官回奏 …… 一三八六
王惟孝添差回奏 …… 一三八六
移飛虎軍御筆 …… 一三八六
回奏 …… 一三八六
飛虎軍軍額回奏 …… 一三八六
斷配强盗人數回奏 …… 一三八六
奏池州副都統郝政施爲未善 …… 一三八六
宋亮等差除御筆 …… 一三八七
回奏 …… 一三八七
同日回奏 …… 一三八七
宣示袁樞奏劄回奏 …… 一三八八
獎諭御筆 …… 一三八八
回奏 …… 一三八八
付下郝政文字回奏 …… 一三八八
陳昱差遣回奏 …… 一三八八
宣示吴挺御札回奏 …… 一三八八
報行看班祇候御筆 …… 一三八八
回奏 …… 一三八九
審張詔差除 …… 一三八九
宣示吴挺奏狀回奏 …… 一三八九
乞與江州副都統趙永寧轉官 …… 一三八九
殿步帥推恩回奏 …… 一三九〇
擇代雷世方回奏 …… 一三九〇
擇鎮江帥御筆 …… 一三九〇
回奏 …… 一三九〇
同日回奏 …… 一三九〇
乞與鎮江都統翟安道轉官 …… 一三九一
同日回奏 …… 一三九一
擬韓寶轉遥團指揮 …… 一三九一
同日回奏 …… 一三九一

郭鈞差除御筆……一三九一
回奏……一三九一
劉允中添差回奏……一三九二
張薦叙官回奏……一三九二
奏知館伴傳旨事……一三九二
徐賀差遣回奏……一三九二
鎮江衣絹御筆……一三九二
回奏……一三九二
劉國瑞文字回奏……一三九三
議鄂州軍帥御筆……一三九三
回奏……一三九三
同日回奏……一三九三
與蔡戡咨目……一三九四
宣示蜀帥親札御筆……一三九四
録白親札……一三九四
回奏……一三九四
繳進廣西文字御筆……一三九四
回奏……一三九五
同日回奏……一三九五
廬陵周益國文忠公集卷一四七……一三九六
奉詔録卷二……一三九六
知樞密院事……一三九六
付下蔡戡文字回奏……一三九六
移義勝軍御筆……一三九六
回奏……一三九六
繳義勝軍指揮奏……一三九六
興元指揮……一三九七
荆鄂都統司指揮……一三九七
郭棣劄子回奏……一三九七
問金陵統制相争御筆……一三九七
回奏……一三九七
録白指揮……一三九八
繳彭杲書草奏……一三九八
與彭杲書草……一三九八
付下彭杲書草回奏……一三九八
繳趙汝誼咨目奏……一三九八
與趙汝誼咨目……一三九八
張國珍轉官回奏……一三九九
問陳侃御筆……一三九九
回奏……一三九九
黎州馬政奏……一三九九
移書王卿月等奏……一三九九
又欲作書與牛僎王希吕奏……一四〇〇
回奏……一四〇〇
繳王卿月等書草……一四〇〇
王卿月江溥書草……一四〇〇
牛僎同前不用棋飲却添此段……一四〇一
王希吕郭鈞雷世賢……一四〇一

回奏……一四〇一
御批付下王藺奏劄……一四〇一
回奏……一四〇一
樞密使……一四〇二
李彥穎文字回奏……一四〇二
雷世賢劄子回奏……一四〇二
王希呂劄子回奏……一四〇二
審權步帥……一四〇二
論除鎮江都統……一四〇二
諸軍衙兵御筆……一四〇二
回奏……一四〇三
夏俊弩樣回奏……一四〇三
李棣別具到闕回奏……一四〇三
郭鈞彭杲文字回奏……一四〇三
具王卿月所奏及探虜中事宜御筆……一四〇三
回奏……一四〇三
察劉瑞仁御筆……一四〇四
回奏……一四〇四
時佐探報回奏……一四〇四
奏金星已過躔度……一四〇四
權收刺殿前司子弟御筆……一四〇四
回奏……一四〇四
張子習差遣回奏……一四〇五
蕭鷓巴陳乞回奏……一四〇五
興州吳挺具奏……一四〇五
録白付吳挺御筆……一四〇五
興元彭杲奏……一四〇六
録白付彭杲御筆……一四〇六
金州傅鈞奏……一四〇六
録白傅鈞御筆……一四〇六
付下蜀中三帥劄子并録白御筆回奏……一四〇七
郭鈞等文字回奏……一四〇七
折價文字回奏……一四〇七
鎮江多槳船回奏……一四〇七
與王希呂咨目……一四〇七
廬陵周益國文忠公集卷一四八……一四〇九
奉詔録卷三……一四〇九
樞密使……一四〇九
薛直繳進文字回奏……一四〇九
延璽殺降御筆……一四〇九
回奏……一四〇九
批付朱安國御筆……一四〇九
回奏……一四〇九
乞與金陵副都統閻仲賜帶并初除諸路都副統制未陞朝者陞朝武臣郡守未陞朝許繫紅鞓……一四一〇
擬都副統制陞朝武臣紅鞓指揮……一四一〇
回奏……一四一〇
鄭興裔揚帥御筆……一四一一

回奏……一四一一
繳進蜀中指揮御筆……一四一一
回奏……一四一一
與吴挺……一四一一
與馮憲傅鈞彭杲……一四一一
論鎮江財賦……一四一二
付下吴挺書草回奏……一四一二
批問御筆……一四一二
付下翟安道文字回奏……一四一二
論秦嵩田世雄兩易交割……一四一二
奏留正欲與田世雄轉官……一四一三
宣示田世卿等御筆……一四一三
録白親札付郭鈞……一四一三
録白親札付田世卿……一四一三
回奏……一四一三
付閻仲御札……一四一四
大石契丹興兵御筆……一四一四
回奏……一四一四
繳二十一日御筆奏……一四一四
宣示付吴挺御筆……一四一四
付留正御筆……一四一四
回奏……一四一五
付下趙汝誼劄子……一四一五
回奏……一四一五
許浦海船置柁師回奏……一四一五
盱眙傳聞御筆……一四一六
回奏……一四一六
付下榮茂宗進狀回奏……一四一六
王德探事御筆……一四一六
回奏……一四一六
審問王德奏……一四一六
于斌間探奏……一四一六
付下吴挺劄子回奏……一四一七
黄政告身回奏……一四一七
習右射御筆……一四一七
回奏……一四一七
繳留正書回奏……一四一七
付下留正書回奏……一四一七
付趙汝愚御筆……一四一七
汝愚奏劄……一四一八
同兩參回奏……一四一八
統制推恩等御筆……一四一八
回奏……一四一八
延璽叙官張德元轉官御筆……一四一八
回奏……一四一八
擇人替盛雄飛御筆……一四一九
回奏……一四一九
張元政左翼軍統領奏……一四一九

問虞允恭御筆……一四一九
回奏……一四一九

廬陵周益國文忠公集卷一四九……一四二〇

奉詔録卷四……一四二〇

樞密使……一四二〇
銜官請給御筆……一四二〇
回奏……一四二〇
楊應龍差遣回奏……一四二〇
胡斌居住回奏……一四二〇
蔡必勝接送伴御筆……一四二一
回奏……一四二一
繳鄂州文字奏……一四二一
施行鄂軍御筆……一四二一
回奏……一四二一
繳進郊祀差官回奏……一四二二
宣示郭杲御筆……一四二二
回奏……一四二二
宣示郭杲劄子回奏……一四二二
軍中賣酒利害御筆……一四二二
回奏……一四二二
韓侂胄文字回奏……一四二三
彦逾奏賈偉事御筆……一四二三
回奏……一四二三
乞與雷世賢轉官……一四二三
論權止賀正人使……一四二三
繳内外軍馬分屯更戍等籍……一四二四
密院使臣御筆……一四二四
回奏……一四二四
隆興初軍前幹事人奏……一四二四
射射文字回奏……一四二四
雷興祖文字回奏……一四二五
總管堦墀御筆……一四二五
回奏……一四二五
回奏……一四二五
御前批奏……一四二五
回奏……一四二六
堦墀條法御筆……一四二六
回奏……一四二六
體究鄂軍過當御筆……一四二六
回奏……一四二六
賈偉行遣當否回奏……一四二六
宣示郭杲御札回奏……一四二六
結約夏國御筆……一四二六
回奏……一四二七
鎮江海船置深水舵回奏……一四二七
簽出陞差籍回奏……一四二七
殿步帥推恩御筆……一四二七
回奏……一四二七

擬批旨……一四二七
韓侂等差遣御筆……一四二七
回奏……一四二八
黄保躬轉官回奏……一四二八
諸軍馬軍教閲牧放御筆……一四二八
回奏……一四二八
論臨安乞與巡檢推賞……一四二八
奏謝奬諭……一四二九
問虜孫年月回奏……一四二九
李邦玉請給回奏……一四二九
淮南北結集人御筆……一四二九
回奏……一四二九
王處久復統領御筆……一四二九
金國事勢御筆……一四二九
回奏……一四二九
繳進虜中事宜等奏……一四三〇
張世興節鉞回奏……一四三〇
王晟添差回奏……一四三〇
廬陵周益國文忠公集卷一五〇……一四三一
奉詔録卷五……一四三一
樞密使……一四三一
致仕禄格御筆……一四三一
回奏……一四三一
同日回奏……一四三一
審劉超除目……一四三一
論户部借絹……一四三一
回奏……一四三二
擬春衣支價錢指揮……一四三二
荆南脩城犒設御筆……一四三二
回奏……一四三二
總所犒設錢數奏……一四三二
右丞相……一四三三
劉漢臣事節御筆……一四三三
回奏……一四三三
取見劉漢臣案奏……一四三三
太乙宫燒香御筆……一四三三
避殿減膳内批……一四三三
回奏……一四三三
雩祀御筆……一四三四
蜀中遺火御筆……一四三四
監司各具州縣弊事等御筆……一四三四
罷樞密院御筆……一四三四
五日回奏……一四三四
回奏……一四三四
初擬指揮……一四三四
再擬指揮……一四三四
指定所司回奏……一四三五
回奏……一四三五

陳賈母亡賻贈御筆……一四三五
回奏……一四三五
高宗服藥乞御後殿……一四三五
同日御筆……一四三六
七日御筆……一四三六
回奏……一四三六
奏孫紹遠差除賑糶減價三事……一四三六
三省乞改懿節皇后謚……一四三七
宣諭王信書行甘昺職事御筆……一四三七
二十三日批李巘繳章……一四三七
展日詣宮燒香御筆……一四三七
發回虜使牒本并咨目奏劄……一四三七
與送伴咨目……一四三七
與盱眙咨目……一四三七
乞改送伴牒盛字……一四三八
分付告哀使事目……一四三八
內批付下告哀使意度……一四三八
中使傳旨緦服素幄引班……一四三八
回奏……一四三八
乞付出禮官討論服制……一四三九
審察守臣御筆……一四四〇
資善堂稱呼御筆……一四四〇
回奏……一四四〇
過宮燒香皇太子參決等……一四四〇
沈清臣被責因依御筆……一四四〇
回奏……一四四〇
皇太子議事御筆……一四四〇
正旦北使朝見御筆……一四四一
皇太子初開議事堂乞特御殿……一四四一
廬陵周益國文忠公集卷一五一……一四四二
奉詔録卷六……一四四二
右丞相……一四四二
屯田御筆……一四四二
便殿引對衣服御筆……一四四二
禁小報御筆……一四四二
衣制用布御筆……一四四二
乞宣諭接伴商量虜使弔祭稱呼……一四四二
薛叔似等差除當否御筆……一四四三
回奏……一四四三
薄黜妄奏汝愚者御筆……一四四三
回奏……一四四三
宣諭陳居仁御筆……一四四三
御批陳居仁繳耿延年別與監司指揮……一四四三
楊萬里宜去御筆……一四四三
未欲易服御殿御筆……一四四四
回奏……一四四四
布素終制御筆……一四四四
回奏……一四四四

改進稿……一四四四
同日御筆……一四四四
回奏……一四四五
改進藁……一四四五
乞禮官議内殿侍從以下朝見奏……一四四五
繳奏……一四四五
王相判郡御筆……一四四六
回奏……一四四六
王淮鏁院奏……一四四六
德壽殿私名推恩御筆……一四四六
回奏……一四四六
宣示遺補内批……一四四六
回奏……一四四六
宇文价知紹興御筆……一四四七
回奏……一四四七
檢會罷敕令所回奏……一四四七
職事官理任格法御筆……一四四七
回奏……一四四七
椿積米數文字回奏……一四四七
改服細布文武金帶趙善悉差除鄂州兵帳御筆……一四四七
回奏……一四四七
管軍等許繫金帶御筆……一四四八
回奏……一四四八
曹官差除御筆……一四四八
回奏……一四四八
熟議北使執禮御筆……一四四八
回奏……一四四八
催具詳度北使執禮御筆……一四四九
回奏……一四四九
不麕差遣回奏……一四四九
進擬金陵守回奏……一四四九
雇主殺所雇人回奏……一四四九
金帶指揮御筆……一四四九
回奏……一四五〇
趙汝應放罷内批……一四五〇
回奏……一四五〇
支封椿銀回奏……一四五〇
張澈應孟明御筆……一四五〇
回東宮劄子……一四五〇
乞作書與趙師羼與劉超商量楚州城壁……一四五〇
高宗小祥乞展日視事……一四五一
回奏……一四五一
回奏……一四五一
乞羅點正除太常少卿……一四五一
乞六部長貳堂白劄子……一四五一
廬陵周益國文忠公集卷一五二……一四五二
奉詔録卷七……一四五二

右丞相……一四五二
陸游除郎并朝士薦人御筆……一四五二
回奏……一四五二
繳薦士奏……一四五三
付下元進薦士回奏……一四五三
留用光合出敕回奏……一四五三
臣僚奏札御筆……一四五三
付下臣僚奏札草本……一四五三
回奏……一四五四
支椿管象牙回奏……一四五四
韓同卿別與差遣御筆……一四五四
回奏……一四五四
韓同卿添差參議回奏……一四五四
商議稱呼及吳環落階官御筆……一四五五
回奏……一四五五
詳議林植懇託內批……一四五五
回奏……一四五五
增印會子內批……一四五五
回奏……一四五五
學士添員御筆……一四五六
回奏……一四五六
左丞相……一四五六
擬袁樞指揮回奏……一四五六
付下袁樞狀回奏……一四五六
依條行謝修見勘公事回奏……一四五六
郭師禹建節回奏……一四五六
催印會子回奏……一四五六
虜中機會趙思侍從御筆……一四五七
回奏……一四五七
封椿庫支銀回奏……一四五七
不流依例除職內批……一四五七
回奏……一四五七
印造會子付內藏庫回奏……一四五七
光宗即位論赦條賞給期限奏……一四五七
支封椿庫會子回奏……一四五七
支封椿庫銀回奏……一四五八
乞付下趙不慢改名劄子奏……一四五八
回奏……一四五八
乞差中使賜金國人使御筵……一四五八
奏北牒遺留字……一四五八
回奏……一四五八
奏館伴武臣姓名……一四五八
乞點定皇子封王國號奏……一四五九
祭金國文添年號回奏……一四五九
取賀正國書回奏……一四五九
付下國書回奏……一四五九
擬浙漕除目奏……一四五九
翊善典故御筆……一四五九

回奏……一四六〇
擬薛叔似許及之批旨……一四六〇
奏劄……一四六〇
臺諫員數回奏……一四六〇
換國書一句回奏……一四六一
廬陵周益國文忠公集卷一五三……一四六二
承明集卷一……一四六二
起居注……一四六二
乞修今上起居注劄子……一四六二
起居注稿……一四六二
廬陵周益國文忠公集卷一五四……一四六五
承明集卷二……一四六五
經筵講義……一四六五
周禮……一四六五
廬陵周益國文忠公集卷一五五……一四六七
承明集卷三……一四六七
經筵進故事十三首……一四六七
紹興三十二年十一月十三日進……一四六七
隆興元年二月十一日進……一四六七
乾道七年五月二十五日進……一四六八
八月十七日進……一四六八
乾道八年正月十一日進……一四六九
淳熙二年某月某日進……一四六九
淳熙二年某月某日進……一四七〇
淳熙二年八月十九日進……一四七〇
淳熙二年九月二十一日進……一四七一
淳熙二年閏九月二十五日進……一四七一
淳熙二年十一月二十九日進……一四七二
淳熙三年二月二十五日進……一四七二
淳熙三年八月十七日進……一四七三
廬陵周益國文忠公集卷一五六……一四七四
承明集卷四……一四七四
經筵進故事十二首……一四七四
淳熙四年三月十五日進……一四七四
淳熙四年七月二十一日進……一四七四
淳熙四年八月二十五日進……一四七五
淳熙五年二月十五日進……一四七六
淳熙五年七月某日進……一四七六
淳熙五年九月七日進……一四七七
淳熙六年正月二十五日進……一四七八
淳熙六年春進……一四七八
淳熙六年某月某日進……一四七九
淳熙六年十一月二十七日進……一四七九
淳熙七年二月二十七日進……一四八〇
淳熙八年□月□日進……一四八〇
廬陵周益國文忠公集卷一五七……一四八二
承明集卷五……一四八二
東宮故事九首……一四八二

淳熙二年十一月六日……一四八二
十一月十四日……一四八二
十一月二十四日……一四八三
十二月十一日……一四八四
十二月二十三日……一四八五
淳熙三年正月四日……一四八五
二月六日……一四八六
三月十一日……一四八六
三月二十四日……一四八七
廬陵周益國文忠公集卷一五八……一四八八
承明集卷六……一四八八
東宮故事十首……一四八八
淳熙三年六月四日……一四八八
六月十六日……一四八八
七月三日……一四八九
七月十二日……一四八九
七月二十三日……一四九〇
八月八日……一四九〇
八月二十五日……一四九一
九月十三日……一四九二
某月某日……一四九二
淳熙三年十二月十四日……一四九三
廬陵周益國文忠公集卷一五九……一四九四
承明集卷七……一四九四
東宮故事……一四九四
淳熙四年正月十一日……一四九四
二月二十三日……一四九四
某月十二日……一四九五
六月三日……一四九五
某月某日……一四九六
七月二十三日……一四九六
八月五日……一四九七
七月二日……一四九七
某月某日……一四九八
七月十二日……一四九八
八月十一日……一四九九
某月某日……一四九九
某月某日……一五〇〇
十二月九日……一五〇〇
廬陵周益國文忠公集卷一六〇……一五〇二
承明集卷八……一五〇二
東宮故事……一五〇二
淳熙五年正月九日……一五〇二
二月十二日……一五〇二
二月二十五日……一五〇三
三月十七日……一五〇三
五月十四日……一五〇三
六月三日……一五〇四

六月二十二日……一五〇五
閏六月十六日……一五〇五
某月某日……一五〇六
七月十一日……一五〇六
七月二十五日……一五〇七
八月十八日……一五〇七
十一月十一日……一五〇八
七月二十四日……一五〇八
十二月二十二日……一五〇九
廬陵周益國文忠公集卷一六一……一五一〇
承明集卷九……一五一〇
東宮故事劄子附……一五一〇
淳熙六年正月二十七日……一五一〇
二月十三日……一五一一
三月十七日……一五一一
五月六日……一五一二
五月二十七日……一五一二
某月某日……一五一三
某月某日……一五一三
七月二十四日……一五一四
八月五日……一五一四
八月二十七日……一五一五
十一月二十三日……一五一五
十二月四日……一五一五
十二月二十四日……一五一六
淳熙七年正月二十五日……一五一六
二月七日……一五一七
三月八日……一五一七
五月七日……一五一七
繳選德殿記劄子……一五一八
乞召魏王侍祠劄子……一五一八
納臨江軍法帖劄子……一五一八
乞還尤袤禮記徹章賞劄子……一五一八
付下兩春坊當直人文字回劄……一五一九
廬陵周益國文忠公集卷一六二……一五二〇
承明集卷一〇……一五二〇
表牋　劄記　青詞　書簡代東宮……一五二〇
辭免皇孫封國公皇孫女封郡主奏……一五二〇
謝主上表……一五二〇
謝皇后牋……一五二〇
謝太上皇帝表……一五二〇
謝太上皇后牋……一五二一
明堂禮畢稱賀劄記……一五二一
肆赦訖稱賀劄記……一五二一
郊祀端誠殿賀禮畢劄記……一五二一
設醮青詞……一五二一
又……一五二一
賀魏王年書……一五二二

謝魏王賀生辰書……一五二二
回魏王書……一五二二
賀魏王冬書……一五二三
回魏王冬書……一五二三
與魏王賀年書……一五二三
賀魏王領尹書……一五二三
回魏王賀生日書……一五二四
回魏王冬書……一五二四
回魏王年書……一五二四
回魏王賀生日書……一五二四
賀魏王冬書……一五二五
回魏王賀冬書……一五二五
賀魏王年書……一五二五
回魏王賀年書……一五二五
回魏王賀生日書……一五二六
回魏王通問書……一五二六
問候魏王書……一五二六
廬陵周益國文忠公集卷一六三……一五二七
續刊周益國文忠公集敘略……一五二七
續刊彭學士原定凡例……一五二八
雜著述卷一……一五二九
親征録……一五二九
廬陵周益國文忠公集卷一六四……一五三六
雜著述卷二……一五三六
龍飛録……一五三六
廬陵周益國文忠公集卷一六五……一五四一
雜著述卷三……一五四一
歸廬陵日記……一五四一
廬陵周益國文忠公集卷一六六……一五五〇
雜著述卷四……一五五〇
閒居録……一五五〇
廬陵周益國文忠公集卷一六七……一五五五
雜著述卷五……一五五五
泛舟遊山録一……一五五五
廬陵周益國文忠公集卷一六八……一五六五
雜著述卷六……一五六五
泛舟遊山録二……一五六五
廬陵周益國文忠公集卷一六九……一五八〇
雜著述卷七……一五八〇
泛舟遊山録三……一五八〇
廬陵周益國文忠公集卷一七〇……一五九五
雜著述卷八……一五九五
奏事録……一五九五
廬陵周益國文忠公集卷一七一……一六〇四
雜著述卷九……一六〇四
南歸録……一六〇四
廬陵周益國文忠公集卷一七二……一六一六
雜著述卷一〇……一六一六

思陵録上……一六一六
廬陵周益國文忠公集卷一七三……一六四四
雜著述卷一一……一六四四
思陵録下……一六四四
廬陵周益國文忠公集卷一七四……一六六七
欽定四庫全書總目提要……一六六七
玉堂雜記三卷……一六六七
玉堂雜記序……一六六八
玉堂雜記上……一六六九
廬陵周益國文忠公集卷一七五……一六七四
玉堂雜記中……一六七四
廬陵周益國文忠公集卷一七六……一六七九
玉堂雜記下……一六七九
廬陵周益國文忠公集卷一七七……一六八四
欽定四庫全書總目提要……一六八四
二老堂詩話二卷江蘇巡撫採進本……一六八四
二老堂詩話上……一六八五
陶淵明山海經詩……一六八五
東坡立名……一六八五
王禹偁不知貢舉……一六八五
劉禹錫淮陰行……一六八六
唐酒價……一六八六
白樂天詩……一六八六
杜荀鶴事……一六八六
光武廟左衽……一六八六
康與之重九詞……一六八七
杜詩元日至人日……一六八七
木芙蓉詩……一六八七
辨人生如寄出處……一六八七
報班齊……一六八七
朱希真出處……一六八八
唐藩鎮官屬入局……一六八八
論詩雅頌……一六八八
顯仁皇后挽詩……一六八八
陸務觀説東坡三詩……一六八九
山谷哭宗室公壽詩……一六八九
南北聲音……一六八九
記夢……一六八九
皇甫湜詩……一六八九
老人十拗……一六九〇
記趙夢得事……一六九〇
廬陵周益國文忠公集卷一七八……一六九一
二老堂詩話下……一六九一
記東坡烏臺詩案……一六九一
辨歐陽公用金帶事……一六九一
李石霜月詩……一六九一
陶杜酒詩……一六九一
韓杜自比稷契……一六九一

蘇頲九日侍宴應制詩……一六九一
東坡寒碧軒詩……一六九二
金鎖甲……一六九二
筍薺詩用斤賣事……一六九二
綻芭二字……一六九三
論縹緲二字……一六九三
米元章書無量老人詩句……一六九三
程祁陳從古梅花詩……一六九三
記舒州司空山李太白詩……一六九四
辨杜詩閑殷閑韻……一六九四
戲舉詩對……一六九四
紅綾白紵詩……一六九五
一麾出守……一六九五
記法慧寺門詩……一六九五
辨歐陽公釋奠詩……一六九五
王十李三……一六九六
鳩芹詩……一六九六
廬陵周益國文忠公集卷一七九……一六九七
二老堂雜誌一……一六九七
黜陟……一六九七
夔制樂……一六九七
明夷……一六九七
教子教國子……一六九七
後艱終吉……一六九七
記聞人滋五説……一六九七
天王……一六九八
論富貴……一六九八
論德誠……一六九八
酒誥……一六九八
鄭子産……一六九八
以智籠愚……一六九八
古人作文以事繫月……一六九九
井蛙驊騮……一六九九
楚熊渠子李廣射石……一六九九
高祖先主功業……一六九九
高祖武帝待士重輕……一六九九
張良不祀……一六九九
袁安吴雄葬地……一七〇〇
臯陶……一七〇〇
以曾子爲聖人……一七〇〇
唐開元錢……一七〇〇
韓退之鱷文臺參……一七〇〇
薛元超不以字行……一七〇一
廬陵周益國文忠公集卷一八〇……一七〇二
二老堂雜誌二……一七〇二
史官改定制詔……一七〇二
記李煜與劉鋹書全文……一七〇二
告詞用上語……一七〇二

察官兼翰苑……一七〇二
經筵官給告……一七〇二
侍講説書……一七〇二
李益能召試……一七〇三
給事中降詔……一七〇三
皇子食邑……一七〇三
張德遠始終爲右相……一七〇三
高宗朝進士第二人官過大魁……一七〇四
本朝宰相書勅著姓……一七〇四
館職召試……一七〇四
汪丞相墜笏……一七〇四
記觀秘閣御書……一七〇五

廬陵周益國文忠公集卷一八一……一七〇六

二老堂雜誌三……一七〇六
諫省闕官……一七〇六
慶國不當封……一七〇六
相位久虛……一七〇六
大宴金獅子……一七〇六
三省密院覆奏朝殿所得旨……一七〇六
記恭請聖語……一七〇七
記黎州事……一七〇八
皇太子幕次……一七〇八
納南郊鹵簿字圖……一七〇九
郊壇行禮……一七〇九
盤雕金眼睛紫窄衫……一七〇九
緋紫階品……一七〇九
勅用準字……一七〇九
追班……一七一〇
四朝國史誤字……一七一〇
高宗實録誤字……一七一〇
侍從不帶職正郎奏薦……一七一〇

廬陵周益國文忠公集卷一八二……一七一一

二老堂雜誌四……一七一一
賢關邊瑣……一七一一
辨宋景文公任器字……一七一一
陳無已字稱歐陽公……一七一一
記陸務觀二説……一七一一
辨楮幣二字……一七一一
楷木……一七一二
臨安四門所出……一七一二
辨知後典誤……一七一二
亭堂單用二字……一七一二
鷙燕……一七一二
小昭慶鐘……一七一二
牛魚……一七一三
齒後官卑主事……一七一三
省吏補牒……一七一三
州名爲戲……一七一三

劃龜……一七一三
薺花……一七一三
蟠桃核酒盃……一七一三
治頭風方……一七一四
以名相戲……一七一四
謝石拆字……一七一四
州郡請印牌……一七一四
漳州少侍從……一七一四
憲臺……一七一四
辨幞字……一七一五
種植之法……一七一五
張循王賜第……一七一五
天井巷井……一七一五
紀夢……一七一五
曾少監夢……一七一五
記李秀叔……一七一五
記先太師先夫人壽數偶同……一七一六
記先夫人損壽……一七一六
廬陵周益國文忠公集卷一八三……一七一七
二老堂雜誌五……一七一七
記崑山登覽……一七一七
記金陵登覽……一七一七
記鎮江府金山……一七一九
記太平州牛渚磯……一七二〇
記西湖登覽……一七二〇
易安齋……一七二〇
記閣阜登覽……一七二一
廬陵周益國文忠公集卷一八四……一七二二
玉蕊辨證……一七二二
劇談録……一七二二
聞唐昌觀玉蕊近有仙遇……一七二二
聞唐昌觀玉蕊近有仙遇同嚴給事作……一七二二
和嚴給事聞唐昌觀玉蕊花下遊仙……一七二二
酬嚴給事聞玉蕊花有遊仙絶句……一七二三
同前……一七二三
唐昌觀玉蕊花……一七二三
詠集賢院玉蕊花……一七二三
惜玉蘂花有懷集賢王校書起……一七二三
題集賢閣……一七二三
憶翰林院玉蕊花招隱山觀玉蕊樹戲書即事奉寄江西沈大夫傳師……一七二四
奉酬浙西尚書九丈招隱山觀玉蕊樹戲書即事見懷之作……一七二四
題招隱山寺……一七二四
玉蘂花……一七二四
詠瓊花……一七二四
后土廟瓊花……一七二四
移瓊花……一七二五

詠山礬 ……一七二五
題高節亭邊山礬花二首 ……一七二五
諸家小説 ……一七二五
宋祁《筆記》……一七二五
宋敏求《春明退朝録》……一七二五
胡仔《漁隱叢話》……一七二五
又 ……一七二六
《韻語陽秋》……一七二六
又 ……一七二六
《容齋隨筆》……一七二七
楉花出處 ……一七二七
《南史劉杳傳》……一七二七
跋語 ……一七二七
續添唐昌觀玉蕊花詩 ……一七二七
瓊花玉蕊渾而爲一説 ……一七二七
和李季良長短句 ……一七二八
又跋 ……一七二八
廬陵周益國文忠公集卷一八五 ……一七二九
近體樂府 ……一七二九
二老堂會七兄樂語 ……一七二九
朝中措 ……一七二九
滿庭芳 ……一七二九
謁金門 ……一七二九
點絳唇 ……一七二九
前調 ……一七三〇
前調 ……一七三〇
前調 ……一七三〇
朝中措 ……一七三〇
前詞 ……一七三〇
醉落魄 ……一七三〇
西江月 ……一七三〇
前調 ……一七三一
附遺詩 ……一七三一
贈秋官掾吏何顯宗歸閩省親 ……一七三一
清泉歌爲戶部主事廖希亮賦 ……一七三一
廬陵周益國文忠公集卷一八六 ……一七三二
書稿卷一 ……一七三二
張真甫舍人震 ……一七三二
周元持侍御操 ……一七三三
劉韶美秘監儀鳳 ……一七三三
黄世永編修 ……一七三四
永豐蕭谷秀才 ……一七三五
太和陳善秀才 ……一七三五
孫次山甫 ……一七三五
謝堯仁 ……一七三五
黄格非 ……一七三六
周中顯 ……一七三六
鄭大明 ……一七三七

廬陵周益國文忠公集卷一八七

書稿卷二

王景文質……一七五一
李守垩……一七五二
又……一七五二
時教授瀾……一七五二
王宰淮……一七五三
又……一七五三
陳德卿……一七五三
胡長彥……一七五三
周輝……一七五四
彭澤周宰朋來……一七五四
贛縣葉丞才老……一七五四
邵武張簿蒙……一七五四
成都路王鈐幹聞禮……一七五五
南陵郭宰堯……一七五五
俞宰庭椿……一七五五
周行可……一七五五
黃日新……一七五五
趙蕃……一七五六
又……一七五六
太和趙宰師夷……一七五六
清湘楊宰炤……一七五七
劉棠仲贊……一七五七
彭清卿叔夏……一七五七
開先師序……一七五七
又……一七五七
又……一七五七
無錫吳宰獵……一七五八
又……一七五八
湘陰林宰采……一七五八
又……一七五八
安化徐宰華國……一七五九
孟陽黃宰淡……一七五九
醴陵謝宰鼎……一七五九
攸縣歐陽尉巖起……一七五九
臨武林宰寶儉……一七五九
東安柳宰林……一七六〇
趙蕆……一七六〇
廬陵周益國文忠公集卷一八八……一七六一
書稿卷三……一七六一
曾無疑三異……一七六一
又……一七六一
又……一七六一
寧遠徐宰由己……一七六二
常德傅推官庸……一七六二
曹檢法彥約……一七六二
項平甫正字……一七六二
又……一七六三
陳同甫亮……一七六三

龔編修頤正……一七六三
羅次召克宣書……一七六四
又……一七六四
桃源李宰汝江……一七六四
程倅準……一七六四
孫彦撝謙益……一七六五
又……一七六五
又……一七六五
龍泉王琳……一七六五
福巖道聲……一七六六
又……一七六六
又……一七六六
仰山紹南……一七六六
又……一七六六
又……一七六六
永豐汪宰文振……一七六七
陳梅州自修……一七六七
寧都傅宰夢泉……一七六七
吕子約寺丞……一七六七
汪季路司業……一七六八
張嗣留留父……一七六九
劉伯深江……一七六九
永新張宰大正……一七六九
新湖北徐帳幹浩……一七七〇
晁子與……一七七〇
臨川葉季興……一七七〇
撫州張琚……一七七一
廬陵黄同……一七七一
劉三退……一七七一
管球……一七七一
萬邁子德……一七七二
王千遇希尹……一七七二
曾無愧……一七七二
江州趙倅彦櫨……一七七二
太和卓宰洵……一七七三
汪提幹端中……一七七三
余知縣……一七七三
廬陵趙宰汝廈……一七七四
吉水王宰中純……一七七四

廬陵周益國文忠公集卷一八九

廬陵周益國文忠公集卷一八九……一七七五
書稿卷四……一七七五
劄子一……一七七五
賀王德言兼玉牒修書官……一七七五
爲舅氏求湯丞相舉狀……一七七五
謝湯丞相……一七七五
汪聖錫尚書應辰……一七七六
又……一七七六

又 …… 一七七六
張允蹈直閣 …… 一七七七
魏南夫丞相杞 …… 一七七七
王公明樞使炎 …… 一七七七
又 …… 一七七八
又 …… 一七七八
又 …… 一七七九
張侍郎運 …… 一七七九
劉共父樞密 …… 一七七九
又 …… 一七八〇
又 …… 一七八〇
又 …… 一七八〇
胡邦衡侍郎銓 …… 一七八一
又 …… 一七八一
又 …… 一七八一
又 …… 一七八一
尤延之侍郎袤 …… 一七八二
又 …… 一七八二
又 …… 一七八二
又 …… 一七八二
廬陵周益國文忠公集卷一九〇 …… 一七八三
書稿卷五 …… 一七八三
劄子二 …… 一七八三
梁叔子丞相 …… 一七八三
又 …… 一七八三
又 …… 一七八四
又 …… 一七八四
又 …… 一七八五
又 …… 一七八五
又 …… 一七八五
王季海丞相 …… 一七八五
又 …… 一七八六
又 …… 一七八六
又 …… 一七八六
又 …… 一七八六
又 …… 一七八六
又 …… 一七八七
又 …… 一七八七
又 …… 一七八七
又 …… 一七八八
洪景盧舍人邁 …… 一七八八
又 …… 一七八八
林謙之運使光朝 …… 一七八九
程泰之侍郎大昌 …… 一七八九
又 …… 一七八九
又 …… 一七九〇
又 …… 一七九〇
又 …… 一七九〇

又……一七九一
又……一七九一
又……一七九二
又……一七九二
劉文潛司業焞……一七九二
又……一七九二
又……一七九三
又……一七九四
又……一七九四
南昌孫簿政之……一七九四
楊謹仲……一七九五
宜春尉彭子壽……一七九五
曾無逸寺丞三聘……一七九五
又……一七九五
又……一七九五
又……一七九六
又……一七九六
又……一七九六
廬陵周益國文忠公集卷一九一……一七九七
書稿卷六……一七九七
劄子三……一七九七
范至能参政……一七九七
又……一七九七
又……一七九八
又……一七九八
又……一七九九
又……一七九九
又……一七九九
又……一七九九
又……一八〇〇
又……一八〇〇
黃仲秉侍郎……一八〇〇
汪仲嘉尚書……一八〇〇
趙子直丞相……一八〇一
又……一八〇一
又……一八〇一
又……一八〇一
又……一八〇二
又……一八〇二
又……一八〇三
又……一八〇三
又……一八〇三
又……一八〇四
又……一八〇四
又……一八〇四
又……一八〇五
又……一八〇五
又……一八〇五

又……一八〇六
又……一八〇六
又……一八〇六
又……一八〇七
又……一八〇八
廬陵周益國文忠公集卷一九二……一八〇九
書稿卷七……一八〇九
劄子四……一八〇九
陳應求丞相……一八〇九
又……一八〇九
史直翁丞相……一八〇九
又……一八一〇
又同宰執答史少傅……一八一〇
又……一八一〇
又……一八一一
又……一八一一
又……一八一一
又……一八一二
又……一八一二
又……一八一二
又……一八一三
又……一八一三
又……一八一三
陳季陵侍郎……一八一三
楊廷秀寶學……一八一四
又……一八一四
又……一八一四
又……一八一四
又……一八一五
又……一八一五
又……一八一五
又……一八一五
又……一八一五
又……一八一五
又……一八一五
又……一八一六
孫從之提刑……一八一六
又……一八一六
又……一八一六
又……一八一七
又……一八一七
又……一八一七
廬陵周益國文忠公集卷一九三……一八一九
書稿卷八……一八一九
劄子五……一八一九
葉夢錫丞相……一八一九
又乞與王弱翁嶽祠劄子……一八一九
韓无咎尚書元吉……一八二〇

又……一八二〇
喻宮教良能……一八二〇
王宣子侍郎……一八二一
朱元晦待制……一八二一
又……一八二一
又……一八二一
又……一八二二
沈編修瀛……一八二二
趙秀州善仁……一八二二
李舒州異……一八二二
江東運使曾原伯……一八二三
王仲行尚書……一八二三
又……一八二三
又……一八二四
又……一八二四
又……一八二四
又……一八二五
又……一八二五
又……一八二五
又……一八二五
又……一八二六
又……一八二六
又……一八二六
又……一八二七
又……一八二七
詹侍郎體仁……一八二七
又……一八二七
又……一八二八
又……一八二八
又……一八二八
又……一八二八
馬晦叔提刑……一八二九
沈衢州……一八二九
嚴州……一八二九
岳池州……一八二九
胡湖州南逢……一八二九
廬陵周益國文忠公集卷一九四……一八三一
書稿卷九……一八三一
劄子六……一八三一
趙温叔丞相……一八三一
又……一八三一
又……一八三一
又……一八三二
又……一八三二
又……一八三二
又……一八三三
又……一八三三
趙德老總領彥逾……一八三三

又……一八三四
又……一八三四
又……一八三四
又……一八三五
又……一八三五
陳制置峴……一八三五
趙總領汝誼……一八三五
又……一八三六
又……一八三六
楊明州𦡀……一八三六
成都徐運使詡……一八三六
廣西胡運使廷直……一八三七
又……一八三七
夔漕張季良縯……一八三七
又……一八三八

廬陵周益國文忠公集卷一九五……一八三九
書稿卷一〇……一八三九
劄子七……一八三九
錢師魏參政……一八三九
又……一八三九
施聖與樞密……一八三九
又……一八三九
又……一八四〇
留仲至丞相……一八四〇
又……一八四〇
又……一八四一
又……一八四一
又……一八四一
又……一八四二
又……一八四二
又……一八四二
又……一八四三
又……一八四三
又……一八四四
京仲遠尚書……一八四四
又……一八四四
何道夫秘監耕……一八四五
林黄中少卿……一八四五
又……一八四五
又……一八四六
又……一八四六
又……一八四七
又……一八四七
胡子遠郎中……一八四七
劉秘書光祖……一八四七
又……一八四八
楊秘書輔……一八四八
湖北吴提刑煥……一八四八

又……一八四九
汪郎中義端……一八四九
又……一八四九
又……一八四九
又……一八五〇
又……一八五〇
廬陵周益國文忠公集卷一九六……一八五一
書稿卷一〇……一八五一
劄子八……一八五一
蔡定夫少卿……一八五一
又……一八五一
又……一八五一
林子方秘書……一八五一
湖南潘帥時……一八五二
又……一八五二
又……一八五二
又……一八五三
又……一八五三
又……一八五三
廣東韓提舉璧……一八五三
湯臨江思謙……一八五四
勾崇慶躍……一八五四
姚倅穎……一八五四
史江陰淵……一八五四
合州何簽判預……一八五五
劉廬倅煒……一八五五
葉舒州大廉……一八五五
李萬州唐年……一八五五
劉衡倅符……一八五六
劉濠州揚廷……一八五六
王守鎮……一八五六
郭崇慶明復……一八五六
陳江陵孺……一八五七
傅道州伯壽……一八五七
孫饒州紹述……一八五七
潼川岳漕霖……一八五七
又……一八五七
蘇倅玭……一八五八
張靖倅孝曾……一八五八
婁提幹機……一八五八
胡殿撰與可……一八五九
延廬帥璽……一八五九
荊鄂郭都統杲……一八五九
又……一八五九
又……一八五九
又……一八六〇
又……一八六〇
又……一八六〇

又……………………………………一八六一
廬陵周益國文忠公集卷一九七……………………一八六二
書稿卷一二……………………一八六二
劄子九……………………一八六二
張子儀總領抑……………………一八六二
又……………………………………一八六二
又……………………………………一八六二
又……………………………………一八六三
又……………………………………一八六三
丘宗卿侍郎密……………………一八六四
又……………………………………一八六四
又……………………………………一八六四
趙從善泉使師罣……………………一八六四
又……………………………………一八六五
又……………………………………一八六五
王清叔舍人卿月……………………一八六五
馮總領憲……………………一八六五
又……………………………………一八六六
彭州張倅英仲……………………一八六六
嘉州樊倅炎……………………一八六六
陳邕州士英……………………一八六七
趙明州師夔……………………一八六七
又……………………………………一八六七
王茶馬渥……………………一八六七
王憲正己……………………一八六八
豐叔賈誼……………………一八六八
又……………………………………一八六八
劉公實提刑穎……………………一八六八
鄭少嘉尚書……………………一八六八
閻才元侍郎……………………一八六九
又……………………………………一八六九
劉帥立義……………………一八六九
楚州錢大受之望……………………一八六九
又……………………………………一八七〇
又……………………………………一八七〇
張彥文尚書……………………一八七〇
高汝一夔……………………一八七〇
又……………………………………一八七一
又……………………………………一八七一
又……………………………………一八七一
利路李憲大正……………………一八七一
又……………………………………一八七二
邵鈐轄之綱……………………一八七二
鎮江翟都統安道……………………一八七二
雷馬帥世賢……………………一八七二
金陵閻副都統仲……………………一八七三
金陵郭都統鈞……………………一八七三
又……………………………………一八七三

江州劉都統光祖……一八七三
金州田都統世雄……一八七三
鎮江張都統詔……一八七四
又……一八七四
金州秦守嵩……一八七四
揚州鄭帥興裔……一八七四
又……一八七四
鄂州閻都統世雄……一八七五
又……一八七五
又……一八七五

廬陵周益國文忠公集卷一九八……一八七六

書稿卷一三……一八七六

劄子十……一八七六
王謙仲樞使……一八七六
又……一八七六
又……一八七六
又……一八七七
程元成給事……一八七七
又……一八七七
又……一八七八
李秀叔參政……一八七八
又……一八七八
湖北趙提舉善譽……一八七九
又……一八七九
王宜州侃……一八七九
韋翌……一八七九
朱安豐旦……一八七九
林沅州埏……一八八〇
趙充夫……一八八〇
又……一八八〇
趙揚州子濛……一八八〇
又……一八八一
新永康倅李季章壁……一八八一
李季允埴……一八八一
田提舉渭……一八八一
張瀘州忞……一八八二
江西陸提舉洸……一八八二
又……一八八二
鎮江張幾仲……一八八二
湖南趙提舉像之……一八八三
王瓊州光祖……一八八三
王順伯……一八八三
浙江羅春伯……一八八三
祝江州懷……一八八三
李獻之侍郎……一八八四

廬陵周益國文忠公集卷一九九……一八八五

書稿卷一四……一八八五

劄子十一……一八八五

廬陵周益國文忠公集卷二〇〇

書稿卷一五

廬陵周益國文忠公集附録卷一

賀吴户侍啓……一九〇二
賀曾總管啓……一九〇二
賀王提泉啓……一九〇二
賀監司正啓……一九〇三
賀陳給事啓……一九〇三
與人劄子一……一九〇三
與人劄子二……一九〇四
與人劄子三……一九〇四
五行精紀序……一九〇四
玉蕊辨證跋語……一九〇四
玉蕊辨證又跋……一九〇五
振古堂記……一九〇五
硯銘……一九〇六
提舉子爵趙君墓銘……一九〇六
繳故事劄子……一九〇六
重華宫功德疏右語……一九〇六
重明節功德疏右語……一九〇七
重明節賀表……一九〇七
乞依舊法除監司知州軍差遣奏……一九〇七
降誕皇子賀皇帝表……一九〇七
賀册皇后表……一九〇七
賀皇太后遷慈福宫表……一九〇八
請重明節表……一九〇八
請重明節第二表……一九〇八
請重明節第三表……一九〇八

廬陵周益國文忠公集附録卷二……一九一〇

祭文……一九一〇
特進右丞相衛國公陳自强……一九一〇
通奉大夫參知政事兼知樞密院事費士寅……一九一〇
正奉大夫參知政事張巖……一九一〇
中大夫同知樞密院錢象祖……一九一〇
大中大夫權户部尚書兼知臨安軍府趙師睪……一九一〇
中大夫權禮部尚書蕭逵……一九一一
資政殿大學士中大夫知慶元軍府趙彦逾……一九一一
中大夫知建寧軍府事倪思……一九一一
寶謨閣直學士通奉大夫致仕楊萬里……一九一二
朝奉大夫提舉江州太平興國宫彭龜年……一九一二
朝請大夫寶謨閣待制知潭州何異……一九一二
朝請大夫知衢州章潁……一九一三
朝奉大夫新權發遣撫州楊方……一九一三
奉議郎權發遣吉州軍州事胡元衡……一九一四
朝議大夫權成都府路提點刑獄劉崇之……一九一四
朝請郎權發遣郴州軍州事曾三聘……一九一五
朝奉郎權發遣台州軍州事錢文子……一九一五
朝議大夫直顯謨閣湖北路轉運副使雷潨……一九一五
朝請大夫直龍圖閣知鄂州軍州事詹體仁……一九一六
朝奉大夫户部員外郎總領湖廣江西京西財賦吴獵……一九一六
奉議郎新差通判黎州軍州事鄧從諫……一九一七

承議郎權通判道州軍州事楊長孺 …… 一九一七
從政郎差充西外睦宗院宗學教授時瀾 …… 一九一七
免解進士曾三異鄉貢進士曾三英 …… 一九一八
免解進士劉贊劉巀江瑎 …… 一九一九
鄉貢進士許凌彭叔夏葛玢楊洽劉元之 …… 一九一九
進士王子俊 …… 一九二〇
盧陵周益國文忠公集附録卷三 …… 一九二一
行狀 …… 一九二一
盧陵周益國文忠公集附録卷四 …… 一九三〇
謚誥 …… 一九三〇
盧陵周益國文忠公集附録卷五 …… 一九三三
神道碑 …… 一九三三
宋故少傅觀文殿大學士致仕益國公食邑一萬五千六百戶食實封五千八百戶贈太師謚文忠周公神道碑 …… 一九三三
盧陵周益國文忠公集附録卷六 …… 一九四二
忠文耆德神道碑 …… 一九四二
宋故少傅觀文殿大學士致仕益國公贈太師謚文忠周公神道碑 …… 一九四二

廬陵周益國文忠公集卷一

省齋文稿序

天之降才固已不同，而文人之才尤異。將使之發册作命，陳謨奏議，則必畀之以閎富淹貫、温厚爾雅之才，而處之以帷幄密勿之地。故其位與才常相稱，然後其文足以紀非常之事，明難喻之指，藻飾治具，風動天下，書黄麻之詔，鏤白玉之牒，藏之金匱石室，可謂盛矣。若夫將使之闡道德之原，發天地之祕，放而及於鳥獸蟲魚草木之情，則畀之才亦必雄渾卓犖，窮幽極微；又畀以遠遊窮處，排擯斥疎，使之磨礲齟齬，瀕於寒餓，以大發其藏。故其所賦之才與所居之地，亦若造物有意於其間者，雖不用於時，而自足以傳後世。此二者，造物豈真有意哉？亦理之自然，古今一揆也。大丞相、太師益公，自少壯時、以進士、博學宏詞疊二科起家，不數年，歷太學、三館，予實定交於是時。時固多豪儁不羣之士〔一〕，然落筆立論傾動一座，無敢嬰其鋒者，惟公一人。中雖暫斥，而玉烟劍氣三秀之芝，非窮山腐壤所能湮没。復出於時，極文章、禮樂之用，絶世獨立，遂登相輔。雖去視草之地，而大詔令典册，孝宗皇帝猶特以屬公〔二〕。於虖！聖主之心，亦如造物，非私公以富貴。蓋大官重任不極不久，則無以盡公之才也〔三〕公既薨逾年，公之子綸以公遺文號《省齋文稿》者，屬予爲之序。公在位久、崇論宏議、豐功偉績見於朝廷、傳之夷狄者何可勝數！予獨論其文者，墓有碑，史有傳，非集《序》所當及也。開禧元年十二月甲子，大中大夫、寶謨閣待制致仕、山陰縣開國子、食邑五百户、賜紫金魚袋陸游謹序。

〔一〕豪儁：四庫本作「少年豪儁」。
〔二〕猶：四庫本作「獨」。
〔三〕公之：四庫本作「其」。

廬陵周益國文忠公集卷一

省齋文稿卷一

詩〔一〕 起紹興辛酉，止紹興己卯。 章貢 廬陵 平江 金陵

送陸先生聖修府赴春闈 紹興辛酉冬〔二〕

送君南浦慘離情，握手依依數去程。日薄雲濃風轉勁，江寒水落浪還生。此時執别仙舟穩，後夜相思山月明。好把嘉謀獻丹扆〔三〕，中興天子急升平。

贛　江 甲子〔四〕

跡落蠻夷地，艱危分飽經。盤渦隨櫂舞，驚浪濺船零。石亂舟才過，峯迴眼謾青〔五〕。晚來荒浦宿，愁緒轉冥冥。

留題文氏雙秀亭三首 庚午〔六〕

身在江湖欲看山，山行還憶弄潺湲。誰知裹許雙奇絶，碧玉青螺一望間〔七〕。

汀蘭烟樹兩佳哉，六曲屏幃坐上開。南浦彩雲飛畫棟，西山爽氣在朝來〔八〕。

澄碧修眉固自奇，只愁門外苦喧卑。要知心跡雙清處，須待人稀月上時。亭近市。

彭永州夫人挽詞 庚午〔九〕

夢虺端由慶閥鍾，采蘋來助大夫共。化行閨壼衣無緑，行應箴圖管有彤。石窌方開湯沐邑〔一〇〕，黄堈俄掩斧堂封。不須更續更生傳，自有豐碑記肅雍。彭自爲埋銘。

〔一〕詩：日本藏宋刻本、明澹生堂鈔本、四庫本、傅校本作「古律詩五十四首」。
〔二〕紹興辛酉冬：原無，據日本藏宋刻本、四庫本、傅校本補。
〔三〕謀：傅校本作「猷」。
〔四〕甲子：原無，據日本藏宋刻本、明澹生堂鈔本、四庫本、傅校本補。
〔五〕迴：明澹生堂鈔本、四庫本、傅校本作「回」。
〔六〕庚午：原無，據日本藏宋刻本、四庫本、傅校本補。明澹生堂鈔本作「庚子」，誤。庚子當爲淳熙七年。
〔七〕螺：原刻校云：「張本作『羅』。」按：日本藏宋刻本、明澹生堂鈔本亦作「羅」。
〔八〕在：原作「任」，據日本藏宋刻本、明澹生堂鈔本、四庫本、傅校本改。
〔九〕庚午：原無，據日本藏宋刻本、明澹生堂鈔本、四庫本、傅校本補。
〔一〇〕開：四庫本作「新」，清黄丕烈校明鈔本作「生」。

道中憶胡季懷 壬申〔一〕

珍重臨分白玉巵，醉中那暇説相思。天寒道遠酒醒處，始是憶君腸斷時。

舟行憶永和兄弟〔二〕 癸酉〔三〕

一挂吴帆不計程，幾回繫纜幾回行。天寒有日雲猶凍，江闊無風浪亦生〔四〕。數點家山常在眼，一聲塞雁正關情〔五〕。長年忽得南來鯉，恐有音書作急烹〔六〕。

抵蘇臺寄季懷 癸酉〔七〕

江浙相望寄此身，臨風回首嘆離羣。吴雲目斷君思我，楚樹天遥我憶君。別後酒尊應獨酌，舊時棋局對誰分。狂言欲吐還須茹，俗子紛紛可得聞。

次韻王仲謨仲寧事唱酬二首 甲戌〔八〕

公子翩翩正妙年，修能姱節本天然。弟兄况自逢三益，事業懸知定十全。厚意綢繆華映鄂，新詩綺麗月流天。乘黄騄耳方争駿，應笑駑駘强自鞭。

別日無多似隔年，每逢佳句輒欣然。詞傾江漢無留礙，語轉珠璣更渾全。目共荆谿千里月，人居吴郡五湖天。興來儻有山陰作，即上扁舟往執鞭。

和仲寧中秋赴飲莊宅 甲戌〔九〕

方訝頑陰蔽月堂，坐看凉吹動枯楊。疾驅雲陣千重翳，盡放冰輪萬丈光。莫問蚌珠圓合浦，且聽羯鼓打西凉。疏狂似我何須撓，撓取吹笙玉雪郎。來詩有妙曲撓周郎之句。

羅主簿妻朱氏挽詞二首 甲戌〔一〇〕

早歲從孫寶，中年訓孟軻。節高賢内助〔一一〕，機斷激儒歌。

〔一〕壬申：原無，據日本藏宋刻本、明澹生堂鈔本、四庫本、傅校本補。
〔二〕舟行：原刻校云：「張本作『舟中』。」
〔三〕癸酉：原無，據日本藏宋刻本、明澹生堂鈔本、四庫本、傅校本補。
〔四〕亦：原作「自」，原刻注云：「張本作亦」，又日本藏宋刻本、明澹生堂鈔本、四庫本、傅校本均作「亦」，據改。
〔五〕塞：明澹生堂鈔本、四庫本作「寒」。
〔六〕作急：原刻校云：「張本作『急遣』。」按日本藏宋刻本、明澹生堂鈔本、四庫本亦作「急遣」。
〔七〕癸酉：原無，據日本藏宋刻本、明澹生堂鈔本、四庫本、傅校本補。
〔八〕甲戌：原無，據日本藏宋刻本、明澹生堂鈔本、四庫本、傅校本補。
〔九〕甲戌：原無，據日本藏宋刻本、明澹生堂鈔本、四庫本、傅校本補。
〔一〇〕甲戌：原無，據日本藏宋刻本、明澹生堂鈔本、四庫本、傅校本補。
〔一一〕賢：原刻校云：「張本作『資』。」按日本藏宋刻本、明澹生堂鈔本、四庫本、傅校本亦作「資」。

枳棘鸞先逝，雲霄鶚正摩。即看膺命服，何遽掩卷阿。

素幕帷堂日，青烏甫窆時。薤迎朝露冷〔一〕，樹動晚風悲。七十年無憾，平生壼有儀。孝哉難與穀，猶慟蓼莪詩。

送趙富文彥博倅洪州三首 丙子〔二〕

期集分携五載前，衝泥各上浙江船。如今再贈城南柳，依舊梅黃夜雨天。辛未四月晦，團司結局，今復以是日送君行。

花發河陽政早成，策勳恩擢佐藩臣〔三〕。鷄翹豹尾他年從，且作銀章第一人。同年四百人，朱紱自公始。

南浦飛雲繞棟桴，西山爽氣入魚須。公庭吏散文書靜，許我他時解榻無。

次韻丁維皋糧料幬牡丹未開 戊寅二月〔四〕

拙速那能鬪巧遲，從教綠暗落紅稀〔五〕。天香未染蜂猶懶，日幄先籠蝶已飛。羅鄴《牡丹詩》云：「落盡春紅始見花，幄籠輕日護香霞。」又李正封詩云：「國色朝酣酒，天香夜染衣。」羯鼓只應催上苑，鶴林誰復倩紅衣。請君多釀淮南米，縱賞先拚倒載歸。

適蒙折簡見約烹茶再次前韻 戊寅〔六〕

清明過後日初遲，春服成時瑟漸希。浪蘂總隨流水遠，名花獨待羽觴飛。催開已奏清平調，李太白《清平調》三章，正爲牡丹。唱徹猶須金縷衣。活火新泉太清絕，何如沉醉詠而歸。

次韻白蓮 戊寅〔七〕

汙溝濁水葉田田，又見新栽京府蓮。見樂天詩。玉井謾傳青壁外，雪膚如在射山前。泛紅入幕王家俗，種白開池陸子賢。不用若耶溪畔女，蘭橈夜採月娟娟。

次韻紅白蓮間生 戊寅五月〔八〕

開花不遣倚門牆，獨挹芙蕖冉冉香。艷質施朱窺宋玉，冰姿傅粉試何郎。青莖翠蓋元相映，縞袂霞裾各自芳。聞道金鑾行豹直，炬蓮先已兆嘉祥。

〔一〕迎：原刻校云：「張本作『凝』。」按日本藏宋刻本、明澹生堂鈔本、四庫本亦作「凝」。

〔二〕丙子：原無，據日本藏宋刻本、明澹生堂鈔本、四庫本、傅校本補。

〔三〕佐：明澹生堂鈔本作「位」。

〔四〕戊寅二月：原無，據日本藏宋刻本、明澹生堂鈔本、四庫本、傅校本補。

〔五〕落：原刻校云：「別本作『與』。」按日本藏宋刻本、明澹生堂鈔本、四庫本均作「與」。

〔六〕戊寅：原無，據日本藏宋刻本、明澹生堂鈔本、四庫本補。

〔七〕戊寅：原無，據日本藏宋刻本、明澹生堂鈔本、四庫本、傅校本補。

〔八〕戊寅五月：原無，據日本藏宋刻本、明澹生堂鈔本、四庫本、傅校本補。

次韻秋日禪房 戊寅〔一〕

官閑未覺往來妨，疏懶從公意自長。松栢有心寒始見，芝蘭入室久彌香。送秋容我無何飲，畦夏憐渠有底忙。霜倒池蓮雨荒菊，禪房真似贊公房〔二〕。

次韻沈世德作式撫幹川詠軒〔三〕 戊寅六月十三日〔四〕

江山儵清麗，雲月助色澤。向來面面景，今日誰洗滌。主人倚晴檻，回首笑謂客。府公實知己，餘事懶經畫。帡幪廕大厦〔五〕，軒窗開澤國。架簷逼象緯，植礎壓鹵斥。仰看天宇大，俯覺地軸窄。端如倩巨靈，妙手重開闢。此興固非淺，無入不自適。華闕望中敬〔六〕，棠陰坐上得。波光動藻井，帆影落几席。所欣魚依蒲，未許蝎見壁。陰晴及朝暮，氣象如幾易〔七〕。颸回有餘韻，鳥度無留迹。市聲沉浩浩，漁唱聞昔昔。油幕多風流〔八〕，倏然晉八伯。淋漓傳翰墨，鏦擊問金石。連璧喜同志，倚玉許凉德。頻慙陂量容〔九〕，未爲俗駕勒〔一〇〕。惡詩信非備，勿作春秋責。

又次韻二首 戊寅〔一一〕

川流元滚滚，客至喜津津。卜築新形勢，逢迎舊主人。酒杯容我醉，詩句味君醇。大隱聊城市，巖耕笑子真。

宮槐分影直，官柳着行疏。畫棟飛翬遠，晴霞散綺餘。池邀山簡馬〔一二〕，水勝武昌魚。只恐封泥召，驂鸞上帝居。

又次韻醼飲〔一三〕 戊寅〔一四〕

層軒發天藏，初日照粉艧。韓退之「高門塗粉艧」。雄觀跨鵬背，煩促陋蠶箔。飛綬會蘭亭，傳觴寫桑落。飲興江海窄，逸氣

〔一〕戊寅：原無，據日本藏宋刻本、明澹生堂鈔本、四庫本、傅校本補。
〔二〕真似：傅校本改作「直似」，疑是。
〔三〕詠：原作「泳」，據明澹生堂鈔本、四庫本改。
〔四〕戊寅六月十三日：原無，據日本藏宋刻本、明澹生堂鈔本、四庫本、傅校本補。
〔五〕廕：原刻校云：「張本作『廓』。」按日本藏宋刻本、明澹生堂鈔本、四庫本亦作「廓」。
〔六〕闕：原作「國」。原刻校云：「張本作『闕』。」按日本藏宋刻本、明澹生堂鈔本、四庫本亦作「闕」，據改。
〔七〕如：原刻校云：「張本作『知』。」按日本藏宋刻本、明澹生堂鈔本、四庫本亦作「知」。易：原刻校云：「別本作『日』。」
〔八〕多：傅校本作「有」。
〔九〕頻：原刻校云：「別本作『頗』。」按日本藏宋刻本、明澹生堂鈔本、四庫本亦作「頗」。
〔一〇〕爲：原刻校云：「張本作『忍』。」按日本藏宋刻本、明澹生堂鈔本、四庫本亦作「忍」，疑是。
〔一一〕戊寅：原無，據日本藏宋刻本、明澹生堂鈔本、四庫本、傅校本補。
〔一二〕馬：傅校本作「鳥」。
〔一三〕又：原無，據日本藏宋刻本、明澹生堂鈔本、四庫本、傅校本補。
〔一四〕戊寅：原無，據日本藏宋刻本、明澹生堂鈔本、四庫本、傅校本補。

雲天薄。雖無漢侯鯖，粗勝周禮醵。清飲謝絲竹〔一〕，賀厦驚燕爵〔二〕。圍碁角勝負，獻俳紛戲謔。凉風徧廣坐，長夏失重熇。柳文赫炎重熇。高會方繼日，初筵今告朔。要令四難并，詎止一餉樂。明朝傳絶唱〔三〕，百年無此作。薦聞須狗監，賡續愧鼠璞〔四〕。今王馳蒲輪，之子尚蓮幕。行參瑚璉用，歸助棟梁託。謂沈相。讀書照青藜，視草詠紅藥。回顧廣文寒，莫忘鶵黍約。

次韻趙公直賞心亭醵會古風〔五〕 戊寅六月二十三日〔六〕

晉人誇新亭，假日輒高會〔七〕。中間伯仁輩，未免楚囚對。江山猶古昔，人物已曖昧。東郊今保釐，翠華記行在。佳麗壓淮楚，追遊盛冠蓋〔八〕。兹樓貫城雉，于邁無小大。令威雖不歸，謂丁創亭。靈光故無礙。烟雲互明滅，川郭相映帶。當年烏衣游，此日思一槩。從容值休沐，登臨多慷慨。幽懷忽軒豁，細故絶芥蔕。已尋詩社盟，更許食期戒。佳賓滿座上，好語來天外。舟移白鷺洲名。遠，目送飛鳥快〔九〕。方種淵明秫，粗免監河貸〔一〇〕。一醉儻可期，與君時倒載。

送鄧漕根移帥揚州二首〔一一〕 戊寅八月二十五日〔一二〕

碧幢紅旆擁西風，幾點淮山落眼中。卧轍正看留使者，褰帷早已識元戎。兒童騎竹迎并牧〔一三〕，父老封棠記召公。人望汲卿居禁闥，淮揚只恐又悤悤。

聞道維揚地望雄，風流人物似江東。六龍前日歸淮海〔一四〕，五馬由來説醉翁。璧月幾橋留夜色，珠簾十里待春風。遥知九日平山會〔一五〕，笑插茱萸滿鬢紅。

〔一〕飲：原刻校云：「張本作『歡』。」按日本藏宋刻本、明澹生堂鈔本、四庫本、傅校本亦作「歡」。
〔二〕爵：四庫本、傅校本作「雀」。
〔三〕傳：明澹生堂鈔本、四庫本作「停」。
〔四〕續：四庫本作「絶」，當誤。
〔五〕古風：原無，據日本藏宋刻本、明澹生堂鈔本、四庫本、傅校本補。
〔六〕戊寅六月二十三日：原無，據日本藏宋刻本、明澹生堂鈔本、四庫本、傅校本補。
〔七〕假：明澹生堂鈔本作「暇」，義長。
〔八〕盛：原作「勝」，據日本藏宋刻本、明澹生堂鈔本、傅校本改。
〔九〕送：傅校本作「邁」。
〔一〇〕粗：明澹生堂鈔本作「租」。
〔一一〕原刻校云：「鄧：翰院本作『鄭』。」按作「鄭」誤，《宋史》卷一七三、《要録》卷一七九、卷一八二有漕臣鄧根，可證。
〔一二〕戊寅八月二十五日：原無，據日本藏宋刻本、明澹生堂鈔本、四庫本、傅校本補。
〔一三〕竹：四庫本作「馬」。
〔一四〕歸：原刻校云：「别本作『臨』。」按日本藏宋刻本、明澹生堂鈔本、四庫本均作「臨」。
〔一五〕平山：明澹生堂鈔本作「平江」。

送葛謙問郯運幹 戊寅九月十一日〔一〕

少年扶犁事西疇，老陪英游帝王州。才高韻勝各有得，志合情親君更優。離筵忽席洛定鼎，戍期云畢齊葵丘〔二〕。君行共歎空冀北，我衰謾作周南留。欲持菊觴止君飲，單車已戒難停輈〔三〕。欲挽長條贈君別，金城柳落空悲秋。悲秋惜別置勿道，資望久合登瀛洲。仙凡一隔在何許，指點蓬萊雲氣浮。

送毛平仲幵 戊寅十一月十四日〔四〕

平仲學士隱居鄉閭，而雋聲震於四方。朅來陪京，衣冠傾慕焉。僕之大父與先尚書同爲庚辰進士，平仲於僕又有十年之長，方將兄事而强附之，則聞歸艎在岸矣。敬贈惡詩，既叙先契，且約後會云。

父祖同登六十春，相逢草草大江濆。羨君不使囊錐見，笑我空將芰製焚。聞道都人時載酒，未容俗客細論文。他年小築柯山畔〔五〕，泉石風光賸欲分〔六〕。

次韻邢懷正孝庸通判遊蔣山 戊寅十二月十八日〔七〕

仙人薄蓬萊，乘槎度河滸。舊觀桑田變，今訪鍾山古。駕言出東門，恍若之帝所。朝曦霽青霜，楓葉落紅雨。亭亭望浮圖，隱隱插天宇。坡垂北溟鼇，石卧南山虎。遥聞飯後鍾，絕勝紞如鼓。恭惟布金地，草木誰敢侮。孤芳破冰雪，喜見梅萼吐。同遊皆大雅，緇素競先睹。巾車似元亮，漱石雜孫楚。相將挹靈泉，何用照牛渚。西方化人國，未覺道修阻。法筵盛龍象，一一會心侶。茗椀散午夢，蒲團便平聲軟語。懸知雨花社，重辨風幡舞。相投甚針芥，味道真酪乳。從來草堂靈，俗駕回吾祖。况如雲仍輩，么麽那復數。後車倘許隨，未羨黄金塢。

次韻周德友祁運幹〔八〕 戊寅十二月十七日〔九〕

曾見麻姑過蔡經，却陪王導宴新亭。博文正自鄙木彊，操論未應談竹刑。入幕久依池水緑，讀書行照杖藜青。篋中知有還丹在，不用臨溪憐鬢星。少荅鶴髮之句。又德友昨日以蘇養直詩帖百餘紙

〔一〕戊寅九月十一日：原無，據日本藏宋刻本、明澹生堂鈔本、四庫本、傅校本補。
〔二〕戍：明澹生堂鈔本作「代」、四庫本作「伐」。
〔三〕輈：傅校本改作「駕」。
〔四〕戊寅十一月十四日：原無，據日本藏宋刻本、明澹生堂鈔本、四庫本、傅校本補。
〔五〕畔：原作「伴」，據日本藏宋刻本、四庫本改。
〔六〕按明澹生堂鈔本脱此詩。
〔七〕戊寅十二月十八日：原無，據日本藏宋刻本、明澹生堂鈔本、四庫本、傅校本補。
〔八〕祁：日本藏宋刻本作「邧」，明澹生堂鈔本作「卯」。
〔九〕戊寅十二月十七日：原無，據日本藏宋刻本、明澹生堂鈔本、四庫本、傅校本補。

相示，世傳養直遇仙，故用麻姑并還丹事。

送蔡德煇理教授三首 己卯四月十四日〔一〕

天馬元從西極徠，頻年伏櫪伴駑駘。如今始覺升沉異，萬里追風道路開。

曉折臺城楊柳枝，夕登瓜步佛貍祠。請君收拾江山助，歸和薰風殿閣詩。

幾回送客大江頭，今渡江頭特地愁。豈是陽關動凄怨，同僚情分正綢繆。

送徐漕度移憲浙東二首 己卯四月二十二日〔二〕

一去中臺十九年，愛君憂國得華顛。久疑使節留江上，稍喜除書近日邊。寒碧軒窗餘舊句，公於漕臺創寒碧軒，且賦長句命同僚屬和。汗青簡冊奏新篇。公著《國紀》以續《通鑑》，方繕寫進御。文章入相公家舊，沙路從今穩著鞭。

滿歲蹣跚泮水間，獨公不作腐儒看。幾陪佳客芙蓉幕，聊慰窮愁苜蓿槃。此去高山空自仰，向來流水爲誰彈。割鞭截鐙知無益，但覺輪囷激肺肝。

送子開弟還江西二十韻 己卯四月二十八日〔三〕

丁年樂家居〔四〕，豈知離別愁。言遊冠蓋場，聚散靡自由。子從何方來，訪我金陵州。情多語反默，喜極涕翻流。不如並轡出，庶以寫我憂。沉沉長干寺，南軒清且幽。烏衣訪王謝，湮滅那可求。却登覽輝亭，下瞰白鷺洲。羣山競合沓，萬室相牽鈎〔五〕。回首指鍾阜，黎明戒前騶。林泉與臺殿，勝處皆窮搜。紛紛六朝舊，莽莽今幾邱。弔古轍未環，劇談興方稠。胡爲理書劍，復欲從遠遊。蹉跎六年別，邂逅半月留。臨分敢不盡，苦語誠非偷。期子如良農，勤勤事西疇。慎勿因水旱，而令廢鋤耰。豐歲會可必，行行真有秋。十月風霜動，待子江之頭。

送張端明燾赴召 己卯五月二十二日〔六〕

某伏承某官節召還朝，闔府士民稱頌盛德，如出一口。某以年家子門下士而承泮宮之乏，倘喑無詩歌，人謂斯何。謹採輿言爲口號十首。辭雖俚而事則實，意雖淺而情則深。冒瀆威嚴，不寒而慄。

〔一〕己卯四月十四日：原無，據日本藏宋刻本、明澹生堂鈔本、四庫本、傅校本補。
〔二〕己卯四月二十二日：原無，據日本藏宋刻本、明澹生堂鈔本、四庫本、傅校本補。
〔三〕己卯四月二十八日：原無，據日本藏宋刻本、明澹生堂鈔本、四庫本、傅校本補。
〔四〕丁：明澹生堂鈔本、四庫本作「十」。
〔五〕室：原刻校云：「張本作『里』。」
〔六〕己卯五月二十二日：原無，據日本藏宋刻本、明澹生堂鈔本、四庫本、傅校本作「二十三日」。

春殿曾收最上科，甘泉扈駕早鳴珂。金陵已奏三年課，玉燭宜調四氣和。

家傳圯上一編書，二紀論思只緒餘〔一〕。此去籌帷方倚重，赤松那得更從渠〔二〕。

歸粟招提刻翠珉，羯胡稽首歎名臣。今聞整轡登廊廟，應有先聲讋四隣。宣和末，公施米虹縣之僧寺，刻石以記。虜人過之，歎服名德〔三〕，其寺賴以不毁。

管籥分來二十年〔四〕，何人從此得朝天。介圭入覲由公始，莫把題名取次鐫。紹興八年始以府帥兼司留鑰，今已十餘政，未有被召者。

曾以詩書化蜀人，更恢文教大江垠。諸生亦有如何武，爭詠三章轉上聞。

心正能教筆不欹〔五〕，古來書法獨公知。顔筋柳骨留蕭寺，總是甘棠去後思。

尺一催歸侍冕旒，邦人無路止前騶〔六〕。却因遥祝南山壽，小作臺城十日留。

延英引對寵章新，都下傳觀拜輔臣。沙路緩驅金腰裹，腰間新上玉麒麟〔七〕。

公門如海亦如龍，解榻鈴齋獨見容。慚愧深知何以報，歲寒千尺澗邊松。

欲驅羸馬從金鞍，顧藉微官進自難。但願斯民均暖律，小儒不歎廣文寒。

送沈世德撫幹還朝 己卯五月〔八〕

元戎已趣曹裝覲，上客難教儉幕留。積雨半篙生別浦，清風十幅送歸舟。槐庭衮繡行虞侍，芸閣鉛黄待校讎。池有遊鱗雲有鴈，尺書能寄故人不。

次韻徽州胡推官璉旅中遇雪且約同登雨花臺三首 己卯十二月〔九〕

歲晚相逢古帝鄉，長松百尺傲冰霜。青鞋踏遍江南岸，更賦名花似漫郎。

傳道詩仙折簡來，破寒雪屋爲君開〔一〇〕。要將好句誇張籍，

〔一〕思：原刻校云：「張本作『詩』。」

〔二〕更：原刻校云：「張本作『便』。」按日本藏宋刻本、明澹生堂鈔本、四庫本、傅校本亦作「便」。

〔三〕名：四庫本作「其」。

〔四〕籥：傅校本改作「鑰」。按「籥」通「鑰」。

〔五〕欹：明澹生堂鈔本作「欺」。

〔六〕止：明澹生堂鈔本、四庫本作「上」。

〔七〕腰：原刻校云：「翰院本作『閣』。」按四庫本亦作「閣」。明澹生堂鈔本作「中」。

〔八〕己卯五月：原無，據日本藏宋刻本、明澹生堂鈔本、四庫本、傅校本補。

〔九〕己卯十二月：原無，據日本藏宋刻本、明澹生堂鈔本、四庫本、傅校本補。

〔一〇〕寒：清黄丕烈校明鈔本作「卷」。

故放歌謠吏部才。

天女來參彼上人，逆知君動雨花心。故令六出繽紛下，免使荒臺更重臨〔二〕。

方孺人挽詞 干之後，王和甫外孫　己卯〔三〕

處士詩名滿古今，外家文采切星辰。中郎有女曾傳業，武子趨庭更慰人。諼草正開堂北向，扶桑莫返日西淪。可憐寂寞湘江路，燐走螢飛翠柏新。

〔二〕「免」、「臺」，明澹生堂鈔本作「無」、「才」。

〔三〕己卯：原無，據日本藏宋刻本、明澹生堂鈔本、四庫本、傅校本補。

廬陵周益國文忠公集卷二一

省齋文稿卷二

詩〔一〕

起紹興庚辰，止紹興壬午　金陵　臨安

送別邢懷正直閣赴江西提舉二首　庚辰二月〔二〕

大江西畔米流脂，斂散新陳倚繡衣。旗展春山千嶺暗〔三〕，霜飛暑路萬艘歸。朝家法備農商信，臺府官閒案牘稀。廬阜虎溪天下景，未妨行部欵禪扉。

二年疎懶累深知，喜見皇華授節時。歸里欲依東道主，登畿恰負北山移〔四〕。黃間遥想前驅弩，白下空攀遠別枝。坐席未温公人覲，却從南蕩候旌麾〔五〕。

留別金陵韓帥仲通二首　庚辰三月〔六〕

十二麟符玉截肪〔七〕，腰間仍映帶圍黃。化行江國春常早，訟息階除日自長。槐影緩趨三接晝，棠陰先滿十連堂。子淵去踏長安道，待賦中和奏未央。

再點賓筵又一期，千金敝帚賴提撕。泮宮正采僖侯藻，太學俄甘吏部虀。人似塞鴻春向北，心隨江水日朝西〔八〕。太平勳業須公助，不用頻年戀節犀。

留別蘇仁仲通判　庚辰〔九〕

公才豈合尚題輿，天遣寒儒此曳裾。午夜燈光曾共賞，三春樂事未全疏。尊前窈窕傳新唱，耳畔瀾翻聽異書。此別不須勤戀惜〔一〇〕，君王日日問嚴徐。

〔一〕詩：日本藏宋刻本、明澹生堂鈔本、四庫本、傅校本作「古律詩六十一首」。

〔二〕庚辰二月：原無，據日本藏宋刻本、明澹生堂鈔本、四庫本、傅校本補。

〔三〕「展」、「嶺」，明澹生堂鈔本、傅校本作「轉」、「里」。

〔四〕恰：明澹生堂鈔本、四庫本作「却」。

〔五〕從：原作「教」，據日本藏宋刻本、明澹生堂鈔本、四庫本、傅校本、《古今事文類聚外集》卷九改。

〔六〕庚辰三月：原無，據日本藏宋刻本、明澹生堂鈔本、四庫本、傅校本補。

〔七〕截：明澹生堂鈔本、四庫本作「絶」。

〔八〕朝：明澹生堂鈔本、《景定建康志》卷三七引、《古今事文類聚外集》卷七引均作「潮」。

〔九〕庚辰：原無，據日本藏宋刻本、明澹生堂鈔本、四庫本、傅校本補。

〔一〇〕勤：原刻校云：「張本作『頻』。」戀：日本藏宋刻本、明澹生堂鈔本、四庫本、《古今事文類聚外集》卷一二作「怨」。

九日哭子柔弟　庚辰〔一〕

自酹黃花酒，心酸苦淚零。常時愛鳴鴈，從此不堪聽。

劉韶美監丞以予發策玉堂小詩送筆墨云腹囊英物吐長虹翰墨區區有底功也要同盟作旗鼓三山直上一帆風走筆次韻時在雨中　庚辰九月二十一日〔二〕

今雨驚呼未霽虹〔三〕，筆精墨妙策新功。要令快草三千牘，故借泠然九萬風。

次韻程泰之正字奉祠惠照院詠雪五首　辛巳正月八日〔四〕

天女飛花現化城〔五〕，禪房深處想神清。齋心正使無低唱，擁鼻何妨效洛生。

造化平心混萬殊，高低一色眩離朱。如何尚愛南枝瘦，偏以凝脂助曼膚〔六〕。

方丈仙人定好奇，行吟合璧伴瓊蕤〔七〕。兔園且就如今賦，鳳沼重看異日詩。瓊蕤，見《文選》。

吻燥誰濡翰墨場，絕思齒頰漱甘芳。粉身莫惜歸湯鼎，要與團龍發暗香。

剥啄朝來送好音，唱妍酬麗自書林。柴門未掃簷垂溜，筆退誰知抱膝吟。

胡原仲憲正字特改官除宮觀館中置酒餞別會者七人以先生早赴歸去來爲韻人各賦一首僕得早字〔八〕　辛巳正月〔九〕

西伯王業興，海濱歸二老。漢家念羽翼，坐致商山皓。恭惟陛下聖，尊德繼雍鎬。先生學孔孟，不但遺編抱。致身雖苦晚，聞道固已早。昨隨弓旌召〔一〇〕，著脚立蓬島〔一一〕。夜陪藜杖青，朝

〔一〕庚辰：原無，據明澹生堂鈔本、四庫本、傅校本補。
〔二〕庚辰九月二十一日：原無，據日本藏宋刻本、明澹生堂鈔本、四庫本、傅校本補。
〔三〕今：清黃丕烈校明鈔本、四庫本、傅校本作「風」。
〔四〕辛巳正月八日：原無，據四庫本補。日本藏宋刻本、明澹生堂鈔本作「辛巳八日」，傅校本作「辛巳□□八日」。
〔五〕飛：傅校本作「吹」。
〔六〕以：原刻校云：「張本作『似』。」
〔七〕伴：明澹生堂鈔本、四庫本作「作」。
〔八〕人各賦：「人」字原無，據明澹生堂鈔本、四庫本補。
〔九〕辛巳正月：原無，據日本藏宋刻本、明澹生堂鈔本、四庫本、傅校本補。
〔一〇〕召：傅校本作「招」。
〔一一〕立：原刻校云：「張本作『歷』。」按日本藏宋刻本、明澹生堂鈔本、四庫本亦作「歷」。

奏囊封皂。第令坐臺閣，不減照乘寶。思歸獨何事，豈爲子規惱〔一〕。祠官厚禀假，命秩畧資考。恩榮固無愧〔二〕，出處吾有道。漫漫七閩路，去去春風好。都門送別處，懷抱要傾倒。相思常情耳，再拜請善禱〔三〕。臨雍有故事，乞言非草草。指期裹蒲輪，未可迹如掃。

送光禄寺丞李德遠得請奉祠 辛巳二月〔四〕

君家臨川我廬陵，兩郡相望宜相親。長安城中初結綬，石灰橋畔還卜鄰。扣門問道日不足，篝燈照夜論心曲。寸莛那許撞洪鐘，跛鼈近將隨驥騄〔五〕。聞君上書苦求歸，君今豈是當歸時。滿朝留君君不顧，我雖歎息何能爲。莫攀楊柳濤江岸，莫唱陽關動凄斷。行行但祝加餐飯，潮落風生牢繫纜。

次韻史院洪景盧檢詳館中紅梅 辛巳〔六〕

紅羅亭深宮漏遲，宮花四面誰得知。南唐苑中有紅羅亭，四面專植紅梅，見《雜志》。蓬山移植自何世，國色含酒紛滿枝。初疑太真欲起舞，霓裳拂飾天然姿。又如東家窺牆女，施朱映粉尤相宜。不然朝雲頻薄怒，自持似對襄王時〔七〕。須臾燕支着雨落，整裝俯照含風漪〔八〕。遊蜂戲蝶日採掇，嗟爾何異氓之蚩。提壺火急就公飲，他日墮馬空啼眉。

次韻王龜齡大著省中黃梅 辛巳〔九〕

化工未幻酴醾菊，先放緗梅伴羣玉。幽姿着意慕鉛黃，正色何心輕萼綠。粧成自淺風味深，對此寧辭食無肉。可憐涪翁被渠惱，中歲梅屏杯杓録〔一〇〕。省中黃梅在酴醾之側，黃魯直《戲答王觀復酴醾菊詩》云：誰將陶令黃金菊，幻作酴醾白玉花。

送王嘉叟編修通判洪州 辛巳三月〔一一〕

籍甚西樞掾，居然出處光。人猶思賀監，天未起張良。南浦

〔一〕豈：明澹生堂鈔本、四庫本、傅校本作「起」。

〔二〕固：日本藏宋刻本作「國」。

〔三〕請：原刻校云：「張本作『稱』。」

〔四〕辛巳二月：原無，據日本藏宋刻本、明澹生堂鈔本、四庫本、傅校本補。

〔五〕近：原刻校云：「張本作『逝』。」按日本藏宋刻本、明澹生堂鈔本、四庫本亦作「逝」。

〔六〕辛巳：原無，據日本藏宋刻本、明澹生堂鈔本、四庫本、傅校本補。

〔七〕似：明澹生堂鈔本作「以」。

〔八〕裝：日本藏宋刻本作「粧」。

〔九〕辛巳：原無，據日本藏宋刻本、明澹生堂鈔本、四庫本補。

〔一〇〕梅屏：原誤作「悔屏」，原刻校云：「翰院本作『梅屏』。」據明澹生堂鈔本、傅校本、《咸淳臨安志》卷一五及詩中注改。

〔一一〕辛巳三月：原無，據日本藏宋刻本、明澹生堂鈔本、四庫本、傅校本補。

雲應碧，東湖柳正黃。古來求別駕，不是薄星郎〔一〕。王名秬，賀允中薦，以上書薦張和公補外。崔祐甫自吏部郎求洪州別駕。

送王龜齡赴越州宗丞 辛巳五月〔二〕

册府號冀北，一時聚奇材。嗟我雖未至，尚及相追陪。胡子真老驥〔三〕，元章蓋龍媒。爾來厭名韁，蹙踏游九垓。王子乃汗血，疑是西極徠。忠精貫日月，聲名震陪儓。君王市駿骨，得此七尺騋。秣以天山禾，貯之黄金臺。玉勒繡羅鞍，映帶文錦𩋾〔四〕。謂言開道路，亦復薄蓬萊。乞歸丞相府，連月書百回。東郊治公姓，笑渡濤江雷。奉身信美矣，體國安在哉。帝家十二閑，何嘗列駑駘。遲子復立仗，來歸勿徘徊。

送聞人茂德滋删定歸嘉禾 辛巳八月七日〔五〕

七年東帶趁朝參，共喜儒林得指南。經傳注成頭未白，公卿閲徧綬猶藍。秋來去國懷張翰，此去論詩憶鄭覃。别酒易闌情不盡，會憑清夢聽清談。

去秋芮國器以詩賀入館今渠繼來次韻 辛巳八月〔六〕

一自傳刀夢，遲君已隔秋。浪傳迷弱水，未省礙虚舟。天子方神武〔七〕，狂胡敢寇讎。應須漢充國，早晚與兵謀。芮答屯田策。刀夢，渠去歲自言〔八〕。

陸務觀病彌旬僕不知也佳篇謝鄰里次韻自解 辛巳

閉户十日雨，陸居如坐舫。吾身固已困，未省子疾狀。昨朝拜床前，不敏祇自愴。蕭然維摩几，高謝桓榮帳。是身本何有，更慮不已恙。全人脰肩肩，大癭誰甕盎〔九〕。擲杯蛇自去，静耳蟻爲諒。乃知閲肘後，未免信紙上。大哉横氣機，寄此語清壯。我

〔一〕薄：明澹生堂鈔本作「别」，當誤。

〔二〕辛巳五月：原無，據日本藏宋刻本、明澹生堂鈔本、四庫本、傅校本補。

〔三〕老：原作「騏」，據日本藏宋刻本、明澹生堂鈔本、四庫本、傅校本及《古今事文類聚外集》卷三改。

〔四〕𩋾：原闕，據四庫本補。明澹生堂鈔本作「韉」，傅校本作「韉」，日本藏宋刻本、《古今事文類聚外集》卷三作「韉」。

〔五〕辛巳八月七日：原無，據日本藏宋刻本、明澹生堂鈔本、四庫本、傅校本補。

〔六〕辛巳八月：原無，據日本藏宋刻本、明澹生堂鈔本、四庫本、傅校本補。

〔七〕「天子方神武」句上，四庫本注云「闕」，並空十字。明澹生堂鈔本空二字。

〔八〕渠：明澹生堂鈔本、四庫本無。

〔九〕全人脰肩肩，大癭誰甕盎：原刻校云：「别本誤作『全人豆肩大，瘿瘿誰甕㼜』。」明澹生堂鈔本作「全人口頭肩，大癭誰甕㼜」。日本藏宋刻本「盎」亦作「㼜」。

雖問疾晚，可以無悵怳〔一〕。

次韻芮國器正字館中木樨三首 辛巳〔二〕

多生定自爲黄卷〔三〕，一念無如魚蠹何。今度金身散金粟〔四〕，芸香從此不須多。

曉翻汗簡困遮眼，午對枯枰輒爛柯。天遣幽香一喚起，醒然頓作出瓶鵝。

怪底花開已兩回，先生僕直未銜杯。若猶不領渠儂意，猶向階前一再開。

慧海大師日智索詩 辛巳九月十九日〔五〕

人人飽食即安眠，慙愧師營粥飯緣。三篋繞身猶未解，齋厨已報爨無烟。

徑山説法口瀾翻，慧海精勤三十年。他日宣城傳僧寶，莫分禪律一時編。

湯孺人挽詞 處州丞相之女 辛巳〔六〕

歎息閨房秀，霜摧鬢未華。女工丞相念，婦道里人嗟。石窌脂田廢，濤江粉旐斜。西風看花淚，寂寞小窗紗。

年家太夫人鄭氏挽詞 趙伯椿之母〔七〕 辛巳〔八〕

早適王孫貴，中成令子名。齊眉餘婦順，截髪助交情。三釜應天相，重泉奈日傾。升堂今已矣，淚灑越溪横。

王季海正言父宣義師德挽詞 辛巳冬〔九〕

三世儒科獨隱淪，功名豈必在吾身。早看伯氏囊荷舊，晚喜郎君諫草新。絳縣人存疑甲子，論衡書就困庚辛〔一〇〕。遥知會葬車千兩，絮酒淋漓卧冢麟。

〔一〕悵怳：原刻校云：「翰院本作『恨悵』，張本作『悵悵』。」按日本藏宋刻本作「悵悢」，明澹生堂鈔本、四庫本均作「恨悵」，傅校本改作「悵快」。

〔二〕辛巳：原無，據日本藏宋刻本、四庫本、傅校本補。

〔三〕多生：四庫本作「有生」，《咸淳臨安志》卷一五引作「前生」。

〔四〕前一「金」字，原刻校云：「張本作『全』。」按日本藏宋刻本、明澹生堂鈔本、四庫本「金身」均作「全身」，傅校本改作「前身」。

〔五〕辛巳九月十九日：原無，據日本藏宋刻本、明澹生堂鈔本、四庫本、傅校本補。

〔六〕辛巳：原無，據日本藏宋刻本、明澹生堂鈔本、四庫本補。

〔七〕趙伯椿：明澹生堂鈔本作「趙伯春」，當誤。

〔八〕辛巳：原無，據日本藏宋刻本、明澹生堂鈔本、四庫本補。

〔九〕辛巳冬：原無，據日本藏宋刻本、明澹生堂鈔本、四庫本補。

〔一〇〕辛：原刻校云：「張本作『申』。」

送司農少卿杜起莘出守遂寧〔一〕 壬午正月乙亥〔二〕

識公七年前，青衫騎破韉。送公七年後，金章大州守〔三〕。窮達反掌耳，置之勿復論。憶公出蜀日，避名如避喧。神羊一在首，慷慨眉宇軒。朝陳擊奸疏，暮進興邦言。炎炎中郎將，解帶西南奔。矯矯内押班，掛冠神武門。所以杜御史，姓名滿乾坤。人生有聚散，安所非游宦。徽黄不作難，聖主方求諫〔四〕。

次韻張真父著作遊湖山 壬午二月〔五〕

今休閣鉛黄〔六〕，念念長安遠〔七〕。出遊寫我憂，駕言豈顧返。撑舟度平湖，蠟屐試疊巘。境幽客更佳，風静日亦烜。爾僕毋告勞，我足尚忘蹇。眼明見孤山，地禁接上苑。却登靈隱寺，巖壑此其本。經行盡精舍，一一爲排鍵〔八〕。勝游固可繼，况乃春未晚。所嗟蟣蝨臣，無術助龍衮。頗聞議深討，將士不及飯。古稱格苗頑，不必侵自阮。吾民戰吾地，甌脱未少損。願言休王師，歲熟禾自稛。

次韻張真父著作緗梅〔九〕 壬午二月〔一〇〕

藹黄織就費天機，付與園林晚出枝。東觀奇童承詔後，南昌故尉欲仙時〔一一〕。芳心向日重重展，清馥因風細細知。詩老品題猶誤在，紅梅未是獨開遲。

送馮圓仲吏部出守邛州〔一二〕 壬午二月〔一三〕

戰伐驚前日，安危決此時。諸公今有望，萬里子何之。市駿甘求骨，呼鷹苦待饑。寸心懸日月，不爲去來移。

錐末藏銛利，刀頭愜寢興。爲郎非白首，補郡有高能〔一四〕。交分看前輩，離愁愧老僧。亭亭望中塔，高處待重登。同舍餞飲湖寺〔一五〕，登保叔塔未盡〔一六〕，悵然而别。

〔一〕莘：原刻校云：「一本作『榮』，一本作『華』，皆誤。」明澹生堂鈔本、四庫本皆誤作「華」。

〔二〕壬午正月乙亥：原無，據日本藏宋刻本、明澹生堂鈔本、四庫本補。

〔三〕守：原闕，據日本藏宋刻本、明澹生堂鈔本、四庫本補。

〔四〕求諫：日本藏宋刻本、明澹生堂鈔本、四庫本作「味諫」。

〔五〕壬午二月：原無，據日本藏宋刻本、四庫本補。明澹生堂鈔本作「三月」。

〔六〕今休閣鉛黄：四庫本作「今休黄閣訟」，明澹生堂鈔本作「今休閣訟莫」。

〔七〕念念：四庫本闕一「念」字。

〔八〕鍵：四庫本作「鏈」。

〔九〕著作：日本藏宋刻本、四庫本、《咸淳臨安志》卷一五作「著庭」。

〔一〇〕壬午二月：原無，據日本藏宋刻本、明澹生堂鈔本、四庫本補。

〔一一〕時：明澹生堂鈔本作「詩」，當誤。

〔一二〕馮：明澹生堂鈔本作「馬」。

〔一三〕壬午二月：原無，據日本藏宋刻本、明澹生堂鈔本、四庫本補。

〔一四〕高：四庫本作「奇」。

〔一五〕餞：明澹生堂鈔本作「前」。

〔一六〕保叔塔：四庫本作「寶塔」，當誤。

送湯相守紹興二十韻 壬午二月〔一〕

漢闕蕭居守，周興畢保釐。安危元注想，中外自隨時。憶昨生戎馬，誰知死佛貍。天其永我命，王乃大巡師。收拾鑪錘手，經綸管籥司。南圖忘震蕩，北上得逶迤。銅刻新符獸，金塗舊印龜。從容時屬耳，鎮撫效如斯。帝意仍調鼎，親榮寧去聲擁麾。班衣加畫繡，通帛雜牙旗。餘力今循霸，洪鈞昔相夔。斯民先已覺，此地更何爲。玉帛塗山會，銀黃越將垂。圖經千古事，賓幕幾人詩。有客叨恩顧，無才負己知。身留蓬島直，夢度浙江湄。投劾難何有，登庸恐不遲。行逢三月禊，看即百錢齋。祖餞紛離席，班迎指後期。一夫非自喜，正爲太平基。

次韻鄒德章橒監簿官舍芙蓉芭蕉 壬午〔三〕

君不見蜀都之城百里長，無數芙蓉遮女牆。遂令邦人記舊俗，往往空巷爭新妝。又不見雲夢澤中吞美惡，相如所夸殊落落。獨將巴且并蘭芷，楚客至今猶憶昨。兩邦不爲天下溪，顧乃着意濁水泥。眼看紅綠意先眩，玩物固應爲物迷。豈知弱質甚蒲柳，成毀須臾翻覆手。春風秋露晷紛敷，皓雪青霜已摧朽。主人學道窮三餘，俯視官舍真蘧廬。從渠草木榮與枯，只有此心常自如。水邊比色寧見素〔三〕，隍中覆鹿初何據〔四〕。似耶非耶誰與論，彼夢我夢隨所住〔五〕。大篇字字皆披沙，清晨走送驚鄰家。鈍根也復發深省，世間何物非空花。

奉常林黃中博士以黃柑食陸務觀司直陸賦長句林邀予次韻 壬午〔六〕

林子勇報國，太華欲力擘。吾嘗歎其材，浮海中巨舶。向來固不用，今用猶迫迮。比興柑纍纍，霜飽實未摘〔七〕。不使供王羞，何異棄道側。山東一百郡，風氣久限隔〔八〕。子如又思歸，殊動定誰册。孝哉狄梁公，竚立望雲白。親舍豈不念，王事正求索。前聞獻果餘，用叔孫通事。手餉懷橘客。雖非木奴千，殆過庭實百。兩公相親意，初不以殽核〔九〕。當于古人求，未可度以臆。如我乃無用，甘作下惠阨。

許陸務觀館中海棠未與而詩來次韻

莫嗔芳意太矜持，曾得三郎羯鼓吹。事見梅聖俞詩注。今日若

〔一〕壬午二月：原無，據日本藏宋刻本、明澹生堂鈔本、四庫本補。
〔二〕壬午：原無，據日本藏宋刻本、明澹生堂鈔本、四庫本補。
〔三〕邊：明澹生堂鈔本作「城」，當誤。
〔四〕據：明澹生堂鈔本作「處」。
〔五〕彼夢我夢隨所住：明澹生堂鈔本作「彼我夢隨所性賦」。
〔六〕壬午：原無，據日本藏宋刻本、明澹生堂鈔本、四庫本補。
〔七〕實：明澹生堂鈔本作「食」，當誤。
〔八〕限：明澹生堂鈔本及四庫本作「恨」。
〔九〕以：原刻校云：「張本作『主』。」按日本藏宋刻本、明澹生堂鈔本、四庫本亦作「主」。

無工部句，慇懃猶惜最殘枝。

以紅碧二色桃花送務觀 壬午二月〔一〕

碧雲欲合帶紅霞，知是秦人洞裏花。俗眼只應窺燕麥，不如送與謫仙家。

范致能以詩求二色桃再次韻二首

霓裳舞罷醉流霞，翠袖頻揎眼欲花。丈室蕭然那用此，春深料得客思家。

翰墨場中蔡少霞，如今悟徹頌桃花。看朱成碧吾方眩，試把橫枝問作家。

劉信叔錡太尉挽詞二首 壬午〔二〕

今代詩書帥，收功百戰餘。人誰不開府，公獨帶除書。死後家無甔，生前客有車。輕財并待士，此意古何如。

不謂擒胡月，妖星犯將營。去冬有星犯上將〔三〕。伊吾空有志，渭上不成耕。衆議磨圭玷，他年聽鼓聲。何妨築高冢，爲象順昌城。

務觀得曾吉甫茶以詩見遺因次其韻〔四〕 壬午〔五〕

詩仙餉子北苑雪，正欲一洗東華塵。道山廷尉俱夢事，喚醒野軒真主人。

送洪景盧舍人北使 壬午四月〔六〕

嘗記揮毫草檄初，必知鳴鏑集單于。由來筆下三千牘，可勝軍中十萬夫。已許乞盟朝渭上，不妨持節過幽都。吾君甚似仁皇帝，宜有韓公贊廟謨。

次韻務觀迎駕 壬午〔七〕

法駕朝西內，諸臣許後陪。蹕煩民更喜，鳶載路無埃。我輩

〔一〕壬午二月：原無，據日本藏宋刻本、明澹生堂鈔本、四庫本補。

〔二〕壬午：原無，據日本藏宋刻本、明澹生堂鈔本、四庫本補。

〔三〕有：四庫本無。

〔四〕「茶」字下，日本藏宋刻本、明澹生堂鈔本有「反」字，四庫本「反」作「及」。按作「反」義長。

〔五〕壬午：原無，據明澹生堂鈔本、四庫本補。

〔六〕壬午四月：原無，據日本藏宋刻本、明澹生堂鈔本、四庫本補。

〔七〕壬午：原無，據日本藏宋刻本、明澹生堂鈔本、四庫本補。

猶簪筆，君才合面槐。如何車九九，獨不與偕來。

次子中兄韻三首 壬午[一]

獻納深慚杜少陵，驟紆皇眷秩頻增。羽書日日驚飛電，給札歸來欲飲冰。近賜筆札，令羣臣條陳時事。

讀罷新詩暖似春，手搖食指舌生津[二]。平生口腹何曾計[三]，自笑如今枉累人。黃雀不至，故有此句。

黃道初開日月新，容光應不間孤臣。左螭立近焚香案，右掖名參視草人。二聖深恩空次骨[四]，幾年歸夢已通神。阿兄念我勤招憶，好爲丹爐養汞銀[五]。

陸務觀編修以石芥送劉韶美禮部劉飲以勁酒二公皆舊鄰也因其有詩次韻二首 壬午[六]

芥辛酒苦却多情，田舍翁成嫵媚名。屋角風號天欲雪，胸中浩浩正春生。

自移家具失連牆，不復燈前共詠觴。手裏有詩憐指動[七]，甕邊無分笑頭方。

招陸務觀食江西筍歸有絶句云色如玉版猫頭筍味抵駝峰牛尾狸歸向妻孥誇至夕書生寒乞定難醫戲和[八] 壬午[九]

東厨日日厭侯鯖，却羨萍虀擣韭根。如我乃真寒乞耳，只知肉味筍殊村。

次韻程泰之駕部送猴 壬午[一〇]

團團擾擾便生憎，誰暇徐觀棘刺能。駕部猶嫌無駿馬，他人須用土牛乘。

[一] 壬午：原無，據日本藏宋刻本、明澹生堂鈔本、四庫本補。
[二] 食：明澹生堂鈔本作「十」。
[三] 計：明澹生堂鈔本作「記」。
[四] 二：日本藏宋刻本、明澹生堂鈔本、四庫本作「三」。
[五] 汞：明澹生堂鈔本作「水」。
[六] 壬午：原無，據日本藏宋刻本、明澹生堂鈔本、四庫本補。
[七] 憐：明澹生堂鈔本作「連」。
[八] 江西：四庫本作「江南」。
[九] 壬午：原無，據日本藏宋刻本、明澹生堂鈔本、四庫本補。
[一〇] 壬午：原無，據日本藏宋刻本、明澹生堂鈔本、四庫本補。

寄題新居羅長卿觀瀾閣蘭堂〔一〕　壬午〔二〕

大江來章貢，小江出香城。快哉一閣上，揖此二水清。江落波瀾静，江漲波瀾驚。四時五變化，兩目常兼并。登臨苟得要，坐使萬象呈。吾聞鄒國軻，耻作么麽生。平生浩然氣，直與天地盈。觀水必觀瀾，寓言見真情。雨集溝澮間，肯把青眼横。長卿軻之徒，胸中氣峥嶸。學障百川東，詞如三峽傾。此道素自得，此景宜天成。我本烟波徒，臨流嘗濯纓。他年理漁艇〔三〕，往尋鷗鷺盟。倘寫新居圖〔四〕，載我一葉輕。

君不見漢家築臺臨咸京，圖籍排比如魚鱗。又不見晉人創亭稽山陰，羣賢畢集羅簪紳。古今名蘭固多矣，而此二者常不泯。乃知草木本無取，必假人物始可珍。夫君名高斗以南，築臺宛在江之湄。楚人盈要競服艾，羌獨滋蘭真絶倫。風摇緑葉劍戟舞，雨折〔五〕香苞檀麝新。不寧充幃悦鼻觀，正自紉佩持吾身。堂奥藏書三萬軸，盡校魚魯分根銀。堂中延客三千履，可結僑札參雷陳。定知斯堂閲千載，與昔臺亭名共振。僕也生憎鮑魚肆，扣門屢作君家賓。小槽珠滴不待滿，有時旋漉頭上巾。醉留惡語涴君壁，有客如此君勿嗔。

讀史二首　壬午〔六〕

舜作九成樂，丹鳳儀其宫。周備既醉福，高岡始鳴桐。區區漢宣帝，雜覇期羣聾。惲誅廣漢族，一變高文風。德教既不任，覽輝理未通。惟昔周道衰，麟出大野中。尼父絶史筆，蓋傷吾道窮。漢治非虞周，鳳來與麟同。胡然潁川守，乃敢貪天功。下義上賞姦，甚哉其相蒙。

洪喬晉名士，恥爲致書郵。扁舟石頭路，百函委湍流。惠固有不費，俛從諒何尤。性也倘自異，却之尚爲優。奈何負諸責，而令任沉浮。天報在爾子，晚解桓温仇。答謝豈不審，何至空函投。坐此竟棄絶，侘傺歸山丘。乃知網恢恢，小惡靡不酬。寄語輕薄子，勿貽子孫憂。

漁父四時歌　壬午〔七〕

三湘七澤雲連水，短棹意行無遠邇。江花時傍緑蓑飛，水鳥忽隨清唱起〔八〕。醉後懽呼踏浪兒，鮪可鱠兮秔可炊。芳草從教天樣遠，都無閒恨可萋迷。碧桃幾片來何處〔九〕，試訪秦人武陵路。朝霞沉綺烏鵲興〔一〇〕，釣車徐理榔一鳴。夕蟾散金鷗鷺浴，

〔一〕堂：四庫本作「臺」。又日本藏宋刻本、四庫本下有「二首」二字。
〔二〕壬午：原無，據日本藏宋刻本、明澹生堂鈔本、四庫本補。
〔三〕漁：明澹生堂鈔本作「魚」。
〔四〕寫：明澹生堂鈔本、四庫本作「繪」。
〔五〕折：四庫本作「拆」。
〔六〕壬午：原無，據明澹生堂鈔本、四庫本補。
〔七〕壬午：原無，據明澹生堂鈔本、四庫本補。
〔八〕隨：四庫本作「從」。
〔九〕碧桃：明澹生堂鈔本作「桃花」。
〔一〇〕烏：原刻校云：「張本作『鳥』。」

乘流蕩槳清江曲。行人卓午汗如流，綠陰濃處杙扁舟。絲綸卷盡身無事，日長睡足風颼颼。覺來一觴仍起舞，未信人間有炎暑。

世人只詠江如練，此景何曾眼中見。露零月白人已眠〔二〕，萬頃風光儂自占。蓴鱸況復生計優，酒醒還醉餘何求。有時閒看飛鴻字，斜倚篙竿不掉頭。曉來誰誤招招渡，一笑夤緣葦間去。

白浪粘天雲覆地，津人斷渡征人喟。欲矜好手傲風波，故把扁舟恣游戲。雪蓑不博狐白裘，尺寸之膚暖即休。賣魚得錢沽美酒，翁媼兒孫交勸酬。田家禾熟疲輸送，樂哉篷底華胥夢。

〔二〕零：原刻校云：「張本作『冷』。」

廬陵周益國文忠公集卷三

省齋文稿卷三

詩〔一〕

起隆興癸未，止乾道乙酉。　臨安，廬陵。

四禽　癸未〔二〕

人言百舌巧，暑至輒無聲。不如鳩雖拙，四時知陰晴。提壺勸我飲，我醉誰解醒。布穀獨可聽，要當早歸耕。

恩許奉祠子中兄重寄臣字韻詩再次韻　癸未〔三〕

迂儒豈足助維新，日奉威顔謝主臣。可罷本非緣一事，致疑初不怨三人。弟兄有禄供温飽，畎畝何階答聖神。此去讀書真事業，向來正字誤根銀。

次韻子中兄相迎詩中有奠松楸之語追念別後叔母子柔下世故卒章及之　癸未〔四〕

浙水秦淮度十霜，官清誰薄簡編香。春來怪底烏烏樂，歸去喜同燈燭光。身近廣寒猶内熱，手遮赫日却心凉。只愁初踏江邊路，封土累然似斧堂。某求去之日，乾鵲噪簷。劉賓之正在坐，戲曰遷乎，某曰遂志耳。果然。

次韻陸務觀送行二首　癸未〔五〕

蓬閣虚生白，蘭臺汗殺青。英遊迷歲月，神武動風霆。遷擢恩頻忝，黔黎困未醒。空希范蠡去，羞對浙江亭。

議論今誰及，詞章更可宗。三年依玉樹，一別遂塵容。盡日尋山寺，思君傍塞烽。務觀將赴京口。五言何敢續，持用當緘封。

張淵道侍郎挽詞二首　癸未〔六〕

籍甚中興日，歸歟載戢秋〔七〕。周旋黄石法，邂逅赤松遊。名與衡山峙〔八〕，身隨楚水流。若爲窺智勇，家世本留侯。

〔一〕詩：日本藏宋刻本、明澹生堂鈔本、四庫本、傅校本均作「古律詩四十六首」。
〔二〕癸未：原無，據日本藏宋刻本、明澹生堂鈔本、四庫本補。四庫本下並云：「時孝宗元年。」
〔三〕癸未：原無，據日本藏宋刻本、明澹生堂鈔本、四庫本、傅校本補。
〔四〕癸未：原無，據日本藏宋刻本、明澹生堂鈔本、四庫本補。
〔五〕癸未：原無，據日本藏宋刻本、明澹生堂鈔本、四庫本補。
〔六〕癸未：原無，據日本藏宋刻本、明澹生堂鈔本、四庫本、傅校本補。
〔七〕歟：明澹生堂鈔本、四庫本作「欣」。
〔八〕峙：傅校本改作「垺」。

南國頻移鎮，西清疊進班〔一〕。衮衣元繾綣，貝錦謾斕斑。斜日逢單閼，公薨以己卯夏。流金讖大還。惟餘千字誄，傳誦滿人間。

重九竹園見梨花懷子中兄 癸未〔二〕

春花着雨即塵埃，何似深秋耐久開。菊尚無多饒瑞質，霜如有意護香腮。也知林下風光早，不爲山中曆日催。望斷行人思折寄，却疑呼作嶺頭梅。

九月十八日夜忽夢作送王龜齡詩兩句枕上足成之〔三〕

匈奴何敢渡江東，一士真過萬馬雄。唐室安危誰可佩，雪山輕重屬之公。天臺不納尚書履，鄉縣猶乘御史驄〔四〕。行樂休嫌園小小，高歌幸有鼻隆隆。龜齡家有小小園，而侍姬號隆隆。

寄題龍泉孫大同司户三桂堂 癸未〔五〕

山居速化植千荻，孫家種木惟種德。一朝仙籍浮桂香，昔笑其迂今改色。鄰翁笞兒乞條枚，條枚不惜莫浪栽。君不見天街十二綠槐滿，獨有城東之槐應三台。

題神岡廟其神蓋六朝時劉竺使君也 癸未十月〔六〕

岸斷川平拔一峯，丹青剥落古靈宮。邦人歲久忘遺愛，賈客時來乞好風。二水有情猶磬折，霜楓無數尚旗紅。岡頭故址宜亭榭，城郭江山盡眼中〔七〕。

去年會慶節初定上壽儀敕差翰林承旨令樞密洪景嚴攝殿中監執酒盞予攝少監以酒注於盞既而準故事權停此禮但拜表文德殿下從駕朝德壽宮今年赴永和寺觀罷散武弁三數人而已有感成小詩〔八〕 癸未〔九〕

去歲茲辰侍赤墀，詔黃親許奉瑤巵。如今不及封人賤，猶對

〔一〕疊：四庫本作「累」。
〔二〕癸未：原無，據日本藏宋刻本、明澹生堂鈔本、四庫本、傅校本補。
〔三〕忽夢作送：明澹生堂鈔本作「思夢」。
〔四〕乘：明澹生堂鈔本、四庫本作「行」。
〔五〕癸未：原無，據日本藏宋刻本、明澹生堂鈔本、四庫本、傅校本補。
〔六〕癸未十月：原無，據日本藏宋刻本、明澹生堂鈔本、四庫本、傅校本補。
〔七〕盡：原作「在」，據日本藏宋刻本、明澹生堂鈔本、四庫本、傅校本改。
〔八〕題中「定」、「寺」二字原無，據日本藏宋刻本、明澹生堂鈔本、四庫本、傅校本補。
〔九〕癸未：原無，據日本藏宋刻本、明澹生堂鈔本、四庫本、傅校本補。

君王效祝辭〔一〕。

再次去年子中兄送黃雀不至韻

祝壽筵開正小春，兄酬弟勸喜津津。披綿走送非無意，小愧乘成多忘人。

送芮國器察院漕廣東 甲申正月〔二〕

星聚曾尊德，箕張各避風〔三〕。別離雙鬢異，邂逅一尊同。五嶺皇華使，扁舟漁釣翁。江分鴻不到，書札若爲通。

龍須道中〔四〕 甲申二月〔五〕

客勞田頭餉〔六〕，渠憐馬上郎。作勞并磬控〔七〕，未用別閑忙。

同子中兄遊龍須吉祥善生諸寺歸至柞樹渡大風雨中登舟 甲申二月〔八〕

偏尋山寺穿雲子，歸戲風波踏浪兒。事業如斯官給廩〔九〕，廬陵米貴有人飢。今春不雨，民方艱食〔一〇〕。

甲申中秋子中兄賦詩有人月分圓二十年之句蓋歎中間多難且離別未嘗爲會也次韻

世事渾如蝸過前，刀頭喜對鏡飛天。陰晴萬里同茲夕，離別前時照幾年。此去莫令崍會合，從來無意必騰騫。幾思種秫迎佳節，窮鬼還來笑買田。近屢爲此計，垂成輒破。

夜坐困甚 甲申〔一一〕

馬通薪熟夜爐深〔一二〕，拄膝承頦夢欲成。不記坐來湯沸鼎，

〔一〕效祝：明澹生堂鈔本作「郊祀」，當誤。
〔二〕甲申正月：原無，據日本藏宋刻本、明澹生堂鈔本、四庫本、傅校本補。
〔三〕箕張各：明澹生堂鈔本作「供張客」。
〔四〕道：明澹生堂鈔本、傅校本作「江」。
〔五〕甲申二月：原無，據日本藏宋刻本、四庫本、傅校本補。明澹生堂鈔本作「甲申三月」。
〔六〕勞：原刻校云：「一作『問』。」
〔七〕磬：原作「罄」，據日本藏宋刻本、明澹生堂鈔本改。
〔八〕甲申二月：原無，據日本藏宋刻本、明澹生堂鈔本、四庫本、傅校本補。
〔九〕斯：明澹生堂鈔本作「此」。
〔一〇〕方：四庫本作「多」。
〔一一〕甲申：原無，據日本藏宋刻本、明澹生堂鈔本、四庫本、傅校本補。
〔一二〕薪：傅校本作「新」。

却疑蓬底聽灘聲〔一〕。

乘成臺觀雪憶子上兄 甲申十一月二十七日〔二〕

南雪霏微積便晞〔三〕，兒童只慣管中窺。誰知今歲望不斷，天與一臺成此奇。苔護屐痕氈疊疊〔四〕，松垂談麈玉枝枝。團欒忽憶新令尹，天際帆飛歸不疑〔五〕。

次韻王洋少尹送焦坑茶〔六〕 甲申〔七〕

昏然午枕困漳濱，醒後清風賴子真〔八〕。初似參禪逢硬語〔九〕，久如味諫得端人。王程不趁清明宴〔一〇〕，野老先分浩蕩春。敢向柘羅評綠玉，待君同碾試飛塵。

同年劉辰告妻易氏挽詞 甲申十二月〔一一〕

曾師班女頌兄功，何意安仁悼德宮。圍解鴒原芳譽遠，塵昏鸞鏡玉容空。蕭騷風棘悲諸子，寂寞笙歌泣舞童。莫訝無從出哀涕，良人契合四般同〔一二〕。

二月十七夜與諸弟小酌嘗榧實誤食烏喙烏喙堇也古書云以堇寘酒殺人戲成小詩 乙酉〔一三〕

伏神老芋不傷生，江蠏蟛蜞禍亦輕〔一四〕。我獨好奇嘗酒堇，誤思榧實殺三彭。

〔一〕灘：明澹生堂鈔本作「難」。

〔二〕甲申十一月二十七日：原無，據日本藏宋刻本、明澹生堂鈔本、四庫本、傅校本補。

〔三〕便：原刻校云：「張本作『漸』。」按明澹生堂鈔本作「更」。

〔四〕「苔護」以下句，明澹生堂鈔本提行。

〔五〕歸：原刻校云：「別本作『定』。」

〔六〕尹：原刻校云：「張本作『府』。」按日本藏宋刻本、明澹生堂鈔本、四庫本亦作「府」。焦：原作「蕉」，據明澹生堂鈔本、傅校本改。

〔七〕甲申：原無，據日本藏宋刻本、明澹生堂鈔本、四庫本、傅校本補。

〔八〕後：原刻校云：「張本作『以』。」按日本藏宋刻本、明澹生堂鈔本亦作「以」。

〔九〕逢：原刻校云：「張本作『問』。」

〔一〇〕「王程」句，明澹生堂鈔本提行。

〔一一〕甲申十二月：原無，據日本藏宋刻本、明澹生堂鈔本、四庫本、傅校本補。

〔一二〕合：明澹生堂鈔本作「分」。

〔一三〕乙酉：原無，據日本藏宋刻本、明澹生堂鈔本、四庫本、傅校本補。

〔一四〕亦：四庫本作「不」。

題聳寒圖二絶　乙酉[一]

浪傳魁梧越滄溟，過譽清夷得好銘。今見畫圖寒乞甚，心聲心畫果難形。

道山仙聖典刑真，原廟功臣劍佩新。歸掩柴門無此夢，撚鬚畫腹對斯人。

二月二十六日携家游青原歸入陽園酴醾盛開誦子中兄摛雲摇碧露繁星之句賦此詩[二]　乙酉[三]

偶從山寺賞春還，問訊名花已破慳。清絶比梅加馥郁，豐容似菊更妖嫻。碧雲重憶尊前句，紅纈遥思醉後顔。寒食清明祇旬日，緑齋芍藥待君攀。

故翰林汪公端明居零陵時嘗作玩鷗亭今彊中提幹敬以其榜揭荆溪第中命某賦詩[四]　乙酉[五]

賈生問鵩謾傷神，應愧先生入理深。肝膽何曾分楚越，心形直欲混人禽[六]。亭郵永鎮愚溪上，扁榜重開霅畫陰[七]。見説騎鯨游汗漫，倘憑鷗鳥一傳音。

永新賀升卿携中原六圖相過其論古名將出師道路形勢可指諸掌爲賦此詩　乙酉四月十九日[八]

歷歷山河一卷書，博聞疑是古潛夫。金城未入職方考[九]，玉座正披輿地圖。取號不應須假道，勝齊終恐用真儒。從來美玉勞三獻[一〇]，豈比巾箱襲碔砆。君嘗再上書。

[一] 乙酉：原無，據日本藏宋刻本、明澹生堂鈔本、四庫本、傳校本補。

[二] 二十六日：明澹生堂鈔本作「十六日」。

[三] 乙酉：原無，據日本藏宋刻本、明澹生堂鈔本、四庫本、傳校本補。

[四] 汪公端明：原作「端明汪公」，據日本藏宋刻本、明澹生堂鈔本、四庫本乙。又明澹生堂鈔本、四庫本「端明」作「明端」，誤。汪端明即汪應辰，《宋史》有傳。

[五] 乙酉：原無，據日本藏宋刻本、明澹生堂鈔本、四庫本、傳校本補。

[六] 直：日本藏宋刻本、明澹生堂鈔本作「真」。

[七] 開：明澹生堂鈔本、四庫本作「門」。

[八] 乙酉四月十九日：原無，據日本藏宋刻本、明澹生堂鈔本、四庫本、傳校本補。

[九] 考：四庫本作「貢」。

[一〇] 玉：原作「璞」，據日本藏宋刻本、明澹生堂鈔本、四庫本、傳校本改。

次韻芮漕國器憶去年上元二首 乙酉〔一〕

使節番禺重，中朝社稷臣。喜沉刁斗夜，遠布玉墀春。古寺看紅葉，報恩寺菩提葉燈最佳。蕃街試幻人。餘歡曾盡否，應記繞梁塵。

門外人隨月，窗前竹動風。老便佳節静〔二〕，病幸綠樽空。春至鴻聲北〔三〕，人遥蝶夢東。隔年詩有債，生理固知窮。

次韻廣東芮漕時聞其部中寇退而湖湘之民方避地來此 乙酉五月〔四〕

笑酌貪泉爲賦詩，凛然清節照南夷。廄空不納如羊馬，才大常嗤捕鼠貍。盗已奔秦非地險，心遲去魯只天知。愛君勤把歸鞍促〔五〕，莫待鸞旗訪具茨。

病廢壺觴懶廢詩〔六〕，漸參禪悦學希夷。志非鴻鵠寧憎燕，路怯豺狼更畏貍。節物匆匆愁裏度，人情擾擾静中知。已營二頃親臺笠〔七〕，何日三間看塈茨〔八〕。

胡季懷有詩約羣從爲秋泉之集輒以山果助筵戲作二疊 乙酉六月九日〔九〕

近詩通譜江西社，新醲纔先天下秋。已許眼中窺一豹，可容杯裏散千憂。

君家香醪蜜不如，試投桃李望瑶琚〔一〇〕。敢誇所無易所有〔一一〕，潘郎一出果盈車。

病中次務觀通判韻 乙酉九月十六日〔一二〕

老眼亂蟬翼，樂事歎何有。經年不銜盃，更暇問濡首。愛山空在山〔一三〕，擿埴詎容走。塵埃登高帽，生澀彈棋手。三年一蒲團，近者坐欲朽。朝來獨何事，乾鵲窺甕牖。開門得新詩，刮膜

〔一〕乙酉：原無，據日本藏宋刻本、明澹生堂鈔本、四庫本、傅校本補。
〔二〕節：明澹生堂鈔本作「竹」。
〔三〕北：明澹生堂鈔本作「壯」。
〔四〕乙酉五月：原無，據日本藏宋刻本、明澹生堂鈔本、四庫本、傅校本補。
〔五〕勤：明澹生堂鈔本作「曾」。
〔六〕病：傅校本作「疾」。
〔七〕營：傅校本作「尋」。
〔八〕三：傅校本作「山」。
〔九〕乙酉六月九日：原無，據日本藏宋刻本、明澹生堂鈔本、四庫本、傅校本補。
〔一〇〕桃李：《江湖後集》卷二四所引同。日本藏宋刻本、明澹生堂鈔本、四庫本、傅校本作「木桃」。
〔一一〕敢誇所無易所有：原作「敢誇所有易所無」，據明澹生堂鈔本、四庫本、《江湖後集》卷二四引改。又：「誇」明澹生堂鈔本作「將」。
〔一二〕乙酉九月十六日：原無，據日本藏宋刻本、明澹生堂鈔本、四庫本、傅校本補。
〔一三〕在：明澹生堂鈔本作「有」。

如釋負。卷舒幾百回，呼舞駭鄰友〔一〕。吾曹交以淡，悠久或采非。此味只自知，他人薄元酒。

次折仲古樞密韻寄題耒陽曹欽臣彥若藏書室〔二〕 乙酉十月八日〔三〕

讀書清净業，病亦與心違。簡蠹蟫穿字，帙藏蛛織衣。羨君傳七畧，何日款重闈。不憚浮湘去，其如失步歸〔四〕。

訪胡邦衡庭前四菊茂甚因賦二絶 乙酉十月〔五〕

大杓親分兩玉瓶，東籬手植萬金英。荒園有酒愁無菊，擬乞繁華助眼明。

揮毫曾對沈郎花，好事今同元亮家〔六〕。看即槐庭滿桃李，霜枝留與野人誇。今西省紫薇花〔七〕，沈德和植〔八〕，前句常及之〔九〕。

往蒙丘宗元紹知縣以佳句爲壽今承解印次韻贈别 乙酉十月十五日〔一〇〕

百里人人卧去輪，兒從父老季從昆。飛鳧空戀古仙伯〔一一〕，展驥難留龐士元。蟾桂影圓人欲别，驪駒歌闋客無言。太微已動哀烏色〔一二〕，應待循良欵相垣〔一三〕。

十月十七日大椿堂小集胡從周季懷以予目疾皆許送白酒彌旬不至戲成長韻 乙酉〔一四〕

畏疾甚畏威，目昏口止酒。爾來時一中，免使論薄厚。儀康業廢祀，釀具散莫糾。採藥山已焚，白酒以野草爲餅藥〔一五〕。種秫時轉後。門稀問字客，室乏借書缶〔一六〕。尚賴金石交〔一七〕，每顧貧病叟。前時相娛樂，如對疏廣受。有漿不待乞，似驗歲在酉。今日

〔一〕呼：傳校本改作「手」；友：明澹生堂鈔本、傳校本作「叟」。
〔二〕耒：明澹生堂鈔本作「來」，四庫本作「萊」。
〔三〕乙酉十月八日：原無，據日本藏宋刻本、明澹生堂鈔本、四庫本、傳校本補。
〔四〕步：明澹生堂鈔本作「走」。
〔五〕乙酉十月：原無，據明澹生堂鈔本、四庫本、傳校本補。
〔六〕元：明澹生堂鈔本作「原」。
〔七〕西省：明澹生堂鈔本、四庫本作「兩省」。
〔八〕植：日本藏宋刻本、明澹生堂鈔本、四庫本作「初植」。
〔九〕句：日本藏宋刻本、明澹生堂鈔本作「日」。
〔一〇〕乙酉十月十五日：原無，據日本藏宋刻本、明澹生堂鈔本、四庫本、傳校本補。
〔一一〕古：原刻校云：「張本作『王』。」
〔一二〕烏：四庫本、傳校本作「顔」。
〔一三〕欵：傳校本改作「擬」。
〔一四〕乙酉：原無，據日本藏宋刻本、明澹生堂鈔本、四庫本、傳校本補。
〔一五〕餅：明澹生堂鈔本、四庫本無。
〔一六〕缶：明澹生堂鈔本作「友」。
〔一七〕尚賴：明澹生堂鈔本作「向來」。

掃風軒，明日芼園蔌。白衣兩不來，往往化烏有。頗聞繼高會〔一〕，霑醉牛馬走。寧忘伐木詩，酤湑各朋友。或疑決西江，恥復餉升斗。胡不玩易象〔二〕，樽簋納吾牖。二義倘未然，諸責何爲負。君兮優阮籍，僕也減兖守。結交十五年，果可不飲否。食言能無肥，有孚乃免咎。速宜倒糟牀，走送昔與醙。勿學比舍郎，夜半招吏部。守部協音。

送七兄監廟赴南宮兼呈大兄知縣二首

乙酉十二月四日〔三〕

俊兄才學衆人知，富貴功名自有時。海運今看鵬怒擊，韶成始是鳳來儀。狀頭謾詫文階峻，榜眼常多紫綬垂。太上朝連十榜進士第二人，所歷官皆遇大魁〔四〕。家有鄭公遺笏在，一聞吉語即相貽。上世有楷笏遺訓傳登科者，今某守之，兵火以來故物惟此爾。

河梁曾誦送行篇，蝸角牛毛十五年。庚午冬某赴省，兄詩云爾。畢竟中間皆夢爾，秖今相對各蒼然〔五〕。蕭蕭暫隔連床雨，蕩蕩初行萬斛船。誰近上林看躍馬，東陽詩句定先傳。

曾英發運幹頃携二詩相過今復寄贈大篇且惠漢唐金石刻輒次前韻道謝〔六〕

乙酉十二月八日〔七〕

君家奕葉播芳聲〔八〕，室有圖書暴兩榮。詩什編成風雅頌，寶章臨偏草真行。興來文陣千軍掃，醉後談鋒一座傾。已許春風來過我，從今日日聽嚴程。

屢空不擬論錢神，多病惟思對藥臣。驟獲斷碑勝與縞，徐觀妙語可書紳。起予字字興三歎〔九〕，集古騷騷訪九垠。欲寄佳州選何物，折楊聊復和韶鈞。

贈孫次山

乙酉〔一〇〕

南澗有奇松，歲晚鬱青蒼。北隴有寒梅，同傲雪與霜〔一一〕。實大華更榮，二美乃相望。我從採樵歸，聞此百步香。不辭踐荒穢，所欣識孤芳。可玩不可折，折枝亦何傷。但恐入市門，羞薄時世妝。少須子含酸，且復成其章。味宜調鼎食，材可中虹梁。知音不難逢，會當貢明光。

〔一〕繼：明澹生堂鈔本作「斷」，當誤。
〔二〕易象：明澹生堂鈔本作「周易」，傅校本改作「易爻」。
〔三〕乙酉十二月四日：原無，據日本藏宋刻本、明澹生堂鈔本、四庫本補。傅校本作「乙酉五月四日」。
〔四〕遇：明澹生堂鈔本、四庫本作「過」，當誤。
〔五〕各：明澹生堂鈔本、四庫本作「合」，當誤。
〔六〕二詩：明澹生堂鈔本作「二首」。
〔七〕乙酉十二月八日：原無，據日本藏宋刻本、明澹生堂鈔本、四庫本、傅校本補。
〔八〕聲：日本藏宋刻本、明澹生堂鈔本、四庫本作「馨」。
〔九〕嘆：明澹生堂鈔本作「難」。
〔一〇〕乙酉：原無，據日本藏宋刻本、明澹生堂鈔本、四庫本補。
〔一一〕與：明澹生堂鈔本作「雨」，當誤。

十二月二十二日葛守送羊羔酒戲占小詩 乙酉〔二〕

馬乳三年隔大官，羊羔今日倒芳尊。淺斟低唱非吾事，醉夢惟應踏菜園。

胡邦衡送酒有酒婢之語次韻 乙酉〔三〕

侍郎情所寄，九醞屈楊枝。釀熟仍親酌，方成一段奇。

〔二〕乙酉：原無，據日本藏宋刻本、明澹生堂鈔本、四庫本、傅校本補。
〔三〕乙酉：原無，據日本藏宋刻本、明澹生堂鈔本、四庫本、傅校本補。

廬陵周益國文忠公集卷四

省齋文稿卷四

詩〔一〕 起乾道丙戌，止己丑。廬陵抵宜興，江行。

青衣道人羅尚簡論予命宜退不宜進甚契鄙心連日求詩爲賦一首 丙戌正月〔二〕

亦知磨蝎直身宮，懶訪星官與曆翁。豈有虚名望蘇子，謾令簸惡似韓公。時清早退人誰肯，命薄當閒我自通。破戒問君君會否，幾人于此不相蒙。退之云：我生之辰，月宿南斗。東坡嘗論此。僕之星辰偶同。

次韻胡邦衡二首 丙戌二月十三日〔三〕

馮翊當年助匪頒，殊方此日奉賓歡。淺斟想對銷金帳，生意重尋白玉槃〔四〕。蟻泛似緣羶足慕，海凝如得毳逃寒。十羊百榼何須辨〔五〕，試問東風可味酸。

右立春日飲羊羔酒。

姚魏紛紛殆百家，天香一出自無譁。傷多莫厭扶頭酒，貴少翻嫌滿眼花。康樂舊聞宜水竹，翰林新調帶烟霞。李白云他人之文如山無烟霞，而其《清平調》正爲牡丹作。從渠草木成新巧〔六〕，終愧吾公正且葩。

右二月十二日牡丹一花先開。

再賦羊羔酒 丙戌二月〔七〕

日日茅柴帚掃愁，羶葷暫逐富兒游。山中萬足天美禄，贉作酒材供拍浮〔八〕。

二月十五日同兄弟甥姪遊西臺次子載弟韻 丙戌〔九〕

地飲成真率，天風恕澀慳。臺臨平野迥，人對老僧閒。已是

〔一〕詩：日本藏宋刻本、明澹生堂鈔本、四庫本、傅校本作「古律詩八十五首」。

〔二〕丙戌正月：原無，據日本藏宋刻本、明澹生堂鈔本、四庫本、傅校本補。

〔三〕丙戌二月十三日：原無，據日本藏宋刻本、明澹生堂鈔本、四庫本、傅校本補。

〔四〕重尋：原刻校云：「一作『羞看』。」

〔五〕辨：明澹生堂鈔本、四庫本作「辦」。

〔六〕成：日本藏宋刻本、明澹生堂鈔本、四庫本作「呈」。

〔七〕丙戌二月：原無，據日本藏宋刻本、明澹生堂鈔本、四庫本補。

〔八〕供：原作「共」，據日本藏宋刻本、明澹生堂鈔本、四庫本、傅校本改。

〔九〕丙戌：原無，據日本藏宋刻本、明澹生堂鈔本、四庫本、傅校本補。

尋春至，仍容載月還〔一〕。郊坰有如此，能不數追攀。

頃創棋色之論邦衡深然之明日府中花會戲成二絕 丙戌二月十六日〔二〕

局勢方迷碁有色，歌聲不發酒無飲。明朝一彩定三賽〔三〕，國手秋唇雙牡丹。謂新妓李榮、李堂也〔四〕。

醉紅政不妨文飲，呼白從來要助歡。棋色應同三昧色，牡丹何似九秋丹。

二月十七日葛守錢倅出所和胡邦衡羊羔酒詩再次韻簡二公〔五〕 丙戌〔六〕

德似羊羔春共頒，政如醇酎野多歡。屬厭靖節杯中物，屢費將軍竹裹槃〔七〕。疇昔調飢惟飲濕，祇今軟飽不言寒。唱酬妍麗歸公等，自笑梅翁語帶酸。

次韻江州林黃中上巳日會邛州劉侍郎梓漕任直閣於庾樓〔八〕 丙戌〔九〕

牙旗排檻曉鳴風，樓上何人清宴同。東道主開軍府盛，西都賓共聖賢中。詞鋒永日論堅白，輦路他年記軟紅。頗念平生故人否，羽觴寂寞共談空〔一〇〕。

五月南山蛟壞民田百畝胡英彥有詩次韻 丙戌〔一一〕

旌陽昔屠蛟，勳塞天宇大。涵淹此遺種〔一二〕，千歲不悔過。良苗蔚懷新，倏作渺茫墮。懦夫愧鼻祖，無策祇愁卧。勇哉韓退之，切齒鱷爲禍。雄詞坐以逐，豈必勞刲剁。有如衛承光，怪物誰能涴〔一三〕。清泉復化土，魚鼈枯可剉。從今仕執珪，侯飛以斬蛟仕執珪〔一四〕。先已最郡課。

〔一〕容：明澹生堂鈔本作「須」。
〔二〕丙戌二月十六日：原無，據日本藏宋刻本、四庫本、傅校本補。明澹生堂鈔本繫「丙戌二月」，未言日。
〔三〕三：明澹生堂鈔本作「二」。
〔四〕李榮李堂：日本藏宋刻本、明澹生堂鈔本、四庫本作「李瑩李棠」。
〔五〕十七日：明澹生堂鈔本作「十九日」。
〔六〕丙戌：原無，據日本藏宋刻本、明澹生堂鈔本、四庫本、傅校本補。
〔七〕竹：明澹生堂鈔本、四庫本作「行」。
〔八〕漕：原刻校云：「張本作『曹』。」
〔九〕丙戌：原無，據日本藏宋刻本、明澹生堂鈔本、四庫本、傅校本補。
〔一〇〕共：原刻校云：「張本作『坐』。」按日本藏宋刻本、明澹生堂鈔本、四庫本亦作「坐」，當從。
〔一一〕丙戌：原無，據日本藏宋刻本、明澹生堂鈔本、四庫本、傅校本補。
〔一二〕涵淹：傅校本作「口涵」。
〔一三〕怪：日本藏宋刻本、四庫本作「經」。
〔一四〕侯：明澹生堂鈔本作「似」，四庫本作「倏」。

胡長彥母解氏挽詞 丙戌六月〔一〕

諼死蘭枯及老堂，翩翩丹旐逐風翔。冰間鱗躍悲餘閣〔二〕，紙上鸞迴閟古囊。年過九齡今代少，家留一桂異時芳。衰宗自恨通姻晚，不及陶家饌客觴。

橫州太守趙持挽詩 丙戌〔三〕

憶驅千騎過田間，充國年耆鬢未斑。遺事劇談蘇閣老〔四〕，君少家潁昌，能道蘇、黄門事。舊游追記玉門關。橫槎只道南通海，妖夢那知夜裂山。宿將如今幾人在，稍聽鼙鼓涕先潸。

次韻湯朝美古意二首〔五〕 丁亥閏七月〔六〕

來賓有雙鴈，峨峨漸江皋〔七〕。豈嘗謀稻粱，逝將辨卑高。乃知可爲儀，初不在羽毛。鄙哉負塗豕，蹢躅争一槽。

雲間兩鳴鶴，清聲聞去聲蘭皋。洗我蛙黽耳，興逐秋天高〔八〕。頗欲從之游，安得六翮毛。歸來三歎息，誰家鬧檀槽。

游茅山道中望岡阜西南來勢若連環既赴三茅而尾北擲馬上口占〔九〕 丁亥九月三日〔一〇〕

千峯溧陽來，勢若西南奔。遥拱三茅峯，不敢迫至尊。近三茅無山。三茅如軒懸，次序儼弟昆。正西闢夷塗，群仙之所門〔一一〕。至今下泊宫，往往彌旗旛。旛竿首加旐〔一二〕。

戲示凝神庵張椿齡 丁亥九月四日〔一三〕 椿齡時傷足，不能行。

仙師足厭踏京洛，亦復懶控茅峯鶴。遺形聊示德充符，閉目定從陳鉄脚。事見《山記》朱自英傳。

〔一〕丙戌六月：原無，據日本藏宋刻本、明澹生堂鈔本、四庫本、傅校本補。

〔二〕冰：四庫本作「水」。

〔三〕丙戌：原無，據日本藏宋刻本、明澹生堂鈔本、四庫本補。

〔四〕蘇：原刻校云：「張本作『黄』。」按日本藏宋刻本、明澹生堂鈔本亦作「黄」。

〔五〕湯朝美：明澹生堂鈔本作「湯陽美」，誤。

〔六〕丁亥閏七月：原無，據日本藏宋刻本、明澹生堂鈔本、四庫本、傅校本補。

〔七〕漸：明澹生堂鈔本作「浙」，誤。

〔八〕逐：明澹生堂鈔本作「遂」。

〔九〕北：明澹生堂鈔本作「壯」。

〔一〇〕丁亥九月三日：原無，據日本藏宋刻本補，四庫本作「丁亥九月二日」，明澹生堂鈔本、傅校本僅云「丁亥」。

〔一一〕群仙：四庫本作「群西」，明澹生堂鈔本作「郡西」。

〔一二〕旛竿首加旐：日本藏宋刻本無。

〔一三〕丁亥九月四日：原無，據日本藏宋刻本、明澹生堂鈔本、四庫本、傅校本補。

次韻溧水令李彦平清賞圖 丁亥〔一〕

俗吏才拘拘，書生志落落。均之窘几案，底處着丘壑。中山李長官，整暇非政學。庭虛吏早散，園古門頻琢〔二〕。問之何能爾，行道輕去就。誰如班孟堅，齷齪事元舅。紛紛名利場，風俗日益蠱。腰圍黄金帶，巧宦不難取〔三〕。惟有佳兒孫，未易以力致。君看房杜輩，勳業照文字。徐勣尚笑之，垂誡甚切至。何如遺清白，世有賢者類〔四〕。詩書聞過庭，杖屨奉安步。邑人争指似，玉立稱祖父。豈惟慰眼前，門户賴不仆。翁乎復何憂，弦歌樂朝暮。

蕪湖宰沈約之端節惠詩編次韻爲謝〔五〕

丁亥九月二十日〔六〕

令君到處即文場〔七〕，未怕簿書期會忙。神術有時朝賜履，賡歌無路贊垂裳。彭州篇什元飛動，工部交游更老蒼。自古詩人貴磨琢，試看淇澳詠文章。

池陽四詠 丁亥〔八〕

夜泊清溪弄水亭，棹謳徐起月華明。水晶宫畔西湖上〔九〕，除却兩邦無此清。右弄水亭。

天遣江山助牧之，詩材猶及杜筠兒。向來稍喜唐風集，今信樊川是父師。右杜荀鶴林〔一〇〕。

君集城樓望九峯，我能偏踏九芙蓉。飛雲捲雨輪賢守，透月穿天乞老農。右九華樓。

地占齊山最上頭，州城宛在水中洲。婉蜒正作長虹墮，吸住江河萬里流。右翠微亭。

再登翠微亭和同年湯平甫知縣二首 丁亥九月二十三日〔一一〕

上清別殿舊通明，仙聖飛騰户不扃。出郭尚疑窗列岫，絶堤始露嶽真形。堤盡循水而觀，石骨層出，山形在此。奇奇怪怪無非洞，

〔一〕丁亥：原無，據日本藏宋刻本、明澹生堂鈔本、四庫本、傅校本補。

〔二〕門：傅校本改作「鳥」。明澹生堂鈔本作「向」。

〔三〕難：原作「能」，據日本藏宋刻本、四庫本、傅校本改，明澹生堂鈔本作「敢」；又「宦」字，日本藏宋刻本、明澹生堂鈔本作「官」。

〔四〕世：明澹生堂鈔本作「亡」。

〔五〕謝：明澹生堂鈔本作「詩」。

〔六〕丁亥九月二十日：原無，據日本藏宋刻本、明澹生堂鈔本、四庫本、傅校本補。

〔七〕令：四庫本作「今」。

〔八〕丁亥：原無，據日本藏宋刻本、明澹生堂鈔本、四庫本、傅校本補。

〔九〕畔：日本藏宋刻本、明澹生堂鈔本作「伴」。

〔一〇〕林：原作「村」，日本藏宋刻本、明澹生堂鈔本、四庫本作「長林」，今據改爲「林」，「長」字疑衍文。

〔一一〕丁亥九月二十三日：原無，據日本藏宋刻本、明澹生堂鈔本、四庫本、傅校本補。

下下高高總可亭。但把醺酣酬絶景，天風吹面徑須醒。

相君早日翼天飛，晚落江湖罪以微。好事一時開翠壁，佳名千古記黄扉。王晳山記云：或謂因唐刺史齊映得名。予觀映傳及池州題名，映未嘗爲刺史。而裴度所作壁記但有倉部郎中齊君，又在元和四年，非映甚明。而映罷相後嘗歷江西觀察使，池舊隸江西，則此山以映得名不爲無據，特不當言刺史耳。朝游要及鵶翻樹，夕返何妨螢濕衣。更得湯休奇絶句，後來誰憶謝玄暉。

登九華山化城峰 丁亥九月二十九日〔一〕

攀蘿度險捷猱猿，石角鉤衣屨盡穿。莫訝遠尋金地藏，也曾徐步玉階前。

登龜山 同前〔二〕

注坡緣壁化城中，客愠奴嗔我亦慵。及至龜山還一上，爲憐高閣對雙峯。

贈崇壽寺僧善修 同前〔三〕

老僧九十視眈眈，二十年來不下山。我得九華充法供，亦能禁足老山間。

游雲光寺李提舉庚領客將至留二小詩

來如負弩先，去爲乘驄避。江祖一片石〔四〕，留伴幽人醉。

作者正七人，賓主七人〔五〕。飲中空八仙。長齋詎容醉，晉也合逃禪。

泛清溪至玉鏡潭 丁亥十月一日〔六〕

清溪水色勝如藍〔七〕，祖石移舟下鏡潭。妙絶畫屏并碧玉，謫仙不見與誰談。

〔一〕丁亥九月二十九日：原無，據日本藏宋刻本、明澹生堂鈔本、四庫本、傅校本補。
〔二〕同前：原無，據日本藏宋刻本、明澹生堂鈔本、四庫本、傅校本補。
〔三〕同前：原無，據日本藏宋刻本、明澹生堂鈔本、四庫本補。
〔四〕祖：四庫本作「頭」，清黄丕烈校明鈔本作「左」。
〔五〕賓主：四庫本作「主賓」。
〔六〕丁亥十月一日：原無，據日本藏宋刻本、明澹生堂鈔本、四庫本、傅校本補。
〔七〕如：原刻校云：「張本作『於』。」按日本藏宋刻本、明澹生堂鈔本亦作「於」。

望皖公山 丁亥十月十三日〔一〕

太婆嶺獨高秋浦，皖公山正望龍舒。端如牛女隔天漢，不似彭郎近小姑。

遊廬山佛手巖雪霽望南山 丁亥十月二十三日〔二〕

十日頑陰不見山，山中一夜雪封菴。伊予的有尋山分，日照北山雲在南〔三〕。

遊廬山弔大林 同前〔四〕

上盡諸峯地轉平，天低雲近日多陰。古來南北通雙徑，此去東西敞二林。虞世南碑從泯沒，白居易序合推尋。匡廬第一真僊境，忍使如今遂陸沉。

天池觀文殊燈 同前〔五〕

代馬腥膻暗五臺，南方世界且徘徊。一燈別是真知識，不用奔波學善財。

贈棲賢藏主可昇 眉州人，與予同庚。丁亥十月二十六日〔六〕

我比同年百不能，只餘霜鬢愧師兄。慇懃覓句無言說，共撥寒灰聽水聲。

游廬山舟中賦四韻 丁亥十月二十八日〔七〕

南北周廬阜〔八〕，東西偏九華。宴安無酖毒，痼疾有烟霞。淡薄村村酒，甘香院院茶。馳驅君莫厭，此出勝居家。

〔一〕丁亥十月十三日：原無，據日本藏宋刻本、明澹生堂鈔本、四庫本、傅校本補。

〔二〕丁亥十月二十三日：原無，據日本藏宋刻本、明澹生堂鈔本、四庫本、傅校本補。

〔三〕原刻詩後校云：「案：知聖道齋本誤以《題楊圖南秀野堂詩》移置此首之後，依翰院本校刪。」

〔四〕同前：原無，據日本藏宋刻本、明澹生堂鈔本補。

〔五〕同前：原無，據日本藏宋刻本補。

〔六〕丁亥十月二十六日：原無，據日本藏宋刻本、明澹生堂鈔本、四庫本、傅校本補。

〔七〕丁亥十月二十八日：原無，據日本藏宋刻本、明澹生堂鈔本、四庫本、傅校本補。

〔八〕周：四庫本作「同」。

陳宰有詩來迎次韻 丁亥十一月十九日〔一〕

沿泝江湖樂有餘，慆慆何必歎東徂。賞心到處窮佳境，好事逢人得異書。風浪送帆時一快，魚龍潛穴不須驅。歸來正使無泥洗，合壓香醪作歲除。是行徧歷三茅、九華、匡廬、西山，又獲書籍碑刻甚富〔二〕。

七兄以詩相迎次韻 丁亥十二月三日〔三〕

昔作怱怱去，今成緩緩歸。江山苦招隱，鷗鷺信忘機。已分漁舟老，還思鴈序飛。天公知客意，帆飽水生肥〔四〕。

走筆次七兄韻戲奉新新莊 丁亥十二月五日〔五〕

臘月更兼逢臘日，滿江飛雪兆豐年。從兄預借南昌米，多釀新醪醉樂天。

次韻胡邦衡相迎 丁亥十二月〔六〕

路逢驛使嶺頭回，喜得新詩勝得梅。情似春風繰楚柳〔七〕，句如臘雪屑韓瑰。祇今皇側求賢席，底事公銜樂聖杯。台路六符行復煥，丹心一寸未應灰。

向以書戲邦衡云某自廬山游西山當就迎公召節今邦衡有詩督此語不驗次韻〔八〕 丁亥十二月三日〔九〕

慧遠遥同社〔一〇〕，洪崖近拍肩。松枝年紀萬，棐實歲踰千。天池在廬山絶頂，有萬年松。香城在西山絶頂，有千年棐〔一一〕。徑欲通天漢，忙因櫂酒船。帥漕附致厨醞四十尊，寄邦衡。香城均一握，易地即皆然。邦衡所居亦曰香城山〔一二〕。

〔一〕丁亥十一月十九日：原無，據日本藏宋刻本、明澹生堂鈔本、四庫本、傅校本補。

〔二〕甚：日本藏宋刻本作「頗」。

〔三〕丁亥十二月三日：原無，據日本藏宋刻本、明澹生堂鈔本、四庫本、傅校本補。

〔四〕飽：明澹生堂鈔本作「影」。原刻詩後校云：「案：知聖道齋本誤移後四句入《題楊圖南園亭詩》，依翰院本校正。」

〔五〕丁亥十二月五日：原無，據日本藏宋刻本、明澹生堂鈔本、四庫本補。

〔六〕丁亥十二月：原無，據日本藏宋刻本、明澹生堂鈔本、四庫本補。傅校本「十二月」作「十一月」。

〔七〕楚：四庫本作「緑」。

〔八〕召：原刻校云：「張本作『右』。」按明澹生堂鈔本作「石」，當誤。

〔九〕丁亥十二月三日：原無，據日本藏宋刻本、明澹生堂鈔本、四庫本、傅校本補。

〔一〇〕慧：原刻校云：「張本作『惠』。」

〔一一〕千年：日本藏宋刻本、明澹生堂鈔本、四庫本作「千歲」。

〔一二〕所：四庫本作「新」。

次韻張安國二首 并序　丁亥〔一〕

連歲遠出，近方拜觀安撫待制舍人送李乘將仕〔二〕。詩中有見及語，次韻二首。其一賀轉運直閣新命，其一上塵棨戟。

往時渡長蘆，行役甚迫束。忽逢萬人傑，大勝十年讀。升沉既日異，歲月空電速。公乎國元龜，用捨興替卜。如何白玉堂，僾直不滿宿。共惟中興主，志掃伊吾北。寧容廊廟具，尚賦諸侯祿。相茵朝以登，胡騎夕可逐。斯民補瘡痏〔三〕，郡縣寬金穀〔四〕。重將大手筆，繼鏤泰山玉。唐封禪燕公文。

子房思赤松，冠掛帶不束。高風動縉紳，盛事争誦讀。向來進匪鋭，今退那得速。皇帝六載冬，熏燎郊再卜。均釐際蓋壤，賚予首耆宿。煌煌舊使星，密映紫微北。要令對青黎，聊復寓天祿。人言驥雖老，萬馬未易逐。方爲帝者師，敢請罷辟穀。魯公從周公，榮哉佩聯玉。

致政楊圖南扶僉判惠園亭石刻來索惡語寄題四首 戊子〔五〕

七十歸休古亦稀，誰瀕四十掛朝衣。天如不發湖山閟，林下真無一士歸。

不向山林不背村，清江東畔邑東門。雨餘徐步看山罷，植杖沙邊試水痕。右湖山亭〔六〕。

一見堂名憶豫州，豈知身在楚江頭。主人久享園中樂，晚歲宜先天下憂。

有竹無花山澤癯，有花無竹雪肌膚。洛陽城裏花連竹，迂叟規模定不迂。右秀野堂〔七〕。

次韻楊文發承議 戊子正月〔八〕

才思春江下瀨船，腹藏經笥更便便。坐觀林谷升初日，吟到雲山合暮烟〔九〕。憶昨傾囊携過我，知君得句總堪傳。古來虛誕相如賦，枉使劉郎意欲仙。

〔一〕并序丁亥：原無，據日本藏宋刻本、明澹生堂鈔本、四庫本、傅校本補。

〔二〕仕：原刻校云：「張本作『士』。」按明澹生堂鈔本、四庫本亦作「士」。

〔三〕痏：四庫本作「痍」。

〔四〕金：四庫本作「錢」。

〔五〕戊子：原無，據日本藏宋刻本、明澹生堂鈔本、四庫本補。

〔六〕湖山亭：明澹生堂鈔本、四庫本在二詩前，爲小標題。原刻校云：「案：翰院本無第二首。」

〔七〕秀野堂：明澹生堂鈔本、四庫本在二詩前，爲小標題。原刻校云：「案：知聖道齋本誤移《七兄以詩相迎次韻》後四句置此，以此首移作《過盧山雪霽望南山》第二首，依翰院本校正。」

〔八〕戊子正月：原無，據日本藏宋刻本、明澹生堂鈔本、四庫本、傅校本補。

〔九〕合：傅校本改作「向」，明澹生堂鈔本作「何」，當亦「向」之形誤。

樂順之司理用楊韻贊予去歲江行遊山之樂再次韻 戊子正月〔一〕

遡洄險過峽中船，賴有名山寄静便。丘壑遂將從栗里，功名何敢夢凌烟〔二〕。吾賢才術今誰敵，野老風流未可傳。趁取桃花日千里，蓬萊方丈會群仙。君將順流造朝。

寄題太和陳氏益龜堂 戊子正月十三日〔三〕

講堂昔日飛三鱣，學館如今益十龜。文字之祥君勿卜〔四〕，明年春榜印纍纍。

次韻樂順之司理新釋花權及上元不張燈二絶句 戊子正月〔五〕

一自樂卿司樂籍，夭桃穠李鬬詩張。陰成却落他人手，始悟分廂作法凉。

天闕華燈亦有情，知君新不顧傾城。遥憐擁被哦詩句，却遣隋珠照夜明。

信國太夫人慕容氏挽詞二首 戊子八月〔六〕

門地榮聽履，夫家世夢松。初終無一欠，見張籍詩。富貴有三從。疾愈龍宮藥，恩加象服封。乘鸞期忽至，談笑返仙峯。夫人去秋屬疾，上賜藥而愈〔七〕，旋啟國封。今聞無病薨〔八〕。

早慕闞游識〔九〕，曾饕截髮餐〔一〇〕。升堂乖宿約，禊洛罷榮觀。女史新彤管，宗臣泣素冠。哀榮誰可擬，嘉祐富之韓。

胡邦衡相過賞金鳳許詩未送邦衡復作木犀會二花殆是的對偶成四韻〔一一〕 戊子八月〔一二〕

身閑端合醉秋光，兩地名花况並芳。金作鳳形如許巧，木成犀理若爲香。鬢頭自笑辜釵色，沙面誰知識帶黄。莫閉詩壇偃旗

〔一〕戊子正月：原無，據日本藏宋刻本、明澹生堂鈔本、四庫本、傅校本補。
〔二〕夢：原刻校云：「張本作『望』。」
〔三〕戊子正月十三日：原無，據日本藏宋刻本、明澹生堂鈔本、四庫本補。
〔四〕祥：明澹生堂鈔本、傅校本作「神」。
〔五〕戊子正月：原無，據日本藏宋刻本、明澹生堂鈔本、四庫本、傅校本補。
〔六〕戊子八月：原無，據日本藏宋刻本、四庫本補。
〔七〕上：明澹生堂鈔本、四庫本無。
〔八〕病：傅校本作「疾」。
〔九〕慕：清黄丕烈校明鈔本作「暮」。
〔一〇〕髮：明澹生堂鈔本作「去」。
〔一一〕四：四庫本無。
〔一二〕戊子八月：原無，據日本藏宋刻本、明澹生堂鈔本、四庫本、傅校本補。

鼓〔一〕，天生的對欠平章。

鹿鳴宴坐上次錢守韻　戊子十月七日〔二〕

制舉巍科世有賢，聞孫傳業中興年。貢才合益諸侯地，寵餞真開刺史天。有弟已容持布鼓，無能仍許鬻梔鞭〔三〕。太平故事西崑體，指日皇都萬口傳。

魯季欽少卿安序堂次朱希真韻〔四〕　戊子〔五〕

行藏本同塗，明哲遇輒安。畎畝道可樂，肯思負鼎干。膰肉倘愛禮，豈遽涉汶川〔六〕。大哉天地準，笑汝士女耽。丈人三吳秀，此理久已參。緬懷洛京老，知音賞英咸。佳名表棟宇，妙語來江山。至今編簡香，不謂室有蘭。君看爲邦問，正在簞瓢間。閱世從川流，如愚安石磐。聖門惟若人，始可語易占。不見繫辭中，巋然特書顔〔七〕。

邦衡置酒出小鬟予以官柳名之聞邦衡近買婢名野梅故以爲對　戊子十一月〔八〕

濁水難攀清路塵，偶曾先後掌絲綸。歸來久侍茵憑舊，至後初逢梅柳新。湖水欹斜應有意，東坡詩：日出冰湖水散花，野梅官柳新欹斜。春光漏洩不無因。絳帷幸許天荒破，日日當爲問道人。

楊昌英宗示性説次韻爲謝　戊子十一月〔九〕

聖學榛蕪欠掃除〔一〇〕，誠齋刻意紹淵輿。羊岐自昔迷多徑，鷄甕從今識廣居。西洛窮源談近似，南宗投隙説真如。早知大道容方軌，何用危塗轉棧車。

再次韻送楊昌英赴麻陽宰　戊子〔一一〕

未結絢絲侍玉除〔一二〕，聊紓墨綬奉安輿。諸君相尚耻爲令，明府何妨大所居。歲美莫憂君不足，日長當念民無如。玉牀箭鏃

〔一〕閗：清黄丕烈校明鈔本作「問」。
〔二〕戊子十月七日：原無，據日本藏宋刻本、明澹生堂鈔本、四庫本、傅校本補。
〔三〕鬻：傅校本作「市」。
〔四〕魯：傅校本作「曾」。
〔五〕戊子：原無，據日本藏宋刻本補。
〔六〕涉汶：明澹生堂鈔本作「步文」。
〔七〕特：明澹生堂鈔本、傅校本作「讀」，四庫本作「獨」。
〔八〕戊子十一月：原無，據日本藏宋刻本、明澹生堂鈔本、四庫本、傅校本補。
〔九〕戊子十一月：原無，據日本藏宋刻本、明澹生堂鈔本、四庫本、傅校本補。
〔一〇〕除：清黄丕烈校明鈔本作「際」。
〔一一〕戊子：原無，據日本藏宋刻本、明澹生堂鈔本、四庫本、傅校本補。
〔一二〕絢：四庫本作「綸」。

何勞寄，只願章交使者車。

胡季懷惠六出梅一枝仍枉絶句率然次韻勿笑拙速 戊子〔一〕

怪底雪花今歲少〔二〕，東君聚巧入壺春。老夫只學龜藏六，未羡梢頭首面新。

夜夢次陳立夫韻 戊子十二月初八日〔三〕

慣伴山僧汲澗泉，懶隨年少夢游仙。風流輸與賢兄弟，朱閣臨風教李娟。非想所及，不可曉也。

七兄夜以小詩相戲走筆和韻〔四〕 戊子十二月十九日〔五〕

小蠻未解囀鶯簧，鑿壁偷分富燭光。不是龐公靈照女，誰人爲作起予商。隨兒三歲能謳。

戊子歲除以糲代酒送邦衡邦衡有詩見戲仍送牛尾貍次韻

先生豈比習池徒〔六〕，薄醞仍慙校尉厨。獻糲聊將追粔籹，餔糟只欲伴屠酥〔七〕。削肌知自何人手，灌頂疑嘗釋氏醐。必許尋花兼問柳，敢辭挈榼更提壺〔八〕。來詩有「尋花柳」之句。

邦衡再送二詩一和爲甚酥二和牛尾貍〔九〕

己丑正月十日〔一〇〕

金谷烹煎豈我徒，磨舂争語夜闌厨。六年不賜湯官餌，除日猶分刺史酥。是日錢守送酥，故用東坡謝泗守故事。小惠無多真畫餅，大篇有味勝清醐。遥知發冪烘堂處，不見蒸鵝只瓠壺。

追跡猶應怨獵徒，截肪何敢恨庖厨。鱠鱸湖上休誇玉，煮豆瓶中未是酥。伴食偏宜十字餅，先驅正賴一巵餬。却因玉面新名字，腸斷元正白獸壺。牛尾貍一名玉面貍。

〔一〕戊子：原無，據日本藏宋刻本、明澹生堂鈔本、四庫本、傅校本補。
〔二〕雪：原作「靈」，原刻校云：「張本作『梅』。」今據日本藏宋刻本、明澹生堂鈔本、四庫本、傅校本改。
〔三〕戊子十二月初八日：原無，據日本藏宋刻本、明澹生堂鈔本、四庫本、傅校本補。
〔四〕夜：原無，據日本藏宋刻本、明澹生堂鈔本、四庫本、傅校本補。
〔五〕戊子十二月十九日：原無，據日本藏宋刻本、明澹生堂鈔本、四庫本、傅校本補。
〔六〕池：傅校本作「家」。
〔七〕酥：四庫本、傅校本作「蘇」。
〔八〕挈：明澹生堂鈔本、四庫本作「提」。
〔九〕詩：明澹生堂鈔本、四庫本作「首」。
〔一〇〕己丑正月十日：原無，據日本藏宋刻本、明澹生堂鈔本、四庫本、傅校本補。

後兩日大雪邦衡復用前韻作窮語戲和

己丑正月十一日〔一〕

天憐寓客混緇徒，十日無烟香積厨。暮雪故教投碎米，饞涎那更忍流酥。旃毛齧盡寒生粟，風絮吟時韻怕醐。誰似維摩坐芳縟，散花別是一方壺。

己丑二月七日雨中讀漢元帝紀效樂天體

昭君顔如花，萬里度鷄漉。古今罪畫手，妍醜亂羣目。誰知漢天子，袨服自列屋。有如公主親，尚許穹廬辱。况乃嬪嬙微，未得當獯鬻。奈何弄文士，太息争度曲。生傳琵琶聲，死對青塚哭。向令老後宫，安得載簡牘。一時抱微恨，千載留賸馥〔二〕。因嗟當時事，賢佞手反覆〔三〕。守道蕭傅死，效忠京房戮。史臣一張紙，此外誰復録。有琴何人操，去聲。有塚何人肅。重色不重德，聊以砭世俗。古今賦昭君曲，雖大賢所不免，僕矯其説，無乃過乎。

楊文甫主簿頃惠佳篇今赴松溪次韻送別

己丑二月〔四〕

投林倦羽久知還〔五〕，尚客君家伯仲間。入市每嫌妨杖履〔六〕，臨岐那忍問河山。家聲好在金陵簿，謂楊於陵也。人物争看玉筍班。他日銀黄夸里後，不妨徐伴野夫閑。

錢守青原瑞靄圖

己丑　夏旱得雨，有獻此圖者

青原臺成知幾春，倚欄但愛江山新。那知遇事發奇秘，使君着眼惟憂民。魯臺當年有故事，首驗雲黄期歲美。鳳翔仙伯記新亭，不志游觀名雨喜。紛紛烟靄何足祥，豐年上瑞不可忘。江頭白粲連萬檣，賸與官家實太倉。

胡邦衡生日以詩送北苑八銙日注二瓶

己丑三月六日〔七〕

賀客稱觴滿冠霞，樓名。懸知酒渴正思茶。尚書八餅分閩焙，主簿雙瓶揀越芽。見梅聖俞《謝宣城主簿》詩。妙手合調金鼎鉉，清

〔一〕己丑正月十一日：原無，據日本藏宋刻本、明澹生堂鈔本、四庫本、傅校本補。
〔二〕載：日本藏宋刻本、明澹生堂鈔本、四庫本、傅校本作「古」。
〔三〕手反：日本藏宋刻本作「反乎」。
〔四〕己丑二月：原無，據日本藏宋刻本、明澹生堂鈔本、四庫本、傅校本補。
〔五〕羽：日本藏宋刻本、明澹生堂鈔本、四庫本、傅校本作「翼」。
〔六〕履：原刻校云：「張本作『屨』。」按日本藏宋刻本、明澹生堂鈔本、四庫本亦作「屨」。
〔七〕己丑三月六日：原無，據日本藏宋刻本、傅校本補。明澹生堂鈔本、四庫本作「己丑六月二日」。

風穩到玉皇家。明年敕賜宣臺餽〔一〕，莫忘幽人賦葉嘉。

邦衡再和再次韻　己丑六月六日〔二〕

金華絶出氣淩霞，不愧君王坐賜茶。講讀罷，例賜茶一甌。商嶺烹來思舊樣〔三〕，王元之詩云：「樣標龍鳳號題新，賜得還因作近臣。烹處豈期商嶺水，碾時空想建溪春。香於九畹芳蘭氣，圓似三秋皓月輪。愛惜不嘗惟恐盡，除將供養白頭親〔四〕。」洛泉煎處歎新芽。唐劉言史《與孟郊洛北野泉煎茶》詩云：「粉細越筍芽。」詩評未怕人生瘦，鹽濟惟防賊破家。臏欲蒼生蘇息否，剛嚴須是相王嘉〔五〕。

邦衡姪季懷亦惠二詩再次韻二首一頌其叔姪之美一解季懷生日不送茶之嘲　同前〔六〕

竹林終日醉流霞，下客窮空祇庀茶。更欲打門奴酪粥，何殊斂手捧薑芽。賜金指日揮疏傅，盛饌常時設謝家。用晉陸納撻姪事戲季懷。莫爲唱酬供一笑，從今便廢爾殺嘉。

蕭散玄真吏少霞，樵青日日爲煎茶。謂迎恩祖。莫因閩粵臯蘆葉，却厭神仙手掌芽〔七〕。竹户勝棋非我事〔八〕，季懷八月四日生。菊潭試水是君家。不須更酹蘋洲家，世以詩鳴句自嘉〔九〕。

季懷設醴且示佳篇再賦一章以酬五次前詠〔一〇〕　己丑六月八日〔一一〕

卯飲高樓徹暮霞，絶勝茅屋己公茶〔一二〕。篛包句好逢真賞，荷葉甌深稱嫩芽〔一三〕。詩老坐中容我輩，朝賢乞處藉吾家〔一四〕。詩

〔一〕賜：原作「使」，據明澹生堂鈔本、四庫本改。

〔二〕己丑六月六日：原無，據日本藏宋刻本、明澹生堂鈔本、四庫本、傅校本補。

〔三〕烹：四庫本作「剪」。

〔四〕「水」至「除將供養白頭親」，原作「雪，採時猶想北溪春」，據四庫本、《宋詩鈔》卷五八及王禹偁《小畜集》卷八《龍鳳茶》改補。

〔五〕須：原刻校云：「張本作『正』。」

〔六〕同前：原無，據日本藏宋刻本、明澹生堂鈔本、傅校本補。四庫本作「同上」。

〔七〕手掌：日本藏宋刻本、四庫本作「掌上」。明澹生堂鈔本作「□掌」。

〔八〕户：明澹生堂鈔本作「塢」。四庫本無此字，於「竹」字上注云：「闕。」

〔九〕鳴：原刻校云：「張本作『名』。」

〔一〇〕醴：明澹生堂鈔本、傅校本作「酒」。又日本藏宋刻本、明澹生堂鈔本、四庫本無「次前」二字。

〔一一〕己丑六月八日：原無，據日本藏宋刻本、明澹生堂鈔本、四庫本、傅校本補。

〔一二〕公：傅校本作「供」。

〔一三〕荷：明澹生堂鈔本作「茶」；稱：傅校本作「趂」。

〔一四〕吾：原作「君」，據日本藏宋刻本、明澹生堂鈔本、四庫本、傅校本、《宋詩鈔》卷五八改。

來屢引歐公茶詩〔一〕，故用翁包、詩老事。孟郊《憑周况于朝賢乞茶》詩云：「越甌荷葉空〔二〕。」從來佳茗如佳什，屢酌親烹味轉嘉〔三〕。

尚長道見和次韻二首 己丑〔四〕

詩成蜀錦粲雲霞，宮樣宜嘗七寶茶〔五〕。壓倒柳州甘露飲，子厚茶詩，猶同甘露飲。洗空梅老白膏芽。聖俞茶詩，春芽研白膏。睡魔豈是驚軍將，茗戰都緣避作家。怪底清風失炎暑，朝來吉甫誦柔嘉。連日雨涼。

鍾山處士映高霞，止酒惟親睡起茶。遠向溪邊尋活水，閒于竹裏試陽芽。一鷗休問帝前席，七椀且同僧在家。所愧叔孫無五善，若爲重拜晉君嘉。

頃嘗夢至善生院賦詩一聯己丑七月十三日因遊續成一絶

門外千竿竹繞牆，清風終日注回廊。五年未續夢中夢，得得來追三伏涼。

七月十五日邦衡用前韻送薰衣香二貼次韻爲謝 己丑〔六〕

天香猶帶曳裾霞，銀合行參到闕茶。故事：召用兩府將到闕，中使賜銀合茶藥及香〔七〕。賸馥猶霑吾臭味〔八〕，普薰聊發善萌芽。心清此去誇僧舍，意可由來出內家。乞與博山添正氣〔九〕，嶃巖曾辱更生嘉。劉向《薰爐銘》云：嘉此正氣，嶃巖若山。

胡渙季亨示壽詩二首十月二十五日因其生日次韻答之 己丑〔一〇〕

諸父聲名塞兩間，圭分青白轂朱丹。莫年勛業心方壯，前日姦諛骨尚寒。謂邦衡。聞道秋官還簡擢，謂從周。獨憐處士失榮觀〔一一〕。謂廉夫。如今喜見當家子，應賦忠州此日歡〔一二〕。

〔一〕詩來：日本藏宋刻本、明澹生堂鈔本、四庫本作「來詩」，義長。
〔二〕荷：原作「花」，據日本藏宋刻本、明澹生堂鈔本、四庫本、《宋詩鈔》卷五八、《孟東野詩集》卷九改。
〔三〕親烹：四庫本、《宋詩鈔》卷五八作「親朋」，日本藏宋刻本、明澹生堂鈔本作「新烹」。
〔四〕己丑：原無，據日本藏宋刻本、明澹生堂鈔本、四庫本、傅校本補。
〔五〕宜：原作「新」，據日本藏宋刻本、明澹生堂鈔本、四庫本、傅校本及《宋詩鈔》卷五八改。
〔六〕己丑：原無，據日本藏宋刻本、明澹生堂鈔本、四庫本、傅校本補。
〔七〕藥：原作「葉」，據明澹生堂鈔本、四庫本、傅校本及《宋詩鈔》卷五八改。
〔八〕猶：日本藏宋刻本、明澹生堂鈔本、四庫本、傅校本及《宋詩鈔》卷五八作「欲」。
〔九〕博：原刻校云：「一本作『北』」，誤。
〔一〇〕己丑：原無，據日本藏宋刻本、明澹生堂鈔本、四庫本、傅校本補。
〔一一〕榮：原刻校云：「張本作『崇』。」
〔一二〕忠：原刻校云：「張本作『中』。」

杲杲朝曦正在東，文心詩耳一時聰。學當鼎盛猶無敵，才過頣期想更工。此去宦游談笑裏，後來家慶畫圖中。俾昌俾艾詩人事，不似荒虛漢少翁〔一〕。

後學爭欹雨後巾，前賢久澤霧中文。韋郎勉力追三傑，他日人還傚五雲。

紫竹 己丑〔二〕

曾到蓬山驗異聞，浮筠翻動雪披紛。紫莖緑葉騷人句，不在秋蘭在竹君。《拾遺記》：蓬山有浮筠之幹，葉青莖紫，下有砂礫細如粉，暴風至，竹條翻起，拂細砂如雪霰。

青紫從來豈一端，要看同傲折膠寒。若將間色思方節〔三〕，圓竹應須斬萬竿。

武岡太守羅棐恭挽詞二首〔四〕 己丑十一月〔五〕

富貴由身致，廉勤守自然。常珍惟脱粟，老伴只殘編。天已償高壽，人猶望百年。千車會葬者，誰問大夫賢。

憶昨登門日，蟠齋擁夜爐。疾姦頻齽齘，悼往一喑嗚。激烈看前輩，疲庸愧小儒。英靈那戢木〔六〕，尚想亢狂胡。

萬安韋邦彥字俊臣攜王民瞻楊廷秀謝昌國絶句相過次韻勉之 己丑十一月十日〔七〕

盧溪筆力透天心，楊令文追正始音。更讀池塘惠連句，識君何待接清襟。

陳平叔相從四年文行粹然臨分惠詩有立身行道之問敢用陽司業勉學者之意次韻爲贈 己丑十二月〔八〕

好因輪斲悟觀書，莫守筌蹄覓兔魚。華嶽登來卑步仞，滄溟浮罷眇支渠。命窮且戲娛親綵，道合須牽奉詔裾。此外文章真小技，未應傾慕蜀相如。

〔一〕少翁：原闕，據日本藏宋刻本補。
〔二〕己丑：原無，據日本藏宋刻本、明澹生堂鈔本、四庫本、傅校本補。
〔三〕節：原作「竹」，據日本藏宋刻本、明澹生堂鈔本、四庫本改。又「若將間色思方竹」下，原刻校云：「翰院本作『若輕間色思方節』」。按日本藏宋刻本、明澹生堂鈔本、四庫本亦作「若輕間色思方節」。
〔四〕二首：原無，據日本藏宋刻本、明澹生堂鈔本、四庫本、傅校本補。
〔五〕己丑十一月：原無，據日本藏宋刻本、明澹生堂鈔本、四庫本、傅校本補。
〔六〕戢木：原刻校云：「張本作『戩木』。」
〔七〕己丑十一月十日：原無，據日本藏宋刻本、明澹生堂鈔本、四庫本補。
〔八〕己丑十二月：原無，據日本藏宋刻本、明澹生堂鈔本、四庫本、傅校本補。

贈黄格非

詩社飄零二十年，春官老子復登仙。謂曾吉甫。豫章幸有横枝在，好覓鸞膠續斷絃。

廬陵周益國文忠公集卷五

省齋文稿卷五

廬陵 臨安

詩〔一〕 起乾道庚寅，止淳熙甲午。

送梁山長老智顯 庚寅〔二〕

秦人溪畔漢人山，萬木參天六月寒。寫向湯休詩集裏，老夫要作畫圖看。

丘成之司理明遠閣二首 庚寅三月四日〔三〕

榜題聊復借揚雲，千古行藏本自明。此閣定非天禄閣，肯因寂寞便輕生。

家傳秘籍慕班斿，有子當追嗣與彪。好事一瓻如許借，樓前百榼果爲丘。君家藏書五世矣。

奉新宰楊廷秀携詩訪別次韻送之〔四〕 庚寅三月二十一日〔五〕

誠齋詩名牛斗寒，上規大雅非小山。向來志氣薄黃散，忽爲五斗輟萬卷。兒童笑君非良圖，丈夫出處寧知渠。吴公適爲南州起，昔日河南今在此。好賢薦士任以身，門下賈生子其人〔六〕。鄙夫料事倘不誤，早寄重脩滕閣句。吴明可帥豫章方修滕王閣，故及之。

五月三日遊簡寂食甜苦笋知觀歐陽齊年求詩 庚寅〔七〕

疏食山間茶亦甘，况逢苦笋十分甜。君看齒頰留餘味，端爲森森正且嚴。

去夏邦衡胡侍郎生日嘗因茶詩致善頌其語果驗再賦一篇爲大用長生之祝且求賜茗作潤筆 庚寅六月 崑山發〔八〕

壽杯又是酌流霞，醉眼還醒講殿茶。舉世盱謠思舊德，隔年詩讖託新芽。漢帷果慶登三傑，胡幕何愁不一家。賜也多言如屢

〔一〕詩：明澹生堂鈔本、四庫本、傅校本作「古律詩五十六首」。
〔二〕庚寅：原無，據明澹生堂鈔本、四庫本、傅校本補。
〔三〕庚寅三月四日：原無，據明澹生堂鈔本、四庫本、傅校本補。
〔四〕此詩題，傅校本作「奉新宰楊廷秀携詩訪別乃次其韻送之登途」。
〔五〕庚寅三月二十一日：原無，據明澹生堂鈔本、四庫本、傅校本補。
〔六〕子：四庫本作「予」。
〔七〕庚寅：原無，據明澹生堂鈔本、四庫本、傅校本補。
〔八〕庚寅六月崑山發：原無，據明澹生堂鈔本、四庫本、傅校本補。

中，合分龍餅示旌嘉。

秘閣簷摧李監仁甫得湖北漕用温公故事作小詩送之　庚寅七月〔一〕

臺門屋壞中丞去，秘閣簷摧少令歸。賴有温公遺事在，故應早晚入黃扉。

昨以清醇之酒爲邦衡侍郎壽乃蒙惠詩且約深秋清集至時侍郎當捨芙蓉而面三槐某已歸醉東籬悠然見南山矣次韻爲謝　庚寅七月　臨安侍對〔二〕

觚稜回首六經春，重挈荷囊上要津。桑下未忘三宿戀，柳邊仍喜一番新。復居舊宅，然芙蓉豈若楊柳腰肢耶？即開東閣招奇士，快與西湖作主人。聞今日玉壺盛集〔三〕。濁酒詩張真過矣，如公詩句乃清醇。

邦衡侍郎再惠春字韻詩次韻懷舊叙謝且致登庸之祝　庚寅中元日〔四〕

年年都圃共尋春〔五〕，夜夜神岡醉問津。公從鵷翹恩典厚，我遊麟省寵光新。願聞玉鉉調元日，幸攝金鑾草制人。致主勛華端有望，澆風于此合還醇。

邦衡侍郎用舊韻慶予生朝賡續爲謝　同前〔六〕

蓬山落拓復經春，宦海茫洋懶問津。志節漸消平日壯，鬢毛空比去年新。午橋早並緋衣相，一月還同赤壁人。邦衡以壬午六月生，某以丙午七月生，又同居廬陵，故用裴度、周瑜事。天遣駑駘追驥騄，無如才德異疵醇〔七〕。

夜直懷永和兄弟　庚寅八月壬申〔八〕

玉堂清冷夜初長，風雨蕭蕭憶對牀。徹道傳呼鐘鼓密，夢魂那得到君傍。

〔一〕庚寅七月：原無，據明澹生堂鈔本、四庫本、傅校本補。
〔二〕庚寅七月臨安侍對：原無，據明澹生堂鈔本、四庫本、傅校本補。
〔三〕集：明澹生堂鈔本、四庫本作「事」。
〔四〕庚寅中元日：原無，據明澹生堂鈔本、四庫本、傅校本補。
〔五〕都：原刻校云：「□本作『郡』。」按明澹生堂鈔本、四庫本、傅校本均作「郡」，當從。
〔六〕同前：原無，據明澹生堂鈔本、四庫本、傅校本補。
〔七〕無如：明澹生堂鈔本作「久知」。
〔八〕庚寅八月壬申：原無，據明澹生堂鈔本、四庫本、傅校本補。

重陽預約三館同舍登高于真珠園前數日李粹伯秘丞除殿院 庚寅〔一〕

勝遊原在十人中〔二〕，健翮先培萬里風。落帽有歡追戲馬〔三〕，峩冠無計屈乘驄。對門尚許官曹近，光館猶期燕會同。幸可誇張少年在，未須細數菊花叢。

與館中同僚會邦衡侍郎于南山真珠園後兩日翰苑作開講讀會予不赴邦衡有詩見懷次韻 庚寅九月二十日〔四〕

講席人期相鄭覃，石渠我忝繼齊堪。碧琳殿邃同宣召，白玉堂深接笑談。寓直敢陪東道主，登高尚想北山南。洞巖勝集空回首，何日芒鞵許共探。碧琳在禁中，近因宣召至焉。洞巖，廬陵勝處，去年於此賞梅。來詩有紅粟寒梢之約，故云。

次韻邦衡哭季懷 庚寅九月二十二日〔五〕

談鋒激烈劍芒寒，素蘊光輝珠在潭〔六〕。萬里未行騏驥死，百圍將半豫章殘。山中宰相今誰繼，地下修文古亦難。一讀名章三太息，淚流何止雍門彈〔七〕。

紹興庚辰九月二十三日與浙東權帥同年程龍圖並試玉堂庚寅歲由少蓬寓直擿文發策試館職亦九月也有懷泰之輒寄四韻〔八〕

當年給札踏金鑾，重到依然九月寒。今年寒極早。學士策詢學士策，秘書官試秘書官。自憐綠鬢非前度，尚喜青衫總一般。寄與浙東程閣老，莫矜紅旆笑儒酸。

陳叔進祕書送鶉分粟爲謝乃辱佳句次韻發笑〔九〕 庚寅十月十三日〔一〇〕

有鶉不博禾三百，却向枯河擲釣緡。他日陳平宰天下，如瑜翻作指囷人。

〔一〕庚寅：原無，據明澹生堂鈔本、四庫本、傅校本補。
〔二〕原：明澹生堂鈔本、四庫本、傅校本作「元」。
〔三〕歡：原作「誰」，據明澹生堂鈔本、傅校本改。
〔四〕庚寅九月二十日：原無，據明澹生堂鈔本、四庫本、傅校本補。
〔五〕庚寅九月二十二日：原無，據四庫本補。明澹生堂鈔本作「二十一日」，傅校本作「二十三日」。
〔六〕潭：明澹生堂鈔本作「簞」。
〔七〕何止：明澹生堂鈔本作「時向」。
〔八〕浙東：原作「浙江道」，據明澹生堂鈔本、傅校本改。
〔九〕分：傅校本作「公」。
〔一〇〕庚寅十月十三日：原無，據明澹生堂鈔本、四庫本、傅校本補。

夜直玉堂讀王仲行正字文編用入館新詩韻 庚寅十月二十九日〔一〕

軼材騰驥騄，湧思決河渠〔二〕。枝茂根先實，名高士豈虛。君王憐舊士，館殿有新除。努力功名會，燕然欠大書。

草具屈邦衡侍郎蒙賦即事新詩次韻皆叙坐上語他時共發一笑也 庚寅十一月十一日〔三〕

舊第閑梅塢〔四〕，新知泥柳橋。情先春色動，節後歲寒凋〔五〕。久矣承三接，宜然冠百僚。不須驚鶴髮，未礙插蟬貂。

和范至能舍人農圃堂韻〔六〕 庚寅〔七〕

荒淫吴以顛，戰勝越爲吉〔八〕。是非兩安在，阡陌眇蕭瑟。公來開別墅，草莽手爬櫛。陰晴及寒暑，每到皆勝日。新詩弔興廢，收拾滿箱帙。有客師元亮，甫謝彭澤秩。幸分北窗風，容此易安膝。

徐稚山林龍學挽詞〔九〕 庚寅〔一〇〕

有美傳清雅，無心問介通。僉言宜僕射，累疏避司空。稚山初言兵不可輕用，忤王龜齡而去。湯丞相疑可助己，薦爲給事中，累辭，竟不起，人始服其通介不狥時〔一一〕。故專用徐宣、徐邈事。身後疏巾歛，生前濁酒中。吴鈎無路掛，灑淚寄西風。

昔者陪簪筆，比鄰記鑿垣。十年何間闊〔一二〕，一見欲無言。哭鯉何多難，葬嬴真少恩。天乎如可恃，門户看諸孫。

徐子禮藏宗丞挽詞〔一三〕 庚寅〔一四〕

符節何妨彩服斑〔一五〕，專心温清寧去聲。求閑。賓朋忽弔西河上，父子繼遊東岱間。前日臺門哭瓜葛，同時華屋落丘山。不須更問相從舊〔一六〕，行道之人亦涕潸。

〔一〕庚寅十月二十九日：原無，據明澹生堂鈔本、四庫本、傅校本補。
〔二〕湧：明澹生堂鈔本、四庫本作「勇」。
〔三〕庚寅十一月十一日：原無，據明澹生堂鈔本、四庫本、傅校本補。
〔四〕第：四庫本作「地」。
〔五〕後：明澹生堂鈔本作「厚」。
〔六〕范至能舍人：四庫本作「至能范舍人」。又明澹生堂鈔本「至」作「志」。
〔七〕庚寅：原無，據明澹生堂鈔本、四庫本、傅校本補。
〔八〕爲：原刻校云：「張木作『云』。」
〔九〕「挽詞」下，明澹生堂鈔本、四庫本有「二首」二字。
〔一〇〕庚寅：原無，據明澹生堂鈔本、四庫本、傅校本補。
〔一一〕通：原無，據明澹生堂鈔本、四庫本、傅校本補。
〔一二〕何間：明澹生堂鈔本作「間何」。
〔一三〕藏：原刻校云：「張木作『蔵』。」
〔一四〕庚寅：原無，據明澹生堂鈔本、四庫本、傅校本補。
〔一五〕彩：傅校本作「綵」。
〔一六〕更：明澹生堂鈔本、傅校本作「空」。

慶邦衡生朝用去年韻 辛卯六月三日〔一〕

勁氣危言五十春，今騎厩馬踏天津。葵傾夏日心彌切，松度秋霜色轉新。鼎鼐調和知有日，君臣慶會豈因人。謂壬午與丁未合。周流四府須三紀，壽斝休辭痛飲醇。湖廣周流四公三十餘年，《通鑑》五十七。

入直召對選德殿賜茶而退 辛卯七月四日〔二〕

綠槐夾道集昏鴉，敕使傳宣坐賜茶〔三〕。歸到玉堂清不寐，月鈎初上紫薇花。時兩株盛開。

陳君舉示張孝愷行狀且求詩孝愷嘗攝令華亭有善狀 壬辰正月二十四日〔四〕

簡惠唐蘇令，文章漢甲科。滿朝空慰藉，漫仕竟蹉跎。有命窮何病，無年理則那。挽謳嗟不及，留與邑人歌。《圖經》唐蘇籥攝華亭縣令，在官簡惠〔五〕，莅事公正。

過鄔子湖 壬辰五月癸未日〔六〕

萬頃湖光似鏡平，蜿蜒得得導舟行。從來仕路風波惡，却是江神不世情。

奉祠還家姪繹以詩相迎次韻 壬辰六月〔七〕

聖朝有道合羞貧，清晝那容裹路珍。金馬玉堂辭漢殿，桃花流水訪秦人。敢吟莫莫休休句，且佚膠膠擾擾身。高會竹林欣有日，剩篘玉友釣清鱗〔八〕。

頃在道中聞邦衡侍郎將進周禮新解嘗賦詩就爲六月三日壽或謂名在丹書不當玷汙西清之儁老羞愧而止今蒙俯記生朝特貽佳作既仍舊韻敢隱鄙言狗尾之續斐然鶴頭之側必矣〔九〕 壬辰七月〔一〇〕

九十談經似子春，杜子春年且九十〔一一〕，以《周禮》授鄭衆等。一

〔一〕辛卯六月三日：原無，據明澹生堂鈔本、四庫本、傅校本補。
〔二〕辛卯七月四日：原無，據明澹生堂鈔本、四庫本、傅校本補。
〔三〕使傳：明澹生堂鈔本作「賜催」。
〔四〕壬辰正月二十四日：原無，據明澹生堂鈔本、四庫本、傅校本補。
〔五〕惠：明澹生堂鈔本誤作「會」。
〔六〕壬辰五月癸未日：原無，據明澹生堂鈔本、四庫本、傅校本補。
〔七〕壬辰六月：原無，據明澹生堂鈔本、四庫本、傅校本補。
〔八〕清：原刻校云：「翰院本作『溪』。」按四庫本、傅校本亦作「溪」。
〔九〕丹書：明澹生堂鈔本作「冊書」；俯記：明澹生堂鈔本、四庫本作「附記」；仍：傅校本作「承」。
〔一〇〕壬辰七月：原無，據明澹生堂鈔本、四庫本、傅校本補。
〔一一〕且：原無，據明澹生堂鈔本、四庫本補。

公虛位待平津。禮文元秉周邦舊，義訓重頒楚老新。鵷閣行看迎太宰，象箎應記講庖人。去年公在講筵，講《周禮》至《庖人》而請去。太平致了陰謀息〔一〕，方信儒真道粹醇。

次胡長彥司户韻爲其生日壽長彥新授桂掾 壬辰九月二十五日〔二〕

丁年筆力斡千鈞〔三〕，齒宿於今意轉新。櫻伐廣陵聊作賦，梅開桂嶺定宜人。暫從南極通冠冕，會向東方領縉紳。菊有黃花潭有水，願尋漢事壽佳辰。

前歲冬至與胡邦衡長彥小語端誠殿下道值夏舊事今年邦衡舉易緯六日七分之説輒用子美五更三點爲對後數日得劉文潛運使書記去年館中團拜十人今作八處感嘆成詩 壬辰十二月〔四〕

青城小語慶新陽，共向紅雲拜玉皇〔五〕。六日七分驚歲月，五更三點憶班行。屬車誰從黃麾仗，釣艇還飛白羽觴。猶勝去年三館客，十人八處耿相望。

十二月十九日餞別劉文潛運使明日書來云醉夢中作小詩但記後兩句爲足成之 壬辰〔六〕

幽人門巷冷如冰，使節光華肯再登。今夕青燈話三館，明年何處説廬陵。

胡邦衡賦琉璃燈簾詩次韻 癸巳正月二十八日〔七〕

鷄林空詫夜明簾，鱉禁曾迎金炬蓮〔八〕。却向江城度元夕，同看燈箔樂新年。盤紅坐覺光如晝，《杜陽雜編》〔九〕：同昌公主夜以紅琉璃盤盛夜光珠，堂中光明如晝。鞍白端令意欲仙。《西京雜記》〔一〇〕：

〔一〕了：明澹生堂鈔本作「治」。
〔二〕壬辰九月二十五日：原無，據明澹生堂鈔本、四庫本、傅校本補。
〔三〕丁年：明澹生堂鈔本、四庫本作「十年」。
〔四〕壬辰十二月：原無，據明澹生堂鈔本、四庫本、傅校本補。
〔五〕拜：明澹生堂鈔本及傅校本所據曹本均作「捧」。
〔六〕壬辰：原無，據明澹生堂鈔本、四庫本、傅校本補。
〔七〕癸巳正月二十八日：原無，據明澹生堂鈔本、四庫本、傅校本補。
〔八〕禁：明澹生堂鈔本作「省」。
〔九〕杜陽雜編：明澹生堂鈔本、四庫本作「杜陽編」。
〔一〇〕西京：明澹生堂鈔本、四庫本作「兩京」。

漢武時西毒國獻白光琉璃鞍，在暗室中光照十餘丈。坡詩「漢武憑虛意欲仙」〔一〕，蓋用梁武帝論書事〔二〕。歸對短檠惟寂寞，酒醒漏永不成眠。

送劉子和教授赴贛州兼簡府主洪景盧二首 癸巳閏正月初十日〔三〕

伊昔青衿地〔四〕，于今絳帳師。家聲傳叔贛，宦學類先之。李朴先之，贛人，後爲本州教官。久已鴞音革，居然鱣服宜。誰開丞相閣，此士獨非奇。

藉甚詩書帥，中和正爾歌。人留河内寇，帝念禁中頗。餘事裒丁志，多聞重乙科。固無官長罵，解使客氈多。

邦衡再送皇字韻詩來次韻 癸巳閏正月二十四日〔五〕

賓鴻列陣競隨陽，却向丹山隱鳳凰。銀管題詩紛滿帙〔六〕，金釵度曲儼分行。漢宫早促三更席，梁苑行稱萬壽觴。上頃諭公，非晚令卿觀朕大舉，同游大梁。又聞虞相陛辭奏云〔七〕：今年當會東都上壽。顧我飄零無著處，非公湔祓尚誰望。

又次邦衡長子泳總幹韻 癸巳〔八〕

乃公剛鯁迅詞章，濟美人推小贊皇。君實固難安洛社，子虛亦合薦周行。牛屠十九看游刃，鶚擊三千始濫觴。早向秦淮迎輦輅，北征旗鼓正相望。李棲筠文章勁迅，有剛鯁大臣之目。

又次邦衡族姪長彥司户韻 癸巳〔九〕

聖世恩榮盛孝章，北窗自欲傲羲皇。通家喜燕雞豚社，治郡愁親鴈鶩行〔一〇〕。陌上花開人鬬草，甕頭酒熟客傳觴。及時行樂君休厭，召驛相將項背望。

同年楊謹仲教授以詩慶予得郡次韻二首 癸巳二月〔一一〕

謬向初元從九旒，坐狂朝蹟自宜收。虛名誰競兩蝸角，懶性敢居千騎頭。聞道宵衣勞聖主，有時夜舞憶神州。二千石禄猶前却〔一二〕，何自真封萬户侯。

〔一〕漢武：原作「武帝」，據明澹生堂鈔本、四庫本、《東坡全集》卷一〇改。
〔二〕帝：明澹生堂鈔本、四庫本無。
〔三〕癸巳閏正月初十日：原無，據明澹生堂鈔本、四庫本、傅校本補。
〔四〕衿：四庫本作「袍」。
〔五〕癸巳閏正月二十四日：原無，據明澹生堂鈔本、四庫本、傅校本補。
〔六〕題詩：明澹生堂鈔本作「詩題」。
〔七〕奏云：明澹生堂鈔本、四庫本無。
〔八〕癸巳：原無，據明澹生堂鈔本、四庫本、傅校本補。
〔九〕癸巳：原無，據明澹生堂鈔本、四庫本、傅校本補。
〔一〇〕鶩：明澹生堂鈔本作「鷺」。
〔一一〕癸巳二月：原無，據明澹生堂鈔本、四庫本、傅校本補。
〔一二〕石：四庫本作「食」。

才氣崢嶸早斷鰲，詩豪不獨酒中豪。其誰代匠頻傷斲，之子良庖却善刀。莫嘆廣文官獨冷，絶勝州郡職徒勞。泮宮方采僖侯藻，高士休尋仲蔚蒿。

邦衡侍郎作一字韻詩贈麻姑觀道士李惟賓次韻仍效其體　癸巳五月十六日〔一〕

蓋世成功陋漢驃，翩翩召掛許誰槩。氣凌霄漢哮崖鶻，文闊波瀾掣海鯨。囊水謾疑韓信怯〔二〕，栅淮終畏晉兵勍。先生餘事爲詩老，天宇行將一柱擎。

邦衡生日用舊歲韻　光武以壬午歲起兵，宣王六月北伐，皆中興也。邦衡以壬午六月生，故用二事　癸巳六月初三日〔三〕

翊戴南陽第一春，馳驅北伐太原津。天開今代風雲會，運應中興歲月新。霖雨正宜蘇大旱，近日禱雨未應。清風未可作閑人。一杯安足爲公壽，看飲思堂萬斛醇。飲思堂春萬斛，豈止二十四考中書而已。此則祝壽深意也。

李秀實生日　癸巳六月四日〔四〕

泰陵耆舊日衰槁，白也胡爲顔色好。何曾山林採大藥，更説方書試鴻寶。千年鼻祖翔太清，至言八十授長生〔五〕。坐令耳孫守家法，八十髩綠雙瞳明。昨日人爲澹菴壽，今朝竹院笙歌奏。二老風流總健强，盛事他時恐難又。陛下聖德師文王，作興鋭欲恢封疆。盍歸乎來不可緩，要看梁棟扶明堂〔六〕。

同年楊謹仲教授生日　癸巳六月二十八日〔七〕

玉笋岧嶤秀倚空，清江汀瀅日朝東。杜蕭安在王陳遠，極貴長生總屬公。

伯起宜横講殿經，若爲臨賀復廬陵。嘗爲臨賀教授。朝來冠雀銜三鱣，敢賀先生自此升。

孝行陰功未易量，從來家住玉田坊。人間聊復三千歲，海上他時日更長。《廣記》：楊雍伯有孝行，傳種玉之術，游海上，遇羣仙。後數年上昇，今所居宅號玉田坊。

載酒過門欲壽公，酒杯有限壽無窮。玉樽祇在天西北，不惜年年爲一中。《神異經》：西北荒有酒泉，上有玉樽，取一樽復一樽，與天地同休。飲此酒不死。

〔一〕癸巳五月十六日：原無，據明澹生堂鈔本、四庫本、傅校本補。
〔二〕怯：傅校本作「决」。
〔三〕癸巳六月初三日：原無，據明澹生堂鈔本、四庫本、傅校本補。
〔四〕癸巳六月四日：原無，據明澹生堂鈔本、四庫本、傅校本補。
〔五〕八十：原刻校云：「張本作『五千』。」按明澹生堂鈔本作「八千」。
〔六〕傅校本於「要看」左右分别批改云：「凛凛」、「好爲」。
〔七〕癸巳六月二十八日：原無，據明澹生堂鈔本、四庫本補。傅校本作「癸巳六月」。

邦衡侍郎用洪範五行推薄命而成傑句歎仰大手幾至閣筆勉賡盛意兼叙天人之應庶知託契受辱如此其厚决非偶然耳 癸巳七月十五日〔一〕

五行陳範推箕子，三壽爲朋頌魯申〔二〕。二紀環周元附驥，某後公二紀生而同在午，故用馬事。四辰鱗次豈因人。公月日時胎在未辰卯戌，某日月時胎在申巳辰亥，率後一辰。交承紫掖追隨舊，遞宿金鑾契分申。人事天時已如此〔三〕，更看坯甄累陶鈞。胡詩用東坡韻，故押兩申字。

艤舟清江鎮從任子嚴詔運使求菊 癸巳九月五日〔四〕

陶令思歸未得歸，黃花想見遶東籬。滿頭須插何容易，且向盤園乞一枝。

近會同年賞芍藥嘗櫻桃楊謹仲教授有詩次韻爲謝兼簡周孟覺知縣 甲午三月十七日〔五〕

清晨自掃落花廳，小甕親篘竹葉青。簪盍同時過陋巷，臚傳相與記彤庭。階翻紅藥曾重見，僕十年間兩直西掖。敕賜朱櫻亦屢經。老去飄零無此夢，詩來吟咏有餘馨。

用舊韻爲邦衡生日壽 甲午〔六〕

自公重踏秣陵春，便覺威加析木津。尺五去天沙路近，八千爲歲壽杯新。休論滄海長生藥，要是清朝不死人。萬目夔夔觀燮理〔七〕，紀元真欲稱熙淳。

同年楊謹仲示鄉林諸帖皆以老杜相期惟童敏德謂不合學東坡殆非知詩者輒用此意成惡語一篇爲誕辰壽祝頌之意見於末章〔八〕 甲午六月〔九〕

過江人物向汪曾，一世龍門未易登。常恐斯文無砥柱，獨推

〔一〕癸巳七月十五日：原無，據明澹生堂鈔本、四庫本補。傅校本作「癸巳」。
〔二〕頌：明澹生堂鈔本作「友」；傅校本作「及」，當爲「友」之誤。
〔三〕原刻文末校云：「案『天時』從張本，與知聖道齋本誤。」
〔四〕癸巳九月五日：原無，據明澹生堂鈔本、四庫本、傅校本補。
〔五〕甲午三月十七日：原無，據四庫本、傅校本補。
〔六〕甲午：原無，據明澹生堂鈔本、四庫本補。
〔七〕萬目夔夔：原刻校云：「張本作『萬目睽睽』。」
〔八〕諸帖：原作「諸帙」，據明澹生堂鈔本、四庫本、傅校本改。
〔九〕甲午六月：原無，據明澹生堂鈔本、四庫本、傅校本補。

佳句有師承。波瀾正使來西蜀，廉陛何妨逼少陵。天遣百年如衛武，會賡懿戒頌中興。

楊謹仲教授和徐師川中秋賞月詩邀余次韻 甲午八月二十日〔一〕

浥露清如洗，明河净不流。珠圓合浦夜，潮盛浙江秋。盧肇賦，八月望潮最盛。朗詠陳王賦，幾成法善游。廣寒非獨冷，莫爲客氈謀。

寄題王公明樞使豫章佚老堂 甲午〔二〕

君不見當年衛武髦且期，尚欲進德明箴規〔三〕。又不見潞公堂成過九十，精神折衝詩德威。公今年纔六十耳，朱顏綠鬢儼未衰。便從午橋樂暇佚，寧獨不畏二老譏。恭惟中興聖明主，焦心勞思撫四夷。山東河北困戎索，遠民日夜思王師。樓號籌邊宜屬意，堂名佚老誰敢知。請賡方叔壯猷雅，第入宣王復古詩。

蕭端偉挽詞 甲午〔四〕

二頃良田數畝居，筆耕學殖世名儒。蘭闈初喜携兒去，蒿里旋悲與婦俱。四季澆花非實相，百年種德是宏模。素車會葬空閭巷，試問他人得爾無。

靖州太守李秀實挽詞二首 甲午十二月十一日〔五〕

好學今康鼎〔六〕，施家古計研。旌麾更楚粵，翰墨過幽燕。晚厭三刀夢，歸開九秩年。生榮没無憾，五福定誰先。

伊昔觀燈夜，居然飲徹明。一旬聊隱几，萬日遽成塋。回首歌鐘地，傷心挽鐸聲。朔風知客恨，猶欲返銘旌。

〔一〕甲午八月二十日：原無，據明澹生堂鈔本、四庫本、傅校本補。
〔二〕甲午：原無，據明澹生堂鈔本、四庫本補。
〔三〕明：傅校本作「刑」。
〔四〕甲午：原無，據明澹生堂鈔本、四庫本補。
〔五〕甲午十二月十一日：原無，據明澹生堂鈔本、四庫本、傅校本補。
〔六〕康：明澹生堂鈔本作「周」。

廬陵周益國文忠公集卷六

省齋文稿卷六

詩〔一〕

起淳熙乙未，止淳熙丁酉　餘干　臨安

過餘干吴師中秀才以小詩惠歙硯次韻謝之

乙未二月壬申〔二〕

舊曾起草向明光，獨與羅文近赭黄。三載瓦池研竈墨，因君聊復夢儀凰〔三〕。壬辰二月，蒙宣召至選德殿，用御前小歙硯草命相制，今適三年矣。前輩有《羅文君傳》。

恭和御製聞喜宴詩

乙未五月十日〔四〕

臣以經筵官預聞喜宴〔五〕，恭覩聖製賜詹騤已下詩，不敢自嘿，謹齋沐賡歌一篇〔六〕，仰瀆宸嚴，臣無任震懼俟罪之至。

聖武將犁老上庭，藝文先選彍中英〔七〕。天扶基業生多士，世遇君師集大成。享備鈞臺同夏啟，果分漢會愧桓榮。堯言一日周天下〔八〕，應陋詩人切響聲〔九〕。

次韻和胡邦衡除龍圖閣學士且爲六月三日眉壽之祝〔一〇〕

乙未〔一一〕

馬負羲圖二百春，榮光猶屬大河津。細推班列論思舊，誰似耆英寵數新。今班簿中老龍惟公一二人〔一二〕。龍閣便爲黄閣老，洞巖應繼紫巖人。張魏公與公至厚。他年笑爾孫思邈，只自開皇至永淳。

端明殿學士王日嚴挽詞二首

乙未七月〔一三〕

家世三珠樹，文章五鳳樓。中年穿豹尾，晚歲冠鰲頭。夷雅

〔一〕詩：明澹生堂鈔本、四庫本作「古律詩五十四首」。

〔二〕乙未二月壬申：原無，據明澹生堂鈔本、四庫本補。

〔三〕儀凰：原刻校云：「張本作『羲皇』。」

〔四〕乙未五月十日：原無，據明澹生堂鈔本、四庫本補。

〔五〕臣以經筵：明澹生堂鈔本作「某」。

〔六〕歌：原刻校云：「張本作『和』。」按明澹生堂鈔本、四庫本亦作「和」。

〔七〕彍：四庫本作「彀」。

〔八〕周：明澹生堂鈔本作「聞」。

〔九〕應陋：原作「應笑」，據四庫本改。明澹生堂鈔本作「齋陋」。

〔一〇〕和：四庫本作「賀」。

〔一一〕乙未：原無，據明澹生堂鈔本、四庫本補。

〔一二〕中：原無，據明澹生堂鈔本、四庫本補。又四庫本無「龍」字。

〔一三〕乙未七月：原無，據明澹生堂鈔本、四庫本補。

推簪橐，清醇動冕旒。居然似歧國，只欠啟金甌。

念昔登黄甲，公時上玉堂。焉知叨僕直，尚及對批章。二紀光陰速，三年别恨長。懷賢已惆悵，感舊更淒凉。

次胡邦衡韻 乙未八月十三日〔一〕

右相虚來三見春〔二〕，都人日夜望平津。驊騮開路雲霄逼，霖雨思賢鼎鼐新。赤縣尚多淪異域，潢池猶自擾齊人。謂茶寇。公如不爲蒼生起，風俗何由使再醇。

從駕過德壽宫馬上得程泰之次庚寅玉堂舊韻有銀章金帶之戲走筆爲謝 乙未閏九月十七日〔三〕

推敲也復從鳴鑾，鳳詔詩盟故未寒〔四〕。兩制空煩舍人樣，僕近日告命及答詔皆年兄草。外郎争比大夫官。僕官朝請郎，年兄新轉大夫。翰林今夜仍連直，講殿明朝豈兩般。畢竟五金如五味，莫因黄白議鹹酸。

程泰之昨有金帶銀章之句十月二十八日乃因押伴北使赤岸御筵服重金侍宴紫宸殿坐間嘗作數語爲戲後兩日復得其詩亦再次韻 乙未〔五〕

甚日重黄侍玉鑾，幾時八座佩金寒〔六〕。古詩云：「眼赤何時兩，腰黄甚日重。」杜工部云：「連枝不日並，八座幾時除。」殿庭屬目誇新貴〔七〕，閤門官争相問。部曲低頭拜舊官。泰之嘗貳春官，今復階大宗伯〔八〕。五日尹京非細事，四時仕宦固多般。泰之今春服緑，夏間階緋，今階金紫〔九〕，真傳游藝也。重行隔品詩仍健，應笑官卑語帶酸。

〔一〕乙未八月十三日：原無，據明澹生堂鈔本、四庫本補。
〔二〕右：原刻校云：「張本作『左』。」
〔三〕乙未閏九月十七日：原無，據明澹生堂鈔本、四庫本補。
〔四〕詔：原刻校云：「張本作『沼』。」
〔五〕乙未：原無，據明澹生堂鈔本、四庫本補。
〔六〕時：原刻校云：「張本作『人』。」
〔七〕新：原作「親」，據明澹生堂鈔本、四庫本、傅校本改。
〔八〕階：明澹生堂鈔本、四庫本作「借」。
〔九〕階：原無，據明澹生堂鈔本、四庫本作「借」。

次韻徐元敏権貨同年 乙未十一月〔一〕

當年駕鶴共驂鸞，對躡丹梯上廣寒。緑髩旋同依帥府，華顛今並列王官。文才似我無多子，契分于君有四般。唐人與同年詩云契分四般同。念舊不妨頻枉駕，甕頭隨意酌甘酸。

凌閣學景夏挽詩二首 乙未十一月〔二〕

南渡衣冠墜，俄然氣象還。向微公數輩，誰濟國多艱。劍履星辰上，風流水石間。名高仍壽考，天賦未全慳。

聖上開皇極，炎興纂異書。蒼葭依玉樹，清水映汙渠。自爾音塵隔，思公歲月除。佳城空在望，無路祖喪車。

韓子温尚書以長句送江梅次韻 乙未〔三〕

憶昔歸田友麋鹿，雪裏尋梅踏瑶玉。巡簷屢作杜陵笑，窮路幾爲步兵哭。忽逢緑衣髩如雲，歌舞醉人睡昏昏。覺來但有風相襲，夢斷初無香返魂。豈知重見長安雪，喜極豐年簫鼓咽。更讀裴公東閣詩，仍分處士西湖月。皎如玉樹臨我傍，幸同待漏靴滿霜。但願和羹繼先業，不辭草制搜枯腸。來詩有「和羹」之句。

邦衡侍郎留金陵再用津字韻賦詩謝送賜茗復以丙申小春四銙寄贈 乙未〔四〕

淳熙又貢第三春，驛騎星馳度劍津。七祖師泉難話舊，謂青原。八功德水且嘗新。雪亭烹處休裝景〔五〕，大閣煎時却可人。只恐春從官柳官柳，邦衡侍婢名。動，樂天還欲醉精醇。唐《朱敬則傳》：醇精流，糟粕棄。

聞西省賞酴醾芍藥戲成小詩奉簡泰之侍講舍人年兄并以丁香橄欖百枚助筵却求殘花數枝 丙申三月〔六〕

羣玉園中作主人〔七〕，紫薇花底會嘉賓。風光總屬程夫子，好念文昌寂寞春。

滿架冰肌合碧雲，翻階翠袖映紅裙。玉堂只有金沙在，伴直明朝又屬君。翰苑僅有此花，泰之明晚直宿。

〔一〕乙未十一月：原無，據明澹生堂鈔本、四庫本補。
〔二〕乙未十一月：原無，據明澹生堂鈔本補。四庫本作「乙未十二月」。
〔三〕乙未：原無，據明澹生堂鈔本、四庫本補。
〔四〕乙未：原無，據明澹生堂鈔本、四庫本補。
〔五〕亭：四庫本作「庭」。
〔六〕丙申三月：原無，據明澹生堂鈔本、四庫本補。
〔七〕園：清黄丕烈校明鈔本作「圃」。

酒頒桐馬莫分甘，金賜麟蹄敢搯尖。紅白賞殘堪底用，雨中折贈未傷廉。日曆所進書賜金及酒甚多。從來引玉即抛磚，自笑囊空百不堪。賴得酒酣須茗飲，聊將青子助回甘。

新鎮江通判蔡湍挽詞 丙申四月二十四日〔一〕 襄曾孫〔二〕

計相聲名久不磨，慶餘豐報屬君多。原鴒重遇非常主，君謨久任三司使，君弟今爲户書。庭鯉仍收最上科。君謨第十人及第，君子戩亦然。但使家聲常燀赫，不辭官路獨蹉跎。仁人天豈惜眉壽，自要曾門同逝波。君謨享年五十六，湍亦五十六。

次韻閻刑部才元楊梅 丙申〔三〕

炎官繖照濤江紅，五月獻果明光宮。越人一枝古所重，蜀無他楊譜則同。蜀中絶無楊梅。玄珠更將赤水浴，流火呈祥復王屋。不伴長安黑彈丸，殺吏驚人寒起粟。新詩字字含芳鮮，大書遺我敦同年。請君速訪天竺老，食白追繼仇池仙。東坡寄天竺辨才詩，云「且食白楊梅」，蓋山中實有此果，而蜀人註此詩者偶未知耳。閻亦蜀人。

六曹長貳觀潮予以入直不預晡時大雷雨走筆戲蔡子平 丙申七月十九日〔四〕

雷轟萬鼓勒潮回，無復亭前雪作堆。應爲尚書慳且澀，盲風怪雨一時來。

走筆答程泰之以簡問蓮社事 丙申七月二十六日〔五〕

杏壇儼雅猶難考，蓮社荒唐孰肯知。好把鍾山爲儆鑑，瞿聃留作晚年師。

次韻天官韓尚書七月十八日風雨中觀潮予内直不赴 丙申〔六〕

禁直惟聞漏鼓催，潮聲遥聽訝蛟雷。忽傳傑句天邊得，如對

〔一〕丙申四月二十四日：原無，據明澹生堂鈔本、四庫本補。
〔二〕「襄」字上，四庫本有「蔡」字。又明澹生堂鈔本「蔡」作「葬」，則當屬上。
〔三〕丙申：原無，據明澹生堂鈔本、四庫本補。
〔四〕丙申七月十九日：原無，據明澹生堂鈔本、四庫本補。
〔五〕丙申七月二十六日：原無，據明澹生堂鈔本、四庫本補。
〔六〕丙申：原無，據四庫本補。明澹生堂鈔本作「甲午」。

洪濤海上來〔二〕。

大筆真能挾風雨，小才何敢助涓埃。古今奇觀須秋半，好約重銜伯雅杯。

程泰之下直某偶被宣鎖相遇於途既到玉堂讀所留佳句次韻爲謝 丙申八月二十三日〔三〕

天街並踏軟紅塵，飛鞚交馳駭徼巡。椒殿敢期當制草，槐庭元擬用儒真。初謂年兄入相，故鎖院。鬻方偶免冬龜手，適市深慚旦攫人。早夜祝公登相位，重霑潤筆乃無貧。

慶東宮生辰二十韻 丙申〔三〕

二聖仁無敵，元良敬有加〔四〕。一丁昌火運，太上丁亥，主上丁未，殿下丁卯。三合聚皇家。陰陽家以亥卯未爲三合。帝子初朱芾，天孫更綠車。東儲今啟誦〔五〕，重慶藹勛華〔六〕。異表温而厲〔七〕，英辭正且葩。日三朝蠖濩，明兩照幽遐。周鮑吾何嗜，齊蒿爾自邪。金昭全粹質，玉裕絶纖瑕。唐範刊譌謬，恭覩手校《唐太宗帝範》。丘經辨等差。嘗蒙俯詢觀六經次第。虚心宗淡泊，論樂鄙淫哇。摛藻書盈軸，穿楊箭列靫。共知文武備，頻拜聖神嘉。盤露清承掌，窗風冷度紗。佳辰蓂四葉，樂歲粟千秏。呈瑞芝生草，延年菊試花。震維春不老，鶴禁壽無涯。喜氣均三殿，恩頒出正衙。流香傳御酒，七寶簇宮茶。飣坐麟爲脯，堆盤棗勝瓜。子生同九月，魯國謾多誇。

洪景嚴樞密挽詞二首 丙申〔八〕

兩制摛文壓縉紳，三吴耀武見經綸。橋留震澤居無擾，舟濟滄溟捷有神。宥府嘉猷推乃后，陪都遺愛紀斯民〔九〕。多才多藝無多壽，此理憑誰問大鈞。

召試曾叨對巨題，代言今忝繼前規。豐鍾霜響人何在，瓦釜雷鳴愧可知。滕駟啟城嗟有日，徐鷄醊酒恨無期。玉堂賴有綸章在〔一〇〕，時展前篇慰所思。公嘗編《中興制草》。

送蔡廸赴桂陽令 齊之後，延慶曾孫 丙申十月十日〔一一〕

工部詩成滿劍川〔一二〕，儀曹文筆照湘南。身行蜀棧曾幽討，舟掛吴帆又飽參。睎驥有心真自得，拔茅無術定誰慙。金蘭正好

〔一〕洪：明澹生堂鈔本作「波」。

〔二〕丙申八月二十三日：原無，據明澹生堂鈔本、四庫本補。

〔三〕丙申：原無，據明澹生堂鈔本、四庫本補。

〔四〕元良：明澹生堂鈔本作「明良」。

〔五〕儲：傅校本作「厨」。

〔六〕藹：原刻校云：「張本作『昔』。」

〔七〕異：明澹生堂鈔本作「畏」。

〔八〕丙申：原無，據明澹生堂鈔本、四庫本補。

〔九〕斯：明澹生堂鈔本作「此」。

〔一〇〕綸：明澹生堂鈔本作「文」。

〔一一〕丙申十月十日：原無，據明澹生堂鈔本、四庫本補。

〔一二〕成：明澹生堂鈔本、四庫本作「題」。

追英彥，蒲穀翻令試子男。縣古荒祠憐義帝，地靈勝槩憶蘇躭。冰臺小試醫民瘼，帛幅高張律吏貪。衛颯化行先禮教，肩吾嘗著《禮訓》十一篇〔一〕。茨充政美是耕蠶〔二〕。故家遺俗今無幾，往行前言孰可談。鴻鴈峯高書莫繫，驪駒歌闋酒空酣〔三〕。伊予已卜江湖隱〔四〕，靈壽何時寄草菴。

丁酉二月二十日同部中諸公遊下竺御園坐枕流亭觀放閘桃花數萬點隨流而下繼至集芳亦禁籞也海棠滿山郁李遶檻殆不類人間世明日入部而桃花數枝伶俜窗外未時內直則海棠郁李各一株方開遂賦二絕句〔五〕

萬點紅隨雪浪翻，恍疑身到武陵源。歸來上界多官府，人與殘花兩不言。

清勝堂前花萬重，玉堂署裏兩芳叢。應憐寓直清無侶，聊伴衰翁宿禁中。

魯季欽峕敷文挽詞二首 丁酉〔六〕

競爽雲間陸，同升天上張。東堂聯折桂，南省繼含香。風月三千首，金絲十二行。初終全五福，似續付諸郎。

自摻江南袂，思公歲月徂。書來懷棣萼，老去重葭莩。東粵仍閩粵，當湖遂鏡湖。堂成隨一相，浮世竟何須。

宣州蔡子平尚書淑人君氏挽詞二首〔七〕

丁酉七月〔八〕

八座夫人貴，三刀刺史榮。共深偕老慶，忽寄悼亡聲。寂寞閨門政，凄涼兒女情。親交猶雪涕，况乃謝宣城。

鵷綴聞相藻，鴒原忝附葭。至今思並舍，晚歲擬通家。只道身長健，那知生有涯。挽謳無好語，聊雜壠頭笳。

東宮出示和御製秋懷詩恭和二首 丁酉八月初十日〔九〕

某近者特蒙頒示御製秋懷詩，繼出殿下和篇，明良相

〔一〕「十一篇」下，清黄丕烈校明鈔本有「二十有二篇，以備齊治均平之道」句。
〔二〕政美：四庫本作「美政」。
〔三〕酣：明澹生堂鈔本作「甘」。
〔四〕「江湖隱」下，清黄丕烈校明鈔本有注云：「公是時有別墅隱意。」
〔五〕二月二十日：原「二月」中「二字」闕，據明澹生堂鈔本、四庫本補。傅校本作「二月二十二日」。又「人間世」，四庫本作「人世間」。
〔六〕丁酉：原無，據明澹生堂鈔本、四庫本補。
〔七〕君：原刻校云：「張本作『居』。」按四庫本、傅校本亦作「居」。
〔八〕丁酉七月：原無，據四庫本補。又明澹生堂鈔本僅繫「丁酉」。
〔九〕丁酉八月初十日：原無，據明澹生堂鈔本補。四庫本作「丁酉八月」。

賡，徵角交作〔一〕，猥緣幸會，獲預榮觀。蟋蟀候秋而吟，蓋亦不能自已。謹成二篇，繕寫投獻，仰塵英鑑，伏深震懼。

沛公歌風雲〔二〕，威德加四海。雄詞照千古，編簡亦光彩。惟皇與同符，興寄秋序改。宸章振遠響，寂寞喑衆籟。有如涼飇來，殘暑去安在。願言掃氛曀，廓廓天宇大。右恭借御製韻。

寒露零太空，清詩出少海。昭融備萬象，衆目眩符彩。二南可無愧，一字不容改。金聲玉振之，邈邈慶霄籟。權德輿答楊湖南書〔三〕：慶霄天籟，正聲鏗鏘。毫芒落人間，神物護在在。惟慙小儒懵，未易識其大。右敬和殿下韻。

兵部宋尚書延祖挽詞二首　丁酉〔四〕

北客今無幾，公才合奮飛。再期騫禁密〔五〕，仍世攝途歸〔六〕。星動尚書履，霜留御史威。桑榆初未逼，何乃露先晞。

識面嗟雖晚，論心樂未央〔七〕。經帷叨並席，官舍許連牆。假訝親鍼石，俄驚授印章。公上印之日，僕攝夏官。梅花佳句在，無復鐵心腸。

中奉大夫直徽猷閣致仕邵及之挽詞二首　丁酉〔八〕

廉甚仍知止，高風似孔戣。北歸垂橐日，南省掛冠時。清白傳諸子，安閑閱十期。今誰主文字，好繼退之碑。

不殖千金產，惟求十畝園。湖山堆几席，花木報寒暄。曾是尊前客，常思醉後言。懷賢空有淚，無路灑新原。

走筆次李仁甫夜直觀月韻二首　丁酉〔九〕

殿中延拜二卿真，腰下初横寶帶新。便有堂封佳讖兆〔一〇〕，移庖恰趁謝恩人〔一一〕。仁甫正謝日，適二參政同過局，置酒省中。

玉堂清冷夢難頻〔一二〕，月姊高寒遠莫親。伴直徑須呼苦酒，不應覓句調他人。仁甫專飲苦酒。

〔一〕徵角：明澹生堂鈔本作「祉用」；清黄丕烈校明鈔本作「祉角」。

〔二〕公：明澹生堂鈔本、四庫本均作「宫」。

〔三〕湖：原作「河」，據明澹生堂鈔本、四庫本、《文苑英華》卷六八〇改。

〔四〕丁酉：原無，據明澹生堂鈔本、四庫本補。

〔五〕密：四庫本作「路」。

〔六〕攝：四庫本作「識」。

〔七〕樂：四庫本作「尚」。

〔八〕丁酉：原無，據明澹生堂鈔本、四庫本補。

〔九〕丁酉：原無，據明澹生堂鈔本、四庫本補。

〔一〇〕兆：原作「在」，據明澹生堂鈔本、傅校本改。

〔一一〕移庖：原刻校云：「翰林院本作『移卮』。」按四庫本亦作「移卮」。人：明澹生堂鈔本、傅校本作「辰」。

〔一二〕夢難頻：傅校本改作「頻難寐」，明澹生堂鈔本作「寐難頻」。

九月二十二日曲宴御詩 丁酉〔一〕

昊穹垂佑福羣生，涼德惟知監守成。禾黍三登占叶氣，簫韶九奏播歡聲。未央秋晚林塘靜，太液波閑殿閣明。嘉與臣鄰同宴樂，益修庶政答昇平〔二〕。

臣恭和御製晚秋曲宴近體詩一首繕寫投進冒瀆天威臣無任戰懼俟罪之至

宸遊不爲菊叢生，觀宴元因穀順成。閤御芙蓉稱萬壽〔三〕，殿開選德奏和聲。玉觴未飲心先醉，寶墨遥瞻眼倍明。身在金坡空感遇，論思深愧策平平。初上壽芙蓉閣，移宴選德殿。

李仁甫賦詩送其子塾下第歸次韻爲贈 丁酉九月〔四〕

餘力猶能誦稗官，奥篇隱帙復何難。求賢正市千金駿，當賦終徵百羽摶。摶，徒官切〔五〕。喚渡吴江秋水漲，解鞍蜀道雪山寒。歸來趁賀新郎罷〔六〕，東閣重尋一笑歡。

慶東宮生辰四首〔七〕 丁酉九月三日〔八〕

某伏覩崔豹《古今注》，東漢時樂人作歌詩四章，以贊太子之德。一曰日重光，二曰月重輪，三曰星重暉，四曰海重潤。舊説云：天子之德光明如日，規輪如月，衆輝如星〔九〕，霑潤如海。太子皆比德，故云重也。每恨其辭不傳于世，兹者恭遇皇太子殿下吹銅令旦，輒補四章，仰祝無窮之壽。冒塵英覽，伏增戰汗。

太陽象真主，陽月應誕期。《爾雅》十月爲陽。少陽比儲君，生近重陽時。明兩蓋自然，何待卦畫知。形容謾辭費，詠取重光詩。右日重光。

崔豹稱明君，如月有規輪。戴暠論副德〔一〇〕，桂滿自長春。梁戴暠《月重輪》云：皇極屬明兩，副德表重輪。重輪非是暈，桂滿自長春。况乃秋夜永，萬里無纖塵。願歌重輪句，照耀率土濱。右月重輪。

季秋日在房，房心乃明堂。煌煌心前星，於兹侍天王。休符協上象，九月誕元良。太史言有證，重暉照無疆。右星重暉。

〔一〕丁酉：原無，據明澹生堂鈔本、四庫本補。
〔二〕昇：明澹生堂鈔本作「丕」。
〔三〕萬：明澹生堂鈔本、四庫本、傅校本作「曼」。
〔四〕丁酉九月：原無，據明澹生堂鈔本、四庫本補。
〔五〕摶徒官切：原無，據四庫本補。明澹生堂鈔本作「劉音徒官反」。
〔六〕賀新郎罷：明澹生堂鈔本作「駕郎罷相」，誤。
〔七〕四首：原無，據明澹生堂鈔本、四庫本補。
〔八〕丁酉九月三日：原無，據明澹生堂鈔本、四庫本補。
〔九〕衆：四庫本作「重」。
〔一〇〕論：原作「有」，原刻校云：「張本作『論』。」按明澹生堂鈔本、四庫本、傅校本亦作「論」，據改。

舊聞西北海，巍然峙瑶山。高辛賢太子，制樂山之間。坐閲幾春秋，不老常朱顔。至今重其潤，恩波浹人寰。右海重潤。

送喻宫教良能出倅會稽 丁酉十一月〔一〕

拾遺羈旅鑑湖秋，太史崎嶇禹穴游。只駕貳車良自足，更營三釜復何求〔二〕。千山徧踏詩才富，萬壑臨觀史筆遒。稍待政成歸魏闕，便從麟閣上螭頭〔三〕。

恭和御製賜史浩古詩 丁酉十一月〔四〕

臣伏蒙睿慈，頒示御製賜史浩古詩三十韻。臣恭依聖訓，賡續進呈。效涓塵于海嶽之間，何裨廣大，曳螢爝於日月之下，或借光輝。冒犯天威〔五〕，臣無任戰慄之至。

粤從三代還，歲月遇千禩。時豈無賢君，道未契宸旨。煌煌唐太宗，勳業在所喜。寇攘既掃除，蠻貊畢至止。循良布郡邑，惠政寛獄市。忠賢儼班聯，切諫梔浮靡。關輔羅府兵，巖穴聘奇士。民生覆盂安，國勢太山倚〔六〕。皇心期過之，風下九萬里。忠厚培本根，文物粲華蕊。淳熙視貞觀，何啻相表裏。屬車尚濤江，列障隔淮水。蠢兹獯鬻氏，作我太清滓。坐令營屯衆，久費糗糧峙。中原厭狼貪，諸將空虎視。安得貫砮楛，來貢尺有咫。六合混一家，耕桑盛生齒。願言講治道，先務當有幾。欲仁斯仁至，患在未舉趾。而况前史中，遺事可尋理。衛英爪與牙，王魏目兼耳。處中賴房杜，虚受忘彼此。不聞國異政，但見車同軌。孰云古道難，僉曰今王是。寸陰勝所競，盛德日方起。舞干格三苗，其效七旬爾。軻稱仁無敵，傳謂禮可已。東鞮及北女，會見朝玉戺。南山竹易殫，陛下功難紀。儒館護獻歌，將乃詞之骫〔七〕。

靖州張推官庭傑挽詞 丁酉十一月〔八〕

青綬當年謾被緺〔九〕，力將儒素換豪華。篋中深貯先賢傳，門外常停長者車。有子菑畬在經訓，平生痼疾是烟霞。花橋卜築花山殯〔一〇〕，太息中吴好事家。

端明尚書汪聖錫挽詞二首 丁酉十二月〔一一〕

性與天真合，心惟聖處求。有書皆默記，無事不冥搜。相業

〔一〕丁酉十一月：原無，據清黄丕烈校明鈔本補。
〔二〕營：原作「容」，據四庫本、清黄丕烈校明鈔本改。
〔三〕原刻文末校云：「張本有『叔奇能詩，所至輒賦。近嘗進《歷代忠義傳》，極有史法』二十字。」
〔四〕丁酉十一月：原無，據明澹生堂鈔本、四庫本補。
〔五〕威：四庫本、清黄丕烈校明鈔本作「顔」。
〔六〕太：傅校本作「泰」。
〔七〕乃：原刻校云：「張本作『奈』。」
〔八〕丁酉十一月：原無，據明澹生堂鈔本、四庫本補。
〔九〕被：明澹生堂鈔本、清黄丕烈校明鈔本作「佩」。
〔一〇〕山：原刻校云：「張本作『仙』。」
〔一一〕丁酉十二月：原無，據明澹生堂鈔本、四庫本補。

期黄髮，祠官恃黑頭。爲霖幾人望，誰料倏成休。

刻意追元祐，斯文未喪予。前生陳正字，今代傅中書。天末分携晚〔一〕，東膠覿面初。追思二十載，痛哭淚盈裾。乾道庚寅六月見公姑蘇。嘗語某云：幼讀陳後山集，見代人乞郡劄子，便能成誦，且知其爲傅簡獻公作。後檢傅集，果有之。公豈其後身歟。

秋官少常伯失杯復得乃好客之報來詩誤認天意遂欲因噎廢食走筆次韻發笑 程泰之也。來詩謂不合欵客，自此雖及門亦不納，以順天意

丁酉〔二〕

郭釜知藏幾百杯，韋籯何止一尊罍。冶金太盛應須躍，塞馬重歸豈是災。車到門前如可却，客來梁上若爲回。遂疑同舍真疎矣〔三〕，明與劉乂亦壯哉〔四〕。

〔一〕天：原作「太」，據明澹生堂鈔本改。
〔二〕丁酉：原無，據明澹生堂鈔本、四庫本補。
〔三〕疑：傅校本作「猜」。
〔四〕劉乂：傅校本作「不疑」。

廬陵周益國文忠公集卷七

省齋文稿卷七

詩〔一〕 起淳熙戊戌，止戊申　臨安

次韻陳叔晉舍人殿試筆記　戊戌四月七日〔二〕

帝垂清問切恢圖，士貢昌言敢導諛。高下共知歸至鑑，考評聊許備先驅。詳定所先批分數封送編排所，然後定其等甲〔三〕。四帷迥隔心常渴，初考、覆考、詳定、編排凡四幕，皆隔以屏〔四〕，欲其聲迹不相聞。三榻横連體詎舒〔五〕。方丈之地，並設三榻。烏府凛然賢執法，紫垣籍甚古通儒。上嘗書「通儒」二字賜錢舍人。墨朱同異容兼採，初考純用墨書臣名、等第，送監封。彌封官封印送覆考所，純用朱書臣名、等第。然後詳定官啟封而酌，其中其書臣及等第以朱，而書名以墨。等級從違得細書〔六〕。考校法第一至第五凡五等，每等分上中下。至詳定所從初考或從覆考，亦或别定。尚醞時頒缸面酒，日給常酒外，三日一賜黄封缸面酒，出《法書要録》。大官日饌腹前臚。御厨給食頗豐，但品味未嘗易。腹前臚，出韋昭《辨釋名》，謂肥肉是也。天香漫炷薰常歇，雖賜香而火禁嚴甚，不許炷爐。貢茗虚霑樣頓殊。諸位總賜茶三百斤。舊每斤即一紅綾袋，凡十餘圍。今乃給黄袋，析而分之。以一餅爲一斤，殆典吏移易也。晨壁摇風愁幕冷，就廊廡設次，以幕爲壁。夜窗透月喜簾疎。臨階以簾爲窗。九賓屈指臚連句，唱名比逐舉展五日。千慮傾心智與愚。會待詔恩三日沐，湖山尋勝任舟輿。給歇泊假三日。

胡邦衡端明用癸巳舊韻寵賜佳篇輒續貂爲不一之賀　戊戌〔七〕

閏六還同載誕辰，公壬午閏六月三日生，今七十七年，復閏六月。壽川方至浩無津。位虚左轄民瞻舊，職視西樞睿眷新。賀端明也。玉果又霑湯餅客，今年五月生子。銀環仍進雪膚人。新買妾。風流富貴誰能並，未害先生道德淳。

〔一〕詩：日本藏宋刻本、明澹生堂鈔本、四庫本作「古律詩五十二首」。

〔二〕戊戌四月七日：原無，據日本藏宋刻本、明澹生堂鈔本、四庫本補。

〔三〕等甲：原作「甲等」，據日本藏宋刻本、四庫本、《咸淳臨安志》卷一五改。

〔四〕屏：日本藏宋刻本作「吏卒」。

〔五〕詎：原刻校云：「張本作『可』。」按日本藏宋刻本、《咸淳臨安志》卷一五作「巨」。

〔六〕級：原作「給」，據日本藏宋刻本、四庫本、傅校本、《咸淳臨安志》卷一五改。明澹生堂鈔本作「及」。

〔七〕戊戌：原無，據日本藏宋刻本、明澹生堂鈔本、四庫本補。

中元日以春花數種送閻才元左司蒼舒閻賦二絶句次韻　戊戌〔一〕

韓郎牡丹迹已久〔二〕，殷七杜鵑名謾新。何似熙熙行闕里〔三〕，花隨和氣四時春。

早歲連名向千佛〔四〕，如今接武事承華。何時誤入長春苑，盡看先生解語花。有姬堅不肯出〔五〕。

送石似之倉部出倅漳州　戊戌七月〔六〕

半刺臨漳郡，榮歸總不如。棠陰三世舊，君曾大父、大父皆嘗倅漳〔七〕。梓里數程餘。野老談遺愛，儒先叩異書。依烏帶東壁，從此照閩墟。

送陸務觀赴七閩提舉常平茶事　戊戌八月十九日〔八〕

漢皇親召賈生還，京洛争看北海賢〔九〕。却是神仙足官賦〔一〇〕，便思丰采爍雲烟〔一一〕。

暮年桑苧毁茶經，應爲征行不到閩。今有雲孫持使節，好因貢焙祀茶神。

鸞棲枳棘已多年，父老猶傳主簿賢。扶杖喜迎新使節〔一二〕，赤帷何惜與高騫〔一三〕。

疲駑久倦直明光，風味常思十八娘。擬請一麾依故舊〔一四〕，得無公道學蘇章。

〔一〕戊戌：原無，據日本藏宋刻本、明澹生堂鈔本、四庫本補。
〔二〕已：明澹生堂鈔本作「亦」、四庫本注云：「一作亦。」
〔三〕里：原刻校云：「張本作『裏』。」按日本藏宋刻本亦作「裏」。
〔四〕連：日本藏宋刻本、傅校本作「聯」。
〔五〕出：原作「去」，據日本藏宋刻本及原校改。
〔六〕戊戌七月：原無，據日本藏宋刻本、明澹生堂鈔本、四庫本補。
〔七〕漳：原作「郡」，據日本藏宋刻本改。
〔八〕戊戌八月十九日：原無，據日本藏宋刻本、明澹生堂鈔本、四庫本補。
〔九〕洛：原作「路」，按原刻校云：「張本作『洛』。」又日本藏宋刻本、明澹生堂鈔本、傅校本及《古今事文類聚外集》卷九引亦作「洛」，據改。
〔一〇〕是：四庫本作「説」，日本藏宋刻本、《古今事文類聚外集》引作「畏」。賦：原刻校云：「張本作『府』。」按日本藏宋刻本、明澹生堂鈔本、傅校本及《古今事文類聚外集》卷九引亦作「府」。
〔一一〕丰：日本藏宋刻本、明澹生堂鈔本、《古今事文類聚外集》卷九引作「風」。
〔一二〕節：原刻校云：「張本作『者』。」按日本藏宋刻本、四庫本亦作「者」。
〔一三〕騫：原刻校云：「張本作『褰』。」按日本藏宋刻本、明澹生堂鈔本、四庫本及《古今事文類聚外集》卷九引亦作「褰」。
〔一四〕擬請：明澹生堂鈔本作「清掛」。

淮東兵馬鈐轄趙公顒挽詞〔一〕 戊戌八月〔二〕

籍甚宣王七世孫，麟題信厚典型存〔三〕。青雲事業成難弟，黄甲科名付後昆。炊臼方悲鸞鏡舞，奠楹俄掩衮衣璊。翩翩雙旐餘杭路，細雨西風總斷魂。

恭和御製幸秘書省詩二首〔四〕 戊戌九月十二日〔五〕

羣玉西崑富典章，二星東壁燦輝光。秋花迎杖千叢後，法曲傳觴九奏長。虎將縱觀修舊事〔六〕，淳化祕閣新成〔七〕，詔傅潛、戴興率諸將縱觀書籍，賜御酒終日。豸冠陪侍仰明王。政修即是攘夷策，玁狁殘祆豈足襄。

蟠木離奇愧豫章，幾年封植荷恩光。石渠久綴英髦後，金鎖深慚學識長。御墨奎文瞻列聖，霜尊篆鼎備三王。願言作德酬榮遇，寧復矜才似智囊。

再用邦衡韻贊其閒居之樂且致思歸之意

戊戌〔八〕

一別龍門不計春，思公夢渡太臯津。遙知綠野朱顔好，應笑紅塵白髮新。午茗親烹留上客，夜棋酣戰調佳人。道腴有味詩彌勝，何止冰凝與蜜淳。曹植《魏德論》有「甘露冰凝蜜淳」之語。

送胡子遠出守漢州分韻得萬字 戊戌十一月〔九〕

三釜貴及親，萬户豈吾願。君今二千石，榮禄尚何論。而況蜀漢間，相望兩宿頓。鹿轓從版輿，鳩杖雜戟鐏。斑衣父老夸〔一〇〕，晝錦士夫勸〔一一〕。遙知四境内〔一二〕，和氣銷愁恨。却應念主恩，未遽忘一飯。試於温清餘，款款話繾綣。仍談西湖勝，幸及老人健。相將下三峽，看復摶九萬。

〔一〕顒：原作「容」，據日本藏宋刻本、明澹生堂鈔本、四庫本、傅校本改。
〔二〕戊戌八月：原無，據日本藏宋刻本、明澹生堂鈔本、四庫本補。
〔三〕題：原刻校云：「張本作『踶』。」
〔四〕二首：原無，據日本藏宋刻本、明澹生堂鈔本、四庫本補。
〔五〕戊戌九月十二日：原無，據日本藏宋刻本、明澹生堂鈔本、四庫本補。
〔六〕舊：傅校本作「故」。
〔七〕新：原作「修」，據日本藏宋刻本、明澹生堂鈔本改。
〔八〕戊戌：原無，據日本藏宋刻本、明澹生堂鈔本、四庫本補。
〔九〕戊戌十一月：原無，據日本藏宋刻本、明澹生堂鈔本、四庫本補。
〔一〇〕老：原刻校云：「張本作『□』。」
〔一一〕勸：原作「嘆」，按原刻校云：「張本作『勸』。」又日本藏宋刻本、明澹生堂鈔本、四庫本亦作「勸」，據改。
〔一二〕遙知四境内：明澹生堂鈔本作「遥知境内民」；四庫本作「遥知境内□」。

進謝御書古詩 戊戌十一月二十五日〔一〕

臣伏蒙聖恩，賜臣御書白居易《七德舞》樂府一軸。天光賁飾〔二〕，蔀屋輝華。臣榮感之餘，謹用蘇軾謝御書居易紫微花絶句故事，齋沐課成古詩一篇，少見戴恩之意。輕黷宸嚴，伏地俟罪。具官臣周某上進。

允文元祐詞臣軾，勁節名章世無敵。御前曾賜紫薇詩，袖裏驪珠光的皪。小臣謬直白玉堂，也紆皇眷摛雲章〔三〕。雲章元是七德舞，字字筆法超鍾王〔四〕。兩朝相望九十祀，長慶集中偏屬意。咸池日照草木光，天門龍躍魚蝦悸。我皇英銳真太宗，文武神聖功德隆。黄鉞指期擒頡利，捷書先獻太安宫。元和學士白居易，臣非其才私有志。願隨班賀四海清，續唐之歌詩萬世。

劉諫議度挽詞二首〔五〕 戊戌十二月〔六〕

早習唐蕡策，曾舉制舉。中爲漢輔官。伏蒲頻盡節，當宁極隆寬。身荷甘泉橐〔七〕，家仍陋巷簞〔八〕。清名垂宇宙，猶足障狂瀾。

疇昔英游後，推尊輩行先〔九〕。班聯容接武，坐立愧差肩〔一〇〕。劉短予長，每有鳧鶴之戲。我已無如老，公非不永年。思賢仍感舊，衰涕兩潸然。

次范至能憶同游石湖韻 己亥五月〔一一〕

桃源非真亦非空，幾年誤轉漁郎篷。豈知石湖天尺五，不隔三萬弱水中。主公心伴白鷗没，莫莫朝朝醉花月。邇來一念了世緣，蟬冕照人頭未雪。如今又作衣錦回，汀洲依舊玉成堆。聞道丹青憶賢佐〔一二〕，白麻早晚從天來。斷章批處階重抹，敢向坐中論禮絶。午橋他日倘重陪，庶見方瞳并緑髮。

〔一〕戊戌十一月二十五日：原無，據日本藏宋刻本、明澹生堂鈔本、四庫本補。
〔二〕賁飾：明澹生堂鈔本作「下賁」。
〔三〕紆：原作「紓」，據日本藏宋刻本、明澹生堂鈔本、四庫本、傅校本改。
〔四〕雲章元是七德舞字字：明澹生堂鈔本作「元是七德□□□□□」。
〔五〕二首：原無，據日本藏宋刻本、明澹生堂鈔本、四庫本補。
〔六〕戊戌十二月：原無，據日本藏宋刻本、明澹生堂鈔本、四庫本補。
〔七〕荷：原作「倚」，按原刻校云：「張本作『荷』。」又日本藏宋刻本、明澹生堂鈔本、四庫本亦作「荷」，據改。
〔八〕仍：明澹生堂鈔本作「居」，四庫本作「唯」。
〔九〕輩行：四庫本作「行輩」。
〔一〇〕坐立愧差肩：明澹生堂鈔本作「坐立差隨肩」。
〔一一〕己亥五月：原無，據日本藏宋刻本、明澹生堂鈔本、四庫本補。
〔一二〕憶：明澹生堂鈔本、四庫本作「隱」。

胡邦衡惠淳字韻佳什回首十年間不知幾往返矣雖歲月逾邁而格律益高降嘆不足敬用賡和 己亥[一]

掃迹龍門六小春，渴聞談論齒生津。築巖勳業方圖舊[二]，倚市工夫謾鬬新。百二山河行入手，三千風月莫迷人。彌縫直出羲皇上[三]，舉世終由魯叟淳。

次韻王仲行尚書宿直兩絶句[四] 己亥[五]

東省南宮切太微，夔龍行集鳳凰池。更哦殿閣薰風句，坐覺微凉生桂枝。

紫禁同依日月輝，蒼顔獨愧羽毛奇。水如明鏡雖堪俯，笑汝星星誰肯嬉[六]。

徐元敏察院詡頊和子中兄長篇語頗相屬今承出使交廣次韻送行兼簡經略劉文潛 己亥七月三日[七]

少年同仕秦淮口，醉裏殷勤掃花帚。蒼顔白髮二紀中，夢斷賞心并折柳。金陵二亭。非才晚汙論思地，分察久觀彈擊手。端方期不負耳目，詰曲誰能學跟肘。善良無憂藜藿採，讒諂有類麐麃走。三年執法念少休，萬里立功圖不朽。遥知二十五州民[八]，即日春風散醇酒。吏驚繡斧指東海，士喜文星避南斗。由來炎雲多瘴癘，是處黄茅少林藪。聞纔過桂府，道無林木，行人所以病癘[九]。自從英英賢牧至，蔽芾棠陰地無醜。同年相逢定傾蓋，痛飲何妨暫濡首。二兄皆善飲。書來不用詫梅花，共説蒼生蘇息否。

次張欽夫經略韻送胡長彦司戸還廬陵 己亥[一〇]

解印陶元亮[一一]，居鄉馬少游。久憐高士少，今喜故人優。

[一] 己亥：原無，據日本藏宋刻本、明澹生堂鈔本、四庫本補。
[二] 勳：傅校本作「功」。
[三] 皇：日本藏宋刻本、明澹生堂鈔本作「農」。
[四] 兩絶句：原無，據日本藏宋刻本、明澹生堂鈔本、四庫本、傅校本補。
[五] 己亥：原無，據日本藏宋刻本、明澹生堂鈔本、四庫本補。
[六] 汝：傅校本作「爾」。
[七] 己亥七月三日：原無，據日本藏宋刻本、明澹生堂鈔本、四庫本補。
[八] 二十五：原作「五十二」，按原刻校云：「張本作『二十五』。」又日本藏宋刻本、明澹生堂鈔本、四庫本、傅校本亦作「二十五」，據改。
[九] 癘：明澹生堂鈔本、四庫本作「瘴」。
[一〇] 己亥：原無，據日本藏宋刻本、明澹生堂鈔本、四庫本補。
[一一] 解印：原刻文末校云：「『解印』一作『投紱』。」

客至無何飲，身閒有底愁〔一〕。自然仁者壽，誰羨道家流。

劉共甫樞密挽詩三首〔二〕 己亥〔三〕

動在居留地，名高宥密庭。旄頭期掃彗，箕尾倏騎星。不相知由命，占天忍促齡。平生經濟策，付與簡編青。

世抱忠精節，心睎社稷臣。拖紳遺奏日，馳驛挾醫辰。讜論留丹扆，清班閟紫宸。舊紫宸乃今觀文殿。史魚屍諫後，聖代不無人。

芸省翻黃卷，詞垣賦紫薇。年華飛電過，耆德曉星稀。梅閣臨風迥，滕城指日歸。懷賢并感舊，衰涕一時揮。予同在三館西垣，梅仙閣在公私第。

兵部王仲行尚書惠詩叙近日直舍隔壁論詩説棊之戲次韻爲謝尚書近録舊詩一篇爲贈故并及之 己亥〔四〕

詩可弄萬象，棋能消百憂。苦吟復苦戰，已過心休休。自從識夫子，十閲長安秋。奇才揜衆俊，博物包九流。游戲亦臻極，他人歎無由。脚踏軟紅塵，手把大白浮。每坐客常屈，有社誰敢投。此事聊復爾，壯懷許聞不。殺虜盧龍溝，殲羌西海頭〔五〕。六奇藴秘策，鑿壁那可偷。稍見壺子機，已驚季咸儔〔六〕。遂盗祖師法，敢與神秀侔。豈如念貧績〔七〕，明許餘光求。故將繡段贈，不責玉案酬。從今空囊富，免爲杜陵羞〔八〕。

明堂慶成二十韻 己亥九月十八日〔九〕

臣恭覩皇帝陛下肇禋總章，積雨驟霽，星月粲爛。燭光不摇。天瑞應誠，輿情呼舞。臣忝陪近侍，抃蹈尤深。謹按皇祐大饗明堂，翰林學士王堯臣、孫抃、趙槩、楊偉，侍讀學士丁度〔一〇〕、宋祁，皆進賀詩一篇，今臣猥兼二職，合遵故事。謹撰到《明堂大禮慶成》詩二十韻，繕寫上進。言雖無取，事則紀實，冒瀆宸扆，伏俟誅戮。

親饗嚴三歲，邦彝重九筵。祖宗垂統大，天地著功全。惟睿崇昭報，于時展吉蠲。發揮皇祐日，潤色紹興年。稽古千齡契，

〔一〕愁：原作「憂」，按原刻校云：「張本作『愁』。」又日本藏宋刻本亦作「愁」，據改。
〔二〕詩：日本藏宋刻本、明澹生堂鈔本、四庫本作「詞」；三首：原無，據日本藏宋刻本、明澹生堂鈔本、四庫本補。
〔三〕己亥：原無，據日本藏宋刻本、明澹生堂鈔本、四庫本補。
〔四〕己亥：原無，據日本藏宋刻本、明澹生堂鈔本、四庫本補。
〔五〕殲羌西海頭：明澹生堂鈔本作「鐫羌西泆泆」。日本藏宋刻本「殲」亦作「鐫」。
〔六〕驚：原作「知」，按原刻校云：「張本作『驚』。」又日本藏宋刻本、明澹生堂鈔本亦作「驚」，據改。
〔七〕如：四庫本、傅校本作「知」。
〔八〕杜陵：傅校本作「社稷」。
〔九〕己亥九月十八日：原無，據日本藏宋刻本、明澹生堂鈔本、四庫本補。
〔一〇〕丁：原刻校云：「一作『盛』，誤。」

齋心十日專。揭名新扁榜，御書明堂及明堂之門。書册屏葦氈。竹册御名以九月七日書。假廟陰雲剥，升禋皓月圓。無風摇燭影，有瑞燦星躔。不值連宵雨，那彰倏霽天。貳觴猶翼翼〔一〕，百拜愈乾乾。三日行禮，上拜百餘。歸次徒勞奏，酌獻畢〔二〕，有司依舊制請歸小次，上弗許，立俟亞終獻行禮。回班特許朘。駕來，百官例側班，皆止之。賀儀隨仗入，霈澤御樓宣〔三〕。禮畢，即時御垂拱殿受賀，黎明御樓，聖躬益莊。獻胙金絲合，簪花錦繡鮮。慈皇顔有喜，聖孝古無前。肆赦纔畢〔四〕，即時獻胙德壽宫，禁衛皆賜花。和氣騰都邑，歡聲偏海壖。祺祥應曼羡，壽禄自綿延〔五〕。臣也芻蕘賤，恩斯雨露偏〔六〕。執綏華蓋裏，草赦玉堂邊。玉堂，殿名〔七〕。第頌甘居後，逢辰幸獨先。四方今日靖，申誦我將篇。

内直以金橘送七兄　己亥十月十六日〔八〕

晝卧玉堂殿，眼看金彈丸。禹包經歲月，鄭驛助杯盤。黄帶霜前緑，甘移醉後酸。江湖有兄弟，此日億團欒。大兄、十三弟在袁、吉，二兄官營道，皆此果所産之地。

送鹿伯可何致仁直閣兼簡吴明可致政給事〔九〕　伯可年五十，自郎曹乞休致〔一〇〕，特轉朝奉郎除職己亥十一月十四日〔一一〕

垂車七十古來稀，况是丁年解鞅韈。神虎衣冠弘景掛〔一二〕，都門供帳仲翁歸。前銜新命俱郎宿，處士儒冠總少微。《李尋傳》少微四星主處士儒學之宫〔一三〕。郎中以秘閣休官，故云。林下若逢龍閣老，爲言台嶺轉光輝。吴芾明可以龍圖閣直學士致仕，居台州。

戴子微幾先運使出使湖北約以惡語送行而未遣也佳篇見督次韻奉寄　己亥十一月〔一四〕

早日逍遥侍從間，重來見引奉威顔〔一五〕。倦趨北闕晨霜冷，思上南樓夜月閒。直指不誇新衣繡，曲臺只記舊班聯。豈知隔面

〔一〕貳：四庫本作「三」。

〔二〕酌：原作「初」，據日本藏宋刻本、明澹生堂鈔本改。

〔三〕御：原作「至」，按原刻校云：「張本作『御』。」又日本藏宋刻本亦作「御」，據改。

〔四〕纔：明澹生堂鈔本作「終」。

〔五〕禄：原作「算」，按原刻校云：「張本作『禄』。」又日本藏宋刻本、明澹生堂鈔本、四庫本亦作「禄」，據改。

〔六〕偏：原作「徧」，據四庫本改。

〔七〕殿名：日本藏宋刻本作「蓋殿名」，明澹生堂鈔本作「蓋殿名也」。

〔八〕己亥十月十六日：原無，據日本藏宋刻本、明澹生堂鈔本、四庫本補。

〔九〕何：原無，據日本藏宋刻本、明澹生堂鈔本補。

〔一〇〕「致」下，明澹生堂鈔本有「政」字。

〔一一〕己亥十一月十四日：原無，據日本藏宋刻本、清黄丕烈校明鈔本補。

〔一二〕虎：四庫本作「武」；弘：原作「宏」，據傳校本改。

〔一三〕主：明澹生堂鈔本無。

〔一四〕己亥十一月：原無，據日本藏宋刻本、明澹生堂鈔本、四庫本補。

〔一五〕見引奉：原刻校云：「張本作『奉引近』。」按日本藏宋刻本、明澹生堂鈔本、四庫本亦作「奉引近」。

心猶渴，空訝相如下筆慳。某與侍郎同爲禮官，同爲儲僚者期歲〔一〕，屢請見某詩不許，卒章故云。

張侍制宗元挽詞 庚子正月〔二〕

桂籍聲名早，松門歲月賒。鎮東多惠愛，使北有光華。豈料尋春騎，翻成會葬車。珠園舊亭舘，細雨泫新花。

進讀三朝寶訓終篇賜宴賜賚詔謝恩詩〔三〕

庚子五月初四日〔四〕

藝祖提劍開八荒，太宗混一垂衣裳。真皇破虜神武揚，夷夏億寧法度彰。寶訓成書紀宏綱，有典有則萬葉昌。憶昔壬午神龍翔，季秋庚子辰集房。肇開講席臨青箱，赭袍玉斧光照廊。台司夾侍書案黃，翰林進讀天容莊。微臣簪筆近御牀〔五〕，親聞玉音義甚長。君子小人初何常，非關時運弱與强。祇係人主所否臧，當年紀注此特詳。紹興壬午九月庚子初開經筵，亦召宰執聽講讀〔六〕。洪遵初講《三朝寶訓》第一卷〔七〕，至太宗問呂蒙正君子少而小人多，蒙正曰此繫時運盛衰。陛下宣諭云不然，顧人主好惡何如耳〔八〕。臣時爲侍立官，退以聖語載起居注中〔九〕。往來寒暑今一章，牙籤謬執心徬徨。終篇正值恩德洋，道山肆筵酌天漿。宮花壓帽羅絲簧，硯來復古翰墨光。臣所得端硯，刻「復古殿」三字。馬出帝閑真驌驦，閩山正焙隨寶香。君賜如天不可量，歸美獨愧詞荒唐。恭惟聖治超百王，夙夜基命不敢康。文德既修狄可攘，俎豆永掃旄頭芒。三聖勳烈同煒煌，萬年億載娛慈皇。

文忠烈公居洛有丙午同甲會詩今執政府凡三位樞密使王季海參政錢師魏先在焉前歲夏某忝參預連墻而居適然齊年時號丙午坊次文公韻簡二公 壬寅春〔一〇〕

四公八十會伊川，盛事于今又百年。豈意蒼顏華髮叟，亦陪黃閣紫樞仙。府居未至容連棟，班路前瞻愧比肩。丁丙連干支合德，君臣慶會豈虛傳。上丁未生。

〔一〕期歲：原作「期月」，據日本藏宋刻本、四庫本改。明澹生堂鈔本作「某歲」，「某」字誤。

〔二〕庚子正月：原無，據日本藏宋刻本、明澹生堂鈔本、四庫本補。

〔三〕詔：原無，據明澹生堂鈔本補。

〔四〕庚子五月初四日：原無，據日本藏宋刻本、明澹生堂鈔本、四庫本補。

〔五〕御：原作「玉」，按原刻校云：「張本作『御』。」又日本藏宋刻本亦作「御」，據改。

〔六〕讀：原作「書」，據日本藏宋刻本改。

〔七〕講：日本藏宋刻本作「讀」。

〔八〕何如：明澹生堂鈔本無。

〔九〕「起居注中」下，傅校本有「故有『當年記注此特祥』之句」。

〔一〇〕壬寅春：原無，據日本藏宋刻本、明澹生堂鈔本、四庫本補。

慶東宫生辰 壬寅九月〔一〕

聖祖基長發，皇家慶遠覃。金輪常御極〔二〕，銀榜夙占男。萸節辰遲五〔三〕，蓂階莢度三。英姿同父祖，秀氣集興堪。仁孝由天縱，温文亦性涵。兩宫今並事，三善此誰慚。玉佩班昕肅，牙籤道日談。儉寧從節苦，正每斥言甘。甲觀蘭開殿，南陽菊映潭。名參周發誦〔四〕，壽百古彭聃。政省叨峩弁，宫僚阻盍簪。賓筵應秩秩，鐘鼓夢䍂䍂。

龍圖閣直學士吴明可芾挽詞二首〔五〕 癸卯〔六〕

冠掛十年餘，齡周八秩初。錦囊遺藁富，紫橐賜金虚。似白猶希白，如疏更景疏。公所居東西軒名。清風并亮節，付與汗青書。

憶昨經洪井，連朝點玳筵。東湖波浩蕩，南苑月嬋娟。偃飲驚三雅，蛩吟羨百篇。祇今悲舊事，何日奠新阡。昨公新築南園，屢陪夜飲，坐間示所和歸去來及詩詞甚多。

和龍舒兄春日出郊韻 甲辰〔七〕

庭東蒲鞭吏晝閒，禽聲人語兩關關。郊垌戎隊穿花裏，阡陌兒童戲雉間。禪語屢題投子寺，仁風常滿皖公山。薦書聞道交宸几，尺一封泥合錫還。

敷文閣學士李仁甫挽詞十絶〔八〕 甲辰〔九〕

萬古仇池一老仙，前身遊宦憶西川。令威化鶴空千歲，何似重來十五年。東坡辛巳年薨，公己未年生。

父子才名震蜀都，家風人道似三蘇。不知岷嶺英靈氣〔一〇〕，底向眉山特地殊。

經學淵源史筆高，文章餘力埒風騷。紛紛小技誇流俗，磨滅身名笑爾曹。

頻駕輶軒析左符，直從梁益到江湖。棠陰處處留遺愛，芹泮人人憶大儒。

鳴佩甘泉不乏人，誰能博古復通今〔一一〕。直如汲黯非遊俠，忠似更生不鑄金。

〔一〕壬寅九月：原無，據日本藏宋刻本、明澹生堂鈔本、四庫本補。
〔二〕御：原作「沛」，按原刻校云：「張本作『御』。」又日本藏宋刻本、四庫本亦作「御」，據改。
〔三〕遲：原刻校云：「張本作『逢』。」
〔四〕誦：四庫本作「頌」。
〔五〕二首：原無，據日本藏宋刻本、明澹生堂鈔本、四庫本補。
〔六〕癸卯：原無，據日本藏宋刻本、明澹生堂鈔本、四庫本補。
〔七〕甲辰：原無，據日本藏宋刻本、明澹生堂鈔本、四庫本補。
〔八〕十絶：原無，據日本藏宋刻本、明澹生堂鈔本、四庫本補。
〔九〕甲辰：原無，據日本藏宋刻本、明澹生堂鈔本、四庫本補。
〔一〇〕靈：明澹生堂鈔本作「豪」。
〔一一〕復：明澹生堂鈔本作「又」。

千卷長編已刻閩，争傳副墨價兼金。冠篇不得同迂叟〔一〕，遺恨猶應記玉音。上許御製《長編》序。

是是非非口即心，掃除人僞只天真。身全五福仍通貴，造物因公勸世人〔二〕。

病後精神更湛然，掛冠剛欲及生前。去來自在渾無迹〔三〕，撫掌僧徒浪學禪。

蓬監曾叨繼後塵，史闈何幸對題名。菲才自是無能役，太息難忘故舊情。

我畏譏讒口屢緘，獨公嗜好不酸鹹。每傾苦酒思談論〔四〕，萬里何由奠巽巖。

讀樂天詩戲效其體 乙巳秋〔五〕

側足二三神，平頭六十人。胸中冰與炭，鏡裏雪兼銀。豈有花經眼，何嘗酒入唇。勞生成底事，何不早收身〔六〕。

三月六日中宫生辰二府例以前四日就孤山四聖觀設醮泛舟至玉壺環碧園因記歐陽公治平三年丙午歲上巳和韓丞相詩謂是歲始頒明天曆三月三日丁巳故有節正須知鳳曆新之句今歲亦逢辛巳而又歲皆丙午誠異事也輒借原韻賦詩一篇簡諸公〔七〕 乙巳〔八〕

東華正踏軟紅塵，却趁西湖祓禊辰。曆似明天時令正，春逢閏歲物華新。流連花柳輸豪俠，判斷湖山愧隱淪。尚擬鳴鑾一遊豫，還陪英衮奉嚴宸〔九〕。

〔一〕迂叟：司馬光自號「迂叟」。傅校本改作「遷叟」，當誤。
〔二〕世：原刻校云：「張本作『善』。」按日本藏宋刻本亦作「善」。
〔三〕迹：日本藏宋刻本、四庫本「礙」。
〔四〕論：原刻校云：「張本作『笑』。」按日本藏宋刻本、明澹生堂鈔本、四庫本亦作「笑」。
〔五〕乙巳秋：原無，據日本藏宋刻本、明澹生堂鈔本、四庫本補。
〔六〕何：日本藏宋刻本、明澹生堂鈔本、四庫本作「胡」。
〔七〕「亦逢辛巳」下，明澹生堂鈔本有「故有節正」四字。
〔八〕乙巳：原無，據日本藏宋刻本、明澹生堂鈔本、四庫本補。
〔九〕文末原刻校云：「張本有『每歲三月，駕必出郊』八小字。」按日本藏宋刻本、明澹生堂鈔本、四庫本亦有此八小字。

高宗皇帝挽詞二首〔一〕 戊申〔二〕

社稷興中否，干戈静四溟。生年同藝祖，皆丁亥〔三〕。慶壽似慈寧。皆慶八十八。人憶庚庚兆，天垂九九齡。向來懷夏禹，今拊越山青。建炎登稽山閣，御詩有云〔四〕：「懷哉夏禹勤」。

太極乾元父，清都大帝宫。宴酣忘御駿，仙去任遺弓。音遏思堯類，旻號泣舜瞳。孤臣臺閣舊，淚血灑春風。

〔一〕二首：原無，據日本藏宋刻本、明澹生堂鈔本、四庫本補。
〔二〕戊申：原無，據日本藏宋刻本、明澹生堂鈔本、四庫本補。
〔三〕皆丁亥：原無，據日本藏宋刻本補。四庫本無「皆」字。
〔四〕御詩有云：明澹生堂鈔本、四庫本作「有御詩云」。日本藏宋刻本無「有」字。

廬陵周益國文忠公集卷八

省齋文稿卷八

詩〔一〕

起淳熙己酉，止紹熙癸丑　廬陵　長沙

陶淵明有己酉重九詩一首某以此年此日舟次吉水距永和財一程耳輒用其韻先寄二兄十三弟并呈提舉七兄

王覲十五載，歸來稀舊交。我鬢昔已華〔二〕，今茲固宜凋。去國甫重五，還家倏登高。永和見兄弟〔三〕，咫尺如烟霄。緬懷江東使，地遠心更勞。遥知上翠微，江山勝金焦。豈無茱萸酒，望望心鬱陶。相從會有日，永矣非一朝。

贛守鄭舜舉寄詩酒於答書中就附四句　己酉〔四〕

十七篇詩酒滿壺，贛州風景塞繩樞〔五〕。詩中有畫今摩詰，安用當年八境圖〔六〕。

南園築小堂鄰里侯暘獻上梁文戲成小詩紀實解嘲　己酉〔七〕

半畝園林數尺堂，凡花疎竹小池塘。平泉緑野休相笑，事業功名合自量。

郊居三池皆種蓮自五月開至七月末無日不寓目今得七兄秋浦佳篇謹次原韻〔八〕　庚戌〔九〕

雲錦撑舟引興長，冉香回首惜年芳。辰陽郡池有冉香亭，夏則與兄同遊，今四十五年矣。碧筩擎雨時傾蓋，紅旆摇風暫亞槍。近渚何勞攀太華，真妝應笑弄西凉。夕蟾忽散金千炬，歸夢依稀到玉堂。

〔一〕日本藏宋刻本、明澹生堂鈔本、四庫本作「古律詩三十五首」。
〔二〕鬢：日本藏宋刻本作「髮」。
〔三〕見：日本藏宋刻本、明澹生堂鈔本、四庫本、傅校本作「有」。
〔四〕己酉：原無，據日本藏宋刻本、明澹生堂鈔本、四庫本補。
〔五〕塞：原刻校云：「張本作『賸』。」
〔六〕境：四庫本作「景」。
〔七〕己酉：原無，據日本藏宋刻本、明澹生堂鈔本、四庫本補。
〔八〕原韻：明澹生堂鈔本、四庫本作「嚴韻」。
〔九〕庚戌：原無，據日本藏宋刻本、明澹生堂鈔本、四庫本補。

和七兄秋浦韻 庚戌〔一〕

遵渚遲魚素，巡簷驗鵲占。江雲懷李白，籬菊詠陶潛。句好那容畫，才高却道鹽。皇華聊吏隱，清論付廷僉。

次七兄韻題二兄静明閣 庚戌〔二〕

堤有芙蓉沼有蕖，東西精舍直平湖。市朝間闊聊中隱，山隰横陳豈子都。杖履意行非得得〔三〕，輪蹄心遠任區區。休窮眼力爲疆界，且作詩篇替畫圖〔四〕。

七兄以庚戌重陽前解江東常平印泝江而歸先寄二詩次韻

早日常同席，中間屢話離〔五〕。呂梁今破夢，曹發共深期〔六〕。菊圃新開徑，茅齋正築基。不妨風雨夜，酌酒更論詩。

春駕輕車上九華，秋乘大舸泝風沙。欲抛彭澤追元亮，何待龍山宴孟嘉。行止非關人力勝，清平自有部民誇。征帆衝雨何時至，東望牙檣眼屢花。

廣西漕屬呂君祖平以其六世祖文靖公及五世伯祖惠穆公帖示周某敬題其後 辛亥正月〔七〕

世臣本非喬木，故笏真是甘棠。奕葉鈞樞翰墨，寶章何媿諸王。

送劉公度縣丞赴江陵 辛亥二月晦〔八〕

投分復連牆，閒居味更長。送春慵斲句，惜別怕傳觴。我正羣麇鹿，君當鶩驌驦。但令同臭味，不必共行藏。

〔一〕庚戌：原無，據日本藏宋刻本、明澹生堂鈔本、四庫本補。
〔二〕庚戌：原無，據日本藏宋刻本、明澹生堂鈔本、四庫本補。
〔三〕履：原刻校云：「張本作『屨』。」按日本藏宋刻本、四庫本亦作「屨」。
〔四〕作：原刻校云：「張本作『把』。」按日本藏宋刻本、明澹生堂鈔本、四庫本亦作「把」。
〔五〕話：明澹生堂鈔本作「語」。
〔六〕發：原刻校云：「張本作『髮』。」按日本藏宋刻本、傅校本作「髮」。
〔七〕辛亥正月：原無，據日本藏宋刻本、明澹生堂鈔本、四庫本補。
〔八〕辛亥二月晦：原無，據日本藏宋刻本、明澹生堂鈔本、四庫本補。

太和芍藥最盛有紅都勝黃樓子爲之冠昔山谷常宰邑篇詠極多獨遺此花四月八日與諸友共賞戲成小詩 辛亥〔一〕

紅勝依稀如魏紫，緗樓彷彿似姚黃。元豐詩尹渾無語，豈是參謀闕海棠。

簡提刑吳大卿宗旦二首〔二〕 辛亥六月二十五日〔三〕

瑞節頻移意可知，西川西廣又江西。蘇黃到處君行部，物色分留待品題。

堆勝横看白鷺洲，青原穩著釣臺幽。魯公翰墨師川句，訪古何妨與一遊。

權州楊倅子直方以詩惠鶴雛次韻爲謝 辛亥 七月十四日〔四〕

未解連軒賦鮑昭，且陪茫蕩醉東皐。初非日浴身原潔，何待天冲志已高。羽服便能隨羽扇，霜翎正合伴霜毛。使君今是徐州守，會宴雲龍樂且遨。

比承諭及東坡白袍立鵠之句〔五〕，退閲篇韻，謂鵠似鶴，長啄，音胡篤切。疑是二物。至《莊子》鵠不日浴而白，陸德明音義直云鵠，又作鶴，並音胡洛切，則又以爲一物矣。今類書數種雖分兩門，然其所引事却往往互見。《漢紀》注謂黃鵠大，白鵠小，而武昌又自有黃鶴樓，不知竟如何。豈所謂鵠鶴各有五色耶？更賴垂教。

吉水周中顯秀才相識二十餘年來求永新譚煥主簿榮壽堂詩爲賦一首因以勉譚 辛亥 八月三日〔六〕

憶昨淳熙躋壽域，東朝長樂慶七十〔七〕。譚家有子列冠裳，翁嫗同時應命秩〔八〕。兩宮今奉慈福宮，萬有千歲三宮同。十年一講慶壽禮，老人版授方重重。煥也曾試南宮裏，一第終當慁子耳。從今更闢榮壽堂〔九〕，他日郊封詔填委。

〔一〕辛亥：原無，據日本藏宋刻本、明澹生堂鈔本、四庫本補。

〔二〕二首：原無，據日本藏宋刻本、明澹生堂鈔本、四庫本、傅校本補。

〔三〕辛亥六月二十五日：原無，據日本藏宋刻本、明澹生堂鈔本、四庫本補。

〔四〕辛亥七月十四日：原無，據明澹生堂鈔本補。日本藏宋刻本、四庫本作「辛亥九月十四日」。

〔五〕及：四庫本作「云」；立鵠：日本藏宋刻本、四庫本作「鵠立」。

〔六〕辛亥八月三日：原無，據日本藏宋刻本、明澹生堂鈔本、四庫本補。

〔七〕慶：傅校本作「壽」。

〔八〕應：日本藏宋刻本、傅校本作「膺」。

〔九〕今：日本藏宋刻本作「玆」。

安福宗子師共兄弟五人作慈順堂養母求詩 辛亥〔一〕

五寶曾誇擢桂枝，從今天族更光輝。會看鼓吹喧龜洛，何止三人從伏妃。

送廣西譚景先經幹兼簡趙帥思朱漕晞顏 辛亥八月十七日〔二〕

舊歷南游上海航，今經鏵觜下灘江。元戎正值詩書帥，廉使曾臨父母邦。朱曾知吉州。不憚客從南去稱〔三〕，要陪驛召北來雙。水衡自古同承拜〔四〕，豈必紅蕖映碧幢。

永和鎮曾峑季高明秀樓 辛亥臘日〔五〕

心得高明趣，樓開井邑間。巡簷風與月，隱几水兼山。景物因天巧，軒窗占地慳。寒暄俱可至，徙倚不知還。

次韻馬惟良亦樂園 壬子〔六〕

滿腹詩書却灌園，固應浩養百憂寬。竹林松徑長蕭爽〔七〕，柳色花光自際蟠。貢焙延僧春泛雪，鄉醪醉客夜傾丹。當年悔不分銀菟，空把新詩反復觀〔八〕。乾道間予得郡富沙，不赴。

紹興丙寅侍伯父赴辰州宿長沙驛今四十七年驛敝重修感舊成詩録呈子中兄并示子開弟 壬子〔九〕

朝宗元以汴爲京，閩廣江湖此問津。南渡苦無三宿客，北征時有五溪賓。壯遊我亦深懷舊，傳舍人皆勸作新。契闊誰憐今四紀，欲論前事只三人。

寄題張元善總領新作楚觀 壬子九月十六日〔一〇〕

章華蕪没岳陽城，風月還從此地分。目極洪流江接漢，胸吞

〔一〕辛亥：原無，據日本藏宋刻本、明澹生堂鈔本、四庫本補。
〔二〕辛亥八月十七日：原無，據日本藏宋刻本、明澹生堂鈔本、四庫本補。
〔三〕稱：原作「再」，據明澹生堂鈔本、四庫本改。
〔四〕承：原刻校云：「張本作『丞』。」按日本藏宋刻本亦作「丞」。
〔五〕辛亥臘日：原無，據日本藏宋刻本、明澹生堂鈔本、四庫本補。
〔六〕壬子：原無，據日本藏宋刻本、明澹生堂鈔本、四庫本補。
〔七〕長：原刻校云：「張本作『常』。」
〔八〕詩：日本藏宋刻本作「篇」。
〔九〕壬子：原無，據日本藏宋刻本、明澹生堂鈔本、四庫本補。
〔一〇〕壬子九月十六日：原無，據日本藏宋刻本、明澹生堂鈔本、四庫本補。

大澤夢連雲。年豐棲畝糧盈野，士飽騰槽馬軼羣。收取關河報明主，雲臺烟閣佇奇勳。

程元成待制書來叙别圃攬有亭葵心秀野二堂之勝見索惡語老病不暇徧賦謾往一篇

壬子九月二十一日〔一〕

燭引金蓮白玉堂，宮垂銀榜左春坊。毛曾久倚黄門樹，武子今封召伯棠。給事頃將湖南南漕兼帥事。攬有羡君花竹秀，課無憐我簿書忙。欲知兩地相同處，亭午葵心向太陽。

寄題永新張氏無盡藏堂

壬子下元節〔二〕

山間明月江上風，取之不禁用不窮〔三〕。仇仙一發醯鷄蒙，往往擇勝貪天功。斯堂飛梁挾雙虹，坐客常滿尊不空。翰林主人極形容，無奈圓缺雌與雄。豈知清朝廣寒宮〔四〕，默存身已遊其中。長春不夜四序同，禦寇法善聊相從。

紹熙三年十月丙辰長沙郡貢士三十人于公堂太守周某賦詩一篇代鹿鳴之歌

風雅因遺楚，離騷遂變湘。江山清得助，日月爛争光。之子俱勍敵，斯文合擅場。三元猶未遠，準擬再名坊。

次韻謝豐叔賈運使

同前〔五〕

錦衾留畫省，繡斧上清湘。儒以真無敵，臣於遠有光。二天臨宴席，五字冠文場〔六〕。晝接行蕃錫，權奇下八坊。

十一月二十七日劉公度徐用之許相過公度居憂止酒用之偶食素適有餉小春團茶者因成拙詩奉簡

平日何曾忘穆生，如今胡不飲公榮。頗嫌性僻嵇中散，爲怕情傷阮步兵。美意正須羹碧澗，衰顔聊復飯青精。更携天上新圓月，同試沙瓶雪水清。昨夜微雪。

〔一〕壬子九月二十一日：原無，據日本藏宋刻本、明澹生堂鈔本、四庫本補。

〔二〕壬子下元節：原無，據日本藏宋刻本、明澹生堂鈔本、四庫本補。

〔三〕不禁：日本藏宋刻本、傅校本作「無禁」。

〔四〕朝：原刻校云：「張本作『都』。」按日本藏宋刻本亦作「都」。豈知清朝廣寒宮：明澹生堂鈔本、四庫本作「豈知清却廣寒宮」，傅校本作「豈如清都廣寒宮」。

〔五〕同前：原無，據日本藏宋刻本、明澹生堂鈔本、四庫本補。

〔六〕字：原刻校云：「張本作『子』。」

資正殿學士蕭照鄰挽詞二首〔一〕 壬子

科甲早巍巍，官曹總帝畿。聞嘗森畫戟，畢竟踐黄扉。衣鉢傳兒輩，令子亦上五名及第。笙歌徹妓圍。百年盈省陌，何翅古來稀。

共政時雖少，同朝日最多。聯鑣趨鶴禁，列饌噱鶏窠〔二〕。東宫會食，公不食鶏，問之不答。予笑曰：公生丁酉，必是故也。他日當長壽，爲鶏窠中老人大父矣。相與大噱。平昔顔常好，歸來鬢未皤〔三〕。飛昇尋乃祖，示病笑維摩。公乃同郡玉笥蕭仙之後，其薨無疾。

寄題謝昌國尚書桂山堂 壬子〔四〕

京國薪如桂，家山桂滿林。葉留經歲碧，花雨盛秋金。作楫商舟穩，爲梁漢殿深。幽香宜自閟，莫待斧斤尋。

任漕子嚴詔挽詞 癸丑〔五〕

壯志宵興着祖鞭，雄辭鋭欲勒燕然。一生僅踏金門地，半世常遊玉笥天。勝墅棋高無敵手，奪袍句好有新篇。高風堂上凌雲閣〔六〕，誰復觀梅月照筵〔七〕。

程元成待制寵示和篇其自序用樂天尹洛并一漁翁事可謂精切嘆服不已再次韻奉酬

癸丑三月〔八〕

侍冠早已掛朝堂，鄉縣榮標晝錦坊〔九〕。尚記香山曾尹洛，更同魯國欲漁棠。春風醉客金絲綬，夜燭彈棋玉石忙。應笑汲卿猶未去，强扶衰病理淮陽。

〔一〕鄰：原刻校云：「張本作『都』。」蕭照鄰：原作「蕭照臨」，據日本藏宋刻本、明澹生堂鈔本、傅校本及《宋史》卷三八五《蕭燧傳》改。按作「蕭照都」誤。二首：原無，據日本藏宋刻本、明澹生堂鈔本、四庫本補。

〔二〕噱：日本藏宋刻本、明澹生堂鈔本、傅校本作「祝」。

〔三〕鬢：日本藏宋刻本作「髮」。

〔四〕壬子：原無，據日本藏宋刻本、明澹生堂鈔本、四庫本補。

〔五〕癸丑：原無，據日本藏宋刻本、明澹生堂鈔本、四庫本補。

〔六〕高風堂：宋黄丕列校明鈔本作「高風尚」；凌雲閣：明澹生堂鈔本作「凌風閣」。

〔七〕誰：日本藏宋刻本、傅校本作「那」；此句明澹生堂鈔本作「復觀梅月照筵前」。

〔八〕癸丑三月：原無，據日本藏宋刻本、明澹生堂鈔本、四庫本補。

〔九〕標：傅校本作「歸」。

胡元之提刑寺丞迂途相過寵示二詩次韻爲謝兼簡趙再可經略張君量運使 癸丑十月十五日〔一〕

惠政群州楷〔二〕，清名萬口傳〔三〕。南交需按察，北闕正詳延。契分元重複，先德與僕嘗僚金陵，先兄袁州使君復同官于婺，其後遂忝同朝。遥復修維梓之敬〔四〕，講同甲之好。封疆互接連。廬陵、廣西皆與湖南接境。勞歸知有日，還佇楚江邊。

外計初馳傳，元戎久奏功。馬牛非北海，鷄犬是新豐。梅萼三冬緑，榴花四季紅。見《虞衡志》。德星臨越分，桂海即吴中。三賢皆居浙西。

送孫從之秘監歸朝供職 癸丑十一月二十一日〔五〕

蚤看鵾鵬萬里風，晚陪劍履大明宫。誰知九郡提封廣，還許三年使事同。我合掛冠尋舊隱，君當補衮用新功。中興盛事人應説，五紀吾邦四少蓬。

臘日大雪運使何同叔送羊羔酒拙詩爲謝〔六〕

癸丑十二月二日〔七〕

未雪兵厨已擊鮮，雪中從事到尊前。淺斟未辦銷金帳，快瀉聊憑藥玉船。東坡黄州詩：試開雲夢羔兒酒，快瀉錢塘藥玉船。醉夢免教園踏菜，富兒休説饌羅氊〔八〕。爛頭自合侯關内，何必移封向酒泉。

〔一〕癸丑十月十五日：原無，據日本藏宋刻本、明澹生堂鈔本、四庫本補。

〔二〕群：日本藏宋刻本、四庫本、清黄丕烈校明鈔本作「郡」。

〔三〕口：四庫本作「户」。

〔四〕遥：日本藏宋刻本、明澹生堂鈔本、四庫本作「比」。

〔五〕癸丑十一月二十一日：原無，據日本藏宋刻本、明澹生堂鈔本、四庫本補。

〔六〕同：原刻校云：「張本作『用』。」

〔七〕癸丑十二月二日：原無，據日本藏宋刻本、明澹生堂鈔本、四庫本補。

〔八〕説：原刻校云：「張本作『諺』。」按日本藏宋刻本、明澹生堂鈔本、四庫本、傅校本亦作「諺」，當是。

廬陵周益國文忠公集卷九

省齋文稿卷九

賦　詞　銘　頌　贊

夢仙賦

歲直執徐，月旅無射。佳哉秋氣，適此初吉。欣涼飈之却暑，假午枕以自逸。一性融兮蝶化，萬籟静兮龜息。不噩不驚，非想非因。倏戾止夫邃宇，恍前瞻乎異人。松姿鶴骨，谷虛淵停。方瞳瞭然，列仙之真者耶？肌膚冰雪，姑射之神者耶？予方徘徊眩駭，屏息却立。已而蓋雲合，車轂擊，嘉賓至，初筵秩。既銜盃以相屬，俄陳疑而互質。則有辨博之客誦言越席曰：「惟主人形與神一，必能超百塵之數，通紫庭之籍。其致此也，亦有術乎？」主人唯唯。客曰：「東海之山，玄都之闕，峨眉錦屏之西，羅浮岣嶁之南，群聖窟宅乎其中，大藥羅生乎其間。安期煉五石之精，葛洪成九轉之丹。桂父食桂而蟬蜕，子餘餌术而鸞驂[一]。陽陵則石脂度世，赤須則柏葉超凡。苟邂逅其刀圭，斯可紺已華之髪[二]，而駐將老之顔矣。君亦有所遇而然乎？」主人囅然而笑，泛然而語：「服食之法，蓋道之粗。諒假是以佐功，詎執斯而爲主？且客見夫辰錦之丹砂，連韶之石乳乎？箭鏃鵝管，世不乏取[三]。倘資藉以引年，是家松喬、人鍾呂也，得毋與徐市盧生之罔祖龍[四]，文成五利之欺茂陵者伍與？僕是以不釋於吾子之言。」客曰：「沆瀣夜飲，朝霞晨餐。返七還九，守一存三。挹靈液於玉池，下潤流於丹田。交梨火棗茂其本，黄芽赤水豐其源。遁堪輿之常數，盜陰陽之純全。意王僑[五]、羡門、山圖、赤斧，以是爲金丹之祖，長生久視之先也，君其舍旃？」主人曰：「客觀其竅矣[六]，而未臻其妙也[七]。莊生不云乎：吹呴呼吸[八]，吐故納新，熊經鳥伸，爲壽而已矣。此導引之士，養形之人，彭祖壽考者之所好也。必欲從笙鶴，跨鯨鰲，友子晉，儷琴高，兹豈能仿佛其秋毫也哉？願置此而進乎道[九]。」客曰：「至道之精，窈窈冥冥；至道之極，昏昏默默。彼淺昧之莫知，汩聲利以自賊[一〇]。至人則不然，健羡聰明去於内，榮華滋味徹於外。不將不迎，淡以游心；爰清爰净，莫以合性。此廣成子修身千二百歲之道也，非衆妙之門耶？」主人曰：「如客所言，槁木

[一] 子餘餌术：原刻校云：「張本作『涓子餌术』。」按明澹生堂鈔本、四庫本、傅校本亦作「涓子餌术」，當從。

[二] 紺：明澹生堂鈔本、四庫本作「酣」。

[三] 此下原刻校云：「張本有『逮仙茅與芝苓，巨終物而遽數』二句。」按明澹生堂鈔本、四庫本亦有此二句。

[四] 市：傅校本作「氏」。

[五] 王：原作「佺」，據四庫本改。

[六] 竅：原作「徼」，據傅校本改。

[七] 臻：原作「覯」，據明澹生堂鈔本、四庫本、傅校本改。

[八] 呴：原作「嘘」，據明澹生堂鈔本、傅校本改。

[九] 置：明澹生堂鈔本、四庫本作「至」。

[一〇] 以：原作「而」，據明澹生堂鈔本、四庫本、傅校本改。

耳，寒灰耳。若夫乘天地之正而御六氣之變以遊無窮者，槁木寒灰云乎哉？」客乃茫然失措，赧然四顧〔一〕，頃而言曰：「蜉蝣不知鼂龍者，其智眇也；鶯鳩不知鵾鵬者，其見小也。惟先生幸詔之。」主人曰：「子來前。夫不養其心，不足以保性命之真；不致其誠，不足以贊天地之生。養心之體，子既言焉；致誠之用，吾將傳焉。必孝於親，必忠於君，推隱德以及物，崇陰功而利人。惟不欺於方寸，尚何有於飛昇！遠莫暇夫殫述，概吾陳其至近。旌陽之許，嵩山之靖，內養心而全道之真，外致誠而積己之行。職纔尹於一同，澤遍加乎百姓。匪外騖於末術，卒參華於仙聖。推而上之，說相武丁，既以此道而有天下，遂騎箕尾而比列星。率自根而之本〔二〕，配霄極以長存。子於我乎有疑，請考古而驗今。」於是客撫髀而躍曰：「吾得之矣。」〔三〕乃庸作歌，以侑芳醴。歌曰：「功行三千，積多生兮。帝賚良弼，佐武丁兮。萬有千歲，壽而臧兮。層霄下土，去來何常兮。」又歌曰：「鬱羅兮玉京，君之朝兮環珮鳴〔四〕。崑崙兮縣圃，君之遊兮鸞鶴舞。天風兮泠泠，吹羽蓋兮飄霓旌。雲車兮風馭〔五〕，凌倒景兮周上下〔六〕。覛方士之遑遑兮，欲登真其何路？」主人欣然，爲客滿觴。予亦破夢，亟紀其詳。蓋非獨闢子房之辟穀，亦所以救昌黎之渺茫也〔七〕。

胡廉夫哀詞

彼美人之佼好兮，羌容與乎江之岑。纕蘅茝之芳澤兮〔八〕，扈蘪芰以爲襟。初篤好此奇服兮，企高丘其嫁旃。豨膏棘軸曰余遐征兮，莫掣曳而疾顛。理柱楫與蘭棹兮，波澒洞而興前。賓鴻跕其遵渚兮，鸒鶋安翔而戾天。茹余心其何郵兮，蹇前跋而後疐。將賞音之不逢兮，抑鑿枘之不契。畦冰臺且雕欄兮，胡繩芎輿偭不睨？壁假敝帚曾不吝兮，顧瓴甋其韞匱。駟三世以冰炭兮，固無怪乎君之棄。均內外其不免兮，尚何擇乎豹毅。媒臬鳩其亦可兮〔九〕，緊後日而恐悔。及歲序之未晏兮，曰深藏余不鷽〔一〇〕。屯潔飢以爲蟬兮〔一一〕，寧顑頷莫予毒。蜣螂果其腹兮，則余心之所忸。不我由其亦已兮，又奚必懷沙且占服〔一二〕！棲衡門其苟安兮，無庸乎靈茅之卜也。憺遯世以無悶兮，其以律此俗也〔一三〕。羲和奚而不淹兮，晷奄奄其即昧谷也。喟長夜兮不可晨，

〔一〕四：四庫本作「自」。

〔二〕之：明澹生堂鈔本、四庫本作「自」。

〔三〕此下原刻校云：「張本多一句『吾得之矣』。」

〔四〕環珮：明澹生堂鈔本作「珮環」。

〔五〕風：原刻校云：「張本作『氣』。」按明澹生堂鈔本、四庫本、傅校本亦作「氣」，當從。

〔六〕倒：明澹生堂鈔本作「側」。又「上下」下，明澹生堂鈔本、四庫本小字云：「音户。」

〔七〕昌黎：明澹生堂鈔本作「黎氏」，四庫本作「昌黎氏」。

〔八〕茝：原作「洍」，據四庫本改。

〔九〕臬：原作「臬」，據明澹生堂鈔本、四庫本改。

〔一〇〕曰：明澹生堂鈔本、四庫本無。

〔一一〕屯：原刻校云：「張本作『忳』。」按明澹生堂鈔本、四庫本、傅校本亦作「忳」，當從。

〔一二〕服：四庫本作「鵩」。

〔一三〕以：四庫本作「亦」。

憯莫知兮莽愁辛。望夫君兮已遠，靈曷日兮來返〔一〕。咨競爽兮二惠，尚脩名兮悠緬〔二〕。

楊圖南鑑閣銘

人以水鑑，可燭鬚眉。微風過之，則我娛嬉。孰推此心，內明自照。古今湛然，是謂觀妙。

胡謙甫家藏硯銘〔三〕

郭明叔內翰玉堂所用之硯〔四〕，紫質而雜以青。《考工記》云：「青與赤謂之文。」蓋文字之祥也。郡人胡謙甫藏之，屬某爲之銘。

青紫可拾硯之質，金鑾夜直孚號出。郭昔胡今在斯文，巽命重申此其徵。

雙柏頌 乾道二年〔五〕

侍讀胡公去值夏之三十年，始葺舊第而居之。顧視異時手植草木十不一在，惟門術之右雙柏凜然，同本歧枝，對聳交茂。公指謂客：「茲土墟於盜也久矣，而柏獨存，真後凋者哉〔六〕！」客曰：「不然，惟公之德可況有五，其存也固宜。棟梁之器雖小，已異袁司徒之言，公生似之。置於平地〔七〕，千丈日至，昌黎伯之論，公學以之。雖坎壈於中年，亦殊群而挺正。逮茲時之重芳，叶江夏之流詠。瞻漢臺之列樹，棲晨昏之慈烏〔八〕。方弄印而闕長，諒匪公其孰居？既扶持以神明，必君臣之際會。告成功於歲寒，非武侯吾誰賴？且夫抗疏紹興，其砥柱乎！立我大廈，其該輔乎！雙幹之祥，又何著耶！不然，是柏也雖非霜雪之可移，設若燎於爇屬〔九〕，薪以蕘兒，殆與蒲柳等爾，其免佇立而吁怪者幾希。夫然，故客譽之非諂也，公受之非過也。言有不足，誦以播之。其詞曰：公之居兮畝宮，公之材兮棟隆。尚封植乎此木，以無忘乎角弓。

周德友真贊

晬面盎背，君子之容。秀眉豐頰，文雅之風。冠裳巍然，宜在金馬。庶幾高彪，以勸學者。

〔一〕曷：明澹生堂鈔本作「害」。

〔二〕名：原作「明」，據明澹生堂鈔本、四庫本、傅校本改。

〔三〕家：原無，據明澹生堂鈔本、四庫本補。

〔四〕叔：原刻校云：「張本作『叙』。」按作「叔」是。本書卷四六《題山谷和郭内翰長篇》：郭公諱知章，字明叔。之：明澹生堂鈔本、四庫本、傅校本無。

〔五〕乾道二年：原無，據明澹生堂鈔本、四庫本補。

〔六〕凋：原作「雕」，據明澹生堂鈔本、四庫本、傅校本改。

〔七〕於：明澹生堂鈔本作「之」。

〔八〕昏：明澹生堂鈔本、四庫本作「暮」。

〔九〕爇：明澹生堂鈔本、四庫本作「熱」。

廬溪先生王民瞻真贊

嘲弄萬象，雕琢天和。不見詩人，未老鬢皤。先生九十，乃爾顏酡。窮則追澤畔之吟，達則和沛中之歌。人徒見其善者機，吾獨喻之井無波。蓋風被而文成，非月鍛而日哦。雖以此千二百歲可也，彼造物者其如予何！戊子八月一日〔一〕。

王日休真贊

龍舒王日休，字虛中，儒釋兼通。嘗爲六經、《語》、《孟》訓解，至數十萬言〔二〕，尤篤信净土之説。嘗以特奏名入官，棄不就，飄然訪予於廬陵。方爲學者講《易》，一夕厲聲云：「佛來，佛來！」即之逝矣。享年六十有九。謝君承宗、趙君公言〔三〕，持其像示予，乃爲之贊。

皇皇然而無求，惕惕然而無憂。閔頹風之莫救，攬衆善以同流〔四〕。導之以仁義之原，誘之以寂滅之樂。世知其有作，而莫識其無爲，故中道奄然，而示人以真覺。

施聖與參政真贊〔五〕

巍巍堂堂，民之表儀。磊磊落落，邦之蓍龜。人云廊廟之具，自謂巖壑之姿。節文斯二者，一言以蔽之。蓋將二十四考於中書，然後千二百歲而不衰乎！淳熙丙午三月十二日書。

侍讀學士劉公真贊

辭章秦漢，不踐内制。才識班馬，不爲太史。蓋時通而命嗇〔六〕，亦名高而衆忌。雖然，文學如歐九而資其博〔七〕，英傑如蘇二而服其氣〔八〕，兹所以爲公是也與。紹熙三年三月三日題。

中書舍人劉公真贊

中朝大議，專以正對。名邦宅牧，輒用德最。如叔向之遺直，兼子産之遺愛。此非叔貢父耶，有諸中必形諸外也。紹熙三年三月三日書。

〔一〕戊子八月一日：原無，據明澹生堂鈔本、四庫本、傅校本補。

〔二〕數：明澹生堂鈔本無。

〔三〕此下原刻校云：「案：别本此下有『暨好事者』四字，疑衍。」按明澹生堂鈔本、四庫本亦有此四字。

〔四〕衆善以同流：傅校本作「同善以周流」。

〔五〕與：原作「俞」，原刻校云：「張本作『與』。」明澹生堂鈔本、傅校本亦作「與」，據改。施聖與即施師點，聖與其號也。

〔六〕嗇：原刻校云：「張本作『塞』。」按明澹生堂鈔本、四庫本、傅校本亦作「塞」。

〔七〕文：明澹生堂鈔本、四庫本作「問」；資：原作「咨」，據傅校本改。

〔八〕蘇二：原作「二蘇」，據明澹生堂鈔本、四庫本乙。

墨莊陳夫人真贊

賢哉夫人，克相其夫。以墨爲莊，非田之腴〔一〕。壽考蕃昌，百世菑畬。陶母同邑，其後身乎。紹熙三年三月三日題。

〔一〕非：傅校本作「匪」。

廬陵周益國文忠公集卷一〇

省齋文稿卷一〇

策　省試　紹興二十一年〔一〕

史稱文帝比成康孝宣比商宗周宣當否何如

對：欲知帝王之心者，必考其所學之道；欲知帝王之治者，必觀其所任之人。在昔唐虞三代之君，以若稽古之學迭相授受。舜之用中，堯實畀之；禹之執中，舜實畀之。其在成湯，所學者建中而已；其在文武，所學者皇極而已。所謂變詐之術，慘刻之法，未嘗著之於心，宣之於口。是以治效純粹，名聲彰聞，載祀千百，嶢然不可企及，則其所學之道爲何如耶？若皋、夔，若契、稷，若伊尹、周公，咸以聖賢之資，居輔弼之任。或陳九德，或諧八音，五教於此而敷，百穀於此而播。一德足以致天心之格，大勳足以光盟府之藏。是以都俞而萬邦乂，優游而百度舉。經傳之所載，先民之所談，鏗鍧炳燿，盪人耳目。由今望之，若神人然，則其所任之人爲何如耶！帝王既息，降及西漢。言治者必以文帝、宣帝爲先，一時治績，著在史册，班班可考。觀其親飾子女，結匈奴和親之好，大明信義，致單于渭上之朝，偃兵息民，人以寧謐，可謂有意於撫綏萬方矣〔二〕。聞賈生之賢〔三〕，則前夜半之席；嘉黃霸之治，則增潁川之秩。才能類進，衆職修理，可謂有意於任用之術矣。開籍田以勸農，舉孝弟以善俗。綜核名實〔四〕，信賞必罰，可謂有意於設施之要矣。然究其始終〔五〕，推其功效，往往得於此而失於彼，舉其小而遺其大。故制度可修也，而文帝未嘗修；德教可任也，而宣帝未嘗任。彼豈憚於有爲而甘於自棄與？蓋其所學非帝王之道，而其所任非帝王之佐故也。何以言之？人君之所爲係其所學，學於帝王則足以成帝王之治，學於駁雜則足以成駁雜之治〔六〕。如符契之相合，如影響之相隨，有不可掩者。文帝所學者何道也？刑名之道也。宣帝所學者何道也？雜霸之道也。夫惟二君所學如此，其能如帝王之存心乎？愚故曰：欲觀帝王之心，必考其所學之道者此也。天下之大，非一人所能治，必有賢哲焉爲之左右〔七〕，然後可以大有爲於當世。如股肱元首之相資，如風虎雲龍之相從，有不可廢者。文帝所相者何人也？木訥之絳侯，任氣之申屠嘉而已。宣帝所相者何人也？好嚴之魏相，不事事之丙吉而已。夫惟二君所任如此，豈能繼帝王之聖治乎〔八〕？愚故曰：欲知帝王之治，必觀

〔一〕策省試：明澹生堂鈔本、四庫本作「省試策三道」。又「紹興二十一年」原無，據明澹生堂鈔本、四庫本補。
〔二〕萬：明澹生堂鈔本、四庫本作「之」。
〔三〕賢：四庫本作「言」。
〔四〕綜：明澹生堂鈔本、四庫本作「總」。
〔五〕始終：明澹生堂鈔本、四庫本作「終始」。
〔六〕成：原刻校云：「張本作『致』」。
〔七〕焉：明澹生堂鈔本、四庫本無。
〔八〕聖：明澹生堂鈔本、四庫本作「盛」。

其所任之人者此也。夫文、宣之學既如此，文、宣之佐又如彼，其有愧於三代之事業，不必學士大夫乃能知之，雖三尺之童亦知之矣，孰謂班固負良史之才，當筆削之任，而昧於此乎！請爲先申其説。夫周家之治起於文、武，而大備於成、康之時。漢氏之業創於高、惠，而涵養於文帝之世。然則成、康也，文帝也，皆守成之君也。孟堅於是稱之曰「周云成、康，漢言文、景」，蓋論其守成之時相類如此，非謂其心之所存，治之所致可以比夫成、康也。必欲責文帝以禮樂庶事之備，其如無成、康之學何？其如無成、康之佐何？商、周中否，王業掃地，賴高宗、宣王而中興。漢武窮兵，海内虚耗，賴宣帝而復振。然則高宗也，宣王也，宣帝也，皆中興之君也。孟堅於是贊之曰「可謂中興，侔德商宗、周宣」。蓋論其中興之效相類如此，非謂其心之所存，治之所致可以比夫商、周也。必欲責宣帝以嘉靖商邦〔一〕，明文、武之功業，其如無商、周之學何？其如無商、周之佐何？嗚呼！世已遠矣，二帝三王之不可復見矣〔二〕。有君如文帝，如宣帝，猶以所學非其道，所任非其人，遂不足爲純粹之治〔三〕，况於晉、唐之陵夷乎？必欲舉堯、舜、禹、湯、文、武之道，而又得皋、夔、稷、契、伊、周之臣，則千載一時，端在今日。恭惟主上擴帝王之量以撫寧方夏，體天地之德以覆育群生，綿宇固已阜安，民心固已愛戴。方且日與一德大臣，緝熙百度，潤色洪業，可謂得帝王之道而又得帝王之佐矣。算功見效〔四〕，豈炎劉之君敢冀其萬一哉？是以執事先生推《天保》報上之誠〔五〕，作爲問目，俾諸生兼舉而畢陳之。夫西漢撫綏之方，任用之術，設施之要，凡得失優劣之可言者，愚蓋詳言於前矣。至於今日之治可得而形容者，則遽數之不能終其物，悉數之乃更僕未可終也。姑取詩人之頌以配當今之治，庶幾乎美盛德形容之義〔六〕。迹夫「載戢干戈，載櫜弓矢」，則《時邁》之頌可以形容矣。「多黍多稌，亦有高廩」，則《豐年》之頌可以形容矣。「郊祀天地，産祥降嘏」，則願獻《成命》之頌可乎？「設業設簴，肇新雅樂」，則願獻《有瞽》之頌可乎？籍田所以勸農也，何愧《載芟》之所作〔七〕？原廟所以奉先也，何愧《絲衣》之所陳？興崇太學，足以掩「在泮」之美。務農重穀，足以掩「在坰」之頌。至若躬祀太一，祈民福也；禁止漁捕，遂物性也；捐減田租，裕民力也；刊定法令，明國章也〔八〕。是以仁增而益高，澤厚而愈深。歡頌沸騰，和氣充溢。上焉日月星辰順其序，下焉草木鳥獸安其生〔九〕。自非吾君之仁，吾君之德，則何以臻兹？若乃運至化於一堂之上〔一〇〕，納生靈於太和之域，熙熙怡怡，使百姓日用而不知，謂帝力何有者，則又非諸生所能形容也。

〔一〕商：傅校本作「殷」。
〔二〕見：原無，據明澹生堂鈔本、四庫本、傅校本補。
〔三〕「爲」上，明澹生堂鈔本有「以」字。
〔四〕功：明澹生堂鈔本、四庫本作「計」。
〔五〕是以：明澹生堂鈔本作「是宜」。
〔六〕義：明澹生堂鈔本作「意」。
〔七〕「愧」字下，明澹生堂鈔本、四庫本有「乎」字，下句同。
〔八〕捐減田租，裕民力也；刊定法令，明國章也：原無，原刻校云：「張本有『捐減田租，裕民力也；刊定法令，明國章也』四句。」按四庫本亦有此四句，據補。
〔九〕草木鳥獸：明澹生堂鈔本、四庫本作「鳥獸查禁」。
〔一〇〕若乃：原作「乃若」，據明澹生堂鈔本、四庫本乙。

春秋賓禮人才之優劣

愚嘗讀《周官》之書，見其設官分職，以爲民極，六卿之長，各帥其屬。治教也，禮政也，刑事也，其任既殊，所掌亦異，獨於賓客之禮則聯事合治，不專主於一職。故太宰，百官之長也，而以禮待賓；鄉師，地官之考也，而曰州共賓器。賓禮則以親邦國，春官固加詳矣；候人以帥方治，夏官固有司矣。行人之職，載於秋官；圭玉之制，掌於玉人。此其大略也。若夫待之以四郊之賦，共之以外府之財，燕饗有儀，賀慶有禮，散在百官者，又皆繼祭祀而言之，一何待之如是之厚，紀之如是之詳也耶？此無他，玉帛交贄，有國盛典，方將轉戰爭之事而爲揖遜之禮，釋甲胄之器而爲俎豆之容，使神州有盤石之安，而甌越無風塵之警〔一〕，則其待之厚而紀之詳不亦宜乎？惟其如此，故當是時，上焉卿士之在位者，下焉俊秀之在學者，往往目熟乎待賓之儀，耳熟乎待賓之樂，周旋進退，勞贈酬答，無不洞達於胸次。一旦馳四牡之車，挾英蕩之節，或賀慶以贊諸侯之喜，或蒞盟以交鄰國之歡，則無非專對之才，無非膚敏之使，又豈有不忠不信者哉？又豈有失節辱命者哉？下逮春秋之世，諸侯暴横，爭戰相尋，其棄先王之典籍如弁髦土梗，固不可與成周之盛同日而語。然而故國喬木，風烈尚存，執斧伐柯，其則不遠。如叔孫穆子之聘晉也，聞燕享之歌奏而有不拜重拜之別，是所謂識君臣之體者也〔二〕，五善之獲，其庶幾乎！叔弓之聘晉也，郊勞則辭，致館則辭，是所謂知謙遜之禮者也，膚使之美，其庶幾乎！叔向聘楚而問無不知，是不辱命者也。士起朝王而辭不失舊，是又能專對者也。以區區之鄭，猶多君子。故廷勞衛侯，則太叔、簡子之才於此見〔三〕；郊餞宣子，則子旗、子柳之賦於此興〔四〕。其於交際，信可觀焉。雖然，有所謂全才，有所謂一偏之才。成周盛時，但見皇華之遣使〔五〕，四牡之勞還，而未嘗聞以一善之美、一言之能取重於世垂名於策者。非無其人也，全才既多，不可勝紀故也。春秋之世則不然，一善必聞，一言必著。故長於斷事，簡子以之；長於應對，太叔以之。必欲責簡子以應對，責太叔以善斷，吾恐尺有所短矣。推是以往，則穆子之五善未必有叔弓之膚美，叔向之不辱未必有士起之專對。不謂之一偏之才，可乎？嗚呼！驊騮不生，凡馬可以當上駟；楩楠不出，中材可以爲巨用。惟春秋禮典湮滅，人材難得，故數子得以擅美於當世而垂光於後代。使當成周之盛，則家家自以爲稷契，人人自以爲皋陶，固未容佼佼錚錚獨有聞於世也。恭惟主上好生之德，保養生靈；不殺之武，鞏固丕緒。爰自睦鄰修好，使命交馳，禮樂之光華，庭寔之旅百，視前古爲有加焉。則凡被出疆之選，膺杖節之寵者，無非忠信威儀之士，辨博通敏之材，蓋已遠邁春秋之時而亹

〔一〕越：原作「脱」，據傅校本改。
〔二〕識：傅校本作「知」。
〔三〕於此見：原刻校云：「『於此見』，張本作『見稱於北宮』。」按明澹生堂鈔本、四庫本亦作「見稱於北宮」。
〔四〕於此興：原刻校云：「『於此興』，張本作『亦盡於比興』。」按明澹生堂鈔本、四庫本亦作「亦盡於比興」。
〔五〕見：傅校本作「聞」。

亹乎成周之盛矣。執事先生親執文柄，發爲問目，以爲諸生異時或銜命而出，必能增重國體，且舉春秋數子，俾品藻而備陳之。顧惟窾啓何足以預此？然蒙被教育之久，鼓篋學校之間，竊聞朝廷待賓之重與周匹休，朝夕之所觀感，朋友之所講習，亦云熟矣。所謂交際之道，非曰能之，蓋亦不敢自處於春秋數子之後。惟先生其進之。

務農

敦本之道莫大於務農，務農之要莫先於戢兵，何則？邦以民爲本，民以食爲天。食之多寡不在乎他，在乎農而已。農之勤耶，則萬箱之積可坐而致；農之惰耶，則九年之蓄無自而成。爲民父母苟能旌其勤而賞之，覈其惰而責之，則非特百姓之足也，而國用亦足焉，非特國用之足也，而禮義可興焉。愚所謂敦本莫大於務農者此也。雖然，上有務農之意而無〔一〕戢兵之道，則雖督之勤勤，勸之諄諄，吾殆見其力勞而效寡也。何也？師之所處，荆棘生焉，大軍之後，必有凶年故也。爲民父母，苟能懲忿而窒欲，偃武而右文，則向也荷戈之士可使轉而爲抱耒之農，向也戰争之場可使轉而爲膏腴之壤。於斯〔二〕時也，民安其生，農復其業，上之人雖無事於農〔三〕，猶將勉焉，况又督之勤勤，勸之諄諄耶！愚所謂務農莫先於戢兵者此也。三代而上，遼哉邈乎，未易概舉，姑以成周之法質之。昔者成王纘文、武之緒〔四〕，又得周公爲之佐。兵已戢矣，天下已定矣，於是念稼穡之艱難，思先公之遺訓〔五〕，置地官之職，嚴井田之法。觀其百畝爲夫，三夫爲屋，三屋爲井，而井方一里〔六〕，是謂九夫而八家於此共焉。各授私田百畝，同養公田十畝。然後大司徒頒之以職事，小司徒令之以貢賦，遂師巡其稼穡，遂大夫稽其事功。凡田之不耕者，則使出屋粟以罰之〔七〕。夫惟勸之如此其至也，督之如此其嚴也，借有惰農，亦將鞭其後而恥躬之不逮也〔八〕，况於深耕易耨之甿乎！家給人富，無足怪者。向使成王、周公不以生民爲念而以黷武爲心，則轅門之士衆而南畝之人寡，轉餉之用廣而倉廩之蓄微，雖有井田〔九〕，烏得而耕諸？雖有穀粟，烏得而食諸？吾於此益知務農之道非戢兵莫可也。我國家列聖相承，仁德昭著，知敦本莫大乎務農也，於是行勸課之令〔一〇〕，若帥臣，若漕臣，若守，若令皆以勸農爲職，則敦本之意可見矣。知務農莫大於戢兵也，於是乎力戒争伐之事。澶淵之役，非武之不振也，恐南北之民不得盡力乎耕耨故也。元昊之和，非威之不立也，恐西人之子不得盡力乎耕耨故也。卒之倉廩充盈，禮義興行，政教以平，刑罰以清，

〔一〕無：明澹生堂鈔本、傅校本作「不知」，四庫本作「不知有」。
〔二〕斯：明澹生堂鈔本作「此」。
〔三〕農：明澹生堂鈔本、四庫本、傅校本作「勸」。
〔四〕文武：明澹生堂鈔本作「武王」。
〔五〕遺：明澹生堂鈔本作「貽」。
〔六〕而：四庫本無，明澹生堂鈔本、傅校本作「三」，當誤。
〔七〕「使」字下，明澹生堂鈔本、四庫本有「之」字。
〔八〕也：明澹生堂鈔本、四庫本無。
〔九〕田：明澹生堂鈔本、傅校本作「地」。
〔一〇〕「於是」下，明澹生堂鈔本、四庫本有「乎」字。勸：原刻校云：「張本作『農』。」

非戢兵之效與？迨於主上握圖御極〔一〕，述追先志，擴聖人之度，締北道之歡。詔書數下，專以便民爲務。比年以來，人有常産，地無遺利，金穰屢應，百穀用成，古所謂「天下有道，却走馬以糞田」，其在兹乎！執事先生尚患大江以北田疇未闢，欲倣成周下劑彊予之制，俾民樂於開墾，特垂明問，俯詢末學〔二〕，自非上體聖君之德意而下欲知農之勤惰，則何以及此？側聞邇者因守臣之請，復力田之舉〔三〕，置以學籍，誘以爵禄，蓋將勸天下之農，復兩淮之舊也。假以歲月，則耕者四歸，皆願出於吾君之野，萬億及秭，翹足可俟，又何必下劑以致之，彊予以任之，如《遂人》所載乎？若夫魏文當戰國之際，而兵革不息，民皆失業，故李悝〔四〕。爲盡地力之教。漢武當窮師之後，海内虚耗，饑饉薦臻，故趙過、平都令光之徒或爲代田，或以人輓。是皆權一時之宜，救不足之弊，所謂積之涓涓，洩之浩浩，殊不知兵戢則農富，農富則用足。紛紛之法，果何益哉？今必欲舉是道以爲盛時獻，亦何異時雨既降而欲進灌溉之利，日月既出而欲揚爝火之光，其惑也甚矣。執事以爲何如？

〔一〕迨：明澹生堂鈔本作「逮」。
〔二〕末：明澹生堂鈔本、傅校本作「承」。
〔三〕舉：原刻校云：「張本作『科』。」按明澹生堂鈔本亦作「科」，傅校本作「學」。
〔四〕「悝」下，原刻校云：「張本有『畫』字。」按明澹生堂鈔本、四庫本亦有「畫」字，當從。

廬陵周益國文忠公集卷一一

省齋文稿卷一一

策 試館職

近準尚書省劄子三省同奉聖旨周某程大昌並詔試館職劄送院者本院已選定今月二十四日早引試今撰到策題一道謹録進呈如得允當乞速批降付學士院施行奉御寶批依 紹興庚辰九月〔一〕

問：祖宗以三館育天下之英才，推擇之重，視漢之藏室、唐之瀛洲，爲不足道。故必閲視其人，然後命之，則有事於此者，非但若場屋進士以爲取科級而已。今天下之事多矣，而其大者三焉，曰兵，曰吏，曰財。兵自比年狃於無事，閲習之不以時，豢養之不以道。將姑息而不變與？則懈弛因循，不足以致一日之用。議者或欲汰癃弱，革濫冒，作而新之，則張皇紛更之虞在所慮。吏員猥并，文武官在選過二千輩，率以三人守一官而不足，置之而不問與？則淹滯失職，非所以待四方之士。議者或欲裁任子，梶流品，改而張之，則少恩變古之譏在所恤。歲入有限，調度日增，有司供億之不支，民力困匱而無已。一意於愛民與則養兵贍國不足以爲卒歲之計。議者或欲謹逋歛嚴征榷以濟之，則爲竭澤無魚之憂在所先。此皆今日之急務，吾君爲之寢而不寐，當饋而歎，亦學士大夫所宜有獻也。願聞至當之説，將以復於上。 翰林學士洪遵撰。

臣聞有弊可言〔二〕，不害爲治世；無弊可指，君子懼焉。昔賈誼太息流涕於文帝之時，而牛僧孺稱太平無象於文宗之世。漢宜衰也，而禮義之俗成，小大之刑措；唐宜盛也，而太和、開成之政後世無傳焉。善觀時者，必有攷於斯矣〔三〕。吾君躬聖神，總萬邦，旰食而宵衣，任賢而使能，勤儉修乎一身，仁心孚乎遐邇，凡可以爲民興利而除害者患弗聞耳〔四〕，一聞焉未嘗弗行也。道純德厚，元元幸矣。顧天下之事猶有可言者焉，蓋除害禦侮莫如兵〔五〕，而選練之未精；趨事赴功莫如吏，而猥并之未清；足國裕民莫如財，而邦賦之未盈。大臣之所謨謀，侍從之所獻納，臺諫之所論列至詳矣，芻蕘之賤，其能默默乎？自戰國秦漢以來，其興衰治亂鮮不以兵，而其節制訓齊則繫於將。今不察將之能否，而惟兵之衆寡是問，其可乎？晉文公之伯也，車七百乘耳，然少長有禮，卒成大功。至昭公平丘，車乃四千乘，是宜諸

〔一〕紹興庚辰九月：原無，據明澹生堂鈔本、四庫本補。
〔二〕臣聞：明澹生堂鈔本、四庫本作「對」。
〔三〕斯：明澹生堂鈔本作「此」。
〔四〕「除」下，明澹生堂鈔本、四庫本有「其」字。
〔五〕害：明澹生堂鈔本、四庫本作「患」。

侯震懼，無敢竊議。然子産乃謂晉政多門，貳偷之不暇，何暇討？是則兵不在衆明矣。李信、蒙恬以秦兵二十萬伐荆，王翦曰「非六十萬不可」，則兵又有時乎用衆也。雖然，二者皆是也。兵寡可也，兵而不精不可也〔一〕；兵多可也，兵而冗則不可也〔二〕。今六蜚所駐，内倚三帥以爲根本之衛。自江而上，近則京口、金陵，遠則荆襄、蜀漢，中則九江、池、鄂，帶甲之士無慮百萬，然而閱習之不以時，豢養之不以道，癃弱之未去也，冒濫之未革也。將姑息而不變與？無事則勞吾拊循〔三〕，有事則干吾法紀矣〔四〕。將大爲法制以澄汰之與？則省俸銷兵之謗紛然矣。爲今之計，莫先任將。將得其人，兵自精矣。昔李光弼代郭子儀於朔方，營壘、士卒、麾幟無所更也，一號令之，氣色乃益精明，此非明效大驗耶？比之詔書旁午，違制越度，未汰一卒，未蠲一弊，而謗興於下，怨歸於上者，則有間矣〔五〕。雖然，此特任將之效，而未若御將之爲尤急也。夫一仞之墻，民不得踰；百仞之山，童子昇而游焉。何者〔六〕？凌遲故也。明乎此，則堂陛之勢不可以不嚴。操舟之人，楫維在手，以之臨三峽，泛洞庭，委蛇曲折無不如志。苟檣傾楫摧，則雖斷港絶潢之間覆矣。明乎此，則臂指之勢不可以不運。夫惟堂陛之勢嚴，則姑息之患自去。姑息之患去，則爲將者方且畏威率服之不暇，而爲兵者亦安得不投石超距以奮其勇力哉！惟臂指之勢運〔七〕，則可汰汰之，可革革之，而何張皇紛更之有？此御將之所以爲尤急也。今朝廷清明，綱紀不紊，彼提尺籍伍符於外者，猶懈弛因循不能作士氣〔八〕，偃蹇傲睨不能體上德。假令幽障之烽起，插羽之檄馳，雖使兵精，適足恣其飛揚耳〔九〕。《詩》曰：「迨天之未陰雨，徹彼桑土，綢繆牖戶。」在今日固當汲汲也。請借漢以爲喻。高祖之困於成皋也，共車者惟滕公耳，自稱漢使，馳入張耳、韓信之壁，即其卧内奪其符印，麾召諸將而易置之。信、耳雖驚，無能爲也。周亞夫屯軍灞上，文帝勞軍，先驅至乃不得入，至謂軍中聞將軍之令，不聞天子之詔。帝反改容式車，使人稱謝。嗚呼！信、耳，虓將也，而高祖之術能行於敗衄之餘。亞夫，平平耳，孝文乃不能伸威於畿甸。幸亞夫無反相耳，向使稍懷顧望，豈不可爲寒心哉！明主鑑二者之得失，則尊君卑將之道默然而意傳矣。官冗之患，所從來久。人之言曰：「古之事也簡，故其官略。後之事也繁，故其官詳。惟簡故精，惟繁故冗。今既異於古，則後益多於前，

〔一〕兵：原刻校云：「張本作『寡』。」按明澹生堂鈔本、四庫本亦作「寡」，當從。

〔二〕兵：原刻校云：「張本作『多』。」按明澹生堂鈔本、四庫本亦作「多」，當從。

〔三〕拊循：明澹生堂鈔本、四庫本作「發軵」，義長。

〔四〕有事：明澹生堂鈔本、四庫本作「有用」。又「法紀」，明澹生堂鈔本作「李法」，蓋「禮法」之訛。

〔五〕「比之」至「間矣」七句，原無，原刻校云：「張本有『比之詔書旁午，違制越度，未汰一卒，未蠲一弊，而謗興於下，怨歸於上者，則有間矣』七句。」按明澹生堂鈔本、四庫本亦有此七句，文略異：「比（明澹生堂鈔本誤「北」）之（四庫本誤「者」）詔書旁午，逆制隃度，未汰一卒，木蠲一弊，而謗興於下，怨歸於上者，則有間矣」。

〔六〕者：明澹生堂鈔本作「也」。

〔七〕臂指：原作「指臂」，據明澹生堂鈔本、四庫本乙。

〔八〕士氣：明澹生堂鈔木作「於下」。

〔九〕恣：明澹生堂鈔本、四庫本作「資」。

故夏商之官也，已倍於帝者之世。」是固然矣。西漢吏員自佐史至丞相凡十三萬二百八十五人，至唐太宗乃能省内外官，定制爲七百三十員，詎可槩以古今先後論耶？大抵創業之初，入仕之途寡，則闕員爲多。承平既久，入仕之途衆，而官始冗矣。請置歷代，直以本朝驗之。藝祖肇基王業，增置州縣佐官，至於遐方下邑，人所憚往，率强予焉。當是時，聞以乏人爲患矣，未聞患冗也。祥符而後，取士任子、磨勘遷補之法寖加於舊。嘉祐中，歲取吏部之選者爲宫監省寺之官常不啻乎百人〔一〕，論者患其多焉。至於元祐，則以闕計員，什蓰相倍〔二〕，流弊及今，抑又甚焉。魚貫於都門，麕至於銓曹，守選之人殆過三千〔三〕，率數十人而競一闕，五六歲而竢一官。士而至此，亦可謂淹滯失職矣。夫上有失職久閑之吏，則下有受害無告之民，有司安得置而不問與？議者猥曰「考績而升黜之〔四〕，則智者用，愚者伏，賢者進，不肖者逐，庶有瘳乎」！雖然，似矣而未之盡也〔五〕。《書》曰：「唐虞稽古，建官惟百。」蓋内有百揆四岳，外有州牧侯伯，其數各五十耳。何以知其然也？《記》曰「有虞氏官五十」，是以知其然也。夫以朝廷之上其官止於五十，則功罪可以坐見，能否可以意知，而後攷績之法行焉。又况舜命九官，或終身不徙，三考所陟，不過如增秩進章服耳。今銓選之法由判司簿尉升之令録幕職，自是等而上之，則爲大邑爲守貳。雖以甚凡之才，苟不罹於刑辟，而力足以致公車之薦者，皆可積累歲月，歷階而至。吾惟稽闕以選〔六〕，按籍以授，紛至而沓來者不知其幾也，賢否何知焉？故曰考績似矣而未盡也。然則奈何？曰：置官有常員，不可有損也〔七〕。入流無常數，胡不澄其源乎！夫其源常清，其流猶濁，源而弗清〔八〕，濁孰甚焉？國初取人，大要科目與任子耳。自建隆迄開寶，歲取進士多者三十人，少或十人；歲補齋郎不過十二人〔九〕，進焉不過十五人而已〔一〇〕，兩途多寡適相當也。近世奏名常數百輩，而以郊恩入文武官者殆且十倍，其他雜流泛補、休致遺占之數不在焉，可謂弊矣。今將裁任子、柅流品固也，然驟於革弊則多怨，輕於定令則易搖。以多怨之人而議易搖之令，利未遽見，謗則隨之。此縉紳諸儒所以樂於因循而無敢輕發也與〔一一〕！夫歲許施恩〔一二〕，祖宗法也。及其弊也，則更以三歲之制。貴而親者如宗室近支，猶遽加降殺，少恩變古之譏初無聞焉，至於今日，何獨疑之？宜命掌故按諸道郡邑有幾，設官分職有幾，三歲而入仕者又有幾，略以員闕之數而制爲入流之限，庶

〔一〕吏部：原作「吏書」，據明澹生堂鈔本、四庫本改。
〔二〕「倍」字下，明澹生堂鈔本、四庫本有「矣」字。
〔三〕三：四庫本作「二」。
〔四〕議：明澹生堂鈔本作「比」。
〔五〕之盡：原刻校云：「張本作『盡善』。」之：明澹生堂鈔本、四庫本無。
〔六〕闕：明澹生堂鈔本、四庫本作「閱」。
〔七〕有：明澹生堂鈔本、四庫本無。
〔八〕源而弗清：明澹生堂鈔本、四庫本作「如汩其源」。
〔九〕十二人：明澹生堂鈔本作「十五人」。
〔一〇〕十五人：明澹生堂鈔本作「十二人」。
〔一一〕諸：明澹生堂鈔本、四庫本作「之」。
〔一二〕施：原刻校云：「張本作『貤』。」按明澹生堂鈔本、四庫本亦作「貤」。

乎其可也。抑有二說。國家寄祿之階蓋有倣古元士而定制者〔一〕，由第四品而上，雖以侍從之貴，或七年，或十年，僅容一轉。武列稍崇，則非軍功不遷也。名位差殊，其嚴如此。彼官登正郎、任正使者實始蔭補，顧乃下與議郎、崇班之流同其歲月，何不改而張之？此一說也。誠使文階視正郎，武階視正使者，三經郊而一任子，卿監橫列者〔二〕，再經郊而一任子，至從槖、廉車則三遇而虛其一焉。此又一說也。假以數年，使已任者無需次之淹，方來者有易進之望，亦可以待四方之士矣。此法一定，則雜流泛補之恩柅之非難也。太公曰：「日中不彗，是謂失時。操刀不割，失利之期。」此言當及時也。圖之此其時矣。往者四郊多壘，饑饉連歲，丁壯轉徙，田業荒蕪，加以東征西伐，賞賚四出，固嘗傾司府之幣，發內帑之藏，理財之難，惟彼時爲然。然且民力裕於下，邦用足於上，是何也？民知上之不獲已，而非以厲我也，故賦斂雖頻，罔有懟志焉。粵自國步既康，無鬬爭金革之聲，未嘗横斂以傷民之財也，未嘗勤戍以傷民之力也〔三〕，而又誕后稷之穡，有相之道，再登三登矣，而贍足之報猶未上於大農。意者損上益下之道當日新而又新與？昔文王爲靈臺，則庶民攻之，不日成之。及皇國父爲一臺，既不速成，築者又從而謳焉。夫築臺一也，此悦而從，彼憤而怨，蓋亦反其本而已矣。且有子固非愚人也，其對諸侯用不足之問，而曰「盍徹乎」，孟子之論理財，亦欲修其政事。然則歲入有限，調度日增，有司供億之不支，民力困匱而無已，蓋有當爲者矣。今世之言財利者第曰「謹逋斂，嚴征榷」，征榷不待嚴也。何以明之？周制萍氏幾酒、謹酒，群飲則有誅焉。蓋以酒醪爲糜穀之本，故節之也。漢法賈人毋得衣錦繡綺縠紵罽〔四〕，操兵乘馬。蓋以從事於末則害農者蕃，故抑之也。後世則大異矣。養兵贍國之計賴於征商榷酤者十蓋八九。古抑商賈，今惟患其不多；古節酒醪，今惟欲其飲也。如是足矣，又欲嚴之，毋乃使事舟車者多於南畝之鉏犁〔五〕，樂沉酣者悉爲閒民乎？至於謹逋斂之說，則尤不可以不辨。漢、唐守令躬行阡陌，視民如子，固有以勤撫字〔六〕、拙催科爲賢者矣。方册具在，可觀也〔七〕。今駕朱轓、綰墨綬者率以逋斂有無爲殿最，他可略也。比年以來，縣令之趣辦者，部刺史固嘗薦聞而遷其秩矣。二千石陷失常賦者，地官固嘗按劾而削其階矣。又欲謹之，民其無餘矣〔八〕。然則今日理財卒無術乎？曰：「有之。」曰：「何術也？」「躬行敦朴以先天下可也。無已則有一焉，擇人而久任之是也〔九〕」。今俊乂在官，官惟其人，而於掌邦教、阜民財者尤致意焉，亦可以爲擇人矣〔一〇〕。卿貳總其綱，郎曹陳其紀，所謂量入爲出之道，日夜念之至熟也。而中都之貫未朽，太倉之粟未腐，議者疑焉。昔劉晏當軍興水旱之餘，斂不及民而用度足。豈

〔一〕定制：明澹生堂鈔本、四庫本作「制定員」。
〔二〕者：明澹生堂鈔本無。
〔三〕傷：明澹生堂鈔本作「奪」。
〔四〕縠：原刻校云：「張本作『絺』。」
〔五〕毋：明澹生堂鈔本作「無」。
〔六〕勤撫字：明澹生堂鈔本作「予民租」。
〔七〕觀：明澹生堂鈔本、四庫本作「覩」。
〔八〕餘：明澹生堂鈔本作「如」。
〔九〕擇：原作「任」，據明澹生堂鈔本、四庫本改。
〔一〇〕以爲：四庫本作「謂」。

今安平盛際反有竭澤無魚之憂哉！是殆久任之法未行，故富國之效未成耳。晏之領度支也，鹽鐵、轉運、鑄錢、租庸之權悉歸之〔一〕，雖職守屢移，而領使如故。因能而任，蓋十有六年，用能究漕運之利病，治萬貨之低昂。斡山海，排商賈，知所以取而人不怨，知所以予而人不乏。向使教玉人之琢，牽善書之肘，信之不專，任之不久，則晏也不以妄作誅，當以曠職廢矣，唐之中僨，何自而振也哉？前事昭然，後來之龜鑑也。如其不然，才無聞而驟用，席未暖而輒易，百人輿瓢，非惟無益，瓢且裂矣。不特此也，世有饑穰，天之行也，禹湯被之矣。脱兵旱相乘，天下之力屈，此漢儒惓惓之所憂，而史氏特書以示後者也，安得恝然而忘之耶？凡此三者，急務也。人不患於不能知，亦不患於不能言，顧力行何如耳。昔周宣中興，内修政事，外攘夷狄。今欲惰兵去，冗吏省，常賦充，是政事之當修者也〔二〕。若乃疆埸之事，則不可得而聞矣。管仲謂東郭垂曰：「我不言伐莒，子何故言伐莒？」對曰：「君子善謀，小人善意。」然則疆埸之事雖不可得聞也〔三〕，亦可竊意也。夫中國禦戎，守信爲上，應敵次之。國家守信，愚曰可矣。禮以徠之，恩以結之，金幣以餌之。奈何琬圭之瑞雖交，而蹛林之馬常秣？抑恫疑虚喝高躍而不敢進耶〔四〕，其將深思遠謀多方以誤我耶？是未可知也。顧當堅盟誓之約，而修政事以應之耳。誰憚而久不爲，乃直爲是懔懔也？抑又有獻焉。猛虎伏於山林，故其氣焰或能驚人而動物，一旦咆哮於無事之秋，而跳梁於四達之衢，安知陷阱不設於蕭墻，强弩不發於途中也哉？蓋亦激勵我將帥〔五〕，甄别我人材，均節我財用，毋爲戎首，以盡夫自治之道。設有警焉，相時而動，以收卞莊子之功，則寢何患乎不安，而當饋可無嘆也。《傳》不云乎：「居安思危。思則有備，有備無患。」敢以此規。

〔一〕歸：明澹生堂鈔本、四庫本作「付」。
〔二〕是：四庫本作「此」。
〔三〕得：明澹生堂鈔本、四庫本無。
〔四〕「抑」下，明澹生堂鈔本、四庫本有「不知」二字。
〔五〕蓋：原作「盍」，據明澹生堂鈔本、四庫本改。

廬陵周益國文忠公集卷一一二

省齋文稿卷一二

策問

金陵堂試策問五首

問：《春秋》何爲而作乎？爲褒貶而作也。齊豹之盜，三叛人之名微矣，皆謹書之，懲惡也。懲惡如此，褒善其可已耶！夫子之稱管仲曰：「相威公，一正天下〔一〕，民到於今受其賜。」稱子産曰：「其行己也恭，其事上也敬，其養民也惠，其使民也義。」之人也，概以《春秋》之法，固宜大書特書，不一書而已也。今以《左氏傳》考之，管仲自魯莊九年相桓公，而終於僖之十七年。子産自魯襄十年見於《傳》，而卒於昭之二十年。夫以四十餘年執國政，成大功，則盟會聘問交乎諸侯者衆矣，顧其姓名乃不一見於經。然則聖人褒善之旨果何所寓，萬世之後果何所勸乎？且管仲既正天下矣，孟子乃謂曾西之所恥；子産既能使民以義矣，孟子乃謂惠而不知爲政。意者以《春秋》無一字之褒而爲是紛紛耶？《書》訖《秦誓》，《詩》繫《魯頌》，學者疑之也久，諸儒辨之也詳。今也請無問其他，願聞穆、僖之政其褒貶見於《春秋》者，視《詩》《書》所稱異乎，同也？恭惟皇上聖學高妙，而於麟經尤致意焉。諸君皆能言三威七穆者也，異時奉集英之對，勤華光之講〔二〕，必有成説。願以一二告於有司。戊寅三月。

問：孝文之在御也，漢之爲漢二十餘年矣。五兵雖戢，文治未興。其居公卿、預謀議者，非絳侯之少文則袁盎之不學而釋之之卑論也。賈誼以雒陽年少言天下事，豈惟出當時諸老先生之右，兩漢名儒未有能越誼也。今觀其傳，可疑者三焉。誼之言曰：「刑罰積而民怨背，禮義積而民和親。」又曰：「德教洽而民氣樂，法令極而民氣衰〔三〕。」雖使孔、孟復生，不易斯言矣。而太史公曰：「賈誼明申、韓。」嗚呼誼乎，申、韓乎〔四〕？夫是以疑其學。定官名，正禮樂；究三代之所以長，知暴秦之所以短；體貌大臣則禮行當代，分封諸侯則效見後世。謀略如此，可謂美矣，奈何改定制度則有土德尚黄之異？欲試屬國則有三表五餌之疏？夫是以疑其術。誼之謫長沙也，史謂意不自得，一聞鵩音，怪而悼之，胸中所存，幾於隘矣。及讀《弔屈》之文，則飄然如千仞之翔鳳，沕焉如九淵之神龍，殆將出險微，超尋常，非藩國所能淹也。讀《白廣》之賦，則澹乎如深淵之靚，汎乎若

〔一〕據《論語·憲問》，「威公」當作「桓公」，「正」當作「匡」，此均作「威公」、「正」，兹不改動原文，謹説明於此。

〔二〕勤：四庫本作「觀」。

〔三〕氣：明澹生堂鈔本、四庫本作「風」。

〔四〕「而太史公」至「申韓乎」，明澹生堂鈔本作「而太史公何曰『賈誼明申、韓』乎」。

不繫之舟，固已同生死，輕去就，而非外物所能動也。夫是以疑其文。諸君將何説以處此？若夫進則前席於夜半，退則數問以得失。凡其所陳，亦略施行。然則謂帝疏誼，而東陽侯之屬盡害之者又何如也？願虚心而承教焉。戊寅九月二十四日〔一〕。

問：言出乎身加乎民，行發乎邇見乎遠。人君言行，雖動天地可也，況於民乎〔二〕，況於士大夫乎！陛下克儉如大禹，不殖貨利如成湯，卑服即功如文王。然猶闢室殿廬之側，榜曰「損齋」，摛發宸藻，著懲忿窒欲之義。德風所加，何草不偃，甚盛舉也〔三〕！自漢以來，躬行節儉莫如孝文。然庶人屋壁得爲帝服，娼優下賤得爲后飾，民之好奢，信難革耶？唐楊綰一宰相耳，始輔政則黎幹損騶馭，郭子儀散音樂，移風易俗，又何易也？諸君試評漢、唐難易之由，然後推明今日之盛，有司願寓目焉。己卯三月。

問：扶衰救弊莫如忠，載道流遠莫如文〔四〕。周鼎將遷，斯道泯如也。固節義之大閑，續《雅》《頌》之遺音，不在屈平乎？二十五篇之作，志切而詞深，雖與日月争光可也。奈何學如揚雄，才如班固，或議其忠，或抑其文？學者疑焉，願與諸君子論之。夫《離騷》賦於懷王之世，其詞固曰「依彭咸之遺則」，然則懷沙以感頃襄者〔五〕，屈平之素志也，忠乎，非與？《反騷》作於元、成之間，斷章固謂「棄由、耼之所珍〔六〕」，然則撓節以從新莽者，揚雄之本心也，智也，非與？識者觀之，必曰：「沉湘而逝〔七〕，忠已遂矣。使投閣而莫救，智安在哉？」尚論千載，必有考於斯矣。太史公之傳《離騷》也，謂其好色而不淫，怨誹而不亂，庶幾兼《國風》《雅》《頌》之體。班固則不然，謂羿澆二姚不合乎《左氏》〔八〕，崑崙元圃不載於經義；及其陳堯舜，稱湯文〔九〕，譏桀紂，則置而不言。露才之誚，怨懟之誣，惟恐詆之不力也。司馬相如何如人哉？固爲贊曰：「要其歸，導之於節儉。此與《詩》之諷諫何異？」嗚呼，曾謂屈平不如長卿乎？恭惟仁聖在上，數子固無與乎今之世矣。雖然，判忠邪，別是非，學者所宜盡心也〔一〇〕，盍索言之？己卯三月。

問：《論語》者，五經之管轄，六藝之襟喉也〔一一〕，豈容讀而或疑，疑而不思乎？聖如堯舜，不可以有加矣〔一二〕，所謂博施

〔一〕二十四日：原無，據四庫本補。
〔二〕況於民乎：原無，原刻校云：「張本有『況於民乎』四字，按明澹生堂鈔本、四庫本亦有「況於民乎」四字，據補。
〔三〕舉：明澹生堂鈔本作「德」。
〔四〕流：明澹生堂鈔本、四庫本作「傳」。
〔五〕頃襄：明澹生堂鈔本作「君子」。
〔六〕「由」原作「田」，據《漢書·揚雄傳》載《反離騷》改。「由、耼」謂許由、老耼也。
〔七〕逝：明澹生堂鈔本、四庫本作「遊」。
〔八〕乎：明澹生堂鈔本、四庫本作「于」。
〔九〕文：明澹生堂鈔本、四庫本作「武」。
〔一〇〕「盡」下，明澹生堂鈔本、四庫本有「乎」字。
〔一一〕襟喉：明澹生堂鈔本、四庫本作「喉襟」。
〔一二〕以有：明澹生堂鈔本作「有以」。

而濟衆，與夫修己以安百姓者，固優爲之。子貢、子路嘗有問焉，夫子何以皆曰「堯舜其猶病諸」？然則舍二帝而不以是爲病者誰也？夫子嘆好仁之難，蓋嘗曰：「有能一日用其力於仁矣乎？我未見力不足者。」及論諸弟子〔一〕，則曰：「回也，其心三月不違仁，其餘則日月至焉。」夫三月之不違，日月之至，雖未底於大成，要爲用其力矣，顧云「未之見者」何也？六經惟《易》、《春秋》明天人之奥，至於《詩》、《書》、執禮皆雅言也，何伯魚過庭，告以《詩》、《禮》而不及《書》乎？孝弟謹信，汎愛親仁，行有餘力，則以學文，此誨人之先後也，何四教之設乃以文、行、忠、信爲序乎？此皆學者之所疑，諸君平昔之所宜思也。若夫以能問於不能，以多問於寡，有若無，實若虚，曾子之言則然，何唐太宗以爲孔子之説，孔穎達以爲聖人之謙與？夫太宗號爲鋭情經術〔二〕，穎達嘗著《五經正義》，不應繆妄如此，意必有説焉，願併陳之。己卯九月。

宣州解試策問一首 己卯〔三〕

問：學校興則教化明，王室尊則名分正。立言垂訓，孰有大於此者乎？子孔子天縱將聖，生於庠序廢壞之際，欲駕其説，則四代之學政固宜諄諄乎時君之聽，而洋洋乎七十子之耳也〔四〕。三復《魯論》，乃無聞焉。謂青衿不至無預治道而弗言與？則古之王者建國君民，何獨以教學爲先也？謂夫子雖言而門人弟子弗之記與〔五〕？則凡寢食衣服之節，指顧趨進之容皆謹書之，何爲舍其大而録其小也？然則平居之不言，二十篇之不載，殆有深意於其間矣。七國紛爭，成周不競，孟軻氏以亞聖大才歷聘於時，是宜惓惓尊王〔六〕，少抑僭亂。今以二百六十一章考之，曾微片言。謂齊梁方强不可告之與？則土地甲兵莫强於秦，秦猶爲逢澤之會而朝天子，何獨齊梁不可告也？謂戰國之君不足責以大義與？則堯舜之道高矣遠矣，軻也猶且日陳於前，何爲不可語以尊周也？然則宜言而不言，或言而不書，豈無深意也哉〔七〕！恭惟主上緝熙光明，既得孔孟之心學，崇儒游藝，復取二書而肆筆焉，副墨所頒，徧於郡國。諸君久被奎壁之照，獲以聖王爲師，口誦心唯，必將有見於此。敢問《論語》不言學校，其説安在？孟子不及尊周，其指安出？記諸善言者，孔子弟子也，或曰有子、曾子門人所作耳，然則劉向之言非與？著書七篇者，孟子也，或曰萬章、公孫丑所記耳，然則趙岐之題辭非與？願攄素藴發明之，庸稱今日尊崇孔孟之意。

〔一〕諸：明澹生堂鈔本作「門」。
〔二〕情：四庫本作「精」。
〔三〕己卯：原無，據明澹生堂鈔本、四庫本補。
〔四〕七十子：四庫本作「七十二子」。
〔五〕人：明澹生堂鈔本無。
〔六〕「是」字原在上句「時」字前，據明澹生堂鈔本、四庫本乙。
〔七〕「豈」字上，明澹生堂鈔本、四庫本有「亦」字。

家塾策問七首

問：三代以降，創業垂統之君其可稱道者漢高帝、魏太祖、唐文皇而已，是皆雄才大略，轉家爲國，以弱爲强者也。然而彭城之敗，滎陽之詎，成皋之跳，廣武之傷，漢之爲漢蓋皇皇矣。濮陽馬墜勢則衰，宛城矢及身益危，臨濟殆哉賴虎癡，魏之爲魏亦夔夔矣。西原追奔，不食者二日；雄信奄至，獲助於敬德。於斯時也，太宗嘗岌岌矣。善戰者致人而不致於人，豈可恃天命之方昌而僥倖以爲常也哉？此其可疑者也〔一〕。三君不皆有事於蠻夷乎？白登之衆，征遼之師〔二〕，乘中國既定之後，士馬方强之時，而被圍，而徒歸，殆不若柳城之役，興兵於擾攘而決勝於險巇也。意者用衆自古之所難，而出奇兵家之善機乎？抑師有曲直，敵有强羸乎？此又可疑者也。善用太公之兵法〔三〕，自爲新書以征伐，反復李靖之問答，則其規模準古類不輕發矣。及乎決機兩陳如轉圜，應變千里如舉睫，回視古書乃無一合，此又可疑者也〔四〕。至如夜思經傳，登高必賦，史氏取之；銳情經術〔五〕，喟然文治，七德舞之，彼固不專於用武也。高帝則不然，直溺儒冠而侮之耳。及讀大風飛揚之詞，四海橫絶之句，則其威靈氣燄凛乎超今而冠古〔六〕，豈可與舒牋點翰、循規蹈矩者同日而語哉？此又可疑者也。或曰高、文之功盛矣，抑德也。若曹氏挾衆以傾漢，學者惡聞而恥及之，豈其匹哉？善乎，司馬光之論曰：「魏取天下於盜手，非取之於漢室也。」故願與諸君論焉，毋以其不應措於漢唐之間而遂黜之也。

問：古之銓選也任人，後之銓選也任法。去古已遠，官未嘗不冗也，惟任人則可得而責焉。今固不然，闕纔百餘，而待選者動以千計。賢愚同滯，能否無別。士之失職如此〔七〕，而朝廷不以是責，吏部亦曰法固當爾，非吾過也。於是近借遠次，歲增季展，復取四選之闕更互用之。向之所謂法者，亦且紛更而難守矣。雖然，猶未足以救一時之急也，况於經遠哉〔八〕！夫襲故常則滯留之嘆興，限入流則刻核之謗起。清源正本，可謂至難，考古御今，必有要道。願聞中論，毋爲空言〔九〕。若乃趙文子舉管庫之士七十人，崔祐甫除吏八百員，其人果皆卓然可用者乎？抑所謂片善寸長者乎？考之於史亦有可見者乎？當是時官有定員〔一〇〕，職有常守，一旦所舉如此之衆，不知何以處之也？併爲究陳之。

〔一〕者：明澹生堂鈔本、四庫本無。
〔二〕征遼：原刻校云：「張本作『遼東』。」按明澹生堂鈔本、四庫本亦作「遼東」。
〔三〕善：明澹生堂鈔本、四庫本作「喜」。
〔四〕者：明澹生堂鈔本、四庫本無。
〔五〕情：四庫本作「精」。
〔六〕則：四庫本無。
〔七〕「職」字下，四庫本有「也」字。
〔八〕於：明澹生堂鈔本、四庫本作「欲」。
〔九〕空：明澹生堂鈔本作「虚」。
〔一〇〕是：原無，據明澹生堂鈔本、四庫本補。

問：戰國之際，吾道不明。孟子所以切切然垂世立教者，不過尊孔氏、闢楊墨而已。韓愈號推尊孟氏者也，《原道》固曰「其言道德仁義，不入於楊則入於墨，不入墨則入於老〔一〕，不入於老則入於佛」。夫措楊墨於佛老之間，其闢之者至矣。及作《諫臣論》〔二〕，乃曰：「禹過家門不入〔三〕，孔席不暇煖，墨突不得黔。」其《讀墨子》亦曰：「孔子必用墨子，墨子必用孔子，不相用不足爲孔、墨。」一以比佛老，一以爲聖賢，一以配孔子，是不特與孟氏大異，而其言亦自相戾矣。自列御寇以來至於漢儒，數以孔、墨爲言，豈其道果可相爲用與？抑愈也徇其名而弗思與？願考其是非而折衷之〔四〕。

問：劉禹錫有云：「八音與政通，文章與時高下。」斯言一出，世未有改評者也。三國鼎峙，可謂厖裂。然諸葛武侯《出師表》尚能與《伊訓》、《説命》相表裏，曹思王波瀾之富，蓋亦浸淫乎《風》《雅》矣。唐太宗治幾成、康，而士大夫文體終不能掃齊、梁之陋下。逮元和，其政化豈貞觀比哉？而韓、柳之文登漢咸周。凡是數者，其高下疑若不相關然，諸君試爲言之。

問：三代之政或忠或質或文，子孫世守之，歷數百年未之有改也。至西漢則不然，惠帝用曹參，以清浄寧民，而「畫一」之歌起。武帝表章六經，以號令文章爲事，而公孫弘之徒以儒學佐之〔五〕。及宣帝中興，則又綜核名實〔六〕，信賞必罰，而魏相之聲著焉。夫爲國行政僅一再傳而輒變，彼在位之奉行與斯民之耳目毋乃紛更而莫知所守，惑亂而莫知所從乎？然而同歸於治者，何也？是則三代膠其法而不變者獨非與？諸君試條其説，且評是三者孰優孰劣可施於今者而茂明之。

問：夫子修《春秋》，先儒論之衆矣。爲《左氏》學則曰道周公之志也，言《公羊》者則曰黜周王魯也，解《穀梁》者又曰明黜陟、著勸戒也。至唐陸淳舉闢之，惟曰救周之弊，革禮之失而已。其説果能屈三家而盡夫子之意乎〔七〕？若乃董生以爲上明三王之道，《公羊》以爲樂道堯舜。今以經考之，明三王者何事？道堯舜者何辭？願併聞其説。

問：帝王之世，刑罰未嘗廢，特在乎欽恤明允而已。盛德莫如虞舜，太平莫如成周〔八〕。然五刑有服，五服三就，五流有宅，五宅三居，所以待蠻夷猾夏寇賊姦宄者備矣。司寇設官，其屬六十，誅戮囚役，曲防事制，所以垂象魏而示萬民者繁矣。而

〔一〕不入墨則入於老：原無，據四庫本及《五百家注昌黎文集》卷一一補。
〔二〕諫：原作「諍」，據明澹生堂鈔本、四庫本及《五百家注昌黎文集》卷一四改。
〔三〕家：原無，據四庫本、《五百家注昌黎文集》卷一四補。
〔四〕而：原無，據明澹生堂鈔本、四庫本補。
〔五〕弘：原作「宏」，據明澹生堂鈔本、四庫本改。
〔六〕綜：明澹生堂鈔本、四庫本作「總」。
〔七〕乎：四庫本作「與」。
〔八〕成周：原作「周成」，據明澹生堂鈔本、四庫本乙。

叔向乃曰：「先王議事以制，不爲刑辟。」毋乃與《舜典》、《周官》所載異乎？仲康命胤侯曰〔二〕：「其或不恭，邦有常刑。」是禹未嘗無刑書也。伊尹戒太甲曰：「制官刑，儆於有位。」是湯未嘗無刑書也。而叔向又謂「夏有亂政而作禹刑，商有亂政而作湯刑」，不亦誣乎？叔向博矣，何以爲此言而不悟？子産辨矣，何以受此名而弗辭？若乃畫衣冠而民不犯，何以有四凶之誅？刑措不試四十餘年，何以有管蔡之辟？夫近而大臣，親而諸侯，猶未免於刑罰，謂愚民何？故願與諸公論之〔三〕。

〔二〕命胤：原作「征嗣」，據四庫本改。
〔三〕公：明澹生堂鈔本、四庫本作「君」。

廬陵周益國文忠公集卷一三

省齋文稿卷一三

策問

家塾策問十二首〔一〕

問：《易》曰：「損上益下，民説無疆。」《語》曰：「百姓足，君孰與不足？」古之人君平居無事則縱侈以傷財，一遇兵革則頭會箕斂，視斯民流離而弗恤也。粵自主上御極，躬行敦樸以先天下，內自宮庭所需，外暨官吏之奉，大而郊祀儀物，小而墳燭庭燎，凡可約者無不約也。惟是醜虜未賓，營屯相望，遣戍勞還，其費有不可得而已者。然常賦之外，未嘗一毫取諸民也。既力止羨餘之獻，又深懲聚斂之吏。間遇水旱，憂恤備至。宜乎家給人足，臻於富庶。而豐年樂歲，里閭猶未免於窮乏，何爲其然也？意者惰農尚衆，地有遺利與？末作者繁，不思務本與？風俗侈靡，妄用以耗之與？州縣奉詔不虔，巧爲刻剥，而耳目之官弗之察與？欲救四弊，當有成説。夫使民説而百姓足，以副吾君慈儉之德，亦諸君所宜究心也。

問：夫子之知門弟子，七十子之知聖人，其亦審矣。抑猶有可疑者。謂「參也魯」，然一以貫之，遽悟其忠恕，門人欲事有若，斷然以爲不可，參非魯鈍者也。謂「求也退」，然季氏富於周公，又爲之聚斂，將伐顓臾，則贊其動干戈於邦內，求非謙退者也〔二〕。豈聖人之抑揚自有深意與？抑與其進不保其往與？澹臺滅明欲事孔子，孔子以爲材薄〔三〕，既而嘆曰：「以貌取人，失之子羽。」至《家語》則又謂語有君子之姿，孔子嘗以容貌望其材，而材不充於所望。二説蓋相反矣。夫視所以、觀所由、察所安，何至以貌哉？此夫子知門弟子之可疑者也。子見南子，子路不悦，欲從佛肸，則致惑焉，亦可謂介然有守而知聖人者矣。彌子曰：「孔子主我，衛卿可得。」此豈夫子所屑就而子路猶以告乎？若以爲野人之語，則孟子嘗闢之矣，而肯記「有命」之答乎？至如子夏、子張、子游，雖未爲深得聖道，其智要足以知其師矣，奈何欲以事孔子者事有若？彼有若固曰「自生民以來，未有盛於孔子」者〔四〕，而敢當其位乎？司馬遷陋矣，直謂其狀似耳。柳宗元又從而實之，尤可嘆也。雖然，《論語》二十篇，首章記夫子之言，而有若論孝弟次之，且又子而不名。豈當是時門弟子果以其道可尊。敬而師之〔五〕，故後世因爲是説與？此七十子知聖人之可疑者也。願考其理而析其疑。

〔一〕十二：原作「十三」，據明澹生堂鈔本、四庫本改。
〔二〕求非謙退者也：明澹生堂鈔本作「求也非退者也」。
〔三〕孔子：原作「子」，據四庫本補。
〔四〕者：原無，據明澹生堂鈔本、四庫本補。
〔五〕「敬」上，原刻校云：「張本有『嘗』字。」按明澹生堂鈔本、四庫本亦有「嘗」字。

問：所貴學古者，非以其通於經而適於用乎？如使觀《書》者昧於政事，而吏胥得以執其柄；學《春秋》者失其宗旨，而是非無以信於人；讀《易》或不若卜筮之專，究《禮》、《樂》或不若工祝之習，談《詩》或不能識鳥獸草木之名，則經乎經乎，其空言乎？儒乎儒乎，其無用乎？聖人所以望後世，王者所以育人材，必不然矣。自漢以來，力闢異端，惟六經是明，設爲科目，惟通經是用。蓋欲收實材，補治道，以追三代之萬一也。然服儒衣冠、傳先王語，以儒宗自名者，往往持祿保位，被阿諛之譏。其立大功任大事者，則平時所謂不學少文及刀筆耕牧自奮之士也。宣帝闢太子用儒之言，殆將有激乎此。雖然，遂以是而黜儒者，則過矣。今欲取其文必既其實，得其人必獲其用，使古今不相遠，表裏不相背，必有至論，願無靳焉。

問：自古遷都不一，無如商者。蓋自契至於成湯已八遷，而自成湯至於盤庚又五遷焉。《帝告》、《釐沃》，其書雖亡，意亦「話民之弗率，誕告用亶其有衆」而已。若《盤庚》三篇，則古今告戒臣民未有如是之諄諄也。夫民至愚而神，苟誠有以利己，何至傲慢從康如此？又況邦伯師長百執事之人，豈無達時變、同心德者，何待告之以天命，曉之以先烈，誘之以世勞，驅之以刑罰而後諭也？周自武王營居洛邑，成王之時召公相之，周公又營之，龜兆既食，伻圖以獻，可謂常吉之居矣，然周未嘗遷都徙居[一]。九鼎猶曰國之重器也，乃若居商之頑民，不亦過乎！其告之曰：「今爾惟時宅爾邑，繼爾居，爾厥有幹有年於茲洛。」顧何畏於彼而待之如此其周也？夫違衆而遷亳，疑若不順也，而商卒以興；祈永命於新邑，疑若不可易也，而周惟以居頑民。此皆不可曉也。及漢之高祖以布衣得天下，當人心未固之時，京邑翼翼，四方之極，豈可忽哉！然都洛已定，特以戍卒一言，而入關之意立決。定都大計也，微戍卒得毋敗乃公事乎！彼蕭、曹、良、平之智獨不足以及此耶？此又不可曉也。願併聞其說。

問：舜有臣五人而天下治。武王曰：「予有亂臣十人。」考之《舜典》，九官皆舜命也，《呂刑》乃以三后成功歸之帝堯，何耶？《語》所謂五人者，指禹、稷、契、皋陶、伯益，而不及伯夷。《呂刑》所謂三后者，謂伯夷折民惟刑，而不及皋陶，毋乃相戾乎？九官相遜，古今以爲盛舉。夫禹豈不知稷、契、皋陶不習於治水，何以遜爲哉？至於垂、益、伯夷嘗遜矣，稷、契、皋陶則否矣[二]。以稷、契、皋陶爲申命耶[三]，則夔、龍乃新命也，亦未嘗辭焉。辭之爲謙，則不辭爲蔽賢矣。其意安在[四]？亂臣十人，《語》據《泰誓》而言也。《君奭》乃曰：「武王惟茲四人，尚迪有祿。後暨武王，誕將天威，咸劉厥敵。惟茲四人，昭武

[一]「居」下，原刻校云：「張本有『九鼎焉』三字。」按明澹生堂鈔本、四庫本亦有「九鼎焉」三字，當補。
[二]矣：明澹生堂鈔本、四庫本無。
[三]稷契皋陶：澹生堂鈔本、四庫本無。
[四]意：明澹生堂鈔本、四庫本作「義」。

王，惟冒丕單稱德〔一〕。」其稱之者至矣。彼閎夭、散宜生、泰顛〔二〕、南宮适之德業亦參考於他經乎〔三〕？太姒之外，餘皆無足稱乎？鷹揚變伐，股肱王室，太公之功過周、召矣，顧舍此而取彼，何也？至孟子論堯舜，乃曰「若禹、皋陶則見而知之」，論文王則曰「若太公望、散宜生則見而知之」，其去取又不同矣〔四〕。盍辨其所以然？

問：國以人而强〔五〕，士以多爲貴，不易之理也。方晉文公之霸，其威名盛矣，彼楚得臣一戰輒敗，夫何能爲〔六〕？而文公猶以爲憂，及其死而後喜，曰：「莫予毒也已！」夫一得臣果能毒方興之晉耶？衛多君子，而犧牲玉帛奔走晉境之不暇，僅能自保而已，此何理也？汲黯在漢，位不過九卿，於鎮撫國家、裁制諸侯初無所與，而淮南王獨畏之，至爲寢不軌之謀，其折衝消萌如此！及東京之季，剛毅之士充滿朝廷，或在公府，或居要路，反內不能制宦侍〔七〕，外不能弭盜賊，徒以身殉國，相爲存亡而已。此又何理也？以爲一賢足以制難耶〔八〕？則得臣非賢也，汲黯雖賢，而無其位也。以爲輔周强國耶〔九〕？則衛不能興，漢卒不振矣。是必有説，願條陳之。

問：人君用臣，道同則進之，否則退之矣。人臣事君，道合則從，不合則去之矣〔一〇〕。德宗苛刻猜疑，而陸贄勸以忠厚誠信；德宗好兵與財，而陸贄勸以消兵輕利。其道可謂冰炭薰蕕矣，然置之禁林，延登宰席，其君無厭逐之意，其臣無求去之言，何也？考之《奏議》，竇參獲罪，贄論救甚力，至請勿簿録其田宅，而肯致參於死乎？然當時議者多言參死由贄。韓愈，贄門生也，爲贄作傳，僅記德宗恕參之實而不敢明辨其非贄也。愈胡不引贄疏以爲證耶？諸生試求其説與凡贄之論可施於今者，併著於篇。

問：六經之道同歸，《禮》、《樂》之用爲急。自秦滅典籍，至漢而《易》、《詩》、《書》、《禮》、《春秋》復興，惟《樂》遂廢不講，學者不過取《周官·宗伯》下篇與夫二戴所記誦習之而已。然以班固《藝文志》考之，是《禮經》非《樂經》也。彼《樂》自爲六家，今復微眇而無傳矣〔一一〕。夫六經之治天下，如四時相須以成歲。乃自漢以來，缺大樂而不求，學者亦安之而不復置疑〔一二〕，豈理也哉？且士大夫入而在宗廟朝廷，退而處閨門鄉黨，其朝會饗燕〔一三〕，升降揖遜，未嘗斯須去禮也。至於樂則竟

〔一〕單：原作「亶」，據明澹生堂鈔本、四庫本、《尚書正義·君奭》改。
〔二〕泰：原作「大」，據四庫本改。明澹生堂鈔本作「太」，即「泰」。
〔三〕「亦」下原有「可」字，據明澹生堂鈔本、四庫本刪。
〔四〕去取：原作「取去」，據明澹生堂鈔本、四庫本乙。
〔五〕而：明澹生堂鈔本、四庫本作「爲」。
〔六〕夫：明澹生堂鈔本、四庫本無。
〔七〕反：明澹生堂鈔本、四庫本作「乃」，義長。
〔八〕耶：明澹生堂鈔本、四庫本作「也」。
〔九〕强國：原作「國强」，據明澹生堂鈔本、四庫本乙。
〔一〇〕不合：明澹生堂鈔本、四庫本作「否」。
〔一一〕眇：四庫本作「妙」。
〔一二〕置：原作「致」，據明澹生堂鈔本改。
〔一三〕饗燕：四庫本作「燕饗」。

歲不聞其聲，終身不究其義，珩璜琚瑀未嘗施於佩，琴瑟鸞和未嘗接於耳，是無故而用有故之制，於心安乎？今欲博採經傳〔一〕，襲五爲六，追《韶》《濩》之正聲，掃鄭衛之餘習，使移風易俗不爲虛語，諸君以爲如之何則可〔二〕？

問：錢之弊極於今矣。九路置使，以鼓鑄爲職，而歲入不及舊額之一二。議者至謂數泉之費僅得一泉，而官屬俸入、吏卒耗蠹殆有甚焉。故往者嘗廢其司而領之户部，既以爲未安也，分命諸道轉運使總之。猶以爲不專也，廢未幾而復，復未幾又議廢矣。是數者果孰利而孰害？孰當而孰否乎？且鼓鑄之不充，由銅之不繼也。昔全蜀之地以鐵爲錢，以楮爲質劑。法行之初，其孰以爲信，及百餘年然後公私便之。大江以南，自樊若水獻言始鑄銅錢，前此固嘗用鐵矣。今欲兼而行之，亦可從否？至於質劑之法，户部蓋用之畿内而不能施之於天下。夫欲使民信法而行如蜀之安且久〔三〕，固必有經遠之策〔四〕，諸君試爲言之，毋徒泥古也。

問：古者文武無異轍，兵民爲一途，故戎器可除於平安之時，而軍儲自足於耕耘之日。粤自科舉分於漢，阡陌開於秦，衣短後者待逢掖如深仇，隸尺籍者以南畝爲鄰壑，離而弗合，歷世病之。至於本朝，深鑑厥弊，陳堯咨、王嗣宗、韓琦、范仲淹皆以文儒迭授右列，是欲同文武之轍也。淳化、咸平中，嘗點括鄉丁矣。慶曆二年，嘗置武勇於河東，保捷於陝西矣。義勇盛於治平，保甲聚於熙、豐，是又欲一兵民之途也。成憲具在，其誰不知？今邊鄙未寧，尤以選將益兵爲重。議者欲改命近臣，使共武服，亦既數月，乃未聞有稱塞明詔者。至於隅官巡社之法，比歲行之，或以爲擾民，或以爲無益。豈時移事異，不可記劍於舟乎？抑當斷以弗疑，不可築室於道乎？諸君試考載籍與夫本朝近事可施行者著於篇。

問：有司不爲九年之蓄久矣，所恃者豐登耳。今江浙水溢，大傷民田，議者憂焉，請亟爲來歲之備。夫納粟之制屢行，猶未足以充軍食，賑廩之數有限，顧安能殫及斯民哉〔五〕？又况巴蜀之粟遠不可漕，湖廣之地瘠無所入。大江以西，七閩以南，偏方下土，竭力以贍軍國之用亦難矣。計臣拱手，君相旰食，子大夫得不預其憂哉？

問：《記》曰：「大夫七十而致仕。」又曰：「五十命爲大夫，服官政，七十致仕。」而孔氏安國釋《書》之里居，亦謂卿大夫致仕居田里者。蓋几杖之賜，安車之乘，大政之咨，其爲禮異，其爲賜厚。上士、中士、下士之衆有不容及者矣。乃者議臣援天聖、皇祐故事，請凡内外臣僚年七十而不告歸者，止其任

〔一〕今：明澹生堂鈔本作「伊」。
〔二〕則：明澹生堂鈔本、四庫本作「而」。
〔三〕而行：原作「行而」，據明澹生堂鈔本、四庫本乙。
〔四〕「策」下，原刻校云：「張本有『而止異同之論』六字。」按明澹生堂鈔本、四庫本亦有「而止異同之論」六字，當補。四庫本「止」誤作「正」。
〔五〕殫：明澹生堂鈔本、四庫本作「均」。

子，限其祠禄，惟以才力擢用與夫侍從以上勿拘此令。蓋欲勵廉恥，抑冗濫也。然古卿大夫，今侍從以上也。今朝議大夫至員外郎，古士也。古之所許，今則留之；古之所不及，今則導之，何相戾也？且位尊而年至者，雖有留之之文，彼獨不因今之書考古之制，少動其心而自爲去就乎？聽固不可，留則不勝其留，朝廷必思有以處之矣。若夫卿監而下，倘懷才抱藝、稍知自好者，年至則去矣。其留者，頑頓無恥集詬亡節之徒，貪禄州縣而不知恤者也〔二〕。夫使懷才抱藝、稍知自好者去，則孰與共我王事？而頑頓集詬亡節者留，則冗濫猶未可抑，而廉恥滋不立矣。諸君以爲如之何則可？

〔二〕知：明澹生堂鈔本、四庫本無。

廬陵周益國文忠公集卷一四

省齋文稿卷一四

題跋 一

家藏御書[一]

紹興淳熙兩朝内禪詔跋

淳熙十四年，臣某誤尸宰事，恭奉至尊壽皇聖帝手詔[二]，命今上皇帝參決庶務。越明年正月，開議事堂，傳授之意昭然。會故相陳康伯家繳進紹興内禪御札，默契聖心，密遣中使特以賜臣。自是日聞遜位之訓。又明年春，遂奉親筆移御重華。於是兩朝宸翰、東宮謝章皆萃私室。後四年，臣假守長沙，漕臣何異願得摹本刻石盱江之麻姑山，俾臣記大略於下。臣竊惟孔子大聖人也[三]，抱帝王之學而無其時，定《書》百篇，以堯、舜二《典》爲之首。意猶未足，常以「堯曰咨爾舜」、「舜亦以命禹」之數語者諷道之於口。諸弟子因記善言，遂以爲《論語》末章之冠。凡二十篇所載，「惟精惟一，允執厥中」之旨無大於此者。向使夫子遭堯、舜之時，居禹、皋之位，奮庸熙載，自應見諸行事，豈特載之空言而已！臣獨何人，夤緣宰輔[四]，乃萬世一遇，非大幸與！夫奎畫於寶儲，雖學士大夫有不容見；閟宸文於金匱[五]，職在太史乃得窺焉。至於藏之人臣之家，不過榮光溢河，寶氣騰霄；孰若傳之副墨，刻諸名山，如日麗天，萬目咸睹，如嶽鎮地，永世無窮！彼周石鼓，秦嶧山，漢燕然，唐浯溪，尚何足算[六]！他日聖人復起，比宋德於唐、虞，配斯文於二《典》，其由此也夫！

先是高宗以壬午五月甲子降旨立儲，丞相陳康伯折簡，禮部侍郎呂廣問密議典禮。時上正祀黃帝，廣問爲初獻官，臣以御史監察，因語臣皇太子改名從火從華。臣謂：「與唐昭宗曄字同音，可乎？」廣問亟告丞相，取旨別擬定，乃用今名宣布，而初札不復改矣[七]。當時朝士尚未及知[八]，況於後世疑以傳疑，將何所取正？敢併列之，備他日史官之采，亦以見臣今得寶藏是書者非偶然也[九]。紹熙四年十一月朔旦[一〇]，少保、觀文殿大學士、判潭州軍事兼管内勸農營田使、充荆湖南路安撫使、馬步軍都總

[一] 家藏御書：原無，據明澹生堂鈔本、四庫本補。
[二] 至尊壽皇聖帝：原作「至尊壽聖皇帝」，據明澹生堂鈔本、四庫本乙。
[三] 也：原無，據明澹生堂鈔本、四庫本補。
[四] 宰：原作「該」，據明澹生堂鈔本、四庫本改。
[五] 閟：原刻校云：「張本作『密』」。
[六] 算：明澹生堂鈔本作「尊」。
[七] 而：原作「如」，據明澹生堂鈔本、四庫本改。
[八] 未：明澹生堂鈔本、四庫本作「不」。
[九] 者：四庫本作「也」。
[一〇] 紹熙：原作「紹興」，徑改。

管、益國公、食邑一萬六百户、食實封三千八百户臣周某謹題〔一〕。

高宗皇帝紹興乙丑御筆跋

右紹興十五年四月，宰臣以下拜表乞御殿復膳，太上皇帝御筆付學士院。淳熙五年四月，臣偶因入直，繙故書而得之，敬命工褾飾，寶藏於家。學士臣某謹記。

御筆千字文跋

臣以紹興丁丑中詞科，今上皇帝在普安邸，數對宫僚稱其試程。逮庚辰九月召試館職，太上皇帝喜所對策，諭宰相陳康伯、參政朱倬，欲除校書郎。宰執奏選人只當爲正字〔二〕，偶不記前朝李邴等例耳。上又宣諭：他日當令掌制。康伯親爲臣言如此。未幾，自依格改秩，而校書丞郎、著作員缺，進擬皆不及。上雖簡記，然非侍從臺諫未嘗親批。壬午夏，察官陳良祐引執政汪澈薦舉之嫌出臺爲郎〔三〕。五月，御筆除臣監察御史。尋缺諫官，同僚謂臣必選。臣測聖意不在此，果就下用袁孚爲正言。今上受禪累月，遂擢左史兼外制。此則兩宫本指也。後十七年，叨貳大政，表謝太上云：「鑾坡召試，金口褒揚。許以能文，欲其掌制。乏援助廟堂之上，甘滯留館閣之中。會臺察之虚員，簡宸衷而親擢。」皆紀實也。暨入謝德壽殿，太上盡記本末，面賜御書《千字文》一軸〔四〕，前者執政罕嘗得此。退而伏讀太上御製《翰墨志》云：「智永禪師，逸少七代孫。克嗣家法，居永興寺閣三十年，臨逸少真草《千字文》，擇八百本散在浙東。後并《褉帖》傳弟子辨才。唐太宗三召，恩賜甚厚，求《褉帖》終不與。善保家傳，抑可重也。余得其《千字文》藏之。」今觀宸奎所臨，疑是此本。然淵、民、日之外又缺「才」字。按米芾云：吴郡滕元發家藏辨才弟子所書，併缺「永」字，以尊智永。兹拜賜書，却有「永」字而無「才」字，豈非辨才門人別本與？謹刻於石，歷叙遭遇之由以示後世。淳熙七年七月日，通議大夫、參知政事、滎陽郡侯臣周某恭題。

御書禮記經解石刻跋

右御書《經解》一卷，紹興三十年三月〔五〕，詔摹本賜新進士梁克家以下。臨安守臣端禮因以別本遺百執事〔六〕。臣某時爲太學録，謹受而寶藏之〔七〕。

〔一〕「食實封」之「食」、「周某」之「周」字原無，據四庫本補。
〔二〕執：原作「職」，據明澹生堂鈔本、四庫本改。
〔三〕臺爲：四庫本作「爲臺」。
〔四〕字：原無，據四庫本補。下同。
〔五〕三十年：原作「二十年」，據明澹生堂鈔本、四庫本改。
〔六〕「本」下，原刻校云：「張本有『分』字。」按明澹生堂鈔本亦有「分」字。
〔七〕實：明澹生堂鈔本、四庫本無。

孝宗皇帝撰國書御筆跋

乾道六年冬，詔趙雄、趙伯驌充金國賀生辰使〔一〕。十二月二十四日夜直玉堂，内侍霍汝弼持御筆來，令例外撰國書，二鼓進入。二十七日，得旨來蚤對〔二〕。二十八日早，自東華門行。脩廊屈曲，過小閣兩重，皆垂畫簾。復轉一小閣，前臨清池，中有假山。上坐杌子，再拜起居訖，蒙奬諭云：「前日，朕未曾宣諭卿以國書之意，而卿能道朕心中事，可謂大才。」袖出范成大所携虜主回書云：「九月日，叔大金皇帝致書於姪宋皇帝：和約再成，界河山而如舊；緘音遽至，指鞏、洛以爲言。援曩時無用之文，瀆今日既盟之好。既云廢祀，欲伸追遠之懷；止可奉遷，即候刻期之報。至若未歸之旅櫬，亦當並發於行塗。抑聞附請之辭，欲變受書之禮。出於率易，要以必從，於尊卑之分何如，顧信誓之堅安在？事當審慮，邦可孚休。方屆霜嚴，善綏福履。今因資政殿大學士范成大等回，專附書奉答。不宣。」捧讀數過，奏云：「臣初不知彼專説陵寢，刻期候報，今止及受書，竊恐未安。」上曰：「難爲辭。」奏云：「以太上皇高年未敢遷奉答之，如何？」上不以爲然。又奏：「容臣别作意度，來日擬進。」退詣都堂，上已批降前稿付二府矣。於是改書曰：「比致祈懇，旋勤誨緘。欲重遺於韜車，恐復煩於舍館。惟列聖久安之陵寢，既難一旦而輒遷，則靖康未返之衣冠，詎敢先期而獨請？載披諄諭之旨，詳及受書之儀。蓋今叔姪之情親，與昔尊卑之體異，敢因慶禮，薦布忱詞，尚冀允從，式符企望。今賀生辰國信使副翰林學士趙雄、泉州觀察使趙伯驌行，謹再拜奉書，不宣。」二十九日録進，三十日宿衛，加上德壽宫尊號册寶於麗正門待漏院，宰執在皇城司招往諭旨，令削去陵寢衣冠一聯，雖具言其不可，弗聽也。七年正月十二日，雄等出門。十七日，丞相忽召至都堂云：「虜果移文問二事曷爲無答〔三〕，甚悔不用前説。」答云：「幸彼問差蚤，度雄尚可及，宜亟易書馳遣，而檄對境云，所問已有書附賀生辰使者矣。仍當録本附雄，毋如慶曆中不使富弼知書意也。」二府大以爲然，奏行之，追及雄等於盱眙。虜自此亦無辭。秘書少監兼權直學士院臣周某謹記。

皇太子領臨安尹御筆并御批詔草跋

乾道七年四月甲子，詔皇太子兼判臨安府，用至道故事也。或謂當以大中大夫爲判官通領府事，恐名稱未正，遂議改尹而以侍從爲少尹，通判、推官用卿監郎官。丁卯，將鎖院降麻，或又疑宣麻給告非待儲貳之禮。己巳，後省官、禮官會議於史院，檢照唐太宗征遼命太子監國及文帝命太子受諸司啓事，或詔或制，與尋常白麻不同，可以爲則。上然之。庚午，臣當日被宣，中書舍人范成大先以侍講遞宿，蒼黄而出，薄莫至玉堂。御藥李某持御筆「皇太子某宜領臨安尹」總二十字，有御押焉。三鼓進草，

〔一〕「詔」字下，明澹生堂鈔本、四庫本有「差」字。
〔二〕蚤：原作「密」，據明澹生堂鈔本、四庫本改。
〔三〕答：明澹生堂鈔本、四庫本作「報」。

又擬格式一道〔一〕，御批並依。辛未遂告大廷。惟此盛典，號爲稀闊，而臣適以史官備討論，詞臣參潤色，復得宸翰寶藏於家，非儒生之榮遇乎？秘書少監、兼權學士院、兼國史院編修官、兼實録院檢討官臣周某謹記。

王炎除樞密使御筆跋

乾道七年七月二十六日，國忌假。薄莫，快行忽宣鎖。既至院，御藥甘澤賫御札來，除王炎爲樞密使，依舊宣撫；又出方寸紙，載和將帥、足財用及招軍買馬等事。傳旨云：晚不及召對，令諭褒用炎之意。澤退，吏匆匆擬熟狀進入。徐念向來未有中大夫爲樞密使者，别具奏乞轉大中，奉御批依，不然遂失故事矣。初，炎與宰相虞允文不相能，屢乞罷歸。允文薦權吏部侍郎王之奇爲代，議除待制充四川制置使。允文欲進雜學士〔二〕，上疑大超躐。此月十三日，乃先除王之奇侍郎，上猶難之，嘗令學士院取侍從入蜀例，俱無以對。暨宣炎制，宰相以下皆莫測云。新除權尚書禮部侍郎、兼權直學士院、兼同修國史、兼實録院同修撰臣周某謹記。

改左右丞相御筆并御批詔草録跋

乾道七年十二月辛酉，有旨以僕射之名不正，欲採周、漢舊制改左右丞相，令有司討論。臣適備數史院，與聞其議。右揆虞允文深不以爲然，嘗語客云：「既易履爲靴，又改相名，與虜奚辨？」有司知其意，亦頗遲遲，但條具歷代宰相官稱申尚書省。八年正月己卯，上忽遣中使王某至臣私第傳旨問緣故〔三〕，回奏云：「昨日上尚書矣。」允文始以進呈。二月癸卯，御筆令草詔，登時封入。迫遽，殊不工。尋奉御批依，即寫大本請寶。乙巳，御前誤用答臣僚辭免不允詔例復付學士院，亟具奏繳進，乞降付中書門下省。後五日，遂鎖院拜二相〔四〕。

上初留《乾道新書》未頒，欲候改丞相倂入雜壓〔五〕。允文難之，聞上嘗遣人諭以毋阻遏此事。蓋自左揆陳俊卿去國，允文獨相，久之言恢復寖不驗，且以專政稍失衆心。或謂上欲進梁克家，故爲是舉云。權尚書禮部侍郎、兼直學士院、兼同修國史、兼實録院同修撰臣周某謹記。

虞允文梁克家拜相御筆跋

乾道八年二月庚戌，從駕過德壽宮。既歸，得旨申時赴東華門，祇候宣引。至則聞有内宴，或云恐改日，然不敢退。酉後忽引入選德殿，起居畢，上出親札一幅，諭以拜二相。奏云：「命

〔一〕道：明澹生堂鈔本、四庫本作「通」。
〔二〕雜：明澹生堂鈔本作「之奇」。
〔三〕緣：明澹生堂鈔本、四庫本作「緩」。
〔四〕「相」下，原刻校云：「張本有註『詳見拜相御筆跋』七字。」按明澹生堂鈔本、四庫本亦有此七字注文。
〔五〕候：原刻校云：「張本作『俟』。」按明澹生堂鈔本、四庫本亦作「俟」。「相」下，原刻校云：「張本有『官』字。」

相轉官，前例固不一，今並命而或三或四，更取聖裁。」上曰：「大臣同心輔政，革苟且之弊，故褒進之。然特進一官即少保，所以允文只三官。」又請訓戒大指，上再三曰：「褒之而已。」前設小案，伸紙其上，壓以牙尺，漆匣盛小歙硯，玉格置筆兩枝，墨一笏，疑便坐所御者。遂鞠躬書除目進呈(一)，奏問：「兼樞密使否？」上曰：「今樞密亦非古，先改丞相稱呼，將來別理會，且帶可也。」又奏所領書局，上曰：「卿自契勘。」又及左右相序位，上曰：「欲升在三少之上，三公之下。」賜坐。奏問：「賀正使回，虜中無他否？」上曰：「無事，但聞築黄河隄耳。」逮閤請起，宣坐賜茶，飲訖再拜而退。御藥李彦直同自複道入學士院，已秉燭矣。舊例草后妃、宰相制皆有錫賚，紹興以來就賜御前所用金硯匣、筆格(二)、鎮紙、糊筒、粘板等；後既不設此，乃謂打造不及，金百兩代之，殆減半也。凡鎖院若中書進熟(三)，則隨事云鎖某房(四)。日欲晡，快行數十輩絡繹宣當直官。遇大除拜，臨時特旨宣召，上帽帶御別殿面命之，俗呼鎖小殿子。今日上特秘其事，不用宣鎖之制，院吏侵夜關閤門，閤門移御史臺報百官聽麻。雖虞允文亦謂用新制改官名爾。明日雙制出，始大駭，且疑學士多轉梁克家一官，爲有所抑揚云。權尚書禮部侍郎、兼權直學士院、兼侍講、兼同修國史、兼實録院修撰臣周某謹記。

幸學詔御筆跋

淳熙四年二月辛未，奉御筆如右。前一聯「大哉王言」也，後四字「毋固毋我」也(五)。試尚書吏部侍郎兼直學士院臣周某謹記。

御書白居易詩跋

右唐白居易太和八年以太子賓客分司東都，賦《飽食閑坐詩》一首。淳熙五年，皇帝親御翰墨，下臣拜受而寶藏之。謹按居易先以長慶二年過漢江(六)，賦詩云：「秋水淅紅稻，朝煙烹白鱗。」今復云：「紅粒陸渾稻，白鱗伊水魴。」蓋於一飲食間默寓忠愛不忘君之意，所謂造次必於是者。時文宗雖恭儉儒雅，而中人之禍已萌。其云：「朝廷重經術，草澤搜賢良。」殆譏不能用劉蕡也。又云：「堯、舜求理切，夔、龍啓沃忙。」言上雖鋭意於治，而王涯輩爲相非徒無益也。又云：「懷才抱智者，無不走逴逴。」指李訓、鄭注等也。明年而甘露之亂果作，居易其知幾乎！生雖不逢其時(七)，孰知三百餘載之後，乃遭遇聖明，發揮其語，光榮多矣。臣叨陪近侍，獲此宸奎，敬題卷末，以示來裔。翰林學士臣周某謹記。

(一) 進：原作「前」，據明澹生堂鈔本、四庫本改。
(二) 筆格：明澹生堂鈔本、四庫本作「硯格」。
(三) 「熟」字下，四庫本有「狀」字。
(四) 房：明澹生堂鈔本、四庫本無。
(五) 四：原作「八」，據四庫本改。
(六) 二：原刻校云：「別本作『三』，誤。」
(七) 生：原無，據明澹生堂鈔本、四庫本補。

後七年，當淳熙乙巳歲四月戊辰，臣某稽首重觀於西府。

御書蘇軾和唐人惠山泉詩跋

右蘇軾元豐二年自徐州移守湖州，道由惠山，和唐人三詩。皇帝書其首篇，臣敬寶藏之。淳熙七年四月一日，吏部尚書、兼翰林學士承旨、兼侍讀、兼太子詹事、兼同修國史臣周某謹記。

御筆掌記跋

上勤勞萬幾，每臨朝以方寸紙作掌記，微偃兩傍而中摺之，置在御手，若内殿，則留香案上。三省、密院各奏事畢，即視所記一一宣諭，已乃收之，率以爲常。淳熙十一年八月七日後殿坐，親以此紙授臣。蓋記陳有功、顯大舉、趙善誦三人姓名，字畫頗類御筆，以小楷不能深辨。玉音云：「此是去年臣僚薦可爲奉使、接送伴副使者，卿選擇誰可？」又問：「劉端仁、姜特立如何？」臣奏：「皆其選也。」退而寶藏於家。樞密使臣某謹記〔一〕。

光宗皇帝東宮秋雨詩跋

淳熙五年八月四日〔二〕，東宮講畢，袖出御製《新秋雨過書懷詩》一篇。六日，又蒙送示和章，詞翰雙美，光照蔀室。垂索斐句〔三〕，輒附於後。某恭題〔四〕。

御批辭免兵部侍郎不允奏跋〔五〕

右辭免兵部侍郎奏，其云「灼見肺肝〔六〕」，蓋聖語也。御批降詔不允，翰林學士王淮撰文。正本藏篋中〔七〕，別令書待詔鄭漢卿録於後〔八〕。寫奏者待詔睢榮祖。淳熙二年閏九月，臣某謹記〔九〕。

内批辭免侍讀不允奏跋〔一〇〕

右手書辭免兼侍讀奏，内批降詔不允，權中書舍人程大昌視草。既以真本藏制書篋中，復令學士院待詔鄭漢卿録本於此。淳熙二年閏九月十五日，臣某謹記。

〔一〕「臣」下，四庫本有「周」字。
〔二〕五年：明澹生堂鈔本、四庫本作「四年」。
〔三〕斐：原作「菲」，據四庫本改。
〔四〕「某」上，四庫本有「周」字。
〔五〕此標題，明澹生堂鈔本作「孝宗皇帝御批辭免奏題跋」，四庫本作「孝宗皇帝御批請奏題跋」。
〔六〕肝：明澹生堂鈔本、四庫本作「腑」。
〔七〕本：原作「文」，據明澹生堂鈔本、四庫本改。
〔八〕書：原無，據明澹生堂鈔本、四庫本補。
〔九〕臣：原無，據明澹生堂鈔本、四庫本補。
〔一〇〕讀：明澹生堂鈔本、四庫本作「講」。

御批辭免兼太子詹事降詔不允奏跋

淳熙二年秋，太子詹事沈樞罷，王淮尋入西府。衆謂吏部侍郎趙粹中舊爲宫僚，兼權中書舍人程大昌乃恭邸講讀官，宜在此選。而臣猥以小司馬蒙恩承乏，亟具奏控免，其云「英望舊僚」實指二人。上親批「降詔不允」四字。時翰苑無他官，例下西掖視草，於是大昌用綺里事對李勣，蓋相酬答也。原詔寶藏篋中，別令待詔鄭漢卿録本附辭免之後，其奏亦院吏閻端朝所書。敬加褾飾，傳示子孫。十一月旦，臣某謹記。

内批辭免經修太上日曆轉官不允奏跋

淳熙三年

右辭免經修太上日曆轉官奏，内批降詔不允。詔文權直學士院程叔達撰。既藏正本，復令待詔錢滋别録於此。寫奏者，筆吏吴旼也〔一〕。三月二十七日，臣某謹記〔二〕。

御批辭免内翰不允并詔書跋

淳熙四年

右辭免内翰奏，上親批降詔不允。詔書程叔達撰文，并以謝宣召表稿附其後。六月既望，臣周某謹記。

御批丐祠不允奏并詔書跋

淳熙五年五月請對丐外，上恩不允。閏六月繼請，又不允。會諫議大夫謝廓然乞令朝士久次者聽更迭補外，於是吏部尚書韓元吉、侍郎李椿相繼得請。或謂臣汙朝最久，廓然未必不相及，既袖札子面奏，即蒙宣諭云：「無人譖卿。元吉以老，李椿以病，乃許其去，卿何預此？況諫疏亦非謂侍從也。卿奏便批降詔不允，毋得再請。」其餘奬勞之語不復具載。敬以御筆及中書舍人王希吕所草詔書軸藏於家。九月三日，臣某謹記。

内批辭免幸秘書省轉官不允奏并詔書跋

右淳熙五年九月，同史院官程大昌等四人辭免車駕幸秘書省轉官奏，内批降詔不允。陳騤、芮輝官品未至，直批不允而已。時翰苑無他官，例付中書後省，於是權舍人鄭丙實視詔草。臣既寶藏而軸之，命院吏録批語諮報三省。札下，臣騤及臣輝俾有所被受〔三〕，蓋一時綿蕝也。十月旦，臣某謹記。

〔一〕旼：明澹生堂鈔本作「牧」。
〔二〕謹：原無，據四庫本補。
〔三〕及：四庫本無。明澹生堂鈔本作「已」，當誤。

内批辭免春官兼翰苑不允奏并詔書跋

淳熙五年

右辭免春卿兼翰苑奏，内批降詔不允。院官崔敦詩視草。十二月六日，臣某謹記。

御批丐祠不允奏并詔書跋

淳熙五年冬，臣爲學士一年有半矣。數求去，未遂。曾覿、韓彦古輩間言日聞，因答北虜賀會慶節國書，曲意指摘。適殿帥王友直捉軍大擾，密疏其事，貴近滋不悦，孤蹤益危，急援楊億鄰壤事引咎丐祠〔一〕。而上恩過厚，保全甚力，御筆塗去誤改國書等六十餘字，親批降詔不允，不得再有陳請。他侍從殆無此禮，以是不敢復言。旋被奬擢，進位宗伯，視草如故，蓋異數也。今以宸翰同崔敦詩所撰詔書共爲一軸，而識曲折於後。十二月七日，臣某謹記。

内批辭免經修乾道日曆轉官不允奏跋

右辭免經修聖上日曆轉官不允詔，權直院崔敦詩撰，待詔王世賢寫，其奏乃筆吏曹大亨書。淳熙六年四月五日，臣某謹記。

内批辭免東宮講禮記徹章轉官奏跋

淳熙六年

右辭免東宮講《禮記》徹章轉官奏〔二〕，内批降詔不允。今以權直院崔敦詩所作詔草附其後，使子孫識玉堂詞頭之一。其寫奏乃筆吏俞允迪也。六月一日，臣某謹記〔三〕。

内批辭免吏部尚書兼學士承旨兩奏跋

右淳熙六年冬辭免吏部尚書者一，辭免兼學士承旨者再，兩奉内批降詔不允。其詔并崔敦詩草，各附真本於後。上批第三奏云：「朕已降詔不允，不得再有陳請。」徑付三省，亦録堂帖於此。明年三月手奏〔四〕，乞依舊分日内直，上親批十一字，今共爲一軸寶藏之。三月旦，臣某謹記。

御批丐祠不允兩奏并詔書跋

淳熙六年九月，宗祀禮成，即請對丐祠。上頗露大用之意，親批「降詔不允」四字。詔中書舍人鄭丙撰，待詔睢榮祖寫。中外不

〔一〕急：明澹生堂鈔本、四庫本作「亟」。
〔二〕轉官：原無，文意不通，今據本文標題補。
〔三〕謹：原無，據四庫本補。
〔四〕三月：明澹生堂鈔本、四庫本作「二月」。

相悦者，故漏密旨而誦言之。是冬遂徙吏部尚書，明年夏擢參大政，權要近習絶無知者，蓋上察其姦也。第二奏又有御批十二字，乃取諸省中，附卷末。七年六月一日，臣某謹記。

御批辭免吏尚兼承旨等奏跋

淳熙五年五月四日，對清華閣，丐外。上曰：「内翰未可去，方將擢用，宜薦卿監郎官能文者相代。」且令撰《選德殿記》。至閏六月記成，十四日呈進於倚桂閣〔一〕。上再三稱善，遂出求去劄子。上曰：「屢令卿薦一兩人能文者，此亦何嫌？」尋御筆降詔不允。詔中書舍人陳騤撰，待詔王世賢寫。是月末，偶吐痢交作，又微聞言官謝廓然相忌〔二〕。七月二日，復入奏申前請，上又親批十二字付外。後二年入中書，得以案底附卷尾，非特寶藏宸奎，亦使子孫知恩遇優渥如此，相勉圖報云。七年六月十日，臣某謹記。

御批丐祠不允兩奏跋

淳熙七年四月，臣以病求去，上親批降詔不允。視草者，學士院官趙彦中也。既拜賜，復具奏申前請。上又批：「朕已降詔不允〔三〕，不得再有陳請。」奏下三省，中書批旨謄本，丞相趙雄、參知政事錢良臣押字於歲月之下，用中書省印，舍人鄭丙押其背。録以黄紙，用門下省印，謂之録黄。宰執給舍皆簽名，然後送尚書省出札子。其次序如此。後一月，臣蒙被恩擢，參豫政機。既取原奏於翰苑，附以詔書，又取第二奏及底本於中書，聯爲一軸，非特寶藏宸奎，亦使子孫識省中文移之大略云。六月二十有五日，臣某謹記。

淳熙癸卯生日御筆跋

右淳熙癸卯受生日牲餼文書一軸，首以宸翰，而詔書次之，趙彦中草。賜目又次之，用錫賜之寶。併録謝表於後。例以生日五更投進。先是夏旱，七月十一日，侍講李燾進故事，乞避殿損膳求直言。十二日，上諭三省，令降旨如故事。丞相奏：「恐合降詔，臣等亦欲待罪郊外。」上令召學士院官趙彦中草詔，仍許侍從等實封言事。十三日四鼓，宰執分詣天地、社稷、宮觀禱雨。禮畢，赴後殿起居，從駕過德壽宮回，並出浙江亭〔四〕。有頃，中使宣押歸第。次日歇泊不坐，例入局治事。私念於理未安，約丞相再奏乞罷黜。而賤生之日適在既望，當賜牲餼，方此引愆，亦難下拜，乃別入奏控免，仍報天章閣勿排辦。十四日，中使復宣押入堂，具御批十六字於免奏之後。於是天章閣奏：「審依式前一日賜，今已日晚。」上令就來早。十五日辰時，内侍鄭懷持詔來，蓋新儀也。既拜賜於階下，與懷同升廳搢笏，拱讀詔書及賜目

〔一〕呈：原無，據明澹生堂鈔本、四庫本補。
〔二〕又：原無，據明澹生堂鈔本、四庫本補。
〔三〕朕：明澹生堂鈔本作「依」。
〔四〕浙：原作「淛」，據明澹生堂鈔本、四庫本改。

訖，就坐，茶湯如常，送懷錢十五千，從人三千，取旨收受〔一〕。本閣使臣、庫子、快行各支錢酒有差。翰苑舊例，撰生日詔，止畫進呈之日〔二〕，往往與文不應〔三〕。昨自蒙恩直院，即奏云：「詔雖前期進草，其畫日欲隨生日。」得旨從之，遂爲定例。因詳載於此。臣周必大謹記〔四〕。

〔一〕收：明澹生堂鈔本、四庫本作「乃」。
〔二〕句首原有一「上」字，據明澹生堂鈔本、四庫本删。
〔三〕「應」上，明澹生堂鈔本、四庫本有「相」字。
〔四〕原刻文末校云：「案：知聖道齋本以淳熙五年九月三日御批丐祠不允奏並詔書跋、內批辭免幸秘書轉官不允奏並詔書跋、內批辭免春官翰苑不允奏並詔書跋三首，列於淳熙癸卯生日御筆跋之後，以年月考之，殊不合，今從翰院本編次。」

廬陵周益國文忠公集卷一五

省齋文稿卷一五

題跋 二

家藏法帖書畫碑刻〔一〕

題後省封事看詳

紹興壬午秋，上新即位，詔求直言。四方封事沓至，或留中，或付後省看詳。時中書舍人劉珙出使，某與給事中金安節、舍人唐文若晝夜分閲，次第上三省。而省吏以逐房事有所主〔二〕，互相避免，不即以聞。九月，有温州潘生投匭，言前所上書，有司不爲施行。御筆督責甚峻，是月十八日也。翌日，某約安節、文若携此稿就漏舍白執政，欲少逭蔽抑之罪。執政遂袖至榻前。某是日立左螭，望見御手開閲數四，天顔甚悦。退朝赴講筵，安節留身頓首謝。上曰：「早來執政已詳言，非卿等過也。」後三年歲在乙酉，翻故書見此，敬題其後而不敢毁，所以尊御覽也〔三〕。正月一日〔四〕。潘生恐名天覺〔五〕。

題夜光集

予以丁丑拜命分教金陵，庚辰春入官學省。凡三年間書啓往復與夫士友相遺者皆聚此編，示不敢忽也。

題秦少游瑤池宴

少游所書《瑤池宴》，蘇易簡詞也，事載《冷齋夜話》。《湘中野録》止有數句，亦與此不同〔六〕。乾道辛卯九月十七日，周某子充題。後四年，令工鄭源重裝。時再掌内制，故用翰苑印識之。淳熙乙未十月旦，某謹記。

跋詛楚文

右《詛楚文》，待制董公守邠日辨證刻石。先公時爲州學教

〔一〕家藏法帖書畫碑刻：原無，據明澹生堂鈔本、四庫本補。
〔二〕而省：原無，據明澹生堂鈔本、四庫本補。
〔三〕覽：四庫本作「筆」。
〔四〕正：明澹生堂鈔本、四庫本作「五」。
〔五〕「覺」字後，明澹生堂鈔本、四庫本亦有「者」字。
〔六〕亦：明澹生堂鈔本、四庫本作「恐」。

授，實爲書册。後四十年，得副墨於董公之子弇[一]，今又十年矣。按此文六一先生《集古録》、趙氏《金石録》、方氏《泊宅編》皆爲之説，而嚴陵、延平各有别本。今特以先公手澤在焉，故重刻之，蓋爲家塾之寶也。淳熙元年甲午七月十九日，嗣子某題[二]。

家塾所刻六一先生墨蹟跋十首[三]

試筆

世傳文忠公《試筆》，自《説硯》而下凡數十紙，有元祐四年九月東坡蘇公跋，此最後數紙也。初藏劉氏，後歸王晉卿，今復還歐陽氏，餘不知何之矣。公薨於熙寧五年，距元豐屬纊，其遺墨已爲諸公珍愛如此，況百世之下乎。淳熙甲午十月二十八日，某書。

唐贊草

右藏郡人會昌尉羅良弼家。良弼字長卿，博雅士。

録徐嶠書

右藏郡人安遠令曾耑家。「試察」之下尚有「孟羕」二字，餘皆漫滅，不知與何人帖也。

會食帖

右爲帖不竟，豈筆誤别書，抑意倦遂止也？

誨學帖

右因友人胡公武而得之。世有《歐陽兖公别集》二十卷，自志學至夢奠，《詩》、《書》、雜説之類，文集所略者舉集焉，而亦不及此，乃知遺書散軼多矣，惜哉！

小草古詩賦

右藏思仲之子將作監丞當世所。或脱字弗補，或衍字弗塗，或意未愜重書，悉仍其舊。

臨小草洛神賦

右臨率更所書《洛神賦》，僅存其半，某寶藏之[四]。王子敬好寫此賦，决非一本，此殆率更臨本耶[五]？比近世所刊字畫差瘦小云。

家藏小草洛神賦 不曾入石

錢穆父謂王子敬草書《洛神賦》在范堯夫、王晉卿、范中濟三家，元祐末合而摹藏之，遂以入石。今歐陽文忠公所臨四百八

[一] 弇：原刻校云：「别本作『弇』，又改作『發』。」按四庫本作「發」。
[二] 「某」字下，四庫本有「謹」字。
[三] 刻：四庫本作「藏」。
[四] 「某」字下，明澹生堂鈔本、四庫本有「實」字。
[五] 臨：原作「師」，據明澹生堂鈔本、四庫本改。

十五字，題云歐陽詢書，或乃以穆父所聚即率更筆，未知孰是？予不識書，特以人之賢而寶藏之耳。按歐陽氏家譜，文忠蓋率更二十代孫，是固一家也。紙背乃晏元獻行狀，當時求銘於公者。淳熙二年十月一日，東里周某記〔一〕。

家書

右與伯和家書，蓋熙寧四年守蔡時也。後兩月而公歸矣。今藏玄孫儒林郎雋所。

前漢五器銘

六一堂《集古録》千卷，卷爲一通，褾以緗紙，束以縹帶，揭帙次於外，列名物於首，而繫考證於後，銜幅皆用名印，其精謹如此。靖康間，公諸孫避難南行，不能盡載，乃取遺澤而棄舊刻。此五銘者總爲一軸，首尾獨備，又皆前漢昭、宣時字畫。跋誤以始元爲宣帝年號〔二〕。公得之頗難，愛之甚至，且以劉斐手書附其中。今併刻之，不特使後世識其全編體製，抑亦成公遺志也與！五鳳、黄龍三器字極小，甬銘雖大而瘦勁。刻銅既不能深，歲久印染復黝昧。熟視之，前銘「容十」之下但晦「斗」字，與後銘同，亦髣髴可辨，蓋不必均以四字爲行也。

總跋自刻六一帖

歐陽公道德文章，百世之師表也，而翰墨不傳於故鄉，非闕典與？某不佞，好公之書而無聚之力，聞有藏其尺牘斷稿者，輒假而摹之石。多寡既未可計，則先後莫得而次也。昔公爲《集古録》，上起周穆，下迄五代，雖仙釋詭怪平時力闢而不語者，苟一字畫可取，一事迹可記，莫不咸在。既軸而藏之，又從而發揚之，惟恐其泯没無聞於世。嗚呼，公之存心可謂仁也已矣！老子曰：「其事好還。」天殆啓予衷哉！不然，以公心畫之妙，宜冶金伐石，布之四方久矣，而予何足以與此。

題六一先生丁憂居潁帖

右六一先生丁母憂居潁時兩帖。故人宋蕪湖似知予方刻先生遺墨〔三〕，特以相寄。按蘇子容丞相傳爲南京留守推官，歐陽修以府政委之，曰：「子處事精審，一經閲覽，修不復省矣。」則前帖遺蘇無疑，後帖與知縣寺丞，不可考也。先生母夫人實歸祔吉州永豐縣瀧岡阡，潁西之地未嘗用云。淳熙己亥十月十四日。

右歐陽文忠公丁母憂居潁時二帖〔四〕。文忠嘗留守南京，蘇丞相實爲推官。予初得前帖，固疑遺蘇公者。會蘇公曾孫玭相過，見而嘆曰：「吾家青氈耶！尚有《秋寒帖》，事詞與此相貫。」他日并二跋携以示予，然副墨耳，不若予有此真蹟也。因録置卷

〔一〕里：原作「昌」，據明澹生堂鈔本、四庫本改。
〔二〕始元：原作「元始」，據明澹生堂鈔本、四庫本乙。
〔三〕宋：明澹生堂鈔本、四庫本作「朱」。
〔四〕明澹生堂鈔本「右歐陽文忠公」句前有標題「又」。

尾，以著夫賓主之賢焉。樂安者，文忠所封郡也。後一帖與知縣寺丞，不知何人。按文忠母夫人歸祔吉州永豐縣瀧岡阡，其言潁西地，蓋未嘗用也。淳熙七年歲在庚子二月二十四日，周某子充題於摛文堂〔一〕。

先公己亥年既題居潁帖，其後庚子年再得蘇氏秋寒帖副墨并蘇丞相二跋，遂改初本，方崧卿已刻於六一帖第三卷。今以舊稿手澤具在，故兩存之。綸謹書

題六一先生九帖

右文忠公九帖，皆與其姻戚者。宣和後，簡板盛行〔二〕，日趨簡便，親舊往來之帖遂少。使前輩時已如此，安得翰墨流傳百世耶！淳熙辛丑季春五日，周某題。

題六一先生與王深甫帖

右同年史志道送歐陽公帖一紙。深甫，必王回也。淳熙庚子二月二十九日，周某子充。

淳熙十五年四月二十八日觀舊題，轉燭八年，而史志道墓木已拱，太息久之。

題六一先生五代史稿

右歐陽文忠公《五代・梁史》斷稿九頁，其玄孫偰欲以相遺。予曰：「陳遵，俠徒也，其書人猶藏弆，況文忠翰墨乎？雖然，在子孫則爲手澤，世當寶之，他人得傳玩足矣。」偰曰：「偰無子，群從又多流落，謀食之不暇，且已揉壞如此，終當棄之耳。」予既悲其言〔三〕，爲加緝治而題其後。淳熙十年二月五日，周某書〔四〕。

跋六一先生詩文稿

右六一先生詩文稿二副，其玄孫休自四明携以相遺。休尋卧病旅邸，予贐之使歸，至家而歿。此帖遂留予家。

題六一先生夜宿中書東閣詩

右歐陽公嘉祐八年冬末詩。按昭陵以是年春晏駕，十月復土。時厚陵再屬疾，兩宫情意未通，故有「攀髯路斷，憂國心危」之句云。淳熙乙巳春，某謹記。

題録神宗出閣指揮

右兩行原在歐陽詩稿之陰，殆中書所録指揮。蓋神宗以是年

〔一〕周某子充：明澹生堂鈔本、四庫本作「東里周某」。
〔二〕簡：原刻校云：「別本作『用』。」
〔三〕予：原無，據明澹生堂鈔本、四庫本補。
〔四〕「周」字前，明澹生堂鈔本、四庫本有「東里」二字。

九月封淮陽郡王，改賜今名，十二月乙亥出閤，正當時事也。淳熙乙巳春，某謹記。

題六一先生家書紙背猪肉帖

右熙寧三年春歐陽文忠公家書一通，蓋其仲子下第時也。前二年，公方自亳帥青，故戒以勿令入城。所謂黎君，即州學教授，公集中嘗贈答三詩者。曹不知何人，其舊吏或邦人之賢者與？紙背乃壽光邑官光潁謝書，偶無其姓。壽光，青屬邑。公職帶觀文，官爲兵書，屬吏捨職呼官，又不稱在朝前銜，當時大率不以爲簡也。所送纔猪肉斤餘，非上丁分胙則例册如此。前雖翦去，度不過尊酒之類，豈敢如近歲公違甲令，上下以貨泉爲禮耶！以狀易牒，蓋自元豐四年十一月改行公式，士大夫亦改之云。見司馬氏《書儀》第一卷注〔一〕。淳熙十二年十月十一日，東里周某書〔二〕。

題六一先生慰富文忠公書稿

右歐陽公書稿，必是與富文忠公者。富公以嘉祐六年三月丁憂〔三〕，歐公方爲副樞，是年閏八月遷參政，至明年正月則入東府，恰半年，與書詞正相應。或疑京洛密邇，何爲經歲方遺慰疏。蓋仁宗本虛首相起富公，公懇辭甚力，閏月方許終喪。韓忠獻公遂拜昭文，而歐公亦遞遷，又數月然後發此書爾。淳熙戊申三月二十九日，某題。

題呂吉甫帖

白樂天持心忠厚，安肯幸時宰之禍？識者讀詩便知真僞，不待考歲月先後也。呂吉甫幸災乃爾，於温文正公何損，直自罵耳，其視樂天可分顏、跖。表而出之，使觀者略窺其心術。淳熙丙申上巳。

後七年歲次癸卯十一月，太史李仁父見此帖，命其子壆題其後，考證極爲精詳。謂温公誤國者，陳瑩中矯枉之言也。某重書。

跋十賢相帖

十賢相帖，或手書，或口占，合爲一帙，思人愛嘉木之義也。淳熙三年四月三日重裝。

大父秦公考試耀州倡酬詩卷

政和乙未，大父知鄜之洛交縣，與邵、封二公同考貢士於耀州，此當時倡酬也。二公又與族伯同以大觀三年登第，故邵詩及

〔一〕一卷：原作「二卷」，據明澹生堂鈔本、四庫本改。
〔二〕東里周某書：原無，據明澹生堂鈔本、四庫本補。
〔三〕以：原無，據明澹生堂鈔本、四庫本補。

之。後十餘年，歲在己酉，大父既薨，家寓廬陵。會金寇掠地，避難於安福縣楊梅村，書篋悉寄王秀才家，亂定化爲烏有。五十年間，雖聲迹相邇，然不復致詰矣。淳熙初，某備位於朝，王氏子携之遠來，乃泣而識之。丁酉中秋日，某重裝。

淳熙丙午中秋日，某再觀於西府。王氏子名之紀。

題干禄字書

予讀開成四年湖州刺史楊漢公跋顔魯公《干禄書碑》云：「工人用爲衣食業，晝夜不息，刓缺遂多。親姪頵頃牧天台，欲移他石，資用且乏，不能克終。漢公謬懋棠陰，得以餘俸成之。」乃知唐時不敢妄用公錢如此。近世若止刊刻文字，乃是伯夷、公儀休，其他以公帑爲私帑可勝計哉！淳熙戊戌七月二十一日夜偶書。

題王荆公家書

右王荆公與和甫二書。前一幅嘉祐五年爲江東提刑時，後一幅當在熙寧末或元豐初也。卷首十字乃亡弟子柔遺跡，展讀隕涕。淳熙七年三月一日，周某子充題。

題蘇文定公批答二稿

右元祐四年，蘇文定公撰丞相以下批章二稿。首尾以「省覽」、「允許」爲兩宫之别，蓋定制也。家藏久矣，比貳夏官，適公曾孫謂爲同舍郎，出以示之，乃謂公子遲代書。熟視信然，蓋字畫太真謹爾。淳熙庚子三月乙亥講筵退，置酒學士院，與侍讀史少傅、侍講王尚書、説書崔著作同觀。某題。

跋韓魏王與包孝肅公帖

右魏忠獻王與包孝肅公帖。王慶曆八年知定州，在鎮五載，孝肅皇祐四年方自諫院出爲河北都轉運使，當是此時也。稻子細事，省費重農，委曲尚爾，則凡興利除害、實惠及民者，固應不遺餘力。撾鼓立祠，豈偶然哉！淳熙八年。

題山谷書太白詩

乾道庚寅寓直翰苑，嘗録山谷草書李太白詩，使開卷者不至惝怳。淳熙甲辰十一月十七日，復題於西府，俯仰之間已十五年矣。

題山谷書長楊賦

山谷書此賦三十年而曾紆公衮跋其後，又五十年而東里周某題於行在所〔一〕。淳熙甲辰十一月十七日。

跋初寮王左丞贈曾祖詩及竹林泉賦

大父太師與初寮先生同爲元符庚辰進士。大父任忻州法曹，其考侍曾大父太傅以行。先生調瀛州理掾，未赴而母裴夫人卒，其考孝孫宰代州之五臺縣，先生端憂侍傍。曾大父游臺回過之，先生年纔二十九，投贈古賦律詩各一篇，詞氣亹亹乎東坡，字畫駸駸乎山谷，蓋崇寧癸未歲也。後十有五年而先君莒公以文受先生之知。又七年，先生自燕山以檢校少師入爲寶籙宮使，兼侍讀。時大父倅廬陵，始刻斯文於石，系以跋語。未幾亡之，而某實藏其真蹟。紹興丙子，抱關京局，又燬於火，恫傷乃心，寤寐弗敢忘。今先生季子通直郎辟綱出示録本，捧讀恍然，如魯人之得寶玉大弓，燕人之悲晉國城社也。泣書而重刻之，庶幾副墨之子、洛誦之孫傳之乎無窮。蓋自宣和乙巳至淳熙乙巳，歲行適周，其日月又同。嗚呼，此豈人力耶，數也！十二月旦〔二〕，孫通奉大夫、樞密使、滎陽郡公某謹記，通直郎田椽填諱。

題東坡與佛印元師二帖

圜極老僧彦岑年八十坐亡於湖州道場山，留手書并以坡字寄予爲訣，時淳熙乙巳臘月二十七日也。昔佛印元師兩住金山，東坡往來數見之，嘗以玉帶衲裙相倡和，計平時書問甚多，此二帖殆元祐中所作耶。明年正月十五日，某題。

題東坡子高無雪二帖

丙午秋，有衣冠子持坡帖兩紙從小兒鬻錢，以七千官陌得之。朝士有秘書監沈虞卿、檢正尤延之殫見洽聞，因請題其後〔三〕。

題東坡遠遊庵銘二首

右吳子野《遠遊庵銘》，廬陵僧智顯頃在廣東得之富胥之家，自云傳授皆有據，寶藏數十年。淳熙丙午，住通州琅山，大病垂死，屬其徒從予易錢二十萬爲塔費。會病愈相訪，首舉是說。予笑曰：「與其死後求售，孰若生前踐言？」既歸，遂以爲寄，且謂人多指爲贋，公能識真，不暗投矣。然予亦未敢自信，以贛兄書鑑極精，走介求辨，得報云：「初看亦甚疑，反復細觀乃大佳。雖老少不同，却筆意妍緊，非名手不能爲。」然後可信不疑〔四〕。明年七月二日，某謹記。

潮州刺史毗陵張侯寄蘇文忠公與吳子野詩帖副墨數通，其第

〔一〕「東里」原作「東昌」，「所」字原無，據明澹生堂鈔本、四庫本改、補。
〔二〕旦：原作「日」，據明澹生堂鈔本、四庫本改。
〔三〕「後」字下，明澹生堂鈔本有「某題」二字。
〔四〕可：四庫本作「深」。

一帖但記《遠遊庵銘》，用龜殼蛤黎事而無其銘，豈當時未及刻耶？聞紹興初真蹟藏老胥家，坐事籍没，遂歸有力者。廬陵僧智顯久在廣東〔一〕，喜作詩，善醫術。因治病有功，宛轉得之。又數十年乃至於某，仍附公長子伯達帖於後，今摹寄侯并刻之石，使來者得寓目焉，亦璧返邯鄲，珠還合浦之意也。𩣡、黎相近，故《集韻》𩣡、黎通用也〔二〕。俗直以爲蜊〔三〕，公引《淮南子》，慮或者弗之察爾。紹熙四年正月三日〔四〕。

題東坡元祐手録

前輩云：「故事勿語子容，今事勿語君實。」蓋二公有所聞必書之册也。然當時士大夫疑以傳疑，未必皆信，後世以二公名德之重，率取法焉，記事所由異同也。今東坡書子容數説，往往與史不合。如朝廷捕斬李壹，乃云爲經略使所誅。杜祁公坐蘇增奏邸獄，及與韓、范、富公厚善，爲小人所擠，以慶曆五年正月守兖，今乃謂留蔡襄、孫甫。子容既有是説，君實亦筆之《記聞》。近歲李燾作《長編》，又雜取二説。不知去年十月襄自緣親老得守福州，且是日既同首相章得象簽書矣，祁公何懼於執中，遽焚聖語也？程琳以參貳被譴，後歷外任，方除使相，未嘗正拜，今謂之宰相，何耶？至如王鞏作《甲申録》，十事九妄。吴春卿自汝州辭疾改留臺，非因召還也，宴殿拊床，何至是哉！淳熙十五年四月一日，某題。

題五代應順年堂檢臨本

右後唐宰臣劉昫兼判三司堂檢，其内批用御前新鑄之印。予從洪景盧待制借本臨之，真贋幾不可辨。按應順元年三月戊辰，愍帝遜於衛，必以印寶自隨。四月壬申從珂入洛，乙亥即位，殆倉卒鑄此印也〔五〕。乙酉大赦改元，清泰時愍帝已殂，璽應來歸。後十餘年，晉出帝奉玉璽、金印歸契丹。契丹謂璽非工，與前史所傳異，命求真璽。出帝曰：「從珂自焚玉璽，不知所在。」疑焚之事載《晉家人傳》，所謂金印亦新鑄之類耳。本朝紹聖三年十二月，長安村民段義掘地得玉璽，正緑色，以獻於朝。蹇序辰、安惇等皆言：「此秦璽，漢以爲傳國寶〔六〕，自五代亡之，今爲時而出。」尋詔禮部、御史臺、學士院、秘書省、太常寺講求定驗，於是蔡京等奏：「考之璽文：『皇帝壽昌』，晉璽也；

〔一〕久：明澹生堂鈔本、四庫本作「又」。

〔二〕也：明澹生堂鈔本、四庫本無。

〔三〕「俗」上，明澹生堂鈔本、四庫本有「世」字。

〔四〕紹熙：原作「紹興」，據四庫本改。原刻文末校云：「按：字書𩣡、黎不相近。《集韻》𩣡、黎亦不通。至《淮南子》本文則自作合梨，《蜀志注》所引亦同，《論衡》作合蜊，蜊亦作蟍，無作黎者。疑此當作蟍棃相近，且引《集韻》。然所見各本皆然，不知别有據者。」

〔五〕也：明澹生堂鈔本、四庫本作「耶」。

〔六〕寶：原作「璽」，據明澹生堂鈔本、四庫本、《續資治通鑑長編》卷四九八改。

『受命於天』，後魏璽也；『有德者昌』，唐璽也；『惟德允昌』，石晉璽也；即出帝獻契丹者。今云『受命於天，既壽永昌』，其爲秦璽無疑。」哲宗皇帝遂以五月朔御大慶殿受寶，行朝會禮，仍降德音於諸道，改紹聖五年爲元符元年云。淳熙丙午四月辛酉，致齋龍華寺題。

題李西臺和馬侯詩

姑蘇名士朱長文謂唐餘書學廢墜，非也。時人作字尚不苟，特氣體稍卑茶耳。李西臺獨能拔乎其萃，是以古今貴之。熙、豐以後，學者爭言道德性命之理，翰墨一藝固在所忽。躐等凌節，豈惟筆法之絶乎？此可爲善學下惠者道，而難與失步邯鄲者論也。淳熙丙午七月一日孟享致齋，東里周某題〔一〕。

題閻立本列帝圖

右閻立本畫列帝圖，凡十三人。嘉祐名勝楊之美褒藏之，後入吴玕内翰家。吴氏子孫今寓贛，貧，質諸市，過期不能贖。予兄子中爲守，用錢二十萬鬻以相示。初展視，斷爛不可觸，亟以四萬錢付工李謹葺治〔二〕，乃可觀。十三人中，惟陳宣帝侍臣兩人，從者并執扇各兩人，挈輿者四人，筆勢尤奇，絹亦特敝，是閻真迹無疑。餘似經摹傳，故稍完好。自富韓公而下皆有題識，往往缺落破碎。第一跋文雖具，而年月姓名俱漫滅，賴紹聖間張勵引六一先生《戲楊直講詩》兩句，而印縫有「之美」及「四世三公之家」兩印，然後知其爲褒也。古帝王多矣，繪事必不止此，無乃後人欲獻宫禁而削其偏方不令之主，故間得流傳於世，如晉人《弔喪》、《問疾》帖耶！然漢文、光武儼然卷首，何也？文帝而曰昭文，殊不可曉，豈題者誤耶？林叔豹謂孝文廟樂曰昭德，頗似遷就。或云《載記》李壽在蜀嘗以漢王僭位，改元漢興，其死也，謚昭文帝，廟曰中宗，豈其然乎？必有能辨之者。東里周某書〔三〕。是日延和奏事退，皇太子初决庶務於議事堂，蓋淳熙十五年正月二日也〔四〕。

題司馬温公書臨本

右温文正公與劉道原手書，今藏范夢得曾孫蒙處，此綸所臨也。淳熙戊申正月十二日，某記。

題蘇子美帖臨本

歐陽公銘蘇子美，謂喜行押草書，今玉山汪季路所藏頗備此體。其間峽束巖排之詩既用杜工部句，又録《漫興》、《惜花》二絶，其愛杜至矣。俱字子美，得非司馬相如慕藺之意乎？衢本《滄浪集》改「蕭然」作「飄然」，「梁寺」作「蕭寺」，「能驅」

〔一〕 里：原作「昌」，據明澹生堂鈔本、四庫本改。
〔二〕 李謹：四庫本作「季謹」。
〔三〕 里：原作「昌」，據明澹生堂鈔本、四庫本改。
〔四〕 「是日」至「正月二日也」，原無，據明澹生堂鈔本、四庫本補。

作「聊驅」，「向城市」易「松門路」，「還自羞」易「却自羞」，蓋加潤色，比舊爲勝，世以前輩真蹟證別本〔一〕，未必盡然也。淳熙十五年二月十六日〔二〕，命小子綸臨而載之〔三〕。

題修禊帖

朝士喜藏金石刻且殫見洽聞者，莫如沈虞卿〔四〕、尤延之、王順伯，予每咨問焉。淳熙乙酉正月五日，某題。

題聳寒圖

右《聳寒圖》，紹興末在臨安西百官宅傳之陸務觀。隆興癸未秋，歸廬陵村居，戲題二小詩〔五〕，朋友多屬和者，已而爲人借去不還。淳熙己酉〔六〕，復與務觀同朝，再傳此本，命小兒録舊詩於後。某題。

再題劉子澄聳寒圖二絶句

右亡友劉子澄當時所作。紹熙三年臘月二日，子澄門人劉巘季章自廬陵送子澄遺集來，二詩在焉，因併録之。

題清虚居士真草四詩〔七〕

右王鞏定國真草四詩，故人瀘帥張悫同山谷先生《煮茶賦》遠以相示，蓋與《茶賦》跋語相連耳。紹熙元年三月十二日〔八〕，某題。

題龐莊敏公帖

右龐公與劉沖之帖。按沖之以皇祐三年三月自開封除參知政事〔九〕，而龐公是年十月由樞密使拜昭文相，五年七月坐趙清貺事爲言者所誣，罷守鄆州，故有「同政府行及二年」之語。紹熙辛亥五月三日〔一〇〕，某題。

〔一〕真蹟：原無，據明澹生堂鈔本、四庫本補。
〔二〕二月十六日：明澹生堂鈔本、四庫本作「三月六日」。
〔三〕載：明澹生堂鈔本、四庫本作「藏」。
〔四〕虞：原作「愚」，據明澹生堂鈔本、四庫本改。
〔五〕小詩：明澹生堂鈔本作「首時」，則「時」當屬下讀。
〔六〕己：原作「乙」，據四庫本改。
〔七〕四詩：明澹生堂鈔本作「四帖」，下同。
〔八〕紹熙：原作「紹興」，據明澹生堂鈔本、四庫本改。
〔九〕三年：原作「二年」，據四庫本、《宋史》卷一二《仁宗紀》改。
〔一〇〕紹熙：原作「紹興」，據明澹生堂鈔本、四庫本改。

廬陵周益國文忠公集卷一六

省齋文稿卷一六

題跋 三

跋劉仲威蘭亭叙

晉人風度不凡，於書亦然，右軍又晉人之龍鳳也。觀其鋒藏勢逸，如萬兵銜枚，申令素定[一]，摧堅陷陣，初不勞力。蓋胸中自無滯礙，故形於外者乃爾，非但積學可致也。昔梁昭明以一語不中，廢此《叙》而不録，後世因以「絲竹管絃」爲重複之病，至齊、梁小兒僞妄之作，則信而不疑。是蓋以微瑕棄玉，而以玉表重珉也。唐太宗親傳《晉史》，備載詩文，豈無意耶？雖然，翰墨如此，閱千百載，終當輝映學海。後之覽者亦將有感於此，固右軍期望於士大夫之志也，故吾樂爲仲威言之。紹興乙亥九月二十七日書。

跋周德友所藏蘇養直詩帖

後湖居士歌詩清腴，蓋江西之派別；而字畫健逸，又老坡之苗裔也。吾宗德友丈寶其遺墨，殆且百紙，可謂富矣。僕生也後，不及從居士游。今以德友數十年染指之勤，一旦得大嚼焉，正使親見揚子雲，所獲未必如是之富也。欣玩彌日，拱揖不暇，姑識歲月而歸之。紹興戊寅十二月既望。

跋宋景文公墨蹟

柳子厚作司馬、刺史詞章，殆極其妙，後世益信「窮人詩乃工」之説。常山景文公出藩入從，終身榮路，而述懷感事之作，徑逼子厚。《贈楊憑》等詩，自非機杼既殊，經緯又至，安能底此！殆未可以窮達論也。紹興三十年二月二十一日。

外祖母淑國夫人[二]，元憲公之孫也。家世鼎貴，而學道甚切，平居遠紛華，臨終不怛化。某爲兒童時所見如此，今讀兩公家問，其相與論夢幻，輕外物至矣，乃知淑國淵源，蓋有所自。紹興三十年十二月二十一日[三]。

跋劉子澄曾祖帖

大中大夫劉斆思父，與原父、貢父兄弟也。少嘗令桐廬，元

[一] 申令：原作「甲令」，據明澹生堂鈔本、四庫本改。
[二] 淑國夫人：原作「衛國夫人」，據明澹生堂鈔本、四庫本、本書卷一八二《記先夫人損壽》改。下同
[三] 原刻文末校云：「案：此跋前本有跋宋元憲公墨蹟題目，檢前總目，原無此題，當與前跋同題。編者見有元憲公云云，故誤贅耳。」

豐庚申復來守睦。歲久事逸，而邦人猶能頌其清白，董氏《圖經》實載之。紹興壬午，其曾孫左迪功郎靖之得李尚書公擇帖，將刻石烏龍山中。公擇仕久且顯，其薨也，甥黃魯直爲哀賻贈，貿所服帶，僅能經紀家事。平生清白，身後益見清白，所以修身也，身修則無不治矣，思父真公擇之友哉！是宜特書，使來者知爲吏之本。

柴翼秀才著書求跋語

三衢柴鴻舉著《易索隱》若干卷，《芻言》四卷，可謂勤且博矣。夫談禪不必病戒律，用兵不必廢行伍。講解會粹之學，有功於道豈少哉？子夏曰：「日知其所亡，月無忘其所能。」此鴻舉之志也，故爲發明之。紹興三十二年閏二月一日。

跋中書舍人趙莊叔字

莊叔書此數語，所謂「非苟知之，亦允蹈之」者。年四十死矣。或謂養生爲無益，非也〔一〕，莊叔若不作記天上，則當修文地下耳。紹興壬午閏二月二十五日。

跋宗室士奎所書周以宗强賦

漢二獻皆以好書聞，故傳國亦皆最久。彼其遺子孫者，固有以致之矣。今賀王不惟金譜玉局是務〔二〕，而孜孜短檠佔畢間，無惑乎文章盛於王門，而遺澤遠及苗裔也〔三〕。僕少時應舉覓官，乃未嘗手抄一賦，見此不覺汗下。壬午十月十四日。

跋湖州沈壽岡之祖墓銘後 錢藻撰

志墓有美而無箴久矣。然東坡謂錢翰林「陳義崢嶸，不少自貶」，則其所以稱「寺丞」，其諸異乎人之稱者與！隆興元年正月二日。

跋平江張漢卿推官華山就隱圖

洞庭，楚之巨浸，而山乃在震澤中，其産橘柚皆足以冠天下，世謂地脉潛通，宜哉！太華之峰有玉井，井之蓮十丈，自古記之矣。今吴郡有華山，山有天池，池嘗有異蓮，其地脉亦洞庭比與？儒者知《禹貢》、職方氏，必以斯言爲疑，安知造物之視方輿直塊土耳，况區區秦、吴間，相去殆不能以寸，復何疑哉？誰能補圖經之闕，願以此告之〔四〕。隆興元年四月十一日〔五〕。

〔一〕「非」字前，明澹生堂鈔本、四庫本有「蓋」字。
〔二〕惟：明澹生堂鈔本作「以」。
〔三〕遺：明澹生堂鈔本、四庫本作「餘」。
〔四〕此：明澹生堂鈔本、四庫本作「是」。
〔五〕元：原作「九」，據明澹生堂鈔本、四庫本改。

跋羅良弼家歐陽公唐贊草〔一〕

長卿好古博雅，藏本朝名公帖至數十百紙，以《那》爲首不在此稿乎！隆興癸未十二月九日。

跋宗室世𠩄與教授閭丘仲和帖

孝穆公，宗室祭酒，而敬愛儒者如此，子孫其有不樂善者乎？一傳爲安定郡王表之，遂以才名發聞於世。今忠訓郎子嶷，公之儲孫也，醇雅好書，驟見之，疑其爲寒士，尚寶此帖。籯金可散，此帖不可失也。隆興二年五月十一日。

跋黄承議宗諤所藏文潞公劉莘老韓師朴諸公題顔魯公懷素書

予往在館閣，凡古今法書盡見之，而魯公《祭濠州刺史文》、懷素書皆在焉。嘗以告少監，刻爲《中興法帖》數十卷〔二〕，使學士大夫盡得寓目，亦一段奇事。諸公雖然予言，而未暇也。黄君廷老蓄元祐名卿二跋久矣，今歸會稽，道行闕，盍以是告有位者，乞并刻之，殆將補《商頌》之亡，合豐城之劍耶？隆興二年五月十七日。

跋黄廉夷仲行狀

熙、豐、元祐人才，參辰相避，冰炭不相入。其或毁譽兩忘者，非棲遲下位而不與事，則脂韋其間而不任事者也。給事中豫章黄公，在熙、豐時實任御史，將使指，在元祐時則掾公府，踐禁省，出入要劇，獨無間言，其致此必有道矣。昔予外祖安陽王公修泰陵正史閲五年，於公列傳或與筆削焉。紹興辛巳，予攝太史牛馬走，訪求故史，已亡三篋，而新史殊未殺青，惟得公行事於新舊實録；而參校山谷十詩，如「金門戰袍」之語猶未盡解也。奉祠歸廬陵，適公之孫季文爲郡丞，始見山谷所作行狀，然後知公所以被遇兩朝終始如一者，忘己狥公，中立不倚故也。季文謂山谷詩已載集中，而行狀止藏于家〔三〕，欲與舊傳并刻之，非特備史氏他日采擇，亦使後生知前輩立朝本末如此。予贊曰：「明著烈祖，古人以爲崇孝。」山谷斯文，黄氏之鼎銘也，可無傳耶！」季文因請題其後。隆興二年十月十五日。

跋劉原父貢父家書

前輩日遠，公是文集僅有蜀本，而公非全書學者或未盡睹，

〔一〕贊草：明澹生堂鈔本、四庫本作「草贊」。
〔二〕卷：四庫本作「本」。
〔三〕于：原作「予」，據明澹生堂鈔本、四庫本改。

況其遺墨尺牘，豈易得耶？吾友子和、子澄，公之從曾孫也。樂道嗜學，篤行能文，寶此數帖，非特如鄭公之笏而已，要須挺挺有其風烈，乃無愧耳。惜二先生皆以忠厚爾雅之文，雋明邁往之氣，事累朝爲名臣，然不得一直玉堂〔一〕，議者惜之。不在其身，予於二君深有望矣。隆興二年十一月十五日。

又跋原父貢父仲馮帖

此墨莊寶章集也，更數百年，學者讀三劉《漢書》而思其人，或於蛛絲煤尾中睹此帖，宜如何愛慕耶！隆興二年閏十一月二十三日，同家兄子友、子中、胡季懷、趙從季觀於永和本覺寺而歸之子澄父。

跋蘇子由和劉貢父省上示座客詩

集中觀詩難爲詩，猶群姝中觀色難爲色也。吾友陸務觀，當今詩人之冠冕，數勸予哦蘇黄門詩。退取《欒城集》觀之，殊未識其旨趣。甲申閏月辛未，郊居無事，天寒，踞爐如餓鴟。劉友子澄忽自城中寄此卷相示，快讀數過，温雅高妙，如佳人獨立，姿態易見，然後知務觀於此道真先覺也。掖垣故事，最重省上及題名禮。頃予綴蛾眉班後，會張夔州真父初拜正字〔二〕，老吏持供職牒請舍人署。舍人涉筆從之，次則府史以狀交展而已〔三〕。開宴既無近事，題名初未具石，而憂責叢併，唱酬亦廢。我思古人，豈獨在筆力間哉〔四〕！

跋劉仲馮與斯立宣德帖

西樞劉公爲從官時，丞相劉忠肅公實在政府。觀元祐施設，則二公立朝本末蓋可考矣。紹聖間，忠肅既被晉昭之誣貶死新州〔五〕，樞公亦坐朋黨謫郴。久之，會靖國改元，忠肅之子跂始能辨雪父冤，卜明年正月以丞相禮葬公於鄆之須城，而樞公來守，適在靖國之冬，故有「春首襄事，旦夕前慰」等語。未幾，國是一變，死者奪，生者徙，前帖所謂縉紳之禍者猶未已也。昔漢末奄宦用事，欲掃除善類，濁亂帝室，以謂人誣以過則辭費而易窮〔六〕，各議其罪則罰輕而弗徧，故創爲黨論以網羅之。識者所宜寒心，萬世所宜絶口也。崇、觀用事之臣，忍復以姦黨爲名，錮人於聖世乎！彼徒欲誣害者廣，不暇爲國計，而不思以士大夫竊奄宦之緒餘爲可重羞也，悲夫！後六十三年，樞公族孫子和、子澄携此帖相過，因題其後。斯立，劉跂字也。

〔一〕一：明澹生堂鈔本作「以」。
〔二〕正字：明澹生堂鈔本、四庫本作「三省」，則當屬下讀。
〔三〕府史：明澹生堂鈔本作「聽吏」。
〔四〕豈獨在筆力間哉：明澹生堂鈔本、四庫本作「豈獨歎其筆力哉」。
〔五〕誣：原作「誤」，據明澹生堂鈔本、四庫本改。
〔六〕人誣：原作「誣人」，據明澹生堂鈔本、四庫本乙。

跋蕭御史薦宗室世颬奏狀稿　蕭任三官教授日

某往聞大觀御史蕭公持操如松筠，不以時宰風指輕重詔獄，九原雖遠，直氣凛然。今讀薦宗室孝穆公書，又知好賢奬善出於天性。要之，此公任職居官無不盡其心，非爲神羊在首，一時以決獄爲剛也。此稿初藏友人胡季懷家，會孝穆諸孫從季與季懷游，遂以歸之。季懷此心，蕭公奬善之心也。執柯伐柯，從季豈以爲遠哉！圖爲似是而已〔一〕。蕭公諱服，字昭甫，吉水人。隆興乙酉歲旦，試毗陵吴祺筆。

跋山谷發願文

此書藏河陽李彦將家，豪勁端重，所謂入顔、楊鴻雁行者。今已刻石廬陵郡齋。然可傳者，位置形勢而已，若乃濃淡鮮妍，體備衆妙，則副墨之子亦如佩夫子象環耳。乾道元年二月二十六日，彦將自贛上來，僕具脱粟請少留，遂出示此軸〔二〕，獻豚蹄而得禾車者耶！

跋王平甫所撰王職方墓表

職方父子，廬陵名士；平甫兄弟，四海文儒。而此石壽未百年，幾以貨泐。予既用萬錢贖得之，不敢復置王氏之阡，懼再鬻也。他日游靖居上方，得職方父子像於闍室壁間，遂囑長老法宇表出之，而立石於門右，使來者得覽觀焉。賢賢善善，誰無是心，有官君子，勿恃强有力而取之。乾道乙酉。

跋宗室子漎藏前輩帖

國朝雍熙中，詔改拾遺、補闕爲司諫、正言，然猶沿五季舊制，未得守其官，但以寄禄，往往狀元登第者，自匠丞再遷始得之，其高選如此。否則特敕許赴院供職，乃曰諫官。至天禧初，又詔兩省別置諫官六員。明道元年，復置諫院，然後名正而官備，至今守之。此帖不知遺何人，計非廷魁即嘗供職諫院者。文正公稱爲長者，必醇正人也。乾道元年正月一日〔三〕。

故翰林學士錢公希白，吴越廢王子也。忠獻納土時，一門鼎貴，希白獨刻志讀書，故啓有「不求族蔭」之語。年十七試御前，三題立就，以輕俊被黜，故云「妙齡試才」。中間雖簡在神功章聖之心，然欲成就其才，每每抑之。年三十有二方登進士甲科，故云「晚歲得雋」。旋以内難解官，免喪時當在咸平四年或五年。於時呂文穆、李文靖、向文簡爲宰相，此必三家舊本，特不知出於誰氏，凡幾易乃至從季爾。昔韓退之三書不能動時相，

〔一〕似是：原作「是似」，據四庫本乙。
〔二〕示：原無，據明澹生堂鈔本、四庫本補。
〔三〕「日」下，原刻校云：「翰院本作『五月』。」按明澹生堂鈔本、四庫本亦作「五月」。

而希白一啓遂召試改秩，通守蘄春。雖曰人主記其姓名，且鼎甲格當擢用，然列聖抑揚有法，大臣薦進無私，皆可垂憲萬世。予特詳言之，亦使從季知公侯子孫自立如此，得不見形影而逝也哉！

二蘇兄弟行如冰雪，足以下照百世；望如九鼎，足以坐銷群姦。學士大夫得其片文隻字，輒藏弆以爲榮，蓋非特取其華藻也。《質翁帖》是中年書。《南至帖》疑叔黨輩代作。《寄米帖》、淵明詩遒媚秀傑，晚年精妙蓋如此。黄門銘其兄云：「撫我則兄，誨我則師。」讀戴公詩，便知斯言爲實録。

予頃官秣陵，每休沐必出白下〔一〕，過半山，上鍾阜，訪定林，酌八功德水，想公跨驢却蓋，往來其間，與寶覺、行詳之徒遊，其高風絶韻，殆古今宰相所未有，自非遺物離人而立於獨不能爾也。至於談禪之病，則山谷道人嘗喻之龍蛇，必有能辨之者。

山谷翰墨毁棄於大觀、政和間，而中興之初搜訪甚急，故散在士大夫家者浸少。不然，此公平生喜爲人作字，仙去纔數十年，未應爾也。往聞唐文皇盡收二王真蹟，惟不取弔喪問病者〔二〕，此帖得傳於世，亦幾是耶？

跋三蘇畫像贊

侍讀公贊蘇氏父子兄弟之盛，游、夏不能措辭矣。英彦以示省齋周某，乃續一轉語云：「是家一瓣香，並爲文忠公。」此圖盛行於廬陵宜也。乾道丙戌五月十二日。

跋此庵記

韓退之力排佛氏，欲火其書。柳子厚乃推尊之，謂與《易》、《論語》合，浩初之序，左右佩劍。今考二公心迹，誰爲善學展季者耶？侍讀胡公平生未嘗啓梵夾，效膜拜，戲爲證老作《此庵記》，而辭理超詣，便得儒釋之妙。正使三十年默照坐破蒲團，一萬里行脚踏盡草履〔三〕，恐亦未能到此地位，真今代退之也。若子厚者，風斯在下矣。乾道丁亥二月十一日。

題王龜齡石鏡谿詩碑後

予往與龜齡同在道山，見其拒佛説過於楊、墨。及來廬山，讀數詩，皆食蔬笋，帶葛藤。韓退之決非大顛所能移，道一而已。丁亥清明。

〔一〕休沐：原作「令休」，據四庫本改。
〔二〕病：明澹生堂鈔本、四庫本作「疾」。
〔三〕履：明澹生堂鈔本、四庫本作「屨」。

跋劉季高與溧陽筆工顧綱帖

杼山老人筆精墨妙，獨步斯世，而顧綱之藝數見褒稱，東坡詩中李文政也。乾道三年八月辛酉。

跋黃魯直所書金剛經

此經最貴徐、柳所書，今或漫或燔，所可致者，獨灌溪本，但恨傳刻失真耳。山谷遺蹟自當盛行於世，故四明別駕陳篆藏而未刻者，爲其非全書也。然經多複語，類而次之，計所欠無多。山谷翰墨滿江南，康廬又産樂石，取諸人而補華黍，攻他山而傳副墨，斯無難矣。此孝子慈孫所宜勉也。乾道丁亥十二月十三日〔一〕，敬觀於天池院文殊亭。魯直自題卷後云：「寫到此，絹已盡，亦可笑。然觀已前九分筆弱，終不成器，可漫留與六郎學書。若兄須續，當以鵝溪白絹寫一卷，他時寄上。某再拜。」後又有跋云：「得李伯時畫須菩提，乃求魯直書經。己巳春末叔和。」

跋上藍長老了賢所收張丞相帖

丞相魏公言訂千金義烈之稱。二字師號也，賢乎不朽矣！乾道三年十一月某日〔二〕，觀於豫章南浦亭。

跋西山翠巖寺南唐保大中賜僧無殷詔書

李氏世敬沙門，其賜書徧江左諸刹，至於不失舊物如翠巖者鮮矣。乾道丁亥十一月十三日，同長老子堅觀。

跋余安道題名後

上即位，首命編類聖政所訪國朝勳臣後，將禄之。某與吏部侍郎凌公實奉行詔書，未及條上，會觸罪去。今讀故人馮卿跋語，乃知始興襄公四世孫，竟如初詔。興滅繼絶，天下之民所以歸心也。尚有一説，宜具爲令。凡勳賢之後，所居州若縣籍其名氏，遇三歲大比而不中選，則別考其德行道藝上之，文武隨所肄。有司按其家，禄仕或闕，則官優等者一人。於以勸人自力於善，毋忝厥祖；亦使赴功趨事之臣歆慕跂及〔三〕，以燕其子孫，且於三代貴重世胄之意爲粗合。某已收朝蹟，無由發此議，因公聞孫出示手澤，爲書其後，庶幾告有位者議而行之。乾道五年正月二十八日。

〔一〕十二月十三日：明澹生堂鈔本作「十二月二十三日」，四庫本作「十二月二十三日」。

〔二〕乾道三年：原作「乾道三十年」，按乾道無三十年，前後篇均在乾道三年，此亦當爲「三年」，據此刪「十」字。

〔三〕歆：四庫本作「欣」。

跋王民瞻詩

人年八九十，語必諄諄，雖衛武公未免蹈此，懿戒最詳於二《雅》是也。瀘溪丈人年至矣，而詩益清壯簡古，如揮魯陽之戈，日可再中，其壽豈易量耶！安復隨高坐出示此篇，知予非續貂手，苦求跋語，爲題其後，使携歸爲丈人賀。乾道丁亥正月二十二日〔一〕。

跋孫莘老告身

龍圖閣直學士高郵孫公夢奠僅八十年，而曾孫浩鶉衣菜色，困於逆旅，惟手携命書數通。吾亦白眼賢者類矣，既呼匠褾飾歸之，因爲記其歲月。後有觀者，考前輩立名節之難，而思後人持門户之不易，必將有感於斯焉。乾道戊子三月告朔。

跋斛繼善所藏柳書千文

張長史草書以雄放名，而魯公謂其模楷精詳，最爲真正，乃知真生行，行生草，果有徵也。斛使君家藏柳書《千文》，予雖未能必其是否，然筆勢雄放而法度精密，如造父、王良馭八駿，駕輕車，馳驟萬里，其進退曲折未嘗不中規矩，豈非書家之傑然者耶！亦恐歐、虞、褚、薛未必能辨此耳。乾道四年。

跋安福令干棣所藏王介甫及其子涣之漢之沆之等帖〔二〕

王公與荆文公同學，眉山蘇公同科。二公皆弔以詩〔三〕，其人可知矣。敬觀翰墨，恨不同時也。彦魯嘗從荆公學，故手筆數字頗有横風疾雨之勢。乾道五年三月。

校理公制策登科，而官止祠部郎中。至延康、寶文兄弟乃同時位少常伯，典大藩府，不在其身，在其子孫，諒哉〔四〕！

又跋歐蘇及諸貴公帖

尺牘傳世者三〔五〕，德、爵、藝也，而兼之實難。若歐、蘇二先生〔六〕，所謂毫髮無遺恨者〔七〕，自當行於百世。

〔一〕二十二日：明澹生堂鈔本作「二十三日」。

〔二〕甫：原無，據四庫本及本跋後按語改。沆之：原作「流之」，據明澹生堂鈔本、四庫本及汪應辰《文定集》卷一一《跋蘇東坡與巨濟帖》改。

〔三〕弔：四庫本作「弔之」。

〔四〕原刻文末校云：「按：翰院本『王介』作『王介甫』，『沆之』作『流之』。考《宋史》涣之、漢之有傳，父介即跋所云『王公與荆文公同學』者也。跋語灼然，當爲介甫明矣。惟流之無傳，俟再考。」

〔五〕尺：明澹生堂鈔本作「書」。

〔六〕先生：明澹生堂鈔本作「公」。

〔七〕恨：四庫本作「憾」。

跋大臯渡永興觀舊碑

王仙諱子繇，字大臯，事迹著於廬陵。玉山名山，玉田名村，嘉福之觀，大臯之渡，值夏之市，皆是也。參考碑識，同謂飛昇於晉永嘉中。而郡人導岷葛先生作《嘉福觀記》云：「故老相傳仙東漢喬之弟，頗疑相去三百餘年，特世俗附著之耳。」予按湘東王《古今同姓名録》有六王喬，其一晉廬陵太守，以時與地考之，仙豈太守弟耶？而大臯爲渡，略見《南史·陳紀》。今俗謂仙擲篙而渡，訛曰大篙，此又妄之甚也。永興距渡里許，主者王道貴葺棟宇於廢壞之餘，侍讀胡公實紀其成，尚有政和舊記，頗叙歷代沿革。碑漫矣，詞僅傳，道貴欲并刻之，而患文不雅馴。或曰無傷也，侍讀之文江海也，豈必廢濫觴哉！道貴因求跋語。予嘗自郡城涉江東行二里，入洞元觀，問賜額何時。道士出大中祥符中牒視之，殆創於南唐、國朝之間。初亦曰永興，治平中方改洞玄。今考此記，永興得名甚遠，中間蓋移於洞元，遂失舊物，至大觀始復耶！乃併書以遺道貴，使爲觀門故事，且補導岷之遺意云。乾道五年三月二十三日。

跋趙德麟書

詞翰雖君子餘事，必淵源有自，乃可貴焉。德麟既著録於老坡之門，子禮復順風於德麟之室，而誠父又子禮過庭之佳子弟也。文獻相承，夫豈偶然。推而上之，傳道安可以無宗哉？乾道己丑五月二十四日。

跋米元章書秦少游詞

借眼前之景而含萬里不盡之情，因古人之法而得三昧自在之力，此字此詞所以傳世〔一〕。乾道己丑五月二十四日。

跋黄丞相書

相國江夏公與大父同登元符進士第，爲一世。相國猶子遠觀得此帖，而伯父轉運公跋其後，又爲一世。今相國之孫仲實、仲文復以示某，蓋黄氏、周氏周旋三世矣。使吾二家子又生孫，孫又生子，世篤契好於文字之間，不其休哉！乾道己丑九月五日。

跋吴説千字文

尚書郎吴傳朋，王逢原先生外孫也。往見其論唐孫氏《書譜》，自言總角以來徧參博考，始悟筋脉相連之理，蓋與近世不知而作者異矣。皇諸孫從季家藏古帖甚富，又求《千字》於傳朋而刻之〔二〕，非樂善好事，安能若此！予於書懵甚〔三〕，而季兄子中

〔一〕此字此詞：明澹生堂鈔本作「此詞此字」。
〔二〕千字：四庫本作「千字文」。
〔三〕懵甚：四庫本作「懵然甚闇」。

筆法絶高，常問道焉，共評此字雖未至顛張醉素之雄放，而圓美流麗，亦書家之韻勝者也。乾道己丑九月。

跋張魏公批劉和州事目

魏忠獻公克己復禮之學，愛人利物之心，雖片言隻字亦可想見，所謂造次必於是者。年家子周某題，庚寅。

跋虞丞相尺牘

陳孟公口占私書數百封，親疏各有意，河南大驚。韋郇公命侍史答牋記，惟書名，若五朵雲，時人慕之。翰墨之貴，古今一也。

跋胡邦衡辭工侍并御批降詔真本

乾道六年冬，澹庵先生胡公正貳冬官，具章陳免。皇帝親批降詔不允，臣某實視草焉[一]。明年，先生求去甚力，進公敷文閣直學士奉祠還廬陵，敬以宸翰歸之。闕

跋東坡書西漢韓王信贊

跋山谷猩猩毛筆雙井茶詩

跋彭太傅家傳

跋貴溪主簿廳記[二]

按：《目録》此處應有前四跋，而翰院本佚之，自跋胡邦衡一條後，接跋山谷與李忱諸帖一條，前未標目，跋首缺八字，至卷末乃附録「歐陽修云」以下三條，亦未標目。不知當附何處，亦不知所據何本。知聖道齋本則並跋山谷帖一條亦佚之，而又録入歐陽修一條[三]，又蘇長公一條，又余閱王荆公書一條，又跋陳與義等省劄一條。後卷額有朱書標記云：此三條皆跋江權卿所藏諸家帖中之文，並後跋陳與義、陳從古二條，俱當列十七卷中，誤入於此。今考《目録》係編年爲次，淳熙所題，自不得編入乾道，歐、蘇、王三條俱淳熙八年三月五日，與跋江藏帖月日正同，當即彼一卷中

[一] 焉：原作「也」，據明澹生堂鈔本、四庫本改。
[二] 按此四篇文佚，存目。
[三] 原刻注云：「於異時有此。下云：下有缺文。不知當缺去幾字，翰院本則原缺八字。

文。前佚四跋，仍著其目，而二本所誤入者，改歸十七卷，且識數語以資考證焉。

跋山谷與李忱諸帖

□□□□□□□□議郎致仕〔一〕，蓋廬陵名士也。其孫忱彥誠亦登第於元祐六年〔二〕。山谷丁安康憂時適爲州掾，以世契相善，雖薄物細故舉屬之。諸帖或字以誠父若元誠者，哀悴中未免遺忘也。刻文塚上〔三〕，諒不食言，惜乎祥琴御而史獄興，雖一莊未荒而三服莫就，覽者將歎息於斯焉。乾道九年五月癸丑，書以遺奉議公四世從孫篆，凡二十七帖，釐爲三軸云〔四〕。

跋張文潛帖

右張文潛右史遺李彥誠十一帖。右史以元符末貶監黃、復二州酒稅。祐陵初政，乃起守東魯。方黨禁未解時，同僚雖鄰不覿。右史亦眼高無人也，一竟陵令獨相親如此，又得文人之稱，彥誠才行可概見矣。乾道九年天中節。

跋東坡與趙夢得帖

南海上有義士曰趙夢得，方蘇文忠公謫居時，肯爲致中州家問，其賢可知。公既大書姓字以爲贈，又題澄邁所居二亭曰「清斯」，曰「舞琴」，特畏禍不欲賦詩，故録陶、杜篇什舊作累數十紙以寓意。然《會茶帖》云「飲非其人茶有語，閉門獨啜心有愧」，詩在其中矣。僕生晚，不獲從夢得訪公遺事，而識其孫左奉議郎荆，寬厚夷雅，力學工詞章。所至榜書室曰「見坡」，其慕向豈特翰墨而已，夢得真有後哉！乾道九年六月十九日。

題故饒州倅西溪居士蔣謨傳後〔五〕

予幼從外家聞丹陽蔣公政和間爲中執法，有隼擊鳳鳴之稱。今觀饒州府君復以十事惓惓納忠，乃知臧孫有後於魯，管仲世祀於齊，非無驗也。淳熙元年二月十八日。

建炎御筆跋

德壽皇帝中興初肆筆便入神品，庭堅書法特筌蹄耳。臣宋錢孫之子以遺臣段元愷，而元愷以示臣某，謹稽首再拜題其後。淳熙元年三月既望。

〔一〕致仕：四庫本無。
〔二〕亦：四庫本無。
〔三〕塚：原作「宰」，據四庫本改。
〔四〕原刻文末校云：「按：翰院本此條首原缺八字，而云『議郎』，不云『致仕』。知聖道齋本則徑從『議郎』起，而又多『致仕』二字。詳文意，似實有缺文，但今姑仍翰院本。」
〔五〕題下，明澹生堂鈔本、四庫本有小字云「猷之子」。

跋曾無疑所藏米元章帖

元章初學羅讓書，其後超邁入神，殆非側勒弩趯策掠墜磔所能束縛也〔一〕。

又跋章友直畫草蟲〔二〕

近世文與可工行草篆隸飛白，溢而爲畫。章伯益蓋同時人也。後題無礙居士即米元章，元章亦兼嗜書畫，有好古之癖。使此軸出晉、唐間，當在巧偷豪奪之數耶！淳熙元年三月十四日〔三〕。

題鄭忠愍公驤遺事

某頃爲兒童，聞伯父言虜破關中時，得全節之士二人，其一即同州鄭使君，先大父同年進士也；其一蓋陝西轉運副使桑景詢，伯父嘗爲之屬，以是詳知本末。始桑公行部，望騎壒薄長安，官吏駭散，獨旋軫入城〔四〕。城陷，盛服向闕再拜訖，與一女俱赴井死。今鄭公賜謚立廟，子孫禄仕相繼，又得當時名人暴揚忠烈，定可不朽。桑公無子，知者甚鮮，因附其説於《鄭公遺事》之後，毋獨使其無傳焉〔五〕。淳熙元年四月四日。

跋劉楚公沆拜相告

右彭城公拜相制書一通，玄孫石城尉德循實寶藏之。按公以至和元年中秋日相，前一夕，仁宗召當直學士楊偉不至，乃宣趙槩視草。自此遂詔學士有故不宿者，以次官遞宿。然制詞與今實録所載不同，多爲史官潤色，惟不改「雅性内融，敏識先覺」八字。此殆後世公議，非一時褒語也。自至和距淳熙改元實百有二十年，而歲次俱甲午云。七月丙戌朔。

跋朱新仲自誌墓

唐杜牧之以詞章名，仕至中書舍人，嘗典數郡，將終，自誌其墓。近世桐鄉朱公〔六〕一與之同，但壽過牧之耳，異哉！淳熙乙未二月六日〔七〕，舟過豫章，公之子輔出示此軸，敬題其後。

〔一〕弩：原作「努」，據明澹生堂鈔本、四庫本及《益公題跋》改。
〔二〕草：明澹生堂鈔本、四庫本無。
〔三〕十四日：明澹生堂鈔本、四庫本作「二十四日」。
〔四〕入城：「城」字原無，據明澹生堂鈔本補。
〔五〕毋獨使其無傳焉：明澹生堂鈔本作「毋亦使其無傳也」。
〔六〕桐鄉：原刻校云：「桐鄉：別本作『同鄉』。」按明澹生堂鈔本、四庫本亦作「同」。原刻校云：「案《平園續稿》卷十二有《朱新仲文集序》，蓋桐鄉人。別本當緣下有『舟過豫章』之語而誤，今校正。」
〔七〕乙未：原作「己未」，據明澹生堂鈔本改。

跋蔡敏肅公平戎慶捷詩卷 在其玄孫西安丞家

熙寧中收復熙、河、洮、岷、疊、宕等州，裕陵歸功介甫，親解玉帶以賜。元厚之詩云：「何人更得通天帶，謀合君心只晉公。」蓋謂是也。蔡公久爲西帥，晚預帷幄，斷章專及舜功，殆有微意。介甫和篇爲推舊伐，則公之勞亦不可掩矣。淳熙乙未二月辛未。

跋吴仁傑所藏張旭草書酒德頌

張顛，蘇人，吴君斗南實與之同郡，寶藏其書固宜。然莫子齊云：章申公家有《酒德頌》，甚奇偉，紹興間入御府。兹豈別本耶！淳熙乙未八月旦。

跋司馬温公吕申公同除内翰告

神宗皇帝天縱將聖，焕乎其有文章。即位之三月，首擢司馬文正、吕正獻爲翰林學士，此當時贊書也。惟二公道德文學冠映本朝，故其進用大同者三：在仁宗時，力辭知制誥，並改次對，入侍經幄[一]，同乎初也；右文初政，並升翰苑，同乎中也；泰陵嗣服，俱在揆路，同乎終也。追觀前世名公卿同時被遇者固多，至於更歷累朝、名位均一如二公則鮮矣。今文正曾孫伋、正獻曾孫企中適爲司農長貳，相與論述先契[二]，感嘆不已。於是摹綸言刻之石，以某寓直鰲禁，俾題其後。昔唐文宗問魏文正公五世孫謩曰：「卿家書詔頗有存者乎？」謩對：「惟故笏在。」詔令上送。今司馬氏保有此書，過魏氏矣。與國咸休，永世無窮，惟後之人實圖之。淳熙二年九月一日。

跋宋景文公唐史稿[三]

香山詩語平易，六一文體清駛[四]，疑若信手而成者。間觀遺稿，則竄定甚多。景文之於《唐史》，删煩爲簡，變今以古，用功既至，尤宜不苟也。如吴兢一傳[五]，具稿不知其幾。此本似定矣，然以新史校之，亦復不同。杜詩云：「更覺良工用心苦。」兹可嘗鼎也。自「不足累德」而上頗有脱簡，惜哉！淳熙丙申二月二十二日[六]，新安程叔達、清江蕭燧、上饒楊恂、東里周某同觀於東宫直舍[七]。

[一] 經：原作「幃」，據明澹生堂鈔本改。四庫本作「帷」。

[二] 與：原無，據明澹生堂鈔本、四庫本補。

[三] 宋：四庫本無。

[四] 文體清駛：明澹生堂鈔本作「文體清腴」，四庫本作「文辭清駛」。

[五] 兢：原作「競」，據明澹生堂鈔本、四庫本及《新唐書》卷一三二《吴兢傳》改。

[六] 丙申：原作「丙午」，按丙申爲二年，丙午爲十三年，此按繫年編排，接淳熙二年乙未後，當是，據改。

[七] 東里：原作「東昌」，據明澹生堂鈔本、四庫本改。

廬陵周益國文忠公集卷一一七

省齋文稿卷一七

題跋 四

光堯御筆賜陳正彙白金三百兩跋

諫官陳瓘夢奠於宣和，墓木已拱，而光堯眷禮正彙如此，其不能恭承嘉惠者天也。是年十月，正由遂爲考功，又數年正同亦自省郎驟掾公府，竟至侍從。興王賞諫臣，善善及子孫，古或有之，然未有如我光堯眷眷陳氏有加而無已者也。後之人盍思紹先烈而報國哉！淳熙三年四月三日〔一〕。

跋皇祐朝賢送張肅提刑詩卷

右皇祐庚寅冬，朝賢送張肅赴江東提刑詩一卷，由司馬温公、范蜀公而下凡十有四人，温公復追録《岳州送行》一篇。按《仁宗實録》，慶曆七年五月，張公自廣東運判擢利路提刑，會有指其前在任過市物者，九月貶知岳陽，至是乃得牽復。今讀温公新詩，以「松不彫寒」、「絲曾斷直」爲褒〔二〕，舊詩有「出群得罪」、「鶴介鷄憎」之歎，是必以廉直反爲同僚讒賊多端者巧中耳。又一聯云：「飲水豈容吴刺史，謗書翻似馬將軍。」前輩用事精確如此。張公雖止祠曹郎中，按刑閩服，然蓄其餘澤，敷遺後裔，子孫禄仕，奕世不絶。紹興初，曾孫延壽遂爲侍御史，天之報施昭昭矣。庚寅距今實百二十七年，侍御史之子宣教郎適正來求跋語〔三〕，偶夜直玉堂，敬附名於卷尾，且以見太史氏因官文書紀事，往往是非失實，秉筆者當致審云。淳熙丙申七月十九日。

跋程宗正之子鑄墓銘

哭鯉傷烏，聖賢有所不免。今新安程公銘冢子之藏，筆力得於天成，慈愛出於天性，使人讀之於十年之後猶太息不已。黄太史云：「眼看白璧埋黄壤，何況人間父子情。」予於程亦云。淳熙丙申七月二十一日，東里周某書〔四〕，時同試館職於玉堂。

跋范元卿所藏醉翁帖

右南宫舍人范元卿所藏醉翁帖。翁喜賢俊，重交遊〔五〕，出於天性，其立朝尤相善者，劉與蔡也，觀此略可見矣。今居士前後

〔一〕三年：原作「四年」，據明澹生堂鈔本改。
〔二〕以：原作「有」，據明澹生堂鈔本、四庫本改。
〔三〕史：原無，據明澹生堂鈔本補。
〔四〕里：原作「昌」，據明澹生堂鈔本、四庫本改。
〔五〕遊：明澹生堂鈔本作「友」。

集有手書數卷，而寄原甫帖在焉。所謂「用快大過」及「餞聖從〔一〕」，與景仁、介甫清坐終日」等語良是。至於「才薄任過，有望於公以濟不逮」及「未歸間，不惜時枉問」之類，大率意同辭異。獨論簡事爲、外名迹幾百言，而真蹟殊無之；「數日大風」至「照管公儀家」，則集本略不載〔二〕。夫尺牘出於信筆，非若著書容有删潤也，縱後人傳寫差誤〔三〕，亦當不過十數字，乃爾異同，何耶？謂二者非一時所作，則又事辭不應甚似如此。元卿素以博洽聞，願質疑焉。淳熙三年八月二十七日。

跋韓忠獻王帖

右韓忠獻王答司馬文正公手書。其前二幅，蓋熙寧四年春文正自雍移許時也，後二幅則歸洛矣。二公在嘉祐中固已忠義相許。及治平初，忠獻畫陝西義勇之策，文正四論其非，略無假借。已而自劾至於三奏，六申中書。前輩周而不比，和而不同，大抵如此。暨王介甫得政，時異事變，尺牘酬答，孜孜以爲國、爲宗社、爲天下爲禱，大忠大義，執鞭欣慕忠獻，豈虚辭相悦哉！使當時見之可以動悟人主，後世觀之可以廉貪立懦。彼爲「無使齊年知」、「無使上知」之語者，讀此顙其泚矣。竇君即舜卿也〔四〕。淳熙三年十一月二十日，奉敕同文正曾孫權吏部侍郎伋齋祠璿璣觀，出示此帖，敬題其後。

題金華喻葆光書佛經卷 良能之父

王龜齡遇人談釋氏輒詆罵，乃首爲喻居士題經卷。古人能起後人之敬必有道矣，非專以其子爲同年進士也。淳熙四年三月十二日。

跋宇文虚中礬書

宇文公忠謀議概，謂當享平國君之封，而天不相之，乃從庾珉、王儁於地下，可爲痛哭流涕。淳熙丁酉三月戊午。

蘇屬國看羊海上，假雁足帛書而得歸。宇文公真有此書而不得歸，悲夫！淳熙四年三月十八日。

跋初寮先生帖

初寮先生未冠時及拜東坡於中山，筆精墨妙，宜有傳授。當政、宣時〔五〕，禁切蘇學，一涉近似，旋坐廢錮。而先生以奪胎換

〔一〕餞：原刻校云：「一誤作『饌』。」
〔二〕不：原無，據明澹生堂鈔本、四庫本及《益公題跋》補。
〔三〕後：原作「使」，據明澹生堂鈔本、四庫本改。
〔四〕竇君：原作「豆公」，原刻注云：「別本作『竇君』」，按明澹生堂鈔本、四庫本亦作「竇君」，據改。竇舜卿，《宋史》有傳。
〔五〕時：明澹生堂鈔本、四庫本作「間」。

骨之手揮毫禁林，初無疑者。靖康而後，黨禁已解，玉佩瓊琚之詞，怒猊渴驥之書，盛行於東南，然後人人知其蘇門顔、閔也。晁、張復生，其雁行。先生與仲明尚公及某之大父俱爲元符庚辰進士，故尚公之孫中庸出示此帖，敬題其後。淳熙丁酉四月既望。

跋鄒志完曾祖詩

詩語忠誠，心畫莊厚，天禧、天聖間氣象大率如此，可以尚論其世矣。忠公作跋時，正遭外艱〔一〕，所謂「聰聽祖考之彝訓，未葬讀喪禮，既葬讀祭禮」者耶！淳熙丁酉四月己卯，六世孫朝奉郎燧以示舊同僚東里周某〔二〕，敬題其後。

跋閑樂居士陳師錫與了翁陳瓘論王氏日録書

陳了翁以元符庚辰八月爲司諫，雖論裕史不當用《日録》，然多是王介甫而非蔡卞。明年八月，自都司出守海陵，閑樂先生實遺以書。其後，了翁猶有《合浦尊堯》之作。大觀四年，始因星變復上《四明尊堯集》及《尊堯餘言》，痛悔前作，則此書爲有助矣。淳熙丁酉，予判吏部南曹，閑樂之孫昌平適來調官〔三〕，出示遺墨，乃略考歲月而歸之。五月二十五日。

跋淨慧寺東坡題名

佛日淨慧禪寺在桐扣黄鶴峰下，寺中有池，池有渥窪泉。東坡先生嘗賦七言絶句〔四〕，所謂「細泉咽咽走金沙」者，堂上留題。今既百年，而詩僧慧舉乃謀入石，可謂好事矣。桐扣以張華得名，俗云「同口」，非也。淳熙五年正月九日。

跋陳晞顔從古和簡齋陳去非詩

淳熙五年正月丁巳，天寒甚，獨直玉堂，快讀同年晞顔和簡齋詩五百一十餘首，已愧王摩詰不能致孟浩然之伴直，當如裴垍他日對草吉甫制耳。

書簡修行狀後

從事郎清江簡公之卒也，其鄉人胡開孺實爲行狀，今四十七年矣，而從事之弟致政思邈公屬某以銘。昔政和中，先君隨侍大父官鄜州，法當由鄜郡升貢，簡公實爲坊州教授，蓋嘗擊節先君

〔一〕艱：原作「難」，據明澹生堂鈔本、四庫本改。
〔二〕里：原作「昌」，據明澹生堂鈔本、四庫本改。
〔三〕昌平：明澹生堂鈔本、四庫本作「昌年」。
〔四〕七言：原作「五」，據《咸淳臨安志》卷八一引改。

之文。今行狀備載其事，可謂有先契矣，銘何敢辭？然聞開孺乃山谷先生同年彦明之子，詩人藏之之弟，承父兄師友淵源之正，其辭日光玉潔，雲蒸而川流也。從事得此，自宜不朽，鄙辭尚安所措？姑題卷末，歸之簡氏。淳熙五年二月十七日。

跋趙善應行實

有《關雎》之應，然後公子有信厚之風；有《行葦》之仁，然後人有士君子之行。周則然矣，本朝奚愧焉。觀子直著作叙其先人之遺事，寧不概見？蓋古者子孫論撰先世之美，明著之後世，雖本於崇孝，而終實重其國家[一]，溯流求源，固非一日積也。采詩者出，尚有考於斯文。淳熙五年六月晦日[二]。

跋趙子崧詩集後

靖康之難，近畿諸郡皆陷，獨端明公以宗室祭酒堅守淮寧，首尾半年，迄收趙犨保境之功，又能詆訶閏位，糾合齊盟，鄗邑築壇，遂參佐命。不幸不爲媢嫉者所容，復使出鎮京口，名曰因任所長，實欲陷之死地。未幾，狂寇暴至，無城可守，無兵可禦，猶與其下力戰，重傷然後退保江岸，上章待罪。媢者計得，坐貶夔州。昔唐天寶之亂，河朔盡陷，獨顔魯公固守平原。及至德改元，不能當史思明、尹子奇之鋒，乃棄郡渡河。惟公始末大率類此，魯公進官，公則遠徙，人謀不臧，一至是耶！賴德壽皇帝深察非辜，尋復朝散大夫，示將復用，而公遽即世矣，豈非命與！淳熙戊戌秋，公之孫師聰示公詩文及遺墨，因爲略辨當時之事以告著作氏。

跋向子諲家邵康節戒子孫文

康節先生心聲正大，可以銘盤，心畫遒勁，可以貫隼[三]。薌林公寶藏以示子孫，厥有旨哉！淳熙戊戌十月十二日，觀於摛文堂。

跋汪聖錫家藏東坡與林希論浙西賑濟三帖

林子中與坡公素厚善，後又爲杭州交承，故書問惓惓如此。林雖尋爲利誘，折資草制，詆公不遺餘力，然猶愛此帖弗棄，至其子孫，始以遺玉山汪氏。乃知惡直醜正、顛倒是非者，豈盡喪其良心哉？稂莠害之耳。淳熙五年十月十三日，東里周某觀於摛文堂[四]。

跋徐鉉篆李衛公項王亭賦

常侍此書，陽冰之後一人而已。淳熙戊戌十月十三日。

[一] 國家：明澹生堂鈔本作「故家」。
[二] 日：原無，據四庫本補。
[三] 隼：原作「準」，據明澹生堂鈔本、四庫本改。
[四] 里：原作「昌」，據明澹生堂鈔本、四庫本改。

跋蘇舍人題臨蘭亭序詩

有若象夫子[一]，尚興闕里門。虎賁狀蔡邕，猶旁文舉樽。昭陵自一閟，真蹟不復存。予今獲此本，亦可比璵璠。翰林學士承旨、中書舍人蘇易簡於玉堂北軒題。

蘇易簡題《蘭亭》軸詩，以其官考之，當在淳化二三年或四年中，距今淳熙五年十月，殆一百九十年。翰林學士、中奉大夫周某題於行在玉堂之東軒。

跋黃魯直蜀中詩詞 《王公權荔枝緑頌》、《姚君玉安樂泉頌》、茶詞《滿庭芳》、《阮郎歸》。

杜少陵、劉夢得詩自夔州後頓異前作，世皆言文人流落不偶乃刻意著述，而不知巫峽峻峰激流之勢有以助之也。山谷自戎徙黔，身行夔路，故詞章翰墨日益超妙，觀此三帖蓋可知矣。淳熙五年十月十三日。

跋王禹玉内外制草

中書舍人陳騤、翰林學士周某同觀岐文恭公内外制草。淳熙五年十月十三日。

跋王禹玉謝翰林學士承旨表本

翰苑多雜制，故其體不一。某以乾道庚寅歲初忝寓直，凡詞頭之小者，院吏輒以片紙録舊作於前，謂之屏風兒。予笑曰：「此陶穀所謂一生依本畫葫蘆耶！」今觀王岐公、謝承旨表稿亦連別本，殆屏風之類矣。其詞謂「繇西掖入北門，行將二紀」，又云「鼎聖曆之肇新，顧藩麾之屢易」，則爲張文定公安道無疑。然「閎博燕閑，浮鼇宣精」等語，岐公表實用之，文體大略亦相類。二公蓋同直者，顧不嫌於同，此前輩廣大規模也。淳熙戊戌十月十四日。

跋王禹玉立英宗爲皇子詔草及當日請對奏稿

岐公既於中書聚廳處受御劄立皇子[二]，夫復何疑？猶請對而後草詔，可謂過乎思慮矣。然卒不免於讒語，賴英宗聖明，延見蘂珠，進職端明，且有盤龍金合之賜[三]。逢辰則然，智力何有哉！不然，先日之謹畏，祗足以成後來之罪戾耳[四]。淳熙戊戌十

[一] 象：原刻校云：「别本作『似』。」按四庫本亦作「似」字。
[二] 受：原作「交」，據明澹生堂鈔本、四庫本改。
[三] 盤：原作「瑞」，據明澹生堂鈔本、四庫本改。
[四] 足：原無，據明澹生堂鈔本、四庫本補。

月十五日。

跋歐陽公與通判屯田等三帖　張幾仲待制家

某已刻六一先生帖數卷於家塾，他日當摹此三帖附益之。淳熙戊戌十一月二十五日。

跋黃魯直與全父醉帖

僕以淳熙乙未春與幾仲同次對敷文閣。幾仲旋鎮襄漢，三年而歸，又獲接武内朝。會江西謀帥，幾仲復在選中，千騎塞途，旗旄赫奕，僕往慶焉。天盛寒，飲沆瀣一盃竟醉[一]，幾仲出山谷醉筆，輒題其後。他日歸爲部民，當再觀於滕王閣之上。淳熙五年十一月二十五日。

跋王介甫彌勒偈

王荆公書楷法如此者絶少，端明胡公己茂所謂不敢以易心爲之者是也。又平生儉約，未嘗輕用縑帛，獨於佛語用之，亦是意耶？淳熙戊戌十一月二十五日。

跋黃魯直書寢呈李公擇等四詩

詩雜古律，字兼行草，此山谷得意之作也。淳熙戊戌十一月二十五日。

跋東坡帖

淳熙戊戌十一月二十五日東宮講讀，因與同僚共觀坡仙筆妙，而戴子微太常亦出《懶放》一帖，大概絶相類，惟「拜」字異耳。真臨雖難辨，要皆法書也。

跋馮京與朱諤右丞家書

右馮文簡公與其孫壻朱忠靖公書。前一幅元祐八年冬，後一幅紹聖改元春也。馮公時以太子少師致仕居京師，而朱公爲壽陽節度推官，所謂蘇相蓋揚帥子容也。馮公作此帖僅數月，即夢奠於兩楹。後六十六年，朱公之孫叔召自蕪湖來求跋語。按熙寧間，馮公與王介甫同在政路，能使介甫有所畏憚，至爲「無使齊年知」之語[二]，其正可知矣。翰墨自應傳遠，況家問乎？惟某外祖少師初佐壽幕，朱公實來爲代，兩家契好不薄，其後叔召遂爲外祖孫壻云。淳熙六年四月二十八日。

[一] 竟：明澹生堂鈔本、四庫本作「徑」。

[二] 無：原作「毋」，據明澹生堂鈔本、四庫本、《長編》卷三七八、《東都事略》卷八三改。

跋秦少游帖

觀自去歲入京，遭此迍邅，親舊骨肉亦不敢留鄉里(一)，治生之具緣此蕩盡。今雖得生還，而仰事府畜之計蕭然不給，想公聞之，不能無惻然也。不知能爲謀一主學處否！試望留意，幸甚。惠及白銀(二)，尤見厚意，感悚忽遽，未有以爲獻者。行甫聞授宣城，是否家叔已赴濱州渤海知縣。祖父在彼幸安，但地遠，難得書耳。李端叔從軍，近日都不聞耗，不知如何也(三)。與公別未幾，世間事多變如此，既可嘆，復可笑耳。何時展晤，以盡所懷。觀再拜。

少游作此帖猶未仕也。今《淮海集》有《對詔獄》二詩，所謂「一室如懸磬，人音盡不聞。老兵隨卧起，漂母給朝曛」者，殆去歲追捕時耶！淳熙七年正月十四日，東里周某同崔大雅觀於吏部直舍(四)。

跋彌明石鼎聯句圖

昌黎詩中有畫(五)，李伯時畫中有詩。此雖臨本，亦可見「吴生遠擅場」之意云(六)。

跋山谷萍鄉縣寶積禪寺記

寶積禪寺，本周廣順中以民李氏施地宅建梵林寺(七)，寺有僧伽像(八)。顯德中，見光怪累日，因改寶積寺。星居六室以元符二年十二月勅破律爲禪，以僧紹概主之，而概於萍鄉無法緣，居十月而里人不施一錢，於是棄而去。三年十月(九)，余伯氏元明爲令也(一〇)，擇請延慶院山主宗禪來尸法席。禪倦游諸方，號稱得安樂法。其居延慶也，變飲酒食肉處爲菩提坊，開草萊荆棘叢爲金碧聚(一一)，故元明以爲是必能興我寶積。三招而後肯來，至則破六律院爲一叢林，謗者杜口，檀者傾施。不閱歲(一二)，盡徹蜂房之屋，欝爲鷲峰之會。建中靖國之元，方丈、三門(一三)、世尊之廟崇成矣。越明年，樂淨堂、德味廚、法堂皆畢工，凡率有家之錢五百萬，而所以庇覆安樂道衆冗徒之屋無不具。使囂訟者口談般

(一) 舊：明澹生堂鈔本、四庫本作「老」。
(二) 白銀：明澹生堂鈔本、四庫本作「銀杏」。
(三) 如何：明澹生堂鈔本、四庫本作「何如」。
(四) 東里：原作「東昌」，據明澹生堂鈔本、四庫本改。
(五) 昌黎：明澹生堂鈔本、四庫本作「昌黎公」。
(六) 云：明澹生堂鈔本、四庫本無。
(七) 以：明澹生堂鈔本作「鄉」。施：原無，據明澹生堂鈔本、四庫本補。
(八) 寺：原脱，據《山谷集·別集》卷四補。
(九) 月：原無，據明澹生堂鈔本、四庫本及《山谷集·別集》卷四補。
(一〇) 也：四庫本作「乃」，則屬下讀。
(一一) 叢：明澹生堂鈔本、《山谷集·別集》卷四無。
(一二) 不：《山谷集·別集》卷四作「六」。
(一三) 門：原作「間」，據明澹生堂鈔本、《山谷集·別集》卷四改。

若〔一〕，鄙吝者心棁檀施，若禪者可謂有功於此縣，而其道行之化或溢於鄰邦矣〔二〕。伯氏來屬爲禪記之，故叙載如此。崇寧二年十一月丁丑，朝奉郎、管勾洪州玉隆觀、雲騎尉、賜緋魚袋黄庭堅魯直記并書，萍鄉縣令黄大臨元明立石。

壬午歲，涪翁航荆江，略洞庭，涉修水，經七十二渡，出萬載、宜春，省元明於萍鄉，爲留半月。明年在武昌始作此記，未閲月而《承天院記》之禍作，遂長留宜州，計未暇刻石也，故集本闕焉。他日當同《承天塔記》附録，以成東皙補亡之義。淳熙七年正月十四日〔三〕。

跋東坡草烏頭方帖

仇仙慕葛稚川、陶隱居、孫思邈之爲人，欲以救人得道，故常留意名方，此其一也。淳熙庚子正月十四日。

跋山谷書東坡聖散子傳

山谷作龐安常《傷寒論後序》云：「前序海上道人諸爲之，故虚右以待。」道人指東坡也。今又書《聖散子傳》，若安常，所謂得二公而名彰者耶！淳熙庚子正月十四日〔四〕。

跋陳簡齋法帖奏稿

德壽皇帝嘗論近世《絳帖》已少，錢希白所臨《潭帖》爲勝，《臨江帖》失真遠矣。又《淳化帖》、《大觀帖》，當時以晉、唐善本及江南所收帖擇善者刻之，豐骨意象皆存〔五〕。今觀故參知政事陳公與義爲侍從時，奉詔定法帖十卷〔六〕，釋文一册，其間稍辨劉次莊之誤，殆臨江或潭帖與。陳公字畫清簡，類其詩文。紹興初，初步中朝〔七〕，特承善誨〔八〕，知人則哲，兹可睹其緒餘。淳熙七年正月十四日，試吏部尚書、兼翰林學士承旨周某爲起居舍人木待問題。

跋鄧埏所藏其祖温伯與東坡倡和武昌長篇

蘇、鄧兩公同直禁，話舊賦詩，逮今踰八十載，東里周某始獲敬觀鄧氏别本於行在所，因命院吏印其後。印蓋景德二年舊物，兩公嘗佩之矣。升堂伏几而襲其裳，得毋象環之悪與〔九〕！淳熙庚子正月二十八日。

〔一〕訟：原作「頌」，據明澹生堂鈔本、四庫本、《山谷集·别集》卷四改。
〔二〕化：原無，據明澹生堂鈔本、四庫本、《山谷集·别集》卷四補。
〔三〕日：原無，據明澹生堂鈔本、四庫本補。
〔四〕十四日：四庫本作「十五日」。
〔五〕豐：明澹生堂鈔本作「風」。
〔六〕法：原無，據明澹生堂鈔本、四庫本補。
〔七〕初：明澹生堂鈔本無。
〔八〕誨：明澹生堂鈔本作「誘」。
〔九〕毋：明澹生堂鈔本作「無」。

跋趙忠簡公答魏侍郎矼手書〔一〕

故吏部侍郎魏公邦達天資鯁挺，忠憤自信。方趙忠簡公再遷海島，萬里通問，情誼彌篤，觀此答書概可見矣。忠簡既薨，歸窆衢之常山縣。郡守知中外士大夫平時多書疏往來，至是必争持酒漿會葬，意可爲奇貨以媚時宰，密諭邑尉翁蒙之以捜私釀爲名馳往掩取。蒙之許諾，守猶疑漏言，潛戒左右伺察之。蒙之略入廨，書片紙，自後出迎趙氏子，告之故，趣盡焚篋中書及屏棄弓刀之屬〔二〕。比蒙之挾吏卒至〔三〕，一無所得。守大怒，劾於朝。時宰疑其已甚，徙蒙之尉蘭溪，使避守。是時士氣未泯，唁問遷客，議論時事，決非一族。微蒙之以身扞蔽，則根株牽連，當起大獄，魏公且爲罪首，非仁乎？蒙之初被委，苟能避免，便足取名。然懼小人代尸其任，則於善類奚益，故詭詞以承之，陰謀以洩之，忠簡之家賴以紓禍，非智乎？凡小吏忤二千石，罪或不測，况相國深怨宿怒怏怏不得逞〔四〕，鼎鑊在前，直趨弗顧，非勇乎？一物而三善從，可書也已。蒙之字子功，富沙人，彥國之族也。長不滿五尺，語不能出口，見義必爲，不擇難易，輕財樂施，嘗粥田宅濟人之急，交友付託，之死弗背。爲一尉已能如此，向令踐貴位，臨大節，其所立必卓然不可及。上初即位，大臣誦言其事，詔特改京官，除寺監簿，出佐帥幕，再入爲寺監丞。年五十卒。予懼其無聞，故因是書表而出之，庶幾附趙魏二公而名彰云。淳熙庚子三月二十一日書。

跋唐相梁國忠公爲吏部侍郎加勳告

右唐相梁國忠公爲吏部侍郎日加勳告一通，子孫世寶藏之，至紹興吏部侍郎邦達蓋二十三世矣。由神龍己巳距今淳熙七年庚子已四百七十六年，而印色如新。蓋古者百工之物皆良，故能耐久如此。按《舊唐史》，中宗以正月二十五日丙午即位於通天宮，此告云二十七日制者，後兩日方覃赦也。然所載推恩頗略，當以告爲正。史又云二月甲子立妃韋爲皇后，内外官陪位者賜勳一轉，則與制合。甲子乃十四日，告稱十五日制者，後一日也。

跋趙霈張致遠魏矼奏劄

右紹興四年十二月臺雜魏公邦達、副端張公子猷、拾遺趙公公時同論和議疏一通〔五〕。具稿者，魏公也，欲上而改貳秘書，張公實代之。後四十七年，魏公之子欽承以示東昌周某，敬題其後。淳熙庚子三月十三日。

〔一〕矼：原無，據四庫本補。
〔二〕盡：原作「進」，據明澹生堂鈔本、據四庫本改。
〔三〕至：原作「往」，據明澹生堂鈔本、四庫本改。
〔四〕怏怏：四庫本作「所懷」。
〔五〕趙公公時同：四庫本作「趙公公和同時」；和議：原作「議和」，據明澹生堂鈔本乙。

跋先大父秦國公所作涪州使君李昌年墓誌銘

右涪州使君李公墓誌銘〔一〕，先大父宮傅所作，先人少師實書丹。按李氏之先以勳業事太祖高皇帝〔二〕，自是世有顯人。誌其墓者又皆一時名卿。凡園亭在汴都，則有翰林王公元之之記、丞相李文正公而下諸賢歌詩；在洛中，則韓忠獻王、富文忠公、司馬文正公而下皆賦焉。今涪州曾孫袞之以予家三世通姻好，萬里相訪，且出其家傳石刻甚備，獨涪州銘文不在，乃録本以遺袞之，且以補史之闕文云。淳熙八年辛丑歲謹記。

跋江權卿所藏諸家帖

國朝兩制極天下之選，文章名世者率居此官。蘇門四子周旋館殿，垂上詞掖，乃復流落，士大夫至今以爲恨。觀此數帖，大略可見。晁雖幸群正彙升，然事亦隨變，黃九卒不及聯事天官云。淳熙八年三月五日。

歐陽修云〔三〕：「凉竹簟之暑風，曝茅簷之臘日〔四〕。顧瞻玉堂，如在天上。」臣才駑志衰，襆被俟汰。異時有此〔五〕。臘，歲終祭名也。於文從月，其後乃有從虫者。《玉篇》以爲蜜、滓二義，實亦相通。學者每疑柳文中「臘言厄貌」字當從虫〔六〕，是殆因古今謂十二月爲臘月，遂疑其旁從日月之月耳。偶讀此詩，就爲之辨。淳熙八年三月五日。

蘇長公黃岡《冬至帖》妙甚，已漸變右軍書矣。「仲俞仁丈」未詳其姓名〔七〕，既云「鄉思浩然，想同此味」，殆蜀之老成人也。少公詩皆簽判南京所作，長篇蓋憶在齊州與孔常父游從耳。二絶句乃和張厚之。厚之，樂全之子恕也。淳熙八年三月五日。

予閲王荆公帖多矣，大抵始稍謹，末必縱。蓋平居好深湛之思，孰肯致意於尺牘？此又其暮年者，尤宜坦率也。淳熙八年三月五日。

〔一〕墓誌：原無，據明澹生堂鈔本、四庫本補。

〔二〕太祖高皇帝：明澹生堂鈔本作「太宗皇帝」，四庫本作「太祖皇帝」。

〔三〕歐陽修：原作「江權卿」，據四庫本、明本《文忠集》卷一六改。按：下文「凉竹」數句，載歐陽修《文忠集》卷四三《内制集序》。又：「歐陽修云」至「尤宜坦率也淳熙八年三月五日」三段，明本錯入卷一六《跋胡邦衡辭二侍御批降詔真本》中，四庫本錯入卷一六卷末。

〔四〕臘：明澹生堂鈔本、歐陽修《文忠集》卷四三《内制集序》作「冬」。

〔五〕原注：「下有缺文。」

〔六〕學者：原無，據明澹生堂鈔本、四庫本補。

〔七〕仲：原作「中」，據明澹生堂鈔本、四庫本改。

跋陳與義費肅張擴被召省劄〔一〕

三英之召，或云富季申爲中丞日所薦館閣才也。嘉祐以前，兩府初除，各舉館職三兩人，即時召試，其後乃上簿候闕。治平中，歐陽文忠公蓋嘗論此。官制既行，盡歸秘書省。至元祐初，復置館職，許大臣各舉所知三人。未幾又罷。太上皇帝當國步多難之際〔二〕，兼采累朝故事，涵養異材。富公方執法，已能薦士如二府，大用之意固自可見，已而遂升右府云。淳熙辛丑中秋日題。

跋陳從古梅詩

淳熙辛丑冬，淮浙告飢，欲詳知郡縣荒政次第聞於上，退食接客，或至日暮。官舍後有梅一株，不暇問訊何如也。同年陳兄晞顏和古今梅詩千篇，聯爲二十大軸，遠以相示。秉燭快讀，雖未容含英咀華，固可望之止渴矣。夫以晞顏之學之才，筆端衮衮，宜有餘地，然吟咏一草木，安能閎麗奥衍千變萬化不窮如此？及讀最後兩卷，乃知其曾大父、先大夫世以詩鳴，皆眷眷於此花，源遠矣哉！漢崔篆生毅，毅生駰，駰生子玉，然後文名著；唐杜審言生閑，閑生甫，然後詩名顯。彼日鍛月鍊，雕肝琢腎，工可能也〔三〕；多文以爲富，則非世業殆難能也。十二月二十日〔四〕。

跋伯父與鄭庶手書

紹興初，叔父静江府君爲衡州安仁令。某年七八歲，因侍行而識武尉鄭幾仲。其後伯父再守辰陽，幾仲實爲僚吏，某時年二十餘矣。由初迄今已五十載，幾仲之子承信郎謨自長沙來，出示伯父尺牘八幅。前六幅乃某代作，後兩幅手澤也。死生契闊，少壯衰老，蓋有不勝嘆者。淳熙九年三月九日。

跋蘇石帖

歐陽文忠公好賢樂善充其天性，得交友間寸稿尺書必軸而藏之。况曼卿、子美俊才自節，公深知之，雄詞健筆，公素推之，而位皆不過館職，年皆不登知命，此公之所尤悲也，故於遺墨特致意焉。熙寧壬子，公薨奠之歲也，猶親跋於卷尾。去今百一十載，會稽王佐以大司空行内史事，得此本於公玄孫歙尉伋，欣慕前哲，亟刻之石。惟公道德文章師表百世，而干旄緇衣之好之死靡倦。彼争名者相傾，屬文者相輕，聞公之風，其少愧哉！淳熙

〔一〕《跋陳與義費肅張擴被召省劄》、《跋陳從古梅詩》，明澹生堂鈔本卷一六、卷一七兩載之。

〔二〕難：明澹生堂鈔本、四庫本作「艱」。

〔三〕工：四庫本作「尚」。

〔四〕原刻文末注云：「案：自歐陽修云一條以下至此，各本俱錯簡在前，今釐定，語詳前卷《跋貴溪主簿聽記》後。」

壬寅八月辛丑。

跋與徐林書

紹興末，龍圖閣直學士徐公稚山以舊德再還從班〔一〕，宅在銀鎗寨中。予以左吏兼行詞掖，居暗門城下，相去百餘步，而東偏書室適隔一墻。公忘年下交，屢欲開便門相過從。予曰：「壁壘已定，穿窬不由路，如禮法何？」公笑而止。公既没，予挽之云：「昔者陪簪筆，比鄰記鑿垣〔二〕。」蓋謂是也。後二十年壬寅冬〔三〕，公之孫武康尉雲紀録予中間答公書以相示，覽之悵然。

題蘇子美草書蔡君謨大書跋帖〔四〕

蘇草蔡真，可稱二絶。淳熙癸卯中春告朔，周某敬觀。

題唐人硬黄臨王獻之帖

臨本猶可愛如此，況於真蹟？伯時寶之，伯長、仲晦書之，不可不題其後。淳熙癸卯二月朔。

題米芾馬賦

元章詞筆俊拔，略無滯礙，使能約以法度，博以問學〔五〕，則生當獨步翰墨之場，没且登名文章之籙，其成就豈止此而已，惜夫！淳熙十年二月一日。

題蘇子美寶奎殿頌帖

仁宗朝摹太宗御書大相國寺額於石，即寺爲殿而藏之，御飛白名曰「寶奎殿」。舜欽此頌當是召試館職時所作，年方三十餘也。其云「上宰、宗工，更爲詞章」者，謂呂夷簡作記，章得象題額之類與。淳熙十年二月五日，周某書而歸之玉山汪氏。

題蔡君謨書柳子厚吐谷渾詞

蔡忠惠書《洛陽橋記》與《吐谷渾詞》，皆大書之冠冕也。淳熙癸卯月日。

跋趙湖州祠堂記

右《湖州刺史趙公子嶙祠堂記》，仲屏所作〔六〕。其載守城之

〔一〕紹興末龍圖閣直學士：原本以小字繫標題下，今據明澹生堂鈔本、四庫本移入正文。
〔二〕記：明澹生堂鈔本、四庫本作「鋭」。
〔三〕冬：原無，據明澹生堂鈔本、四庫本補。
〔四〕「草書」原作「草章」，「跋帖」原無，據明澹生堂鈔本、四庫本改補。
〔五〕問學：四庫本作「學問」。
〔六〕仲屏：明澹生堂鈔本、四庫本作「仲并」。

功甚備，獨云事甫定，公遽罷，後以御史言復還，又數月竟去，凡稱罷者再，漫不言坐何事。予懼或者疑公爲罪行，故以聞諸太史氏者補之。蓋己酉冬，宣撫使出於無策，謬用武臣楊應誠代公守湖，父老遮道閉關不能留。至明年五月，上用臺評黜楊而還公。公感上之知，念民之困也，益思撫摩以爲報。會轉運使督緡錢十萬餉劉光世軍，而堂帖隨下，謂州故貸樁管錢二萬緡、米七千斛，期以旬盡償。公言民力不支，請先軍需後償欠。朝廷遂劾公侮慢，貶秩而罷。其始末乃如此。是豈以一時守城爲功，可謂能固邦本矣。湖人奉嘗至今，有以也夫！公子伯衍屢求予書，將刻之碑陰云。淳熙十年九月十日。

跋文潞公帖

熙寧大臣獎用新進，指安靜爲委靡，故於邊防河事措畫紛然。潞公在北都作箴、頌四篇以諷，而二頌尤深切著明，殆諫書也。時公年過七十，筆力猶清壯如此，非獨見其所養深厚，亦足占壽考之祥矣。是後安享富貴又二十載，其年德名位可以伯仲衛武，而中書之考幾於倍蓰郭令，嗚呼盛哉！此帖藏參知政事北陵張公家，張公之孫大理寺丞抑以示東里周某，敬題卷末。淳熙十年十一月二十三日。

跋汪季路所藏山谷與柳仲遠帖

仲遠，二蘇公堂妹壻柳君也，故山谷此帖多及東坡、潁濱。其後坡《祭妹文》云「玉立二甥，一秀不實」，豈非所謂十三者耶？淳熙十年閏十一月二十五日。

跋汪季路所藏朱希真帖

朱希真避亂南渡，流落嶺海江浙間。德壽皇帝因明橐薦，特召而用之。既掛冠矣，秦丞相擢其子爲敕局删定官，希真間來就養。是時東閣郎君慕其詩名，欲從之游，爲修廢官留爲鴻臚少卿。希真愛子而畏禍，不能引去。未幾，秦薨，例遭論罷，出處固有可議[二]，然亦可憫也。今觀其字如其詩，其詩如其人，後世不待識面，當知爲伊洛勝流矣。

跋張魏公與連蹇帖

「富貴不足道，孝悌忠信可以垂名百世，利澤萬物。紹興辛酉重陽前一日，紫巖張德遠書贈連君幾宜。」予謂應山連處士一布衣爾[三]，既没，而鄉人法其孝友禮遜，凡鰥寡飢饉之人皆追思之。歐陽文忠公表其墓，謂「行之以躬，不言而信」，蓋實録也。有子四人，而寶文公則第三子之孫，以文章贊書命，才略典方面，克孝而忠，大其家聲。今幾宜君復蒙上拔擢，守蓬守邵，進

[二] 議：原作「疑」，據明澹生堂鈔本、四庫本改。
[三] 予謂：明澹生堂鈔本、四庫本無。

用未已，施於有政，豈直如處士居鄉而已乎〔一〕？舉斯心加諸彼，則上不負天子，下不負張忠獻之言矣〔二〕。淳熙癸卯臘月丙寅。

跋錢穆父與張文潛書

右錢穆父與張文潛書，蓋元祐末紹聖初，文潛自潤改宣及謫黄州監當時也。文潛妹歸穆父第二子東美，婚姻之故，情誼款密。其《賀入翰苑啓》猶載文潛集中，所謂「内翰侍讀四丈」者。未幾竄逐元祐臣僚，人以東坡兄弟〔三〕、秦少游爲諱，而穆父憐問懇惻，且有「靈光巋然」之語，蓋自况也。最後勉文潛以卯入申出，仍以閑詩文不着急爲諷，意愛深矣。淳熙癸卯閏月十三日偶觀此帖，而刑部侍郎曾仲躬適相過，知其爲錢出也，問以「得雌名同兒」謂誰，仲躬曰：「即吾母魯國太夫人。今年九十〔四〕，飲食視聽不少減。」予嘆曰：「賢者之孫固宜壽而康耶！」仲躬又爲予言外祖拔解後侍翰林使高麗，既歸，省試已終場，不能無悵然。會開寶貢院大火，至焚死考官，有旨再試，遂在選中。外祖喜甚，翰林責之曰：「爾不念焚者耶！」因併記其語而歸之汪氏。

〔一〕直：原作「真」，據明澹生堂鈔本、四庫本改。
〔二〕「張忠獻」下，明澹生堂鈔本、四庫本有「公」字。
〔三〕人：原作「又」，據明澹生堂鈔本、四庫本改。
〔四〕九十：四庫本作「七十」。

廬陵周益國文忠公集卷一八

省齋文稿卷一八

題跋 五

跋汪季路藏張文潛與彥素帖

朱希真父諱勃，元祐紹聖之交爲右司諫，時張文潛爲起居舍人，故云同省。今國史院有李仁父編《國朝百官公卿表》，而諫官門逸朱勃姓名，以是知闕文多矣。淳熙甲辰正月二十五日。

跋汪季路所藏東坡作王中父哀詞[一]

某幼於武臣張可久家見東坡序《六一居士集》，起草至「作於其心，害於其政；發於其政，害於其事」四句，每句上下兩字用筆與全篇濃淡不同，似初闕而後填者。蓋孟子又云：「生於其心，害於其事；發於其事，害於其政。」一書而文意交錯疑混，故當審而用之耳。前輩言坡自帥杭後，爲文用事先令門人檢閱。今觀其柬稿帖，則已加詳矣，況暮年乎？況他人乎？

跋朝士送王校書通歸臺州詩卷

校書居位不能滿其才[二]，此詩軸即柳儀曹先友記也。淳熙甲辰二月中休。

跋范文正公五帖

右范文正公五帖，四世孫之柔所藏也。其前家書四通，皆遺兄仲温者。以文正集考之，嘗歷寧海軍節度推官[三]，遷太子中舍致仕[四]。後一帖字仲儀，即王懿敏公也。范氏自忠宣公擢第皇祐之初，至乾道八年而之柔乃復登科，中間寥寥，蓋百二十有四載矣。世濟其美，尚知勉哉！淳熙十二年二月六日[五]。

跋喻子材檽帖

喻公子材邃於經學，敏於詞藝。紹興初，館閣多俊傑，視題

[一] 詞：原作「詩」，據明澹生堂鈔本改。又題下原注：「其後注云：『謝鯤事更煩檢《晉書》，恐誤用。』」

[二] 居：原作「君」，據明澹生堂鈔本、四庫本改。

[三] 寧海：原刻校云：「一作『海寧』，誤。」軍：原無，據明澹生堂鈔本、四庫本補。

[四] 遷：原作「選」，據明澹生堂鈔本、四庫本改。

[五] 十二年：四庫本作「十一年」。

名可考也。乾道壬辰，予自小宗伯奉祠過無錫，子材老矣，用兩夫肩輿迎勞於途[一]，議論纚纚，使人聽之忘倦。其謂自天子至庶人皆有朋友，三代而上每措之父子兄弟之間，後世此道殊廢。予至今紳書之。汪季路其外孫也，出示公遺墨，因題其後。

跋劉器之帖

淳熙七年夏，連州守臣頓首上尚書：「謹按《國史》，諫大夫劉安世秉誼據正，國之寶臣，不幸官未應謚。其曾孫孝騫嘗貢本州，累援鄒浩、蘇軾特謚故事以爲請。守臣不敢聞，頓首上尚書。」六月丁酉，制曰下禮部。禮部下太常，太常博士宋之瑞議，以慮國忘家曰忠，德行不爽曰定，易安世之名。九月甲戌，復上尚書。丞相臣雄、參知政事臣良臣、臣某奏臨安行宫，制曰可。明年，考功郎章森覆謚議同。十二月戊申，始詔有司告其第。於是天子旌嘉遺直之德意、忠定公死而不朽之令名，暴白於天下，孝騫念祖之志伸矣。他日，出公二手帖泣而言曰：「曾祖在竄斥中，母亡子夭，患難極矣，而應之猶能踰嶺迎奠。今正論既伸，褒錫美謚，而先大父往歲貶死於連，未克歸葬，乃無哀王孫者。」某聞而憐之，爲孝騫言：「孔君嚴節度嶺海，人士落南不能歸與流徙之胄百餘族咸受其賜。今廣帥采若[二]、轉運會叔、提舉廷玉暨連守昌君皆尚友古人，樂善無厭，第持二帖造焉，必將念元祐之故家，賡唐賢之惠政，孝騫其何慮？」十一年八月十一日[三]。

跋尤延之家藏蘇子美四時歌真蹟

同時則妬賢嫉能，異世乃哀窮悼屈，古今殆一律也。使劉元瑜輩見子美詞翰於百年之後，則所謂一網之舉，安知不轉爲什襲之藏乎！淳熙甲辰十二月三日。

跋喻仲遷所藏蘇黄門翰林詔草答韓儀公辭免同知樞密院詔[四]

國朝内制非一種，吏具檢往往列舊作於前，今猶如此，私號屏風兒[五]。某頃跋汪氏所藏王岐公《謝承旨學士表》併及陶翰林依本葫蘆之語，正謂是也。按元豐雜壓同知密院，雖在丞轄之下，然二府迭居，固不計此。韓儀公實自左丞除授，豈應取序進加等之文以爲式？吏輩刻舟記劍，當發蘇公之一笑[六]。淳熙甲辰十二月中澣。

[一] 迎：原作「廷」，據明澹生堂鈔本、四庫本改。

[二] 采若：原作「来若」，據明澹生堂鈔本、四庫本及《益公題跋》改。

[三] 十一年八月十一日：「日」字原缺，據明澹生堂鈔本、四庫本補。明澹生堂鈔本作「十二年八月十日」。

[四] 答韓儀公辭免同知樞密院詔：此十二字原刻以小字注於題下，據明澹生堂鈔本、四庫本補入題中。又明澹生堂鈔本無「樞密」二字，四庫本無「樞」字。

[五] 私：四庫本作「别」。

[六] 一：原無，據明澹生堂鈔本、四庫本補。

跋蘇氏藏太宗御筆及謝表〔一〕

臣嘗觀參知政事易簡之子耆《續翰林志》，載其父既具狀謝宸翰之賜，仍面奏「辭」字從舌乃是正文，并檢虞世南書者「辭」字進呈。太宗皇帝大悦，曰：「非卿博識，朕以爲誤矣。」蘇氏寶藏此軸垂二百年，而臣始得寓目。謹録其事附卷末〔二〕，使來者有考焉。淳熙甲辰十二月二十二日。

跋嚴汝翼所藏張丞相詩

詩律清遠，有樂道憂世之心；筆法妍楷，無震矜怠惰之容。觀此則忠獻公氣象略可想矣。嚴君既親薰而炙之，宜爲佳士，今改秩宰茶陵，足行所學，尚其勉旃。某亦公年家子也，故敢附名卷末。淳熙乙巳二月上澣。

跋東坡代張文定公上書

東坡代張文定公上書，蓋熙寧十年也。其後爲公墓碑，明載「老臣死見先帝有以藉口」之語，然則書雖成於坡手，而意旨必出於公。不然，何其危言至是耶！神廟時，可謂邦有道矣。此稿比集本減數句，改數字，當以集爲正。真蹟今藏會稽薛氏，而同郡石氏安摹刻之。淳熙十二年二月清明節。

跋蔣穎叔樞府日記

蔣魏公元符三年春自西帥再入翰林，四月擢貳西樞。明年改元靖國，七月升知院事。又明年改元崇寧〔三〕，十月以觀文知杭州。在政府二年有半，此其日記也。延之所謂庋詞者，如以祐陵爲乘輿之乘，蓋協律令。第十卷兩指曾子宣爲淮西，豈非以爲其謫亳祠耶？然《九域志》亳隸淮東，不應言西〔四〕。淳熙十二年九月晦。

跋陳去非帖

紹興乙亥歲，某初仕王畿。陳公之子本之爲郎爲監，家藏手澤甚富。每休務，輒求觀竟日。今踰三十年，本之之子仁和宰復示此軸。前輩翰墨愈久則愈可敬，而本之墓木已拱，又可嘆也！淳熙丙午二月十三日。

題陳去非謝御書等帖

光武中興，誅戰不遑啓處，然猶投戈講藝，息馬論道。樊準

〔一〕筆：明澹生堂鈔本作「書」。
〔二〕附：明澹生堂鈔本作「於」。
〔三〕元：原無，據明澹生堂鈔本補。
〔四〕「西」下，明澹生堂鈔本、四庫本有「也」字。

在漢，以爲美談。恭惟光堯皇帝撥亂於紹興之初，維時陳公周旋兩制，遂踐政地。觀此奏稿，知君臣講藝猶光武也，論道細旃之上，恨不得而聞之。淳熙十三年三月十一日。

題彭仲衡家東坡書黄庭内景經石刻

《集古録》有《黄庭經》二篇，不著書人姓名，其字亦止於不俗。一爲六一先生所取，而殿中丞裴造「好古君子」之名遂得附見。今武岡主簿彭銓仲衡收《黄庭内景》石刻，蓋東坡書也，重以潁濱、山谷之詩，李龍眠之畫，視《集古》所録自當過之〔一〕。所謂好古君子固應無歉於裴，獨鄙言不足行遠爲可愧耳。淳熙丙午四月二十日。

題劉丞相沆拜相制

一紀之間三題此告，歲月逾邁而功業無聞，愧歎久之。淳熙十三年五月十七日。

題劉丞相沆追封兖公制

右元豐三年劉丞相追封兖公制，典重簡蔚，字畫綾紙皆渾厚〔二〕，亦可想當時氣象矣。初至和中，公與文、富並相，王文安爲參貳，嘗同議立儲，逮元豐褒典之行，文、富皆在，獨公已薨。魏泰《東軒筆録》所記歲月序位存亡皆差謬〔三〕，小説固難信也。淳熙丙午五月十七日。

題富鄭公與劉丞相沆書

廬陵劉公至和二年實在相位，富文忠公書蓋是歲正月〔四〕，公方以觀文守河陽，二月即拜宣徽使判并州〔五〕，六月遂與劉公並位。當時謂公素厚文忠，力破朋黨之説，致仁祖信任不疑。合觀書詞，信而有徵。偶非親筆，但書名耳。淳熙丙午五月十八日。

跋臨江軍廖節婦碑

臨江廖節婦以死衛姑，不辱於賊，郡人户知之。二千石屢以狀上尚書，輒復報聞。其子士元懇請不已，迄未獲旌嘉之命。蓋國家凡肆大眚，必曰「義夫、節婦、孝子、順孫，長吏常切存恤，事狀顯著，具名以聞」。又曰「忠臣、孝子墳墓所在，州縣量加封護，曾被旌表，依式重立」。由前之説，專主生存，故死節如廖有所不及。由後之説，雖主於死，然止云忠臣、孝子，故

〔一〕「視」上，明澹生堂鈔本有「蓋」字。
〔二〕皆：原作「則」，據明澹生堂鈔本、四庫本改。
〔三〕記：明澹生堂鈔本作「載」。
〔四〕公：明澹生堂鈔本、四庫本無。
〔五〕二月：原作「三月」，據明澹生堂鈔本、四庫本及《長編》卷一七八改。

節婦復在所遺。此有司具赦條時以例相承〔一〕，未之思耳。他日能詳著之，則廖必預褒典，而士元之志庶其伸乎。淳熙丙午五月辛巳。

跋鄭景望詩卷

言道學者薄詞章〔二〕，近世則然。景望龍圖通經篤行，見謂儒宗，而其詩句乃綽有晉、唐名勝之遺風，胸中所養亦可知矣。自其云亡，不特永嘉學者深惜之，中外士大夫皆惜之，而予以舊友同僚尤惜之〔三〕。淳熙十三年十月十日〔四〕。

題宋景文公家書

前輩謂文章當如作家書。今觀景文公家書皆成文章，是固一理也。淳熙丁未二月二十三日。

題宋元憲公表稿

元憲公表稿辭理精粹，真行燦然。今蓋百五十餘年〔五〕，明窗三復，如見其人。淳熙十四年二月二十三日。

題洪景盧所藏王摩詰山水

自崇寧興畫學，名筆間出，有賜紫待詔高克明者，頗得摩詰用筆意，當時甚重之，今已不易致〔六〕，況唐朝真蹟乎？淳熙丁未八月八日過史院，翰林洪公景盧出示此軸，輒記其後。

跋韓子蒼詩送劉童子歸廬陵

劉童子七歲能誦書，部使者聞諸朝。既至京師，會更制，不果試。其歸也，以二小詩送之。　七歲瀾翻數萬言，飢鷹引子望騰騫。旹平不用甘羅輩，寂寞提書歸故園。　不作西京童子郎，時人已自識黃薌。還家更誦五千卷，十八重來誼太常。

廬陵劉童子眉宇秀發，音吐琅然。試六經、《語》、《孟》、《左氏傳》於太學，覆試於中書，其誦如流，此外猶記他文數萬言，緣更制不復盡試，纔免文解而歸。乃父求詩送行，屬光堯喪，言不能文〔七〕，姑録韓子蒼二絶句以示之，尚有味於卒章。淳熙丁未十二月日某書〔八〕。

〔一〕赦：四庫本作「敕」。
〔二〕道學：明澹生堂鈔本、四庫本作「學道」。
〔三〕友：明澹生堂鈔本、四庫本作「交」。同：原作「當」，據《益公題跋》改。
〔四〕十三年：原作「十二年」，據明澹生堂鈔本、四庫本改。
〔五〕「年」下，明澹生堂鈔本、四庫本有「矣」字。
〔六〕易：四庫本作「克」。
〔七〕言：原刻注云：「張本有『言』字」。按明澹生堂鈔本、四庫本亦然，據補。
〔八〕日：明澹生堂鈔本作「旦」。

題向薌林家所藏山谷書南華玉篇

《黃庭内景》一篇〔一〕，世傳魏晉時道家者流所作。自王逸少以來，高人勝士皆喜書之。此三十六篇乃其義疏，名曰《内景》，蓋養生之樞要也。薌林居士藏山谷先生所書有年數矣，其孫士虎遠以相示，筆勢秀傑，何待稱贊。惟所用字較光堯皇帝賜寧壽觀本差殊頗多〔二〕，如首句「虛皇尊」今作「虛皇前」，末句「此其文」今作「此真文」，皆當以御書本爲正。淳熙十五年五月旦日〔三〕。

題汪逵季路所藏墨蹟三軸〔四〕

右東坡祭范蜀公文稿。「所穫皆賢」後作「所得」，「燦如長庚」後作「燦焉」，「誰復舉之」後作「似之」。蓋種自應穫，既喻求賢，孰若「得」字之廣大也。前已用「今如星辰」，不必又云「燦如長庚」，改用「燦焉」則語健而意足。以「舉」爲「似」，大率類此。學者因前輩著述而觀其所改定，思過半矣。淳熙戊申三月壬寅，東昌周某敬觀於大廟之齋廬。

李西臺、吾家膳部、石曼卿、鍾離景伯皆中原以書名者，朱希真、尹彥明又皆南渡名勝。季路藏此帖，可謂好事矣。

題蘇季真家所藏東坡墨蹟 三首

陸宣公爲忠州別駕，避謗不著書，又以地多瘴癘，抄《集驗方》五十卷，寓愛人利物之心。文忠蘇公手書藥法亦在瓊州別駕時，其用意一也。淳熙戊申三月十七日。

元祐六年夏，坡公既作《聽聞復字序》，後三年春，在武定復和其見寄詩，有「前生同社」之語。又後七年，當靖國辛巳，蓋公夢奠歲也，猶贈詩僧道通詩，云：「雄豪而妙苦而腴〔五〕，秪有琴聰與蜜殊」。其愛之重之如此。淳熙戊申三月，與洪景盧同以永思陵使事留泰寧寺獲觀。

文忠公在翰林時〔六〕，兩因答臣僚辭免有所論奏。其《乞許安燾辭轉官》見《内制集》，當時真蹟未知存否，茲其一也。蘇氏宜世寶之。淳熙戊申四月六日，東昌周某書而歸之公元孫朴。

〔一〕内景：明澹生堂鈔本、四庫本作「外景」。
〔二〕較：原作「校」，據四庫本改。
〔三〕五月：明澹生堂鈔本、四庫本作「二月」。
〔四〕題下原注云：「案跋止二首，『三軸』疑當爲『二軸』也。」
〔五〕雄豪而妙苦而腴：原作「雄豪妙句苦而腴」，據明澹生堂鈔本、四庫本、《東坡全集》卷二五、《東坡詩集注》卷一九改。
〔六〕時：據明澹生堂鈔本、四庫本無。

題王樂道帖

右王文恪公與許州屬吏帖，五世孫佐之出以相示，且曰秘閣有公文集三十卷，惟奏議散佚不存。予告之云：「公事仁宗爲臺諫，事神廟爲中丞。其論奏甚多，《國史》本傳已載大略。當是時雖名臣比肩於朝，然是非原不相掩。如劾陳升之則及史昭錫之兄，言郭逵則云文彥博之走史、范仲淹之弄兒。又謂韓魏公久專國政，君弱臣强，乞行罷退；一夕疏吳長文之罪至數千言：皆見於司馬温公《治平齋記》。欲不焚稿，得乎？」佐之因請題其後。淳熙十五年四月八日。

題范太史家所藏帖二則

儒者病於寡要〔一〕，實録牽於多愛，自太史公已然，況餘人乎？眉山李仁甫謂：「近則事詳，遠則事略，不當以繁省論文。」其言善矣。故《續通鑑長編》多採近世士大夫所著，如曾子宣《日記》之偏，王定國《甲申録》之妄，咸有取焉。若得如范公者相與商度而斧藻之，又善之善也。淳熙戊申十月十八日。

右嘉祐六年春，知舉翰林王公、范公、中丞王公《貢闈唱酬》一卷〔二〕。幅紙聯書則物無費，隨手塗改則情甚真。至於宫商相宣，金石諧和，覽者自可玩味於詞翰之表。太史公有云：「假令晏子而在，余雖爲之執鞭，所忻慕焉。」近時張浮休題諸公與尹師魯帖，乃謂「假使皆無恙，安得比肩踵門而過我」？夫賢者可從而不可致，太史公之言蓋竊有取，而未敢以芸叟爲然也〔三〕。

跋向氏邵康節手寫陶靖節詩

康節先生藴先天經世之學，顧獨手抄靖節詩集，是豈專取詞章哉？蓋慕其知道也。宣和末，臨漢曾紘謂舊本《讀山海經詩》「刑天無千歲」〔四〕，當作「刑天舞干戚」。某初喜其援證甚明，已而再味前篇專詠夸父事，則次篇亦當專詠精衛，不應旁及他獸。今觀康節只從舊本，則紘言似未可憑矣。「開歲倏五十」或作「五日」，近歲祁寬謂「五十」則與辛丑不合，今康節直作「五日」，尚何疑焉？淳熙己酉重明節舟次臨江薌林，向公之孫士虎出示此軸，因表而出之。

〔一〕於：明澹生堂鈔本、四庫本作「乎」。

〔二〕中丞王公：原作「中丞范公」，四庫本作「中丞黄公」。考《長編》卷一九三，時王疇權御史中丞，蓋謂是也。今據明澹生堂鈔本改。

〔三〕原刻文末注云：「按：右嘉祐一條，翰院本另有跋王范貢闈酬唱卷標目，知聖道齋本無之，考目録亦無此條，當以同屬范藏，與前總一題，無容别著目也。」

〔四〕漢：原刻校云：「張本作『江』。」

跋臨江守潘燾所收蔡君謨寫韓文三箴

蔡忠惠公書爲本朝第一，蘇文忠公言之矣，誰敢改評？至於因筆之正而知公心之正，不在此三箴乎？淳熙己酉重明節。

跋彭惟孝求志堂記

夫子之門，升堂入室者衆矣。隱居求志，猶云未見其人，蓋非伯夷、叔齊不能當也〔一〕。太和彭氏築堂而是之名，以似以續，今三世矣。至於孝求，「無念爾祖，聿修厥德」，復形於名字之間，則其求之也，其諸異乎人之求之與？淳熙己酉十二月十三日〔二〕。

跋呂居仁帖

紫薇舍人呂十一丈在政和初春秋鼎盛，且方崇尚王氏學，以蘇、黄爲異端，而手書立身、爲學、作文之法乃如此，其師友淵源固有所自，而特立獨行之操誰能及之？近世謂以詩名家，是殆見其善者機耶！嗣孫祖平力紹家學，遠示此軸，歎仰之餘，輒附名於後。充之老人姓唐，諱廣仁，丞國諱枋，蓋真宗朝參政安仁之後〔三〕，仲長之子也。紹熙元年正月二十五日。

跋臨江軍任紹盤園高風堂記

清江，江西一支郡耳，而士大夫未至者必問向氏薌林如何，任氏盤園如何，其至則未有不朝薌林而夕盤園也。夫園林勝槩，所在不乏，何獨二氏擅名如此，非以其人之可貴與？惟向公伯共早從前輩游，旋受知高廟，周旋中外，事業顯著，薌林之宅又形宸翰，盛年掛冠而歸，迄備《洪範》之五福，其可貴固宜。任侯子嚴出於名家，少年已負雋聲，下筆輒數百言，涖官所至辦治，蓋嘗親炙向公〔四〕，不但慕藺相如於後世也。惟其才高志大，不肯下人〔五〕，以是屢起屢仆。在官之日少，閑居之日多，歛藏智略，盡力斯園，殆與薌林爲鴻雁行。數上書致仕，予頃在榻前明言其才，願勿聽所請，仍畀祠禄，待他日之用，天子然之。而侯必欲希蹤向公，懇請弗已，後二年竟伸其志，是可貴也。郡人南安太守章君茂獻嘗作《高風堂記》，誦侯之美，識者韙之。予自念知侯久，而疇昔薦進不力，是一可愧。叨塵過分，未能如侯之納禄，是二可愧。四十年間往來不可計，而才蕪思涸，曾無一語形容園中之勝，發揚主人之善，是三可愧。因茂獻之記，姑自誌其過云。紹熙改元二月既望。

〔一〕不：明澹生堂鈔本、四庫本作「莫」。

〔二〕十三日：明澹生堂鈔本作「二十日」。

〔三〕丞國諱枋蓋：原無，據明澹生堂鈔本、四庫本補。

〔四〕嘗：原無，據明澹生堂鈔本、四庫本補。

〔五〕「下」字前，明澹生堂鈔本、四庫本有「少」字。

跋李次山霅溪漁社圖

唐元結字次山，嘗家樊上，與衆漁者爲鄰，帶笭箵而歌欸乃，自號聱叟。今河陽李君名元，字次山，卜築霅溪，又號漁社，其善學柳下惠者耶！始乾道間，予官中都，君以先世之契，數携此圖求跋。自念身遊東華塵土中，欲爲西塞溪山下語難矣。屬者奉祠歸廬陵，所居在城東隅，去江無五十步，洲名白鷺，横陳其前。日以扁舟夤緣葦間，鷗來相從，百住而不止〔一〕。雖未敢竊比張志和，亦庶幾乎元次山矣。而君方以尚書郎奉使全蜀，凡六十一郡之官吏，數十萬之將士，莫不斂板受約束，銜枚聽號令。猶念舊社不置，萬里遺書，與圖偕來，督踐前約。予欲遽數忘機之樂，則君權任如此，顧豈招隱時耶？需君他日奉計甘泉〔二〕，厭直承明，尚寄聲於我，當有以告君，今未可也。姑題卷軸歸之。紹熙元年三月三日，適逢丁巳，青原野夫周某。

題周畺兄弟閻立本樂治圖

《圖畫見聞志》叙古名筆，最後有唐陸滉《堯民鼓腹圖》，殆此類與。紹熙改元五月晦〔三〕，周某觀。

又題欸塞圖

周武王時，四夷咸賓，史官集其事爲《王會圖》。至唐貞觀三年，東蠻入朝，顔師古亦請繪蠻夷之在邸者以彰懷遠之德，太宗令閻立本爲之。此豈唐人遺筆乎？何意象之古也！

題養正堂記并魯侯帖〔四〕

古《冀州養正堂記》并《與魯侯帖》，山谷爲北京教授時所作，年方三十有五，自云比平時書札似差老勁。明年調太和宰，秋歸江南，真積力久，詞翰又非前比，所謂九萬里風斯在下矣。紹熙元年五月晦〔五〕，周某觀於宗人虞卿兄弟家。

跋倪求己所作鄒時飛行狀

鄒彦明之死，其子時飛得内相洪景盧爲之銘。時飛死，其子

〔一〕住：原刻注云「張本作『注』」。按明澹生堂鈔本作「往」。
〔二〕奉計：原刻注云「別本作『奏記』」。按明澹生堂鈔本、四庫本均作「奏記」。
〔三〕紹熙：原作「紹興」，據明澹生堂鈔本、四庫本改。
〔四〕「并」下，明澹生堂鈔本有「與」字。
〔五〕元年：原作「九年」，據按明澹生堂鈔本、四庫本及《益公題跋》改。

奎求鄉人倪丞狀其行實，又將謁銘於他邦。予告之曰：「漢許劭兄弟俱有高名，好共覈論鄉黨人物，每月輒更品題，故汝南俗有月旦評。夫人之善惡，惟鄉評不可掩。爾家再世爲盧溪〔一〕、誠齋諸儒先所與，未嘗改評，則其是非可考矣。矧倪丞甚文而賢，乃父必賴以傳，奚必他求哉！」奎曰：「然，請歸而刻諸阡。」紹熙元年。

跋王民瞻楊廷秀與安福彭雄飛詩

盧溪王公主廬陵文盟者六十年，繼之者今誠齋楊監廷秀也。觀二公品題彭君如此，則其學問文采可知矣。袖書過我，欲默不可，請爲祝辭，附名於左：「惟盧溪年近期頤而筆不衰，予祝雲翔他日與之齊。誠齋仕都顯美而進未止，予祝雲翔他日踵其趾。豈特毋負二公之言，亦庶幾鄉里斯文之得其傳乎！」紹熙改元。

跋永和歐陽樗叟銘

歐陽樗叟，一鄉之善士。始予登第，叟不以儒先臨我，贈我以詩。今四十年，叟之墓木已拱，而其子若孫復與予游，皆謹厚好學，不忘秋蘭朝菌之家訓，叟爲不亡矣。讀胡忠簡公所述銘文，不勝懷人念舊之嘆。紹熙改元八月十三日。

記己酉杭州鄭樞密事

己酉四月七日，新除端明殿學士、同簽書樞密院事鄭瑴劄子奏：「臣自陛下退處別宮，日夕憂憤，計無所出，謂必藉外兵方可圖復。兼義不當居職，欲得以罪去，即北走平江、金陵。見張浚、呂頤浩舉義事，累章待罪。蒙太后降詔不允，莫遂所請。十四日，忽蒙聖旨，除臣御史中丞。臣職在彈擊官邪，苗傅等悖逆肆虐，擅行殺戮，十六日，遂具章乞告示傅等便宜軍法，只得行於所轄兵卒，其餘當聞之朝廷，付有司以正刑典。又傅等日至都堂，與朝廷事，臣慮威福之柄下移，不敢愛死，抗章極言，謂朝廷近日差除，多出苗傅、劉正彥之意，而二人更迭出入都堂，殆無虚日。其所以敢爾者，必恃兵之强也。王莽之兵非不强也，昆陽一敗，莽卒授首。乞告示苗傅等」。太后不欲降出臣章疏，恐傅等致害於臣。及再上殿，懇請乞降付三省以告示之，使傅等知畏縮，則足以正朝廷之綱紀，使其肆横害臣，臣以身死職事，臣不當避。遂降出臣章疏。傅等果出怨言，謂直擬其爲王莽。雖懷恨疾，然亦少戢。兼聞以簽書樞密院召呂頤浩、以禮部尚書召張浚，又分張俊之兵五百人歸陝西。及浚不受尚書之命，俊不肯分所部兵，遂謫浚以散官，居郴州；擢俊以節度，知鳳翔。臣知皆出傅等姦謀，假朝命，使外無强

〔一〕盧：原作「瀘」，據明澹生堂鈔本、四庫本改。下同。

兵謀臣，內生變亂，事不可緩，遂一章乞留呂頤浩知金陵，一章言張浚不當謫，而求有膽氣謹密可共事之人，得奉議郎謝嚮，令爲客旅，徒步如平江見張浚等，具言城中之事。令嚴設兵備，大張聲勢，持重緩進，使其自遁，無致城中之變，驚動三宮，此爲上策。撰《杜鵑詩》四句，親寫令攜去執呈諸人，以爲信驗。詩云：杜鵑飛飛無定棲，寄巢生子百鳥依。園林花老晝夜啼，安得百鳥挾以歸。取杜甫詩言蜀天子化作杜鵑，生子百鳥巢之意。以杜鵑喻天子，以百鳥喻百官，言內外百官當同心共謀，挾天子反帝位以歸宮也。嚮至平江，以詩徧呈張浚、呂頤浩、劉光世、張俊莫不嗟嘆。至二十六日，忽聞宣詔，降陛下爲元帥，降新帝爲監國，太后獨垂簾聽政。臣具章留百官班，同宰執從官上殿論列，謂位太后聽政，所以保有宋宗廟社稷，今乃使趙氏子孫不得居帝位，二十日之間降二皇帝，使天下無君。詔書一出，則天下貢賦不至，必有仗義而起兵者。蒙太后開納，宣諭褒美，令臣往都堂商議〔一〕，遂得不降詔書於四方，漸謀復辟，擢臣備員樞府，三日而陛下復寶位。此臣於陛下處別宮之後所言所行之事也。伏望陛下於萬幾之暇，特賜睿覽。臣無任惶懼之至。」奉聖旨：此可報行。

右樞密鄭公己酉三月末家問一通，尋復辟而上此奏，四月七日有旨報行。距今六十餘年，後生往往不記其全文，金匱大書既難輒睹，龜山誌文亦載大略，故因公之孫出示此卷，備録奏篇而題其後。紹熙庚戌八月二十六日。

書張欽夫栻劉文潛焞與蔣邕州書

亡友張欽夫、劉文潛皆眼高四海，未嘗輕以一字許人。先後帥桂林，聞邕州遺愛及華夷〔二〕，大書至數百言。推是以考其平生，則張安國之銘豈諛墓者？壽祿不於其身，有子而才，自宜光顯於世；而礪也三抑於春官，六十未離選調，以此知遠方賢能阨窮不少矣。予嘗在進退人材之地，深有愧於斯文。紹熙元年九月甲子。

題與王洋手書

泉江王嘉謨蚤以經術詞章首鄉薦〔三〕，名聲藉藉，晚仕州縣，止於選調，人皆惜之。二孫種學積文，不忝乃祖，携予頃歲書帖相過，請記於後。讀之恍然，殆如隔世。芻狗已陳，豈應復盛篋衍？蕉鹿雖在，未知其爲彼夢耶，我夢耶！紹熙改元九月二十四日。

〔一〕堂：原刻注云：作「堂」誤。

〔二〕「聞」字下，原刻注云：「院本有『張』字。」按四庫本作「張邕州」，誤；明澹生堂鈔本作「蔣邕州」，當是。

〔三〕薦：明澹生堂鈔本、四庫本作「舉」。

跋楊忠襄與鄉人羅鍔詩帖

右忠襄楊公與友人羅鍔士廉詩帖各二，羅之姪孫泌寶藏之。予聞楊司業告諸生曰：「學者，所以學爲忠與孝也。」方政和中，二公同游太學，每以是相勉。不幸士廉年纔三十一，死親之喪，鄉人推爲孝子，名士胡份兼美實爲之銘。厥後忠襄遂死於忠，國史書之，萬世仰之。平生取友如此，賢矣哉〔一〕！紹熙庚戌十月一日。

題郭知章告身後

右内翰郭公自玉堂出帥南陽告身一通，其曾孫積中得於浸漬之餘，携以相示，乃爲重裝，且節録國史本傳於後。觀公始末〔二〕，亦可謂古之名臣矣。惟紹聖以來，權臣用事，居言路者人知其難。既晚入黨籍，則大略固可考云。紹熙元年十一月五日，少保、充醴泉觀使、益國公周某。

書龔夬傳後〔三〕

《徽宗實録》進於紹興末，重修成書在淳熙之四年。龔公一傳，微有增損，要是後録爲詳，如論郝隨、鄧洵武，前皆略之。比歲所進《四朝國史》，列傳蓋取諸此。初乾道中，公曾孫頤正嘗請中書舍人張君孝祥書舊傳刻之石，今復俾某題其後，乃録新傳以遺之。惟公學術，豈晚生所敢輕議，至於守道不阿，尚可推考。方王荆公不喜《春秋》，公則詳爲之傳，知非苟從王氏者。迨元祐初，司馬文正力闢王説，公乃反覆申辨，不爲少屈。文正雖有習氣之語，不害其爲篤實也。厥後，哲宗疑元祐大臣，出公於外，而公奏陳之意猶前日所以對文正也。二三十年間，士大夫狥時向背者多，公獨始卒如此，是宜人主信之，學者尊之。勁正如鄒忠公，名浩，有《道鄉集》。序公《易傳》，至謂其説可與《易》偕行不朽，而以門人自名，則公學術可知矣。公父諱大同，號括蒼名士，子若孫立身蒞官皆不苟。至頤正博通史學，嫻於辭章，諸公交薦諸朝，天子特命以官。今居姑蘇，閉户著書，近世言儒門者推龔氏云〔四〕。紹熙庚戌十一月十三日。

題郭彦逢庚午解牒并易辨説

紹興庚午，廬陵郡秋試數千人，預貢者六十有一。郭君彦逢名在第五，又魁《易》之一經，其才學可知已。時君年過五十，不復西笑，故解牒猶在，其孫特起同文稿襲藏惟謹。復著《易辨》十篇，自《乾》卦至《繫辭》皆爲訓説。謂予昔忝同升，携以相示。追惟四十年間，所謂六十餘人，存者殆若晨星，其子若

〔一〕「賢」字前，四庫本有「真」字。
〔二〕「乃爲」至「始末」十七字原無。原刻注云：「張本有『乃爲重裝，且節録國史本傳於後。觀公始末』三句。」據補。
〔三〕夬：原作「史」，據四庫本改。
〔四〕「推」字前，四庫本有「惟」字。

孫能以一經傳家如郭氏者鮮矣。予聞萬安爲邑在熙寧五年，今將兩甲子，英才項背相望，策第太常，何爲寂寥？念爾祖而破天荒，不在此時乎？尚其勉之哉！紹熙庚戌十二月十二日。

記李太白廬山詩

我本楚狂人，鳳歌笑孔丘。手持緑玉杖，朝別黄鶴樓。五嶽尋仙不辭遠，一生好入名山遊。廬山秀出南斗傍，屏風九叠雲錦張，景落明湖青黛光。金闕前開二峯帳。銀河倒掛三石梁。香爐瀑布遥相望，廻崖沓嶂凌蒼蒼。翠影紅霞映朝日，鳥飛不到吴天長。登高壯觀天地間，大江茫茫去不還。黄雲萬里動風色，白波九道流雪山。好爲廬山謡，興因廬山發。閑窺石鏡清我心，緑蘿開處懸明月。早服還丹無世情，琴心三疊道初成。遥見仙人綵雲裏，手把芙蓉朝玉京。先期汗漫九垓上，願接盧敖遊太清。

廬山之南有尋真冲虚觀，古名詠真，道書真誥述三十六洞天，而詠真爲第八。七十二福地，廬山爲元辰福地。是觀即詠真洞天，五老峯正在其後。唐貞元間，女冠蔡尋真居之，因以名觀。後有白龍潭，飛瀑注焉。舊史云漢武帝過九江，築羽章館於屏風疊，下臨相思澗。今五老一峯疊石如屏嶂，蓋其故地。潭上有緑淨亭。

右見熙寧中陳令舉賢良《廬山記》。乾道丁亥十月己未，予來游宿焉。明日登采訪使者閣，望叠石峰僅在百步間，相連即獅子峰，石山無草木。曉日下照，宛如赤城，奇姿巧勢，不可名狀，乃取李白「屏風九叠雲錦張」之句題其牓[一]，曰「雲錦閣」。龍潭在觀後里許，水作琉璃色，其中數尺正黑[二]。知觀湯善翔云深數十丈，相傳爲洞天之門，未知然否。潭上有靈澤龍祠，殆緑淨亭基耶？淳熙己酉秋，艤舟南康，略來山南，不暇再往，惟一至折桂，登黄雲觀而歸，回首舊游垂二紀矣。明年，道録皇甫居中以事來廬陵，求予書太白詩，將刻之觀中，欣然許之。黄雲正倚五老，雖晚出，然登覽最遠，前守朱元晦所創，其名亦出此詩云。紹熙庚戌。

跋太和樂南金所藏樂史慈竹詩

慈竹亦名桃枝竹，唐王勃、喬琳皆嘗爲賦。勃云：「叢生枝茂，天長地久。萬柢争盤，千株競糺。如母子之鈎帶，似閨門之悌友。」琳謂：「九族睦叙，孝友威儀，是竹必滋。五服相殘，骨肉携離，是竹必衰。尙自家而刑國，亦觸類而增思。」其於摹寫諷諭，固已略備，又得本朝留臺樂公此詩，然後懲勸之旨粲然畢陳於前。凡在士庶，當家傳而人誦之[三]，况公苗裔乎？刻之宜矣。紹熙元年九月二日。

[一] 牓：明澹生堂鈔本作「閣」。
[二] 尺：明澹生堂鈔本作「丈」。
[三] 「當」字前，明澹生堂鈔本、四庫本有「自」字。

跋韓文公黄陵廟碑

孔安國釋《書》「陟方」爲升遐，言簡而易通〔一〕，學者可類推也。韓文公作《黄陵廟碑》，乃訓「陟」爲没，蓋疑東南卑下，宜言下方，不當言陟，遂以「方乃死」爲釋此「陟」字。其説雖新，某竊有疑焉。不敢引他經爲證，姑以伊尹告太甲質之。其曰：「升高必自下，陟遐必自邇。」蓋以陟遐爲陟遠也。舜自中國南巡，非陟遠乎？況地勢雖下，其間自有崇岡峻嶺，何害其云陟也？大抵古文簡少，一字數義。如《爾雅》以初、哉、首、基、肇、祖、元、胎、俶、落、權輿爲始，故注《詩》者釋「訪落」爲「謀始」，可謂簡而有據矣。然則《楚詞》「餐秋菊之落英」，其指初英無疑。或者不思訪落之意，直以爲隕落〔二〕，遂至轉輾相譏〔三〕，其失遠矣。因文公之説併及之。

〔一〕易：明澹生堂鈔本作「意」。
〔二〕「隕落」下，明澹生堂鈔本有「之落」二字。
〔三〕轉輾：明澹生堂鈔本、四庫本作「輾轉」。

廬陵周益國文忠公集卷一九

省齋文稿卷一九

題跋 六

跋楊愿與王伯芻詩

愿伏承駒父秘校惠示見和鄙句七言四韻二首，降歎之餘，因成二絶往謝，幸幾笑覽。愿悚恐再拜。冷官廳事客來稀，種綠陰陰結夏帷。忽得君詩愜人意，陶家風到北牕時。只今侍讀周夫子，屢説君詩似杜詩。速把冠塵盡彈却，玉堂宵直伴王維。愿數見侍讀侍郎周丈盛稱駒父詩有句法〔一〕，故後篇及之。

同年楊謹仲，清江儒宗，尤工詩。仕雖不遇，而門人登高第，歷顯官者相望也。年踰七十，自吉州教官奉祠而歸。予頃在翰苑得書云：「東坡直玉堂，讀李端叔詩，用伴直難呼孟浩然事〔二〕。」詳考新舊《唐書·王維傳》，皆不載曾入翰林，况禁地亦非外人可至，疑蘇公自有所據。然以今觀之，恐無是事，蓋諷予不能引類爾。他日復寄聲云〔三〕：「古今無詩人監廟。」予亟懇當路以車輅清曹招之。謹仲纔拜命即掛其冠，後數年乃卒。今覽《贈王駒父詩》再引維事見及〔四〕，猶前書之意也。按唐李肇《翰林志》，明皇初改北門學士爲翰林待詔，張説、徐堅、張九齡、徐安正相繼爲之，而不及維。後又改爲翰林供奉，計一時材藝之士畢集其中。如維能詩善畫，有清名，固宜預選。新史既采雜説載伴直事於浩然傳，則維傳自不必書矣。謹仲亦善墨戲，見予家舊畫草蟲，因作八物於後，至今藏之。每懷其風度〔五〕，未嘗不悵然也。紹熙二年二月三日。

書韓忠獻王帖

治平四年九月，魏忠獻王罷政〔六〕，判鄉郡。會經度西事，十一月改判長安。前守天章閣待制王舉元先一月徙陝西都轉運使，以龍圖閣直學士吳中復代之。度未至而忠獻實來，俄又徙舉元知慶州，改命天章待制孫永漕陝西。前一帖與都運待制，得非舉元或永乎？其云欲到驛亭攀違〔七〕，承在朱宅，疑彼不敢受謁，故避於他所。王俟暮夜方遣此簡，賓主之敬然後兩盡。後一帖與參政尚書，即趙公叔平也。末題正月七日，而紙背乃邠兵張祐訴牒，

〔一〕丈：明澹生堂鈔本、四庫本作「文」。

〔二〕事：四庫本作「然」，則當屬下讀。

〔三〕復：原無，原刻注云：「張本有『復』字」，考明澹生堂鈔本、四庫本亦有「復」字。據補。

〔四〕再：原無，原刻注云：「張本有『再』字」。據此及明澹生堂鈔本、四庫本補。

〔五〕懷：明澹生堂鈔本作「思」。

〔六〕魏：四庫本作「韓」。

〔七〕違：原刻注云：「别本作『送』。」

猶稱治平五年者〔一〕，是歲正旦改熙寧元年，詔書未到耳。趙公是月二十三日自禮部尚書、參知政事出守徐州，通問時尚在朝也。始予幼年猶見士大夫簡尺多起草，蓋幅少辭寡，初不爲勞。稍長，頗藏名公親帖，以比集本所載，類經删潤，如六一先生書稿尤多。王晚年名位德業盛矣，其於尺牘尚毋不敬〔二〕，今之後生肯如是乎？紹熙二年二月二十八日，四世孫新全州使君來懇求考證〔三〕，因爲及近事，且以成亡友劉子澄之志云。

題楊廷秀浩齋記

友人楊廷秀學問文章獨步斯世，至於立朝諤諤，知無不言，言無不盡，要當求之古人。真所謂浩然之氣至剛至大，以直養而無害，塞於天地之間者。師友淵源，厥有自來，今讀《浩齋記》，乃知嘗受教於劉公，公之賢可知矣。其載河南夫子之問，與昔范淳夫以程伯醇語陳瑩中殆一律耶！廷秀此記不愧《責沈》矣。紹熙辛亥四月既望。

跋歐陽邦基勸戒別録

淳熙甲午秋，永新歐陽邦基壽卿携書過予，滔滔千八百言。予愛歎其才，每以進修勉之。而壽卿素慕龍舒王日休之爲人，讀其《居戒録》及《浄土文》而悦之〔四〕，嘗著《勸戒別録》，求予爲序，予固未暇也。後十有六年，奉祠來歸，壽卿之録益詳。凡經史百家所記與夫近世士大夫善言善行，皆聚而筆之，析爲三卷，總十五門。又刻《鋤惡種德篇》及《勸修西方淨業文》散施於人，惟恐聞者不信，傳之不廣，視日休蓋鴻雁行也。連歲踵門伸前請，予曰：「如子之志，雖充棟宇、汗馬牛且不能盡，曾是三卷，安得謂之全書〔五〕？以要言之，『諸惡莫作，衆善奉行』兩言足矣。上士固不待勸，中士必知所擇，下士或思戒焉。彼誨諄諄而聽藐藐者，非所冀也〔六〕。」壽卿請題其後，不復求序云。紹熙二年四月二十六日。

書安福劉德禮家紫芝詩卷

安福劉君德禮暨諸弟皆以文行稱於鄉。淳熙丁未冬，葬其母太安人李氏〔七〕。紫芝産墳左，明年又生。邑人賦詩記之。以予嘗與其先人同預鄉舉，來求一言。予不暇遠稽方册，姑用本縣故事爲證。昔安福令歐陽萬五世孫郴實文忠公之曾祖，歷仕南唐，家於安福，性至孝，兄弟相友愛，有紫芝一莖兩葩生於楹。鄉人以

〔一〕猶：原作「有」，原刻注云：「張本作『猶』。」據此及明澹生堂鈔本、四庫本改。

〔二〕毋：四庫本作「無」。

〔三〕原刻注云：「別本作『使君遡來求考證』。」明澹生堂鈔本作「吏君遡來求考訂」，四庫本作「使君遡來求考訂」。

〔四〕居：原刻校云：「張本作『勸』。」之：原無，據明澹生堂鈔本、四庫本補。

〔五〕全：明澹生堂鈔本、四庫本作「成」。

〔六〕冀：明澹生堂鈔本、四庫本作「計」。

〔七〕李氏：原刻注云：「『李氏』二字從劉氏《譜》增。」

爲孝德所感，爲著賦頌。享年九十有四〔二〕，累贈太師、中書令，後裔仕宦不絶。今劉氏兄弟孝友競爽，天應兆矣。積善不已，則顯親揚名何患不歐陽氏若乎？天不人不因〔三〕，尚其勉旃。紹熙辛亥四月二十九日。

豐城府君便山處士唱酬詩卷

六一先生送佛者慧勤三章，雖極道山中之樂，而謂不可久者，蓋惜其才之甚良，自棄於無用〔三〕，欲反之正耳。若豐城府君，非服胡而顛童也。既有妻兒之團圞，又酒果蔬薪足以供伏臘〔四〕，雲泉松竹足以娱耳目〔五〕，且與便山處士爲鄰，朝夕酬唱，是真得山中之樂者。使六一先生見之，必將勸其可以久則久，豈復遲子之返耶！

題送陸先生赴省詩卷

紹興庚申，伯父寓贛州，招上庠舊同舍泰和陸先生居館下〔六〕，命子姪輩從其學。辛酉冬，辭赴春闈，此送行詩卷也。時初得雩都羅愷教授所傳《駱賓王集》善本，七兄戲效其體作序，頃刻而成，託名尚親長道，詩則尚自爲之。第二篇乃大兄所賦。以上惡札皆予筆也。第三篇大兄爲二兄作，仍代書焉。第四、第五篇，七兄與予自賦自書。第六篇十弟，第七篇李親及之，詩并字亦出予手。當是時，長道年二十有五，大兄、二兄遞少一歲，及之年十有九，七兄年十七，予年十六，十弟又少二歲。今五十年矣。中間陸氏子以元本相遺，留置篋中。紹熙辛亥五月二十五日，因曝故書，覽之太息，蓋長道、大兄、十弟墓檟森然，惟予與二兄、七兄白首相從，而及之猶居贛云。某題。

題山谷與韓子蒼帖

士大夫少負軼材，其詩章固已超絶，然須經前輩品題，乃自信不疑。正如參禪，雖有所得，猶藉宗師之印可耳。陵陽先生早以詩鳴〔七〕，蘇黄門一見比之儲光羲。既與徐東湖遊〔八〕，遂受知於山谷。晚年或置之江西詩社，乃曰：「我自學古人。」豈所謂魯一變至於道耶？紹熙辛亥八月一日。

跋韓子蒼詩草

陵陽先生詩草，友人陸務觀既刻石臨川，又爲跋語，不容復

〔二〕有：明澹生堂鈔本、四庫本無。

〔三〕天不人不因：四庫本作「天與人至近」，《益公題跋》作「天人不同」。

〔三〕無用：明澹生堂鈔本、四庫本作「無庸」。

〔四〕蔬薪：原無，據明澹生堂鈔本、四庫本補。

〔五〕足以：明澹生堂鈔本、四庫本無。

〔六〕「先生」下，原刻校云：「別本有『府字聖修』四字。」按四庫本亦有「府字聖修」四字。

〔七〕鳴：原刻校云：「張本作『名』。」

〔八〕既：原無，據明澹生堂鈔本補。四庫本作「暨」，義同。

措辭矣。先生諸孫籍携以相示，爲之一唱三嘆。最後《贈張景方》一篇，由今觀之，殆夫子自道也。「尚半存」、「僅免燔」六字〔一〕，印本互易之，此稿爲勝，務觀謂未必皆定本，諒哉！籍其善守之。紹熙辛亥八月一日。

跋杜祁公詩

右杜祁公《酬九華吴殿院鼠鬚筆》古、律詩各一篇。吴名中復〔二〕，字仲庶。至和甲午秋，自殿中侍御史因論大臣出倅虔州，未至，改守池陽。乙未冬，復入臺。公詩作於此歲，時年七十有八，又二年而薨〔三〕。《仁録》本傳云：「晚年喜爲草書。」而歐陽公與公詩亦云〔四〕：「言無俗韻精而勁，筆有神鋒老更奇。」皆紀實也。蔣公穎叔心摹手追，跋語數十字，蓋得其髣髴云。先是淳熙初元，公四世孫立道已刻石祁陽，今其弟新會昌宰至道復示真蹟，敬推歲月題其後。紹熙二年歲次辛亥八月六日。

題胡邦衡講筵詩卷

中興以來，侍從百司燕饋之費率取辦於臨安。每歲經筵開講讀及修注官會於學士院，府吏治具以爲常，住講亦如之。紹興壬午，壽皇初即位，力修節用裕民之政。守臣趙子潚因條具異時雜費〔五〕，悉罷之，歲省緡錢一二十萬，歸之朝廷，講會其一也。是年秋，洪遵景嚴以翰林承旨兼侍讀，某時爲起居郎，與洪議用學士院餐錢置酒五行，以毋廢故事，後遂爲例。逮乾道庚寅秋，蓋九年矣，某以秘書少監兼直翰苑。既費自我出，則與院官鄭仲益侍郎同約客，而以非經筵官不赴坐。此忠簡胡公見懷之詩所爲作也。今二十年，真蹟尚藏予家。因公姪濟以予和篇紙弊墨渝來求別書，并取原詩畀之。然當時忠簡公第見供張假之臨安，遂以爲肆筵甚盛〔六〕，不知事始如此。其後壽皇復以所省緡錢歸臨安，於是燕饋如故，惟講會學士院仍自爲之，蓋其費初無多耳。明年，某遷禮部侍郎，既仍舊直，又兼侍講，復增三勸，爲半日之歡，至今不廢云。此卷唱酬凡九人，惟某與趙子直尚存，可爲永歎。紹熙辛亥十月二十五日，益國公周某書。

題趙鑑堂快閣帖〔七〕

鑑堂趙公《和山谷泰和快閣詩》，詞翰殆可相亞。當時刻石邑中，至今猶存。又嘗録小字本寄其弟湖州使君，豈平生得意句耶！湖州孫師奭實寶藏，不敢失墜。來宰泰和，既重修此閣，盍

〔一〕免：原作「勉」，原刻注云：「張本作『免』。」又《陵陽集》卷三原詩亦作「免」，據改。
〔二〕中：原作「宗」，原刻注云：「張本作『中』。」今據此及《宋史》卷三二二《吴中復傳》改。
〔三〕而：原無，據明澹生堂鈔本、四庫本補。
〔四〕與公詩：四庫本無。
〔五〕趙子潚：原作「趙子淵」，據明澹生堂鈔本、四庫本、《乾道臨安志》卷三改。
〔六〕以爲：明澹生堂鈔本作「云」。
〔七〕帖：明澹生堂鈔本、四庫本作「詩」。

併刻此詩如顏魯公《麻姑壇記》？不妨大小字俱傳也。紹熙二年十一月二十四日題於長沙賴古堂〔一〕。

題方季申所刻歐陽文忠公集古跋真蹟

通天下郡邑，凡賢傑之鄉與其宦遊之地，往往揭名公字，繪像以祀，非獨誇耀古昔〔二〕，亦惟高山仰止，景行行止，期有補於將來。歐陽文忠公文章事業師表百世，佛者惠勤尚能於公平昔不到之處〔三〕，以六一名其泉。廬陵，公父母邦也，而夢奠兩甲子，祠堂僅列於學宮，歷刺史不知幾人。芝草、雙蓮何物，草木乃得記瑞，名堂若亭，獨於公置而弗及，此何理也？毋乃謂公生於綿，長於隨，仕於朝，家於潁，雖中間葬母一至永豐，則又凶服不入公門，遂相忘於道術與？紹熙元年，太守莆陽方侯實來，首創六一堂，猶肖公其上〔四〕，以備闕典；復訪求《集古跋》真蹟，擇良工摹刻之。日聚月裒，旁搜遠取，凡得二百五十餘篇，以較印本，其未獲者纔百餘篇，指授點畫殆類親筆，非石刻比也。會徙節廣東，猶捐俸携工以竟斯事，其用力至矣。昔韓文公以六經之文倡於唐，而其遺書初因公大顯，厥後遂以六經之文鳴於宋，蓋傳道之宗在焉。今侯篤志《韓集箋校》，討論殆四十年，傳録無慮數百家，然後定著善本。既牧廬陵，復尊事公於故鄉，以風勵學者，其有補於斯文豈少哉！書來俾之掛名卷末，不得而辭也。三年二月七日，周某書。

書東坡宜興事

買田陽羨吾將老，從初只爲溪山好。來往一虛舟，聊從造物游。有書仍懶著，且慢歌歸去。筋力不辭詩，要須風雨時。菩薩蠻〔五〕。

歸去來兮，清溪無底，上有千仞嵯峩。畫樓東畔，天遠夕陽多。老去君恩未報，空回首，彈鋏悲歌。船頭轉，長風萬里，歸馬駐平坡。無何。何處是，銀潢盡處，天女停梭。問何事，人間久戲風波。顧謂同來稚子，應爛汝，腰下長柯。青衫破，羣仙笑我，千縷掛烟簑。右調滿庭芳。余居黄五年，將赴臨安，作《滿庭芳》一篇别黄州。即至南都，蒙恩放歸陽羡，復作一篇。

丈夫志四海，我願不如老。親戚共一處，子孫遠相保。觴絃肆朝日，尊中酒不燥。緩帶盡歡娛，起晚眠常早。孰若當世士，冰炭滿懷抱。百年歸邱壠，用此空名道。元豐七年十月二日，宜興舟中寫，東坡居士記。陶淵明詩。

〔一〕賴：原刻注云：「别本作『淳』。」按明澹生堂鈔本、四庫本亦作「淳」。

〔二〕古：明澹生堂鈔本、四庫本作「今」。

〔三〕處：明澹生堂鈔本、四庫本作「地」。

〔四〕猶肖：明澹生堂鈔本、四庫本作「貌」。

〔五〕菩薩蠻：四庫本作「右調菩薩蠻」。又明澹生堂鈔本「菩薩蠻」置詞前，後同。

吾來陽羨，船入荆溪，意思豁然，如愜平生之欲。逝將歸老，殆是前緣。王逸少云：我卒當以樂死。殆非虛言。吾性好種植，能手自接果木，猶好栽橘。陽羨在洞庭上，柑橘栽至易得，當買一小園，種柑橘三百本。屈原作橘頌，吾園若成，當作一亭，名之曰「楚頌」。元豐七年十月二日書。楚頌帖。

黄土去縣五十五里，東坡與單秀才步田至焉，地主以酒見餉，謂坡曰：「此紅友也。」坡言：「此人知有紅友，而不知有黄封，真快活人。」邑人舊傳此帖，今亡。

長橋，元豐元年火焚。四年，邑宰褚理復立，榜曰「欣濟」。未幾，東坡過邑，爲書曰「晉周孝侯斬蛟之橋」，刻石道傍。崇寧禁錮，沉石水中。

東坡初買田黄土村，田主有曹姓者，已鬻而造訟，有司已察而斥之，東坡移牒，以田歸之。

邑人慕容輝嗜酒好吟，不務進取。家於城南所居有雙楠，並植蓋。東坡訪之，目爲雙楠居士。王平甫亦寄以詩。

宜興主簿朱冠卿續編本縣《圖經》，載東坡四事。

某自紹興癸酉訖淳熙己酉三十七年之間，凡六至宜興，屢欲考東坡在此月日而未暇也。今年避暑杜門〔一〕，因睹《楚頌帖》，略裒遺跡如後。七月二日東昌周某題。

蘇文忠公以元豐七年量移汝海，四月離黄州，五月訪文定公於筠，七八月之交留連金陵，遂來常州，度九月間抵宜興。聞通真觀側郭知訓提舉宅即公所館，不知凡留幾日也。今觀《楚頌帖》及公曾孫季真所藏淵明「丈夫志四海」詩，皆題十月二日，又云宜興舟中寫，計留宜興不過旬餘復回郡城，自此遂趨汝州。過泗，遇歲除，八年正月四日乃行，道中上書乞歸常。三月六日至南京，被旨從所請。回次維揚，有《歸宜興留題竹西》三絶，蓋五月一日也。《同孟震遊常州僧舍詩》云「湛湛清池五月寒」，而謝表謂「今月二十二日到常州訖」，其爲五月無疑。是月被命復朝奉郎，起守文登。《次韻賈耘老》云：「東來六月井無水，仰看古堰横奔牛〔二〕。」七月二十五日，與杜介遇於潤之金山，贈以古詩。八月二十八日，復贈竹西無擇長老絶句。則在道月日歷歷可考。其冬到郡，五日而召。自此出入侍從，以及南遷。逮靖國辛巳北歸，竟薨於常，不暇踐種橘之約矣。其帖今藏寓客童伯捄家〔三〕。童氏世爲東秦名儒，曾祖暨大父在高皇時繼掌外制，士林榮之。伯捄亦篤學嗜古，能濟其美者也。

公熙寧中倅杭，沿檄常、潤間〔四〕，賦詩云：「惠泉山下土如濡，陽羨溪頭米勝珠。」又有「買牛欲老，地偏俗儉」之語，卜居蓋權輿於此。

《滿庭芳》詞作於元豐八年初許自便之時。公雖以五月再到常州，尋赴登州守，未必再至陽羨也。軍中謂壯士馳駿馬下峻坂爲注坡，其云「船頭轉，長風萬里，歸馬注平坡」，蓋喻歸興之快如此。印本誤以「注」爲「駐」。今邑中大族邵氏園臨水，有

〔一〕年：明澹生堂鈔本、四庫本作「者」。
〔二〕堰：原作「偃」，據明澹生堂鈔本、四庫本改。
〔三〕童：原刻注云：「張本作『董』，下『童氏』作『董氏』。」按明澹生堂鈔本、四庫本亦作「董」。
〔四〕沿：明澹生堂鈔本作「奉」。

天遠堂，最爲奇觀，取名於此詞云。

元祐八年五月十九日，任禮部尚書辨御史黃慶基論買田事云：「謫黃州日〔一〕，買得宜興姓曹人一契田段。因其爭訟無理，轉運司已差官斷遣，不欲與小人爭利，許其將原價收贖。」今公之曾孫猶食此田，豈曹氏理屈不復贖耶？抑當時所置不止此也？

三年前寓陽羨，嘗考坡公到邑歲月，書於《楚頌帖》之後。茲來長沙，值二別乘皆賢而文，南廳張唐英毗陵人，北廳蘇仲嚴則文定公四世孫也，復書以遺之。紹熙壬子五月一日重題〔二〕。

題權邦彦草書舞劍器行

樞密權公進士起家，當靖康擾攘，偕宗澤邀擊金虜，功雖不成，斯亦壯矣。旋以智略被遇高廟，紹興初由兵書踐西府，未滿歲薨於位，不及有所設施。今觀草書杜工部《舞劍器行》，龍蛇飛動，得顛張、醉素之遺意〔三〕。前輩文武自將〔四〕，不名一善，大率類此。後題庚戌中元，蓋年五十有一，辭免起復發運使時所書。「風塵澒洞王室昏」，殆有感云。紹熙壬子七月二十一日。

題張無垢手書

永嘉陳求仁同僚期月〔五〕，端方篤實，相助爲多。臨行，出無垢張公與其先君子手書二十四幅〔六〕，乃知父師淵源有自來矣。其云：「《大學》一篇，學者入聖域衢路。」又云：「聞見所得，不如踐履之深。」又云：「接事遇物，於不可意處試吾所得，此最親切者〔七〕。」又云：「閉目潛視六十以前已行是非〔八〕，自進自退，亦一快也。」凡是四端，所以修身，所以誨人。周禮盡在魯矣，尺牘云乎哉！後有江玉山一帖，蓋守東陽時也。紹熙壬子八月十日。

題吉水宰陳臧孫邑計録〔九〕

廬陵民繁賦重，調守甚艱，而支邑號吉水者，地當孔道，爲令尤難。緩則政弛，急則訟興，不以計免，輒以罪去。吏部南曹榜闕於門，選人過之，側睨不敢就。淳熙末，部以闕上三省。時

〔一〕謫：明澹生堂鈔本作「責」。

〔二〕原刻文末校云：「按：自某自紹興一條起至元祐八年一條止，皆淳熙十六年己酉七月二日《題楚頌帖》語，今復書以遺蘇仲嚴，故備録《楚頌帖》，且並録《宜興圖經》事，統爲一卷。子標題宜從前目，作《書東坡宜興事》，而別本作《雜録坡公帖》，又添出『宜興主薄』云云一題，與總目不合。今校定大題，改從前目，而宜興主薄十人字小，註於第四事之下，如前三條例。」

〔三〕意：原無，原刻注云：「張本有『意』字。」按明澹生堂鈔本、四庫本亦有「意」字，據補。

〔四〕自：原刻校云：「別本作『相』。」

〔五〕期月：明澹生堂鈔本作「著行」。

〔六〕四：原刻注云：「別本無『四』字。」按明澹生堂鈔本、四庫本亦無「四」字。

〔七〕親：原刻注云：「張本作『真』。」

〔八〕已行：原刻注云：「張本作『行已』。」

〔九〕臧：原作「藏」，原刻注云：「張本作『臧』。」又明澹生堂鈔本、四庫本亦作「臧」字，據改。

予當軸，故識修職郎陳臧孫，以其修身知其能治人，以其篤學知其能勤民，乃奏而授之。或議朝廷不當除令〔一〕，予笑曰：「開元盛時，明皇親策縣令於宣政殿，擢韋濟宰醴泉，令倉庫門户吏至卑者皆得進擬〔二〕。守令固號民之師帥，乃反不可？況堂除大縣，中興自有定制耶！」或者乃已。明年，予罷政歸田里，過其邑，則民愛之，吏畏之。異時人情窘迫煎熬之態，雍容愉怡矣〔三〕；官府摧敗荒廢之餘，葺治嚴整矣。部使者交薦於上，士農工商争攀留於下〔四〕。予喜問臧孫：「何術致此也？」徐示《邑計録》一編，則凡二税雜征，財用出納，皆推求源流，考正名色，區分件別，隨事登載。且謂予曰：「朝廷何嘗加賦於民？民何嘗不輸賦於官？身不正則吏姦肆，治不勤則事失序。當取而不取，不當取而征焉。此之不察，一取成於吏手，富家日富，貧家日貧〔五〕，無惑乎督責紛然於上，鞭笞日及於下也。當是時，顧歸咎於賦重而人頑，不亦悖乎！」臧孫請予題其後，以告來者。予曰：「良將不學孫吴，自足取勝；若讀兵書而未悟，反足致敗。名醫治病，在意不在藥；彼庸夫淺識輕用古方，則雖參苓不必愈疾。人存政舉，自有活法，此何爲者？」不果作。臧孫代去既數月，邑之秀士來言曰：「吏鮮去思久矣，今於陳君其庶幾焉。將刊《計録》，願求一言。」乃爲詳記舊説，以慰邑人之心。紹熙三年九月十九日。

題楊文卿芾詩卷

吉水楊公詩句典實，可以觀學問之富；字畫清壯，可以知氣節之高。仕不於其身，必利其嗣人。今秘書監廷秀，其子也，辭章壓搢紳，忠鯁重朝廷。零陵主簿長孺其孫也，如花之正芳，如驥之方驤。《詩》云：「維其有之，是以似之。」紹熙三年臘月五日〔六〕。

跋東坡詩帖

瀏陽丞新喻蕭君一致五世從祖潛夫，元豐七年監盱眙倉，坡公歲除前過其東軒，留題二詩，蓋量移汝州時也。按盱眙隸泗州，州在淮北，其縣治即淮陰故都梁，號淮南第一山，景物清曠，公既樂之；而潛夫諱淵，蓋慕陶靖節者，其人亦可知矣，此公所爲賦詩也。今廬陵闤闠中有樓甚偉，江山滿眼，徐師川以堆勝名之，舊在官倉廨中。承平時監當頗爲美仕，廣州至號八仙，故倉庾氏所居往往有登臨燕息之地。名勝或遷謫而來，秩高或折資而授，今著令猶與本縣令序官。近世勞苦卑猥，無復官況，撫卷爲之三嘆。紹熙四年正月二十五日〔七〕。

〔一〕議：明澹生堂鈔本、四庫本作「譏」。
〔二〕户：原刻注云：「張本作『尹』。」按明澹生堂鈔本、四庫本亦作「尹」。
〔三〕怡：原作「恬」，據明澹生堂鈔本、四庫本改。
〔四〕商：四庫本作「賈」。
〔五〕家：明澹生堂鈔本、四庫本作「民」。
〔六〕五日：明澹生堂鈔本、四庫本作「七日」。
〔七〕二十五日：明澹生堂鈔本作「二十一日」。

跋黃魯直與蕭氏書

故河南少尹新喻蕭公諱從，字從義，辛分寧日，山谷嘗修桑梓之敬。崇寧壬午寓武昌，作此書，尋謫宜州，未暇卜居漢陽也。後九十有一年，當紹熙癸丑正月二十一日，少尹曾孫瀏陽丞一致以示周某，謹題其後〔一〕。

跋南豐黃世成銘文

南豐壺隱黃君，遯門蔭者二〔二〕，而名弗遂；委家貲於季，而用則匱；志大學博，所向落落；積善爲仁，乃不久生。自常情觀之，可謂四不幸矣。雖然，不輕許可如陸子静，而序之以銘；老於文學如謝昌國，而弔之以文；楊廷秀，今之歐陽公也，挽君有詩；李子卿〔三〕，鄉之泰伯也，哀君有辭。兼是四者，傳之後世，非大幸與！假令君而富、而貴〔四〕、而合、而壽，雖有得於身，必無聞於人〔五〕，殆未可以此易彼也〔六〕。因其子枘不遠千里來求跋語，故書以遺之，慰夫無窮之思焉。君諱文晟，字世成。紹熙四年二月六日東里周某〔七〕。

跋壽皇御批魏杞講和時奉使奏劄

魏絳勸晉侯和諸戎狄，《左氏》美之。丞相壽春公得非苗裔與，何隆興和戎復出其手也？雖然，山戎納虎豹之皮而請盟，爲力易耳；公當狄師在境，親冒矢石，間關通問，然後得其要領，視古爲難。故晉僅賜金石之樂〔八〕，而公乃藏雲漢之章，其輕重亦不侔矣。後二十年〔九〕，公之子通判潭州熊夢、湖南轉運司幹辦公事驥稱出此軸示臣某〔一〇〕，敬題其後。紹熙癸丑三月二十八日。

跋劉忠肅丞相帖

右忠肅公晚年與張浮休尺牘，其三幅分寫四事而繫以名〔一一〕，更無冗語，可以爲法。紹熙癸丑四月中澣，公之玄孫無玷、無欲以示周某，謹附名於後。

〔一〕謹：四庫本作「敬」。
〔二〕蔭者二：明澹生堂鈔本作「長者令」。
〔三〕卿：原刻注云：「張本作『經』。」按明澹生堂鈔本、四庫本亦作「經」。
〔四〕而富而貴：明澹生堂鈔本、四庫本作「而貴而富」。
〔五〕人：明澹生堂鈔本、四庫本作「久」。
〔六〕「此」下，四庫本有「而」字。
〔七〕東里周某：原無，據明澹生堂鈔本、四庫本補。
〔八〕僅：原無，原刻注云：「張本有『僅』字。」按明澹生堂鈔本、四庫本亦有「僅」字，據補。
〔九〕二十年：明澹生堂鈔本、四庫本作「三十年」。
〔一〇〕臣某：明澹生堂鈔本、四庫本作「臣周某」。
〔一一〕「其」字下，原刻注云：「張本有『第』字。」按明澹生堂鈔本、四庫本同。

跋三游詩

右《三游詩》，總一百七十篇。陳冒字聖予〔一〕，其先淮南人，而家於衡。熙寧中，郡守王中和延爲石皷山長。時忠肅劉公自御史謫監鹽倉，命與二子同遊南嶽，馬上唱酬，集爲三卷，公親以長篇繼之。詞翰俱美，士大夫所當寶藏，况其曾、玄乎？純亦後改字斯立，衆允改字公允，困於黨籍，仕皆不達〔二〕，聖予亦未嘗仕云。紹熙癸丑四月二十二日，周某書而歸之劉氏。

跋盛子謙座中銘

盛子手書《座中銘》〔三〕，總二百二十字，皆盛德事也。以此訓於後人，其興可必至。孫文肅公被遇仁皇，遂參大政，衣冠相承，迄今不墜。蓋自周廣順元年距紹熙癸丑，凡二百四十有三年，立言垂範，貽厥豈無基耶！八世孫文林郎、新信陽軍判官求道由長沙以示郡守周某，敬題卷末。七月二十二日。

書杜孝恭所記王宣功伐

紹興、隆興之間，荆襄都統制王侯宣扞禦金賊，收復唐、鄧，經營汝洛，戰勝攻取，功冠諸將。予爲秘書少監，每於《日曆》中見其所上方略。後入西府，與邊帥論近世名將，往往推侯爲首。侯既没，兩路帥守監司列奏軍民思宣，萬口一辭；最後江陵帥張栻欽夫奏乞立廟加贈，諄諄數百言。淳熙六年，詔以節鉞告侯第，非常典也。其壻新賓州守杜孝恭嘗從侯歷行陣，故詳記功伐〔四〕，丐予實其説。夫舅甥親也，善言溢美，理或有之；然《日曆》乃信史，邊帥皆公論，兩路非私請，欽夫又不輕以功名許人，獨稱侯有邊功，且謂士卒每及侯輒咨嗟流涕，如談故人〔五〕。嗚呼，此豈溢美哉！爲書其後，使告太史氏〔六〕。孝恭亦慷慨事功，其智勇可用，他時當牽連得書矣。紹熙癸丑八月，長沙郡守周某題。

題沈傳師碑

道林以四絶名堂，沈居其一。歲久堂壞，葺而扁之〔七〕，又得沈碑於公帑，移置堂上，別刻本留郡齋。紹熙癸丑十月旦〔八〕，周某題〔九〕。

〔一〕冒：原刻注云：「院本作『胄』。」按四庫本同。明澹生堂鈔本作「胃」，蓋亦「胄」之誤。
〔二〕仕：原無，據明澹生堂鈔本、四庫本補。
〔三〕盛子：明澹生堂鈔本、四庫本作「盛公」。
〔四〕「故」下，明澹生堂鈔本有「能」字。
〔五〕故：原刻注云：「張本作『古』。」按明澹生堂鈔本、四庫本同。
〔六〕「告」下，明澹生堂鈔本有「之」字。
〔七〕扁：明澹生堂鈔本作「新」。
〔八〕旦：原作「日」，據明澹生堂鈔本、四庫本改。
〔九〕周某：四庫本作「郡守周某」，明澹生堂鈔本作「假守周某」。

題向士伯所收温公竚瞻堂額

文潞公出入將相，書考四十，勳業光明，士民歌舞之。其所至名堂多矣，惟「竚瞻」本裕陵之賜〔一〕，又得司馬文正公、蘇文忠公作記與銘，故其堂尤章章在人耳目〔二〕。今復獲敬觀文正所題榜，使僕生於當時，雖爲之捧硯，所忻慕焉。紹熙癸丑會慶節，周某書而歸之向氏。

題印山羅氏一經集後

六籍火於秦，《易》繇卜筮，傳者不絶，《詩》諷誦人口，非專竹帛，故二經獨賴以全。本朝大儒歐陽公猶致疑於《繫辭》，則其專心致志者《詩》而已，蓋嘗因毛、鄭《箋》、《傳》爲之圖譜。議者謂公平生温柔忠厚，兹有助焉。今江西通經之士固多，而《詩》學尤盛於廬陵，印山羅氏又其淵藪。三歲舉於鄉，殆無虚榜。六十年間，父子兄弟登科第者七人，如川之方增也。夫經明必行修，豈徒解頤拾青紫而已。他日採詩之官出觀風俗，考得失，使温柔忠厚之教不在乎他邦〔三〕，非大幸與〔四〕？予雖老，尚及見之。紹熙四年十一月七日。

高宗御批錢伯言奏跋

右己酉歲二月十日錢伯言所上御舟宿頓奏，後有高宗皇帝宸翰二十九字，御押在焉，蓋行在秀州時也。初，帝於是月三日壬子南渡，幸鎮江府，伯言先以龍圖閣直學士爲守，至是充巡幸提點一行錢糧頓遞官〔五〕。癸丑駐蹕丹陽縣，甲寅次常州，乙卯次無錫縣，丙辰次平江府，丁巳少休，戊午次吴江縣之平望，己未次秀州，乃批此奏。今史局有自元符庚辰至己卯六十年間《日録》，或云陳瓘所纂，具載庚申發秀州，次長安閘，辛酉次杭州，實如批語，而著作局《日曆》作庚申宿崇德，辛酉次臨平，壬戌抵杭，則與伯言奏同，未知孰是。按伯言進樞密直學士及錢糧頓遞之命，《日曆》皆不書，後數年，因丐叙復乃見。殆搶攘中文書散逸，後來省記疏略爾。新除秘書少監臣孫逢吉頃爲實録院檢討〔六〕，訪求逸事，偶得此本。今既召還，必將參訂而一之。伯言蓋勰之子也。紹熙癸丑冬至日，少保、觀文殿大學士、判潭州軍州事、充荆湖南路安撫使、益國公臣周某恭書。

題潭州道林寺六絶堂

唐乾符中，袁浩作《道林寺四絶堂記》，蓋指沈傳師、裴休

〔一〕「賜」下，原刻注云：「張本有『詩德威因西戎之獻馬』九字。」按明澹生堂鈔本、四庫本同。
〔二〕其：原刻注云：「張本作『二』。」按明澹生堂鈔本、四庫本同。
〔三〕教：原無，原刻注云：「張本有『教』字。」按明澹生堂鈔本、四庫本同，據補。
〔四〕幸：原作「成」，據四庫本改。
〔五〕行：原作「應」，據明澹生堂鈔本、《建炎以來繫年要録》卷二一改。
〔六〕「討」下，明澹生堂鈔本、四庫本有「官」字。

筆札，宋之問、杜甫篇章也。本朝治平四年秋，蔣之奇別爲記，謂「沈、杜固無間言，裴本學歐陽詢書，寺幸有詢四大字，當爲一絶，又不應近舍韓愈詩，遠及之問」。其去取如此。今三人詩各載集中，衆所共知，惟袁記與歐、裴字畫則不復存。予既稍葺其堂，訪沈碑而歸之，復臨閣本歐書并襄陽僧舍裴所作八大字并刻於石。蓋歐實郡人，裴嘗牧此，俱不可廢。合古今異同之論，衍四爲六，其在兹乎！後數日，寺僧於朽壤中得大中十一年斷際禪師《傳心法要序》，字乃小楷，亡其後段，亦作裴筆，真贋未可知也。先是堂之題梁著馬氏五代時職位，近歲修《長沙志》，遂謂此名創於馬氏，誤矣。紹熙癸丑十二月旦，郡守周某題。

先太師潭州益陽縣清修寺留題記

靖康丁未五月一日，高宗皇帝即位改元於南京。八月四日，先太師以前太學博士被旨使荆湖南北路，與提點刑獄官偏行所部，會計金穀，事載《日曆》。時年三十有六。明年戊申六月，由長沙歷益陽如武陵郡，道游清修寺，留詩一篇遺長老宗元，而不著姓名，因康君跋語，始知大略。後六十四年，當紹熙辛亥冬，某叨鎮湘楚，適天子親見上帝〔一〕，恩及諸臣之家，而先公已封莒、鄭、邠、漢、魏、唐六國矣，即具奏願以此邦賜先臣，履光乘傳之舊。優詔從之，遂胙潭國。惟是歲月悠遠，其在所部獨道州白石洞有八月二十五日題名，蓋自湖北回長沙而過春陵也，遺事則不可推矣。他日過諸邑，言《離騷》爲文章之祖，既發端此地，盍裒古今詩文刻以傳遠，使學者知源流之有自？於是益陽宰黄浹首摹雜碑數十通來，此詩在焉，初未知爲先公也。覽之瞿然，讀之潸然。殆天鑑其衷〔二〕，使心聲手澤，久晦復彰，以明示神靈來燕來寧之意乎！夫生而將命〔三〕，没而胙土，且幸不肖之孤攝官承乏，表而出之，是皆宜書。會主僧善信求叙本末，敬書其後。四年歲在癸丑十二月一日，嗣子某謹記。

跋劉提刑家六帖

米南宫辭翰妙絶一世，東平劉氏藏之久矣。紹熙癸丑臘日，周某獲觀，心目爲之開明。米元章詞。

右陳瑩中詞翰，皆與劉斯立者。曾孫無欲、無玷實藏之〔四〕，以示周某，敬題其後。紹熙癸丑臘日。陳大諫。

劉忠肅公四世孫無玷、無欲家藏宋次道〔五〕、呂微仲四帖。紹熙癸丑臘日，周某敬觀。宋宣獻、呂伋公。

右蘇文定公與劉忠肅公父子四帖。紹熙癸丑臘日，周某敬觀。蘇黄門。

張浮休與劉忠肅五帖，比尋常作字極不同，蓋加敬耳。紹熙癸丑臘日，周某謹題。張芸叟。

劉子駒手書《辨謗始末》，當與蘇氏《烏臺詩案》並行於世，

〔一〕親：原刻注云：「張本作『新』。」按明澹生堂鈔本同。
〔二〕鑑：明澹生堂鈔本、四庫本作「誘」。
〔三〕將命：原刻注云：「一作『命將』，誤。」
〔四〕實：原刻注云：「張本作『寶』。」
〔五〕道：原刻注云：「一作『通』，誤。」

足以知權臣誣陷之慘，而聖朝昭雪之公也。紹熙癸丑臘日，周某書。劉忠肅公《辨誣本末》。

題劉炳先家五賢帖〔一〕

劉君光祖、昭祖兄弟自廬陵徙家長沙，兩邦賢士如林，王瀘溪、胡忠簡公、劉子駒、張敬夫、楊廷秀又兩邦之喬木，皆推其孝友，或賦詩，或作記，或通問，諄諄稱道。予來假守，人無間言，甚可嘉也。出示前五賢真筆，敬題其後。紹熙癸丑臘日，周某書。

跋錢穆父帖

吳越錢氏子孫文章名世者無代無之，穆父又以政事取知朝廷，行誼見推善類，尤可敬也。此帖藏族孫長沙主簿選家，紹熙癸丑臘日，周某獲觀。

跋折彥質燕祉亭詩〔二〕

承平時，長沙郡圃燕祉堂在大池中，聞甚宏麗，兵火不存。紹興三年二月，帥龍圖閣直學士折公始葺亭於舊基。明年冬移鎮桂林，留六絕句，一時膾炙人口。後二十二年，歲在乙亥，直秘閣陳璹大新斯堂，稍復舊貫〔三〕，而亭與詩俱亡矣〔四〕。二十九年〔五〕，某從公之子大理正知常得別本，方伐石摹勒，會蒙恩改豫章，亟刻板揭堂上，使來者得覽觀焉。紹熙癸丑臘日，郡守周某題。

〔一〕題：明澹生堂鈔本、四庫本作「跋」。
〔二〕祉：原刻注云：「張本作『社』。」又「亭」，明澹生堂鈔本作「堂」。
〔三〕貫：明澹生堂鈔本作「觀」。
〔四〕俱：明澹生堂鈔本、四庫本無。
〔五〕二十九年：明澹生堂鈔本、四庫本作「又三十九年」。

廬陵周益國文忠公集卷二〇

省齋文稿卷二〇

序　訓　説

皇朝百族譜序

君子之著書也，有心於勸戒而無意於好惡，然後可以施當今而傳來裔。昔者，世系之學蓋嘗盛矣。姓有苑，官有譜，氏族有志，朝廷以是定流品，士大夫以是通婚姻。然行之一時，其弊有不可勝言者。何也？好惡害之也。是以進新門則退舊望〔一〕，右膏粱則左寒酸〔二〕。進而右者以爲榮，榮則夸，夸則必侈；退而左者以爲辱，辱則怒，怒則必怨。以侈臨怨，則生乎其時者悉力以逞憾〔三〕，出乎其後者貪名以自欺。此正倫所以鑿杜固，義府所以陷不幸，而無知如崇韜者所以流涕於尚父之墓而不恥也。長沙丁公維皋宿學耆儒，慨然以譜牒爲任，未有聞而不求，求而不得，得而不録也。日裒月聚，殆且百家。而又推其源流，條其派别，自微以至著，由遠以及近，疏戚窮達可指諸掌，如嘗從其父兄而友其子弟也，如與之同鄉黨而接姻連也，不亦博而知要也哉！維皋不鄙，謂予使序其首。予曰書不待序也，然維皋之意不可以不明。蓋世臣巨室則必書，讀者可以知先烈之有貽，而思保其閥閱也。方興未艾則必書，讀者可以知將相之無種，而思大其門閭也。至於四姓小侯重茵疊衮，則知無兩漢敗亡之禍；勳臣勞舊傳龜襲紫，則知無三世道家之忌。上以彰國朝人物之盛，下以爲子孫昭穆之辨。向所謂有心於勸戒而無意於好惡者，不在兹乎！他日其得益多，其編益詳，上之太史，傳之薦紳，予亦將乞其副而寓目焉，對千客而不犯一人之諱，或可勉也〔四〕。紹興二十八年十一月既望，東昌周某叙。

葛亞卿廬陵詩序

崇寧初元，詔凡置學州並選教授二員。明年，故大司成葛公次仲以道德文學首應新書〔五〕，分教於廬陵。方新法之行〔六〕，吏狗時好，凡答問稍與王氏殊者輒以異端坐之。公獨越去拘攣，寓意篇什，其美刺比興深得詩人吟咏情性之旨，不但貫穿今古、摹寫物象而已。時著録於學者幾千人，其承公講畫爲文詞者皆有可觀。故顯謨閣直學士劉公才邵年甚少，才最高，公力薦進之。學問日成，已而登優第，掌内外制，以歌詩名四方，清婉有唐人

〔一〕以：明澹生堂鈔本作「故」。
〔二〕酸：明澹生堂鈔本、四庫本作「畯」。
〔三〕乎：四庫本作「於」。
〔四〕勉：原作「免」，據明澹生堂鈔本、四庫本、《文獻通考》卷三四《經籍考》改。
〔五〕學：四庫本作「章」。
〔六〕新：明澹生堂鈔本作「舍」。

風。至今人皆樂道一時師弟子之美，而未知公推賢揚善之必有後也。隆興甲申，公子右朝奉大夫立象來守此邦，於是耆老縉紳雜然稱曰：「夫數窮六十，算周必復。向司成之在吾州也，亦以甲申，謂天非報施耶，何歲律之適同也？」予竊按魏劉馥爲揚州刺史〔一〕，聚諸生立學校，後其子靖守廬江，詔曰：「卿父昔爲彼州，今卿復據此郡，可謂克負荷者。」惟公賢父子傳世濟美適相類〔二〕，州之士人思欲明於大君，紀於策書而不可得，又欲歌武公之緇衣、詠召伯之甘棠而不可盡，乃相與哀公舊所留古、律詩，得二十七篇，告於教授林仲熊，將刻之石，而俾余爲序。夫詩固非待序而傳也。若公特立之操，好賢之心，積善之報，總總章章，某實以壓泯與聞之，隱而弗宣，非人情也，故爲推本末而題其後〔三〕。十二月一日。

送黃秀才序

宜春黃生景雲學廣而辭贍，著詩文數萬言，意欲窺鮑、謝之堂奧者。國家舉場一開，屠販胥商皆可提筆以入，而生獨皇皇焉，望棘闈不得進，是可閔也。昔公冶長、越石父皆在縲絏，一遇聖賢，或明其非罪，或贖以左驂，其後卒有聞於世。今生雖嘗爲有司所誣，幸會大赦，名未嘗麗丹書也，特以不能賕吏，抑壓至此。嗟夫！以生之才，使其有過，猶將推聖賢之心拂拭之〔四〕，況無過哉！予誠憐生而力不足以振之。生其歸本郡，郡守黃公賢者也，予嘗識面焉，仁必能哀生，明必能直生。或謂是當決之外臺，予曰：轉運朱公、史公又賢之尤者也，往並爲尚書郎，予嘗同朝焉。其好士也心益切，其直枉也力愈大，而獻生之文〔五〕，陳生之詞，其無以處生耶？今年秋試，吾必睹生姓名矣。雖然，預有以告生：士之致遠先器識，巨鼇之啓、龍標之詩，勿作可也。乾道元年三月九日。

葛敏修聖功文集後序

糊名取士若棄實務華，然主司賢矣，自有以得人。蓋遺辭近古，決非碌碌之士，而纖嗇浮艷者，違道之文也。歐陽文忠公知嘉祐貢舉，所放進士，二三十年間多爲名卿才大夫〔六〕，用此以取之與！元祐三年，東坡先生嗣典斯事，即文觀行，所得爲多。是舉也，奉議郎葛公奏名第七，學問文章抑可知已。後八十年，其從孫濛携家集相過，使予一言。昔我外祖給事中王公亦以古文論周秦强弱見知東坡，置在前列，已而廷試唱名第五。政和中入掌書命，專用西漢文體，爲用事者敲撼，賴天子仁聖，力保全之。未幾，竟坐元祐學術斥去。於公蓋同年進士，以道義言之又同門也，則予與葛氏不爲無契。然而公之行實櫻寧李公誌之，公之逸事杉溪劉公跋之，其文則有澹庵胡公之序在，振宣幽光，三絕備

〔一〕予：明澹生堂鈔本、四庫本作「某」。
〔二〕「美」下，明澹生堂鈔本、四庫本有「事」字。
〔三〕後：明澹生堂鈔本、四庫本作「首」。
〔四〕拂：明澹生堂鈔本作「拔」。
〔五〕「而」上，明澹生堂鈔本、四庫本有「生」字。
〔六〕二三：明澹生堂鈔本「一二」。

矣，復何言哉？獨一事偶闕特書，寧徵荆軻者有待夏無且耶！予嘗觀書太史氏，按崇寧元年九月乙未詔書，定元符末黨籍五百四十有一人〔一〕，而公姓名在焉。由此罷確山宰，廢於家，越三年六月丁巳始出黨籍。人謂公久困當少折，其詩乃云：「從今益勉爲忠義，一噎如何便廢餐。」味公此言，夫豈以利禄得喪二其心者！使天不奪之年，得進爲於世，不負東坡審矣，況肯負國乎？此事與吾外祖相類，皆所謂不易乎世者，故表而出之，復以其書歸濮。濮强學篤行，爲文有家法，興葛氏者其在斯人與！乾道二年十月八日。

胡英彦論語集解序

《論語》記夫子善言簡易明白，而褒貶勸戒實同《春秋》。群弟子總而述之之時〔二〕，於稱謂尤爲有法。凡門人問答率稱子，若夫子及對諸國君臣則姓以別之〔三〕，如是者十八九。獨《季氏》一篇，皆切責冉求之言，每章必稱孔子，無他，絶之也。此與《春秋》夷杞何異？推類以求，則行夏之時，從周之文，管仲之稱仁，昭公之知禮，筆削微旨，皆行乎其中矣。學林胡英彦辨博該貫，泛通六藝諸子百家之書，而以《論語》爲宗，古今注解自漢賈生、揚子，晉何氏，唐韓、柳氏，周熙時子〔四〕，本朝邢氏、劉原父、歐陽子、司馬温公、程正叔、二蘇、謝顯道數十家，片言之相涉，一説之可取，如醫儲藥，賈居貨，惟患其不備。所得既富，則徐爲折衷，而以其先君子隱居口講與夫從叔侍讀公新説繫之。又爲《叢書》二卷，掇拾遺餘；《集音》一卷，考證同異。博觀約取，期明道而後止。謂予，使序卷首。予聞聖人之言若近，而其旨甚遠，仁者見之謂之仁，智者見之謂之智。雖大賢有不能盡，況後學乎！自漢以來，乃始擅專門之業，黨同而伐異，欲以一説盡聖人之藴，斯亦過矣。惟胡氏世傳《春秋》學，英彦尤致意焉。是書也，集諸儒之説而以道爲之權衡，是非取舍不敢銖兩輕重其心。間有旨雖殊而理同〔五〕，亦並存不廢，務使學者優柔而自求，饜飫而自趨，非深於《春秋》能如是乎？其用心過漢儒遠矣，予故樂爲之書。乾道六年四月日〔六〕。

續中興制草序

嘉祐中，歐陽修建言：學士所作文書皆繫朝廷大事，示於後世則爲王者之謨訓，藏之有司乃是本朝之故實。而景祐以後漸成散失，於是以門類年次編爲卷帙，號《學士院草録》。中經兵火，文人故家僅傳所謂《玉堂集》及《大詔令》者，其全書不可得而見矣。近歲，承旨洪遵起建炎中興迄紹興内禪三紀之間，得制草六十四卷，序而藏之，復十年於兹矣。往者初上太上皇帝、太上皇后尊號，乃希世之闊典，聖朝所未行，有司失於稽考，不

〔一〕黨籍：明澹生堂鈔本作「上書邪等」。
〔二〕之時：四庫本作「特」，則當屬下讀。
〔三〕「則」下，四庫本有「稱」字。
〔四〕子：原作「於」，據明澹生堂鈔本、四庫本、《文獻通考》卷七五改。
〔五〕同：明澹生堂鈔本、四庫本作「通」。
〔六〕四月日：四庫本作「四月一日」。

以表而以議，且玉册中有「嗣皇帝臣某」之文，識者非之。逮乾道六年郊祀慶成，再行盛禮，而臣適以謏聞寓鑾坡之直，因據唐制請主上率群臣詣德壽宫上表陳請。越十一月庚寅，有旨恭依。又按顔真卿闢崔器之議、舊録載順宗之册，凡表箋册文止當稱「皇帝臣某」，然後一代之制稍應古誼。所謂文書繫朝廷大事者，其孰加於此乎？乃命院吏袁隆興以來舊稿，繼遵所編，而以尊號表文爲之首，其餘制詔等各從其類，復增召試館職策問，合三十卷。繼今隨事附益，則卷帙將千萬而未止，在乎後之人不倦以續之而已。八年歲在壬辰上元日，左朝散郎、權尚書禮部侍郎、兼侍講、兼同修國史、兼實録院同修撰、兼權中書舍人、兼權直學士院臣周某謹序。

王元渤洋右史文集序〔一〕

文章以學爲車，以氣爲馭。車不攻，積中固敗矣；氣不盛，吾何以行之哉？東牟王公之文吾能言之，以六經爲美材，以子史爲英華，旁取騷人墨客之辭潤澤之。猶以爲未也，挾之以剛大之氣，行之乎忠信之塗，仕可屈身不可屈，食可緩道不可緩〔二〕。如是者積有年，浩浩乎胸中，滔滔乎筆端矣。賦大禮則麗而法，傳死節則贍而勁，銘記則高古粹美，奏議則切直忠厚。至於感今懷昔〔三〕，登高望遠，憂思愉快及摹寫戲笑〔四〕，一皆寓之於詩文〔五〕。大篇短章，充溢箱篋。嗣子昌祖懼夫散軼而無傳也，釐爲三十卷，屬某爲之序。昔葉少蘊嘗問公：「劉貢父精於漢史，以其謂杜詩『功曹非復漢蕭何』爲誤用事〔六〕，信乎？」公曰：「《高紀》蕭何爲主吏計。孟康注：功曹也。王定國猶知之，詩史豈誤哉！」少蘊嘆服，公之於學可謂不苟矣。官太學時實代秦丞相，而直道正辭，亦擯弗用。晚守鄱陽，洪忠宣適獲罪於秦，無敢過其居者，公獨修舍蓋故事，坐是罷郡。方勢利之門大開，既不闖焉，又從而佪之〔七〕，其氣何如哉！故因論公文章淵源而以二事實之〔八〕，庶幾來者有考焉。公諱洋，字元渤。宣和末登甲科。紹興初以右史贊善，嘗命直徽猷閣，歷典三郡，所至有異等效云。淳熙元年十月一日。

周茂振樞密海陵集序

本朝沿唐舊，西掖掌外制，北門掌内制，謂之兩制，而非侍從近臣之通稱也。太宗時，四方砥平，人材輩出，專以是處文學器識之士，禮遇非他官比。二府有缺，率於此取之。惟參知政事蜀人蘇易簡尤被眷待〔九〕，其自兩制入中書猶未强仕。淳化二年，

〔一〕文：四庫本無。
〔二〕兩「緩」字，明澹生堂鈔本、四庫本作「餒」。
〔三〕懷：四庫本作「惜」。
〔四〕快及：明澹生堂鈔本、四庫本作「佚」。
〔五〕文：明澹生堂鈔本、四庫本無。
〔六〕以：原刻注云：「張本作『於漢史精矣』。」按明澹生堂鈔本同。
〔七〕佪：原作「回」，原刻注云：「張本作『佪』。」按明澹生堂鈔本、四庫本、《東牟集》卷首同，據改。
〔八〕二：原作「一」，據明澹生堂鈔本、四庫本及《東牟集》卷首改。
〔九〕待：明澹生堂鈔本、四庫本作「獎」。

御飛白書「玉堂」等四字以賜，至今號爲北門盛事。炎祚中興，時則有吾宗樞密公茂振以雋明之才、辨麗之文受知太上皇，人皆以蘇公遇太宗爲比。年踰三十，由館閣兼掌書命，其後超拜掖垣，入翰林，三遷爲學士。每一制辭出，學者争相傳誦。天子嘗褒諭曰〔一〕：「卿久掌内外制，中外士大夫咸稱得代言之體。」紹興三十年〔二〕，復大書「玉堂」二字賜之，其視淳化若合符節。公先世亦蜀人也，後徙海陵，登科者踵相躡，所居號叢桂坊，世有顯人，至公遂大用，可謂盛矣。公薨，嗣子準裒遺集得二十三卷〔三〕，而内外制殆居其半。蓋久官於朝，故其他詩文因事而作者少，然温潤精切，鼎臠可知〔四〕。向使天假公年，主盟斯文，則述作之富雖至於百卷可也。準數以爲序爲請，予與公同宗同朝，不得而辭。公諱麟之，茂振字也。淳熙癸卯正月十日。

蘇魏公文集後序

至和、嘉祐中，文章爾雅，議論正平，本朝極盛時也。一變而至熙寧、元豐，以經術相高，以才能相尚，回視前日，不無醇疵之辨焉。再變而至元祐，雖闢專門之學，開衆正之路，然議論不齊，由兹而起。又一變爲紹聖、元符，則勢有所激矣。蓋五六十年間〔五〕，士風學術無慮四變〔六〕。得於此必失於彼，用於前必黜於後，一時豪傑之士有不能免，况餘人乎？若乃上爲人主所信，中不爲用事者所疑，下常見重於正論，惟丞相蘇公爲然。方仁宗右文，公在館閣者九年。英宗責實，公首預監司省府之選。神宗勵精，公則掌制尹京，出藩入從，眷奬尤渥。厥後大用於宣仁垂簾之際，榮歸於泰陵親政之日。歷事四朝，始終全德，獨爲儒學之宗，嗚呼，盛哉！平生著述凡若干卷，翰林汪公彦章爲之序。某嘗得善本於丞相曾孫玭，適顯謨閣直學士張侯幾仲出守當塗，欣慕前哲，欲刻之學宫，布之四方，使來者有所矜式，其用心可謂廣矣，故以遺之而紀於後。淳熙十三年十月一日〔七〕。東里周某謹記〔八〕。

張彦正文集序

有德之人其辭雅，有才之人其辭麗，兼是二者，多貴而壽。蓋以德輔才，天之所助而人之所重也。丹陽章簡張公秉懿好德，所藴者厚。自其少年，才名傑出英俊之上。窮經必貫於道，造行弗踰於矩。發爲文章實而不野，華而不浮。在西掖所下制書最號得體，其論思獻納皆達於理而切於事。尤喜篇詠格律，有唐人風，非如儒生文士止有偏長而已。歷事三朝，功名富貴曾無間言，有以也夫！某雖生晚，紹興丙子管庫於朝，尚及識公。侍從執政時，又因嘉禾聞人茂德從公子仲固游。今復與公孫常平使者

〔一〕曰：明澹生堂鈔本作「云」。
〔二〕三十年：原刻注云：「張本作『十三年』。」
〔三〕集：明澹生堂鈔本、四庫本作「稾」。
〔四〕知：原刻校云：「别本作『和』。」
〔五〕「年」下，明澹生堂鈔本、四庫本有「之」字。
〔六〕無慮：四庫本作「凡」。
〔七〕十三年：明澹生堂鈔本、四庫本作「十二年」。
〔八〕東里周某謹記：原無，據明澹生堂鈔本、四庫本補。

君量聯事於湖湘，始盡得公遺文讀之。回思三紀前，觀道德，聽教誨，如昨日也。君量請記其後。竊伏惟祖宗盛際〔一〕，名公巨卿，抱負衆美，遭時遇主，躬備五福，磊落相望。至裕陵聖學高妙，尤汲汲乎人才，知元絳厚重而文，擢參大政，眷禮優渥。年逾七十，以資政殿學士歸老吴中，錫賚寵行，士林榮之。有子岐嶷〔二〕，致身館閣，不隕世美。生保眉壽，没謚章簡，文集盛傳於世〔三〕。常恐中興以來前輩遺風寂寥莫繼。今公被遇高皇，出處官職，始終待遇，略無少異。若子若孫，克世其家，又過於彼。易名一揆，有司可謂公矣〔四〕。表而出之，使學者想故國之喬木，識衣冠之盛事云。紹熙三年十二月十三日。

晁百谷字序

晁氏子百谷，生十年已有成人風。去年秋，袖書過予，儀矩肅然，音吐琅然，予固不敢以童子待也。明日以父命來求字，請字之曰元歸。《大傳》曰：大川相間，小川相屬〔五〕，東流歸海。人之於道，奚異於是？自洒掃應對之末而達之道德性命之理，惟識其所歸故也。歸與歸與，無迷其途，有始有卒，惟聖門是趨。子夏之言，焉可誣也！

田爚名訓

伯雨屢請更名。父名既從木，木實生火，命之曰爚，仍以伯雨爲字。古書爚，電光也，班孟堅、張平子《京都賦》皆用之。李善注一云光明貌，一云有餘光〔六〕，大指則同。夫電而雷，雷而雨，然後可以蘇枯澤物。爚乎，勉旃！他日大田氏之門，斯不負命名之意也〔七〕。淳熙甲辰十一月十四日，雪宴歸，醉中書。

徐大謙名訓

盱江徐次張猶子大倫以族兄名同，更名大謙〔八〕。《易·序卦》云：「有大而能謙必豫。」大哉謙乎，三爻俱吉，三爻俱利，六十四卦中未有如是之美者，盍思所以稱其名哉！紹熙辛亥十月一日，省齋。

李叔軫載之字說〔九〕

乾道乙酉，萬安李世南少虞携贄過我於永和，佳士也。後七

〔一〕惟：明澹生堂鈔本、四庫本作「念」。
〔二〕岐嶷：原刻注云：「張本作『耆寧』。」按明澹生堂鈔本同。
〔三〕盛：明澹生堂鈔本、四庫本無，疑衍文。
〔四〕「今公」至「可謂公矣」，原無，原刻注云：「張本有云云」，明澹生堂鈔本、四庫本同，據補。又「有司」，明本作「固」。
〔五〕明澹生堂鈔本於「小川相屬」下有小字云：「於文，泉出通川爲谷。」
〔六〕有餘光：原作「餘光貌」，據明澹生堂鈔本、四庫本、李善《文選注》卷二改。
〔七〕也：明澹生堂鈔本、四庫本作「矣」。
〔八〕名：明澹生堂鈔本、四庫本作「曰」。
〔九〕明澹生堂鈔本無此篇。

年承乏小宗伯，引天下貢士〔一〕，李君在焉，名則叔軫也。問其故，曰：「夢而改也。」他日復問字改乎，曰方之。予曰：「軫之方也，以象地也。《考工記》雖有是言，然方者實輿也，軫實輿後橫木耳。舉軫而不言輿，得非車主於輿，輿本於軫乎？故一器而工聚焉者車爲多。車有六等之數，而軫四尺爲之首也。大哉軫乎，詎可專論其形之方而已乎？宜推其義，易字爲載之。自今以往，學問積於中，聲譽華其躬，是謂材良而器工。夫然，故可以載道而行遠，可以載物而不敗。雖微王良造父爲之御，吾之力自不窮矣。」君屢請記斯語，多故未暇也。後二十年，退居廬陵，君復具本末固請，乃追書之。紹熙辛亥正月二十一日。

循齋説

友人胡季懷之子柯，字伯信，名齋曰循，求予一言。予告之曰：循者，順也，若無甚難者。然董仲舒在漢儒中號爲知道，其論君子自明於天性凡數節，然後至於樂循理，則循之爲義不既大矣乎？及其至也，顏子嘆夫子之聖亦不過曰「循循然善誘人」〔二〕。伯信能因董生之言而求夫子之道，思過半矣。紹熙四年月日。

金谿鄉丁説

茶寇久未平，數日前，太學上舍魁劉堯夫純叟來言：「撫州金谿縣大姓鄧氏、傅氏各有鄉丁數千，以朱漆皮笠冒其首，號紅頭子，遠近頗畏之，號鄧、傅二社。傅氏已離析，惟鄧氏子雩者有二子〔三〕：長年三十餘，次年二十餘，皆武勇絶人。名應科舉，其實假儒耳。聞茶寇作，即閲習丁壯，自薦於州。先是縣別有陸氏，尤豪於一鄉，頃年轉運司命充都社，鄧、傅皆隸焉。近亦零落，獨族人某者行義頗著，鄉人議使世其職，縣亦視諸故，府以爲當。然由是鄧氏子意稍怠，蓋懼受制於陸則功不已出也〔四〕。然其家僮素輕捷，裹紙甲〔五〕，機毒矢，善騰趠山谷間，尚技癢，思與賊角，亦風聲氣俗然也〔六〕。今官軍數爲賊困，宜命撫守趙煇以禮追請，諭委用之意。仍借補校副尉名目，聽自爲一社，毋隸陸氏，使徑趨贛、吉間〔七〕。萬一與大軍遇，亦勿使相臨，第擇郡縣官一人公平有識略者護其軍，并爲之調糧餉，破賊必矣。或聞臨川尉盧鑄者常侍其父守英州，禦蠻有功，且重厚可倚，否則委趙煇自擇其人可也。」堯夫之言似可信，即以告執政。明日，執政於上前及之。後數日，某對。上曰：「卿前日論撫州民兵甚好，但慮所過擾人耳。」亦會辛棄疾誘賊戮之，遂不復問。姑記其大略。淳熙乙未閏月二日。

〔一〕貢：四庫本作「賢」。
〔二〕聖：四庫本作「道」。
〔三〕雩：明澹生堂鈔本作「雰」。又「二子」下，明澹生堂鈔本、四庫本有小字注云：「忘其名。」
〔四〕己出：原刻注云：「張本作『在己』。」按明澹生堂鈔本、四庫本同。
〔五〕裹：原刻注云：「張本作『衷』。」按明澹生堂鈔本同，四庫本作「裛」。
〔六〕「亦」下，明澹生堂鈔本、四庫本有「其」字。
〔七〕徑：原作「竟」，據明澹生堂鈔本、四庫本改。

廬陵周益國文忠公集卷二一

省齋文稿卷二一

啓 一

權雩都尉回交代嚴縣尉第啓 紹興二十二年

伏審拜恩北闕，佐邑南州。膠大舟於堂坳，雖非得地；始千里於足下，是亦假塗。拜榮問之有華，激感悰而無藝。伏惟某官浩養至大，懿文在中。早隱釣臺〔一〕，不愧子陵之後；晚言世務，蔚居徐樂之先。謂宜入校丙丁四部之書，云胡出領東南一尉之任？蓋孔子嘗爲委吏，而下惠不辭小官。惟我老成，素明此道。顧於職業何如耳，豈以尊卑異乎哉？偉績苟聞，峻除奚後？某成家學淺，試吏術疏。昔仰堅高，阻山川之跋履；茲緣承攝，煩糠粃之簸揚。望見非遥，瞻馳更切。

賀沈相啓 紹興二十六年

伏審誕布策書，進持魁柄。高宗得説，迪我后以康兆民；尹躬暨湯，享天心而有一德。甄陶伊始，老稚注觀〔二〕。竊惟極治之時，斯有非常之佐。如風雲之從龍虎，勢蓋必然；若手足之視腹心，理難偏廢。猗與盛事，屬我熙朝。恭惟某官道覺民先，智周物表。精微内藴，有移風易俗之心；事業外彰，皆尊主庇民之術。蚤結聖神之眷，偏揚嚴近之班。宣勞再總於十連，注意彌隆於萬乘。吾不見賈，俄興宣室之思；使果召參，遂理舍人之槖。促登文陛，晉陟政塗。上方虚己以仰成，公則竭誠而入輔。威名行遠，蠻夷問裴度之年；盛德在人，朝野望楊公之相。式符帝賚，首冠台躔。總萬幾繁委之權，宅左揆辨章之任。恥君不及堯、舜，昔聞仁義之談；致治庶幾成、康，今展經綸之志。廊廟增重，華戎具依。某擊柝官微，挈瓶智小。當巖石維新之日，亦帲幪受賜之人。開孫閤以延賢〔三〕，知難篋跡；掃齊門而求見，庶遂執鞭。欣幸交深，編摩奚究！

中宏博謝左相啓 紹興二十七年三月〔四〕

藝苑三年，僅刻宋人之楮；詞源八月，誤乘漢客之槎。脱銓曹守選之勞，假留府談論之任。衆以叨榮而指目，心知踰分以兢慚。竊惟宏博之科，實待譽髦之士。泰陵致治，首舉彝章。寧考繼猷，率循故事。逮聖皇之御極，參唐制以正名。昔旄頭彗於紫微，尚勤博採茲東壁。明於秘府，益慎詳延。試言雖附於春

〔一〕隱：原作「應」，據明澹生堂鈔本、四庫本改。
〔二〕注：明澹生堂鈔本作「往」。
〔三〕賢：明澹生堂鈔本作「覽」。
〔四〕三月：原無，據明澹生堂鈔本、四庫本補。

官，擬制實關於睿覽。惟大册高文之有體，暨洽聞殫見以無遺，乃能合程度之嚴，或可備甄收之數。如某者生而孤陋〔一〕，長則蠢冥。坦坦吁吁，屢欲乞天孫之巧；奇奇怪怪，固嘗送文鬼之窮。幸承素業於百年，早竊清朝之一第。既迫淵明之爲米，寧辭蕭傅之抱關！鵾化鵬飛，絶望南溟之徙；猿驚鶴怨，空負北山之移。鬢雖未點於吴霜，夢已不生於春草。嗟子厚方心之靡鑿，昧淳於曲突之告鄰。回禄祝融，悵廬垣之黔赭；孤臣孽子，宜操慮之危深。繙舊書於忘廢之餘，輯冗語於荒蕪之後。但勵疲駑而自進，其如糞朽之難鐫。未能知祭公謀父之詩，況於補聖歷侍臣之贊。濫巾隽軌〔二〕，整轡文場。劌目鉥心，無鈎章之間見；汗顔血指，愧巧匠之旁觀。兩端既叩於鄙夫，千慮遂殫於愚者。謂占小善率以録，容或得之；若諸大夫皆曰賢，蓋無是也。方笑黔驢之伎盡，旋驚塞馬之福來。幸固自天，恩豈無地。茲蓋伏遇某官經邦哲輔，命世真儒。道德致君，美化漸摩於庶俗；文章入相，餘波霑丐於群材。遂容凡下之資，猥被作成之賜。寵之所至，懼亦難任。再念衰宗，夙叨雅契。王父中庚辰之第，拜先正於龍門；嚴君登戊戌之科，踵後塵於虎榜。夫何小醜，復玷大鈞。既祖孫三世以依歸，殆今昔一時之幸會。某謹當深思忝冒，益務進修。應義理之文，敢繼嚴助、枚皋之作〔三〕；鳴國家之盛，願追李翱、張籍之風。過此以還，未知所措。

湯樞思退頌德

此蓋伏遇某官道該皇極，德冠倫魁。紫樞資宥密之謀，黄屋厚弼諧之眷。顧調鼎已臻於儒效，而化成正藉於人文。俾多士之知歸，繄宗工之是賴。夫何小醜，亦播大鈞。静言僥倖之來，盡出作成之賜。

陳樞誠之頌德

某官温良而剛毅，廣博而粹純。任專總於樞機，望兼隆於夷夏。起千年之絶學，羽翼聖經；振一代之修名，範模士類。有如固陋，亦預作成。重念孤蹤，實深榮遇。稱韓門之弟子，昔已玷於品題；用魯國之真儒，今復歸於陶冶。某敢不仰銜恩施，增激懦衷！

吏部劉尚書才邵頌德

某官學關百聖，氣蓋諸公。天官高玉筍之班，翰苑焕金蓮之炬。行躋政路，參斡化鈞。每推轂於人才，用主盟於吾道。眷言小醜，初乏寸長。自王父之宦遊，樂廬陵之風土。桐鄉民吏，已興朱邑之祠；楊氏子孫，遂占巴江之籍。既獲附詩人之桑梓，因粗聞夫子之文章。奏薄技於一時，固無取者；踵大名於三紀，

〔一〕陋：明澹生堂鈔本、四庫本作「露」。
〔二〕軌：明澹生堂鈔本作「髦」。
〔三〕嚴助枚皋：四庫本作「枚乘鄒陽」。

預有榮焉。第非吐鳳之詞，寧免續貂之誚！某謹㈡。

户部王侍郎俁頌德

某官學關百聖，望重三朝。善教得民，豈特率地官之屬；懿文經國，又將爲王度之華。每汲汲於群材，尤惓惓於寒畯。自惟小醜，久仰高山。念昔先君，嘗依仁於姻婭；眷言世父，仍託契於子孫。既平時師慕以惟勤，宜今日作成之有賴。

同知舉中書王舍人綸頌德

某官道關百聖，氣蓋諸公。黼黻之詞，主盟吾道；淵源之學，砥柱頹波。以西垣視草之臣，專南省持衡之柄。先收駑緩，用來汗血之駒；不棄中珉，將致截肪之寶。第慚庸陋，有玷品題。流聞道路之言，嘗有愛憎之論。既求瘢而責備，幾刖足以包羞。非宗工力賜於主張，在小醜難逃於汰斥。念得失士夫之常理，而去留冰鑑之何心？所欣獲遇於已知，豈曰自矜於幸得。某敢不仰御恩施，增激懦衷㈢！

同知舉左史趙舍人逵頌德

某官道關百聖，氣蓋諸公。學問淵源其來也遠，詞章黼黻有出斯長。以珥筆之近臣，付持衡之重寄。先收下駟，用來汗血之駒；不棄中珉，將致截肪之寶。第慚淺陋，莫副搜揚。重念鯫生，實深榮遇。頃緣賜第，聽大名於九陛之間；今賴知音，塵兩科於六年之後。某敢不仰銜恩施，增激懦衷！

葉校書謙亨啓

科目宏開，適在彌文之旦；隽髦並進，猥收極陋之姿。惟名實之未孚，宜兢慚之併集。伏念某少知勵業，長昧通方。意甚廣而才疏，力雖多而效寡。念累世擢漢廷之第，而百年傳韋氏之經。施及先君，早魁群彦。未縱青萍之靶，俄成白玉之樓。藐焉孤童，但欲歸耕於南畝；墜此素業，又思干禄於明時。竊末第以承家，省微躬而知幸。摶扶摇而上九萬里，望絶飛綏；舉管庫之士七十家，誰爲推轂？旋值融風之厄，莫施噀雨之功。黔其廬，赭其垣，雖燋頭之不免；息我黥，補我劓，幸尊足之猶存。勉輯舊聞，來趨大敵。況先達具存於矜式，俾後來咸識於指歸。馳驅駑駕之追，淬礪鉛刀之割。畫不成而類狗，幾貽下執事之羞；墨誤點而爲蠅，實賴良有司之鑑。茲蓋伏遇某官名冠文章之籙，望隆德行之科。杖對青藜，姑校文於東觀；堦翻紅藥，竚演誥於西臺。親承黄屋之知，參預文闈之柄。去取莫逃於絶識，是非舉合於輿言。夫何未至之蹤，亦免汰歸之辱。某敢不愈勤聚辨，小補荒蕪！牧羊不廢於讀書，奚恤亡羊之患；得馬靡矜於爲福，更思失馬之時。

㈡ 某謹：原無，據明澹生堂鈔本、四庫本補。
㈢ 某敢不仰御恩施增激懦衷：原無，據明澹生堂鈔本、四庫本補。

賀湯參政啓 春〔一〕

伏審光膺帝命，入秉政機。舍我其誰，方待孟軻之治；比予於是，敢論管仲之卑。紫誥誕頒，黄扉增重。歷考祖宗之世，莫難輔弼之臣。既知其勳業之優，猶俟以歲時之久。或尹釐京邑，觀恢恢應務之才；或抨劾憲臺，試凛凛排姦之勇。逮名實具孚而無間，故廟堂登進而不疑〔二〕。用能成一時莫大之功，亦復播後世無窮之聞。克遵舊制，允屬今王。恭惟某官學該流略而得其宗，氣塞堪輿而集以義。松筠之操傲睨歲寒，金玉之辭丹青王度。隆異知於萬乘，馳英譽於四方。備歷險夷，徧更中外。持節則澄清之效著，牧民而惠愛之績聞。治劇日畿〔三〕，漢廷臣無出其右者；輸忠霜簡，古烈士亦何以加哉。屢發白獸之樽，旋侍金華之讀。予惟克邁乃訓，久入告於嘉猷；天將大任是人，果參陪於揆路。仰中台之炳焕，間兩社以雍容。蓋經綸素定於胸中，故風采想聞於天下。俾后惟堯、舜，昔聆伊尹之言；致治幾成、康，行見鄭公之效。盛德所在，蒸民注觀。弼我丕基，將億萬斯年之有賴；錫公純嘏，何二十四考之足云！某甫出師門，遽依陶冶。念遠俟葵邱之戍，欲歸尋菊徑之荒。解北山猿鶴之嘲，雖寖遥於東閣；備太史馬牛之走，豈無望於洪鈞！欣頌之私，敷陳罔既。

賀湯右相啓 秋〔四〕

鵷序班庭，聳聞大號。鳳池宅揆，首屬真儒。萬邦新巖石之瞻，九廟壯覆盂之勢。王民皞皞，喜色欣欣。竊以君莫大於知人，國尤難於置相〔五〕。惟高宗之得説，若尹躬之暨湯。非天私我有商，祐於一德；夢帝賚予良弼，正於四方。豈惟占卿士之從，亦復契神祇之望。自時厥后，振古如茲。逮皇家開不拔之基，將二百載；凡公府錯非常之輔，餘八十人。觀祖宗功德之隆，知輔弼贊襄之盛。方上聖勵精之今日，實羣工協力之昌期。適虚右拂之辨章，有待清明之英傑。考慎久矣，延登在斯。恭惟某官九德備躬，千齡應運。淵渟嶽峙，凛漢相之威儀；玉式金相，妙皐謨之述作〔六〕。粤濯纓而入仕，即結綬以登畿。常近城南尺五之天，不離玉堦方寸之地。備密訪於北門之邃，總神幾於西府之嚴。言仁義於前，第見欽王之孟子；順謀猷於外，誰知告后之君陳！及聞顓面以正朝，始信同心而合意。昔漢嘗尊於康鼎，至唐亦重於鄭覃。皆以儒宗，結於帝眷。進擢遂居於台路，委蛇靡

〔一〕春：原無，據明澹生堂鈔本、四庫本補。
〔二〕不：四庫本作「無」。
〔三〕治：原作「知」，據明澹生堂鈔本、四庫本改。
〔四〕秋：原無，據明澹生堂鈔本、四庫本補。
〔五〕置：原作「植」，據明澹生堂鈔本、四庫本及《翰苑新書》續集卷一引改。
〔六〕皐：原作「高」，據明澹生堂鈔本、四庫本及《翰苑新書》續集卷一引改。

出於修門。偉治世之登庸，掩前聞而增賁。而況沙堤甫築，玉燭遽調。正炎威稍兆於常暘，俄膏澤有開於豐歲。天瑞示汝霖之作，宮童訛德雨之呼。方且致主華勛，躋時仁壽。如太公、宜生見而知者，豈管仲、晏子可復許哉？與國咸休，固億萬斯年之允賴〔一〕；錫公純嘏，何二十四考之足云。某椎鈍無堪，塗窮已甚。朝遠須於泮水，貧屢貸於監河。幸大鈞方播於無垠，肆小子或容於有造。借之春色，倘參桃李之濃陰；報以歲寒，敢廢松筠之勁節！永言欣頌，倍百常均。

賀王德言除工侍啓

伏審擢登起部，仍直鑾坡。閶闔晨趨，班冠貳卿之玉笋；絲綸夜草，燭搖內相之金蓮。增王度之光華，聳儒流之觀聽。恭惟某官性誠明而守以正〔二〕，氣剛大而養以和。學有師承，何止八索九邱之徧讀；詞皆己出，故雖六戎五狄以爭傳。比開大道之公，首奉正衙之對。內外獨司於帝制，緝熙兼助於皇猷。詰屈聱牙，備周誥商盤之體；條貫義例，發聖經賢傳之端。洗萬古而空之，擅一時之作者。咸徯槐庭之直上，云胡蘭省之斜飛〔三〕。俯酌輿言，仰窺睿意。蓋南臺清切，昔已峨於豸冠；而兩禁深嚴，茲久儀於鳳沼。惟是丹屏六曹之職，實基文昌萬化之源。觀近者之諸公，率由茲而大用。聊復假途於踐歷，示將當路以弼諧。遂於殳斨、伯與，莫及咨垂之命〔四〕；有若伊陟、臣扈，佇成格帝之功。某本無他長，適有天幸。陋如嫫母，已游冰鑑之中；鑄彼鏌鋣，即在陶鈞之下。

赴金陵教官與張帥啓 紹興二十八年正月〔五〕

期曲江之集，先君昔附於英躔；充泮水之員，賤子今塵於屬吏。遥遡翹材之館，虔修執信之書〔六〕。恭惟某官九德備躬，千齡應運。學窺奧窔，邁揚雄、荀况之未醇；志蘊經綸，豈管仲、晏嬰之可許？早彯纓於華貫，旋飛鞚於從班。星掖敷綸，言語妙於天下；文昌帥屬，仁義陳於王前。十年身在於江湖，一日天披於雲霧。盍游鳳沼，間兩社以弼諧；尚綰麟符，釐東郊而鎮撫。黔首樂慈祥之政，青衿臻儒雅之風。鴞已化於集林，久詠魯侯之戾止；鴻不宜於遵渚，當趣我公之歸兮。伏念某佔畢腐儒，挈瓶小器。暖暖姝姝而自悅，凉凉踽踽以何爲。叨一第於集英，效微官於省局。職閒無事，欽所好也，方安斥鷃之飛；屋比延燒，黯往視之，遽困畢方之祟。既被誣於京兆，甘守選於銓曹。未嘗蹊田而奪牛，人皆知此；俄使無心而得馬，天實爲之。濫叨掌教之官，靡俟踰年之次。豈特揖上官而裹章服，遂將隨先生而息劓黥。夫何極陋之資，有此非常之幸。雖無絶識，能窺孔子

〔一〕允：原作「有」，據明澹生堂鈔本、四庫本及《翰苑新書》續集卷一引改。
〔二〕以：明澹生堂鈔本、四庫本作「之」。
〔三〕胡：四庫本作「何」。
〔四〕及：原作「反」，據四庫本改。
〔五〕正月：原無，據明澹生堂鈔本、四庫本補。
〔六〕信：明澹生堂鈔本、四庫本作「訊」。

之高堅；願與諸生，共頌王褒之宣布。

方總領啓

結綬登畿，久處司存之下；采芹在泮，又居臺治之中。望繡斧以馳心，寓鱗鴻而涖記。恭惟某官學洞九流而得其樞要，文高八代而振以英奇。靡由推轂之先容，自結凝旒之厚眷。於今江左，視漢關中。龍蟠雄天塹之都，虎踞儼雲屯之衆。比掄才於省户，就總賦於轅門。解數千牛而刃若新，既多餘地；上九萬里則風在下，方快圖南。竚頒内史之贊書，歸挈甘泉之從橐。伏念某零丁衰緒，彳亍孤踪。昨俯隸於嚴明，蒙曲加於眄睞。職閒無事，欽所好也，方安斥鷃之飛；屋比延燒，黯往視之，俄困畢方之祟。京兆之誣既酷，丹書之責奚逃？踰年悵遠於聲光，指日復依於博約。黔廬赭垣之相吾子，尚何逃於祝融[一]；息黥補劓以隨先生，顧敢忘於造物！沍寒在序，視履多祥。冀加慎於保調，庸仰承於眷倚。

鄧漕啓

一官效智，謬瞻魯泮之芹；三月聚糧，期御范車之轡。曳履未干於賓贊，飛緘先恩於典籤。恭惟某官節勁而氣和，道隆而德駿。名在文章之籙，才高政事之科[二]。漢石二千，幡蓋屢煩於共理；齊鵬九萬，雲霄方快於圖南。上雋李之銀菟，付江畿之金節。明能激濁，雪見日而潛消[三]；化足移人，草上風而必偃。發軔既高於驪駕，持荷即簉於鵷班。伏念某佔畢心勤，窺天見小。有鼷鼠怯跧之態，無鯨鰲呿擲之才。念百年薰編簡之香，懼一旦墜箕裘之業。雖微師授，勉讀父書。叨逢昭代之右文，洊冒末科而干禄。養其樲棘，正恐爲小人之儒[四]；舍爾靈龜，安能司桐子之命[五]。孰謂夤緣之至，乃居提案之中。設鄉校而爲文章，講道正資於常衮；即學官而問得失，清平願美於君公。

李倅啓

結綬王畿，久近郎官之列宿；采芹泮水，載瞻別駕之前星。敢遡賓鴻，遠傳疊璽。恭惟某官鍾英相閥，振藻儒林。濯濯祥麟，爲聖人而出也；鏘鏘鳴鳳，覽德輝而下之。入承雨露之恩，浸展雲霄之步。去天尺五，含香已直於蘭闈；同德三千，簪筆盍陪於荷橐。遽高易退，自詭外遷。輟文部之華資[六]，列陪都之副尹。王祥政美，方著詠於海沂；賈誼名高，即召還於宣室。某承家學淺，試吏術疏。竊一第於太常，效微官於省局。職閒無事，欽所好也，方安斥鷃之飛；屋比延燒，黯往視之，遽困畢

〔一〕逃：明澹生堂鈔本、四庫本作「怨」。
〔二〕才：明澹生堂鈔本作「學」。
〔三〕潛：明澹生堂鈔本作「自」，四庫本作「曰」。
〔四〕儒：原作「歸」，據明澹生堂鈔本、四庫本改。下《同官蔡從事理啓》亦有此句，作「儒」，可證。
〔五〕原刻注云：「桐：別本訛作『童』。案此出法言，今校正。」按明澹生堂鈔本、四庫本亦作「童」。
〔六〕部：原作「簿」，據明澹生堂鈔本、四庫本改。

方之祟。京兆之誣既酷，丹書之責奚逃？踰年悵遠於聲光，指日復參於僚屬。事大夫之賢者，既仰賴於帡幪；雖小道有觀焉〔一〕，願俯殫於駑鈍。

周倅啓

十步飛蠅，望驥騰而有素；一斑窺豹，思管見以無階。茲叨泮水之遊，乃託貳車之庇。念登門之甚邇，渠奏記之敢稽〔二〕。恭惟某官材能爲當代之師，儒術得古人之旨。世種陰德，其積也長；仕際明時，所居則大。京兆已高於佐理，留都更屈於治中。雄鋩剖劇以風生，美化加民而草偃。歲時甫爾，謠頌藹然。帝眷王舒，詳試頻參於望府；士推嚴助，共期留侍於承明。某涉世方疏，傳家學僻。望洋而嘆，誰爲發於醯雞；佔畢而呻，自亦憐其書蠹。猥冒恩於魏闕，容備數於儒宮。方春百里之糧，往效一官之智。事大夫之賢者，幸仰託於帡幪；雖小道有觀焉〔三〕，願俯殫於駑鈍。

同官蔡從事珵啓

比叨宸命，並列儒官。披雲霧以睹天，雖諧素願；用蒹葭而倚玉，寧免厚顏！念將佐於下風，盍自通於先進。恭惟某官氣由直養，業以勤精。繙十二經而學殖滋豐，草三千牘而詞源未竭。策奉常之高第，蜚雋軌之英聲。分教東都，誰謂久淹於韓愈；別爲七略，殆將趣召於劉歆。某用乏三冬，體荒四業。真孤陋寡聞之學，昧遊觀廣覽之知。正恐爲小人之儒，安能司桐子之命。賴餘光之可借，庶賸馥之能霑。訥甚江公，敢並通經之持論；思精鄭氏，定容闔筆之同僚。欣幸居多，叙陳罔既。

回句容胡主簿大中啓 二月〔四〕

伏審遠勤稱娖，來主鈎稽。念百里之得賢，知四民之交慶。伏惟某官英聲籍甚，游刃恢然。謂宜掉鞅於華途，聊復問津於支邑。才無不可，定爲韓滉之奇；道或能行，豈害子嚴之悅。矧對茅峰之勝，毋辭枳棘之卑。某舊阻盍簪，今遲傾蓋。悵占書之未果，辱流問之相先。感愧交懷，叙陳奚既！

謝到任啓

文場被選，已慚崔氏之美莊；黌舍充員，復近鄭公之道德〔五〕。星言命駕，晨入庀官〔六〕。欲陳一介之愚，盍致小夫之牘。伏念某最爲魯鈍，加以惰慵。孔思周情，大固莫窺於聖域；班

〔一〕有：四庫本作「可」。
〔二〕渠：四庫本作「豈」，明澹生堂鈔本作「詎」，意均同。
〔三〕有：四庫本作「可」。
〔四〕二月：原無，據四庫本補。
〔五〕道：原作「通」，據明澹生堂鈔本、四庫本改。
〔六〕晨入庀官：四庫本作「晨也入官」。

香宋艷，小猶未造於詞林。安能繼舊學以成家〔一〕，但欲誦陳言而干祿。豈謂甫紆青綬，遽麗丹書。念顛頓之如斯〔二〕，悵功名之安在。家同楊子，乏擔石之儲而晏如；貧甚莊周，得斗升之水而活耳。敢期推轂，方與嘘枯！假留都訓導之官，食聖世優閑之俸。駑馬力殫於十駕，何千里之敢思；鷦鷯自託於深林，顧一枝而甚足。茲蓋伏遇某官温良而剛毅〔三〕，廣博而粹純。羽翼聖經，起千年之絶學；範模士類，振一代之修名。徊翔姑挈於荷囊，調燮即參於槐路。以推匹夫納溝中爲深恥，以哀王孫出胯下爲仁心。遂致鯫生，亦濡鮒轍。某謹當感深知而次骨，省厚幸以捫心。鐘響豐山，何止效喬潭之賦；舟浮渭水，更當陳白傅之辭。過此以還，未知所措。

賀徐漕度除江東啓　三月〔四〕

伏審菟符垂解，龍節遽頒。恩流淮服之山川，威振江畿之草木。恭惟某官蟬貂雋胄，館殿名流。詞章爲學者之宗，德業繫國人之望。卷舒以道，中外具宜。歛惠牧民，安其田里而無愁恨〔五〕；陟明將漕，道以禮樂而有光華。矧天塹之要津，實浙河之鄰部〔六〕。鴒原在望，牡轡交馳。謡頌迭興，既撩漢京之八使；機衡對掌，更觀温氏之一門。某猥以孤生，喜聞新命。泮林甫試，雖煖席之未遑；蔭樾可依，何寒氈之足歎。中心自幸，尺牘奚殫！

謝凌侍郎哲舉改官啓　時以吏部侍郎兼侍講，兼權禮部侍郎

風鑑月評，方觀引類；蠟言梔貌，猥許充員。竊薦墨以雖榮，玷雌黄而則愧。惟聖主勵精之日，嚴群工舉士之規。矧居銓部之邇聯，仍以麟經而入侍。賢愚坐別，固當存涇渭於胸中；褒貶躬行，豈止備陽秋於皮裏。凡經提拂，孰不觀瞻。必也譽髦，何嫌十手之指；如其淺俗，將致一軍之驚。伏念某業以嬉荒，氣非義集。守孤陋寡聞之學，乏遊觀廣覽之知。偶釋耒於東阡，遂抱關於北闕。暖暖姝姝而自悦，凉凉踽踽以何爲。披雲霧而睹天，方適管窺之念〔七〕；搶榆枋而控地，俄興風退之災。念顛頓之如斯〔八〕，悵激昂之安在。人謀拙矣，牧羊乃至於亡羊；天理昭然〔九〕，失馬復容於得馬。未周再歲，來莅三宣〔一〇〕。瘠餒

〔一〕成：明澹生堂鈔本、四庫本作「承」。
〔二〕頓：明澹生堂鈔本作「倒」。
〔三〕茲：明澹生堂鈔本作「此」。
〔四〕三月：原無，據明澹生堂鈔本、四庫本補。
〔五〕恨：四庫本作「悵」。
〔六〕河：四庫本作「江」。
〔七〕念：明澹生堂鈔本、四庫本作「願」。
〔八〕頓：明澹生堂鈔本作「沛」。
〔九〕然：明澹生堂鈔本作「彰」。
〔一〇〕三宣：明澹生堂鈔本、四庫本作「泮官」。

少寬，况惜折腰於五斗〔一〕；支離何用，甚慚攘臂於三鍾。方官謗之是虞，奚言揚之敢冀；適春卿之虛位，命碩德以兼官。見彈而鴞炙已求，人懷此望；待寒而衣裘始索，獨愧後時。豈期曲記於孤踪，特與加榮於剡奏。福固無妄，恩知所歸〔二〕。茲蓋伏遇某官蹈德冲和〔三〕，受才英偉。巍巍墻仞，莫窺宮庭奧窔之容；戛戛文鳴，如聽韶濩鏗鏘之奏。位列中臺之法從，望推當代之宗工。爲國求賢，雖每思於責備；待人以恕，終靡廢於兼收。謂駿骨之儻來，何龍媒之不至。第憂謭薄，難稱搜揚〔四〕。某敢不温故知新而爲師，誦詩讀書而尚友！既逃吏責，亦報己知。叛去韓門，未應爲籍、湜之輩；游揚季諾，庶盛傳梁、楚之間。過此以還，未知所措。

謝張留守燾啓

見彈而求鴞炙，久深染指之情；待寒而索衣裘，方有噬臍之悔。忽披薦墨，猥玷雌黄。不待請而得之，其爲榮也多矣。竊以小夫賤隸，皆有依附先達之心；諸公要人，誰無汲引後生之意。然選調數盈於十百，而舉員歲限於二三。惟其得之至難，是以求者甚力。飾僞則栖栖而爲佞，乞憐則俔俔而下心。賢愚未免於兼收，能否或聞於同滯〔五〕。狂瀾既倒，砥柱可回。恭惟某官學擅儒宗，行爲世法。靖康初政，封章首論於親嫌；聖上中興，繳駁屢陳於政體。觀立朝之節如此，則薦士之公可知。故每務於得賢，庶少裨於報國。如某者濫巾泮水，歛板期年。既無文采之足觀，又乏行能之可取〔六〕。辱知辱愛，曾未效於絲毫；自衒自媒，恥或同於士女。方將三沐，試效一鳴。然而桃李滿庭，液樠何用；騅駓驂乘，駑緩奚施！足趦趄而欲前，顔忸怩而遽止。豈期風鑑，驟賜月評。奬之問學之淵源，已浮於實；許以操修之嚴静，更省其私。榮同一字之褒，賜重千金之璧。水擊而鵾鵬化，固未萌萬里之圖；月明而烏鵲飛，幸已有一枝之託。眷存厚矣，感激謂何！再念某才雖無他，志實有在。仕則欲行其義，窮則獨善其身。敢思叶茹於剛柔，深戒磷緇於堅白。區區所守，初不作小有才之謀；炯炯自期，持以爲大君子之報。過此以往，未知所裁。

上徐漕啓

伏聞以賤事貴，禮雖盡而情或疏；以愚慕賢，心既降而誠則至。眷言小醜，獲附餘輝。盍陳尊德之言，且叙願知之意。恭惟某官材全不器，道廣難名。學富而得其宗，故雖博極古今而守以約；氣剛而集夫義，故雖充塞宇宙而濟以謙。馳聲早蓋於諸公，踰冠亟游於三館。握蘭銓部，笑馮唐白首以何爲；剖竹括蒼，顧賈至二毛之奚有。貝錦倏興於萋斐，讒波遂至於沸騰。結

〔一〕惜：明澹生堂鈔本、四庫本作「免」。
〔二〕所：明澹生堂鈔本、四庫本作「有」。
〔三〕茲：明澹生堂鈔本、四庫本作「此」。
〔四〕搜：明澹生堂鈔本作「推」，四庫本作「揄」。
〔五〕聞：明澹生堂鈔本作「虞」。
〔六〕行能：原作「能行」，據明澹生堂鈔本、四庫本乙。

河山杖履之緣〔一〕，作茗水鼀魚之主。彼方殫於人僞，此獨任其天真。曝輔臣拜罷之圖，時話瀛州之舊；纂列聖設施之要，續成遷叟之書〔二〕。天之未喪斯文，道之將興也命。雙旌淮甸，起膺分土之榮；一節江圻，旋試裕民之手。簪橐即躋於嚴近，縉紳咸切於依歸。矧如瑣瑣之資，尤劇拳拳之志。昔也相望兩地，尚思趼足以贏糧；今茲仰託二天，敢忽師承而問道！縱曲木靡堪於應用，而良工寧忍於遺才。倘矜達巷之黨人，許列韓門之弟子。則風斯在下，雖未圖九萬里之飛；若錐之處中，或可備二十人之數。

謝舉狀啓

鑽仰期年，未有求知之道；題評數語，驟爲行己之光。緇衣之好雖濃，華衮之褒豈稱？伏念某修名未立，雅志多違。學昧本原，力勤而功甚寡；道迷涯涘，齡壯而氣則衰。念家惟詩禮之傳，且世負廉平之操。一官拓落，十載棲遲。如彼駑駘，敢與驊騮而爭駕；譬之鳧雁，但違矰繳以求全。故雖值於聖時，每自安於選調。知者憐其守常而有取〔三〕，媢者謂其拘拙而可欺。蓋嘗坐困於樊蠅，尋亦來歸於塞馬。揭領半環之水，獲趍數仞之墻。官盛則諛，斯言何恤〔四〕；仕優而學，此願倘從。顧慚下愚不移之資，初乏孺子可教之質。不圖眷奬，特與薦聞。善事上官，既靡失於名譽；無以下體，又曲采於菲葑。自非汲汲於群材，誰復拳拳於孤進！茲蓋伏遇某官任隆先覺，望重中朝。足國裕民，特其餘事；推賢揚善，是乃本心。惟待士以恕而取之至公，故録人之長而略其所短。豈特周爰咨諏，副皇華之遣；固將雜進巧拙，敦宰相之方。遂容無用之材，並綴兼收之列。某敢不勉爲遠器〔五〕，圖報厚恩！叛去韓門，未應同籍、湜之輩；游揚季諸，庶盛傳梁、楚之間。

回句容范宰卣啓

詔黄疏寵，綬墨臨民。邑有賢君，士無異論。恭惟某官名高雋軌，知達通方。君子學道則愛人，是爲素蘊；縣令承流而宣化，聊試長材。矧句曲之奥區，實仙壇之鄰壤。里閭不隔，風俗無殊。民既熟於聲猷，公亦知其利病。政靡勞於施設〔六〕，可坐致於歌謡。雉化中牟，方覩異政；鳧飛葉縣，即踐中臺。某久慕風期，幸依雲庇。曩緣隨牒，莫爭快睹之先〔七〕；連辱貽書，復愧往酬之後。其爲感悚，莫究名言。

〔一〕河：原作「何」，據明澹生堂鈔本改。
〔二〕叟：四庫本作「史」。
〔三〕有：四庫本作「可」。
〔四〕何：原作「可」，據明澹生堂鈔本、四庫本改。
〔五〕某：原作「其」，據明澹生堂鈔本、四庫本改。
〔六〕政：明澹生堂鈔本、四庫本作「諒」。
〔七〕睹：明澹生堂鈔本作「覩」。

賀王德言除同知樞密院事啓

伏審進由内相，登貳西樞。金炬夜歸，未斷玉堂之清夢；朱衣對引，已催崇政之新班。簪紳豔稽古之榮，旒冕倚借箸之略。恭維某官真才帝賚，厚德天成。道傳孔伋之中庸，氣養孟軻之剛大。立言有法，視荀況、揚雄爲未醇；致主無私，豈管仲、晏子可復許！久積鈞衡之望，偏儀禁省之聯。賢名愈白於一時〔一〕，衆論悉期於大用。當戢干戈而求懿德，遂蓍帷幄而耀台階。政本有歸，姦萌盡折。三軍五兵，德之末也，非以煩公；一日萬幾，人其代之〔二〕，是資佐聖。某名居魯泮，實在鄭鄉。初聞制詔之誕頒，頓覺江山之改色〔三〕。以蠡測海，豈復爲下愚非處士之辭；如鴻遇風，但欲作聖主得賢臣之頌。春陽駘蕩，機務優游。願調鼎食之和，下慰民瞻之望。其爲依向，實倍等夷。

〔一〕賢：明澹生堂鈔本、四庫本作「貴」。
〔二〕其：明澹生堂鈔本作「而」。
〔三〕色：明澹生堂鈔本、四庫本作「觀」。

省齋文稿卷二二

啓 二

回新同官黄從事石啓 紹興二十九年三月

伏審欽承丹詔，來總青衿。惟才華舉世以推高，宜士類望風而歸重。恭惟某官識明慮遠，學廣聞多。北闕上書，早結知於真主；春官擢第，亟傳道於雄藩。亦嘗分教於宗英，乃復洊司於侯頖。甫聽鴞音之革，即觀鱣服之頒。某久傒同僚，忽勤執訊。瑕邱甚拙，正資董相之通經；至德何能，更賴劉公之解事。其爲心悦，詎可文陳？

回溧水唐宰錫啓 四月

伏審九重出命，百里得賢。錦素製而才優，琴甫鳴而化洽。恭惟某官懿行孚乎鄉黨[一]，高文播乎縉紳[二]。將觀展驥之能，先試割雞之手。昔孔門高弟[三]，多由出宰以成名；暨漢氏諸賢[四]，或用徒勞而興歎。蓋古以社稷民人爲重，而此惟簿書期會之趨。自非慈惠之師，孰識後先之序！三岑未遠，四長何慚。某久矣聞風，茲焉託庇。豈謂蜚鴻之信，亦臨羅雀之門。感幸則多，喻言徒費。

賀李大夫植自湖北漕移江東啓

伏審止節湖陰，改轅江表。事愈繁則才愈見，地彌近則眷彌深。成命初頒，先聲已振。恭惟某官道隆德盛，學富文雄。杖策而謁軍門，早效房喬之智；受釐而坐宣室，倏興賈誼之思。帝階甫遂於對揚，天語屢形於歎獎。剖符已去，雖進取之甚廉；乘傳而行，知褒遷之未艾。曾靡淹於歲月，果移按於封畿。惟此外臺，號爲要路。竊詳稽於近比[五]，皆入簉於邇聯。矧明公望實之已孚，而聖主簡知之有素。紫樞黄閣，蓋方虚位以待焉；赤軝斑輪，是亦假途而進耳。某萍飄孤迹，匏繫微官。將庇賴於卿雲，稍激昂於儒氣。莫陪縣令，爲漢使之先驅；當與諸生[六]，俟何公之行部。其爲欣頌，罔罄名言。

〔一〕恭惟：明澹生堂鈔本、四庫本作「伏以」；鄉黨：明澹生堂鈔本作「卿相」。
〔二〕文：明澹生堂鈔本作「名」。
〔三〕「昔」下，四庫本有「者」字。
〔四〕「暨」下，四庫本有「乎」字。
〔五〕比：四庫本作「世」。
〔六〕生：四庫本作「公」。

謝江東吳漕舉改官狀 兼提舉學士　七月〔一〕

志在求賢，方切緇衣之好；名非出衆，首膺華衮之褒。心感激而固深，顔忸怩而亦厚。竊以公論明於上，先王存歲貢之規；私義行於家，後世著月評之目。明於上則可助朝廷之治，行於家則但爲鄉黨之光。此人材榮滯之攸分，實王政廢興之所繫。於皇昭代，有掩前聞。分道置臺，豈特轉輸於餽運；乘軺按部，是將甄别於賢愚。矧載郁於文風〔二〕，尤申嚴於學政。維時十郡〔三〕，不越三章。遊大人以成名，時方競進；占小善以率録，舉則誰先。雍齒封焉，漢軍驚矣。伏念某生而極陋，少也多屯。道未見而迷方，學弗成而筮仕。言游芹水，密庇卿雲。操行不足以率人，詞章不足以名世。懶書晝寐，幾爲弟子之嘲；騎馬醉歸，常畏廣文之罵。空縻寸禄，實愧初心。誓將矻矻以窮年，恥復栖栖而爲佞。固非韞匵有美之玉，庶免躍冶不祥之金。不汝瑕疵，已爲厚幸。在公鑪錘，斯亦何名。此蓋伏遇某官粹德尊朝，英詞冠古。獻納將歸於邇綴，澄清薦試於近畿。文紀埋輪，外振使乎之職；鄭莊推轂，内推長者之心〔四〕。第慚賈誼之才，不稱河南之薦。載念某趨風雖晚，託契則深。先父聯名，已列年家之子；南宮試藝，又爲門下之生。茲居巡管之中，復在推揚之數。恩榮參會，駑鈍增光。知我者《春秋》，初靡緣於紹介；報之以瓊玖，請申誦於《詩》章。

賀金陵韓帥啓

伏審輟臨北固，來尹東郊。厥德允修，膺畢命保釐之託；惟民其乂，賴君陳分正之功。温詔風馳，輿情草偃。恭惟某官學皆自得，道本躬行。粲若辭章，妙合璧聯珠之句；凛然風采，挺渾金璞玉之姿。惟聲猷居衆雋之先，故眷簡絶諸臣之右。所臨官大，厥問日彰。鳴玉甘泉，首冠荷橐論思之列；奉瑄泰畤，獨膺柏梁賡載之歌。至於振淹滯於三銓，究源流於萬貨。投之盤錯，鋒鋩益礪而莫攖；試以妍媸，冰鑑愈明而畢照。内鎮神皐之壤，外綏南海之區。開閤勸民，延壽化行於馮翊；投文逐鰐，退之威著於炎陬。方將入贊於事樞，乃屈洊臨於藩翰。蓋大用必資乎詳試，而重權莫越乎居留。非信而謹者，不足以付管鑰之權；非剛而明者，不足以任兵民之寄。宜聖上疇咨而弄印，惟我公僉屬以分麾。十乘鼎來，雖慰江東之父老；三槐夾輔，已虚朝右之班聯。豈待政成，即聞王覲。某才非秀穎，迹困飄流。念昔備於屬僚，幸獨蒙於眷顧。茲塵泮水，復在下風。以五經而授諸生，有愧東都之文學；作三篇而選童子，願歌西蜀之中和。欣懌居多，名言莫盡。

〔一〕七月：原無，據明澹生堂鈔本、四庫本補。
〔二〕郁：四庫本作「育」。
〔三〕郡：四庫本作「部」。
〔四〕推：原闕，據明澹生堂鈔本、四庫本補。

賀湯左相啓 十月〔一〕

伏審明制揚廷，首台正位。暨湯咸有一德，久合天心；惟説命總百官，益符帝賚。燮調雖舊，體貌加新。竊以奮庸固賴於臣鄰，注意莫先於元輔。如群材之參大厦，獨倚棟隆〔二〕；若列宿之拱北辰，孰踰魁望！故舜重九官之冠，而周殊太宰之名。豈徒旒纊之仰成，抑亦簪紳之絶擬。於皇上聖，懋啓中興。仰惟前代而迪厥官，方慎冢司之選；爰立作相而置諸左，必歸間世之英。恭惟某官道貫誠明，運逢開泰。早攄康濟之學〔三〕，親結聖神之知。獻納禁途，備賢人之德業；周旋政路，茂君子之經綸。曩自籌帷，延登宰席。雖元功密運，如陰陽造化以難窺；然嘉績外彰，有歲月事爲之可紀。上則五行之布叙，下焉百穀之用成。鎮撫蠻夷而疆埸自安，招延豪俊而滯淹咸振。賞刑並設，勸懲各當於罪功；職業交修，總覈莫逃於名實。至於獎耆英而敦風俗，薄賦斂以厚生靈。成規恪守於祖宗，浮費力裁於中外。相大廷之禮，需章預避於褒遷；奏實録之篇，謙德反推於筆削。悉裒衆美，度越前人。宜萬乘之深知，非群工之敢望。謂僕射百僚之首，無官可酬；惟春秋一字之褒，虛左以待。僉言久屬，涣號用敷。就陞上相之班，永贊大寧之化。文武之道識其大者，方將亹亹於蒼姬；蕭曹之勛不足進焉，夫豈區區於炎漢！某嘗叨恩顧，逖阻師瞻。玆拭目於黄麻，彌傾心於赤舄。壽域開而鴻鈞轉，重歌韋賢拜相之詩；祥風翱而和氣游，願上宣帝得臣之頌。其爲欣抃，實倍等夷。

賀孟宗丞除江東運判啓

伏審璽書中出，金節外移。千里長淮，甫離舊治；六朝故國，已及新疆。光華增焕於一時，賓餞交馳於兩境。恭惟某官道該儒行，學詣聖真。少日懷鉛，預纂兩朝之信史；盛年結綬，入修三格之新編。隨從鵷翅，遽辭龍尾〔四〕。以典郡則著循良之效，以察州則飛廉按之聲。駰駱載驅，宣勞惟舊。豺狼當路，悉力以除。既仁者之勇聞，亦使乎之責塞〔五〕。近畿劇部，少酬久次之庸；禁路清班，即奉遄歸之詔。某讀書甚晚〔六〕，從仕數奇。竊伏海濱，聞公子者舊矣；久逃空谷，聽足音而跫然。況以微官，焉依厚庇。曳裾有路，固當輕萬户之封；拆襪無長，恐未免衆人之遇。其爲欣悚，交集襟悰〔七〕。

謝提點李直閣植薦舉啓 十二月〔八〕

環九路以掄才，豈無奇士；紆數言而削牘，乃及腐儒。衆

〔一〕十月：原無，據明澹生堂鈔本、四庫本補。
〔二〕倚：原作「以」，據明澹生堂鈔本、四庫本改。
〔三〕康：四庫本作「匡」。
〔四〕龍：四庫本作「虎」。
〔五〕亦使：明澹生堂鈔本作「宜從」。
〔六〕甚：四庫本作「既」。
〔七〕悰：四庫本作「懷」，義似長。
〔八〕十二月：原無，據明澹生堂鈔本、四庫本補。

以爲榮，心焉有愧。竊以知人之法，自昔所難；引類之方，於今尤弊。羊質虎皮之莫辨，駑才驥足之並馳。游揚多藉於先容，囑託更資於奥援。乃以有限之數，而應無窮之需。三沐三薰，求之固未易矣；一與一否，舉者亦惟艱哉。必將少振於頹風，莫若力持於公論。我心匪鑑，詎可形逃；仁者樂山，豈容力拔。惟知此道，遑恤其他。恭惟某官望重儒林，勳高霸府。飭躬以有用之學，應務以不羣之材。自賦命以登車，每盡誠而推轂。未處棘槐之位，先成桃李之陰。孰謂膺門，亦容噲伍。伏念某志徒好古，材不逮人。小智自私，絶望紆朱之樂；大方見笑，甘心尚白之嘲。一莅芹宫，兩徂芳歲。菊荒舊徑，時夢於刀頭；刃發新硎，實慚於錐末。比緣天幸，獲庇霜臺。區區數月之間，財能免咎；役役衆人之後，安所取知！忽形論薦之言，莫測夤緣之自。雖品題斯誤，三復多慚；然授受之公，兩皆無歉。某敢不深思國士之報，少答古人之風！同薄命於史談，敢嘆周南之滯；遇賞音於伯樂，能令冀北之空。

賀王同知除知院啓 紹興三十年正月七日〔一〕

伏審廟算成功，機廷推長。帷幄决勝千里，運籌專倚於子房；文武爲憲萬邦，受祉孰先於吉甫。雖不移於兵本，實增峻於民瞻。竊以象著西垣，將相對分於四輔；色齊北斗，魁樞首冠於七星。於赫聖朝，仰稽乾度。盡以韜鈐之柄〔二〕，總於宥密之司。昔嘗兼掌於相臣，今乃獨釐於院事。求懿德而肆時夏，方永保於櫜弓；惟吉士而相我家，兹共圖於立政。恭惟某官濳心聖學，冠德民彝。孟軻之傳得其宗，伊尹之覺以此道。綢繆異眷，翔翥要津。自參華於豹尾之中，即稟務於鴻樞之上。助宣七德，坐閲累年。借箸於前，有謀猷而必告；積薪於後，無喜愠之可窺。逮疇久次之庸，始工通知之拜。屬聖上擇人於絶幕〔三〕，繫忠誠憂國以忘家。抗疏請行，漢廷臣無出右者；奉書歸報，古虜使其猶劣諸。將宅揆於元臺，姑升班於右府。使國人皆有所式，豈惟中外之聳觀。示天下弗復用兵，蓋亦華戎之永賴。某受恩殊厚，聞命祇歡。方局促於芹宫，阻進趨於材館。高山仰止，幸再逢巖石之新；一葦杭之，毋使歎瀛洲之遠。其爲欣懌，實倍等夷。

回溧陽蔣宰賀年啓

杓携龍角，日會娵訾。惟時慈惠之師，宜介靖共之福。恭惟某官一司任重，三異政殊。宣布寬書，俾民編之交泰；蠲除宿弊，隨歲律以鼎新。道既方亨，慶將焉往。某居然在泮，邈矣登門。摛藻甚華，想夢謝池之草；尋芳伊邇，遥瞻潘縣之花。善頌攸深，文陳曷喻。

〔一〕紹興三十年正月七日：原無，據四庫本補。明澹生堂鈔本於題前標「紹興三十年」，題下標「正月七日」。
〔二〕鈐：原作「鈴」，據四庫本改。明澹生堂鈔本作「鋒」，誤。
〔三〕於：明澹生堂鈔本、四庫本作「而」。

賀邢倅孝肅啓

詔檢中頒，屏星夙駕。贊管鑰居留之尹，屈蓬瀛寓直之仙。望實所加，旄倪交慶。恭惟某官英規玉立，麗藻瓊敷。長鋏短檠，事業並風騷之將；朱輪華轂，功名非恩澤之侯。方時左戚而右賢，力革外輕而內重。故資雋望，詳試民庸。蕩漾秦淮，聊復問津於半刺；岧嶤魏闕，即陪奉引於拾遺。某積歲傾風，指期託庇。顧與紛紛之振鷺，共親亹亹之談犀。欣頌交深，喻言曷既！

賀蘇倅啓

陪京地重，別駕官尊。任既得賢，人斯交慶。恭惟某官熙寧勳臣之裔，元祐儒相之孫。慷慨功名，固嘗自許；淵源學問，寧愧家傳！以茲人物之英，宜在羽儀之列。云胡外補，猶滯右遷。蓋惟魏國之賢，早著江寧之政。故迂泥軾〔二〕，來訪甘棠。海沂之賴王祥，少資佐理；宣室之思賈誼，即聽遄歸。某才不如人，仕惟竊粟。念傾風之甚久，喜披霧之在茲。豈特區區仰藉帡幪之庇，亦將纚纚款聞議論之餘。欣幸居多，指陳曷喻！

謝金陵帥韓尚書啓 二月一日〔三〕

剛嚴少許，人爭冀於混奇；薦舉有名，恩首加於紆等。欽惟公選，實激懦衷。竊嘗屈指於先賢，孰不垂情於後進。然汗簡編摩之可考，惟華宗獎拔之爲多。舉壺遂而進臧君，世稱安國；薦崔生而引嚴武，時重朝宗。或知鄧惲而諉以子孫，或識西平而遺之器幣。既奕葉素高於風鑑，宜真才復振於家聲。倘非搴仕路之英，寧許上公車之牘！如某者直非諤諤，吶甚期期。居貧微指廩之交，處衆乏容卿之量。訪書臺於東觀，勇愧除蛟；回俗駕於北山，心慚怨鶴。揭游泮水，坐閱再期。無五經之縱橫，可爲模範；有二稱之簡忽，徒致謗憎。職以曠聞，分宜罪免。竊幸荆州之識，俯憐絳勃之庸。爰自下車，即形慰藉；逮茲推轂，更誤品題。永言待遇之殊，初非夤緣之助。此蓋伏遇某官功高三傑，文倡諸儒。曳履中臺，獨厚龍淵之賜；擁麾南海，載揚鱷水之威。聖神嘉鯁峭之資，內外著虔共之譽。吾用休而安社稷，將踐政塗；王錫侯而粲旂章，薦臨藩服。每惓惓於庠序，尤汲汲於俊髦。何取迂愚，乃加褒拂！蓋以鄉閭之非遠，且於姓氏而可推。東魯大邦，嘗許鄭田之假；弓高貴族，未忘周烈之餘。用尋千載之盟，加賁一言之衮。某敢不紳書厚德，鞭策凡才！聘賢士以廣謀，既辱長公之薦；召陋容而説禮，終酬祭酒之知。

賀洪景嚴除內相兼吏書啓

伏審進儀內相，仍長中臺。夕對金蓮，結絲絢而承聖問；

〔二〕軾：原作「軏」，據明澹生堂鈔本、四庫本改。
〔三〕二月一日：原無，據明澹生堂鈔本、四庫本補。

晨趨玉笋，曳革履而領從官。自非兼孔氏之四科，安得被賀公之兩命。竊以翰林近華蓋，素號禁嚴；文昌映紫微，是司喉舌。自昔法天而分職，於今弄印以掄才。緊國名儒，應時遴選。既兼官之俱稱，宜上象之交輝。恭惟某官學富家傳，材優天授。偏觀流略，豈徒窮九邱八索之淵源；洞察幾微，固已熟六狄五戎之利害。早振平臺之響，即符宣室之思。譽滿朝端，譬之鳳凰芝草以爲美瑞；才周世用，非如儒生文士止有偏長。三入修門，九遷華貫。帝王之制坦然明白，寖揚聞於西垣；道德之威成乎安强，亦宣勞於右府。式疇久次，宜畀殊遷。自丞郎而入北門，考院規而無懪；由佐貳而陞大宰，即選部以有光。一時傳陸贄之詔書，多士賴山公之啓事。矧如先正，久暴大忠。半世龍庭，猶握尚書之節；浹旬鰲禁，莫真學士之除。幸天定者亦能勝人，故善積者必有餘慶。是開賢冑，來踐世官。繼處内庭，踵贊皇之勝事〔一〕；並經常伯，掩謝氏之前聞。行由供奉之班，立造疑丞之列。某雖登門之日晚，辱解榻之意濃。賫時闒求〔二〕，方愧旅進於馬牛之走；梶姦伸滯，遽回便文於雁鶩之行。曾未叙於感悰，會來陪於賀客。道古今而譽盛德，非以爲諛；裹章服而揖上官〔三〕，是云藉手。永言欣感，難罄敷陳。

賀都總領潔啓

伏審分職地官，峙糧天塹。九霄觀象，使星郎宿之交輝；十道披圖，江表淮壖之並總。選除甚重，倚信可知。恭惟某官學粹而才雄，色和而氣勁。棲遲遠郡，如鳴鶴之處陰；凌厲周行，若飛鴻之漸陸。屬嚴助猒承明之直，顧壽昌高平糴之才。爰輟小銓，往臨近甸。授田中率，既首應於褒書；攷績及期，更誕頒於寵命。内幹左曹之賦，外司玉壘之儲。錦帳過都，諒膺晝接；繡衣誇里，寧歎夜行！方將宣渦口之威，何止實關中之粟。某熟誼聲於士論，聆政術於官塗。惟今臺治之所臨，實許校官之先睹。王人在諸侯之上，行睹多儀；談士輕萬户之封，幸符夙志。其爲闓懌，未易敷云。

謝除學官啓 四月〔四〕

二年在泮，席既煖而安焉；一命登畿，氈雖寒而寵矣。亟別驚猿於北壠，來窺振鷺於東球。遷不以功，望非其素。惟今昔恢崇於學校，蓋國家教養於賢能。並置明師，既先之以道藝；傍分衆職，又輔之以規繩。或汲汲於作新，或孜孜於掌故。將欲德成而行立，茲庸事制而曲防。不有儒先，孰膺官使！如某者立身多難，賦性下愚。知脩能姱節之可爲，顧蹇步薄材之難强。文史近乎卜祝，況未足於三冬；詞賦賢於倡優，偶見收於一第。猗斷斷而無技，常兀兀以窮年。昨誤甄陶，外司黌舍。身免折腰

〔一〕勝：明澹生堂鈔本、四庫本、《翰苑新書》續集卷四、卷六作「盛」。
〔二〕闒求：原作「時來」，據《翰苑新書》續集卷四、卷六改。四庫本作「伐求」，意同。
〔三〕裹：原作「衷」，據明澹生堂鈔本、四庫本、《翰苑新書》續集卷四、卷六改。
〔四〕四月：原無，據明澹生堂鈔本、四庫本補。

於五斗，恩容攘臂於三鍾。青出於藍，居有後生之畏；元無尚白，屢爲弟子之嘲。坐閲歲華，行終期戍。分甘斥鷃，翔數仞之蓬蒿；望絶翠虯，摻九閑之膠葛。屬伯樂方空於冀北，憐史談獨滯於周南。俾綴英遊，遂頒號召。觀道德於前後，幸陪多士之間；計班資之崇卑，敢謂百寮之底〔一〕。幸之至此，誰則使然？茲蓋伏遇某官格帝勛高，求賢志切。已底亨嘉之盛，益躬吐握之勤。厥亦惟我，周王方賴以寧之多士；時則有若，伊尹每懷不獲之一夫。故賤微弗忍於遺亡，而巧拙或容於雜進。某敢不仰銜化育，俯策惰媮！助國四維，固有慚於躬率；奉規五等，當毋廢於司存。惟曠職之可逃，諒酬知其未晚。

謝循文林郎啓　七月〔二〕

繫官於朝，誦儒規而未熟；積日曰閲〔三〕，因選調而稍遷。功歸鑪錘之間，感溢瓶罌之外。某聞大言則望大利，賢者所以事君；小才不離小官，衆人所以循職〔四〕。故傑士必登於要路，而庸流皆踵於常途。惟其兩適於器能，是以各安於分義。伏念某地寒身賤，才薄志卑。學昧淵源，如斷港絶潢而焉用；文無根柢，惟分章摘句以自娛。入仕十年，莅官三考。禀資罷軟，既不能陳力以赴功；受性昏蒙，又不可彊心而爲智。以茲歛板〔五〕，何所取材？聖圖廣大之秋，賢相招延之際。逢辰如此，忍自投於寂寞之濱；摩鈍以須，終不越於拘攣之表。誰謂化工之和氣，力回冰谷之寒荄。已容列屬於學宫，更許陞資於銓部。依流平進，固小道之當然；較短量長，舍大鈞而奚自？此蓋伏遇某官儀型姬旦，左右周成。如碩膚之公孫而無狼跋之虞，贊太平之君子而享鳧鷖之治。上則賞誅有序，柄用八以詔王；下焉廢置何心，歲歷三而計吏。雖名一藝，猶玷七階。某敢不念寸進之難，戴曲成之造！無堪而等聾聵，愧莫效於犬鷄；畢命而守階墀，願常陪於鸞鳳。過此以往，未知所裁。

上宰執啓　八月〔六〕

某生而孤露，長困饑寒。間於鋤耰，勉事鉛槧。禀資既鈍，用志復分。徒竭謏聞，迄微片善。常欲擁醫門之篲，挹瀛海之波。庶幾鍼砭膏肓，霑濡枯槁。顧以人微而迹遠，居然志切而願違。豈謂相公矜椎魯之無能，念依歸之有素，驟從外服，收置中都。已數許其望塵，更喻令其投贄。歸而三省，逮此四旬。與其逡巡而干鈇鉞之誅，孰若綴緝而取範模之正。用哀骫骳，上瀆顯融。先素甚榮，雖辱知於相國；陳篇是獻，懼見斥於宰臣。加以楷注盈編，重輕失序。曾無一可稱之語，難逭五不韙之愆。屬近遂於巖瞻，重再干於賓贊。輒憑尺牘，粗述寸誠。干冒鈞嚴，不任震懼。

〔一〕底：四庫本作「式」。
〔二〕七月：原無，據明澹生堂鈔本補。四庫本作「六月」。
〔三〕曰閲：四庫本作「閲月」。
〔四〕循職：原作「累日」，據四庫本改。
〔五〕板：原作「技」，據明澹生堂鈔本、四庫本改。
〔六〕八月：原無，據明澹生堂鈔本、四庫本補。

謝除館職啓 九月〔一〕

從國子先生之後，六見月書；造集賢小職之間，再承天誥。未厭璧池之浴德，已容玉海之觀珍。茲惟造化之功深，夫豈凡庸之夢到！竊以置圖書之府，歷代所同；號英雋之瀛，明時尤重。蓋彼徒誇於典籍〔二〕，而此兼貯於人材〔三〕。雖預宴賦詩，待遇幾同於兩禁；而進階廢職，愛憎或出於一時。由居官不責其有爲，故流俗竊疑其無用。豈知封植拱把者，所以備明堂之棟；寶藏璠璵者，所以成清廟之彝。但觀累代傑出之資〔四〕，可見三館養成之效。欽惟上聖，懋啓中興。臺計十金，未嘗賁飾；府模群玉，乃獨鼎新。隆棲傑宇之干霄，隱帙奧篇之插架。上追淳化，大書開秘閣之碑；密契皇唐，南向對憲臺之户〔五〕。譽髦斯士，宏達爲羣。必翰林墨客之俊才，識竹簡漆書之奇字。馬書五尾，能辨其非；亥有六身，默通其數。乃宜當於清望，且不愧於素餐。如某者少日百罹，長年一第。悲粟鍾之弗洎，固當屏跡於民廛；悵菊徑之就荒，乃復萌心於仕籍。試吏未更於州縣〔六〕，入官輒近於都畿。何有聲稱，副諸大夫之深奬；居然號召，綴百執事之下陳〔七〕。雖農馬之智專，曾犬雞之效乏。所憂被譴，反辱見貽。矧臺家復古之秋，正館殿闕員之日〔八〕。必使上北門之對，乃令窺東壁之光。甫下新書，封武都之泥紫；遽尋舊習，忙舉子之槐黃。衷章服以宵興，抱槧鉛而晨入。餐錢供張，固無露索之持；涸思蕪詞，幾有倒綳之笑。粗殫薄技，僅列奏篇。凝旒心恕其空疏，當路面稱其拙直。河東賦就，吹噓力致於上天；溟北風高，决起遂逃於控地。以凡骨而預飛騰之數，以寡聞而聯是正之曹。僥倖既多，忸怩亦甚。昔劉晏能諷於朋比〔九〕，而耀卿善屬於文詞。皆以奇童，據茲清職。既漸衰於蓬鬢〔一〇〕，難遠繼於芳風。茲蓋伏遇僕射相公鑪冶鑄頑，雲雷濟物。奉行故事，方將糠粃於弱翁；刊落陳言，每欲網羅於韓愈。善類願忠而望賜，誠心校短以量長。何取謭凉，使參俊乂！隔弱水者三萬里，示以津涯；登瀛洲者十八人，進其步武。正唯謇訥，莫叙感藏。某敢不稍究六書，因推九寫！願李邕之一見，肯務近功；有孔子之多聞，妄希遠器。或因涵養之力，粗報生成之恩。

汪侍御頌德

某官節勁而氣和，才全而德稱。執憲浸更於三院，注懷方厚於九重。以崇論宏議砥柱頹波，以大册高文主盟吾道。眷言孤

〔一〕九月：原無，據明澹生堂鈔本、四庫本補。
〔二〕蓋：原無，據明澹生堂鈔本、四庫本補。
〔三〕而：原無，據明澹生堂鈔本、四庫本補。
〔四〕代：明澹生堂鈔本、四庫本作「朝」。
〔五〕向：明澹生堂鈔本作「面」。
〔六〕更：原作「便」，據明澹生堂鈔本、四庫本改。
〔七〕綴：原作「輟」，據明澹生堂鈔本、四庫本改。
〔八〕闕員：四庫本作「入直」。
〔九〕諷：明澹生堂鈔本、四庫本作「譏」。
〔一〇〕既：明澹生堂鈔本、四庫本作「慨」。

跡〔一〕，猥冒殊知。深嘉屢嘆於詞場較藝之中，右挈左提於學省效官之際。隔弱水者三萬里，示以津涯；登瀛洲者十八人，進其步武。正惟謇訥，莫叙感藏。

洪内翰頌德

某官代襲儒宗，望隆邦哲。泰山北斗，異時天下之三洪；常伯名郎，此日臺中之二妙。久徊翔於禁路，行勵翼於政塗。爰摛甚古之雄文，式訪當今之急務。隔弱水者三萬里，示以津涯；登瀛洲者十八人，進其步武。遂逃飲墨，來睹汗青。

楊内翰頌德

某官間世鴻儒，爽邦壽俊。草元奏頌，真今日之淵、雲；裁詔司戎，號内廷之頗、牧。久持從橐，行秉政機。垂紳窈窕之禁扉，注目嫛婗之窘步。隔弱水者三萬里，示以津涯；登瀛洲者十八人，進其步武。遂逃飲墨，來睹汗青。某敢不稍究六書，因推九寫！念張籍學書之替，永感增懷；徼崔氏美莊之荒，終身圖報。

試館職謝洪内翰楊内翰小啓 九月〔二〕

某性資甚鈍，學術浸荒。比叨號召以試言，方懼報聞而貽誚。徘徊既久，冒昧以前。誰意薰慈，曲憐蕞品。厚於爲禮，恕以命題。深知潢潦之無根，靡責淵源之有考。迄緣假借〔三〕，僅獻狂愚。點化工深，乞西山之靈藥；扶摇勢便，度弱水之迷津。人或謂其至榮，心敢忘於所自！屬齋祠之未竟，加謁制之重踰。布武莫遑，臨文知愧。徐輯荒唐之語，別陳感謝之私。尚望高明，俯垂矜察。冒瀆嚴聽，伏須重誅。

答徽州巫推官啓

列屬西庠，甫接諸儒之武；分光東壁，遽披四部之文。所慚非騎鶴之姿，何自綴驂鸞之數。忽辱騰緘之貺，乃知推轂之由。此蓋伏遇某官質俊而氣和，名高而實副。稟秀仙茅之壤，素挺奇材；泛蓮道院之邦，益昌遠業。方屬急賢之旦，即頒迅召之書。俯眷疲庸，嘗承緒論。借以揄揚之助，進諸英雋之躔。未能一通噓噓之言，少伸謝意；顧乃三復翩翩之記，增激感悰。惟誓珍藏，以爲永好。

謝户部張侍郎舉自代啓

書林退縮，苟安無似之蹤；禁路推先，猥上不如之奏。蓋

〔一〕跡：四庫本作「露」。
〔二〕九月：原無，據明澹生堂鈔本、四庫本補。
〔三〕借：原作「給」，據明澹生堂鈔本、四庫本改。

高誼曲敦於先契，忘孤生難繼於後塵。遂以名聞〔一〕，駭於衆聽〔二〕。竊以九官相遜，始自虞廷；三日舉知，盛於唐世。然必事業功名之相亞，與夫輩流位序之非遥。故當授職之初，可致讓能之義。乃如今日，尤異前聞〔三〕。明公以絶識瓌材〔四〕，而某性資甚下；明公以老成宿望，而某齒爵甚卑〔五〕。竊伏三思，殆無一可。特以諸父瞻承之舊，畀之片言獎借之榮。雖上臣事君以人，不暇賢愚之問；然他日居我此位，實慚期待之優。此蓋伏遇某官厚德端朝，精心照理。粒民敷教，方將兼稷、契之功；富國强兵，寧復用管、商之策！行繇卿貳，交秉政機。欲助成歸厚之風，故垂眷甚凉之品。廣陽秋於皮裹，所憂仰累乎否臧；薦伏獵於省中，更恐悮知其學術。某敢不銘藏至意，鞭策凡才！未四十而爲丞郎，决無此望；從三千而爲弟子，勉在下風。

賀汪參政啓

伏承竣事行營，奮庸近弼。徐方不回而歸，休父酬期年節制之功；衮職有闕而補，樊侯贊萬世保衡之業。宸心所屬，民譽則同。恭惟某官惠和忠肅而極之以誠〔六〕，敏達清明而篤之以學。望其風采，凛名世之巨材；發以詞章，驚前人之逸駕〔七〕。惟是規恢之大，固宜進用之難。天方佑於我家，帝親知其國士。拔之册府，付以憲臺。凡上前獻替之嘉謨，皆天下安危之至計。適文王有玁狁之難，正切焦勞；顧李愬帥鄧隨之兵，尚虚統督。一言辰告，千里暑行。雖逆順不同，虜有當亡之理〔八〕；然强羸相絶，我無必勝之資。况驅荆襄不教之民，中控吴蜀相望之勢。衆方烏合，虜則鴟張〔九〕。甲戰而乙乃還，北攻而東已急。指麾諸將，激勵羣豪。赤幟二千，亟歸於韓信；青兵三萬，幾獲乎左賢。羣盜由是以大奔〔一〇〕，故地乘時而漸復。人惟求舊，既望實之久乎；賞不踰時，亦勳庸之當報。兹惟古誼，抑有成橅。盜滅甘陵，彦博入登於宰席；使來西夏，仲淹歸贊於樞庭。不圖仁祖之前聞，乃至紹興而復見。某辱知甚厚，在治有初。上馬從軍，揣己昔慚於不武；懷鉛抱槧，期公力致於丕平。欣頌之懷，編摩莫盡。

〔一〕名：原作「明」，據明澹生堂鈔本、四庫本改。
〔二〕於：明澹生堂鈔本作「乎」。
〔三〕尤：明澹生堂鈔本、四庫本作「允」。
〔四〕識：原作「職」，據四庫本改。
〔五〕齒爵：原作「爵齒」，據四庫本乙。
〔六〕極：四庫本作「竭」。
〔七〕人：四庫本作「修」。
〔八〕虜：原作「彼」，據明澹生堂鈔本改。
〔九〕虜：原作「敵」，據明澹生堂鈔本改。
〔一〇〕盜：明澹生堂鈔本作「胡」，疑是。

廬陵周益國文忠公集卷二三

省齋文稿卷二三

啓 三

謝改官啓 紹興三十一年五月

黄本讐書，已濫巾於秘府；赤墀拜秩，更寓禄於審官〔一〕。省功狀以蔑如，承命書而愧甚。竊以陞遷之典，莫謹於聖朝；考覈之規，具存於文部。自仁祖肇增於薦牘，而元豐大正於官名。法既一成，時無他覬。惟入服王畿之采〔二〕，乃獨殊選調之人。既不假於薦揚，復稍裁其考任。以此待英髦之士，誰曰不然；如其容嵬瑣之流，斯爲過矣。伏念某掖衣自奮，襪線何施？欲扞塞乘邊，初乏蹶張之勇；將圖功慮事，顧微心計之優。甘爲盛世之腐儒，勉蹈古人之陳跡。岧嶢雁塔，昔聯千佛之名；窈窕麟臺，今接群仙之武。猗無薄技，祇有厚顔。鶡躍蓬蒿，竊自安其小大；鳧飛渤澥，迄何係於少多。茲參滿歲之文，越進在京之秩。雖云極陋，敢昧攸歸！此蓋伏遇僕射相公該輔簡乎帝心，奮庸孚乎人望。有伊尹之一德，上格皇天；貺惟成周之大寧〔三〕，旁求多士。肆容平進，例獲次升。某敢不仰服官榮，俯安職守！念無功之可録，幸一進階；誦有德之必疇，願三致志。過此以往，未知所裁。

史院上提舉僕射相公啓

恭承某官以經國之謀，贊視師之舉。君臣協德，靡辭匽薄之勞；夷夏歸心，佇獲廓清之應。某自惟庸懦，辱在屬僚。仰睇纂車，莫備揚揚之御；暫違赤舄，徒勞赫赫之瞻。方屬祁寒，敢忘善頌！願厚鼎茵之輔，益綏福履之和。

史院上提舉僕射相公啓 紹興三十二年〔四〕

驟違英衮，俄易芳年。自惟託迹於甄陶，寧不傾心於夙夜？今者杓携龍角，日會娵訾。當國家正朔遠布之時，實輔相年德加新之際。中外舉勸於善頌，神明必介於殊祥。某既未容陪賓客之後塵，又不敢修慶賀之常禮。姑因尺牘，粗述寸誠。和氣熙春，賴宗工之鈞播；東風應律，知殘虜之冰消〔五〕。迎拜尚遥，坐馳更切。冀適鼎茵之節〔六〕，式符夷夏之瞻。

〔一〕禄：四庫本作「直」。
〔二〕入：原作「人」，據明澹生堂鈔本、四庫本改。
〔三〕惟：原缺，據四庫本補。
〔四〕紹興三十二年：原無，據四庫本補。明澹生堂鈔本在題前。
〔五〕虜：原作「寇」，據明澹生堂鈔本改。
〔六〕適：明澹生堂鈔本、四庫本作「慎」。

除察官回福州王尚書啓

讋四部之書，久迷魚魯；糾六曹之務，驟玷龍光。揆庸儒以無堪〔一〕，殆夤緣之有自。此蓋伏遇某官望隆壽俊，世號儒宗。鎮撫藩方，屢紀循良之績；論思進路，居多仁義之言〔二〕。既班聯居近侍之先，且閥閱在諸公之上。茲逢新政，乃眷舊人。竚秉執於事樞，以輯寧於夷夏。某追惟先父，嘗附巍科〔三〕。未容布武於前榮，何敢通名於執訊！不圖謙德，遠賜柔函。冒選擢於公朝，已踰其分；勤褒稱於耆德，益重厥愆。惴惴在中，云云奚盡。

回新邵州李守元老啓

分安册府，都忘歲月之遷；恩徙憲臺，大懼寵靈之過。衆方譏笑，公則吹噓。載窺春藻之華，更切夏畦之病。恭惟某官兩朝大丞相之子，今日南諸侯之良。發以儒猷，知傳家之有自；施諸政術〔四〕，喜繼美之無忘。去思甫切於清湘，因任再勤於鄰壤。兩邦父老，雖渴見於朱輪；九陛班聯，竚歸持於紫橐。某自惟晚輩，尚識諸昆。慕巨室之多賢，夙叨契好；覬靈光之獨在，彌想儀刑。方期家國之榮，宜適鼎茵之節。乃如悃愊，未易指陳。

回吉州張判官啓

披風未遂，蓋或有時；湼記不先，豈爲無罪！敢謂謙沖之至，遠勤翰墨之臨。俾知託契之所從，加以噓枯之過厚。開緘三復，省己多慚。恭惟某官義概根心，儒猷飾吏。仕將行志，顧何擇於崇卑；才遇可爲，初不論於劇易。參釐郡政，藹著氓謠。少須歲月之間，即步雲霄之上。某遐瞻幕府，阻預英遊。揚善推賢，雖抱惓惓之意；挾山超海，第憂戛戛之難。愧仰兼懷，喻言莫盡。

答平江沈侍郎介啓

內出左符，起臨右輔。吏民朝見，條教夕聞。恭惟某官備九德以持躬，堅寸心而許國。修門三入，進以正而甚榮；諫牘萬言，去未幾而輒驗。茲逢新政，乃眷舊人。親盼一札之書，首置諸侯之選。誅狐狸於七日，士知繩墨之難踰；汰雁鶩者百曹，民嘉銗筩之坐紀。袞方待補，公盍來歸。某久遠賓榮，常依德宇。長箋例拜，驚看春藻之華；盛禮逆施，愧甚夏畦之病。其

〔一〕懦：四庫本作「劣」。

〔二〕居：原闕，據明澹生堂鈔本、四庫本補。

〔三〕附：四庫本作「掇」。

〔四〕施：四庫本作「見」。

爲感激，豈易敷云！

答葉伯益啓

二年抱槧，無補公家；六察聯華，更慚僉論。推本叨踰之自，深知假借之私。此蓋伏遇某官學擅儒宗，望隆邦雋。聲猷日茂，親承太上之知；議論風生，高出群公之右。久秉屢書之筆，行真三字之除。胡爲厭承明之廬，願乃在諸侯之選。載疇治最，雖旋膺臨遣之榮；仰揆宸衷，恐即有召歸之寵。遂由禁路，進貳政途。某迹遠門墻，心懷德誼。曾尺書之未達，已華翰之先臨。愧荷交深，編摩莫盡。

除左史答湖守陳阜卿啓

分察南臺，初無一善；參華左掖，豈有三長？壓上命以欽承，酌輿言而内愧。此蓋伏遇某官望隆邦哲，才號吏師。縉紳之所範模，旒扆之所簡注。河潤九里，可令枯朽之含滋；衮褒一言，坐使駑駘之增價。遂容佔畢，猥預書言。尺牘未馳，正以京塵之汩没；長牋見及，足知郡政之優游。感激在中，敷云莫盡。

答洪總領适啓

裹行豸列，拆襪線以無庸；侍立螭頭，結絇絲而有愧。静言所自，推本乃知。此蓋伏遇某官哲以爽邦，德惟輔世。并包衆善，非偏文士之長；恢廓宏圖，可大賢人之業。眷惟三傑，實萃一門。叔仲飛騰，已迭居於載筆；聖神纂紹，宜首趣於覲圭。屬邊徼之尚驚，顧軍儲之尤重。與其屈張蒼而爲柱下之史，孰若煩蕭相而餉關中之師。致此妄庸，暫兹承攝。未展事賢之禮，俄披執訊之書。讀英辭於方册之間，師承惟舊；藏尺牘於巾箱之内，榮幸則深。其在感悰，曷勝言喻！

回江東葉憲謙亨啓

伏審親簡睿知，進聯禁直。下璽書於劇部，固知使指之增華；記閣老於西臺，猶恨寵章之未盡。顧私心之所喜，以公道之浸開。竊惟士大夫不吐剛，鮮聞近日；部使者不案吏，蓋亦成風。上方力變於惰媮，公則首膺於褒擢。恭惟某官學貫六籍，文成一家。以言語侍從之流，任原隰馳驅之寄。三尺從事，何彊禦之足云；六條察州，聞姦藏而輒舉。當宁深嘉其諒直，滿朝争誦於澄清。望貽謨之門，兹焉通籍；直玉堂之殿，行矣摛文。某阻闊茵憑，瞻依籌輔。向由尺牘，略寓於歡悰；逮辱長牋，殊深於感臆。其爲悃愊[一]，豈易敷陳！

回洪帥鄧直閣柞啓

祗奉詔除，洊膺閫制。任一道兵民之責，寬九重宵旰之憂。

[一] 爲：明澹生堂鈔本、四庫本作「如」。

恭惟某官重厚而疏明，端方而樂易。學皆有用，不爲泥古之空言；政本無私，每著裕民之實效。屢奏藩方之最，進參藏室之華。令修庭户之間，流風可考；身在江湖之上，雅志難忘。即歸踐於禁途，以茂攄於賢蘊。某方圖展慶，先辱摛詞。仰謙德之勤渠，激懦衷而悅懌。

奉祠歸廬陵答吉水羅朝請棐恭啓 隆興元年

月旦評高，服膺久矣。風舟山遠，極目悵然。茲置散以來歸，幸親仁之浸邇。恭惟某官以旁搜遠紹之學，濟中坦外莊之資。冠映儒林，最爲先達；周旋仕路，亦號老成。夫何進取之廉，猶緩凝嚴之直。朝多虛位，公可騰裝。某弛擔云初，達函未果。隔千里而共明月，方期適兩閑人之心；烹雙魚而有素書，乃首勤六從事之貺〔一〕。其爲愧感，未易敷云。

答安福路宰植啓

族大而才，流聞惟舊；政優而近，渴見益深。顧方從山鹿之游，未暇往雲鴻之記。簡高情之異甚，屈妙語以先之。恭惟某官躬受雋明，世傳清白。凡人所難而我獨易，蓋才力之無窮；其譽滋著而位未充，特主知之有待。政已成於雷土〔二〕，寵即荷於天衢。某竦聽合符，首期傾蓋。適屬三秋之杪，尚調六氣之和。

賀湯榮公赴召啓

召還袞舄，對掌鈞樞。升之賜位之尊，胙以諸公之貴。雖王曾再入，姑循景祐之舊章；而曹相定封，實處鄭侯之前列。制書一下，歡頌四馳。某聞時不易然，乃鎡基之當守；歲如晚矣，何觥飯之能須。若置棋自有後先，而蕓草必瞻内外。一失其序，孰成厥功？憶敗亡之虜將歸〔三〕，方戰守之機未決。獨公抗疏於居留之際，謂國失謨於閒暇之時〔四〕。曲突徙薪，當日無聞於恩澤；震風淩雨，後來知託於帡幪。恭惟某官絕識鄰幾，孤忠拔萃。出緒餘而應務，人莫能名；竭悃愊以事君，天其知我。蚤恢隆於相業，久慰愜於民瞻。事有從違，時存用舍。挺然勁節，自不改於雪霜；曾是浮雲，果何傷於日月。逮茲委重，初不辭難。言念比年，適逢多故。技非越人，不足以治衆疾；力非烏獲，不足以勝千鈞。然而廷議靡同，敵情叵測。師已疲而解嚴尚遠，民既困而趣辦方興。明良都俞，固屬一堂之默運；疏附奔走，亦資百執之贊成〔五〕。顧嶤嶤者每嘆難全，而碌碌者豈能成事？封大夫於即墨，毀已日聞；補袞職於仲山，愛而誰助？正資碩望，力制頹風。照之以蓍龜之明，何邦誣之能惑；鎮之以山嶽之重，

〔一〕六：明澹生堂鈔本、四庫本作「十」。
〔二〕雷：四庫本作「雲」。
〔三〕虜：原作「寇」，據明澹生堂鈔本改。
〔四〕謨：四庫本作「誤」。
〔五〕執：四庫本作「職」。

俾國勢之漸尊。庶幾期年，馴致大治。微管仲其左紝矣，豈徒銷猾夏之憂；用尼父爲東周乎〔一〕，且復有變夷之望。某一從陪侍，即辱知憐〔二〕。方幽屏於田間，乃遜傳於典策。向也蒙此爵位，本出將軍之門；今茲譬之宮墻，不見宗廟之美。但同野老，永託化工。

又賀再轉左僕射封慶國公啓

册告大廷，位升上宰。持兩朝之魁柄，得君欣如彼之專；易西土之公圭，積善啓有餘之慶。股肱既喜，藜藿何憂。蓋聞收功不世者〔三〕，必存先定之規；揆策未形者，寧免不齊之口！況拯溺救焚之際，豈談河畫餅之時。謀夫孔多，當有執其咎者；幾事不密，得毋害於成乎！觀姬公之輔周，暨子産之相鄭，或動流言於四國，或紛輿誦於一年。使無堅決自信之心，而作因仍苟且之計〔四〕。京何時而奠枕，鄙曷日而有章？宜吾君念昔人慮始之艱，求彼相圖今者折衝之要。其誰有一德之享，繄我不二心之臣。才之全而識之精，既越拘攣之表；任之重而恩之厚，遂居輔佐之先。雖云舊席之還，時乃首廳之轉。恭惟僕射相公舜廷弼直，魯國儒真。再翊萬幾之繁，浸成期月之化。論精神之運，固難形容；考施設之方，或許誦説。蓋鎮物重踰於鼎鼐，而决疑明甚於蓍龜。義在敬王，故陳謨而至切；美存報上，故任怨而弗辭。惜邦財則力贊儉圖，裕民力則屢頒寬令。登畿一命，悉儲可用之材；授鉞諸軍，潛易不能之將。内修若此，入告可知。必將康兆民以蹈成湯之蹤，格上帝以率伊尹之職。期天人之協應，乘夷夏之徯來。一舉而空朔庭〔五〕，大漢之威以振；五遷而治湯亳，先王之烈其從。此君臣素定之經綸，豈中外能窺其髣髴。及功成而效白，自心駭而神驚。某十五年陶冶之中，二千里門墻之遠。化工之蘇羣槁，其如遇閏之楊；大匠之無棄材，自嘆難雕之木。但深欣躍，莫寫依歸。

與趙提舉察院渙啓

從童子六七人於鄉校，以觀詢度之駟；負才名三十年於外臺，未釋澄清之轡。豈聖主顧憂於南土，抑明公心樂於舊游。雖慰此民，其如公論。恭惟某官忠清表於當世，問學窮於古人。居憲府則分察之譽高，定明堂則諸儒之議屈。歷考貞元之士，大用已多；獨惟魯國之儒，外庸屢試。間嘗頒於璽召，顧猶待於瓜時。中外合辭，皆嘆後薪之居上；謀猷趨告，即聞夜席之盡前。久此庇身，幾於閱世。帶不疑之檑具，尚遠顏辭；達商浩之空函，所憂謬誤。其爲依嚮，未易敷云。

〔一〕尼父：明澹生堂鈔本、四庫本作「仲尼」。
〔二〕知：四庫本作「加」。
〔三〕不：四庫本作「百」。
〔四〕仍：明澹生堂鈔本、四庫本作「循」。且：明澹生堂鈔本作「全」。
〔五〕庭：原作「廷」，據明澹生堂鈔本、四庫本改。

與趙贛州公稱啓

舊聞暴公子，如想見於古人；願識韓荆州，蓋屢哦於斯語。今依庇不遥於數舍，豈懷賢敢廢於一緘。恭惟某官學術足以康時，威名長於治郡。方蠆尾摇毒之後，親平贛水之瘡痍；暨佛貍窺江之秋，力固朱方之屏蔽。久勤批却，姑聽凝香。紛然十邑之兒童，争迎吾父；壯矣鬱孤之臺榭，重得主盟。顧方倚於宗彊，諒難稽於王覲。某狎漁樵於故里，在邦域之下流〔二〕。日遲浮鷁之遄歸，首望匿犀而雅拜。其爲瞻頌，實倍等倫。

答林教授仲熊啓

數父執於慈恩之塔，疏若晨星；訪耆英於通德之鄉，凛然霜幹。雖千里猶當命駕，豈同州而廢馳辭。恭惟某官儒行配乎先民，詩名聞於四海。一行作吏，非無意於致君；再轉爲丞，乃不容於當路。惟薰醲浸涵而道彌廣，故敲撼挫揠而身益尊。盍不歸來，適逢西伯之善養；輒思免去，俄遂曼容之自修。其廉清可以師鄉閭，其進退可以勵風俗。是爲全美，寧待諛言。顧方注想於九重，看即召陪於五叟。某遥深聞跫之喜〔三〕，適困采薪之憂。相鳩杖之從容，獨妨先睹；望龍門之岌業，敬卜後期。區區所懷，喋喋徒費。

答永豐張丞茂遜啓

伏審遠銜王命，忝治邑民。喜動閭閻，威行雁鶩。恭惟某官地望華顯，天資雋明。再爲丞而處之恬然，一得召則進也鋭矣。迫兹暇日，及彼同僚。繙澹巖之遺書，大明家學；式瀧岡之故隴，少慰士心。非俗吏之能爲，捨名流而誰望？未遑湋記，先辱示音。俯深感愧之懷，更切瞻承之願。

答武岡趙知軍伯璋啓

時稱虎榜，恍驚四紀之周；齒以鴈行，夢想兩家之盛。雖南北東西之相望，而死生契闊之不同。陟彼岵以興悲，偶存餘息；仰高山而結戀，豈在他門？但知幡蓋之守邊，未省驂騑之税駕。豈謂先君之友，曲憐不肖之孤。屈輩流而賜華緘，感今昔而陳至契。載窺鄭重，增激主臣。恭惟某官清醇忠厚秉之天，問學才華傳於世。早陪雋軌，擅政駿之聲名；安步仕途，養閒平之德望。佐郡嘗聞於善教，爲邦不愧於古人。大夫皆曰賢，已記中書之籍；公卿選所表，即頒內史之方。某及兹俟駕之時，願作執鞭之計。里仁爲美，况當雞犬之相聞；父黨無容，何必雉腒而後見。春陽駘蕩，玉體冲和。期加厚於寢羞，用下符於頌願。

〔二〕 邦：明澹生堂鈔本、四庫本作「封」。
〔三〕 跫：明澹生堂鈔本、四庫本作「足」。

回永州葉守程啓 隆興二年

齒縉紳於闕下，熟觀少尹之威儀；被襏襫於田間，逖聽大邦之謡頌。屬長嬴之甫届，諒福履之交綏。恭惟某官學富源流，才堪盤錯。早濟石林之美，浸承文陛之知。差擇登畿，贊京兆三王之政；選掄出鎮，開零陵萬石之祥。惟猷爲左右之具宜[二]，故中外褒遷之甚寵。承宣屬耳，威望隱然。必酬督刺之庸，誰出君侯之右。某二年執別，千里傾風。未能涖記於江潭，徒想凝香於燕寢。敢期謙厚，猶念衰窮！十人分治於私書，絶知敏手；一介遠勤於行李，深愧高情。惟感激之在中，非指陳之可喻。

回洪推官爟啓

考氏族於故家，知冠江東之籍；事鋤犂於舊隱，喜逢幕下之賢。雖車蓋之未傾，已心旌之先曳。伏惟某官才猷夙藴，儒雅自將。應劇繁如閒暇之時，居州縣無淹回之歎。武昌之號多士，正由佐吏之才；渤海之爲水衡，寧後功曹之拜。某未遑削牘，先辱箋緘。坐深愧感之懷，行遂瞻承之志。

與龔守直閣濤啓

伏審初反牙璋，重分銀菟。二千石真秩，視使者以爲優；三百里諸侯，豈炎方之可擬。主知異甚，民誦歡然。恭惟某官規恢難以小知，智略期於大用。胡塵澒洞，猶長嘯以折衝；嶺祲微茫，宜望風而罷警。中錫自天之寵，榮疏易地之恩。豈止疇庸，是將趣覲。蓋盜興東海而勝之使，及兵散潢池則龔遂歸。況漢廷方闕於公卿，諒唐制先求於督刺。某世爲北客，今附編氓。清德有餘，豈敢奉一盂之水；惠心所及，但當賡五袴之歌。欣忭於中，敷宣罔既。

與葛守判院立象啓

伏審帝眷樂郊，詔除循吏。八邑之民有恃，羣州之楷在斯。恭惟某官才德兼優，人門并妙。仕路淹回久矣，衆所嘆咨；宸心特達知之，親加擢用。斗野不離於一道，星屏就駕於兩轓。矧茲調守之頻，展矣顧憂之切。惟弄印靡輕於卑付，故懷章尤極於恩榮。師帥賢則主德宣，姑試承流之手[三]；治理效則璽書勉，行參增秩之規。某掃軌偷安，灌園自給。竊寓公之禮貌，敢並他人；觀前輩之風流，尚諧素志。其爲欣懌，未易敷云。

與趙守直閣不溢啓

伏審帝眷樂郊，詔除良牧。八邑之民有恃，羣州之楷在斯。恭惟某官忠恕得於天資，才猷周於世用。丁年宦達，由學問之著

[二] 爲：四庫本作「謨」。

[三] 姑：原作「故」，據明澹生堂鈔本、四庫本改。

聞；頻歲外遷，以循良而表見。向膺三接，八預九卿〔一〕。羽儀天朝，方資祭酒之舊德；屏蔽王室，復賴維城之雋功。惟出處之俱宜，非親賢而孰稱？既屢書於課最，即高步於禁途。某掃軌偷安，灌園自給。竊寓公之禮貌，敢並他人；觀前輩之風流，尚諳素志。其爲欣懌，未易敷云。

謝生日詩詞啓 乾道元年

已孤多難，欠一死以無求；不學少文，羨久生而安用？豈謂某官因錫名之初度，特取義於斷章。驟觀玉振以金相，徐讀文從而字順。曳縱以歌《商頌》，慚無曾子之聲；讀《詩》而至《蓼莪》，空有王裒之涕。敬藏篋衍，永貢子孫。

答胡邦衡啓

某竊惟三有樂之君子，俱存爲先；四無告之窮民，幼孤爲重。自憐薄命，實感格言。每值生朝，不知死所。對鍾粟而養弗洎，清集則那；聞《蓼莪》而涕自流，妙謳何有？豈謂某官以貴下賤，以賢下愚。饋雙玉瓶，屈千金諾。更推孔子之忠恕，歷敍姬公之太平。清談亹亹而不窮，雖歎筆端之口；華緒遥遥之大遠，恐傷月旦之評。然念無言不讎，有倡斯和。載維鼎族，時乃相門。與其借異代以禱祈，曷若即聖朝而揚搉。文恭之遇仁祖，僅登二府之班；全夫之事泰陵，止轄中臺之政。孰云吾相，乃在我公。況虛左以待時〔二〕，豈居東之可久。堤沙一築，甌脫四

空。二百載而中天，適符興運；三千臣而同德，永帥羣工。入衣冠盛事之圖，冠宰相世系之表。茲爲公論，非曰私言〔三〕。

答新江東提刑趙直閣公稱啓

伏審榮易皇華，顯趣嚴召。循良進擢，慶賞公明。恭惟某官篤學恥務空言，誠心樂施實惠。踐揚三紀，未嘗興歎於積薪；鎮撫數州，所至必封於嘉木。再臨贛水，尤著治聲。衮冕思其姓名，縉紳誦其留滯。有謀猷乃順於外，況宣布之久勤；非仁義不陳於前，宜論思之是賴。由此造魯邦之兩社，豈惟陪舜牧之四朝。某昔望虎頭之堞而身莫前，今瞻鷁首之颿而足不進。河雖廣矣，寧無一葦之可航；風輒引之，坐覺三山之頓遠。方徘徊而挾刺，蓋繾綣以貽書。但深感悵之懷，莫究願言之素。

與郭贛州契敷啓

占風濤之色，方朞鷁首之上征；聞道路之言，乃審騎頭之逍邁。失殆同於交臂，悔何及於噬臍。遥想襜帷，俶開幕府。民安新政，神介多祥。恭惟某官問學家傳，直方自信。明足以知人之疾苦，知足以摘吏之姦欺。間被異恩，擢臨近輔。方善教得民

〔一〕八：明澹生堂鈔本、四庫本作「入」。
〔二〕待：明澹生堂鈔本、四庫本作「踰」。
〔三〕「私言」下，明澹生堂鈔本、四庫本有「云云」二字。

而報上，會庸夫挾貴以察州。暫汩讒波，罷季布河東之召；俄回宸渥，復子松雁門之踦。眷此雄藩，足施敏手。政倘成於五月，缺定補於九卿。某方引分以歸耕，豈馳辭而爲佞。因輿誦之如此，恃交情而有云。惟意之勤，非言可喻。

答李監酒次魚啓

戲提健筆，優取舊毡。波瀾之獨，老成豈應遺恨；畫手而看，前輩果復擅場。吉語播揚，鄉評稱愜。恭惟某官體兼四業，用足三冬。自合丁年，騎駿馬而就熟路；胡爲半世，著美名而負屈稱。蓋厚積者可適南溟，而晚成者始爲大器。必也年高而德邵，自然齒宿而意新。舉筦庫之士七十家，無愧外臺之歲貢；上公車之書三千牘，即聞廣殿之臚傳。步武之亨，權輿於此。某傾風自昔，披贊有初。秋鶚在天，歎老先生之逸興；春風得意，想前進士之俊遊。既覺心降，遂忘辭費。

答李本中保義李宜中解元啓

弟兄獻藝，臺府登名。方輶車分道而行〔一〕，各當一面；逮吉語同時而至，實允庶言。某人勵志精勤，凝姿溫裕。既擅通經之學，亦高登賦之才〔二〕。自昔家齊，爽已推於二惠；竭從入洛，價不數於三張。負此儁聲，難乎嘉遯。用公山而擢正禮，前後適同；與侯喜而知雲長，衣冠增勸。行唱庭中之第，歸爲膝下之榮。某特枉高軒，寵貽巨軸。雝雝雁序，已觀秋漢之聯飛；韡韡棣華，更徯春郊之並秀。其爲欣頌，未易名言。

答郭贛州賀冬啓

候舒長之日，知太平之無愆；瞻迎送之雲，驗循良之有助。恭惟某官明超龜蔡，政捷蒲盧。開藩歲月之幾何，闔境歌謠之藉甚。順迎陽復，參媲時和。豈徒榮祿之具膺，蓋亦善祥之總集〔三〕。登觀臺於魯國，姑追視朔之儀；欵圓陛於周郊，終贊事天之禮。某欣逢小至，仰祝大來。體號五雲，愧難當於華翰；令休一笑，悵莫奉於清歡。

回南安祝知軍深啓

漁竿遠去，久浪迹於煙波；騎吏實來，辱寄聲於嶽牧。惟未忘一日之雅，故不吝五雲之書。於以鳴謙，亦將敦薄。恭惟某官儒雅漢之循吏，惠柔周之俊良〔四〕。濟民以政而何事乘輿，摘伏以明而豈資吏銗。平心共理，有衆率孚。紛多譽之傳聞〔五〕，亶四聽之簡在。郡守者民之帥，姑紆組以少留；王朝者俊之廷，即牽絲而入侍。某傾心盛德，屈指召期。逢驛使而寄嶺，梅意殆踰

〔一〕輶：原作「剛」，據四庫本改。
〔二〕登：明澹生堂鈔本作「能」，四庫本作「作」。
〔三〕善：四庫本作「嘉」。
〔四〕俊良：明澹生堂鈔本、四庫本作「良翰」。
〔五〕傳：原作「轉」，據四庫本改。

於縞紵〔一〕；識歸舟而辨江樹，日徯俟於檝迎。

答士人謝解啓

伏審命鄉論秀士，升之司徒；郡吏獻賢書，登於天府。聽月評之無間，知秋賦之有光。恭惟解元先輩毓質粹醇，降才高邵。學專爲己，期爲君子之儒，仕欲及時，聊應主司之試。眷言茲土，實異他邦。家稷契而人咎繇，下視士鄉之十五；德淵騫而文游夏〔二〕，倍蓰門弟之三千。惟選於衆以甚艱，則拔其尤而可想。麗矣騫雲之思緒，壯哉倒峽之詞源。鶚在秋天，已播少雙之譽；鶯遷春谷，即聞第一之傳。某幸鸞榮名〔三〕，猥膺盛德。憶嫛婗之舊步，尚覺槐忙；誦璀璨之新篇，不勝草偃。感由中積，意叵言傳〔四〕。

〔一〕紵：原作「與」，據四庫本改。
〔二〕游：原作「子」，據四庫本改。
〔三〕鸞：明澹生堂鈔本作「鸞」，按當作「鬻」。
〔四〕叵：明澹生堂鈔本、四庫本作「詎」。

廬陵周益國文忠公集卷二四

省齋文稿卷二四

啓　四

回郭贛州賀正啓　乾道二年

天行有信，養生開闢而爲春；神聽無私，正直靖共而獲福。豈謡頌已騰於四境，而壽祺不介於三朝。恭惟某官剛方足以發晉樽，辨博足以重漢席。仁心素著，何待放邯鄲之鳩；智慮所加，猶能覆荆州之雪。一吹暖律，盡滌凍塗。萃衆美以在兹，紛多祥其焉往？行陪劍履，直上星辰。某甫治書郵，已勤驛使。想東方之千騎，目斷班春；被尺素於雙魚，愧同畦夏。

再任宮觀謝宰執啓

三年去國，夢斷朝參；再命奉祠，喜窺堂帖[一]。踪跡已沉於農畝，姓名尚録於朝廷。雖至冥頑，寧忘荷戴！伏念某稟資極陋，殖學不豐。本期久次於讐書，敢望驟陞於載筆[二]？冠沐猴於仗下，實愧水官；齒路馬於君前，常憂山野。身非不遇，心自弗安。仰緊恤隱之施[三]，俯遂投閒之請。年豐冬暖，無嘆於飢寒；日邁月征，有慚於夙夜。曾經更之未久[四]，而寵任之已加。博矣惠施，不忍偏慳於數子；大哉鈞播，固應坱圠於無垠。此蓋伏遇某官魯國儒真，舜廷弼直。提兩地兵民之柄，贊中天神聖之朝[五]。三握髮以旁招，畢來俊傑；一禿翁而退處，猶被恩榮。自憐流落之餘，倍感提撕之意。某敢不内循尸素，圖稱龐鴻！司存雨露之邊，難追朝蹟；身在江湖之上，但祝帝齡。

答錢倅五月旦問候啓

風土記時，甫應濯枝之雨；禮經紀候，喜來登黍之農。觀四序之無愆，知貳車之有道。恭惟某官履兹長夏，介爾多祥。忠恕所加，縱重囚於牢户；濡調不爽，斬陰木於山虞。即歸象日之畿，大啓景風之賞。亶惟公論，寧獨私誠。某密托蔭庥，載逢縠旦。莫綴賀賓之後，每勤筦記之先。其在感藏，靡容殫叙。

回湖南提刑直閣王郎中彦洪啓

資弭一方，寵加八使。進寓金閨之直，實增玉節之華。制命流傳，臣工聳動。恭惟某官擅山甫將明之美，兼翁歸文武之才。

[一] 窺：原作「加」，據明澹生堂鈔本、四庫本改。
[二] 陞：原作「深」，據明澹生堂鈔本、四庫本改。
[三] 施：明澹生堂鈔本作「心」。
[四] 經更：明澹生堂鈔本作「終更」，四庫本作「更時」。
[五] 朝：明澹生堂鈔本、四庫本作「期」。

早列爽鳩，橫飛於朝右；暫提虓虎，直指於湘中。殲彼渠魁，屈其羣醜。爵賞光於當世，功名著於景鍾。徐國濯征，已賴整師之皇父；淮夷攸服，行歸淑問之皐陶。某暫謁追班〔一〕，久陪步武。春銓選藝〔二〕，嘗款笑談。逮華翰之來臨，恍舊遊之似夢。適聞褒詔，倍激懽悰。

答生日詩啓

誦哀父母之詩，每感左懸之日；讀寡兄弟之禮，況當右拱之時。曾未釋於端憂，敢與聞於贊喜。伏蒙某官噓枯意重，漱潤才清。借仲尼仁者之褒，發吉甫穆如之詠。皇揆余於初度，迄無內美之可言；武請受其卒章，但有中心之永佩。

與洪景盧啓

謫墮亡何，豈舊遊之敢記；傳聞有喜，謂新將之當來。念受廛幸，忝於爲甿；則惟梓難，忘於必敬。輒理久焚之硯，載通執訊之書。恭惟某官德配淵騫，文規姚姒。草紹興之詔，家有其書；起大雅之門，今無此比。自合徑參於國秉，胡爲尚攷於民功。千里傾風，二年引領。叔度之來何暮，既騰襦袴之歌；君嚴之行匆遲，又冀事樞之執。某側聞斯語，爲酌其中。揉此萬邦，少展甫申之惠；間於兩社，即追季孟之蹤。既容陪凝，香森戟之笑談；復可丐賸，馥殘膏於造化。悃悰所底，英晤必孚。

回新進士啓　孫逢辰　劉全晷　徐徹　陳邦　陳夢才　劉睿　李克

龍飛擢第，鳳詔除官。親鄗輝光，士心慰愜。於穆文明之代，有嚴俊造之科。一歲下詔，則與郊見天地之理均；萬乘臨軒，則與册拜公孤之儀等，況今皇帝垂唐、虞之問，咨實學而匪事虛文；宜子大夫以晁、董之才，貢昌言而非徒干祿。兩相求而適值，一被選則爲榮。某官天之降材固殊〔三〕，學以爲己尤至。凡著在簡編而甚富，皆措諸事業而可行。宜其出谷敏於遷喬，取青易於拾芥。俊傑出我門下，豈惟座主之榮；英雄入吾彀中，想見天顏之喜。載仰儒先之蘊，詎專科甲之求。惟聖朝重此以來名世之英，故志士假之而作致君之路。尚攄賢業，迄副鄉評。某僻處郊闕，猥勤鞭馭。瞻泰定之宇，固應輕萬户之侯；味春容之篇，殆類鬻九戎之髦。其爲欣感，未易敷陳。

回郭縣尉有憑啓

伏承龍飛乾五，象近魁三。聲氣相求，將入風雲之會；衣冠不乏，實增鄉里之榮。蓋聞所難逢者茲爲昌期，不可掩者其惟

〔一〕暫：明澹生堂鈔本作「新」。
〔二〕選：明澹生堂鈔本、四庫本作「較」，義長。
〔三〕材：明澹生堂鈔本、四庫本作「衷」。

宿學。故運有千齡之候〔一〕，而金須百鍊之精。方武帝初年，求賢良之奇士；宜孔門高弟，在德行之巍科。某官造道醇深，積文瓌麗。仁先難而後獲，農力穡而有秋。主司不能信人，久乏昌黎之薦士；天子自爲座主，適逢唐室之右文。靡需南省之蘭，自折東堂之桂。賦五色而遺矣，初何病於李程；讀子虛而善之，宜深嘉於司馬。已膺親擢，即慶超遷。某特枉新篇，曲敦舊契。異時場屋，雖容揚粃之在前；他日宦游，何害積薪之居上。併陳善頌，以答好謙。

與錢吉州瑞英啓

管庫中都，早識名郎之面；躬耕北陌，將依賢牧之仁。念暌違一紀之餘，乃庇覆二天之下。逖聞祀軷，遠劇摇旌。恭惟某官德度粹温，儒猷通敏。既將相侯王之有種，亦文章政事之傳家。締睿主之深知〔二〕，畀价藩之重寄。仁風揚翣，預多必偃之民；惠露沾吴，行廣帡幪之潤。遂由熊軾，歸從雞翹。兹朝士之公言，非邦人之諂語。某遲聞新政，快滌塵心。一薙置前，豈敢助漢廷之治〔三〕；三篇轉上，或能興益部之歌。欣頌於中，敷陳罔既。

戲答錢倅

某比貪求益，輒復言詩。辱誨答之勤渠，省愚衷而愧恧。恭惟甲族，實冠聖朝。系出真王，世爲右戚。吴山裹繡帳，何止於銷金；秦地吹簫鬪，豈須於低唱。殊非筆悮，端是寫真。既蒙叩鄙之言，輒效解嘲之對。

回添差通判趙朝議不韋啓

視秩列卿，自應典郡。興懷先壟，力請監州。雖有榮觀，苦無公事。諒假潁川之軾，以光京兆之阡。恭惟某官才華賀、白之儔，德望間、平之亞〔四〕。飛騰久矣，更歷三輔之元僚；議論卓然，常備十連之上。介將受維城之寄，暫榮展墓之歸。地置萬家，已驗宏謨於韓信；木生連理〔五〕，即觀瑞應於蔡邕。某方治書郵，先勤牋敬。託治中之庇，豈惟日見於老成；從方外之遊，尚冀時親於益論。

回李世南秀才　七月五日〔六〕

試倚馬之言，昔已披於巨軸；賦高軒之過，今復誦於新篇。愧無尺寸之長，虚辱再三之貺。身方抱拙，何捷徑之敢知〔七〕；

〔一〕候：明澹生堂鈔本、四庫本作「後」。
〔二〕睿：明澹生堂鈔本作「聖」。
〔三〕廷：明澹生堂鈔本、四庫本作「陽」。
〔四〕間：明澹生堂鈔本作「韋」。
〔五〕生：四庫本作「成」。
〔六〕七月五日：原無，據明澹生堂鈔本、四庫本補。
〔七〕捷：原作「絶」，據明澹生堂鈔本、四庫本改。

分合投閒，於提衡乎何與？但珍瓊玖，永賁巾箱。

回蔡吉州洸啓 乾道三年

河橋三歲，共聽朝雞；江國一麾，行逢畫鹿。念昔卜鄰之好，乃今託庇之階。其爲懽悰，豈同常品！恭惟某官慶曆諫臣之後，中興廷尉之甥。問學有承，殆曾門之是似；慈祥無害，豈宅相之不如。適丁重外之時，遂作請先之計。少勤敏政，別奉除書。歷帥守而造侍班，蓋聖朝之新例〔一〕；選循良而補鄉闕，亦神漢之舊規。士無間言，公有愜志。某比緣簿遽，稍緩馳詞。聞千騎之鼎來，想前驅而夢去。芳春紀孟，和氣應時。願於啓處之間，益以保綏之厚。

答永豐魏宰希文啓

命車三徑，誰顧陸沉？占吏百函，獨勤泛愛。拭病眸而快讀，積感臆以中藏。伏惟某官蘊撥煩理劇之才，得學道愛人之旨。分竹符於炎嶠，嘗布恩綸；執轂璧於江鄉，乃迂途轍。雖百里少卑於千里，而近邦殊勝於遠邦。與其國蕞爾而膺轓蓋之名，孰若縣壯哉而享絃歌之樂？況易流於聲實，諒滋速於褒嘉。尚養頤軀，用蕃晉馬。惟瞻期之至切，非宣寫之能周。

除南劍答雷州蕭守翬啓 乾道四年

投閒歲久，敢嗟太史之留；起廢恩深，辱在諸侯之選。念成期之尚遠，通箋記以未遑。豈謂執謙，特形贊喜。恭惟某官才猷天稟，學問躬行。早溥詡於聲華，駸發舒於事業。群公交薦，多績日宣。嶺海分麾，藉甚桂林之伯；雲山動興，優哉桐柏之祠。惟承宣之譽素高，且睿哲之知彌厚。好無事職，豈容遠慕於杜欽；嘉有良翰，正恐近求於申伯。行趨迅召，平上要津〔二〕。某竦聽辦嚴，首圖廷勞。惟瞻祈之至切，非頌述之能周。

答郭尉有憑羅司户全畧啓

六年退屏，蹟收供奉之班；一命俯加，名玷附庸之國。雖上聖匿瑕之賜，亦諸賢推轂之私。恭惟某官厚德好謙，懿文行遠。篤嘘枯之雅意，摛潄潤之芳詞。何取陳人，遠貽新語。言念放浪山林之久，詎堪雍容轓蓋之間。矧四體可勤，猶乏在前之知略；豈一毛已受，敢思治郡之功名！幸尚遠於成期，當徐伸於祠請。仰酬嘉貺，聊布忱言。

〔一〕例：明澹生堂鈔本、四庫本作「制」。
〔二〕平：明澹生堂鈔本、四庫本作「立」。

謝生日詩詞啓

鄭伯驚姜，載感寤生之日；僖公保魯，敢當純嘏之詞！方一舉足而懷罔極之恩，乃九頓首而拜非常之惠。假壽鄉之新説，奏文囿之奇才。儉異髙型，真獲太牢之饋；喻同稼穡，正資一溉之功。翰墨易殫，感銘難既。

答胡邦衡啓

胡大書「魯太師樂」爲予生日壽，乃用其啓中語戲答

言念生以敦牂，首寧有大；月惟夷則，物豈無傷！正爾早衰，居然永感。豈謂屈金殿論思之手，揮玉堂勁健之毫。比之衛賢者之官，寵以魯太師之樂。秉籥翟而錫公爵，雖不足以事王；執同律以聽軍聲，顧敢忘於詔告！仰承嘉命，來賁孤踪。其在感悰，併需面叙。

答廖英州蘧啓

引分投閒，久安農畔；叨恩起廢，適在士鄉。既未臨洗印之期，難驟展事賢之禮。音郵遠暨，感臆中深。恭惟某官夙藴儒猷，素隆士譽。景行了翁之抗節，服膺中立之存誠。比佐藩條，適逢寇警。繕甲兵，具卒乘，既坐絶於蔓滋；出幕府，持旌麾，曾未移於桑蔭。若時嘉績，方簡宸衷。竚頒一札之書，進補九卿之缺。某日遲取道，首冀披風。惟瞻遡之甚勤，非指陳之可喻。

回梁提刑竑甫啓

十月〔一〕

問舍初年，尚記尊使君之嘉惠；躬耕末路，喜聞新使者之先聲。謂因肆覲而必留，故緩雙緘而未遣。逮茲拭目，寧不噬臍？恭惟提刑判院出相門而敦寒素之風，富天分而勵精勤之操。形於德業，蓋端良温厚而有餘；發以詞章，宜瞻蔚瑰奇而絶擬。允矣克全於衆善，胡然屢乞於外庸〔二〕。茲由江介之封，早賜先君之履〔三〕。十城父老，歌西平有子之詩；八景山川，留召伯甘棠之化。姑慰戎昭之望，更增臺治之光。何待政成，即陪禁直。某方樂宸扆之晝掩，莫知英蕩之宵馳。未瞻負弩之驅，已辱夢刀之慶。感慚斯甚，宣寫奚周！

回得解士人啓

皎皎白駒而在彼空谷，久聞鄉譽之高；呦呦鳴鹿而示我周行，果預計偕之寵。一傳榜帖，肆協輿言。恭惟解元先輩學通衆説之郛〔四〕，文號諸儒之倡。惟其負勢莫當之勇，是以收戰必勝之

〔一〕十月：原無，據明澹生堂鈔本、四庫本補。
〔二〕然：四庫本作「爲」。
〔三〕君：明澹生堂鈔本、四庫本作「公」。
〔四〕通：明澹生堂鈔本作「道」。

功。閭里嘆咨，親交慶羡。冠名南省，繼歐老之遺風；策第太常，合鷺洲之舊識。士所望者，君其勉旃。某特枉長牋，仰欽厚眷。綴梁臺之響，幸目擊於俊遊；傳漢殿之臚，尚耳聞於吉語。

謝生日詩啓 乾道五年

四五十而無聞焉，方悲鯉饋；九萬里斯在下矣，敢借鵬飛？惟古今善禱之非虚，皆人士誠心之所寓。勤儉化俗，則豪眉詠於《豳風》〔一〕；豈弟宜民，則台背形於《魯頌》。豈伊大貺，乃及小夫。此蓋某官仁惟好人，喜故溢美。篤吹嘘之雅意，貽比興之新篇。愛欲其生，雖不稱老、彭之比；壽胥與試，願同依堯、舜之仁。

回新進士啓

伏以我后勞於求賢，蓋三舉矣；吾州慨然上對，得五人焉。繼前輩起家之榮，爲後生稽古之勸。舉有愜志，曾無間言。竊惟致治之由，用儒爲急。昔者三王而上，確乎一道之承。異端興於七雄，始綴甲兵而譏書策；大亂極於五季，專用鎗劍而鄙毛錐。觀歷年長短之不同，則擇術是非之可見。今醜虜尚汙於中土〔二〕，而重兵未撤於近邊。常情皆言用武之秋，明主獨切右文之念。思多士生此王國，豈徒誇三年應詔之多；有一德克享天心，實欲冀異日行言之實。使齊疆復歸於魯，而晉盗悉奔乎秦。儒效若斯，武功何有？孰仰當於睿意，良有待乎儒英〔三〕。恭惟某官躬邁

往之資，擅博聞之譽。以通經而拾地芥，固所優爲；由舉首而破天荒，殆同創見。况棣萼繼登於虎榜，而萊衣同拜於鯉庭。家慶方來，可驗斯文之力；邦榮有大〔四〕，竚恢所學之功。某贊喜未遑，馳辭先辱。鹿鳴歌而揚俟舉，已預榮觀；龍標奪而盧肇歸，更逢盛事。其爲欣幸，未易殫論。

回江西任運使文薦啓

上閩南之一節，已彰晝錦之榮；周江右之三臺，更示宵衣之眷。既聳吏民之觀聽，益增軺傳之光華。恭惟某官德粹而莊，學醇以博。行己勵廉清之操，立朝高忠肅之聲。臺省要官，踐揚殆徧；漕刑劇寄，績效屢聞。復睠舊游，重盼新渥。列郡熟知於威惠，不令自行；近班徯俟於英賢，言歸可待。某一違和氣，六換嚴冬。望孔翠於層霄，笑駑駘於故步。尺書懇懇，雖疇昔之僅通；大貺謙謙，愧今兹之倒置。其爲欣感，未易敷云。

〔一〕豪：四庫本作「介」。
〔二〕醜虜：原作「朔馬」，據明澹生堂鈔本改。汙：原作「馳」，據明澹生堂鈔本、四庫本改。
〔三〕乎：明澹生堂鈔本、四庫本作「于」。
〔四〕大：明澹生堂鈔本、四庫本作「待」。

賀錢守冬啓

梅放柳舒，樂土春回之有象；土輕衡仰〔一〕，明時氣應以無訛。孰開壽祉於一陽〔二〕，盍酌頌聲於千里！恭惟某官承家忠厚，敷政仁明。久昭列宿之華，洊洽介藩之譽。袴襦騰頌，視叔度以無慚；黻冕爲褒，舍喬卿而奚稱？德逢道長，福以類升。某側迹甿廛，傾心侯宅。官僚交慶，豈野服之敢參？鉛槧馳詞，尚誠心之少致。

回太守賀正啓 乾道六年

東風凍解，知和氣之先春；南國教明，諒嘉祥之棐篤。恭惟某官敷施上澤，安輯民生。力行寬大之書，藹著中和之譽。順迎獻歲，行趣朝元。屬雪户之僊居，阻牙門之旅進。首勤慶問，良極感悰。

又回萬安謝令啓

日會娵訾，初携龍角。蠢然品彙，俱有向榮之心；卓爾仁賢，豈無爲善之福〔三〕？恭惟某官神明所保，年德又新。奕世詞章，常夢生塘之草；三年桃李，重開滿縣之花。行陪春見之宗〔四〕，入奉夜前之席。某尚稽走慶，先辱飛文。屬野性之多慵，致報緘之稍緩。其爲愧感，交會衿膺〔五〕。

與廣西經略張大猷啓〔六〕

茂實飛騰，耳熟桂林之伯；窮檐局趣，夢游訾氏之洲。遥知五管之兵民，欣頌十連之師帥。邊疆清晏，祉福綏將。恭惟某官學殖崇高，智德廉正〔七〕。揭從別乘，姓名已達於宸廷；旋駕軺車，風采遂傾於嶺表。開帥牙而即拜，貼禁職以頻遷。訖其外庸，方倚田侯之績；式是百辟，即遄山甫之歸。某披霧尚賒，傾風更切。雖衡嶽元回於乘雁，而灕江不礙於雙魚。惓惓之私，喋喋奚既？

答吉州新倅趙朝散壙啓

側聽詔除，來參邦治。風飄遠涉，阻脩惟梓之恭；騎吏鼎來，先辱摛華之麗。一謙過厚，三復增慚。恭惟某官廟璉凝姿，澗松挺操。政術久高於吴會，典刑未替於洛京。眷此廬陵，雄於江介。顔魯公之鯁挺，尚屈佐州；向文簡之才猷，亦勤監郡。

〔一〕土：原闕，據明澹生堂鈔本補。
〔二〕開：明澹生堂鈔本、四庫本作「闓」。
〔三〕爲：四庫本作「錫」。
〔四〕宗：四庫本作「庭」。
〔五〕會：明澹生堂鈔本、四庫本作「劇」。
〔六〕張大猷：明澹生堂鈔本、四庫本作「張徽猷」。
〔七〕德：明澹生堂鈔本、四庫本作「符」。

雖小淹於遐武，諒遠繼於前模。某從事無堪，乞歸甚切。行同野老，重詠海沂之功；更徯召環，敬酌齊人之水。

除閩憲赴闕奏事與宰執啓

坐廢八年，莫瞻上袞；安居三逕，每荷大鈞。雖依歸造化以甚勤，而通徹姓名之無路。忽叨進擬，倍劇兢慚。念扣閽以非遙，愧達函之已後。伏念某少而孤苦，長則迂愚。但信一心，欲致身名之泰；逮更多難，乃知骨相之屯。得未足以償亡，譽不勝於積毀。竭從幽屏，痛悟昨非。甘爲灌園負耒之遊[一]，寧復結綬彈冠之望。豈謂起之野服，假以繡衣。惟盛世難逢，非不抱貧賤之恥；惟軺車甚寵，非不貪禮樂之華。顧才謂之無堪，且病衰之有素。冒陳私悃，洊瀆公朝。當文王之作興，適伊尹之自任。有來多士，共圖王室之寧；不使匹夫，獨隔聖人之澤。遭逢若此，進退何居！恭惟某官皇極爲心，泰和斯世。身兼九德，不以尚人；士挾寸長，豈容在野？善類聞風而望賜，治功指日而格天。如某者豈足記憐[二]，亦叨拉拭。始逡巡以避，蓋自揣於非材；今竭蹷而趨，懼固違於成命。倘得一登九級之陛，退望三槐之庭，雖汰斥隨之，而志願償矣[三]。天暑未艾，巖瞻正崇。冀加御於鼎珍，以永隆於邦棟。

除少蓬答史徽州俣啓

持節分符，已叨起廢；登瀛視草，更許參華。揣分量以無

堪，啓緘縢而有靦。此蓋伏遇某官仁心念舊，義槩噓枯。曲憐流落之餘，每借游揚之助。遂令新渥，併及陳人。載惟兩郡之政聲，久在一時之課最。民之攸塈，恐非賜金加地之可酬；王曰遄歸，竊意鳴玉朝天之甚邇。倘寬汰斥，尚幸瞻承。茲粗答於多儀，殊未殫於鄙志。

答吉州太守呂治先大器啓

昨審拜州，旋聞開府。俯稽衆論，固當陳何暮之謠；久受一廛，又合致必恭之禮。屬疲精於道路，加庀職於闕廷。力有未遑，心焉不置。逮叠勤於翰墨，幾莫措於面顏。恭惟某官躬稟異材，家傳奧學。分麾兩郡，課以最聞；列屬中臺，譽隨日起。眷東南之上郡，實六　之故鄉。調守甚艱，非公莫可。銷民愁嘆，將見古人之風；戢吏矯虔，更觀仁者之勇。某雖未獲依豈弟慈祥於里閈之內；猶庶幾誦中和宣布於縉紳之間。尺牘所陳，寸誠奚既！

回寧國守姜待制啓

遇雙旌於吳郡，僅容漫刺之通；望千騎於昭亭，未暇空函

[一] 耒：原作「米」，據明澹生堂鈔本、四庫本改。
[二] 豈：明澹生堂鈔本、四庫本作「何」。
[三] 償：明澹生堂鈔本作「遂」。

之達〔二〕。忽披榮問，增愧儒衷。恭惟某官望重簪紳，眷深旒扆。宜服四鄰而熙載，豈容一日而去朝。適是名藩，困於巨浸。輟嚴、徐之侍從，倚召、杜之蕃宣。惠政甫施，顧憂旋釋。雙溪叠嶂，亟賡謝守之詩〔三〕；四牡介圭，行趣韓侯之覲。某比自漁樵之侶，來參鵷鷺之行。念揣分以非宜，方陳情而引去。欲酬大貺，莫措片言。姑陳感激之私，少答記存之厚。

回李秀實發啓

垂釣江湖，久斷脩門之夢；牽絲館殿，再追雋軌之遊。逡巡何止於三辭，荏苒已踰於半歲。推鄉評而有自，修謝牘以未遑。忽披執訊之書，曲借過情之譽。禮文倒置，愧感中弸。恭惟某官學造乎微，才周於用。治效早彰於四邑，政聲尤著於五州〔三〕。當馬援據鞍之秋，堅陶公運甓之志。衆期明陟，事乃暗投。吏疑絳老之年，晉卿有罪；上讀子虛之賦，蜀監非人。載惟貴齒之時，仍在急賢之際。朝冠暫挂，未妨新組之頒；塞馬重來，即慶舊氈之復。願究觀頤之理，亟承傾否之休。

答巫樞密謝復職啓 乾道七年〔四〕

上眷舊勞，制加新渥。冠六閣邃嚴之職，遂二疏冲退之懷。褒語一傳，輿言胥穆。恭惟某官英規表世，奧學邁倫。用之則行，殆侍從弼諧之徧歷；己之無愠，顧卷舒窮達以何心！將觀妙以怡神，寧待年而佚老。兹推郊賚，載簡宸衷。規字西清，雖未盡輔臣之寵數；角巾東路，固已追前輩之風流。惟壽祉之方增，諒恩華之繼至。某未諧納謁，何敢占詞？苟謙德之有光，飭誨存而先逮。傳子孫而榮沛郡，遡瞻廣德之垂車；在機密而歸東平，徒羨鄭均之賜穀。其爲欣感，交集襟悰。

回李賢良垕啓

君人者勞於求賢，孰當明旨；子大夫裒然爲首，獨副詳延。富哉八千言甚偉之文，應此七十載久虚之典。冕旒動色，韋布增光。竊觀聖朝，最重制舉。藝祖當艱難創業之際，已設三科；仁宗享盛大持盈之期，至頒十詔。惟所詢皆當世之要務，故所得率一時之異人。乃知用儒納諫之極功，豈以右武好文而殊轍？天之未喪，文不在兹。恭惟某官博洽本於家傳，精勤充乎天性。賢人事業，罔不窮探；流俗施爲，未嘗肯顧。積歲心潛於載籍，一朝名震於京師。維昔眉山，有如蘇氏。明允抱才而不遇，文忠勵志以有成。肆惟黄門，亦紹素業。謂古人不可作矣，而今者誰其繼之〔五〕？豈無他人，適在同郡。况尊公方正之學，早爲先達之所宗；而難弟功名之心，方勉後圖而未艾。猗中興之盛際，復

〔二〕 暇：原作「假」，據明澹生堂鈔本、四庫本改。
〔三〕 亟：明澹生堂鈔本作「宜」。
〔三〕 著：原作「首」，據明澹生堂鈔本、四庫本改。
〔四〕 乾道七年：原無，據明澹生堂鈔本、四庫本補。
〔五〕 誰：明澹生堂鈔本作「豈」，四庫本作「曷」；繼：明澹生堂鈔本作「難」。

嘉祐之遺風。某託契頗深，締交恨晚。討論盛舉，幸預於司存；臚句廣廷，復陪於山立。曾未遑於展慶，乃先辱於摛詞。惟欣感之交懷，非叙陳之可究。

謝生日詩詞啓 乾道八年

生我劬勞，方切蓼莪之感；錫公純嘏，過勤黄髮之祈。高誼重於丘山，正聲諧於金石。穆清風之誦，固知鴻筆之有餘；投明月之珠，所愧衰蹤之弗稱。但深銘感[一]，莫究叙陳。

遷禮侍回外路啓

貳圖書之府，久愧空餐；聯筆橐之班，更叨虚授。自知過矣，誰則使然？此蓋伏遇某官以揚善爲心，推達人之志。靈河滋液，助成濡涸之功；和氣薰蒸，陰假嘘枯之惠。遂容蕞品，亦玷高門。修謝牘以未遑，辱華緘之先逮。其爲感愧，豈易敷言？

回添差整務通判鄭通直著啓

載頒詔墨，參駕屏星。惟議論聲猷是焉倚重，故簿書期會非以煩公。恭惟某官守道篤齊魯之風，窮經承漢唐之緒。貫險夷於一節，隆實望於貳車。肅肅旆旌，寅餞未離於舊治；紛紛候吏，懽迎已及於新疆。少須坐席之温，别奉細旃之問。豈特兩持金節，榮踐世官；固應三接彤庭，茂攄賢蘊。某投閑於此，依庇有初。識士龍於雲間，仁争先睹；陪司馬於方外，尚託後塵。修慶問以未遑，辱緘書之先逮。其爲欣悚，交集襟悰。

答豐城羅士簿全材啓

唱第彤墀，起家黄綬。任有近鄉之便，官無待次之淹。喜動交遊光生里閈。竊以文風之盛，固在是邦；家學之優，獨推甲族。師友淵源之遠，父兄誨誘之專。居有實能，殆無虚榜。某官氣由直養，學以勤精。禀温柔敦厚之資，富群怨興觀之識。擅經魁者三世，聲譽卓然；登科選者六人，歲時屬耳。發軔鈎稽之職，問津華要之途。氣徹斗牛，難遏豐城之劍；枳棲鸞鳳，竚旌仇覽之賢。某未暇馳辭，先勤飛翰。索枯腸之易涸，嘆巨筆之難酬。愧感交懷，敷陳罔既。

回吉州葉守程啓

竊吹西崑，親慶虎符之出；服勤南畝，俶瞻熊軾之來。風動棠陰，春生梓里。恭惟某官輔仁以義，好學而文。政事詳明，本躬行於家法；聲華赫奕，久獨步於仕途。佐吴京則彈壓之效隆，鎮楚會則循良之功著。尚迂逸駕，載涖劇州。蓋貢輸獄訟之繁，非游刃孰能濟此？矧疾疫旱荒之後，惟福星可以庇之。帝意則然，詔除甚寵。朝方信賞，公且遄歸。某甫辨尺書，猥勤大

[一] 感：明澹生堂鈔本、四庫本作「佩」。

既。索居無賴，顧何幸於依劉；静治有餘，諒不勞於舍蓋。欣愉之至，敷述奚殫？

除富沙答傅運使自得啓 乾道九年

鶚退飛者六，正倦摶風；龜左顧者三，屢勤刻印。戴上恩之彌厚，省愚分以何安？屬困負薪，未遑削牘。乃屈乘軺之重，先貽執訊之書。大貺逆施，感悰中積。恭惟某官家聲赫奕，天韻高明。文華足以穆皇猷，智略足以參國論。問津錦帳，將久拜於瑣闈；遷轍繡衣，聊晝行於閩部。公既知人之情僞，人亦稔公之聲猷。諒無刺舉之勞，坐奏澄清之最。遂班邇列，益告遠猷。某久矣傾風，行焉受察。居閑從仕，一生自笑於苦心；多病非才，二事恐煩於并案。依歸之至，敷述奚殫？

謝余監場生日水晶環詩啓

四十九年，往不可復，方哦太白感秋之詩；千二百歲，形未嘗衰，乃佩廣成修身之喻。禮將誠而兩厚，物與意以俱新。坐我於水晶之宮，已慚實惠；報君以青玉之案，更愧虛拘。循雅眷以難忘，服嘉言而無斁。

回衆官生日詩啓

倚團蒲而坐長夏，昔迷自恣之途；數圓蓍而感流年，今學知非之步。猥勤高誼，特枉雄篇。增風木之深悲，重霜蓬之永慨。千歲而壽無害，敢當黃髮之祈！三嘆而音有遺，徒味朱絃之美。其爲感荷，交集襟悰。

廬陵周益國文忠公集卷一二五

省齋文稿卷二五

啓 五

答陳贛州啓 淳熙元年

吴京結綬，僅接步趨；閩嶠分麾，幾相先後。方嘆追攀之無路，孰云廷勞之有期。望千騎以欣然〔一〕，拜雙魚而愧甚。恭惟某官學窮百聖，才冠諸公。著在詞章，發雅頌典謨之秘；形諸政術，適剛方柔惠之中。久振譽於從班，洊宣勞於制閫〔二〕。雖名高而忌者衆，顧望重則眷愈深。宜晦朔之再更，而珪符之三易。十年生聚，允賴於撫摩；一道韜鈐，兼資於整暇。諒兵民之胥悦，即揆岳之迭居。某去德終星，傾心披霧。得孟公之尺牘，顧竊榮觀；居大丘之鄰城，更依静治。其爲感幸，豈易敷陳？

答吉州倅趙朝奉謙啓

閲別駕之題名，昔固多於賢士；膺貳車之遴選，今復値於通材。方圖慶牘之修〔三〕，已辱書巾之貺。恭惟某官中和迪德，清白承家。撫字有方，課屢優於劇邑；周旋無滯，績常底於近畿。宜仕王朝，乃參郡政。將令向丞相之舊治，獲睹清獻公之遺風。仕雖稍淹，民則何幸。某別德五年之久，心不謂遐；依仁三逕之中，喜如忘寐〔四〕。即期良覿，尚冀珍調。

除殿撰答保昌羅縣尉維藩啓

投間祠館，久爲版授之禿翁；帖職書林，忽厠金閨之諸彦。戴上恩之過厚，揣愚分以難安。豈謂某官獎善爲心，鳴謙勵志。屈君房之妙語，賁莊舄之陳人。矧是頻年，叠勤厚貺。讀二十篇之策，已擊節於宏才；論千萬世之榮，更服膺於絶識。顧缺然而無報，徒惕若以懷慚。

答楊壽仁謝解啓

越在妙齡，驟膺高薦。賈誼用能書而稱於郡，彼已後於二年；楊侯當始冠而舉其鄉，今更先於四載。庭幃悦豫，譜牒光華。解元天與雋拔過人之才，家傳疏通知遠之教。中都名士，猶云折輩行而與游；同里諸生，疇敢露鋒鋩而角勝！果中有司之式，即觀天子之光。某昔陪乃公游翰墨之場，今見郎君赴功名之

〔一〕以：四庫本作「而」。
〔二〕閫：原作「簡」，據明澹生堂鈔本、四庫本改。
〔三〕牘：原作「讃」，據明澹生堂鈔本、四庫本改。
〔四〕如：明澹生堂鈔本、四庫本作「而」。

會。身雖老矣，心則欣然。荷飛蓋之來臨，閲摛詞而增感。

答甲午解元而下啓〔一〕

率馬以驥，來空北土之群；化鵾爲鵬，往運南溟之翼。一時得雋，萬目注觀。解元先輩學有淵源，行無瑕玷。月旦素推其名譽，秋闈果壓於英髦。載窺筆下之波瀾，足見胸中之錦繡。先鳴南省，應同六一之無雙；首唱東堂，寧復冲之之第二。方圖展慶，已荷摛詞。惟欣感之交懷〔二〕，非叙陳之能究。

答詹狀元騤啓 淳熙二年

六事咨詢，方求殫治；一言寤合，遂冠倫魁。喜動天顔，歡傳士類。竊以得人衆寡，關世盛衰。方試藝於廣廷，初莫分其賢否；逮收科於異等，乃舉集於英髦。觀蘇氏之遺書，歎仁皇之多士。其在鼎甲者垂四十，不爲公卿者纔五人。惟其獲助於皇天，是以生才於王國。厥今盛際，與昔同條。某官學足以窺聖經，才足以應時用。平日著鄉閭之望，一朝居俊造之先。事業文章，其誰不信；功名富貴，夫豈易量？某甫趨龍尾之階，適際鰲頭之選。方將贊喜，已辱飛文。佩謙柄之相先，激感悰而無斁。

除待制回外路啓

扶犂南畝，久作老農；簪筆西清，復陪諸彥。處非所據，愧不自任。恭惟某官才名冠於公卿，治行高於方岳。以牧民之餘裕，推好善之誠心。曲憐起廢之蹤，特借噓枯之語。一緘甚寵，三復多慚。欽惟願治之朝，實賴得賢之助。鵜濡其翼，乃理之常。猴沐而冠，夫誰不笑？縱人言之姑捨，其自劾之敢稽〔三〕？乘下澤之車，將懇酬於素志；重高門之地，當敬避於真才。因叙感悰，并伸善頌。炎蒸甫爾，啓處何如？益冀珍調，茂迎寵數。

回胡邦衡謝龍學啓

河圖峻職，已冠時髦；廬阜真祠，復優廩假。辰良拜命，賢類均歡。竊觀累聖以來，最重西清之長。或解天官之常伯，或辭翰苑之主人。欲責其行，始加此職。然猶考平時之望實，亦稽在服之歲年。自非光前絕後之巨公，未有躐至徑躋之殊禮。恭惟某官爽邦壽雋，華國文師〔四〕。天子倚以弼諧，時人望其平治。應五百年之昌運，久宜當路於王朝；進十二等之清資，姑復假途於楚闥。某倘寬簿責，尚及班迎。敬酬大貺之臨，併效小夫之祝。

〔一〕原刻校云：「『而』下有墨書作『劉德禮啓』。」
〔二〕欣：原作「服」，據明澹生堂鈔本、四庫本改。
〔三〕劾：原作「効」，據明澹生堂鈔本、四庫本改。
〔四〕文：明澹生堂鈔本作「之」。

除兵侍回新閩漕傅直閣啓

少而不武，蓋素懵於甲兵；老矣少文，敢與知於翰墨！而洊叨碧落之真拜，再遡紫清而上征。自視闕然〔一〕，胡能當此？玆蓋伏遇某官推達人之志，存獎善之心〔二〕。力借吹噓，助成僥倖。曾感悰之未布，辱榮問之相先。惟昔分符，不獲庇身於閩嶠；逮今持橐，所期接武於吴京。何駑駘立仗以常留，致鸞鳳覽輝而未下。公言弗釋，定須季子之來歸；私義難安，正恐晏容之免去。悵焉永望，言莫能殫。《回夔路提刑啓》云：力借吹噓，助成僥倖，更先勸於榮問，彌有激於懦衷。愧荷交深，敷宣罔既〔三〕。

回漢陽趙守象之啓　淳熙三年

以閒平之望，分漢沔之符。條教一頒，懽謠四達。恭惟某官才堪盤錯，學造淵源。久宣膴仕之勞，俶被專城之寵。既昭民譽，即簡上知。奬勵有加，豈特用前規而賜璽；選掄可卜，故將遵近制以爲郎。曾修慶之未遑，辱貽緘之先逮。更敦曩契，俯記衰蹤。作者七人，想秋闈之如昨；凛乎六馬，驚夜夢之通神。感懌交懷，敷宣罔既。

回許校書蒼舒啓

上對鰲扉，升華麟省。雖三年議禮，品秩已高；而七略讎書，縉紳尤重。詔除一下，文譽四馳。竊考祖宗之朝，甚嚴館殿之選。居中乃記言之捷徑，在外仍帶職之優恩。惟其舉異於司存，是以必從於試可。自頃典章之革，例爲職事之官。然猶略倣前規，示存故事。文儒之外，他歧其可進乎？禁近之聯，假道而升多矣。況聖上尤艱於此選〔四〕，計歲中特召者幾人？不有英髦，孰當推擇？某官博文而約禮，達古而通今。人久望於登瀛，文果成於翻水。軍旅貨財之説，滚滚不窮；誕謾苟且之風，惓惓而論。觀筆下之如此，知胸中之浩然。宜甫上於奏篇，即誕頒於寵命。蓋飫聞俎豆之事，故薰炙簡編之香。寧少詘於班資，將益充其器識。某方圖展慶，首辱摛詞。坐深欣感之懷，更效陞遷之祝。

回施贛州元之啓

遠勤碩望，出鎮雄藩。幕府一開，懽謠四達。恭惟某官道參前哲，名在近臣。宜入侍於邃清，乃洊臨於藩翰。惟昔仁皇之世，若時清獻之賢。輒自諫坡，往分符竹。既段條於鹽法〔五〕，仍疏鑿於贛灘。嚴而不苛，治有餘力。泮水設瞻依之像〔六〕，遺愛未

〔一〕闕：原作「歆」，據明澹生堂鈔本、四庫本改。
〔二〕心：明澹生堂鈔本、四庫本作「誠」。
〔三〕「回夔路提刑啓」至「敷宣罔既」，原無，據明澹生堂鈔本、四庫本補。
〔四〕況：四庫本作「向」。
〔五〕段：四庫本作「科」。
〔六〕依：明澹生堂鈔本作「儀」。

忘；鬱孤存望闕之臺，流風可想。旋由課最，歸振霜威。公豈後身，理何共貫？某方圖往記，已辱貽緘。惟欣感之交懷，非叙陳之可究。

回鄭校書鑑啓

茲審萬言對策，仰契宸心；四部讎書，旋膺除目。英賢得路，館閣生光。竊觀炎漢之興，無若孝文之盛。既首除誹謗妖言之罪，又親策賢良極諫之人。下情日通，上德時茂。賈山其言多激切，善乎指事之詞；梁傅所陳略施行，美矣移風之效。惟今願治，與昔同功。某官端勁有隱巖之風，博稽傳通德之業。身方游於太學，人皆許以諍臣。有司徒知音於程試之間，天子獨見器於對揚之頃。奏篇甫上，紙價驟增。帝罷統軍之麻，何慚祖烈；我識尚書之履，行紹家聲。曾是登瀛，寧非假道？某與觀盛事，猥辱華牋。佩謙德之過優，激懦衷而增愧。

回趙富沙善俊啓

就錫麾符，改臨藩鎮。誰非典郡，幾人榮奉於親輿；矧是便家，千騎鼎來於鄰壤。上隆恩渥，士艶寵光。恭惟某官器度恢閎，風儀峻整。雖挹天潢之潤，自搴閨彦之華。屢訖外庸，政頻追於召、杜；入居邇列，班即綴於嚴、徐。慶禮微修〔一〕，書郵先暨。意非言而可盡，感與愧以交深。

回周廣州自强啓

伏審轂從近侍，出殿遠藩。蠻夷多貪，藉公玉雪之瑩；法令素弛，倚公權衡之平。上意則然，輿情以懌。恭惟某官文彩似舅，廉平亢宗。周旋九卿，堅守三尺。澄按數路，靡欺四知。暫領帥符，行歸從槖。江氛嶺祲，固有望於廓清；龍户馬人，諒益增於壯觀。某尚稽馳慶，先辱飛文。感愧交懷，指陳難喻〔二〕。

除吏侍回外路啓

侍從通班，久負曠官之責〔三〕；武文迭試，更叨換部之榮。仰愧主恩，俯慚公議。茲蓋某官仁心及物，義槩光朝。屢訖外庸，河浹京都之潤；遥分餘蔭，春回朽木之枯。遂使非才，亦塵異數。曾占詞之未果，何貽問以相先！其在感悰，曷勝言喻。

回胡校書晉臣啓　淳熙四年

擢秀西州，分光東壁。英髦在列，館閣增輝。切觀漢朝，初顯蜀士。蓋山川鍾英傑之氣，故郡國産俊明之才。惜文華之有

〔一〕微：明澹生堂鈔本、四庫本作「未」。
〔二〕喻：明澹生堂鈔本作「悉」。
〔三〕曠：明澹生堂鈔本、四庫本作「瘝」。

餘，而道義之或缺。王褒待詔，止第頌於離宮；何武習歌，空罷歸於宣室。論意棘中者，文斥邊之過；校書天祿者，貽投閣之羞。既何補於國家，亦見輕於鄉里。慨前規之無取，嘉盛世之有人。恭惟某官質厚而氣清，學醇而文麗。簫笛應雅〔一〕，鏗爾咸韶之音〔二〕；圭璋璧琮，温其郊廟之器。比遠抵於驛召，姑小試於閎才〔三〕。因古三流，喻今一體。極論憂勤之要，兼明義利之原〔四〕。謂守將皆得其人，則兵民兩獲其利。願天子以清閒之燕，俾羣臣言成敗之機。豈徒寧輯於坤維，自可規恢於宇縣。奏篇甫上，茂渥遄頒。聊假道於校讎，即問津於華要。某幸叨發策，喜際登瀛。辱墜睨於長牋，實銘藏於厚意。屬緣移疾，致緩馳辭。尚惟高明，有以原恕。

除內翰回外路啓

寓直非才，深慚久假。出綸示寵，遽忝爲真。觀瞻視草之臺，羞縮扶犂之手。此蓋伏遇某官忱恂推轂，議論噓枯。仁能好人，已著成名之美；謙有終吉，更推平施之心。遂使迂愚，亦塵華要。某方圖往記，首辱飛文。蒙瑞霧以遊行，固多潛潤；對清風而肅揖，自滌炎蒸。感幸兼懷，敷陳罔既。

回江東徐漕啓

待詔無堪，久慚假寵；疏榮有腆，忽冒真除。薄材積愧於妨賢，厚禮首勤於削牘。一謙過矣，三復赧然。恭惟某官志節清修，風猷警邁。學雖專於爲己，道不廢於愛人。應仁義之文〔五〕，固宜視草；有澄清之志，聊復登車。矧嚴、徐久在於漢廷，豈頗、牧不居於唐禁〔六〕。居慚末至，日冀同升。旋面望洋，難免大方之見笑；汗顏血指，焉知巧匠之傍觀。感怍交深，敷宣罔既。

回李大著垕啓

伏承策勛東觀，正位承明。惟此官乃侍從之階，故今代以選掄爲重。昔人之進者固多矣，蜀士之賢者可考焉。淳夫在元祐之時，莊叔當紹興之末。皆歷大著作之任，遂爲修記注之官。以公之才，何彼之愧？承天未老，固無乳媪之譏；孫綽可稱，允爲文人之冠。矧爲鉅美，方萃高門。父子並兼史官，古今無此榮遇。蓋談、遷未始聯事，而彪、固亦非同時。崔駰三世相承，止於傳業；應奉五葉不絕，姑曰承家。豈若無異論於三傳之中，施隔屏於一堂之上。行並儀於禁路，實增煥於周行。某曾直玉堂，嘗勤藻翰。以爲行慶超遷之命〔七〕，是故少稽酬答之言。今雖愧於後時，切自欣於先見。即期展謁，聊復抒誠。

〔一〕笛應雅：明澹生堂鈔本作「管柷敔」。
〔二〕爾：原作「而」，據明澹生堂鈔本、四庫本及《翰苑新書》續集卷九改。
〔三〕於：明澹生堂鈔本作「夫」。
〔四〕義利：明澹生堂鈔本、四庫本及《翰苑新書》續集卷九作「利害」。
〔五〕仁義：明澹生堂鈔本、四庫本作「義理」。
〔六〕頗牧：明澹生堂鈔本作「李郭」。
〔七〕超：原作「趨」，據明澹生堂鈔本、四庫本改。

回廣州周侍郎自强啓

政成南越，既許借留；班正西清，宜膺蕃錫。棠陰雖舊，宸綍載新。恭惟某官厚德鎮浮，高名蓋世。十城士卒，久服恩威；五嶺蠻徭，舉安教化。惟治聲之素劭〔一〕，故恩渥之鼎來。六閣外遷，姑用皇朝之制；三公入拜，即稽漢氏之規。修慶未遑，貽緘先逮。其爲欣感，交集襟悰〔二〕。

回温州陳尚書彌作啓

起從家食，薦畀藩條。積平海之去思，歌永嘉之來暮。惠周兩郡，眷厚九重。恭惟某官禁路耆英，清朝名德。論思獻納，夙罄嘉猷；輔相彌縫，久應大用。尚煩汲黯，坐嘯南陽。竚由轓蓋之間，躐置廟堂之上。公言所屬，召節何遲。某猥辱飛緘，愧稽馳慶。仰佩謙勤之德，俯深感悚之懷。

回隆興呂少卿企中啓

民欲精微，擬上借留之請；天臨昭格，已疏勉勵之恩。棠陰不改於庇休，蕓閣有光於論譔。十連增重，九牧向方。恭惟某官實茂而聲英，中閎而外肆。故家遺俗，具知文獻之存；熟路輕車，見謂經綸之蘊。伸體國愛君之術，旌牧民御衆之才。仍舊貫于南州，姑勤宣布；次近班于東觀，實兆論思。某特勤錦繡之貽，愧乏瓊瑤之報〔三〕。遐阡邇陌，想耕桑樂歲之餘；南浦西山，羡風月良辰之賞。其爲瞻頌，罔極敷陳。

回閩路監司啓

起家甚寵，既察鄉州；易節維新，不踰鄰境。出入按臨之內，光華跋履之間。風采聳聞，歡忻同浹。恭惟某官炳靈峻嶽，尚友先賢。遵淵源於禮樂詩書，出緒餘於文章政事。駕言東浙，固嘗廪實而貨通；旋還南閩，可謂車輕而路熟。念觀風之浸廣，諒策足之有期。卒屬蓬山，隔坐當仍於近事；問津禁路，緇衣遂踵於前規。某過辱先施，深慚不敏。雖未充於報牘，尚即繼於慶辭。情之所加，言不能盡。

回劉正字光祖啓

光膺宸檢，進列英躔。除音甫頒，士類胥悦。竊以辭章既敏，初何待於考觀；器業已成，尚奚須於涵養〔四〕！然聖世重典常之守，抑仕途榮館閣之登。故先小試於禁林，然後横翔於册府。恭惟某官譽高全蜀，文中甲科。有用之材，所居可紀；無

〔一〕素：原作「數」，據明澹生堂鈔本、四庫本改。
〔二〕交：原作「高」，據明澹生堂鈔本、四庫本改。
〔三〕「仍舊貫于南州」至「瓊瑤之報」原無，據明澹生堂鈔本、四庫本補。又文中「姑」，四庫本作「始」。
〔四〕須：明澹生堂鈔本、四庫本、《翰苑新書》續集卷九作「資」。

窮之聞，隨日以新。昨萬里以賜環，指三雍而振翼。朝推俊望，人嘆博聞。姑颿弱水之風，即扈甘泉之駕〔一〕。况審官進秩，已漸於亨途；而慶賚及親，又符於孝治。薦紳改觀，家國同休。某猥預榮觀，過勤遜謝。給相如之札，欲爲力以何施？美崔氏之莊，在貪功而豈敢？其爲愧荷，罔罄敷陳。

回袁秘丞說友啓

輟掾西樞，轉丞東壁。切考在昔，不輕此除。肇自魏朝，典尚書之奏事；逮於梁日，爲天下之清官。不有偉人，孰當遴選？某官風規秀整，器度恢宏。學探左右之原，文藹中和之氣。珪璋特達，當徑薦於圜丘；車路逶遲，姑安行於通道。屬聞擢序，良穆師言。蓋聲名積日以昭彰，故英俊望風而傾附。損受以益，茲有友三〔二〕；官惟其人，固皆第一。某適叨載筆，偶際登瀛。墜跂長牋，愧執謙之太過；披觀健論，嘆陳義之彌高。感服交深，敘陳難盡。

回周廣州自強啓

策勛南海，晉職西清。喜動羊城，光騰犧畫。恭惟某官節操似舅，廉靖得君〔三〕。度梅嶺以分麾，坐閱四年之久；望松門而次對，超居六閣之先。既丕輯於民庸，即遄歸於帝所。某方圖馳慶，先辱飛文。佩謙施之勤渠，撫懦衷而愧感。

回葉校書山啓

伏承翰墨策勛，鉛黃分職。動諸儒之欣艷，指夷路以騰驤。竊惟人物之盛衰，實在國家之教養。識其大者，則方寸之木可高於岑樓；斲而小之，則九仞之山或虧於簣土。故本朝重館閣之選，爲當世儲公卿之材。必作成於閒暇之時，乃獲用於馳驅之際。某官文華掞蔚，志氣激昂。學有淵源，嘗範模於呂氏；論無骫骳，由繄援於汪宗。浸更事任之煩，優簡聖神之眷。方爲世用，宜並英游。繙四部之書，始深涵於術業；號萬人之傑，行自見於功名。修慶未遑，貽緘先逮。佩謙牧之良厚，激感悰而弗諼。

回中詞科周監酒洎啓 淳熙五年四月

伏承再提文筆，獨冠試闈。捷音一傳，公論胥穆。某官氣涵溫厚，識藴通明。問學淵源，挹洪波於滄海；詞章挺拔，鍾秀氣於赤城。早收俊科，忠賈餘勇。方其即席，同志莫不避鋒；逮此擅場，有司爲之擊節。既成名於盛旦〔四〕，行策足於要津。過

〔一〕泉：原作「林」，據明澹生堂鈔本、四庫本、《翰苑新書》續集卷九改。
〔二〕有：明澹生堂鈔本、四庫本作「可」。
〔三〕靖：明澹生堂鈔本、四庫本作「清」。
〔四〕旦：明澹生堂鈔本作「世」。

勤㦤敬之施，仍叙宗盟之好。藝文甚富，已慚大布之阮咸；名譽方新，更愧小冠之子夏。永言欣感，交集襟悰。

回姚狀元穎啓〔一〕

伏承文經乙覽，名冠甲科。仰窺聖鑑之精，俯聽輿言之允。某官氣涵温玉，質挺修梁。才華獨步於鄉閭，術業先鳴於場屋。比攄素藴，奉對青箱。并包乎百家諸子之長，持守以《大學》、《中庸》之約。多爲貴者，言同老氏之五千；一以貫之，辭異公孫之數萬。既越拘攣之表，宜居俊造之先。龍首兆祥，馳滄溟之驛使；鯉庭拜慶，破鄞水之天荒。人知稽古之榮，國享得賢之福。某偶陪諸彦，進侍嚴宸。環漢祖之壇，初莫知於韓信；擢武皇之第，始共服於平津。方欲馳辭，遽勞枉駕。勤厚更貽於盛贄，感慚滋激於懦衷。

回第二人葉狀元適啓

伏承言念宸衷，名聯舉首。初傳臚唱，大契輿情。某官賦超邁之資，濟精勤之業。學術淵源乎六藉，詞章馳騁乎多聞。偕俊傑以造廷，悉聰明而上對。切時要論，自是一家；備問陳言，略無半語。人或積日精思而不足，我惟一朝伏奏而有餘。究觀方册之遺文，實相上下；誰謂陛廉之遠地，曾不拘牽！緊抱負之非常，於功名乎何有？某未遑展慶，先辱飛文。積感悚以在中，豈叙陳之可究？

回第三人李狀元寅仲啓

伏承拔尤蜀道，得雋漢庭。巍乎鼎甲之科，藉甚於先之譽〔二〕。某官材資英茂〔三〕，問學精深。慶本家餘，繼夜光之述作；美由世濟，騰鼂采之輝華。萬里賓王，一心寤主。謂求速成者無遠略，而顧近憂者虧永圖。對揚大問之數條，理明而贍；伸獻斷章之十語，意婉而忠。既蒙親擢於軒墀，即並英游於館殿。某猥由膚淺，預聽臚傳。象應三魁，共喜去天之邇；祥開五色，原知賦日之工。高誼不遺，長㦤先逮。其爲欣感，交集襟悰。

回趙正字彦中啓

兹承發揮鴻筆，是正秘文。榮動金閨，光生玉牒。惟本朝重館閣之選，蓋列聖儲經綸之才。粤自中興以來，間求公族之雋。若乃網羅於科目，策試於禁嚴，然後用之，如今鮮矣。某官學醇文古，質粹氣清。事業蹈韋布之難，規模非軒冕之謂。遠挹天潢之潤，徑飄弱水之風。群東觀之諸儒，踵西京之盛事。留其真者，河間得四方之書；種而别之，劉歆集六藝之略。少需歲月，

〔一〕穎：原作「頴」，今按宋無狀元姚頴，「頴」必爲「穎」之誤。姚穎爲淳熙五年進士第一，見《宋歷科狀元録》卷六，據改。

〔二〕於：原闕，據明澹生堂鈔本補。四庫本作「承」。

〔三〕「某」字前，四庫本有「此蓋伏遇」四字。

遂立功名。某朽鈍無堪，游從有賴。辱長牋之俯暨，歎麗藻之難酬。愧感交懷，指陳奚喻！

除禮書兼内翰回外路啓

綴星辰之履，驟被優遷；窺雲霧之窗，仍兼舊直。冒寵靈之有赫，揆庸妄以無堪。恭惟某官踐履配乎先民，抑揚持乎公論。好謙爲德，行賢每戒於自賢；獎善存心，欲達常思於人達。迄由借譽，馴致增華。知章兩命之榮，正慚非據；韋陟五雲之體，過辱先施。在悚感以交深，豈喻言之能究？

回楊正字輔啓

玆承敷納以言，譽髦斯士。儒林歆艶，吾黨光輝。竊以有列於朝，孰匪出群之雋；告猷於上，猶須入對之時。紛百辟之斯來，閱再期而乃浹。逢辰艱矣，備數可乎？自非深究治源，力陳時事，不以流俗毁譽移其守，不以此身用舍貳其心，則何以上不欺於吾君，下無負於所學？恭惟某官廉方秀傑，博洽通明。奏牘公車，繼遺忠於棣萼；陳謨諫省，挹正論於冰清。既自結於殊知，當立登於要路。尚從涵養，益起聲華。屬陪禁直之清風〔一〕，獲覩詞源之浩渺。未遑馳慶，先辱貽牋。在感悚以交懷，奚指陳之可喻？

回江西錢運使佃啓

伏審上節閩山，改轅江國。按行雖舊，臨遣則新。恭惟某官雅量鎮浮，訏謨經遠。偕父兄而馳譽，蓋自弱齡；兼文行以致身，允爲全美。踐歷夙高於中禁，澄清尤著於外臺。玆屈重來，旋聞愈治。使乎有指，務躬布於隆寬；思則無邪，足坐銷於群枉〔二〕。惟公特立，與衆背馳。宜其上爲神聖之深知〔三〕，下使士民之信服。既以續前功於一道，行當均大惠於多方。某未染慶緘，遽勤榮問。敬佩謙虚之意，良深感悦之情。

回劉饒州邦翰啓

乃者鄱陽歲惡，黼坐念深。爰起舊人，往頒寬詔。恭惟某官天資豈弟，政術通明。外歷劇煩〔四〕，所居輒治；内聯侍從，厥問彌彰。今以萬人之英，而臨千乘之國。何待席煖，即觀政成。轉旱潦爲豐年，銷嘆愁爲和氣〔五〕。丕輯民譽，遄歸禁途。某特枉書郵，愧稽慶牘。感銘之至，筆舌奚周？

〔一〕風：明澹生堂鈔本、四庫本作「嚴」。
〔二〕於：明澹生堂鈔本作「夫」。
〔三〕其：原無，據明澹生堂鈔本、四庫本補。知：四庫本作「褒」。
〔四〕煩：明澹生堂鈔本、四庫本作「繁」。
〔五〕此句兩「爲」字，四庫本作「於」。

廬陵周益國文忠公集卷一二六

省齋文稿卷二六

啓　六

除參政回外路監司帥守啓　淳熙七年

居六職之先，已塵高位；綴三卿之後，更玷殊遷。揣分無堪，抗顔有靦。恭惟某官心存獎善，志在達人。力行忠恕之言，允懋謙冲之德。游談所及，既弗間於賢愚；好語相先，更曲敦於契好。載循固陋，曷稱褒揚？第什襲以爲榮，豈一言之能叙？

回在外侍從啓

六曹率屬，方恪守於官箴；兩社通班，乃與聞於國論。静言忝冒，厥有由來。恭惟某官德業高明，詞章偉麗。赫奕禁途之儁望，中和藩服之政聲。經國遠猷，蓋屢形於奏牘；進賢雅志，亦密導於宸衷。是使非才，獲陪共政。某尚稽往記，先辱飛文〔一〕。佩謙施之滋隆，激感悰而無斁。

回紹興張閣學子彦啓

禹會雄藩，吴京近輔。上求良牧〔二〕，今得名臣。恭惟某官政術高明，儒猷敏茂。籍甚兩朝之侍從，卓然三鎮之藩宣。賈誼嘉謀，既入陳於宣室；畢公多績，姑出保於東郊。行趣召還，首儀禁橐。悵暌違之未久，屬問諭之先臨。愧感交懷，敷宣奚既？

回金陵范參政成大啓

乃者臨遣英望，保釐别都。待裴度於延英，是爲殊禮；錫韓侯於北闕，何止路車？既特開金殿之尊罍，復親御石湖之扁榜。恩章加厚，今昔所稀。兹棨戟之肇臨，宜江山之增重。恭惟某官才兼文武，識洞幾微。外焉極方伯連帥之權，内則高論思獻納之譽。自陪國論，彌聳民瞻。上方規恢中原，寤寐極治。蕭何相漢，厥由居守之勞；尚父伐商，即契會朝之詠。某彌年戀戀，一見怱怱。目方遡於檣烏，手已披於鯉素。其爲感幸，未易名言。

回史少傅賀冬啓

伏以臺雲紀瑞，圭景踐長。恭惟某官道德宗工，華夷碩望。

〔一〕文：明澹生堂鈔本、四庫本作「緘」。
〔二〕牧：原作「特」，據明澹生堂鈔本、四庫本改。

玉殿和長春之句，壽同化日之舒；金華敷正説之篇，道協陽爻之長。維師之拜，指日以須。某密企崇墉，欣逢令旦。其爲善頌，莫究文陳。

回福州梁丞相啓 淳熙八年[一]

黃閣上臺，將宣廷涣；紫宸秘職，先下璽褒。是宜薄海之交歡，豈特高閎之咸喜。恭惟某官事業萬夫之望，文章多士之宗。以光明雋偉之資，濟温厚洪深之德。事君以道，如古大臣；夢帝賚予，爲時良弼。久贊宵衣之化，暫從晝繡之遊。威惠幹方，兵民按堵。鳩鳴雀乳，田疇盡洗於棘茨，海宿山行，候館何憂於盜賊？緊治聲之藉甚，在寵渥以宜然。裴度來朝，方益彰於勛德；次公復相，豈或減於功名？某嘗布慶儀，未修公禮[二]。兹遠勤於大貺，第增愧於懦衷。暑令方中，燕臺多暇。冀謹寢饔之節，永垂夷夏之休。

回婺州蕭侍郎燧啓

涓選休辰，奉宣寬詔。光騰星婺，潤浹日畿。恭惟某官巍登雋科，允蹈賢檢。士服純誠之節，朝推忠讜之名。峨冠久踐於華途，彌彰乃眷；紆組方榮於故里，已輟於蕃。看即政成，式遄王覲。某夙親道誼，稍闊聲猷。及未容投劾之時，尚獲贊登庸之喜。兹酬執訊，併致忱言。

回遂寧李侍郎燾啓

上眷舊德，制臨大藩。當印綬之被躬，已歡謡之浹境。恭惟某官全蜀先進，中朝老成。學術貫串乎古今，才名赫奕於中外。慨念俗吏，罔思治原。視民瘼而弗求，縱吏姦而莫問。惟公久陪帝幄，既已知德意志慮之詳；乃今密接鄉邦，必將繼中和布宣之譽。佇頒漢璽，歸侍虞廷。念修慶之未遑，辱貽緘之先逮。其爲感悚，未易名言。

回贛州劉顯學正啓

誕頒新組，起鎮舊邦。民吏歡迎，神明欣相。恭惟某官懿文華國，直道事君。八座升班，久榮曳履；三刀協夢，洊屈分符。惟昔潁川，最稱黃霸。粤若再臨之日，居然愈治之聲。旋被璽褒，入陪鼎路。孰增光於漢事，諒復見於聖朝。曾修慶之未遑，辱貽書之先逮[三]。其爲愧感，罔既名言。

[一] 淳熙八年：原無，據四庫本補。
[二] 禮：四庫本作「札」。
[三] 書：明澹生堂鈔本、四庫本作「緘」。

回陳侍郎巖肖啓

綴前疑之列〔一〕，未著新功；策太史之勳，乃甄舊績。周章拜命，俯仰懷慚。恭惟某官禁路老成，儒林先進。文推巧手，顧縮於袖間；名冠善人，宜優於天下。不鄙疏庸之品，每存奬與之心。逮此叨踰，借之褒飾。正辭直筆，慚無補於汗青；俊語名章，幸獲窺於尺素。其爲感刻，豈易名言？

回齊侍郎慶胄啓

欽承茂渥，起領真祠。既厚宸知，亦榮新養。恭惟某官鍾英海岱，被遇冕旒。凜然栢寺之直聲，籍甚荷囊之清譽。姑從雅志，結壽宫香火之緣；行奉除書，上霄極星辰之履。方圖進賀〔二〕，遽辱馳辭。荷謙德之相先，置感悰而無已。

回單侍郎夔頌德啓〔三〕

恭惟某官才堪盤錯，識照幾微。蚤蜚官政之英聲，榮踐禁途之貴仕。前後與上同。

回紹興府王尚書希呂啓

朝辭北闕，夕鎮東藩。條教一新，士民胥慶。恭惟某官學該百氏，氣蓋諸公。文昌喉舌之司，久隆譽處；於越股肱之郡，寵寄蕃宣。適一方罹水旱之災，正萬乘軫旰宵之念。諒小施於政術，即丕著於事功。旋奉璽褒，平躋鼎路。某俶違風度，驟辱音郵。在欣感以良深，非叙陳之可究。

回寧國陳舍人騤啓

君子殿邦，屢聞刻贊。羣州承指，今喜頒條。轉苛虐爲中和，易嘆愁爲謡頌。民有所恃，政其亟成。恭惟某官德逸日休，道深自得。臨時秉後凋之節，涖官無可指之瑕。紅藥紫薇，暫輟演綸之手；雙溪叠嶂，聊追澄練之吟。惠既浹於潛藩，福自流於京邑。行膺畫節，入燮宸階。曾修慶之未遑，辱摛詞之先逮。其爲愧感，罔罄名言。

又回陳舍人賀冬啓

望書雲物，魯侯帥屬以登臺；歸設酒殽，漢守移文而休吏。匪時良牧，疇踵前規？恭惟某官法從名高，藩方課最。宣九重之盛德，措一境於泰寧。茂臨來復之辰，即奉遄歸之詔。某欣逢令

〔一〕疑：原作「凝」，據明澹生堂鈔本、四庫本改。
〔二〕進：明澹生堂鈔本、四庫本作「修」。
〔三〕啓：原無，據四庫本補。

序〔二〕，阻慶賓筵。記室傳封，首勤華問；道山團拜，坐憶舊遊。感詠交深，敷陳莫盡。

回江陵趙丞相啓

伏審顯奉廷揚，榮更閫制。非獨化行於南國，抑將威震於北方。旌纛一臨，軍民交賀。恭惟某官業茂夔契，道傳孔顏。會千載之風雲，壯九重之基業。事君有道，可謂大臣；應物無心，是爲真宰。頃辭政柄，往莅藩方。若稽故常，當殿近輔。然考熙朝之名相，率誇晝錦於故鄉。所以戀闕之念雖深，而於渡瀘之行難輟。逮稍移於圭篇，彌注想於冕旒。爰頒易鎮之恩，式示朝宗之意。矧異時三國必争之地，乃今日中原可取之途。衮衣繡裳，寧許姬公之信處；命珪相印，行酬裴度之元功。某猥辱舊知，欣聞新渥。雖馳慶牘，未辦公函。仰謙德之過優，激懦衷而增愧。其爲忭躍，未易敷云。

回婺州洪舍人邁啓

兹審上圖舊德，詔畀名藩。宣美化於三朝，浹歡謡於四境。恭惟某官修名蓋世，亮節傳家。詞章獨步於西垣，仁愛躬行於兩郡。適東陽之調守，契中宸之思賢。爰出左符，起臨右輔。揚仁風於黎庶，視古無慚；蒙河潤於京師，繼今有望。少需報政，即慶爲公。某方治書郵，已勤緘翰。其爲欣感，未易敷云。

回陳給事峴啓

兹審茂隆上眷〔三〕，榮踐祠庭。雖才業淹留，深鬱朝紳之望；而里閭燕息，殆同晝繡之遊。恭惟某官學術傳家，風猷蓋世。版曹瑣闥，並高獻納之聲；吴會少城，交著蕃宣之績。姑從均逸，行慶遄歸。某方欲馳辭，已勤枉問。其爲欣感，罔既敷陳。

回婺州洪舍人邁謝進職啓

兹審疏榮芝檢〔三〕，候對松門。旌法從之舊勞，賁藩方之新渥。恭惟某官名高夷夏，氣塞天淵。早被遇於宸旒，久升華於禁槖。由三字畀集賢之職，雖用前規；通二年躋内閣之班，抑存故實。而淹屈殆更於五閏，且蕃宣洊歷於三州。俶聞褒璽之頒，咸謂除書之晚。參裁機政，以簡淵衷。剸殄矯虔〔四〕，諒爲餘事。某間嘗修慶，尚阻馳牋。辱盛禮之來臨，愧前儀之太略。其爲欣感，未易敷云。

〔一〕序：四庫本作「節」。

〔二〕上：明澹生堂鈔本、四庫本作「睿」。

〔三〕兹：明澹生堂鈔本、四庫本作「恭」。

〔四〕矯虔：明澹生堂鈔本、四庫本作「驕兵」，義長。

回鎮江錢參政良臣啓 淳熙九年

茲審起從緑野，往鎮朱方。千騎一臨，群情胥慶。恭惟某官才宏而德備，學粹而文雄〔一〕。天子以爲通儒，國人僉曰良弼。茂擴經濟之術，久著贊襄之功。將遂冠於台衡，乃暫儀於岳牧。昔以王人總餉，已得軍民之歡；今由政路分符，宜增棨戟之重。適千里洊饑之後，正九重旰食之時。條教甫頒，顧憂頓釋。傾耳袴襦之詠，指期衮繡之歸。某方治書郵，首勤緘翰。深佩撝謙之意〔二〕，難施愧汗之顔。氣序益暄，撫綏多暇。願精調於鼎養，以大慰於巖瞻。

回隆興留尚書正啓〔三〕

伏審羣州承楷，愈治於贛川；十國爲連，就升於督府。恩榮異甚，謡頌歡然。恭惟某官端重以文，温良而毅。銀臺畫省，久闊步於禁嚴；黄閣紫樞，將平躋於輔弼。倏念專城之樂，屢分制閫之歡。惟皇眷之舊紆，且民瞻之素具。政將焉避，公可遄歸。某方治書郵，已勤緘翰。仰謙恭之過厚，顧遲鈍以知非。其在感藏，曷勝言喻！

除知院回外路啓

督綱條於外，已叨承轄之聯；參籌畫於中，更忝樞機之任。惟聖主宵衣之際，豈庸夫高枕之時？必能兼文武之資，乃可重東西之府。寧容腹背之毳，輒預股肱之良。揣分無堪，拜恩有靦。茲蓋某官儒林領袖，禁路羽儀。典治名藩，專布愛民之政；揄揚善類，用爲報國之忠。遂使陳人，洊承新渥。某方期庭謝，即往郵籤。辱大貺之先臨，愧小才之不敏。其爲感荷，罔既敷陳。

答福州趙侍郎汝愚啓

茲承被命典藩，涓辰開府。雖禁路輟直臣而去，天意憮然；想海邦聞良牧之來，人心悦甚。恭惟某官道窺聖秘，名冠時髦。正若孟軻，切切異端之闢；忠如劉向，拳拳同姓之親。方謀帥之孔艱，顧在廷而莫可。徒得汲卿之重，式遄申伯之行〔四〕。既有兵民，宜恩威之兼濟；寧無政事，使財用之頓寬。以公之才，足辦乃事。少須報政，便合賜環。某方企聲猷，忽勤緘翰。其爲欣感，交集襟悰。

回太平州木詹事待問啓 淳熙十年

茲承均勞禁路，分鎮當塗。民吏交懽，江山增重。恭惟某官

〔一〕雄：四庫本作「雅」。
〔二〕意：四庫本作「德」。
〔三〕留：原作「劉」，據明澹生堂鈔本改。
〔四〕行：四庫本作「歸」。

名高多士，忠結九重。嚴、徐義理之文，久殫猷告；召、杜循良之守，即看政成。况榮奉於親庭，實增光於郡紱。某尚稽馳慶，先辱飛緘。欣感交懷，叙陳曷既！

答史太保浩謝致仕啓

恭審叠貢封章，懇還官政。升上公之秩序，荒全魏之土田。在耆儒則敦止足之風，於聖主則極褒崇之禮。典册既下，簡編有光。君臣之間，可謂兩得；中外之衆，固宜交懽。恭惟某官造道淵深，宅心廣大。學無不通，故見之著述者多而益辦；氣有所養，故施之事爲者久而益新。兩持一相之權，歷踐三孤之貴。視物猶己，愛憎泯然；毋我負人，忠恕多矣。是宜壽考康寧而天不靳，功名終始而人不疑。逮辭寵利以弗居，愈覺身名之俱泰。召公爲保，雖厥位之已同〔一〕；尚父維師，顧其年之未至。况舊勤於分陝，恐終佐於伐商。某早托甄陶，喜揚綸綍。非敢緩厦成之賀，謂當循廷謝之規。今睹宸章，果符輿望。惟是先施之辱，寧無倒置之慚！迎拜匪遥，欣愉更切。

回金陵錢參政良臣啓

參於金鉉，昔倚燮調；佩以玉麟，今勞居守〔二〕。江山增重，吏士均歡。恭惟某官孝友根心，忠嘉致主。學術淵源乎游、夏，勳庸亞匹於管、蕭。望實孔昭，簡知彌渥。惟潤昇之天府〔三〕，乃江浙之奥區。並列雲屯，俱爲天塹。然而留都非他鎮之比，管鑰異左符之分。將期北顧之寬，爰藉東郊之保。去思來暮，兩邦謡頌之交興；餞舊迎新，二境旌旂之相接。若時壯觀，實掩前聞。少需坐席之温，旋聽沙堤之築。某嘗馳慶問，過沐華緘。佩雅睠之滋隆，愧前儀之太簡。其爲悚荷，難盡名言。

回靜江詹侍郎儀之啓

進班書殿，出鎮帥垣。以法從之名臣，臨皇華之舊部。上寬帝顧，下慰輿情。恭惟某官學造聖真，才周世用。久徊翔於遠使，宜容與於近班。意在本朝，固當殫辰猷而告於后〔四〕；躬行君子，又欲推惠澤而加乎民。惟通商則疲甿可蘇，惟從儉則經費自足。既康五管，即綴四鄰。某方欲馳辭，遽蒙枉問〔五〕。其爲欣荷，未易名言。

回紹興府鄭尚書丙啓

易麾藩輔，浹潤帝畿〔六〕。聳威望於十連，寬顧憂於九陛。恭

〔一〕同：四庫本作「崇」。
〔二〕勞：原作「榮」，據明澹生堂鈔本、四庫本改。
〔三〕天：明澹生堂鈔本作「大」。
〔四〕當：原作「嘗」，據明澹生堂鈔本、四庫本改。
〔五〕問：原作「駕」，據明澹生堂鈔本、四庫本改。
〔六〕畿：明澹生堂鈔本、四庫本作「城」。

惟某官孤忠自信，奥學躬行。方榮晝繡之歸〔一〕，俄厚宵衣之眷。析圭清白，堯天無尺五之遥；佩印銀黄，漢石有四千之重。諒甫頒於條教，即登拜於疑丞。某特枉書郵，仰銜謙柄。日徯遄臨之語〔二〕，坐深善頌之誠。

回太平州廬州池州賀冬啓 淳熙十一年

考易而測天心，既占七日之復；登臺而觀雲氣，又卜一年之豐。惟時价藩〔三〕，宜集嘉祉。恭惟某官道隨剛長，德配陽新。推惠澤而加之民，歛休祥而萃乎己。坐迎令序，行陟近司。某方治書郵，遽勤緘翰。永言感頌，交集襟悰。

回陳丞相謝除少保啓

廷揚制麻，位進孤棘。既表弼諧之舊德，亦酬鎮撫之新功。上眷加隆，輿情交慶。恭惟某官學充天性，忠締主知。粹然道德之容，足消鄙薄；籍甚廟堂之望，坐鎮華夷。釋相印者十年，剖藩符於兩鎮。保衡之拜，聖意可知；台衮之歸，人心共徯。故先以右遷之寵，即繼之左揆之除。某久荷殊憐，欣聞異數。雖敬伸於慶禮，曾未達於公函。兹屈尊崇，過形謙抑。三復第深於悚抃〔四〕，片言莫寫於勤誠。

回静江詹侍郎謝轉官啓

兹承寵頒異數，榮陟崇階。既酬談經儲禁之前勞，亦用增秩璽書之故事。恭惟某官學窺聖域，德冠民彝。入綴嚴、徐，罄朝夕論思之益；進陪園、綺，究《春秋》筆削之嚴。逮講堂甫告於終篇，適邊閫亦當於進律。式旌儒效，彌壯戎昭。某特枉華緘，倍形厚禮〔五〕。雖佩有加之意，豈勝不敏之慚？

回廬州王尚書太平州陳舍人池州陳尚書泉州司馬侍郎賀正啓 淳熙十二年

春王三朝，天地交泰。若昔論思之舊，爲今慈惠之師。茂履端辰，允綏繁祉。恭惟某官行遵賢檢，功考民庸。奉順陽和，式應發生之序；敷宣上德，毋違寬大之書。享厚福以難量，酌輿言而易見。某方修尺牘，遽枉華緘。佩謙施以滋深，叙感悰而莫究。

〔一〕榮：原作「陳」，據明澹生堂鈔本、四庫本改。

〔二〕臨：明澹生堂鈔本、四庫本作「歸」；語：明澹生堂鈔本、四庫本作「詔」。

〔三〕惟時：原作「豈惟」，據明澹生堂鈔本、四庫本改。

〔四〕抃：原作「拜」，據明澹生堂鈔本、四庫本改。

〔五〕倍：明澹生堂鈔本作「備」。

回静江詹侍郎謝降詔奬諭啓

茲者蒙鑾底定，漢詔誕頒。焕綸綍之温言，奬詩書之良帥〔一〕。寵光厚甚，中外榮之。恭惟某官道可覺民，武能威敵。自鎮臨於交廣，每綏靖於封圻〔二〕。蠢彼無良，敢茲負固。方調兵而薄伐，俄折馘以趣降。下十行一札之褒，酬三令五申之績。蓋賞勸難同於將士，惟璽書可示於眷懷。稽本朝優異之恩，舉近歲闊疏之典。風傳郡國，名震華夷。某托契至深，窺文竊忭。愧馳辭之未果，荷貽問之相先。欣感交懷，喻言何究〔三〕？

回隆興程給事叔達啓

升華論撰，申命蕃宣。已跬步於西清，尚帡幪於南國。搢紳喜劇，民吏歡騰。恭惟某官昭代通儒，周行先進。伏蒲視草，凛然風烈之高；持節擁麾，籍甚威聲之著。雖再留於棨戟，實妙簡於宸旒。况甲午之題名，有莆陽之近事。由貼職而候松門之對，旋賜環而躋荷橐之班。遂以歲中，參於端右。既前政規模之具在，則後賢進用以何疑？某苟未汰歸，深期晤語。茲敬酬於公禮，殊未究於私誠。

回太平州陳舍人騤啓

優考民功，寵升書殿。詔除甫下，輿論交歡。恭惟某官勁節端朝，懿文華國。禁路罄論思之益，江圻蜚豈弟之聲。承水潦之餘災，著農田之顯效。併酬久次，特茂殊恩。由三字而貽集仙，自存故事；通二年而升次對，抑有成規。嗣奉璽褒，遂參枋任。某苟逭汰斥，尚期晤言。茲形拙訥之辭，敬答緘封之貺。其爲欣感，未易敷云。

回成都留敷學正啓〔四〕

峻學士之班，仍行臺之寄。訖寬西顧，實兆東歸。恭惟某官仁義被躬，忠嘉致主。自綴尚書之履，屢開刺史之天。埸鎮坤維，尤高治最。粤若張忠定之定，與夫趙清獻之清。人之所難，公則甚易。此遐方所以借留而莫肯捨，聖主所以因任而不忍違。然弼諧之功，急於蕃宣；左右之助，重於遠外。竊窺虛佇，看即延登。某比勤萬里之書，深愧一謙之德。永言欣荷，難盡敷陳。

答陳給事峴啓

閫臺宿望，久跂遄歸。香火勝緣，力祈因任。雅懷雖慊，輿論則那！恭惟某官天賦宏才，家傳奥學。入侍得論思之體，出藩

〔一〕帥：明澹生堂鈔本作「師」。
〔二〕靖：原作「静」，據明澹生堂鈔本、四庫本改。
〔三〕何：明澹生堂鈔本、四庫本作「曷」。
〔四〕留：原作「劉」，據明澹生堂鈔本、四庫本改。

收牧御之功。從容祠館之游，繾綣鄉閭之樂。備臻百順，坐閱三年。祓挹浮丘，自爲謀則善矣；席前宣室，將有問焉就之。某遠辱長牋，備知厚眷。其爲欣感，未易敷云。

賀梁觀文克家年啓 淳熙十三年

伏以象測璿璣，斗柄肇回於蒼陸；氣和玉燭，春風初入於東郊。若時宗工，宜介丕祉。恭惟某官調元道著，宰物功成。暫釋政機，日罄謀猷之告；茂臨歲旦，時臻備順之全。方當感會於風雲，迄賴平章於軍國。某遲聞受謁，即冀造門。頌詠攸深，敘陳莫喻。

回陳丞相俊卿謝致仕啓

伏承連章請老，優詔閔勞。執皮帛於新班，位隆亞傅；易茅封於舊鎮，地統故鄉。仍秘殿之大名，極宗工之異數。搢紳創見，夷夏樂聞。恭惟某官德博而裕於才，器閎而冲於用。以奧學高文冠多士，以忠言直節居大僚。爲善未嘗近名，而聲譽之歸不可遏；事君未嘗枉道，而爵禄之至不可辭。周旋鈞樞，弼亮神聖。謀斷兼乎房、杜，都俞踵乎皐、夔。粤去廟堂，屢臨藩屏。力方剛而抗疏，欲追六一之高風；年甫及而掛冠，迄遂祁公之雅志。優游里第，涵泳天真。二疏賓客之相娛，萬石子孫之甚謹。謙備六爻之吉，悔吝不生；壽居五福之先，康强未艾。在前輩或難於盡善，惟哲人獨享其全功。然而尚父之佐武王，潞公之師元祐，皆來歸於既老，豈得謝之可拘？公固無心，上猶有望。某敬懷知己，喜聽傳家。顧希驥以未能，思執鞭而甚切。仰勤榮問，徒激懦衷。寒律方凝，燕超多助〔一〕。冀益調於鼎食，永丕聳於民瞻。

回池州陳尚書良佑啓

光膺芝檢，載剖竹符。師帥得賢，軍民致喜。恭惟某官懿文華國，直道端朝。身雖遠於禁嚴，望益傾於中外。用詞臣而作牧，姑重九華；選刺史而爲公，即歸兩社。某近違風度，尚曠書郵。辱榮問之相先，愧慶儀之不敏。其爲欣頌，莫究敷陳。

回静江詹待制儀之啓

兹承奏功南國，加職西清。正侍從之巍班，表蕃宣之異等。恭惟某官性資端諒〔二〕，學識高明。以愛人利物之心，行尊主庇民之術。久臨遐服，迄著多庸。身正令從，允謂必躬之效；政修用足，宜還既庶之風。姑次對於松門，即延登於槐路〔三〕。某雖馳慶牘，未辦公函〔四〕。辱厚禮之先施，激懦衷而愧甚。其爲欣感，

〔一〕燕超多助：四庫本作「燕居多豫」。
〔二〕性資端諒：明澹生堂鈔本作「惟性端諒」。
〔三〕延：原作「迎」，據明澹生堂鈔本、四庫本改。
〔四〕辦：明澹生堂鈔本作「便」。

未易殫論。

回富沙陳待制良佑啓[一]

比審政成江國，制易閩邦。繄事任之加隆，知眷懷之益厚。恭惟某官禔身敬簡，蹈德中和。富華國之文章，藴康時之術業。入儀禁路，搢紳傳鯁挺之言；出剖州符[二]，襦袴洽撫摩之譽。乃眷初潛之鎮，復煩次對之賢。公既樂其土風，民尤安於德化。正惟宿望，久合登庸。曾是藩方，固難斂惠。某尚稽慶牘，已拜公函。荷謙施之相先，激感悰而無已。

回程待制叔達啓

升華次對，因任初潛。觀搢紳相賀於朝，知父老交歡於外。恭惟某官德猷粹穆，治行循良。詞章爲儒者之宗，政術作藩侯之冠。雖少稽於趣召，實深簡於淵衷。昔炎漢之中興，有孝宣之極治。若時黄霸，久在潁川。旋酬累歲之勞，入踐三公之位。上方稽古，公且錫還。既異時善頌之言，信而有證；則後日登庸之兆，理在不疑。況採之士夫議論之公，必勝彼巫史揣摩之語。因酬緘貺，併致誠祈。凝沍在辰，鎮臨多暇。願謹養頤之節，益綏視履之祥。

[一] 沙：原作「州」，據目録及明澹生堂鈔本、四庫本改。
[二] 剖：原作「部」，據明澹生堂鈔本、四庫本改。

廬陵周益國文忠公集卷二七

省齋文稿卷二七

啓七　書狀

除右相答洪内翰啓　淳熙十四年

備數樞庭，何有籌前之略；升班鼎路，寧無歇後之譏？方切慚顔，遽勤慶問。眷私厚甚，翰墨粲然。承借重於北扉，專主盟於南省。對夜蓮而視草，雖徵褒衮之榮；放春榜而登庸，尚繼棣華之盛。其爲感頌，交集襟悰。敢冀高明，曲垂炳亮。

《回葛尚書》云：「欲致感藏，併伸頌禱。秋官久次，遠猷屢沃於淵衷；春榜高張，大用行遵於故實。」

答王丞相啓

倚夫子之墻，昔嘗庇德；次蕭何之第，今復親仁。方俯極於欣榮，乃仰勤於問遺。名花異果，旨酒嘉餚。珍餉駢羅，饑腸厭飫。坊名丙午，已叨盛事之逢；象近魁三，更喜餘光之附。其爲謝悃，併俟面陳。尚望鈞慈，俯垂鑑察。

答史太傅啓

冒處機廷，久矣空餐之愧；延登鼎路，雜然伴食之譏。知印累旬，汗顔數四。竊念某奮身孤遠，逢運休明。一時清要之官，叨塵殆遍；二府弼諧之地，忝冒居多。本圖退伏於民廛，何意誤尸於宰事。方其壯歲，尚陳力之無堪；矧此衰年，豈代工之有補？雖荷聖知之厚，其如賢路之妨。茲蓋伏遇某官澤被生民，勳藏盟府。師維尚父，爵齒俱隆；壽畀僖公，熾昌未艾。報國每肩於忠槩，推賢尤出於誠心。將鉞求人，如蕭何之知韓信；相才在下，如仁傑之薦柬之。是使迂愚，亦蒙選任。曾占詞之末果，辱疏問之相先。感悚交深，喻言奚究？

《謝趙丞相》云〔一〕：「茲蓋伏遇某官澤被生民，勳藏盟府。累年坐鎮〔二〕，已底多庸；一節來朝，即還上衮。報國每肩於忠槩，遜能尤出於誠心。是使迂愚，亦蒙任使〔三〕。畫一之模具在，所願恪遵；居東之望滋隆，更期遄拜。其爲瞻頌，罔究名言」。餘同前詞。

〔一〕「丞相」下，明澹生堂鈔本、四庫本有「頌德」二字。
〔二〕坐：明澹生堂鈔本、四庫本作「出」。
〔三〕亦蒙任使：明澹生堂鈔本、四庫本作「亦蒙選任」。

回在外侍從啓

有常立武，初何補於籌前；應變守文，乃旁求於歇後。凌兢拜命，俯仰懷慚。豈謂某官恕以取人，仁於念舊。故當持槖之日，每借噓枯之言。迨此叨榮，首兹贊喜。三復情文之厚，載增衰朽之光。悚感交懷，喻言奚既〔一〕？

回金陵錢參政啓

比審聖心念舊，宸渥加新。超秘殿之大名，仍陪都之重寄。演綸四達，贊美同辭。恭惟某官百行備乎一身，多文該乎六藝。用之致主，在皋、夔、稷、契之間；推以牧民，出召、杜、龔、黄之上。久兹居守，藉甚能名。吏畏之如神明，人倚之爲父母〔二〕。至於儲糧而備歲歉，捐俸以寬民租。世之所難，公有餘裕。姑疏榮而進律，即趣召以柄朝。既類蕭何，留關中而入相；必同欽若，帥江表以登庸。上意則然，僉言攸屬。某比勤公札〔三〕，仰佩謙光。適銜太極之哀，遂廢小夫之牘。其爲愧悚，未易名言。

回太平州張閣學士子穎啓

掄才禁路，分鎮當塗。條教一新，謳謡四起。恭惟某官鍾英河嶽，被遇冕旒。獻納論思，名夙高於法從；中和宣布，課屢最於藩方。乃眷舊邦，洊煩卧理。吟翰林之風月，壯牛渚之江山。即奉賜環，遂榮聽履。某俶瞻去旆，已辱來緘。欣感交深，敷陳奚既？

回史侍制彌大啓

茂膺帝渥，歸奉親幃。正持槖之朝班，領遊帷之仙籍。身名俱泰，忠孝兼全。恭惟某官博洽傳家，謙恭迪德。秉心無競，有真長者之風；見義必爲，得烈丈夫之槩。生雖由乎富貴，力自致其功名。允藉論思，倏懷定省。懇懇忱詞之布，煌煌異數之加。以禁從而侍公槐，何殊魯拜；用金章而施綵服，增焕萊嬉。厚福方將，芳猷益暢。某特勤緘貺，深戢眷存。莫殫頌德之言，徒積仰高之志。

回宋尚書貺啓

千萬歲堯封之祝，方舉壽巵；三十年漢槖之英，宜承霈渥。俶還寵數，胥愜輿情。恭惟某官厚重疏通，精明練達。均節著地卿之效，保釐高天塹之功。久樂燕閒，坐綏祉福。緊紹興之近侍，率多白髮之新；豈延閣之隆名，未復青氈之舊。果膺簡記，

〔一〕既：明澹生堂鈔本、四庫本作「究」。
〔二〕爲：明澹生堂鈔本、四庫本作「如」。
〔三〕札：明澹生堂鈔本、四庫本作「禮」。

申錫恩綸。顧異數之方來，知修齡之益永。某過勤謙柄，特枉書郵。在佩刻以良深，非叙陳之可究。

回福州帥賈侍郎選啓

簡求禁橐，擢領藩符。涓日之良〔一〕，殿拜茲始。恭惟某官家傳學術，世號吏師。典郡著廉平之稱，登畿馳休顯之譽。浸厚宸知之渥，越躋法從之華。適謀帥於七閩，肆出綸於九陛。海山環境，古稱富盛之鄉；冠蓋盈城，今日詩書之國。佇報中和之政，即還嚴近之班。某過辱書函，備形謙柄。其爲悚感〔二〕，未易敷陳。

答紹興李参政啓

伏以禹會雄藩，吴京近輔。上求良牧，今得宗臣。棨戟再臨，江山增重。恭惟某官忠嘉致主，德業端朝。自卷懷於經綸，屢申畀於符竹。蓋用承平之故事，不離寰内之名城。乃由東陽，復殿於越。去思來暮，兩邦謡頌之交騰；送舊迎新，二境旌旄之相接。若時壯觀，實掩前聞。視劉寵以有光，佇次公之入相。某方修慶牘，過沐華緘。佩謙德之滋隆，愧懦衷之不敏。其爲欣感，莫究名言〔三〕。

答婺州蔣尚書繼周啓

茲承涓選休辰，奉宣寬詔。光騰星婺，潤浹日畿。恭惟某官學識該通，風猷粹穆。居則示安和之度，動而形忠讜之言。三獨坐之立朝，寄方隆於耳目；一把麾而去國，郡猶付於股肱。諒方茂於棠陰，即進儀於槐路。尚稽修慶，首辱貽緘。在感悚以交深，非叙陳之能既〔四〕。

回紹興帥殿撰張侍郎杓啓〔五〕 淳熙十五年

茲承光膺臨遣，榮寄保釐。加書殿之清資，示帥藩之異數。恭惟某官儒猷世濟，家法躬行。自還簪橐之班，彌厚宸旒之眷。屬漢陵之初卜，咨舜牧以往臨。血指汗顔，昔有旁觀之歎；盤根錯節，今彰利器之功。諒甫畢於因山，即遄歸而曳履。某未遑馳問，先辱飛文。佩刻滋深，感藏無既〔六〕。

〔一〕涓：原作「蠲」，據明澹生堂鈔本、四庫本改。又「良」，四庫本作「辰」。
〔二〕爲：明澹生堂鈔本、四庫本作「如」。
〔三〕究：明澹生堂鈔本作「既」。
〔四〕能：原作「行」，據明澹生堂鈔本、四庫本改。
〔五〕張杓：四庫本作「張杓」。
〔六〕既：明澹生堂鈔本、四庫本作「斁」。

回趙丞相啓

伏審就加恩渥，因任藩符。隆一品之文階，增十連之壯觀。詔除甫下，衆聽咸孚。竊以賜位之崇，有邦所重。若稽漢制，於上公而比隆〔一〕；爰暨祐陵，非舊弼而弗授。倘任蕃宣之重，必加稱謂之殊。久虛厥官，今見盛舉。恭惟某官忠醇簡亮，博大通明。奧學丘、軻之傳，家言稷、契之合。身儀廊廟，名震華夷。雖姬旦居周，莫枕底庶邦之靖；召公分陝，憩棠踰四載之期。雖懷歸屢貢於封章，而注想彌深於宸扆。土疆未復，正需燮伐之謀；揆岳迭居，還徯調元之拜。兹揚邦涣，姑聳民瞻〔二〕。某嘗布慶緘，未修公牘。重荷能謙之施，實增不敏之慚。其在傾依，莫勝借喻。

回鄭尚書丙啓

兹審茂隆上眷〔三〕，申命詞廷。雖德業淹留，深鬱朝紳之望；而里閭燕息，殆同晝繡之遊。恭惟某官望重一時，學關百聖。銓曹詞掖，並高獻替之聲；閩領稽山，交著蕃宣之績。姑錫遊帷之命，即陪籌幄之班。某方欲馳辭，已勤枉問。其爲欣感，未易敷言〔四〕。

回富沙程尚書大昌啓

試言白玉之堂，蚤陪後乘；修貢紅雲之島，幾作先驅。遥聞幕府之開，倍切襟期之喜。恭惟某官學該上古，文儷先秦。直道忠言，結知惟舊；陰功惠政，及物者多。垂參兩社之聯，尚屈專城之寄。仁風摇扇，掃殘暑於初收；甘雨隨車，轉豐年於樂土。民謡既洽，驛召何遲？某方治書郵，已勤緘翰。不替同年之好，可知異日之心。欣感交懷，指陳曷喻？

回廬州鄭都丞興裔啓〔五〕

疏榮宸扆，分鎮淮壖。威惠所加〔六〕，兵民胥悦。恭惟某官持身廉恪，秉德靖共〔七〕。屢馳使傳之華，久率賓臚之屬。奉承密旨，既深練於邊防；典治雄藩，宜具乎於德意。少需報政，即趣還朝。念修慶之未遑，辱貽緘之先逮。其爲欣感，未易敷陳。

〔一〕於：明澹生堂鈔本、四庫本作「與」。
〔二〕姑：原作「知」，據明澹生堂鈔本、四庫本改。
〔三〕上：明澹生堂鈔本、四庫本作「睿」。
〔四〕言：明澹生堂鈔本作「陳」。
〔五〕裔：原作「商」，據明澹生堂鈔本改。
〔六〕威：四庫本作「恩」。
〔七〕靖：原作「静」，據明澹生堂鈔本、四庫本改。

回王尚書希呂啓

冠班邃閣，均逸遊帷。宸眷彌加，輿情交忭。恭惟某官氣剛而裕，學博而醇。抱文武之全材，勵功名之壯志。垂升廊肆，復擁藩麾。三至淮壖，民愛之如慈父；獨當一面，上倚之爲長城。力尋香火之盟，暫適江湖之興。觀禮遇之隆若此，則延登之近可知。某特枉緘書，備欽情誼。其爲感悚，未易敷陳。

回施樞密賀冬啓

黄鐘氣應，歲臨天統之初；緑野景舒，身逸璣衡之外。居然百順，集此一陽。恭惟某官名與功偕，道隨剛長。日萬幾而佐理，久底殊勛；晝三接以承恩，行躋元輔。曾空函之未達，辱華翰之先臨。感頌交深，敷陳罔究。

回施樞密賀年啓 淳熙十六年

曆正己酉，俶紀歲年之端；生當甲辰，是爲天地之合。灼然亨會，屬我宗工。恭惟某官德與日新，運隨時泰。朔野甲兵之運，昔談笑以立銷；平泉花木之春，今優游而坐享。顧右府方虛於使領，對昌期即奉於召書。方圓尺牘之修，已辱華緘之貺。其爲愧頌，未易殫論。

拜左相回趙丞相啓

廟廷右地[一]，久矣躐居；天道左旋，兹焉序進。內循忝冒，祇益兢惶。伏念某材無他長，愚乃自信。昨結登畿之綬，獨蒙傾蓋之歡。慰藉揄揚，殆非一日；疑丞輔弼，遂閲十年。在斥免以當然，乃超踰之滋甚。靦顔外著，感臆中深。此蓋伏遇某官學號儒宗，望推邦棟。杜、房事業，已兼謀斷之長；文、呂聲名，方趣平章之召。延英既啓，尚父何疑！某過沐撝謙，特貽華翰。懇懇莫殫於心畫，拳拳姑俟於面陳。氣序暄和，征途暇豫。願謹衛生之節，來承注意之隆。

回史丞相浩啓

廟廷右地，久矣躐居；天道左旋，兹焉序進。內循忝冒，祇益兢惶。伏念某材無他長，愚乃自信。每見輕於流輩，獨倚重於儒先。慰藉揄揚[二]，殆非一日；疑丞輔弼，遂閲十年。在斥免以當然，乃超踰之滋甚。靦顔外著，感臆中深。此蓋伏遇某官盛德被躬，至仁及物。以厚風俗，壽民生之脉；以進人材，堅邦國之基。天惟監乎忱誠，身自安於榮禄。肆推餘蔭，俯逮孤蹤。某方欲馳詞，已勤枉問。占東垣之上相，有慚垂象之光；

[一] 廟：原作「漢」，據明澹生堂鈔本、《翰苑新書》續集卷三四改。
[二] 藉：明澹生堂鈔本作「薦」。

望南極之老人，但致延年之祝〔一〕。其爲愧荷，罔究名言。

回錢參政良臣啓

當軸處中，積慚尸素；正朝專面，旋被恩榮。忝冒滋多，周章失措。竊念某資身無策，於世寡諧。偶際運於千齡，踵受知於三聖。試之久矣，竟無一日之長；退亦宜然，乃進百寮之長。誰爲推輓，亶有夤緣！此蓋伏遇某官冠冕諸儒，羽儀四近。久擁碧油之旆，暫哦緑野之詩。俯眷齊年，嘗叨共政。諒噓枯之非一，宜借潤之在兹。比僅達於私書，乃特勤於公札〔二〕。其爲感愧，罔既敷陳。

除少保回錢參政啓

晝究繡裳，際兩宮之内禪；篆車希冕，躋左棘之崇資。弗獲控詞，惟慚虚受。竊念某都無術業，但有遭逢。十載政塗，皆尸禄素餐之日；千齡聖旦，適處中當軸之辰〔三〕。既極文階，遂聯孤保。繄褒遷之特異，由幸會之非常。跼蹐拜恩，忸怩就列。兹蓋伏遇某官德推輔世，志切澤民。紫樞之長方虚，緑野之遊何慕〔四〕？俯眷趣承之舊，每加奬予之深。坐使叨塵，夐超倫比。某方兹入謝，正爾馳辭。已勤削牘之臨，備紉鳴謙之意。其爲感作，罔既敷陳。

除判潭州謝宰執啓 紹興三年

分麾楚境，已叨起廢之恩；通籍殿廷，更覬懋官之典。荷大鈞之平施，慚巧匠之旁觀。伏念某猗無他長，而好自用，累卵至危而弗悟，奔車既殆以猶馳。向非上聖加憐，羣公交助，久合投身於溝壑，豈容遁跡於山林？而三閲歲陰，再勤鈞冶。西山卷雨，甫辭晝繡之榮；湘水行春，復假青氈之寵。龍光所被，駑鈍奚堪？此蓋伏遇某官德茂皋、夔，功崇閎、散。每作成於多士，尤軫念於陳人。諒啓擬之頻煩，致叨塵之雜沓。載念某年幾七十，夙懷納禄之心；石冒四千，今愧食功之誼。屬方洗印，未敢叩閽。姑仰副於上恩，當嗣伸於下悃。尚繄鴻造，訖遂丹誠。其在感悰，曷勝言喻！

謝史太師啓

鍾陵起鎮，畏貝錦以辭行；楚甸分麾，還青氈而假寵。上恩山嶽，孤跡淵冰。竊思某久矣貪榮，幾於患失。積妨賢於政地，紛召怨於周行。向非仰恃者天，且有陰爲之地，自應竄斥，

〔一〕延：原作「迎」，據明澹生堂鈔本、四庫本、《翰苑新書》續集卷三四改。

〔二〕札：明澹生堂鈔本、四庫本作「禮」。

〔三〕辰：明澹生堂鈔本、四庫本作「時」。

〔四〕慕：明澹生堂鈔本、四庫本作「暮」。

敢望全存！何期頻歲之間，疊拜除書之下。湘波浩蕩，許以承流；奎殿穹窿，容其通籍。固出聖神之眷，寧無培植之功！茲蓋伏遇某官致主勳高，經邦道廣。雖榮歸於故里，每軫念於陳人。諒因入覲以嘘枯，遂藉裏言而起廢。然某年齡已暮，政術可知。備孟子達尊者三，尚復爲臣之致；況孔戣宜去者二，敢當自助之留？姑少副於宸衷，即勉追於賢躅。庶無負平日高山之仰，亦不辜異時流水之知。感詠交懷，敷陳奚究！

回隆興帥施樞密師點啓

雲飛南浦，避賢路以辭行；星壽長沙，戴聖恩而强起。鬱衡廬之相望，粲軫翼之分光。況異時聯鳳沼之榮，且頻歲共鴻樞之政。緬懷曩契，載託寶鄰。恭惟某官道德宗工，文章雋老。結兩朝之深眷，歷二府之巍班。貝胄朱綅〔一〕，已奏藩方之課；衮衣赤舄，即宣揆席之麻。某視印有初，馳辭獨後。疆連壤接，葭倚玉以堪羞；氣合志同，蘭斷金而有賴。永言欣懌，難盡敷陳。

回静江趙侍郎思啓

春官攝貳〔二〕，嘗陪綿蕞之儀；楚甸分麾，今托寶鄰之好。方謀淮記〔三〕，先辱摛詞。恭惟某官喬木故家，儒林宿望。材術偏揚於中外，事功交著於邇遐。閱歲海邦，已膺褒璽；指期魏闕，遂秉政機。某甫達湘流，正資河潤。欽伫錫還之新渥，首圖廷勞於近郊。欣頌兼懷，敷陳奚究！

回江陵章侍郎森啓

山帶衡陽，隸荊州而成賦；地瀕湘浦，會江水以朝宗〔四〕。古尾楚而附庸，今浹湖而分鎮。未講善鄰之寶，先煩執訊之書。恭惟某官以義禮之文，作詩書之帥。威望比高於江左，中和方布於渚宫。簡在九重，秩已增於宣室；延登兩社，名豈減於次公。乃眷疲駑，久親庇賴。譬諸西燕，竊寄興於東流；幸以南貧，復分光於北富。欣愉斯至，頌詠奚窮！

回金陵余尚書端禮啓

六卿分職，昔臺省之焉依；十國爲連，今江湖之相接。方懷思於久要，欲展布於遐悰。乍因簿書，致稽簡牘。逮辱先施之寵，可勝不敏之慚！恭惟某官莊重秉彝，剛方植操。學問成於真積，猷爲著於躬行。峻參喉舌之司，密鄰金鉉；榮領股肱之郡，仍佩玉麟。期年成居守之功，指日下延登之命。某身縻符竹，心繫丘樊。念出處之正殊，恐游從之難必。徒深企詠，莫究願言。

〔一〕綅：明澹生堂鈔本作「綬」。
〔二〕貳：原作「武」，據明澹生堂鈔本、四庫本改。
〔三〕淮：原作「緘」，據明澹生堂鈔本改。四庫本作「注」。
〔四〕以：原作「而」，據明澹生堂鈔本、四庫本改。

賀陳叔進除同知啓〔一〕

簡求八坐，延拜四鄰。用掌禮之鴻儒，付本兵之大柄。蓋六藝成於夫子，可辟萊俘；而一編授於留侯，卒籌漢幄。何嘗弗聞軍旅之事，夫豈不全智勇之名。必惟其人，乃振斯道。恭惟某官沉謀先物，古學造微。令聞施諸身〔二〕，多士之所楷式；嘉猷告於后，近臣以爲表儀。演絲綸於掖垣，成羽翼於望苑。逮茲圖任，翕爾僉諧。正卿五世之昌，已昭祖烈；丞相六奇之計，行闡家聲。某托契有初，辱知良厚。屬充員於郡國，昉依芘於廟堂。欣幸攸深，敷陳罔究。

回江東漕楊秘監萬里啓

集浴鳳之池，積愧車茵之忝；冠沭猴於楚，更慚轓蓋之臨。辱大貺之先施，負小夫之不敏。恭惟某官文規姚姒，道出羲黄。直節修能，衆共難者獨易耳；要官美職，人所就者輒違之。惟九重簡眷之深，且多士依歸之久。履端伊始，泰内何疑？某久闊襟期，每思謦欬。郡國雖分於兩地，江湖實共於一天。湘水岸花，我正哦公之留詠；鍾山雪竹，公當訪我之舊遊。聲畫遥陳，悃悰莫盡。

回豐漕誼啓

六條察州，千里命駕。俶臨封部，大播歡謡。恭惟某官學問見乎躬行，才猷存乎世濟。永懷先烈，歷仕三朝。清風著於拾遺執法之時，敏德高於將命談經之際。繄賢孫之是似，考流輩以誰如？暫屈乘軺，即看持槖。某一違冰峙，屢對炎蒸。注目剡溪，悵莫諧於訪戴；庇身荆水，幸將遂於依劉。方尺牘之堇馳，乃公函之疊委。其爲愧感，罔究名言。

回豐漕生日啓

某竊以誦哀父母之詩，每感左垂之日；讀寡兄弟之禮，況當右拱之時。曾未釋於端憂，敢與聞於贊喜？伏蒙某官噓枯意重，漱潤才清。篤聯事之至情，致執謙之善頌。既邁吉甫穆如之作，又形仲尼仁者之言。申以醪牽，重之儀物。恭敬而實，兼備於未將；正則而均，有光於初度。其爲心感，尚俟面陳。敢冀逮慈，特垂乎照。

〔一〕叔：原作「俶」，據明澹生堂鈔本、四庫本改。

〔二〕諸：原作「於」，據明澹生堂鈔本、四庫本、《翰苑新書》續集卷三改。

賀豐漕生日啓 紹興四年〔一〕

康節編年，甲辰爲首；屈平紀月，攝提是先。既聚粹於古今，宜鍾英於德業。功名富貴，我固有之；耆艾熾昌，天方俾爾。某念昔傾蓋而如故，幸茲同官而爲僚。三公惟其人，願致槐庭之祝；千歲無有害，更伸椿算之蘄。微物將誠，别緘瀆聽。

回江陵章侍郎賀年啓

四時之首，載紀上春；千里而遥，阻陪下客。感流年而拊髀，篤鄰好以傾心。恭惟某官德望日新，政功時敏。吞雲夢之澤，浩浩襟懷；成章華之臺，熙熙景物。順履人正之吉，適符王覲之期。行度玉墀，遂調金鉉。某僅傳雁字，過沐鯉書。會癸丑之年，悵越吟之未繼；正孟陬之月，幸楚些之同歌。在企詠以交深，非敘陳之可究。

賀葛知院拜右相啓

茲者上初命相，公首奮庸。國有世臣，既積德有功而後用；天將大任，况旋觀歷試之甚詳。方永世以無窮，宜群公之交賀。恭惟某官躬被九德，學該六經。文如日星之麗天，量若江海之容衆。儒科奕葉，遠矣高曾。法從三朝，盛哉父祖。粤若結綬王畿之日，已皆秉鈞宰路之期〔三〕。然猶立朝二十年，執政四五載，始揚涣號，序進鼎司。蓋更踐多則望實益隆，眷知厚則倚毗滋久。爲房爲杜，掩唐史之舊聞；如呂如韓，繼朝家之盛事。某夙陪禁直，嘗接政途。心雖決於歸田，身豈離於播物！其爲忻忭，罔既敷陳。

回富沙陳守居仁啓〔三〕

政成黄鶴之樓，璽書誕布；身入紅雲之島，符竹增光。况密鄰於故鄉，諒深愜於雅志。恭惟某官德量江海，詞華日星。近臣盡規，久著演綸之譽；仁者有勇，更推治劇之才。肆頒易地之恩，庸示朝天之兆。少需五月，即綴三台。某過沐謙勤，特貽緘翰。篋有潛藩之綬，昔恨阻於一行；心懷同榜之英，今遥思於參坐。其爲頌詠，罔既敷陳。

賀余同知端禮啓

輟總銓曹，進陪籌幄。兵權加重，國勢彌隆。恭惟某官信敏而恭，直方以大。抱經綸之奥學，儲蠖濩之深知。曳履中臺，昨已期於大用；佩麟留府，人咸歎其小淹。逮趣召以來歸，果奮庸而圖任。夫以文武兼資之素，久全知勇於胸中；則於樞機協

〔一〕紹興四年：原無，據四庫本補。明澹生堂鈔本繫此啓前。
〔二〕路：四庫本作「相」。
〔三〕「沙」下原有「州」字，據明澹生堂鈔本、四庫本删。

贊之初，足運華夷於掌上。功名之立，日月以須。某夙幸同朝，玆叨乘障。逖聽郵傳之至，可稽牋敬之修？其在歡悰，曷勝言喻！

回何運使異啓

倦直諫坡，榮持漕節。聞九重之臨遣，函致尺書；逮六轡之遄驅，遽勤公牘。厚甚綢繆之意，粲然黼黻之辭。三復以還，載欣奚喻！恭惟某官抱精粹高明之學，濟中和敏達之資。以善養人，聚麻源之萬卷；有猷告后，陳騎省之千言。茂膺禮樂之華，來接湖山之勝。時雨以化君子，德風以偃小人。類非俗吏之爲，可大賢人之業。寧容淹久，即慶召歸。某已薄瓜期，尚依樾蔭。幸晤言之有日，冀保障之無譽。

回廣州趙侍郎彥操啓

念昔同朝，恍如隔世。玆楚、粵雖分於湖海，而郴、連幸接於封疆。屬當移疾之時，浸闕傳郵之問。緘書先暨，感臆倍深。恭惟某官望重閒、平，才高賀、白。蚤尹鼇於天府，嘗贊貳於地卿。近輔要藩，笑談可辦。南方鉅鎮，綏撫何勞？姑煩宋景之清，重布君嚴之治。馬人龍户，咸聽令於旌旄〔一〕；豹尾雞翹，即歸班於禁從。願謹衛生之節，庸需趣召之音。頌詠交懷，敷陳奚既〔二〕！

回江陵王樞使藺啓

起西掖之舊，圖南紀之安。棨戟一臨，旄倪胥慶。眷言下國，本隸大邦。山帶衡陽，倚荆州而成賦；地瀕湘浦〔三〕，浹湖水以朝宗。盍通執訊之書，少展附庸之敬。屬嬰疴之浸久，欲削牘以未遑。逮辱先施，奚勝厚愧？恭惟某官德尊一世，學貫六經。正大規模，由家傳而自得；剛方節槩，逢主聖以彌彰。言揚於侍從之時，弼直於贊襄之日。宜其入相，何乃出藩？昔爲吴蜀之必爭，今距京畿而甚邇。他人莅此，惟政平訟理以安民；宿望臨之，諒器備車修而復古。佇聽晉公之伐蔡，豈徒王粲之依劉？某自嘆衰殘，正蘄歸老。譬諸西燕，久寄輿於東流；曾是南貧，暫分光於北富。瞻依備極，頌詠難周。

上韓帥書 紹興三十年正月

某聞之，士無介紹而欲求進於公卿之門，其説蓋有二焉：非政術足以取知，則文學足以自見者也。國家長育人材，雲蒸霧集，於此二者不可謂無其人。然以游明公之庭，輒銷縮愧畏，無敢自飾固陋而衒鬻其所長者，非明公拒之以訑訑之色也。蓋秋水

〔一〕旄：明澹生堂鈔本、四庫本作「麾」。
〔二〕既：明澹生堂鈔本、四庫本作「究」。
〔三〕瀕：四庫本作「濱」。

雖大，至北海則望洋而歎；公輸雖巧，聞偃師則不復語藝。此理之常，無足怪者。今夫中台萬務，釐以六職。莫難於銓衡，而明公嘗掌天官矣；莫重於邦賦，而明公嘗爲司徒矣；莫慎乎讞獄，而明公嘗帥憲部矣。不寧惟是，事至煩者京兆也，而兼總於理財之餘；權至重者南海也，而收功於談笑之際；任至專者陪京也，而開府數月百廢具舉。明公之政，可謂絶人矣。文思天子，聖學高妙，出於生知。《大風》之歌，横汾之辭，雖賈、馬、嚴、徐不足以窺其萬一，而明公簪筆持橐，出入禁闥者十年，論思於朝夕，相應以義理。至於春容大篇，慶成郊祀，則又親屈宸翰，爲之賡歌。明公之文，可謂名世矣。然且接士以謙，待下以禮，雖涇渭炯炯於胸次，而江海其量，於人蓋無所不容也。粤自弭節於兹，一時僚吏智者竭其才，勇者效其力，官無曠職，職無廢事。獨某以無用之才，居無用之官，日飽虀鹽，月俸數萬，無絲髪銖黍以裨公家，不汰逐之幸矣，顧何以冀知遇也哉？雖然，竊有説焉。昔韓愈爲博士也，事鄭餘慶於祭酒；分教東都生也，又事餘慶於東太學；爲郎都官也，又事餘慶居守。故餘慶待愈，每加禮焉，非以其三爲屬吏耶？如某政術、文學，誠不足以備執鞭於左右。獨念向者抱關轂下，實事明公於版曹；今典教別郡也〔一〕，又事明公居守。概之舊比，似非偶然。然則受知於今日，圖報於異時，固不宜在門下諸從事之後矣。請以是爲紹介。不宣。

子柔弟親書〔二〕　紹興三十年正月十五日

論鄉閭之盛，舊云齊女之賢；參氏族之華，亦曰韓門之樂。矧君甥舅之黨，實我婚姻之家。欲宿好之彌敦，假良媒而往聘。伏承某人令女組紃婉娩，承母訓以有初；而某舍弟必强鉛槧操修，讀父書而無怠。是求蘭季，來相棣華。首夏猶清，已卜御輪之日；迨冰未泮，兹爲納幣之時。微物之儀，別緘以載。韓氏，齊人。

回陳運使之淵狀〔三〕　紹興三十年九月〔四〕

伏審遠祇召節，甫及修門。竚承宣室之咨，立造甘泉之從。已懷漫刺，即望前騶。欣躍之私，指陳莫喻。

回林宮教狀　同前〔五〕

伏承駕回畿甸〔六〕，歸覲庭闈。屬謁制之攸拘，望離筵而阻造。先勤誨劄，彌劇愧懷。方此薄寒，倍蕲厚愛。

〔一〕郡：四庫本、《古今事文類聚》前集卷二八作「都」。
〔二〕明澹生堂鈔本於《子柔弟親書》題前標「親書」目。
〔三〕明澹生堂鈔本於題前標「狀」目。
〔四〕九月：原無，據明澹生堂鈔本、四庫本補。
〔五〕同前：原無，據明澹生堂鈔本、四庫本補。
〔六〕回：明澹生堂鈔本、四庫本作「言」。

回鄭編修樵狀 紹興三十一年

伏審以樞廷之掾，紬藏室之經。事任清高，縉紳欽矚。顧惟晚進，將侍下風。方極忻愉，遽蒙緘翰。撝謙過厚，積感惟深。

回吉州王守佐先狀 隆興元年

比者恩許奉祠，駕言歸里。安文公之政，已受一廛；掃夫子之門，將窺數仞。其爲欣懌，豈易名言？

魏漕安行遠迎狀 同前〔一〕

伏審肅駕輶軒，按行支郡。吏民聳聽，畏新使者之先聲；父老懽迎，歎舊使君之尚壯。豈謂幽棲之地僻，亦將快睹於雲披。欣幸居多，指陳莫喻。

謝林尉秀狀 同前〔二〕

郊居甚僻，賓謁尤稀。禮尚往來，既先辱高軒之過；出無僕馬，復未遑下澤之乘。惟愧感之交懷，非名言之可盡。

回永新張秀才居仁狀 隆興二年

遠屈高軒，寵貽長韻。情文厚甚，雖非衰朽之敢當；詞采粲然，足見藏修之有素。莫展報瓊之好，空勤垂橐之歸。愧感在中，敷陳難盡。

黄提刑績遠迎狀〔三〕 同前〔四〕

伏審馳節察州，揚舲及境。幸與漁樵之侶，將窺繡斧之光。其在欣愉，預盈襟抱。

回劉通判德驥狀 同前〔五〕

伏審言歸高隱，特杜好音。方策蹇以亟前，悵挂颿之已遠。其爲愧悚，莫盡名言。

〔一〕同前：原無，據明澹生堂鈔本、四庫本補。
〔二〕同前：原無，據明澹生堂鈔本、四庫本補。
〔三〕此篇至《道中謝官員訪及狀》，明澹生堂鈔本無。
〔四〕同前：原無，據四庫本補。
〔五〕同前：原無，據四庫本補。

回吉州倅錢穪先狀〔一〕 乾道元年六月二日〔二〕

伏承佩印監州，牽絲入境。霈隨車之雨，將慰暑耘；瞻泥軾之星，已形夢想。椎鈍未修於尺牘，柄謙先枉於柔函。喜愧交懷，指陳莫喻。

轉官回錢倅狀

久縻祠廩，已愧空餐；玆攷歲成，復叨平進。屬嬰疴於郊野，阻欽感於賓階。敢意謙光，特貽慶問！其爲慚荷，未易敷陳。

李提刑植遠迎狀 乾道元年十二月〔三〕

伏審肅持漢節，咨度周原。豈圖正事於韜藏，乃幸仰瞻於犀匿。忻愉斯甚，敷述奚殫！

蔣丞相先狀 乾道八年

比者恩予外祠，道由潭府。即望門墻之峻，可稽名姓之通！其在忻愉，靡殫敷叙。

道中謝官員訪及狀 同前〔四〕

言浮小艇，載涉大邦。荷飛蓋之來臨，悵登門之莫遂。其爲愧感，交集襟悰。

回葉守鹿鳴宴狀 淳熙元年

伏蒙台慈，特枉華翰。俾預興賢之禮，且觀勸駕之光。屬此抱疴，阻於綴席。其爲愧感，罔既敷陳。

回鄭秘監丙狀 淳熙五年九月二十三日〔五〕

特辱誨緘，恪遵明詔。復曝書之盛集，許接武於華筵。榮幸居多，敷陳難喻。

中元回方守狀 紹熙元年

耆艾熾昌之頌，合俾邦侯；中和宣布之詩，當歌刺史。孰

〔一〕狀：四庫本作「啓」。
〔二〕六月二日：原無，據四庫本補。
〔三〕乾道元年十二月：原無，據四庫本補。
〔四〕同前：原無，據四庫本補。
〔五〕九月二十三日：原無，據明澹生堂鈔本補。四庫本未繫日。

謂斯干之餘意，反貽所部之陳人。情雖本於過謙，事不幾乎倒置〔一〕？其爲感悚，未易名言。

回潘倅楊倅狀 同前〔二〕

海沂之康，盍歌別駕之政；邦國是有，當頌大夫之宜。何期賤生，反辱奇語。雖佩過謙之施，曷勝倒置之慚？

答衆官狀 同前〔三〕

月宿南斗，偶類韓公之生；誦如清風，過勤吉甫之作。顧乘除之何有，視碩好以多慚。願言珍藏，庸結永好。

中元回吉州揚倅狀 紹熙二年〔四〕

桑榆向晚，懷六射以增欷；藻翰彌新，借四賢而發詠。深爲善誘，非曰擬倫〔五〕。拂十革以珍藏〔六〕，激寸心而銘感。

答衆官狀 同前〔七〕

字余靈均，悵焉初度之日；俾爾耆艾，愧甚東方之詩。意已重於岱嵩，美更踰於錦繡。其爲感荷，罔既敷陳。

〔一〕乎：明澹生堂鈔本、四庫本作「于」。
〔二〕同前：原無，據明澹生堂鈔本、四庫本補。
〔三〕同前：原無，據明澹生堂鈔本、四庫本補。
〔四〕熙：原作「興」，據明澹生堂鈔本改。
〔五〕擬：原作「儗」，據明澹生堂鈔本、四庫本改。
〔六〕革：明澹生堂鈔本作「華」，疑是。
〔七〕同前：原無，據明澹生堂鈔本、四庫本補。

廬陵周益國文忠公集卷二八

省齋文稿卷二八

記　傳

肖顔堂記

廬陵隱君子梁公克道以書來告曰：「吾老矣，進無求於世，退而築堂，榜曰『肖顔』，非敢有意道德也，庶幾肖陋巷之樂云爾。子盍爲吾記之？」予以童子從公鄉校[一]，蒙訓勵獎與甚至[二]，今又不遠數千里來須鄙文[三]，其何説之辭？請誦異時聞諸函丈者而復公命。嗟夫！簞瓢之樂，顔氏之極摯也[四]。《魯論》二十篇，夫子稱顔子衆矣。曰如愚，曰好學，許之以用舍行藏，而告之以四代之制，待之非不重且大矣，然未稱賢也。獨於在陋巷則曰：「賢哉回也！賢哉回也！」予是以知簞瓢之樂爲顔氏之極摯也[五]。方顔氏之學夫子也，步亦步，趨亦趨，仰高而鑽堅，瞻前則在後，惴惴然惟恐交一臂而失之，惡在其爲樂哉！及夫由適衛而得心齋之妙，由心齋而造坐忘之域，墮肢體，黜聰明，離形出智[六]，同於大道[七]。於斯時也，進以行道爲樂，退以守道爲樂，一性之外，無餘事矣，抑不知陋巷簞瓢之爲華屋鼎食與？華屋鼎食之爲陋巷簞瓢與？蓋非深造乎道者不至於此。不然，則安貧而不怨，非食以自約，此後世高人處士之流皆能勉而爲之，何足爲顔子重而夫子申言其賢也哉！今公自少而至壯，自壯而至老，學師顔子，而貧或過之，又能築堂揭名，日從容乎其中，可謂篤志不衰者矣。揚子曰：「睎顔之人，亦顔之徒也。」公何遜焉！雖然，貧，外也；樂，内也。在外者有目斯可睹，而在内者非聖人莫辨也。坐無尼父，焉別顔回？顧小子何足以識之哉！他時效官歲滿，歸省丘墓，尚冀登斯堂，請斯樂，公其有以語我夫！紹興二十四年月日記。

川泳軒記

唐以節度使鎮諸道，其屬皆得辟置。雙旌出都門，不待設禮案、洗刓印，固已撰書詞、具馬幣而走處士之廬，幕下多賢豪易耳。本朝謀帥，間許辟士，今皆命諸朝。幸而賢也，信可樂也，否則相忘於江湖者有矣，尚何樂之云？故君子以爲難。紹興二十六年春，内出玉麟符，以吏部尚書鄱陽侯張公居守金陵，且安撫大江之東。一年政平，二年教行，三年而謡頌興。霅溪沈君世德

[一]「予」下，日本藏宋刻本、明澹生堂鈔本、四庫本有「頃」字。
[二]與：日本藏宋刻本、明澹生堂鈔本作「予」。
[三]須：明澹生堂鈔本作「求」。
[四]摯：原作「至」，據日本藏宋刻本、明澹生堂鈔本、四庫本改。
[五]摯：原作「至」，據明澹生堂鈔本、四庫本改。
[六]出：明澹生堂鈔本、四庫本作「去」。
[七]道：明澹生堂鈔本、四庫本作「通」。

實奉詔從事於幕府，力學而多聞，和其外而方其中，公前席焉。他日謂世德曰：「負水築室者，非子之廨耶？是宜闢軒盡臨觀之美。」於是披簷以爲宇，空梁以爲閣〔一〕。俯秦淮之支流，面蒼龍之華闕。右帶天津，東望公堂。質而不陋，潔而不奢。啓扉而夏涼，塞向而冬温。春風之朝，秋月之夕，不必登高騖遠而臨觀之美盡矣。既落成，或取韓退之《徐泗濠掌書記廳石記》之語而榜曰「川泳」，所以志賓主皆賢而後可以樂此也。暇日，世德與客飲於斯，詠於斯，已而歎曰：「美哉，是軒也！公之賜而我則居，得毋愧乎？」客曰：「不然，昔羊叔子鎮襄漢，造峴山者數矣，必與從事鄒湛語，故此山之名著於編簡。武昌南樓，殷浩之徒朝夕登焉，向非庾元規一有不淺之興，則斯樓殆且泯泯也。」賓主相資，何世無之？今公斂經綸之才，惠此一道，回視羊、庾，蓋雁行也〔二〕。世德雋才懿行，顧湛、浩輩亦豈溟涬然弟之哉？吾知今日之川泳，後世之南樓、峴首也，而何愧？雖然，二府尚有虛席者，公且歸矣，世德亦將爲東閣奇士矣。後之人開軒而望，臨水而歌，鯈魚出遊從容，或未知此樂也。故吾因名軒之意而道古今難易以告之，庶幾循其本乎。二十八年十二月朔，東昌周某記。

詠歸亭記

古者學必臨水，故天子曰辟廱，謂其圜如璧而壅以水也。諸侯曰泮宮，水在東西而南通之也。吉爲大邦，文風盛於江右，而學亦閎大顯敞，稱公侯之國。獨門臺庫下，不與學稱，且泮水之制甚戾於古。蓋舉武二三，已觸闉闍，闉闍之外，繞以編户，無所容其疏鑿，識者病焉。隆興改元冬，直寶文閣王公佐之鎮茲土也一年矣，令修而政成，教明而化行，始命撤門臺而新之，高明嚴正，過者固已改觀。越二年春，公率郡丞黄公壄、教授林君仲熊暨諸生臨庭而望焉，知江流之邇而居氓一族之蔽之也，厚歸以直〔三〕，使擇閑壤徙焉。氓既欣然，則毁垣斥基，夷丘平窪，築亭於其上。重門洞開，直若引繩，沂泗之風，宛然在目。既落成，公榜曰「詠歸」，而屬諸生告之曰：「昔我夫子周流四方，惟恐無所用，而於門弟子之願仕者每抑之，有異乎此者則與之，曾晳是也。雖然，顏淵問爲邦，則又許之，何也？夫聖人之道猶海也，顏淵學海而至焉者也，故仕與無仕惟其遇而已矣〔四〕。若曾晳者，方循涯而未至，故聖人因其審己樂道而與之，以勵學者。後世不考乎造道之淺深，而謂善點之知時，不亦過乎？諸生睎顏者也，要必循聖涯而入，則水哉學哉，學哉水哉，其將有所感發矣。」林君賢師儒也，聞而嘆曰：「太守期諸生厚矣，不可以不記。」相帥命某記之。某曰：「記必有辭也，將以斯亭之作而記之與？則太守善政多矣，舍其大而書其細不可也。將因命名之意而記之與？太守既言之矣，又何加焉？」林君曰：「不然。自有

〔一〕空梁：明澹生堂鈔本、四庫本、《景定建康志》卷二二引作「梁空」。

〔二〕原刻「也」下注云：「張本有『而』字。」按日本藏宋刻本、明澹生堂鈔本、四庫本、《景定建康志》卷二二引亦有「而」字。

〔三〕以：原作「之」，據明澹生堂鈔本、四庫本改。

〔四〕無：原作「毋」，據日本藏宋刻本改。

此學百二十年於兹，不知閲幾太守矣，而今乃髣髴舞雩之遺意〔二〕，豈不足以見公之復古？前之日人病其通衢也，而莫之知議，今之日無擾於改爲，無費於徒役，而偉觀出焉，豈不足以見公之瞻智〔三〕？臨江面山，風雲百變，公不以是景而名亭，豈不足以見公之勸學？思樂芹藻，有魯侯之頌，候望城闕，異鄭國之廢，公又不以是義而名亭，豈不足以見公之能謙？合是四者而記其歲月，使後之君子有考焉，兹非辭乎？」某曰：「諾。」遂書之。是年五月十九日。

静暉堂記

贛易治也，其民尚氣好義，以繳繞誣訕爲恥。令爲政豈弟則相與心悦誠服，官府蕭然，至無一事。異時宦游者徒惑其風聲之勁勇，而不思道之以善，又咈而激之，民是以病。必有循吏焉，然後知其治之果易也。會稽陸君濟其循吏與！寬而不縱，明而不察，其政不勞而成。吏兩衙退，庭中可羅雀也。一日，杖履逍遥於垣墻之東，草木蔽虧，疑必有異，乃戒徒役剪伐而芟薙之。於是山川城郭，雜然在目，如新豐之復見，燕社之復至也，如夸娥之始厝，神禹之始鑿也。地初屬民居，計直售焉。其基隆然而高，因稍增築，爲堂三間於其上。乾道四年秋八月，堂成觴客，議以「静暉」名之。或曰：「君非有取『千家山郭静朝暉』之詩乎？此少陵嘆巴夔蕭條而作也。今贛令治節度府城中，户數萬，車轂擊，人肩摩，爲江南一都會，何取斯語哉？」君曰：「動者物也，觀物之變者我也。吾方師齊相容獄市之言，而守老氏烹小鮮之戒，當其陽光下燭，羣動皆作，遊目俯觀，閭里清宴，境與意會，心融形釋，則物雖芸芸，安往而非静？又何間於衆寡喧寂之間乎？」衆曰：「善！」則疏其語走廬陵，求予文爲之記。予少遊贛，贛之八境蓋飫觀焉。惟鬱孤爲臺，巋然獨高，登臨之快，甲於城中。然鐍之公館，啓閉有時，且於舉武爲勞，凡至者莫不歎其瓌偉絶特爲有餘，而患夫人情物變、山容水態，不能留遺觀而寄餘想也。今是堂也，不崇而不庳，近之一樓觀一人物，遠之一巖岫一駢檣，如出乎庭户之間、几案之前。而居官任職者雖朝夕在焉，無遨遊之謗，無陟降之勞，可以聽民事，可以燕僚友，可以窮幽興。昔之八境，至是而九，可記也已。夫爲民父母，因俗而治，然後得其歡心，而身名爲之俱泰。否則牒訴之繁，鞭朴之嚚，方戚戚然救過之不暇，而何有於燕樂？故予本贛之風，推君之政，以及夫景物之大略，而詳記命名之所自，庶幾來者知静治乃可以樂此，毋徒爲擾擾以病民且自病也。初堂北有脩竹數百挺，君爲步廡以徑焉〔三〕，又築亭其間，榜曰「讀書」，蓋取昌黎公「讀書松竹林」之句，而寓夫仕而優則學之深指，是尤可嘉也，乃併爲之書。五年十月十四日，左朝奉郎、新權發遣南劍州軍州事周某記并書〔四〕。

〔二〕乃：原無，據日本藏宋刻本、明澹生堂鈔本、四庫本補。
〔三〕瞻：四庫本作「膽」。
〔三〕廡：原作「武」，據四庫本改。
〔四〕軍州：原脱「州」字，據明澹生堂鈔本、四庫本補。

眉壽堂記

新淦楊君圖南，曠達人也。年未四十，入宜春幕府，片言忤郡丞〔一〕，拂衣掛冠而去，不啻如棄涕唾。歸築室邑中，治名園、釀美酒。客至未嘗不飲，飲未嘗不醉，醉則劇談浩歌，傍若無人。如是者已三十年。嘗出郭四五里，入游家原，得異境焉。山環水周，草木豐茂。凡道宮佛寺與夫巖居而野廬者雖不可盡見，然鐘鼓之音相傳，鷄犬之聲相聞也。其幽邃如此，君忻然愛之。既卜壽藏於中，又築眉壽堂以爲往來游息之所。因予弟之有連也，求文記之，至於七八而不倦。予常愛司空表聖棄官隱王官谷，布衣鳩杖，日從野老游，預卜壽藏，遇勝日引客坐壙中，賦詩飲酒，史氏以爲知命。君豈睎表聖者耶，何其曠達之相似也！君家在玉笥、閣皂之間，窮覽其山川而著之書。予方約君共爲方外十日遊，訪蕭、張二仙之遺跡，然後便道過君家之堂，而一寓目所謂樂哉斯丘者，相與論表聖之高風，發晉卿之成室，其必有日矣，多釀以待予可也！乾道五年十月既望。

鄒公橋記

以石爲杠謂之徛，以石絶水謂之梁。古也衛淇、晉溴，《詩》、《春秋》皆大之，鄭洧胡爲而不梁乎？曰：洧之有淵，龍嘗鬭焉，石其不可爲也。晉楚之師歲至，井木猶且堙刊，況於輿梁？子產之以乘輿濟也，其亦有所不得已也。孟子譏之者何？曰：孟子論爲政所以訓也，非譏也。然則宜梁而不梁，其可乎？距廬陵一雷地有市曰富田〔二〕，吉、贛、閩、粵之商日夜走集，置戍兵焉。其川濫觴於興國，凡數百里，至市而漫。春夏苦大浸，秋冬復病於涉。徒杠歲敗，津人要求無藝。鄉三老鄒昶惋然念之〔三〕，鳩工運石，爲梁以濟。其長三百尺，衡二十尺，其高加衡丈焉。釃水爲五道以過舟，爲屋二十四間以庇行人，直欄橫檻，翼於其傍。始紹興庚辰，迄乾道丙戌乃成，靡金穀以萬計。於是鄉貢進士、兖州學正田亮功，鄉貢進士曾同文帥士子序而詩之，聯爲大軸，謁記於予。予謝不能，而瀘溪丈人王公又教之曰：「美事也，毋庸辭。」予聞力可興利濟人者有三：郡邑以勢，道釋以心，富家以貲。然勢者或病於擾而其成也苟，心者必藉於衆而其成也緩，貲高者又豐入而嗇出，瘠彼而肥己，能推惠者幾何人哉？今鄒氏貲未高也，而樂善如此，是宜一鄉稱之，文士賦之，鄉先生詔之。余故樂爲之書，因以釋子產千七百年之疑云。五年己丑十月既望，青原野夫周某記并書〔四〕。

贛州州學教授題名記

贛立校官在慶曆中號登，元祐始與濟南、廬江等七郡俱置博

〔一〕丞：日本藏宋刻本作「倅」。
〔二〕雷：四庫本作「里」。
〔三〕惋：日本藏宋刻本、明澹生堂鈔本、四庫本作「慨」。
〔四〕記：原無，據明澹生堂鈔本、四庫本補。

士，紹聖改元，又歸其闕於丞相府。是時，郡人李朴先之首被茲選，距今踰八十年，而士言行義者必曰吾師先之，言經術者亦曰先之，言文章者又曰先之，此豈一時私毀譽，一己私好惡哉！公也。清江劉君靖之，少嘗奉親學於贛，已而去，登高第，來主教事。正身以率下，傳道以解惑，士謹曰：「此異時先之也。」官舍故有洪丞相、胡貳卿所作記，獨教官名氏未刻，於是正録劉格非、李纂遠以見屬。某既爲閱《國史》登載本末，因略計元祐迄紹聖凡八年間至者當三四人[一]，然不可考矣，可考者自先之始。由先之迄紹興之初復三十餘年，至者又當十數，僅得一江鋒而止，然亦托先之之文乃傳。士欲没世而名可稱，觀此其知自勉矣。若焦惟一而下則老生可問，案牘可稽，故歲月稍備云。淳熙元年十二月朔[二]，東昌周某子充書[三]。

兵部長貳題名記

大小司馬著於《周官》，歷代沿革可考也。本朝倣《唐六典》，曰兵部，凡民兵、廂軍、蕃兵、剩員、武舉、投試、武藝、金吾衛司人兵，及大將出征告廟、破賊露布、鹵簿字圖若蕃夷屬户授官封之事皆主之。曰職方，天下地圖、城隍、堡寨、烽堠之數、蕃夷歸明内附之事皆主之[四]。曰駕部，掌凡輦輅車乘、厩牧雜畜、乘具傳驛之政令，辨其出入之數。曰庫部，掌凡軍器儀仗、鹵簿法式、隨軍防城什物及凡供帳之事。是爲四司，而其主判率用他官，所謂長貳，姑以寄禄而已。尚書，今銀青光禄大夫也；侍郎，今正義大夫也。位序既高，非宰執侍從鮮能至。故方任事時，自揚乃職，有如歸班，猶弗敢替盡規之義。名公鉅卿，磊落相望，抑有由也。元豐肇新官制，尚書從二品，侍郎從三品，實坐曹治事，名稍正矣。而武選隷天官，兵政歸西府，其職視唐猶簡，況於成周乎？雖然，古號六卿，今曰近臣，使其告猷可以沃上心，陳力可以大厥官，則天下國家將陰受其賜，烏在事之煩簡也。若乃自晝於有司，視成於胥吏，縱法不爾繩，課不爾殿，得毋恧乎[五]？某五年之間，兩以他官承攝惟亞，去秋遂冒真秩。恩厚而能薄，身勤而才不逮，夙夜以思，何恧如之？暇日，視別部率有壁記，記前人名氏，乃起中興之元，迨今五十年，得長貳百人，而兼行其事者在焉。抵牾疏略，有所不免，大概具是矣。元祐二年，始置權侍郎，從四品。明年，置權尚書，正三品。崇寧改元，遵元豐之舊。建炎四年，復權侍郎。紹興八年，又復權尚書。而建炎三年，嘗詔六曹惟吏部備官，餘長貳互置。近歲以來，乃或並除。損益，時也，何常之有？故具列於上，俾來者得考觀焉。淳熙三年十一月十日，朝散大夫、試尚書兵部侍郎、兼侍讀、兼直學士院、兼太子詹事周某記并書。

[一] 三四：日本藏宋刻本作「四三」。
[二] 朔：日本藏宋刻本無，明澹生堂鈔本、四庫本作「一日」。
[三] 昌：日本藏宋刻本、明澹生堂鈔本、四庫本作「里」。
[四] 明：原作「服」，據明澹生堂鈔本、四庫本、《古今事文類聚》新集卷一四改。
[五] 毋：日本藏宋刻本作「無」。

兵部郎官題名記

本朝除郎之路雖廣，而其要有三：館閣一也，寺監丞二也，監司郡守三也。近歲窒其二，卿監或可徑至，而郎非歷監司郡守不可得，其不輕而重也較然矣。司馬列屬四，中興初僅嘗備官。建炎三年夏，始以駕兼庫，以兵兼職方。其選清，故平居無事多處文學之臣；其權重，故從軍若將命則往往假以爲寵。此其大略也。隆興改元之五月，復裁内外官，於是駕部又當省，而郎適贊讀王府，有詔聽留，需其遷勿補。厥後間嘗并置，要爲有故，而一員之制定矣。某既與聞夏官之政，乃刻長貳題名，會同舍郎亦告石具，以辭見屬。老矣不文，佔畢莫能措，姑效掌故，彙前人名氏，且粗記其因革云。淳熙三年十二月十日。

筠州重修道院記

元祐八年，柳侯子儀之守筠也，作燕居之堂，榜之曰「江西道院」，山谷先生實賦焉。後八十有七年，眉山蘇侯詡領郡於兹，惠以養民，廉以持身。始至人安之，居一年人化之，乃新斯堂，以無廢前賢之遺跡，而永邦人無窮之觀。不遠千里，屬予爲記。予曰：山谷翰墨參於前，記不可爲也，抑猶有説焉。侯，文定公之曾孫也。元豐元年冬〔一〕，公自宋幕謫官來筠，閲五年乃徙績溪，於時道院蓋未創也。其成也，公得政矣。簡静則民肅，平易則民親，自朝廷以達於筠，好善之化興，珥筆之風殄。使柳侯得以餘力葺夫治事燕客之所者，誰之功也？又明年而公復來，居三年遂遷海上，蓋前後留筠者八歲。剛大之氣充焉，性命之理窮焉，經綸之業豐焉。其行誼，其語默，其文章，所以軌範士民者如父兄〔二〕，變移習俗者如師友。傳《詩》，傳《春秋》，解《老子》，著《古史》，發聖賢之遺意，繕書而藏之，以待後之君子，皆居是邦之時也。夫達而在上，膏澤加乎民者既如彼，窮而謫居，惠其父老子弟者又如此，則尸而祝之，社而稷之，如文翁之在蜀也，宜哉！雖然，翁郡守也，化易而施狹，故後世雖奉嘗而子孫無聞。公輔弼也，其化不止乎筠，而筠之人賴公尤深者，以公居之之久，成之之遠也。功大而施廣矣，宜其三世之後有孫而才，以二千石篤餘慶於是邦。天之報施，固自有輕重哉！書以遺侯，刻之堂上，使高安之人世世毋忘公之德，於以勸士大夫之爲善者，棟宇云乎哉！淳熙四年四月七日〔三〕，大中大夫、試吏部尚書、兼翰林學士承旨〔四〕、兼侍讀、兼太子詹事、兼修國史周某記〔五〕。

吉州改修學記

廬陵守朱君希顔以書言曰：「吉之學故南鄉也，郡人蕭序辰

〔一〕元年：日本藏宋刻本、明澹生堂鈔本作「二年」。

〔二〕兄：四庫本作「母」。

〔三〕四年：日本藏宋刻本、明澹生堂鈔本、四庫本作「七年」。

〔四〕「翰林」下原衍「院」字，據明澹生堂鈔本、四庫本删。

〔五〕記：原作「書」，據明澹生堂鈔本、四庫本改。

轉輸本道，與其守方時可規徙東方，據依弗安〔一〕，徒取城之門相直耳，學之次舍以礙盡易〔二〕。吉之人雖未嘗爲士者無不議其非也。昔之以科目起者衆矣，今不幸而劣於舊，吉之人又曰此東嚮之咎也。夫仕有顯晦，未知其學之東嚮果能爲之與？而夫子、顔、孟不得正位，則失之大者。希顔之至，與教授練文謀所以正之。令既出，而士民相勸以成。蓋自宣和之乙巳距淳熙之戊申而學始復南嚮。其役之大，費之多，復而從舊與創而爲新之難無以異也，願有以記之。」余聞慶曆中詔天下立學，是時吉學之成最早，游於學者最盛，而他郡猶未克盡如詔，學制亦隨弛。熙寧以後至於宣和，天子始屢垂意置教授員，立提舉官，分常平以儲廩食，行三舍貢士而罷科舉，下州遠障無不有學，而學法大備，不可復加矣。吏於斯時不推明道術之極至以訓啓學者，而徒易其嚮以致非議，重煩後來之改作，何哉？夫豈以學校美其文而不加之實〔三〕，意不能安其道於悠久，而苟務興役以爲新奇可喜之政而然歟？昔文翁興蜀郡之學，蜀人由是以僻陋自恥，其文化之流相承至今，蓋文翁之故宮猶有存者。然則人心之不可磨滅，雖土木之不可恃者亦賴以永久也。夫自孔子没而大義分裂，豪傑之士迭出講貫，罕有得其統紀，而學道之興廢亦隨世不同，互計勝負。苟務於蹇淺而精力不能獨造於深微，役其外之可慕而忽其内之可樂，喜於其始之以學校爲政，而弗便於其終之以禮義成俗也，名日隆而實不究之患也。則是學也，雖幸而復南嚮矣，焉能保異日之不重變乎〔四〕？況舍其學之邪正，而即仕宦之多寡以論學之得失哉？余家於吉三世矣，追觀前人立朝多名公卿，臨大節則忠義挺挺，而居於鄉者又皆能以文行自施〔五〕，未嘗不嘆人性之善而思來者之嗣音也。故因朱君之請而併著之，以相與期夫遠者大者。

重立茇堂記

安陸距京師千一百里〔六〕，其土風醇厚，其士多秀傑，其民多隱德，承平時宦遊者樂焉。元豐甲子，方城范公掌書記於此。官舍西偏有桂，甚茂，諸子絃誦其下，榜曰「桂堂」。去之三十年間，致君、致明、致虚、致厚相繼登第〔七〕。致君嘗記其事。逮宣和己亥，某之大父太師潭國公來爲司録，問堂已圮，視桂已悴，乃爲增葺而封植之，又創草堂於其西。長樂鄭昂命名曰「茇」，實爲之銘。其云「光實美，見召樂，盛事同，餘愛博」者，謂伯父試南宮居前列，先公釋褐魁多士，同時賜第於集英也。今蓋七十餘年，堂雖亡而碑故存。紹熙改元〔八〕，元祐名相劉忠肅公曾孫苟來佐府事，訪求遺址，適在廨之別圃，始議修復。太守李侯棣欣然助之，不日告成。左右植四桂，面列三槐〔九〕，而以花竹環其

〔一〕安：明澹生堂鈔本作「妥」。
〔二〕以礙：原刻注云：「張本作『一礎』。」按日本藏宋刻本亦作「一礎」。明澹生堂鈔本作「一儊」。
〔三〕夫豈：日本藏宋刻本作「豈夫」。
〔四〕焉：日本藏宋刻本、明澹生堂鈔本、四庫本作「烏」。
〔五〕施：日本藏宋刻本、明澹生堂鈔本、四庫本作「勉」，義長。
〔六〕一：四庫本無。
〔七〕「致虚」下，原刻云：「張本有『致祥』二字」。按明澹生堂鈔本同。
〔八〕熙：原作「興」，據文意改。
〔九〕三槐：原作「槐三」，據四庫本乙。明澹生堂鈔本作「二槐」。

外。識者皆知尚賢勸善之意，豈特爲觀美而已。書來請記歲月。某伏念大父奮身儒科，安於銓調，三爲劇邑，未嘗一干光範門。先公早負大名，雖歷官太學，而年弗及强仕。厚積嗇取，敷遺子孫，肆不肖之孤，憑藉休德，亦綴末第。既不能如孔氏論譔祖考之美著之後世，而被遇三朝，顯親揚名之道缺焉。慚卿之譏，復有甚於昔人。微賢守貳表而出之，遺事殆泯泯也。反袂援毫，願附《安陸圖志》之末。三年三月二十二日。

吉州新貢院記

致治之要在得士，得士之要在鄉舉。鄉舉之法何如？曰：其在《周官》，六德、六行、六藝是謂三物，其別至十有八，以此設教，俾爲士者講焉學焉，因其材而篤焉，然後論秀而升其賢能，是固得士致治之要術也。近世不然。三歲大比，凡於於而來者試其藝爾，德與行固未暇問，而藝也者，又非古所謂藝也。或敷繹先儒以成説〔一〕，或薈萃經史之奇字，糊姓名於卷首，録試程於別紙，擇他州吏而考焉。寘諸棘闈，限以旬時，法令甚備，周防甚密。爲主司者憊心疲精，晝夜分閲，往往於百十人之中取其一焉。幸而中選，乃貢於春官。其艱如此，宜若得士矣，反有遺才之歎，獨何與？戾乎古不適於今，通天下皆知之，而有司不敢議，黜者不敢怨，何也？其公也，非私也。雖然，謂之鄉舉而考核付於他人〔二〕，去取無定論，顧奚以師帥爲哉？成周遠矣，曷不觀國初之故實乎？太平興國中，張詠、寇準同試大名。詠當爲首，乃共推張覃文行而先之。已而膠東蔡齊舉進士第一，以書薦里人史防而居其次。是皆試文郡治，太守得以察其器識，任人不專任法，有三代之遺風焉。當是時，名臣輩出，後世永賴〔三〕，其公乎？其私乎？兹事體大，變而通之必有其漸。若夫視舉子之多寡，爲廣居以待其來，使羣試者泮奂優游，無攩挘挨擠之患，此則二千石之責也。廬陵爲江西大州，文武盛於諸路。承平時應詔率數千人，試無定所，學官、佛寺，取具一時。紹興十四年，始度地於糖倉巷〔四〕，爲屋二百餘楹。其後至者益多，無可展之地，或畏蹂踐，望而去之，衆議欲遷久矣。紹熙壬子〔五〕，大理寺丞胡侯長卿被命出守，崇化以禮士，節用而愛人，政成歲豐，鋭意改作。得五代水軍廢營於城中，地廣百畝，間民畦而爲圃者若干户，乃厚予直而取之。鳩工聚財，徙舊圖新，爲屋五百十有八間，修廊布席，居五之四，議道校藝之堂，分職涖事之所〔六〕，視昔大抵加倍。崇墉之外，周以通塗，高門四闢，宛如城闉。凡靡錢萬緡，粟千五百斛，轉運林君湜亦助其費。經始閏二月甲寅，以五月庚子訖工。是秋赴舉者踰萬人，冠帶儼然，几案繩然。盡三日，出入無譁，場屋之盛，前所未有。侯與予故人也，書來俾記其事。予聞邇者近臣論太學補試之弊，侍從合辭以謂遠稽古

〔一〕以：明澹生堂鈔本、四庫本作「之」。
〔二〕於：日本藏宋刻本無。
〔三〕永：日本藏宋刻本作「允」。
〔四〕倉：原作「食」，據明澹生堂鈔本、四庫本改。
〔五〕紹熙壬子：原作「紹興壬子」，按紹興壬子爲紹興三年，據此上下文意，當作「紹熙壬子」（三年），據改。
〔六〕涖：日本藏宋刻本作「庀」。

制，近酌時宜，不設官，不增費，願重教官之選，假守貳以權，爲教養課試升貢之法。厥七月哉生明，下其議於有司，將爲成說頒焉。復古之漸，於此可見。雖由今之學校貢舉，而《周官》之舊典，國初之美意，庶幾兼取而並用。舉於鄉，賓於王，皆賢也，皆能也，其有日矣，是則侯之志也夫。是歲十月，具位周某記。

章氏近思堂記

廣漢，蜀名郡，綿竹其壯縣也。西偏岡阜連延，二大溪出其麓，今吏部侍郎章德茂家焉〔一〕。蓋自其先大夫築室於斯〔二〕，甫竄於斯，茂林修竹，景物日新〔三〕。德茂復創大堂於兩間，藏書數千卷，榜曰「近思」，屬予爲之記。予聞之：「何思何慮」，《易》之神也；「不思而得」，聖人之誠也，是固不可幾也。降是則思曰睿，睿作聖，君子所宜勉也。雖然，均是思也，或近焉，或遠焉。博學而篤志，切問而近思，求諸己者也，仁在其中矣。深思而淺謀，邇身而遠志，騖於外者也〔四〕，非吾黨之士矣。思乎思乎，可不知所擇乎？是故爲子必思孝，爲臣必思忠，祭則思敬，得則思義。推是以往，自修身齊家至於治國平天下，其本皆在方寸之間〔五〕，其效乃著於千萬里之外〔六〕，豈不約而易知，安而易行也哉？昔者《詩》有六義，備萬事之理，可謂盛矣。夫子一言以蔽之，曰「思無邪」，殆爲此也。或者泥古太過，遂疑三代直道而行，是非毀譽一出於人心之至公，曾無越思。殊不知古詩三千餘篇，刪而去者十九，無邪之思三百篇耳。「唐棣之華，偏其反而。豈不爾思，室是遠而。」夫子刪之，曰：「未之思也，夫何遠之有。」舉茲一端，去取之意斷可識矣。德茂學無不通，而尤深於《詩》。予嘗同朝，聞其語矣。四海之廣家爲近，萬物之散身爲近，一身之間又以心爲近。於斯道也，固自得之，予復何言，姑附姓名於堂上。紹熙四年五月二十七日。東里周某記〔七〕。

即墨侯傳　并序　紹興三十年

自昌黎先生爲毛穎立傳，大雅宏達多效之，如羅文、陶泓之作，妙絕當世，下至包祥、杜仲、黄甘、陸吉、飲食果窳，亦有述作。墨，文房寶也，顧可闕耶？予秉耒餘暇，輒爲《即墨侯傳》，非敢追蹤前哲，姑以游戲云爾。

即墨侯松，齊人也。其先蓋即墨大夫，以治行見知威王。既卒官，子孫因號即墨氏。松少以材事東平王爲郎，資性剛介，王未之親也。會宮中火，侍衛奔散，獨松馳救得熄，焦頭焉。王勞曰：「乃吾未始知汝，何忠如是？」對曰〔八〕：「臣以歲寒事大

〔一〕德：四庫本作「得」，下同。
〔二〕夫：四庫本作「人」，義長。
〔三〕新：日本藏宋刻本作「勝」。
〔四〕於：明澹生堂鈔本作「乎」，四庫本作「夫」。
〔五〕「在」下，日本藏宋刻本、明澹生堂鈔本有「於」字。
〔六〕外：日本藏宋刻本、明澹生堂鈔本、四庫本作「遠」。
〔七〕東里周某記：原無，據明澹生堂鈔本、四庫本補。日本藏宋刻本無「東里」二字。
〔八〕「對」字前，日本藏宋刻本、明澹生堂鈔本有「松」字。

王，未蒙後凋之賞。一旦有急，臣固自煤〔一〕。」王説，賞黄金百斤。居頃之，東阿膠者亦齊人，即威王所烹阿大夫之後，以策説王。王以爲郎，命與松結交，相得驩甚。松曰：「僕與足下所謂膠漆相投。雖然，知和而和，不以禮節之，亦不可行也，盍就有道而正焉。」膠許諾，往見公孫杵臼，朝夕琢磨，材遂堅實矣。時方嚮儒學〔二〕，擢嚴助、司馬相如等在左右，復下郡國求茂異，咸以名聞。於是東平以松應詔。至長安，與魯人楮先生、管城毛穎、歙人羅文俱召對甘泉宫。上一見大喜，即日拜大中大夫。凡行幸封禪，征伐檄召，有所述作，四人未嘗不從。上稱之曰：「松等，朕四寶也。」元狩元年，上欲爵松列侯，命刻印。内史黯少文，毀松曰：「漢法非有功不侯。松以薄技事陛下，使補皂衣之缺足矣，封之非是。」上不聽，制詔丞相、御史：「蓋聞賞以視功，古今之通誼也。大中大夫松事朕累載，夙夜不懈，厥績茂焉。其以即墨千户封松爲即墨侯。」松入見，上曰：「使卿復乃祖之舊。」松頓首謝。明年，淮南王安來朝，數獻辭賦。上與往復論難，松預焉。日被磨折，寖以朘削，乘間言：「君子之交淡以成。今陛下以淮南故，用臣日濃矣。臣材智有限，不足副任使，願乞骸骨歸山林。」上不説，顧未有以易之。淮南王知上意，乃薦麻默代松。默文采煒然，能曲順風指。上研究之，以爲材十倍松，使待詔金馬門。未浹旬，擢光禄大夫，典校秘書，松寖不用。默又日夜短松，松不能無觖望，奏云：「汲黯謂陛下用臣猶積薪，後來者居上，信然。」上由是發怒，收即墨侯印綬，放歸故郡，鬱鬱不得志，道病卒。諸子零散，或在中山，或在巴蜀，有居黟歙者。材雖不同，貌皆黧黑云。松有曾孫號子墨客卿，尤能世其業，與翰林主人論長楊者也。徐廣曰：按客卿，成帝時人。此二十四字疑非太史公語，諸先生足成之。太史公曰：松、默俱以薄技奮身王藩，出入禁闥〔三〕，資適逢時故也。至其材之優劣，世蓋未有定論。予以中書令侍上〔四〕，日從二子游，得夷考之。默天姿嫵媚，油然可悦，責以大節蔑如也。松質勁氣清，與人交始終不渝，世所謂耐久朋者與！惜夫輕褊肆吻〔五〕，自取擯斥。使其剛柔相濟，迪以中和，亦可以爲成材矣。

忠義李君傳　乾道八年

中興初，女直犯金陵，吉水楊公守節死官。天子既追爵四品，即其地立廟，又易名「忠襄」，書勳太史，徧録諸孤，加賜腴田。忠義大節卓卓在人耳目，縉紳介胄間皆喜傳而樂道之，况於同州之士，豈無聞伯夷而立志，慕相如而更名者耶？今於龍泉李君見之矣。李君名覲，字彦和。父俠，早世。母勉以讀書，一日投筆嘆曰：「天下方擾擾，男兒要當搴旗斬將，立功邊陲，顯名於無窮，安能齪齪事章句哉！」聞大將軍岳飛銜命平虔寇，即挺身從之。會奔母喪，不竟其功。釋服，走淮南，以策干張丞相。丞相奇其材，遣隸淮西總管孫暉麾下，積功授承信郎。紹興

〔一〕固：明澹生堂鈔本、四庫本作「故」。又四庫本無「自」字。
〔二〕「時」下，日本藏宋刻本、明澹生堂鈔本有「上」字。
〔三〕闥：明澹生堂鈔本作「闌」。
〔四〕侍：明澹生堂鈔本作「事」。
〔五〕褊肆：原作「肆褊」，據四庫本乙。

十年夏，番將翟將軍入寇，暉分兵御之。君獨與部曲晝夜轉鬬，至西京天津橋南，大小數十戰，殺傷不可計〔二〕，卒俘翟將軍，乘勝逐北。虜益濟師〔三〕，遂死之。時五月二十四日也，年三十有一。後一月，事聞，詔贈君兩官，有子與父恩澤，賻䘏加等。予得於郡人者如此，嘗恨未能訪其家。乾道八年秋，君之子思忠實來，袖書一通，陳義峥嶸，予竊嘉之。明日泣而請曰：「吾父死國時，官甚微，不得如忠襄公大顯於世；且上許貤恩，而思忠適在襁褓，不能自列於有司，承天子之命。丐公一言，傳信四方，以附九泉，且無使國家旌忠恤孤之恩委於草莽也。」予曰：「甄濟詐喑不受禄山逼，韓退之謂當附書於史。子逢能標白其先人，俱當得書。今爾父死王事，名在司勳，且有詔俾爾世其禄，視甄氏父子蓋易以顯。予昔執筆隸太史，而不以告，今尚何道？」思忠曰：「不孝之罪昭昭矣。雖然，里中多名士，惡知無位於朝任斯責者？第爲我書，他日司馬遷言荆軻，庶幾徵夏無且乎。」予曰：「然。」退爲之書。

〔二〕計：四庫本作「勝計」。
〔三〕虜：原作「敵」，據日本藏宋刻本、明澹生堂鈔本改。

廬陵周益國文忠公集卷二九

省齋文稿卷二九

行狀　神道碑

左承奉郎直敷文閣主管台州崇道觀王公庭珪行狀

公姓王氏，諱庭珪，字民瞻，本貫吉州安福縣。曾祖著，故不仕。祖祥，故不仕。父奭，故不仕〔一〕。其先太原人，八世祖該避唐末亂，徙居廬陵郡西六十里之何山，好善樂施，人號長者。僞吴順義元年，龍見所居陂田間，有異僧云：「是將爲佛寺。公宜北去百里，遇三白即止，子孫當繁衍，且出文士。」長者如其言，行至安成北之連嶺，遇白馬一，問其地名曰大白茅，稍前曰小白茅，乃家焉。李氏保大中，龍復見何山，遂爲龍田寺，今金地寺是也。公之在母，大父夢赤文亘天，既寤，公生，人知爲文字之祥矣。元祐間，自連嶺徙居邑中。公時爲兒童，毅然有成人風。年十二三，刻志於學，晝夜不息，弱冠通經史百家。崇寧癸未，舍法取士，公一試右諸生。何損以對策貶廬陵，故工部侍郎郭公孝友從之學。一日聽公講，歸以大義告損，損驚曰：「後來之雋也。」明年貢辟雍。時方錮史學，禁士人説詩，公獨與顯謨閣直學士劉公才邵吟誦自若。丁父憂，家事一付弟姪，縣榜其里曰「清節」。未幾，芝産塋上，木連理，人謂孝友所致。大觀間，提舉本路學事張公根欲薦以八行，公曰：「此士之常，乃以爲異耶？」辭不就。登政和八年第，調衡州茶陵丞。邑大俗樸，公擇秀士教以學，應書者歲增。猾吏文雅善交結，脅持横甚，前令丞莫敢治；公獨發其奸言於郡，黥徒之〔二〕，至今父老能道其事也。先是湖南田賦不均，茶陵尤甚，富者受田不受税，以避力役。公與令約：凡執役者一毫無所須。民既不病役，徐下令正其賦，不悛者没入之，自是産與税偕而役均矣。丞舊兼造船場，有部使者嘗薦公，既而委公役匠造私器。公不可，且歸其章。使者大怒，會與守倅争公事，遂拂衣去。潭帥曾公孝序挽留再三。頃之，宰掾倪公濤左官來，致書願交，且責監司不能容一賢者。其爲名人所重如此。宣和末，公年未五十，知時事阽危，無宦游意，學道著書，若將終焉。邑有瀘溪〔三〕，築草堂其上，鄉人號瀘溪先生，執經來者屨滿户外。紹興初，州賦屬邑修城，期會迫遽。公語守令黄衡：「軍興民困，城幸堅，胡爲勞人？」衡告太守。守大怒，將劾衡。公謂衡：「君盍輕一官全民力乎？」衡即日解印綬去。守聞愧甚，爲輟是役。趙丞相安撫江西，奇衡，薦於朝。衡欲攀公，固避乃已。公雖不仕，常懷憂世心，事苟宜

〔一〕「本貫」至「故不仕」，明澹生堂鈔本、四庫本無。
〔二〕徒：原作「徙」，據四庫本改。
〔三〕瀘溪：日本藏宋刻本、明澹生堂鈔本、《盧溪文集》附録作「盧溪」。下同。四庫本作「蘆」。

民，必告於當路。宣諭劉公大中、李公棨皆遣官屬咨訪利病，公盡言無隱，二公賴之。嘗著論二篇，極言招安大盗之害。洪帥李丞相奇其説，未及行而去。後帥參政張公守遂以遺逸薦於朝。郡守右史王公洋號儒宗吏師，下車首以禮幣邀公，虚正堂訪政事，即學宮聽公講經，一時士大夫多爲歌詩紀賓主之兩賢也。十二年，今敷文閣直學士胡公銓以忠言忤時相謫嶺表，親交無敢通問，公獨送以詩，語峻驚人。後數年，時相知之，命帥臣鞫公謗訕，坐流辰州。遠人素重公，争以爲師。武將馬羽攝郡事，尤待公厚。公謝曰：「某罪人也，將累公。」羽曰：「由公獲譴，其榮多矣。」更遣子受業，後遂登科。太上更化，許公自便，時年幾八十，讀書益力，夜對短檠作細字，率宵分乃寢。今上即位，有薦公者，一見語合，詔略曰：「粹然耆儒，凛有直節，頃以言語文字牴牾權臣，流落排根，殆踰二紀。召對便殿，敷奏詳華，特改左承奉郎，除國子監主簿。」公以年高力求退，命主管台州崇道觀，令所在州常加存問。既歸，滋以道誼化鄉閭，無貴賤賢愚一接以誠。平生工詩，至是格力雄健，興寄高遠，讀者不知其齒之宿也。心畫端莊，自其天性，人貴珍之。乾道六年冬，再召赴闕，固辭。上不聽，敕守臣備舟車禮遣，仍以引道日聞，踰年始至。對内殿，特蠲拜跪禮，賜坐，勞問甚寵。上欲留公，公固乞歸。於是制詔有司：「王某年九十餘，而智識不衰，行義益固，錫對便坐，富有嘉言，其特除直敷文閣。」復以崇道俸禄之，加賜寶香茶綵，皆異恩也。公蒙犯霜雪，往來數千里，略無勞瘁容。明年三月己丑，乃得微疾[二]，啓手足，詞色不亂，則其所養可知矣。享年九十有三。娶同邑劉伯玉女，前二十八年卒。一男頔。一女，嫁將仕郎彭飛。孫男二人：澮、□[三]，皆世其業。孫女二人。所著書有《瀘溪集》五十卷、《易解》二十卷、《六經講義》十卷、《論語講義》五卷、《語録》五卷、《雜志》五卷、《滄海遺珠》二卷、《方外書》十卷、《校字》一卷、《鳳亭山叢録》一卷。公學無不通，而尤邃於《易》。少嘗師鄉先生張汝明，晚自得於言意之表。漢上朱先生震、文定胡公安國、薌林向公子諲見其解皆嘆賞，以爲必傳。公亦不輕示人，欲獻公車。會詩獄興，郡守議收公，理掾汪公涓奮曰：「王君剛介勇於義，一紙書招之必來。」他掾變色云云，自請提禁卒挾巡尉捕公，守唯唯。他掾遂行，至則突入公家。公談笑就逮，家四壁立，惟《易解》鐍篋中，卒疑其貨也，挈以去。他日，公嘆曰：「天厄吾書！」或謂今藏掾家云。子頔卜以十年正月丙午葬公本縣清化鄉長賦之原，使來速行狀，將求銘於胡公。惟昔伯父暨先君與公同爲政和戊戌進士，故知公詳。其再召也，某適對禁中，坐定，上問：「銓薦詩人朱熹、王某，卿識之乎？」某既奏熹出處，具言公年德文章在今未易多得，且登第五十三年矣。上曰：「官卑何故？」某曰：「斯人早忤上官，晚復流竄，官簿所以不進。陛下若哀窮悼屈，厚加品秩，錫之章服，足以勸善。」上曰：「俟其至議之。」明年公至，上命寓直西清，蓋待以卿監，去朝禮。某嘗白丞相濟公：「王某百年故老，扶杖造朝，意欲掛其冠神武門。丞相能爲上言，俯聽所請而官其一子，非美事與？」丞相

[二] 疾：原作「病」，據明澹生堂鈔本、四庫本、《盧溪文集》附録改。
[三] 詹□：日本藏宋刻本、《盧溪文集》附録作「詹澮」。

曰：「君言是也，上必不爲老人惜一子官。」明日又言之，丞相曰：「决矣。」已而乃不報，天其或者欲公子孫自以儒業發聞於世乎〔一〕？敢具列之，敬俟筆削。謹狀。

京西北路制置安撫使孫公昭遠行狀 乾道七年

公諱昭遠，字顯叔，初名大年，改今名。其先眉州眉山人。八世祖長儒起書樓，延名士講學，蜀人號書樓孫家。曾祖著明，贈太子少師；妣崇國太夫人樊氏、杞國太夫人李氏。祖抃，被遇仁宗，參嘉祐政事〔二〕，以太子少傅致仕，薨謚文懿，葬開封，子孫遂爲鄭州管城人。妣昌國太夫人王氏、萬年縣君賀氏。父喆，歷昌、隨、信陽三郡守，終承議郎，贈通議大夫。妣碩人李氏。公幼警敏力學，善屬文。年二十四登元祐九年進士第。時策問首及熙、豐，凡不主新法者皆在末甲，公其一也。調長沙尉，潭帥張舜民文學氣節名天下，奇公器識，厚禮之，教以立身行己之方。丁外艱，服除，主興國軍永興簿。徽宗初元，舜民自謫籍起爲諫議大夫，不數日遷吏部侍郎。公移書曰：「明公爲諫臣，今天下事可憂者非一，不知何所論而遷擢如此其速，中外疑焉。」因條時事所當言者。舜民以公書奏曰：「昭遠非獨曉臣一身進退之分，凡今日急務，不假臣言，略盡之矣。」尋辟河東經略司勾當公事，易三帥皆留佐幕府。陝西方用師，夏人乃窺河東，時防秋兵纔五萬，散處塞上。帥司奉朝命聚師，命王舜臣將之。虜知有備，去犯他路。朝廷謂不當擅追舜臣兵入塞，帥范鏜徙知河陽，并劾主議者。時同僚二人有親在，公請獨坐，遂免官。閱四年，始會赦起爲鳳翔府天興縣主簿。政和二年，用薦者改宣德郎、知亳州譙縣，改同知解州安邑縣，兼鹽池，皆不赴。爲永興軍路安撫司勾當公事，再任都大提舉榷茶馬司勾當公事。熙河路積緡錢四十萬〔三〕，隨軍轉運使欲以便宜移用。公力爭不可。漕歎曰：「吾僚寧有若人乎！」未幾，漕移帥秦鳳、鄜延，皆首辟公，奏再上，而本司爭於朝，因是詔茶司官屬他司毋得辟。久之，執政聞公名，再召審察，率以不阿附不得用。宣和二年，以朝請大夫通判滑州。兵馬司吏王寔結宦官横甚，前後守臣莫敢治。公一日攝行郡事，適有訟寔者，捕寘獄，籍其家贓萬計，杖而黥之。河溢胙城，逼房村埽，公督役而埽欲壞，吏卒往往潛遁，公不爲動，人以比工尊云。孟昌齡既鑿三山，創天成、聖功二橋，而聖功隸滑，秋水至橋輒壞。都水監挾中貴人歲督繫橋費不貲，民破産相踵。公條其可省者上之。滑當河北要衝，時方取燕，過師無虚月，而州兵凡十指揮，沿河埽兵倍之，倉廩大匱。一日月給稍腐，衆囂甚，持梃逐倉官，且擁太守以去，人皆汹懼。公至，曉以禍福，且偏開倉示之曰：「汝視此與給汝者果異乎？」衆帖服。公乃白守治其爲首者。是日微公幾亂。用士民舉留再任。宣和末，盗起河朔，或薦公充河北、山東路撫諭盗賊勾當公事，有旨入覲，就除河北燕山路轉運副使，詔給中都錢三百萬緡，糴米三十萬石餉燕山，又許辟其屬十人，非常制也。數月

〔一〕天：原無，據明澹生堂鈔本、四庫本、《盧溪文集》附録補。

〔二〕參嘉祐政事：原刻校云：「一誤作『登嘉祐進士』。」

〔三〕十：原作「千」，據口本藏宋刻本、明澹生堂鈔本、四庫本改。

糴告備，會孟揆以工部侍郎兼水陸轉運使，自詭糴米五十萬饟新邊，既不足則雜沙石其中，而謂公實爲之，亦會同列有憾公者亟奏其事，貶廣南監酒。燕帥蔡靖飛章辨其枉，猶降三官領舊職。靖康元年，召爲尚書水部員外郎。言者謂京師所發關陝器甲及解鹽鈔綱皆濡滯於道，命公措置點檢催促。公區處有方，以時畢至。即計軍器之有餘者請還之，使備西邊。又祖宗時解鹽鈔面錢止六千，至是增爲八千。公奏曰：「以銀折銅錢，熙寧中皮公弼之失；貼納鈔面錢〔一〕，政和中魏伯芻之貪。今復展轉估紐〔二〕，鹽價益貴，願從舊法。」朝廷皆從之。虜圍太原〔三〕，我師多潰，欽宗命折彦質乘傳招集。彦質言：「汾州潰兵三萬過河津〔四〕，乞選朝臣同陝西帥臣招集，任委官部還河東。」詔命公往。公言：「軍士逃歸，其氣已索，理難復遣，不若就令西戍，猶冀有功也。」又論長安、河中不可不爲備，今所在州縣調保甲乘城，其實自衛，不若擇要害地使控扼。不聽。初，公以六月使陝，而以十月末還京師。十一月十四日，虜陷洛陽〔五〕，京師戒嚴。西京留守、西道都總管王襄移治襄漢。欽宗命擇副襄者，使督師陝右。中書侍郎何㮚以公聞，特除秘閣修撰、西道副都總管，與三路帥臣序官，仍許便宜從事。公奉詔，即以五兵三馬出西門。十八日，虜騎已過鄭〔六〕，道梗不能進〔七〕，乃復至京，抵南門，將道尉氏，而都城已守禦，公下馬望闕再拜而去。道招潰卒得數百人，由南陽入商洛，出藍田，遂至京兆〔八〕，時閏十一月也。制置使錢蓋遣統制官杜常、夏淑將士數萬，至京西而潰。永興路安撫使范致虛自稱御前會合軍馬勤王入援所，號召諸路之師，公至，督其進，且曰〔九〕：「天子初命四道總管也，兵得調發，官得廢置，財穀得移用，急則總師援王室。今京師圍急，旦暮望救至，逗留可乎？」言詞慷慨，聞者感動。又遍檄諸帥使出師。已而，環慶帥王似、熙河帥王倚各以師來會，而涇原帥席貢、秦鳳帥趙點、鄜延帥張深皆不至。公二十八疏劾之，合諸路兵得十餘萬。范致虛命馬祐昌統之，斬杜常、夏淑於華陰。公與致虛同出關，俄祐昌遇虜於石壕千秋間〔一〇〕，戰，敗績。致虛還京兆〔一一〕，公獨與王似、王倚留陝。虜并兵攻陝〔一二〕，陷之。時西蜀輸金帛助河東，公用其屬韓武、張延齡計，止之河池，籍募兵得精鋭數千。軍甫振而京師陷，乃遣使至大元帥府。建炎元年五月，太上皇帝即位，詔公入覲。公御下嚴整，所過肅然。內鄉賊尚虎擁衆數萬餘，公遇而破之。見太上南都，頓首涕泣，謝奉使無狀。太上慰

〔一〕貼：原作「帖」，據日本藏宋刻本、明澹生堂鈔本、四庫本改。
〔二〕估紐：原作「估銀」，據明澹生堂鈔本、四庫本改。
〔三〕虜：原作「金」，據日本藏宋刻本、明澹生堂鈔本改。
〔四〕三：日本藏宋刻本、明澹生堂鈔本、四庫本、《宋名臣言行録》續集卷七作「二」，疑是。
〔五〕虜：原作「敵」，據明澹生堂鈔本改。
〔六〕虜：原作「金」，據明澹生堂鈔本改。
〔七〕進：原作「達」，據日本藏宋刻本、明澹生堂鈔本、四庫本、《宋名臣言行録》續集卷七改。
〔八〕兆：原作「北」，據明澹生堂鈔本、四庫本改。
〔九〕且：原無，據日本藏宋刻本、明澹生堂鈔本、四庫本、《宋名臣言行録》續集卷七補。
〔一〇〕虜：原作「敵」，據明澹生堂鈔本改。
〔一一〕兆：原作「北」，據明澹生堂鈔本、四庫本改。
〔一二〕虜：原作「金」，據日本藏宋刻本、明澹生堂鈔本改。

勉之，除河南尹、西京留守、西道都總管，悉以公所提西兵數千付御營統制官張俊，止以蜀兵數百上道。七月至洛，收集散亡，招撫豪傑，調兵陝西、河北，合義兵萬餘人栅伊陽，使民入保。會罷四道都總管，以公爲京西北路制置安撫使。西師既非所隸，悉引去。公數以洛無城池而强敵對境侵牧之狀聞於朝，又與諸子書曰：「今日扞禦甚難，若假一歲，庶或可保。吾四男二女，今不復念，要爲忠義死耳。汝曹加意讀聖人書，行古人事，無以我爲念。」十二月，虜兵來攻〔一〕。公悉衆扞禦，驍將姚慶戰偃師死之。公即命將官王仔等奉啓運諸殿神御間道走行在。虜兵益熾〔二〕，公戰益不利，而虜已破岐、雍、秦、隴〔三〕，南侵唐、鄧、陳、蔡，潰兵滿野，公猶招集之。已而見公麾下單弱，欲擁公南。公罵曰：「若等平日衣食縣官，不以此時報國，今將何爲！」叛兵怒，起擊公，遂死焉，官屬從者皆死，二年正月十四日也。是秋，神御方至行在。四年夏，録公忠義，詔贈徽猷閣待制，官其子孫三人。後以二子升朝，累贈左金紫光禄大夫。公天資孝友，輕財重義，尤喜卹孤幼，教育嫁娶，咸有成立。遇事剛果，議論詳明，待人一以至誠，未嘗附麗干進。好學，老而不衰。與人商論古今及本朝故實，纚纚可聽。晚值時難〔四〕，志大而命不副，卒以身殉，士論惜之。享年五十八。先娶李氏，公舅女也，累贈和義郡夫人。再娶張氏，户部員外郎峋之女，累贈永嘉郡夫人。四子：右從政郎、監潭州南嶽廟炳文，右朝奉大夫、知常德府賁文，右朝奉大夫、知南雄州憲文，右迪功郎右文。女適右朝奉大夫、前知萬州鮮于噩，右宣教郎、新知通州胡倚。孫男十人：共懿，右承議郎、知建昌軍南城縣；餘未仕。女九人。曾孫男女八人。公既没，賁文崎嶇兵間，訪公柩於死所。赴弔者悼公之忠，懷公之惠，無不流涕。是年八月，殯真州之六合。後八年，乃克葬於婺州金華縣赤松鄉戴家塢。予生晚，不及識公。南雄君以同里之故，求次公事實甚切，惟公忠節昭然，足以不朽，而南雄君罔墜先訓，自以才猷發聞於世，近臣數薦之，所以顯揚其親者固將有在，尚奚待予言？若夫紀歲月，序閥閲，以備太史氏之採擇，則亦不得而廢也。

左朝議大夫充敷文閣待制致仕柳公約神道碑

紹興三十二年〔五〕

上即位之三年冬，虜騎大入〔六〕，逾淮涉江，蹂我二浙。右丞相充以宣撫使護諸將，畏敵不能拒，擁衆北去。金陵、會稽皆守以近臣，亦愛一死，不以謝國家，其餘望風震讋，鮮有奔問官守者。故敷文閣待制柳公約當是時以直龍圖閣守嚴州，悉力扞賊，境内既安堵，則慨然上書，請糾合諸郡，克復吴、會。上親筆答曰：「寇陷臨安，朕方避地，將士鮮復用命。嘉卿請行，寤寐不

〔一〕虜：原作「金」，據日本藏宋刻本、明澹生堂鈔本改。
〔二〕虜：原作「金」，據日本藏宋刻本、明澹生堂鈔本改。
〔三〕虜：原作「金」，據日本藏宋刻本、明澹生堂鈔本改。
〔四〕難：明澹生堂鈔本、四庫本作「艱」，疑是。
〔五〕三十二：原作「三十二」，據日本藏宋刻本、明澹生堂鈔本、四庫本改。
〔六〕虜：原作「朔」，據明澹生堂鈔本改。

忘。卿更審量事宜，率士進討。」會虜退而止。明年三月，上念公之忠，制詔有司：「柳約當狂虜猖獗〔一〕，鄰邦紛擾之時，力圖禦敵，賊無敢犯者，其以約充右文殿修撰，守郡如故。」十月，又詔曰：「軍興，費出無藝，吏慢弗虔。柳約獨謹賦輸，率先程督，其進秩一等。」又明年三月，詔曰：「柳約郡當虜衝〔二〕，而能不辭難，不避事，益嚴列栅，保綏一方，朕甚嘉之。其以約充集英殿修撰。」寵數便蕃，度越倫輩，上心猶未恆也。十月，遂趣公入對，獎勞再三，擢權尚書户部侍郎。公於是感激奮勵，悉力盡言，凡例外宣索皆執奏不進。如論吴玠等罪未正，非所以勵臣節；諸大將提兵入覲，各召其家將，有尾大不掉之患，皆衆人噤莫敢發者。會高麗請修貢，議遣使報聘。上顧廷臣無出公右，加試户部侍郎充其選，且有大用意。當路忌之，諷言者誣以事，罷爲提舉江州太平觀。蓋公之出處大概如此。至紹興壬午，公殁十有七年矣，其仲子右朝散郎、江南西路轉運判官大節以書抵某，曰：「先人墓道斲石久矣，而辭未刻。子嘗列職太史氏，知先人宜詳，願以屬子。」某與轉運君同朝久，辭之不可，乃取公節義著於士大夫耳目者表而出之，且具載天子制書所以褒表公者，然後考其世次官閥而叙之。按柳氏得姓於展季，子孫自魯入楚，其後或遷河東，或徙汝潁，遂仕江表。至公之遠祖有自縉雲徙杭者，未幾復遷嘉禾，今蓋爲秀之華亭人也。曾祖諱昉，妣高氏。祖諱昌，贈特進；妣華原郡夫人陳氏。考諱廷俊，被遇三朝，仕至述古殿學士，贈開府儀同三司；妣和國太夫人胡氏。

公字元禮，登大觀三年上舍第，試學官中之，授霸州州學教授，徙睦州。入爲辟雝正，遷博士，改宣義郎、充廣親宅宗子博士。公深於經術，而屬詞粹爛，大爲學者宗仰。徽宗雅欲試之，命提舉福建路學事。宣和三年，遂召對，論内外學政甚悉。次乞罷内外官到堂日投牒求官，以厚風俗。帝説，諭旨除郎，爲權倖沮，止得秘書省校書郎。四年，兼充編修《汴都志》編類官。明年，進著作佐郎，爲府監發解别試所考試官。吏印武士内外舍試卷差互，坐失覺察，送吏部注徽州司録，改通判宿州。郡僚以事相持，牢不可解，公曉之曰：「某直近訐，某曲近不孫。曲固罷於罪，訐且干清議，奈何？」其人愧服，勿敢争。人益知公爲長者。七年，召拜監察御史。靖康初，兼權殿中侍御史，常論三鎮不可棄。改尚書工部員外郎，進左司郎官。丁父憂，服闋，以直顯謨閣充御營使司參議官，遷太常少卿。己酉秋，車駕將自金陵移蹕平江，公疏言兵可進，毋示賊以怯。九月，除直龍圖閣知台州。未至，徙嚴州，兼兩浙西路兵馬都監，節制管内軍馬。自是遂以忠勞召用，用未久而罷，名稱益重，雖上亦眷公不已。居七年，復秘閣修撰，會侵疆來歸，起知蔡州。公被命即行，略無顧避意。未幾虜渝平，傳檄河南，守臣皆舉城降。公獨驛聞，復遣使數輩乞師於武昌，得報而後返。久之，用郊恩次對敷文閣，前後食祠禄者十二年。紹興十五年秋，上章告老。九月十五日〔三〕，以疾卒於家。訃聞，優贈四官，貤恩如故事，士大夫皆以不大用爲公惜，享年六十有四。官自將仕郎轉至左朝議大夫，累贈左宣

〔一〕虜：原作「敵」，據明澹生堂鈔本改。
〔二〕虜：原作「敵」，據明澹生堂鈔本改。
〔三〕十五日：日本藏宋刻本、明澹生堂鈔本作「二十五日」。

奉大夫。娶魏氏，吏部侍郎憲之猶子，早卒，贈碩人。三子：大方，右從政郎、廣德軍廣德縣丞〔一〕，後公一年卒；次轉運君也，以才自見，更内外任使，號能守其家法者；次大辨，右承奉郎、湖廣江西京西總領司幹辦公事。孫男女十一人。公天性至孝，和國病甚，泣禱於天，願損壽以益親，和國尋愈。其後公竟先兩月卒。遺命曰：「述古葬臨安之西溪，我死無它卜。」諸子遂以是年十二月四日亦葬公西溪，去先塋才數武云〔二〕。世言儒者不適於用，此殆見夫誦説章句，敝敝拘拘以儒其名而無其實者爾。公以侍從子當承平時，由文學自奮，歷踐臺閣，純明茂美，不懈於位，人固未知其應變如何。一旦國步多艱，於横潰中屹保孤城，悉其賦輿欽奬王室，用能迎天之休，顯著勳效，及擇聘使，首在選中。雖遏於讒，其節益著，儒者之效至是稍白。彼平時號烈丈夫，以剛明忠勇自任，臨事往往周章顛越，麕驚鼠竄，甚至毀節附賊，偷生頃刻，視公施設，孰爲賢否？宜有聲詩，以信後世。其詞曰：

孝移於忠，勇出於仁。古所爲儒〔三〕，不在斯人？當用而迂，乃我之羞。名與實違，又儒之仇。恂恂柳公，性行淑均。王室多難，其氣始振。有力必陳，有言必進。國如奠安，身也何病？駕避海隅，公撫一邦。敵氣折衝，齕其披猖〔四〕。上曰忠哉，屢賜爾祉。有華禁路，公焉是履。沃日之濤，誰復安行？不憚不辭，惟公竭誠。嗟嗟讒言，曾不公釋。可奪者位，莫掩者德。天子是思，起守新疆。玁狁孔熾，毀節相望。公駟而聞，上曰遄返。次對西廂，始卒尊顯。誰嗇之年，不執事樞。考行察終，展也醇儒。我作銘詩，著其大要。既垂無窮，亦諗有廟。

興國太守贈太保王公綯神道碑

興國太守安陽王公既即世之三十三年，當乾道四年春，上用公之子清源公簽書樞密院事，三日制詔司封按故事，贈公太子少師。粤六年冬祀禮成，清源公以參知政事宣撫全蜀，復有太子太師之命。明年，清源公即拜樞密院使，恩數如宰臣，又贈公少師。九年郊霈，遂贈太保，鈿軸錦韜，粲其盈囊。於是清源公以趣召還朝，半道上書天子，願奉外祠，歸展先墓。既得請，則致告焚於塋下，泣而言曰：「予惟先烈是承，有此爵位。凡所以發揚潛德，振宣幽光，既備載於訓詞，獨隧道之碑久而未刻，小子其何敢安？」乃以尚書郎陶公泰之狀來請銘。按王氏望於浙東，漢名霸者號其鄉曰君子鄉，自是代爲士族。公之遠祖始徙常山真定，以財雄北州。五季遷博平，又徙相州，今爲安陽人也。四世祖永錫，當國初以明經起家，仕至尚書主客郎中、河東轉運使。主客生殿中丞、知青州益昌縣悦，清修不競，鄉里復以王君子呼之，後贈尚書禮部侍郎。其葬也，龍圖閣直學士趙公師民爲之誌。配張氏、賈氏、范氏，贈樂平、廣平、博平三郡太夫人。生

〔一〕縣：原無，據明澹生堂鈔本、四庫本補。
〔二〕武：明澹生堂鈔本、四庫本作「里」。
〔三〕爲：明澹生堂鈔本、四庫本作「謂」。
〔四〕齕：明澹生堂鈔本、四庫本作「齦」。

子五人，皆舉進士，時謂五龍。中子東珣，張出也，慶曆六年進士第〔一〕，嘗典三州，年六十一即杜門不出，官至朝議大夫，卒年八十二〔二〕，後贈太保。龍圖閣待制盛公陶實銘其墓。配劉氏，贈慶國夫人。太保生同州馮翊縣令、贈少師審禮，即公父也。母陳氏、許氏，皆贈福國夫人。惟公奕世種德，其施甚遠。公又承祖考之休而避其報，急國家之病而辭其禄，寧羸厥躬，以昌後人。是生名臣，爲宋輔弼，出入將相，福禄未艾。《易》曰：「積善之家，必有餘慶。」《傳》曰：「非此其身，在其子孫。」其弗信矣乎？公諱絢，字敏功，生而穎異，太保鍾愛焉。元祐八年，奏爲太廟齋郎。紹聖四年，太保薨，哀慕如成人。年十六，少師没於馮翊，欲歸柩安陽而力不給，會部使者至，公衰絰踵門，伏地號訴。使者義之，率州官賻其行，人謂王氏有子矣〔三〕。免喪，以將仕郎主大名府成安簿。大觀初，河北置糴便司，且鑄夾錫鐵錢。都轉運使梁公子美聞公才，辟監磁州裕民第二監。兵多不逞，闤諸重垣棘圍之中，邏卒擊柝以衛，猶有逸者。會詔廢監，其徒闔扉謀叛，人心兇懼。公梯墻入，大呼，曉以禍福，衆唯唯聽命。州上其事，不報，去爲陳州南頓尉。右史張公耒居宛丘〔四〕，一見奇之，授六經、杜詩。公自是博極羣書，作詩尤豪逸。未幾許夫人疾，沿檄就醫，京師凡以藝名，無不造焉。醫感其誠，咸願盡力，而夫人竟不起。公護喪雪行歸鄉，終制授蔡州真陽令。政和間推行道教、青苗、役法、保甲、市易、居養、安濟、漏澤等事，有司覬賞，趣辦苛擾。公獨以身庇民，未嘗笞責而事以濟。上官交薦，改宣教郎、知大名府宗城縣〔五〕。宣和三年四月，河決恩州，魏之隄防素固，都水使者欲藉以爲功，調急夫數萬，斂薪芻無藝，刻期增築。蠶麥方登，民胥怨苦。公職兼埽岸，部夫堤上〔六〕，力言堤必不決，請俟農隙。使者不從。公憂衆潰，以便宜散遣，傍邑從而效之。使者劾其慢〔七〕，事下府尹、轉運使審究，兩司力佑公，竟得無他。童貫宣撫幽、燕，凡累朝兵仗數百萬貯北京者皆取以實邊，又調民守烽燧，運金穀，文書旁午，動以軍法繩官吏。公知亂將作，投劾還家，平墳墓，鬻産業，南徙蔡州。族黨交誚，公毅然不顧。求知無爲軍之巢縣，泊事纔累月，而金人入寇。衆始服公先見，依公者相屬也。靖康元年，汴都戒嚴，四方勤王兵過縣無虚日。公用行營法創芟舍居之，饋餉素備，無秋毫擾。寇閻瑾破黄州，將掠舒、蘄，提點刑獄胡憲可謀於公。公爲草檄，遣客説瑾，瑾即引去。時群盜蠭起，公策巢當江淮衝要，乃環邑浚壕，因土爲城，引焦湖水灌壕中，其南以大河爲固，版築未合，而賊李仲者號李鐵棒，擁衆蟻集，公率鄉丁拒守，伏砲斃一騎。賊怒，益治攻具。會光堯登極赦至，公募士持赦諭賊，令斂兵歸行在。仲驚喜，下馬拜赦，連呼萬歲，以書謝公，遂趨南京。當是時，巢以東群邑晏然〔八〕，賴

〔一〕「慶」上，明澹生堂鈔本、四庫本有「中」字。
〔二〕二：明澹生堂鈔本作「三」。
〔三〕人：原無，據明澹生堂鈔本、四庫本補。
〔四〕耒：原作「來」，據日本藏宋刻本改。
〔五〕宗城：原作「崇城」，據日本藏宋刻本、《宋史》卷八六《地理志》二改。又明本「縣」下有「丞」字。
〔六〕上：原作「工」，據日本藏宋刻本、明澹生堂鈔本、四庫本改。
〔七〕慢：日本藏宋刻本作「事」。
〔八〕群：明澹生堂鈔本、四庫本作「郡」。

公力爲多。俄劇盜張遇號一窠蜂，自京東轉剽數州，無敢攖其鋒。既焚溧陽〔一〕，巢境大震。公披甲督民築城〔二〕，手發百矢不倦，殺賊甚衆。賊諜知南城未合，潛以甲士筏湖來夾攻。公力戰水濱，身中數矢，左右殊死鬭，賊爲小郤，而同僚守壁者不能支〔三〕，賊遂登陴。公亦創甚，或挾公登小舟僅免。賊嘆曰：「吾横行列城，未嘗遇敵如此。」約其下毋縱火殺人。留一夕，過池陽，聚千艘帆風上江鄂矣。制置使劉公光世具以事聞，因奏公節制淮西兵甲，沿江捍禦。已而賊復自鄂東下，聞公屯北岸，舟不敢泊。劉公再上公功，詔進秩一等。監察御史寇防撫諭淮西路〔四〕，又表公勞，有旨留再任。壽春守康允之移帥浙西，辟公幹辦公事。建炎三年冬，金虜陷秣陵，車駕幸浙東。議者慮虜道寧國，踰千秋嶺入於潛，詔允之擇官統民兵扼嶺下。衆有難色，公慨然請行，且密謂允之：「虜勢張甚，吴人豈能支？若用團結義社四萬退守富陽、臨安之險，令士庶散保於潛、昌化，聚江下之舟，載倉庫粟帛如富陽，空杭城以委之。彼來無所掠，止無所資，欲濟則舟不可得，又聞義社分守旁邑，將畏首畏尾不暇。我以鋭師乘之，或可得志，此上策也。」允之不聽。公行及餘杭，有披髮南奔者，問何人，曰：「橘商也，遇胡於溧陽，晝夜疾馳，是以獲免。彼行如鬼，亦且至矣。」時虜知簽樞周公望帥衆十萬屯姑蘇，而允之必阻千秋，故自溧陽度獨松嶺，掩我不備。公移書告允之〔五〕，幕吏猶疑不實，請再遣覘者。尋而游騎數百奄至北郭陳桑林中，允之大驚，出兵禦之，知其果虜也，皆望風潰，城中遂煨燼矣。允之始悔不用公言。公在千秋飭備甚至，姦甿乘亂相攻劫，公往來彈壓，誅其尤無良者，人情以安。他日，州縣吏多被罪，惟公用勞遷秩。駕還會稽，趙忠簡公簽書樞密院事，請置計議官四員，專治機速賞功事，首薦公爲之，時疆埸日駭，盜賊所在蟠結，公謂宜駐蹕江寧，内降羣盜，外臨中原，失此時不爲，南北之勢分矣。又上急務數條，未及行而忠簡公去位，公亦請外，得知興國軍，蓋四年九月也。李成之叛，分兵據軍治。紹興元年五月，趣公之官，單車行荆棘中，至累日不見人烟，八月始視事。賊雖去，而官府草創，豪右暴横，公竭力爬梳，使就繩墨〔六〕，日夜督屬令招集耕農，貸以種糧。初至斗米觔鹽率直三千，已而流逋四歸，井邑漸復，物價亦平。二年六月，詔曰：「王某首奉詔令〔七〕，勞民不怠，厥功茂焉，可召赴都堂審察。」無何，言者謂凋郡方倚良守，胡可遽奪，乃命還一官，任滿褒擢。久之，淮南潰卒路進以千人濟江薄境，軍無城壘，廂禁兵不滿百，公亟乞師於蘄州戍將李山，且聲言悉營兵合擊。進聞遁去。人謂微公應變有方，一邦復塗炭矣。四年，力求祠官，卜居廬阜，日與高僧及隱者游，超然若有所得。山中人往往携酒候

〔一〕溧陽：疑當作「歷陽」。溧陽在江南，距巢縣甚遠；歷陽即今安徽和縣，與巢縣鄰近。

〔二〕築：日本藏宋刻本、明澹生堂鈔本、四庫本作「丁乘」。

〔三〕「壁」上，明澹生堂鈔本有「北」字。

〔四〕「撫諭淮西路」下原刻云：「張本作『撫諭江淮四路』。」按日本藏宋刻本同。明澹生堂鈔本亦作「四路」。

〔五〕「公」下，日本藏宋刻本、明澹生堂鈔本有「急」字。

〔六〕使：原作「始」，據日本藏宋刻本、明澹生堂鈔本改。

〔七〕首：原無，據明澹生堂鈔本、四庫本補。

道左，公輒與班荊劇飲。年纔五十，賦詩《送人赴南營》云〔一〕：「我欲挂冠去，君當衣錦還。」人歎公之達而不疑將逝也。八月十四日，乃以疾卒，十月一日葬山南丹桂鄉栗里村殊原山〔二〕。積官右朝請大夫。娶宜人韓氏、陳氏，皆贈福國夫人。二子：長即清源公炎，今爲觀文殿大學士、湖南安撫使；次曰圭，終迪功郎、邵武縣主簿。孫四人：思牧，將仕郎，蚤世；思齊，承務郎；思訥，承奉郎；一爲僧。曾孫二人：伯煇，承務郎；伯熺，未官。公才雄氣豪，身長六尺餘，音吐洪暢，飲酒至數斗不亂，談辯滚滚，遇事迎刃輒解，蓋偉人也。中興初，士習久安，鮮能自奮於功名。公在下位，獨表表有聞。守巢功雖不終，智勇已可見。入浙帥幕，言雖不用，策慮則遠矣。趙忠簡深知之，方入相而公殁，其命也夫！銘曰：

遠矣王宗，其來有承。如彼大川，至公方增。問其才學，允文且武。問其政事，利興弊補。士患無時，時方艱虞。公止一邦，而志弗舒。士鮮己知，知己實相。公如相避，命也奚悵？二者則然，壽宜邈綿。誰不耄老，公又無年。天於斯人，報施常必。畀公以豐，胡受也嗇？蓋身之逢，百年易終。以貽後人，奕世不窮。子既顯矣，孫亦未艾。刻銘昭之，尚勸無怠。

權太常少卿贈銀青光禄大夫滕公庾神道碑

淳熙六年

睢陽滕子濟、子端爲兒童時俱負雋聲，逾冠同登崇寧五年進士第，相繼中詞學兼茂科。政和、宣和中，先後入秘書省爲正字，爲著作佐郎。他人方附麗權門，躐取顯宦，二公獨恂恂自守，滯留儒館，泊如也。光堯皇帝中興於南京，首用鄉閭之望。子濟既由太常少卿登壇盛禮，仍草告天肆眚之文，子端旋以博士討論典故。蓋其踐歷往往同時，亦或相代，人號衣冠盛事。會宰相惡陳東、歐陽澈之訐直，加以大辟。子端即上疏申救，且移書相府，復欲面詆之，爲同舍郎扞止，義槩籍籍縉紳間。已而從幸廣陵。子濟由左史遷中書舍人，子端亦爲郎文昌省，攝容臺事，駸駸進用矣。是歲十二月十八日，子端遽以疾卒。不二年，子濟遂自諫大夫入翰林，登樞府，故君子於子端尤太息焉。壽才四十二。明年，長子瑾挈柩南渡，旋窆於婺州金華縣北山俱眡之原〔三〕。至淳熙四年，瑾守通州，其弟琛守舒州，書來言曰：「先人蚤世，於今五十年，賴遺訓餘澤，兄弟分守兩淮，銀印青綬，追爵二品〔四〕。惟是墓道有碑而詞未刻，死且不瞑，敢以爲請。」某舊嘗讀公之文，又聞救東、澈事，欣慕其高節，且於二守嘗同朝同僚〔五〕，其何可辭？乃序而銘之。公諱庾，字子端，世居應天府宋城縣。曾祖衛尉寺丞堯臣，贈太子少保；妣晉安郡夫人王氏、信安郡夫人陳氏。祖宣德郎公綽，贈太子少傅；妣魏郡夫人張氏、魯郡夫人鄭氏。父左朝請大夫、知鄂州友，贈太子少

〔一〕營：日本藏宋刻本、明澹生堂鈔本、四庫本作「宫」。
〔二〕一日：明澹生堂鈔本作「十一日」。
〔三〕眡：原刻注云：「張本作『胝』。」日本藏宋刻本亦作「胝」。
〔四〕二：原闕，據日本藏宋刻本、明澹生堂鈔本、四庫本補。
〔五〕同朝同僚：日本藏宋刻本作「同僚同朝」。

師；妣蜀郡夫人常氏。公少力學，年十二，爲文瘞死禽，磨瓦書之，題曰《雀王墓碑》〔一〕。自是盃酒嬉笑率寓於文，見者驚異。初仕爲將仕郎、蔡州新息尉，民號清和縣尉。秩滿，陞通仕郎，調陳州商水丞。既中科目，循文林郎，爲《九域圖志》所編修官，改宣教郎。徽宗幸秘書省〔二〕，轉奉議郎，歷承議郎，除正字。《九域志》成，轉朝奉郎。駕再幸省，轉朝散郎，遂佐著作，進朝請郎。丁内外艱。建炎初元起爲太常博士，轉朝奉大夫，擢都官員外郎。時庶事草創，賞功補副尉者不可計，是非混淆。公謂興復大業在信賞必罰，今吏以微文沮所當得而以賕謝予其不當得，何以鼓天下忠義之氣？又帖給吏手多假託權勢取之，因轉售於人，冒濫滋甚。於是隨事爬梳聞諸朝，嚴其籍。轉朝散大夫，兼權太常少卿。初，李丞相綱素善公，其論救東、澈也，當路頗以爲憾，久稍諒其無他，委看定四方封事。公晝夜省閲，凡可行者差次潤色，類以奉御，欲裨助初政，憊心疲精，失食飲節，坐是致疾。吏祁儼乘時爲姦，公力疾案治之。無何，長貳佑儼，笞之而已。公嘆曰：「吾爲郎，治一吏不見信，况敢望協心爲國乎？天下事略可見矣。」因忽忽不樂，以至於没，縉紳嗟惜。公天資明敏，恢宏自信，爲文章立成，下至書算藝術，見輒能之。惟於仕進不汲汲，在館閣踰八年，非旅進不至政府，日鈔異書以廣見聞。少師公與弟比登儒科，坐上書入元祐黨，晚御諸子甚嚴。公朝服受教責略無惰容，修身謹行，惟恐貽親憂。同父昆弟姊妹十五人，極其友愛。初娶常氏，諫議大夫安民女，追封信安郡夫人；再娶路氏，寶文閣直學士昌衡女〔三〕，追封咸寧郡夫人。五子三女，皆路出。璹、璆早亡；次通州；次瑺，未仕；季，舒州也。長女適右迪功郎馮揆，次適左奉議郎駱仲舉，餘不及嫁。孫男七人：仲通、仲容、仲雍、仲山、仲忱、仲恂、仲宦。仲容，迪功郎、福州懷安縣主簿。孫女四人：長適迪功郎、新鎮江府司法參軍吕祖恕，餘尚幼。銘曰：

赫赫祥光〔四〕，龍飛宋都。雝雝雁行，漸於鄉閭。可用爲儀，匪直其羽。亦有忠言，以驚該輔。伯兮先登，秉國事樞。季止郎潛，命也何居？天之於人，報有先後。不於其身，必蕃厥胄。是生良子，剖符相望。追爵三品〔五〕，密章未央。公文可傳，公行可紀。詩以聲之，公爲不死。

〔一〕雀：原作「爵」，據日本藏宋刻本、明澹生堂鈔本、四庫本改。
〔二〕徽宗：明澹生堂鈔本作「駕再」。
〔三〕女：日本藏宋刻本作「孫」。
〔四〕祥光：日本藏宋刻本作「光堯」。
〔五〕三：日本藏宋刻本、明澹生堂鈔本作「二」。

廬陵周益國文忠公集卷三〇

省齋文稿卷三〇

神道碑

樞密使贈金紫光禄大夫汪公澈神道碑

紹熙二年十一月

公諱澈，字明遠，姓汪氏，系出新安，南唐保太中徙饒州浮梁縣。曾祖仲宣，贈太保；妣徐氏，衛國夫人。祖叔寶，贈太師、惠國公；妣陳氏，益國夫人。考俊修，贈太師、慶國公；妣檀氏，秦國夫人。三世皆以詩書訓子弟〔一〕。公生穎異，幼從伯兄沆學，博覽羣書，尤長於《春秋》。登紹興八年進士第，主臨江軍新喻簿，從軍器少監鮑琚檢察荆湖軍，改吉州州學教授。父憂不赴。服除，教授衡、沅二州。万俟忠靖公謫沅，知公可任重，二十六年入相，薦召爲秘書省正字，兼實録院檢討官，遷校書郎、兼國史院編修官〔二〕。安分無求，視同舍郎數遷，殊不介意。二十九年三月輪對〔三〕，論「立國二道，曰文與武，宜令帥臣監司舉所部大小使臣智謀深遠可備鎮防、武藝超絶可帥士卒者，在内則侍從臺諫各薦所知。務得其實，實則精；不必求多，多則泛。毋問小疵，毋拘常制」。高宗嘉納，即詔内外薦舉武臣，而擢公監察御史，尋進殿中侍御史，特賜鞍馬。和戎浸久，邊防懈弛，公力陳養賢、養民、養兵及自治預備之説，反覆累數千言。其他如有司毋得援例破成法并廢教坊，皆自公發之。顯仁皇后攢宫既訖工，議者欲廣四隅，凡士庶墳在二十里内皆當遷。公言陰陽家説難信，與帝意合，命公按視。公還奏：「昭慈、徽宗、顯肅、懿節四陵園舊占百步已數十年，何今日爲是紛紛？且漢長樂、未央宫夾樗里疾墓，未嘗遷也。唐張説坎其宅東北隅，人謂洩王氣。今就如議者言，則穿穴丘壠，恐非徒無益。按國朝宫陵儀制，在封堠界内不許開故合祔，願遷出者聽，其意深矣。」帝大悟，一切如故。三十年，知樞密院事葉公義問使虜歸〔四〕，頗知入寇之謀，公申言選將帥爲兵備。八月遷侍御史，賜緋衣銀魚。時酒課虧，國用不足，公請戢私酤。或遂議以贍軍庫付殿前司，公言兵權利柄出於一，他日將不可制。又論鎮江大將劉寶十罪，乞行誅斥。又論往歲經界法行，隱漏税多，諸郡經總制錢一時羨溢，嗣歲即虧，今乃以爲額，必至病民，願詔户部别取十年通數而用其中。事皆施行。當國者多過舉，公疏罷之。明年上元前一日〔五〕，風雷雨雪交作，春大寒，有旨令侍從臺諫條具消弭災異之術。公謂天變不虚，其應在兵。今荆襄無統督，江海乏備禦，凡陳十二事，皆内修外攘計。會詔政事并用祖宗舊制，公言

〔一〕弟：原刻校云：「張本作『孫』。」
〔二〕兼：原無，據日本藏宋刻本補。
〔三〕三月：日本藏宋刻本、明澹生堂鈔本、四庫本作「二月」。
〔四〕虜：原作「金」，據日本藏宋刻本、明澹生堂鈔本改。
〔五〕日：日本藏宋刻本、明澹生堂鈔本作「夕」。

近歲武爵遷轉太驟，請復六等檢校官；總管、鈐轄、路分都監除授超躐，當遴其選。於是詔兩省詳議，其後稍復舊制云。虜使高景山因賀天申節報欽宗升遐〔一〕，且索將相求釁。公請置使江干，益兵上流，守淮甸，備海道，然後下哀痛之詔，布告中外。是月除御史中丞，遣大將成閔提禁旅五萬屯荊、襄，而公遂爲宣諭使，大率如公前後所陳。詔書略曰：「撫勞將士，體訪事宜，凡其所臨，如朕親幸。」公自以身任言責，凡川陝江淮利害悉以聞。由鄂渚歷江陵，走襄陽，具宣天子恩意，拊循諸軍，勉將帥以忠義，人人感激思奮。時田師中戍鄂，李道戍荊，吴拱以蜀兵戍襄，成閔屯郢鄂間。公以師中老病劾去之。襄披城爲山寨，荊治水堡，公曰：「此特自守計耳！敵至當力戰逐北，奈何坐困乎？」乃部分諸將乘邊，還武昌調軍食。九月，虜犯信陽、光化〔二〕，諸將戰却之。俄虜師大至〔三〕，與我軍相持。公乞下詔進討，而駕幸金陵，乃升閔京西河北西路詔討使，實聽宣諭司節制。公欲乘完顏亮駐淮南，檄諸將分兵出唐、鄧、陳、蔡，直擣京洛，使亮腹背受敵，可成大功。會兩淮失守，馹召閔軍入援，公志不就，惟以荊襄軍當虜將劉萼十萬之衆〔四〕。頃之，牒報虜謀自光、黃渡江〔五〕，襲武昌，入江西，詔拱分兵還戍江岸。拱即將而南。公在武昌馳書責拱還襄陽，自調鄂之餘兵悉戰艦聲言備光、黃，虜計不得行〔六〕。拱僅抵峴首，虜師掩至〔七〕，大戰漢水上，虜衆敗走〔八〕，唐、鄧、陳、蔡、汝、潁相次歸職方。未幾，亮死。公乞出兵淮甸，與荊襄軍夾擊其歸師，未報而虜之新主罷兵請和矣〔九〕。三十二年春，駕留金陵，公請奏事，詔需後。公復條奏便宜。三月，趣公朝臨安，虛政府以待。甫入對，即拜參知政事。六月内禪，公與宰相陳魯公及二樞臣俱膺佐命之寄。壽皇既御極，鋭意恢復〔一〇〕，首用張忠獻公使江淮，而命公督視荊襄軍馬，將分路進討。公開府襄陽，遣趙樽守唐，王宣守鄧，別選偏將分據要害。皇甫倜擁衆萬餘柵陳、蔡間，未有所屬。公請賜軍號官爵，果爲名將。初，蜀帥頓德順軍，爲虜所圍〔一一〕，公欲以兵助倜牽制之，會上命中使梁珂齎手筆勞公，曰：「卿文武兼資，帷幄大臣，以戰以守，臨機制變。」公因奏：「虜方併力拒西師〔一二〕，宜分命趙樽、王宣潛師襲洛，仍令兩淮犄角，中原遺民必響應，一舉可定，豈特解西師而已！」是時，虜師移文江淮督府議和〔一三〕，復揚言入寇。上慮公鋭於進取，諭旨未宜分兵遠略。公念襄漢宿兵，饋糧艱阻，昔之沃壤，彌望荊榛，乃與漕臣

〔一〕虜：原作「金」；申：原作「中」，據日本藏宋刻本、明澹生堂鈔本改。
〔二〕虜：原作「金」，據日本藏宋刻本、明澹生堂鈔本改。
〔三〕虜：原作「金」，據日本藏宋刻本、明澹生堂鈔本改。
〔四〕虜：原作「金」，據日本藏宋刻本、明澹生堂鈔本改。
〔五〕虜：原作「金」，據日本藏宋刻本、明澹生堂鈔本改。
〔六〕虜：原作「敵」，據日本藏宋刻本、明澹生堂鈔本改。
〔七〕虜：原作「金」，據明澹生堂鈔本改。
〔八〕虜：原作「敵」，據日本藏宋刻本、明澹生堂鈔本改。
〔九〕虜：原作「金」，據日本藏宋刻本、明澹生堂鈔本改。
〔一〇〕復：原作「服」，據明澹生堂鈔本、四庫本改。
〔一一〕虜：原作「金」，據日本藏宋刻本、明澹生堂鈔本改。
〔一二〕虜：原作「金」，據日本藏宋刻本、明澹生堂鈔本改。
〔一三〕虜：原作「金」，據日本藏宋刻本、明澹生堂鈔本改。

呂擢、姚岳議因古長渠築堰通流〔一〕，募閑民，汰冗卒，十人爲甲，五甲爲隊，三隊爲屯，授地給牛，各有等差，貸之種穀〔二〕，授之廬舍，而薄其課。秋成第輸種，餘穀官以緡錢市之。晝爲三十八屯，規模詳密。人方勸趨，而西師退保，虜勢遂張，蓋隆興元年也。宸翰數飭修邊備，公請入奏軍事。上復遣內侍甘澤賜親札曰：「入夏無虞〔三〕，可暫入覲。」仍賜金合茶藥，非常典也。方公歸武昌候命，而張忠獻公先入朝，密以迎降虜爲名〔四〕，刻期大舉，雖宰相亦不與聞。詔公出師應之。公以前議驟變，上奏曰：「虜自得志陝右，陳兵壓境，姑遷延避盛夏，將期秋冬一決和戰。浚先發固善，獨未知能度彼己，有必勝之策否？願許臣入對〔五〕，面論形勢。」詔可，而我師已踰淮。公知言不用，乞令張公併領荆襄，號令歸一。俄李顯忠師潰，公道乞奉祠，除資政殿學士、提舉臨安府洞霄宮。言者隨攻之，落職台州居住。明年冬，有旨自便，纔兩月，復端明殿學士、知建康府，視事於乾道元年春。上浸察前讒〔六〕，深念公之功，九月，召知樞密院事，遂升樞密使，立班恩數并同宰臣。公以南渡後非舊相若官至公孤不以拜，再三辭，上曰：「卿將命馳驅，經歷爲多，故授此職。」嘗密訪人才，公舉所知百餘人，第其材器復於上。二年引疾，上固留不能奪，以觀文殿學士再領洞霄。越三月，起知鄂州，兼管內安撫使。蓋上知公兩使荆襄，有經武整軍之勳，將倚規恢也。繼訪公邊事，公奏：「向者我有唐、鄧爲藩籬，又皇甫倜控扼陳、蔡間，虜兵不敢窺襄〔七〕。比既失兩郡，倜復內徙，虜屯新野〔八〕，相距百里耳。臣嘗令趙樽、王宣築城郭，儲芻糧，守備要害，首尾相應，有以待敵，衆心乃安。爲今之計，無以易此。至於機會之來，固難預定。臣職在守土，不得而知也。」上深然之，每以上流諉公。議臣欲廢江州軍，公力言不可而止。公以和好方堅，上章求歸，移知寧國府，便公之私。四年改知福州，兼本路安撫使。海寇爲亂，公遣兵捕渠魁戮之〔九〕。十月得末疾，再請洞霄。七年遂告老。上雖知公疾，猶令降詔不允，曲示禮意，尋特轉通奉大夫，許致仕。八月二十三日，召其子授遺奏大指而薨，年六十有三。特贈金紫光祿大夫，官其後十人。積階自迪功郎至三品皆特遷，爵鄱陽郡開國公，食邑二千三百户，寔封五百户。有司定謚曰「莊敏」。以九年二月乙酉，葬邑之南鄉湘湖長穆山之原。娶同邑李氏，封榮國夫人，後公九月薨。子男四人，皆通敏。棹，今爲朝請大夫、提舉廣南路市舶。梓，朝請郎、知盱眙軍。檝，通直郎、新通判撫州。獨其季承奉郎、隆興府監倉橚早世。女三人，適李師心、王源、方恬。孫男十五人：光、熙、

〔一〕古：原作「右」，原刻注云：「張本作『古』。」按日本藏宋刻本亦作「古」，據改。
〔二〕貸：日本藏宋刻本、明澹生堂鈔本、四庫本作「賦」。
〔三〕夏：原作「寇」，據日本藏宋刻本改。
〔四〕虜：原作「人」，原刻注云：「張本作『虜』。」按日本藏宋刻本、明澹生堂鈔本亦同，據改。
〔五〕入：原無，據明澹生堂鈔本、四庫本補。
〔六〕讒：明澹生堂鈔本作「事」。
〔七〕虜：原作「敵」，據日本藏宋刻本、明澹生堂鈔本改。
〔八〕虜：原作「敵」，據日本藏宋刻本、明澹生堂鈔本改。
〔九〕魁：原無，據日本藏宋刻本、明澹生堂鈔本、四庫本補。

烈、勳、燧、燁〔一〕、燿、爚、杰、⿱臣灬、焆、焴、炬、焯、炎。孫女七人。公學本誠敬，不專誦説，每務躬行，嘗從容奏高宗曰：「臣起家寒遠，所以報國惟無私、不欺耳。」及事重華亦云。退以名所居二齋。天性孝友，自以禄不逮親，每沾俸賜，感愴彌日。憐弟澄少孤，拊遇尤至，首蔭以官。前公數月没淮東，公已病，猶遣長子暑行護柩歸，遺命復官其子。與人交，始終如一。居家儼恪，服用猶未貴時。治郡不求赫赫名，處軍事精審明白，將卒無不悦服。尤愛惜爵賞，每曰：「名器輕假，何以示勸？」有立功者必奏真命，未嘗假版。其後朝廷以諸軍借補猥濫，或奪或裁，獨所部無之。汲引善類，惟恐不及，名卿才大夫多公所薦。有文集二十卷、奏議十二卷，辭章簡重如其爲人。某嘗觀《國史》，天聖中，契丹講好已二十餘年，宿將無在，武備卑缺，范文正公方爲京官，奏疏乞命大臣舉忠義有謀之人，次命武臣舉壯勇出羣之士，及復唐武舉，當世稱其有王佐才。由是入館閣，擢右司諫，言事鯁挺，爲仁宗所知。元昊僭竊，選帥西邊，盡瘁經營，昊竟納款。召拜二府，值西北交争，麟府奏警，自請宣撫河東、陝西，二虜卒不敢動。後歷數鎮而終。本朝言文武兼資可爲後世法，推以爲首〔二〕。公以文正嘗守鄱陽，師慕其爲人，故當南北交聘、習講文治、諱言軍旅之時，獨以館職爲國遠慮，請擇武將，遂結主知。中歲偏歷言路，出帥荆襄〔三〕，往來指授，兩路晏然。及亮授首，遂參大政。重華初元，復以執政督視軍馬，悉其智謀，方面鞏固。和戎定，而公歸位元樞，歷四鎮，遭時遇主，出處本末大略近文正，然後縉紳間皆知儒者果可用也。初公薨，翰林學士洪公景盧既以歷官行事刻之墓，嗣子槹謂某與公同朝，嘗贊美攢陵之議，相與至厚，復請碑於墓道，義不可辭，謹提其要而繫之以銘。於是公以諸子升朝，累贈至太師。銘曰：

天生聖人，專用仁治。蠢兹玁狁，常桀以肆。念昔三代，降漢迄唐。樂天保民，運祚以長。赫赫高宗，紹復大業。明明重華，賡聲繼伐。叛則征之，服則盟之。寧抑爾兵，毋殘我民。維時汪公，致位丞輔。翼贊兩朝，敵威衆附。雜耕渭上，中田先零。氣吞幽燕，公志則然。我車既攻，我策既定，師干一試，簞壺必應。有黠斯寇，竊窺至仁。叩關乞和，遂許來庭。上曰歸哉，其永予弼。公曰止哉，盍均於佚。征鎮四遷，訖其外庸。或出或入，有始有終。孰不富貴，孰不更踐？有譽無疵，如公則鮮。往在慶曆，西征夏臺。倚臣曰范，迄用招徠。於穆二聖，心乎仁祖。公慕先正，幾踵其武。螭首龜趺，表於墓門。文以詩之，庸諗後昆。

資政殿學士贈通奉大夫胡忠簡公神道碑

紹熙三年

武王一戎衣而定天下，應天順人之舉也，義士猶或非之，孔

〔一〕燁：四庫本作「曄」。
〔二〕推以：明濬生堂鈔本作「惟公」。
〔三〕帥：日本藏宋刻本、明濬生堂鈔本、四庫本作「使」。

孟奚取焉？爲萬世計也。紹興和戎，高皇有不得已者矣，兩宮未歸，母后春秋已高，故與大臣決策從權。中外議論雖洶洶，顧無敢直陳於上前者〔一〕，獨樞密院編修官胡公銓上書數百言，援大義而伸之，大略謂：王倫誘致虜使〔二〕，欲劉豫我；秦檜腹心大臣，導陛下爲石晉；孫近傅會，遂參政事。願竿三人頭，羈留虜使〔三〕，興問罪之師。時八年十一月也。辛亥有旨：銓書凶悖刼持，其削籍流昭州，仍降詔布告中外。是日，檜、近惶恐待罪。明日，又請收責命，不許，則乞從末減。十二月，王倫亦再上章自劾，而六曹長貳、給舍、臺諫自晏景初而下多有救解者，乃改監廣州都鹽倉。明年正月，宰執復奏：銓書專詆臣等，前和議未諧，不敢固請以疑羣心，今議已定，宜稍甄叙。乙酉，遂改簽書威武軍節度判官廳公事，十一年六月之官。十二年七月，諫議大夫羅汝楫劾公益倡前説，用欺羣聽，復除其名，勒停編管新州。十八年十一月，郡守張棣奏公與客唱酬，毁謗怨望，移吉陽軍。時大臣專國柄，小人觀望迎合，必欲置公死地，賴天子獨保全之。二十五年冬，秦丞相薨，乃得歸。某竊惟人臣犯顔逆耳，上攖人主之怒，下爲權臣切齒，或誅或斥，何可勝數？未有九重特申詔諭，兩府矯情屢請〔四〕，禁近引誼救止，曾不四旬，謫命三改，如朝廷此舉之盛者。當是時，一胡編修名震天下，勇者服，怯者奮。朝士陳剛中以言餞行，至云：「屈膝請和，廟堂無策；張膽論事，樞庭有人。貶令安遠，之死靡憾。」鄉人王庭珪嘗賦「姦諛膽落」之詩，竄徙夜郎，反以爲榮。下至武夫悍卒，遐方裔土〔五〕，莫不傳誦其書，樂道其姓氏〔六〕，争願識面，雖虜庭亦因是知中國之不可輕〔七〕。蓋天理所存，自公達之；人心所憤，自公發之。扶世垂教，非聖朝之伯夷耶〔八〕！孔孟如在〔九〕，其大書特書也必矣。胡氏本金陵人，五季徙廬陵。公字邦衡。曾祖連〔一〇〕，妣康氏、劉氏。祖愷，贈承務郎；妣孺人張氏。父載，有氣節，一試有司不中，即棄去，贈大中大夫。母陳氏、張氏、所生母曾氏，俱贈淑人。公幼不羣，强記博覽，年二十試大學，文不加點。建炎二年廷對行在所，考官初以冠多士，或畏其切直，置第五，授左文林郎、撫州軍事判官。未上，隆祐太后避狄上贛，狄師隨之。公以發運司檄攝本州幕官，率鄉丁佐官軍扞止，第賞循承直郎，就權判官。尋丁父憂。服除，與兄鑄從鄉先生蕭楚講《春秋》學，無仕進意。紹興五年，張忠獻公都督諸路軍馬，辟湖北常平茶鹽司幹辦公事，以親嫌〔一一〕，易河南提點刑獄司〔一二〕，俱未行，召赴都堂審察。七年，兵部尚書呂祉以賢良

〔一〕直：原刻注云：「張本作『極』。」按日本藏宋刻本、明澹生堂鈔本、四庫本亦作「極」。
〔二〕虜：原作「金」，據明澹生堂鈔本改。
〔三〕虜：原作「金」，據日本藏宋刻本、明澹生堂鈔本改。
〔四〕兩：原刻注云：「張本作『二』。」按日本藏宋刻本、明澹生堂鈔本、四庫本亦作「二」。
〔五〕土：原作「士」，據日本藏宋刻本改。
〔六〕氏：日本藏宋刻本作「字」。
〔七〕虜：原作「庭」，據日本藏宋刻本、明澹生堂鈔本改。
〔八〕耶：明澹生堂鈔本作「也」。
〔九〕如：明澹生堂鈔本、四庫本作「而」。
〔一〇〕連：日本藏宋刻本作「璉」。
〔一一〕以：明澹生堂鈔本作「避」。
〔一二〕河：明澹生堂鈔本、四庫本作「湖」。

方正薦，四月賜對，改左通直郎，留爲樞屬。後二年赴福州，纔一年踰嶠。又六年過海，守棣驅公使步往〔一〕，又諭送吏侵公。公不爲動，吏無所肆其毒。既抵珠崖，著書怡然，不以死生介意。士執經從學，多可觀，預貢者相繼赴南宮。其後公還朝，復請五至省者許勿限年推恩，自是海島頗有仕宦者。閱七年，始量移衡州。又數年，乃許自便。三十二年，壽皇即位，復左奉議郎、知饒州。十二月入對，乞修德結民心，練兵觀虜釁〔二〕。上曰：「久聞卿直諒。」拜吏部尚左郎官〔三〕。隆興元年正月，遷秘書少監。四月，擢起居郎、兼侍講、國史編修官。論記注不應進稿，前後殿皆當侍立，遇直前毋白閤門，毋隔班次，又請移都金陵。時督府北伐克宿州，大將李顯忠、邵宏淵敗歸，勸上毋以小衄自沮。七月〔四〕，旱蝗星變，求直言。公請勿徼福佛老，躬行周宣王故事，罰監司守令之貪殘者。其論納諫曰：「今廷臣以箝默爲賢，容悅爲忠，反謂臺諫論事爲賣直，此德宗疑姜公輔之語也，馴致興元之幸，所謂一言喪邦者。」上曰：「非卿不聞此。」金人再求和，公曰：「虜知陛下鋭意恢復〔五〕，故以甘言詭計款我，願絶口不言和字。」上嘆其忠直。侍郎王之望、侍御史尹穡皆主和，排張忠獻公，公廷責之，聞者稱快。兼權中書舍人，特升同修國史。公雖與忠獻善，及其子栻賜金紫，則謂不當如待勳臣子，繳奏之。太上皇后改稱教旨爲聖旨，公奏：「大哉乾元，至哉坤元，今乃一之，將如太上皇帝何？」上曰：「奉親之過，朕當自受。」十一月，詔以和戎利病、遣使可否、禮文後先、土疆取予大要詢禁近。或勸公從衆，公奮曰：「古有斷頭將軍，無降將軍。」乃上奏曰：「京師失守自耿南仲主和，靖康播遷自何㮚主和，維揚失守自汪伯彦、黄潛善主和，完顏亮之變自秦檜主和。議者乃曰：『外雖和，内不忘戰。』此又向來權臣誤國之言也。一溺於和，將士解體，尚能戰乎？」執政讀之失色，會中貴人推金字牌賞越舊制，公索成法將論之。俄與宗正少卿何俌兩易其官，公未出省，吏白新舍人至，公叱曰：「命汝取成法，何遲也？」吏懼，探懷出之。公亟具奏，乃緘印上馬去〔六〕。上尋悟中傷之由。請外，弗聽，猶以侍講夜對〔七〕。上曰：「虜急欲和〔八〕，其勢甚蹶。」公乞力任張浚，恢復可必，因再求去。上曰：「卿直諒，四海所知，且留經筵，事無大小皆以告朕。」二年二月，兼權國子祭酒。六月，除權兵部侍郎。八月，上以災異避殿減膳，詔廷臣言闕政急務。公以賑恤爲先務，議和爲缺失。於是太學生七十七人同上書，乞再相陳康伯，用胡某爲腹心。進兼侍讀。虜人議國書未合〔九〕，或請末節不必較。公曰：「富弼以死爭獻納二字，今欲君父卑辭下醜虜〔一〇〕，愧弼多矣。」上韙其言。十

〔一〕棣：原作「隸」，據明澹生堂鈔本、四庫本、《澹庵文集》附録改。按「守隸」，即上文所言新州守張棣。

〔二〕虜：原作「敵」，據日本藏宋刻本、明澹生堂鈔本、四庫本改。

〔三〕「尚」下原有「書」字，不可通，據宋官制刪。按「尚左郎官」乃吏部郎中主管尚書左選之官稱。《宋史・胡銓傳》直云「除吏部郎官」。

〔四〕月：原作「年」，據明澹生堂鈔本、四庫本、《澹庵文集》附録改。

〔五〕虜：原作「彼」，據日本藏宋刻本、明澹生堂鈔本改。

〔六〕上：日本藏宋刻本作「索」，明澹生堂鈔本作「馳」。

〔七〕猶：原作「獨」，據明澹生堂鈔本、四庫本、《澹庵文集》附録改。

〔八〕虜：原作「金」，據日本藏宋刻本、明澹生堂鈔本改。

〔九〕虜：原作「金」，據明澹生堂鈔本改。

〔一〇〕醜虜：原作「敵國」，據日本藏宋刻本、明澹生堂鈔本改。

一月，以邊事改卜郊，公言不可者十。又大臣主和益堅，公爭之力。以本職措置浙西、淮東海道，命下即趣行。時金寇深入，號八十萬，淮東郡縣望風退避，高郵守陳敏拒之射陽湖，而大將李寶駐師江陰不肯援敏，公檄寶出師。寶先嘗取密詔爲自安計，公劾奏曰：「臣受詔，令范榮備淮，李寶備江，緩急更相援。今寶視敏弗救，若射陽失守，大事去矣。」寶懼，與敏犄角退虜兵〔一〕。時大雪河凍，公親劚冰濟舟師，人以用命。初，公與尹穡同出使，穡使浙東，置家於京。公使江淮，蓋受敵之地，携孥北行，實安衆心。言者乃併指爲罪，閏十一月，與穡俱罷。久之，提舉江州太平興國宮。乾道五年冬，上語諫臣單時，思得節誼之士。時奏公中興初率鄉兵遏虜事〔二〕。上雅知公，陳、虞二丞相復薦之，遂除集英殿修撰、起知漳州〔三〕，未赴。六年春，改泉州，趣令奏事。上曰：「每思卿直諒，今朕恢復之志已決。」公曰：「陛下嘗欲移蹕金陵，何爲中輟？」上曰：「以民之不易，少需耳。」留爲在京宮觀兼侍講。閏五月，除權工部侍郎，論前修史功，進官一等。十一月，真拜侍郎。公言：「初元經筵七人，老臣獨在，願乞身歸田里。」上曰：「卿忠孝，神物護持，且留觀朕恢復，同載大梁。」或忌公敢言，摘細故雜他朝士併撼公，冀不得獨留。公自以年踰七十，遂求致仕。詔除寶文閣待制、在外宮觀，七年三月也。未數日，特留提舉祐神觀，侍講如故。上曰：「卿大節可嘉，朕不忍令卿去。」未幾，受詔舉堪任刑獄錢穀及智略吏能各二人。言者又謂公所舉非其人，貶秩二等。公知不容，力求退〔四〕，進敷文閣直學士，再提舉興國宮，特許陛辭。公奏：「願陛下任賢斥邪，理財訓兵，逮鰥恤孤，必報國仇，必歸陵寢，必復故疆。」上曰：「朕志也。」又問：「卿今何歸？」公曰：「臣向在嶺海嘗訓傳諸經，今歸廬陵，將成此書。」特賜通天犀帶以寵之。公既歸，上趣所進書，遂上《易》、《春秋》、二《禮》解，詔藏秘書省，尋復原官。淳熙二年，上思公不置，諭大臣令進職。初擬稍遷，上特升十等，遂爲龍圖閣學士，前此未有也。太上慶七十，獨公以前朝龍飛甲科遷朝奉郎。祠滿，又納禄。上令因任，近臣有言：「秦檜時臣僚被貶斥者後皆還其所歷歲月，惟胡某爲議郎將四十年，未嘗自列。」詔特予四官，遂轉朝散大夫。三年冬，三納禄，優詔不允。四年秋，秩滿，特命提舉隆興府玉隆萬壽宮。五年夏，上以公連歲納禄，舉大梁同載之言諭大臣使留公，仍進端明殿學士。六年冬，三省復奏公祠滿。上曰：「銓雖老不衰。昨去國，欲他日從朕中原。朕嘗壯其言，可召歸，處以經筵。」公引疾力辭，因陳時病五事，且曰：「劉珙、張栻將死，其言甚忠。李椿、鄭鑑之去國，論議皆有補。陛下盍念之，顧何以老臣爲？」上知公不能來，七年春，超轉朝議大夫，再食興國宮禄。公稱疾篤，四月加資政殿學士致仕。五月庚辰薨，遺表猶欲爲厲鬼殺賊。贈通議大夫，官其後三人。享年七十有九。初封廬陵縣開國男，加至本郡開國侯，食邑自三百户積至一千五百户，實封百户。是年冬十月丙午，葬於縣之儒行鄉松山原祖

〔一〕虜：原作「敵」，據日本藏宋刻本、明澹生堂鈔本改。
〔二〕虜：原作「金」，據明澹生堂鈔本改。
〔三〕起：原無，據明澹生堂鈔本、四庫本、《澹庵文集》附録補。
〔四〕力：明澹生堂鈔本作「復」。

塋之右，以子升朝，遇郊恩贈通奉大夫。娶劉氏，中散大夫、湖南提點刑獄公事敏材女〔一〕，先公卒，贈淑人。五男：泳，承務郎、監江淮總領所惠民局、兼行宮雜賣場，淳熙初卒官；澥，今爲奉議郎，前沿海制置司幹辦公事，賜緋魚袋，能世其家；浹，承務郎；瀞，承奉郎；沖，未命夭。五女：適從事郎、道州司法參軍嚴萬全〔二〕，福唐葉昌嗣，上饒方自厚，通直郎、簽書昭信軍節度判官廳公事、賜緋魚袋王宗孟，將仕郎王葳。孫男十六人：槻，承事郎、奏辟廣南西路轉運司主管文字；桀，文林郎、監泉州市舶務；杙，承奉郎；桯、杋、槢、梃、枅、機、梲、櫝、杓、樺、檖、檫、椅。女七人。惟公忘身爲國，首倡正議，人已知敬畏；又平居持論鯁挺，視權貴有不善，趨向有不正，輒奮髯欲扼其吭，略無顧避，士大夫以是疑公特立獨行，不可得而親。其實篤厚恭寬，孜孜樂善，常欲以學道愛人之實施諸有政。既不大用於朝，嘗三拜二千石，復未及布宣於外，故公之剛雖表表愈顯，而其仁心則罕知者。昔蘇文忠公作《剛説》，謂夫子以剛毅巧言辨仁不仁，深闢太剛則折之説〔三〕。由公視之，其信而有證哉！公性孝友，在海南聞母喪慟絶，水漿不入口，一夕鬚髮盡白。當任子，先祿兄之子。歲時會聚宗族，恩意周備，收恤貧弱，不計家之有無。與朋友交，情文兩盡。田父野老、蕘兒牧夫亦接以禮，得其懽心。奉身儉約，非賓祭食不重味。間被君賜，可辭則辭，不可辭則以賙人。先疇外寸地無所增，識者嘆服。公聰明既絶人，又能堅忍勤苦，聖經賢傳晝夜繹思，古文奇字悉力研究；發爲文章，雄深雅健，清新藻麗，下筆輒數百言。尤刻意《詩》、《騷》，用事深遠，措詞奇崛。後生投贄，率次韻以酬，多至百韻數十篇，愈出愈工。字畫端勁，兼通篆隸，碑版一出，人争傳玩。邃於禮學，能躬行之，冠婚喪祭必遵古訓，釋老異端一切屏棄。親舊慶弔，寒暑不輟，自壯至老，始終如一。在新興名室曰「澹」，晚號澹菴老人，遂以名其集，總一百卷。又著《易拾遺》十卷、《書解》四卷、《春秋集善》三十卷、《周官解》十二卷、《禮記解》三十卷、《經筵二禮講義》一卷、《奏議》三卷、《學禮編》三卷、《詩話》二卷、《活國本草》三卷。自公之殁，其子以門人今秘書監楊公萬里所狀行實來求銘。某自少知慕公名德，隆興初先後入兩省，中間郊居從游幾十年，已復遞宿玉堂，凡公文行皆親薰而炙之，銘其敢辭？獨念公官品雖未應謚，而名節如此，顧在隱德丘園之下耶？幸從執政之後〔四〕，當任斯責，暨尸宰事，始奉明詔謚公「忠簡」，而郡庠又以公配祠六一先生，然後哀榮兩備，銘公有辭矣。銘曰：

河入中國，地卑而傾。屹立砥柱，其勢乃分。江會三峽，湍束於隘。截然灩澦，其流乃殺。天方驕金，帝維念親。事之至難，有君無臣。齗齗滿朝，其瀾孰障？言言胡公，正論獨抗。鼎鑊刀鋸，視之猶無。嶺海崎嶇，不曰夷途。相欲殺公，彼憸趨和。天子仁聖，公卒無禍。晚儀正朝，素志

〔一〕公：原無，據日本藏宋刻本、明澹生堂鈔本、四庫本、《澹菴文集》附録補。

〔二〕全：原作「金」，據日本藏宋刻本、明澹生堂鈔本、四庫本、《澹菴文集》附録改。

〔三〕太：原作「大」，據日本藏宋刻本、明澹生堂鈔本、四庫本、《澹菴文集》附録改；説：日本藏宋刻本作「論」。

〔四〕「幸」字上，明澹生堂鈔本有「獨念」二字。

弗移。不會於梁，則繫乎時。富貴壽考，百年之頃。孤忠大節，千古惟永。懦夫以立，清哉伯夷。孔孟亟稱，公乎得師。祠在學校〔二〕，傳在國史。刻詩新阡，與宋無止〔三〕。

〔二〕學：日本藏宋刻本作「鄉」。
〔三〕「祠在學校」至「與宋無止」，明澹生堂鈔本、四庫本、《澹庵文集》附録無。

廬陵周益國文忠公集卷三十一

省齋文稿卷三十一

墓誌銘

右迪功郎致仕劉公若川墓誌銘 乾道元年

隆興元年十二月一日，廬陵鄉先生劉公卒，州學教授帥生員哭其家甚哀。郡人皆嘆曰：「善人死矣」！於是門生、鄉貢進士田亮功會萃遺事，屬某爲之銘。某之兄弟昔以童子受業公門，其可以辭？公舊名武，字定功，後改名若川，字朝宗。世爲廬陵人。曾祖海，祖惟一，皆不仕。父陶，字紹先，博學有聲稱，於勢利泊如也，其詳見文人葛敏修、李聖功所爲銘。紹先娶樂氏，實生公。公自幼刻意讀書，事父母盡孝，待兄弟以順。方三舍法行，爲正若録必經術行誼俱優者(二)。當是時，公固未老，人已曰非劉公不可。其後改科取士，人又曰：「劉公，元祐宿學也，宜留爲吾徒師。」中間預鄉薦，可以仕矣，公優游學舍不起也。諸生亦謂公言行可法，挽之相與不置(三)。蓋贊助學官，表帥多士踰四十年。平居與物無競，休休然真寬厚長者，人以是敬愛之。若乃施口惠、任心術以沽流俗之譽者，固公所恥也。家素貧，學者聞其名，自遠麇至，賴以自給。公損衣節食，推其餘以字育孤幼，賙恤朋友，此又人所難者。紹興二十九年，太上皇帝慶壽於慈寧宮，凡高年以差賜爵。時公年八十七，且有子舉於鄉，實應詔書，遂補右迪功郎致仕。初，公屢求解學職，衆輒留之，至是欲必去，衆曰：「公耳目尚聰明，況養老於學，古之遺制也。」不聽，蓋復留四年，以疾卒於家。公爲文醇正淡泊，如其爲人，有集二十卷。初娶夏侯氏，再娶王氏、彭氏。四子：長充實，通經篤行，有父風；次充國，鄉貢進士；次待問，以毀卒；次定國。二女：長適進士彭邦直，次適進士王景先，前卒。孫男、女俱九人。男：鄉貢進士羲之暨麟之、釋之、涓、元之、揮、儀之、宗之、必勝也。曾孫男三人：伯雄、伯魚、伯鳳，皆業儒。女二人。議者謂公豐積而嗇取，後世殆其昌乎！諸孤以二年閏十一月辛酉葬公於城西雞家嶺，與彭氏同兆而異穴。銘曰：

九十一年不其壽，子孫濟濟昌乃後。天豈我私躬自厚，如唐師德漢少游。無競無求以白首，附郭之山長而秀。公歸其宮安且久，列辭鑽石耀不朽。

蔡子亨墓誌銘 乾道元年

伯父沅陵公好賢喜士，其規模寧與時利相反。一時巨室，衆

(二) 誼：日本藏宋刻本作「藝」。

(三) 挽之相與：原刻注云：「張本作『相與挽之』。」按日本藏宋刻本、明澹生堂鈔本、四庫本亦同。

方慕嚮，有來請交，多捨去不顧；即故家若寒士人所蹈藉者，往往察其賢延譽之。仕以故弗甚顯，然世言善擇交者，人人推周使君。紹興丙寅春，道袁州，問州之士大夫孰可與游，皆曰：「蔡君子亨，故相家也。築室砲沙河上，葺廢圃爲園，日延邦人過客，飲酒賦詩、鼓琴彈棋於其中，蓋二十年未嘗見過失，是何如？」伯父曰：「可也。」立命過蔡君。蔡君出迎，貌温而恭，論辨而無邪，視其家庭肅然，閲其子弟翼翼怡怡，争讀書學文。伯父喜曰：「人言果可信。」時方求介婦，會蔡君亦擇壻，一言而兩家通婚姻如東阡北陌也。歸道所以然，予年尚少，竊記之。自是從事四方，絶不與子亨相聞。隆興改元秋七月歸廬陵，客有斬衰偕謁入者，視之乃子亨之子岳也。予驚問來故，則哭曰：「今年先人棄諸孤，雖葬而墓碣未刻，猶不葬也。岳爲是不敢顧几筵，扶服亟來，惟執事哀許。」予辭謝累月〔一〕，岳泣請益虔，予兄又提筆迫曰：「趣爲我具稿！」乃取左從政郎、吉州司法參軍魏吉甫所狀世閥行事而比次於下。君名衢，子亨字也，興化軍仙遊人。曾祖準，贈太師、秦楚國公。祖京，太師、魯國公。父條，贈少保，謚文簡。母永寧郡夫人强氏。幼以門功補承奉郎，轉承事郎，嘗贈金紫〔二〕，除太府丞，改直秘閣。君父母皆早世，能自立，不爲貴驕氣習。在政、宣間，公私事一無預知，故官以例遷，未嘗超拜。及舉族落南，有司獨刊去君名，則其始末可概見矣。始虜之入大梁也〔三〕，士民挺身避難，君能冒死走父母殯宫，取柩南奔。其後群從有困窮死亡者，君悉爲賙給蓋藏之，平生孝友類此。死時年五十八，時正月己酉也〔四〕。葬以四月壬申，墓在州之西平田。娶洛陽王氏，惠獻公化基之曾孫。生四男：畧、岳、岡、峃。畧、峃前死。四女：長壻右文林郎、武安軍節度推官王注；次則予兄，右迪功郎、監潭州南嶽廟必端；次進士張伯虎；其一既嫁復歸。孫男三人：垓、圯、埴；女三人，尚幼。銘曰：

家鼎盛，或端靖，名必振。廢而居，誰爾諛，乃有譽。銘君墓，是之取，尚無斁。

徽猷閣待制宋公晚墓誌銘 乾道二年

公諱晚，字景晉，姓宋氏。其先北州大族，後徙開封府祥符縣。至公之曾祖鄭國元憲公庠以道德文章歷踐樞宰，賜第咸寧坊，官至司空，薨贈太師、中書令兼尚書令。曾祖妣，魯國太夫人胡氏。祖均國，朝散郎致仕，累贈金紫光禄大夫。祖妣，大寧郡夫人陳氏。父宻年，朝請大夫致仕，累贈銀青光禄大夫。妣，同安郡夫人張氏、安康郡夫人吕氏。公弱冠補太學生，嘗升舍，會父致仕當補官，公友愛其弟，推與之。政和四年，別以門蔭爲將仕郎，調孟州刑掾，改河北糴便司幹當公事，選充大晟府修製大樂管幹文字。以生母令人崔氏心喪去官。服除，用前糴便賞改宣教郎，爲河北轉運司幹當公事，提舉洛口交裝催促綱運，擢尚

〔一〕月：日本藏宋刻本作「日」。
〔二〕贈：日本藏宋刻本作「賜」。
〔三〕始：日本藏宋刻本無。
〔四〕時：明澹生堂鈔本、四庫本無。又「酉」下，四庫本有「日」字。

書司門員外郎，出爲蔡河撥發。宣和元年冬，徽宗召對稱旨，命知宿州。明年，方臘起，連陷郡縣數十，羽檄調重兵擊之，所過騷然。宿爲往來要衝，凡軍需獨前期告辦，民以不擾。久之，以治郡最一路，除直秘閣。四年夏，童貫退師白溝。公適入覲，帝命乘驛按之，盡得其狀。未幾，以將作少監召，賜緋衣銀魚，數條積弊，多所裁革，遂長監事，賜服金紫。六年正月，遷殿中少監。入謝，帝諭以裁冗濫，柅侵漁〔一〕。公悉意奉行，一時號爲稱職。靖康改元，斡離不深入，道君將南幸，朝廷議狩襄、鄧，中外洶洶，士大夫潛懷向背。欽宗雅才公，擢徽猷閣待制、添差江淮荆浙等路制置發運使，實欲調護道君行宮也。人謂公且辭行，公曰：「此非臣子效力時耶？」以正月三日受命，而是夕龍德之駕倉皇出通津門，公捐家貲募兵民擊河凌，通御舟，遂從道君逾淮渡江。是月十五日次京口，時虜已傅京城〔二〕，道君命所在州止東南遞角及上供綱運，毋令虜得〔三〕。又高俅纔領禁衛三千留控淮津，惟童貫將勝捷兵三千實從，會二浙勤王兵三千人過鎮江〔四〕，道君命留之。叠三事而疑似之言寖聞，於是有上書天子乞斬童貫等六人者。二十八日，詔聶山爲發運使代公密圖之，而與公在京差遣〔五〕。山行有日，尚書右丞李綱言於帝曰：「斥貫等一詔書足矣，投鼠不可不忌器。」帝曰：「朕意亦然。」罷山不遣。而公以二月末至闕，帝召對〔六〕，首問道君安否。公敷奏詳明。帝喜曰：「流俗紛紛，朕皆不信也。」明日復召至延和殿授使指，令奉書行宮。公頓首曰：「臣備數從官，蒙任使，敢辭難乎？顧愚戇不能道兩宮之情，死無以塞責。」帝曰：「朕自道君在外，寢食不安，彼小人何知，動輒猜間，不可不慮。卿頃嘗將命至春坊，又久在禁省，吾父子知卿，故藉卿一行。往矣，道此誠意，用釋朕憂。」公知不可辭，即奏云：「陛下仁孝，天下所共知，况臣親聞玉音，敢不竭力？」帝曰：「朝廷昨命童貫留守京師，貫輒不告而去，名爲扈從，實遁耳。議者屢請誅之，朕以其在道君左右，第貶池州。卿爲我奏遣，毋令舉朝尚以爲言也。」公曰：「謹奉詔。」乃三月四日再除公發運使，填高衛闕。暨明日入辭，帝曰：「更有一事，黏罕再犯澤潞，朕以道君未歸，屈己懇和，須其退師，即遣奉迎使詣行宮問歸期。不然，遊騎脱復渡河，豈不驚動君父？」公曰：「聖慮及此，可與天通，非群臣所能及也。」俄報云帝目宦者取書，起立授公。公退即疾馳，不三日至符離。俄報云道君入虹境矣，公率官吏迎拜河上。道君召公登善濟舟。公進書，備道上意。道君慽然曰：「此因流言，致朝廷相形迹，監司州縣觀望風指，往往忘分慢職。」因條舉數十事，每及一事即泣下，云云。公曰：「方都城晝閉，中外隔絶，雖御前號令，州縣或不奉承，非獨行宫也。守令之罪蓋不容誅，朝廷何預焉？」道君意乃解。公即奏：「臣出京師時，聞童貫貶池州，今猶未行，何也？」道君曰：「勝捷兵隸貫，未知所付。」公以便宜奏云：

〔一〕柅：明澹生堂鈔本作「扼」。
〔二〕虜：原作「金」，據日本藏宋刻本、明澹生堂鈔本改。傳：原作「破」，據明澹生堂鈔本改。
〔三〕虜：原作「敵」，據日本藏宋刻本、明澹生堂鈔本改。
〔四〕三千：明澹生堂鈔本作「二千」。
〔五〕公：原脱，據日本藏宋刻本、明澹生堂鈔本、四庫本補。
〔六〕「帝」下，明澹生堂鈔本有「即」字。

「若付宇文粹中，而以范訥爲副，宜可。」道君曰：「善！」召二人，使交兵。明日，道君語公：「童貫得勝捷軍情，驟罷之且生變，奈何？」公曰：「貫平日敗壞軍政，西北之人怨入骨髓，今斥去，乃所以安衆，生變之語殆貫自解耳。」道君趣貫行。一日，道君復語公：「内禪自出我意，雖皇后亦不與知，况羣臣皆欲保家族，敢與此耶？我纔出門，姦人便欲貪功離間，是無天也。」再及遞角等三事，泫然曰：「我爲國家過計爾，得毋以此致疑乎？」公曰：「臣造朝纔數日，無日不召見。主上誠孝由衷，思慕形於言色，雖百小人進間言决不能入。若廷臣，則陛下何恤？」道君曰：「帝知我急歸否？」公曰：「主上正以黏罕在澤潞，故願陛下少留京口，以待奉迎使與儀物偕來。臣固疑迴鑾太遽而未敢啓也。」道君曰：「兩日待説，偶未暇，只爲無裹糧住得耳。」公驚曰：「臣雖被召去，自有淮浙兩路漕臣及發運使副在揚、潤，顧不能應辦耶？」道君曰：「有一文字待付卿。」令左右取匣中文書來，公跪讀之，乃尚書省付知宿州林篪劄子也。初，州有御前竹石錢十萬緡，道君過州時親筆付篪取其半，篪纔輸二十之一，而以其事上尚書省。尚書符宿州，其以錢上京，毋擅用，後題正月十三日，日下獨執政官一人簽書。公讀畢，奏曰：「陛下在位久，凡御札寶批及三省批旨，若畫可畫否[一]，有不作奉聖旨付外者否？」道君曰：「無之。」公指堂帖曰：「此既無『聖旨』二字，又未嘗徧書宰執，非朝廷意甚明。殆圍城中小吏作常程行遣，而當筆者不察爾，臣非敢游説以寬聖慮也。」道君視之，欣然曰：「卿言是，我未思此。」公隨事解釋，大率類此。行宮次南京，公以帝命請先入奏，道君乃以書授公，且賜手詔一通，大略謂：嗣聖遺宋某齎書至[二]，遂得通父子之情，話言委曲，坦然明白，由是兩宫無纖毫憂疑。至以公比張仲孝友。公再拜跪受訖，夜以小舟馳去。比至虹橋，宣召者踵來。公奔至崇政殿門，謁者云：「上留宰執待君，已有旨免朝見，止常起居可也。」公及階，帝已起立，連問道君遽歸意。公不敢隱裹糧語，繼以堂帖進呈，且具道所以解釋道君者。帝悦曰：「卿應對甚善，當議褒賞。」公曰：「臣將命無功，免責爲幸，賞非敢冀也。」還部未幾，臣僚劾公奏宿州事爲脅持離間，而大臣獨留劄子者從中助之。詔落職，與在外宫祠。言者不已，七月再貶單州團練副使，永州安置。紹興元年，復朝請大夫。次年始得提舉亳州明道宫。凡歷八任，改提舉江州太平興國宫。積官右朝議大夫。二十七年，光堯壽聖太上皇帝眷懷舊事，命取徽宗所賜手詔以入，親爲製題記數百言，宣示百僚，襲藏敷文閣。又下詔暴公之忠，還其舊職，歲賜藥石，眷待甚厚。惜公已老，無意於仕矣。後四年遂納禄，轉右中奉大夫。是年六月二十日終於正寢[三]，實紹興三十一年，享年七十有六。訃聞，贈右通奉大夫，賻黄金百兩，録其孫三人。制詞有「學知守其家，材實裕於用，被遇徽廟，竭誠靖康，謨訓具存，忠勤可驗」之語。然則公藴蓄雖不盡施於世，亦可無憾矣。公事親孝，接物誠，出於天性，非勉强而然。幼篤志問學，稍長多識名士，其聞見議論皆有根柢。

[一] 畫否：原作「畫聞」，原刻注云：「張本作『畫否』。」據改。
[二] 某：明澹生堂鈔本作「映」。
[三] 年：明澹生堂鈔本、四庫本作「歲」。

晚築室章江上，益以文史翰墨自娛，故士大夫樂從之游，坐客常滿。公待之無戚疏夷險〔一〕，一與竭盡，雖遇橫逆不校也。先娶李氏，再娶張氏，皆追封令人。二男子：奇，右從事郎，早卒；仲甫，孝謹儒雅，今右承務郎、充江南西路提舉常平茶鹽司幹辦公事〔二〕。二女，適進士呂溥之、右從事郎李耆碩。孫男三人：文饒、文翁、文成。女適右修職郎劉泌、鄉貢進士魏好信，餘尚幼。曾孫：曾老、巖老。女一人。仲甫以是年九月二十七日葬公於洪州新建縣桃花鄉西山麓珠陵陂岡之原，使來求銘。惟我先夫人，宋之自出，某爲兒童已識公，每聞其道靖康間事，皆可書而誦也。其後入史院爲編修官，以諸家所上太史書參考，公言無不合者，故於論次特詳焉。夫其大節詳矣，他固不嫌於略也。銘曰：

泰寧之世，士趨寵榮。一蹈時艱，則謀其身。其身是謀，國於何恤？君臣父子，秦越肥瘠。有美宋公，相門之英。騫翔禁密，曰惟才臣。平居涖官，稱職而已。逢辰之虞，惟上是使。靖康岌岌，外猘内訌。不愛其躬，調護彌縫。我惟忠君〔三〕，爾覆醜正。衆言淆亂，盍折諸聖？聖有一言，萬世不疑。巍巍三朝，先後同辭。祐陵紀之，欽廟倚之。明明紹興，又增美之。孰不忠孝？孰晦而顯？天亦耆之，式燕爾晚。保有令名，言歸茲藏。載祀邈綿，毋或懷傷〔四〕。

〔一〕戚：明澹生堂鈔本作「親」。

〔二〕「西」下原衍「口」字，據日本藏宋刻本、明澹生堂鈔本、四庫本刪。

〔三〕忠君：原作「忠臣」，原刻注云：「張本作『忠君』。」按日本藏宋刻本亦作「忠君」，據改。

〔四〕懷：原作「壞」，據明澹生堂鈔本、四庫本改。

子柔弟墓誌銘 乾道二年

亡弟子柔仁而剛，敬而和，敏而篤學。幼事母孝，長從兄順，與人交忠信廉遜，其存心主於厚而自期甚遠，其容貌美秀惇實。善觀人者與談五行者、負風鑑者，皆曰是必貴且壽，然年止三十三，再與計偕而已。嗚呼，非君不幸，予之不幸，門户之不幸也！初紹興庚辰春，予官學省，君以七月自吳門來，道得小疾，相見時輒爲訣語。八月寖劇，十一日神識湛然而逝。後六年，當乾道丙戌十二月二十八日，予自上饒改葬先夫人於吉州廬陵縣膏澤鄉長岡之麓，乃祔君柩於兆域後五十步，成君志也。周氏世鄭人，徙吉三世矣。曾祖中奉大夫諱某，祖左大中大夫諱某，考左朝請郎、太學博士諱某，先夫人姓王氏。君既歿，裒遺草得詩文三卷，語皆驚人。使少假之年，必將追騷人而與遊，望聖門而力造，肯訖是耶！君名必强，子柔字也。娶濟南韓氏，無子。予既求宗姓繼續其祀，又哭之以辭曰：

嗚呼子柔，今安之乎？英氣凛然，戢於斯乎！惟顔回短命兮，聖不幸而嗟咨。如鄧攸乃無子兮，信天道之難知。彼一而君二兮，雖塗之人猶涕洟。況手足之痛兮，慘猶甚於屠封。已而已而，九原不可作兮誰知我悲！

文士慶墓誌銘 乾道三年

文生安國將葬其父士慶，泣而請曰：「安國不天，遭罹大鞼，今歸窆有期，敢乞銘於執事，其幸賜之。」昔我世父辰陽公卜兆廬陵，族葬諸喪之在江南者，生首挾錦囊之術來相大事，其宣力甚至，義不可以弗從也。乃以士慶之行詢於閭里，皆曰：其持身愿，其濟人勇。聞世有浮圖法者謂齋戒所以爲善，施予所以植福，於是終身行之。既得疾，預知亡日，告違於常所來往，屬纊不亂。已而，赴弔者咸重惜其死。噫，亦可以爲此鄉之善人矣！士慶字善積，世居吉州廬陵縣之永和鎮，享年六十有四。娶劉氏〔一〕，生二男一女，惟安國存焉。其終以紹興壬申十月癸亥，而以是歲十一月丁酉葬於鎮東金鳳山陽田之原。銘曰：

生有以養，死有以葬。壽不至於夭，而祀不至於曠，又何怏乎？

靖州太守吳君順之墓誌銘 乾道四年

公諱順之，字伯思，其先建安人。曾祖太常丞方，天聖中與兄正肅公育及京俱以文章稱，同年登進士第，歐陽文忠公所謂吳氏兄弟名聞天下者也。正肅以才猷議論被遇仁宗，入參大政，出殿藩輔，而弟正憲公充又以嘉謀直道相裕陵，遂爲宋大家。惟奉常位不滿德，累贈金紫光祿大夫。正肅既從其皇考葬鄭州，正憲亦葬開封，於是建安之吳多占籍北方，而公爲睢陽人也。曾祖母隴西郡夫人李氏。祖安行，左朝議大夫。祖母恭人陳氏。父似，耀州三原縣丞，累贈右銀青光祿大夫。母武陵郡夫人程氏。公初以祖蔭補太廟齋郎，政和二年爲將仕郎〔二〕、鳳州河池縣尉，歷監楚州在城清酒務，用舉者陞從政郎、宿州刑曹。掾吏誤入民死罪，公讞正之，改宣義郎、知醴州武功縣。未赴，徙宿州司士曹事。欽宗登極，轉宣教郎，賜服朱銀。靖康初，添差徽猷閣待制宋㬇爲江淮發運使，辟公幹辦公事。俄省員罷，遷通直郎。建炎覃恩，轉奉議郎，選知福州侯官縣。中原方孥兵，盜亦起劍、建間，軍需急甚，公應辦如無事時。轉運判官魯詹等列薦於朝，進承議郎以寵之。州歲賦荔枝擾民，又公帑取物無藝〔三〕，公曰：「邑困矣，願少裁其數。」守帥不樂，公遽請祠，得主管江州太平觀。紹興詔書求人材，前宰相李公綱、汪公伯彥皆薦公，擢知海州，改連州。姦甿鄧禮聚衆剽掠湖廣，久之就降，號義丁，禮仍統之，常桀以肆，官吏無敢究切。公取尤暴戾者磔於市，餘帖帖畏服。連故多坑冶，旁郡上供銀率取給焉。歲久負繁，民破産莫能充。公力請蠲其半。免符下，吏民抃躍，繪像以祠。秩滿，主管台州崇道觀。尋知汀州，境素多盜，戍兵驕不可倚，公擇郡卒千餘晝夜閱習，未幾皆可用，盜以不作。郊恩賜三品服，於是自承議郎積功次，五遷至右朝散大夫，去爲邵武軍，遂以右朝請大

〔一〕氏：原脱，據日本藏宋刻本、明澹生堂鈔本、四庫本補。
〔二〕二：四庫本作「三」。
〔三〕「藝」下，明澹生堂鈔本有「極」字。

夫再知汀州。未上，復主管崇道觀。起知復州，移靖州。州本夷境，一語不酬輒白刃相向，謂之仇殺，甚則合黨羣起，謂之結鬭欵[一]。異時守皆武臣，文法闊略。公初以文臣臨之，下車語寮屬曰：「蠻夷荒忽，不威制則玩，不静治則擾。」乃大修城池，集禁卒，教以挽强。徐召其酋長戒曰：「安爾巢穴，毋犯省地，犯且誅爾。」亦命守城寨吏：「彼不生亂，毋擾彼矣。」先是數十年間有崖頭蠻數相仇殺，畏公威不敢動。羈縻州有相率請輸丁米如近地猺人，且歲時貢獻於朝者。或謂是可通蜀道，宜納之。公笑曰：「守邊莫如安静，吾老矣，豈紛紜以求進哉！」期年，公知疆埸既寧，則增闢學舍，以道藝進諸生，即城東葺社稷壇，凡可以化其民者未嘗鄙夷之，風俗浸孅矣。代還，卜居筠州。隆興元年八月甲戌以疾卒，享年七十有六。是歲十月乙酉，葬於隆興府新建縣洪崖鄉招賢村之原。公生名家，通經力學，早自植立，性極孝友。朝議公疾，躬治藥餌，不斯須去左右。逮其卒，欲以適孫解官行服，仲父禮却之。公曰：「祖喪從厚，不亦可乎？」自言河南府，竟如劉輝故事。後當任子，推以與姪若姪孫。平居待人，一以寛恕。及在官，遇事則果敢能斷，省訟牒，决疑獄，吏服其精敏，然聲色未嘗厲也。持己尤廉潔，公家財無絲髪妄用，善鈎校隱欺，故所至不加賦而用足。歷守數郡，雖無赫赫名，去必見思。在仕途久，年除次補，不務速化，一其初終，有譽無瑕，可謂難也已。初配宜人陳氏，翰林學士繹之孫，前五十七年卒。再娶宜人雷氏，國初名臣德驤之後，前十年卒，至是合葬招賢。二子：藹，右文林郎；蔚，右從事郎，皆好學有吏能。一女，適右從政郎梁敞。孫男二人：千乘、千秋，俱將仕郎。女二人：長適右廸功郎朱時中，次未行。昔我亡姑實歸文林君，故來請銘，乃爲銘曰：

猗與吴公，圜外而方中，强其志而巽其容。人徑而逢，己緩而從。不阨於窮，不極於通。以卒其功，以壽其躬。猗與吴公，可謂有終。

[一] 鬭：日本藏宋刻本、明澹生堂鈔本、四庫本作「門」。

廬陵周益國文忠公集卷三二

省齋文稿卷三二

墓誌銘

文林郎劉君令猷墓誌銘 乾道六年秋

紹興辛未春，廬陵郡貢士對策集英者四人。予與辰告劉君齒齊而志合相好也。既唱第，予注徽掾，君亦得尉外邑，將同寮焉。未幾，予易中都官，而君丁外艱。或離或合，率數歲一見。隆興改元，予自左掖奉祠歸，君方築室治園圃，教侍女吹竹彈絲以娛太夫人。予數過之，相得益歡。乾道三年，君去佐武陵幕，予計日需其歸。五年冬，乃聞君遭母喪，纔浹旬，以毀卒。予哭之慟。明年春，諸孤持道州永明縣主簿彭恪狀來請銘。予方以使閩奏事，未暇作也。秋八月，書來告曰：「堋期迫矣，幸賜之銘。」噫，尚忍銘吾亡友也夫！君諱令猷，辰告字也，其先自金陵徙家吉之泰和縣。曾祖紹，不仕。祖及甫，贈右宣教郎。考諱獬，左承議郎、通判德慶府，號通明吏。其卒也，侍讀胡先生爲誌其墓。母歐陽氏。君少穎悟，年十四，別駕公令東流，君一試池校，輒魁諸生。自是益刻意問學，文采日新。初，別駕年二十五由鄉舉登科，君亦如之，歸拜二親，里閭嘉歎。調婺源尉，不克赴，主贛州興國簿。吏以例齎銀若干來迓，君曰：「例可承耶？」却之。或曰：「如他人何？」君悟曰：「簿廨寓僧坊三十年，盍斥賣爲土木費乎？」役遂以成，後人賴之。邑令同里劉公子昂健決能治劇，得君大喜，相與通譜系，君悉心佐之，政遂爲一路最[一]。秩滿，循左文林郎，調常德府觀察推官，一府咨賴。他郡有疑事，部使者必付君平決，無不中理，諸公交薦之。湖北控川峽，岸洞庭，連辰沅，號險阻荒絕，沿檄者率規免，惟君未嘗辭，奔走殆無寧歲，竟以此病，然猶自力，恐貽親憂。會太夫人卒，君病遂劇，以十一月十八日亦卒，享年四十四，歸葬於廬陵縣連山桐木岡，元配易氏祔，實六年十月二十六日也。君再娶曹氏，慈聖光獻皇后曾姪孫[二]。易夫人生五男：召孫、于孫、宜孫、耆孫、吉孫，皆力學有父風。孫男、女各二人。君天資孝友，心計精密。別駕生平樂施喜客，家無餘資。君未冠，幹蠱已有聞，盡貿婦財易良田[三]，約用而豐施，以養父之志。父歿，庶弟諸妹婚姻無失時者。經紀嫠娟家，使其幼稚有立，常產不隳，人皆義之。姻黨有獄，吏卒方圍捕，親屬駭散，君奮身當其門，衆帖帖無敢暴，家貲以全[四]。其急病好義，大率類此。嘗考試宜春、江陵，解進士郭昌明、彭大年、商剛中、高岑，明年皆擢第，兩邦稱爲知人。嗚呼！君有絶人之才，宜爲世用，而賦命止

[一] 路：明澹生堂鈔本作「郡」。
[二] 「孫」下，四庫本有「女」字。
[三] 貿：明澹生堂鈔本、傅校本作「貸」。
[四] 貲：明澹生堂鈔本作「賴」。

此。予既悲而憐之，且自愧昔者不能推賢揚善，負朋友之責也，故追叙情好，而系之以銘，曰：

嗟維君，才且良。富術業，耀辭章。如用我，何不臧？劍發硎，折其剛。彼蒼天，命靡常。尚無憾，嗣方昌。

左朝請大夫魯公訔墓誌銘 乾道七年

近世有儒學起家，鋭意功名之士，曰魯公如晦，官雖不大顯於時，而姓名藉藉班列中。始予自金陵入朝，以婦家有連相好也。會完顏亮將渝盟，公日詣丞相府論天下事，纚纚不止。諸公雖知其才而不能用，常以是惜之。其後予歸廬陵，絶不相聞者累年。會公弟季欽奉使江西，予問：「如晦今何如？」季欽曰：「吾兄宦遊不遂，退居里中，無意世事矣。」曁予還朝，則聞公屬疾。未幾，季欽遂以其訃來，且狀家閥行事使之銘，義不可辭。

公諱訔，如晦字也。其先秀州嘉興人，徙海鹽之武原。曾祖延厚，祖惟辨〔一〕，隱居不仕。父壽寧，任右奉議郎，贈右通奉大夫，生六子，力教以學〔二〕。長詹，登第崇寧間，終樞密院檢詳諸房文字〔三〕。公少尤刻苦，紹興五年與季欽同登進士第。自是魯氏子弟競勸，舉於鄉者歲增多。公初調建康府溧水縣主簿，帥葉公夢得材之，命行江寧縣事，百里以治。葉公儒先吏師，與公論文計事率至夜分，其親厚如此。俄丁外艱。服除，爲淮西江東總領所幹辦公事，分司池陽。邊烽初息，軍費冗濫，公檢柅其姦，歲省不貲。魏公良臣出守，一見歡若平生，遂通婚姻。用薦者陞左從政郎，徙淮西茶鹽司幹辦公事。兩淮惟置漕臣，刑獄、常平、茶鹽事悉隸焉，諸司有疑事，輒屬公區處，無不中理。舒州五邑争承，久不決，公爲決之。改左宣教郎、充通州州學教授、主管台州崇道觀，起爲淮西安撫司主管機宜文字。帥劉綱鳩民兵十餘萬，將校數百，聲震北方，公贊助爲多。綱卒，衆將亂，公訓曉撫循，一軍帖帖。虜焚榷場〔四〕，邊民洶懼，公鎮之以静，人爲按堵。入主管官誥院。完顏亮既斃，太上視師江滸，詔公從行，兼領進奏院，文書填委，整暇若平時。上即位，遷大理丞，治獄明恕，爲時所稱。公三仕於淮，雅知南北形勢、兵將勇怯，至是輪對，爲上極言之，且請擇大將以重兵屯形勝地，無事則力不分，有事以逸待勞，此上策也。上深以爲然。兼户部右曹郎官，民有詣御史府訴婚田者輒請付公，皆得其情。上方樂聞忠言，詔侍從臺諫各率其屬條具弊事。公言風俗未正，紀綱未立，賞罰未當，語甚切至。頃之，請治郡，得池州。隆興二年，虜再窺邊〔五〕，趣公赴鎮。淮人日夜南渡，公竭力招集，至者如歸。軍士有得信箭，刻虜書云云者。公笑曰：「此姦人規摇衆爾〔六〕。」不爲動，闔境晏然。先是諸郡調丁壯防江，擾甚。虜師退〔七〕，公以便宜散遣，朝廷咨美，仍詔他郡如之。清溪出城南，水潦泛溢，人病於

〔一〕辨：日本藏宋刻本、明澹生堂鈔本、傅校本作「辯」。
〔二〕力：原作「各」，據日本藏宋刻本、明澹生堂鈔本、傅校本改。
〔三〕檢詳：原刻注云：「張本作『檢討』。」
〔四〕虜：原作「敵」，據日本藏宋刻本、明澹生堂鈔本改。
〔五〕虜：原作「金」，據日本藏宋刻本、明澹生堂鈔本、四庫本改。
〔六〕規：四庫本作「欲」。
〔七〕虜：原作「金」，據日本藏宋刻本、明澹生堂鈔本改。

涉。唐會昌中刺史李景業始築大堤於南〔一〕，續長橋於北，揭名「通遠」，往來便之。歲久浸壞，公命增築新堤，自城屬齊山延袤數里，翼以嘉木，釃水爲三道，橋跨其上，別揭新名，迄今以爲利。乾道元年，江浙大饑，上焦勞甚，遣使旁午。會九華綿山竹生實，饑民就食，日千數。公思有以寬上心，具以聞，而言者指爲導諛，非本意也，坐罷郡。士民懷公惠政，爭挽留不置。尋復主管崇道觀，起知真州。已而歎曰：「吾志大而命不副，歸與，以佚吾老！」初，公築「通隱」，詩人何卿麒、洪翰林邁、王端尹十朋、王司寇秬皆賦五言以美之，至是改曰「遂隱」，自爲之賦。客至輒歌呼飲酒，間以琴弈，酣適竟日。素喜釋氏書，晚自謂有所悟，哀樂得喪泊如也。七年十一月六日以疾卒於正寢，享年七十有六，積官左朝請大夫致仕。娶陸氏，封宜人，前卒。四子：可簡，左承議郎、通判舒州；可適，右迪功郎、嚴州司户參軍、贈右承奉郎。皆力學工辭章，前卒。可輔亦早世。可復，右迪功郎、廣德軍廣德縣主簿，濟美垂裕，庶其在此。二女：適左奉議郎、樞密院編修官孫雄飛，右儒林郎、監行在點檢贍軍激賞酒庫所糴場魏仲恭。孫男九人：珏、玕、羽、玆、所〔二〕、開、弼、翼、翬。女二人：適右承事郎周準〔三〕，右迪功郎蔡興文。曾孫男三人：之茂、之柔、之純。女四人。明年三月壬申，葬於湖州歸安縣至孝鄉仙嶺，與宜人同兆。公性樂易，事父母、友兄弟根於誠，處朋友姻戚間皆得其歡心，家範整整〔四〕，子孫率勸飭雍睦。尤喜周恤親族，鄉黨義之。天性嗜書，少老如一，所論著要以名家者爲師法，有文集三十卷、《漢紀考異》十一卷〔五〕，集《皇朝要覽》一百卷，又嘗進《江淮表裏圖》，上邊防十二事，蓋將考古驗今，自見於功名。惜乎弗遂也，哀而系之以銘曰：

人患無志，不患無位。人患不久生，功不患不成。嗟吾如晦，由郎而守，仕非不偶；踰七望八，年孰非壽〔六〕。然而志竟鬱於初，功弗究其圖。已乎已乎，其亦命矣夫！

鄉貢進士歐陽耿仲弁墓誌銘 乾道九年〔七〕

歐陽氏族望廬陵，而家於永和鎮者尤以儒稱，吾友耿仲又永和之卓然者也。憶予游場屋時，耿仲已嘗舉於鄉，與其仲奕、叔弁、季彝號里中四傑，雋敏辨博，衆屬目焉。日過其居〔八〕，翼翼怡怡，有古人風。予每語人是家且興，其後仲、叔相繼早世，耿仲復屢抑於南宮，遂臥末疾，乾道九年二月壬辰竟不起。嗚呼！予識君兄弟纔二紀，襲裘而弔者三，今惟季也巋然當門户，命之難諶如此，寧不歎以悲乎！子扶卜以四月癸酉祔耿仲於鎮東金鳳山祖墓之次。銘，予責也，故不辭。耿仲諱弁，朝散郎、通判澶

〔一〕築：原作「作」，據日本藏宋刻本、明澹生堂鈔本、四庫本、傅校本改。
〔二〕所：日本藏宋刻本、明澹生堂鈔本、四庫本作「所」。
〔三〕事：日本藏宋刻本、明澹生堂鈔本、四庫本、傅校本作「奉」。
〔四〕整整：明澹生堂鈔本作「整飭」。
〔五〕十一：日本藏宋刻本作「十二」。
〔六〕年孰非壽：原作「年就非不壽」，據日本藏宋刻本、傅校本改。
〔七〕九年：原作「元年」，據日本藏宋刻本、明澹生堂鈔本、四庫本改。
〔八〕「日」上，日本藏宋刻本、明澹生堂鈔本有「它」字，四庫本有「他」字。

州粲之曾孫，隱君子璟之孫，貢士襄之子。少穎悟，善屬文，袖書謁御史田公如鰲，許以遠器。甫冠，與計偕，益嗜學不倦，後進爭從之，往往法其言行。有所植立，不專爲科舉計也。享年五十三。平生喜著述，類成五十卷，號《鳳山集》。娶陳氏，實生扶，能世其業。三女：適進士曾顯祖、吳從義，一未行。二孫：次蘇、季蘇。女一人。銘曰：

德焉無瑕，學焉無邪。亦既振厥華，謂將昌其家，而止於斯，吁其奈何耶〔一〕！

清遠縣令鄧君洵俟墓誌銘 乾道九年

乾道八年冬，清遠縣令鄧君卒，葬有日，敷文閣直學士胡公大書官族蓋其墓，孤溥復來謁銘。予謂得胡公書不朽矣，奚以銘爲？溥請益堅，乃爲紀初終於下方。君諱洵俟，字元直，世爲吉州廬陵縣人。曾祖河，祖注，父衍，皆業儒。母曾氏，生四子，而君爲季。年十五，由縣庠升泮宮，試藝日有聞〔二〕，預宣和上舍貢。靖康改元，同其兄洵美、邦彥、涇舟與計偕，而涇舟遂中第，里人稱焉。君既篤學，且練習世故，樂善，喜爲人師，監司守令爭延教子弟。家永和鎮，有宅一區，負郭田二頃，伏臘賓祭有以自足，筆耕文績力也。然每上春官輒不利，嘗再對策集英殿下，再納敕牒而歸。今天子即位，特補將仕郎，而君病矣。吳興芮公燁賢者也，漕嶺表，辟君廣州清遠令〔三〕，瓊帥復召君爲屬，皆不果行。卒，年七十六，易簀猶題詩示子孫。初，君以十月十九日昧明生，其死也，月日適同〔四〕，衆頗異之。娶鄉人歐陽元老女，有懿行，年六十九，前君五年卒，葬青石之長岡。一男，溥也，孝而勤於學。四女：嫁進士丘大章、曾尚文，餘夭。孫男三人：良臣、忠臣、正臣。女三人。葬用九年十二月辛酉，其地在縣之膏澤鄉灘頭平相嶺，君所自卜也。銘曰：

試言於廷，不潰於成。覃慶天飛，疾窒其亨〔五〕。何志之閎，而命之屯。尚崇其墳，壽後之人。

叔外祖奉議郎王公覺墓誌銘 淳熙二年

公姓王氏，其先永寧軍博野人，世業儒。曾祖亮，中天聖進士第，以能守邊，易武階至洛苑使，贈右武衛將軍。祖察，少辭任子恩不就，韓忠獻王宣撫陝西，薦其材而官之，終太子左清道率府副率〔六〕，贈屯衛將軍，改中散大夫，葬相州之安陽，子孫遂爲安陽人。中散長子諱復，屢典名郡，終供備庫使，封文水縣男，贈少師。次諱後〔七〕，終朝奉郎，贈朝散大夫，娶杜氏，實生公。公字天民，宣和五年以父任爲將仕郎。紹興初補迪功郎、昭州司理參軍，以親老不赴。六年主洪州南昌簿，秩滿，丐監西京

〔一〕耶：明澹生堂鈔本、四庫本無。
〔二〕藝：傅校本作「業」。
〔三〕「令」上，四庫本有「縣」。
〔四〕適：日本藏宋刻本、傅校本作「時」。
〔五〕疾：原刻注云：「張本作『疚』。」按日本藏宋刻本亦作「疚」。
〔六〕副率：原作「副卒」，據日本藏宋刻本、明澹生堂鈔本、四庫本改。
〔七〕後：明澹生堂鈔本作「俊」。

中嶽廟以便侍養。陞右從政郎，調福州閩清令，聽斷精審，吏無敢欺。洪水暴至，公禱南山，水即退，闔境神之。去爲豐城縣。縣當川陸要衝，素號難治，令鮮終更者。公至則大治。會齊述嬰贛城叛，王師出征，公未嘗秋毫賦民，而過者畢給。部使者行邑，其徒隸以供張去吏請責償守驛者，公獨具名物檄取之。郡卒持符至，怒餉謝不如，欲捽吏，喧庭下〔二〕。公杖而擊之。積二事，臺府外稱其正而心弗善也，人往往爲公懼，公曰：「不過不吾薦耳，焉能害我？」終亦無他。徙吉州泰和令。泰和尤號難治，又乘舊政廢弛，公剗除蠹弊，束縛奸宄，聲譽赫然。盜自他邑來，尉不能拒，吏民驚避，公自率衆擒之。財數月，丁内艱而去，時二十五年也。服除，調衡州安仁令。三十一年，論泰和功改右宣義郎、知江州瑞昌縣，轉右宣教郎，仆姦植良，人服其能。轉右通直郎，賜緋衣銀魚。乾道七年，通判郴州、轉右奉議郎。九年，主管台州崇道觀。淳熙二年六月卒於正寢，享年六十有七。取宗室女，先公二十二年卒，贈孺人。四男：簡、籌、籛、篆。三女〔三〕，俱未行。孫男二人：洮、澄。女二人。公天資明敏，尤長於吏事，使遇盤根錯節，攄發游刃，必將振耀一世，取富貴如拾地芥，而淹屈州縣，汩汩以老，其命也夫！初，公葬太宜人於撫州臨川縣靈臺鄉烏龜原，遂家臨川，遺命卜葬於塋側。諸子乃以是歲八月二十四日襄事，使來取銘。公於先夫人爲從叔，凱風寒泉之思，其何忍辭？銘曰：

惟吏之能，以公售私。用力雖勞，人孰汝宜？公才敏明，而守堅正。寧身之詘，不撓其政。周旋五邑，民允懷之。纔佐一州，奄其殆而。天賦其能，不畀以命。嗚呼奈何，尚篤餘慶！

承務郎胡君泳墓誌銘 淳熙三年

君諱泳，字季永，吉州廬陵人。曾祖愷；妣張氏，以百歲封孺人。祖載，贈朝議大夫；妣碩人陳氏、張氏。父澹菴先生銓，以勁節危言爲國司直，雖小夫賤隸、椎髻卉服無不知其姓名，今爲龍圖閣學士；妣碩人劉氏。紹興八年，先生自樞掾黜佐福州幕，道由姑蘇而君生，故小字蘇郎。六歲隨先生謫新州，已能背誦《春秋》，詩人陳元忠試之如流，目爲「春秋生」。先生再貶朱崖，渡海道瓊，故參知政事李公光在焉，見君穎悟，許妻以孫。自瓊過儋耳，拜蘇文忠遺像於動鏡閣，喟然興歎，年方一星終，人皆異之。既抵朱崖，先生聚徒受業，諸生人執一經求訓解。君甫弱冠，往往與討論。二十六年，秦丞相死，先生與李公皆内徙。初，秦氏揭二公及趙丞相姓名於格天閣，趙丞相前薨，至是先生賦詩有「閣下大書三姓在，海南惟見兩翁還」之句，君口不絶吟。先生曰：「孺子可教！」因授以句法。三十一年春，侍先生歸廬陵，講道家塾，兄弟怡怡如也。今上登極，先生自吏部郎不逾時以左史入詞掖，遂爲兵部侍郎。君日從中朝名士游，聞見浸博。隆興初郊，奏補右承務郎。家居累年，或勉以仕，則曰：「吾斯之未能信。」乾道七年，先生固命君類試，中之。虞

〔二〕庭：原作「廷」，據日本藏宋刻本改。
〔三〕三：明澹生堂鈔本作「二」。

丞相邀與相見，略不干以私。調監淮西江東總領所太平惠民局，兼監行宮雜買場。先是先生得旨進所解《易》、《春秋》及二《禮》，君日夜編次讎校，先生賴之。淳熙元年春，君當之官，而不忍去親。先生曰：「吾固欲泛大江、游金陵，其亟具舟，吾與爾俱。」君乃迎侍以行。留守劉公珙以二府重望，少許可，獨禮君厚，薦之公車。二年秋，得寒疾，逾月，病益侵，呻吟皆詩，間作樂府，詞旨超詣。十一月庚午竟不起，得年纔三十八。配即李氏。其父孟堅，終淮東提舉茶鹽。生三子：槻、榘、梩，又有遺腹。君人物爽邁，天資孝友。幼居母喪如禮，事所生母袁氏盡敬。學有家法，嘗讀橫渠《易》，至「心化在熟」，擊節歎曰：「至言也，請終身誦之！」雅好吟咏，慕陳後山而學焉。某蒙先生不鄙，間許唱酬，君輒用韻見貽，語皆驚人，蓋天才有過人者。充其素藴，必將發聞於世，一病而逝，可哀也已！弟灖、浹、瀟及其孤奉先生之命，卜以三年夏四月壬辰葬君吉水縣中鵠鄉白蓮塘之原，使以妹壻葉昌嗣之狀來請銘。某按《禮記》：延陵季子適齊而長子死，葬於嬴博之間，既葬而封。既封，三號遂行。孔子曰：「季子，吴之習禮者也。」蓋言其在吴爲習禮耳。既而曰：「季子之於禮，其合矣乎？」是又疑之之詞也。《周禮》以長子爲門子，謂將代父當門者也，其事重矣。昔就其養於所居之官，今返其柩於父母之邦，若先生者可謂知禮矣。銘曰：

木生荆山，既厚其培。雨露濡之，庶幾條枚。飄風振林，秀者先折。天乎奈何，尚茂來葉！

朝散大夫直顯謨閣黃公石墓誌銘 淳熙四年

公諱石，字圯老，姓黃氏，世爲温州平陽人。曾祖邃。祖暠。父理，有聲太學，贈官至朝奉郎。母陳氏，贈宜人。公幼篤學，及長識慮精審，喜論國家大利害。紹興七年，投匭上書，言內事可治者七，外事可治者四。天子異之，下其書，給舍皆謂切時可行，詔永免文解，加賜束帛。明年遂中進士第，補左迪功郎、融州觀察判官。未赴，改福州州學教授。學規素弛〔二〕，公命正録而下各舉其職。諸生或不告輒出，公曰：「此職事不職也。」盡罷之。聞李葵、李楠、林之奇爲衆推服，即走其家備禮延致。學田故爲吏乾没〔三〕，供饋日朘，公大加括責，歲輸數倍。於是增置弟子員，優給職事以俸而督其藝業。帥左丞葉公夢得賢之，薦於朝。葉公尋奉祠，闔郡郊餞，獨顧公曰：「子且顯，其自愛。」紬出前執政薦章畀公，其見器如此。秩滿，以書抵秦丞相曰：「上踐祚十九年，儲貳未立，安危所係孰大於此？公獨不開陳乎？」不報。得西外敦宗院宗學教授，視事踰時，丁內艱。二十二年免喪，秦丞相尚當國，公申論前事。秦曰：「君謂某向不省耶？」面舉百餘言，而以時未可爲解。復得南外宗學教授，丁父憂不赴。服闋，沈丞相秉政。公以語秦者語沈，沈亦不能用，授

〔二〕「規」下原有「業」字，據明澹生堂鈔本、四庫本删。
〔三〕田：日本藏宋刻本、傅校本作「租」，明澹生堂鈔本作「祖」，蓋爲「租」之誤字。

建康府府學教授而去。二十九年，留守張忠定公召赴闕，公送以書，大略言内則國本未定，閹寺寖昵；外則北虜懷貳〔一〕，大將乏人，國用不給。張公咨其言，入對，言儲貳尤力，適契上意。未幾，遂行典禮。三十一年冬，完顔亮死，議者争欲乘機進取，會太上皇帝視師金陵，公獨陳八事，謂宜按甲休兵徐俟虜變〔二〕，其後諸將果然無功，駕還臨安。公以銓格改宣教郎，選充諸王宮大小學教授〔三〕。主上登極，轉奉議郎，賜服緋銀。乾道元年九月輪對論二事，其一曰：「舜大治而禹益儆戒無虞，成王守成而周公作《無逸》，真宗東封還，孫藉上書勸無自滿假，召試賜出身。今南北始和，願陛下以舜、禹、成王、真宗爲心，益自戒懼，無或暇逸。」上奬諭云：「卿言真致治之本。」其二曰：「儲君學問當求堯、舜、禹、湯、文、武之用心，不當如書生分析章句〔四〕，絺繪文詞。」時莊文太子留意於詩，公故及之。上大喜曰：「朕固嘗以此諭太子，卿言正與朕合。」退朝，以章送東宮，且批付中書黄某：「與陞擢差遣，今晚便可擬來〔五〕。」遂除校書郎，入館不試，蓋異恩也。十一月，進著作佐郎。二年省試，初擬公點檢試卷，上特陞參詳官。三月再對，力陳正心出治之要。上曰：「卿言不諂，旦夕別有委用。」四月，兼權司封郎官。十月爲真，仍兼司勳。十一月，《太上聖政》書成，以公經修，進秩一等。四年夏三輪對，力言「陛下爲治雖勤而未得其要，且用人當辨才與德」，其語益剴切。十月，除樞密院檢詳諸房文字〔六〕。十一月，改右司員外郎。廷尉讞囚有父被毆不死，而其子托以復仇殺毆者二人，朝議貸死。公言：「父未嘗死而置殺人之罪，他日頑民與人有仇，導父使鬬，從而殺之，將不可禁，如死者何？」詔是公議。五年八月，進左司。時公與左相善，右相不樂也。會蜀人蘇森乞用元祐黨籍恩補官，右相欲與之。公言：「紹興六年雖許補官，尋以僞冒，故八年纔令免解，既衝前敕矣〔七〕。」右相滋不悦，公遂引去，除直顯謨閣、江東轉運副使。六年行部，值諸郡大水，壞太平圩田，公以其事申三省，而重於再出擾人，亟委官相視賑濟，且奏其施設之序。三省得初報即取旨差公躬親按視。命方下而委官之奏適至，時左相已去，右相劾公弛慢不親行，降兩官罷。或勸之辨，公曰：「吾失職獲譴，尚何辨？」聞者韙之。六年冬，主管台州崇道觀，繼復原官。九年八月，再任崇道觀。淳熙二年十二月六日以疾卒〔八〕，享年六十六，積官朝散大夫。妻宜人王氏，某人之女。男裳，迪功郎、新衢州常山尉。三女：長適林俱，次適迪功郎、湖州武康縣主簿毛密，季適迪功郎、新臨安府司户參軍林達己。孫男、女各一人。其子卜以四年十一月壬申葬公某鄉某里岱山之原〔九〕，使來請銘。予昔與公分教金陵〔一〇〕，雅相善，故知公爲詳。銘曰：

〔一〕虜：原作「庭」，據日本藏宋刻本、明澹生堂鈔本改。
〔二〕虜：原作「其」，據日本藏宋刻本、明澹生堂鈔本改。
〔三〕大小：原倒，據日本藏宋刻本、明澹生堂鈔本、四庫本乙。
〔四〕析：原作「晰」，據日本藏宋刻本、明澹生堂鈔本、傅校本改。
〔五〕來：明澹生堂鈔本作「進」。
〔六〕「字」下原有「卷」字，據日本藏宋刻本、明澹生堂鈔本、傅校本删。
〔七〕衝：原作「充」，據日本藏宋刻本改。
〔八〕疾：四庫本作「病」。
〔九〕岱：原作「貸」，據日本藏宋刻本、明澹生堂鈔本、傅校本改。
〔一〇〕予：日本藏宋刻本、明澹生堂鈔本、四庫本作「某」。

金華唐與政，名士也，知人而善評。嘗謂圯老容粹而温，心和而平。稠人廣坐語如不出諸口，間發一言則辭盡而理明。蓋静而能謀，柔而不傾。學恥虚文，而實用之爲貴；論不阿世〔一〕，而君民之爲心。若此者，可以爲天子之近臣矣。嗚呼，是爲銘！

〔一〕世：原作「出」，據明澹生堂鈔本、四庫本改。

廬陵周益國文忠公集卷三三

省齋文稿卷三三

墓誌銘

靖州太守李君發墓誌銘 淳熙五年

公諱發，字秀實，吉州吉水縣人。曾祖宗應。祖復。父汝明，贈朝散大夫。母宜人彭氏。初，五世祖葬縣之赤石潭，卜云子孫百年當有爲二千石者。大夫一日夢至潭上，見巨鯉躍出，驚波洶湧，震動磯石，旁有偉衣冠人笑曰：「發矣，發矣！」未幾生公，因以爲名。大夫既力學不遇，刻意教三子：長卓，季植，公其仲也。幼警悟能文，十四入郡庠，遂貢京師。兵興，徒步還家。已而重臣分鎮諸道，客從者取禄仕如拾芥。公游襄漢夔峽間，數以奇策撼將帥，獨落落無所合，乃復事科舉。年未四十，用太學連舉恩特赴集英試，補右迪功郎、鼎州司理參軍，時紹興五年也。公素號通明，加以精審，比三年，囚無瘐死。部使者言狀，特循修職郎，去攝邑黄陂，調永州零陵令。民税久不均，田在左鄉，率籍於右，又皆寄産旁邑，謂之僑户。豪民猾吏相表裏，賦役病焉，令佐課常殿。公始至，命設幕兩廡下，人未喻公意。明日，召税户若有所訓曉者。既畢集，則分寘諸幕，使人人自列産幾何，税安在。不實，聽相糾，將根株逋負，痛繩以法，實則貰汝。又圜群胥於獄，命吐其實而參考焉。民與吏倉皇失措，懼不相應，無敢隱者，即日正田三萬五千餘畝。争訟既絶，歲入大增，課爲一道最。秩滿，陞右從政郎，移郴州永興令。境接溪洞，民强梗難治，公恩威并施，罔不畏服。諸司以京秩薦者章二十上，改右宣教郎、知贛州興國縣。丁太夫人憂。免喪，通判横州，攝守於賓。二十六年，詔監司守臣條具便民事。公奏：「交廣俗，誘民男女易翠羽蠻中〔一〕，初猶一夫直十二羽，今僅得其半。歲掠賣數百人，多烹以祭鬼。乞重其禁。」太上皇帝惻然從之，尋命焚翠羽於行都，自是鬻人者息矣。轉通直郎。二十八年改知貴州，以疾求主管台州崇道觀，轉奉議郎。明年爲奉使金國書狀官，進秩一等。三十年擢知沅州，轉朝奉郎。今上登極，改靖州，轉朝散郎。沅、靖介獠夷，控馭稍不至〔二〕，鴟張蛇結，爲害一方。公撫以誠信，興崇學校，使荒遠悍戾之習浸淫教化，咸帖帖無事。既合符，吏上公履歷於銓部，誤書年甲。考功以聞，有詔貶秩，遂致其仕。公怡然不以介意，日與親舊樂飲〔三〕，絲竹歌呼，窮晝夜不倦，如是者累年。年八十有一，强健若五六十人，與其兄黄髮相對，怡怡如也。季早世，則教育遺孤，使有立，鄉人服其友愛。淳熙改元燈夕，會客如平時，已而微感疾，

〔一〕「羽」下，日本藏宋刻本、傅校本有「於」字。
〔二〕馭：日本藏宋刻本作「御」。
〔三〕親：原作「諸」，據日本藏宋刻本、明澹生堂鈔本、四庫本、傅校本改。

癸丑遂卒。三年十月丁酉，葬於本縣仁壽鄉南岡之原。初娶潘氏，鄂州太守唐之女；再娶張氏，户部侍郎運之潘氏婿〔一〕，皆贈安人。又娶莫氏，亦先公卒。六子：千里、千秋、千頃、千得、千言，俱夭；第三子千乘，今爲迪功郎、新筠州司法參軍，能世其家。一女，適右朝奉郎、知邕州葛永慶，再適奉議郎、前知南安軍南康縣彭邦光。有孫曰蟠，女二人。初，公與今龍圖閣學士澹菴胡公同肄業鄉校，其休致也，胡公入佐冬官，適奉詔薦士，即上疏曰：「李某文采議論皆過人，尤長於吏事，三爲邑，五典郡，然皆遐方僻地〔二〕，未究其才。上官數交薦，今雖老，尚可治劇。」未報。有諫官者乃以是咎胡公，胡公坐去國，猶念公不置，移書責當路云：「諸公皇皇市駿骨，而使老驥伏櫪耶？」嗚呼，士大夫視時向背，不肯犯嚴出薦口，聞胡公勇爲義，篤於舊，而不以進退二其心，寧不愧哉！他日，乘以其從兄靖州教授誦之狀遠來求銘。予謂：「胡公知公如此，乃近捨皇甫何也？」乘曰：「得胡公銘，我先人之名固可不腐，將如胡公之德不著何〔三〕？屬之子則併著矣。」某曰：「然。」爲之銘曰：

謂公弗遇耶，則仕盈萬石矣。謂公弗壽耶，則年開九秩矣。而縉紳鄉閭猶未免乎哀窮悼屈者，以禄雖豐未究其用，齒雖宿猶裕於力也。雖然，自古才能之士固有阸窮不沾一命、短折冠於六極者矣，公何戚哉！公何戚哉！

靖州推官張君廷傑墓誌銘　淳熙五年

公諱廷傑，字漢卿，姓張氏，吴郡人。曾祖政。祖奭。父憲，錢塘尉。母余氏。累世同居，鄉里義之，漢卿少業儒，未冠而孤，事叔父烏程尉士能，任其家政，勤勞弗懈。歲時親賓會集，漢卿必冠帶侍側，翼翼如也。烏程既没，漢卿薄貲産，均畀其子姪〔四〕，無毫髮私，人皆咨美。起家迪功郎、靖州軍事推官，非所好也。卜居城中之花橋，用所以事烏程者齊其家，内外整整。群從多饒於財，漢卿獨刻意教子，藏書數千卷。士大夫喜從之游，漢卿亦好客不倦也。州西三十里有華山，山腹有大池，圖經云：嘗産千葉白蓮。漢卿鬻得之，日課僮僕，刓剔巖竇，疏導泉流，創亭榭十餘區，環以佳花美木，四時皆有奇觀。户部尚書孫公覿爲之記，遂爲吴門絶景。漢卿既葬其婦山中〔五〕，又自爲塚舍，日往游焉，生事皆置不問。人多笑其迂，然漢卿心計自有餘，雖不作潤屋計，而伏臘猶給，無求於人。既老，預治棺槨衣衾，曰：「吾宗鮮登中壽，我則過之，瞑目無憾矣。」淳熙三年五月疾革，精爽不亂，惟以和順力學勉子孫。甲子遂卒，享年六十有六。娶李氏，左朝請大夫、通判廣德軍寬之女，先十七年卒。五子：長聖任，早預鄉薦，繼入太學爲學諭；次聖清，皆前死。今曰謙，曰頤，曰復。謙亦太學生，謹愿有父風。五女：長適承議郎、簽書南康軍判官廳公事蔡瑀；次適文林郎、新知

〔一〕婿：傅校本作「女」。
〔二〕遐：明澹生堂鈔本作「遠」。
〔三〕胡公之德：原作「德之」，據日本藏宋刻本、明澹生堂鈔本、四庫本、傅校本乙、補。
〔四〕姪：原作「孫」，據日本藏宋刻本、明澹生堂鈔本、四庫本改。
〔五〕婦：傅校本作「父」。

揚州江都縣李安上，早世；次適朝請郎、新知南恩州楊挺；二尚幼。孫男五人：鎬、錡、銓、鏞、鏜。女三人〔二〕。謙等以明年十二月壬午葬公華山，實與李夫人同穴，蓋吴縣長洲鄉也。昔外舅浙東提點刑獄王公葆光娶公姊〔三〕，兩家情好，久而益洽。予以是與漢卿往來三十年。乾道壬辰，予自小宗伯奉祠過平江，偏游城西諸山。漢卿時載酒邀予，自靈巖入天平，遂登華山，訪古道舊爲笑樂。最後置餞虎丘，酒闌悵然曰：「某老矣，再見恐無期，他日尚誌吾墓。」予曰：「公尚强健，何遽及此？」後三年予還朝，復與漢卿通問無虚月。又一年而漢卿卒，其子以監察御史潘公緯所書行實來求銘，予其忍辭？銘曰：

人生斯世，孰能無求？晉、楚之富，金、張之侯。無以收之，無樂也憂〔三〕。表表張公，不膠不流。治生求官，與俗沉浮。他人營營，已常休休。有琴有書，賓燕綢繆。有子有孫，弦誦優游。生無欣戚，死何怨尤？華山之原，樂哉斯丘！勒銘紀之，名與山留。

秘閣修撰湖南轉運副使蕭公之敏墓誌銘〔四〕

淳熙五年

公諱之敏，字敏中，系出梁蕭氏，五世祖自豫章徙居江州之湖口。曾祖昇，妣譚氏。祖中山，妣陳氏〔五〕。考固，業儒而不求仕，惟孜孜教子，後贈朝奉郎。母安人彭氏。公少好學，有濟時之志，李成剽九江，係累齊民如貫魚。公亦被掠，以書生獨免縶。會夜賊醉寐，公密拔其刀斷民縛縱遺，然後遁去，時猶未冠，人皆奇之。登紹興十二年進士第，補左迪功郎、蘄州廣濟縣尉。未赴，辟襄陽府司法參軍。府捕强盗陳大漢等十三人不獲，鄉民群行適符其數，巡尉執送官，不堪笞掠，皆誣伏。公約法疑之，白帥移獄，已而楚州獲真盗，闔府嗟異。户部尚書張澄吏事精明，禮部侍郎陳桷號醇正，相繼來守，屬吏奉承不暇，惟公遇事争辨不屈。陳桷常曰：「司法突兀長身，他日真御史也。」自是有蕭御史之名。二十年，用薦者陞從事郎、知歸州秭歸縣。縣産椒漆蜜臘，部使科買無藝，公一切拒之。境有龍湫洞，歲旱，群禱雨不應〔六〕，公禱輒應，民號知縣雨。循文林郎，調建康府觀察推官。舒州惡少張天錫父子五人夜投宿僧寺，僧不敢納。天錫踰垣殺僧，屢鞫不承〔七〕，遷延數年，株連者多死。詔江東選官鞫治。公至，天錫即伏辜。武臣梁俊彦獻議增沙田蘆塲税，詔同金部員外郎莫濛按視，勢燄張甚，至叱責轉運使，公不爲動，税以不增。金陵大府，貴游子弟多在焉，又常守以大僚，郡事綱舉而

〔二〕三：日本藏宋刻本、明澹生堂鈔本、傅校本作「二」。

〔三〕姊：日本藏宋刻本、明澹生堂鈔本、傅校本作「姉」。

〔三〕無以收之無樂也憂：「收」原作「憂」，據日本藏宋刻本、明澹生堂鈔本、四庫本改。又原刻注云：「張本作『無以收之，其樂也憂』。」按日本藏宋刻本、明澹生堂鈔本同。

〔四〕副：原脱，據日本藏宋刻本、明澹生堂抄本、傅校本及正文補。

〔五〕祖中山妣陳氏：日本藏宋刻本、明澹生堂抄本、四庫本、傅校本作「祖仲山妣徐氏」。

〔六〕群：日本藏宋刻本、傅校本作「郡」。

〔七〕「承」下，傅校本補「伏」字，當是。

已。幕職曹掾官日夜縱飲歌呼，往往踰越法度，諸司略不執問〔二〕。公獨介然居中，時箴切之。受納秋苗例别給餐錢，公謝不受，守固謂公毋妨他人，公盡以修官廨。户部尚書韓仲通以法律進，其居守也御僚吏嚴甚，無敢可否事。民有刃傷盜桑者，盜投繯死，吏當其主故殺。獄已具，公抗執不書。仲通初大怒，已乃薦公改秩。時公在選調踰二十年，未嘗求之於人〔三〕，將代，舉將猶闕，府僚數十人列誦其賢於留守樞密王公綸，王公爲成之，改左宣教郎、知興國軍大冶縣。三十一年，完顔亮渝盟，上司籍民爲兵，日役數千人，冒雪植暗樁鹿角寨爲防江計。公度不足恃，徒困民力，亟請散遣，上司不能奪。明年兵解，以疾去官。隆興改元，復知建寧府建陽縣。邑大難治，自政和以來閲五十餘令，終更者纔七人。公至，務以禮義化其俗，民翕然順從，至繪像刻文紀公善政。乾道元年，轉奉議郎。未幾，賜五品服。三年，選爲幹辦行在諸軍審計司。未上，有詔舉御史，大臣以公名聞。五年四月召對便殿，論正風俗。上曰：「正風俗當何先？」公曰：「仁祖時，朝臣以危言讜論爲忠，偷合苟容爲恥，故風俗醇正；崇寧、大觀而後反是，在陛下示之好惡耳。」上曰：「誠如卿言。」明日，除監察御史。六年，轉承議郎。七年六月輪對，言：「人心之於國猶身之元氣。今欲復土疆，其本在結人心。譬之良醫治病，必先護養元氣乃可攻疾。此非書生空言，孫、吴論兵亦出於此。」上曰：「所謂一曰道，而孟子亦云不嗜殺人者能一之。」又乞減冗費，省冗兵。上皆嘉納。八年正月，秀州華亭捍海堰成，命公按視。公還奏：「縣之四鄉鹹水壞田，乞蠲賦税三年。」上從之。三月，臺諫官坐論執政奉祠去。上以公分察歲久，見謂直諒，擢拜殿中侍御史。公感激思報，爲上言：「治亂安危由言路通塞，願備其官，假以事權，毋使風采消沮。」又言：「前歲浙西夏澇秋旱，江湖淮南歲比不登，民多流離。今正陽之月，天多沉陰，寒氣慘慄，是謂常寒，側身修行，兹其時矣。」因繳進富文忠公熙寧初奏議。上曰：「富弼所論誠實有愛君憂國之心。」公知上聽納，即疏言：「漢災異策免三公。今宰相名任恢復，實爲持禄保位計，燮理乖方。既不引咎，聞人言災異輒肆怒罵。陛下昨許六察言事，今乃令求實迹，專務蔽闕聰明，故二三年來莫敢言其失。」併條奏擅權不公等事。上曰：「卿所論甚當，可謂稱職。」於是宰相上章請去，縉紳喜曰：「鳳鳴朝陽矣。」會宰相復留，乃除公直秘閣、提點江東刑獄，制詞有「剛方不撓，質直而明。造膝之辭，有犯無隱。正人去國，豈朕所欲」之語。蓋在職纔四旬，所論如此，直聲遂聞於天下。既至江左，郡守多要官。公舉刺各一人，上皆罷行之，所部肅然。淳熙元年轉朝奉郎，召爲太府少卿。公奏：「臣奉使無補，何以復召？」上曰：「思卿直諒耳。」公奏提刑並置文武非是，互用一員足矣。又論經總制錢及額則賞，是誘其求增羨也，請罷之。又奏：「諸路水旱頻仍，今歲僅得中熟，而七月錢塘風潮壞堤岸，居民死者數千人。災異在遠，尚不可忽，况都門之外乎？又九月壬子距立冬纔數日，雷晝夜發聲，亦非休徵，惟益修德政，

〔二〕執問：日本藏宋刻本作「執何」，明澹生堂鈔本作「誰何」，四庫本作「譴何」。
〔三〕之：日本藏宋刻本、傅校本作「知」。

轉禍爲福。」上曰：「卿直諒之氣殊不衰。」未浹日，兼權禮部侍郎、進司農卿。明年三月，遷國子祭酒，太學之士以得明師交相賀。先是職事闕，請托紛然。公籍校定優劣升補先後爲之格，遇闕則察行藝次第而授，奔競頓絶。舊制職事官例牒宗族補試，是歲公自以長官臨涖，令二子毋得入。其後學官子弟中國子生者皆駁放，始服公之先見。頃之，諫官論職名不當輕授，公適引疾求去，八月以本官提點浙西刑獄，陛辭奏曰：「周公作《無逸》，大概言畏天、恤民、和衆、勤邦、儉家、省躬、罪己、有容德。具此八善，自然保壽無疆。今會慶節不遠，臣當需次阻奉萬年之觴，願以此言爲獻。」又乞禁止外路獻羡餘，又録蘇文忠公《治道篇》以進，曰：「陛下既常置軾文座隅，更願熟復此篇，以發聖學。」上皆稱美，相與論《無逸》、蘇文數百言。三年，改除湖南轉運副使。道州江華縣税重民瘠，大軍錢三千緡，上供米八百餘斛，力不能辦，公奏免之。四年，上以公舊嘗帶職，超進秘閣修撰。官吏畏公之正，争檢身恤下，湖湘之民陰受其賜不可計。公方厲志澄清，欲徧行郡邑，而病日侵，上書丐祠，得主管建寧府武夷山冲佑觀。敕牒未至，以八月丙戌卒於官舍，享年六十六。訃聞，致仕恩外特用前郊恩又官其一子，蓋異數也。士大夫識與不識皆太息，鄉人至出涕相弔。六年正月壬午，葬於彭澤鄉加堰里小桂山之原。娶同郡項氏天裕之女，封安人。生三子：長曰穎，前卒；頵、碩皆能世其家，頵復以官遜其兄之子。四女：長適迪功郎、筠州司户參軍李景範，次適進士張元觀，次以疾居家，次適鄉貢進士曹彦約。孫男四人：必誠、必簡、必聞、必蕃。女三人。曾孫男一人。公剛塞强義，自其天性，處心積慮，公而不私。平居聞時政之善若賢才進用，輒懽欣贊美〔一〕，不啻如己有得；至遇姦邪欺誕之人，直欲折其頭角，身之去就禍福弗計也。所至以廉介稱，一毫不取諸人，其自奉有布衣所難能者。當官毅然，初若寡合，及與人交，表裏殫盡，終始如一，遇觴詠從容時，温乎可親也。素無嗜好，惟聚書至數千卷，讀之不倦。每見歷代及本朝名卿奏議剴切平正者，輒三復慨歎，耻躬不逮。尤慕司馬文正公之誠實，蘇文忠公之議論，二書手不停披，暗誦率數百言，樂爲晚進道之。其後正色立朝，不諂不瀆，淵源蓋有所自。紹興末，都民望爲右正言，公移書云：「司馬公倅并州猶上儲議，且以告諫官范蜀公。今足下實任言責，事有急於此者乎？」民望欲薦公，會卒。侍御史周操又欲拔公入臺，復以他遷不果。晚受上知，自謂可行所學，不忍用細故塞責，彈擊自宰相始。上深察其忠，顧勢不兩立，姑聽外補。未幾竟易相召公〔二〕，歲中數遷，而公病不能留，旋齎志以没，豈非命與！初，公仕不逮親，故於同産尤極友愛，常分俸給二弟〔三〕。力教弟之美，後亦登進士第，今爲奉議郎、知蘄水縣。公雅留意於《易》，博問精思，所得深遠。暇日喜賦詩，未第時，都昌宰郭彦參、尉李鼒頗工詞章，與公相琢磨，詩名遂著。公没，二子既裒遺文爲三十卷，復以蘄水君所狀遺事不遠千里謁銘於予。予昔分教金

〔一〕欣：明澹生堂鈔本作「忻」，四庫本作「忭」。
〔二〕易：明澹生堂鈔本作「罷」。
〔三〕弟：日本藏宋刻本、傅校本作「妹」。

陵，實與公同僚，方他人游戲相追逐，必過予清談終日〔一〕，於今蓋二十年，中間雖同朝者再，而無前日之款矣。聞公云亡，殄瘁是悲，豈特念舊而已哉！銘曰：

維昔陽城，安貧篤學。振迹言路，鳳鳴諤諤。乃官成均，士化端慤。乃刺道州，聲隱衡岳。天生斯人，艱兮難數。侃侃蕭公，文敏而樸。或塞或通，守道彌確。皦兮真清，蜕於衆濁。以配前修，誰謂其邈？銘藏諸幽，亦詔後覺。

朝請大夫致仕賜紫金魚袋黄公子游墓誌銘

淳熙五年

公諱子游，字叔言，系出浦城黄氏，號閩中著姓。五世祖元吉，事江南李氏，有詩名，生全州司理參軍觀，登大中祥符元年甲科。司理生太常博士孝先，楊文公之甥，尤深於詩，蘇文忠公所謂一唱三歎者也，亦以進士入官，所至輒平反疑獄。卒官博州，貧不能歸，卜葬陳之宛丘，尚書左丞蒲公宗孟誌其墓，子孫遂家宛丘，後贈銀青光禄大夫，於公爲曾大父。妣建安郡夫人章氏。銀青生朝散郎、知潁州、贈通議大夫好謙，與二蘇同登科，通婚姻，蘇公謂孝友如曾閔者。娶陳氏、章氏，皆贈碩人。潁州生承事郎宰，崇寧星變，應詔上封事，極論左右蒙蔽，宰相蔡京切齒，劾以誣罔不道，逮付御史獄，長流海島。紹興初，特贈直秘閣，累贈右金紫光禄大夫，即公之父也。母大寧郡夫人章氏。公積厚源遠，鍾美聚粹，以慈祥之性濟明敏之資。少從伯父待制實蔭爲假承務郎。金紫之就逮也，兄弟訟冤於朝，乞納告身贖罪。權臣滋怒，公號訴益力，父得不死，由是知名。大觀三年八寶恩循登仕郎，調相州儀曹。郡僚負官錢六百萬，守委公拘係。公哀其窮，縱之使逸，守義之，爲蠲其逋。建炎初客南京，歐陽澈以上書忤宰相棄市，公適同邸，收而葬之。其子飛英年十四，公傾囊，輟所乘馬賙其歸〔二〕。棣州軍亂，殘通判邵某家而誣以謀反，邵子在鄉懼有後命，公爲白其冤於本道轉運使，竟官其三子。未幾版授潁州汝陰令〔三〕。時軍需繁拏，雖許預借夏税，而歲迫暮不能辦，縣帑貯和買錢數萬緡，公欲發之，郡守不可。公乃召民諭之曰：「某户當受錢買絹若干，今計汝所輸夏税，留錢而給鈔，汝歸徐以絹來。」公私大以爲便，守下其法於諸邑。四年避地歸閩，道由嚴州之朱村，土豪守險者臨公以兵，老幼駭竄，盡掠其貲。事定，太守柳約將以軍法窮治，公力止之，朱村人繪像以報。紹興元年，入監左藏西庫。車駕自紹興移蹕臨安，公請銜命先渡江，經度臺省倉庫所寓，畫圖以進，後皆不易。權度支郎官。丞相吕忠穆公都督諸軍，擢公江東轉運判官兼隨軍轉運，以勞陞副使，進秩一等。公諉功同僚俞俟，俟亦進秩，人多其遜。會安撫使與公有憾，密奏公乏軍興〔四〕，罪且不測，參知政事沈公與求曰：「詎有方被賞遽曠職者？且軍前無奏而他司儳言，必讒也。」已而果然，猶坐奪一官。會江西新罹劇盜，朝廷知公

〔一〕「必」前，明澹生堂鈔本有「公」字。
〔二〕賙：原作「贈」，據日本藏宋刻本改。明澹生堂鈔本作「送」。
〔三〕潁州：原作「潁川」，據日本藏宋刻本、四庫本改。
〔四〕軍：原脱，據傅校本補。

仁恕，選提點本路刑獄。未赴，改知台州，徙池州。台産鹽，池産茶，姦畦囊槖其中，重法不能禁，公治以輕典，人不忍犯，在池二年，獄無重囚。屬縣曰青陽，僞唐以爲宋齊丘食邑，後因田租立税額，其重十倍，公代還奏曰：「國家涵養斯民二百餘年矣〔一〕，忍使青陽獨用李氏弊法乎？」詔裁其半，民爲立祠，奉事至今。久之，求浙東安撫司參謀官以歸。自是主管台州崇道觀者五稔，遂致其仕。積官左朝請大夫〔二〕，賜服金紫。以乾道三年十月三十日卒於正寢〔三〕，享年八十有八。娶武氏，左正議大夫珦之女，先公三十年卒。初，公卜壽藏於鄞縣豐樂鄉金鵝山，是歲十二月九日與武氏合葬焉。三子：仁傑，右文林郎、監臨安府軍資庫；仁儉，文林郎、新處州青田丞；仁修，從政郎、南康軍録事參軍。孫男七人：直與，終迪功郎；直清，將仕郎；直己、直益、直行、直愛、直正。女二人：長嫁進士吳鐸之，次許嫁進士陳經。曾孫男、女各八人。公家傳孝友，勇於義而安於仁，處事未嘗動聲色而曲折中理，所居官咸可稱道。靖康之亂，挈内外族姻數百指展轉兵間，以身任其寒飢。晚卜居明州奉化縣，築聽雨堂、橘隱齋。兄弟四人華顛相從，歲時燕樂。孫曾滿前，百順具備。官薄當選，置而不言。遇大禮捨其孫而官猶子，又竭貲以嫁兄之諸孫。閨門雍睦，和氣可掬，下至奴隸亦得其歡心。善與人交〔四〕，親疏一接以禮，士大夫識與不識皆稱公爲長者。丞相張忠獻公每對客誦言賙歐陽事，以爲今無此人矣〔五〕。公感知己，歲遣介問忠獻公於遷謫中，其忠厚大率類此。公既没十三年〔六〕，三子惟仁儉在，屢以承議郎王度之狀來請銘。惟某族姑歸公兄之子仁術，蓋依公以居者，故不待識公而知其行義詳矣，振宣幽光，宜無愧辭。銘曰：

浦城之黄，世有君子。公承以仁，允謂濟美。禄雖不多，而壽則遐。嗟爾後人，益保厥家。

〔一〕餘：日本藏宋刻本無。
〔二〕左：日本藏宋刻本、明澹生堂鈔本、四庫本作「右」。
〔三〕十月三十日：四庫本作「某月某日」。
〔四〕「善」字前，日本藏宋刻本、四庫本有「尤」字。
〔五〕爲：日本藏宋刻本作「謂」。
〔六〕三：日本藏宋刻本、明澹生堂鈔本、四庫本作「一」。

廬陵周益國文忠公集卷三四

省齋文稿卷三四

墓誌銘

直敷文閣致仕魯公訔墓誌銘 淳熙五年

紹興初，魯如晦、季欽兄弟問學詞章，一時競爽，名卿毗陵張公守、胡公世將争爲延譽，或比之二陸，已而同奏名禮部别院。既仕，各以議論才術自見，爲郎、爲卿、爲郡守監司，職業交舉，天子器之。年至，先後掛其冠，里居康寧，瀕八十乃終，《洪範》五福蓋庶幾焉。乾道中如晦没，季欽屬予銘其藏。季欽之葬也，二子復以爲請，何可辭？公名訔，字季欽，世爲秀州嘉興人，徙海鹽之武原。曾祖延厚。祖惟辨。父贈正議大夫壽寧，妣碩人劉氏。公起家左迪功郎、臨安府餘杭縣主簿，以正議年高，求監潭州南嶽廟。未幾遂丁憂。免喪，爲廣德軍教授，陞從政郎。時宰有雅故，公不深求，僅得台州教授，用薦者改宣教郎、知衢州江山縣。縣有争訟數十年不決者(二)，公曉以義理，多感泣愧謝。縣舊科糴本、乾薑、羊錢歲二萬緡(三)，二十六年有詔蠲免，而州家用不足，别取之民。公經畫榷酤，以其贏代横斂，公私便之。守言諸朝，下其法他邑，遷奉議郎、大宗正司主管財用，分治於越。三十一年，明堂赦恩賜五品服。上登極，繼如晦主管官告院，請覈空名告身在諸軍者，冒濫頓革，擢國子監丞。未上，改太常丞。隆興二年冬召對，論人主當法堯舜，及言文武未盡其用，百司不守法度，天語稱奬。拜監察御史，公以左相陳文恭公、參政錢公端禮姻舊固辭。上謂二公曰：「訔，朕親擢，何辭？」二公言：「典故不可違。欲用訔，豈無他官？」乃改吏部員外郎。是歲，浙東西水災，民大饑疫。詔郡邑賑濟，選郎官察之。公使浙西，所過發倉廩，人人被實惠，具施行次第歸報，又陳荒政六事。上甚嘉納，特遷一官。嘗攝右史，侍立，上顧左右，稱其儀矩凝重，且有端人之目。俄進太府少卿，輪對及治道機要。上曰：「卿老成，今處司府，凡事宜盡誠。」退即條奏文書牴牾事。上諭宰相：「如魯訔留意職事，何患不治？」兼權大理少卿。公益感激奮勵，遇事可言，不以非其責弗言。如論海道備禦、蕃舶事宜、緡錢會子輕重相權、催科綱運致弊不一，咸得要領。至言徇私植黨，請謁交通，辭尤激切。會舉行出入更迭之制，公在卿寺蓋二年矣，首請補外，除直敷文閣、江西轉運副使。所部適旱，詔趣行，隨以璽書詢管下雨澤何如。公夙夜布宣上德，歲以不歉，作卷雨樓於廳側，自爲之記。本道上供米九十餘萬斛，歲費錢十餘萬緡，造運舟於贛、吉，其來已久。使臣綱稍積習侵盗，甚則鑿舟沉之，大率數年輒欠三十萬斛，惟江、袁、興國、建昌四郡專募客舟，未嘗損也。公具以聞，詔官舟、

(二) 縣有：原無，據明澹生堂鈔本補。
(三) 二：四庫本作「三」。

客舟均用，須歲終較其利害徐議更制。公乃捐枋木錢助諸州雇舟，又蠲民間水脚錢十一萬緡，即漕臺置艘二百備其闕，而贛、吉船場遂罷。徙浙東提點刑獄公事，又徙閩路。公已倦游，力請奉祠，得主管台州崇道觀，遂致仕，積官至朝請郎〔一〕。公之自廣德歸也，大闢園囿〔二〕，手自種植，名曰「日涉」。至是殆三十年，木皆成陰，亭榭增華〔三〕。公日從容其間，歲時釃酒會賓客鄰里以爲笑樂，名士多賦詩美之。淳熙三年八月十日以微疾卒，前三日猶秉筆作文，臨終精神不亂，其所養如此。享年七十有七。先娶陳氏，朝議大夫正原之女，繼室以其妹〔四〕，蓋忠肅公族也；再娶曹氏，武惠王之後，亦前卒，皆贈恭人。三子：可宗，登隆興元年進士第，後又中博學宏詞科，終修職郎、南外敦宗院教授，人皆惜之；可群，迪功郎、監潭州南嶽廟；可舉，將仕郎。五女：長適朝奉郎、知德安府周頡；次適迪功郎、監秀州支鹽倉陳綱；次適國學進士胡懷祖；次適迪功郎、廣德軍建平縣主簿葉巖〔五〕；次在室。孫男五人：符、籥、筌、策、節。孫女八人：長適迪功郎、監行在編估打套局門黃聞，餘尚幼。曾孫男、女三人。初，公卜地於湖州武康縣慶安鄉後汪村之原，規畫兆域，旁築息菴，隨一祠堂〔六〕，環以松竹，扁舟時至其上。公既没，二子奉柩以葬，蓋四年三月二十日也。公力學强記，年十二下筆驚人。入京師太學，每從儒先質疑義，聞見日廣。刻意古文，耻作蹈襲語，下至尺牘亦可觀。喜論天下事，延對述安危治亂邊防形勢甚備，兩上萬言書，極陳利病。當官務行所學，必欲事事辦治。平居喜稱人善而覆匿其短，貌莊氣和，輕財重義，勤於接物，少老如一。著述有《易説》二十卷、《論語解》十卷、《蒙溪已矣集》四十五卷〔七〕、《後集》二十卷、《須江雜著》六卷、《會稽酬唱》二卷、《芻狗集》十卷、《芻蕘編》十卷、《南征録》二卷、《自警録》四卷，編集《祖宗訓典》五十卷，編注《杜少陵詩》十八卷，又《年譜》一卷。昔予攝承詞掖，公由會稽入朝，紬詩數十篇爲贄，格律高妙，予竊敬焉。其後公持節按行廬陵，遠訪予於郊野，自是問訊無虚歲，情好滋洽，非特以葭莩之故也。既序公出處，又系之以銘曰：

降才者天〔八〕，成之者人。如彼良疇，勉其耔耘。歲有饑穰，我無阨貧。敏乎魯公，能濟以勤。既裕於政〔九〕，亦昌其文。既食其實，亦彰厥名。有始有終，以没元身。肇營新宫，山環水縈。生樂斯丘，死反其真。我爲銘詩，式穀雲礽。

〔一〕郎：明澹生堂鈔本作「大夫」。
〔二〕囿：日本藏宋刻本、明澹生堂鈔本、四庫本作「圃」。
〔三〕華：日本藏宋刻本、明澹生堂鈔本、四庫本、傅校本作「茸」。
〔四〕妹：日本藏宋刻本作「娟」。
〔五〕巖：四庫本作「嚴」。
〔六〕祠堂：原刻注云：「張本作『相室』。」日本藏宋刻本、明澹生堂鈔本、四庫本作「相堂」。
〔七〕矣：傅校本作「談」。
〔八〕者：日本藏宋刻本、明澹生堂鈔本、四庫本、傅校本作「本」。
〔九〕於：四庫本作「其」。

武昌簽判尚宗簿大伸墓誌銘 淳熙六年

公姓尚氏，相州安陽人，世以武勇聞。左金吾衛大將軍〔一〕、贈本衛上將軍諱從諫者，公之曾祖也。生二子，分習文武業，其一掌麟府軍馬，號名將；其一以累舉入官，贈大中大夫諱棐者，公之祖也。父諱佐均，博學工文章，登進士第，歷校書郎、禮部郎官、國子司業、祭酒，終朝請大夫、直龍圖閣，後贈某官。亦生二子：長大倫，終迪功郎。公其季也，諱大伸，字長道。以父任爲將仕郎。紹興五年，補右迪功郎、監西京中嶽廟，版授臨江軍新淦尉，調吉州司户參軍。用新淦捕盜賞改承務郎，權知贛州安遠、瑞金兩縣，又權筠州之上高，皆用治辦聞。以母夫人杜氏年高，求監饒州景德鎮。視事不一月，丁杜夫人憂，時二十五年七月也，服闋，知贛州寧都縣，賜緋衣銀魚。秩滿，簽書威武軍節度判官廳公事、西外宗正簿，又佐武昌軍。淳熙五年閏夏大暑，人多病癰疽，公亦瘍發於背，庸醫妄投藥，再旬不瘳。公志氣安定，手書後事諄諄，七月十六日坐而逝，得年六十有二。惟吾伯母實公之姊〔二〕，靖康兵亂，公年尚幼，依伯父入蜀，亂定來江南。伯父謂我女兄早孤而賢，命歸公，重兩家之好，險阻艱難殆三十年，共立尚氏之門户。是生四男〔三〕：振祖、振英、振操〔四〕、振德。女：長適從事郎田椽，次適將仕郎羅尚賢，次在室，餘夭。公自爲兒童，倜儻有大志，遇事知畧常出人上。少長氣貌瓌特，議論宏偉。未三十即治劇邑，吏懷姦欺來前，輒迎毀其機牙，咸慴不得發，頑民屏息，善良吐氣。推心腹待僚佐，有不合面折之，已乃懽然，未嘗虞其怨也。性不樂軟熟媚耳目，每與上官辨曲直爭利害。坐是抑厭不進，益懷奇負氣，閉門讀書，晝抄夕校，忘寢廢食，聞有奥編隱帙〔五〕，百方求之，以故博古多聞，所至屈其坐人。尤嗜《資治通鑑》，編類數四，往往成誦，有來問者，應答如流。平生喜劇飲，當酣適時，談諧貫古今〔六〕，志意薄霄漢，聽者欣聳。雅工詩〔七〕，下筆滚滚數百言。其豪邁慕李太白，精博學李義山，而思致綿麗又效温飛卿，至其得意處自謂不減古人。今有家集十五卷、《和陶詩》一卷存焉。初，公以宣和六年補官，五十年間輩行皆至大官，公纔爲承議郎，當上考功課進朝奉階，延賞於後，乃不能待。然公苦心教子，家四壁立，縮衣食之奉招致館客，又躬督其課程，夜以繼日。振英已嘗舉於鄉矣，詎知造物不使諸子益奮於學，自致名宦，寧失於此、將得於彼耶？公輕財重義，周急不計有無，雖甚珍愛之物，人或稱美，與之無吝色，身後僅餘圖書好玩數篋而已。歲在丙戌，女兄即世，公即卜地於吉州廬陵縣某鄉之原，置雙穴焉。一星終而公没，諸子乃以是年某月某日敬承治命奉柩合窆，遠來求銘，泣

〔一〕左：明澹生堂鈔本作「右」。
〔二〕吾：日本藏宋刻本、明澹生堂鈔本作「某」；姊：原作「娣」，據日本藏宋刻本、明澹生堂鈔本、傅校本改。
〔三〕「四男」下，明澹生堂鈔本有「三女，男」三字。
〔四〕操：日本藏宋刻本、傅校本作「藻」。
〔五〕編：日本藏宋刻本作「篇」。
〔六〕談：原刻注云：「張本作『詼』。」諧：日本藏宋刻本、傅校本作「論」。按作「談論」是。
〔七〕工：明澹生堂鈔本作「好」。

而銘之，曰：

太阿久柙，用乃缺兮。驊騮久紲，進而蹶兮〔一〕。命實制之，非我拙兮。生雖有涯，名不可滅兮。

恭州太守任君續墓誌銘 淳熙六年

君諱續，字似之，潼川郪縣人，系出漢廣阿懿侯敖。懿侯十六世爲晉安東將軍顒。顒九世爲隋潯陽太守璧〔二〕，謫掾閬中以死，子孫因家焉。璧生潁，潁生業，業生雅，相唐高宗。其曾孫畹、疇皆達官，大和中詔以二龍旌其里〔三〕。畹生椿，嘗參梓州軍，遂徙郪之興城。椿生韜符，韜符生崇誥，崇誥生琦，琦生仲簡。仲簡生伯傳，登景祐五年乙科，仕至尚書都官郎中，是爲君之曾祖。都官生庚，終普州司理；司理生忠原，終朝請大夫、知黎州，君之祖與父也。文獻相承，衣冠不絶，蜀人論氏族者推焉。君少以父任爲將仕郎，父疾革，戒君曰：「興城之任世以儒科顯，爾不可忘。」命易今名字，君泣拜而志之。紹興七年，起家爲漢州雒縣尉〔四〕。十三年，又尉昌之永川，夙夜銜父訓，懼從事不能卒業。十九年，求監潭州南嶽廟。二十一年遂中進士第，選澧州州學教授。晨策羸馬，從一僮謁守丞，退則繙校遺編，盡日與聖賢對，他無所問。當路交薦，二十八年自承直郎改左奉議郎，復求開州教授而去。隆興元年，就遷夔路轉運司主管文字。朝廷歲縻緡錢數百萬市馬川陜，歷梁、洋，下襄、郢，山行險遠，道斃之餘至臨安者皆骨立。有大吏請治舟峽中，乘漲水載馬東下，既駛且安。詔從之。無何，官吏奉行弗虔，效牽者又加迫促，資糧芻粟、篙師櫂夫一切取辦於民，急若星火，州縣大擾。乾道二年春，君適還朝，上疏言請調他道禁旅分屯夔、峽，代民駕舟，事已，教閲如故，異時荆楚出師北伐，亦可爲上流聲援。召對，下其説。君因論三事，曰：大臣雖罷政，猶當體國，安得苟且便安〔五〕？宜使分守邊要。漢部刺史察舉二千石，今監司專繩小吏。夔鹽惡而直倍，漕檄州，州檄縣〔六〕，州縣計口抑民，瘠痍一道。上嘉納之，擢守涪州。未上，易恭州。四年春，蜀大旱，常平義倉素空竭，姦氓姚京紿言官廪有餘，誘致四方流冗〔七〕，冀以挺亂。君知其謀，既案京抵罪，即捐俸錢五十萬，募民入粟，闔境爭勸趨之〔八〕，饘粥廬舍，規畫有序，至者如歸，帖帖無事。璧山有淫祠〔九〕，民病輒解牛以祭。君下令禁止。訛言：「神云守奪吾祀，民與牛皆將疫死。」郡人大恐。君知廟巫實導之，繫郡獄〔一〇〕，巫駭服。巴縣令貪虐，君劾去之。其子飛謗於朝，言者因論君前議舟師爲迎合，八月罷郡事。六年夏主管台州

〔一〕而：日本藏宋刻本、明澹生堂鈔本、四庫本、傅校本作「乃」。
〔二〕隋：原作「隨」，據日本藏宋刻本、明澹生堂鈔本、四庫本改。
〔三〕里：四庫本作「門」。
〔四〕雒縣：原作「雄縣」，據日本藏宋刻本、明澹生堂鈔本及《宋史·地理志》五改。
〔五〕且：日本藏宋刻本作「自」。
〔六〕漕檄州州檄縣：原作「漕敷州縣」，據傅校本改。日本藏宋刻本作「漕敷州州敷縣」。
〔七〕冗：原作「究」，據日本藏宋刻本、明澹生堂鈔本、傅校本改。
〔八〕闔：原作「閤」，據日本藏宋刻本、明澹生堂鈔本、四庫本改。
〔九〕璧：明澹生堂鈔本、四庫本作「壁」。
〔一〇〕「繫」字前，日本藏宋刻本、明澹生堂鈔本有「捕」字。

崇道觀，命至而君以疾卒於左綿，實九月戊子也。淳熙丙申冬葬仙雲山之下，得年五十有七，積官左朝奉大夫。君静重廉介，篤學喜爲文，身修家齊，勇於爲義，嘗傾産以賙嫠媦，教養孤甥，迄有成立。仕宦三十年，先疇一無所增，身後妻子假貸以斂。君凡四娶：二李氏、鮮于氏，皆贈宜人；今夫人王氏，御史利用之女，有賢稱。子男七人：義山，興元府西縣尉；義問、義路、義舉、義端、義明、義正。女三人：一嫁文林郎馮適之，一嫁進士鮮于糾宗，一尚幼。所著書號《仙雲集》者二十卷，又有《任氏春秋》十五卷、《春秋五始五禮論》五卷、《篆隸石刻譜》三十卷。歲戊寅冬十月，君調盛山教官，過金陵，予分教在焉，以同年進士置酒道舊，見君氣貌瓌偉，議論慷慨，意其將爲世用，孰謂君止此也！比歲識其子義問於行在所，博洽能文，奥篇隱帙，問無不知，君可謂有後矣，任氏其興乎！義問將還蜀，出石泉太守章森狀君之行實乞銘於予，義不可辭。銘曰：

謂君窮，時既逢；謂君通，志弗充。德之洪，報也豐。慟爾躬，後其隆。

朝散大夫直秘閣陳公從古墓誌銘　淳熙十一年

自古有志功名之士常患其才無以高世，才高矣未必逢其時，時逢矣不必皆爲主知。幸而見知，則摩九霄撫四海非難也。然而將起輒仆，未耄遽没，兹非命與！嗟吾希顔不幸乃如此，交友聞而悲之。況予先大父與希顔之大父爲同年進士，予又綴名希顔榜中，在期集所日日相從，間雖出處不齊，而契愛厚矣。晚預政中書，每聽玉音論當世人物，必才希顔。顧不能悉力薦引，使以所長大顯於世，則夫悼惜愧唶豈止同乎衆人而已！今其仲子縗絰來告曰：「先君葬有日，不肖孤捨几筵而銘是求〔一〕，成遺志也〔二〕。」將紓予悲，不在兹乎？乃序而銘之。希顔姓陳氏，諱從古，系出漢文範先生。文範生諶，諶生忠，忠生佐。佐生伯眕，晉建興中渡江居曲阿新豐湖，即今鎮江府金壇縣境也，故君爲金壇人。曾祖廓，熙寧九年進士，仕至朝奉大夫、利州路提點刑獄事〔三〕。祖珹，登第在元符三年，終文林郎、知真州揚子縣。父維叟，貢禮部，竟以特恩入官，主信之弋陽簿，後贈朝請大夫。君天資雋敏，兒童時應對賓客有成人風。稍長自力於學，爲文辨麗閎壯，儒先交譽之。紹興二十一年中進士第，弋陽府君喜曰：「世業有傳，足澡吾恥。」調臨安之富陽尉。秩滿，用賞改左宣教郎，爲邵州州學教授。殿中侍御史張震議扳君入臺，會遷中書舍人而止。入監左藏東庫，未上，丁弋陽憂。免喪，監行在榷貨務都茶場。丞相虞雍公問君終歲出納幾何，君曰：「國家利源鹺茗居半，自合同關子行，遂虧常額。」丞相命君即都堂條救弊之策，於是關子罷而歲入增矣。都城浚運河，丁夫輦泥積務門，君争曰：「隙地以遠火災，窒之可乎？」尹恃勢弗聽，君朝衣坐泥

〔一〕捨：原作「舍」，據日本藏宋刻本、明澹生堂鈔本、四庫本、傅校本改。

〔二〕遺：明澹生堂鈔本作「先」。

〔三〕「事」上，傅校本有「公」字。

中。上聞之，夜半爲降旨禁戢。已而車駕閲武近郊，君進詩五十韻，姓名益簡上心，命措置浙西鹽事。以勞擢司農寺主簿，坐法免，旋起知蘄州。赴闕奏事，上曰：「卿書生，能通世務，昨宣力務場爲多。」奬勞久之。到郡期月，上以湖南歲比不登，選君提點刑獄。始至，衡陽民有被誣以淫祠殺人者，更三赦不決，君奏釋之，詔下而雨，教官作《平反堂記》紀其事。時乾道七年也。十二月就除本路轉運判官，以明年二月視事，專任荒政，蠲逋欠以萬計。御札令同帥臣收養貧民所棄嬰兒，君悉心奉行，楚人德之〔一〕。夏秋復閔雨，請禱嶽鎮，遂大有年。武岡猺人憑恃谿谷創立樓櫓，議者欲以兵問罪。君曰：「往連不稔，彼迫饑餓爲保聚計耳，今可文告定也。」遣吏鐫誥，酋長帖帖聽命。其後長沙水溢穿城郭，敗廬舍，君督吏卒疏理池隍，計户給土木費，人忘其災。事聞，復下璽書問狀，併論賑濟功，特除直秘閣。是冬，京西謀帥，上閲諸道監司姓名，指君曰：「陳某有才，無以易之。」九年正月開府於襄，即奏言：「朝廷以襄爲上游重地，增陴益戍，緩急許調鄂師，善矣，但節制不一，莫知適從。紹興、隆興間嘗萃荆、鄂兩軍於此，分地以守。東盡隨與棗陽，鄂帥趙樽主之；西盡均州、光化軍，荆帥王宣主之。權均力敵，各行其説，樽欲持重，宣欲轉戰，此不立統帥，莫相臨制之失也。今若合爲一軍，擇宿將爲都統制屯武昌，置副帥屯襄陽〔二〕，或一年許其更戍，則號令歸一，無敢首尾誤國矣。」疏入，上適有此意。四月，乃用吴挺爲荆鄂駐劄諸軍都統制，而以王世雄副之，分治荆南。其後荆南軍竟更戍襄陽，至今以爲便。北界有叛者來，虜以兵壓境〔三〕，或請增戍受降，君固執不可，揭榜境上，示無招接意，虜兵遂退。上謂丞相曰：「從古倉猝應變，足銷疑沮之謀，可諭此意以奬之。」淳熙改元，復坐論列而罷。二年春，主管台州崇道觀，自是閑廢者九歲。上眷之不衰，鑄錢使者嘗缺，召君欲用之繼，即其家連畀衢、饒、秀三州印綬，皆不果行。君自知數奇，願復食祠禄，朝廷爲修廢官，差主管南京鴻慶宫。卜築洮河上〔四〕，奉親教子之餘，猶孜孜國事〔五〕，時有所見聞，輒論著告於有位。鄉邦洊饑，周恤甚勤。居閑好客，酒後談論激烈，聽者忘倦。自高曾以來世工篇什，君及從吕居仁、向伯恭、蘇養直游，往往得其句法。尤愛陳去非詩，取《簡齋集》盡次其韻。裒古今咏梅自鮑參軍而下迄近世名公，得古律千餘篇，次第屬和，豐腴清婉，兼備衆體，無支辭複語。駕幸秘閣，君自以寓直其間，奏百韻詩以賀。詔與宰執侍從等所進同付史館，縉紳以爲寵。九年秋，以事如城中。八月二十日還，至半途遇疾而逝。於是母夫人譚氏年八十六矣，君孝而不得終養，是尤可悲也。積官朝散大夫，得年六十有一。娶薛氏，承議郎、諸王宫大小學教授璿之女。嫁時年二十四，逮事尊嫜，孝謹知書，宗族稱賢。再封安人，前君九年卒，追贈宜人。五男子：伯震，從事

〔一〕「德」字上，四庫本有「多」字。
〔二〕帥：原作「使」，據日本藏宋刻本、明澹生堂鈔本、四庫本、傅校本改。
〔三〕虜：原作「金」，據日本藏宋刻本、明澹生堂鈔本改。下同。
〔四〕洮河：日本藏宋刻本、明澹生堂鈔本、傅校本作「洮湖」。
〔五〕國：日本藏宋刻本、傅校本作「時」。

郎、監江陵府糧料院；仲巽〔一〕，以致仕恩補將仕郎；叔謙、季益、季咸，未仕。女適從事郎、興國軍判官趙師沔。孫男女四人。伯震等卜以十年十一月二十九日葬君本縣唐安鄉茂城之原，舉薛宜人柩祔焉，其地介於祖考三塋間。銘曰：

孝友以爲質，詩書以爲輔。科名世其家，才術知乎主。天於希顏，可謂厚其賦予矣。既黼黻之，又齟齬之，竟何取哉？竟何補哉？

〔一〕仲：原作「中」，據日本藏宋刻本、四庫本改。「巽」下原有「當」字，據四庫本改。

廬陵周益國文忠公集卷三五

省齋文稿卷三五

墓誌銘 墓表附

朝請大夫知潼川府何君耕墓誌銘 淳熙十四年

公諱耕，字道夫，姓何氏，世居漢州之綿竹縣。曾大父杲。大父延，世號休菴居士，輕財好施，食客日數十人。與同郡德陽史彬善，以其子革爲彬婿，即公之父也，贈朝議大夫[一]。彬教授弟子以百數，號絶學先生，兩家既通婚姻，何氏亦占籍德陽矣。公甫勝衣，從外祖學詞賦，警敏異羣兒，更授《尚書》，殫思精義。東西川名士張行成、任慥繼爲郡博士，皆奇之。方弱冠，類試奏名第一，時紹興十七年也。自行在吴中，蜀士不預廷試，例賜魁進士及第，命官視甲科第三。講和後稍稍來奉大對，時秦益公當國，諭禮部尚書：凡不至者第一等並賜進士出身，今後準此。人熟畫可，遂爲故事，蓋自公始。以左迪功郎充彭州州學教授，用舉主陞從政郎、教授成都。公天資高明，積學勤篤，士聞風四面至，帥守監司交薦之，改左宣教郎，領職如故。制置使沈介、轉運周綰、何逢原皆中朝名勝，待公以異禮。今上登極，轉左奉議郎，移成都府路轉運司幹辦公事。官長查籥負才易公，公遇其施設未安，必反復告之，籥大敬愛。吏部尚書汪公應辰儒宗[二]，嚴許可，以文章典雅科薦公，俄通判成都府。乾道四年，綿漢大饑，公沿帥檄賑濟，過家率族黨發私廩爲之倡。里富人獨閉糴，公登門曉之，弗聽，械繫其家人，遠近輸米相踵，全活不可計。文人晁公遡爲提點刑獄，詩以美之。會邛蜀間盜發，帥遣將將數百人，命公督捕。公宣示恩信，譬以禍福，尋即解散。擢知蜀州，撫摩善良，繩治姦猾，郡以大治。盜復起鄰邑，州民驚擾，公立木四門，大書曰：「率衆劫民財者斬。」有村夫攫鬻物於市者，罪當流，部使者欲殺之，且責公自叛其説。公曰：「前令爲率衆而劫人者設，今一夫攫物耳，非姑息也。」使者愧謝。居頃之，丁太宜人憂，疏食三年，出居僧舍，自號恬菴踦叟，以布裘、鐵環、竹杖等五物爲五友，若無意於世者。免喪踰年，青羌寇沉黎[三]，虞雍公爲宣撫使，檄公守雅州。諸司調西兵來戍，公曰：「蠻敢侵邊，貪吏實啓之，其患常在外[四]；今多屯兵必損郡計，脱不滿意，且内訌，是腹心之疾也。守誠潔己奉公，戒城寨官無黷貨生事，訓練州兵，優恤土丁，蠻何足患？」其後八年，黎境再擾，制置司調戍兵益衆，將非其人，果作亂，人服公先見。知果州，改嘉州，課常爲諸郡最。除潼川府路提點刑獄公事，作諭民詩四十二篇，語平易而教化寓焉，郡邑家有其書。强

[一] 議：日本藏宋刻本、明澹生堂鈔本、四庫本、傅校本作「請」。
[二] 辰：原作「承」，據日本藏宋刻本、明澹生堂鈔本、四庫本、傅校本改。
[三] 青：原脱，據日本藏宋刻本、明澹生堂鈔本、傅校本補。
[四] 常：四庫本作「不」。

暴犯法，父老必誚曰：「汝不誦何公詩乎？」往往知悔。淳熙四年，敕差監四川類試，得士爲多。是歲被召。明年入對，論恢復四事，且曰：「願陛下内定其志，外修其具，考其實無聽其虚言，無畏難於今而成功於後日。」上曰：「卿所言盡之矣。」拜倉部員外郎。改户部郎中，兼國史院編修官，侍講東宫。未幾遷國子司業，就陞祭酒，改太子侍讀。講《禮記》終篇及史院進《四朝志》，皆增秩一等。徙秘書監。丐外，知潼川府。請祠，未報，以十年六月乙卯卒於府之正寢〔一〕，享年五十有七，既詔公主管玉局觀，不及拜矣。積官朝請大夫。娶同郡李氏，封宜人，前公四年卒。三男：德方，將仕郎；德彦，迪功郎、新邛州司户參軍；德固，迪功郎、新嘉州州學教授。三女：德秀、德珍、德躅，適進士王瓘、關鎔、李兑。孫男七人：居安、慶傳、遷曾〔二〕、卿月，早夭；今存者曰惠雲、法雲、登雲。即其年九月乙酉葬於縣之義合鄉元池里，與李宜人同域而異藏。公有文集百卷，藏於家。予未嘗至蜀，而多識蜀士，夙聞公有盛名。紹興末，外舅王公葆光守漢〔三〕，每道公之賢。歲在戊戌，予在翰林，而公實來，一見如舊交。已而僚於東宫、於史院，予既知公，公亦知予。自公云亡，懷思不已。今德彦、德固同登進士第，泣請銘公墓，義不得辭。竊常評公：於書無不讀而得其要，於文無不能而根諸理。立朝端諒敢言，典郡豈弟，人不忍欺。其持心雖厚，而臨事剛不可奪；其造行甚謹，至適性亦通而不拘。當仕則仕，當止即止，惟其時而已矣。始蜀先進久欲扳公於朝，公未嘗有所就。虞公秉政，知公特深，迄莫能致也。趙沂公入相，薦公爲郎。公積閲雖高，然寄禄未至大夫，爲中郎滿歲乃可任子。素友愛季弟，憐其早世，撫孤德崇過己子，將命以官。於是翻然而起，至則忠嘉合上意，譽望動搢紳。朝廷進退蜀士，多以公言爲輕重。學省蓬山，極道德文章之選，公俱爲之長，視禁途跬步可登。一旦悼亡，浩然有歸志，日夜求去。人争欲留公，予時爲承轄，諒公誠慤，莫敢遏也。蓋公之行誼文學出處去就大略慕唐白樂天，而耽玩釋氏，躬持齋戒尤與之同。嗚呼，斯亦賢矣〔四〕！是宜銘。銘曰：

珪璧其德，松筠其節。何以文之，惟學與識。宜公宜卿，我則自抑。宜耄宜期，天曷爾嗇？寧非劬躬，以壽奕葉。邈乎來今，尚考斯刻。

段元愷墓誌銘 紹熙二年秋

段氏自唐成式刺吉州，後家永新，至諱準者徙居郡城，故爲廬陵人。準生居簡，居簡生世臣。族系駸蕃，兄弟繼登科，號稱儒家。世臣生子冲，字謙叔，一上南宫，不肯爲新學，退築雲齋〔五〕，藏書數萬卷，朝夕讎校，自號潛叟。郡以遺逸八行薦，不就。政和中，太守程祈學有淵源，尤工詩，在郡六年〔六〕，日與謙

〔一〕府：日本藏宋刻本、傅校本作「州」。
〔二〕曾：日本藏宋刻本、明澹生堂鈔本、四庫本作「僧」。
〔三〕「光」字原脱，據《省齋文稿》卷三三《靖州推官張君廷傑墓誌銘》補。
〔四〕斯：原無，據日本藏宋刻本、明澹生堂鈔本、四庫本補。
〔五〕雲：日本藏宋刻本、明澹生堂鈔本、四庫本作「芸」。
〔六〕在：明澹生堂鈔本作「佐」。

叔唱酬，其《和梅花》輾轉千詠，人嘆其博。所著書號《螺川集》，多至百卷。程爲前序，資政忠簡胡公作後序。是生五子，君次居三，名元愷，字達信。儀表偉岸，襟度坦夷。始從進士舉，值兵亂棄去。輕財周急，鄉里仁之。遇有持論不公、行己弗正者，輒面折不少恕，人更服其義。忠簡公與謙叔有師友婚姻之契，待君甚厚，每觴詠必連句。暨予卜居城東，與君爲鄰，君長予二十五歲，而精神非予所及，獨棋品酒量均劣，可相追隨。淳熙二年正月，予赴行在所，君來宿舟中，飲弈達旦而別。五年夏，予在玉堂猶得其書，是秋乃聞君以七月十一日卒，享年七十有八。後二年十月丁酉，葬本縣儒行鄉橘井之原。妻劉氏，前卒，塋相望也。二子：人傑世其家，人鑑爲季父鑠後。孫男六人：希尹、希晏、希説、希周、希顔、希韓[一]。孫女三人：長適歐陽興祖，次適劉慶遠，一尚幼。初，君疾革，語其子曰：「胡公知我深，今居里中，必有詩文哀我，銘則屬諸内相，小子志之。」既没，其子以遺命告，雖諾未暇。迨一星終，予奉祠歸，人傑泣申前請，乃爲之銘曰：

惟利與名，逐逐營營。外物重焉，在己必輕。孰如達信，樂以全生。尚論潛德，庶幾天民。

提轄文思院葉君楠墓誌銘 紹熙三年

君諱楠，字元質，其先合淝人，慶曆中徙家池之貴池。曾祖亶。祖茂。父蕃，贈宣教郎。母吴氏，繼母程氏，皆贈安人。君力學早成，登隆興元年進士第，調鄱陽尉。夏旱繼以秋潦，君請蠲田租，守難之。君言境内蕩屋廬者七百餘家，溺死百八十人，流徙相望，盜賊將起，欲惜費得乎？守悔悟，減租十九。江州軍帥苗定御下過寬，士卒六七輩掠君所部，君檄取數四，不報。君引古誼質責，竟正其罪。以繼母憂去官。服闋，注岳陽軍節度推官，未上，又丁父憂。終喪，授邵州司法參軍，用舉者陞從政郎、封州州學教授。地苦瘴癘，三歲郡官死十餘人[二]，君悉力調護其家，割俸助之。淳熙十年，改宣教郎、知徽州績溪縣。縣統十鄉，里正苦差役追擾，君與約日受二鄉文書，八鄉得番休，力役不疲，官事亦辦，人以爲便，争欲及君時充役。其催科尤不擾，民皆樂輸，惟恐後，訟牒日省。君乃斥添給不受，積至千五百緡，大葺縣學，買監書二千七百餘卷，市良田三十六畝。士民歌曰：「前有黄門，後有葉君。」蓋蘇文定公嘗宰此邑也[三]。十五年轉奉議郎。明年覃恩，轉承議郎，賜服緋魚。諸司疏治狀，有旨任滿審察。上初政，首用君提轄文思院。命下一日，卒於旅邸，十六年六月三十日也。績溪士民聞訃嗟泣。享年五十二。是歲十一月十六日，葬青陽縣北七里豐林之原。娶汪氏，封孺人。子之真，女尚幼。君篤實勤敏，臨事慷慨。數上書論天下事，皆考證古今，別白利害。從政務行其言，未嘗苟且。平生喜著述，有《知非集》五十卷、《精金訓鑑》二十卷、《童蒙記》十卷。始乾道丁亥九月，予舟過池陽，庚寅與客騎遊九華，道由

[一] 句中「希」字，日本藏宋刻本、明澹生堂鈔本、傅校本皆作「睎」。
[二] 十：原作「四十」，據日本藏宋刻本改。
[三] 嘗：原作「常」，據日本藏宋刻本改。

鐵券山，中有華屋，四山環合，是爲君家。君之父置酒留宿，見二子焉。長即君也，方待鄱陽闕。明日與予并轡至青陽，又明日出郭西南行，登雙練亭，觀雙瀑，至上下雪潭〔一〕，宿協濟廟。溪聲如大雨，予與客踏石涉水爲戲，獨君魁梧，遂墮水中，衆客大笑。又明日登化城峰，謁金地藏塔，訪龍女泉、李太白書堂，蓋九華最高處也。東下數里上黿山，尤險峻，君忘其勞，褰裳相從。詰朝由慕善鎮入五溪，旁距鐵券纔數里，乃别去，自是無歲不相聞。庚子夏，予與華亭錢公師魏同在政府，師魏常分教於池，與君善，共議扳君，君徑從吏部調官封川。予二人既憐君遠宦〔二〕，又默嘉其恬於進取，而愧不果薦進也。已而部使者争舉君，改秩，又明揚績溪之政〔三〕，有列於朝且用矣，孰謂綬未結而纊已屬，悲夫！君之季蓁繼登科第，狀君行實求予爲銘，予雖諾而未暇。其嗣子不遠千里訪予長沙，垂涕固請，何敢以老誖辭？乃爲銘曰：

啍啍者車，安行九折之途，而僨乎四達之衢，吾不知其何如。尚鍾美於遺孤，以增光於厥初。

朝散郎致仕郭公彌約墓表

淳熙戊戌七月甲申〔四〕，廬陵郭公卒於其子興國太守份之官舍。越明年冬十月己酉，葬於吉水縣留田之原。同郡新廣東常平使者楊公萬里狀其行實，敬授鄉先生端明殿學士澹菴胡公，胡公爲作銘，傳信無窮。興國曰，銘納諸竁，懼無以表於阡，乃斲石爲方趺圭首，走介入都，屬某以辭。追念往歲扁舟過公於梅溪，其地在臨江軍新淦南一百二十里亂山環合中，特平衍。公始卜築，氣象殊軒豁，别創「佚我亭」爲燕息之所，屢求予作記。予懶且病，閲十四年未能成。今公既没，若遂無一言，是忘昔人掛劍之義矣，其可乎？惟公才甚高，學甚勤，志甚大，惜命之不副。方少時讀書爲文，已卓然不羣，意富貴可唾手取。既齟齬無以自發，則畫兵機數十策往説岳將軍〔五〕。將軍奇之，奏以官，歷三任咸有績可紀。已而嘆曰：「徒勞耳。」掛衣冠而去。是時興國已用家學第進士，沓被堂選，仕於四方。公欣然就養，歸則教督諸孫，以餘力稍從事田園，然不求富也。歲時釃酒烹羔，與里父老遊，人有緩急輒赴之。往來廬陵、臨江兩郡間，不可得而親疏，士大夫甚貴重之。興國既擢任二千石，諸孫雋邁力學，嘗再舉於鄉。公亦連值慶典，數進文階，佩服煒煌，福與禄俱，年八十有二乃卒。嗚呼，如公尚復奚憾！而予猶云云者，蓋公平生刻苦專精，凡六經諸史，下至天文地理，無不究其旨趣。而又天資敏明，遇事不苟，博極世務，識高而慮遠，大欲爲國家立功名，垂竹帛，其小猶將撥繁治劇，行志於州縣。二者適不遂，故以仕學遺後人，而身享壽考康寧之福。校其得失雖未易輕重〔六〕，然天之生才常艱，幸而有人，乃徒善其身及其子孫，而無以施諸人，

〔一〕「至」上，日本藏宋刻本、明澹生堂鈔本、傅校本有「步」字。
〔二〕宦：原作「官」，據四庫本改。
〔三〕明：原無，據日本藏宋刻本、明澹生堂鈔本、四庫本、傅校本補。
〔四〕申：原作「午」，據日本藏宋刻本、明澹生堂鈔本、傅校本改。淳熙五年七月壬戌朔，無甲午。
〔五〕説：原作「撼」，據四庫本改。
〔六〕校：原作「較」，據日本藏宋刻本改。

識者莫不太息，則予謂之命不副者何不可也？故表而出之，以告後之君子。公諱彌約，字景文〔一〕，其世閥爵里、言行出處，二公書之詳矣。淳熙六年十月十日，大中大夫、試禮部尚書、兼翰林學士、兼侍讀、兼太子詹事、兼修國史、管城縣開國伯、食邑八百户周某述。

籍溪胡先生憲墓表

先生姓胡氏，名憲，字原仲，崇安人。紹興庚辰與某同爲秘書正字，原仲年長過倍，予敬而親之，原仲尤相愛，每同舍退，往往留語竟日。原仲自言少從其從叔文定公傳《論語》學，時時爲予誦説，以爲入道之要也。明年，原仲上書論事求去。天子待之良厚，縉紳皆榮其歸。官長玉山汪公聖錫合館職七人置酒道山堂，以「先生早賦歸去來」之句分韻餞別〔二〕。又明年而原仲没。今蓋一世矣，其孫親仁遠來長沙，出門人秘閣修撰朱元晦所作行狀求表其墓。凡其家世出處、問學本末，元晦紀次有法，行遠無疑；若夫懷思舊好，尚論師友，以慰夫慈孫之心，則亦不得而默也。自堯、舜、禹、湯、文、武、周公以道相傳，見諸行事，所謂師弟子之説固不必論。惟孔子繼聖有作，無時無位，折衷六藝，授之門人，固嘗自謂「文不在兹乎」，而終有「天喪予」之嘆者，以顔子既死，曾子晚方傳道，其餘則所得未深，其器未大也。馴至戰國，異端浸起，獨孟子能因師説僅續不傳之緒，然諸子百家已復並行。道術自是分裂，至秦遂一掃而空之。漢興，諸儒稍習六藝之文，而不知明聖人之道，專門名家，互相矛盾，凡道德性命之理〔三〕，仁義禮樂之具，視之蔑如。又其久也，雖訓詁章句猶且前無所承，後無所授，况其上者乎？韓退之晚出於唐，頗以師道自任，終亦莫能救也。天啓聖朝，世與道興，上而元臣大老信此道以覺斯民，下而老師宿儒進此道以覺後覺，然後人知聖賢事業本非空言。間有操持或謬、趨向或僻者〔四〕，相與辭而闢之，縱未能盡得周孔之傳，其視歷代從事末流、失其指歸者固已不同。乖離千歲，庶幾復合，兹非師友淵源之效與？方其盛時，伊川程公正叔之門從學者衆，上蔡謝良佐顯道最爲高弟，以其所得授之文定公康侯，而涪陵譙定天授亦學於程氏者〔五〕。原仲既傳其家學，復往問《易》於譙，譙謂其學有不可以言傳，特爲原仲稍發其端。原仲因誦所聞，譙弗許，曰：「心爲物漬則不能有所見，惟學及乃可明耳。」原仲退而求之，久乃有得，喟然嘆曰：「所謂學者，克己工夫也。」由是自信不疑，篤志力行，以至於老。中間可仕則仕，必行其道；可止則止，必致其義。近而一鄉，遠而四方，皆師尊之。於是元晦以先大夫之命事原仲如父，既盡得其言行之美而又日進焉，今遂爲世儒宗，豈無所自而然哉！顧予何足以知之，姑述見聞附元晦所書之後，使親仁歸併刻之，以告來者。年月日，具位周某書。

〔一〕文：明澹生堂鈔本、四庫本作「聞」。
〔二〕「分韻」下，原刻注云：「張本有『賦詩』二字。」按日本藏宋刻本同。
〔三〕凡：原無，據日本藏宋刻本、明澹生堂鈔本、傅校本補。
〔四〕趨向：日本藏宋刻本作「趣向」，明澹生堂鈔本、傅校本作「趨尚」。
〔五〕天授亦：原作「夫授易」，據日本藏宋刻本、明澹生堂鈔本及《宋史》卷四五九《譙定傳》改。

廬陵周益國文忠公集卷三六

省齋文稿卷三六

墓誌銘　葬記

伯母安人尚氏墓誌銘[一]

夫人姓尚氏，世爲相州安陽人，故金吾衛上將軍從諫之曾孫，大中大夫棐之孫，朝請大夫、直龍圖閣佐均之息女也。生而淑慧，長而柔閑，族黨異之。龍圖公以碩德鉅儒徧儀清綴，崇、觀典禮皆所是正。夫人組紃之暇侍立左右，繙經閱古，間有裨益。既及笄，龍圖公方爲少司成，妙選儒流，將作之合，謂我伯父辰陽府君諱利見文學行義蜚聲上庠，故以歸焉。周氏爲鄭鉅族，於時曾大父中奉、大父大中皆無恙，內外百口，婦道爲難。夫人事上以孝，待敵以禮，接下以和，無間言者。初，祖塋之側有腴田焉，其主將售之，大中欲謀而未有力[二]。夫人適大歸，密聞其議，啓伯父曰：「吾奩具可出也，近墳之地顧可使他姓得耶？」伯父以告之[三]。大中大悅，其田遂歸於我。靖康間，從伯父守官陝服，虜騎夜至，盡捐家資，獨取伯父所好文籍筆硯使婢挾之以逃。亂定，伯父見而喜曰：「吾獨念此，君幸全之，他不足計也。」由是益重其賢。伯父之爲辰州，有大姓以私匿亡命抵獄，僚吏讞欲殺之。伯父歸而疑其故，夫人曰：「官有常法，疑則從輕可也。」伯父之意遂定，其人以全。嘗晝遊郡園，道遺首飾，厥直數萬，求之不獲。伯父御下素嚴，一府震懼。夫人戒左右使勿敢言。俄得其盜，則既分毀之矣，乃使子弟慰諭而遣之。伯父平昔宦遊勤於官政，未嘗問及私事。夫人以身任責，故伯父得行其志。粵自南渡，遭家多難，遺孤滿目，伯父收集教育，俸入或不能給。夫人以約爲盈，憐拊備至，凡出入吾家者，莫能辨其子姪戚疏也[四]。辛未春，伯父即世於虔，貧無甔石，夫人殊不介念，而益勵子姪以學，使無忘前人之志。家有故笏，蓋曾高時物，其後繼世擢第，轉以相授。今年秋，虔卒內訌，蒼黃出奔，身外無復一物。及門，大人獨悵然曰：「古笏不可棄也。」亟命健者反取之以行。其識度類如此。俄以疾終於廬陵，實紹興壬申十一月癸丑也，享年五十有五。嗚呼！伯父之喪縗斬未除，而天不慭遺，仍降大禍，爲善之報無所憑矣。夫人慈惠有容，待人一以誠信，化行閫內，下不忍欺。教督諸女，俾熟於詩禮，咸謹婦道，姻戚儀之。初以伯父陞朝啓封孺人，再命爲安人。生四男：必達、必端、必正、必先。四女：長適右從政郎呂坦中，次適右迪功郎李延世，二早亡，適李氏者亦亡矣。孫男一人，曰繹。孫女三人。諸子卜以是歲十二月甲申日舉夫人之柩祔葬於吉州廬

[一] 題下，日本藏宋刻本、明澹生堂鈔本有「紹興二十二年」六字。

[二] 謀：原作「諜」，據日本藏宋刻本、明澹生堂鈔本、四庫本、傅校本改。

[三] 之：日本藏宋刻本、明澹生堂鈔本、四庫本無。

[四] 姪：原作「姓」，據日本藏宋刻本改。

陵縣膏澤鄉金鳳山伯父之塋。永惟夫人之淑德懿行當求巨筆勒銘幽竁，以襄事之逼也，故諸昆命某誌之〔一〕。夫詞主乎信則無飾，情極乎哀則無文，勉竭肺肝，紀實而已。銘曰：

猗與夫人，女子之師。來嬪大家，婦順母慈。始終於仁，宜燕其晚。胡戾於天，而報之簡。凡我族屬，洎厥後昆。煢煢失恃，誰拊誰存？涉江而東，有崇其岡。伯父是卜，龜猶告臧。歷吉撰良，言歸慈宮。銘兮止此，哀則無窮。

先夫人王氏墓誌　乾道二年

先夫人姓王氏，由高祖階州太守諱亮而上，世家博陸，至曾祖左金吾衛將軍諱察始葬安陽。祖恩州太守、贈少師諱復。考給事中、贈少保諱靚，又開國焉，遂爲安陽人。妣衛國夫人宋氏。先夫人幼善女工〔三〕，通經史，博知古今事，不自以爲能，而孝友柔順是專。間遇親疾，皇皇戚戚，竭力盡志，惟人事之窮。聞古有祈天代死、刲體和藥者，皆屢爲之，以是父母尤鍾愛。年十有七，遴擇所歸，會先太學博士府君魁釋褐多士有大名，遂歸焉。未一星終，先君即世。先夫人奉大母碩人居吉，於是伯姊生十年，某甫四歲，亡弟歲未周。遭世多艱，虜騖盜剽，轉徙乏食，課婢採橡實蔬苗供養大母，次給尊幼必均，寧己之餒，如是者連月。初，外氏世顯仕，衛國又丞相元憲公孫、丞相龐莊敏公甥，先夫人少習長試，富貴事也，一旦驟履艱窘，雖窶人子不能堪，處之熙然，聞者以爲難。平居識慮高遠，有大庇宗族姻戚之志而不克遂，然隨事周急〔三〕，人已懷之。紹興丙辰，衛國道廬陵，大母命先夫人歸寧，遂偕行寓信州。時某齒少長矣，先夫人躬督誦書，常至夜分，未辨色則以杖警於榻，使卧而覆之，又教以屬對賦詩。已而曰：「舉業非吾習也。」爲擇汴人陳先生，特使從之。先生弟子以百數，先夫人一衣之華、一味之甘輒命某奉焉。先生嘆曰：「有母如此，吾忍負之？」故教某甚切，其不能有所成者，某質凡也。不幸明年衛國病，先夫人省視藥餌，廢寢與食，躬難能之孝有加於昔〔四〕。既薨，晝夜號慕，至累日水漿不入口。人固憂其毀，而某冥頑悖戾，不能解釋調護如先夫人所以事父母者萬分之一，竟以戊午歲正月十八日不起。會疆事未平，亟以二月十六日葬於州北之茶山〔五〕，壽止三十七。後某爲秘書省正字，遇沛澤贈孺人，忝御史再贈安人。五男女：伯姊適右宣教郎、賜緋魚袋尚大伸，婦順母儀，其來有自；吾兄平叟不及名；吾弟必强有雋才，再預鄉薦，年三十三而死；吾妹吉孫亦早夭。孫一人，綸。惟周氏再世卜葬廬陵縣膏澤鄉金鳳山，先君諸父以序陪列，獨先夫人葬他邦，遐想松檟，魂飛心折。隆興元年〔六〕，某賴夙訓，蒙上恩，入侍延和殿，頓首自言願假外祠以畢遷奉〔七〕。詔可之。歸與姊謀，會姊病未果。乾道二年三月，姊又

〔一〕昆：明澹生堂鈔本、四庫本作「兄」。
〔二〕「先」上，傅校本有「生」字。
〔三〕隨事周急：原刻校云：「張本作『隨時周惠』」。
〔四〕「之」下，明澹生堂鈔本有「事」字。
〔五〕葬於：明澹生堂鈔本、四庫本作「就葬」。
〔六〕「年」下，日本藏宋刻本、明澹生堂鈔本有「春」字。
〔七〕自：明澹生堂鈔本無。

卒。孤立自悼，益懼溘先朝露，弗遂厥志，乃以十月如上饒。十一月庚戌啓土，翌日護柩以行，十二月壬申達於吉。顧視先塋兆域相邇，不可以祔，别卜地於夾河二里間，惟長岡之麓食鄉猶膏澤也，庚寅甫竁，丁酉窆。嗚呼！我先夫人孝於親不獲其報，艱厥躬弗償以壽，裕乃志弗究其成，十年教子而不及享一日之養。天不可問，理不可詰〔一〕！將由某爲禍爲逆，天罰祟降而底是耶？承祀任重，不敢殞滅，願以未死之年長守丘墓，九原之心庶少慰乎！以襄事之迫，未能求當世名卿紀述潛懿，姑用不孝之辭誌遷改歲月云。孤哀子左承議郎、主管台州崇道觀某泣書。

亡姊尚夫人墓誌　乾道二年

乾道二年三月己巳，伯姊以疾不起於尚氏之寢，越六月甲申將葬於吉州廬陵縣膏澤鄉珠禾之原。嗚呼！昔我先君、先夫人皆以惇實慈孝不獲下壽〔二〕，而亡弟子柔雋明傑出，又中道而夭，獨吾姊肖美鍾粹，克備衆德，意必享有耆福〔三〕，爲世矩範；而天命不延，壽止於四十有七，名不列於命婦之籍，淑質懿行，奄忽以没。嗚呼，某尚忍言之！周氏世家鄭，夫人曾祖中奉大夫諱衎〔四〕，祖左大中大夫諱詵，父朝請郎、太學博士諱利建，妣安人王氏。惟吾家與安陽尚氏舊爲婚姻，故夫人年十有六歸今右宣教郎、前知贛州寧都縣、賜緋魚袋大伸，實政和國子祭酒佐均之婦。天性敏悟〔五〕，知書達物理。嫁時雖少，已能代姑主壺政，御下有法度，接物極和易，與人言惟恐傷之，及臨事〔六〕，果斷不惑，凛然有烈丈夫之風，處大利害略不動聲色。平居言弗妄發，至論事成否、語逆順莫不中理。間有請問舊事，則雖未齔時耳目所經歷者，細大畢記；其道上世流風遺俗，本末曲折，使人聽之灑然。凡與寧都遊者，往往周知其宗族出處，分别淑慝。至於慶弔交際，皆使薄厚中節，初莫見其頤指之勞。寧都仕官不偶〔七〕，生事屢空，然倜儻喜賓客，樂施與，家之有無不暇問也。夫人節其豐儉，彌縫調護，人莫能測。平居將順規切，兩得其宜。待人無戚疏，壹以恩意。性尤孝友，每及父母早世輒流涕，篋有杯棬手澤，寶藏數十年無一毫遺墜。其哭子柔也，哀動鄰里。自年三十八九得痼疾，每發輒劇，而經紀家事不廢，精神言語泰然，不以爲憂。顧常勉夫以治生，進諸子以學，庶幾蒙其成，佚其老，不幸志未就而病棘矣。嗚呼，其命也夫！男五人：璆、珍〔八〕、珪，一早夭，一未名也。女三人：長適右迪功郎田椽〔九〕，次許武岡守羅公之子尚賢，季尚幼。孫女一人。噫！夫人之賢行多矣，今不能盡著，獨紀其大略如此，後世其有考焉。某孤苦餘生，自紹興癸酉與姊别，歷十一年而以罪去朝，始得朝夕

〔一〕詰：原刻校云：「張本作『必』。」
〔二〕實：日本藏宋刻本、明澹生堂鈔本、傅校本作「碩」。
〔三〕意：四庫本作「是」。
〔四〕奉：明澹生堂鈔本、四庫本無。
〔五〕性：原作「姓」，據日本藏宋刻本、明澹生堂鈔本、四庫本改。
〔六〕事：原作「時」，據日本藏宋刻本、明澹生堂鈔本、四庫本、傅校本改。
〔七〕官：明澹生堂鈔本作「宦」。
〔八〕珍：明澹生堂鈔本、四庫本作「琛」。
〔九〕右：明澹生堂鈔本無，四庫本作「左」。

省侍，纔三年而遂爲之誌。嗚呼，其尚忍言之！

靖州推官張廷傑妻李夫人墓誌銘〔一〕紹興三十年

紹興二十九年八月甲寅，前靖州軍事推官張君廷傑喪其夫人。葬有日，使者以狀來請銘，某以不文辭，推官復書曰：「士大夫或出或處，其行誼才猷皆可表見於世。至於婦人女子，其處也以組紃婉娩爲能，已嫁則奉尊嫜、勤盥饋耳，隱德懿行微姻黨有所不知。子毋庸辭。」某因念歲丙子過推官，於里第置酒相勞苦。時夫人迎母宜人胡氏在席，老且病，奉養爲難，夫人左右承顔，愉愉融融。既退則泣數行下〔二〕，若有甚憂者。予問推官：「夫人方喜而悲，何也？」推官曰：「是新喪介弟，而母未之知，喜以悦親，悲則傷其弟也。」因爲予言：「夫人歸我纔閲月，父母赴官江右，朝夕憂念，遇心疾者歲餘。其後父卒，哀毁骨立，他日聞誦《孝經·喪親章》輒慟哭。愛弟娟尤切，有不幸者追悼至忘食事。蓋孝友如此。」以予所見，參其所聞，賢哉夫人！賢哉夫人！今既銘其墓，不敢隱亦不敢誣。按夫人姓李氏，世家平江，處士應之曾孫，贈右通議大夫雅之孫，而左朝請大夫、通判廣德軍寬之孟女也。天資簡静，少長如一。通判君以才學起家仕於四方，爲夫人擇佳對，以推官鄉里盛族，方游場屋，故歸焉。時甫踰笄，雖不逮事舅姑，而承尊撫卑，適其戚疏，人無間言。女叔在室者三，夫人禮遇勉飭，相繼爲名人婦。當是時，平江張氏義聲聞浙河以西，緊夫人之助。推官宦游不遂，築室治園圃，日從賓客遊，而中外冠婚饋問慶弔無虚月，夫人悉力相之，不以累其夫也。蓋約於奉己而泰於賙急，誠以御下而勤以訓子，故宗族之窮困者多蒙其惠，而長子未冠已褎然薦於鄉先，鳴於上庠，閭里榮之。晚事母愈孝謹，調旨甘，躬澣濯，間於温凊，暇則讀釋氏書〔三〕。平時語默有常度，閨門肅如也。居無何，胡宜人卒，夫人號慕致疾，稍瘳而復作。病棘不他及，内勉夫以教子，外則以葬母囑其弟而已。享年五十。生三男：聖任、聖清、聖和。三女：左從政郎、新揚州録事參軍蔡瑀，左迪功郎新湖州安吉縣主簿李安上，左從事郎孟并〔四〕，其壻也。仲女先夫人二十八日而夭，季未行。孫男三人：鎬、鎮、鐩。葬用三十年二月壬申，其地在吴縣長洲鄉華山天池塢，與通判君墓相望也。九原有知，夫人其奚憾！銘曰：

士之百行，惟孝爲始。女子有行，鮮可舉此〔五〕。温温夫人，允有全美。而其愛親，性實天畀。生也色養，没也哀毁。嗚呼夫人，可謂孝矣。我銘幽宫，惟是之紀。庶幾無窮，以勸爲子。

曾監酒母孺人劉氏墓誌銘　淳熙二年

分宜宰謝君諤狀右文林郎曾君光庭之夫人劉氏遺事累千五百

〔一〕廷：日本藏宋刻本作「庭」。下同。
〔二〕泣：日本藏宋刻本作「涕」。
〔三〕暇：原無，據明澹生堂鈔本補。
〔四〕左從事郎：明澹生堂鈔本、傅校本作「右從事郎」。
〔五〕可：明澹生堂鈔本、四庫本、傅校本作「克」。

言，以授夫人之子敏學，敏學復屬某以銘。予謂分宜文贍事核，益之贅矣。敏學曰：「詳在行實，要在銘章，古也。」固請不已。會敏學死，予悲其意，乃序而銘之。劉氏本長沙人，後徙臨江軍之新淦縣。夫人曾祖德誠，祖如新，父義。義有隱德，嘗辭遺逸之薦者，賢其息女，以歸文林。惟夫人幼服姆訓，長閑婦道，事舅姑孝，待宗族敬，内外交譽，間言弗聞〔一〕。文林官湘中，當靖康之難，率零陵民兵勤王。夫人力修閫政，日以詩書課其子。姑嚴夫人留鄉里，寇攘梗道，數走介間關問安，使文林悉力公家，不貽親憂。比七年，歸奉盥饋於堂上，男愿女柔，濟濟列侍，嚴夫人喜曰：「賢哉，婦興吾曾氏矣！」文林既倦游，築大第桂峰之下〔二〕，别開槐堂，招致游士，又以餘力治園圃，燕親賓。間遇歲歉，賑廩平價，大庇一方。夫人實相之。文林没，益勵諸子以學。聞某賢也可師，某能也可友，必厚禮重幣延置家塾。嘗曰：「蓄田千畝，不如藏書一束。」故不吝金帛以求之，插架幾萬軸。子孫聞見駸廣，藝業日有聞〔三〕，對策集英者三，貢於鄉者十二，文風藹如也。紹興己卯，慈寧太后慶壽八十，有詔子爲貢士得封其父母之高年者，於是有孺人之命。後遇郊恩，加賜冠帔。年九十三，以乾道七年七月二十四日卒。是歲十二月丙午，葬吉州吉水縣仁壽鄉萬安里西岡之原。夫人五子：長右修職郎、饒州德興尉敏遜；次鄉貢進士敏修；次敏德；次迪功郎、監隆興府豐城縣户部贍軍酒庫，即求銘者；次敏行。一女，適鄉貢進士毛穎士。孫男十五人：三益、三錫、三復、三省、三畏、三聘、三覲、三壽、三登、三接、三顧、三異、三協、三英、三達。預貢者三益、三省、三畏，而三復、三聘相繼擢第，今爲德安、隆興二府教授。惟三益早死，餘皆力學。女八人。曾孫男九人：宏圖、宏度、宏議、宏規、宏基、宏模、宏寄、宏舉、宏量。女亦九人。夫人天性勤儉，既以自勉，亦以誨人。御下慈和，念勞而忘過。家浸隆盛，不矜不驕。年登耄期，未嘗謁醫。孫曾滿前，日娛其老。世所願欲，一無憾焉。嗟乎！壽富康寧，好德考終，能備者鮮矣，而況脂田命服，寵光鼎來，孝子順孫，禄養踵至，古稱五福，今乃七之！是宜勒銘，以信來裔。銘曰：

惟德戎戎，惟報芃芃。綿延厥家，寧止我躬。鬱其西岡，宜松與栢。奕世不凋，視此柯葉。

王給事母安人徐氏墓誌銘 淳熙三年

淳熙丙申，立春氣應，皇帝慶太上皇壽於德壽宮，大赦天下，文武陞朝官并許加封父母，中外蒙恩者不可計。獨計臺省寺監職事官不啻千百人〔四〕，其及親者纔二十有三，而軍器少監兼考功郎官王君之母太安人徐氏在焉。命書既下，合監之僚屬暨六曹同舍郎皆踵門賀，退而咨嗟嘆息，咸謂婦人能教子以儒術起家者固少，而有子入爲王官者加少，若乃國家非常之慶，絲綸再命之寵，是又千載而一遇者。非積善在躬，享有多福，曷至是哉〔五〕？

〔一〕聞：明澹生堂鈔本作「興」。
〔二〕桂：原刻校云：「張本作『柱』」。按明澹生堂鈔本亦作「柱」。
〔三〕「日」字下，明澹生堂鈔本有「新」字。
〔四〕千：四庫本作「乎」。
〔五〕是：明澹生堂鈔本作「此」。

嗚呼，可謂榮也已矣〔一〕！居久之，太安人疾作，少監請於朝，願假使者節若太守章出便醫藥。天子與大臣嘉少監在考功能以精明澄四選，强毅任衆怨，方顯用之，不聽其請也〔二〕。已而太安人竟卒，於是前日之客復弔少監於廬，予亦至焉。少監杖而泣曰：「吾母之賢，朝士舉知之。子久以文知我，顧不知吾母乎？願以銘爲托。」他日，遂以其鄉人將作少監兼吏部郎官吴君飛英之狀來，則序而銘之。徐氏世家處州之青田。太安人曾祖新，祖棠，父順。年二十二嫁同郡王公長方，逮事舅姑，以孝謹聞。王公故貧，與二弟大方、義方俱嗜學。自太安人來歸，家事日理，不以衣食累其心而專於書，故大方登博學宏詞科，義方亦有聲上庠，起家永福尉。獨公困躓不偶，與太安人日夜教子，及見其登進士第、中學官選而没，復贈右承事郎。太安人慈祥勤儉，綽有容德，待娣姒以誠〔三〕，御婢妾以恩。少監每與客語，輒耳屬於屏。既歸，枚數曰某賢可與游，某不賢勿親也〔四〕，後多如言。蓋從其子官於朝者五年，劬躬擇鄰，迄獲豐報。初以乾道九年冬郊祀恩封太孺人，至是蓋進封云。其卒實三年四月十六日，享年六十有九。是歲十二月甲申，葬於麗水縣靈隱山承事公之側。生三男：信，即少監也；价，常與國學薦；偁〔五〕，早世。一女，適進士何京。孫三人：一男二女。銘曰：

光輝爲陽，晦藏者陰。婉婉女士，難乎邦聞。猗與夫人，克艱於始。禄不從夫，幸哉有子。子也多才，夫人成之。國有大慶，夫人膺之。遂都榮名，人以譽嘆。歸安斯丘，永矣奚憾！

程給事母宜人胡氏墓誌銘 淳熙□年〔六〕

宜人胡氏，故朝散大夫致仕程公晉之之室，今給事中叔達母也，徽州黟縣人。其先有名育者，仕晉爲新安太守，因以占籍。其後名星，爲蕭梁太常卿，既没而廟食，族系日以蕃。宜人曾祖德勤〔七〕，祖義璇，俱隱跡弗耀。父獻卿，好賢樂善，一鄉稱長者。生五女，尤憐愛宜人，謂必爲名婦，聞大夫早有賢譽，故以歸焉。程氏衣冠蟬聯，與胡氏世通婚姻。大夫祖母大碩人，世母咸寧郡夫人，母太孺人，皆宜人近屬也。始嫁〔八〕，翁姑高年，娣姒如雲，宜人恪共盥饋，勤劬賓祭，承上接下，動有法度。中經亂離，褚篋一空，約身縮用，助大夫經理家事〔九〕，秋毫無妄費，至資其子宦學四方則略無所靳。給事以是少年登進士第，解褐歸拜重親，里閭咨美。翺翔仕路，風節議論日益有聞，入佐天府。大夫、宜人年皆七十餘，休沐必娱侍西湖上。間登天竺諸山，諸

〔一〕「榮也已矣」下，明澹生堂鈔本有「可謂榮也已矣」。
〔二〕其請：原無，據傅校本補。
〔三〕娣：原作「姊」，據明澹生堂鈔本、四庫本改。
〔四〕賢：原作「然」，據傅校本改。
〔五〕偁：原作「稱」，據明澹生堂鈔本、四庫本改。
〔六〕缺字原作「五」，按文中言淳熙六年葬，則此文之作不得在五年甚明。明澹生堂鈔本、四庫本作「闕」字，今從之。
〔七〕勤：明澹生堂鈔本、傅校本作「懃」。
〔八〕嫁：明澹生堂鈔本作「歸」。
〔九〕家事：原作「事事」，據明澹生堂鈔本、四庫本、傅校本改。

孫先後扶携，二老人輒却之，曰：「吾方健，汝毋憂。」居無何，長子叔向、季子叔豹相繼死，宜人始忽忽不樂，頗苦微恙，給事遂求守通州以便養〔一〕。未行，擢登御史府，進左司諫。數請外，上固留之，宜人亦曰：「吾念二子耳，汝之去留，吾何擇焉〔二〕？悉心報主，所以慰我心也。」給事乃不敢言。明年，宜人竟不起，實乾道元年八月二十九日〔三〕，壽七十有五，後十四年而大夫卒。宜人生三子，給事其仲也。二女：嫁任允迪〔四〕、黄珏。孫男九人：鑄、鎔、鎬，早世；鉉，從政郎、荆湖北路安撫司幹辦公事；鍚，從事郎、婺州蘭谿縣主簿；銛、銓、鉞、鎮〔五〕，未仕。孫女十一人。曾孫男五人。鎮孫子八，未名。寧孫子六。重一，早夭。宜人初葬縣之長遥山，大夫以其地下溼，别卜地於北山亭古城培之原，淳熙六年八月二十九日甲寅葬焉。給事之爲少尹也，某備官於朝，一見如故知。每聞宜人慈惠肅敬，四德兼茂，知古今，通釋氏書，常敬仰其賢。又聞翁媪偕老，子孫方昌，怡怡愉愉，百順具備，未嘗不自恨不天，不復有此樂也。踰一星終，復與給事直禁林，侍經幃，僚承華，情義款密，畢朝莫擬。給事每云：「吾父滋老，欲改葬吾母而未如願〔六〕。他日尚屬子銘。」予敬諾。已而，給事以直龍圖閣奉祠歸，而大夫没，書求踐言，其何可食？銘曰：

婉嫕肅莊，以承尊嫜。儉勤静方，以從其良。擇鄰儲祉，又燾厥子。展如夫人，不曰賢矣？匪劬其躬，孰報之豐。謂或不信，盍觀初終。相彼新阡，有原膴膴。利其嗣人，以奠終古。

孟媪葬記

佛書云：汝未舉心，塵勞先起。學道者晝夜刮磨，其去未銖兩而其積已鈞斤矣。所貴乎無心者，以心無此患也〔七〕。某之先夫人乳媪孟氏未嘗學道，而能以無心處世，故憂樂不能移，物我不能二。而其死也，超然自在，卓然奇特，有精練老僧不能及者〔八〕。此豈區區刮磨之力哉？根器異耳。媪東平人，父孟某，母李氏。以元豐元年正月三日生。少嘗適人，而其夫凡劣不可依，李氏謝絶之，携媪來吾外家乳先夫人。方外家隆盛時，金帛填委，同輩皆厚自殖，媪視之蔑如也；顧獨喜博，負雖多，懽然無吝容，勝亦散之，未嘗有所貯積。戊申己酉歲，江浙大亂，吾家轉側兵火中，而先君不幸。後十年，先夫人復謝世，蓋多故矣。人爲媪戚戚，媪固自若也〔九〕。遇博輒抽簪質衣〔一〇〕，一笑爲

〔一〕遂：明澹生堂鈔本作「亟」。
〔二〕吾：明澹生堂鈔本作「我」。
〔三〕二十九日：明澹生堂鈔本、傅校本作「二日」。
〔四〕任：明澹生堂鈔本、傅校本作「汪」。
〔五〕鎮：明澹生堂鈔本、傅校本作「鍈」。
〔六〕而未如願：原作「而未敢」，據傅校本改。
〔七〕心：明澹生堂鈔本、四庫本作「其」。
〔八〕能：明澹生堂鈔本、四庫本作「可」。
〔九〕固：原無，據明澹生堂鈔本、傅校本補。
〔一〇〕簪：原作「箸」，據明澹生堂鈔本、四庫本、傅校本改。

樂。性淳直閎裕〔二〕，待人如我，視我如人，與童子言不異長者。人有不直，亦嫚罵弗恤，其人愧服曰：「媼言是，吾不怨。」至於事敵以上與夫逢迎賓客，則又執禮無違，雍容可觀，見者知故家遺俗自有體也。伯父辰州府君御下嚴甚，不假左右以色，獨於媼加禮焉。始媼年三十五，已受戒屏葷酒，時取佛書誦之，亦不深泥名相，笑歌嬉遊，陶然自樂。如是者數十年，當紹興壬申秋，臥疾於贛。會齊述反，某與亡弟子柔夜挾媼出城，得舟下廬陵，寓永和鎮之本覺院。其病浸劇，蓋踰時側身而逝，十一月十三日也，年七十有五。時亂未定，某亦大病幾死，子柔遂以茶毗法化媼。薪盡，頂骨如雪而舌不壞，舍利綴屬無數，緇素駭嘆。惟媼性與道合，豈以此爲異，然使不緣倉卒擾攘之故，具棺槨以葬，則亦何自見此奇特哉！後幾日，瘞其骨於水東金鳳山某處。又後十一年，某歸自臨安，始爲立此石。時子柔之沒已四年矣，悲夫！隆興元年七月具位周某謹記。

芸香葬記

周子充之侍妾曰芸香，姓孫氏，錢塘人。父德。以其淳静謹畏，精於女紅，頗能爲新聲，事予於行在所，時年十七〔三〕。後二年，從予歸廬陵。明年六月一日病死。爲買地州南二十里聖居山，葬用七月十八日，實乾道九年。

〔二〕閎：傅校本作「閑」。
〔三〕時年：明澹生堂鈔本作「年甫」。

廬陵周益國文忠公集卷三七

省齋文稿卷三七

青詞　疏文　祝文　勸農文

夫人設醮青詞〔一〕 乾道五年十二月十三日

閨門乖宣滯之宜，莫施祝劑；肺腑籲跼高之懇，馴致痊平。靜言不肖之愚氓，何事靡干於聰聽？因其生育之日，罄乃熏修之誠。既謝前愆，亦邀後福。仰祈覆燾，永保康寧〔二〕。

又 乾道九年六月七日

善惡繫於人爲，固當修省；災祥由乎天數，亦許祈禳。藐是微生，困於宿恙。矧運氣之適併，懼悔尤之相乘。敬即家庭，仰干道蔭。伏願真游降格，鴻造恢施。錫康寧於視履之間，均信順於閨門之內。

設醮青詞 淳熙四年五月七日

養生無術，既乖寒燠之宜；制命有常，適值災屯之會。蓋嘗推運限而懼星辰之不照〔三〕，亦復省才能而知祿位之踰涯。既未遂於退休，合少伸於醮謝。伏願寸誠昭格，洪造鑑觀。貸已往之愆尤，錫方來之康泰。更均道蔭，垂庇寒門。

佑聖觀夫人設醮青詞 淳熙六年十一月十一日

天雖難諶，誠則易格。伏念妾昨嬰疾恙，深慮災屯。故當呻吟，默致懇禱。旋臻藥喜，頓釋隱憂。荷高穹之至仁，從匹婦之微願。今者敬遵科式，仰謝生成。冀真馭之下臨，俾寸誠之上徹。永垂道蔭，均庇寒門〔四〕。

夫人設醮青詞〔五〕 淳熙九年正月七日

乾坤大德，無物不生；螻蟻微誠，有求斯應。俯循弱質，每困宿痾。懼多積於悔尤，思少伸於祈謝。敬逢人日，祗按沖科。延望碧霄，虔輸丹悃。願言四序之内，永保安寧；仍俾一門之中，同臻康泰。誓圖報塞，彌謹熏修。

〔一〕夫人：明澹生堂鈔本、四庫本無。
〔二〕原刻文後校云：「此首知聖道齋本有脱誤，今從張本校正。」
〔三〕不：明澹生堂鈔本、四庫本、傅校本作「下」。
〔四〕原刻文後校云：「此首知聖道齋本有脱誤，今從張本校正。」
〔五〕此篇明澹生堂鈔本、四庫本置乾道五年十二月十三日《夫人設醮青詞》後。

又　淳熙九年

三年疾恙，曾藥石之弗離；一意禱祈，庶災屯之可弭。屬將更於歲律，且密近於生朝。祇按冲科，肅延浄侣。少效蘋蘩之薦，用伸螻蟻之誠。伏願上帝垂慈，列真降鑑。宥向來之罪戾，錫此去之康寧。惡曜或加，賴天恩而轉喜；福基雖薄，資聖力以增培。永與家庭，同承道蔭。

設醮青詞　淳熙十年閏十一月望日

德輶智淺，已慚位序之高；命薄福輕，復念年齡之晚。屬歲華之將易，推星數之多虞。火孛臨高强之宫，日時晦甲乙之位。適因元命，仍邇新春。用虔致於熏修，庶預申於禳謝。伏願列真降鑑，丹悃潛通。消來日之災屯，錫衰宗之庇蔭。壽命延於兄弟，康寧逮乎室家。稽首投誠，傾心俟命〔一〕。

夫人設醮青詞　淳熙十一年四月

福善禍淫，豈私於匹婦；跼高蹐厚，當罄於一誠。蠢爾微生，居然多病。矧愆尤之常積，宜災疾之是虞。匪假熏修，孰伸禳謝？伏願乾坤覆載，仙聖鑑臨。星躔易咎以爲祥，運氣轉凶而逢吉。俾闔門之康泰，誓永世以歸依〔二〕。

設醮青詞　淳熙十二年正月丙午

官崇而禄益厚，未知稱塞之方；福過則災或生，凛有憂虞之象。因歲華之載易，適運氣之將交。念多積於過愆，恐浸招於凶咎。肅裒羽士，祇按仙科。庶假熏修，少伸禳謝。伏願衷誠上達，神鑑俯昭。擴善貸之深仁，憫孤懷之多懼。賜以公私之無惱，俾其老幼之咸安。誓堅惕厲之心，力報生成之造。

夫人設醮青詞　淳熙十三年十月十七日〔三〕

惟疾之憂，嘗攄丹悃。勿藥有喜，旋荷洪恩。自非憑蓋高蓋厚之仁，何以篤惟子惟婦之慶？既資幹蠱之裕，且幸弄孫之歡。敬卜佳辰，少償夙願。伏望霄晨降嘏，時序蠲災。錫老幼之康寧，誓初終之歸嚮。

遷右相府設醮青詞　淳熙十四年四月十五日

福善禍淫，何私於覆幬；避凶趨吉，敢緩於祈禳？言念微

〔一〕原刻篇末校云：「此首知聖道齋本有脱誤，今從張本校正。」按明澹生堂鈔本、四庫本亦有脱誤，蓋同知聖道齋本。
〔二〕誓：四庫本作「願」。
〔三〕十七日：明澹生堂鈔本、四庫本作「七日」。

生，猥膺重任。雖有效忠之志〔一〕，而無經遠之才。甫即攸居，深虞曠職。敬陳章醮，祇叩天聰。伏願誠悃上通，祺祥下集。惟長少獲安於私室，則勤勞可效於公家。蠢蠢之愚，拳拳於是。

皇后生辰三茅觀設醮青詞〔二〕

淳熙十五年二月二十六日。同諸廳

氣淑春陽，茲惟令序；祥開月夢，載紀誕期。仰陰教之素修，罄群心而申祝。肅裒羽士，祇按瓊科。伏願誠格穹蒼，慶流宮掖。天作之合，丕延有永之年；邦孚於休，共對無疆之祚。

設醮青詞

淳熙十五年八月十五日

謹疾無方，值陰陽之大寇；跼高有謹〔三〕，本家室之至情。旋臻藥石之功，仰賴乾坤之施。載涓吉旦，祇詠靈篇。修清凈之勝緣，償禱祠之素願。仰祈洪造，俯鑑微誠。孛在强宮，雖還元而不害；歲移飛限，縱遇弱以無憂。推是蔭庥，均於老稚。

遷左相府設醮青詞

淳熙十六年三月十九日

小才何取，偏儀輔弼之聯；廣厦既遷，彌積高明之懼。甫更月律，思竭誠心。因元命之紀辰，叩上真而籲懇。伏願博施造化，兼利公私。章厥俊民，家有平康之望；介之景福〔四〕，神惟正直之臨。草芥雖微，乾坤所鑑。

遷入廬陵舊居前一日設醮青詞

淳熙十六年十一月丙午〔五〕

從宦無功，言歸有幸。惟茲環堵，僻在東城。人或議其陸沉，臣竊安於幽屏。將於詰旦，爰即攸居。值初度之日辰，按沖科之儀式。念禍福之求由己，愈當淑謹以提身；惟災祥之降自天，必賴神明之垂佑。倘四序常臻於康泰，則一門永荷於生成。

潭州祈雨設醮青詞〔六〕

紹熙三年閏月七日

政積繆戾，致干陰陽之和；物當發生，乃愆雷雨之澤。雖嘗奔走於群祀，未敢瀆煩於上穹。今春時已深〔七〕，農務正急，而陂池久涸，田畝失耕。若非致力於初，何以責成於後？孰能爲地，惟可呼天。伏望憫民無辜，赦臣有罪。擴乾坤之鴻施，釋黎庶之憂心。三日爲霖，示有秋之嘉應；多龍則旱，破自昔之

〔一〕效：傅校本作「盡」。
〔二〕此篇秩序，明澹生堂鈔本、四庫本置本卷第一篇。
〔三〕謹：原作「請」，據四庫本改。
〔四〕之：四庫本作「玆」。
〔五〕十一月丙午：明澹生堂鈔本作「三月十九日」。
〔六〕此篇秩序，明澹生堂鈔本、四庫本編爲本卷第二篇。
〔七〕時：明澹生堂鈔本、四庫本作「色」。

俚談〔一〕。

薦尚氏姊水陸文 乾道二年

姊弟同氣，期畢世以相依；死生異途，悵終天之永隔。欲寫無窮之戚，必資最勝之緣。按梁武之舊儀，演阿難之遺教。設衆香之缽，以屬饜萬口；燃無盡之燈，以遍照九幽〔二〕。庶幾凡聖之普霑，可使自他之俱利。伏願佛慈無礙，願力無邊。消亡者塵塵刧刧之罪愆，釋亡者世世生生之寃業。受人天之至樂〔三〕，慰手足之深悲。

焚黃水陸疏文 乾道六年

薄命天窮，莫奉過庭之訓；湛恩日富，屢頒告第之書。適生育之載臨，念劬勞之缺報。集寶坊之净侶，演焦面之遺文。薰修罔間於冥陽〔四〕，悃愊尚通於幽顯。伏願承佛威力，受國寵榮。永從極樂之遊，少慰遺孤之望。

廣教寺設供疏文

孝極事親，每自憐其孤苦；禮嚴上冢，乃久困於飄流。由多生罪逆之至深，故今世報緣之如此。逮被漏泉之澤，益懷反哺之悲。恭即寶坊，虔修净供。追崇梵福，雖人子之至情；升濟冥途，亦遵師之本願〔五〕。仰惟慈愍，俯爲證知。

判潭州謁宣聖文 紹熙二年

欽承上恩，付以民社。居敬而行簡，懋德以帥下。古有明訓，其敢不勉？先聖先師，實鑑臨之。

謁諸廟文 紹熙二年

忠信慈惠，然後民安之；靖共正直，然後神聽之。此某夙夜所當懋勉。若夫順豐年，逆時雨，寧風旱〔六〕，弭災兵，遠罪疾，凡是數者，非有相之道則罔攸濟。視事伊始，敢不告虔？

南嶽行宮祈晴文 紹熙三年十月一日

維皇降康，眷是湖湘。畝有餘糧，農夫洋洋。黍稷稻粱，指期積倉。孰云肅霜，而以雨妨。顧瞻圃場，惆悵傍徨。吏治弗臧，惟知祈禳。帝功夙彰，曰暘則暘。毋令豐穰，反虞災傷。齋

〔一〕原刻篇末校云：「案：前十六首知聖道齋本未依年代次序，今釐定。」
〔二〕幽：明澹生堂鈔本、四庫本、傅校本作「州」。
〔三〕人天：四庫本作「天人」。
〔四〕薰：原作「重」，據四庫本改。
〔五〕導：原作「導」，據明澹生堂鈔本、四庫本改。
〔六〕風：四庫本作「水」。

心撰良，祇薦令芳。言錫之祥，報敢怠遑？

東明寺祈晴文 紹熙二年〔一〕

下民望歲，欲多稼之豐登；大士應緣，隨衆生之祈禱。瞻言農畝，幸底金穰。乃當刈穫之時，未息霖霪之雨。人將咨怨，吏則憂惶。茲仰叩於覺慈，庶速回於霽景。伏願運神通力，開方便門。消散積陰，現祥雲之紛郁；破除諸暗，舒慧日之光明。毋棄壞於全功，永歸依於妙智。

南嶽正廟再祈晴文 紹熙三年十月十二日〔二〕

帝惠南土，賜之金穰。孰云既成，窘以陰雨。干和致沴，由政弗臧。三農何辜，失此一稔。祈禱雖應，旋即沛然。吏民皇皇，縛手無策。欽惟岳鎮，大庇方維。曰暘而暘，易若反掌。豐凶之決，莫急於斯。開霽旬時，庶其有濟。投誠請命，必冀矜從。

東明再祈晴文 同前

比以連陰，害於多稼。備殫懇悃，僅獲感通。日方出而雲遽凝，土纔乾而雨復作。致災之故，端本吏愆。壞物之成，決非天意。敢辭屢瀆，仰叩至仁。惟賜之半月之晴，則濟此一年之事。精誠已竭，聰鑑必孚。

南嶽謝雪文 紹熙三年十二月

臣守茲土，無術消沴。春而謁雨，秋而祈霽。自冬徂臘，雪未平地。仰瀆於神，亦云亟矣〔三〕。帝奠南服，有求輒遂。曰雨以種，曰暘以刈。盈尺之祥，又驅疾癘。加惠斯民，亦云至矣。再拜於庭，且謝且愧。其卒相之，以興嗣歲。

南嶽行宮祈雨文 紹熙四年

冬春之交，無大雨雪。候踰驚蟄，農務方興。田畝未濡，陂池尚涸。先事而慮，豈惟有司。稽首靈祠，齋心致禱。願恢貺施，霈之甘霖，以兆豐年，豈敢忘報〔四〕！

南嶽正廟祈雨文 得雨不曾用。同前

臣守藩無狀，沴氣干和。乃自歲端，雨不時若。驚蟄而後，暖氣蚤來。三春過中，種未入土。耕夫束手，穡事可虞。仰止帝庭，歸誠請命。臣實有罪，罰其敢逃？民之無辜，祈賜矜憫。願

〔一〕紹熙二年：明澹生堂鈔本、傅校本作「同前」。
〔二〕十二日：四庫本作「十三日」。
〔三〕亟：原作「急」，據明澹生堂鈔本、傅校本改。
〔四〕豈：明澹生堂鈔本、四庫本、傅校本作「其」。

下膏澤，庇茲一方。呼吸之間，霈以甘雨。敢忘報稱，庸謝鴻恩？

南嶽祈晴文 同前

乃者芒種之前，日臨甲子。大雨傾注，人胥憂疑。自是以來，雰霈連夕。下田甫種，巨浸壞之。其在目前，固已甚懼。爲霖既過，後日或慳。静言思之，益以惴恐。吏慚無術，帝力可回。曰暘而暘，所望甚切。願留甘澤，以濟後圖。虔叩行祠，必祈響應。敢忘飭勵，仰稱慈憐？

又 同前

三時務農，其成在冬。帝眷南邦，賜之屢豐。是刈是穫[一]，偶未訖功。窘此陰雨，憂心忡忡。乃迎甲子，請命於宫。既惠其初，忍墜厥終。霜風掃曀，晴日麗空。有祈必報，其敢不恭？

南嶽行宫謝晴文

梅霖應候，謁霽非時。水溢下田，爲民瞀潰。聖功響答，祇謝敢稽？繼自於今，五風十雨。庶成稔歲，併用禱祈。

府治謝晴文 紹熙四年十一月十日

歲有飢穰，帝司其權。辛酉之夕，風雨甚顛[二]。多稼雲黄，岌岌於田。顧瞻行宫，逝將乞憐。踐濕以往，迎曦而還[三]。呼吸之間，成此豐年。若民與吏，拜賜欣然。吉蠲爲饎，維以告虔。

改判隆興府辭宣聖文 紹熙四年十二月

某乃者視事之始，祗見學宫，居敬行簡，懋德帥下，有是言矣。三年之間，雖愧允蹈，亦弗敢諼也。今蒙恩易鎮鄉部，於其將行，不敢不告。

辭諸廟文 紹熙四年十二月

某分鎮湘楚，三閱嘉平。毫髮之惠，罔及於民。丘山之賜，獨賴於神。四鄙不聳，百穀用成。恩徙鄉部，以爲歸榮。莫知報德，維以告行。

[一] 穫：明澹生堂鈔本、四庫本、傅校本作「舂」。
[二] 風雨甚顛：明澹生堂鈔本、傅校本作「雨甚風顛」。
[三] 還：明澹生堂鈔本作「旋」。

祀勾芒神文 紹熙三年

青陽開動，太皞御辰。天地和同，根荄發生。爰出土牛，以告農耕。祇薦醪羞[一]，徼福神明。克相東作，以底西成。

潭州勸農文 紹熙三年

紹熙三祀，仲春既望。遵奉詔令，勸農於郊。重湖以南，地廣人衆。田畝高下，有肥有磽。欲致屢豐，在勤四體。東作鹵莽，西成亦然。告爾農民，深耕易耨。用天之道，隨其蚤晚。分地之利，成其膏腴。修爾陂塘，旱乾有備。晝以溝洫，水溢何憂。毋事惰遊，以妨本業。毋興鬬訟，以致污萊。父勸其子，兄勉其弟[三]。共期富庶，咸聽毋忽。

[一] 祇：原作「祈」，據明澹生堂鈔本、四庫本、傅校本改。
[三] 勉：明澹生堂鈔本、四庫本、傅校本作「勸」。

廬陵周益國文忠公集卷三八

省齋文稿卷三八

祭文

同兩倅帥屬祭吴漕之母徐淑人文

嗟惟淑人，嬪於大家。早慶三遷之效，晚綏五福之遐。儼孫曾兮在列，粲絲綸兮屢加。惟爲善之獲報，信天道之無差。憶四月之維夏，瞻版輿而歎嘉。曾晦朔之幾何，易繡衣以衰麻。雖榮養之無憾，終人生之有涯。旅官僚而薦酒，聊以慰夫皇華。

祭宋待制文 紹興三十二年二月

惟公以絶人之才，膺象賢之報。年甫四十，固已遊供奉之班，總六路之漕矣。於斯時也，雄鋩利刃，人皆知之，而孤忠膽智猶闇然其未暴也。迨靖康之初元，駭群小之媚竈。掩慈孝於兩宮，紛是非而顛倒。微公篤志於君親，竭誠於傅導，則輔國之謀遂成，而梁冀之賞可冒矣。嗟時事之天知，謂豈弟之神勞。奚多言之不宥，曾未弭乎憎好。明明元后，日臨天燾。因永念夫先烈，爰追揚於特操。復邇聯於邃清，加異數於期耄。想精神之折衝，竚謀猷之入告。胡厭薄於斯世，乃歸全而高蹈。藐一介之彌甥，憶崇墉之屢造。從容乎贛水之上，欵密乎鍾陵之奥。示元憲之遺書，期妄庸以遠到。恍十年其一夢，倏終天之是悼。寓寸誠於豆觴，寫至哀於誄禱。惟令名其不朽，則參稽乎手誥可也。

祭許寶文文 紹興三十二年五月

惟公天與俊傑，心潛藝文。才具之敏，工師運斤；學殖之豐，農夫力耘。來遊帝郊，簪笏元纁。中臺有蘭，西崑有芸。是握是拂，英聲日聞。皇曰試之，牧民馭軍。於虔於桂，除荒靖氛。內閣進直，旌能第勳。屬時艱難，毁譽糾紛。或廢或興，有猶有薰。公心淡然，不爲戚欣。晚以几杖，歸安鄉枌。年則耄矣，色猶誾誾。辯有鋒出，慮無絲棼。百年雖長，既晨必曛。死生在公，夫何足云？惟昔王父，得公樂群。成均之鼓，共警昏昕[一]。元符擢第，並揚清芬。交情孔密，壽殀中分。惸惸不肖，寓贛之濆。公以耆舊，來爲邦君。輩行雖絶，誨憐則勤。時置賓筵，笑歌紛紜。一别十年，萬事浮雲。歿不拊棺，葬不即墳。言念疇昔，憂心載焚。漬酒以絮，實登以芹。寓詞叙哀，雪涕雰雰。

祭子柔弟文

維紹興三十二年歲次壬午七月丙申朔二十四日己未，兄具位

[一] 昏昕：四庫本作「朝昏」。

某謹以清酌之奠告於亡弟子柔十解元之柩。昔吾弟之病革，命火化而投諸清泠之淵，我知之矣，慮以遺骨累兄也，故忍死而爲是言。噫嘻，痛哉！寓棺佛寺，今二年矣。會仲兄調官西歸，始得返君鳳山之原。雖川浮陸走，未免乎撼頓，而一勞永逸，蓋將從先大夫於九泉。惟兄不友，戀嫪寸禄，拘牽文禁，既不得共載而西，又不容引紼而前。寫苦言於一奠，抱沉恨以終天。冀英靈之未泯，涉遠道以安然。

餘杭祭十一妹文 紹興三十二年

吾妹姿相豐碩，沈厚寡言。以世法論之，意其壽且福也，奈何年未三十而遽夭乎！戢殺旅陳，歌此奠章，寄其酸辛。嗚乎哀哉，尚饗！

祭羅長卿文〔一〕

維隆興二年歲次甲申十二月某甲子，具位周某等謹以清酌庶羞之奠，致祭於故會昌尉長卿五丈之靈。嗚呼！樸屬之車，器攻材良。一日出門，折軸傾箱。不如下澤，弗已於行。有幽者蘭，久含國香。未韡其華，乃萎於霜。不如蔓草，自全其生。相彼二物，類吾長卿。嗟乎長卿，博洽精明。志行萬里，名高一鄉。如車斯堅，如蘭斯芳。試之邑尉，豈曰騫翔。乃蹶乃枯，誰毁誰戕？昔我卜居，十里相望。每到君家，必羅酒漿。歡呼竟夕，交舉罰觥。君又善戲，謔而不傷。分雖朋友，心則弟兄。謂當華顛，畢此交情。豈知今日，遽哭其喪。嗟乎長卿，卿真亡矣！古書多誤，誰發明矣？近事或疑，誰考評矣？觀瀾風月，失平章矣。山房圖籍，虚暴凉矣。升堂一慟，涕泗滂矣。嗟乎長卿，情未忘否？鑑此誠否？釂此觴否？

祭林虞仲教授文〔二〕

維乾道元年歲次乙酉六月戊寅朔十三日庚寅，具位劉令猷、具位周某謹重以清酌茶果之奠，告於虞仲教授同年林兄之柩。嗚呼！君學雖苦，詞藻則敷。君貌雖瘠，志氣則腴。一第起家，逝遊亨衢。百艱隨之，寸步崎嶇。再終親喪，小試師儒。談經一年，乃與病俱。臨食不盡，逢觴不斞。卧榻頻仍，人爲君虞。君獨謝醫，我疾且蘇。卒莫能興，豈命也夫！人生夢幻，百年須臾。何壽何夭？何榮何枯？君則往矣，傷哉其孥！男齒未齔，女髻未髫。弔者酸辛，忍聞呱呱。情義所敦，况於吾徒！邈焉七閩〔三〕，南負海隅。何以再拜，瞻墓之榆？何以千里，撫君遺孤？薄酹我酒，薄奠我芻。哭送江濱，目斷檣烏。終天之訣，已矣嗚呼。伏惟尚饗！

〔一〕題下，明澹生堂鈔本、四庫本有「隆興二年十二月」七字。明澹生堂鈔本「隆」誤作「紹」。
〔二〕題下，明澹生堂鈔本、四庫本有「乾道元年六月十三日」九字。
〔三〕焉：傅校本作「然」。

祭張德莊監丞文〔一〕

維乾道二年歲次丙戌三月甲辰朔二十三日丙寅，具位周某謹遣私僕以清酌庶羞之奠，致祭於故軍器監丞同年德莊張兄之靈。猗與德莊，敏達温恪。奮身儒林，學種文穫。有拔之朝，入佐帥幕。翔於泮水，使於大漠。歸教朱邸，人歎淹泊。戎監稍遷，鴻漸臺閣。遂止於斯，理實難度。惟我鄭邦，東汴西洛。冠蓋之盛，如越無鎛。以是鄉敬，容或闕畧〔二〕。今如星辰，反愧土著。惟我與君，是用歎愕。思矯其弊，忘此懦弱。同年之好，同朝之樂。朝夕游從，日月博約。自我不見，歲再更籥。訃來失聲，膺爲之搏。我楚君吳，星分壤各。矧復抱病，淹留訪藥。曾不弔孤，曾不扶榑。曾不遣使，片詞是托。生也相厚，死其何薄。誠非效尤，亦祇愧怍。尚鑑余衷，未吐斯酌。臨風孔悲，涕淚俱落。

祭黃世永編修文

維乾道二年歲次丙戌四月甲戌朔十七日庚寅，具官周某謹遣人以清酌庶羞之奠〔三〕，致祭於亡友世永編修學士之靈。嗚呼世永！始子之蹶於讒蹇於位也，吾謂子畸於人而已耳，非天意也。及夫歸弗逮於故鄉，年弗登於强仕，抱修能與姱節迄不使之一試，是造物之子困，非人力能軒輊矣。雖然，吾猶疑焉。富之以問學，昌之以詞藝，發之以剛明，行之以精鋭，紛百出以皆長，羌何美之不備？曰天不相，豈如是也？亦既相之，曷又棄之？匪惟棄之，而又斃之。天耶人耶？誰怨誰懟？寓詞千里，爲子慟哭流涕而已矣。伏惟尚饗！

祭宗人子婦李氏文

維乾道四年歲次戊子十二月戊子朔九日丙申，具位某謹以清酌素饌之奠〔四〕，致祭於宗人武翼子婦李氏。昔夫人假道而没，我先祖實貳兹邦。惟宗婦之故，爲旅殯於僧舍。今踰四十年，而夫人之家莫有至者。兹用卜其宅兆，依我先壠。豈惟使夫人體魄有歸，亦所以成先祖惇叙宗姓之遺意。夫人其安之。尚饗！

祭察推劉辰告母歐陽氏文　乾道六年正月三十日

嫁而從夫，仕顯家肥。老而從子，禄養不違。謂當百年，錫服副褘。身亡子夭，同以喪歸。昔者榮樂，今人歔欷。矧託至契，孰聞清徽。酹觴再拜，言隨涕揮。

〔一〕題下，明澹生堂鈔本有「乾道二年三月二十三日」十字。
〔二〕原刻校云：「張本作『容可濶畧』」。按明澹生堂鈔本、四庫本「闕」亦作「濶」。
〔三〕官：四庫本作「位」。
〔四〕「某」上，四庫本有「周」字。

祭劉辰告令猷文 乾道六年

嗚呼！往貢於鄉，四人獲升。惟我與子，科齊齒朋。子賢我愚，我否子能。敢辱交游，契好是憑。二十年間，義均股肱。我隱青原，子官武陵。三歲不見，尺書數賸〔一〕。我方倦飛，退避繳矰。期子奮發，萬里鵾鵬。云何中道，而失騫騰？惟子之孝，鄉閭所稱。病而哭母，喪豈能勝？遂以毀卒，噫誰子憎。銘旌來歸，我悲填膺。望子之堂，胡寧忍登？尚眷疇昔，舉我肴蒸。

祭外舅王察院文

維乾道六年歲次庚寅閏五月庚辰朔二十六日乙巳，婿具位周某謹以清酌庶羞之奠，敢昭告於外舅提刑察院王公之塋。嗚呼！公有通經博古之學而不盡施於事業，有撥繁濟劇之才而不盡見於施爲。官雖遷而人猶悼其屈，年雖高而志未向乎衰。此中外所共悉，非親黨得而私也。惟鄙不肖，爲公所知。二十年間，有合有離。往聞公抱病於南溪之上〔二〕，蓋嘗冒彭蠡之險，涉長江之危。曾是四旬之緩，悽然隔世之悲。雖徘徊之累月，迄差池於葬期。念佳城之一閉，倏芳歲之三馳。粤自江而徂浙，忘雨沐而風吹〔三〕。逮弭櫂於故居，懷握手於平時。何英姿之凛凛，乃封土之纍纍。跪陳辭而薦酒，莽無言而寄思。嗚呼哀哉，尚饗！

祭汪養原待制文

維乾道七年歲次辛卯正月丙子朔十六日辛卯，具位周某謹遣人以清酌庶羞之奠，致祭於故敷文閣待制汪公之塋。嗚呼！人孰無才，考德或非。位孰不顯，得君者稀。嗟惟我公，充實光輝。往在宮庭，言無脂韋。厥初漸遷〔四〕，久始登畿。上一見之，決付政機。升之諫省，試之禁扉。正論攸興，繄公是依。民之無祿，公則病歸。遺書繼聞，皇心歔欷。惟愚不肖，世所訶譏。公獨何取，乃與衆違。章江十日，論析精微。我舟既發，公蓋猶飛。倘知永訣，別袖忍揮〔五〕？念言及茲，痛聲屢噫。人生幾何，朝露易晞。惟有賢子，不朽庶幾。天報可必，豈待禱祈。遥陳奠觴，已矣音徽。嗚呼哀哉，尚饗！

祭趙温叔雄舍人母楊令人文 乾道八年二月

嗟嗟夫人，行爲女師。三遷之教，允義且慈。帝謂子賢，母其可知。錫之令名，象服是宜。母來蜀道，子返朔陲。粲然金

〔一〕賸：原作「滕」，據明澹生堂鈔本、四庫本改。
〔二〕於南：明澹生堂鈔本、四庫本無。
〔三〕而：傅校本作「以」，義長。
〔四〕遷：原作「千」，據四庫本改。
〔五〕袖：四庫本作「泪」。

章，迎拜通逵〔一〕。都人聚觀，羡慕嗟咨。子且廊廟，母當期頤。有斑萊衣，忽焉齊衰。有華蘭陔，宛其素帷。榮悴難諶，旁觀涕洟。矧鄙不肖，託契於茲。升堂而拜，謂且不遲。孰云夫人，而遽止斯。走弔令子，心焉孔悲。

祭胡季懷文 乾道八年七月

惟君學窺古人，氣蓋一世。屏遠紛華，耽悦文藝。南宮屢上，壯志彌鋭。謂都卿相，何有科第？中道而妖，命也胡戾？萬生擾擾，誰則不逝？之子之才，期在經濟。而止於斯，爲善何勵？念昔識君，實偕秋計。相從二紀，浹洽疇儷。時中之堂，日或重詣。尋繹典籍，考評興替。休以棋酒，雜以卜筮。隔晨不覿，已駭奴隸。如何分手，曾未閱歲？訃來千里，拭面反袂。今我言歸，君既祥祭。顧瞻舊游，悼念交契。心焉孰論？駕焉孰税？孰陪笑謔？孰解愚蔽？惻然百懷，寄此一醊。幽幽繐帷，髣髴來嚌。失聲大慟，老泪盈眥。

祭芮國器祭酒文

維乾道八年歲次壬辰十二月乙未朔九日癸卯，具位周某謹遣人以清酌庶羞，致祭於故右文殿修撰芮公之靈。惟公之德，渾厚正直。惟公之才，恢閎俊軼。克孝且友，其秉也天。勇於蹈義，則由學然。發爲詞章，登唐近漢。著於議論，弗諂弗訕〔二〕。士有險夷，道無磷淄。從容周行，譽聞孔歸。君子所恃，而亦不比。小人所畏，而亦不忌。帝庸深知，決用靡疑。云誰不仁，遽殲奪之。太學千英，毁譽雜出。聞公之喪，隕涕如一。況我鄙介，交分尤深。初爲王官，同事司成。遷正麟閣，我猥公先。傳刀之夢，期年輒驗。執筆太史，分察南臺。凡我所歷，公必繼來。我之投閑，僻在螺水。公使嶺表，過我蕭寺。公徙金節，我起持麾。不會於閩，而遇於畿。公長國子，我廛少令。官曹俱清，班綴愈近。湖山擇勝，尊酒論文。如何俯仰，其迹俱陳。殄瘁之悲，曰惟衆共。死生契闊，其如予慟。蒼黄去國，莫奠生芻。有慨於中，身楚心吴。夢爲斯文，以酹靈几。寤而驚咤，纔記三四。昔焉氣合，今固神交。公惟不亡，忍吐斯殽？

祭靖州太守李發文

維淳熙元年十二月日，具位周某謹以清酌家蔬之奠〔三〕，致祭於知府李公之靈。噫〔四〕！公之學，博貫今昔。噫！公之才，善理繁劇。雖更五郡，用則未極。雖越中壽，年胡不百？有丹其旐，爰即窀穸。酹於道周，寄此心惻。嗚呼哀哉，尚饗！

〔一〕通逵：四庫本作「逵都」。
〔二〕弗諂弗訕：四庫本作「弗訕弗諂」。
〔三〕周某：明澹生堂鈔本無。
〔四〕噫：原刻校云：「張本作『憶』。」

祭洪景嚴樞密文

維淳熙二年歲次乙未二月癸丑朔十八日壬申，朝請郎、充右文殿修撰、提舉江州太平興國宮周某謹遣人以清酌庶羞之奠，致祭於故大資政樞密鄱陽公之靈。嗚呼！天生雋才，於德或靳。公優班馬，而望顔閔。士有其資，罕或逢時。公際勳華，而爲臯夔。曠幾百年，鍾是全美。宜享黃髮，卒相天子。何成之艱，而往也遄？膏澤在人，疇不潸然。矧伊不肖，嘗綴賓客。試於玉堂，公實發策。哲人云亡，倍蓰其悲。物雖薄矣〔一〕，誠則庶幾。嗚呼哀哉，尚饗！

祭汪聖錫尚書文

維淳熙三年歲次丙申二月丁丑朔，具位周某謹以清酌庶羞之奠，致祭於故端明學士尚書汪公之靈。嗚呼！景德、祥符之際，嘉祐、治平之前，紛群才之卓犖，瑞聖世之聯翩。皆學優於少壯，而名重於回旋。人望之而莫敢輕，國恃之而罔所愆〔二〕。迄鞏固於丕基，豈不賴夫儒先？逮南渡之中興，嘉此風之浸還。雖議論其或殊，咸望道而勉旃〔三〕。公纔鄰於弱冠，已接武於英躔。惟聞一而知十，故人百而己千。學日成而名日尊，志彌勵而操彌堅。宜受知於兩朝，更六卿與十連。謂主盟於斯文，遂斡旋於化甄。倏淪亡於砥柱，空嗟咨於逝川。嗚呼哀哉！天之生公，謂無意耶〔四〕，何逢時之早而降才之全？謂有意耶，何初若成就而終於棄捐？莽彼蒼之難問，徒傷心而涕漣。公既深知我之愚，我豈不知公之賢。蓋經世之慮至遠，抑愛君之心甚專。汲汲乎惟恐一士之或遺，孜孜乎惟憂正論之或偏。爲善急於飢渴，排姦甚於鷹鸇。寧見嫉乎斯世，終守道而不遷。人之治經，攻傳註者遺意義，公則闢衆説之拘攣。人之觀史，究成敗者略同異，公則兼二者而磨研。在朝廷則居今而行古，臨征鎮則守經而與權。暨食於家，益全其天。舉嗜好以咸無，惟群書之貫穿。凡本朝人物議論之邪正，暨歷代禮樂政刑之革沿，紛紜如百氏之異學，叢脞如故家之遺篇，無一事之不考，無一書之不傳。位已躋於二品，居未謀於隻椽。豈常情之能測度，而世利之所拘牽。縱弗登於耄期，寧不及於華顛？奚精明之未減，乃遇疾而沉綿？雖間親於藥石，猶日舒於簡編。甫占書以貽我，俄隱几而終焉。觀學力之如斯，信古人之與肩。嗚呼哀哉！自公之退也，有毁有譽，而是非則可攷矣。及公之殁也，無愛無憎，而莫不爲之悽然。乃知公論固已定於今日，所謂好惡亦何待夫百年〔五〕？寄悲悰於一奠，耿千慮而莫宣。嗚呼哀哉〔六〕！

〔一〕雖：明澹生堂鈔本作「維」。
〔二〕罔：四庫本作「無」。
〔三〕咸：明澹生堂鈔本作「或」。
〔四〕耶：明澹生堂鈔本作「也」。
〔五〕所謂好惡亦何待夫百年：明澹生堂鈔本作「所好所惡亦可待夫百年」。「何」，四庫本亦作「可」。
〔六〕「哀哉」下，明澹生堂鈔本有「尚饗」二字。

經筵同僚祭范西叔仲芑侍講文〔一〕

程侍郎大昌　程少卿叔達　蕭舍人燧

維淳熙三年歲次丙申十一月壬寅朔十九日庚申，朝散大夫、試尚書兵部侍郎、兼侍讀、兼直學士院、兼太子詹事、管城縣開國男、食邑三百户、賜紫金魚袋周某等謹以清酌庶羞之奠，致祭於故侍講諫議范公之靈。恭惟本朝，世納諫諍。有若范氏，直臣相望。在仁祖時，忠文著節。熙寧盛際，榮國有聞。暨太史公，顯於元祐。清規直道，宏議正辭〔二〕。紀於信書，播在衆口。三宗致治，三賢與焉。中間寂寥，既八十載，源深流洄，公興酌之。萬里來朝，結知真主。烏臺騎省，言聽諫行。風采凛然，聲徽藉甚。得時與位，綽有祖風。惟禄及年，云胡不逮？上心震悼，朝論嗟咨。某等並侍經幃，幸聯僚契。聞講《禹貢》，服公淹該。音吐琅然，今猶在耳。豈期踰月，遽哭喪舟。酒肴雖微，情則無已。嗚呼哀哉〔三〕！

宮僚祭楊信伯恂工部文〔四〕

程少卿叔達　林祭酒光朝　蕭左史燧

維淳熙三年歲次丙申十二月壬申朔十日辛巳，朝散大夫、試尚書兵部侍郎、兼侍讀、兼直學士院、兼太子詹事周某等謹專人以清酌庶羞之奠，致祭於故提舉工部信伯楊公之靈。嗚呼！信伯有高明之資，有淵源之學，有正大之論，有精白之心。其事公卿，敬而不諂。其待交友，誠而不拘。抱能若斯，從政何有？乃者倦游中秘，思試外庸，而四牡未馳，遽先朝露，一區方卜，已閉夜臺。人皆傷心，公固齎志。某等或嘗僚太史，或共事承華，念別日之幾何，悵終天之已矣。一酹遥致，九原倘聞。嗚呼哀哉〔五〕！

祭劉汝一度諫議文

維淳熙五年歲次戊戌二月丙寅朔十日乙亥，具位周某謹遣人以清酌庶羞之奠〔六〕，致祭於故諫議殿撰劉公之靈。惟公之學博而醇，氣和而剛。文掩衆俊，行高一鄉。石林之葉，龍溪之汪，謂公晁董，交飛薦章。迨其仕矣，或抑或揚。晚登諫垣，聲譽孔彰。飛龍在天，進佩水蒼。主聖臣直，疏盈阜囊。雖分左符，宸眷未忘。論譔之華，儒林以光。於章於婺，蘇枯弱强。上欲用公，公足弗良。八秩甫開，奄兮淪亡。位非不顯，年非不長。有蘊莫施，寧隱且殤。士夫太息，我涕用滂。念昔瀛洲，分校鉛黄。直則並舍，歸則連墻。今焉百里，莫奠公喪。無窮之恨，寓

〔一〕題下，明澹生堂鈔本有「淳熙三年十一月十九日」十字。
〔二〕宏：明澹生堂鈔本、傅校本作「紘」。
〔三〕「哀哉」下，明澹生堂鈔本有「尚饗」二字。
〔四〕宮：原作「官」，據目録及明澹生堂鈔本、四庫本改。
〔五〕「哀哉」下，明澹生堂鈔本有「尚饗」二字。
〔六〕周：明澹生堂鈔本無。

此一觴。嗚呼哀哉，尚饗！

祭莫子齊舍人文 同學士院權直崔大雅〔一〕

維淳熙五年歲次戊戌十二月庚寅朔四日癸巳，翰林學士、中奉大夫、知制誥、兼侍讀、兼太子詹事、兼修國史、管城縣開國子、食邑五百户、賜紫金魚袋周某等謹以清酌蔬食之奠〔二〕，敢昭告於故直院中書舍人莫公之靈。惟公行飭文敏，内剛外和。名重月評，秀發儒科。入爲王官，退食委蛇。恂恂寡言，鮮或譏訶。見義則爲，勇敵横戈。介卿列監，禁掖鑾坡。再至三至，人歎蹉跎。乃心怡然，守道無頗。往裨王藩，譽聞孔多。於温於泉，中和可歌。召登從班，進賢峨峨。偃薄之故，嬰此微痾。賜告於家，禮殊紫荷。禺中草制，文尚傾河。甫息在牀，遽隨逝波。縉紳駭聞，爭以爲訛。謂仁必壽，豈知其他。矧伊雙鬢，亦云未皤。奄忽如斯，天理則那？吾徒爲僚，方賴切磋。脯醢之奠，胡爲駢羅。酹觴再拜，有淚滂沱。嗚呼哀哉，尚饗！

祭婁寬夫文

維淳熙六年歲次己亥六月戊子朔十三日庚子，具位周某謹以清酌家蔬之奠，致祭於近故知縣婁公寬夫之靈〔三〕。嗟乎寬夫！心莊而貌舒，行飭而才敷。自策名於乙科，即結綬於中都。屬製錦以來歸，粲身章之銀朱〔四〕。期壽禄之方昌，胡暴疾而弗蘇。庭有髦老之親，室存幼稚之孤。謂作善其降祥，嗟至此兮何辜？紛太息於路人，矧綢繆於鄉閭。寄郊關之一酹，悵悲懷之莫攄。嗚呼哀哉，尚饗！

同年祭何誠甫司業文 淳熙六年七月三日

維年月日，具位周某等謹以清酌蔬食之奠，致祭於故司業何公誠甫年兄之靈〔五〕。嗚呼！士之毀譽，莫嚴於月旦之評，莫切於師儒之識，況永嘉夙號士鄉，而大學又公論所自出耶〔六〕！今公由少至老，一邦之人推爲君子長者，及官成均，士皆心悦誠服，初未嘗峻規矩、厲聲色也。行己立朝，譽望如此，則其學問之富，涵養之厚，豈易測哉？然而位纔正於六品，不可謂之滿能；壽僅踰於耳順，不可謂之稱德。此縉紳鄉閭所以賫咨涕洟，爲國惜賢而不能自釋也，況吾徒託同年同朝之契，而相與綢繆款密者乎〔七〕？奠觴雖微，情則何極！嗚呼哀哉，尚饗！

〔一〕「崔大雅」後，明澹生堂鈔本有「淳熙五年十二月四日」九字。
〔二〕蔬食：四庫本作「庶羞」。
〔三〕知縣婁公寬夫：明澹生堂鈔本作「寬夫知縣婁君」。
〔四〕身章：原作「章身」，據明澹生堂鈔本、四庫本乙。
〔五〕「故」字上，明澹生堂鈔本有「近」字。
〔六〕論：原作「議」，據明澹生堂鈔本、四庫本、傅校本改。
〔七〕「而」、「綢繆」：明澹生堂鈔本、四庫本無。

同年祭李子茂木舍人文

沈宫教堯夫、陳兵部庯、杜左司民表、閻侍郎蒼舒、陳兵部居仁

維淳熙六年歲次己亥十二月甲申朔十八日辛丑，具位周某等謹以清酌齋蔬之奠，致祭於近故左史中書舍人同年子茂李公之靈。嗚呼！惟公學通古今，名重鄉黨。言游膠庠，聞見日廣。其詞可宗，其行可仰。事於王朝〔一〕，宜矣天獎。蘭臺粉闈，方振逸響。螭階夾侍，鷗閣參掌。日朝未央，衣振容爽。甲午之晨，天門詄蕩。同僚顧言，左史安往？或云逝矣，衆色惘惘。曰未嘗疾，斯言豈誑？走問其家，噫已屬纊。藥不及施，語不及兩。斯須之間，遂隔幽壤。賓朋哭弔，相視惝恍。矧如吾徒，叨綴虎榜。夙承清規，忍睹遺像！聊陳豆觴，敬叙疇曩。嗚呼哀哉，尚饗！

祭張敬夫殿撰文〔二〕

維淳熙七年歲次庚子三月癸丑朔十九日辛未，具位周某謹遣人以清酌庶羞之奠，致祭於故右文殿修撰南軒張兄之靈。嗚呼！天生蒸民，受中惟一〔三〕。或哲或愚，則係其習。嗟吾敬夫，氣稟剛直。能擴而充，又學之力。發揮伊洛，排斥老釋。有德有言，後來所式。平生忠孝，如嗜飲食。其遠佞邪，則猶鬼蜮。念昔先正，心在王室。恢圖之功，曷敢不卒？根本如固，折衝可必。天子是嘉，選鎮南國。訓兵劭農〔四〕，他則遑恤。孰云盛年，而抱沉疾。易簀之際，爽靈不惑。遺疏惓惓，孔明是匹。伸紙疾書，遂以絶筆。朝之忠良，士之準的。今也兩亡，孰不心惻？矧伊無似，夙賴三益。莫視紋衾，莫相窀穸。遥致奠觴，悲來填臆。嗚呼哀哉，尚饗！

祭從母王碩人文〔五〕

維淳熙七年歲次庚子九月庚戌朔九日戊午，甥具位周某謹遣保義郎充本府主管進奉劉晟以清酌蔬食之奠，致祭於從母太碩人王氏之靈。嗚呼！外王父息女有歸者六人，太碩人其孟也。諸季不幸，往往蚤世。久者已五六十年，近亦三四十年矣。惟太碩人富貴壽考，巋然獨存。有德有年，有子有孫。歲頻九十，乃以疾逝。五福具備，可謂盛哉！某以煢然孤甥，夙荷憐撫。不侍顔色，於今九年。念外家之日微，傷永感之歲久。聞訃痛絶，不知哀涕之横流也。屬有列於朝，無由拊棺一慟。遥致奠酹，肝心爲摧。嗚呼哀哉，尚饗！

〔一〕事：傅校本作「仕」。
〔二〕明澹生堂鈔本題下有「淳熙七年三月」六字。
〔三〕中：傅校本作「衷」。
〔四〕劭：原作「邵」，據明澹生堂鈔本、四庫本改。
〔五〕明澹生堂鈔本題下有「淳熙七年九月」六字。

祭呂伯恭禮部文〔二〕

維淳熙八年歲次辛丑九月甲戌朔二十五日戊戌，通奉大夫、參知政事周某謹遣人以清酌庶羞之奠，致祭於亡友明道直閣禮部伯恭呂君之靈。嗚呼伯恭！河嶽之英，公卿之裔。躬蹈五常，心潛六藝。學富而醇，文敏而麗。通今不流，博古不泥。高明之識，力去其蔽。卓絶之行，亦矜其細。他人有一，自足名世。惟君兼之，夫孰能儷？蟬聯簪紱，芥拾科第。堂堂申公，謂且克繼。皇心是嘉，召寘班綴。成均博約，館閣榮滯。南宮表章，史觀凡例。主盟斯文，每食忘嚌。風淫末疾，乘厥勞勩。歸哉亳祠，可以自憩。鑽堅仰高，講學彌勵。曾不息黥，曾不補劓。竟隕其生，壽夭誰制？萬斛之舟，江海期濟。觸石而傾，未皇鼓枻。千年之木，棟梁可計。遇風而摧，乃萎薪桂。才也何多，命也何戾？生徒滿門，相向雪涕。縉紳諸儒，咸惜其逝。矧伊鄙夫，辱在交契。姓不同耳，心則魯衛。易簀莫親，臨穴莫祭。寓辭西風，揮此哀淚。嗚呼哀哉，尚饗！

祭芮國瑞尚書文

維淳熙九年歲次壬寅六月庚子朔二十二日辛酉，通奉大夫、參知政事周某謹遣承節郎幹辦府張佐以清酌蔬食之奠，致祭於近故侍讀國史尚書芮公之靈。嗚呼！惟公才學兼優，弟兄競爽。聲震膠庠，評高鄉黨。伯也先逝，公譽日廣。徧持使節，明燭幽枉。晚踐禁塗，殫竭忠讜。乃心王事，浸失頤養。方聞予告，而遽長往。遺占入奏，天語嗟惘。賻禮有加，眷知可想。念言孤蹤，託契疇曩。累日不見，遂隔黃壤。寄情奠觴，揮淚泚潁。嗚呼哀哉，尚饗！

祭外祖王給事家諸塋

維淳熙十年歲次癸卯十月壬辰朔，外孫具位周某謹遣使臣李椿以清酌庶羞之奠，致祭於外祖給事待制贈少保王公、外祖母衛國夫人宋氏、亡舅通判二十八大夫、亡妗宜人韓氏之塋。恭惟外氏，昔爲大家。今玆丘壠，近在陽羨，而祚嗣湮替，宿草弗除。某縶官於朝，末由拜掃。孟冬之朔，俗重祭墓，遥伸奠酹〔三〕，不勝凱風寒泉之思。伏惟尚饗！

祭陳應求俊卿丞相文

維淳熙十四年十二月戊辰朔，具位周某謹以清酌庶羞之奠，致祭於故太保大觀文魏國正獻陳公之靈。惟公德業純備，哀榮終始。譽滿四海，行書太史。獨餘易名，疇敢溢美。矧公好謙，遺戒毋誄。上實命之，厥有深旨。於皇本朝，賢輔接趾。爲正若

〔二〕明澹生堂鈔本題下有「淳熙八年九月二十五日」十字。

〔三〕奠酹：四庫本作「酹奠」。

獻，三人而已。往在慶曆，祁公宅揆〔二〕。忠清諒直，廉頑仁鄙。用雖日淺，名則千祀。元祐之初，政歸呂氏。挈國紀綱，養士廉恥。公卿景從，夷夏風靡。後暨清源，羽翼端邸。迨其入相，有譽無毀。生全寵光，没厚恩紀。自是厥後，鮮矣斯比。堂堂魏公，聲望崛起。如杜如呂，佐我天子。甘盤舊學，視何有煒？知臣者君，人以倫儗。借曰形容，辭之贅矣。言念晚生，叨附雋軌。大明初升，詞掖乏使。嘗代匠斲，汗顔血指。二十六年，言猶在耳。期公壽考，與宋無止。孰云微疾，遂隔生死。殄瘁之悲，豈爲知己？情馳一觴，目斷千里。嗚呼哀哉，伏惟尚饗！

祭袁州兄嫂文

維淳熙十六年歲次己酉十月己亥朔十六日甲寅，弟具位周某謹以清酌庶羞之奠，致祭於大兄袁州太守、大嫂安人王氏之塋。惟兄仁心義槩，秉彝於天，又濟之以家傳。處則孝弟恭肅，爲州閭之楷式，出則公勤廉敏，而於國事尤拳拳焉。故縉紳朋舊罔不稱其德，塗巷小夫亦能知其賢。玆固公論有不可掩者，而非兄弟之私言也。自邑而倅，由倅而守，人方期於九遷，而不肖之弟叨備二府，遂決意於林泉。識與不識，皆曰外當付以使節，入當陪於邇聯。某既惜己而忘内舉之誼，彼侍從近臣雖誦言其可薦，亦未免指某以爲嫌，使兄有撥繁治劇之才而不獲展，有致君澤民之志而不及宣。嗟天命之難諶，復嗇壽於百年。急難之義，告歸宜遄。愧屢請之弗俞，歷七載而遷延。逮奉祠於故里，始展墓於新阡。區區本志，夫豈其然！蓋將晚歲芒鞵竹杖，從兄於青原白鷺之上；乃今觴酒豆肉，哭兄於荒烟野草之間。是宜肝心之糜潰，何止泣涕之漣漣而已。嗚呼哀哉，尚饗！

祭繹姪文

維淳熙十六年歲次己酉十月丁亥朔十六日壬寅，叔具位某以清酌庶羞之奠，祭於亡姪小一郎及婦胡氏之塋。吾姪事親孝謹，行己恭敬。輔以問學，宜貴與永。顧乃名不登於仕籍，年弗逮於知命。雖天理之難推，亦吾門之不幸。屬纊之際，遺書來諗。痛親養而託孤，知中心之炯炯。何斯人而斯疾，重予懷之耿耿。逮得請而來歸，已嚴霜之七隕。酹一觴以忘言，紛填胸之悲憤。嗚呼哀哉，尚饗！

祭呂帳幹文

維紹熙元年歲次庚戌三月乙卯朔二十四日戊寅，具位周某謹遣使臣文立方以清酌庶羞之奠，致祭於姊夫帳幹文林呂公之塋。某去秋歸自浙西，亟欲躬走墓道，非間於風雨，則有疾病，因循累月，未能遂區區之志。涓辰代禮，尚其鑑享！

〔二〕祁：原作「初」，據四庫本、傅校本改。

祭叔母李氏孺人文

維紹熙元年歲次庚戌三月乙卯朔二十四日戊寅，姪具位周某謹遣使臣文立方以清酌庶羞之奠，致祭於叔母孺人李氏之塋。某去秋歸自浙西，亟欲躬走墓道，而非間於風雨，則有疾病，因循累月，未能遂區區之志。今夏序將臨〔二〕，大懼以稽緩獲罪於幽，涓辰代禮，良非得已。仰惟淑靈，俯賜鑑享！

祭蔣參議文

維紹熙三年歲次壬子三月甲戌朔十二日乙酉，具位周某謹以清酌庶羞之奠，致祭於近故參議朝奉蔣君之靈。惟君廉勤愿慤，莊重坦夷。上介之除，我與聞之。來分藩符，君已入幕。耄雖將及，見謂矍鑠。孰云歲徂，君年與凋。識者嗟悼，況於同僚？翩翩者旌，遥指鄞水。目送歸艎，一觴永已。尚饗！

〔二〕今：原作「念」，據明澹生堂鈔本、四庫本、傅校本改。

廬陵周益國文忠公集卷三十九

省齋文稿卷三十九

家廟墳山祝文

信州茶山初贈焚黃祝文 紹興三十二年

嗟乎！某不孝之罪上通於天，一去松楸十二年於茲矣。禄不及養，仕則何心？其所以遲遲不去者，徒以先公早世，未通閨籍〔一〕，而母氏之邑封未啓也。今賴教訓，承遺蔭，備官於朝，夤緣幸會。去歲之秋，今歲之夏，二聖洊霈鴻恩，覃及幽顯，故期月之間，王命告第者再，可謂寵矣。惟是密章〔二〕，法當焚諸墓下，而某不孝滋甚，未能果於引去，又不敢稽留於家〔三〕，謹因兄將仕郎某西歸，先以初贈致告。

展省茶山焚黃祝文

維隆興元年歲次癸未五月辛卯朔十八日戊申，男左奉議郎、主管台州崇道觀周某謹以清酌庶羞之奠〔四〕，敢昭告於先妣安人王氏之塋。恭惟國家每下赦令，則許廷臣追褒其父母。是豈惟教孝而慰夫生者哉？抑冥漠實有望焉。故昔贈典始下，而某婦之乳媪夜夢先夫人若謝恩於天而宗族咸會者〔五〕。彼未嘗逮事先夫人也，而能言容貌服飾之大略，此固非想非因，而先夫人實有以啓其衷而告之享也。某其敢稽留密章〔六〕，以久鬱先夫人之望？故涉春求歸甚力，蒙上憫憐，乃今賜以如欲。先夫人庶或鑑之。雖然，某失慈訓十有三年，僅得一官以展省丘墓。今又十三年矣，然後能躬致王命。惟不孝不恭，歲久禮愆，雖擢髮不足以數其罪，顧何以塞人子之責？念舊而痛心〔七〕，追遠而隕涕，文可盡也，哀其有既耶？

鳳山焚黃祝文 乾道元年

惟我皇考，才德譽望傑出萬夫之上，而宦游不遂，壽考不究，實惟有子積釁而至於斯。嗚呼，某尚忍言哉！近者幸逢郊霈，有詔皇考階官七品。敬用劬勞之日，恭致告焚於墓下。豈足以贖不孝之萬一，姑達上命而已。

〔一〕籍：原刻校云：「張本作『朝』。」
〔二〕密：傅校本作「宸」。
〔三〕敢：明澹生堂鈔本、四庫本作「能」。
〔四〕周：原無，據明澹生堂鈔本、四庫本補。
〔五〕「某」字下，明澹生堂鈔本、四庫本有「之」字。
〔六〕密：傅校本作「宸」。
〔七〕舊：明澹生堂鈔本、四庫本作「咎」。

茶山告至祝文 乾道二年十月

某不奉墓祭，又閱四期。千里而來，敬伸拜掃。其在哀悃，續具以告。

茶山告啓殯祝文 乾道二年十一月一日

昔我皇妣棄世於上饒，不肖之孤未能自立，就葬茶山，蓋二十有九載。惟祖父棲神廬陵，子孫家焉亦有年數，獨望妣塋千里而遥，上塚之使雖以時遣，大懼不孝不虔，弗親奠斝，弗視松栢，無以伸人子之敬而永無窮之傳。是用不敢寧居，經營歸窆。仲冬庚戌，將啓殯宫。前期十日，設次以俟。明靈如在，體魄無驚。謹告。

茶山啓殯祝文

維乾道二年歲次丙戌十一月辛丑朔初十日庚戌，哀子具位某謹以清酌庶羞之奠〔二〕，祭於皇妣安人王氏二十七娘子之塋。某向以拜埽不時，謀奉神柩言歸廬陵，庶使子孫奕世常瞻松檟，不乏時祭。越朔旦具述寸誠，謹於是日庀工蕆事，捨舊即新，皇妣必安之。

考妣焚黃祝文 乾道四年三月

乃去冬至日，天子推躬郊之慶，文武臣皆得追榮其親，我皇考於是有六品之贈。夫生而位不滿德，既歿爵命乃屢加焉，雖宗族縉紳猶齎咨以爲恨，矧如不肖之孤，其痛豈有涯哉！某自惟天罰至深，不及伸負米之養，上賴邦榮加厚，乃屢錫漏泉之恩。捧密印以告幽，想慈顔而增慕。恭陳薄奠，用致哀誠。

考妣焚黃祝文 乾道六年

在歲庚寅，天子郊見上帝，某適貳秘書，逢國大慶，肆我皇考，恩冠六品，皇妣亦進封一等。繫官朝列，阻闊斧封，近者奉祠來歸，乃克恭致告第之命。興言孤露，久矣不天。繄先德之甚濃，庶邦榮之未艾。

奉祠歸告至先塋祝文

維乾道八年歲次壬辰六月戊戌朔二十九日丙寅，具位某謹以清酌庶羞之奠〔三〕，敢昭告於某塋。某備官於朝，論事失當，聖恩寛厚，猶畀外祠。逮茲來歸，不敢不告。尚饗！

〔二〕「某」上，明澹生堂鈔本、四庫本有「周」字。
〔三〕「某」上，明澹生堂鈔本、四庫本有「周」字。

焚黄告祖塋祝文 乾道八年十一月九日

裕垂於先，則慶積於後，不易之理也。前歲郊禋，上澤周普，考妣於是有加贈之典。揆厥所元，其亦遠矣。茲焚密章，不敢不告。

先考加贈左中奉大夫焚黄祝文

維淳熙元年歲次甲午十一月乙酉朔，嗣子左朝請郎、充右文殿修撰、提舉江州太平興國宫某，謹以清酌庶羞之奠及左中奉大夫告一通，告於先考奉使博士、贈中奉大夫之靈曰：某之不天，可謂甚矣。既未嘗躬一日之養，又無以伸罔極之報。興言及此，不如無生。茲賴郊恩，大加贈典。雖朝廷德澤亦云厚矣，而人子愴慕豈有涯哉？既焚密章〔一〕，不敢不告。尚饗！

先妣加贈令人焚黄祝文

維淳熙元年歲次甲午十一月乙酉朔，嗣子左朝請郎、充右文殿修撰、提舉江州太平興國宫某，謹以清酌庶羞之奠及令人告一通，告於先妣令人王氏之靈曰：念昔童丱，頑無識知，獨賴慈母三遷之教〔二〕，俾不隕其世業。暨叨一命，曾弗獲捧檄負米，昭訓誨之有自，況能酬顧復之大恩哉？嗟乎！欲養而親不待，欲報而天罔極，此所以每逢郊賚之追崇，不知涕泗之横集也。尚饗！

初除參政贈三代東宫三少告廟祝文

維淳熙七年歲次庚子七月辛亥朔，曾孫通議大夫、參知政事、滎陽郡開國侯、食邑一千二百户、食實封一百户某〔三〕，謹以清酌庶羞之奠，敢昭告於曾祖朝奉郎、贈太子少保，曾祖妣宜春郡夫人郭氏，先祖朝散大夫、贈太子少傅，祖妣江華郡夫人潘氏，祖妣隴西郡夫人李氏，祖妣清河郡夫人張氏，先考奉使博士、贈太子少師，先妣廬陵郡夫人王氏：維昔曾大父力以詩書教子孫，相繼登進士第，雖粗享禄養而德業弗彰於世。肆太父仕宦三十年，未嘗一預堂選，其恬於進取如此。至我先人以文學早冠多士，聲譽震於四方，然官弗通朝籍，年弗登强仕，蓋慶積而不耀其躬，施厚而不求其報。於今三世，乃俾小子承是休顯，蒙上拔擢，預聞機政，以有東宫三少之贈。發潛德，昭遺澤，天也，小子何預焉。嗚呼！禄不及親，曷敢謂之榮？才不稱位，曷敢謂之寵？命書既下，告虔而已。伏惟尚饗！

明堂加贈三代東宫三太告廟祝文

維淳熙九年歲次壬寅十月戊戌朔十九日丙辰，曾孫具位某謹

〔一〕密：傅校本作「《宸」。
〔二〕獨：明澹生堂鈔本作「猶」。
〔三〕某：明澹生堂鈔本、四庫本作「周某」。

以清酌庶羞之奠，敢昭告於曾祖朝奉郎、贈太子太保，曾祖妣博平郡夫人郭氏，先祖朝散大夫、贈太子太傅，祖妣定襄郡夫人潘氏、河內郡夫人李氏、汧陽郡夫人張氏，先考奉使博士、贈太子太師，先妣臨汝郡夫人王氏：某仰承遺澤，備數政途。恭值明堂禮成，恩及三世。東宮二品，次郡小君，舉爲寵章，以賁家廟。綸言初錫，敢不虔告？謹告。

初除知院加贈三代三少告廟祝文

維淳熙九年歲次壬寅十二月丁酉朔二十一日丁巳，曾孫通奉大夫、知樞密院事某〔一〕，謹以清酌之奠，敢昭告於曾祖少保、曾祖妣虢國夫人郭氏，先祖少傅、祖妣鞏國夫人潘氏、祖妣隴國夫人李氏、祖妣薛國夫人張氏，先考奉使博士贈少師、先妣吉國夫人王氏：某蒙上異恩，躐登西府。追崇有典，用寵其先。孤棘國封，覃延三世。遐瞻丘墓，阻致告焚。粲其絲綸，增賁家廟。涓辰啓白，兼集哀榮。謹告。

初除樞密院使加贈三代三公告廟祝文

維淳熙十一年歲次甲辰七月丁亥朔初三日己丑，曾孫通奉大夫、樞密使某〔二〕，謹以清酌庶羞之奠，敢昭告於曾祖太保、曾祖妣華國夫人郭氏、先祖太傅、祖妣代國夫人潘氏、涇國夫人李氏、衛國夫人張氏、先考太師、先妣相國夫人王氏：某再歲本兵，毫釐無補，驟蒙獎擢，立正使名〔三〕。固出上恩，實資先德。斧封在遠，阻致告焚。式涓良辰，先告於廟。哀榮既至，感慕隨之。伏惟尚饗！

曾祖曾祖妣焚黄祝文

維淳熙十一年歲次甲辰十月丙辰朔，曾孫通奉大夫、樞密使、滎陽郡開國公、食邑三千六百户、食實封一千户某〔四〕，謹以清酌庶羞之奠及太子少保、太子太保、少保、太保、宜春郡、博平郡夫人、虢國、華國夫人黄告八通，告於曾祖太保、曾祖母華國夫人郭氏之靈曰：某零丁孤苦，生值多艱。先世丘墓，淪於異域。每一念此，未嘗不痛心疾首也。庚子之夏，叨預政機，壬寅季秋，進長西府，乃值明堂慶霈，覃及幽顯。今復叨被恩渥，就陞使名，皆蒙寵章，褒錫三世。於是曾大父自東宮三少四轉而至公保，曾祖母歷郡夫人、國夫人者皆至於再。鈿軸錦囊，既藏家廟，告幽有詔，無由躬致墓道。惟鳳山之原，無違之堂，遥妥神棲，爲日已久，今因初寒令節〔五〕，令弟迪功郎、新永州司户參軍必先以告。尚饗！

〔一〕某：明澹生堂鈔本作「周某」。
〔二〕某：明澹生堂鈔本作「周某」。
〔三〕立：原刻校云：「張本作『躐』。」按明澹生堂鈔本、四庫本亦作「躐」。
〔四〕某：明澹生堂鈔本作「周某」。
〔五〕今：明澹生堂鈔本、四庫本作「謹」。

祖祖妣焚黄祝文

維淳熙十一年歲次甲辰十月丙辰朔，孫通奉大夫、樞密使、滎陽郡開國公、食邑三千六百户、食實封一千户某，謹以清酌庶羞之奠及太子少傅、太子太傅、少傅、太傅、江華、定襄郡、鞏國、代國夫人、隴西、汧陽郡、瀧國、涇國夫人、清河、河内郡、薛國、衛國夫人黄告十六通，告於先祖太傅、祖妣代國夫人潘氏、祖妣涇國夫人李氏、祖妣衛國夫人張氏之靈曰：恭維王父以經術起家，以仁厚從政，而廉於進取，終身銓部，豐積嗇取，留遺後嗣，俾其冒膺上眷〔一〕，備位二府。自庚子夏以迄於今，三被進擢，一值宗祀，恩章四頒，俾伸尊祖之志。於是王父自太子少傅爲公爲孤〔二〕，三祖母兩啓郡封〔三〕，再君列國。詔函之下，各至於四；追褒之旨，具載訓辭。屬秉事樞，不獲躬拜墓下，謹遣弟迪功郎、新永州司户參軍必先以告。尚饗！

先考大中至太師焚黄祝文

維淳熙十一年歲次甲辰十月丙辰朔，男通奉大夫、樞密使、滎陽郡開國公、食邑三千六百户、食實封一千户某，謹以清酌庶羞之奠及大中、通議、通奉、正議、正奉、宣奉大夫、太子少師、太子太師、少師、太師黄告十通，告於先考太師之靈曰：某不肖，無以繼先志；不天，弗獲伸禄養。猥憑遺烈，蒙國厚恩，久列侍從，遂參輔弼。十年之間，無歲不被追崇之典。蓋自淳熙三祀，以小司馬驂乘於郊，明年入翰林爲學士，又明年陞中奉〔四〕，既而兩遷尚書，一值宗祀。於是皇考由大中大夫六轉而爲宣奉大夫。七年叨陪大政，九年再值秋享，仍長西府，又二年擢正使名。於是皇考歷宫師，冠三公。寵章沓至，具存告第之書。屬官有常守，多歷歲月，無由躬望塋域，敬致君命。夙夜涕慕，懼以不孝獲戾，謹遣弟迪功郎、新永州司户參軍必先以告。尚饗！

先妣焚黄祝文

維淳熙十一年歲次甲辰十月丙辰朔，男通奉大夫、樞密使、滎陽郡開國公、食邑三千六百户、食實封一千户某，謹以清酌庶羞之奠及碩人、淑人、廬陵、臨汝郡、吉國、相國夫人黄告六通，告於先妣相國夫人王氏之靈曰：某向以自吉徂信，展墓失時，爰即寓邦，改卜兆域，而貪禄忘歸，阻望松楸者十年矣。不孝不虔，爲罪滋大。粤自淳熙三祀恭值郊霈，明年冒登翰苑，於是皇妣有碩人、淑人之封。厥後忝預政事，一經宗祀，再遷樞庭，於是皇妣有兩郡、兩國小君之贈。恭惟聖主之恩洊及泉壤，而某於公未有秋毫之報，於私久闕拜掃之禮，而又稽留詔命，夙

〔一〕其：明澹生堂鈔本、四庫本作「某」。
〔二〕「少傅」下，明澹生堂鈔本有「太傅」二字。
〔三〕「三」上，明澹生堂鈔本有「而」字。
〔四〕陞：明澹生堂鈔本、傅校本作「階」。

夜滋不遑安。謹遣弟迪功郎、新永州司户參軍必先以告。尚饗！

郊祀加封三代告廟祝文

維淳熙十三年歲次丙午正月庚辰朔十九日戊戌，曾孫具位某謹以清酌庶羞之奠，敢昭告於曾祖太傅、曾祖妣周國夫人郭氏、先祖太師、祖妣荆國夫人潘氏、祖妣益國夫人李氏、祖妣鄧國夫人張氏、先考太師莒國公、先妣莒國夫人王氏：去歲冬至日，天子親執圭幣，郊見上帝，大賚四海，澤及乎幽明。某備位西府，實相厥事，恩章加厚，覃及三世。師傅之官、列國之封，王言如綸，粲其盈軸。雖未獲躬拜墓道，而告虔家廟，其曷敢緩？是涓吉旦，敬致上命。伏惟明靈如在，實嘉饗之。謹告。

進秩加恩謝家廟祝文 淳熙十三年

某比緣郊祀禮成，例加封邑，又因書德壽宫尊號册文，蒙恩進秩一等，仍衍户租。謹涓穀旦，致謝於家廟。謹告。

遷相府告廟祝文 淳熙十四年

某仰憑先德，叨冒恩除，將以甲寅吉辰，敬奉神主遷於東府。謹告。

入府告廟祝文 淳熙十四年

某兹奉版位，遷於相府。俟涓吉旦，别伸祭享，謹先以告。伏維昭鑑。

拜右相三代加贈告廟祝文

維淳熙十四年歲次丁未四月壬申朔〔一〕，曾孫具位某謹以清酌庶羞之奠并燒化銀錢駝擔等，敢昭告於曾祖太師、曾祖妣魯國夫人郭氏、先祖太師絳國公、祖妣雍國夫人潘氏、祖妣兖國夫人李氏、祖妣豫國夫人張氏、亡伯運使正奉、伯母碩人尚氏、先考太師鄭國公、先妣冀國夫人王氏、亡弟子柔十解元：某仰憑世德，進位宰司。穆卜良辰，入居新第。恩加三世，爵秩俱隆。夏序初臨〔二〕，時推穀旦。爰修祀事，敬致綸言。庶其妥安，永燾厥後。伏惟尚饗！

明堂三代加贈告廟祝文

維淳熙十五年歲次戊申十月癸亥朔，曾孫具位某謹以茶酒之

〔一〕 壬申：原作「壬寅」，據明澹生堂鈔本、四庫本、《二十史朔閏表》改。

〔二〕 初：四庫本作「將」。

奠，敬告於曾祖太師追封萊國公、曾祖妣改封燕國夫人郭氏、先祖太師改封代國公、祖妣改封楚國夫人潘氏、祖妣改封陳國夫人李氏、祖妣改封益國夫人張氏、先考太師改封郊國公、先妣改封郊國夫人王氏：邇者天子大饗明堂，某叨備宰司，實首使領七戒三齋，以迄於成。匪賴先德，疇克臻此？今赦恩溥博，追榮三世〔一〕。公主之爵，遂及曾門。贊書褒嘉，綸告華煥。雖未獲躬拜墓下，敬致上命，謹涓穀旦〔二〕，酌以告幽。伏惟明靈，克享光寵，永燾厥後。謹告。

遷左府告廟祝文

維淳熙十六年歲次己酉二月辛酉朔初十日庚午，曾孫具位某謹以清酌之奠〔三〕，敢昭告於曾祖太師萊國公、曾祖妣燕國夫人郭氏〔四〕、先祖太師代國公、祖妣楚國夫人潘氏、祖妣陳國夫人李氏、祖妣益國夫人張氏、先考太師郊國公、先妣郊國夫人王氏、伯考運使光祿、伯母盧陵郡夫人尚氏曁亡弟子柔十解元：某比叨恩擢，序陟冢司。能薄位高，實憑先德。徙舍三日，奉安神棲。惟寧攸居，斯裕於後。謹告。

拜左相三代加贈告廟祝文

維淳熙十六年歲次己酉二月辛酉朔十七日丁丑，曾孫具位某謹以清酌之奠〔五〕，敢昭告於曾祖太師鄭國公〔六〕、曾祖妣漢國夫人郭氏、先祖太師漢國公、祖妣漢國夫人潘氏、祖妣漢國夫人李氏、祖妣漢國夫人張氏、先考太師漢國公、先妣漢國夫人王氏：某仰憑遺蔭，被遇壽皇。相位二年，未伸薄效。延登左輔，益愧超踰。天澤漏泉，洊加三世。寵章維厚，備載綸言。爰卜令辰，具陳家廟。焚黃未遂，有惻於心。謹告。

光宗登極三代加贈告廟祝文

維淳熙十六年歲次己酉四月辛酉朔，曾孫具位某謹以清酌庶羞之奠〔七〕，敢昭告於曾祖太師魏國公、曾祖妣魏國夫人郭氏、先祖太師魏國公、祖妣魏國夫人潘氏、祖妣魏國夫人李氏、祖妣魏國夫人張氏、先考太師魏國公、先妣魏國夫人王氏〔八〕、伯考運使金紫、伯母河内郡夫人尚氏：乃二月壬戌，新天子以壽皇之命履帝之位，越三日甲子大赦天下，凡文武臣父母生者封歿者贈，蓋異恩也。某於斯時幸備位宰輔，澤及三世，俱改封於大國。匪繇先列，孰對邦榮？謹涓穀旦，陳命書於廟而敬致上命。伏惟尚饗！

〔一〕榮：明澹生堂鈔本、四庫本、傅校本作「崇」。
〔二〕涓：原作「差」，據傅校本改。
〔三〕某：明澹生堂鈔本作「周某」。
〔四〕曾：原無，據明澹生堂鈔本、四庫本補。
〔五〕某：明澹生堂鈔本作「周某」。
〔六〕鄭：原作「漢」，據明澹生堂鈔本、四庫本及後《曾祖曾祖妣焚黃祝文》改。
〔七〕某：明澹生堂鈔本作「周某」。
〔八〕「先考」句，明澹生堂鈔本、四庫本在「伯母河内郡夫人尚氏」句下。

奉祠歸廬陵告至長岡祝文

維淳熙十六年歲次己酉九月戊午朔十四日辛未，男具位某謹以茶酒之奠，敢昭告於先妣魏國夫人王氏之塋：某入仕於朝十有五年，乃得奉祠，歸展墓道，方將擇日之吉，敬陳祭奠，兹用先行告至之禮。伏維歆鑑！

曾祖曾祖妣焚黄祝文

維淳熙十六年歲次己酉十月丁亥朔十一日丁酉，曾孫具位某謹以清酌庶羞之奠及太傅、太師、萊國公、鄭國公、魏國公、周國夫人、魯國夫人、燕國夫人、漢國夫人、魏國夫人告十通，敬祭於曾祖太師魏國公、曾祖妣魏國夫人郭氏之靈曰：某倥侗不肖，遠賴先德，被遇兩朝，更踐二府，褒贈及於三世，不一而足。粤自淳熙甲辰十月，嘗命弟必先以黄告八通即無違堂而告諸幽矣〔一〕。厥後乙巳之冬，國家南郊禮成時，則有太傅暨周國之命。丁未之春，某叨升右相，時則有太師暨魯國之封。戊申之秋，天子大享明堂，時則有萊國啓土、燕國改封之詔。逮己酉正月〔二〕，恩遷左揆〔三〕，於是曾祖進封於鄭，實惟鄉國，祖妣進封於漢，愈爲大邦。今年二月今上受禪，然後曾祖、祖妣始獲並封於魏。魏，大名也。儲祉燾後，庶其在此。屬某罷政來歸，涓日以致上命。雖松楸淪陷異域，展省悠邈，然神依寓邦，其亦久矣。奉觴以告，榮不勝哀。尚饗！

祖祖妣焚黄祝文

維淳熙十六年歲次己酉十月丁亥朔十一日丁酉，孫具位某謹以清酌庶羞之奠并告命二十通，敬祭於先祖初贈太師、次封絳國公、次封代國公、次封漢國公、今封魏國公，祖妣潘氏歷封荆、雍、楚、漢、魏五國夫人，祖妣張氏歷封鄧、豫、益、漢、魏五國夫人，祖妣李氏歷封益、兗、陳、漢、魏五國夫人之靈：某備位鈞樞，殆且十載，愧無毫髪可報上恩，而澤及其先，有加無已。自甲辰冬命弟必先持褒贈之典告於幽壤，逮今又五年矣〔四〕。其間乙巳之躬郊，戊申之秋享，己酉之登極，及某自西府登右揆，遷左相，皆沿舊典，恩錫封爵，師垣大國，極其寵榮。今者奉祠來歸，得躬行三獻之禮，敬致兩朝之命。明靈在上，如顧如歆。尚饗！

鳳山焚黄祝文

維淳熙十六年歲次己酉十月丁亥朔十一日丁酉，嗣子具位某謹以清酌庶羞之奠及莒、鄭、邠、漢、魏國公告身五通，告於皇

〔一〕告：明澹生堂鈔本、四庫本作「誥」。
〔二〕逮：明澹生堂鈔本作「迨」。
〔三〕揆：四庫本作「相」。
〔四〕逮：明澹生堂鈔本作「迨」。

考太師魏國公之塋曰：某自乙未春入朝至己酉夏罷政，十五年間，賴遺澤，叨獎擢，由侍從而忝輔相，值大禮而遇覃沛，皆有恩典，褒贈其親，三公大邦，遂極一品。甲辰之冬，嘗因堂弟必先調官西歸，就以黄告十通燎於墓道。其後寵命繼頒，積至四五。今幸奉祠來歸，始得執觴豆，陳詔函，躬展焚黄之禮。凡先後所遇之恩，與夫發揚潛德之美，已具載於訓辭。惟是養不及於生前，寵乃加於後世，兹榮也祇所以爲哀而已。伏惟尚饗！

長岡焚黄祝文

維淳熙十六年歲次己酉十月丁亥朔十一日丁酉，嗣子具位某謹以清酌庶羞之奠及莒、冀、邠、漢、魏國夫人告身五通，告於先妣魏國夫人王氏之塋曰：某自乙未春入朝至己酉夏罷政，十五年間，賴遺澤，叨獎擢，由侍從而忝輔相，值大禮而遇覃霈，皆有恩典，褒贈其親，正位小君，有年於此。甲辰之冬，因堂弟必先西歸，嘗以黄告六通燎於墓道。其後寵命繼頒，積至四五。今幸奉祠來歸，始得執觴豆，陳詔函，躬展焚黄之禮。凡先後所遇之恩，與夫發揚潛德之美，已具載於訓辭。惟是養不及於生前，寵乃加於死後〔一〕，兹榮也祇以爲哀而已。伏惟尚饗！

焚黄告伯考伯母祝文

維淳熙十六年歲次己酉十月丁亥朔十一日丁酉，姪具位某謹以清酌庶羞之奠，敢昭告於伯考運使金紫、伯母河内郡夫人尚氏：某十載政塗，數被恩遷，且屢逢邦慶，於是曾祖、祖及父皆贈太師、魏國公，而曾祖妣、祖妣、妣皆追封魏國夫人。今者罷政來歸，涓吉焚黄於鳳山之原。兆域相望，不敢不告。尚饗！

奉安家廟祝文

維淳熙十六年歲次己酉十月丁亥朔二十二日戊申，曾孫具位某謹以茶酒之奠〔二〕，敢昭告於曾祖太師魏國公、曾祖妣魏國夫人郭氏、祖太師魏國公、祖妣魏國夫人潘氏、祖妣魏國夫人李氏、祖妣魏國夫人張氏、伯考運使金紫、伯妣河内郡夫人尚氏〔三〕、先考太師魏國公、妣魏國夫人王氏暨十弟解元：某自今歲五月八日罷相去朝，少留陽羨，已而由浙西，入江東，泝流以歸。半年之間跋履川塗，經涉時序。雖香火莫敢或廢，大懼旅次祭享有闕。今甫奠居，載崇家廟。神靈如在，尚祈顧歆。尚饗〔四〕！

除少保三代加贈唐國公唐國夫人祝文

維紹熙元年歲次庚戌十一月辛亥朔十五日乙丑，曾孫具位某謹以茶酒之奠，敢昭告於曾祖太師魏國公今改封唐國公、曾祖妣

〔一〕死後：四庫本作「後世」。按作「後世」義長。
〔二〕某：明澹生堂鈔本作「周某」。
〔三〕「伯考」句，原無，據明澹生堂鈔本、四庫本補。
〔四〕尚饗：明澹生堂鈔本、四庫本作「謹具告」。

魏國夫人郭氏今改封唐國夫人、祖太師魏國公今改封唐國公、祖妣魏國夫人潘氏今改封唐國夫人、祖妣魏國夫人李氏今改封唐國夫人、祖妣魏國夫人張氏今改封唐國夫人、考太師魏國公今改封唐國公、妣魏國夫人王氏今改封唐國夫人：某十載政塗，屢逢霈澤，恩逮三世，疊封大國，寵榮至矣。去春進位亞保，復當追崇，自魏而唐，庶因堯之遺風，假寵私廟。尋以非才請罷政事，而言者力攻其後，以是告第之書久之方下。謹於冬至時享之前，涓吉以告。伏惟尚饗！

長沙視事告廟祝文

紹熙二年十一月二十七日

某比膺綸命，來鎮湘楚。乙丑已交帥事，今茲復領郡章。方將涓吉安奉家廟，先於是日敬告禮上之期。伏惟昭鑒！

冬至祝文

伏以長至令辰，當修時祭。屬方視印，未妥神棲。餚醴薄陳，尚祈鑑享！

郊祀三代加贈潭國公潭國夫人祝文

維紹熙三年歲次壬子閏二月甲辰朔十四日丁巳，曾孫具位某伏遇寒食令辰〔一〕，謹以清酌庶羞之奠并三代改封告命八通，敢昭告於曾祖太師潭國公、曾祖妣潭國夫人郭氏、祖太師潭國公、祖妣潭國夫人潘氏、祖妣潭國夫人李氏、祖妣潭國夫人張氏、考太師潭國公、妣潭國夫人王氏：某以去歲仲冬辛未視潭印章，越翼日壬申日南至〔二〕，天子郊見上帝〔三〕，肆大眚於天下。某備位孤保，逢此霈澤，適在守藩之初，且念先父昔常奉使湖湘，是用有請於朝，就爲三世賜履之地。贊書甚寵，未容敬陳墓道。今因拜掃令序〔四〕，先致上命於家廟。伏惟尚饗！

〔一〕辰：明澹生堂鈔本、四庫本作「節」。

〔二〕壬申日南至：原作「壬辰南至」，據明澹生堂鈔本、四庫本改補。

〔三〕帝：原作「命」，據明澹生堂鈔本、四庫本改。

〔四〕今：明澹生堂鈔本、四庫本作「謹」。

廬陵周益國文忠公集卷四〇

省齋文稿卷四〇

道釋 頌偈贊題跋說疏記塔銘

柬達上座頌一首枕上補作 有序

甲申四月甲子，夜夢以焦坑小團及宜春新芽送隆慶長老了達，戲作柬云云。矍然而寤，枕上又補一頌，以茶送達。數日前曾有此意，而一點千林，非因想所及也。

達上座，惺惺著，靈根一點便通神，敗葉千林都掃却。夢中戲作。

睡起尋思鹿覆蕉，更將惡水向人澆。夢中妄語渾閑事，眼暈生花好一鍬。枕上補作。

與崔序老步月青玉峽漱玉泉坐瀑布之石橋天氣凉冷移坐法堂下對雙劍峯甚正序老求偈爲作偈曰

劍峰有時折，瀑水有時竭。我性等虛空，今古無生滅。

故慶雲長老文尒贊 丙戌

七尺軀，歸底處。一尺素，寫得住。是真是假，有眼看覷。

彥岑真贊

石中韞着無瑕玉，鑛裏淘成紫磨金。八十年來岑鐵面，誰知一片老婆心。

跋薌林贈陳丹林詩

右薌林向公《贈陳丹林栖隱老詩》一首。公墓木既拱，栖隱亦蕩爲太空久矣，惟丹林郎陳彥舉尚無恙。予遊閣皂始識之，聽其語琅琅然，讀其詩滔滔然，與之弈，局甚高，飲之酒，氣甚豪。在異時道官中蓋拔萃者，不然，公之蓮社寧容濫吹耶？宮門黄冠無慮數十房，房有徒三四，多或八九，彥舉咸無焉，懼其業之莫繼。有徐彌高者奉事積歲，而力不足以登其名於祠曹。予惻然念之，捐廬阜祠俸爲之唱。廣文楊先生，薌林老賓客，今代風騷將也，適仕於此，追次元韻，以啓迪衆志。矧公季子邵陽別駕夙以賢業振宣先猷，盤園居士昔維詩友，方以暇日大闢凌風之閣，一覽是作，悵然感舊，能勿致力乎？彥舉往矣，思賢尚友之士，輕財樂施之家，積簣成山，其誰肯後？千金且不難致，一度牒乎何有？乾道九年十二月二十日。

助贖蕭惟清度牒戲書[一]

盧陵道士蕭惟清以護身符質二百鏹於其徒，坐此身不能自如，徬徨於都城。予聞而憐之。凡里人之仕朝者、調官者倘共助薄少，使之贖舊物以歸，蓋美事也。惟清能鼓琴賦詩，他日脱樊籠，翩然還鄉，當用此二者爲諸君謝，不亦樂乎？乾道七年，青原野夫戲書，仍助錢二十千。

題僧志淮刺血書經

真金葉上銷琉璃汁，書《般若波羅密多》，寘四寶合成函中，具載藏經，其來久矣。安福縣寶珠院僧志淮力不足以及此，乃刺血書《法華》、《楞嚴》、《圓覺》諸經，此古所謂貧女佈施也。精勤獲報，豈止琉璃汁哉！紹熙二年十一月三日。

跋妙喜遺筆

隆興癸未，予自西掖奉祠去國，以五月辛卯朔游徑山，見大慧禪師於明月堂，南豐黄世永在焉。説葛藤點鬼簿凡三晝夜，越甲午乃相別。師令侍者了賢同世永送予至山下之無相院。纔十旬而師逝。後四年，當乾道丁亥十一月，予過豫章，值賢住上藍，相與話舊甚款。又一紀，而賢没於潭之石霜。今復一星終，而其師弟祖文携此軸求跋語，將置之山門，與裴公環笏共傳於世。予謂分香賣履，師之闕□已多；記劍刻舟，予之癡獃滋甚。更留話柄，聊作笑端。所云净智居士即世永也，其墓木已拱矣。紹熙壬子五月七日，省齋老人周某書。

木觀音説

安成劉君澄命匠刻木觀音像數百軀，遇好事者輒施焉。同邑歐陽元泰以其一遺予，且求予言，將復於劉君。夫妙音、觀世音、梵音、海潮音，勝彼世間音，可聽也，而謂之「觀」，人固以爲惑。予非學佛者，未達固宜，至於《易·繫辭》、《禮記·大傳》皆有「聖人南面聽天下」之語。夫向明而治，當云觀天下，而以爲「聽」，正與釋氏相反，是豈可不知其説哉？予聞劉君兄弟踵登儒科，貢於鄉者不絶，家有三教堂，奉事甚謹，必能儒釋兼通，盍往問焉？他日復以告我。紹熙元年十一月日。

西峰寺緣化巖主殿疏

盧行者新州立塔，鑪香却貫於曹溪；海禪師二水涅槃，室宇元成於寶應。恭惟大十，夙眷西峰。盤旋再閏之間，證悟一真之要。去之二百十載，靈應滋彰；宜乎十萬餘家，歸依愈切。雖晬容之儼設[二]，顧紺殿之久虚。與其拆東補西，孰若將無作

[一] 惟：原作「維」，據目録及明澹生堂鈔本、四庫本改。下同。
[二] 晬：原作「粹」，據明澹生堂鈔本、傳校本改。

有？打碎釋伽，立起佛殿。只是一僧，供養羅漢。燒却木頭，本非二致。衆緣所在，法施何疑？

天華院佛殿造於太平興國戊寅踰二百載今乃摧毀過者太息兹欲募緣修葺青原野夫周某爲題數語仍施薄少爲之倡者

乾道六年三月十三日

莊嚴佛事，比丘非得已而爲；捐棄私財，長者亦見幾而作。况欲支傾補弊，豈難積少成多？眷此佛廬，巋然古渡。茅蓋頭而寖壞，蘆穿膝以誰憐？山僧既已辦心，檀施何妨出力？補故寺而獲二梵，世尊之説不虚；如貧女而施一錢，多生之報終在。

新復報恩善生院記

廬陵郡西南六十里，古有報恩善生精舍，其廢已久。政和中，寶嚴院僧永韶始命其徒宗式乞故額而興復之。人皆曰是不可爲也，宗式曰：「我必成之。」顧舊基瀕溪，將爲水壞，宣和辛丑別卜大岡之趾遷焉，其地蓋永韶族父劉臻業也。既得之，則悉力營度，一年而室成〔一〕，二年而法堂立，前謂不可爲者稍信服矣。而宗式之父朱孝安又能捐其家貲創佛殿像設爲之倡，由是財施雲集，工徒日盛。爲堂以居僧，闢廳以棲客，庖湢廊廡，外暨三門，無一不備。初，寶積院有南唐保大十一年所鑄鐘，於文爲善生舊物，宗式亟易以歸。已而紫芝十八莖産於雲堂，僧俗懽躍贊嘆，咸謂復古之祥，積勤之感，於兹見矣。宗式益自奮勵，即其東偏起大輪藏，實以經卷，覆以厦屋，鐘鼓梵唄，晝夜不絶，遂爲一鄉之名刹。隆興甲申，予自龍頭過吉祥，歷上邳而至於兹，望其山林如百年之積累，視其棟宇有二浙之氣象，爲留連竟日。宗式知予之樂之也，力以院記爲請，予雖心許，未暇作也。今年復來告曰：「自我開此山，於今五十有四年，憊心疲精，殫財費工，固所未論，其如魔事種種，備嘗艱苦，年垂八十，始迄功緒。記如未刻，死且不瞑，公烏得無情哉〔二〕？」予曰：「昔人論爲政之蠹，釋老常居其一。今竭中人數十家之産而成爾數十人之居〔三〕，爲吾儒者方且膺之，又何記焉？」宗式曰：「不然。古用普度之制，閑民無常職，多寓名於帳籍，幸國大慶，例得黄其冠，緇其衣，動以千萬計，而試經若恩澤不與焉，故丁壯日耗，害一也。寺觀占田無藝，富則千蹊百轍，規免徭役，故民産又耗，害二也。今固異此，輸金於官乃度以牒，其利一。常産圭黍不可增，而州縣科調時仰給焉，其利二。去二害、得二利，果可同日而語哉？觀昔之佛廟道宫相望於通都大邑、名山勝境之間，吾徒亦温飽衣食，在處充滿，何其盛也！數十年來，不燼於兵火則摧於風雨，至有空其廬弗居者，豈二氏之教始隆而終替哉？勢使然爾。於斯時也，有能不藉公家之力，不强貧窶之民，易草莽

〔一〕「室」上，明澹生堂鈔本、四庫本有「寢」字。
〔二〕烏：明澹生堂鈔本作「胡」。
〔三〕數十：明澹生堂鈔本、四庫本作「幾」。

之墟爲金碧之坊，使已墜者興，已壞者成，亦可以爲難矣。君子成人之美，當在所取乎，抑在所絶乎？」予嘉其力勞而辭直，故爲録其始末，使歸而刻之石。淳熙元年，歲次甲午，十二月二十一日，青原野夫周某記。

贛州寧都縣慶雲尒禪師塔銘〔一〕

予聞學佛者或於片言啐啄相應，或終其身針芥弗投。雖曰根器有利鈍，亦繫其功用如何爾〔二〕。今夫宿植利根，固易爲力，其如學之弗固，得之弗深，譬如銛錐畫沙，旋開旋合，大善知識每以爲戒。鈍者不然，如椎鑽石，用力雖勞，會至大徹。由是言之，人而力學，道無不至。儒與釋異，玆理一也。始予僑居贛州，識梵山長老文尒，嘉其樸茂勤恪類有道者，因問悟入之由。師爲予言：「我年十一辭親出家，十六爲僧，十七受戒。纔過來夏即游諸方，惟玆事未竟，忘寢與食。瘡痏徧體，抱膝危坐，每聞五更鐘聲輒駭汗曰：『又過一日矣！』勤苦如此，鈍不見性。自從出世，更覺志分。若問悟入，實無以對。」予歎曰：「近世升座秉拂，號天人師；自謂不能，千百無一。師非得道，肯云爾耶！」時人雖賢之，顧非巨眼不能測其淺深也〔三〕。厥後，師住報恩〔四〕，會妙喜杲公、無垢張公同時北歸，士大夫日往參請。師初無言説，杲獨謂無垢曰：「是人所得，端實不可忽也。」予聞斯語，然後知以鈍爲利者，師果有焉。自是益思與之游，而宦牒推移，會合之日殊少。去冬，師有過予意，方報以書而師没矣。其徒遠來乞銘，且曰：「吾師之志也。」追念疇昔，敢不諾諸？師福州長溪李氏子〔五〕，受業於本縣之西禪。紹興初至潭州，道悟參月菴杲公，尋究精專，遂相契合，命爲侍者。久之來廬陵，爲衆迫請，住吉水龍濟山清凉禪院，徙興國之梵山、寧都之桃林。二十一年，郡守李子揚初至，嚴峭寡與，以報恩望刹，廉泉在焉，棟宇久隳，法席不振，自擇師主之。贛民貲少嗇施，師接以誠慤，咸竭其力，堂廡像設，次第一新，叢林成矣。會齊述嬰城叛，緇素宵潰。師曰：「我去，寺必墟。」止不動。閲百二十日，賊屢欲縱火加害，師隨機解免，舍匿士庶千計，亦賴以全。居十年，引疾求去，遂移錫慶雲，地僻而用足。異時主者自殖而已，師至則改造三門，規創殿宇，理事兼舉，老而彌堅。嘗與門人行西圃，指尋丈曰：「此可營塔待我。」門人從之。未幾，果坐亡，實乾道二年十二月十五日。後八日荼毗，又六日龕焉。報齡六十四，坐四十七夏。度弟子六人：善修、祖機、祖賢、祖信、祖元、祖光。嗣法五人：住寧都平山彦琛、福聖道凝、東山虚静龍南、東山法佾、雩都羅田巖義英。銘曰：

大士因緣〔六〕，初無二塗。夫人根器，乃有萬殊。介者似正，其弊也拘。辨者似通，其弊也疏。彼上人者，異於斯乎？其艱其勤，而實不迂。其退其默，而實不愚。偏參力

〔一〕師：原缺，據目録及明澹生堂鈔本、四庫本補。
〔二〕如何：明澹生堂鈔本、四庫本作「何如」。
〔三〕巨：明澹生堂鈔本、四庫本作「具」。
〔四〕住：原作「往」，據明澹生堂鈔本、四庫本、傅校本改。
〔五〕李：明澹生堂鈔本、四庫本作「季」。
〔六〕士：明澹生堂鈔本、四庫本作「事」。

踐，有終有初。雖則云然，此皆其膚。畢竟何心，茫茫太虛。我以語言，拾其遺餘。師豈是須？尚慰爾徒。

訥菴塔銘

紹興中，通慧禪師法席雄盛，名聞江湖間。其大弟子往往分化他郡，至其所甚愛重許爲法器者不過數人，太平訥公其一也。師諱惟訥，福州閩清縣葛氏子。幼不茹葷，家爲宦族而不慕榮利。年十七，懇求出家，父母許之。乃師事仁王寺守能師，爲之落髮。二十一懇辭游方，初謁雪峰真歇禪師，咨叩不倦。因隨衆入山，失其衣韝，既而得於領中，欣然覺悟，遂欲遍參禪林之有聲者，以圓宿智。所向皆不契，隨即捨去，最後依通慧於圓通，聞萬法歸一之義〔二〕，凝滯頓除，通慧奇之。時圓通爲大盜所焚，通慧將一新之。師左右協贊，厥功爲多。及通慧移大溈山，師與俱行，其機辨日以通達，遂分坐説法，而通慧獨以爲法器之尤者。衆譽既洽，於是初住衡州之雲陽禪院，自號訥菴。未幾，移吉州龍須山之感慈〔三〕。及其退居，始與予兄弟游。考其言行，蓋夷粹端靖人也。後住廬山之棲賢及圓通，老而思歸，乃赴九座山太平之請，居之七年。至乾道癸巳時，師年七十有一矣，十一月偶屬微疾，因沐浴更衣，告行於常所往來，端坐説偈而逝。爲僧五十四年，度弟子七十三人，嗣法住山者今十餘人。衆以師遺骨葬於九座之西，且來乞銘。惟師禪學精深，德量寬廓，其誘接後來不爲崖異，而俊辯莫能屈，故禪衲歸之，又與予相識惟舊，因爲之銘。銘曰：

道大如天，仁智自分。禪宗末流，跬步異門。狹者縶拘，佚者放紛。小智自私，本原益淪。嗟維訥菴，傳道粹淳。明以晦將，辯以訥存。以通示人，以戒律身。順緣而歸，忽焉浮雲。終始若此，吾寧復云！

寒巖升禪師塔銘 淳熙五年

自唐以來禪學日盛，才智之士往往出乎其間。迹夫捨父母之養，割妻子之愛，無名利爵禄之念，日夜求所謂苦空寂滅之樂於山巔水涯人迹罕至之處，斯亦難矣，宜其聰明識道理，胸中無滯礙，而士大夫樂從之游也。故人山陰陸務觀儒釋並通，於世少許可，獨與僧道升游，敬愛之如師友。予固知升不凡，而恨未之識。淳熙丙申升既没，其得法弟子本高、本妙聯務觀平日往來詩書爲大軸，且以同郡人鄭德輿行狀及師語録來屬予銘其塔。予未嘗學佛，懵不知語録爲何等語也。二十徒以務觀之故，相守經年不去。予愧其勤，乃爲次第其説。師建寧府建安縣人，姓吴，母游氏。初生，有肉如環在其左乳，人皆異之。年十四，依本府龍居寺出家，肉環隨隱。天資聰慧，十九爲僧即有遊方之志，以父早世，未忍捨母。母没，遂之長樂，會圓悟高弟佛智禪師端裕演法於西禪，入其室，言下頓悟，自是機鋒迅發，人莫能當。佛智移杭之靈隱，師爲首座。佛智歸，師亦還鄉。初，德輿結菴於大

〔二〕「聞」上，明澹生堂鈔本、傅校本有「因」字。
〔三〕須：明澹生堂鈔本作「頭」。

王峰之下，名曰寒巖，與師有世外約，至是居焉。未幾，泉守以延福請師出世，學者雲集。會行計口法，拂衣還寒巖，閉門却掃，日中一食，不復事事，作《懶散歌》以見志。李敦老帥閩，問諸山佛智嗣子之傑出者〔一〕，雪峰慧忠以師對，遂住支提山，又從泉守鄧成材承天之請。鄧帥豫章，以師志在山林，移住黃龍。後帥未知師，師欲去〔二〕，適潭帥張安國以石霜來招，師兩謝焉。行次西山，而沈持要自漕遷帥，閲師退院牒，即命僧徒挽留，以泐潭處之。寺新被焚，師來，施予輻湊，一時棟宇焕然，以年高懇還建安。俄史丞相帥福，命師主鼓山，嘗謂人曰：「叢林荒寒，人物委靡，此事將如馬鞭節漸尖去矣。」益以佛法自任。結夏後一日，忽問侍僧：「今日何日？」僧曰：「十六日。」師曰：「非也，是何日辰？」僧曰：「辛卯。」師即集衆，索紙書偈，擲筆而化，神色如生。後三日，葬金身於寺南香爐峰，壽七十九，僧臘六十。凡六住大刹，所至五年，本高類其説法偈頌語要行於世，讀者當自得之。銘曰：

古之英材，一出儒術。降及後世，或隱於釋。惟寒巖師，所立瑰奇。有辨其才，有勇其爲。生也何心？雲族雨潤。逝也何往？雲散天净。我不識師，亦未學禪。姑妄言之，然乎不然？

靈隱佛海禪師遠公塔銘 淳熙五年

師姓彭氏，名慧遠，眉山人。先世業儒，父寧，母宋氏。師年十三，因其兄從釋氏，問曰：「欲何爲乎？」兄曰：「求解脱耳。」師曰：「然則我亦可爲也，願與兄偕。」父母許之。事藥師院僧宗辯，問質所疑，辯察其異，語之曰：「吾不用你侍奉也〔三〕，其往參叢林，度有成而歸，吾猶未老也。」即祝髮走成都，習經論學於大慈寺。留四年，乃游諸方，叩請甚衆。復還峨嵋靈巖寺，依黃龍南公之孫徽禪師。兩歲，若有所悟，徽可之，翼日即告行，同志挽留不聽，曰：「師以爲可，而吾終未釋然也。」聞圜悟勤禪師住成都昭覺〔四〕，造焉。一日，圜悟普説，師豁然有得，仆於衆中，衆掖起之，乃曰：「吾夢覺矣。」至暮，與圜悟問答無滯。圜悟大喜，以偈贈師，有「奮鐵舌，轉關捩」之語，衆目爲「鐵舌遠」，自此機鋒峻發，率常屈其上首。紹興乙卯春，眉守延居象耳山，不赴。是歲，圜悟去世，嘆曰：「哲人云亡，繼之者誰乎？」乃扁舟下峽。初抵淮南，住龍蟠山壽聖寺，一年遷瑯琊山之開化，又移婺之普濟。侍郎蘇伯克一代耆德〔五〕，日與師談論。俄徙衢之定業，時妙喜杲公謫梅州，有傳師偈頌往者，妙喜駭曰：「老師暮年有子如此也〔六〕？」因以書寄法衣。逮其歸，相遇甚懽，妙喜極口稱譽之，自是人益歸重。俄徙光孝，閲

〔一〕之：明澹生堂鈔本、四庫本無。

〔二〕以上二「師」字原作「公」，據傅校本改。

〔三〕你：明澹生堂鈔本、傅校本作「汝」。

〔四〕圜：原作「闤」，原校云「張本作『圜』，下並同」。按作「圜」是，「圜悟勤禪師」即禪宗名僧克勤，高宗賜號圜悟大師，「圜」與「圓」同。據改。下同。昭：原作「照」，據明澹生堂鈔本、四庫本、傅校本改。

〔五〕克：明澹生堂鈔本、四庫本作「充」。

〔六〕也：傅校本作「耶」。

十年，安定郡王趙表之、侍郎曾天猷俱爲世外交。後過南嶽，住南臺，有龍玉璉、方廣行皆月菴高弟，道行湖湘，竊相謂曰：「此間壁立萬仞，遠將何所置足乎？」及聞其議論超詣，始大歎服。璉率其屬環拜曰：「此膝不屈於人久矣。」未幾過天台，歷住護國、國清、鴻福三寺。乾道丁亥，沈尚書德和守平江，以虎丘比不得人，力邀師。至則接物無倦，户外屨滿，緇素悦服，名達闕下。五年，有詔住高亭山崇先寺。六年遂開堂於靈隱，賜號佛海禪師。惟聖上神曜得道，虚心應物，屢召師入内相與問答，而其道益尊。明年夏，有日本僧覺阿通天台教乘，頗工書，能道諸國語。初來謁師，氣甚鋭，師徐以禪宗曉之。覺阿留三年，作《投機五頌》而去。他日，因海商附其國園城寺主者覺忠詩書來謝，其爲遠人所敬如此。淳熙二年閏九月旦，師上堂説偈，言數十句，末云：「相唤相呼歸去來，上元定是正月半。」都下喧傳而疑之。師有弟曉林亦出家，且得法於師，方住國清，至是招以來，若有所屬。明年感微疾，果以上元安坐而化，龕留十日，顔色不變。是月二十五日葬烏峰之塔，壽七十四，僧臘五十九，後事實林主之。傳其道又有了宣、齊己、了乘、師玉、元靖、紹鴻、如本、尼法真，皆住大刹云。某始識師於虎丘，晚乃見之靈隱，愛其辯而有宗，峻而能通，故樂與之語。師既葬，而林數以銘爲請，且曰：「吾師遺言也。」久之，乃爲銘曰：

禪有頓門，無言爲宗。世或待喻，假言以通。惟其善鳴，譬之雷風。言而非言，以開群聾。猗與遠師，心傳大雄。如應響谷，如待問鐘。既得其承，龍象影從。明詔再錫，又彰其逢。發明正宗，摧折妄庸。法席屢遷，道契九重。於古有光，爲譽益崇。順緣而歸，自昔所同。明月攝影，浮雲無蹤。我爲銘詩，刻畫太空。如彼戲論，記其初終。

廬陵周益國文忠公集卷四一

平園續稿序

太師益國周公之文行於世者，前集號《省齋文稿》。寶謨待制山陰陸務觀既詳而序之矣、其子司直綸以誼登門，久受知厚，又裒其近作曰《平園續稿》俾爲後序。誼伏讀而歎曰：連篇累牘，姿態橫出，千彙萬狀，不主故常，何其富也！詩賦銘贊，清新嫵麗，碑序題跋率常誦，其所見足以補太史之闕遺，而正傳聞之訛謬，又何其精也。國初承五季之後，士習俳俚，歐陽文忠公自廬陵以文章續韓昌黎正統一起而揮之，天下翕然尊尚經術，斯文一變而爲三代兩漢之雅健，翰墨宗師，項背相望，故慶曆、元祐之治照映古今，與時高下，信哉！其後穿鑿破碎之害起，而士俗亦陋。及公發揮文忠之學，被遇高廟，輔相阜陵，弼成治功，於是二公屹然並著於六七十年之內。今觀遺稿，貫穿馳騁，雍容而典雅，體正而氣和，使人味之，肅然起敬，如儼立於彤庭廣廈之中〔一〕，黃鐘大呂，忽振心目〔二〕，考其淵源〔三〕，蓋有自來。淳熙中，公翺翔於鸞臺鳳閣間，既登政地〔四〕，誼亦備數於朝紳之後。時高文大册，多出公手。每竊寓目，唯恐不能屬厭，再還周行，而公謝政事去矣。歸自南安，道出吉水。嘗從公於平園之上，侍俎豆於充賦之堂，見其年益高，視聽益壯，議論著述方川至而無倦也。竊以爲天之生斯人也不數，則其惠利後世豈直言語而已哉！後之覽於斯者，蓋亦參公之行事而觀焉，則文章學問本末源流，人材風俗盛衰起伏，皆可自是而有考矣。開禧丙寅仲秋，朝散大夫、知江州軍兼管內勸農營田事徐誼謹序。

〔一〕中：四庫本作「間」。

〔二〕心目：四庫本作「於心」。

〔三〕考：四庫本無。

〔四〕既：明澹生堂鈔本、四庫本作「已」。

廬陵周益國文忠公集卷四一

平園續稿卷一

詩〔一〕 起紹熙甲寅，止慶元丙辰

上巳訪楊廷秀賞牡丹于御書匾榜之齋其東園僅一畝爲術者九名曰三三徑意象絶新 甲寅〔二〕

楊監全勝賀監家，賜湖豈比賜書華。回環自斸三三徑，頃刻常開七七花。門外有田聊伏臘，望中無處不烟霞。却慚下客非摩詰，無畫無詩只謾詩。

王才臣子俊求園中六詩 楊秘監謝尚書皆賦 甲寅〔三〕

曲禮毋不敬，聖門恭而安。少成復習慣，心廣仍體胖。莊敬日强齋。

世事環無端，聖功井有汔。欲知至不至，密驗物交物。格齋。

志士非匏瓜，焉能繫不食。毋安白駒空，請放鳴騶入。南谷。

靜夜月篩影〔四〕，清晨風掃壇。自合侯千户，何由斬萬竿〔五〕。竹亭。

冬與滕六宜，夏與趙盾敵。更有茯苓功，保君千歲質。松菴。

雨浥燕脂落，肌膚骨肉勻。方知杜陵老，曾寫此花真。腴亭。海棠。

孝宗皇帝挽詩二首 甲寅〔六〕

聖德高難繼〔七〕，天心遠莫推。如何堯舜主，不與武宣時。勤政精彌勵，平戎志竟齎。唯留大風句，千古日星垂。

移御重華意，微臣粗探端。思陵三載服，文母萬年歡。方侍瑤池宴，俄藏禹穴冠。餘生卧江海，空有淚成丹。

十月九日陳誠之恂送菊花小詩奉答

十月風霜動，籬邊菊始黄〔八〕。從來司曆過，失不閏重陽。今年閏十月。

〔一〕詩：日本藏宋刻本、明澹生堂鈔本、傅校本作「古律詩七十一首」。
〔二〕甲寅：原無，據明澹生堂鈔本補。
〔三〕甲寅：原無，據明澹生堂鈔本補。
〔四〕静：明澹生堂鈔本、四庫本作「夜」。
〔五〕由：四庫本作「須」。
〔六〕甲寅：原無，據明澹生堂鈔本補。
〔七〕繼：四庫本作「竝」。
〔八〕始：明澹生堂鈔本注云：「試音」，四庫本作「音試」。

僕營小圃方兩月而張坦夫履示腴莊圖有起予之意輒成鄙句 甲寅十二月十二日

百年種德十年栽，映帶雲巖與月臺。無問四時留客醉，何曾一日不花開。人人争羡富登覽，物物豈知工剪裁。我比樊須身更老，只今學圃亦悠哉。

慶元乙卯某與歐陽伯威鈇葛德源漯俱年七十適敝居落成乃往時同試之地小集圃中再用潞公韻成鄙句并録舊詩奉呈

結茅近市壓平川[一]，圍棘争門想少年。鹿記楊侯歌始舉，鶴歸不令化飛仙。圃有馴鹿舞鶴各一雙。詩場曾作推敲手，吾三人皆以詩賦試於此。文會今隨出入肩。同甲唱酬殊未已，首篇聊記老而傳。

春日早起二首 乙卯正月十九日[二]

謾有衣冠已卷懷，本無車馬可驚猜。春來早起關何事，點檢園花幾種開。

樓上雲山逐望來，樓前花木及時開[三]。老夫脚力猶强在，不記登臨日幾迴。

寄楊廷秀待制

共作槐忙五十春，交情非復白頭新。却思此地初傾蓋，舊事重論有幾人。

臨賀太守簡世傑挽詞 乙卯春[四]

宣力仍揚善[五]，何人范轄如。一身忘險阻，多士極吹噓。幕府誰無敵，君才獨有餘。主賓俱已矣，懷舊渺愁予。簡，范參政上客。

西昌陳誠之送黃樓芍藥仍杜長篇老懶不能次韻戲答二絶句連歲許紅都勝未至末章及之 乙卯春[六]

芍藥名先記鄭風，那因加木辨雌雄。姚黄後出今王矣，合把黄樓列上公。韓魏公以芍藥爲花后。

[一] 茅：四庫本作「第」。
[二] 乙卯正月十九日：原無，據明澹生堂鈔本、四庫本補。
[三] 及：明澹生堂鈔本、四庫本作「逐」。
[四] 乙卯春：原無，據明澹生堂鈔本、四庫本、傅校本補。
[五] 仍：四庫本作「曾」。
[六] 乙卯春：原無，據明澹生堂鈔本、傅校本補。

六一先生舊帥揚，分寧太史尹西昌。只緣未睹紅都勝〔一〕，便似參謀待海棠〔二〕。許元寄歐公詩云：「芍藥瓊花應有恨，維揚新什獨無名。」公答云：「偶不題詩便怨人。」山谷宰太和篇詠甚多，獨未嘗及此花〔三〕。」

送道士張惟深 曾從楊廷秀學詩

出世須拋世俗文〔四〕，休論何遜與陰鏗。但求仙伯三年艾，會向彌明頂上行。

彭孝求惟孝以綠野行送芍藥數種鄙句爲謝 乙卯春〔五〕

占斷春光及夏初，琉璃剪葉朵珊瑚〔六〕。休論花品同而異，牡丹初號木芍藥，蓋本同而末異。出王元之《文集》。且詠詩人樂且訏。北第莫辭金鑿落，韓魏公《北第賞芍藥詩》：「滿引莫辭金鑿落」。南禪爭看玉盤盂。彭宣微恙何妨醉，自有嬌癡婢子扶。

魚兒牡丹得之湘中花紅而蕊白狀類雙魚累累相比枝不能勝壓而下垂若俛首然鼻目良可辨葉與牡丹無異亦以二月開因是得名其幹則芍藥也予命曰花妃而賦是詩聞江東山谷間甚多〔七〕 乙卯〔八〕

天教姚魏主芳菲，合有宮嬪次列妃。玉頸圓瑳宜粉面，霞裙深染學翬衣。枝頭窈窕魚雙貫，風裏蹁躚鳳對飛。又似金鳳花。莫把根苗方芍藥，留春不似送將歸。

〔一〕「睹」下，日本藏宋刻本校云：「一作『識』。」
〔二〕便似參謀待海棠：原刻校云：「一作『如杜詩中闕海棠』。」
〔三〕原刻校云：「案：一本作『便以參謀待海棠』，而佚此注」。考卷七《跋楊謹仲芍藥詩》正説此事。今校改補注。
〔四〕文：四庫本作「情」。
〔五〕乙卯春：原無，據明澹生堂鈔本、傅校本補。
〔六〕朵：原刻校云：「『張本作『孕』。』」按四庫本、傅校本亦作「孕」。
〔七〕花妃：日本藏宋刻本、明澹生堂鈔本、四庫本作「花嬪」；江東：明澹生堂鈔本、四庫本作「江中」。
〔八〕乙卯：原無，據明澹生堂鈔本補。

子中兄再示新詩以妃爲僭次韻解嘲　乙卯〔一〕

妃即嬪嬙非並后，公卿雖備要嚴徐。黃裳敢僭夫人服，紫袖聊瞻御坐裾。石韞山輝元倚玉，鵰飛海運本名魚。莫因韓李同佳傳，便廢千年太史書。

太守趙山甫希仁示和篇次韻爲謝　乙卯二月〔二〕

阿嬌金屋聚芳菲，當御銀環序妾妃。龍女墜天頳素頰〔三〕，鮫人出水纖縹衣。袖垂户外瞻雙引，燕在宮中第一飛。不用蟲魚箋爾雅，使君行合左符歸。謂魚符也。聊答公歸之句。

李子權時中屢求所居江月亭浴沂齋詩老病未能作坐上示及和花妃詩甚工即席次韻一首所謂一彩兩賽也〔四〕　乙卯二月〔五〕

姚皇去後幾菲菲〔六〕，湘水依然從二妃。雙淚一時紅作鬣，連枝千載綠爲衣。檻前斑竹應同伴，波面文鴛欲共飛。吟徧世間閒草木，何如江月詠沂歸。

楊廷秀秘監萬花川谷中洛花甚富乃用野人韻爲魚兒牡丹賦詩光榮多矣惡語叙謝　乙卯三月〔七〕

萬花川谷第芳菲，也許湘靈媵伏妃。翠葉迎風牽荇帶，紅綃浴日濕宮衣。共船不妬龍陽釣，警乘猶疑洛渚飛。《洛神賦》云：「騰文魚以警乘。」李善注：「文魚有翅能飛。」誰把荒園一魚目，換將五十六珠歸。

題劉訥畫趙韓王韓魏王文潞公司馬温公歐陽文忠公王荆公蘇文忠公黃太史像　乙卯三月三日〔八〕

勳業文章各致身，精神未易寫丹青。八朝二百年間事〔九〕，付

〔一〕乙卯：原無，據明澹生堂鈔本補。
〔二〕乙卯二月：原無，據明澹生堂鈔本、四庫本補。
〔三〕頳：明澹生堂鈔本、四庫本作「頩」。
〔四〕工：四庫本作「佳」。
〔五〕乙卯二月：原無，據明澹生堂鈔本、四庫本補。
〔六〕皇：原刻云：「原註『借黃字』。」
〔七〕乙卯三月：原無，據明澹生堂鈔本、四庫本補。
〔八〕乙卯三月三日：原無，據明澹生堂鈔本、四庫本補。
〔九〕二：原作「三」，據日本藏宋刻本改。

與承明著作廷〔一〕。

廷秀用進退韻格賦奉祠喜罷感思詩次韻

乙卯四月〔二〕

壽宫均逸跨三年，諫紙停書剩幾番。聞道君王開獻納，豈容公子散神仙。東華行踏京塵軟，南澗休貪釣石温〔三〕。三字底須論十字，券錢何似給餐錢。來詩云十字名銜尚請錢。按外任及宫祠隨銜官支券錢，在内侍從職事官則給職錢、食厨錢。

臨川梁譯投冰溪救母謝昌國作孝德記楊廷秀有詩次其韻

譯不仕，年四十九而終　乙卯四月〔四〕

王祥名冠晉公卿，大節寧非爲剖冰。祥仕至三公，壽八十五，爲晉臣列傳第一。救母如梁真篤孝，奈何不貴不長生。

商丘本意得珍珠，河曲淫隈不可臨。親已顛危心更切，眼看寒谷乃平林〔五〕。

李得善少膺賦絶句疑麢爲鹿按廣韻注鹿云麚屬注麚云鹿屬爾雅亦各言之故説文專指麢爲麚則與鹿爲二物明矣次韻求教〔六〕

乙卯四月〔七〕

麚頭安得比麋茸，紋點胎斑更異同。爾雅昔嘗窺郭璞，方言今試問揚雄。伏侯《古今注》：「青州人謂麢爲麚。」

某再勤佳篇，欽嘆無已，復欲次韻，恐涉好辨。雖然，麋鹿有角爲一種，麢麚無角爲一種，此尚何疑。《廣韻》互謂之屬〔八〕，最爲大體。今來諭指《漢書》駮麃爲有紋之麚，以証紋之似鹿，則不容無説。按《史記》《漢書》志皆云郊祀獲一角獸，蓋麟云，當時以爲祥瑞，後作白麟之歌。此豈可以常理論哉。《索隱》引韋昭曰：「麃若麢而一角，《春

〔一〕原刻詩末校云：「按：趙韓王，曹也；韓魏公，琦也。故云八朝二百年間事。别本題目誤作『韓魏王』，與詩語不合。」

〔二〕乙卯四月：原無，據明澹生堂鈔本、四庫本補。

〔三〕温：傅校本作「便」。

〔四〕乙卯四月：原無，據明澹生堂鈔本、四庫本補。

〔五〕眼看寒谷乃平林：原刻校云：「别本作『豈如寒谷隔寒林』。」别本：日本藏宋刻本、明澹生堂鈔本、四庫本作「一」；如：明澹生堂鈔本、四庫本作「知」。

〔六〕少膺：四庫本作「少育」，疑誤。

〔七〕乙卯四月：原無，據明澹生堂鈔本、四庫本補。

〔八〕互：四庫本作「兼」。

秋》所謂有麢而角者。」又云：「楚人謂麋爲麃。」《周書·王會》云：「麃若鹿。」郭璞亦以爲大鹿而有角。彼蓋知其非常，泛爲形似之言。果用此爲証，則是麢亦一角，與來詩戾矣。至如禽云雌雄，獸云牝牡，固當有別。然《周禮》大獸小禽，混言飛走。故《書》云牝雞之晨，雞非禽乎。《詩》云雄狐綏綏，狐非獸乎。況前日鹿之雌雄，乃得善《詩序》中語，此未嘗及也。方自青原歸，信筆唐突，皇恐。來日祖忌，初六日早幸約〔一〕，德源、山甫相過共不托，發一笑也。

寄題泰和胡氏福榮堂 乙卯八月〔二〕

福備天教百順并，應須富貴又長生。九霄慶澤沾身潤，五色綸章照眼明。翁媼歲時稱壽禮，兒孫晝夜讀書聲。來春更看新先輩〔三〕，緑綬斑衣分外榮。

乙卯中秋初夜見月欲登樓而陰五鼓如永和鎮省七兄月色如晝

攜壺擬欲上層樓，雲掩冰輪且罷休。誰料五更南柵路，却成邂逅好中秋。

平園之北有尙花數畝張彦和兄弟以售於予戲作小詩〔四〕 乙卯中秋〔五〕

紅紅白白滿方塘〔六〕，風度人言似六郎。屬我屬君何必問，康廬蓮社有周張〔七〕。廬山蓮社十八賢，有周續、張野、張銓。

中秋梅桂盛開前所未有黄巖老景説通判欲賦詩紀異輒以二韻引玉〔八〕 乙卯〔九〕

巖前丹桂隴頭梅，元是蟾宫一處栽。怪底今年秋月好，同時仙子下瑶臺。

〔一〕初：原無，據明澹生堂鈔本、四庫本補。
〔二〕乙卯八月：原無，據明澹生堂鈔本補。
〔三〕先：明澹生堂鈔本作「詩」，四庫本作「時」。
〔四〕作：原作「往」，據日本藏宋刻本、四庫本改。
〔五〕乙卯中秋：原無，據明澹生堂鈔本、四庫本補。
〔六〕方：原刻校云：「張本作『芳』。」按四庫本亦作「芳」。
〔七〕康：四庫本作「匡」。
〔八〕景説：明澹生堂鈔本、四庫本作「長説」。
〔九〕乙卯：原無，據明澹生堂鈔本補。

李子西卿月乙卯秋試畢攜家兄舊詩相過索次韻 八月二十八日〔一〕

三日揮毫迥出羣，貳師西伐有奇勳。便從蟾窟升金掌，休戀江東賦暮雲。

中秋古梅盛開次子中兄韻 乙卯〔二〕

抱甕畦夫破井苔，炎天日日灌陳荄。探支春夜無聲雨，贏得冰花帶葉開。初無他法。盛夏汲水灌溉，遂開花如此〔三〕。

中秋招王才臣賞梅花廷秀待制有詩次韻 乙卯九月〔四〕

山中無曆記時節，望月巡簷探花發。適見如來粟布金〔五〕，旋看姑射膚凝雪〔六〕。春自春兮秋自秋，總把繁枝插滿頭。那知上界碧瑶洞，也憶人世逍遥遊。梅花雪片偏宜桂，手執新詩心已醉。淮陰若肯過舞陽，盧子不羞從若士。

歐陽邦基母曾氏挽詞 乙卯九月〔七〕

章拜通明舊，書刊勸戒新。誰與生此子，賢矣若而人。慈孝平生事，康寧九十鄰。令君千字誄，四美得鋪陳。

吉水縣黄塤母歐陽氏挽詞

歐桂望螺川，遺風女亦賢。勉夫于兩造，教子以三遷。彤管言無間，金籯業有傳。好營高燥地，置此萬家阡〔八〕。吉水有歐桂里，以六一公祖登第得名〔九〕。

吴斗南仁傑架閣求夢芳亭詩 乙卯十月〔一〇〕

屈平流放楚江臯，蕭艾叢中思鬱陶。君是國香人服媚，詩情端合反離騷〔一一〕。

枕中莫問熟黄粱，夢裏何妨集衆芳。芸省翻書慵辟蠹，蘭闈

〔一〕八月二十八日：原無，據明澹生堂鈔本、四庫本補。
〔二〕乙卯：原無，據明澹生堂鈔本補。
〔三〕開花：原無，據四庫本補。
〔四〕乙卯九月：原無，據明澹生堂鈔本補。
〔五〕見：明澹生堂鈔本、四庫本作「看」；粟布金：明澹生堂鈔本作「粟金布」，四庫本作「金粟布」。
〔六〕看：明澹生堂鈔本作「觀」，四庫本作「現」。
〔七〕乙卯九月：原無，據明澹生堂鈔本補。四庫本作「乙卯八月」。
〔八〕此：傅校本作「取」。
〔九〕「吉水」句，原無，據日本藏宋刻本、明澹生堂鈔本、四庫本補。又四庫本無「公」字。
〔一〇〕乙卯十月：原無，據明澹生堂鈔本、四庫本補。
〔一一〕合：四庫本作「入」，傅校本作「不」。

起草會含香。

江西漕張同之送大有年堂酒百壺戲答小詩　乙卯十一月〔一〕

無何日飲口流涎，大有年堂酒滿船。孔聖百觚誰敢比，仲由嗑嗑且希賢。

乙卯冬楊廷秀訪平園即事　二首

乘興不回安道舟，銷憂同倚仲宣樓。莫嫌四面酸風射，猶勝三場潑汗流。

梅得詩翁八月歌，至今萬朵壓枝多。明年結子應無數，金鼎調時味正和〔二〕。

初春巖桂着花詩人太和令君首賦佳篇才臣伯和仲和三友繼作句法高妙不容措辭姑述四句

蟾窟雲根夜夜新，天台子落四時榮。君看月桂閒花草，猶似長春竊此名。太和徐宰名似道，字淵子，天台人。時丙辰正月〔三〕。

經略待制趙彥操侍郎挽詞

仙系根蟠李，王孫種自龍。暮年都督府，早日大司農。密印加三品，朝冠掛四松。清暉遺跡在，山水爲誰容。公所居即謝公「山水有清暉」之處〔四〕。

送徐淵子知縣朝奉還臺　丙辰正月〔五〕

聞子才華自石湖，眼看清政似冰壺。坊村不識催科吏，亭傳焉知警捕符。此去詣臺鳧舉舄，向來行陌雉將雛。朝回試望星辰履，倘許吹噓上漢無。

閣皁沖妙陳處和寄蒼玉軒圖仍枉佳篇小詩爲謝　丙辰二月十日〔六〕

鵝溪未易掃千尋，龍撑何曾看溢林。誰遣琅玕青我眼，道人披腹有高吟。

〔一〕乙卯十一月：原無，據明澹生堂鈔本補。
〔二〕時：明澹生堂鈔本作「酥」，四庫本作「羹」。
〔三〕丙辰正月：原無，據日本藏宋刻本、明澹生堂鈔本補。
〔四〕所：明澹生堂鈔本、四庫本作「有」。
〔五〕丙辰正月：原無，據明澹生堂鈔本、四庫本補。
〔六〕丙辰二月十日：原無，據明澹生堂鈔本、四庫本補。

次韻楊廷秀 并序

萬花川谷主人爲海棠賦二首，妙絶古今。斷章有「平生不帶看花福，不是愁中即病中」之嘆〔一〕，代花次韻。

江國羣芳自有餘，詩才酒興不愁無。却憐西蜀移根遠，醉向東風落筆初。

傅粉施朱淡復濃，不辭沐雨更梳風。豈知命似佳人薄，不在吾公樂事中〔二〕。

楊子直示還壽皇御批制草熟狀特以新詩嘆服匠手走筆奉酬既謝厚貺且爲王春度玉墀之祝〔三〕 丙辰〔四〕

病渴相如思苦遲，至今夢怯草麻時。鼎湖鑄就龍新去，雲漢章成露尚垂。冬日茅簷雖可曝，春風浴殿豈忘思。使君自有如綸筆，會踏金鑾契主知。

茅山劉先覺高士繪雲琴圖求詩次楊廷秀韻

丙辰春〔五〕

目送歸雲膝抱琴，山林猶恐不高深〔六〕。應憐三十年前客，擾擾塵心損道心。僕丁亥秋遊三茅，今正三十年。

廷秀跋雲琴圖記高士被遇阜陵再賦小詩

丙辰春〔七〕

羽衣當日望堯雲，薰殿臨風和舜琴〔八〕。龍已乘雲絃已絶，披圖我亦涕沾襟。高士曾被遇阜陵。

次韻孫從之侍郎寄題新喻周氏用德堂

丙辰春〔九〕

醉經飲德樂厭厭，餘味尊羹跂下鹽。安得同爲堂上客，共繙三萬軸牙籤。

〔一〕即：日本藏宋刻本作「只」。

〔二〕吾：四庫本作「我」。

〔三〕特：原刻校云：「張本作『將』。」按明澹生堂鈔本亦作「將」。

〔四〕丙辰：原無，據明澹生堂鈔本補。

〔五〕丙辰春：原無，據明澹生堂鈔本補。

〔六〕猶恐不高深：四庫本作「猶不厭高深」。

〔七〕題及繫年原無，據明澹生堂鈔本補。四庫本、傅校本有題無繫年。

〔八〕臨風和舜琴：四庫本作「風和鼓舜琴」。

〔九〕丙辰春：原無，據明澹生堂鈔本補。

次韻楊廷秀待制寄題朱氏涣然書院 丙辰春〔一〕

日出杲杲安問螢，弨掛翻翻誰受檠。大哉風行水上涣〔二〕，一夕泮盡峨峨冰。誠齋萬事悟活法，誨人有功如利涉。嗟我大類醯雞然，時復一窺甕中天。

次韻廷秀待制寄題李紀風月無邊樓 丙辰春〔三〕

尺壁之珍城價買，寸金之土連郭外。豈知風月不論錢〔四〕，誰主誰賓眼爲界。斯樓廣大由心胸，應有嘉客傾坐中。厭厭夜飲樂未終，窻間已射朝曦紅〔五〕。

次韻廷秀待制玉蕊 丙辰三月〔六〕

姑射山前雪照人，長安水畔態尤真。步摇翹玉中心整，瓔珞塗金四面勻。常笑荼蘼藏浪蕊〔七〕，獨陪芍藥殿餘春。自從唐代來天女，直到平園見後陳。

次楊子直使君韻 丙辰三月〔八〕

雪蠒冰絲結素華，天孫初織費繅車。花開金谷空千種，蕊叠瑶英自一家。下比山礬誰溥相，上攀瓊木客雄誇。集仙翰苑須公等，歸繼唐賢植此花。

次王伯奮淹通判韻 王乃文正公家吏部尚書震之曾孫。丙辰〔九〕

三槐交蔭盛京華，八座摛文富五車。玉樹合教依故國，霜蕤何事到山家。幸經泥軾新題品，全勝雲軿昔誕誇。絶唱强酬書字大，固應傳笑眼昏花。

林順卿迪教授兩爲玉蕊花賦長韻富贍清新老病無以奉酬輒用楊使君韻爲謝 丙辰〔一〇〕

廣文行實稱才華，如節鸞和馭寶車。曾燕瓊林天一握〔一一〕，

〔一〕丙辰春：原無，據明澹生堂鈔本補。
〔二〕涣：明澹生堂鈔本、四庫本作「魚」。
〔三〕丙辰春：原無，據明澹生堂鈔本補。
〔四〕知：日本藏宋刻本作「如」。
〔五〕窻間：原無，原刻校云：「缺二字，張本作『窻間』」，據補。明澹生堂鈔本、四庫本作「白間」。
〔六〕丙辰三月：原無，據明澹生堂鈔本、四庫本補。
〔七〕蘼：原作「靡」，據日本藏宋刻本、明澹生堂鈔本、四庫本改。
〔八〕丙辰三月：原無，據明澹生堂鈔本補。
〔九〕丙辰：原無，據明澹生堂鈔本補。
〔一〇〕丙辰：原無，據明澹生堂鈔本補。
〔一一〕曾：原作「魯」，據四庫本改。

却吟玉蕊示三家〔一〕。大篇追補唐詩缺，唐賢賦此花止二韵及四韵。盛事常留魯頖詩。别有冰姿延客住，白池賽種白蓮花〔二〕。

三月二十八日春華樓前芍藥盛開招歐葛二兄再爲齊年之集次舊韻 丙辰〔三〕

老去猶思飲吸川，静中還喜日爲年。艾耆天畀如三壽，談辨人驚似八仙。洞鎖嵩峰偏入眼，丹成岣嶁遠齊肩。定知樂事年年共，更看新詩句句傳。

陳誠之以長句送揚州花仍催踐快閣之約戲答 丙辰〔四〕

清歌句句戛鳴球，紅藥年年具綵舟。更約倚晴登快閣，真成騎鶴上揚州。

題安成劉江報德堂白爵圖〔五〕 丙辰春社〔六〕

孝行通穹壤，禎祥應鼓枹〔七〕。是家飛白爵，誰子泥青烏。

錢文季舉狀元去春用楊吉州子直韻賦玉蘂詩老悖久稽奉酬今承秩滿還朝就以爲餞

晝攬羣芳博物華，夕披衆説聚螢車。花來北固無新唱，詩到西崑有故家。鄉里孝廉流澤遠，弟兄科甲搢紳誇。盍歸史館開羣玉，徐步詞垣判五花。歐公《詩話》兩言楊大年與錢文僖、劉子儀數公唱和，號《西崑集》〔八〕。後進者争效之，風雅一變，謂之崑體〔九〕，唐賢諸詩集幾廢不行。文季系出文僖，而上世本姓劉云。

趙正則彦法司户沿檄而歸玉蘂已過追賦車字韻詩奉答 丙辰〔一〇〕

春深遊客競繁華，寶馬香輪帶麴車。不爲來看招隱樹，有誰

〔一〕示：原作「市」，據明澹生堂鈔本、四庫本改。
〔二〕原刻校云：「賽：一本作賸」。按日本藏宋刻本、明澹生堂鈔本、四庫本亦作「賸」。
〔三〕丙辰：原無，據明澹生堂鈔本補。
〔四〕丙辰：原無，據明澹生堂鈔本補。
〔五〕成：四庫本作「定」。
〔六〕丙辰春社：原無，據明澹生堂鈔本、四庫本補。
〔七〕禎：日本藏宋刻本、明澹生堂鈔本、四庫本作「珍」。
〔八〕集：原作「體」，據日本藏宋刻本、明澹生堂鈔本、四庫本改。
〔九〕謂之崑體：原無，據日本藏宋刻本、明澹生堂鈔本補。
〔一〇〕丙辰：原無，據明澹生堂鈔本補。

肯顧野人家。飛飛粉蝶鬚相映，皎皎銀蟾色共誇。今得審言詩勝畫，傳神何必趙昌花〔一〕。唐詩人杜審言爲吉州司户，正則嘗刻其詩於廨舍。

江西美璆示古調七篇皆以風雅久寂寞爲首句責僕一言僕素不能詩念此意不可不酬走筆直述所懷而非詩也 丙辰〔二〕

古人足禮義，情動形於言。四始雖不同，如委出一源。竭從此道廢，根淺枝葉繁。衆作日以多〔三〕，大本日以諼。君欲繼前修，要當養其原。第令思無邪，庶幾三百篇。

平園老叟敬讀次對兄芙蓉絶句嘆服不已效顰於後〔四〕 丙辰九月〔五〕

秋花少似春花紅，眼明見此木芙蓉。斜臨野水作清鏡，似照曉粧濃未濃。

重九次七兄韻 丙辰〔六〕

追歡尊有酒，適興樂無荒。風雨如知節，塤篪共陟岡。是日初用樂。憑高臨鴈翅，履險失羊腸。醉墨淋漓處，珍材費樂浪。

楊廷秀送牛尾貍侑以長句次韵 丙辰冬〔七〕

江南十月方肅霜，小槽初滴鵝兒黃。頗思指動異味嘗，門正張羅誰末將。披綿強來推不去，枯蝦欲進止之户。羊羶豕腥尤可厭，肪截脂凝在何處。草玄子雲黃門郎，遺我黑質而白章〔八〕。形之硬語弩力強，寫以奇字伴史蒼。愧無纖手色傾國，壓糟磨刀走臧獲。喜於左手持蟹黃，美勝八珍熟熊白。古來貍首歌侯門，名以牛後真屈君。從今玉汝洗俗諺，好與紈袴陪梁園。公詩如貂不煩削，我續狗尾句空着。

寄題高仲一夔殿撰識山堂長韻 丙辰〔九〕

買山老山間〔一〇〕，乃識山之容。愛山無古今，此論誰非同。

〔一〕神：四庫本作「詩」。
〔二〕丙辰：原無，據明澹生堂鈔本補。
〔三〕多：日本藏宋刻本作「工」。
〔四〕「老叟」下，日本藏宋刻本、明澹生堂鈔本有「周某」二字。四庫本有「周□」。
〔五〕丙辰九月：原無，據日本藏宋刻本、明澹生堂鈔本補。
〔六〕丙辰：原無，據日本藏宋刻本、明澹生堂鈔本補。
〔七〕丙辰冬：原無，據日本藏宋刻本、明澹生堂鈔本補。
〔八〕我：四庫本作「物」。
〔九〕丙辰：原無，據日本藏宋刻本、明澹生堂鈔本補。
〔一〇〕此句四庫本作「買老一山間」。

仇仙來康廬〔一〕，一轉語獨工。不識山面目，只緣在山中。譬之塵漠漠，又如水溶溶。人魚居其間，孰識礙與通。我昔少年日，自携七尺笻。盤旋山南北，憩息林西東。朝看山之横，暮看山之縱。貪多眼爲乏，陟險足已慵。拱揖且不暇，賞識良自蒙。方悟白司馬，草堂對穹隆。彼既若獻狀，此亦如發矇。秀甲天下山，至言出心胸。今君欲繼之，築堂會奇峯。何嘗遠城市，而能日迎逢。山形不動體，山色含真空。風雲自蓄洩〔二〕，氣象無終窮。雨餘四面翠，日麗千仞紅。氤氲香爐烟，挺拔雙劍鋒。最愛五老人，峻峭美所鍾。可望不可即，有意容相從。羅列皆兒孫，几席次第供。山雖跨兩邦，兹焉實長雄。不爲堂上客，誰信山有宗〔三〕。寄語遊山者，毋徒走憧憧。

湅頭王氏藝芳堂 丙辰冬〔四〕

一聞簡編香，如入芝蘭室。况將百尺樓，高貯三萬帖〔五〕。清芬藹階庭，賸馥沾黨術。從渠海上夫，顛倒效李赤。《禮記》：家有塾，黨有庠，術有序，國有學，蓋自家而達於國。今鄭氏以術爲遂，反在鄉黨之外，失其序矣。術蓋路也，當如本旨〔六〕。

〔一〕康：四庫本作「匡」。
〔二〕自：日本藏宋刻本、明澹生堂鈔本、四庫本、傳校本作「有」。
〔三〕誰：日本藏宋刻本、明澹生堂鈔本、四庫本、傳校本作「詎」。
〔四〕丙辰冬：原無，據日本藏宋刻本、明澹生堂鈔本補。
〔五〕帖：日本藏宋刻本、明澹生堂鈔本、四庫本、傳校本作「帙」。
〔六〕旨：日本藏宋刻本作「音」。

廬陵周益國文忠公集卷四二

平園續稿卷二

詩[一] 起慶元丁巳，止慶元庚申。

丁巳二月甲子蜀錦堂海棠盛開適有惠西川繡錦堂記者招伯威德源爲齊年會次舊韻[二]

曾因客夢到西川，萬户疏封祇隔年。花重錦官思杜老，鶴飛沙苑看徐仙。衰顔尚許任争齒，淺量深慙賜及肩。照眼蜀粧依繡幌，共驚十載讖先傳。楊子直秘書未相識時，從辟成都，嘗夢予使蜀。淳熙己酉春入爲宗正簿，謁予相府，退語客云：「儼然夢中人也。」是時予方自許公徙封益。

二月十二日夜夢奏事 丁巳[三]

曾把疲駑佐聖明，枕中議政似平生。五更鼓角驚殘夢，彷彿街司報點聲。每五更，例是街司報點。

晨起有感二首[四] 丁巳二月[五]

楚尹三爲禮未衰，湯衡五就欲持危。翱翔不作奔陳計，接淅何堪去魯時。

内禪纔成便乞身，謍謍衆口尚成城。後來進退交相和[六]，何似當時微罪行[七]。

平江顔侍郎度挽詩 丁巳[八]

吴門自古俊英多[九]，中外推公政事科。議禮不妨豐酒課，治繁猶暇講禪那。榻前屢記宣除目，川上遥憐逐逝波。底用鐫碑紀廉直，鄉評正自不消磨。公在朝日寫《華嚴經》。爲湖州，每與僧談禪。

[一] 詩：日本藏宋刻本、明澹生堂鈔本、傅校本作「古律詩六十二首」。
[二] 西：日本藏宋刻本、明澹生堂鈔本、四庫本無。
[三] 丁巳：原無，據日本藏宋刻本、明澹生堂鈔本、傅校本補。
[四] 二首：原無，據日本藏宋刻本、明澹生堂鈔本、傅校本補。
[五] 丁巳二月：原無，據日本藏宋刻本、明澹生堂鈔本、傅校本補。
[六] 和：四庫本作「左」，日本藏宋刻本、傅校本作「累」。
[七] 時：日本藏宋刻本、明澹生堂鈔本、四庫本作「初」。原刻詩末注云：「按：院本缺前一首。」
[八] 丁巳：原無，據日本藏宋刻本補。
[九] 英：日本藏宋刻本、傅校本作「髦」。

曾無疑三異以長韻送金橘時已暮春次韻

丁巳〔一〕

荼蘼殿春枝滿霜〔二〕，盧橘熟夏今乃黄。彈丸煌煌照坐光，老叟驚詫見未嘗。客語採果孟冬月〔三〕，剖竹爲符帶蒼雪〔四〕。包之赫蹏滿貯中，纏以絲枲外合節。或藏菉豆因醉翁，或雜寸稿仍緘封。三説未識將誰從，但覺色香新摘同。分甘安能與衆樂，秘方何惜都傳却。已誇指下石化金，仙指併求君勿噱。

彭孝求以詩送芍藥云今年厄閏不佳且許紅都勝不至云待明年戲答小詩

丁巳〔五〕

厄閏黄楊古所傳，翻階紅藥豈其然。明年果得紅都勝〔六〕，便是雙鶬一箭穿。

連年視聽不明有耳雨空花之對今歲尤甚戲成小詩〔七〕

夜雨稀聞聞耳雨，春花微見見空花。自憐他日盲宰相，今復癡聾作富家〔八〕。

去夏孫從之示玉蘂佳篇時過未敢賡和今年此花盛開輒次嚴韻并以新刻辨証爲獻〔九〕

丁巳〔一〇〕

食菜曾饕三百囷〔一一〕，種花重看一番新。洞仙舊賞輪無迹〔一二〕，工部高吟筆有神〔一三〕。疊雪雅宜歌白雪，送春仍欲買新春〔一四〕。向來僞帖今冰釋，從此佳名徧廣輪〔一五〕。

〔一〕丁巳：原無，據日本藏宋刻本、明澹生堂鈔本、傅校本補。
〔二〕蘼：原作「蘼」，據日本藏宋刻本、明澹生堂鈔本、四庫本改。
〔三〕語：日本藏宋刻本、傅校本作「言」。
〔四〕蒼：原刻校云：「張本作『霜』。」
〔五〕丁巳：原無，據日本藏宋刻本、明澹生堂鈔本補。
〔六〕紅：明澹生堂鈔本、四庫本作「真」。
〔七〕對：四庫本作「句」。
〔八〕富：原刻校云：「張本作『阿』。」
〔九〕夏：四庫本作「年」。
〔一〇〕丁巳：原無，據日本藏宋刻本、明澹生堂鈔本、傅校本補。
〔一一〕饕：原作「餮」，據日本藏宋刻本、明澹生堂鈔本、四庫本、傅校本改。
〔一二〕輪：原刻校云：「張本作『輸』。」按四庫本亦作「輸」。
〔一三〕筆：原刻校云：「別本作『必』。」按明澹生堂鈔本、四庫本亦作「必」。
〔一四〕新：原刻校云：「別本作『青』。」按日本藏宋刻本、明澹生堂鈔本、四庫本、傅校本亦作「青」。
〔一五〕佳：日本藏宋刻本、明澹生堂鈔本、傅校本作「嘉」。

張履妻王氏挽詞 丁巳五月〔一〕

逮事尊嫜日以嚴，退從娣姒一何謙〔二〕。不愁囊橐金珠減，但喜園林錦綉添。四德助成家赫赫，一身寧計病懨懨。歸尋二稚應無憾，況有良人爲發潛。

追挽新永州守張奭妻宜人王氏 丁巳夏〔三〕

世系蟬聯運紫樞，夫家鱗襲佩銅魚。奉先睦族俱難繼，勖後劬躬總可書。身到東南門有爛，年周甲子饋俄虚〔四〕。異時追錫魚軒寵，不及零陵從隼旟。

永新賀升卿著春秋會正論屢督跋戲往 丁巳夏〔五〕

三傳名家各是非，聖經元自許傳疑。遲遲著語君知否，游夏猶難措一辭。

江西美璆録示新舊詩一編戲題二十字於後〔六〕 丁巳閏六月〔七〕

夢筆異文通，詩篇總自工。長哦三伏裏，句句是清風。

洪景盧内翰爲甘叔懷作碧崖修造疏戲題小詩奉勸本宮管轄而下諸道友助緣 丁巳十一月十日〔八〕

碧崖道士拍洪肩，白水真人覓玉泉。我似東軒無一物，閑山風月不論錢。

胡氏逢慶堂詩用秉成兄韻 丁巳〔九〕

柿紅萱藹映階濃，泥紫芝函帶璽封。善積古稱家有慶，身强今看子其逢。壽觴莫惜斟三雅，禄養猶期饌萬鍾。樂與鄉人傳盛事，老來醉筆任横縱。

萱草忘憂，植之北堂，以娱其親，此詩人本意。因《毛

〔一〕丁巳五月：原無，據日本藏宋刻本、明澹生堂鈔本、傅校本補。
〔二〕謙：原作「兼」。原刻校云：「張本作『謙』。」據此及日本藏宋刻本、明澹生堂鈔本、四庫本、傅校本改。
〔三〕丁巳夏：原無，據日本藏宋刻本、明澹生堂鈔本、傅校本補。
〔四〕俄：四庫本作「宜」。
〔五〕丁巳夏：原無，據日本藏宋刻本、明澹生堂鈔本、傅校本補。
〔六〕編：明澹生堂鈔本、四庫本作「篇」。
〔七〕丁巳閏六月：原無，據明澹生堂鈔本補。
〔八〕丁巳十一月十日：原無，據日本藏宋刻本、明澹生堂鈔本、傅校本補。
〔九〕丁巳：原無，據日本藏宋刻本、明澹生堂鈔本、傅校本補。

詩》作諼，故孔氏疑非草名。《韓詩》作萱，《説文》作蕿，其理雖明，然後人往往詠草而不及花。不知舉草則花在其中，如石竹、繡羅衣之類是也。花開以夏，世謂其色爲柿紅。別一種淡黄色，名麝香。萱草羅生階砌，忘憂之佳玩也。凡言北堂必南向，然後宜暑。故《凱風》美孝子，借長養以慰母心。陶潛高卧北窗，凉義或出。此樹萱亦以是與。因賦詩輒爲之説，未知然否。

次韻李得善學録需酒納婦 丁巳十一月〔一〕

合好須憑麴米春。分甘那暇問醨醇。遥知北海招佳客，共賀東牀得好姻。

戊午仲春同甲小集次舊韻

會老三人似潁川，同生絳縣免疑年。各年七十三。尊常有酒何妨醉，事每無心即是仙。儉欲固應知足足，忘形誰問是肩肩。香山已寫丹青像，德源近繪《三壽圖》。洛誦仍憑副墨傳。

太和彭孝求連年許芍藥紅都勝今方以唐律送一株小詩爲謝 戊午三月〔二〕

龍洲舊説紅都勝，象罔今逢赤水珠。更挽春衫來比並〔三〕，彭有侍姬，因來詩用韓退之事，故戲之。如纏十萬上江都。龍洲花皆揚州種〔四〕。

紹興庚午某與安成劉逢辰秋闈同薦逢辰四子伯德禮淳熙甲午解魁登第今宰臨川仲德仁發癸卯解叔德恭負雋聲季德性紹熙乙卯復冠鄉舉出示當時小録手澤在焉爲題二小詩於後〔五〕 戊午上巳〔六〕

丁年韋布逐槐忙，結綬王畿四紀强。已把衣冠掛神虎〔七〕，夢回猶未熟黄粱。

鹿鳴舊籍晚重看，翰墨場中興久闌。同榜諸郎皆舉首，老夫安得不衰殘。

〔一〕丁巳十一月：原無，據日本藏宋刻本、明澹生堂鈔本補。
〔二〕戊午三月：原無，據日本藏宋刻本、傅校本補。明澹生堂鈔本僅作「戊午」。
〔三〕比並：四庫本作「並立」。
〔四〕揚州：四庫本作「江都」。
〔五〕發：傅校本作「拔」。
〔六〕戊午上巳：原無，據日本藏宋刻本、明澹生堂鈔本、傅校本補。
〔七〕已：四庫本作「只」。

新光州守趙師奭字國佐才高一世仕京口以讒廢宰太和以憂歸得郡待對没於逆旅家會稽又遭焚識者閔之今既葬矣其子寄行狀求追挽嗟悼不足情見乎辭〔一〕 戊午五月〔二〕

籍甚天支萬事通，傷哉人爵一生窮。飛英北固讒何極，游刃西昌秩未終。千騎絶憐成畫餅，八人那忍助融風。只應快閣長流水，遺恨滔滔向浙東。

劉仙才仲俊示其父醉菴詩集索鄙句 戊午夏〔三〕

蹇步媻珊到竹溪，病眸眩瞀亂金篦。清風滿座無塵事，遺墨盈編有舊題。久羨山人居水北，今知詩社續江西。醉吟跌宕誰能寫，髣髴琳瑯識介圭。

子中兄招飲次韻二首〔四〕 戊午夏〔五〕

青衿學道不憂貧，黄髪相看並乞身。前有二疏今可企，免教人謂魯無人。

立朝共踏東華土，居里同抽北闕身。從此清風與明月，尊前真屬兩閒人。

慶元戊午重九天氣晴和侍七兄提舉監丞早集清都臺午飯讀書臺晚集神岡西臺皆古迹也戲成小詩

午風和氣借春來〔六〕，雨足黄花趂節開〔七〕。要識重陽真富貴，弟兄一日歷三臺。蔡邕以侍御史轉治書侍御史，遷尚書，三日之間，周歷三臺。又陸士龍與兄書云〔八〕：一日上三臺。

〔一〕「以憂歸」下，傅校本有「後屢轉官」四字。
〔二〕戊午五月：原無，據日本藏宋刻本、明澹生堂鈔本、四庫本、傅校本補。
〔三〕戊午夏：原無，據日本藏宋刻本、明澹生堂鈔本、四庫本、傅校本補。
〔四〕二首：原無，據日本藏宋刻本、明澹生堂鈔本、傅校本補。
〔五〕戊午夏：原無，據日本藏宋刻本、明澹生堂鈔本、四庫本、傅校本補。
〔六〕風：日本藏宋刻本作「豊」。午風：原刻校云：「張本作『年豊』。」按傅校本亦作「年豊」。
〔七〕趂：四庫本作「越」。
〔八〕書云：原無，據日本藏宋刻本、傅校本補。

己未立春留楊伯子長孺知縣小酌夜聞窻竹有聲伯子以爲雪或曰風也已而果雪詰旦敲門送詩走筆戲和

莫訝衰翁笑口開，故人風度繼歐梅。墮簷雪陳魚麗遠〔一〕，躡迹詩仙鳳沼來。酒似茅柴居鬲上，句如桂子落天台。新年春日相追逐〔二〕，誰謂天公厭兩回。謂坐中舉東坡詩句〔三〕。

己未二月十七日會同甲次舊韻

里仁初不問山川，身健從交換歲年。紅紫丁寧容老圃，丹青點化屬詩仙。情均鴈序兼鶯友，壽貫犀顱映鶴肩。東坡《光道人贊》：海口山顴，犀顱鶴肩〔四〕。莫筭酒行徵罰令，一株花下一盃傳。

送韓希道亞卿移漕江東〔五〕 二月十七日〔六〕

饋餉隨蕭不作難，秦淮今視漢秦關。天開虎踞龍蟠處，地近雞翹豹尾間。洗印先經三峽寺，觀風徧踏九華山。盡收奇秀歸詩稿，却趁賡歌供奉班。

賀升卿年垂八十以詩寄平園新詠二十二篇又録十年前簡予四詩尚有訪戴之興謹次最後一章韻爲謝 己未春〔七〕

文與年高豈樂天，字隨心正似公權〔八〕。吟詩作賦晴窻裏，問柳尋花野水邊。升卿居永新田東別墅，去縣百二十里〔九〕。喜我新巢三徑就，勞君舊句一時編。雪舟有興休回棹，共載期追李郭仙。

〔一〕簷：日本藏宋刻本、明澹生堂鈔本、四庫本、傅校本作「簁」。
〔二〕相追逐：四庫本作「常相逐」。
〔三〕謂坐中舉東坡詩句：原無，據日本藏宋刻本、四庫本、傅校本補。
〔四〕「東坡」句，原在末句「一株花下一盃傳」後，據日本藏宋刻本、明澹生堂鈔本、四庫本乙。
〔五〕希道：明澹生堂鈔本、四庫本作「道希」。
〔六〕二月十七日：原無，據日本藏宋刻本、明澹生堂鈔本、四庫本補。
〔七〕己未春：原無，據明澹生堂鈔本、四庫本補。日本藏宋刻本、傅校本作「己未夏」。
〔八〕似：日本藏宋刻本、明澹生堂鈔本、四庫本、傅校本作「亦」。
〔九〕二十：原作「十二」，據明澹生堂鈔本、四庫本、傅校本乙。

朱叔止軫通判屢示詩詞綽有家法輒次年字韻一篇兼簡汪仲嘉敷學樓大防顯學二尚書〔一〕　己未〔二〕

筆勢奔騰決大川，談鋒激烈敵丁年。花開共入長春苑，柯爛爭看不老仙。西笑君先聽漢履，上征我未拍洪肩。前一聯答牡丹芍藥同，開口行手談之句；後一聯屬二尚書〔三〕。從今日日親漁釣，恐有三賢尺素傳。近得仲嘉大防書中有索鄙作之意，故及之〔四〕。

仲嘉致政敷學尚書汪兄寵和鄙句且寄適軒記詩銘等皆慕白樂天語也敬以來意盡用樂天事次韻〔五〕

鄞川人物擬三川，公似香山更永年。楊柳天桃俱是幻〔六〕，蓬萊兜率孰非仙。平生名脱虞卿曆〔七〕，晚歲詩齊夢得肩。近岸連檣多賈客，定攜新句海東傳。

顯學尚書樓大防奉九十六歲之親戲綵未央古今鮮儷遠蒙五詩皆和鄙句謹次韻爲慶　己未〔八〕

諼堂眉壽正增川，手種蟠桃莫計年。得道身陪金母宴，應緣居近寶陁仙。煌煌八座懽承膝，濟濟諸孫戲疊肩。家慶新圖爭快覩，願將摹本寄郵傳。

奉酬新劍南守朱叔止次舊韵寵寄之什〔九〕　己未春〔一〇〕

竹使分符化劍川〔一一〕，政成應不俟期年。買臣聊引會稽綬，長倩即登廷尉仙。棊户雖高猶易敵，叔止昨與小童奕屢負，來詩及此。詩壇彌峻却難肩。通家有契無纖隙，惡語深藏莫徧傳。

〔一〕叔止：四庫本作「淑止」。
〔二〕己未：原無，據日本藏宋刻本、明澹生堂鈔本補。
〔三〕「前一聯」句，原無，據日本藏宋刻本、明澹生堂鈔本、四庫本補。
〔四〕「近得仲嘉」句，日本藏宋刻本、明澹生堂鈔本、四庫本作「大防奉九十餘之親，仲嘉年七十九，近皆得書，銀鈎奕奕，嘆羡不已。仲有索鄙作之意，故及之」。四庫本「嘆羡不已」作「彌增嘆羡」。
〔五〕致政敷學尚書：原無，據日本藏宋刻本、明澹生堂鈔本、四庫本、傳校本補。
〔六〕天桃：日本藏宋刻本、明澹生堂鈔本、四庫本作「櫻桃」；俱是幻：明澹生堂鈔本作「俱幻境」。
〔七〕曆：原作「口」，據日本藏宋刻本、明澹生堂鈔本、四庫本改。
〔八〕己未：原無，據日本藏宋刻本、明澹生堂鈔本、四庫本補。
〔九〕叔止：四庫本作「淑正」，下同。
〔一〇〕己未春：原無，據日本藏宋刻本、明澹生堂鈔本、傳校本補。
〔一一〕分符：原作「符分」，據四庫本乙。

徐商老夢莘參議直閣進書登瀛創儒榮堂來索鄙句許示奏稿寄題〔一〕 己未三月五日

三孔三劉歲月賒，後來儒術數君家。五枝舊折燕山桂，八月新乘海上槎。方履圓冠無愧怍，西崑東觀有光華。牙籤縱許窺青簡，銀海何堪眩黑花。

多葉白牡丹一幹兩花其一重臺其一每葉之上間以青純前所未聞名之曰青白圭蓋用司馬相如檄析圭注白藏天子青分諸侯也爲賦此詩 己未〔二〕

品極王封壼有妃，其餘國艷視諸姬。上黃下紫知無敵〔三〕，藏白分青合付誰。舊譜由來虛爵邑，新名此去備藩籬〔四〕。古之兄弟方華鄂，今以公侯屬縹枝。青白爲縹。

參政李秀叔彥穎挽詞 己未〔五〕

憶昨淳熙謹萬微，再登耆哲貳繁機。孝宗朝惟公與鄭仲益兩爲參政。謀猷入告宸心沃，俊乂旁招物望歸。惠斂十連遺愛遠，年開九袠近臣稀。全名備福公何憾，念舊傷情涕自揮。

十載山林號後谿，三朝鍾鼎列前疑。進賢自許唐師德，持論人推漢望之〔六〕。倪正甫侍郎，公門生也，作行狀專以蕭望之比公，且載「公慕婁師德」之語。玉立諸孫傳素業〔七〕，金聲高弟振清規〔八〕。送車遠莫陪千兩，誄行深慚措一詞。

三月三日適值清明會客江樓共觀並蒂魏紫偶成二小詩約坐客同賦 己未〔九〕

上巳清明共一時，魏花開處亦連枝。前身應是唐宮女，猶記昭容雙袖垂〔一〇〕。

修禊歸來却踏青，臨流謀野兩關情。不知省事遊春女〔一一〕，挑菜溪邊看水生〔一二〕。

〔一〕稿：四庫本作「議」。
〔二〕己未：原無，據日本藏宋刻本、明澹生堂鈔本、傅校本補。
〔三〕下：原作「貴」，據四庫本改。
〔四〕籬：原刻校云：「張本作『維』。」按日本藏宋刻本、明澹生堂鈔本亦作「維」。
〔五〕己未：原無，據日本藏宋刻本、明澹生堂鈔本、四庫本補。
〔六〕漢：四庫本作「蕭」。
〔七〕孫：日本藏宋刻本、四庫本作「郎」。
〔八〕振：明澹生堂鈔本、四庫本作「推」。
〔九〕己未：原無，據日本藏宋刻本、明澹生堂鈔本、傅校本補。
〔一〇〕容：原作「陽」，據日本藏宋刻本、明澹生堂鈔本、傅校本改。
〔一一〕知：原刻校云：「張本作『如』。」按日本藏宋刻本、明澹生堂鈔本、四庫本亦作「如」。
〔一二〕溪：日本藏宋刻本、明澹生堂鈔本、四庫本作「渚」。

某昨蒙寶文待制輟送揚州紅都勝欲占小詩叙謝怯大巫而止茲者賢郎明府相過屢索芍藥詩實不曾作謹用前意成四韻拙遲可笑 己未〔一〕

紅藥何年有，繁花掃地無。風光分謝砌，根撥記江都。兩兩丹山鳳，一株四花。炎炎赤水珠。春衫誰氏女，比並强施朱。

永新譚漢卿章求筠坡書院詩用誠齋之韻之意而推廣之 己未五月辛丑〔二〕

軒窻彌望猗猗竹，有斐切磋琢磨足。天籟鳴風異絲木，晝夜鏘金戛球玉。碧梧空有棲鳳枝，何如以實飼其兒〔三〕。扶摇下視鴻鵠陂，附翼會集夔龍池。

安福孝子朱雲孫血指刲股燃臂愈父母疾化遂行於室家邑上其事於州他日讀待制廷秀楊公所述誌墓之文爲題小詩於後

孝子因親不愛膚，忠臣爲國亦忘軀。一毫不拔何爲者，此姓渠名枉共朱。

無心居士劉君挽詞 并序 己未〔四〕

吉州安福縣之東江，有大族劉氏，世藏書，喜從名勝遊。竹林逸翁諱冕字端甫，里長者〔五〕，其没也，權吏部尚書劉公才邵志其墓。有子曰彦中，字立道，學世其家，仕至從事郎贛州寧都縣主簿，卒。一子維岳，字希申，自號無心居士，年六十七。慶元四年六月壬申考終，命明年冬葬所居忠孝里梅溪之原。昔紹興初，予叔父静江府君假丞安福，與簿君善。後二十年，予復與之同對策集英殿廊。至是，希申之孤揚祖來乞銘。老病思涸，姑爲挽語以慰其子，且紓予念舊之意云。

應物無心善自寬，臨財有義肯儒酸。竹林逸老多餘慶，鴻苑奇書獨飽觀。名父平生淹簿領，佳兒他日紹衣冠。追思再世相逢舊，西望梅溪一永歎。

〔一〕己未：原無，據日本藏宋刻本、明澹生堂鈔本、傅校本補。
〔二〕己未五月辛丑：原無，據日本藏宋刻本、明澹生堂鈔本、四庫本、傅校本補。
〔三〕何如以實：四庫本作「何以是實」。
〔四〕己未：原無，據日本藏宋刻本、明澹生堂鈔本、傅校本補。
〔五〕「里」下，四庫本有「中」字。

龍學張彥文大經挽詞 己未〔一〕

豈弟基巖邑，名聲起使華。臺評扶國是，諫紙合謨嘉。念昔陪東府，看公肅正衙。班齊人立鵠，疏出字飛鴉。漢履星辰遠，江祠歲月賒。負圖官益峻，賜札禮彌加。耄耋常稱道，兒孫競克家。歸全無一愧，殄瘁有長嗟。

王籍文學求讀書堂詩 己未十月十二日〔二〕

倚相端能記典墳，子羔未可治人民。十年莫作攸之恨，萬卷方知甫也神。堂下從渠糟粕議，城南容我簡編親。鐵更三擿韋三絕，將聖猶然況後人。

平園創三層樓子直秘書遠貺新詩有山中宰之句自念掛朝服築層樓偶與陶隱居相符他日倘得壽與之齊則登臨之樂未已也次韻爲謝〔三〕 己未〔四〕

弘景掛冠永明年〔五〕，築樓三層家政傳。弘景築樓三層〔六〕，自處其上〔七〕，弟子居中，賓客居下，與物遂絕，惟一家僮得至。俯聽松風輒欣然，特愛松風，每聞欣然。時人望之疑是仙。獨遊泉石，望見者以爲仙中人。天教輕捷遊方外，偏歷名山，尋訪仙藥，身既輕捷，性愛山水〔八〕。自喜向來不爲宰。少時家貧，求宰縣不遂，後自云永明中求禄輒差，不爾豈得今日。耄期猶且有壯容，年逾八十有壯容。誓戒何妨臨鄮海。曾夢佛授記，名爲勝力菩薩，乃詣鄮縣阿育王塔自誓受五大戒。鄮音茂，後改爲鄞，即今明州。

丙辰七兄有詩及人月分圓己未彼此服藥未能夜坐今次舊韵爲重九之約 己未〔九〕

初非遠道思綿綿，自是岑岑懶涉川。咫尺却成千里隔，蹉跎還負十分圓。坐看碧落飛金鏡，遥想黄樓運筆椽。東坡、潁濱中秋倡和〔一〇〕，正在黄樓時。寬約重陽各强健〔一一〕，登高同賦去年篇。

〔一〕己未：原無，據日本藏宋刻本、明澹生堂鈔本、傅校本補。
〔二〕己未十月十二日：原無，據日本藏宋刻本、明澹生堂鈔本、四庫本、傅校本補。
〔三〕原題下校云：「案：院本此下有『每句用本傳中語』七字。」按日本藏宋刻本、明澹生堂鈔本、四庫本同。
〔四〕己未：原無，據日本藏宋刻本、明澹生堂鈔本、傅校本補。
〔五〕弘：原作「宏」，據日本藏宋刻本、明澹生堂鈔本、《梁書》卷五一、《南史》卷七六本傳改。下同。
〔六〕弘景：日本藏宋刻本、明澹生堂鈔本、四庫本無。
〔七〕處：四庫本作「居」。
〔八〕「山水」下，日本藏宋刻本、四庫本有「云云」二字，明澹生堂鈔本誤作「雲雲」。
〔九〕己未：原無，據日本藏宋刻本、明澹生堂鈔本、傅校本補。
〔一〇〕倡：日本藏宋刻本作「唱」。
〔一一〕寬：四庫本作「覓」，疑是。

小詩戲王駒甫請來早轉約伯威德源得善彥和志伯西美粹夫及愚卿兄弟共不托一盃已有定例不設他味 己未九月二十八日〔一〕

巖桂芙蓉映菊籬，小春仍上海棠枝。甕頭幸有茅柴酒，來看平園萬户棊。

端明殿學士張定叟杓挽詞 己未〔二〕

魏國勳勞四海知，南軒愛直古人遺。中興家世誰如此，季氏豪英尚似之。金殿新班將得政，玉麟舊鎮且移麾。落星小駐星還落，江路東西總去思。

次韻楊廷秀待制二首〔三〕 并序 己未〔四〕

某妄規層宇，欲屈故人落之。乃未許枉駕，先貽二詩，曲盡登臨之勝，遂成絶唱。謹次嚴韻，其前自叙，其後敬簡〔五〕，因致一來一往之意。

十年不侍殿東頭，臨水登山隱者流。一眼瞳方無異相，三層勾曲有巍樓。幸殊王粲非吾土〔六〕，何事龐公不入州。至後臘前天欲雪，扁舟乘興肯來不。

官府新辭上界仙，碧瑶洞口晉桃源。默存長在清都境〔七〕，歸去休蕪靖節園。爲問隆棲并傑閣〔八〕，何如易野及平原。明年大作南溪社，會訪拾遺花柳村。

廬陵主簿李子賢東頃示長牋用劉元城主簿可教事去秋復惠楚詞皆未果答今代還索言老謬勿哂 庚申〔九〕

地跨江閩秀氣兼，圭成界尺直方廉。西曹久處習鑿齒，高士誰知孫子嚴。我愧元城題品重，君能楚些筆鋒銛。天門底用相吹送，公道今方拔滯淹。

〔一〕己未九月二十八日：原無，據日本藏宋刻本、明澹生堂鈔本、四庫本、傅校本補。
〔二〕己未：原無，據日本藏宋刻本、明澹生堂鈔本補。
〔三〕二首：原無，據日本藏宋刻本、明澹生堂鈔本、四庫本、傅校本補。
〔四〕己未：原無，據日本藏宋刻本、明澹生堂鈔本、傅校本補。
〔五〕敬簡：原無，據日本藏宋刻本、明澹生堂鈔本、四庫本、傅校本補。
〔六〕殊：四庫本作「如」。
〔七〕長：日本藏宋刻本、明澹生堂鈔本、四庫本作「常」。
〔八〕隆：日本藏宋刻本、傅校本作「龍」；傑：傅校本作「鳳」。
〔九〕庚申：原無，據日本藏宋刻本、明澹生堂鈔本、傅校本補。

七兄初約登新樓作重陽尋前歲之盟適病足不能出佳篇送魚酒且及二蘇逍遥堂風雨之句次韻叙謝併爲後約〔一〕 庚申〔二〕

徧走三臺一日中，前年樂事轉頭空。新樓期對萸并菊，舊約翻吟雨與風。魚繞長江殊有味，酒篘大甕浩無窮。登臨何必拘重九，脚力强時信即通。

讀張敬夫南軒集夜夢賦詩 庚申七月〔三〕

道學人争説，躬行少似君。中心惟主一〔四〕，餘事亦多聞。湖廣規模遠，濂伊講習勤。平生忠與敬，髣髴在斯文。

慶元庚申華隱樓成其下明農堂新接牡丹亦盛開敬邀伯威德源二兄小集用舊韻 閏二月一日〔五〕

花接門園記洛川，明農堂畔識豐年〔六〕。自量拾級身猶健〔七〕，共約樓居意欲仙。倚檻聊舒千里目，舉頭應側萬人肩。那知賓主非劉石，枉作沙河酒席傳。伯威止酒累年，德源與僕不能飲。

盧帥錢待制之望挽詞 庚申〔八〕

白鹿争看擁碧油，貂蟬鋭欲出兜鍪。初官事業追山盜，晚歲功名静海舟。鶴唳八公垂破賊，虎飛萬里欠封侯。儒科有子傳衣鉢，積善徐卿慶未休。

送楊伯子長孺知南昌縣 庚申六月〔九〕

往年餞尊公，出宰新吴縣。仁愛馴桑雉，聖明遇禾絹。君今治南昌，家學世其官。密令行教化，明庭集孔鸞。煌煌斗牛間〔一〇〕，寶氣先後應。卓魯聚一門，誰續職方乘。

〔一〕尋：四庫本作「敦」。
〔二〕庚申：原無，據日本藏宋刻本、明澹生堂鈔本、傅校本補。
〔三〕庚申七月：原無，據日本藏宋刻本、明澹生堂鈔本、四庫本補。傅校本作「庚申九月」。
〔四〕中：明澹生堂鈔本作「人」，四庫本作「宅」。
〔五〕閏二月一日：原無，據日本藏宋刻本、明澹生堂鈔本、傅校本補。
〔六〕明農堂：日本藏宋刻本作「堂間農」。
〔七〕量：原作「憐」，據日本藏宋刻本、明澹生堂鈔本、四庫本、傅校本改。拾級：原作「級拾」，據日本藏宋刻本、四庫本乙。
〔八〕庚申：原無，據日本藏宋刻本、明澹生堂鈔本、傅校本補。
〔九〕庚申六月：原無，據日本藏宋刻本、明澹生堂鈔本、四庫本、傅校本補。
〔一〇〕斗牛：日本藏宋刻本、明澹生堂鈔本作「牛斗」。

蕭彥育虞卿頃年示詩篇且求次誠齋待制所贈佳句之韻嘗許赴省時勉爲之適相過以七步見窘就坐呈老醜聊述本意 庚申九月二十九日〔一〕

詩句驚人日以昌，巍科只待賦阿房〔二〕。源深元自流三峽，幹老今誰敵豫章。肯向洛陽尋白傅，曾從江夏學黃香。漢廷結綬君家事，寧羡彈冠貢與王〔三〕。

通直郎致仕劉楹挽詞 庚申十月〔四〕

殖學摛文衆所推，掾州佐邑譽尤歸。羔羊德備嘗縫革〔五〕，神武門高早挂衣〔六〕。斯疾頓乖今日愈〔七〕，此生誰及古來稀〔八〕。遥瞻烏石岡邊路，挽奠無從只淚揮。

次張子儀抑荔枝詩韻 并序 庚申十一月九日〔九〕

福帥華學尚書遠示夏末與三衢丞相生荔唱酬〔一〇〕，仍餉白乾，命其賡續。謹次元韻，發二千里一笑〔一一〕。

驛騎塵飛受暑風，絕憐丹臉透青龍。白樂天荔枝詩：「紅透青籠實可憐。」甌閩後出名高尚，廣蜀先驅品下中。荔枝，漢貢交州，唐取之蜀，而閩產至本朝方盛，非川廣可望其萬一。遥憶東坡分晒白，預邀老杜賦輕紅。明年倘未歸黃閣，生熟何憂更異同。

光宗皇帝挽詩二首〔一二〕 庚申〔一三〕

與進依三善，臣爲詹事，上與議。從遊閱五冬。初終存繾綣，議論極從容。輔政時雖淺，開藩眷自濃。宰相擬鄭僑帥潭，上令且除臣。不如仙宅犬，猶從鼎湖龍。

仁愛周華夏，英聰貫古今。知人符日照，裕物稱天臨。閒退

〔一〕庚申九月二十九日：原無，據日本藏宋刻本、明澹生堂鈔本補。「九月」，四庫本作「二月」。

〔二〕房：日本藏宋刻本、明澹生堂鈔本、四庫本作「旁」。

〔三〕原刻句末校云：「張本有『君姓字與蕭育適同，東坡詩妙語有黃香，正指山谷』二十字小注。」按日本藏宋刻本、明澹生堂鈔本亦有此二十字。

〔四〕庚申十月：原無，據日本藏宋刻本、明澹生堂鈔本補。

〔五〕羔羊：日本藏宋刻本作「羊羔」。

〔六〕武：日本藏宋刻本、傅校本作「虎」。

〔七〕日：日本藏宋刻本、明澹生堂鈔本、四庫本、傅校本作「者」。

〔八〕誰：原刻校云：「張本作『垂』。」按日本藏宋刻本、明澹生堂鈔本亦作「垂」。

〔九〕庚申十一月九日：原無，據日本藏宋刻本、明澹生堂鈔本補。

〔一〇〕華學：明澹生堂鈔本、四庫本無。

〔一一〕千：明澹生堂鈔本、四庫本作「十」。

〔一二〕詩：原作「詞」，據日本藏宋刻本改。二首：原無，據明澹生堂鈔本、四庫本補。

〔一三〕庚申：原無，據日本藏宋刻本、明澹生堂鈔本補。

親傳子，御批付三省，久欲退閒，遂行内禪。憂勞舊損心。耿光昭百世〔一〕，昧谷謾西沉。

贛守張子智貴謨重修思賢閣奉趙清獻公

庚申十二月〔二〕

霜凝憲簡肅朝儀，日轉熙臺治郡時。事道初無中與外〔三〕，居仁自有勇兼慈。盱謠曾詠來何暮，德政常留去後思。眼看清規非面友，肩隨畫像是心期。

〔一〕耿：明日本藏宋刻本、澹生堂鈔本、四庫本、傅校本作「景」。
〔二〕庚申十二月：原無，據日本藏宋刻本、明澹生堂鈔本補。
〔三〕中：明澹生堂鈔本、四庫本作「東」。

廬陵周益國文忠公集卷四三

平園續稿卷三

詩〔一〕

起嘉泰辛酉，止嘉泰甲子。

余仲庸鏞從辟廣西示洪景盧所作松風閣記題詩反招隱〔二〕

辛酉正月〔三〕

小松風飀飀，長松風冽冽〔四〕。遥知蒙溪上，餘韻兩清絶。宦遊正可樂，歸夢未應切。待生丁固腹，徐化莊周蝶。

寄題安福朱景源景雲所居二首

四始昭垂棠棣詩，九江屹立義門碑。請君更學張公藝，忍字常爲一字師。

右義聚堂。頃予刻江州陳氏義門碑遺其裔孫，今以奉送，請廣其傳。

友悌人知天亦知，風雷會變籜龍兒。從今直節亭前後，枝茂宗生竹也慈。

右直節亭。唐王勃《慈竹賦》云：「宗生枝茂，天長地久，萬祇争盤，千株競糾。如母子之鈎帶，似閨門之悌友。」又喬琳賦云：「九族睦叙，孝友威儀，是竹必滋，五服相殘，骨肉攜離，是竹必衰。苟自家而刑國，亦觸類而增思。」并録以遺朱氏。

管長源澥朝奉挽詞

辛酉二月

青袍黄甲舊飛英，紫綬金章晚更榮。隱德家傳遼北谷，修齡人羡濟南生。君年九十二。墓中深刻同年筆，誠齋楊待制作誌文。世上難磨異日名。識面有時追往事，傷情無路奠佳城。

萬安賴秀才家拾青樓二首〔五〕

辛酉二月〔六〕

經術逢辰富貴兼，取名銀艾未傷廉。更須唤作藏書閣，别貯鄴侯三萬籤。

高柳侵簷帶緑烟，平林遥望倚青天〔七〕。詩人不必工摹寫，留與恩袍色鬭鮮。

〔一〕詩：日本藏宋刻本、明澹生堂鈔本、傅校本作「古律詩六十八首」。
〔二〕反：明澹生堂鈔本作「友」，四庫本題作「招隱」。
〔三〕辛酉正月：原無，據日本藏宋刻本、明澹生堂鈔本補。
〔四〕冽冽：傅校本作「烈烈」。
〔五〕二首：原無，據日本藏宋刻本、明澹生堂鈔本、傅校本補。
〔六〕辛酉二月：原無，據日本藏宋刻本、明澹生堂鈔本、四庫本補。
〔七〕遥：明澹生堂鈔本、四庫本作「逐」。

静菴曾伯虞機挽詞 辛酉〔一〕

往聞郭兼山，學易之指南。艮齋從其子，議論青出藍。授徒蘭溪上，妙理常窮探。真旨傳何人，著録推静菴。稱疾似玄晏〔二〕，觀復師老聃。芸芸已歸根，弔客毋多談。

登仕郎曾忠佐迎母王於樂氏母許新居成即歸於是築第備極輪奐母欲還而逝乃虛中堂榜之曰思永爲賦四韻〔三〕 辛酉二月丁未〔四〕

夏屋渠渠築采椽〔五〕，筍輿就養有成言。南陔久嘆薪吹棘，北户空勞草樹萱。堂上只容瞻像設，寢中那復問寒暄。朝思夕念嗟何及，髣髴神遊入夢魂。

寄題江陵撫幹胡仲方渠官舍信美樓二首〔六〕 辛酉二月〔七〕

彼美人兮接楚都〔八〕，身親棨戟俯江湖。賓僚遂使多賢者，共顧飛鴻亦樂乎。

家在香城溪水邊，冠霞飛閣切雲烟。從軍樂事猶吾土，底用銷憂賦仲宣。胡祖居冠霞樓，雄甚。

追挽胡季文籍知縣 辛酉四月〔九〕

萬人競渡一標歸，鄉里今猶記錦衣。芹藻再思俱有造，穀蒲連執總成非。風吹劍首空遺吷，日照禺中遽落暉。宿草縱存無路哭，追懷往事共獻欷。紹興庚辰，惟公第一名登第。

送楊子上扶赴郴守羅達甫之招二首〔一〇〕 辛酉四月五日〔一一〕

使君爲郡入蘇天，六月清風更穆然。子到同吟仙井橘，公餘

〔一〕辛酉：原無，據日本藏宋刻本、明澹生堂鈔本補。
〔二〕玄：原作「元」，蓋原刻避康熙諱。今據日本藏宋刻本、明澹生堂鈔本、四庫本改。
〔三〕「第」下，原刻校云：「張本有『高妙』二字。」按日本藏宋刻本作「高沙」。備：按明澹生堂鈔本作「妙」，日本藏宋刻本無。
〔四〕辛酉二月丁未：原無，據日本藏宋刻本、明澹生堂鈔本、四庫本、傅校本補。
〔五〕築：日本藏宋刻本、明澹生堂鈔本、四庫本、傅校本作「斲」。
〔六〕二首：原無，據日本藏宋刻本、明澹生堂鈔本、傅校本補。
〔七〕辛酉二月：原無，據日本藏宋刻本、明澹生堂鈔本補。
〔八〕接：日本藏宋刻本、明澹生堂鈔本、四庫本作「樓」。
〔九〕辛酉四月：原無，據日本藏宋刻本、明澹生堂鈔本、四庫本補。
〔一〇〕上：四庫本作「正」。二首：原無，據日本藏宋刻本、明澹生堂鈔本、傅校本補。
〔一一〕辛酉四月五日：原無，據日本藏宋刻本、明澹生堂鈔本補。

趁賞北湖蓮。

誰傳衣鉢付揚雲，卿子文鋒舊冠軍。達甫曾魁鄉舉〔一〕。主合握蘭賓折桂，來春吉語一時聞。

七月十四日江西美約周愚卿兄弟及許景陽相過共觀鶴雛羽毛褐色因飲雙投新酒擘閩中生荔枝於白蓮池上遂成勝賞明日西美有詩走筆奉和〔二〕 辛酉〔三〕

起來汗浹似翻漿，客帶清風變早涼。鶴子曳衣猶淺褐，鵝兒對酒已深黃。白蓮近揖三千女，丹荔遙招十八娘〔四〕。但把槐忙付年少，不妨老伴燕林塘。杜審言宴公主仙池詩云：「鹿麛銜妓席〔五〕，鶴子曳童衣。」

江西美復送四景詩再次韻 辛酉〔六〕

酉歲應知富酒漿，頻年暫輟奏伊涼。國恤中。沼蓮不使紅侵碧，池鵠聊容白護黃。照坐雖無駢火實，東坡荔枝詩云：「炎雲駢火實」〔七〕。絜尊幸有絡絲娘。西風早晚驅殘暑，何日尋盟到野塘。

三次韻答江西美〔八〕 辛酉七月〔九〕

菲飲簞壺食與漿，淡交非復世炎涼。佳名誰合戎州綠，妙語端由太史黃。無怨不須移孔議，有情未可老徐娘。荷香襲坐忘歸興，不覺昏鴉影渡塘。

四次韻 同前〔一〇〕

只因瑞露酌天漿，邂逅移尊趂晚涼〔一一〕。眼看碧幢擎蓋綠，心慚白鵠立槐黃。飲隨人量陳三雅，興入詩情詠四娘〔一二〕。雲黑月離今驗矣，共欣甘雨溢陂塘。東坡償考校詩「門外白袍如立鵠」，《莊子》「鵠不日浴而白」，並音鶴。《漢書》注黃鵠下太液池，似誤矣。黃鶴樓即黃鵠，鶴鵠聲相近，色亦然。

〔一〕魁：原作「冠」，據明澹生堂鈔本、四庫本改。
〔二〕於：四庫本作「放」。
〔三〕辛酉：原無，據日本藏宋刻本、明澹生堂鈔本、傅校本補。
〔四〕遙：日本藏宋刻本、明澹生堂鈔本、四庫本作「遐」。
〔五〕銜：日本藏宋刻本、明澹生堂鈔本作「衘」。
〔六〕辛酉：原無，據明澹生堂鈔本補。日本藏宋刻本、四庫本作「同前」。
〔七〕日本藏宋刻本、明澹生堂鈔本下有「今此果已過」五字，四庫本有「此果已過」四字。
〔八〕答江西美：原無，據日本藏宋刻本、明澹生堂鈔本、四庫本、傅校本補。
〔九〕辛酉七月：原無，據日本藏宋刻本、明澹生堂鈔本補。
〔一〇〕同前：原無，據日本藏宋刻本補。
〔一一〕晚：原刻校云：「一作『曉』，誤。」按日本藏宋刻本、明澹生堂鈔本亦作「曉」。
〔一二〕情：四庫本作「懷」。

五次韻 同前〔一〕

客嘉合饋五光漿〔二〕，竹好仍生一味涼。天與冰肌勝傅粉，星馳火齊捷飛黄。將雛華表疑丁令〔三〕，喚渡京江憶杜娘。屢枉新篇誰可擬，一川烟草賀横塘。

四景詩似欠一篇五更枕上足成之録呈西美司書勿勞屬和僕亦偃旂閉壘矣 同前〔四〕

甘寒何必柘爲漿，也解逡巡造醴涼。更喜鶴鳴添子和，休因荔進引蕉黄。花如宋玉窺鄰女，詩似劉郎問泰娘。只欠西湖雙畫舫，便疑風景類錢塘。

時久闕雨回西美柬就附小詩〔五〕 辛酉〔六〕

君能多益辦，我鼓再而衰。安得催詩雨，心摇畢月離。

八月十八日與客小集賞巖桂而紅梅海棠金林檎盛開明日江西美賦四絶句走筆次首篇韻 辛酉〔七〕

壯觀江潮拍岸時，錢塘是日潮極大。肯來小圃訪樊遲。天憐無以娱佳客，併發春花伴桂枝。

題龍泉李宗儒師儒兄弟槐陰書院〔八〕 辛酉八月〔九〕

君不見漢京辟雍載黄圖，博士直舍三十區。分行數百曰槐市，下有諸生講唐虞。又不見本朝肇啟邇英閣，稽古隆儒號經幄。風清枝翠似交舞，日煖花黄時細落。東坡入侍邇英閣絶句：「瞳瞳日脚曉猶清，細細槐花暖自零。」又爲《内翰謝御書詩》云：「日高黄繖下西清，風動槐龍舞交翠」。注：閣前有雙槐〔一〇〕，枝如龍形。君家欣慕名書齋，伯仲方將與計偕。橋門且陪億萬計，朝路終馳十二街。義郴文筆妙天下〔一一〕，引喻牛行相君舍。勉哉植德企前修，他日

〔一〕同前：原無，據日本藏宋刻本補。
〔二〕光：原刻校云：「張本作『先』。」按日本藏宋刻本、《宋詩鈔》卷五九引亦作「先」。
〔三〕疑：四庫本作「宜」，傅校本作「知」，《宋詩鈔》卷五九引作「思」。
〔四〕同前：原無，據日本藏宋刻本補。
〔五〕按此詩，日本藏宋刻本、明澹生堂鈔本、四庫本置於《三次韻答江西美》前。
〔六〕辛酉：原無，據日本藏宋刻本、明澹生堂鈔本補。
〔七〕辛酉：原無，據日本藏宋刻本、明澹生堂鈔本、傅校本補。
〔八〕題：日本藏宋刻本無。
〔九〕辛酉八月：原無，據日本藏宋刻本、明澹生堂鈔本、四庫本、傅校本補。
〔一〇〕雙：原無，據日本藏宋刻本、傅校本、《東坡全集》卷一七補。
〔一一〕郴：原刻校云：「張本作『柳』。」

兒孫攀逸駕。

龍泉項汝弼字唐卿盧溪書院 子名夢綬。

往聞澹菴評鄉賢，有朋曰項如篪塤。是非褒貶乃枝葉，孝友忠信爲本根。姓名不願唱上第，詔旨特許旌高門。項名充，與胡忠簡公俱以《春秋》學馳聲，不及廷試，紹興十年以行義旌表門閭。化行同邑得模楷，經授猶子留淵源。輕財重義續前烈，築屋貯書貽後昆〔一〕。誰能漸磨入我室，毋但涉獵游其藩。泉江况乃多侍從，遠稱二郭近則孫。學成袞袞上臺省，健翮萬里看騰騫。

寄題龍泉李氏萬卷堂 燔之父。

斷簡殘編已可披，排籤插架有餘師。五三載籍多爲貴，九百虞初小不遺。潤屋殊非阿堵物，傳家自是寧馨兒。老來鉛槧心猶在，每憶讐書館殿時。

安福歐陽紹之奉議桃花石二絶句〔二〕 辛酉九月戊辰〔三〕

蟠桃一綻歲三千，仙傳荒唐未必然。何似此花留巧石，有開無落更長年。

武陵溪畔古桃源，洞合空勞記往還。晉代漁郎心不轉，隨花化石在人間。

嚴寛桂巖堂二絶句 辛酉十月庚寅〔四〕

巖桂標名本在山，城居翻以桂爲巖。香浮仙籍書生事，早拜恩袍映彩衫〔五〕。

卜築華堂已八年，花因舊植有新添。廣寒何待中秋到，明月清風即步蟾。

次韻章茂獻謝茶 并序 辛酉十一月〔六〕

某比得閩焙小春，馳獻侍講侍郎，乃蒙佳什之賜，且聞因任江祠。輒次嚴韻，併以爲賀。

墨瀋名高筆有花〔七〕，胸中五色補皇家。諫書夜奏常焚稿，講舌時乾每賜茶。秘祝重尋丹竈火，長生元笑紫河車。新詩有味知何似，雙井春來試白芽。

〔一〕貯：原作「著」，據日本藏宋刻本、明澹生堂鈔本、四庫本改。
〔二〕二絶句：原無，據日本藏宋刻本、明澹生堂鈔本、傅校本補。四庫本作「二絶」。
〔三〕辛酉九月戊辰：原無，據日本藏宋刻本、明澹生堂鈔本、傅校本補。
〔四〕二絶句辛酉十月庚寅：原無，據日本藏宋刻本、明澹生堂鈔本、傅校本補。
〔五〕「彩衫」下，日本藏宋刻本、傅校本有「寛奉親」三字。
〔六〕辛酉十一月：原無，據日本藏宋刻本、明澹生堂鈔本、傅校本補。
〔七〕瀋：原作「淡」，據四庫本改。

太和宰趙嘉言汝謩造大舟付諸渡又停鄉村酒坊代輸其課繪二圖各題小詩 辛酉臘月〔一〕

争渡行人簇水邊，水中鮫鰐慣垂涎。從今何待跛男子〔二〕，共載誰非利涉川。

攤酒催錢吏打門，那堪嫁娶畫朱陳。稍捐官府秋毫利，散作鄉村浩蕩春。

太和縣丞廳葺三亭曰真清謂松竹曰特秀謂江山曰成蹊謂桃李又有讀書臺龍首池寄題三疊〔三〕 壬戌二月〔四〕

古來丞尚涉文書，近世何曾識吏胥。不對溪山種桃李，官居真復似僧居。諸邑文書雖繫丞階，並不簽押。

松竹林中讀異書，公餘有味在三餘。立之猶未登臺閣，余不負丞丞負余。韓文崔斯立名立之。

池疏龍首水循除，日煖游魚得自如〔五〕。官已忘機民正樂〔六〕，子今知我我知魚〔七〕。

送綸丞郡章貢 有序 壬戌四月二十六日〔八〕

贛與吉鄰，予少遊焉。綸久待倅，缺本謀迎侍，而史君象先侍郎亦見招云：吾鄉永嘉倅廳有戲綵堂，蓋趙屼貳郡時爲清獻公作。今吾州乃清獻舊治，且公舊遊，何惜一來〔九〕。雖老病未能如約，然情見乎辭。

雞犬新豐識，江山清獻遊。吾寧忘舊隱，汝且事賢侯。剩酌廉泉水，徐題戲綵樓〔一〇〕。明年更强健，亦欲理方舟。

華文閣學士沈持要樞挽詞二首 壬戌秋〔一一〕

百篇奥窔上黄姚〔一二〕，一代英靈水出苕。使節帥符周郡國，天臺儲禁切雲霄。趨庭禄養連三組，御極恩章接四朝。行馬施門

〔一〕辛酉臘月：原無，據日本藏宋刻本、明澹生堂鈔本、傅校本補。
〔二〕何：四庫本作「只」。
〔三〕「三亭」下，日本藏宋刻本、四庫本有「于官廨」三字。
〔四〕壬戌二月：原無，據日本藏宋刻本、傅校本補。明澹生堂鈔本、四庫本「二月」作「三月」。
〔五〕魚：日本藏宋刻本、明澹生堂鈔本、四庫本、傅校本作「儵」。
〔六〕正：傅校本作「止」。
〔七〕子：清黄丕烈校明鈔本作「魚」。
〔八〕壬戌四月二十六日：原無，據日本藏宋刻本、明澹生堂鈔本、四庫本、傅校本補。
〔九〕「何惜」上，明澹生堂鈔本有「不吾寧忘舊隱汝用且」九字。
〔一〇〕「徐題戲綵樓」下，日本藏宋刻本、明澹生堂鈔本、四庫本有小字注云：倅廨白鵲樓，八境之一也。
〔一一〕壬戌秋：原無，據日本藏宋刻本、明澹生堂鈔本、傅校本補。
〔一二〕黄：原刻校云：「張本作『規』。」按日本藏宋刻本、傅校本亦作「規」。又「黄姚」四庫本作「夭桃」。

在，禾興耆舊傳吴興。

　　宦遊到處績皆凝，名遂歸來望更增。棊勢畫翻饒國手，蒲團夜坐敵禪僧。風標常憶清如鶴，書札頻通細若蠅。戲綵堂空詩版兼五福，死生窮達祇囂囂。

寄題贛簿彭南夫讀書樓二絶句〔一〕　壬戌八月〔二〕

　　曾門嘗佐虎頭州，濟美人猶滯督郵〔三〕。三仕今看孫又子，會持麾節繼前修。

　　江山不怕簿書迷，鸞鳳何妨枳棘棲。公退讀書消永夜，遥知太乙下青藜。

劉訥畫廬陵三老圖求詩　壬戌〔四〕

　　同辭宦路返鄉閭，兩驌驦中間以駑〔五〕。前後顧瞻羞倚玉，支干引從偶連珠。三人不用邀明月，九老何妨續畫圖。從漢二疏唐尹後，相親相近此應無。

西美司書賦生瑇瑁佳篇仍索鄙句奉和一首〔六〕　壬戌十二月〔七〕

　　衷甲藩身却誤身〔八〕，誰教全體點斑鱗。幸容生致池中物，忍使刳爲席上珍。剩買魚鹽便爾性，養之之法，日易鹽水，飼以小魚。閑隨龜鶴稱吾真〔九〕。却思御合紋如豆，侍食鈞天二十春。殿宴御茶牀當金鈿。此器每酒徧進，御膳盛以大合金托，其内紋顯如豆〔一〇〕，謂之豆子斑〔一一〕，是爲上品〔一二〕，蓋歷落不模糊耳。

走筆再次西美韻兼簡季章　壬戌〔一三〕

　　天教尤物伴閒身，不爲衣裳易介鱗。莫效盧亭思辟毒，見《本草》注，其字從毒，故以辟毒〔一四〕。且同李閣賦潛珍。鈿金元重名兼器，士庶不許用金鈿玳瑁器。飾帶空勞假象真〔一五〕。金犀帶襯以玳瑁，

〔一〕二絶句：原無，據日本藏宋刻本、明澹生堂鈔本、傅校本補。
〔二〕壬戌八月：原無，據日本藏宋刻本、明澹生堂鈔本、四庫本、傅校本補。
〔三〕滯：原刻校云：「張本作『記』。」按日本藏宋刻本、傅校本亦作「記」。
〔四〕壬戌：原無，據日本藏宋刻本、明澹生堂鈔本、傅校本補。
〔五〕以：原刻校云：「別本作『一』。」按四庫本亦作「一」。
〔六〕奉和一首：原無，據日本藏宋刻本、明澹生堂鈔本、傅校本補。四庫本無「一首」二字。
〔七〕壬戌十二月：原無，據日本藏宋刻本、明澹生堂鈔本、傅校本補。
〔八〕衷：原作「裹」，原書校云：「張本作『衷』。」又日本藏宋刻本、明澹生堂鈔本、傅校本均作「衷」，據改。四庫本作「重」。
〔九〕隨：傅校本作「從」。
〔一〇〕内：原無，據日本藏宋刻本、明澹生堂鈔本、四庫本、傅校本補。
〔一一〕謂之豆：原無，據日本藏宋刻本、明澹生堂鈔本、傅校本補。
〔一二〕爲：日本藏宋刻本、明澹生堂鈔本、四庫本作「謂」。
〔一三〕壬戌：原無，據清黄丕烈校明鈔本補。
〔一四〕故以辟毒：日本藏宋刻本、明澹生堂鈔本、四庫本作「殆以此」。
〔一五〕勞：四庫本作「號」。

往往假爲之〔一〕。久侍尚方叨賜予，新凉來醉芰堂春〔二〕。家有此盃及筆，皆賜物〔三〕。

次韻楊廷秀待制瑞香花 壬戌十二月二十日〔四〕

灞橋忍凍兩眉攢〔五〕，漢殿含香別一般。粉面固宜垂紫袖，錦裳何必着中襌〔六〕。禁庭侍史今同宿，宮帽花枝故自欒。咀嚼新詩懷舊直，刺貪寧不愧河檀。

廷秀再用韻見其末句易檀爲蘭故亦不復從前韻〔七〕 同前〔八〕

修竹凌寒劍戟攢，何如奇秀媚千般〔九〕。爐薰錦帳朝衣夾，花顫金釵舞袖襌〔一〇〕。少態山茶空艷艷，多姿梅蘂恨欒欒。西清垂意君知否，應記青綾握舊蘭。

丞相余處恭端禮挽詞 壬戌閏十二月〔一一〕

勳業良平亞，聲名丙魏齊。擎天安玉座〔一二〕，推轂聚金閨。鄉野休鵬翼〔一三〕，沙堤望馬蹄。新麾辭海上，舊治樂湘西。豈料占飛鵩，真成夢白雞。公辛酉歲薨。九重思帶礪〔一四〕，三鎮有兒啼。昔者同朝久〔一五〕，公能不我睽〔一六〕。八哀空日誦，一束幾時攜。

〔一〕「往往」下，四庫本有「以」字。
〔二〕芰：原刻校云：「張本作『芰』。」按日本藏宋刻本亦作「芰」。又「堂」，四庫本作「荷」。
〔三〕「物」下，四庫本有「也」字。
〔四〕壬戌十二月二十日：原無，據日本藏宋刻本、明澹生堂鈔本、四庫本、傅校本補。
〔五〕眉：明澹生堂鈔本、四庫本作「肩」。
〔六〕襌：原作「單」，據日本藏宋刻本、明澹生堂鈔本、四庫本改。
〔七〕其：原刻校云：「張本作『寄』。」按日本藏宋刻本、明澹生堂鈔本亦作「寄」。
〔八〕同前：原無，據日本藏宋刻本、明澹生堂鈔本、四庫本補。
〔九〕奇秀：日本藏宋刻本、明澹生堂鈔本、四庫本作「綺綉」。
〔一〇〕襌：原作「單」，據日本藏宋刻本、四庫本改。明澹生堂鈔本作「禪」，當爲「襌」之誤。
〔一一〕壬戌閏十二月：原無，據日本藏宋刻本、明澹生堂鈔本、四庫本、傅校本補。
〔一二〕座：原作「柱」，據日本藏宋刻本、明澹生堂鈔本、四庫本、傅校本改。
〔一三〕野：原刻校云：「張本作『墅』。」按日本藏宋刻本、明澹生堂鈔本、四庫本亦作「墅」。
〔一四〕帶：原作「汝」，據四庫本改。
〔一五〕者：四庫本作「忝」。
〔一六〕能：原刻校云：「張本作『乎』。」按日本藏宋刻本亦作「乎」。

楊子直秘書以一詩送小兒歸省又一絕及平園花木校文苑英華併次韻發笑 癸亥春〔一〕

老去何心悅盛華，觀書無奈眼昏花。但思載酒揚雲宅〔二〕，細問三州二部家。從象隨卦云爾〔三〕。

栽花種竹滿平園，人道安閒似樂天。自笑鉛黃消永日，何如鑾素樂華年。

壬戌冬至胡季亨伯信仲威叔賢相過洛花一朶正開置酒賞之王南劍偶遣矮人獻笑坐中以開閉長短爲戲因成四韻〔四〕

霽色舒圭景，寒醅艷玉杯。關機方且閉，國色已先開。幸有佳賓客，將何助笑咍。共言長日至，底事矮人來。

嘉泰癸亥元日口占寄呈永和乘成兄

歸田初不隔江淮，底事新元來往來。賭酒彈棋真夢爾，初年與兄以此守歲，不覺天明〔五〕。膠牙藍尾亦悠哉。莫思樂事年年減，且喜春花日日開。兄弟相看俱八十，研朱贏得祝嬰孩。趙永年通判每云：朱書八十字於襁褓兒額上，欲其壽如此〔六〕。

正月三日胡季亨及伯信仲威叔賢昆仲歐陽宅之李廷可同自永和來雨中小集疊岫閣用金鼎玉舟勸酒下視梅林戲舉説命五説戲祝六君蒙次前韻賦佳篇各徵舊事各以一篇爲謝〔七〕 癸亥〔八〕

未復中原近守淮，前朝該輔只時來。濟川用礪我無事〔九〕，作醴和羹何有哉。正喜春晴知歲美，初一、初二日皆晴。頓招兩蕊坐筵開〔一〇〕。和詩更作齊兒語，老手屠龍合捐孩。答胡季亨

舟浮江海達于淮，不盡詞源袞袞來。人是浴沂三益者，句成

〔一〕癸亥春：原無，據日本藏宋刻本、明澹生堂鈔本、四庫本、傳校本補。
〔二〕雲：四庫本作「雄」。
〔三〕從象隨卦云爾：原無，據日本藏宋刻本、明澹生堂鈔本、四庫本補。
〔四〕韻：日本藏宋刻本作「句」。
〔五〕初年與兄以此守歲不覺天明：原無，據日本藏宋刻本、明澹生堂鈔本、四庫本補。四庫本無「初」字，日本藏宋刻本「初」作「幼」。
〔六〕「如此」下，四庫本有「也」字。
〔七〕廷：原刻校云：「張本作『達』。」按日本藏宋刻本、明澹生堂鈔本、四庫本亦作「達」。六：傳校本作「諸」。
〔八〕癸亥：原無，據日本藏宋刻本、明澹生堂鈔本、四庫本補。
〔九〕礪：傳校本作「檝」，疑是。
〔一〇〕兩蕊：原作「雨漇」，據清黃丕烈校明鈔本改。

泛剡兩佳哉。千鍾但使尊中滿，九秩從教案上開。却憶兒童聚嬉戲，争騎竹馬弄泥孩。答胡伯信

元和頌聖雅平淮，韓柳文章付後來。聯璧照人今粲者，斷金定契古誰哉。白醪勸我頻霑醉，青眼逢君肯懶開。會散東風吹面纈，凍梨誤喜相如孩〔一〕。凍梨，記坐上語。相法有孩兒形。答胡仲威

朱顔青綬憶秦淮，白鷺洲疑鰲駕來。側畔交游欣作者〔二〕，中間賡載負康哉〔三〕。新春漸覺風光好，陳迹時將日記開。惟有詩名不如昔〔四〕，旁觀撫掌倒绷孩。李白金陵詩云〔五〕：二水中分白鷺洲。城上有亭，紹興戊寅分教時每登覽忘歸。自此日有記事，已四十六年。今盧陵江中亦有白鷺洲，嘗創小樓會客其上，懷舊及之。答胡叔賢

安流咫尺異踰淮，有興何妨疊棹來。茗椀茅柴殊易耳，萍虀豆粥豈難哉。談鋒不怕通宵直，燕席寧辭逐日開。况是上元佳節近，華燈萬點看蓮孩。謂孩兒蓮。答歐陽宅之

濁涇不必羡清淮，社燕賓鴻任去來。老子何曾憑日者，後生正合競時哉。圓規枉把方心鑿，塵世常令笑口開。八十老翁行未得，不如能説小兒孩。答李達可

周愚卿江西美劉棠仲各賦江珧詩牽强奉答

用一字韻格　癸亥〔六〕

東海沙田種蛤珧，南烹苦酒濯瓊瑶。饌因暫棄常珍變，指爲將嘗異味摇。珠剖蚌胎那畏鷸，柱呈馬甲更名珧〔七〕。累人口腹吾何敢，慚愧三英喜且謠。四明江珧自小種而爲大，生致行都，廣南則腊之，近方稍用酒漬，乃能寄遠。韓文公詩章舉馬甲柱，鬪以怪自呈，即珧也。《廣韻》亦注蜃屬，可飾甲。《臨海志》：玉珧似蚌，殼中肉柱美。

元宵煮浮圓子前輩似未曾賦此坐間成四韻

同前〔八〕

今夕知何夕，團圓事事同。湯官尋舊味，竈婢詫新功。星燦烏雲裏，珠浮濁水中。歲時編雜詠，附此説家風。

〔一〕相：日本藏宋刻本、明澹生堂鈔本作「色」。相如孩：四庫本作「如嬰孩」。
〔二〕畔：原作「伴」，據日本藏宋刻本、明澹生堂鈔本、四庫本、傅校本改。
〔三〕康：明澹生堂鈔本作「奇」，四庫本作「良」。
〔四〕名：日本藏宋刻本、明澹生堂鈔本、四庫本作「情」。
〔五〕云：原無，據日本藏宋刻本、明澹生堂鈔本、四庫本補。
〔六〕癸亥：原無，據日本藏宋刻本、明澹生堂鈔本補。
〔七〕珧：日本藏宋刻本、明澹生堂鈔本、四庫本作「蜌」，疑是。
〔八〕同前：原無，據日本藏宋刻本、明澹生堂鈔本補。

再賦

時節三吴重，京師貴浙燈〔一〕，東坡上元詩云：「三吴重時節」。勻圓萬顆同。溲浮雖有法，烹煮豈無功。杜喜雲抄白，徐方酒復中〔二〕。策勳俱是秫，適口不同風。

茶陵王琰求清暑堂詩次王民瞻敷文胡邦衡資政二公舊韻 癸亥春〔三〕

早遮西日覓王官，晚倚南窗審膝安。亹亹清風揮麈落，紛紛蒼雪著笙寒。花前白酒傾雲液，竹裏行厨洗玉盤。江月上時涼意足，四絃三弄寫驚湍。

陳正仲讜提刑制勘甫畢首過小樓既出新詩仍惠手書十扇次韻二篇致感幸之意 癸亥四月〔四〕

纔將疑獄決春秋，便顧居鄉馬少游。犯斗海槎光斗野，應星漢節照星樓。法書飛動鸞窺沼，韻語清高鶴唳洲。田父鄰家争借問，頃來重客有今不。

早飛鵰鶚凜横秋，晚向山林愜倦遊〔五〕。夢斷堯階方寸地，身居陶隱上層樓。山園遥對青原寺，江勢中分白鷺洲。不值熙朝人遂性，果能獨樂此園不。

陳正仲提刑輒還嚴近正及郊禋索語贈别適小圃芙蓉同海棠盛開笑令着句併成四韻 癸亥九月十九日〔六〕

綉衣持斧大江南，人在春風和氣間。草合園扉秋緑縟，花開環堵曉斕斑。席前宣室趨嚴召，樂奏端誠趁近班。記取臨分留愛景，芙蓉色鬬海棠殷。端誠殿在郊壇側。駕行禮畢，動教坊樂，過此受賀。

月石屏蛾月硯詩 并序 同前〔七〕

予初藏歐陽文忠公月石屏，近復得端硯，極發墨，雙蛾在其泓，而受墨處乃一圓月，白暈周匝，桂滿其中〔八〕，似非

〔一〕京師貴浙燈：原無，據日本藏宋刻本、明澹生堂鈔本補。四庫本脱「燈」字。
〔二〕方：日本藏宋刻本、明澹生堂鈔本、傅校本作「妨」。
〔三〕癸亥春：原無，據日本藏宋刻本、明澹生堂鈔本、傅校本補。
〔四〕癸亥四月：原無，據日本藏宋刻本、明澹生堂鈔本、傅校本補。
〔五〕愜：四庫本作「正」，清黄丕烈校明鈔本作「思」。
〔六〕癸亥九月十九日：原無，據日本藏宋刻本、明澹生堂鈔本、傅校本補。傅校本脱「月」字。
〔七〕同前：原無，據日本藏宋刻本、明澹生堂鈔本補。
〔八〕桂滿：明澹生堂鈔本作「桂蒲」，四庫本作「挂蒲」。

蘇文忠公贈范氏涵星硯所能及，蓋奇物也。賦語呈諸作者〔一〕。

歐公命蘇公，吟詠月石屏。蘇公與范子，酬唱涵星泓。兩公文字祥，天畀子墨卿。嗟予何爲者，而得二美并。屏也歐青氈，流傳到柴荆。硯兮此尤物，秋月端正生。盤拏丹桂枝〔二〕，還繞白玉繩〔三〕。姮娥實天眼，皎皎不自呈。但留雙蛾眉，下顧蟾兔精〔四〕。我生月斯望，真契非强名。烏玦磨有光，玄雲潤無聲〔五〕。願賡前賢句，透脅令人驚。

悼亡之後病齒不能食拔去其甚者有感賦小詩〔六〕 癸亥十一月〔七〕

咀嚼勞渠八十年〔八〕，更因缺落拔其殘。已無韓愈妻堪詫，只欠張蒼乳可餐。

元樞陳叔進騤挽詞二首〔九〕

淡墨名何早，洪鈞轉稍遲。藝文追伏鄭，德業望皐夔。實事常求是，多聞更闕疑。斯民先覺者，今代搢公誰。

聯事麟臺裏，論心鶴禁中。賢愚雖有異，出處不無同。邂逅橋山日，戊申春，使陵下，公自城中相過。凄凉浙水風。兒孫看競爽，門户慶方隆。

胡季亨涣圃中有觀生亭取觀天地萬物生意楊誠齋賦二詩次韻 甲子〔一〇〕

物我都歸造物中，存神過化本同風。静觀此理怡然順，豈問深青與淺紅。

只道春榮夏乃亨，誰知四序總生生。黄鍾大吕還相處〔一一〕，上下方能著五聲。

〔一〕「賦」下，原刻注云：「張本有『惡』字。」按日本藏宋刻本亦有「惡」字。

〔二〕盤拏：四庫本作「晶盤」。

〔三〕還：日本藏宋刻本作「環」，明澹生堂鈔本、四庫本作「瓊」。

〔四〕顧：日本藏宋刻本、明澹生堂鈔本、四庫本、傅校本作「鎮」。

〔五〕玄：原作「元」，據日本藏宋刻本、明澹生堂鈔本、四庫本、傅校本改。又「雲」下，原刻校云：「張本作『霜』。」

〔六〕「食」上，明澹生堂鈔本有「入」字。

〔七〕癸亥十一月：原無，據日本藏宋刻本、明澹生堂鈔本、傅校本補。

〔八〕渠：四庫本作「劬」。

〔九〕二首：原無，據日本藏宋刻本、明澹生堂鈔本、傅校本補。

〔一〇〕甲子：原無，據日本藏宋刻本補。

〔一一〕處：原作「慶」，據日本藏宋刻本、明澹生堂鈔本改。

臨川貢士徐子比先世有十萬莊今惟一山巋然田間立曰獨秀求予下語因記東坡以是名南康田氏之峰就用此意致登科之祝

甲子〔一〕

不須十萬憶膏粱，有美崔莊莫遺荒〔二〕。先德登第〔三〕。獨秀佳名今暗合，要三二別四壺方。

某紹興甲子赴試此地卜居今十年三歷秋舉每遇中秋必與親舊歌舞之今歲大病使令輩散遣蕭然偶伯信仲威携子姪相過喜成四韻〔四〕

上元甲子此攻堅，卜築安居正十年〔五〕。登堞遥觀燈奪晝，歸家却賞月流天。丹臺旋葺新爐竈，絳帳都抛舊管絃。賴有故人將驥子，功名不斷復青氈。

〔一〕甲子：原無，據日本藏宋刻本、明澹生堂鈔本補。

〔二〕莫：四庫本作「獨」。

〔三〕先：原作「光」，據日本藏宋刻本、明澹生堂鈔本、四庫本改。

〔四〕秋舉：原作「科舉」，據日本藏宋刻本、明澹生堂鈔本、四庫本、傅校本改。

〔五〕卜：原作「小」，據清黃丕烈校明鈔本改。

廬陵周益國文忠公集卷四四

平園續稿卷四

銘　箴　辨

賀德章悦齋銘　紹熙甲寅三月朔〔一〕

出見紛華，其悦在人。學而時習，其悦在心。澹庵名之，誠齋文之。子充甫銘之，慶氏其承之。賀本慶氏，避漢安帝諱改。

静庵銘　慶元乙卯正月〔二〕

曾君伯虞年未四十，不踐場屋，不入城市，力教二子讀書。闢一室號「静庵」，因故人歐陽元鼎索予銘。

語静之至，何加於坤？闢則生物，豈勞吾形？人生而静，毋失其性。不出户庭，能定能應。

吴氏忠正堂銘　慶元丙辰十二月旦〔三〕

忠則不欺，正則不私。一門弟兄，三聖倚毗。雖曰世篤，亦惟天資。嗟爾後人，念兹在兹。

益壯齋銘　慶元丁巳四月甲子〔四〕

萬安歐陽豹變字文蔚〔五〕，年踰六十，而決科之意未已。名書齋曰「益壯」，請予銘之。

伏櫪之驥，心乎掉鞅。燎原者火，宿則彌壯。有勇若人，併敵一向。少固鋭於功名，晚益堅其好尚。事竟成於有志，剛大亨於无妄。然後知楚丘之未始衰，而伏波之猶可將也。

桂隱銘　慶元丁巳十二月十一日〔六〕

徽猷閣直學士向公伯共紹興間歸老薌林，龍圖閣學士孫公仲益爲作銘侈君賜。今向公長孫文林郎士虎濟美克家，可仕而止，復於其中增植桂叢〔七〕，命曰「桂隱」，力教六子，森然有立，請予銘之。

衆薌之林，勿替以引。肆其賢孫，環桂而隱。一椿未老，六

〔一〕紹熙甲寅三月朔：原無，據日本藏宋刻本、明澹生堂鈔本、四庫本補。

〔二〕慶元乙卯正月：原無，據日本藏宋刻本、明澹生堂鈔本、四庫本補。

〔三〕慶元丙辰十二月旦：原無，據日本藏宋刻本、四庫本補。

〔四〕慶元丁巳四月甲子：原無，據日本藏宋刻本、明澹生堂鈔本補。

〔五〕蔚：明澹生堂鈔本作「齋」，四庫本作「齊」。

〔六〕慶元丁巳十二月十一日：原無，據四庫本補。日本藏宋刻本、明澹生堂鈔本作「二十一日」。

〔七〕植：原無，據日本藏宋刻本、明澹生堂鈔本、傅校本補。

枝其芳。昔賓今向，清芬相望。仕不於身，必在厥子。同升桂堂，斯道如砥。

愚谷銘 慶元庚申二月甲子〔一〕

庾信《小園賦》云：「名爲野人之家，是謂愚公之谷。」今安福縣鄉貢進士劉江伯深即舊居百餘步，闢壤疏溪，栽花種竹，隨其景物，爲燕息之所。異時萬卷齋、群玉閣併徙以來，總曰愚谷〔二〕，以慶元丁巳居焉。予爲銘云〔三〕：

惟古愚者，其直近迂。後人反之，飾詐有餘。日倚市門，相利而趨。暑汗其顔，寒粟其膚。狗苟蠅營，得纔錙銖。自以爲智，鄙哉小夫！我嘉庾信〔四〕，其志則殊。字曰子山，蓋静者歟！谷以愚名，言寓其廬。四時花木，十丈崎嶇。數竿之竹，盈寸之魚。樂而賦之，名實允孚。之子欣慕，亦新厥居。有圖有史，可卷可舒。有園有畦，可植可蔬。有丘有壑，可涉可漁。有琴有醪，可彈可斞。春花秋月，夏簟冬爐。惟適之安，聊以自娱。庾何人哉？晞即其徒。試叩斯谷，愚智何如？谷似應聲，予也不愚。

達齋銘

竹亭二齋，左寘歐陽文忠公像，叢公著述其間，即公自名，命之曰「達」而銘之：

學而上達，知我其天。歐公稱老，聞何與焉。

迂齋銘

竹亭二齋，右寘司馬文正公像，叢公著述其間，即公自名，命之曰「迂」而銘之：

爲政正名，或以爲迂。温公曰叟，孔之徒與！

坡谷齋銘

黼黻斯文，網羅衆作。既追先民，亦詔後覺。設其像，萃其文。爲之贊，歲庚申。濂伊齋同〔五〕。

濂伊齋銘

道若大路〔六〕，達於誠明。必欲深造，莫如力行。

〔一〕慶元庚申二月甲子：原無，據日本藏宋刻本、明澹生堂鈔本、四庫本補。

〔二〕曰：明澹生堂鈔本作「日」、四庫本作「名曰」。

〔三〕云：四庫本作「曰」。

〔四〕我嘉：原作「我聞」，據日本藏宋刻本、傅校本改。明澹生堂鈔本、四庫本作「家我」，當誤。

〔五〕濂伊齋同：原無，據日本藏宋刻本補。

〔六〕若：明澹生堂鈔本、四庫本作「者」。

香山樓銘 嘉泰辛酉二月〔一〕

廬陵南四十里有香城山，其名見唐皇甫持正所作寺碣。峻拔廣袤，中一峰尤奇秀，諺所謂文筆峰者〔二〕。胡氏世居其下，至忠簡公，遂以直節修能名震當世。歸即舊第築冠霞樓，坐致爽氣。其孫榁復爲小樓於東，求名於予，命曰「香山」，蓋因持正之言，寓白樂天高致。爲之銘曰：

節彼香城，屹然中峰。是生秀傑，惟忠簡公。危言危行，巖巖兩崇。有開聞孫，復閣於宮。瞻儀祖烈〔三〕，推本化工。崧高降神，中甫實鍾。錦屏不磨，英靈無窮。咨爾胡氏，永亢其宗。

馮軫元方琴銘 嘉泰辛酉四月〔四〕

雷氏斲之，肇自開元。馮氏寶之，不知幾傳。我非知音，而理可言。心主於内，手應乎絃。故聲和可以仰馬，意殺形之捕蟬。豈特此哉？大而歌《南風》，小則治單父，舉不出於斯焉。

送綸丞郡臨川十以箴 慶元丁巳三月戊子〔五〕

涖官以勤，持身以廉。事上以敬，接物以謙。待人以恕，責己以嚴。得衆以寬，養知以知〔六〕。戒謹以獨，詢謀以僉。箴規語女，夙夜是瞻〔七〕。

吉州司户廳緩齋箴 慶元庚申二月甲子〔八〕

户曹掌州帑廩，行獄訟事〔九〕。皇族公括字仲肅，甫官廬陵，以緩名齋，西清楊公首爲之銘，而前進士周某又爲作箴。蒙莊著書，假緩戲儒。吟裘三年，佩玦一夫。寓言荒唐，亡是子虛。孰如經傳，衆説之郛。薄征緩刑，職分司徒。議獄緩死，卦畫《中孚》。秦視晉疾，和與緩俱。上醫命名，得無意乎？掾介諸曹，盍反三隅。勿以朱博，疾齊之舒。懼其奮髯，易服走趨。當師謝安，理髮自如。豈爲强禦，不遲起居。勇義果德，抑難此拘。能定能應，匪亟匪徐。官皆有箴，敢儆於初〔一〇〕。

〔一〕嘉泰辛酉二月：原無，據日本藏宋刻本、四庫本補。

〔二〕峰：日本藏宋刻本、明澹生堂鈔本、四庫本無。

〔三〕儀：明澹生堂鈔本、四庫本作「宜」。

〔四〕嘉泰辛酉四月：原無，據日本藏宋刻本補。明澹生堂鈔本、四庫本無「嘉泰」二字。

〔五〕慶元丁巳三月戊子：原無，據日本藏宋刻本、明澹生堂鈔本、四庫本補。

〔六〕知：原刻校云：「張本作『民』。」按日本藏宋刻本作「恬」，四庫本作「和」。

〔七〕是：明澹生堂鈔本作「式」。

〔八〕慶元庚申二月甲子：原無，據日本藏宋刻本、明澹生堂鈔本、四庫本補。

〔九〕「行」上，明澹生堂鈔本、四庫本有「或」字。

〔一〇〕於：原刻校云：「張本作『終』。」按日本藏宋刻本、明澹生堂鈔本、傅校本亦作「終」。

辨登第金花帖子

王扶　押押〔一〕

附王扶之孫臨題跋

祖宗朝，進士用唐制，禮部侍郎主文，中選者以黃花牋小帖書其姓名，主文花押已，即持送之，謂之榜帖。得座主之科第者，號爲傳衣缽〔二〕。端拱二年太宗皇帝第三榜，尚書宋公主文第二人登第，遂以是科付吾祖集賢公，實傳衣缽，士論榮之。當時金花帖子藏於家，踰九十年矣。熙寧丙辰孟夏，臨因閱家牒，感泣久之。既褾軸，復敘其始末云。孝孫皇城使知鄜州軍州事〔三〕、上柱國、太原國子臨恭題。

承協捧硯〔四〕

右王扶登科榜帖，以黃花牋爲之，故名金花帖子。熙寧丙辰，其孫臨記之矣。後九十九年，臨之孫奉議郎羲民出以示予，乃隨其大小摹而藏之。按《皇宋登科記》，扶實端拱元年程宿榜第二人，蓋太宗皇帝朝第六榜，而臨云第三榜，且作端拱二年，當考。淳熙甲午歲十月五日，東昌周某題〔五〕。

題盛京登科小録

右盛京登科榜帖及小録，其家傳已百八十餘年，裔孫寓常之無錫，貧不能守，而同邑工駜左藏有之，駜，洪景盧妹夫也，故今歸景盧家〔六〕。初，景伯丞相作本朝《登科記》，自慶曆後始有小録，悉書進士鄉貫，前乎此惟曰咸平元年孫僅榜亦然〔七〕，正以嘗見盛氏所藏耳。是年遂江云：「時小録用綾，謂之金花帖子。」殊不知榜帖偶粘於小録之前，本是兩事，豈可直以小録爲金花帖子耶？予既摹其本，又列工臨所記於卷首，使覽者無疑焉。京蓋文肅公度之弟〔八〕，其後仕宦至今不絶。此録多公卿題跋，姑掇知名者數人附於末。淳熙丙午四月十四日，周某題。

〔一〕王扶押押：原無，據明澹生堂鈔本、四庫本補。
〔二〕號：四庫本作「謂」。
〔三〕軍州事：「州」字原無，據明澹生堂鈔本補。
〔四〕「題」下，原刻校云：「張本此下有『承協捧硯』四字。」按明澹生堂鈔本、四庫本作「承協奉硯」。
〔五〕東昌：日本藏宋刻本、明澹生堂鈔本、四庫本、傅校本作「東里」。
〔六〕今：原無，據日本藏宋刻本、明澹生堂鈔本、四庫本補。
〔七〕曰：日本藏宋刻本、四庫本無。
〔八〕之：明澹生堂鈔本、四庫本無。

録洪景盧容齋續筆

唐進士登科有金花帖子相傳已久〔一〕，而世不多見。予家藏咸平元年孫僅榜盛京所得小録，猶用唐制，以素綾爲軸，貼以金花〔二〕。先列主司四人銜：曰翰林學士、給事中楊，兵部郎中、知制誥李，右司諫、直史館梁，秘書丞、直史館朱，皆押字次書四人甲子年若干，某月某日生，祖諱某、父諱某、私忌某日，然後書狀元孫僅。其所記與今正同。别用高四寸綾，濶二寸，書盛京二字，四主司花押於下〔三〕，粘於卷首。其規範如此，不知以何年而廢也。但此榜五十人，自第一至十四人，惟第九名劉燁爲河南人，餘皆貫開封府，其下又二十五人亦然。不應都人士中選若是之多，疑亦外方人寄名託籍，以爲進取之便耳。四主司乃楊礪、李若拙、梁灝、朱台符，皆只爲同知舉。

右，洪景盧既得盛氏《小録》，又於《容齋續筆》十三卷中詳載其事。予謂當時所得金花帖子止謂高四寸、闊二寸，書登第人姓名，主司花押於下者，與小録自不相涉，故盛京曾姪孫華亦自跋云：「先伯祖登咸平第，此金花帖子及小録用綾。」既曰「及」，則爲二事甚明。予以王扶帖子併粘於前，而辨景伯丞相之誤，今申言之。嘉泰壬戌閏臘月戊辰，某再題。

〔一〕金花帖子：四庫本作「録」。
〔二〕「金花」下，明澹生堂鈔本、四庫本有「帖子」二字。
〔三〕押：日本藏宋刻本、明澹生堂鈔本、四庫本、傅校本作「書」。

廬陵周益國文忠公集卷四五

平園續稿卷五

贊

東坡像李伯時作曾無疑藏之命予贊之 辛酉十一月〔一〕

龍章鳳姿，揮斥八極。天心月脇，照映萬物。孟子之氣，莊周之文。瞻之在前，尚有典型。

徐涇教授求六一先生像贊〔二〕 癸亥〔三〕

我不識公，而哀斯文。稷言臯謨，宋黼班薰。四海所宗，一鄉何有？瞻之在前，瞠若乎後〔四〕。

又求胡忠簡公贊

春秋尊王，外攘夷狄。幼學壯行，終始惟一。凛然英氣，尚父是匹。揭之徂征，可却回紇。

宗室公衡真贊 慶元乙卯七月十九日〔五〕

信厚爲質，温恭其儀。視此標的，盛哉本支！

趙山甫使君爲所部七十老叟記顔索贊 慶元乙卯〔六〕

元亮無適俗韻，醉中强釋形神。置我青原臺上，不勞半道邀迎。

友人曾無疑示予真索贊 慶元丙辰〔七〕

懶逐溪風偶度雲，聊同江月戲分身。誰知鄭驛多嘉客，也着

〔一〕辛酉十一月：原無，據日本藏宋刻本補。
〔二〕像：日本藏宋刻本無。
〔三〕癸亥：原無，據日本藏宋刻本補。
〔四〕瞠若乎後：原作「瞠乎在後」，據日本藏宋刻本改。
〔五〕慶元乙卯七月十九日：原無，據日本藏宋刻本補。
〔六〕慶元乙卯：原無，據日本藏宋刻本補。
〔七〕慶元丙辰：原無，據日本藏宋刻本補。

駘他一惡人〔一〕。

劉氏兄弟寫予真求贊時年七十 慶元乙卯正月丙午〔二〕

骨相屯，氣宇塵。濁不盈，臞不清。視爾形，省爾身〔三〕。無古心〔四〕，無時名。乃久生，真幸民。

梁光遠以予真着丘壑中慶元乙卯四月十九日自贊時年七十〔五〕

野巖非汝肖，山澤稱吾臞。珍重梁高士，深知謝幼輿。

太和貢士陳誠之記予顔欲寘明遠樓昔白傅年七十一寫真詩云鶴毳變緑髮鷄膚換朱顔予今年適同感而賦此時慶元丙辰六月八日〔六〕

巍樓必欲稱元龍，須寫褒公與鄂公。鶴毳鷄膚吾老矣，祇宜蓑笠釣船中。

慶元丁巳予與伯威歐陽兄德源葛兄三講丙午齊年會德源之子玢繪三壽圖求贊月日皆丙午也

三爲衆，一日壽。粃糠前，珠玉後。非面朋，乃益友。松竹鶴，同耐久。

寧都宰傅子淵薦邑士危正記顔求贊

予癸未夏過此邑。元祐名士孫志康、志舉之姪名札字宣季，年八十三，所居號延春谷〔七〕。而二十里間桃林寺有泉焉，四月水生，八月即竭，號過夏泉。金精道觀、七佛僧巖皆近境勝地。今三紀矣。慶元戊午十月五日，周某書，時年

〔一〕原刻文末校云：「按《莊子》『衛有惡人哀駘他』，他與駝同，言背僂也，背茂駘音殆。李云：哀駘，醜貌。他，其名也。此讀如駘蕩之駘，且似以駘他爲醜貌，當别有據。别本作『駝駝』，誤，今校改。」

〔二〕慶元乙卯正月丙午：原無，據日本藏宋刻本補。

〔三〕上文兩「爾」：日本藏宋刻本、明澹生堂鈔本、四庫本均作「汝」。

〔四〕無：原刻校云：「張本作『上』。」

〔五〕着：原作「置」，據明澹生堂鈔本、四庫本、傅校本改。

〔六〕時慶元丙辰六月八日：原無，據傅校本補。日本藏宋刻本、四庫本無「時」字。

〔七〕谷：四庫本作「閣」。

七十三。

無漢臣之功圖形凌烟，無唐人之文寫真集賢。昔假塗於虔化〔一〕，今夢想其山川。孫氏延春之谷，桃林過夏之泉。蔽虧金精之洞，坡陀七佛之巖。豈無高人若隱士，如我白髮與蒼顔。雖未能往從之遊，尚持此寘諸其間乎。

南城吴氏記予七十三歲之顔 戊午十月丁亥〔二〕

蟠木離奇，病鶴摧頽。以若形骸，而卜襟懷。無才無能，不競不猜。十目所視，人焉廋哉。

聶倅周臣寫真求贊

靖康樞臣聶公之孫士友佐郡廬陵，兩行州事，邦人德之。代還臨川〔三〕，反記衰顔，使之下語，倒置甚矣。題此以約後會。庚申三月丁巳〔四〕。

三年監州再攝州，家寘繪像争借留。便當紫綬朝冕旒，念我青笠操漁舟。携此鼠目而麞頭，歸束高閣包春秋。他年持節尋舊遊，却教形容知似不〔五〕。

趙仲肅記予肄業之所寫真求贊〔六〕

紹興甲子，予待試廬陵詞曹廳。是秋失解，後六年乃與計偕。考官七人，今惟提刑少監趙君獨壽而康〔七〕。其子仲肅來爲掾，即詩人堂之西闢小齋，記予肄業之所，寫真求贊，併題二詩。

未冠來隨舉子忙，當時已似失林獐。而今年貌那堪畫，手種堂前樹亦蒼。

五十餘年一遠莊〔八〕，耕夫雖老未抛荒。審言堂上新司户，子厚書中顧十郎〔九〕。

高沙曾忠佐良臣築思永堂以念親傍闢書閣肖楊誠齋及予像求贊 嘉泰二年正月五日〔一〇〕

德行淵騫，曾參曷遺？蓋生也後，其年可推。遥遥華胄，古

〔一〕虔化：原作「處化」，原刻校云「張本作『虔』。」日本藏宋刻本亦作「虔」。按作「虔」是。《宋史·地理志》四贛州虔化縣，注云「紹興二十三年改寧都」。

〔二〕戊午十月丁亥：原無，據日本藏宋刻本、明澹生堂鈔本、四庫本補。

〔三〕代：傅校本作「追」。

〔四〕庚申三月丁巳：原無，據日本藏宋刻本、明澹生堂鈔本、四庫本、傅校本補。

〔五〕教：原刻校云：「張本作『校』。」按日本藏宋刻本、明澹生堂鈔本、四庫本亦作「校」。

〔六〕原無此題，據傅校本補。

〔七〕君：日本藏宋刻本、明澹生堂鈔本作「公」。

〔八〕年：日本藏宋刻本、傅校本作「春」。

〔九〕子厚：四庫本作「于後」。

〔一〇〕嘉泰二年正月五日：原無，據日本藏宋刻本、明澹生堂鈔本、四庫本補。

今與稽。誠齋則賢，我愧思齊。

蜀儒先楊繪元素釋《論語》四科云：孔子在陳年六十，參少四十六歲〔一〕，則是年方志學，或侍父皙，未必在行。且舜大聖，二十孝聞，參猶未及，遽許終身，可乎？此非子游文學比也。

游元齡登仕寫予真求贊 壬戌二月十二日〔二〕

休誇歲歲花相似，莫嘆年年貌不同。閑伴長松與龜鶴，免將開落問東風。

南城吴仲兄弟寫予真求贊 壬戌春〔三〕

方丈蓬瀛，早陪羣英。鳳掖鰲局，中敷帝文。晚侍嚴宸，偏持樞鈞。若非精神滿腹，則當容貌動人。何歛頤而折頞，弗走俗而抗塵。豈所謂相形不如論心，見面不如聞名者耶？

門客鄭安世寫壽星求贊 壬戌春〔四〕

誰把江西一幸民，强摹南極老人星。穹龜鹿鶴朋三壽，伴我松根斸茯苓。

趙倅彥燦寫予真求贊 壬戌五月望

靖康丙午，大父倅吉，行州事〔五〕，而某生於吴門。丁未、戊申間，先公奉使湖湘，挈以歸省。今七十五年，而皇諸孫德輝由別乘代還，寫衰容，命之贊。壬戌五月望〔六〕。

王父當年此治中，嗟予髾角未成童〔七〕。只今闔郡攀泥軾，何事偏圖鶴髮翁？

英德邵守之綱記予衰顏戲題數語 壬戌〔八〕

使君燕頷虎頭，法當萬里封侯。宜自蜀而之廣，繪像祠於兩州。鈐閣雖非麟閣，胡爲畫此獮猴？亦如杭人效穆仲，獻笑於坡代俳優耶！

〔一〕參少四十六歲：四庫本作「參年十六」。
〔二〕壬戌二月十二日：原無，據日本藏宋刻本、明澹生堂鈔本補。
〔三〕壬戌春：原無，據日本藏宋刻本、明澹生堂鈔本補。
〔四〕壬戌春：原無，據日本藏宋刻本、明澹生堂鈔本補。
〔五〕行：原無，據日本藏宋刻本、明澹生堂鈔本、四庫本、傅校本補。
〔六〕壬戌五月望：原無，據日本藏宋刻本、明澹生堂鈔本、四庫本、傅校本補。
〔七〕髾：四庫本作「鬢」、傅校本作「髫」。
〔八〕壬戌：原無，據日本藏宋刻本、明澹生堂鈔本補。

登仕郎張武來求一言因記衰顏就以勉之壬戌七月也〔一〕

德人之容，如玉温其〔二〕。參前倚衡，以瞻以儀。我愧於是，將焉取斯？所貴者三，歸有餘師。

予乾道中嘗除延平守閩憲皆當赴而改晚得富沙趣行甚峻亦不果赴今郡人吴氏寫真求贊因以遺之〔三〕 壬戌七月〔四〕

三度除書下七閩，勒回深愧北山文。勞君爲寫山中相，要與邦人識使君。

永豐監税黄思義寫予真於大椿之下戲題〔五〕 壬戌秋〔六〕

鬢髮皤然八十春，若爲百倍比莊椿。藉令十此如彭祖，亦是鷄窠九世人。

張孜仲寅寫予真倚松而立戲贊〔七〕 壬戌〔八〕

曾陪漢幄運前籌，也忝分封萬户留。未問家傳黄石法，且來閑伴赤松遊。

陸務觀之友杜敬叔寫予真戲題四句他日持似務觀一笑〔九〕 壬戌〔一〇〕

西百官中識放翁，四年上下日相從。如今鶴伴山鷄舞，羞對雲間陸士龍。

李子西卿月記予七十七歲之顔求贊〔一一〕 壬戌冬〔一二〕

太白天才丐後人，有時佳句似陰鏗。我無飯顆哦詩苦，枉被

〔一〕壬戌七月也：原無，據日本藏宋刻本、傅校本補。
〔二〕温其：四庫本作「其温」。
〔三〕氏：日本藏宋刻本、明澹生堂鈔本、四庫本、傅校本作「山民」。
〔四〕壬戌七月：原無，據日本藏宋刻本、明澹生堂鈔本、四庫本補。
〔五〕予真：「真」字原無，據日本藏宋刻本、明澹生堂鈔本補。四庫本作「真予」。又「之下」下，傅校本補「偶」字。
〔六〕壬戌秋：原無，據日本藏宋刻本、明澹生堂鈔本補。
〔七〕孜：原作「子」，據日本藏宋刻本、明澹生堂鈔本、四庫本、傅校本改。
〔八〕壬戌：原無，據日本藏宋刻本、明澹生堂鈔本補。
〔九〕似：四庫本作「示」。按「似」謂奉贈，不誤。
〔一〇〕壬戌：原無，據日本藏宋刻本、明澹生堂鈔本補。
〔一一〕子西卿月：日本藏宋刻本、明澹生堂鈔本、四庫本作「卿月子西」。
〔一二〕壬戌冬：原無，據日本藏宋刻本、明澹生堂鈔本補。

渠嘲太瘦生。

鄭準廣文赴官九江携予真索贊 壬戌臘月甲申〔一〕

曾爲康廬十日留，今猶化蝶夢江州。憑君五老峰頭問，員外能添此老不〔二〕？

吉水贊府王覲時可爲平園寫真口占小詩

癸亥二月戊辰〔三〕

皓首相逢涉四年，君歸鄱水我螺川。清風明月思玄度〔四〕，試展丹青即儼然〔五〕。

徐教授涇寫予真求贊 癸亥〔六〕

雖非戚戚小人儒，豈是堂堂大丈夫？寫向廣文官舍裏，巍冠爲我講唐虞。

一甲子前與齊源李綦儀之游從贛上今其壻謝幼學傳示衰容爲題四句〔七〕 癸亥三月〔八〕

早同短李客南康，晚識渠家玉潤郎〔九〕。自笑頭顱并目睫，依然如鼠復如麞。

山谷自贊云作夢中夢見身外身福唐曾錫盛談西湖水晶宮之勝因寫予真用此意題四句 嘉泰三年七月癸巳〔一〇〕

大患都緣有此身，笑看身外假爲真。夢中更作西湖夢，誰謂先生不到閩？

〔一〕壬戌臘月甲申：原無，據日本藏宋刻本、明澹生堂鈔本、四庫本、傅校本補。

〔二〕能：明澹生堂鈔本作「曾」，四庫本作「容」。

〔三〕癸亥二月戊辰：原無，據日本藏宋刻本、明澹生堂鈔本、四庫本補。

〔四〕玄：原作「元」，據四庫本改。

〔五〕展：明澹生堂鈔本作「寫」。

〔六〕癸亥：原無，據日本藏宋刻本、明澹生堂鈔本補。

〔七〕一：原無，原書校云：「張本『甲子』之上有『一』字。」又日本藏宋刻本、明澹生堂鈔本、四庫本亦有「一」字，據補。又原刻「齊」下校云：「張本作『濟』。」日本藏宋刻本亦作「濟」。

〔八〕癸亥三月：原無，據日本藏宋刻本、明澹生堂鈔本、四庫本補。

〔九〕玉潤：明澹生堂鈔本作「潤玉」，疑是。

〔一〇〕嘉泰三年七月癸巳：原無，據日本藏宋刻本、明澹生堂鈔本、傅校本補。

予平生願學忠恕既以自勉亦告於人王牒正則聞而悅之歸作唯齋九萬里風斯在下矣寫衰容命之贊〔一〕 甲子二月庚申〔二〕

中心爲忠〔三〕，如心爲恕。勉强行之，道其殆庶。苟憎醱蔑之貌惡，而廢一言於堂下〔四〕，則所謂唯之與阿不能以寸而相去矣。

教官福唐劉季新寫陋質道衣羽客索贊還鄉福乃提刑臺治僕嘗出使陛辭而留情見乎詞 甲子六月〔五〕

帶山負海，都督全閩。臨遣繡斧，言輟其行。夢想樂郊，或勤宵征。今威化鶴，會遊遼城。

本覺長老祖宏爲老兄弟寫真求贊次七兄韻 丙辰仲秋〔六〕

幅巾短褐鴈行秋，不照青銅不倚樓。今耄昔童無異性，世間寒暑任遷流。

能仁監寺志超爲予寫真求贊 丙辰下元日〔七〕

前生座下一高僧，失脚中原自恣辰。但記本來真面目，何須會見宰官身〔八〕？

德回上人寫予真求贊時年七十二歲 丁巳〔九〕

非律非禪自在身，免丁不納没公憑。明知未是龐居士，且可題爲破戒僧。

〔一〕王：原刻校云：「張本作『玉』。」按日本藏宋刻本、四庫本亦作「玉」，疑是。

〔二〕甲子二月庚申：原無，據日本藏宋刻本、明澹生堂鈔本、四庫本、傅校本補。

〔三〕忠：原作「中」，據日本藏宋刻本、明澹生堂鈔本、四庫本、傅校本改。

〔四〕「下」字下，日本藏宋刻本、明澹生堂鈔本、四庫本小字注云「音户」。

〔五〕甲子六月：原無，據明澹生堂鈔本、傅校本補。

〔六〕丙辰仲秋：原無，據明澹生堂鈔本、傅校本補。日本藏宋刻本作「丙辰中秋」。

〔七〕丙辰下元日：原無，據日本藏宋刻本、明澹生堂鈔本、四庫本補。

〔八〕原刻校云：「按翰林院本『中原』作『中元』，下注云：『予解夏日生』。『會見』作『悔見』」。按日本藏宋刻本同。

〔九〕時年七十二歲丁巳：原無，據日本藏宋刻本、清黄丕烈校明鈔本補。

贛州豐樂長老惠宣寫予真戲贊時年七十三歲〔一〕 戊午十月辛巳〔二〕

少年日醉鬱孤臺，鼎立三禪屢往來。豪氣雖存誰復識，形容變盡鬢皚皚。

青原祖燈監寺屢問予久不入山寫真戲題〔三〕 戊午臘月八日〔四〕

欲作青原掛搭僧，傳聞米價逐時增。繞腰三篾非難事，空腹何能念葛藤？

予久欲遊仰山而未暇行者智印寫真求贊〔五〕 戊午〔六〕

家居只在仰山旁，自笑癡蠅凍守窻。也解分身千百億，從來一月印千江。

安福縣岳興院僧希奇求予真贊〔七〕

僧房何事俗塵同，索我精神阿堵中。有相要知皆是妄，發真那更隕虛空。

覺報長老道諶寫予兄弟真求贊次七兄韻 己未三月〔八〕

身凡心聖古盧能，未着袈裟已是僧。冷煖自知師莫問，但看老色幾分增。

龍堂院宗愍寫真求贊次七兄韻 結夏〔九〕

相將尋壑復經丘，漱石何妨更枕流。得法龍須隨七祖，休官郎將繼牛頭〔一〇〕。

〔一〕惠：日本藏宋刻本、傅校本作「慧」。
〔二〕戊午十月辛巳：原無，據日本藏宋刻本、明澹生堂鈔本、四庫本、傅校本補。
〔三〕青原：傅校本作「清源」。
〔四〕戊午臘月八日：原無，據明澹生堂鈔本、四庫本、傅校本補。日本藏宋刻本無「月」字。
〔五〕求：日本藏宋刻本、傅校本作「索」。
〔六〕戊午：原無，據日本藏宋刻本、明澹生堂鈔本補。
〔七〕奇：原刻校云：「張本作『琦』。」按日本藏宋刻本、明澹生堂鈔本、四庫本、傅校本亦作「琦」。
〔八〕己未三月：原無，據日本藏宋刻本、明澹生堂鈔本補。
〔九〕結夏：原無，據日本藏宋刻本、明澹生堂鈔本補。
〔一〇〕繼牛：原作「幾千」，據日本藏宋刻本、明澹生堂鈔本、四庫本、傅校本改。按原刻末句校云：「案別本第三句下原注：『兄弟二人同嗣曹溪。』第四句作：『休官郎欲繼牛頭。』」日本藏宋刻本同。

予年十四五侍子中兄讀書贛州壽量寺久之寺爲寇燔其後子中出守一新之今小兒綸又將佐郡他日當訪舊遊因主僧慈濟寫真題贊〔一〕

志學今經六十年，招提仍對舊山川。令威化鶴重來日，頂似初顏雪被肩。

隆興癸未夏予年三十八自掖垣奉祠歸游麻姑山今又三十八年而知觀李惟賓緣化修造至廬陵寫予真求贊〔二〕　辛酉三月〔三〕

古觀今猶換綵椽，壯游我合變華顛。方平再過憑相報，欲往從之問海田。

福壽院僧浄高寫予及子中兄真求贊次子中韻〔四〕　辛酉四月〔五〕

弟兄本自讀儒書，脱外形骸付六如〔六〕。摩詰文殊俱默默，從教似我與非吾。

堵陂知莊僧德永寫予真求贊　辛酉十一月〔七〕

昔方三五少年，便作阿婆心切。今已八十老翁，却學小兒口説。如何不言不語，莫問是同是别。只願年豐飽喫飯，肚皮解了三條篾。

祥符長老智華寫予真求贊　壬戌〔八〕

五蘊皆空，四大和合。昔者逢場，東塗西抹。今兹面壁，有問無答。似耶非耶，任師指撥。

〔一〕侍：四庫本作「時」。

〔二〕「歸」下，傅校本補「道」字。今：原無，據日本藏宋刻本、明澹生堂鈔本、四庫本、傅校本補。

〔三〕辛酉三月：原無，據日本藏宋刻本、明澹生堂鈔本、四庫本補。

〔四〕高：日本藏宋刻本作「臯」。

〔五〕辛酉四月：原無，據日本藏宋刻本、明澹生堂鈔本、四庫本、傅校本補。

〔六〕脱：原刻校云：「别本作『晚』。」按日本藏宋刻本、明澹生堂鈔本、四庫本、傅校本亦作「晚」。

〔七〕辛酉十一月：原無，據日本藏宋刻本、明澹生堂鈔本、四庫本補。

〔八〕壬戌：原無，據日本藏宋刻本、明澹生堂鈔本、傅校本補。

法華院僧祖月寫予真戲贊 壬戌人日〔一〕

老子七十七，到處遮人壁。住世更十年，化身千百億〔二〕。

僧智印寫乘成平園仰山三人真求贊〔三〕 嘉泰三年正月甲戌〔四〕

四海彌天兩誕誇，人三爲衆轉周遮。明知諸相皆虚妄，弄假爲真有甚巴〔五〕。

天慶知觀蕭惟清寫予真求贊〔六〕 三年二月八日〔七〕

塵滿形容雪滿頭，分無仙骨到瀛洲。希夷更請旁人看，曾急流中勇退不？

廬陵道士羅尚逸能醫眼善弈自湘中歸寫予真求贊復游湘中〔八〕 三年七月望日〔九〕

黄冠多藝從虬仙〔一〇〕，處士圍棋伴樂天。我不即師師即我，胡爲邀我泛湘船？

清源知藏僧法源寫真求贊〔一一〕 三年臘日〔一二〕

精不揺，神不驕，鬢任禿，顏任凋。人擾擾而膠膠，爾寂寂而寥寥。知壺子其誰何，異漁父之堪描。往壁觀以默照〔一三〕，免室邇而人遥。

〔一〕壬戌人日：原無，據日本藏宋刻本、明澹生堂鈔本、傅校本補。
〔二〕百：四庫本、傅校本作「萬」。
〔三〕智：傅校本作「知」。
〔四〕嘉泰三年正月甲戌：原無，據日本藏宋刻本、明澹生堂鈔本、傅校本補。四庫本作「嘉泰三年正月甲寅」。
〔五〕巴：四庫本作「耶」。
〔六〕惟：原作「性」，據日本藏宋刻本、明澹生堂鈔本、四庫本、傅校本改。
〔七〕三年二月八日：原無，據日本藏宋刻本、明澹生堂鈔本補。
〔八〕廬：原作「廣」，據日本藏宋刻本、明澹生堂鈔本、四庫本、傅校本改。
〔九〕三年七月望日：原無，據明澹生堂鈔本補。日本藏宋刻本無「日」字。
〔一〇〕虬：日本藏宋刻本、明澹生堂鈔本、四庫本、傅校本作「仇」。
〔一一〕清源：日本藏宋刻本、傅校本作「青原」，明澹生堂鈔本作「清原」。
〔一二〕三年臘日：原無，據日本藏宋刻本、明澹生堂鈔本補。
〔一三〕往：原刻校云：「張本作『住』。」

金牛長老德鎧寫平園真求贊〔一〕 甲子正月庚寅〔二〕

經傳白馬，寺假金牛〔三〕。祖意西來，江水東流。何有於我，免見因求〔四〕。千帆任過，長對沙洲。

使臣周允寫平園老叟真於松竹龜鶴間戲贊 嘉泰辛酉二月乙卯，時年七十六〔五〕

松可以傲霜雪，竹可以延風月。龜巢葉而養氣，鶴鳴皋而戢翼。置閒身於四物，聊竊名於五一。

使臣宋千齡寫平園老叟真於松竹之間從以鹿鶴龜求贊 壬戌三月壬申〔六〕

向來結綬事華勛，老去抽簪愛水雲。但得松筠無易葉，何妨鳥獸與同羣〔七〕。

提轄官鍾懃及其子可久寫平園真睨蟾倚桂爲生日壽 壬戌秋〔八〕

元豐壬戌，中元之夕。挾此飛仙〔九〕，浩歌赤壁。今兩甲子，明月猶昔。嘉爾父子，及我顔色〔一〇〕。丹桂婆娑，銀蟾皎潔。願言冰輪，常圓罔缺。

使臣俞允迪赴萍實稅官寫平園老叟真求贊 壬戌九月〔一一〕

往來四度過萍鄉，斗實誰能辨有亡？爾欲常常如對我，莫增酒課罔征商。

〔一〕牛：傅校本作「斗」。
〔二〕甲子正月庚寅：原無，據日本藏宋刻本、明澹生堂鈔本、四庫本補。
〔三〕假：日本藏宋刻本、傅校本作「瞰」。
〔四〕免見因求：原刻校云：「張本作『色見音求』。」傅校本同。日本藏宋刻本作「免見音求」。按「免」明澹生堂鈔本、四庫本亦作「色」。
〔五〕嘉泰辛酉二月乙卯時年七十六：原無，據明澹生堂鈔本、四庫本補。日本藏宋刻本「二月」作「三月」。傅校本脱「七」字。
〔六〕壬戌三月壬申：原無，據四庫本補。日本藏宋刻本、明澹生堂鈔本「壬申」作「甲申」，誤。
〔七〕妨：四庫本作「如」。
〔八〕壬戌秋：原無，據日本藏宋刻本、明澹生堂鈔本補。
〔九〕挾此：原刻校云：「張本作『仇池』。」按日本藏宋刻本、明澹生堂鈔本、四庫本亦作「仇池」。
〔一〇〕及：原刻校云：「張木作『記』。」按日本藏宋刻本、明澹生堂鈔本、四庫本亦作「記」。
〔一一〕壬戌九月：原無，據日木藏宋刻本、明澹生堂鈔本補。

予刻文苑英華千卷頗費心力使臣王思恭書寫校正用功甚勤因傳予神戲爲作贊

甲子四月旦〔一〕

倚樹而吟據槁梧，自憐《爾雅》注虫魚。汝曹更作書中蠹，不愧䲹鵬運海輿〔二〕。

使臣李汝發寫平園真求贊

同前〔三〕

人皆炎熱之憎〔四〕，我愛夏日之長。耳百尺之松風，挹雙沼之荷香。髮固知其種種，容何事乎堂堂。尚從遊於留侯，免形似於六郎〔五〕。

直省官李端義求平園真贊

同前〔六〕

形若性，皆天與。常用汝，不爲虎。非詩苦，瘦如許。以貌取，失子羽。

〔一〕甲子四月旦：原無，據日本藏宋刻本、明澹生堂鈔本補。

〔二〕運海輿：原刻校云：「別本作『海運輿』。」按明澹生堂鈔本、四庫本亦作「海運歟」。

〔三〕同前：原無，據日本藏宋刻本、明澹生堂鈔本補。

〔四〕憎：日本藏宋刻本、四庫本、傅校本作「畏」，疑。

〔五〕於：四庫本作「乎」。

〔六〕同前：原無，據日本藏宋刻本補。

廬陵周益國文忠公集卷四六

平園續稿卷六

題跋 一

家藏御書

高宗御批陳思恭奏劄跋

建炎己酉七月朔，高宗幸金陵平寇，前將軍范瓊跋扈伏誅[一]。瓊爲河北制置使時，王彥聚兵太行，黥其面曰「誓殺金賊，不負趙王」，號八字軍，瓊嘗統之。至是彥爲御營使司統制，詔以此軍歸彥，又分瓊餘兵四千七百人付神武軍統制陳思恭。思恭本韓世忠部曲，是春苗、劉反，自平江從世忠勤王有勞。既得瓊兵，遂乞衣甲。御批依奏，下有御押。歲久紙敝，臣偶得之，亟加池飾。嘉泰甲子正月丙寅，前史官臣周某謹記。

淳熙戊申國書跋

淳熙十五年十一月五日丙申，遣中書舍人鄭僑及武臣張時修充金國賀正使副。明年正月二日，葛王殂，僑等不能成禮而回。二月二日壬戌，適值光宗受禪，九月己巳，僑等入見。上深惡之，令將元國書徑納丞相收受，不必再奏。禮物等國信所自令發付所屬，亦不敢奏。時從官尚謂不開陳[二]，依常例使副轉官。嘉泰甲子重陽日。

光宗御書跋

乾道壬辰春，臣佐春官，兼直翰林院[三]，坐不草新除兩簽樞答詔，以外祠罷。光宗在儲極，對宮僚數惜臣去。淳熙乙未召還，孝宗簡注方厚，自兵部侍郎選兼端尹，光宗實贊之。陪侍六年，凡御製御書或面賜，或簽名封送，真行粲然，寶藏多矣。逮戊申歲，獨在揆路，孝宗將內禪，屢令留身討論典禮。初議己酉春北使出門即擇日傳授，偶聞太史局言二月旦太陽蝕九分，臣密奏云：「太子聽政浹旬，不應便講避殿之禮，可少展否？」孝宗大以爲然，曰：「朕亦可以當災。」遂定上旬壬戌吉。因奏：「太子生於丁卯，是日天地合德，猶陛下生於丁未而壬午歲受禪也。」退不敢以語人。至正月末，春坊姜特立相過云：「宮中人人知上元後舉典禮，今悄然，何也？」但遜謝云：「此非外廷敢預聞[四]。」特立不悦而退，意間言或自此入。輔初政之三月，內

[一] 前：四庫本無。
[二] 「不」下，明澹生堂鈔本有「敢」字。
[三] 翰林院：日本藏宋刻本作「翰苑」。
[四] 預：日本藏宋刻本、明澹生堂鈔本、四庫本作「與」。

外交相睥睨，遂請罷政。紹熙庚戌，起鎮鄉部，避言官懇免。明年，三省擬鄭僑帥長沙，光宗曰：「周某前宰相，合先除授。」乃知天心念舊，非我而可度〔一〕。甲寅巽位，後數月臣亦謝事，君臣契合，固豈偶然？比敬哀高宗、孝宗御書一二大者刻石，附以光宗翰墨，各爲之跋。恭念紹興庚辰，孝宗封真王，三皇子共置小學教授一員，專差館職，選校書郎王十朋充。頃之，十朋輪對，力攻楊存中，又在王邸議賓主禮異同。十二月壬子，選小著，解兼職，徙越之宗丞而去。館職多闕，臣任正字，爲之首。宰執不欲自下越進它人，特降聖旨云〔二〕：「今後王府小學教授闕，館職、學官通差。」殆爲臣設。明日遂用國子博士劉藻，丙辰擢藻祠部郎官，當解教授而不解，新制墨未乾也。是則光宗就傳，臣不得一至講堂，詎知六年居詹省乎？敬書以示子孫，使知被遇三朝本末如此。爲臣不易，雖幸免於大戾，歸美報上，老矣無能爲也。抑《詩》有之：「倬彼雲漢，爲章於天。」言天子爲法於天下也。又曰：「追琢其章，金玉其相。」言萬民觀而樂之也。臣之志願不在茲乎〔三〕？嘉泰四年二月旦。

家藏法帖書畫碑刻

題山谷和郭内翰長篇

郭公諱知章，字明叔，吉州龍泉人。事哲宗爲臺諫從官。徽宗朝歷刑部尚書、翰林學士，帥太原，尹開封，《國史》有傳。予少時見友人羅良弼，云郭明叔乃薄陶淵明，心頗疑之。後得公文集，見元豐間宰分寧，贈黃太史長歌，其末云：「功名時來亦自然，跨風絶海非爲難。肯學陶潛歸去來，虚名浪得傳人寰。」然後知其壯年志在功名，屈臨一邑，不忍學淵明棄印綬而去，庶幾善學柳下惠者耶！太史此詩即當時和篇，亦知其鋭意從仕，故從臾之。尋果用鄭雍、顧臨薦擢爲御史，「豸冠言路」之句驗矣。

自題寫真

此淳熙庚子余記顔也，時年五十有五，觀者以爲酷似，七兄贊之。今十五年矣，髮白面皺殆如他人，所謂「君顔老可憎」，特未知常河性依然否〔四〕。如魚飲水〔五〕，冷暖自知。紹熙甲寅十二月十日，子充題。

題薛元亮老杜醉歸圖詩後

薛元亮名公寀，臨川佳士。紹興間從許子禮、李西美諸公

〔一〕我：原作「俄」，按原刻校云：「翰院本作『非我可度』。」按四庫本《六一之一録》卷三一三、《御定佩文齋書畫譜》卷六八同，又明澹生堂鈔本「俄」亦作「我」，據改。
〔二〕聖：四庫本作「諭」。
〔三〕志願：原作「願志」，據日本藏宋刻本、明澹生堂鈔本、四庫本乙。
〔四〕河：四庫本作「何」。
〔五〕魚：日本藏宋刻本、明澹生堂鈔本作「人」。

游。此詩乃其鄉人梁世昌名光遠録以相示〔一〕。慶元丙辰六月八日題〔二〕。

題六一先生手書後

右熙寧間文忠公與趙彦若元考帖。江端友跋云：「先祖非戲言。蓋往時風發法華至人家〔三〕，見筆便書，初無倫理。」公友江鄰幾舍人亦以公見筆輒書，戲比風僧。此説載公文集《試筆》門。端友即鄰幾孫也。慶元五年二月癸未，周某題。

題蔡君謨飛草帖

慶元己未仲冬，餘干徐君來赴安福宰〔四〕，攜此相示，謂是君謨真跡〔五〕。參以後帖，又似它人作，不能定也。因命筆吏臨本置秀巖堂。平園老叟周某記。

題唐人臨王子敬帖

王子敬《異聞帖》，杜氏所藏，云其祖正獻公併蕭楚公《華陽帖》得於蕭氏之裔孫，相傳是唐人臨本，或者楚公所臨耶？

題吴説書

此詩乃吴説傳朋書，而劉季高用名、字及杼山三印，意其愛而蓄之爾。嘉泰二年八月二十四日，平園老叟周某題。

題蕭楚公帖

蕭楚公自負奇節，未嘗以書名，而字畫亦甚可觀，蓋唐世風俗，其雅尚如此。嗚呼，士大夫風俗，根本其所當勉者，何獨此一藝哉！

跋王獻之保母壙志

右嘉泰癸亥越人掘地得古碑，乃晉興寧三年乙丑歲王獻之保母李意如壙志也，云善爲文，能草書。王謝奴婢定小異耳。又有小硯，背刻「王獻之永和」五字。二者已致行都〔六〕，別鐫此本，四明樓尚書鑰摹以相示。字畫固妙，其詞則有望於八百餘年後守官之人。自興寧距今適八百三十餘年，預知如此，蓋當時卜地如

〔一〕相示：四庫本作「示予」。
〔二〕「題」上，日本藏宋刻本有「某」字。
〔三〕往：原作「性」，按原刻校云：「張本作『往』。」又日本藏宋刻本、明澹生堂鈔本、四庫本、傅校本亦作「往」，據改。法華：原作「發每」，據日本藏宋刻本、明澹生堂鈔本、四庫本、傅校本改。
〔四〕來：原作「求」，原刻校云：「張本作『來』。」又日本藏宋刻本、明澹生堂鈔本、傅校本亦作「來」，據改。
〔五〕謂：傅校本作「爲」。
〔六〕已：原作「以」，據日本藏宋刻本改。

郭璞輩固不乏也。五月二十八日記〔一〕。

題米禮部參星賦真蹟

右米禮部《參星賦》，筠州集本以爲首篇，其間意同辭異者多，具列如上。今秘閣有石刻，字畫稍大。此卷收斂豪逸，秀傑痛快，尤可愛重。紙背題詩一聯，不敢慢也。嘉泰癸亥秋，池州故人文思提轄葉楠之子之真自所居鐵圍山附遞壽予，其意厚矣，乃褾軸而識之。七月望日，平園老叟周某題。

題孫氏四皓圖

嘉泰癸亥，池州故人子葉之真既以米元章《參星賦》真蹟爲予壽，又寄漢四皓像，絹僅盈尺，前有印文云「孫汝節筆」，而之真以爲孫顯節，不知何時人，蓋名畫也。上有蘇文忠贊，元祐三年二月楊次公書，東坡諸集皆無之。因記乾道庚寅閏十二月過京口，遊金山妙高臺，壁間有東坡族姪成都中和院僧表祥繪公像，公自贊云：「目若新生之犢，心如不繫之舟。要問平生功業，黄州、惠州、崖州。」其爲暮年所作無疑，諸集亦不收，乃知平生遊戲翰墨，散落何限？如去黄日戲贈李琪詩，偶見於何薳《春渚紀聞》之類是也〔二〕。八月壬戌，平園老叟周某書。

題祖妣秦國潘夫人書

右靖國元年辛巳祖妣秦國潘夫人從祖父初任忻州司法時與鄭州叔祖母姚氏書。夫人，富文忠公彌甥。其云奉、文，乃運使金紫及奉使太師小字。後批三管散一行，金紫年十四代寫。常記祖母張秦國道祖父之言，舊小吏事上官極恭，太守禮上，法曹與它掾窄裏捧桉。此書亦云日起五更，每日兩衙。極邊小壘事體尚爾，況藩府乎！今儀門外雖有「州縣官於此下馬」牌，然皆肩輿直箳客位。初到略展衙禮，遠不過三日，近則是日亟免。并記此以示後人。嘉泰三年十月旦立石。

題樂毅論

右夏侯泰初《樂毅論》，以世傳兩石本校正，與《史記》本註時時異同。歐陽文忠公引《文選》所載，今無之，不可曉也。嘉泰甲子三月乙亥周某記〔三〕。

〔一〕「記」上，四庫本有「某」字。

〔二〕何薳：原作「李薳」。按《春渚紀聞》乃何薳作，其書今存，東坡贈李琪詩見該書卷六。據改。

〔三〕乙亥：原作「乙卯」，按嘉泰甲子（四年）三月甲子朔，無乙卯，今據日本藏宋刻本、明澹生堂鈔本、四庫本改。

雜題跋

跋鄴侯遺事奏稿〔一〕

右吏部郎新安朱公喬年家藏王荆公《進鄴侯遺事奏稿》一通，與集中所載增損不同，未知孰爲定本〔二〕？公之子元晦爲某言：「先君子少喜學荆公書，多儲真蹟，惟此紙有跨越古今、開闔宇宙之氣。將屬江西常平使者汪季路刻石臨川，仍抄《日録》、奏對、家傳本語附其後〔三〕，幸爲我識之。」某亦竊怪宇文黑獺、蘇綽能以區區西魏置府兵强其國，及熙寧全盛之時，欲創上番義勇，則反以爲疑，獨何歟？蓋東、西魏之分，孝文立都關中，僅有隴右、河西之地，風俗尚武，兵農未判，用新造之偏方，行一切之號令，故爲力也易。今以百年無事萬里之中國，一旦將復古制，兵重於汰，農重於括，而欲詢謀僉同，革習俗之已安，故爲力也難。昔者，堯、舜、三代雖曰明道制衆，然美成在久，立政造事亦非一時所能備。彼西魏享國不長，降周迄隋，濟以唐太宗之英明，方覩成效。荆公因聖語而謂其施有漸，蓋知此矣。厥後《謝昭文表》復云：「苟貪歲月，趣就涓埃。」是又知時難得而易失耶！故詳論之，使後之君子得以考焉。紹熙五年二月。

跋汪聖錫與武義宰趙醇手書

玉山汪公名重天下，人得尺牘榮之。今觀此帖，則於舊僚趙令傾倒至矣，其人亦可推也。公中年常苦目疾，頗憚親染。虞丞相雅善公，公帥蜀時，因占吏答書，遂稍相失。公爲予言如此。其後數與予通問，皆季路代作。當時翰墨已難得，况今日乎？况後世乎？紹熙五年四月旦，周某題。

跋東坡桂酒頌

東坡自海南歸，文章翰墨所謂「毫髮無遺憾，波瀾獨老成」者，《桂酒頌》其一也。今閩、浙、川本皆以「心服」爲「心腹」，「御瘴」爲「禦瘴」，「輔安五藏」爲「五神」，殆隨手有所改定耶！紹熙五年四月五日〔四〕，故人徐思叔赴曲江幕官，携以相示，敬題其後。他日或呈似韓使君刻石，寘《九成臺銘》之側，亦奇事也。周某子充甫。

跋德化縣陳氏義門碑

胡周父史筆文華著聲三朝，《義門碑》甚有古風。中經兵火，得賢宰呂仁甫表而出之，又可傳遠。予恐拓本頗艱〔五〕，爲刻板付陳氏裔孫兼善，使携以歸，凡族人皆當遺之一本。惟其有之，是

〔一〕此題四庫本作「題新安吏部朱公喬年稿」。
〔二〕爲：四庫本作「是」。
〔三〕日：原作「目」，據日本藏宋刻本、明澹生堂鈔本、四庫本改。
〔四〕四月：四庫本作「五月」。
〔五〕拓：原作「石」，據日本藏宋刻本、明澹生堂鈔本、傅校本改。

以似之，尚其勉旃！高山仰止，景行行止，予亦庶幾焉。銘以「居官」爲「若官」，疑後來碑誤。紹熙五年十七日。

題吉州司户趙彦法所藏山谷帖

紹聖元年甲戌夏，山谷得郡武昌，未赴，坐蔡卞奏乞疏問前修《神録》詆誣事，改授亳祠，即開封府界。七月至陳留，寓東寺之淨土院，院有深明閣，書此二詩贈表姪李繩武，翰墨煒然照人〔一〕。時年五十，是臘貶黔州。後百年〔二〕，當紹熙五年甲寅八月旦，周某敬觀。

題汪季路所藏書畫四軸

右汪季路所藏歐陽文忠公在政府與蔡忠惠公兩帖。其一蔡公親題十字，蓋嘉祐八年八月自翰林學士、右諫議、權三司轉給事中、正除三司使時也。其一稱端明侍郎，則後二年當治平乙巳二月解三司、除端明殿學士、轉禮部侍郎、出守杭州時也。李敷乃尚書都省令史〔三〕，見文忠公《祭石曼卿文》，殆亦忠惠故吏耶？後人但謂二帖有遺敷往復之語，後又適題二十六、二十九日，遂以爲先後之序，宜正之。紹熙五年九月旦，周某書。

右高學士家《樂毅論》，歐陽文忠公《集古録》跋云碑石燬於回禄，而尤延之謂無錫徐氏蓄此碑，殘缺已甚，得非後人摹刻者耶？乾道己丑，同年史志道又以文忠所藏刻之金陵，失真愈多〔四〕。茲乃天錫楊氏舊物，近世士大夫家絶無而僅有也。紹熙五年九月旦，周某書。

蔡忠惠公大字端重沉着，宜爲本朝法書第一。紹熙五年九月十二日。

吴畫在唐已有妙絶動宫墻之稱，况數百年後乎哉！或謂縑帛久則飛揚，須良匠乃能補葺，今赫蹏如新何也？然滄浪、東坡翰墨在前，後來名勝跋語盈軸，可謂珍玩矣。

跋劉賓之浩然集

故人李勝祖文力學能文辭〔五〕，然狷介少許可。嘗著《章貢志》，郡有大家事實當書而丐婉其詞者，正色拒之，坐是獲怨謗，弗恤也。獨爲門人劉君昕作沉刻〔六〕，極道其孝於事親，與人交重

〔一〕翰墨：原作「墨翰」，據明澹生堂鈔本、四庫本乙。

〔二〕「後」下，日本藏宋刻本、明澹生堂鈔本、四庫本有「一」字。

〔三〕都：原作「部」，原刻校云：「張本作『都』」，又日本藏宋刻本、四庫本及《益公題跋》卷一並作「都」，據改。

〔四〕失真愈多：四庫本作「其失愈多」。

〔五〕勝：原刻校云：「一本作『盛』。」按日本藏宋刻本、明澹生堂鈔本、四庫本、傅校本亦作「盛」。

〔六〕昕：原刻校云：「張本作『所』。」

氣概，不幸嗇於壽。一子江，童丱嶷然〔一〕，期有以立〔二〕。已而遂與計偕，念君之不及見也，裒平生所爲古、律詩五十篇，求工部尚書謝公昌國序而傳之。觀此可以知吾祖文非諛墓者矣。紹熙甲寅十月甲辰。

跋何居仁自作墓誌

故修職郎臨江何安宅字居仁，長予十六歲。紹興辛未，同上南宮。是春，朝廷待陳公景明使還知舉，試期特緩。四方擧子知秦丞相以言語罪人，會於逆旅，不敢及時事。獨居仁學廣聞多〔三〕，泛論古今，來聽者唯恐後〔四〕，如司馬長卿之傾坐也。已而高談闊論，頗爲鄉校之議，其去者亦唯恐後，又如列侯陳遵之驚坐也。今四十有四年，追思如昨日事。適其子鄉貢進士挺出示居仁自作墓誌文〔五〕，遂書其後〔六〕。紹熙甲寅閏十月。

題宜春李椿詩卷

始予自湖南歸江西，以紹熙甲寅正月三日過宜春，得郡人李椿永年詩書各一通，知其種學績文非一日也。屬客衆，且余亟行，不及款。冬十一月十有三日，李君復盡寫詠古詩三百篇，攜以相訪，蓋平時玩味經史，遇古人窮達利害、成敗得失有會於心者，各爲數韻以記之。議論折衷，往往出人意表，彼胡曾絶句未足道也。求予言識其後。老詩荒廢，莫能措詞，回思少年間有是作，姑録一二爲答。夫投我以驪珠，報君以魚目，貴賤固殊矣。稇載而往，垂橐而歸，得毋爲鄉人所笑乎？

題曾伯震所得子中兄二絶

子中兄自數歲已能詩，稍長，凡古人篇章無不窮極根源，採擷菁華。中年以後深悦禪味〔七〕，雖遇興間有賦詠，要非所好也。三十年前嘗以一二寄予，今詩人陸務觀一見謂句法入律，無愧古人，識者以爲知言。曾君伯震得此二絶句〔八〕，可以自信不疑，坐進此道矣〔九〕。慶元乙卯二月十二日。

題李玠叔詩文

李公諱孝先，字玠叔，元祐元年賀范忠宣入西府，啓草如右。又嘗有詩題餘干縣干越亭，云：「吴越餘干地要衝，樹亭危

〔一〕丱：原作「方」，原刻校云：「張本作『丱』。」按日本藏宋刻本亦作「丱」，據改。

〔二〕有以：原作「以有」，據日本藏宋刻本乙。

〔三〕聞：原作「文」，據日本藏宋刻本改。

〔四〕來：四庫本無。

〔五〕誌：日本藏宋刻本、明澹生堂鈔本、四庫本無。

〔六〕遂書其後：原刻校云：「院本作『太息書其後』。」按日本藏宋刻本、明澹生堂鈔本、四庫本「遂」亦作「太息」。

〔七〕悦禪味：日本藏宋刻本作「味禪悦」。

〔八〕句：原無，據日本藏宋刻本補。

〔九〕矣：明澹生堂鈔本作「也」。

岸勢憑空。春潭倒影黄昏月，古木喧聲白晝風。鷗鷺慣來窺讌席，烟雲無着護簾櫳。凄凉故國多遷變，獨有溪山在望中。」誦此詩，觀此啓，則公文行宜爲忠宣所知〔一〕。惜乎忠宣大用之明年，公遽謝世。又明年而忠宣罷相，不及引類，當時惜之。雖然，豐積嗇取，後世將昌，豈必在其身耶？虞部乃元豐以前官稱，元祐則當易朝奉郎。因孫奉新宰兼遠示遺墨〔二〕，爲詳記之。慶元乙卯二月五日，周某子充。

題陳誠之遠明樓記

陳君誠之示《遠明樓記》，而請曰：「宜秋、宜春，山谷、誠齋已各言之。起居飲食與四時之景接，賢兄之論則然，丐公補其説。」予曰：「夏宜急雨，有瀑布聲；冬宜密雪，有碎玉聲。如此則四時備矣。」誠之曰：「樓覆以瓦，似非所宜。」予曰：「六月卷簾，森映山之銀竹；同雲垂野，從玉帝以萬妃。憑欄送目，宜乎不宜？」誠之謝曰：「宜哉！」慶元乙卯三月十二日。

跋百醉老人趙士瞰詩卷

味百醉之名，誦三百之詩，公蓋師友陶靖節者。晁景迂乃謂得句法於江西，殆由禁錮初開，詩社勃興，人以著録爲寵，故一時之言如此。若李雲龕、陳簡齋、汪龍溪跋語，則不易之論也。慶元乙卯四月十六日。

題劉昌詩母墓誌

唐人欲銘其先世，必得韓雲卿之文，李陽冰之篆，擇木八分書，乃稱三絶。今清江劉君昌詩有母賢〔三〕，其没也，鄉人徐思叔爲誌，謝昌國題額，而趙從善書之，蓋庶幾焉。慶元乙卯六月八日，周某題。

題謝昌國與朱陛書〔四〕

尚書謝昌國稱嚴陵朱君陛公廉勤敏，元樞黄德閏從而實之。蓋嘗任左藏西庫監官，上《戊申大禮會計册》，知諸路郊祀之貢，區處得宜，入可支出，且有贏焉，其居官不苟類此。秩滿，格當擢用，以未脱選階，一轉而爲撫州宜黄宰，尚有可諉曰大邑也，今再轉乃爲英之含洸，是特瘴鄉三家村耳，何其愈下耶？君曰：「某歷十二考爲王官〔五〕，爲壯縣，尚闕職司之事。良由中朝近地，英俊所聚，無以取知於人〔六〕，故欲求諸遠爾。」予曰：「錐處囊

〔一〕文行宜：日本藏宋刻本、傅校本作「文章行誼」。
〔二〕孫奉新：日本藏宋刻本、傅校本作「其孫元奉新」。
〔三〕清江：原無，據日本藏宋刻本、傅校本補。明澹生堂鈔本脱「清」字。
〔四〕陛：原刻校云：「陛：張本作『陞』。文内同。」按日本藏宋刻本、明澹生堂鈔本亦作「陞」。
〔五〕「官」下，明澹生堂鈔本、四庫本有「者」字。
〔六〕以：明澹生堂鈔本、四庫本作「有」。

則鋒必露，鶴群鷄則潔易知。通籍審官，其在此行乎〔一〕！充子之公廉勤敏可也。」慶元乙卯六月十日周某題〔二〕。

跋蕭唐叟時庵記

蕭君唐叟嘗示予《易説》矣，今復以「時」名庵，而求宜春歐陽永年爲之記，謝公昌國、楊公廷秀爲之跋，而丐予一言。夫「艮，止也」。其《彖》乃曰：「時止則止，時行則行。」君既有得於此，予固無以伸其喙。雖然，剛柔者，立本者也，所以統卦〔三〕，總主一時之事也；變通者，趣時者也，所以統爻，就一時之中而趣其所宜之時焉。是道也，豈特《艮》而已，自《乾》至《未濟》諸卦皆然。夫惟君子而時中，然後動静不失其時，其道光明。君其勉之。慶元乙卯六月十八日，周某題。

題顔魯公書撰杜濟神道碑

右顔魯公書撰《杜濟神道碑》，沉著端重，真可入木八分，友人曾三異無疑寶藏之。案六一先生《集古跋》謂殘缺不能成文，今乃燦然可讀，得非摹拓有先後耶？濟蓋魯公友壻，故又誌其墓。六一先生亦有跋，云顔撰而不云書，然筆法非魯公不能爲；世頗以爲非顔書〔四〕，更俟識者辨之。今考魯公文集，大抵碑詳而誌略，亦微有異同。如碑以濟祖任明堂丞，誌則云令；碑以濟爲惠第二子，誌作第三；又碑與誌並歷渭南宰，而文集於碑中乃以爲尉。皆傳寫之誤，當以此碑爲正。慶元乙卯六月二十日，周某題〔五〕。

跋金給事彦亨文稾〔六〕

某幼學之年已聞黟歙金公彦亨爲名御史，論擊權彊無所避。紹興戊午春，以母憂去朝。服闋，秦丞相抑而弗用，凡二十年。當己卯歲，高宗以宗正少卿召還，歷禮部侍郎、給事中。壬午六月，壽皇初即位，眷待良厚。是秋，某以起居郎兼中書舍人，同在後省，見公直諒多聞，年高而德邵，每與從官歎其不可及。吏部徐侍郎度因爲某言：政和、宣和後生少讀史。一日，沈狀元晦以博學至京師，東南士子翕然宗之〔七〕，來者滿門，聞舉古事，莫不竦聽。惟公在下坐數摇其首，鄉人問故，則云：「某事誤也〔八〕，某事非也。」退而考案，信然。蓋公於史傳皆能默記，叩之往往成誦，迄今不以史書自隨，其學問可知矣。此某聞而知之

〔一〕在：原無，據明澹生堂鈔本、四庫本補。
〔二〕原刻文末校云：「按：英州以慶元三年升爲英德府，隸縣二，正陽、含洸。此當云英之含洸也。一本作洽光，一本作含光，皆字形相近之誤，今校改。」
〔三〕統：日本藏宋刻本、明澹生堂鈔本、四庫本作「況」。下文「統爻」之「統」亦作「況」。
〔四〕世：原作「始」，據日本藏宋刻本、明澹生堂鈔本、四庫本改。
〔五〕題：日本藏宋刻本、明澹生堂鈔本、四庫本、傅校本作「書」。
〔六〕稾：四庫本作「集」。
〔七〕宗：四庫本作「從」。
〔八〕某事誤也：原無，據日本藏宋刻本補。

者也。若夫事上不欺，聞義則徙，某所親見，又有可紀者，宜表而出之。九月己未，某兼西掖之二日，有旨婉容翟氏進封，本位官吏並合推恩，内礙正法人特與轉行，即今壽成皇太后也。時給舍例同銜繳駁〔一〕，某密語公：「妃嬪位非中宫，即醫流皆礙正法。前德壽推江上扈從賞，今上覃恩，並不轉行，止令回授，似當論奏。」公歎曰：「君言是也。近夏賢妃位推恩，某實未曉，已書牘行下，今恐相戾。君自繳奏可也。」某曰：「若爾，尚可商量。」庚申講筵，公與某偶皆以職事先後留身〔二〕。初不知公奏何事，某侍班廷下，望見公再拜殿上。公退而某升，甫至榻前，上迎勞云：「朕初止謂卿能文，適金安節説卿欲論婉容轉行礙正法事，不謂卿剛方如此，可便進文字來。」方悟公自引前事以爲失也。章既上，御批十三字〔三〕：「依奏。夏妃位官吏亦令依條回授。」後三十四年，公之孫承直郎、鑄錢司檢踏官篪示公文稿二篇，求予一言，因題其後，非獨著公盛德，補家傳之闕，亦以彰壽皇從諫如轉圜，它日史氏或有考焉。至於文辭典雅，如其爲人，識者自知，何待贊也。慶元元年九月日，具位周某謹書〔四〕。

跋范丞相覺民謝罷政表稿

庚戌夏五月，高宗行在會稽，高平公自參知政事拜右相，年三十有一。明年改元紹興，秋七月，坐討論事罷政奉祠，故謝章有「惜名器，裁苟得」之語。汪翰林草制猶引「敬王如孟子，選衆舉皋陶」，可以知其無他矣。本朝惟王溥初相時年三十二，然其除拜乃在周朝，非公比也。未强仕而薨，不及再用，迄展經綸之藴，惜哉！慶元元年十月二十八日，前進士周某題。

又題范覺民與諸人唱和詩

耿伯順、韓子蒼、范元長、李西美、李德升、謝任伯，宣和以來文人才士也。高平公或同侍從於靖康之朝，或嘗引類於南渡之後。觀此詩軸，唱妍酬麗，三歎而有遺音矣。慶元元年十一月二十八日〔五〕，前進士周某題。

跋張忠獻公答宋待制手書

右張忠獻公紹興九年秋起鎮長樂，答徽猷閣待制宋公景晉手書一幅，不過數十字，而公私曲折、故舊情意備焉。宋公曾孫文成謀刻之石。初，李伯紀爲靖康執政，景晉以侍從充發運使，徽宗南幸時皆有調護歸京闕之勞〔六〕。其後伯紀帥洪，宋爲寓公，此其所以眷眷也。慶元乙卯十月三日〔七〕，周某題。

〔一〕駁：四庫本作「進」。
〔二〕先後：四庫本無。
〔三〕「字」下，日本藏宋刻本、明澹生堂鈔本、四庫本有「云」字。
〔四〕「具位」下，四庫本有「臣」字。
〔五〕十一月：明澹生堂鈔本、四庫本作「十月」，疑是。
〔六〕皆：原無，據日本藏宋刻本、明澹生堂鈔本、四庫本、傅校本補。
〔七〕十月：明澹生堂鈔本、四庫本作「十一月」，疑是。

題張右丞如瑩奏疏

澹嵒張公以文章才略被遇高宗，越即位之三年，自獨坐拜尚書右丞，適值苗、劉反逆，豫政兩月而去。平生奏議號爲通達國體。當紹興五年春〔一〕，虜兵初遁〔二〕，高宗用趙忠簡公奏，詔宰執條具善後之計〔三〕。公上疏五六千言，援古證今，事事皆有規畫。向使久在政地，盡行其言，何患不爲名宰，惜哉！慶元乙卯十一月二十一日，前進士周某題。

跋六一先生跋杜濟神道碑

右六一先生跋《唐杜濟神道碑》，蓋《集古》第四百五卷也。今吉水縣鄉貢進士曾三異有此碑而未殘缺〔四〕，其文可讀，得非嘉祐以前舊本歟！慶元丙辰正月癸卯，周某爲皇諸孫彦法題。

跋獨孤延壽碑

唐初歐、虞、褚、薛皆以書名〔五〕，此碑清勁可愛〔六〕，不知出於誰手？趙明誠《金石録》列之第五百九十五，謂無書撰人姓名。今其前乃題于志寧製文〔七〕，又謂君諱某，字延壽，名殘缺不可辨。今熟視之，名左從言，右亦髣髴可尋。至於隋、唐間人多以字行，則歐陽文忠公跋《顔勤禮神道碑》論之矣。友人曾無愧持此相示，爲題其後。慶元丙辰正月癸卯，平園老叟周某題。

〔一〕五：原無，據日本藏宋刻本、明澹生堂鈔本、四庫本及《益公題跋》卷一補。
〔二〕兵初：原倒，據日本藏宋刻本、明澹生堂鈔本、四庫本及《益公題跋》卷一乙。
〔三〕「宰」字前，日本藏宋刻本、傅校本有「前」字。
〔四〕貢：原無，據日本藏宋刻本、明澹生堂鈔本、四庫本及《益公題跋》卷一補。
〔五〕初：四庫本、《六藝之一録》卷六七無。
〔六〕清：日本藏宋刻本、明澹生堂鈔本、四庫本、《六藝之一録》卷六七作「精」。
〔七〕前乃題：原作「題乃」，據日本藏宋刻本、明澹生堂鈔本、四庫本、《六藝之一録》卷六七乙補。

廬陵周益國文忠公集卷四七

平園續稿卷七

題跋

跋後漢樊常侍碑

右後漢《樊常侍碑》，歐陽文忠公已有跋。今其文幸可讀，以永壽四年二月卒，是年六月改元延熹。八月丁酉，制詔湖陽長劉操追授騎都尉印綬，至二年十二月〔一〕，其子勒文碑石，俾不失墜。而趙明誠《金石録》乃以爲元年八月，蓋因贈官，而不考立碑在後也。慶元丙辰正月癸卯，平園老叟周某書而歸之曾氏。

跋歐陽公堯祠碑跋

《堯祠碑》在《集古録》爲第七百九十一卷。《左氏傳》云「巡群屏攝」，《正義》謂「束茅爲之」，《國語》云「屏攝之位」，注以屏爲屏風，攝如要扇〔二〕。二義雖殊，其指主人祭祀之所則一也。今跋以「攝」爲「懾」，或疑其誤，暨得漢碑，亦以爲「懾」，豈古今傳寫不同？抑事神之際當屏息懾伏以致其恭〔三〕？或以爲屏蔽之屏，攝以威儀之攝也。廬陵祠曹趙彥法示此跋，敬題其下，爲輕改古書者之戒。慶元丙辰正月癸卯，周某題。

題楊謹仲芍藥詩後

淳熙甲午奉祠廬陵，三月十七日，會同年楊謹仲、周孟覺賞芍藥，嘗櫻桃。謹仲有詩，予次韻云：「清晨自掃落花廳，小甕親篘竹葉青。簪盍莫辭過陋巷，臚傳相與記彤庭。階翻紅藥曾重見，僕兩直西掖。敕賜朱櫻亦屢經。老去飄零無此夢，詩來吟詠有餘馨。」今二十有三年，二公墓木已拱，因彭君仲識携謹仲帖相過〔四〕，且索舊詩，爲之悵然。此花最盛於太和，而以紅都勝、黄樓子爲冠，如牡丹之姚、魏也。黄樓歲得之，都勝者邑中惟一二家有種，惜不與人。去年，予答鄉貢進士陳恂二小詩云：「芍藥名先記《鄭風》，那因嘉木辨雌雄〔五〕。韓魏公以芍藥爲花后。姚黄後出今王矣，合把黄樓列上公。」「六一先生舊帥揚，分寧太史尹西昌。只緣未識紅都勝，如杜詩中闕海棠。」蓋許元寄歐陽公詩云：「芍藥瓊花應有恨，維揚新什獨無名。」公答云：「偶不題詩便怨人。」山谷宰太和時篇詠甚多，未嘗及此花。今謹仲帖云

〔一〕十二月：日本藏宋刻本、明澹生堂鈔本、四庫本、《六藝之一録》卷四一作「十一月」。
〔二〕要：原作「翣」，據明澹生堂鈔本、四庫本、《國語》卷一八注、《册府元龜》卷七八〇引改。
〔三〕「際」原作「祭」，「伏」原作「服」，皆據日本藏宋刻本改。
〔四〕識：日本藏宋刻本作「誠」。
〔五〕嘉：原作「加」，據四庫本改。

「花出怨語」，與古事相類，併録惡詩於後〔一〕。慶元丙辰正月戊申，周某書。

跋胡忠簡公和王行簡詩

予嘗評胡忠簡公詩有不可及者三：用事博而精，下語豪而華，一也；士子投獻，必用韻酬答，雖百韻亦然，蓋愈多而愈工，二也；此篇和王君行簡，時年七十五，長歌小楷與四五十人無異，三也。行簡世家臨川，志大而贍於文，久從公遊，其人亦可知矣。慶元丙辰四月七日。

題羅起宗廟食碑

紹興二十二年秋，贛兵環攻南安，以石壓卵未足喻其危。稅官羅君起宗獨冒白刃，三入賊壘，説之使去，城賴以全。當時雖不與賞，今乃附享神祠。夫人爵不過顯一時，廟食自當傳百世，羅君可以無憾，而其子孫亦足自慰矣。慶元二年四月二十一日〔二〕。

跋王民瞻送胡邦衡南遷詩

有澹菴壓嵩岱、排淮泗之舉，然後可以發瀘溪穿天心、透月窟之詩，不如是不稱二絶。澹菴授之從弟廉夫鍔，廉夫復授其子渙，所謂文獻相承，衣鉢單傳者。若能刻石，人授之本，則法周沙界矣。慶元丙辰四月十四日。

題京仲遠與周孟覺帖

孟覺與予同宗同郡同年。昔忝從班〔三〕，每有哀窮悼屈之心，而未嘗效拔茅連茹之力，孰知其子乃能於三十年後，持相國帖自歸於光範乎！慨歎而書卷尾〔四〕，其時日則誠齋題字之信宿也。慶元丙辰四月十三日〔五〕。

御書樂毅論跋

臣伏讀高宗皇帝《翰墨志》云：「魏、晉以來筆法無不臨摹。」又云：「每得右軍書，手之不置。初若食蜜，少甘則已；末如橄欖，真味久愈在也，故尤不忘於心手。」紹興三四年間，嘗臨羲之所書《樂毅論》以賜樞臣韓公肖胄，比之世傳高氏石本，間節三十餘字，得非御府別藏真跡自不同邪？後六十有三年，樞臣之孫前韶州守臣亞卿示臣，使記歲月。恭惟龍鸞飛動，衆所共窺；天日清明，臣何敢繪！慶元丙辰四月二十八日，具

〔一〕詩：明澹生堂鈔本、四庫本作「語」。
〔二〕二十一：日本藏宋刻本作「十一」。
〔三〕昔：明澹生堂鈔本、四庫本作「者」，則當屬上句。
〔四〕慨：日本藏宋刻本、明澹生堂鈔本、四庫本、傅校本作「愧」。
〔五〕十三日：日本藏宋刻本、明澹生堂鈔本、四庫本、傅校本作「二十三日」。

位臣周某謹再拜稽首書其後。

題呂獻可墓誌

呂公獻可以熙寧四年五月卒，八月葬。時王荆公在相位[一]，司馬文正公誌銘不斥其名，不没其實，荆公見之，亦無所發其怒。前謂樞密副使者，陳丞相暘叔也，方以憂去，牽聯潛其姓名，可謂深得史法矣。是時太僕卿劉仲通自請書丹，而命其子忠定公器之秉筆。斯文既出，其誰不知？邵伯温乃謂仲通初雖有請，見文復遲回不敢，器之代父書之。仲通又勸呂氏諸子勿模本，恐非三家之福。按《國史》，仲通剛方人也。押伴夏人，折正其服章[二]，奉使却秉常寶貨，歸論不宜輕用兵，因旱條新政不便者五事[三]，又上書論人主不可輕失天下心，是豈狥時畏禍者哉[四]？設有前却之意，器之亦安得强其父而陷之罪也？大抵《邵氏聞見録》頗多荒唐，凡所書人及其歲月鮮不差誤[五]，因畧爲之辨[六]。此碑當日號三絶，謂其人與文及書也。真蹟今藏名相劉忠肅公玄孫無欲家，嘗以示忠定公曾孫孝昌。孝昌念祖之心切，將傳之副墨，而力不足，會湖南部使者吴仲權鎰助其費，久之乃能成，是可以傳遠矣。慶元丙辰五月九日，具位周某謹識。

跋張仲宗送胡邦衡詞

長樂張元幹字仲宗，在政和、宣和間已有能樂府聲。今傳於世，號《蘆川集》，凡百六十篇，而以《賀新郎》二篇爲首，其前遺李伯紀丞相，其後即此詞。送客貶新州，而以《賀新郎》爲題，其意若曰失位不足弔，得名爲可賀也。慶元丙辰五月十三日題。

題蔡忠惠公帖

某之先君秦國公平生喜學蔡忠惠公書，家藏京師舊石刻兩卷，真行草畢備，妙絶一世。乾道間，公曾孫户部尚書洸來守廬陵，摹真郡齋，雖傳寫失真，而典型故在。今公玄孫户部侍郎戡出帥豫章，復刻公遺墨，俾某記其歲月。恭惟高宗皇帝天縱游藝，嘗評公書爲本朝諸臣之冠，且有「入格律、度驊騮」之褒。天監在上，誰敢措辭？惟公當仁廟天聖八年擢進士甲科，名在第十，後百三十有七年歲在丙戌，孝宗龍飛策士，侍郎復踐世科，名次若合符節。《詩》云：「惟其有之，是以似之。」慶元二年五月二十二日。

[一]「在」上，明澹生堂鈔本、四庫本有「正」字。

[二] 服章：「服」原脱，據日本藏宋刻本、四庫本補。明澹生堂鈔本作「章服」。

[三] 條：四庫本作「陳」。

[四] 是：原無，據日本藏宋刻本補。

[五] 誤：日本藏宋刻本、明澹生堂鈔本、四庫本作「互」。

[六]「因」下，日本藏宋刻本、明澹生堂鈔本、四庫本、傳校本有「是」字。

題陳忠肅公尊堯集稿

陳忠肅公以元符庚辰入諫省，力論蔡京奸邪，弟卞妄引王安石《日録》詆誣神廟，未幾出守無爲軍。明年改元靖國，入爲都司，上書責曾布，併及私史事，復出海陵。又明年當崇寧壬午，貶徙廉州，此稿蓋當時筆也。書成，名曰《合浦尊堯集》。繼爲《四明尊堯集》，其詆蔡氏愈力，不翅數萬言。厥後果有靖康之亂，公可謂忠也已矣，可謂明也已矣！真蹟在公壻前衡陽太守蕭君懋德家，衡陽之孫必得攜以相示，因爲記其歲月〔一〕，仍録《國史》本傳，使併藏之。慶元二年五月二十八日。

跋歐陽文忠公誨學帖

歐陽文忠公年二十有三，以《玉不琢不成器賦》魁國子監。其後十六年而次子奕生。奕字仲純，胡文恭壻，性倜儻，文章豪放，尤長於詩，多至三百篇。公以其質美，故書此以勵其學。惜乎得年纔三十四，位不及顯。然熙寧末鄭俠得罪，凡通問者皆獲譴，仲純獨傾貲送之，其大節如此，可謂不墜先訓〔二〕，非學力乎？帖已刻，而真蹟今藏郡人胡柢家。柢字仲本，佳士也〔三〕。慶元丙辰六月庚戌。

跋徐夫人所書華嚴經梁武懺

鬱林蔡侯子羽故母徐氏，三衢人，宣和間刑部侍郎諱敷言之女。潛心内典，學虞世南書，嘗手寫《華嚴經》、《梁武懺》皆終部帙〔四〕，所謂婦人身得度者〔五〕。其子將藏是書於名山，求予一言。予謂夫人爲善如此，郄氏之業在所不論，二經果報，寧復唐捐？《華嚴經》云：「南方國有長者，妻名曰善慧，見佛神力，心生覺悟。」《法華經》云：「比丘尼憍曇眦得佛授記，後名光相如來。」予知夫人此念不斷，盡未來世當證二説，豈止資其冥福而已！慶元丙辰六月丙寅。

跋胡忠簡公論和議稿

紹興戊午，胡忠簡公三十有七，以樞密院編修官上書論和議，此其稿也。時長子方生，未幾南遷。公知後禍叵測，惟從姪昌齡字長彦賢而可託，故以稿屬之，今五十餘年矣。昔顔魯公與

〔一〕爲：原作「而」，據日本藏宋刻本、明澹生堂鈔本、四庫本、傳校本改。
〔二〕墜：四庫本作「愧」。
〔三〕佳士也：四庫本作「亦佳士」。
〔四〕帙：原作「帖」，據日本藏宋刻本、明澹生堂鈔本、四庫本、傳校本改。
〔五〕人：日本藏宋刻本、傳梳本作「女」。

魚朝恩《論坐位帖稿》，摹本已數百載，人争傳寶。公之所論豈止坐位，而其心畫端勁，實法魯公，自當并傳於百世。慶元丙辰六月。

題羅煒詩稿

友人永豐羅永年長子煒，天才雋敏而苦於學，遂至隕生。予讀其詩稿而悲之，永年求予一言。昔人謂詩能窮人，或謂非止窮人，有時而殺人。蓋雕琢肝腸，已乖衛生之術，嘲弄萬象，亦豈造物之所樂哉？唐李賀、本朝邢居實之不壽，殆以此也。今於羅氏子尤信。慶元丙辰八月初六日〔一〕，平園老叟周某書〔二〕。

跋焦伯强與潘簡夫帖

歐陽文忠公《贈焦伯强》詩云：「焦生獨立士，勢利不可恐。」又云：「皎皎寒泉冰。」其清正如此。余裒彙文忠公集，於書簡門得公與伯强帖凡十有六〔三〕，意愛之厚，期待之遠，情見乎辭。今觀伯强遺永嘉潘簡夫十六帖，淵源蓋有自矣。簡夫諱約，後爲伯强壻，三子：文饒字民則，文孝字少穎，紹興間相繼擢第；文虎字叔山，亦嘗魁薦，鄉評推焉。少穎之子檜，今爲臨江軍職官，奉檄至廬陵，出示此軸，爲題其後。慶元丙辰中秋，平園老叟周某。

跋呂伯恭日記

黄太史晚謫宜州，自崇寧四年歲〔四〕，但凡風雨寒暑〔五〕，親舊往復，以至日用飲食之類，皆繫日書之，名曰《乙酉家乘》。止八月晦，九月則易簀矣。呂太史抱病東陽，亦有日記，起淳熙庚子春，盡辛丑七月壬寅，其明日遂卒，蓋絶筆也。方病時，出入起居雖不逮山谷，而編《大事記》首周敬王，修《讀詩記》自《唐·無衣》，孜孜課程，所謂造次顛沛必於是者。兩賢相去七十餘載，何其相似也！意長日月短〔六〕，悲夫！慶元二年八月二十六日。

跋廖中精紀〔七〕

天錫九疇，一曰五行。凡天地人有形則有數，有數則囿於五行，是以善卜筮者預能測知〔八〕；人居其間，又顯顯可推者。傳

〔一〕初：日本藏宋刻本、明澹生堂鈔本、四庫本無。

〔二〕老叟：原無，據日本藏宋刻本、明澹生堂鈔本、四庫本、傅校本補。

〔三〕門：明澹生堂鈔本作「問」；帖：原作「帙」，據日本藏宋刻本、明澹生堂鈔本、四庫本、傅校本改。

〔四〕歲：四庫本作「起」。

〔五〕但：原作「旦」，據明澹生堂鈔本、四庫本改。

〔六〕月：原無，據日本藏宋刻本、明澹生堂鈔本、四庫本、傅校本補。

〔七〕精紀：原刻校云：「一作精記。」按四庫本亦作「精記」。

〔八〕「測」下原有「之」字，據明澹生堂鈔本、四庫本、傅校本刪。

不云乎：「死生有命，富貴在天。」豈術者之臆説哉〔一〕？春秋、戰國前，善相者多，若推禄命則盛於漢。賈誼譏司馬季主曰：「高人禄命以悦人心，矯言禍福以窺人財。」後世又可知已。今士大夫至田夫野老，人人喜於談命，故其書滿天下。清江鄉貢進士廖中伯禮連舉未第，乃刻意於此。會萃數十家之説，章分件析，考驗得失，校量深淺，成《精紀》三卷，携以示予〔二〕。予謂五行所寓有常焉，有變焉。常，易推也，迹也；變，難推也，理也。自非心通意悟，不足以盡此。古稱善其事者莫如李虚中，萬端千緒，參錯重出，學者就傳其法，初若可取，卒然失之，茲豈易哉？廖君歸矣，苟因書悟理，則將如由基之射，百發而百中。不然，讀齊侯之糟粕，其得否未可知也〔三〕。

題謝昌國式華堂記

淳熙甲辰，今太皇太后慶七十於德壽宫，推恩四海。廬陵進士歐陽鉞字仲授以高年賜初品官，其子碩取訓詞「式華其老」之言揭名於堂，工部謝尚書諤實爲之記。歲星一周，當慶元丙辰十月十三日〔四〕，今皇帝奏上壽聖隆慈備福光祐太皇太后册寳於慈福宫〔五〕，聖算八十有二矣。於萬斯年，慶典未央，鉞也又將拜增秩之寵，載新斯堂以延賓客，其有日矣。是月壬戌，平園老叟周某書。

題廬山西林道場碑

右《隋廬山西林道場碑》文，歐陽率更撰，而不云何人書，要當出於一手。昔唐韋絢録劉禹錫《嘉話》載率更行見索靖所書碑，下馬布毯，坐觀三宿而後去。又云率更不擇紙筆，皆能如志。惟其好古如前説之勤，是以肆筆無不臻妙，理當然矣。《三門銘》逸姓名，亦元和名筆也。慶元丙辰十一月己卯，平園老叟周某題〔六〕。

題裴晉公撰李西平神道碑

右裴晉公撰《李西平神道碑》，以校江、浙、閩《唐文粹》本，大率傳寫脱謬，且經改易，不暇徧舉，姑言其甚者。「乾元初立功武都，邦人咸服，具以狀聞」，而諸本盡作「具狀以聞」，何俗弱也。「乘墉壑如通道」，殆有二義，當謂士卒賈勇，升高陟險如履平；不然以「而」爲「如」，猶《春秋》書「星隕如雨」也。今衆本直改作「而通道」，或增一字爲「軌道」，於是下句

〔一〕之：原無，據日本藏宋刻本、明澹生堂鈔本、四庫本、傅校本補。
〔二〕携以：原無，據明澹生堂鈔本、四庫本補。
〔三〕得：四庫本作「可」，傅校本作「中」。
〔四〕十三日：明澹生堂鈔本、四庫本作「三日」。
〔五〕奏：傅校本作「奉」，疑誤。
〔六〕題：明澹生堂鈔本、四庫本作「書」。

「哲梟鏡而清宮」亦添一「禁」字。按《周禮・秋官》「哲簇氏掌覆夭鳥之巢」，鄭氏讀如摘。碑蓋用此哲字，而諸本盡改爲「磔」，尤更淺陋。古書日壞，俗本日多，此予所以撫卷三歎也。慶元丙辰十一月己卯。

跋歐陽文忠公跋賽陽山文

太和九年《賽陽山文》，在《集古録》第五百四十三卷。自唐乙卯歲至本朝嘉祐己亥六賢同觀時，蓋二百二十五年。又至熙寧辛亥，一紀之間，文忠公已有存亡今昔之歎。後百一十五年爲淳熙乙巳，而亡友劉子澄記之。今十三年，子澄墓櫝森然矣，重可歎也。慶元丙辰十一月乙酉，平園老叟周某題而歸之劉氏。

跋歐陽文忠公與裴如晦帖

右歐陽文忠公《與裴如晦帖》。如晦名煜，慶曆六年魁南省，擢乙科。嘉祐末又以秘閣校理守潤州，此公當時答書。公文集書簡門先有嘉祐五年一帖〔一〕，而《集古録》前漢《雁足鐙銘跋》亦載如晦與公別幅。至治平四年，如晦以集賢校理判三司户部勾院卒。此帖藏紫微朱公家，作跋在隆興二年。後三十三年，朱公之子軝字叔止攜以相示，既刻附《文忠公集》，又爲記其大略。慶元丙辰十一月五日。

題張志寧所藏東坡畫

蘇文忠公詩云：「空腸得酒芒角出，肝肺槎枒生竹石。森然欲作不可留，寫向君家雪色壁。」英氣自然，乃可貴重。五日一石，豈知此耶？慶元二年十二月旦。

跋老泉所作楊少卿墓文

同年臨江楊謹仲諱愿，往爲廬陵郡博士，嘗爲予言，乃祖中大夫諱申，在京師從老泉蘇公明允乞曾祖光禄少卿諱克從墓文，又得王廣淵書丹，時君卿篆額，今有石本留先塋，頗恨未之見也。謹仲下世之十三年，其長孫光祖始軸以求跋。予生晚，不知中大夫何如人。然碑成於嘉祐七年秋，而刻於英宗治平之初元，是時三蘇名震京師，廣淵直集賢院，爲群牧、三司判官，君卿自藩邸以藝文被幸，由奉禮郎换内殿承制。三人雖不同，同爲當世所貴，非中大夫好學而篤志，則其文其書豈易得哉？韓退之謂唐人欲銘其先，必得三難。予謂楊氏此碑非三難乎？厥後謹仲既以學行爲鄉先生，今諸孫又表而出之，不隕其業，將無愧於老泉之詞矣。慶元二年十二月二十一日。

〔一〕五年：原作「二年」，據日本藏宋刻本、明澹生堂鈔本、四庫本及歐陽修《文忠集》卷一五二改。

跋宋待制映寧軒自適詩

右徽猷閣待制宋公詩稿四十一篇，皆紹興間寓鍾陵時投贈帥漕及與當世名勝唱酬也。嗣孫文林郎、江陵府觀察推官文成將伐石刻寘家塾，屬某一言。惟本朝承五季之後，詩人猶有唐末之遺風，迨楊文公、錢文僖、劉中山諸賢繼出，一變而爲崑體。未幾宋元憲、景文公兄弟又以學問文章別成一家，藻麗而歸之雅正，學者宗之，號爲二宋。公蓋元憲曾孫，字景晉，名載詩序中。東坡先生詩云：「吾觀二宋文，字字照縑素。淵源皆有考，奇險或難句。後來邈無繼，嗣子其殆庶。」此六語者，今可復施之公。壬午歲，某在後省，嘗草公贈官制云「學知守其家」，亦此意也。慶元丁巳正月戊戌，前進士周某書。

跋李先生先之禮記義〔一〕

右章貢進士李公先之朴《禮記義》四首〔二〕，前兩道紹聖元年省元程文，次兩道元祐八年監元程文。是時兼用經義詩賦取士，公賦已盛行於四方，近德安府贛州刻公全集亦復收入，獨經義不傳。予幼從公族人養素處士學，手自抄寫。往歲因吉水高君德懋留意是經，命甥李驥謄本遺之。今德懋之子誼携以相示，爲題其後，不然將莫知其爲誰之文也。

跋陳剛中石材廟詩〔三〕

陳剛中字彦柔，胡忠簡公同年進士。其貶安遠宰也，予適在贛，識之，豐肌便腹，骨不勝肉。而安遠荒僻，瘴癘特甚，汲水寘器中，須臾墨色，以故仕者多死。士大夫固憂公不能生還，未幾果然。其後湘中有著《紹興正論》者，公姓名在焉，且云其妻無所歸，削髮爲尼，未知信否。謂公以辛酉歲貶則誤矣，當以庚申爲正。

跋臨江軍劉昌詩之父青詞稿

眉山唐子西父病篤，母史氏祈以身代死，已而母死父生。彼特伉儷之情耳，或不容於兩全。若劉氏兄弟則孝於事親也，其感格宜哉。

題胡邦衡侍郎撰胡從周寺丞誌文

金昆玉友，無復二難；鴻筆瓌詞，有華三絕。繙篋中之遺

〔一〕原刻校云：「一本無先牛字。」
〔二〕「進士」下，日本藏宋刻本、明澹生堂鈔本、四庫本、傅校本有「先生」二字。朴：四庫本作「作」。
〔三〕材：傅校本作「村」。

蹟，附宰上之豐碑〔一〕。解白墮之嘲，倏焉隔世；圓朱褒之夢，恍若平生。偉詩禮之傳芳，森兒孫其競爽。尚襲藏於手澤，期光紹於寶章。白墮、朱褒，皆一時實事。

題張魏公與晁升道啓〔二〕

右魏國忠獻張公遺晁升道十四帖，其半親表也〔三〕。升道諱升之，南渡寓盱江，寶文閣學士劉洪道資深見而奇之，薦於魏國〔四〕，自是爲公客。公居潭，連歲音問不絶，凡國太晚年之起居，欽夫早歲之學識，皆於詞翰中及之。最後謂人事無窮，與天地相終始，欲其撥置以全精神，期之者至矣。今公季子龍閣尚書開鎮豫章，熙父兄之勳業。升道之孫子毅携公手澤往候棨戟，因爲紀其本末。慶元丁巳十月丁丑。

題呂紫薇與晁仲石詩

晁氏一姓文獻相續，殆無它揚〔五〕，號本朝盛族。仲石諱公慶，紹興初與范顧言、曾裘父同學詩於呂紫薇，故得是詩。乾道元年，平江守沈公雅刻《紫薇集》二十卷，以歲月爲先後，此篇在末卷中，蓋暮年所作也。仲石之子子毅以示周某，敬書其後。慶元丁巳十月丁丑。

題李龍眠山莊圖

龍眠居士博學嗜古，志尚清遠，筆端餘力，溢而爲畫。王荆公雅重之，數贈以詩，又從蘇、黄諸公游，蓋文與可一等人也。《龍眠山莊圖》匹休《輞川》，張右丞達明《雁峰談録》云：正本爲中貴梁師成取去，今所臨摹蓋初本也。居士出處具蔡天啓所作誌文〔六〕。一子諱碩，字天老，湖南提舉常平。是生四子，予識其二：長諱琥，字西美，通敏善議論，終於郡倅；季曰瑜，字季周，嘗爲理掾，能傳乃祖筆法，予屢得之，今亡矣。西美之孫昝出此軸，請予題其後。慶元三年十月壬午，平園老叟周某題〔七〕。

跋張魏公與彭子從書

尚書郎彭公子從德厚如璞玉，歲寒如喬松。紹興癸酉守零陵郡，故相張忠獻公謫居在焉，竭誠盡禮，不以燥濕改其度。已而

〔一〕宰：傳校本作「冢」。
〔二〕啓：明澹生堂鈔本、四庫本作「帖」。
〔三〕表：日本藏宋刻本、傳校本作「筆」。
〔四〕國：日本藏宋刻本、明澹生堂鈔本、四庫本作「公」。
〔五〕原刻校云：「語本《漢書·揚雄傳》，別本作『殆埒錢揚』。」
〔六〕天：原無，據傳校本補。
〔七〕題：明澹生堂鈔本、四庫本無。

按刑交廣，總賦沔鄂，當時士大夫皆謂用未極也。今觀忠獻帖，其賢可知。若子若孫俱守家法，雖由積善使然，亦忠獻相勉爲學擇師友之助也。慶元三年十月日。

題陸本益齋記

乘成兄爲陸本仲因作《益齋記》，其論損益之義詳矣，仲因復求予跋，殆難措詞。抑聞之蘇文忠：「爲學務日益，此言當自程。爲道貴日損，此理在既盈。」請以是詩爲齋之銘。立爾常心，毋欲速成。惟直諒多聞之是親，可以致身，可以揚名，豈止一第而已〔二〕！慶元三年十月日。

題周洽所藏南唐牒訴

右南唐吉水縣鄉貢進士周洪誼牒訴七幅〔三〕。考之史氏，五代僭僞諸國獨江南文物爲盛，然每歲科舉取人甚少，多用上書言事拜官，惟廣順二年始命江文蔚知貢舉，放進士廬陵王克正等三人而止〔三〕。雖舉子以少爲貴，然鄉坊保甲，父子兄弟俱免〔四〕。累政縣判如此，蓋優之也。家傳二百四十年，八世孫洽來求跋語。按周顯德五年歲在戊午，即李璟保大之十六年，方改元交泰，而世宗盡取淮甸〔五〕，畫江爲界。上下震懼，謀徙豫章，已而削去帝號，奉周正朔，故第一幅稱顯德六年。越明年庚申，太祖皇帝受禪。辛酉，璟南徙而殂，煜嗣位於金陵。後十三年，歲在甲戌，王師弔伐。明年乙亥國除，士民始避本朝廟諱，其名上一字適同宣祖。又明年十月〔六〕，太宗皇帝即位，其下一字復犯御名。故前牒皆名弘義〔七〕，最後一牒乃改洪誼，實開寶九年之十一月，至十二月則改元太平興國矣。先是公私狀式例以「牒件謹牒」爲文，元豐四年十一月詳定官制所重頒新式，此其所以異於今也。洽字季宏，不隕世業，豈但遺蹟是藏，固將起家以大其門。老夫雖耄，尚或見之。慶元丁巳冬至日。

題浮雲居士曾達臣雜志後

姓氏書：曾氏望廬陵。本朝大江以南，清源、南豐兩族皆出宰執侍從，嘗通譜系。其後贛之雩都則叔夏尚書，天猷、吉甫侍郎兄弟，繼爲禁路之英。惟廬陵一族文獻相承，登科無慮數十人，而未及三郡之顯。今浮雲居士達臣有博古通今之學，偶遺於科舉，有知機應變之才，不苟於功名〔八〕，緒餘著書，追迹前輩。

〔一〕「第」下，日本藏宋刻本、傅校本有「爲榮」二字。
〔二〕幅：原作「副」，據日本藏宋刻本、明澹生堂鈔本、四庫本、傅校本改。
〔三〕克：原作「尭」，據日本藏宋刻本、明澹生堂鈔本、四庫本及《研北雜志》卷上等改。
〔四〕兄弟：明澹生堂鈔本、四庫本及《研北雜志》卷上作「難乎」。
〔五〕取：原脱，據日本藏宋刻本、明澹生堂鈔本、四庫本、傅校本補。
〔六〕十：原作「正」，據日本藏宋刻本、明澹生堂鈔本、四庫本、傅校本改。
〔七〕弘：原作「宏」，據日本藏宋刻本、明澹生堂鈔本、四庫本、傅校本改。
〔八〕苟：日本藏宋刻本、明澹生堂鈔本、四庫本、傅校本作「白」。

向使盡發胸中之所藴，其成就宜如何哉？是生諸子，才學俱茂，或仕於小官，或貢名天府，而仲氏無逸策第太常，典中秘書，爲尚書郎，群從孜孜爲善，方競爽迭興而未艾，視前三家何患不及？特時有先後爾。况猶子無玷嘗以奉使朔方假大兩制〔一〕，歸而勸講修注，備膺寵章，是固爲之兆矣，姑少俟之。慶元丁巳冬至日。

題至聖文宣王三十八代孫孔仲良唐貞元以後告身石刻

自古推尊孔子莫如孟氏，既答公孫丑曰：「自生民以來，未有孔子也。」又引宰我〔二〕、子貢、有若之言曰：「夫子賢於堯、舜遠矣。」「生民未有」之句言至再三〔三〕，蓋然之也。趙岐乃謂前聖後聖不得相踰〔四〕，門弟子之言太過，是豈知孟子之意哉〔五〕？及唐韓愈謂天子至郡邑通祀孔子，北面拜跪，禮踰社稷。彼堯、舜雖得其位，而不得常祀，社稷雖得常祀，而無天子北面拜跪之禮，故云不得位而得常祀，無盛於孔子，是爲遠過堯、舜之效，然後孟子之意明矣。某竊謂虞賓三恪，隨運推移，孰有世世襲封如衍聖公者？城陽、蒼梧間置守冢，孰有廟宅世祀、萬乘臨拜如孔林者？以此推之，將歷千萬世，與天地相爲始終，何但生民未有而已！今莆田幸因賢者爲更版籍，立四十九世孫之户，刻唐告於縣齋。他日良二千石或能推擇嗣人世居學宮，使先聖苗裔益勸毋怠，於以彰皇朝崇儒重道之美，又盡善也。慶元三年十一月日。

題俞洪所藏滕元發與俞退翁詩

《四朝國史》於《遺逸》中立《俞退翁傳》，大概用孫莘老所作墓表，惟自西川召爲御史，力辭不拜，墓表但云以闕員召，傳乃謂王介甫藉其清望，使擊故老。夫清德安肯妄發，介甫用人寧不察此？竊疑滕元發嘗倅湖州，退翁郡人，熟知其賢，觀所贈詩帖即可知矣〔六〕。當熙寧元年，神廟待元發方厚，擢爲中丞，令舉臺屬，退翁之召或以其薦。是歲十二月，元發改翰林。明年春，介甫得政，素惡元發，出之於外。知幾而退，是乃所以爲退翁；况舉主補外，自應隨罷耶！墓表不書其由，莘老亦嘗攻元發故也。慶元丁巳十一月望，退翁玄孫洪相過，出示元發詩翰，妄意如此，來者或有考焉。退翁子孫甚盛，是則豐積嗇取之報。洪復藴藉疏通〔七〕，稱其家者也。《再跋退翁溪堂集》，首詞并同，其後畧有更改，附録於下。

〔一〕大兩制：原作「兩大制」，據日本藏宋刻本、明澹生堂鈔本及《獨醒雜志》乙。
〔二〕引：原脱，據日本藏宋刻本、明澹生堂鈔本、四庫本、傳校本補。
〔三〕之：原無，據日本藏宋刻本補。
〔四〕後聖：原無，據日本藏宋刻本、傳校本補。
〔五〕是：原無，據日本藏宋刻本、明澹生堂鈔本、四庫本補。
〔六〕即可知矣：此四字原在下文「退翁之召或以其薦」之後，顯係錯簡。今據四庫本及後文《又書溪堂集後》乙。
〔七〕復：原作「福」，原刻校云：「疑誤。」今據日本藏宋刻本、傳校本改。

又書溪堂集後

《四朝國史》於《遺逸》中立《俞退翁傳》，大概用孫莘老所作墓表，惟自西川召爲御史，力辭不拜，墓表但云以闕員召，傳乃謂王介甫藉其清望，使擊故老。夫清德安肯妄發？介甫用人寧不察此？竊疑滕元發嘗倅湖州，退翁郡人，熟知其賢，觀所贈詩帖即可知矣。當熙寧元年，神廟待元發方厚，擢爲中丞，令舉臺屬〔一〕，退翁之召必以其薦。是歲十二月，元發改翰林。明年春，介甫得政，素惡元發，出之於外，知幾而退，是乃所以爲退翁；況舉主補外，自應視以爲去就耶！墓表不書其由，莘老亦嘗攻元發故也。退翁子孫甚盛，且多顯者。今其玄孫徵入爲廷尉〔二〕，屢更麾節，純誠厚德，克世其家，因示《溪堂集》，附此說於後，使來者有考焉。慶元庚申三月己卯〔三〕。

〔一〕令：日本藏宋刻本、明澹生堂鈔本、四庫本作「合」。
〔二〕徵：日本藏宋刻本作「澂」。
〔三〕三月：日本藏宋刻本作「二月」。

廬陵周益國文忠公集卷四八

平園續稿卷八

題跋

題曾逮侍郎戒其子棠清廉帖

漢華陰楊氏自高帝時喜以功封赤泉侯，其後敞相昭帝，傳至東京而震益顯，遂爲名族。大要以清白遺子孫，子孫亦能守之。四世清白之褒見於孔北海疏，殆與兩漢相爲始終，何其盛哉！本朝贛州曾氏儒素相承〔一〕，弟兄俱上禁塗，至文清公乃用此易其名。是生仲躬，出藩入從，受知孝宗。方季子出仕之初，援古證今，訓誡諄諄〔二〕，無非清白之訓，是豈教咸諂者？惟能世濟其美，不隕其名，則將與國咸休，永世無窮矣。慶元丁巳十二月。

跋撫州游祖武禊帖

某與家兄子中自少喜收法書，前後得右軍《禊帖》共以十數計。此軸游氏所藏，謂謝脱拘束，而動容周旋，如印印泥，無不愜當，筆意變化〔三〕，妙入神品。蓋傳於今者惟定武瘦本最佳，茲其一也。慶元丁巳臘月丁酉。

跋楊廷秀所作胡氏霜節堂記

清風嚴霜本不相爲謀，兼二美者竹也。友人楊公廷秀平居温厚慈仁〔四〕，真可解愠，臨事則勁節凛然，凌大寒而不改。名堂作記，曲盡竹之情狀，蓋身之非假之也。今胡氏既知一日不可無此君〔五〕，其可三日不讀此記乎？慶元丁巳。

跋唐子西帖

眉山唐子西之文盛傳於世，不待贊也。史稱其論事精密，通於世務，爲宰相張天覺所知，歷宗子博士、提舉京畿常平，貶惠州數年，歸蜀而卒。有子曰文若，字立夫，一字仲懿。寬厚秀傑，文詞高雅，不妄與人交，而襟懷灑落，人自愛之。登紹興五年進士第，屢被薦召，多仕於蜀。二十六年，入爲光禄寺丞，遷秘書郎，擢起居郎。執政有惡其不下己者，諷言官誣以事出知邵州，改饒州，除直敷文閣，徙温州。三十一年，參知政事楊椿薦之〔六〕，高宗笑曰：「今不傲否？」蓋或言其簡伉也。以宗正少卿

〔一〕州：原作「川」，據日本藏宋刻本、四庫本、傅校本改。
〔二〕訓：明澹生堂鈔本、四庫本作「誨」。
〔三〕變化：日本藏宋刻本、傅校本作「奕奕」。
〔四〕温厚：日本藏宋刻本、明澹生堂鈔本、四庫本作「薰兮」。
〔五〕一日不可：日本藏宋刻本、明澹生堂鈔本、四庫本作「不可一日」。
〔六〕之：原無，據日本藏宋刻本、明澹生堂鈔本、四庫本、傅校本補。

召，再爲起居郎。明年二月，進中書舍人，兼脩玉牒官。隆興元年，以足疾求去。正月丙辰，除敷文閣待制、知漢州。明年，改江淮都督府參贊軍事。符離退師，例貶秩二等，求出幕，得鼎州，徙江州，病丐祠。二年某月卒於南康軍，年六十。晚號遯菴。初爲鄱陽，破豪民一族，人稱其政。後與郡人王樞密剛中通婚，因卜居焉。在朝廷若不與事，間出議論，輒平正無向背。高宗將內禪，懲靖康吳敏輩自以爲功，未嘗語人，宰執亦不敢問。獨立夫請對，言不宜迫遽。高宗諒其忠，與詳論舊事。會御批追崇皇太子所生父，立夫已書黄，因過某，歎聖德不可及，而疑名稱未安，歸白宰相請更黄，而堂吏執不可。立夫請不已，宰相以聞，改稱皇太子本生親。尋詔侍從臺諫就御史臺會議，遂稱皇兄而加贈極品，其端蓋立夫發之。立夫素主民兵，或疑其迂，雖予亦不謂然。及守九江，適虜騎犯舒，立夫參用民兵，備禦整暇，方督匠刻《東坡集》，人賴以少安。其治郡能盡僚屬之才，人皆樂爲宣力，至簿書期會則不屑〔一〕。性既寡合，遇所喜形迹都忘。平生不言人過，雖有憾亦容之，常曰：「觀人以初見爲定，往往十得六七。」少因讀史悟性理。宣州僧宗杲及與子西並遊張天覺之門，名震一時，立夫適相遇於荆南，先語其子云：「我今謁杲，彼若叩我，我便不服。」杲望見立夫，蘧蘧曰〔二〕：「尊公文章滿腹，却欠此事，君從何處得來？」立夫喜且服，人兩奇之。子轄，字德輿，亦能文，進《德壽宫慶壽古賦》，後省第入甲等。乾道中，由大理司直出通判漢州。淳熙十三年冬，提轄榷貨務。高宗上仙，獻嘖議謂合稱祖，破禮官之説，又及巷市七日事。孝宗下其議。會御史論洪翰林邁首議稱祖非是，洪家居待罪。孝宗曰：「議禮如聚訟，何嫌異同？」於是禮官併疏轄失言，給事中亦乞罷轄，復通判隆興府。予嘗與立夫同僚相善，又惟文士子孫能世其家如唐氏者未易多得，故傳其事於上舍游君所藏子西帖之後，使修史者有考焉。轄今爲利州守。慶元戊午正月乙卯〔三〕。

跋韓子蒼與曾公衮錢遜叔諸人唱和詩

崇寧、大觀而後，有司取士專用王氏學，甚至欲禁讀史作詩，然執牛耳者未嘗無人。凡紹興初以詩名家，皆當日人才也。今讀韓子蒼與錢遜叔、曾公衮等臨川唱酬，略可睹矣。或疑所以然，予曰：「舉子在場屋爲學不專，爲文不力，既仕則棄其舊習，難乎新功。彼有志之士，其操心也專，其學古也力，譬之追風籋雲之驥，要非繩墨所能馭。故子蒼諸賢往往不由科舉而進，一時如程致道、呂居仁、曾吉甫、朱希真皆是也，其又奚疑？」

慶元戊午正月戊午。

跋曾公衮錢遜叔韓子蒼諸公唱和詩

國家數路取人，科舉之外多英才。自徽廟迄於中興，如程致

〔一〕屑：日本藏宋刻本、傅校本作「屑屑」。

〔二〕蘧蘧：日本藏宋刻本、明澹生堂鈔本、四庫本作「遽」。

〔三〕戊午正月乙卯：原作「戊申正月己卯」，據日本藏宋刻本、明澹生堂鈔本、四庫本改。

道、呂居仁、曾吉甫、朱希真詩名藉藉，朝廷賜第顯用之。今觀曾公衮、錢遜叔、韓子蒼諸賢又皆翰墨雄師，非有司尺度所能得也。紹興初星聚臨川，唱酬妍麗，一時傾慕。郡之名勝游氏襲藏此卷有年數矣，慶元紀號之四年，歲在戊午上巳日〔一〕，周某子充敬題其末。

跋吉水蕭氏祖長官告

右武陵蕭長官所受淮南吴氏告一通。按路振《九國志》，楊行密之子渭自吴王僭號，改文散官大夫爲大卿、御史大夫爲御史大憲。明年渭殂，十一月弟溥嗣位，改元乾貞，寔後唐天成元年也。徐温既死，子知誥起復秉政，其歲月職制皆與此告合。予聞蕭氏自武寧起家，至曾孫諱定基，字守一，本朝天禧三年登第，嘗任侍御史，風節凛然。有孫諱服，字昭甫，元豐五年登第，擢監察御史。時相蔡京憾執政劉逵背己，窮治逵姻家章氏，私鑄獄於平江，久不能决。昭甫奉詔審鞫，不如京指，遂坐廢錮。後起爲吏部員外郎，出知蘄州卒。再世以直諒聞，號廬陵名族，禄仕不絶。武寧七世孫武陵丞諱許，字嶽英，才具過人，予嘗與之遊。諸公方欲薦用，俄謝事去，議者惜之。因其子特起出示祖告，并題於後。慶元戊午上巳。

跋蕭御史殿試真卷

右天禧三年蕭公廷試三題卷，一日之間，文不加點。頃在館閣，同僚許克昌狀元出其從祖安世治平四年魁卷，與此略同。蓋祖宗時士人業精於勤，往往習慣如自然，非若後來之鹵莽也。家狀曾祖壽不仕，而其裔孫尚藏淮南吴乾貞中任武寧縣令真告，豈以爲僞官故不書耶？或疑賦原韻不當押業、乏、法。按《廣韻》入聲三十一《洽》與三十二《押》通用，三十三「業」與三十四「乏」通用，自唐迄天禧皆然，此舊韻也。仁廟初詔丁度等撰定《集韻》，於是移「業」爲第三十一〔二〕，附《葉》《帖》之後，《洽》爲第三十二〔三〕，而以押、乏附之，此今韻也。慶元四年上巳。

跋宋運判昞奏稿

右故廣西運判宋公奏章四稿。公以紹興二年二月爲衡陽太守，當孔彦舟、馬友、曹成諸劇賊破城侵境之後，黎庶凋瘵，百孔千瘡，官軍征戍日夜往來，資糧屝屨應酬無虚日，而能悉心撫摩，臨事整暇，奏課遂爲湖南第一。四年三月代還，此陛對所陳也。如乞諸郡置將，乘時和糴，與夫鞭策諸將，早圖恢復，皆中興急務，深契高皇之心，畀以使節，將試用之。攬轡踰年，奉祠遽歸，没於臨川。二子：子伋、子倞，仕皆弗顯。其孫文祚等

〔一〕日：原無，據日本藏宋刻本補。
〔二〕一：原作「二」，據日本藏宋刻本改。
〔三〕「附葉帖」至「三十二」，原無，據日本藏宋刻本補。

得此遺墨，俾某誌其後〔二〕。公之守衡也，舅氏王公籍寔貳郡事，奉外祖母衛國太夫人在焉。又叔父静江府君侍祖母秦國夫人宰屬邑之安仁，某時年十七八歲，侍先夫人省秦國於衡，尚能記公之政，今追書大略如此〔三〕。公諱昞，字景融，蓋鄭國元憲公曾孫而外祖母之姪，於先夫人爲表兄云。慶元戊午三月十七日。

跋張忠獻公與外舅帖

張忠獻公忠君憂國、勸學爲善之心，造次顛沛未嘗少忘，凡見於手書者皆是也。近世浮詞繆敬盈於尺牘，觀此得不見賢思齊乎？兹八幅者，外舅御史王公彦光紹興庚辰守公鄉郡及移瀘帥荅書也。德人士風之褒，期待甚厚，蓋聞名於過平江之日，知非溢美。外舅季子嘉賓藏之有年，今傳其子紹祥而屬某題其後。慶元戊午五月庚辰。

跋義靈廟碑

義靈廟者，滕侯棲神之所也。侯宣和間掾天台，適方寇鴟張，初爲曲突徙薪之計，後收焦頭爛額之功。正使二千石智勇過人，未必兼此二者，孰謂一户曹乃優爲之！當時祠享，永世廟食，宜哉！慶元戊午年五月丁巳。

題聶倅周臣所藏黄魯直送徐隱父宰餘干詩稿

山谷此詩今載《外集》，不觀初草，何以知後作之工？老杜云：「陶冶性情存底物，新詩改罷自長吟。孰知二謝將能事，頗學陰、何苦用心。」苟作云乎哉！慶元戊午歲戊午月戊午日，平園老叟周某書而歸之聶氏。

跋江氏舊書

右安陸江氏書一卷，頗有誤字。首印「江元叔書籍記」，末用「越州管内觀察使之印」。不知元叔守越時録本，或錢氏舊書也。子孫不能守，多入鄉人翰林學士鄭獬毅夫家。贛州興國主簿余鏞得此以遺余，乃録毅夫《鄖溪集》所載記文於後。慶元戊午歲戊午月戊午日。

〔二〕誌：明澹生堂鈔本、四庫本作「識」。
〔三〕追：原作「遺」，據日本藏宋刻本、四庫本及《益公題跋》卷三改。

跋黃山谷書唐人詩

右山谷大書一軸，紹興末外舅御史王公彥光守漢或帥瀘時得之〔一〕。今將四十年，其孫紹祥攜以相示。昔山谷謫居，多作字以遺蜀人。中興後，凡東南士大夫之爲監司郡守者往往有所獲而歸，歲月既久，遇其良輒取之，郡無留良焉〔二〕。《詩》不云乎：「尚有典刑。」慶元戊午五月十四日。

跋張芸叟題劉滬墳廟詩

右浮休張公《劉將軍墳廟詩》一首。將軍諱滬，慶曆名將，力戰城水洛，蕃漢皆畏愛，幾爲狄青、尹洙所害，故云：「生前毀譽豈堪聽，身後功名始汗青。」此詩雖載《畫墁集》，亦潛其名，故表而出之。慶元四年六月旦，張公曾孫繼祖攜以相示，爲題其後。

跋司馬文正公手鈔富文忠公使北録

司馬文正公於廣記備言，不啻飢渴之嗜飲食，況國家重事乎？富文忠《使北語録》首尾萬有餘字，手自鈔録，他人安能爲此？淳熙癸卯，公曾孫吏部侍郎季思刻石泉南，屬某題其後。今十六年，而侍郎之子遵求踐宿諾，感歎不已。某昔爲太史牛馬走，恭讀《徽宗實録》。宣和六年春，既獲虁離不，得慶曆國書、誓書真本藏寶文閣，朝廷以爲快祖宗累世之憤，則富公奏牘所謂影帶下策蓋用之矣。當時力辭奉使賞，抑有由也。慶元四年六月十一日。

題東坡上薛向樞密書

薛恭敏公元豐元年九月自樞密直學士、工部侍郎、知定州召入西府。蘇文忠公昔嘗與之論天下事，今復貽書，深切著明如此，責善爲有加矣。薛本以理財論兵進，及在政路，首尾三年，同列質以西北事，則養威持重，未嘗啓其端。最後詔民蓄馬，既奉行，復欲反汗，爲舒亶論罷。聞義能徙，不善能改，未必不因蘇公之書，比夫患失遂非者有間矣。元祐間特被褒表，豈無所自耶？公作此時年四十三，是日其生朝也。身爲二千石，士民當盈庭爲壽，否則與家人飲食燕樂，乃齋心呵凍，極陳國計，其賢於人遠矣。官本不載此書於集，惟麻沙本及別集有之。故人劉籛壽使君之子宗奭兄弟家藏真蹟，慶元戊午七月旦，以示前進士周某，敬題其後。

〔一〕末：原脱，據日本藏宋刻本、明澹生堂鈔本、四庫本、傳校本、《六藝之一録》卷三四三補。

〔二〕郡：原作「群」，據明澹生堂鈔本、四庫本、《六藝之一録》卷三四三改。

跋楊廷秀贈族人復字道卿詩

江西詩社，山谷實主夏盟，後四方人才如林〔一〕，今以數計未爲多也。誠齋家吉水之湴塘，執詩壇之牛耳。始自宗族，延及郡邑，孰非闖李、杜之門，晞歐、蘇之蹤者？粤無鎛，燕無函，秦無廬，胡無弓車，夫人能爲之，尚可以社名乎？家生執戟郎，又拔乎其萃者也。慶元戊午七月初二日〔二〕。

跋曾氏兄弟帖

贛州曾氏兄弟俱有時名，其以文章議論致身禁從者三：顯謨學士字叔夏，寶文待制字天猷，敷文待制謚文清，字吉甫。建炎、紹興三十年間，並歷春官長貳，可以知其人矣。文清公二子：大理卿字原伯，户部侍郎字仲躬，同事孝宗，克纘先業，視南豐之曾殆庶幾焉。仲躬子德廣守桐川，裒兩世翰墨刻之石，蓋將對手澤而思永君子之澤，即心畫而推廣前人之心，濟美象賢，寧有既耶！附以呂伯恭禮部君二帖，深有益於學者。乃知五公義方之教施及宅相，何其盛也！慶元戊午八月丙寅朔。

題呂侍講希哲歲時雜記後

本朝承平歲久，斯人安生樂業，凡遇節物，隨時制宜。雖有古有今，或雅或鄙，所在不同，然上而朝廷，次而郡國，下逮民庶，驩娱熙洽，未嘗虚度則一也。侍講呂公當全盛時食相門之德，既目擊舊禮，又身歷外官，四方風俗皆得周知，追記於册，殆無遺者。惟上元一門多至五十餘條，百年積累之盛，故家文獻之餘，兹可推矣。慶元戊午秋，公之玄孫仙遊邑大夫祖平以示平園老叟周某，竊有生晚不及見之歎云。

自題與黄談書尺

元祐給事中黄公夷仲之曾孫諱談，字子默，山谷先生從孫，實傳詩社之正印，有文集三十卷，自號澗壑居士。早受知於胡明仲侍郎，其後劉共父樞密、張安國舍人繼帥湖南，皆爲上介，屬以文翰人門俱美〔三〕，宜在朝廷。而官止榷務，壽不及知命，識者惜之。嗣子早世。其孫鈞以予隆興、乾道間往復之書數十通聯爲大軸，銜袖相過，内十四幅乃予手筆，餘皆弟姪及筆吏代作。今三紀矣，追懷人物之英，豈易復得，重爲歎息。慶元戊午九月己亥。

跋撫州鄔慮詩

臨川自晏元獻公、王文公主文盟於本朝，由是詩人項背相

〔一〕後：日本藏宋刻本作「然」。
〔二〕初：明澹生堂鈔本、四庫本無。
〔三〕俱：原作「具」，據傅校本改。「門」，明澹生堂鈔本作「聞」。

望，近世如謝無逸、幼槃兄弟及饒德操、汪信民皆傑然拔出者也。南渡以來，又得寓公韓子蒼、呂居仁振而作之，四方傳爲盛事。其後儒冠則曾季貍裘父，釋氏則文惠大師惠嚴，道士則黎道華師侯，同時以詩鳴〔一〕，人喜稱之。今鄔君文伯復以科舉餘力刻意吟咏，橐其新舊稿遠以相示。予雖不能詩，然亦知其爲佳作也。蓋木有本可以干霄，水有源可以至海，以君之才進而不已，追前人而與之齊斯無難矣。慶元戊午九月戊申。

跋山谷草書太白詩

南豐譙氏收山谷草書太白《歌行》一卷〔二〕，殆中年筆也。予家藏數卷亦太白詩，蓋非謫仙妙語不足發龍蛇飛動之勢耳。今江西豫章、廬陵、宜春皆刻山谷真草，惟蜀中劉氏十卷中草聖尤奇，實暮年筆也。始潁昌劉昱〔三〕，字晦叔，與山谷友善，暨其子瓌、孫伯虎三世相繼持節於蜀，日裒月聚，固宜得之之富。其間二説，學者不可不知，乃命小吏録於左〔四〕。慶元戊午十月丁亥。

跋戊午歲吉州舉人期集小録〔五〕

選士於里，登名天府，爲之首者期集同舉之人，禮也。廬陵號士鄉，故此禮尤盛，而今歲特盛焉。永新左君淳熙己酉裒然居萬人之上，今秋克復舊物，而其父母年方五十餘，二者皆近所稀有，其盛一也。誠齋楊公、龍泉孫公，朝廷鄉黨之達尊，交以序美之，其盛二也。每舉士或有故不至，至或不多，多者十僅三四，今在坐乃五十人，其盛三也。左君既具著於録，而附以坐客所賦詩，强予題其後。老誖雖不能措詞，竊有祝焉。國朝天聖八年春，參政歐陽公以國學首薦冠名南宮，是年廷試榜眼則丞相劉公，其後鼎甲則侍郎郭公，中興第五則資政胡公，至紹興十八年，參政董公遂唱名第一，其他登甲科者猶未悉數也。諸君勉旃〔六〕，踵前賢之高躅，增吾邦之盛事，其在兹行乎！慶元四年戊午日南至。

跋張如瑩書歸去來辭〔七〕

永嘉陳開祖紹興二年登第，張公子韶雅重之。仕至廣德太守，行誼表於一方〔八〕，廉靖著於仕塗。其倅豫章，户部尚書張公如瑩以慶遠軍節度使來爲連帥，素以翰墨馳聲，位望既崇，益自珍貴，人欲其尺牘不可得，獨爲開祖書《歸去來辭》於畫卷，且推美其古雅。今五十年，而開祖之子求仁請予爲之跋。求仁三爲劇邑，以名稱，再典郡。予嘗同僚，知其端諒通達，蓋名父子

〔一〕嗚：四庫本作「名」。
〔二〕太白：明澹生堂鈔本、四庫本作「李太白」。
〔三〕劉昱：原作「劉氏顯」，據日本藏宋刻本、明澹生堂鈔本、四庫本、傅校本改。按劉昱，畢仲游《西臺集》有墓誌銘。
〔四〕吏：明澹生堂鈔本、四庫本作「史」。
〔五〕跋：日本藏宋刻本、明澹生堂鈔本、四庫本、傅校本作「題」。
〔六〕君：原作「公」，據明澹生堂鈔本、四庫本改。
〔七〕書：原無，據日本藏宋刻本補。
〔八〕方：日本藏宋刻本、明澹生堂鈔本、四庫本、傅校本作「鄉」。

也。開祖諱一鶚，求仁名自修。慶元五年正月十九日。

跋王才臣十史論

淳熙中予備數政府，故人劉子澄守衡，言布衣劉德老之才〔一〕，孝廟亟命以官，食衡祠禄。因思予友王才臣才學不啻德老甚，欲以名聞，顧念才臣春秋未甚高，猶當以科第進，遂不果。後歸老里中，才臣猶在場屋，偶見孫從之跋其《史論》，爲之悵然。才臣身雖益困，而所養益厚，異時會當有知之者。予老矣，尚庶幾及見之。慶元五年上巳日。

書譚該樂府後

世謂樂府起於漢魏，蓋由惠帝有樂府令，武帝立樂府采詩夜誦也。唐元稹則以仲尼《文王操》、伯牙《水仙操》、齊犢牧《雉朝飛》、衛女《思歸引》爲樂府之始。以予考之，乃賡載歌「薰兮解愠」，在虞舜時此體固已萌芽，豈止三代遺韻而已！新喻譚該居之舉業餘暇，作《上之回》等十四篇，因舊題而衍其辭，用意深遠。至於《擬古》、《詠史》、《詠懷》、《感遇》諸詩，多有佳句，進而不止，前輩可以企及。爲題卷末而勉之。慶元己未五月戊戌。韓文公集云，《雉朝飛》牧犢子作。《吴兢集·雉朝飛樂府古題要解》以爲處士犢木子。劉次莊《樂府集序》又作「牘沐」。未知孰是〔二〕。

跋宋景晉晚手書佛經〔三〕

待制宋公手書《金剛經》，端謹有法度，始末一體，如摹印然，敬之至也。王荆公學王濛書，多爲横風疾雨之勢。每作帖初尚矜持，後必坦率，惟寫佛經專用楷法，亦是理歟！公以紹興己未五月書此，其曾孫曾老以慶元己未五月示周某，甲子適一周矣。

題趙清獻公三帖

右趙清獻公三帖。第一乃嘉祐八年春任度支副使所作，云「孫公勇退」〔四〕，謂蜀人文懿公也，名與公同，尋除東宫三少致仕。屼，公長子，是年登科。第二則治平二年公知成都時，舉仁不知謂誰〔五〕，三年有都官郎中、廣濟河催綱石輅爲梓州路運判，或斯人歟？第三云吕侍講三請留司，蓋正獻公也，是年八月出知蔡州。慶元五年十月旦，平園老叟周某敬題。

〔一〕劉德老：四庫本作「劉德孝」。

〔二〕按，據崔豹《古今注》卷中等引，作「牧犢」是。

〔三〕晚：原刻校云：「晚：一本作『晒』，誤。」

〔四〕「云」上，日本藏宋刻本、明澹生堂鈔本、四庫本有「其」字。

〔五〕舉仁：原刻校云：「一本作『仁舉』。」按日本藏宋刻本、明澹生堂鈔本、四庫本亦作「仁舉」。

題楊廷秀新淦胡氏義方堂記後

誠齋作《義方堂記》，理勝而文雄，殊無老人諳諄衰弱氣象〔一〕，吾黨所共矜式，豈特光賁胡氏家塾而已！慶元己未十月辛未。

跋東坡與張近帖

右坡公與張幾仲帖，蓋元豐間謫黄時也。所謂授德興尉者，長子邁也。其將自黄移汝，嘗賦長篇，以銅劍易幾仲龍尾子石硯；幾仲作詩送硯返劍，公又屬和，卒以劍歸之，具載集中。幾仲名近，仕至顯謨閣直學士，《國史》有傳。其從孫子佾家臨江軍，寶藏此帖〔二〕。慶元己未十一月甲辰，周某子充敬觀。

〔一〕諄：原作「詩」，據明澹生堂鈔本、四庫本改。
〔二〕寶：明澹生堂鈔本、四庫本作「實」。

廬陵周益國文忠公集卷四九

平園續稿卷九

題跋

大元帥康王與向子諲咨目及御筆等跋

臣竊惟靖康大變，地裂天傾，泥塵已蒙[一]，鄗壇未設，餘分閏位，人懷向背。惟世臣向子諲首將所部[二]，拘僞楚之族，數遣行人及仲子澮詣大元帥府議軍國事。領兵戡難，見褒璽書；謹重嚴備，復勤親札。此權發運副使時也。胡行鬼速，漢箭無神，金城湯池，所在胥潰，江湖諸郡送款相望。子諲獨鳩叛餘之兵，嬰十里之城，八日然後失守。汪藻撰《撫恤官吏軍民敕書》有曰：「明於分義，屬此艱危。巧説百端，堅持一意。力爲巷戰，奮以忘軀。」此還長沙時也。御書「薌林泛宅」、《古文孝經》、《蘭亭序》，拜賜不一，此爲浙漕時也。國步已安，春秋猶盛，禁塗輔郡，倚注方醲，上書請老，留之不可，特頒詔諭，遠比漢疏，侍從掛冠，鮮有是禮，此守平江時也。向非忠忱慷慨，心在王家，始終不渝，安能致上眷如此？雖疾風草勁，向日葵傾，聖鑑昭昭，屢形奬飾，然責賢必備，求全或毁，時當多故，傳聞異辭。其孫士虎懼後人猶致惑也，敬哀奎畫，刊之樂石，謂臣昔以太史牛馬走逮事高皇，俾書下方，或可傳信。恭惟一字爲褒，榮於衮服，衆言淆亂，折諸聖人，今觀天文，議論定矣。慶元六年二月旦，具位臣周某謹書。

跋朱元晦所作南城吴氏社倉記

某遭遇孝宗皇帝，陪二府者十年[三]，每歲必聞宣諭云：「朕自中春農事興即憂水旱，直至十月米穀上倉然後放心。」洋洋聖謨，二帝三王所未有也。方社倉畫旨時，某在東府，實奉宣德意，下之有司。今南城吴伸吴倫兄弟請書此記[四]，乃敬載聖語於後，當有告於太史氏者。具位周某書。

跋山谷題橘州畫卷

橘洲在湘江中，巨浸不能没，膏潤宜橘，以是得名。唐張曲江、杜子美、劉夢得皆見於詩。又畢田序云：「橘千餘本，居民數百家，佛刹神祠、馬氏書堂、詰盜官舍在焉。」張舜民記：「洲南北與州城等，有巡檢寨及僧寺兩三所，漁者數百家。」予比歲嘗至其上，不復曩時之盛。今觀山谷所題畫卷，亦似疑其略

[一] 泥：原作「氾」，據四庫本改。
[二] 將：日本藏宋刻本、明澹生堂鈔本、四庫本作「符」。
[三] 者：原無，據明澹生堂鈔本、四庫本補。
[四] 吴伸吴倫兄弟：原作「吴仲倫弟兄」，據日本藏宋刻本、明澹生堂鈔本、四庫本改補乙正。

也。橘，訣律切；吉，激質切。本作兩音，北人混而爲一。故酈道元注《水經》，橘洲或作吉字，近世僞傳東坡《緑橘傳》亦指爲吉〔一〕，五方音訛多此類。予以舊游，故詳記之。慶元庚申二月乙丑，平園老叟周某書而歸之趙仲肅。

題東坡晚年手帖

東坡以靖國辛巳北歸，五月由金陵過儀徵〔二〕，二十九日手簡別發運司屬官，六月自潤還常州，七月仙去。此乃數旬前帖，尤可貴也。趙仲肅以示周某，敬題其後。慶元庚申二月乙丑。

跋歐陽文忠公與張洞書

右歐陽文忠公與張洞書五幅〔三〕。洞字仲通，開封人，晁無咎《鷄肋集》有傳。任潁州推官，文忠實爲守，甚重之。皇祐三年，從晏元獻公辟於長安，文忠時守南京，答第一、第二書，其送行長篇今在《居士集》第五卷〔四〕。明年，文忠丁母憂歸潁，答第三書。至和元年，洞以大理寺丞再從晏公於西京，而文忠初服闋還京師，答第四書。嘉祐六年，文忠在樞府，而洞以秘閣校理出守棣州，答第五書。次序皆可考。其後入爲三司度支判官，歷江西淮南轉運使，官至工部郎中，治平四年卒。此帖藏玉山汪季路家。慶元六年閏二月己亥。

書馮頎自得集後

紹興辛巳三月，予任秘書省正字，被差充公試、補試、類試考校官。時仁和縣丞馮頎子長來主管試院諸司，開院與之款，偉岸而文〔五〕，自言系出文懿公，意甚奇之〔六〕。蜀人劉韶美侍郎負才擇交，亦稱之不容口。後二十餘年，君爲朝散郎、京西安撫使司參議官〔七〕，出所著書三卷，名曰《自得》，上論經旨十六事，中爲史評二十二，下則詩話四十六，其推明聖賢之意，考訂古今之説，往往出人意表。今詩匠楊廷秀待制嘗序君詩，謂「清麗入江西，深長幾唐人」，則學問文章從可知矣。年八十而終。慶元庚申春，其子從政郎有年自循州理掾奉母還嚴陵，過予話舊，感歎不已，書此以遺之。慶元庚申閏二月丁巳。

跋黃魯直帖

山谷以紹聖元年冬坐史事安置黔南，二年四月至焉。其年三

〔一〕僞：日本藏宋刻本、傳校本作「譌」。
〔二〕徵：日本藏宋刻本、明澹生堂鈔本、四庫本作「真」。
〔三〕「書」上，日本藏宋刻本、明澹生堂鈔本、四庫本有「手」字。
〔四〕在：日本藏宋刻本、明澹生堂鈔本、四庫本作「載」。
〔五〕此處當有脱誤，傳校本作「時宗伯孫公子長來主管試事，所得士馮君頎者乃學博而文」，亦非是。
〔六〕意：原無，據日本藏宋刻本、明澹生堂鈔本、四庫本、傳校本補。
〔七〕使：原無，據四庫本補。

月，朝奉大夫錢塘韋驤字子駿來爲夔路提點刑獄，嘗任主客郎官，故云「子駿提刑主客大夫」。四年三月〔一〕，宗正丞張向除本路提舉常平，實山谷之外兄，乞避親嫌，十一月移戎州。五年六月改元元符，方抵貶所，其云「從道者」向也。此十帖皆與驤者。是歲九月，驤移知亳州，未上，易四明。本名讓，皇祐五年登第後避濮王諱改焉。臨汀有文集，蓋其孫作守時刻之。慶元庚申三月戊寅，書而歸之汪氏。

跋蔡君謨與唐詔帖

右蔡忠惠公與唐詔帖十二紙〔二〕。詔字彥範，龍圖閣待制肅之子，侍讀詢之弟，錢塘人。其云「厚之新得書」，蓋指浙西轉運使元絳，此至和二年公守泉時；又云「清源若移動」，謂自泉移福及再知泉州時；「打揲過歲」，則嘉祐五年召入翰林知開封時也，皆當置之卷首。《文字繁冗帖》、《累辱降訪帖》、《前日偶出帖》，乃嘉祐六年四月權三司使以後所作。按《仁録》，是年八月以江東運判、尚書比部員外郎唐詔爲權發遣三司開拆司，十月改權發遣鹽鐵公事，殆公所辟置耶？詔之在職，嘗經憂惱，故公自言頃歲經由衢州，因抱骨肉之戚，至泉遂病〔三〕，以解釋詔〔四〕，使之入省；仍勸其止市户祭奠，又每達老親之意，於其家人可謂親密之至者也。先後偶失序，略爲之辨而歸之汪季路氏。慶元庚申三月甲戌。

書歐陽彝四世碑〔五〕

古者官有世功則有官族，著之譜牒，百世可考。雖然，引而伸之，存乎其人。若欒郤、胥原、狐續、慶伯之後，失其先業降在皂隸者多矣〔六〕。友人歐陽彝字元鼎，世居廬陵郡之永和鎮，今爲族長，儒學行義表表 鄉。其家世甚遠〔七〕，未暇徧舉，姑以近數世言之。贈奉議郎諱登，字大明者，高祖也。左朝散郎、通判潭州諱臨粲〔八〕，字景文者，曾祖也。祖諱璟，字粹明。父諱襄，字允成。俱業儒。允成少年貢於鄉，游於京師之太學，不幸再世皆不及下壽。肆其子孫，日以蕃衍，預貢籍、登科第者相望，其興未艾也〔九〕。自奉議而下，墓刻多先達名筆。元鼎既裒四世拓本聯爲卷軸，又取近族之隱德者、登科者、死節者別爲一編，於是

〔一〕四年：原缺，據日本藏宋刻本、明澹生堂鈔本、四庫本、傅校本補。
〔二〕惠：原作「襄」，據日本藏宋刻本、明澹生堂鈔本、四庫本改。
〔三〕遂：原作「以」，據日本藏宋刻本、明澹生堂鈔本、四庫本、傅校本改。
〔四〕以：原無，據日本藏宋刻本、明澹生堂鈔本、四庫本、傅校本補。
〔五〕四：原無，據日本藏宋刻本、明澹生堂鈔本、四庫本、傅校本補。
〔六〕「降」上，明澹生堂鈔本、四庫本有「則」字。
〔七〕家世甚：原無，據日本藏宋刻本、明澹生堂鈔本、四庫本補。
〔八〕臨：明澹生堂鈔本、四庫本無。
〔九〕「興」下，日本藏宋刻本、明澹生堂鈔本、四庫本、傅校本有「特」字。

歐陽氏之源流概可知也〔一〕。傳不云乎：「世濟其美，不隕其名。」此元鼎紀先烈，詔後人之本意也〔二〕，乃爲表而出之。慶元六年三月既望，益國公周某書。

跋富鄭公與李中師帖

朱元晦跋云：「李事公不爲不謹，公待李不爲不厚，晚乃覲望時事，以公同編户出免役錢，反覆如此。」《四朝國史》李中師本傳言：中師在河南治辦刻深〔三〕，厚結中人。神宗嘗稱其治狀，富公爲相，奏曰：「陛下何從知之？」帝默然。中師平昔事公謹者，望其薦己，聞公此對，勢應匿怨，後與編户同敷役錢，聊以逞憾，非但徇時而已。公遇李厚，於私覿或不能免，上前臧否，自有公論，遑恤小人之怨乎？慶元六年三月甲戌。

跋所書劉辰告墓碑横石

乾道庚寅秋，予初直北門，爲同年辰告君作墓碑，又屬兩同年朝士書丹題蓋。今三十有一年，而君長子贇暨兩弟耆孫、吉孫請予別書此文，欲以横石刻寘家廟，義不可辭。贇，即召孫也，以夢更今名，甚文而才，克肖父祖。自淳熙辛丑至慶元己未再上南宮，立身揚名，其在茲乎！宜孫亦負雋聲，嘗兩貢於鄉，與于孫皆亡矣〔四〕。六年庚申五月旦某書〔五〕。

跋顏魯公書

真卿承命南來，諸事草草。但賊勢尚爾，奈何！張貞不了國事。可念，可念〔六〕！

右顏魯公帖凡四行計二十六字，或真或臨不能辨也。第一、第二行盡處各減一字。惟公忠烈堯然，千載猶有生氣，况睹遺墨，起敬謂宜如何？按永泰二年歲在丙午，公奏宰相元載抑塞人言甚於李林甫、楊國忠。載怒，因公論祭器誣以誹謗。二月乙未，由檢校刑部尚書、知省事貶峽州別駕，未至，易吉州司馬，所謂「南來諸事草草」，正此時也。先是漢州刺史崔旰反陷成都〔七〕，蜀中大亂。公貶後十九日癸丑，興元帥兼劍南東川節度張獻誠就近討旰。三月戰梓州，獻誠大敗，僅以身免，所謂「不了

〔一〕概可知也：日本藏宋刻本、明澹生堂鈔本、四庫本、傅校本作「開卷可知」。

〔二〕也：原無，據日本藏宋刻本補。

〔三〕河南：原作「南河」，據明澹生堂鈔本、四庫本、傅校本及《宋史·李中師傳》乙。

〔四〕于孫：原作「子孫」，據日本藏宋刻本、《省齋文稿》卷三二所載《文林郎劉君令猷墓誌銘》改。

〔五〕書：原脱，據日本藏宋刻本、明澹生堂鈔本、四庫本補。

〔六〕原刻校云：「按此處録原文三行二十七字，而跋云『凡四行二十六字』，俟考。」

〔七〕反：原無，據日本藏宋刻本補。

國事」殆指斯人。張貞之下闕文疑稱其字，蓋誠、貞義相通耳。初獻誠陷安史之亂，將兵守汴，後棄朝義〔一〕，以州來降，與公俱奮忠義者，故公賢其人，念其敗云爾。此帖當是公赴吉或到官所作。自丙午歲距慶元六年庚申凡四百三十五年，而臨川梁世昌實寶藏之，遠來求跋。考《唐史》永泰無二年，蓋是歲冬至改元即稱大曆元年。至三年八月，公自吉移刺撫州，六年書《麻姑山仙壇記》。今年三月戊寅夜，山之仙都觀大火，焚蕩幾盡，古杉星列亦隨飛烟，衆碑皆斷裂雜瓦礫中，獨公《壇記》巋然其傍。祝融回禄，曲意護持如此，故併記其異，爲後世忠臣之勸。十月甲子，周某書〔二〕。

跋張安國與伯子家書〔三〕

士大夫尺牘施之尊長未免矜持〔四〕，用之交游容或假借，若乃行草得於肆筆，獎勵發於真情〔五〕，捨群從家問何以哉？觀此五帖，則故紫微郎之墨妙，今太常伯之蚤成，何待贊也！憶乾道壬辰夏道谿池陽，太常伯之尊君持節在焉，晤言累日，其論難進易退，學道愛人，皆可書而誦也。施及賢嗣，立朝濟世美，涖官守家法，義方之教，有自來矣，茲用表而出之。庚申秋社〔六〕，平園老叟周某題。

跋山谷書文賦

右山谷元豐壬戌歲，年三十八，宰太和縣，書陸士衡《文賦》，及半，興盡而止，以遺晁仲詢。仲詢傳其親孫勝之，尋歸廬陵王揚仁。揚仁以遺太和嚴端禮，端禮將刻寘山谷舊治，偕萬安郭澥求跋語。昔王右軍距士衡屬耳，已重其賦，書之。唐太宗時，獨褚河南能辨右軍帖真僞，愛而臨其本，至國朝藏蜀中李翹叟家。元符間，山谷自黔移戎見之，謂豪勁清潤，天下奇書，益悟古人沉著痛快之語。今觀此卷，書法娟秀不減晉、宋諸賢，自足名世。或乃疑山谷元祐以後每恨向來字中無筆，遂謂四十年前書非其所喜。殊不知前輩爲學日益，新而又新，晚欲自成一家，豈遽矜誇滿假，是殆癡人前不得說夢也。慶元六年庚申九月甲戌。

〔一〕棄：日本藏宋刻本作「拒」。

〔二〕原刻文末校云：「案《舊唐書・代紀》，有永泰二年，無大曆元年，蓋冬至詔改永泰二年爲大曆元年，史臣隸事仍署永泰二年，明年即稱大曆二年。《新唐書・代紀》則無永泰二年，有大曆元年。此云考唐史永泰無二年，據《新唐書》也。魯公任吉州，《舊書》本傳失載，而《新書》補之。此云貶峽州別駕，未至，易吉州司馬，亦據《新書》也。魯公之貶在二月乙未，彭本訛作己未，今校正，方與下文貶後十九日癸丑相合。至峽州，《舊書・代紀》作峽，從山。本傳及地理志作陜，從石，彼此互異。《新書》本傳及地理志皆作峽，五代史亦作峽。考峽州原以地居三峽之口而得名，當以作峽爲是。」

〔三〕「與」下，日本藏宋刻本、明澹生堂鈔本、四庫本有「弟」字。

〔四〕長：日本藏宋刻本、明澹生堂鈔本、四庫本作「貴」。

〔五〕於：日本藏宋刻本、明澹生堂鈔本、四庫本作「乎」。

〔六〕「庚申」前，日本藏宋刻本、傳校本有「慶元」二字。

跋柳公權赤箭帖

唐柳公書，當時自九重至外夷無不愛重。史稱其結體勁媚，蓋筆諫之意先形心畫，此所以爲貴〔一〕，亦猶魏元成忠直而嫵媚耶！後世真蹟日少，賴石刻僅存典刑。予宦行都，有朝士楊文昺蓄公碑三十餘種，往往來自西北。其在東南者，山南西道《修驛路記》、和州《陋室銘》、贛州《閑禪師碑》、台州國清寺額、翠屏院「天台佛」三字、題僧清觀簡及《江州復東林寺碑》耳。東林近又煨燼，或重惜之。予笑曰：「趙明誠《金石録》載《何進滔德政碑》，在柳書中尤奇偉，政和間大名尹磨去，别刊新製，厄會至此，殆不若東林之一炬也！」太和蕭知節示《赤箭帖》，求予一言。夫顔筋柳骨，古有成説，此帖字瘦而骨不露〔二〕，沉著痛快而氣象雍容，歐、虞、褚、薛不足道焉。昔歐陽文忠公最愛《高重碑》，以爲摹刻之工，鋒鋩皆在；而蔡忠惠公則謂《陰符經序》善藏筆鋒，柳書之最精者。二説正相反。文忠每推忠惠善書，而自云論此不同，况晚輩寡學乎？宜擇良工刻石傳之，以俟識者。微知節儒雅好事，其孰能與此？慶元六年九月辛巳。

跋楊廷秀石人峰長篇

韓子蒼贈趙伯魯詩云：「學詩當如初學禪，未悟且遍參諸方。一朝悟罷正法眼，信手拈出皆成章。」蓋欲以斯道淑諸人也。今時士子見誠齋大篇鉅章七步而成〔三〕，一字不改，皆掃千軍、倒三峽、穿天心、透月窟之語〔四〕，至於狀物姿態、寫人情意則鋪叙纖悉，曲盡其妙，遂謂天生辯才，得大自在。是固然矣，抑未知公由志學至從心，上規賡載之歌，刻意《風》《雅》《頌》之什，下逮《左氏》、《莊》、《騷》、秦漢魏晉南北朝隋唐以及本朝，凡名人傑作，無不推求其詞源，擇用其句法，五六十年之間歲鍛月鍊〔五〕、朝思夕維，然後大悟大徹，筆端有口，句中有眼，夫豈一日之功哉！吉水羅惠卿之子且示公《石人峰》長韻，讀之如身履羊腸，耳聞斑寅，心膽震悸，毛髮森聳，詩能動人一至是耶！予懼夫不善學者欲以三年刻楮葉之巧，而睎秋花發杜鵑之神，望公將壇竭蹷趨之，非但失步邯鄲，且將下墜千仞，故歷叙公真積力久乃入悟門，證子蒼之知言。慶元庚申十一月辛巳，平園老叟周某書於華隱樓。

題嘉祐賀老人星見表批答

宋元憲公五世孫梓，示嘉祐四年正月仁廟朝批答樞密院官賀春分前老人星見表一通〔六〕。使副凡四人，宋公爲之長，故子孫得

〔一〕此：原無，據日本藏宋刻本、明澹生堂鈔本、四庫本、傅校本補。

〔二〕骨不露：四庫本、《六藝之一録》卷三二九引作「不露骨」，明澹生堂鈔本、《佩文齋書畫譜》卷七五作「不骨露」。

〔三〕鉅：明澹生堂鈔本、四庫本作「短」。

〔四〕窟：日本藏宋刻本、明澹生堂鈔本、四庫本作「脅」。

〔五〕五六十：原無，據日本藏宋刻本、明澹生堂鈔本、四庫本補。傅校本作「五十六」，當誤。

〔六〕仁廟：明澹生堂鈔本、四庫本作「仁宗」。

藏當時之批答。觀所續之紙，高下正與表同，乃録某《玉堂雜記》附其後，知南渡以來百司失舊制多矣。梓云：「人多以無御寶爲疑。」即告之曰：「詔書單賜，所以用寶，就批元表之後，何必寶也？」梓請併書之。慶元六年庚申十一月二十九日。

題趙清獻公帖

儒書釋書雖異[一]，而欲人求放心、復本性則同，皆因其所固有諄諄然命之，非彊以外鑠也。趙清獻公習與性成，庶幾由仁義行，宜乎造次必於是，觀其與弟姪家問可知矣。慶元庚申十二月日[二]，平園老叟周某書而歸之季路汪氏。

題癸丑謝何同叔送羊羔酒詩贈尹德鄰

永豐尹直卿德鄰學富而贍於文，有能詩聲。紹熙癸丑補中太學生[三]，兼試《問寢龍樓曉詩》，末句云：「書生憂國切，幾白九分頭。」學官歎服，寘名第一。謁告還鄉，屢枉佳篇。今將參學，見索鄙句。老詩無詞可措，偶記頃在長沙有《謝何同叔運判雪中送羊羔酒》四韻，後欲再賦，以酒有「浮蟻」，可押「慕羶」，對未成而止，因録舊作[四]，請直卿爲足之。若自有壓倒元、白之句，則九萬里風斯在下矣。庚申臘月十七日。

跋蕭氏敦節堂詩

徽宗朝名御史蕭服字昭甫，吉水人，坐不肯羅織吴門章綖私鑄獄咈蔡京意[五]，羈管虔州。後起爲吏部員外郎，出知蘄州，卒年五十八。嘗遇恩封其父汝薿字君保至通直郎。所居有敦節堂，本路提點刑獄張景修作詩美之。此廬陵名士彭使君諱醇字道原政和初和篇也[六]。踰九十年，堂壞而詩存，蕭氏以歸彭公玄孫叔夜、叔夏潤飾藏之[七]，因爲詳記本末。按《四朝國史》蘄州本傳，初謫處州，今其玄孫祺出大觀四年印曆，實貶虔州。虔與處字畫偏旁異爾，即今贛州，吉之鄰郡。近世既改虔爲贛，史官不考耳。嘉泰四年辛酉四月辛巳。

〔一〕釋書：日本藏宋刻本、傅校本作「釋典」。
〔二〕十二月日：日本藏宋刻本、明澹生堂鈔本、四庫本作「臘月」。
〔三〕熙：原作「興」，據日本藏宋刻本、明澹生堂鈔本、四庫本、傅校本改。癸丑乃紹熙四年。
〔四〕因：明澹生堂鈔本、四庫本作「今」。
〔五〕綖：原作「誕」，原刻校云：「别本作『綖』。」今據此及日本藏宋刻本、明澹生堂鈔本、四庫本、《宋史》卷三二八《章楶傳》改。
〔六〕道原：原作「道厚」，據日本藏宋刻本、明澹生堂鈔本、傅校本及《平園續稿》一四《澉溪居士文集序》改。
〔七〕叔夏：四庫本作「叔夜」，則當屬下句。潤：原作「池」，據傅校本改。

跋陳瓘書

張文潛謂韓文公《揭陽謝上表》頌德近諛，此非知言。古人愛其身以有待，不欲死瘴癘耳。其後爲兵部侍郎，宣撫鎮州，甲士陳庭，大聲數責賊帥，視死爲何如？今伯紀謂陳忠肅公《跋敢疑論》爲懼死時語〔一〕，亦非也。蔡氏烈焰燎原爇天，乃直犯其鋒，雖被竄斥，辨論不已，懼死者能之乎？忠肅存心，吾知之矣。私史廢而宗廟尊，朝聞夕死可也。嘉泰元年四月壬辰，廬陵宰黃伯庸以示邑人周某，敬題其後。

題山谷書大戴禮踐祚篇

《大戴禮·踐祚篇》學者罕讀，東坡妙語聞所未聞，山谷翰墨世共寶之，可謂三絶。太和彭惟孝字孝求，好古嗜學，謀刻之石，頗疑元祐甲戌四月改元，不應仲春先云紹聖。竊意山谷或以仲夏書此誤作春耳。六一先生《集古跋》謂：「鍾繇《賀破關羽表》當在漢延康庚子春〔二〕，乃作己亥閏十月。唐《羅池廟碑》據書撰官當在長慶三年〔三〕，乃題元年立石。世既盛行，姑俟識者。」予於此亦云。嘉泰辛酉四月丙午。

題鞠城銘

李公麟字伯時，堂弟寀字德素，南唐李先主昪四世孫〔四〕，并登科，隱舒城龍眠山。里人李冲元字元中，少年邁往，善論人物書畫，共爲山澤之游，號龍眠三友。元祐三年亦登第，典獄宜春，作《鞠城》等十一銘，其賢可知。汪公涓字養源，被遇孝宗，歷左司諫、中書舍人，蓋吏部尚書諱應辰字聖錫之兄。嘗爲吉掾，喻公子材爲書此銘，五十三年矣。子材即聖錫婦翁，諱樗，紹興初擢館職，後宰懷寧，避時相掛其冠，晚起爲郎，久之再致仕。今其孫珪來爲酒官，兼行掾事，參前手澤，服膺法戒，矜式賢範，謂予昔與乃祖及汪氏兄弟俱厚善，請題下方，詳記以告來者。嘉泰辛酉四月丙午。

跋張子韶與陳朝彥序詞

張公子韶以布衣奉大對，氣節凛然，既登近班，不改厥度，久竄庾嶺之陰，所養益厚，蓋剛者也。其告同年富沙陳朝彥及引楊中立温柔寬厚之教，以煉金爲喻，朝彥剛正抑可知已。學者讀蘇文忠公《剛説》，於此不能無疑。予謂二者皆是也。舜命夔教胄子曰「剛而無虐」〔五〕。皋陶告禹曰「剛而塞」，《洪範》曰「沉

〔一〕伯紀：原作「伯記」，原刻校云「别本作伯紀」。明澹生堂鈔本、四庫本亦作「伯紀」。日本藏宋刻本作「李伯紀」。按作「伯紀」是。伯紀，李綱字，此處引語見《梁谿集》卷一六二《跋了翁自跋敢疑論後》。據改。

〔二〕庚子春：原作「庚戌之春」，據明澹生堂鈔本、四庫本改。

〔三〕據：原作「掾」，據日本藏宋刻本、明澹生堂鈔本、四庫本改。

〔四〕昪：原作「昇」，據日本藏宋刻本、《益公題跋》卷四改。

〔五〕曰：原無，據日本藏宋刻本、明澹生堂鈔本、四庫本、傅校本補。

潛剛克，高明柔克」。蓋天爲剛德猶不干時，況在人乎？彼無禮不可治民如子玉者，不學其蔽也狂如六言者，壹之而不改如陽處父者〔一〕，或虐或塞或不知克之過也。子韶所戒，其在茲歟！若蘇氏則明言「剛者必仁」。夫人至於仁，剛不勝用矣；不仁必害物，焉得剛？予故曰二者皆是也。朝彥諱廷傑，紹興癸酉自南康宰辟廣西經略司幹官，子韶時在南安，以序及長短句兩送之〔二〕。乾道丙戌，朝彥嘗除司農丞，未上而卒。其子希黯爲廬陵郡督郵，出子韶真蹟，敬題其後。嘉泰辛酉五月朔〔三〕。

跋養正堂記

右《冀州養正堂記》并《與魯侯帖》，山谷爲北京教授時所作，年方三十五，自云比平時書札似差老勁。明年調太和宰，秋歸江南，真積力久，詞翰又非前比，所謂九萬里風斯在下矣。淳熙元年五月晦，周某觀於宗人愚卿兄弟家〔四〕。

後二十八年，歲在辛酉，再觀此卷，恍如隔世，徒有波斯匿玉之歎。嘉泰改元六月癸未，某書於平園明農堂，時年七十六。

題李彥平遺書後

孔子曰：「朝聞道，夕死可矣。」是理也，載於《易·繫辭》，雜出於《禮經》。三代時，佛教未入中國，儒者於啓手足之際往往不亂，此理素明也。漢晉以後〔五〕，釋教始行，乃謂欲達死生之理，非潛心釋氏不可。故好之者心溺，攻之者辭費，盍亦反其本而已？予與樂庵李彥平既親且舊，知其非逃儒而入釋者，臨終超然自在如此，殆聞道乎。其子嗣宗等屢求一言發明遺訓，敬題其後。

跋曾無疑所藏二帖

范忠宣公心正氣和，道醇德備。三復尺牘，如見其人。嘉泰元年七月癸丑，周某敬題歸曾氏。

予家藏石曼卿大書《籌筆驛詩》，宛類顏魯公心畫。今友人曾無疑又示其行草二十一字〔六〕，絶似柳誠懸。范文正云〔七〕：「曼卿之筆，顏筋柳骨。」諒哉！嘉泰元年七月癸丑。

題曾南夫集序

曾公提舉生二子：長伯和，諱塡；次仲和，諱篪。伯和生

〔一〕改：原作「没」，據傅校本改。
〔二〕兩：明澹生堂鈔本、四庫本無。
〔三〕辛酉：原作「辛丑」，按嘉泰無辛丑，今據明澹生堂鈔本、四庫本改。
〔四〕愚卿：明澹生堂鈔本、四庫本作「虞卿」。
〔五〕「漢」前，日本藏宋刻本、明澹生堂鈔本、四庫本、傅校本有「及」字。
〔六〕二十一字：明澹生堂鈔本、四庫本作「二十字」。
〔七〕文正：原作「忠宣公」，據明澹生堂鈔本、四庫本改。日本藏宋刻本作「文正公」。

彌泰，有子曰寅亮。予既畀公集序，今仲和之子曰瓖、曰璉來求別本，復書以遺之〔一〕。嘉泰元年歲在辛酉八月戊子，某題〔二〕。

跋劉氏後隆堂詩

唐末楊行密奄有江淮，國號吴，吉其南境也。郡人彭玗素强暴〔三〕，擅行郡事，以兵屬永新劉公景洪，欲挈城附湖南馬氏。公陽諾而實不從，玗獨携部族奔楚，邊陲晏然。公不有其功，退隱山林。南唐既受吴禪，厚禮招聘，亦不應。常曰：「吾免二國交兵，活人多矣，子孫當有隆者。」名其北山曰後隆。生子諱煦，煦之子諱素，是生相國諱沆，字沖之〔四〕，仁宗天聖八年進士第二人，至和中拜相，累贈曾祖太傅、祖及父皆太師。其居相位，每務進賢。歐陽文忠公在侍從被讒出守，公方提舉修《唐史》〔五〕，密奏留寘史局，尋遷翰林學士。今某藏富文忠公與公手書云：「每辱勉以盡瘁鎮静，有所植立。其如五十無補〔六〕，雖强自勉，恐終負教誨。北望恩館，神爽飛越。」富公書辭如此，公之進薦可知。達賢者宜有後，故其子諱瑾字元忠，孫僩字寬夫，仕皆至待制。三世貴顯，歷仕五朝，後隆之名滋驗矣。初，相國兄弟四人，其季贈金紫光禄大夫諱汪〔七〕，生知蘄州諱璞，蘄州生知大庾縣諱伸。大庾生宜都令諱守柔，字光祖，復以後隆名先塋之新堂，玉山汪端明聖錫、桐鄉朱紫薇新仲、廣漢張左司敬夫、莆田鄭省元叔友、鄉人資政胡忠簡公及王敷文民瞻、楊待制廷秀而下皆爲賦詩。光祖之孫子純出以示予，懼來者未詳知也，故推本末遺之。子純嘗舉於鄉，進修勤甚，公侯必復，尚其勉旃！嘉泰辛酉八月癸巳。

跋李伯紀青原詩

李伯紀丞相宣和中爲左史，坐論京師水災斥去，已負直聲。靖康戒嚴，定計城守，雖不能解河東之圍，然一時名望甚重。高宗即位，首用爲相。惜乎輔政日淺，規恢不竟。其後歷帥江湖，厥有成效。淳熙末，諸子皆不在，其姪申之進家集奏議，請謚於朝。孝宗似未悉其人，予爲歷陳本末，聖諭云：「張浚比與！」天監在上，一言盡之。有司請以「忠定」易其名，制曰「可」。今登仕郎曾孫佐出紹興初贈青原主僧師珪長篇，觀其志趣亦壯矣。同游向伯恭、朱子發、張恭甫仕未甚顯，已而俱爲名侍從，坐間議論必纚纚可聽，豈止翰墨之勝乎！嘉泰辛酉重陽日。

跋董體仁帖

前賢遺帖，士大夫争寶藏之，非獨慕其名，亦以禮不浮、辭

〔一〕書：原無，據日本藏宋刻本、明澹生堂鈔本、四庫本、傅校本補。

〔二〕題：明澹生堂鈔本作「書」。

〔三〕玗：原作「玗」，據明澹生堂鈔本、四庫本改。下同。

〔四〕沖：原作「仲」，據日本藏宋刻本、明澹生堂鈔本、四庫本、傅校本及《宋史》卷二八五《劉沆傳》改。

〔五〕修：原無，據明澹生堂鈔本、四庫本補。

〔六〕十：日本藏宋刻本、明澹生堂鈔本、四庫本、傅校本作「年」。

〔七〕汪：日本藏宋刻本、明澹生堂鈔本、四庫本作「注」。

不枝爲可法也。近歲老成待後輩例稱「契丈」，先達與新進皆用「上覆」，否則訝其簡驢而不疑其侮段規也，後世何觀焉？今讀參政董公紹興末與曾彦及、蕭長才帖，雖視前賢交際之禮尚稍隨時，其與數十年來足恭不情者相去已千萬里矣。彦及名德廣，長才名甲。嘉泰元年九月，彦及孫登仕郎忠佐請題其後。

跋蕭臺詩

永嘉錢君文子序其曾祖姑《蕭臺詩》三卷〔一〕，刻板醴陵縣治，復求跋語。予觀《詩》三百篇，有當時婦人女子所賦，而後世文人或不能及，蓋發乎情、止乎禮義之難也。景祐中，歐陽文忠公序謝希孟詩云：「隱約深厚，守禮不自放，有古幽閒淑女之風。」欲引而進之衛莊姜、許穆夫人之列。請以斯言附諸卷末。嘉泰元年九月二十四日。

〔一〕「蕭臺詩」下，日本藏宋刻本有「詞」字，傅校本有「詩」字。

廬陵周益國文忠公集卷五〇

平園續稿卷一〇

題跋

跋文與可草書李賀金銅仙人辭漢歌

蘇文忠公謂「亡友文與可有四絶：詩一、楚辭二、草書三、畫四，世少知音，惟予一見識其妙處。」又有詩云：「斯人定何人，游戲得自在。詩鳴草聖餘，兼入竹三昧。」他日觀其飛白〔一〕，復恨知與可之不盡。况當百年之後，不以蘇公之言求之可乎？嘉泰元年隆聖節，書而歸之宗人愚卿兄弟。

跋秦少章詩卷

右秦少章古、律詩一卷，宗人愚卿兄弟示予求跋。昔東坡蘇公送少章詩云：「秦郎忽過我，賦詩如《卷阿》。句法本黄子，謂魯直也，二豪與揩磨」。謂其兄少游及張文潛也。又云：「瘦馬識騄耳，枯桐得雲和。」其見稱許如此。今卷末有《和錢蒙仲越州見寄》一首，東坡蓋嘗次其韻云：「二子有如雙白鷺，隔江相照雪衣明。」嗚呼！少章詩名爲不朽矣。嘉泰辛酉十月庚子。

跋秦少章雜文

予少讀蘇文忠公帥杭時贈秦少章《太息》一首，謂「少章從吾遊不及期年，而議論日新，若將施於用者」。今觀此文三篇，豈溢美之言耶！嘉泰改元十月庚子，宗人愚卿及二弟携以相過，敬書其後。

跋向子諲遺書〔二〕

靖康二年二月半，金虜議以張邦昌帝楚。三月七日受册，二十八日虜兵方下城。京畿運副兼淮浙荆湖制置發運副使向公子諲以是月二十六日牒盧帥馮詢及淮西提舉香鹽范冲〔三〕，令密察邦昌家屬，聽大元帥康王之命。是時邦昌尚未退聽，而公憂國忘家，明於逆順，具存印檢。紹興二年胡文定公安國貽書宰相秦檜曰：「向某忠節在今日可以扶持三綱。」蓋指此也。至八年檜再相，孫近、李光並參政事，公以徽猷閣直學士致仕，列其事於朝。十二月省劄下公開具繳申，押劄子者三人也。明年正月二十九日〔四〕，

〔一〕觀：日本藏宋刻本、明澹生堂鈔本、四庫本作「睹」。
〔二〕書：日本藏宋刻本作「事」。
〔三〕香鹽：原作「鹽茶」，日本藏宋刻本、明澹生堂鈔本、四庫本作「鹽香」，按《建炎以來繫年要録》卷三云「提舉淮西香鹽公事范冲」云云，據改。
〔四〕日：原脱，據日本藏宋刻本、明澹生堂鈔本、四庫本補。

詔送史館，敕下禮部牒公照會，牒尾侍郎馮檝也。今六十餘年，而公曾孫公起以公手稿及省部真本、范冲忠義相勉之書聯爲一軸，將刻樂石，傳之來世，屬某題其後。惟胡文定公以《春秋》學爲諸儒倡[一]，結知高宗，其褒貶是非得聖人之旨[二]，公乃獨以扶持三綱推許向公，其有功於名教昭昭矣，贅言何益？姑爲記其歲月云[三]。嘉泰元年十月。

跋蕭服劉逵唱和詩卷

觀中書劉公逵與蕭昭甫手簡及沿塗唱酬詩軸，則其相善可知矣。二公傳載《四朝國史》，未必家有其本，録以示蕭公四世孫棋[四]，使併藏之。蕭公初謫虔州，而傳以爲「處」，殆傳寫之誤耶？嘉泰辛酉十一月丙辰。

廬帥靖康勤王跋語

宣和七年冬北虜入寇，十二月十五日壬子，徽宗得警報，遣內侍梁方平以七千騎守濬州，舊將何灌以萬五千騎守河，而命節度使姚古爲京畿輔郡兵馬制置使兼都統制。二十三日庚申，有旨內禪。辛酉，欽宗即位。丙寅詔略曰：「金人犯邊，諸道兵馬合入衛畿甸。除沿邊守禦人外，令京東、京西、淮南、兩浙帥司於正兵并不係正兵內精選驍鋭及召募武勇，委兵將官星夜部發，赴姚古使喚。」明年改元靖康，正月一日丁卯，虜犯相州。戊辰，犯濬州，方平望風奔潰，灌在南岸焚橋而遁。時白時中爲太宰，

李邦彥爲少宰，蔡攸領樞密，吴敏知院事，李棁同知，耿南仲簽書，所謂排難解紛，不過羽檄召天下兵耳。昔唐李德裕爲相，請詔書付宰司乃下，自是號令明審。本朝亦皆三省、樞密晝旨處分。今廬帥所被御前劄子五道，雖或二府擬進，然內夫人直筆者書之，用寳入遞，大臣不與焉。使當時有一德裕，必不如此。第一劄，正月三日也。至四日，宰執欲奉車駕狩襄、鄧，中宮、皇子已行，因兵部李侍郎綱越次乞對[五]，面除右丞，守城之議方決，故是日及五日無內批。既而外攻內禦，事勢益急，故六日復催兵，七日至再，八日又催。戰守雖備，而虜已傅城，相繼請和，亦不暇督兵矣。觀淮西所遣副將李齊以印狀具述到闕月日及帥臣劉備跋語，則竭力勤王大略可見。今備曾孫復攜以示臣，臣蓋生於是秋，謹太息流涕書其後。嘉泰元年臘月。

跋東坡秧馬歌

東坡蘇公年五十九南遷過太和縣，作《秧馬歌》遺曾移忠，心聲心畫，惟意所適，如王湛騎難乘馬於羊腸蟻封之間，姿容既妙，回策如縈，無異乎康莊，殆是得意之作。既到嶺南，往往録示邑宰。予家亦藏一本，然不若初本尤精，李璆「遒潤」之語庶

[一] 公：原無，據明澹生堂鈔本、四庫本補。
[二] 旨：原無，據明澹生堂鈔本補。
[三] 爲：原無，據日本藏宋刻本、明澹生堂鈔本、四庫本補。
[四] 棋：明澹生堂鈔本、四庫本、傅校本作「祺」。
[五] 李侍郎綱：明澹生堂鈔本、四庫本作「侍郎李綱」。

得其髣髴〔一〕。今傳三家乃至嚴臨，尤幸不出一邑，所謂楚人亡弓楚人得之也。近歲，移忠姪孫之謹已譜農器，成公素志，予嘗爲之序，其與《禾譜》並傳無疑矣。璆字西美，宣和中書舍人，紹興四年守廬陵，此必當時所題也。嘉泰壬戌正月戊午。

跋吳伸所藏曾子固帖

南豐先生早從歐陽文忠公、余襄公游，素爲王文公所敬，而與蘇文忠公友，其門弟子則陳無己也。今觀遺墨，恨不執鞭。嘉泰壬戌二月丙申，平園周某跋〔二〕，而歸之南城吳氏。

跋尹焞帖

祁寬字居之，紹興初佳士。觀尹彥明過九江時所與帖，其人可知。嘉泰壬戌二月戊子，平園周某題。

跋修禊序

唐太宗始得《修禊序》，命趙模、韓政、馮承素、諸葛正搨本賜羣臣，而虞世南、歐陽詢、褚遂良各自臨摹，繇是流傳人間。今高宗皇帝臨定武石本，則唐摹本亦亡矣。皇諸孫臣善鑣好古博雅，得紹興宸奎寶藏之，屬臣某記其後。臣嘗伏讀御製御書《翰墨志》近三千言，而稱美此序無慮數四，既曰：「測之益深，擬之益嚴，姿態横生，莫造其原。」又曰：「得右軍書，手之不置。自東髮喜作字，晚年得趣。」又曰：「右軍揮毫製序，用蠶繭紙、鼠鬚筆，遒媚勁健，絶代更無。凡三百二十四字，有重者皆具別體，『之』字二十許無同者。」歷代論書，遂集大成。方孝宗皇帝在王邸，詔摹寫爲日課，乃知二聖心畫雖曰天縱，亦積學之助也。使羲之復生，將云「非恨陛下無臣法，恨臣無陛下法耳」〔三〕。嘉泰二年三月三日，具位臣周某謹書。

跋汪逵所藏東坡字

右蘇文忠公手寫詩詞一卷、《梅花》二絶，元豐三年正月貶黄州道中所作。「昨夜東風吹石裂」，集本改爲「一夜」。二月至黄。明年，定惠顒師爲松竹下開嘯軒，公詩云：「喧喧更詆誚。」「更」字下注：「平聲。」而集本改作「相詆誚」，「嘻笑」之下自添一聯云：「嵇生既粗率，孫子亦未妙。」今集本改作「阮生已粗率，孫子亦未妙」。按《阮籍傳》，籍遇孫登〔四〕，與商略終古及栖神導氣之術，登皆不應。籍長嘯而退，至半嶺，聞有聲若鸞鳳，響振巖谷，乃登長嘯也。嵇康雖有「永嘯長吟，頤神養壽」之句，特言志耳。其用阮對孫無疑。某每校前賢遺文，不敢專用手書及石刻，蓋恐後來自改定也。《水調歌頭》題元豐七年三月

〔一〕「庶」下，日本藏宋刻本、明澹生堂鈔本、四庫本有「幾」字。
〔二〕跋：日本藏宋刻本、明澹生堂鈔本、四庫本、傅校本作「書」。
〔三〕耳：日本藏宋刻本、明澹生堂鈔本、四庫本作「耶」。
〔四〕籍：原脱，據日本藏宋刻本、明澹生堂鈔本、四庫本、傅校本補。

十八日〔一〕，黄州已刻石於公法帖第一卷，遠方無良工，失真遠矣。《浴室院東堂》三絶句，元祐六年六月作，集本但添註遂良事。歲月之序如此。既内殿印御幅不容輒易，至於李、杜佳句，公常愛而録之，《行路難》八句〔二〕，豈一時漏寫歟？老泉詩則家雞也。嘉泰壬戌三月甲寅，東昌周某書而歸之汪氏〔三〕。

跋趙弁雪圖

趙弁祖文往至臨安，諸公貴人愛之，凡秘書省及新作政府所畫照壁多出其手，迄今尚存。觀此《雪圖》，風度可想。其弟奇〔四〕，字祖穎，紹興中屢爲監司〔五〕，王初寮之壻，文采似冰清，安静有家法。蓋其祖吏部郎諱㑺，東郡人，元豐末知登州，民宜其政，元祐末以河北轉運使權中山府，兩得蘇文忠公爲代，故祖文、祖穎字畫亦皆慕蘇云〔六〕。嘉泰壬戌三月甲子，廬陵户掾趙公括仲肅以示周某，爲題卷末。

跋山谷與孫端帖

元豐八年七月，孫覺莘老自秘書少監遷諫大夫。是年四月，山谷以校書郎召，夏秋間到京。所謂子實名端，孫公之子。山谷先娶孫公女，故從俗呼端爲大舅。今集中有《次韻寄秦少游》并《題寄寂齋》二詩，即其人也。嘉泰壬戌三月丙寅，平園老叟周某謹書而歸之皇諸孫仲肅〔七〕。

跋胡邦衡奏劄稿

歲在戊申，高宗策士，淮海胡忠簡公年二十有七，因御題問「治道本天，天道本民」，公首答云：「湯武聽民而興，桀紂聽天而亡。今陛下起干戈鋒鏑間，外亂内訌，而策臣數十條皆質之天，不聽於民。」又謂宰相非晏殊，樞參非杜衍、韓琦、范仲淹，既批逆鱗，復侵當軸。聖主獨察其忠，擢置巍科〔八〕。是時直聲已著縉紳間。後十年當紹興戊午，以密院編修官上書，乞斬宰執，時年三十七，直聲遂震於夷夏。尚有可諉曰年壯氣剛也，已而竄逐嶺海，去死一髮，隆興初然後還朝，攝貳夏官，年已六十餘，議論盍少卑之？今覽奏劄殘稿，忠憤峻厲視戊申、戊午反有加焉。其孫知邕州槻將刻石傳遠，見屬一言。夫人之生也有血氣，有浩然之氣。少而剛，老而衰，血氣也，衆人以之；秉彝好德，養之以直，塞乎天地，少老如一，浩然之氣也，胡忠簡公以

〔一〕十八日：日本藏宋刻本、明澹生堂鈔本、四庫本作「二十五日」。

〔二〕行：原脱，據日本藏宋刻本、傅校本補。

〔三〕昌：日本藏宋刻本、明澹生堂鈔本、四庫本、傅校本作「里」。

〔四〕其弟：日本藏宋刻本、明澹生堂鈔本、四庫本、傅校本作「十六弟」。

〔五〕中：原脱，據日本藏宋刻本、明澹生堂鈔本、四庫本、傅校本補。

〔六〕蘇：原作「蘭」，據傅校本改。

〔七〕「謹」、「而」二字，日本藏宋刻本、明澹生堂鈔本、四庫本無。

〔八〕置：傅校本作「冠」。

之〔二〕。嘉泰二年四月。

跋張德遠與胡邦衡帖

右張忠獻公與胡忠簡公帖。或在廟堂，或居遷謫，或罹憂患，無不勸人以學，潛心於天，所謂造次顛沛必於是者。今忠簡公家集亦有與忠獻公九帖，往往相應。長孫槻守邕管，宜併刻之。嘉泰二年四月。

跋陳少陽哀詞

陳少陽之死，讀右丞許公哀詞，思過半矣。臨川梁光遠喜聞前輩遺事，寄此求跋。予有少陽行狀，蓋其弟南所作。今録示光遠，宜繕寫入軸以便觀覽〔三〕。嘉泰壬戌七月癸丑。

跋包孝肅公帖

右包孝肅公自帥鄉部坐失保任降知池州與同年手帖一通。惟公剛正之名至今播在人口。《國史》本傳云：性峭直，然惡苛刻，務重厚，嫉惡雖至，人情不及即推以忠恕，未嘗僞色辭以悦人，不爲苟合，不作私書，親舊干請一切絶之。今觀此帖，亦非絶物離人者也。後有戒子孫石刻，末云「天禧四年五月，男珙奉命勒石」。按公以天聖五年登甲科，當天禧時，公猶未仕，而於數年前垂訓如此，當考。嘉泰壬戌八月辛卯，平園老叟周某書而歸之臨川梁世昌光遠。

曾三異所藏盤松贊跋

德壽宮苑囿分四地分，盤松在其北，御製贊如右。今太府丞張鎡以遺廬陵曾三異，屬臣題其後。臣嘗敬觀御製《祭土地文》，爲此松也。其全文云：「維淳熙五年歲次戊戌十一月日，太上皇帝遣内侍張宗尹特設牲牢、旨酒、珍果、香花，致祭於本宮土地之神。神有百職，職各不同。典司草木，土衤是供〔三〕。我遊湖園，乃獲奇松。植之禁苑，百態千容。婆娑偃蓋，夭矯騰龍。翠色凝露，清音舞風。醉吟閑適，予情所鍾。壅培封殖，久或力窮。烏鳥外擾〔四〕，蟻蠹内攻。神其勦絶，勿使能終。精邪竊據，盜斧適逢。神其呵逐，勿使遺蹤。常令勁質，坐閲隆冬。堅踰五柞，弱異雙桐。歷千萬年，鬱鬱葱葱。牲牢旨酒，嗣録汝功。尚饗！」今併録以遺三異，使寶藏之。御書後一絶，蘇文忠公軾詩也。嘉泰二年八月二十三日，臣周某恭題。

跋魚計亭賦

徽宗皇帝宸文天縱，最重内外制官，非詞學俱優不在此選。

〔二〕胡：明澹生堂鈔本、四庫本無。
〔三〕覽：原無，據日本藏宋刻本補。
〔三〕衤：原刻校云：「『衤』一本作『事』。」按四庫本亦作「事」。
〔四〕烏鳥：原作「鳶鳥」，據明澹生堂鈔本、四庫本、傅校本改。

蜀人宇文公黃中以政和六年自右史除中書舍人，既兼修《國史》，又兼修《詳定九域志》，又修《神宗寶訓》。八年，言者疑公學術淵源蘇氏，奉祠而去。宣和二年秋，上思舊人，復還詞掖，方且進用，而公疑不自安，明年以顯謨閣待制出知陝州。又明年二月，爲滎陽趙公叡作《魚計亭賦》，引物連類，開闔古今〔一〕，深得東坡、潁濱之筆勢。適有天幸，出入侍從，身名俱榮者，值好文之主也。趙公字彦思，熙寧六年進士。當元祐初，英俊聚朝，以奉議郎、禮部編修貢籍，首與孫逢吉彦同作《職官分紀序》〔二〕，後數年，秦觀少游方繼之，才名亦可知矣。尋自秘閣校理遷太常博士，知登、隨、商三州，召爲郎，出提點京東刑獄，攝帥青社。年五十九奉祠就養，閑居二十五年。其子諱暘，字乂若，紹聖元年甲科，大觀三年爲郎，宣和四年知同州，靖康中除少府監、左右正言、秘書少監，建炎間直龍圖閣，提點江淮路鑄錢。子澤，終朐山簿。簿生渙〔三〕，終奉議郎、通判沅州。二子：蕃，學問過人，恬於進取，連任嶽祠，居以詩名〔四〕；弟藏〔五〕，亦嗜學好修。有子曰適，慶元己未擢第，距熙寧已百年，而家學不絕。今藏得宇文公墨刻於兵火之餘，求記本末。於傳有之：「五世其昌，並於正卿。」又曰：「世濟其美，不隕其名。」請以是爲祝規。嘉泰二年九月辛亥。

跋梁仲謨尚書奏稿

紹興初，高宗駐蹕臨安，外禦强敵，内綏疲民，六宮百司事務紛至，版曹帥漕鮮能稱職。惟縉雲梁公仲謨迭處三省，治繁以簡，轉難爲易，士大夫往往比漢趙、張、唐晏、巽而已。今觀奏稿近二十紙，當虜來求成，公數奏其情多詐，昔與遼人戰爭，議和至十有二，卒墮其計，今豈可不審？旋詔遣歸朝人北還，公引宣和、靖康覆轍及近遣趙榮、王威，彼皆用之，願爲龜鑑。是時朝論方倚張俊抑劉錡〔六〕，公乞令俊分兵進屯廬、壽，錡駐鎮江以備江陰、許浦、福山，仍戒韓世忠臨敵持重，至有「二府不爲諸將所服，檢發英斷〔七〕，毋失機會」之語。又乞召楊沂中速還，爲行在不測之衛。又言秦丞相檜用所厚樓炤謀〔八〕，以川陝付胡世將，乞選知兵者助之。其他如淮西不可棄；捷報多失實；岳飛宜以樞臣總師江漢；劉錡既帥荆南，宜留部曲爲之爪牙〔九〕；至於諸路水災，浙東經界擾民，纖悉具奏。不特此也，十五年四月彗出東方，秦自草赦文云：「永惟再造之邦，當有惟新之政。宜除舊弊，用表中興。」方且矯誣遷就，而公乃論政事失當，左右

〔一〕闔：原作「閤」，據日本藏宋刻本、明澹生堂鈔本、四庫本改。古今：日本藏宋刻本作「今古」。

〔二〕與：日本藏宋刻本、明澹生堂鈔本、傅校本作「爲」。

〔三〕渙：原作「漁」，原刻校云：「一本作『渙』。」按日本藏宋刻本、明澹生堂鈔本、四庫本、傅校本亦作「渙」，據改。

〔四〕名：日本藏宋刻本、明澹生堂鈔本作「鳴」。

〔五〕藏：原刻校云：「一本作『蕆』。」按日本藏宋刻本、四庫本亦作「蕆」。

〔六〕是時朝論：四庫本作「時論」。

〔七〕檢：日本藏宋刻本作「惟」。

〔八〕所厚：原作「□原」，據日本藏宋刻本改。

〔九〕宜：日本藏宋刻本、明澹生堂鈔本、四庫本作「當」。

前後不思所以答天心者〔一〕，盍依故事降詔求言？此雖間兩社、任言責，議論未必敢爾，而公不以典郡廢論思獻納之義，忘寢與食，鬚髮爲白。然後知高宗欲大用公，蓋察其愛君憂國，密裨廟算，非專以才術過人也。惜乎命有所制，不能展盡底藴。肆其諸子，或以文采，或以治行，自昭於世。傳謂臧文仲有後於魯，宜哉！嘉泰壬戌九月，户部郎官、總領淮浙軍馬錢糧季珌以示周某〔二〕，敬題其後。

跋黄通老尚書奏稿

邵武簡肅黄公淳熙庚子年八十有五，易簀之際，自草遺奏一通。事之至大，莫如故疆陵寢之未歸；事之難言，莫如進退人才之未善。公皆極力披陳，幾於千字，援古證今，無一辭淆亂，平生學力兹可見矣。其子衡州使君瀚以某與公接武禁塗，道同志合，使題其後。昔荀卿論成人云：「德操然後能定，能定然後能應。生乎由是，死乎由是。」嗚呼公乎〔三〕，其有得於斯乎！嘉泰二年九月。

跋楊無咎畫秋蘭

鄉人徐丙字漢章，博於學而贍於文，示予楊無咎手畫香草，題曰「秋蘭」，後有兵部侍郎章茂獻、國子博士湯君寶跋語。其説特未定也。予老而學圃，問諸園丁，則曰：「春蘭夏芷，秋蕙冬蓀，葉莖花色及多寡往往不同。」予異其説，徧以古書考之。屈原《離騷經》「紉秋蘭以爲佩」，張衡《東京賦》「秋蘭被涯」，又《思玄賦》「幽蘭秋華」〔四〕，曹植《朔風詩》「秋蘭可喻」，潘尼《贈河陽詩》「流聲馥秋蘭」之類，此言蘭以秋而花也。屈原《九歌》「春蘭兮秋菊」隨煬帝《煙花録》用此句〔五〕；陸機《庭中奇樹詩》「歡友蘭時往」，春時也；梁元帝詩「春蘭本無絶」；唐太宗詩「春暉開紫苑，淑景媚蘭湯」之類，此言蘭以春而花也。宋玉《招魂》「光風轉蕙汜崇蘭」，《抱樸子》「春蕙秋蘭」，陸機《悲歌行》「春芳傷客心，蕙草饒淑景」，是蕙亦可言春矣。《本草圖經》「蕙七月中旬開花，至香」，是蕙亦可言秋矣。故《騷經》曰「蘭芷變而不芳，荃蕙化而爲茅」，《説文》荃、蓀同音，《文選》以蓀壁爲荃壁。蓋合四者而言之。《湘君歌》亦云「薜荔柏兮蕙綢，蓀橈兮蘭旌」，《湘夫人》則並言「蓀壁」、「蘭橑」、「蕙櫋」、「芷葺」，司馬相如《長門賦》「摶芬若以爲枕，席荃蕙而茝香」，乃知四時香草同出異名，葉常青而花隨時。自屈宋至漢唐皆以蘭蕙互言春秋，豈特邵伯温《見聞録》證黄氏之誤而已？然則園丁之説未爲無據，所謂禮失求之野歟！嘉泰壬戌下元節，平園老叟周某書。

〔一〕答：原作「合」，據日本藏宋刻本改。
〔二〕珌：原作「秘」，據日本藏宋刻本、明澹生堂鈔本、四庫本改。
〔三〕乎：明澹生堂鈔本、四庫本無，則此句當與下句連讀，義亦通。
〔四〕玄：原作「元」，此避康熙諱，今據日本藏宋刻本、明澹生堂鈔本、四庫本改。
〔五〕録：明澹生堂鈔本、四庫本作「注」。

廬陵周益國文忠公集卷五一

平園續稿卷一一

題跋

跋歐陽徹遺事

高宗皇帝即位南京，宰輔不思將順求言之美意，專爲身謀，殺上書人鎮江陳東少陽、撫州歐陽徹德明。六飛南渡，亟黜時相，再贈二人朝奉郎、秘閣修撰，玉音惻怛，過禹、湯之罪己，録孤賜田，光於史册。草制者，中書舍人王居正也。右丞許崧老既爲哀詞，某又抄《少陽行狀》授梁君世昌刻之。世昌曰：「德明，吾鄉人也。其孫瑀嘗哀次事始，里中文士鄧名世亦誌其藏，將并刻之。」按唐韓文公銘死事之臣張徹云：「嗚呼徹也！世慕顧以行，子揭揭也。噎喑以爲生，子獨割也。爲彼不清，作玉雪也。」德明生而命名與之同，爲國捐軀又同，是真能晞顔慕藺者。先是郡庠繪晏元獻公、曾子固、汪信民、謝無逸祠於講堂，德明預焉。其視没世名不稱，或遺臭萬代者，孰得孰失耶？德明弟衡、子飛黄、壻黄怙皆蒙恩補官。飛黄終建安尉，瑀蓋其子也。嘉泰壬戌臘月乙亥。

跋曾無疑所藏黄魯直晚年帖

右友人曾無疑所藏太史黄公帖。其前一幅，崇寧癸未公寓武昌，竄宜州，十二月赴貶時留與黄州何頡斯舉者。明年二月南過洞庭，寄家永州。五月初道由桂林，題名於行動大師榕水閣。自是月十八日至宜[一]，有賃黎秀才宅子手約，今刻石秀峰帖中。後六帖皆與融州都監高德脩。乙酉九月晦公卒。自崇、觀以後，凡片文隻字禁切甚嚴，至炎、興間則雖宸翰猶俯同其筆法。蓋一弛一張人事也，或抑或舉有天道焉[二]。觀三代兩漢以來，彝器碑刻沉埋蝕泐之餘，傳寶百世，何獨公遺墨歟！嘉泰壬戌閏臘月丁巳。

跋何居仁張斗南序

故人臨江何居仁學廣聞多[三]，下筆滚滚不休，高談雄辨，常屈坐人，屢上南宫，耄老而終。觀《送鄉人張孝子序》，議論淵源，詞采贍蔚，胸次筆力可窺一斑。其稱張君至矣。古者求忠臣於孝子之門，既舉其孝，復勉以忠，此誨人本末之序也。張舊名

[一] 自：日本藏宋刻本、明澹生堂鈔本、四庫本無。

[二] 原刻校云：「知聖道齋本作『一張一弛由人事，或抑或舉有天道』。無『也』字『焉』字。此從翰院本改。」

[三] 故人臨江：原作「臨江人」，據日本藏宋刻本改。

楠，字叔南〔一〕，後改名斗南，而字如初。今監郴州酒稅〔二〕，敏達和易，喜從名勝遊。予友許淩志〔三〕，伯高弟也。嘉泰壬戌臘月二十一日。

跋馮軫所藏五帖

東坡書富文忠公神道碑

富文忠之使虜，所謂「肅肅王命，仲山甫將之」也。蘇文忠之翰墨，所謂「吉甫作誦，穆如清風」也。《大雅·烝民》，兹可無愧。富公孫樞密、蘇公猶子侍郎，皆題名卷末，抑所謂臧孫有後於魯者。嘉泰癸亥四月戊午〔四〕。

東坡書陶靖節詩

東坡云：「吾於詩人無所甚好，獨淵明詩質而實綺，癯而實腴，自曹、劉、鮑、謝、李、杜諸人皆莫及。」蓋嘗盡和其詩，尤喜此四篇，再三書之。嘉泰癸亥四月戊申，平園老叟某題而歸之馮氏〔五〕。

東坡潁州詩

東坡以元祐六年秋到潁州，明年春赴維揚作此詩，題曰《西湖月夜泛舟》〔六〕。今集序以《趙德麟餞飲湖上舟中對月》爲題是也。按公在潁僅半年，集中自《放魚》長韻而下凡六十餘詩。歷考坡所至歲月，惟潁爲少，而留詩反多。蓋陳傳道、履常、趙德麟、歐陽叔弼、季默適聚於潁，故《臨別詩》云〔七〕：「五君從我遊，傾寫出怪珍。」又中間《劉景文特來送行詩》云：「歐陽、趙、陳皆我友，豈謂夫子駕復迂。邇來又見三黜柳，共此煖熱餐氊蘇。」自注云：「郡中日與叔弼、景貺、履常相從，而景文復至〔八〕，不數日柳戒之亦見過〔九〕，賓客之盛，頃所未有。」乃知攄發妙思，羅列於此，抑有由也。堂名「聚星」，古今相望，使有俗物敗人意如坡所云，其能爾乎？馮吴江軫遠示真蹟，敬題其後。嘉泰癸亥孟夏九日〔一〇〕。

米元章上呂汲公書

右元祐九年春未改紹聖時，米元章知雍丘縣上呂汲公書。元章字畫豪逸，非以幾令事宰相故加謹楷，殆由切於爲民，有莊敬之心。心既莊敬，字畫隨之，此與檄報鄰縣打回蝗蟲之戲異矣。

〔一〕叔南：明澹生堂鈔本、四庫本作「南叔」。
〔二〕郴州：原刻校云：「別本作『柳州』。」按明澹生堂鈔本、傅校本亦作「柳州」。
〔三〕予友：原無，據日本藏宋刻本、明澹生堂鈔本、四庫本補。
〔四〕戊午：明澹生堂鈔本、四庫本作「戊申」。
〔五〕「叟」下，明澹生堂鈔本、四庫本有「周」字。
〔六〕月夜：原作「夜月」，據日本藏宋刻本、明澹生堂鈔本、四庫本乙。
〔七〕云：原無，據明澹生堂鈔本、四庫本補。
〔八〕至：原作「來」，據日本藏宋刻本、明澹生堂鈔本、四庫本、傅校本、《東坡全集》卷一六、《施注蘇詩》卷三一改。
〔九〕戒：原作「成」，日本藏宋刻本、明澹生堂鈔本、四庫本作「戚」，皆誤，今據《東坡全集》卷一六、《施注蘇詩》卷三一改。
〔一〇〕日：原作「月」，據日本藏宋刻本、明澹生堂鈔本、四庫本改。

雍丘本杞子國，初以名縣，嘗名州云。嘉泰癸亥四月戊申。

山谷書六一先生古賦

《六一居士集》共五賦，山谷寫其三，《黃楊》疑少作，《憎蒼蠅》嫌譏刺耳。《外集》別有四賦，惟取《述夢》，蓋因悼亡，辭意俱妙，類李太白耶！嘉泰癸亥四月九日。

題趙遯可文卷

揚雄有言：「事辭稱則經。」此爲屈原發也。自《國風》《雅》《頌》之後，能庶幾於此者，其《離騷》乎。或推爲經，雖曰太過，未爲無據也。晁補之《續楚辭》二十卷，自宋玉及漢唐至於本朝諸賢辭賦、問對、歌詩、序引之類咸在。雖一代英傑盡心力而爲之，遂以名世，然其原皆出於《離騷》，特體制殊耳。予同年進士趙兄彥博字富文，仕至權工部侍郎，政事文學皆過人，而詩禮之訓尤切。淳熙中予在西府，富文之孫時逢字遯可，年方英妙，携《葩窟稿》一編爲贄，凡辭賦、銘贊、傳序及《莊周八寓》總二十餘編，意高詞古，大抵祖《楚辭》也，予固已駭歎其不可及。後二十年，遯可自尚書郎出帥大藩，復示十八賦，他文亦十餘篇，意益高，詞益古，號《山窗斐稿》，屬予訂之。予既喜《楚辭》之有傳，又慶吾同年之有後也。昔杜牧作《皇諸孫賀集序》，極道其歌詩之妙，當矣，末乃謂「賀生二十七年而死，使未死，少加以理，可以奴僕命《騷》」，是何言歟！此與杜審言「屈宋作衙官」之語奚以異？大率唐人失之矜誕，予無取焉。今遯可年方强仕，進修未艾，他日復有如補之者出，將擊節於斯文。其附二十卷而傳也必矣，予何足以知之？嘉泰三年五月日題。

跋楊廷秀對月飲酒辭[一]

韓退之稱柳子厚云：「玉佩瓊琚，大放厥辭。」蘇子瞻答王庠書云：「辭至於達而止矣。」誠齋此辭可謂樂斯二者[二]。嘉泰三年八月二十一日[三]。

跋陸務觀送其子龍赴吉州司理詩

吾友陸務觀得李、杜之文章，居嚴、徐之侍從。子孫衆多如王、謝，壽考康寧如喬、松[四]。「詩能窮人」之謗，一洗萬古而空之。嘉泰癸亥九月四日。

跋劉共甫與胡邦衡帖

右劉共甫樞密與胡邦衡資政三帖。前二者，隆興甲申共甫守

[一] 對月飲酒：原作「飲酒對月」，據日本藏宋刻本、明澹生堂鈔本、四庫本乙。

[二] 辭：原作「詩」，據明澹生堂鈔本、四庫本改。

[三] 二十一日：日本藏宋刻本、明澹生堂鈔本、四庫本作「二十日」。

[四] 喬松：明澹生堂鈔本、四庫本作「松喬」。

衢，邦衡自海道罷歸經過時。後一幅，淳熙乙未共甫帥金陵，邦衡隨其長子泳守官時也。邦衡書二幅，所謂季恙正字者，王端朝也，時紹興己卯，量移在雁峰。惟《知郡帖》，不知何人，視題銜則乾道庚寅歲也。最後予與邦衡書，亦乙未歲者。鄉人羅克宣次召出以相示，今遠者四十年，近則二十九年，邦衡父子、共甫、季恙墓木皆拱，惟予養疾山林。王羲之云「俯仰之間，已爲陳迹」，況歲月如是之久乎！太息題其後。嘉泰癸亥九月戊寅。

跋王獻之保母墓碑

銘墓，三代已有之。薛尚功《鐘鼎款識》第十六卷載唐開元四年偃師耕者得比干墓銅槃，篆文云：「右林左泉，後岡前道。萬世之寧，茲焉是寶。」蓋古者範銅精巧，鏤以爲器，生死皆用。自漢錢幣益重，銅禁日嚴，工不宿業〔一〕，於是陶土堅緻，與鐵石等。予得光武時梓潼扈君墓甎，先叙所歷之官，末云「千秋之宅」〔二〕，橅脱隸書而非鐫也〔三〕。又有章帝時范君、謝君甎銘，以四字爲句。厥後銅雀之瓦遂可作硯，字亦隱起。以此知東漢誌墓初猶用甎〔四〕，久方刻石。紹興中，予親見常州宜興邑中斸出靈帝時太尉許馘塚〔五〕，有碑漫滅，惟前百餘字可讀，大略云：夫人〔六〕，會稽山陰人，姓劉氏，太尉之婦也。任昉在梁撰《文章緣起》，乃謂誌墓始晉殷仲文。洪丞相适跋云〔七〕：「世傳東漢墓碑皆大隸，疑昉時尚未露見。」其説良是。惜乎洪公不見漢甎也。由今論之，自銅易甎，自甎斲石，愈久愈簡便矣。嘉泰癸亥，故友四明沈煥叔晦之子省曾出示越上新拓《王獻之保母墓碑》〔八〕，因詳記於後。十二月壬寅。

丁酉歲恭和内宴御詩草跋

淳熙丁酉九月戊午早赴明慶寺開啓聖節。先是有旨令閤門依倣太宗太平興國二年故事，宣宰執侍從正任内宴，觀擊毬。午時入東華門，過選德殿，其後即毬場也。相對有大堂曰水堂，其左爲芙蓉閣，右爲凌虚閣，至則分左右朋立班〔九〕。樂作，上乘馬來，迎駕兩拜。上御芙蓉閣，（遶城花正開。）羣臣起居。上乘馬擊毬畢，下馬再坐，皇太子以下奉觴稱賀。上飲訖，宣羣臣就坐，各賜酒〔一〇〕，飲釂乃接盞。上臨軒，羣臣分侍，皇太子乘馬擊毬次，左右朋擊，屢傳旨實擊。既畢，上乘馬歸，羣臣少憩幕次。移刻，宴選德殿，酒五行，宣勸者再，大略如景靈宫對御時。亦用雜劇二段，第四盞宣示御詩一首。明日，羣臣皆和進。某時爲翰

〔一〕「工不宿業」下，原刻校云：「案：《四朝聞見録》全引此條，有可參證者遂注於下。『工』字各本缺，據《録》補。」

〔二〕原刻校云：「『宅』字《録》缺，注云：原空一字。」

〔三〕橅：原作「撫」，據日本藏宋刻本改。按四庫本作「模」，「橅」即「模」字。

〔四〕誌：原刻校云：「『誌』，《録》作『銘』。」

〔五〕原刻校云：「『出靈帝』三字《録》缺，『塚』《録》譌作『家』。」

〔六〕原刻校云：「『大略云』下缺二字，注缺處彷彿『夫人』二字。」

〔七〕原刻校云：「《録》無『适』字。」

〔八〕晦：原刻校云：「《録》無『晦』字。」

〔九〕「分」下原有「在」字，據日本藏宋刻本删。

〔一〇〕各：原脱，據日本藏宋刻本、明澹生堂鈔本、四庫本補。

林學士，此其稿也，不知臨江貢士劉君昌詩何自得之。後二十八年，出以相示，俾題其後。嘉泰甲子正月辛巳。

跋蘇黄門在筠州施楞嚴標指

蘇文定公以元豐二年己未乞納官贖兄文忠公罪，旋自南京簽判謫監筠州鹽酒税，明年至官。又明年四月，僧惟盛刻《楞嚴標指要義》十卷成，公時年四十三，史夫人四十一，其九月印，施十本贈機長老，卷末親題名氏。嘉泰甲子，筠幕玉牒彦瑋南夫得之，求誌歲月。觀公文集，後二十二年歲在癸未，復題此經云：「十年來漸悟佛法，經歷憂患，真心不亂。今翻覆熟讀，乃知諸佛惠我無生法忍、無漏勝果，願心心護持，勿令失墜。」蓋與頃年求福田利益之意異矣。二月辛丑〔一〕，平園老叟周某子充書。

題文氏雙秀亭詩

此予少年遺廬陵永和鎮文安國者。今三十六年矣，其子立方不遠二千里，携以相示。揚雄少作之悔，令威化鶴之念，徒耿耿耳。淳熙乙未十月旦書〔二〕。後二十年，再觀於平園華隱樓。嘉泰甲子三月望。

跋韓忠獻范文正歐文忠與尹師魯帖

尹師魯素爲韓忠獻王所重，此帖可見。又於范文正公義兼師友，及論陝西攻守乃與范異，是豈以水濟水哉？歐陽文忠公與師魯尤爲道同志合，方師魯欲械治劉滬，文忠作諫官，奏疏云：「寧移尹洙，不可爲洙沮滬〔三〕。」又欲大臣不於洙曲有黨芘，正指韓、范也。師魯竟自涇帥徙知晉州，尋因仇人上書謫官而卒。至嘉祐中韓公入相，始復師魯官，録其子，而歐陽公誌師魯墓，亦極口褒美。前賢先國事後朋友之誼，皆可法也。嘉泰甲子三月甲戌。

題范文正公帖

右范文正公前一帖，慶曆六年正月自邠赴鄧時，與龍圖閣直學士田況書也。況知泰州，丁父憂，仁宗詔起復，又遣内侍持手敕起之〔四〕，不得已乞歸葬訖，託邊事求見，泣請終制。上惻然許之。帥臣得終喪自此始，詳載正史。今公既以「依道扣聖」門告元均〔五〕，復欲讀書涉道而自樂。前賢書問類如此，可與識者道，難與泛泛不情者言也。後一帖呼提點，疑部使者或内外主判，差遣學士則帶館閣無疑。族家乃同姓，考《仁宗實録》及《百官

〔一〕二月：原無，據明澹生堂鈔本、四庫本補。

〔二〕乙未：即淳熙二年，日本藏宋刻本、明澹生堂鈔本、四庫本作「乙巳」，即淳熙十二年。

〔三〕不可爲洙沮滬：明澹生堂鈔本、四庫本脱「沮滬」二字。按《歷代名臣奏議》卷三二六、歐陽修《文忠集》卷一〇五作「不可移滬」。

〔四〕侍：原作「使」，據日本藏宋刻本、明澹生堂鈔本、四庫本、傅校本改。

〔五〕門：原無，據日本藏宋刻本、明澹生堂鈔本、四庫本補。

表》必可得〔二〕，吳氏兄弟少年向學，試爲披尋，此非八十老翁事也。嘉泰甲子三月甲戌。

跋趙逢原得母詩卷

高宗皇帝孝通神明，宣和皇后歸燕慈寧，振古未聞也。風化所覃，自親及疏。時則有宗室伯深字逢原，居吉之安福縣，别母三十年，後乃知流落蜀中。某少時親見其迎侍來歸，名士如曾端伯及其子子長、晁子西、程詠之皆贈以詩。後有朝奉郎任紳字公垂，東州人，靖康之亂與母相失，齋戒禱天者十七年。紹興和戎河南，來歸〔三〕，徒步求母而得之，奉事十有八年，詔擢删定官。又兵部沈尚書介，字德和，湖州人。宣和間父官濟南，生德和而嫁其所生，兵亂莫知存亡。紹興末，以秘書少監使北方，往回厚賂驛舍承應人宛轉物色，得母所在。歸懇荆襄將帥捐金用間，母遂與其異父弟偕來，皆奇事也。今逢原孫豐城主簿希公出示舊詩，予方修《廬陵志》，當併記所聞，備史官采擇，以彰聖化。嘉泰四年四月二十一日。

題平園圖後

使臣王思恭昨寫予真求贊，因記書對文苑之勞；今又繪《平園圖》，集予詩文於後，用意益可嘉也。嘉泰甲子端午日。

題宋甡西園詩稿

金華宋甡字茂叔，生於紹興壬申。年十二三已卓然自立〔三〕，爲鄉里先進所知。從呂伯恭學，其論《通鑑》貫穿不窮，伯恭大奇之。紹熙改元第進士，主筠州高安簿，豫章帥漕王謙仲、丘宗卿、尤延之、鄭舜舉皆待以上客。宗卿使虜，以爲書狀官，歸循從事郎，掾融州。秩滿，辟廣西監司主管官簿〔四〕，張君量、胡元之又待以上客。蓋其氣象和平，論議堅正，明敏足以决事，廉勤足以厲俗。不幸年四十餘卒官。平時於經史皆究極本原，尤工詩篇，興寄殊高遠。嘗次陸務觀韻云：「欲求平易多成拙，稍出新奇却未工。得句直須參造化，此身何必計窮通？」胸中所藴可見矣。其子自適亦佳士，示吾《西園詩稿》，爲題其後。嘉泰甲子五月乙亥。

〔二〕「必」下原有一「不」字，據明澹生堂鈔本、四庫本删。

〔三〕來：原作「東」，據日本藏宋刻本、明澹生堂鈔本、四庫本、傅校本改。

〔三〕十二三已：四庫本作「十二月三日」，明澹生堂鈔本作「十二月三已」，當誤。

〔四〕簿：日本藏宋刻本作「漕」。

廬陵周益國文忠公集卷五二

平園續稿卷一二

序一

傅忠肅公察文集序

二帝三王時人才多出於國子，蓋其見聞積習，作成有素，非如秀民必俟族黨州鄉賓興之然後用也。觀舜命夔典樂，教胄子曰：「直而温，寬而栗，剛而無虐，簡而無傲。」及命契爲司徒教民，則敬敷五教，在寬而已。《周官》大司樂以六德教國子，曰中和祗庸孝友，及司徒以三物教萬民，則置禮樂於六德六行之後，其視成材詳略次第固有別矣〔一〕。夫子不云乎：「興於詩，立於禮，成於樂。」學至於樂則義精仁熟，和順於道德而性成焉〔二〕。故以之事親必孝，事君必忠，臨大節必不可奪，文其餘力也。晉唐以來，名學與監，置祭酒若司業，皆冠以國子，是亦古之遺意歟！本朝世臣巨室前後相望，在仁宗時有若獻簡傅公諱堯俞，未冠以進士起家。平居號稱長者，及事四朝，屢歷言路，忘身殉國，有不可奪之節。遭時遇主，致位二府，生都美譽，没保令名，遂爲大家。其從孫忠肅公諱察，年十有八，復踐世科。宣和末，以吏部郎假宗正廷勞金國賀正使，行及境上，會幽燕交兵，或勸其歸，公不可。猝遇斡離不〔三〕，强公使拜，公又不可，竟握節死之。詔贈徽猷閣待制，乾道中追賜今謚。其諸子皆以學問才猷翱翔仕塗，至孫伯壽文采益高，方以直焕章閣按刑畿部，興念前烈，既編定獻簡公《草堂集》，又哀公遺稿成三卷，將傳之四方，屬某序其首。惟公文務體要，辭約而理盡，甚類獻簡；詩尤温純該貫，間次險韻，愈多而愈工。惜乎享年纔三十有七，名宦未達，高文大册，無自而發，其淵源則可考矣。竊嘗論之，獻簡幸生太平無事時，止於正言不諱，是以爲宋良臣。公則不幸，將命艱難之際，仗節死難，遂有忠臣之目〔四〕。要之忠孝大節易地則皆然，特所遇不同耳。故爲推本帝王之教以及本朝之盛，使學士大夫知公世濟其美，不隕其名者如此。慶元元年正月。

歐陽文忠公年譜後序

文忠公年譜不一，惟桐川薛齊誼、廬陵孫謙益、曾三異三家爲詳。雖用舊例每歲列其著述，考文列之先後〔五〕，然篇章不容盡載，次序寧免疑混？如公曾孫建世以告敕宣劄爲編年，尚多差

〔一〕材：傅校本作「均」。
〔二〕焉：原作「也」，據日本藏宋刻本、明澹生堂鈔本、四庫本、傅察《忠肅集原序》改。
〔三〕斡：原作「幹」，據日本藏宋刻本、明澹生堂鈔本改。
〔四〕有：明澹生堂鈔本作「在」。
〔五〕列：傅校本作「集」，日本藏宋刻本、明澹生堂鈔本、四庫本作「力」。

互，況餘人乎？今參稽衆譜，旁采史籍，而取正於公之文。凡《居士集》、《外集》各於目録題所撰歲月而闕其不可知者，奏議表章之類則隨篇注之，定爲文集一百五十三卷。《居士集》五十卷，公所定也，故寘於首，《外集》二十五卷次之，《易童子問》三卷、《詩本義》別行於世。《外制集》三卷、《内制集》八卷、表奏書啓四六集七卷、奏議十八卷、雜著述十九卷、《集古録跋尾》十卷又次之，書簡十卷終焉。考公行狀，惟闕《歸榮集》一卷，往往散在外集，更俟博求。別有附録五卷，紀公德業。此譜專叙出處，詞簡而事粗備，覽者當自得之。慶元二年二月十五日。

元哀六一書，闕《歸榮集》一卷，攷他集間有致仕後雜著數篇[二]，遂以其類分寘《外集》中。今得六一當時自編此卷，其數正同，乃知所分不可易也。今以元篇列於總目之後，毫髮無遺恨矣。嘉泰四年中秋續題。

歐陽文忠公集古録序

右《集古録序》，成於嘉祐末年。其云「有卷帙次第，無時世先後，蓋取多而未已，故隨其所得而録之」，此公述千卷不以世代爲序之意也。又云「撮其大要，別爲目録，因載夫可與史傳正其闕謬者，以傳後學」，此公述目録跋尾之意也。至熙寧二年，公之子叔弼記其後云：「公命棐曰：『吾跋諸卷之尾者二百九十六篇，若撮其大要，別爲目録，則吾未暇。』棐乃盡發千卷，著其大略。」自今觀之，公序明言別爲目録，而棐乃記公未暇之語。世傳《集古跋》十卷四百餘篇，而棐乃謂二百九十六篇。雖是時公尚無恙，後三年方薨，然續跋纔十餘耳，不應多踰百篇，得非寫本誤以三百爲二百，或棐記在熙寧之前耶？棐又云：「爲十卷附跋尾之後。」今目録自爲一書，乃二十卷，不過列碑石所在及其名氏歲月，初無難者，何未暇之有？是皆可疑。姑以棐所記附公本序之後，而自周秦至於五季皆隨年代爲之序，庶幾時世先後秩然不紊。間有書撰出於一手，其歲月相邇則類而次之。又於每卷之末備存當時卷帙之次第，既以便今，亦不失其初云。

歐陽文忠公集古録後序

集古碑千卷，每卷碑在前，跋在後，銜幅用公名印，其外標以緗紙，束以縹帶，題其籤曰某碑卷第幾，皆公親蹟，至今猶有存者。按公嘗自云「四百餘篇有跋」，今世所傳本是也。其間如《唐鄭權碑》，乃熙寧辛亥歲跋。又至明年正月方跋《鄧艾碑》、李德裕《山居詩》，四月題前漢《雁足鐙銘》，後數月而公薨，殆集録之絶筆也。方崧卿裒聚真蹟，刻板廬陵，得二百四十餘篇，以校集本，頗有異同。疑真蹟一時所書，集本後或改定。今於逐篇各註何本，若異同不多，則以真蹟爲主，而以集本所改注其下。或繁簡遼絶，則兩存之。如後漢《樊常侍碑》[三]，真蹟作永壽四年四月，而集本改作二月，訪得古碑，二月爲是。至於以始

[二] 攷：四庫本作「檢」。

[三] 「如」上，日本藏宋刻本、明澹生堂鈔本、《集古録》卷末有「謂」字。

元爲漢宣帝年號，又稱後周大統十六年、唐大足二年之類〔一〕，乃公一時筆誤，不敢有所更改。

《集古跋》既刻成，方得公子叔弼目録二十篇，具列碑之歲月，雖朝代僅差一二，而紀年先後頗有倒置，已具注其下〔二〕。

歐陽文忠公集後序

《歐陽文忠公集》自汴京、江、浙、閩、蜀皆有之。前輩嘗言公作文揭之壁間，朝夕改定。今觀手寫《秋聲賦》凡數本，劉原父手帖亦至再三，而用字往往不同，故别本尤多。後世傳録既廣，又或以意輕改，殆至訛謬不可讀。廬陵所刊抑又甚焉，卷帙叢脞〔三〕，略無統紀，私竊病之，久欲訂正，而患寡陋未能也。會郡人孫謙益老於儒學，刻意斯文，承直郎丁朝佐博覽群書，尤長考證，於是徧搜舊本，旁采先賢文集，與鄉貢進士曾三異等互加編校。起紹熙辛亥春，迄慶元丙辰夏，成一百五十三卷，别爲附録五卷，可繕寫模印。惟《居士集》經公决擇，篇目素定，而參校衆本，有增損其辭至百字者，有移易後章爲前章者，皆已附注其下。如《正統論》、《吉州學記》、《瀧岡阡表》，又迥然不同，則收寘《外集》。自餘去取因革，粗有據依，或不必存而存之，各爲之説列於卷末，以釋後人之惑。第首尾浩博，隨得隨刻，歲月差互，標注牴牾，所不能免，其視舊本則有間矣。既已補鄉邦之闕，亦使學者據舊鑑新，思公所以增損移易，則雖與公生不同時，殆將如升堂避席，親承指授，或因是稍悟爲文之法，此區區本意也〔四〕。六月己巳，前進士周某謹書。

劉彥純和陶詩後序

歌詩之作，在國則繫其風化，在人則繫其性習，勤而不怨，憂而不困，以至泱泱乎渢渢乎之類，識者一聞遺音，不待入國，風化固已可知。人之文章苟藴諸中必形諸外，特用力有淺深，故下語有工拙爾。唐人鮮不能詩，雖體格或不同〔五〕，而各能成其材。是無他，不强所短而揠焉，不棄所長而畫焉，因其性而加之習，茲所以名家也歟！安福縣劉君彥純，諱承弼，紹興丙子、乾道戊子兩薦於鄉，既下第，即隱西溪。淳熙三年，邑人舉其節行，詔旌表門閭。常慕五柳先生爲人，盡和其詩百篇，焕章閣待制楊公廷秀爲之序，盛行於江西，而其弟之婿趙伯琢復求予題其後。予告之曰：「彥純此詩殆得於唐人〔六〕，非得之五柳也。」伯琢駭而請其説。予曰：「平澹簡易，忘懷仕進，彥純之性也。不揠不畫，盡吾之才，彥純之習也。昔魯男子夜閉户，拒鄰婦〔七〕，婦曰：『子何不若柳下惠？』男子曰：『子與吾皆幼。柳下惠固

〔一〕足：原作「定」，據明澹生堂鈔本、四庫本、《集古録》卷末改。
〔二〕注：原無，據日本藏宋刻本、傅校本、《集古録》卷末補。
〔三〕帙：原作「帖」，據日本藏宋刻本、明澹生堂鈔本、四庫本、歐陽修《文忠集》原序改。
〔四〕「此」下，明澹生堂鈔本有「固」字。
〔五〕格：原無，據日本藏宋刻本、明澹生堂鈔本、四庫本、傅校本補。
〔六〕此：傅校本作「之」。
〔七〕鄰：原作「鄉」，據明澹生堂鈔本、四庫本、傅校本改。

可，吾固不可。吾將以吾不可學柳下惠之可。』孔子稱其善學〔一〕。今吾彥純蓋有得於此。」信予斯言，然後知淵明春蘭秋菊、松風澗水果在彥純破琴斷絃中，廷秀真知音哉！慶元二年四月日。

元豐懷遇集後序

吏部尚書贈少師王公子發序其西掖制草，謂自高祖晉公、曾叔祖魏國文正公以及其身，世掌絲綸，名集曰《懷遇》而不曰「榮遇」者，謙也。恭惟太祖、太宗削平僭亂，勃興文治，士生斯時，以登畿爲榮，而晉公知制誥在乾德之三年，至太平興國八年真拜舍人，雍熙末出院，纔四歲而文正已踐父官，蓋淳化二年也。至道三年，章聖即位，乃遷內相。父子繼遇明主，出雷風之令，鼓舞多士，縉紳榮之。後八十餘歲，當元豐六年十月，公復紹高、曾之業，越二年進給事中。是時裕陵董正治官，文章煥焉可述；宣仁、哲廟大收人才，協成初政，潤色之功尤多。蓋三世代言，俱接武於兩朝，可謂榮也已矣。慶元丙辰，公曾孫淹爲廬陵郡丞，太守楊侯方得是集而悅之，將刻板布之四方，謂某紹興、乾道間嘗典斯事，俾作後序，記其本末〔二〕。昔官制初行，舍人曾南豐也，一日除郎、御史數十人〔三〕，公爲都司，付制吏部，讀而歎曰：「本原職守，爲之訓敕，人人不同，咸有新趣，而衍裕雅重，自成一家。」予謂欲知公制詞之美，此數言盡之矣，豈所謂夫子自道者耶！至於追爵荀況、揚雄、韓愈三制，簡古明粹〔四〕，殆與西漢詔令相爲表裏，嗚呼盛哉！集凡七卷，制詞三百餘首〔五〕。或疑末卷他文十八篇不當入集，按宋元憲《掖垣叢志》云：「中書因事表狀道釋，齋贊疏語並當制舍人撰。」近世此例方廢，併書以告來者。七月十日。

朱新仲舍人文集序

藝之至者不兩能，故唐之詩人或略於文，兼之者杜牧之乎！苦心爲詩，自其所長，至於議論切當世之務，制誥得王言之體，賦序碑記，未嘗苟作。予每讀其書而愛之，恨不與之同時。孰知後世揚子雲，乃在吾先友中。先友謂誰？敷文閣待制桐鄉朱公也。公世文儒，年二十二登政和進士第。是時人諱言詩，公獨沉涵六義，思繼作者。南渡以來，登館閣，掌書命，文章浸顯於朝。中忤時宰，謫居曲江十有四年，昌其詩，放厥詞，蓋斥久窮極，益自刻苦於山水間時也。迨北歸，則詩益老，文益奇，遂以名家。其子輒等類公遺稿凡四十有四卷，將刻而傳之，屬予爲序。予謂公於牧之似之者三：耽嗜佳句，不工不已，豈惟詩哉，他文稱是，一也。仕皆至中書舍人，職皆嘗歷史官，以文華國，儒者榮之，二也。牧之出典黄、睦、池、湖四州，公亦守睦、宣、蘇等郡，俱有惠政，臨終各自誌其墓，三也。過之者亦三：公事高宗，玉音屢獎其文，擢寘從班，坐視被讒而去，牧之爵位

〔一〕學：原無，據日本藏宋刻本補。
〔二〕其：原無，據日本藏宋刻本、明澹生堂鈔本、四庫本、傅校本補。
〔三〕數：原無，據日本藏宋刻本、明澹生堂鈔本、四庫本補。
〔四〕古：傅校本作「嚴」。
〔五〕三：日本藏宋刻本、明澹生堂鈔本、四庫本作「四」。

皆宰相進擬，不聞親結主知，一也。公壽七十一，牧之五十而已，二也。公之子若孫俱傳其家學，牧之之嗣雖爲丞郎，素業無聞焉，三也。某於公爲年家子，及與公款而知公詳，因序公集，併以是補公之家傳。公諱翌，字新仲。慶元二年九月二十三日，具位周某序。

王致君司業文集序

志氣不强，不足以言文；學問不博，不足以言文。司業王君吾能言之：志氣强者也，學問博者也，故其文章贍而不失之泛，嚴而不失之拘。議論馳騁於千百載之上，而究極利害於四方萬里之遠。其爲歌詩，慷慨憂時，而比興存焉。他文閎辯該貫，直欲措諸事業，所謂援古證今，黼黻其辭，特餘事耳。既没之十九年，嗣子中行類遺編成二十卷，求予爲序。君諱逨，字致君，世家宛丘。生十有一歲，當建炎戊申，北虜破陳，爲其所俘，轉徙河朔者十年。戎馬中編簡蕩然，僅得《春秋左氏傳》、班固《西漢書》，晝夜誦之，一字不遺。和議成，間道歸其父尚書公於浙東。父母兄弟相見已，即提書入太學，益從師友盡讀諸子百家，日萬餘言，遂擢進士第。凡中原所親歷，平日所講畫，虜已在其目中，又從知己視師荆襄，然後南北形勝，表裏洞達，落筆輒數千言，舉天下事如指諸掌。孝宗奇之，擢御史、諫官，將行其言，旋出爲二千石、部刺史，而簡注不衰。迨淳熙四年爲少司成，選迓虜使。方嚮於用，年六十而卒，其所抱負百未一究也。予與君家契且舊，每悲君之不遇，既序其文，復紀其平生大略如此。後有君子爲國惜才者，必將歎息於斯焉。慶元二年十月十五日，具位周某序。

群玉詩集序

新淦之下有市曰硤江，直玉澗口，陸行十五里至玉笥山。按道書以爲群玉山，第十七大秀法樂洞天，又爲第八郁木福地。漢武帝時遣使祈禱，見白玉笥於壇上，以是得名。古有宫觀二十餘區，以承天宫爲冠，在三會峰下，本梅福舊壇，五代號玉梁觀，真宗祥符初賜今名，宣和間陞觀爲宫。其右白雲齋，又登臨之冠也。方其盛時，聚徒至三百人。大觀庚寅，不戒於火，後雖葺治，未復其舊，且非傳籙之地，故不能與閤皂争長雄。然山川閎麗，仙真雜遝則或過之[一]。有宣義郎楊扶圖南著實録二萬餘言，事爲一門；王密德升賦詩三百餘篇，篇紀一事。二君皆邑之名勝，其書同成於紹興之二十八年，古迹備矣。今知宫事楊得清復刻自唐以來詩人題詠附益之[二]。凡好事者苟未能一至此山，姑視三書，猶將神游意想，飄飄然起凌雲之志，況於出入烟霞、遨遊泉石之間哉！得清蓋廬陵士族，於誠齋待制爲叔姪行，作詩有家法，求予一言，故爲題其要於卷首。慶元三年七月日[三]，平園老叟周某序。

[一] 過：明澹生堂鈔本、四庫本作「遇」。

[二] 得：傅校本作「德」。下同。

[三] 七月日：四庫本作「七月某日」，明澹生堂鈔本「某」爲空闕。

蘇文定公遺言後序

記諸善言，孝子慈孫門人弟子之任也〔一〕。然門弟子非一，先後或不齊，傳授或不審。如元城劉忠定公於本朝故實洞達該貫，無毫釐差，而馬永卿録造薰籠語，猶以元豐後官制爲太祖時官制。夫易知者尚爾，況言之要、德之奥乎？蘇文定公晚居許昌，造道深矣，避禍謝客，從遊門人亦罕與言，其聞緒論者，子孫而止耳。然諸子宦游惟長孫將作監丞仲滋，諱籀，年十有四，才識卓然，侍左右者九年，記遺言百餘條，未嘗增損一語。既老，以授其子郎中君詡，郎中復以授其子道州使君森。予嘗與道州同僚，故請題其後。昔人疑《黄樓賦》非出公手，東坡蓋親爲之辨〔二〕。今公自謂此賦學《兩都》，晚年不復作此工夫之文。至《和陶擬古九首》則明言坡代作，識者當自得之。又云：「讀書須學爲文，餘事作詩。」然公詩自工。謂儲光羲高處似陶淵明，平處似王摩詰，而以韓子蒼比之，子蒼由是知名。公素不作長短句，今《漁家傲》一篇雖用禪語，而句法極高，乃知公非不能〔三〕，直不爲耳。此皆學者所宜知也。惟公道德文章，國有史，家有集，所學在《古史》，所得在經解，平生議論復載於此。若予者何足以窺其端，徒見公善者機而已。慶元戊午正月乙卯。

楊謹仲詩集序

文章有天分，有人力，而詩爲甚。才高者語新，氣和者韻勝，此天分也。學廣則理暢，時習則句熟，此人力也。二者全則工，偏則不工。工則傳，不工則不傳，古今一也。同年楊謹仲家世文儒，才高而氣和，於書無不讀，於名勝無不師慕之，嗜古如嗜色〔四〕，爲文晝夜不休。清江置郡今二百年，二劉、三孔以來文風日盛。謹仲自少爲先進所推，未第時鄉之英俊争受業於門，名聞四方，願交者衆，二千石而下皆尊禮之〔五〕，蓋其行藝俱優。而尤喜爲詩，本原乎六義，沉酣乎風騷，自魏晉隋唐及乎本朝，凡以是名家者往往窺其藩籬，泝其原流。大要則學杜少陵〔六〕、蘇文忠公，故其下筆初而麗，中而雅，晚而閎肆。長篇如江河之澎湃〔七〕，浩不可當；短章如溪澗之漣漪，清而可愛。間與賓客酬唱，愈多愈奇，非所謂天分人力全而不偏者耶？諸孫光祖等既裒成若干首，分爲若干卷，而門人高第韋宜州楫又捐俸刻之，其傳無疑矣。謹仲諱愿，五十餘方入官，一爲縣主簿，兩爲郡博士。朝廷嘗以車輅院起之，即上書請老，轉通直郎。家居累年，賜服緋魚，壽七十有九，亦不可謂詩能窮人也。慶元戊午正月。

〔一〕也：原無，據日本藏宋刻本補。
〔二〕辨：明澹生堂鈔本、四庫本、傅校本作「辯」。
〔三〕「能」下，日本藏宋刻本、明澹生堂鈔本有「詞」字。
〔四〕嗜色：傅校本作「好色」。
〔五〕而：四庫本作「以」。
〔六〕則：傅校本作「在」。
〔七〕河：傅校本作「湖」。

王推官洋漫齋文集序

龍泉在廬陵郡西幾三百里，南與横浦、義郴接。非四達之塗，遊客罕至，故其人安分寡求；非百貨所聚，無富商大賈往來貿遷，故其俗純而不雜。獨山幽水清，實鍾美於秀民，往往忘外慕而志不分，專以文章致身，殆與諸縣争長雄。惟命有通塞，故仕有顯晦，其來尚矣。英州推官王君諱洋，字嘉謨，自幼力學〔一〕，負雋聲。盛年冠大比，謂宜摩九霄，撫四海，而命與時左，困於場屋，不得與鄉人之顯者同。然其學術日富，筆力日雄。譬之良農，既勤菑畬，歲雖儉而家不餒。又如良將，自有方略，數雖奇而氣不衰。平生著述三十卷，號《漫齋集》，其子㮚、孫三省橐以示予。予曰：「此吾故人之文也。」讀累日不能釋。蓋其詩賦贍縟，集類精切，詩話博雅，長短句清新，有以起人之心。至於古樂府十篇，皆推見本原，然後遺辭。《辨蘭》《貶蠅》二説，則又用意深至〔二〕，直欲跂前修而及之。是宜自名一家而傳之一鄉，而布之他邦〔三〕，豈特爲子孫之藏而已。彼仕之達不達，何加損焉？㮚暨三省拜曰：「請以是爲序。」乃爲之書。慶元戊午九月十五日。

曾南夫提舉文集序

太和曾寅亮出曾祖常平使者遺文四十卷，屬某爲之序。某伏讀累日而歎之曰：「此吾先大父秦國公元符庚辰同年進士也，其何敢辭？」夫文亦多術矣，以要言之，學不富則辭不典，氣不充則辭不壯，才不高則辭不贍。三者一有長焉，足以名家，况兼之乎？公自幼讀書，五行俱下。稍長，偏抄經史傳記，雖大寒暑未嘗輟。著六經、《語》、《孟》、《老子》通論數千言，凡聖賢藴奥，古今成敗，無不究極，下至星辰曆數皆爲之説。鄉先生劉弇偉明許可嚴甚，每謂精博不可及，其學何如也！政和三年，擢使益部。中貴人鄧述市物無藝，不如意輒焚之。公疏其害民十事，徽宗亟爲斥逐。廉訪王竦懼其并害己也，誣公失察典吏受贓〔四〕，坐謫監當。久之，上思其勁直，復起使兩浙、湖南，滋不改其操。時禁舊學，頒新義，公作《讀資治通鑑詩》百餘言〔五〕，卒章有「何當釋書禁，新學破盲聾」之句，其氣何如也！生纔八年，賦《白鷺詩》云：「外潔臨清流，中貪魚鰕求。」人已駭伏。甫中第，蘇文定公歸自嶺南，一見稱其邁往。嘗登鎮陽樓，慷慨作賦，欲追禦寇，拉稚川，睨燕山，眄井陘，馳太行，涉滹沱，其才又可知矣。雖官止議郎，年僅五十有五，而其文之典之壯之贍皆有。後之學者能熟復以覿〔六〕，知公爲不亡矣。公諱安强，字南夫。其父肅，字温夫，山谷黄公宰鄉縣，以清高處士目之。生四

〔一〕幼：日本藏宋刻本、明澹生堂鈔本、四庫本作「少」。

〔二〕深至：日本藏宋刻本、明澹生堂鈔本、四庫本作「至到」。

〔三〕「而」上，日本藏宋刻本、傅校本有「自一鄉」三字。

〔四〕贓：明澹生堂鈔本、四庫本作「賕」。

〔五〕百：日本藏宋刻本作「四百」。

〔六〕「後」字原脱，據日本藏宋刻本、明澹生堂鈔本、四庫本、傅校本補。

子，皆踐儒科。仲安止，著《禾譜》五卷，東坡蘇公所爲賦《秧馬歌》者。公乃其季也。慶元戊午十月己丑。

毛拔萃洵文集序

文者才也，孝者行也，全賦於天鮮矣。制科時所重，聲名世所貴，天之與人又加鮮焉。吉水毛洵子仁具此四美，賦與厚矣，而位止幕職，壽纔三十有二，何其薄也！同邑曾三異無疑博古樂善，悼其屈於百年之後，既裒遺文若干篇，又録名賢送行詩若干首，仍纂其事實，屬予爲之序。予曰：「貴爲公卿而才行不稱，壽至期頤而聲名無聞，生赫奕於一時，没寂寥於後世者，滔滔皆是也。子仁年雖夭，仕雖屯，而科名孝行俱載《國史》，垂於無窮，以此易彼，未知其孰爲厚，孰爲薄也？」《仁宗實録》：天聖九年御試選人，書判拔萃科中者四人。舉首李裕嘗歷理掾，故改大理寺丞，是謂京官；子仁而下皆自主簿遞遷幕職，雖同得邑，猶選人也。其告身曰承事郎者，文散官也；大理評事者，試銜也。李燾仁甫《長編》併以爲京官，則誤矣。又其父子皆得余襄公爲之銘。父嘗守賓〔一〕，厥後歷倅三郡，卒於江東，當時吉州上其死孝，不知何爲繫之賓州？《實録》既云然，仁甫遂從之。大抵考證之學易差難精，亦在乎秉筆者審之而已。慶元四年十月，具位周某序。

〔一〕嘗：原無，據日本藏宋刻本補。

廬陵周益國文忠公集卷五三

平園續稿卷一三

序　二

陸子履嵩山集序

本朝文章至慶曆而盛，歐陽文忠公實主夏盟，學者一被品題，往往名世。當是時，陸公子履乃與文忠周旋館閣，詩文往復，相與至厚，其人抑可知已。惜乎仕宦不偶，陷於朋黨，起而復仆，仆而復起。晚遇裕陵，自集賢修撰守河中，召知審官東西院。方嚮於用，則已老矣，君子每有不遇之歎焉。今其曾孫知穌於公既没百年之後，兵火搶攘之餘，冥搜博求，僅得遺文十有二卷，屬予爲序，將刻而傳之。予嘗歎尹師魯、蘇子美、江鄰幾、梅聖俞、丁元珍皆著美名，負屈稱，與子履大略相似。彼五賢者得文忠銘其藏，序其文，姓名鏗轟炳耀，至今盪人耳目。獨公以後死不得與於斯文，或者遂謂公生既不遇，其没又重不幸也。予曰不然，公當古文復興時，文忠實與爲友，其出倅宿州，送以詩曰：「子履自少聲名馳〔一〕，落筆文章天下知。開懷吐胸不自疑，世路迫窄多穽機。鬢毛零落風霜摧，十年江湖千首詩。」又曰：「一自蘇、梅閉九泉，始聞東潁播新篇。」暮年酬唱尤多，有「怕逢詩敵力難當」及「敢期佳句報琅玕」之句。是則公之生也，已爲文忠所稱道如此，尚何待於身後？其垂名不朽，亦豈下於五賢哉？予故表而出之。公諱經，子履其字，洛陽人，故以「嵩山老人」名其集。慶元五年二月一日，少傅、觀文殿大學士致仕、益國公周某序〔二〕。

趙訓之忠節録序

功烈有大小，死節無輕重，惟能捐軀狥國則求仁得仁，豈必論其功何如哉？國家自靖康後，金賊蹂踐中原，群盗潰兵所在破城屠邑，守官者奉頭鼠竄之不暇，於此有人焉，視死如歸，其爲節也重矣。當建炎三年歲己酉十一月，隆祐太后自洪上贛，護衛諸軍道有叛者，既犯吉之永豐，皇族訓之字誨道，以承議郎實爲縣宰，率弓兵拒戰，力不敵遇害。明年有司以聞，特贈直秘閣，仍官二子。有女歸太和蕭氏，奉其喪葬於盧源〔三〕。今七十年，松檟鬱然，女尚無恙。其孫江州別駕彥橚捧檄來拜墓下，既哀制詞史傳，又以宗人吉州推官子琇所著行狀及諸公記、跋共爲一卷，命曰《忠節録》，屬予爲序。予嘗觀書太史氏，是歲有直龍圖閣令峸守黄州〔四〕，城陷罵虜而死，初贈右文殿修撰，再贈徽猷閣待

〔一〕少：原作「幼」，據日本藏宋刻本、明澹生堂鈔本、四庫本、傅校本、歐陽修《文忠集》卷七改。

〔二〕周某序：明澹生堂鈔本作「周某書序」，四庫本作「周某具」。

〔三〕盧源：原刻校云：「翰苑本作『蘆原』。」

〔四〕峸：日本藏宋刻本、明澹生堂鈔本、傅校本作「宬」。

制。隆興改元，張忠獻公宣撫兩淮，復用父老之言奏乞立廟，遂賜忠顯之額。今永豐纔以君像附城隍祠，殆闕典也。按子琇及與君聯事，而行狀成於四年〔一〕，其書隆祐南幸併君之死皆差一歲，惟《永豐志》題名載君以二年至縣者是也。其死在三年冬，而叙君本末反云四年莅官，則又誤矣。夫當日之行狀、邑人之紀次尚或訛舛，况傳疑於後世乎？雖然，此不足辨也，所以詳言之者，使士大夫知同時宗室爲守爲令，死職如此，於以彰祖宗涵養作成之效，豈特慰其子孫而已？慶元己未四月日〔二〕。

臨江軍三孔文集序

「行有餘力，則以學文」，聖人之言，萬世是程。或疑文、行、忠、信之序，是不然〔三〕。四科有先後，四教非先後，特因其材而進德焉，繪事後素，不容紊也。本朝人物至元祐而盛，其兄弟傑然則有臨江之孔氏，曰文仲字經父，曰武仲字常父，曰平仲字毅父，先聖四十八代孫也。居家孝悌，行己謹信，涖官敬，事上忠，其行美矣。冠禮部，冠國學，登高第，應制舉。經父自諫垣入詞掖；常父歷師儒〔四〕，掌内外制；毅父尤精史學，更踐中外。天下共稱其文，號曰三孔。今纔百餘年，而集稿散逸罕傳，誠故郡之闕典也。慶元四年，太守濡須王灊實來〔五〕，政修教明，瞻喬木而慕先賢。既奠謁其像於學宫，又博訪遺文而刻之。雖曰存一二於千百，然讀之者知爲有德之言，而非雕篆之習也。總成若干卷，屬某以序。昔太史黃魯直頌當時之人才，有曰「二蘇聯璧，三孔分鼎」。張丞相天覺在元符中詆元祐詞臣，極其荒唐。謂兩蘇爲狂率，則剛直也；謂公兄弟爲闒疏，則高古也。夫魯直於蘇氏分兼師友，天覺於眉山心伏其能，皆以公兄弟配之，文行何如哉！若其出處載《國史》，博雅具别著，此不備書。五年四月甲戌，具位周某序。

孫尚書鴻慶集序

大凡文人才士少之時屈首受書，未能多聞天下之義理〔六〕；壯則從事四方，志有所分；及其老也，血氣既衰，聰明隨之。雖有著述，鮮克名家，此古今之通患也。其或軼群邁往，賦才獨異，而復天假之年，磨淬鍛鍊，重之以湖山之助，名章雋語少而成，壯而盈，晚而愈精，有若户部尚書晉陵孫公，蓋千萬人中時一遇焉。公生於元豐辛酉，當大觀、政和間，士惟王氏《三經義》、《字説》是習，而公博學篤志如韓退之，謂禮部所試可無學而能者。第進士，冠詞科，筆勢翩翩，高出流輩。將及知命，靖康俶擾，爲執法〔七〕，爲詞臣，旋由鎖闥歷吏、户長貳，連守大

〔一〕四年：日本藏宋刻本、明澹生堂鈔本、四庫本、傅校本作「次年」。
〔二〕日：日本藏宋刻本、明澹生堂鈔本、四庫本無。
〔三〕「是」下，傅校本有「亦」字。
〔四〕父：原脱，據傅校本補。
〔五〕灊：原刻校云：「别本作『邁』。」按四庫本亦作「邁」。
〔六〕聞：明澹生堂鈔本、四庫本、《鴻慶居士集》卷首序作「閲」。
〔七〕爲：原作「而」，據日本藏宋刻本、明澹生堂鈔本、四庫本、傅校本、《鴻慶居士集》卷首序改。

邦。其章疏制誥表奏往往如陸敬輿，明辯駿發，每一篇出，世爭傳誦。紹興而後遭口語，斥居象郡。久之，歸隱太湖上，捨蜑蠻而狎鷗鷺，去茅葦而友松菊。於是緡北堂萬卷之鈔，袖明光起草之手，默觀物化，吟咏情性。烟波萬頃，納之胸次，風雲變態，日接於前。如是二紀，所得不可勝計，毋怪乎筆端之滚滚也。天門劃開，訴章上達，論撰次對，璽書繼下。年雖耄老，親爲謝表。至於宰執、侍從、臺諫，則人致一啓，各出新意，其用事屬辭，少壯所不逮。又後十載，當孝宗朝，嘗命編類蔡京、王黼等事實上之史官，此與伏生年九十餘詔太常往受《尚書》何異？是豈可以他人老少常理論也哉？没既一世，其子興國太守介宗以書謂某曰：「先君文稿中更兵燼，存者無幾，而閩、蜀所刻復雜翟忠惠之文，大懼不足傳信，今定爲四十二卷。其未備者，方裒次外集，爲我序之。」憶乾道丁亥遇公陽羨，公八十有七矣。論文之餘，語及前朝舊事，健論滔滔，如洪河東注，緒言纚纚，如聚繭繅絲，屢更僕不能休。然後知公非特文鋒不可當，而老如趙充國猶善爲兵也〔一〕。兹幸挂名集端，因具列之。近歲吏部侍郎葛公立方作《韻語陽秋》，載東坡自海南歸，公方髫齔，坡命對「衡門稺子璠璵器」，公應聲曰「翰苑仙人錦繡腸」〔二〕。坡歎曰：「真璠璵也！」以公早慧，固應有此。然坡北歸實靖國辛巳，公已二十一，得非元豐乙丑自便還常，公纔五歲時乎？所記訛耳，鄉人户傳亦不得而略也〔三〕。公諱覿，字仲益，嘗以龍圖閣學士提舉南京鴻慶宮，故自號鴻慶居士云。慶元五年十一月某日，少傅、觀文殿大學士致仕、益國公周某序〔四〕。

初寮先生前後集序

一代文章必有宗，惟名世者得其傳。天生斯人固已不數，向非君師作而成之，則其道不墜於地者幾希。若稽本朝，太祖以神武基王業，文治興斯文。一傳爲太宗，翰林王公元之出焉；再傳爲真宗，楊文公大年出焉。長養尊用，風示學者。雖間以剛直被排斥，而眷顧終不少衰。至於仁宗、英宗、神宗，然後異才充滿中外。其傑出如歐陽文忠公，又逢時得政，同心德於三朝，閲八年之久，相與化成天下〔五〕，功不少矣，故其門人高弟尤多。惟東坡蘇公崛起西蜀，嘉祐收以異科，治平欲躐置翰苑，熙寧首待以國士，及遇哲宗，遂光顯於朝。中間小人敲撼挫揠〔六〕，欲殺不果者，天意也，上賜也。晚守中山，尚書左丞王公世家是邦，博學工文詞，年十六即貢京師。後二年坡至，奇之，公亦自謂得師也。明年坡南遷，不能卒業。公尋登第，闢初寮於精舍，日夜讀書著文。年二十有七，游五臺，爲《竹林泉賦》，以將相喻泉石，格高而意新。送某曾大父詩云：「不論與汝小一月，政自容君數

〔一〕爲：傅校本作「用」。
〔二〕曰：四庫本、《鴻慶居士集》卷首序作「云」。
〔三〕「人」下，明澹生堂鈔本、《鴻慶居士集》卷首序有「既」字。
〔四〕「某日」至「周某序」，日本藏宋刻本、明澹生堂鈔本、四庫本、《鴻慶居士集》卷首序無。
〔五〕「天下」下，明澹生堂鈔本有「之」字，則當與下句相連。
〔六〕敲：明澹生堂鈔本作「搖」。

百人。」專用吾宗公瑾伯仁事，致推尊年德之意，精切渾成，不類少作。時方諱言蘇學，而公已潛啓其秘鑰。久之，徽宗旁求文士，召置館閣，給札親試，驟掌書命，由中司入北門，歷二轄。其制誥表章詩文〔一〕，大率雅重温潤，而時發秀傑之語。《定功繼伐》等碑、《睿謨曲宴》百韻詩，多出特命，上恩與天通矣。萬目睽睽，徒謂其鶴鳴九皋，而不知奪胎换骨自有仙手，故未嘗以曲學指之。今《前集》四十卷是也。中興南渡，四海名勝遷謫避亂〔二〕，萃於湖、廣，而公壻趙奇、子辟章又家之游、夏，大篇短章，更唱迭和。既已盡發平昔之所藴，且復躬閲事物之變，益以江山之助，心與境會，意隨辭達，韻遇險而反夷，事積故而逾新。他人瞠乎其後，我乃綽有餘裕。至如桂〔三〕、柳佛寺諸記〔四〕，閎深辨麗，近坡暮年之作。黄、張、晁、秦既没，系文統，接墜緒，誰出公右？豈止襲其裳、佩其環而已？今《後集》十卷是也。初，公與先大父同爲元符庚辰進士，政和中公典貢舉，擢先公第二。故公季子承議郎辟綱及公孫刑部侍郎柜、曾孫今邕守宗孟繼以集序爲請，久負諸責，夫豈無説？蓋公内制十八卷，外制八卷，李文敏公漢老實題其首，且謂公「天才英邁，筆力有餘，於文於詩，瓌奇高妙〔五〕，無所不能」。用是序公全書，所謂一言以蔽之者，某尚何所伸其喙？若夫本天人之相因，考源流之所自，以申叙累世之契好而告諸來者，則不敢辭也。公諱安中，字履道，享年若干，後學尊之曰初寮先生，故以名集。慶元六年二月日。

續後漢書序

曹氏代漢，名禪實篡，特新莽之流亞。丕方登壇，自形舜、禹之言，固不敢欺其心矣。今已千載〔六〕，好惡豈復相沿？而蘇軾記王彭之説，以爲塗巷談三國時事，兒童聽者聞劉敗則顰蹙，曹敗則稱快，遂謂君子小人之澤百世不斬。兹豈人力强致也歟？陳壽身爲蜀人，徒以仕屢見黜，父又爲諸葛亮所髡，於劉氏君臣不能無憾。著《三國志》以魏爲帝，而指漢爲蜀，與孫氏俱謂之「主」。設心已偏，故凡當時祫祭高帝以下昭穆制度皆略而勿書〔七〕，方且乞米於人，欲爲佳傳。私意如此，史筆可知矣。其死未幾，習鑿齒作《漢晉春秋》，起漢光武，終晉愍帝，以蜀爲正，魏爲篡，謂漢亡僅一二年則已爲晉，炎興之名，天實命之，是蓋公論也。然五十四卷徒見於《唐藝文志》及本朝《太平御覽》之

〔一〕制誥：原作「詔制」，據日本藏宋刻本、明澹生堂鈔本、《初寮集》卷首《原序》改。

〔二〕亂：日本藏宋刻本、明澹生堂鈔本、《初寮集》卷首《原序》作「地」。

〔三〕如：原作「於」，據日本藏宋刻本、明澹生堂鈔本、《初寮集》卷首《原序》、《文獻通考》卷二三八改。

〔四〕柳：原作「梛」，據明澹生堂鈔本、《初寮集》卷首《原序》、《文獻通考》卷二三八改。

〔五〕「瓌」上，明澹生堂鈔本、《初寮集》卷首《原序》有「皆」字。

〔六〕已：日本藏宋刻本、明澹生堂鈔本、四庫本、《蕭氏續後漢書》原序作「向」，《直齋書録解題》卷四作「隔」。

〔七〕勿：明澹生堂鈔本、《直齋書録解題》卷四作「弗」。

目，逮仁宗時修《崇文總目》，其書已逸，或謂世亦有之，而未之見也。幸《晉史》載所著論千三百餘言，大旨昭然。劉知幾《史通》云備王道則曹逆而劉順。本朝歐陽修論正統而不黜魏，其賓客章望之著《明統論》非之，見於《國史》。近世張栻《經世紀年》直以先主上繼獻帝爲漢，而附魏、吴於下方，皆是物也。今廬陵貢士蕭常潛心史學，謂古以班固史爲《漢書》，范曄史爲《後漢書》，乃起昭烈章武元年辛丑，盡少帝炎興元年癸未，爲《續後漢書》。既正其名，復擇注文之善者併書之。積勤二十年，成《帝紀》、《年表》各二卷，《列傳》十八卷，《吴載記》十一卷，《魏載記》九卷，别爲《音義》四卷。惜乎壽疏略於前，使常不得追記英賢憲章於後，以釋裴松之之遺恨也。昔周東遷，浸以微弱，至春秋時僅存王城，而吴、楚强大，綿地數千里，皆僭稱王，聖人斷然以夷狄予之。昭烈土地兵甲甚非周比〔一〕，興於漢中，適與沛公始封國號同。天時人事，决非偶然，孔子復生，必有以處此。乃爲首探魏文當日之心，次舉蘇氏百世之説，以合習氏之論，而證舊志之非，作《續後漢書序》。慶元六年庚申二月望。

高端叔變離騷序

《詩·國風》及秦不及楚，已而屈原《離騷》出焉，衍《風》《雅》於《詩》亡之後，發乎情，主乎忠直，殆先王之遺澤也，謂之文章之祖宜矣。厥後宋玉之《九辯》，王褒之《九懷》，劉向之《九歎》〔二〕，王逸之《九思》，曹植之《九愁》、《九詠》〔三〕，陸雲之《九愍》，皆《九章》、《九歌》之苗裔。自揚雄至劉勰，則或反、或廣，或爲之辨，祖述摹倣，不可勝數。迄於本朝〔四〕，晁太史補之始重編《楚辭》十六卷，《續楚詞》二十卷，又上起荀卿，下逮王令，集《變離騷》二十卷，每篇之首，各述其意，本根枝葉備於是矣。今高君元之復著《變離騷》九篇，其友南康周令大受刻而傳之，屬予一言。予觀晁氏所謂變者，言歷代每有所作，其則愈遠〔五〕，如唐詩三變之變也。君蓋泝流求其源，由終復於初，如齊、魯一變之變也。二者文同而旨殊。君之上下序，議論尤平正，既不溢美，亦不失實，愍奇志等〔六〕，既纘其詞，復循其義，非深於斯道能如是乎？故爲推明之，以俟知者。元之字端叔，武烈王瓊六世孫，生以紹興壬戌〔七〕，苦學篤志，假寐繩床，不就枕者累年。尤嗜《春秋》學，嘗與科舉〔八〕，兩薦於四明。有詩千篇，大抵學廣而詞暢，自號《茶甘集》。死已二年，席珍如此，埋光不耀，重可歎也。慶元庚申四月旦。

〔一〕兵甲：日本藏宋刻本作「甲兵」。

〔二〕九歎：原作「九歌」，據日本藏宋刻本、明澹生堂鈔本、四庫本、《文苑英華》卷三五六改。

〔三〕詠：原作「咏」，據日本藏宋刻本、明澹生堂鈔本、傅校本改。

〔四〕於：原作「今」，據日本藏宋刻本、明澹生堂鈔本、傅校本改。

〔五〕愈：原作「逾」，據日本藏宋刻本改。

〔六〕奇：明澹生堂鈔本作「畸」。

〔七〕以：原作「於」，據日本藏宋刻本、明澹生堂鈔本、四庫本、傅校本改。

〔八〕與：日本藏宋刻本、明澹生堂鈔本、四庫本、傅校作「從」。

王參政文集序

儒生文士或不足於事業，名卿大夫於文辭又不屑爲〔一〕，自西漢以來，二者已難兼矣。班固作《儒林傳》，記二十七人。丁寬以《易》名家，爲説至三萬言，及景帝時乃爲梁王將兵拒吴、楚，號丁將軍，與韓安國等俱有功，固遂推爲儒林之冠。復於京房、高相傳中一再稱將軍而不名，以示别異，蓋有深意存焉。故參知政事襄陽王公諱之望，字瞻叔，生於羊、杜成功之地，慕其爲人，博學能文，知略輻湊。紹興八年試南宫，蜀士孫道夫奇其文，力白知舉，請寘魁選，位卑不見聽，然亦名在第八。十三年，行都太學成，高選學官〔二〕，明年以公爲録，即兼博士。坐閲五年，每值談經，同僚往往避席。四方英俊争求指授，作成爲多，其傑然如王詹事十朋皆是也。便鄉求守荆門，遂持節入蜀。徧歷外臺，以王官總軍賦。適金虜渝平，王師十萬攻取郡縣，保守關隘，累日不解甲〔三〕。公與將帥議論往復，費金穀鉅萬計，而儲衍素備，蜀民不知也〔四〕。孝宗即位，公出使九年矣，官至太府卿，而難其代，詔侍從臺諫集議，於是特增置户部侍郎、升宣諭使〔五〕，留公於蜀。某忝御史，實發此議。明年始還朝，仍以版曹參贊都督府。初見上，奏疏二千餘言，極論人主治兵與臣下不同，當如舜、禹、漢、唐及祖宗所以奉承天意者，援據經史，開陳時事。上大喜，有大用意。旋自銓曹直翰苑，易諫大夫，宣諭淮西，指畫邊防〔六〕，講明軍政。上益注意，即拜參貳，兼行右府。時和戰未决，衆論不齊，僅三月，除職奉祠而去。眷倚殊未斬也，起典帥藩，超進資政殿大學士，而公病不能興矣。其季子鉛通敏好學，念公遺文刻於蜀者訛舛特甚，手加編校，定爲《漢濱集》六十卷，謂某之先大父與公先正爲同年進士，以序見屬。惟公學根於經，故有淵源；文適於用，故無枝葉。奏劄甚多，皆可行之言；内制雖少，得坦明之體。酷嗜吟咏，詞贍而理到。嘗遊大峨，賦長韻，與客賡和至六七篇，下語如珠之走盤，用韻如射之破的。其他著述大率近是〔七〕。世論文章事業〔八〕，公實兼之，豈與夫一偏一曲之士校短量長而已？惜乎！時雖逢而未能盡其才，位雖高而不能久其任。後之人讀公之文，尚可以想見其爲人，而秉筆太史氏者，亦或有考於斯焉。慶元六年四月日序。

陸氏翼孟音解序

八卦畫而萬象分，此文字所由作也。自五帝迄戰國，雖六書之法，形制或異，然篆籀猶存，未失本意。秦變末俗，始改散隸，後世益以譌謬。傳寫六經、《論》、《孟》，間改舊文，而諸儒用今字爲注解，因今韻立音訓，道隨説隱，義逐時晦，爲不少

〔一〕「卿」下，明澹生堂鈔本有「相」字。
〔二〕官：原作「者」，據日本藏宋刻本、明澹生堂鈔本、傅校本改。
〔三〕日：日本藏宋刻本、明澹生堂鈔本作「月」。
〔四〕也：日本藏宋刻本、明澹生堂鈔本、傅校本作「焉」。
〔五〕宣：原作「堂」，據日本藏宋刻本、明澹生堂鈔本、傅校本改。
〔六〕指：日本藏宋刻本、明澹生堂鈔本、四庫本、傅校本作「措」。
〔七〕近：日本藏宋刻本、明澹生堂鈔本、傅校本作「稱」。
〔八〕「世」上，日本藏宋刻本、明澹生堂鈔本、傅校本有「近」字。

矣。韓退之云：「凡爲文辭，宜略識古字。」故寶蓄科斗《孝經》及漢衛宏官書以爲依據，奈何後之人不復致意於斯也！臨川陸嘉材諱筠，一字元禮，博習修潔，登紹興乙丑進士第，不汲汲進取，惟盡心於所涖。初主貴溪簿，闢邪説而正官廨，王右史洋爲之記。厥後魔賊焚縣，相戒獨留簿廳，其感人心如此。仕至朝奉大夫、浙西安撫使參議官，賜服金紫，享年七十有六。平生篤志《孟子》，著《翼孟音解》九十一條，擇《春秋左氏傳》、《莊》、《列》、《楚詞》、《西漢書》、《説文》之存古文者，深思互考，遂成此書。如以折枝爲磬折腰肢，讀樂酒、若樂山、樂水〔二〕，角招爲韶，眸子爲牟殺，三苗本作竄，二女果本作婐之類，皆粲若白黑。至論舜生於諸馮，遷於負夏，卒於鳴條，視漢儒所記《檀弓》蒼梧之語，孰近孰遠？孰信孰疑？此古今學者議論所未及也。且舜居河東，歷山、雷澤各有其地，而越人別指歷山、舜井、象田，仍以餘姚、上虞名縣，《風土記》曲爲之詞，人不謂然。蓋異端之作，其來也久，於舜平居附會已類此，況後世乎〔三〕？所謂九疑之葬，二妃之溺，宜退之《黄陵碑》云皆不可信。彼孔安國解《書》，以陟方訓升遐，其説尤拘。《書》固曰「升高必自下，陟遐必自邇」，陟豈專訓升乎？然退之近捨《孟子》而遠引《竹書紀年》，何也？予每歎恨不得質疑於韓門，而喜嘉材嗜古著書，有益後覺，藏其本殆三十年。今嗣子新融水尉孝溥追叙先志，請題卷首，始爲推而廣之。昔唐彭城劉軻慕孟子而命名，著《翼孟》三卷，白樂天記其事，賴以不朽。嘉材視劉何愧，特予非樂天比，其能使嘉材不朽乎？慶元六年四月戊戌序。

〔二〕讀樂酒若樂山樂水：原作「讀樂酒樂山樂水爲敎」，據日本藏宋刻本、《文獻通考》卷一八四改。

〔三〕後世：日本藏宋刻本、明澹生堂鈔本、四庫本、《文獻通考》卷一八四作「身後」。

廬陵周益國文忠公集卷五四

平園續稿卷一四

序 三

澈溪居士文集序

孔子曰：「君子疾没世而名不稱。」惟有其實則名從之，是不可求也。雖然，賢如夷、齊，學如顔淵，皆得夫子而名益彰。彼身居巖谷，砥行立名〔一〕，非附青雲之士，湮滅無傳者多矣。此司馬遷所爲深嗟而屢歎也〔二〕。朝奉大夫廬陵彭公諱醇，字道原，生而穎悟。六歲時賦《中秋不見月詩》，有警句，自是以詞章經術馳聲鄉閭。年三十一登第，嘗攝行臨川、靖安二邑。已而令石首，令湘陰，守康，守賀，守南安，所至儒雅飾吏，有循良之目。垂七十納禄而歸，自號定庵，又曰卧雲翁。有《澈溪居士集》五十卷，議論平正，如其爲人。今四世孫鄉貢進士叔夏既譜公出處，姪孫信州永豐主簿汝翼復裒遺文於兵火之餘，得二十卷，求序於予。恭惟本朝元祐以來人才盛矣，忠言正論著於籍者三百九人，極天下之選，頒之郡國，載之國史，垂之萬世，而公姓名在焉，則公之賢爲何如？六一先生之後，文章莫如東坡，時人或得一語，終身榮之。考前後集答士大夫啓纔四十篇，而獲麟騎箕之歲《回賀州啓》在焉。既曰「賜以尺書，借之餘論」，又曰「温辭下逮，陋質增華」，則公之文爲何如？凡孔子之所言，太史公之所歎，公一無憾，託名不朽，尚何疑焉？况叔夏與其兄叔夜皆有文行，而汝翼及其弟瀏陽尉夢弼以家學同榜登科，又將立身行道，揚名於後世。斯文也，豈特如《孔悝鼎銘》稱其先祖之美而已！嘉泰元年正月辛未〔三〕。

杉溪居士文集序

登文章之籙固難矣，詩於其中抑又艱哉。劉夢得曰：「心之精微，發而爲文；文之神妙，詠而爲詩。」司空表聖亦云：「文之難，而詩尤難。」又嘗喻以飲食不可無鹽梅，而其美常在鹹酸之外。之二説〔四〕，前輩有取焉。古者造士以四術，教子於過庭，皆以詩爲首。本朝蘇氏自編《東坡前後集》，亦先列詩篇，其所從來遠矣。今杉溪居士劉公殆有得於斯歟！始予少時，聞公賦詠一出，輒手鈔而口誦之。詠《清江引》，則欲進乎技而凝於神；歌《出塞行》，則如視旗影而聆鼓聲也；讀《大堤曲》、《長相思》，則又如望歸舟，對斜月，而聽情人思婦之語切切也〔五〕。其他摹寫物象，美今懷古，登臨比興，酬贈祖餞，皆凌厲乎先賢，

〔一〕名：明澹生堂鈔本作「節」。
〔二〕爲：四庫本作「以」。
〔三〕正月：四庫本作「三月」。
〔四〕「説」下，四庫本有「者」字。
〔五〕婦：明澹生堂鈔本作「歸」。

度越乎流輩。蓋得於天者氣和而心平，勉於己者學富而功深，故於所謂至難者既優爲之，則其制誥有體，議論有源，銘志能叙事，偈頌多達理，固餘事也。藻飾王度，冠冕諸儒，領袖鄉黨，有以也夫！公諱才邵，字美中，世居廬陵。年二十四，大觀三年釋褐甲科。宣和初，復中詞學第二。兩登館閣，一掌外制，再直翰苑，仕至工部侍郎兼權吏部尚書。丐歸，優進顯謨閣直學士奉祠，卒於家，年七十二。其孫承議郎恪類公集爲二十二卷，授其子國學生千齡，至是以序爲請，故爲追述見聞而題其端。杉溪，公自號也。嘉泰元年二月旦。

漢兵本末序

臨江自三劉有功漢史，其學盛行。今徐筠孟堅既爲《漢官考》四卷，李天麟仲祥又惜司馬遷、班固不爲兵志，於是究極本末，類成一書，注以史氏本文，具有條理。凡中外諸軍若將帥之名，與夫賞功罰罪、繇戍簡稽、兵器馬政，參互討論，略無遺者，數請予序其意。予觀《周禮》雖分六職，而小宰以官府六聯合邦治，每措軍旅於祭祀賓客七事之中。司馬名爲治兵，多及坐作進退，而徒役旗常車甲之屬散於六官，大師用衆之禮乃在宗伯。後世趣便一時，古制遂亡。人徒知井田一壞爲四民之害，而不知興衰治亂，舉出於兵，此邦家之害也。徒以開阡陌罪秦[一]，而不知變内政以作俑者齊也。蓋古者卿大夫家曰百乘，諸侯國曰千乘，天子則曰萬乘。始於四丘爲甸，甸有戎馬，有兵車，有牛車，有甲士，有步卒，是以師田共務，文武同方。漢承秦後，兵農幸未全分，如欲復古，猶易爲力。至武帝窮師黷武，加以横斂，其又奚言？國不足於兵，將每難其人，有自來矣。予故因漢氏之失策及先王之遺意[二]，使學者有考焉。嘉泰元年二月既望。

求齋遺稿序

慶元戊午春，永豐鄧傳之年十有九，袖書過予，謂堯舜時教化已明[三]，雖康衢小童、擊壤老農，歌謡皆可傳誦，況於卿士？其樂之和，上儀飛鳳，下舞走獸，況於烝民？予異而禮之。自是數相過，每切於師友。問諸鄉人，皆言傳之資質早成，積學勤篤，十三作《祭叔祖文》，十五作《登山賦》，語多老蒼。十六七時從儒先曾丰幼度、邑宰黄景説巖老講習詩文。復侍族伯約禮文範官永嘉，因游葉適正則之門。歸作《求齋記》，大概欲自求於内，收放心於外。又論顔子之樂惟在博約，藻繪組織何有哉？用志如此，予方期之遠大，忽以疾告，亟饋之藥，遽以訃來，是可惜也！他日其父自裒遺稿四帙，丐題其端。蓋傳之於六經尤好讀《易》，有《繫辭説》一卷，評論《史》、《漢》名臣及詩賦記序箴銘雜説，皆出入經傳，推尋義理，而舉業亦不廢也。予聞李觀元賓第於貞元壬申[四]，明年中詞科，又明年年二十九卒，韓退之

[一] 「徒」上，日本藏宋刻本、明澹生堂鈔本、四庫本有「人」字。
[二] 故：原作「固」，據日本藏宋刻本改。
[三] 舜：原無，據日本藏宋刻本補。
[四] 第：日本藏宋刻本作「登第」。

爲誌其墓〔一〕。厥後李漢編《韓集》，銘誌十二卷〔二〕，近七十篇，乃起於元賓，由是文行益章。今傳之財二十一耳，加以數年，進而不止，豈減元賓？而未霑一命，僅存遺書，時無退之，誰能取信？姑詳述本末，少塞其父之悲云。嘉泰元年二月二十日序。

仲并文集序 辛酉夏

江都仲并彌性自幼卓犖不群〔三〕，潛心問學，力排王氏一偏之説〔四〕，惟六藝孔孟是師，筆勢翩翩，雋聲籍甚。紹興壬子擢進士第。高宗方汲汲人才，歲在甲寅，丞相勝非、執政松年與一二侍從相繼薦對，上一見褒賞，特改京秩。詞臣王居正草制云：「學知是非邪正，庶幾孔子所謂可與共學者〔五〕。」當是時，人之期君，君之自期，皆謂公卿可立至。或疑年少資淺，宜試以事，補外而去。後三年丁巳，丞相浚、執政與求、守與義復以名聞。召至闕，而樞密使檜頗不謂然。君即移疾出倅京口，自是棲遲閑退者二十年。孝宗初元，擢丞光禄，晚知蘄州。議論才略既未盡見於用，而平生著述亦多散失。外孫南安太守孟猷嗜學好修，淵源有自，裒成《浮山集》十六卷〔六〕，以序見屬。予婦家於君有連，且嘗同朝，熟其才華，故樂爲言之。夫文體衆矣，吟詠情性，莫重於詩，仕塗應用，莫急牋啓。詩也者，造意深則辭或齟齬，次韻多則句或牽率〔七〕。君之古律如王良、造父馭駿馬、駕輕車，有奔軼絶塵之勢，其賡險韻如繭抽絲、印印泥，愈出愈新。《送妹》長篇，孝友慈愛溢於言外，殆欲上規風雅，一何盛也！其四六，叙事雖閎肆而關鍵實密，對屬雅切而非駢儷所能拘〔八〕。最後《蘄州謝上表》以古文就今體，自成一家，凡爲國撫民、據舊圖新之意，無愧前哲。此由學廣聞多，非特天才駿發而已。其他論時事，條利害，深切明白，務在可行。爲《莊安常行狀》見謂三長，雜著題跋清雅可愛。復以餘力出入釋氏，游戲歌詞，無不過人。夫其才學如此，幸早爲君、宰所知，而不得雍容禁省，歌頌大業，其命也夫！雖然，裕於才者薄於命，文士常然，獨君乎哉？姑詳著以釋南安凱風寒泉之思云。

程洵尊德性齋小集序

自元祐間蘇文忠公有詆伊川程氏之語，門人怨怒，力排蘇氏。由是學問文章遂分洛、蜀，識者非之。紹熙甲寅，予自湘中歸廬陵，有録事參軍婺源程洵允夫袖長書及所業一通相過，合蘇、程爲一家，心竊異之。已乃知其於朱熹元晦爲中表，自其先

〔一〕誌：明澹生堂鈔本、四庫本作「識」。
〔二〕「銘」上，日本藏宋刻本、明澹生堂鈔本、四庫本有「凡」字。
〔三〕幼：日本藏宋刻本、明澹生堂鈔本、四庫本、《浮山集》卷首原序作「少」。
〔四〕力：原無，據日本藏宋刻本、明澹生堂鈔本、四庫本、《浮山集》卷首原序補。
〔五〕與：原作「以」，據明澹生堂鈔本、四庫本、《浮山集》卷首原序改。
〔六〕原刻校云：「知聖道齋本作六十卷，誤，據《宋史藝文志》改。」
〔七〕率：日本藏宋刻本、明澹生堂鈔本、四庫本、《浮山集》卷首原序作「帥」。
〔八〕雅切：傅校本作「雖工」；日本藏宋刻本、明澹生堂鈔本、四庫本、《浮山集》卷首原序作「雖切」。

世相與講學。又酷嗜眉山之文，爲《三蘇紀年》十卷，間以示予，凡其父子出處、詩文先後、前輩議論之所及，編纂略盡。未幾，洵以病卒官。後累年，其宗人法曹萬里出君《尊德性齋小集》一編，合古、律詩百餘篇，記、序、書、銘各二，跋四，説一，誌、表、行狀、祭文八〔一〕，序事劄子五，啓、表五十一〔二〕。大抵論議正平〔三〕，辭氣和粹。蓋嘗記其師里人李繒之言曰：「道有遠近，學無止法。不可見其近而自止，必造深遠，然後有成。」此程氏學也。又曰：「文以載道，物有是理，辭者達是而已。」此蘇氏學也。君之所得，實本於繒，學者果可無淵源乎？惜夫久困場屋，五十由恩科入官，主簿衡陽，一轉而止，不得發聞於世。予故序其書，以告來者〔四〕。

帝王經世圖譜題辭

漢司馬談父子貫穿經傳，馳騁古今，謂當時六藝已千萬數，故有儒者博而寡要，勞而少功之言。唐韓愈文不絶吟，編不停披，然亦記事提其要，纂言鉤其深〔五〕。矧去古愈遠，衆説日繁，才學未逮於前賢，宜其用力勞而見功微，此圖譜所繇作也。雖然，分門類事者固多，其能旁搜遠紹，合異爲同則鮮矣。金華唐仲友字與政，於書無不觀，於理無不究。凡天文地理、禮樂刑政、陰陽度數、兵農王霸，皆本之經典，兼采傳註，類聚群分，旁通午貫，使事時相參，形聲相配，或推消長之象，或列休咎之證，而於郊廟學校、畿疆井野尤致詳焉，各爲總説附其後，始終條理，如指諸掌。每一篇成，門人金式輒繕寫藏去，積百二十有二篇〔六〕；又得與政猶子煒别本，相與校讎，釐爲十卷，以類相從。會分教廬陵，將鏤板校官，而郡守趙侯善鐻助成之，屬予題辭。夫水之流東，惟海是歸，車之指南，其塗不迷。今是書折衷於聖人，示適治之路，故名曰《帝王經世圖譜》，非其他類書比。昔漢儒專通一經，仍守師説，居家用以修身，涖官取以決事。況乎六經旨趣、百世軌範，皆聚於此，學者能因廣記備言，精思博考，守以卓約，則他日見諸行事，豈不要而有功也歟？與政，名臣子，少登兩科，歷秘書省正字〔七〕、著作佐郎，出知信、台二州，擢江西提點刑獄。孝宗深知其才，不幸得年僅五十三，凡所蘊蓄，百未究一。予每與士大夫共惜之，因序其書，併告來者。

嘉泰元年七月日，前進十周某書。

曾氏農器譜題辭

紹聖初元，蘇文忠公軾南遷過泰和，邑人宣德郎致仕曾公安

〔一〕八：原無，據日本藏宋刻本補。
〔二〕啓表：明澹生堂鈔本、四庫本作「表啓」。
〔三〕論議：明澹生堂鈔本、四庫本作「議論」。
〔四〕「以告來者」下，《尊德性齋小集》卷首序有「少傅、觀文殿大學士致仕、益國公、食邑一萬二千六百户、食實封四千六百户盧陵周必大序」句。
〔五〕「深」上，四庫本有「玄」字。
〔六〕「百二」之「二」，原刻校云：「别本作『三』。」按四庫本亦作「三」。
〔七〕書：原無，據日本藏宋刻本、傳校本補。

止獻所著《禾譜》，文忠謂其温雅詳實〔一〕，爲作《秧馬歌》，又惜不譜農器。時曾公已喪明，不暇爲也。後百餘年，其姪孫耒陽令之謹始續成之，凡耜耒〔二〕、耨鎛、車戽、蓑笠、銍刈、篠蕢、杵臼、斗斛、釜甑、倉庾，厥類惟十，附以雜記，勒成三卷。皆考之經傳，參合今制，無不備者，是可補伯祖之書〔三〕，成蘇公之志矣。其叙牛犂，蓋一編之管轄。予嘗學稼，因演其說。《山海經》曰：「后稷之孫叔均始作牛耕。」世以爲起於三代，予謂不然。牛若常在畎畝，武王平定天下，胡不歸之三農，而放之桃林之野乎？故《周禮》祭牛之外，以享賓駕車犒師而已，未及耕也。不然，牽以蹊田，正使藉稻，何足爲異，乃設奪而罪之之喻耶？在《詩》有云：「載芟載柞，其耕澤澤。千耦其耘，徂隰徂畛。」又曰：「有略其耜，俶載南畝。」以明竭作於春皆人力也。至於穫之積之，如墉如櫛，然後「殺時犉牡，有捄其角」，以爲社稷之報。若果使之耕，曾不如迎猫迎虎列於蜡祭乎？厥後王弼傳《易》，以爲稼穡之資。宋景文公祁闢之曰：「古者牛惟服車，《書》『肇牽車牛』，《易》『服牛乘馬』。漢趙過始教牛耕。」蓋本賈思勰《齊民要術》。予謂輔嗣固失矣，賈氏及景文亦未爲得也。按《論語》：「子謂仲弓曰：『犂牛之子騂且角，雖欲勿用，山川其舍諸？』」此聖人格言也。蓋犂田之牛純雜牝牡皆可，祭牛則非純非牡不可，故曰騂且角也。注疏乃以犂爲雜色〔四〕，騂爲赤純色，角爲周正。近世諸儒并從此義。今觀《周禮·牧人》，時祀牲必用牷。牷，純色也。外祭毁祀用尨。尨，雜色也。是則純雜之辨也。《封人》「設其楅衡」，《魯頌》「夏而楅衡，白牡騂剛」，是則言角之意也。竊疑耕犂起於春秋之間，故孔子有犂牛之言，而弟子冉耕亦字伯牛。彼《禮記》呂氏《月令》「季冬出土牛，示農耕早晚」。賈誼《新書》、劉向《新序》俱載鄒穆公曰「百姓飽牛而耕，暴背而耘」，大率在秦、漢之際，何待趙過？過特教人耦犂共一牛，費省而功倍爾。《易傳》出於魏、晉，第見牛耕，不復考其初。而賈公彦《考工正義》遂謂起於後漢，其失尤甚。然則《山海經》果荒誕歟？曰：班固《藝文志》《山海經》十三篇，而劉歆所校凡三十二篇，定爲一十八篇，固已不同，歆又云出於唐、虞之際。今考《史記》以不窋爲稷子，譙周已謂世代不合，况叔均乎？故無錫尤袤定爲先秦之書，非夏禹及伯翳所作甚明，其在春秋之後無可疑者。世人習熟見聞，多惑是說，予之諄諄亦可哂哉！若杷之屬，揚雄《方言》往往三名，耒陽既書之矣；宦游寖遂，他日所至，枚舉名物，采方言而附之，非所謂後世復有子雲者耶！嘉泰辛酉八月。

曾無愧三英南北邊籌序

高宗南渡之初，北虜方强，未暇弔伐，士大夫日夜爲防守江淮計。是時右正言呂祉獻言最切，後以直龍圖閣帥金陵，遂與僚屬吳若、陳克著《東南防守利便》三卷上之，事既詳實，文亦條

〔一〕謂：日本藏宋刻本、明澹生堂鈔本、四庫本、傅校本作「美」。
〔二〕耜耒：日本藏宋刻本、明澹生堂鈔本、四庫本作「耒耜」。
〔三〕補：原作「輔」，據日本藏宋刻本、明澹生堂鈔本、四庫本改。
〔四〕犂：原作「牛」，據日本藏宋刻本、明澹生堂鈔本、四庫本改。

暢。蓋若、克皆文士，而祉則以功名自許者也。紹興辛巳，完顔亮叛盟。明年孝宗即位，鋭意恢復，不但守淮防江。時則有尚書郎臨川吴曾著《南北征伐編年》二十三卷，起三國，終五代，凡古今形勢、師旅勝負，該貫無遺。仍集當時君臣議論，爲《分門事類》一十二卷，其相謀相應、攻守通好，可指諸掌，視祉之書益加詳焉。今臨江曾君三英復爲《南北邊籌》十八篇，南之攻北，其事有九，諸葛亮、紀瞻、褚裒、桓温、劉裕、宋文帝、陳顯達、沈慶之、吴明徹是也。北之圖南，其事亦九，曹操、魏明帝、羊祜、苻堅、拓跋太武、孝文、元英、邢巒、北齊是也。人爲一論，論指一事，皆援昔以證今，因跡以求心，即成而究敗，考古可謂勤，而用志可謂切矣。他日上之樞庭，必有運良、平之籌者；傳之良將，必有合孫、吴之法者。苟非其人，道不虚行，豈特刻舟記劍、按圖索馬而已哉[一]？嘉泰元年二月旦[二]。

張良臣雪窗集序

富貴繫乎天，一定不能易，安之可也。詩文則不然，盡心力而爲之，期至乎古人乃止耳。雖然，天之降才正自不同，孟窮苦累累，韓富浩穰穰，宫商合奏，斯有取焉。襄邑張良臣字武子，家於四明，篤學好古，擢隆興進士第，日從魏南夫、史直翁二丞相游。仕宦二十餘年[三]，他人朱紫，君困青衫；他人鐘鼎，君樂簞瓢。方二公薦士如林，君芒鞵藤杖，日與高僧逸人往來蓮社間，不復以名宦爲意。淳熙末始管庫行都，則又蹇驢破帽，苦其心志於灞橋風雪中。朝士稍稍知而愛之，僉謂宜掌故六曹，馴致館學。予間兩社，有意啓擬，而君病不可爲。然後知二公前日遺君者，命也。命乃在天，無可奈何。孰使君憊心疲精，晝鍛夕鍊，自苦於吟咏，欲效陳無己之簡古，吕居仁之淡泊，至於古賦樂曲，又將推而上之，忘其心力之艱勤，此豈非天乎？後十五年[四]，君之弟堯臣裒古賦四篇，古律詩四百首[五]，號《雪窗集》，介友人曾三異屬予以序。嗟夫！富貴不可致，君固安焉，擇術復自苦。有郊之窮，而交遊無韓之富相和成音，天之與人，兩不相遇。予誠憐而悲之，故爲詳記本末。堯臣亦工詩，殆所謂二難者耶！嘉泰元年十一月日。

忠正德文集序

高宗中興，用宰相十五人，曰忠、曰正、曰德、曰文，兼而有之者其惟趙公元鎮乎！此非私言，高宗大書賜公云爾。方建炎三年，車駕巡幸江浙，内外多故。公初爲尚書郎，上已用其言罷王安石配享。俄被簡擢，歲中歷司諫、殿中侍御史，遂爲中丞。上語范宗尹云：「鼎在言路極舉職，所言四十事已施行三十有六。」蓋祖宗初除言官，即置簿載所言事目，考多寡當否，已行

[一] 按：原作「披」，據日本藏宋刻本改。
[二] 二月：四庫本作「三月」。
[三] 餘：原作「五」，據日本藏宋刻本、明澹生堂鈔本、四庫本、傅校本改。
[四] 後：原無，據日本藏宋刻本、明澹生堂鈔本、四庫本補。
[五] 四：日本藏宋刻本、明澹生堂鈔本、四庫本作「數」。

即朱鎖其下，外庭未必知也。先是政和以後，爵賞日輕，公請惜名器，抑僥倖。諸將恃功恣横，劉光世部將王德至殺韓世忠之將陳彦章，而世忠亦躬率部曲攘金陵守連南夫府廨。公攝德鞫於臺中，累疏乞正世忠罪，悍將稍稍知畏。内侍馮益挾舊恩詆張俊，公極諭其横，卒斥逐之，遂以忠正進登西府。坐沮辛企宗節鉞補外。暨入相，辨正元祐臣僚非辜〔一〕，薦任申先、張燾、范沖〔二〕、朱震、王居正等，布列清近，一洗章惇、蔡京、王黼輕用侍從之弊。虜入合淝〔三〕，決策親征，江淮底定〔四〕，復還臨安，皆身任安危，慮無遺策。蓋公解梁人，氣節端方，學術純正，筆力又過於人，凡處分軍國機務多其視草，然後御劄付外，惟德與文又孰加此？當是時，邪正洞分，紀綱大振，國勢日尊，指期恢復。適恩平郡王出閤封拜與孝宗一等，公請稍示降殺，同僚讒間遂行。罷政之後，繼以南遷。言者每指公不主和議，而公平居未嘗有一偏之説也。高宗更化〔五〕，復特進、觀文殿大學士。孝宗繼志，賜謚忠簡，又贈太傅，追封豐國公，侑食高宗廟廷；擢用諸孫，惟韞暨謐，爲郎、爲監、爲部刺史二千石，寵靈焜燿，已歷三朝。公論既伸，九京可無憾矣。某嘗讀《唐史·李德裕傳》，愛其上《丹扆》六箴，禁止戚里請求，奏停盤條繚綾，忠言正論著於中外。及大用，則欲尊朝廷，肅臣下，政出宰相，挾術詭時以進者每闢之。不使中人監軍掣諸將之肘，用兵伐叛，詔書付宰司乃下。處報機急〔六〕，武宗必命德裕起草。與公事業，如出一揆。其最可異者，德裕自分司東都貶潮州司馬，公奉祠四明，以散官安置於潮；德裕明年貶朱崖司户而卒，公亦移置其地薨焉；得年俱六十三。始終相類如此，豈後身歟！始公適潮，潮人敬愛不忘。天道好還，謐今來守茲土，追懷祖烈，將刻遺藁附昌黎文以傳。凡擬詔百有十，雜著八，古律詩四百餘首，奏疏表劄各二百餘篇，號《得全居士集》，而古樂府四十爲《別集》〔七〕，屬某題辭。按國朝故事〔八〕，眷待故相，多賜嘉名揭碑首，或二字，或倍之。公之生也，幸拜宸奎，褒稱四美，某已敷衍於前矣，盍就以名集，昭示萬世，視碑額庶有光焉。謐曰諾哉。是爲序。嘉泰元年臘月〔九〕。

撫州登科題名記序〔一〇〕

大江之南分東西兩道，自東而西，首曰撫州。其爲郡在三國孫氏，至隋唐雖易置不常，然今建昌軍治南城，統南豐，入閩爲邵武軍，本皆撫之屬邑。非特地大人庶冠冕一路，而文物盛多亦異他邦。本朝最重儒科，《臨川圖志》載《題名記》一卷，太平

〔一〕辨正：日本藏宋刻本、明澹生堂鈔本、四庫本作「明」。
〔二〕沖：原作「仲」，據日本藏宋刻本、明澹生堂鈔本、四庫本改。
〔三〕入：日本藏宋刻本、明澹生堂鈔本、四庫本作「震」。
〔四〕底：日本藏宋刻本、明澹生堂鈔本、四庫本作「庶」。
〔五〕化：原作「代」，據日本藏宋刻本、四庫本改。
〔六〕機急：原作「急機」，據明澹生堂鈔本、四庫本乙。
〔七〕古：日本藏宋刻本、明澹生堂鈔本、四庫本作「以」。
〔八〕「按」字上，明澹生堂鈔本、四庫本有「某」字。
〔九〕月：明澹生堂鈔本、四庫本作「日」。
〔一〇〕名記：明澹生堂鈔本、四庫本無。日本藏宋刻本無「記」字。

興國五年欒史而下至淳熙七年姓名具焉〔一〕。今州學教授富沙劉塡將增廣刻之石，使來者可繼，而郡人太學博士王克勤、士子涂公達見屬題辭。夫爲己之學、垂世之文，固不專爲禄仕計，然拔起耕釣，今異乎古，特詔舉辟，久置不講，士進德修業，懷才抱藝，大欲平治天下，次將黼黻斯文〔二〕，捨科舉安出哉？是以二百餘年間賢達相望。試言其顯者〔三〕：晏元獻公之進賢好善，王文公之文學行誼，曾子固鞏之主盟斯文，此一身所當勉也。欒氏、曾氏、王氏父子兄弟相繼策名，此一家所當勉也。名士如謝逸與其弟薖，學術淵源，砥節礪行，厭場屋而捨之，肆其孫源、曾孫樞繼預黄甲，蓋不在其身，必昌厥後。此又一鄉所當勉也。若乃汪革以奇才冠南省，陳孺因版授遜大魁，是皆傑出人上者，後生得不思齊乎？近乙未歲，羅點廷試爲榜眼，劉堯夫釋褐魁上舍，克勤由童子舉入館閣，是又盛事參集者，諸生得不踵武乎？凡此五者，有美有勸，教官作成之意深矣。克勤再第進士，公達之先由元祐至今登科者十餘人，二君於此尤惓惓，故嘉其志併及之。

嘉泰二年二月旦。

張文靖公文集序

德之盛者必有言，言之文則行也遠。肇自帝王之世，皋陶邁種德，尹躬享天心，即其人也。昔者孔子定《書》，舉「皋陶矢厥謨」於三謨之首，賡帝之歌至於一再，而《伊訓》、《咸有一德》、《太甲》上中下千有餘言，並載百篇之中，以其可爲萬世法也。揚雄，漢儒之傑然者，嘗賦《甘泉》，稱頌人主，搜逑索耦，豈無他人？獨曰皋、伊之徒冠倫魁，其深知聖人之意也歟！後世之士平居道古今〔四〕，宦達掌制命，論議於侍從，訏謨於廊廟；暇則作爲詩歌以寓比興，體雖不一，要皆出於謨訓。然德有差等，言有精粗，其傳久近亦必隨之。若參知政事毗陵文靖張公，殆有德之言、行遠之文也。初以經明行修發爲詞章，連中科第，馳聲四方。在高宗時爲名御史，掌内外制，遂踐二府。上以端人正士目之，大詔令多出其手。陳善閉邪，拔賢引類，功不少矣。再貳國鈞，垂登宰席，方且逡巡退避，或入侍經筵，或出典大藩。雖權臣專國，勳業不容盡究，而文集五十卷、奏議二十五卷盛行於時。今公之孫户部尚書抑學世其家，敦請爲序〔五〕。某固嘗考公之德，誦公之文，知其學術本原乎皋、伊，謨猷遇合於虞、商，蓋中興人物之冠冕也。敬題卷首，以補任昉《文章緣起》之未備云。公諱守，字子固，一字全真，其出處事業則有故相張忠獻公誌銘在。嘉泰二年九月。

王氏濟美集序

大名王氏有諱言者，唐末起家令黎陽。子徹，仕五代爲左拾

〔一〕「太平」上，明澹生堂鈔本、四庫本有「起」字。
〔二〕黼黻：原作「黻黼」，據四庫本乙。
〔三〕顯：明澹生堂鈔本、四庫本作「顯顯」。
〔四〕之：日本藏宋刻本、明澹生堂鈔本、四庫本作「文」。
〔五〕敦：明澹生堂鈔本、四庫本作「數」。

遺，是生晉國公，以雄文厚德爲藝祖簡知，擢監察御史，選守鄉邦〔一〕，有晝錦之褒。嘗植三槐於庭，期後人之興。太宗朝仕至兵部侍郎、知開封。三子：長秘書丞，終袁州太守，次丞相魏國文正公也，季知應天府。孫曾繁衍，爲宋大家。淳熙六年，黎陽八世孫知信州諱從，系出秘丞，稽其族屬，自晉公三子派別支分，曰《世系》，曰《世譜》，又爲《槐庭雜記》、《宣陽因親録》，以授其子淹。淹倅廬陵，既刻其曾祖諱震《元豐懷遇集》，請予爲序，又裒晉公以來史傳銘誌、前賢紀述、先世遺文，總爲十卷，號《濟美録》，而以文正子懿敏公所纂遺事及懿敏子鞏雜記三篇，與其父書併爲一集而刻之。自廬陵擢守筠州，將再刻以廣其傳，復屬某以序〔二〕。粤自周衰，賢者之類棄，功臣之世絶，故孟子告齊宣王以「故國非喬木，王無親臣矣」，蓋諷其上也。雖然，有位於朝，不守其業而忘其所，甚至公侯之家降爲皂隸，則蓽門圭竇得以凌之，此豈獨上之人罪也哉？今筠州父子不隕世業，以貽厥後，其賢於人遠矣！初，文正公以大理評事宰岳之平江，《圖經》載二事：其一，公將至，山鬼避舍，是特識公之貴，勿書可也，而《國史》、楊文公誌墓乃備書之。其一，死囚當論，公通夕不寐，思所以爲計。五鼓，有叱直更者起，云相公將出廳。須臾，公果出囚，竟末減。民懷德政，至今奉祠，而傳與碑反不之載。予故特書之，使後人知公仁心陰德肇於爲邑，況秉鈞乎？凡居官者勉以爲法〔三〕，則王氏之昌與淮水俱長，何但三槐蔽芾於堂而已？嘉泰二年閏十二月。

芮氏家藏集序

夫子曰：「有德必有言。」謂其和順積中，英華發外也。今於吳興芮公見之。公諱燁，字仲蒙，一字國器，孝弟忠信，博習修潔。登第後每有慷慨憂時之志，鄉里前輩如劉一止、沈玠諸賢皆敬愛之。紹興末，高宗將内禪，殿中侍御史蜀名士張震以名聞，高宗曰：「是能古文者。」即日擢監察御史。已而出入中外，爲孝宗深知，許以侍從。兩朝眷遇蓋如此。不幸自司成移疾而終，年纔五十八。予在從班，與六曹長貳、給舍相與悼歎，共爲奏云：「伏見故國子祭酒芮燁德配前修，文高當世。恂恂自守，未嘗與物競。及當官而行，則秉誼持正〔四〕，有不可奪之志。故相秦檜時，鄉人沈長卿作《牡丹詩》，有訐以爲謗訕者，引燁爲證，廷尉捕治，燁力辨其非。長卿不任笞掠，親書誣伏。獄吏以示燁，燁曰：『長卿誣伏則可，燁豈敢誣證？』吏別摘燁尉仁和時所作詩，有『今作紅塵奔走人』之句〔五〕，坐以怨望及應言上不言上，遠竄武岡，略不自明。公道宏開，收寘臺省。已而出使廣東，節操彌勵，凡舊例供饋積至數千緡，濳輸公帑。歸過曲江，

〔一〕守：原作「授」，據日本藏宋刻本、明澹生堂鈔本、四庫本、傅校本改。

〔二〕某：日本藏宋刻本、明澹生堂鈔本、四庫本、傅校本作「予」。

〔三〕凡：原無，據日本藏宋刻本補。

〔四〕持：原作「握」，據傅校本改。日本藏宋刻本作「據」。

〔五〕紅塵：原作「塵埃」，據傅校本改。

班犒郡縣吏之乏月給者。和不違衆，清不近名，不流不倚〔一〕，大率類此。陛下自司業升之祭酒，知其經明行修，剛柔兼濟〔二〕，諭宰臣云：『侍從闕，亟用之。』會燁請祠，優進右文殿修撰。兩學生員祖道千計，觀者太息。按燁初除司業在乾道五年八月，家居一昔可至。是時官已員郎，供職滿歲，則六年冬祀，法當任子，燁逡巡踰時乃起，遇郊不及者兩旬。又按祭酒從四品，序位太常、宗正、秘書少列之上。燁疾未革，少留累日必遷，不然休致遺奏亦官二子。而燁前緩其來〔三〕，後果於去，爲子孫計者肯如是乎？願録衆美，還其恩數，使天下知聖朝尊賢勵俗，不間存亡〔四〕。書之史册，足勸廉遜，非創與也？」衆皆稱善，惟公同年生給事中者難之。衆欲自上奏，或曰：「銀臺異論，如格詔何？」衆憫然而止。其後上念公不已，用其弟煇爲八座，公之諸子遂有入官者，此非天乎？始予爲學官、館職、史官、御史，皆未暖席，公輒繼至。爲正字也，公有呂虔贈刀之夢。暨聞公訃，予復夢作文祭公，覺而記其四句，曲盡公德，云「君子所恃，而亦不比；小人所畏，而亦不忌」，此亦神交也〔五〕。今公子邵武太守立言，上高宰及等哀公《易傳》一卷，詩四卷，奏議二卷，表、啓、書、劄、論、策、記、序、雜著、長短句共七卷〔六〕，屬予爲序。惟公博通諸經，尤長於《易》。《坎》之象曰：「君子以常德行，習教事。」人多以治己、治人爲説。公獨曰〔七〕：「《坎》惟素習，則在險不失其常；險至方習，亦復何及〔八〕？故初爻獨云習坎〔九〕，他爻曰坎而已。雖然，習當出險，乃復入於坎窞者，爲陰柔少才設也。」其論《離》卦九三曰：「日中必昃，人生必死。當如曾參易簀，子路結纓，怡然死生之際。嗟則惑，惑則凶矣。」即二者考公平生，所謂「非苟知之，亦允蹈之」者歟！至於他文正大而辭達，詩篇醇粹而味永，皆有德之言也。予故首陳兩朝聖鑑，次列侍臣公論，然後記予與公親厚本末，如元城劉忠定公序丞相忠肅公集，過於詳云。嘉泰三年正月。

〔一〕不流不倚：原無，據傅校本補。
〔二〕剛柔兼濟：原無，據傅校本補。
〔三〕來：原作「求」，據日本藏宋刻本、明澹生堂鈔本、四庫本、傅校本改。
〔四〕亡：日本藏宋刻本作「没」。
〔五〕亦：日本藏宋刻本、明澹生堂鈔本、四庫本作「殆」。
〔六〕七：傅校本作「十七」。
〔七〕「獨」下，傅校本有「歎」字。
〔八〕及：四庫本作「益」。
〔九〕爻：原作「九」，據明澹生堂鈔本、四庫本、傅校本改。